Geschäfte
in spannungsgeladener Zeit

Finanz- und Handelsbeziehungen
zwischen der Schweiz und Deutschland
1923 bis 1946

Willi Loepfe

Der Verfasser dankt folgenden Institutionen
für Beiträge an die Druckkosten:
Dr. Heinrich Mezger-Stiftung
Jubiläumsstiftung der Thurgauer Kantonalbank
Thurgauische Kulturstiftung Ottoberg

© 2006 Willi Loepfe

Wolfau-Druck AG, Christof Mühlemann
CH-8570 Weinfelden, Lagerstrasse 6

ISBN 978-3-9523610-9-2

Inhaltsverzeichnis

Vorwort		7

1.	Einleitung		11

2.	Schweizer Bankiers auf dem Höhenflug (1923–1930)		19
2.1.	Armand Dreyfus pflegt das internationale Geschäft		20
2.2.	Adolf Jöhr und Rudolf Gottfried Bindschedler: Rivalen von unterschiedlichem Format		25
2.3.	Paul Jaberg: Ein Mann will nach oben		28
2.4.	Theodor Wolfensperger setzt im Kreditgeschäft auf Deutschland		31
2.5.	Grenzüberschreitende Kapitalflüsse: Ein Überblick bis 1930		37
	2.5.1.	Kapitalexport aus der Schweiz nach Deutschland	37
	2.5.2.	«Fluchtgelder» und Investitionen aus Deutschland	44

3.	Die grosse Wende von 1931	65
3.1.	Walter Stucki am Steuer der schweizerischen Aussenhandelspolitik	66
3.2.	Die deutsche Liquiditäts- und Bankenkrise – wie die Schweizer Grossbanken darauf reagieren	72
3.3.	Ein folgenreicher Schritt: Die Kündigung des Handelsvertrages	92

4.	Schweizerische Initiativen und neuartige Gefahren aus Deutschland (1932–1934)	107
4.1.	Blockierte Kredite in Deutschland: Was nun?	108
4.2.	Hjalmar Schacht spielt den «Finanzdiktator»	117
4.3.	Liberalismus in der Defensive: Bankspionage, Bankgeheimnis und «Spitzelgesetz»	132
4.4.	Grossbritannien will Stuckis Strategie durchkreuzen	148
4.5.	Der Griff zum «Notbehelf»: Clearing Schweiz–Deutschland	156

5. Die Schweiz im Tief (1935/1936) — 171

5.1. Schulthess geht widerwillig – die Konjunktur bleibt schwach — 172
5.2. Frankenschwäche und Bankenkrise — 174
5.3. Es gilt: «Arbeit geht vor Kapital» – Kann Hjalmar Schacht die Schweiz in die Knie zwingen? — 198

6. Vorbereitung auf den Krieg (1936–1939) — 215

6.1. Deutschlands Devisenhunger und der erzwungene Kapitalrückfluss aus der Schweiz — 216
6.2. Die Abwertung und einige Folgen für Aussenhandel, Finanzgläubiger und Banken — 224
6.3. Exkurs zur Sicherheitslage, zur «Stimmung» und Aussenpolitik der Schweiz — 235
6.4. Massiver Abbau der Bankkredite an Deutschland — 260
6.5. Hart bleiben oder nachgeben? Entscheidungen an der Wegscheide von 1938 im Aussenhandel und Pressekonflikt — 265
6.6. Die letzte Etappe mit Bewegungsfreiheit. Wer nützt sie aus? — 283

7. Im Banne der deutschen Bedrohung (1939–1942) — 311

7.1. «Die neutralen Staaten sind das Schlachtfeld des Wirtschaftskrieges» – Kriegsausbruch und «Drôle de guerre» — 312
7.2. «Aber die (Schweizer) kommen ja auch noch mal dran» – Frühjahr und Sommer 1940 — 331
7.3. Vom schwierigen Umgang mit dem «siegreichen» Deutschland – Die Schweiz zwischen Wunsch und Wirklichkeit (1940/1941) — 357
7.4. Vorsicht, Widerstreben, Profit und Überleben (1941/1942) — 376

8. Lavieren an der Wende des Krieges (1942/1943) — 409

8.1. Veränderte Sicherheitslage und Wirtschaftsinteressen — 410
8.2. Nur «eine Frage des Masses»? – Konfliktreiche Wirtschaftsverhandlungen nach beiden Seiten — 423
8.3. «Schwabengeschäfte» – wie lange noch? — 449

9.	Endphase des Krieges und alliierte Forderungen (1944–1946)	481
9.1.	Handel mit Deutschland im Schrumpfungsprozess	482
9.2.	Schweizer Banken unter verstärktem Druck der Alliierten	493
9.3.	Bringen nun die Nazi-Führer ihre Vermögen in die Schweiz? Start einer Legende	511
9.4.	Die gesperrten deutschen Vermögenswerte in der Schweiz und die amerikanischen Forderungen: Versuch einer Bilanz unter Berücksichtigung der deutschen Verpflichtungen (1945/1946)	534
10.	Schlussbemerkung	595
11.	Anhang und Abkürzungen	613
12.	Quellen und Literaturverzeichnis	619
12.1.	Ungedruckte Quellen	620
12.2.	Veröffentlichte Quellen	622
12.3.	Publizierte Tagebücher	622
12.4.	Literaturverzeichnis (Auswahl)	623
12.5.	Abbildungsnachweis	631
13.	Namenregister	635

Vorwort

Dieses Buch verdankt seine Entstehung in erster Linie einer kräftigen Dosis kritischer Neugier. Handelten die Schweizer Industriellen, Bankiers und Anwälte während der Zeit des Nationalsozialismus wirklich so bedenkenlos, wie uns das viele Medienbeiträge der späten 1990er-Jahre weismachen wollten? Und wie verhielten sich die führenden Schweizer Politiker und Diplomaten in den besonders kritischen Phasen der Beziehungen mit Deutschland? Welche Rahmenbedingungen bestimmten seit den 1920er-Jahren die Handlungsspielräume der Akteure? Wo beginnt und wo endet jene «Zusammenarbeit» mit Nazi-Deutschland, die in der jüngeren Geschichtsschreibung unter deutlich veränderten Gesichtspunkten, mit einer starken Akzentuierung der Opferperspektive, dargestellt wird? Und nicht zuletzt möchte man die Ausgangslage besser kennen, die wirtschaftliche Verflechtung der Schweiz mit Deutschland in der Weimarer Republik, vor dem Machtantritt der Nationalsozialisten. Bereits Ende der 1990er-Jahre – und nicht weniger nach der Präsentation der Erkenntnisse der Bergier-Kommission in den Jahren 2001/2002 – wurde deutlich, dass sich bei der Gewichtung und kausalen Einordnung verschiedener Fakten kein umfassender Konsens einstellen würde.

Diese Studie will alte Fragen aufnehmen und neue stellen, einen Diskussionsbeitrag leisten zur Debatte um das Verhältnis zwischen der Schweiz und Deutschland in einer schwierigen Epoche. Hier interessieren Verhandlungsziele, die angewandte Taktik, die Resultate und nicht zuletzt die eigentlichen Hauptakteure des Geschehens. Das sind ausschliesslich Männer, die sich in ihrem Selbstverständnis zur damaligen Elite zählten: zentrale Funktionsträger aus der Wirtschaftswelt, aus Politik und Diplomatie in der Konfrontation mit neuartigen, überraschenden Anforderungen und «Zumutungen», die sich aus den einschneidenden politischen und wirtschaftlichen Veränderungen ergaben.

Die zentralen Fragen, die in diesem Buch gestellt werden, drehen sich um die Wirtschafts- und Finanzbeziehungen der Schweiz zu Deutschland in der wohl spannungsreichsten und schwierigsten Epoche der jüngeren Schweizer Geschichte. Wie haben prominente Teile der Elite agiert und reagiert? Welche Absichten haben sie mit welchen Mitteln verfolgt? Welche Ressourcen standen ihnen zu einem bestimmten Zeitpunkt zur Verfügung? Wie fügten sie sich ein im internationalen Kontext? Und schliesslich: Waren sie erfolgreich in der Zielerreichung, in der Förderung oder Verteidigung der «Landesinteressen» und ihrer Einzelinteressen? Eine Skizze in schwarz und weiss genügt hier nicht. Vieles bewegt sich, bisweilen notgedrungen, in einem Zwischenbereich, der nicht ganz einfach zu durchdringen ist. Manche Fragen, die aus der Rückschau zentral erscheinen, wurden damals aus verschiedenen Gründen nicht offen durchdiskutiert. Im Auge behalten muss der rückwärtsgewandte Beobachter in jedem Fall die allgemeine «Wetterlage», die Bedrohungsszenarien mit all ihren Schattierungen: politisch-militärische Bedrohung des Kleinstaates durch die nördliche Grossmacht, Bedrohung der Versorgung des Landes sowie der wirtschaftlichen Einzelinteressen bis zur existentiellen Gefährdung verschiedener Unternehmen (und ihrer Arbeitnehmer).

Die mannigfachen und bisweilen brüsken politischen und wirtschaftlichen Veränderungen im Ablauf der Jahre 1929 bis 1945 waren eine Herausforderung besonderer Art für die damaligen Akteure. Von zentraler Bedeutung für das Verständnis der Entscheidungsabläufe erweist sich der Erwartungshorizont der Verantwortlichen. Dem unterschiedlichen Informationsstand und der Wahrnehmungsfähigkeit der Akteure kam beträchtliche Bedeutung zu. Das scheint auf ersten Blick eine triviale Feststellung, doch gerade im häufigen Zögern auf schweizerischer Seite und in manchen Fehlbeurteilungen scheint auf, wie schwierig die Lage bisweilen einzuschätzen war. Völlig verfehlt wäre es, die Veränderungen im «Dritten Reich» vom Ende her zu betrachten und anzunehmen, den Zeitgenossen sei die fatale Entwicklung jederzeit als zwangsläufige Abfolge erschienen.

Helvetische Nabelschau kann nicht Zweck dieses Buches sein. Es gilt deshalb die deutsche Interessenlage gegenüber dem Kleinstaat Schweiz mit seinen Banken und Industrieunternehmen differenziert zu untersuchen. Wer sind die deutschen Verhandlungspartner? Auf welcher Ebene wird wirklich entschieden? Wie verändert sich die Bedeutung der Schweiz für Deutschland im Ablauf dieser Epoche? Wie weit ist der Weg von den altgedienten, meist nationalkonservativen Beamten des Auswärtigen Amtes, des Reichswirtschaftsministeriums und der Reichsbank zu den opportunistischen und zunehmend zwielichtigen Figuren im Dienste eines verbrecherischen Regimes in den Kriegsjahren? Solche Fragen lassen sich keineswegs in allen Fällen klar und definitiv beantworten, das soll indes nicht daran hindern, ansatzweise vertiefte Erkenntnisse anzustreben. Im Blickpunkt bleibt dabei auch, ob und inwieweit es denn jene «Freunde der Schweiz» unter der Nazi-Herrschaft wirklich gab, jene «anständigen Deutschen» mithin, die nach Ansicht mancher schweizerischer Zeitgenossen sich mehr oder weniger wirkungsvoll für die Schonung oder das Überleben einer unabhängigen Schweiz einsetzten.

Um es ganz klar zu sagen: Dieses Buch folgt nicht den verengten Fragestellungen der späten 1990er-Jahre nach der «Kollaboration» dieser oder jener schweizerischer Akteure mit dem verbrecherischen deutschen Regime, sondern hier steht die schweizerisch-deutsche Interessenverflechtung in ihrer «nachhaltigen» Wirkung, die «longue durée» dieser Beziehungen, im Zentrum der Überlegungen. Die dunklen Stellen werden keineswegs ausgeklammert. Der Versuch soll gewagt sein, zu einem tieferen Verständnis verschiedener komplexer Vorgänge an den Berührungspunkten und Überlagerungsschichten zwischen Wirtschaft und Politik zu gelangen. Das erfordert bisweilen eine ausgesprochen nuancierte Darstellung gewisser Ereignisabläufe und struktureller Zusammenhänge. Die Geduld des Lesers wird herausgefordert, ebenso wie seine Bereitschaft, sich auf Zusammenhänge einzulassen, die sich mit einem simplifizierenden Raster nicht befriedigend erschliessen lassen. Nicht die verkürzende Zusammenfassung steht im Mittelpunkt, sondern das Eintauchen in den mitunter trägen und dann wiederum schnelleren «Fluss der Geschichte». An gefährlichen Stromschnellen fehlte es in dieser Epoche jedenfalls nicht.

Eine kurze Bemerkung zur Quellenlage: Diese Arbeit basiert zur Hauptsache auf der Analyse von gedruckten und ungedruckten Dokumenten aus verschiedenen öffentlichen und privaten Archiven. Die umfangreiche historische Fachliteratur – mit Einschluss der zahlreichen Bände der Bergier-Kommission – wurde fallweise zu Quervergleichen herangezogen. Der Verfasser ist der Ansicht, dass gerade in dieser Materie ein kritisches Studium der Originalquellen, die mittlerweile in grosser Fülle zur Verfügung stehen, für eine Feinanalyse verschiedener Vorgänge nach wie vor unabdingbar ist. Die Darstellung bewegt sich somit hart an den Fakten, ohne beengendes Theoriemodell.

Einschränkend muss an dieser Stelle erwähnt werden: Die gegenseitigen Versicherungsbeziehungen sowie die schweizerischen Direktinvestitionen in Deutschland konnten aus Platz- und Zeitgründen nicht bis zur Unternehmensstufe behandelt werden. Auf der Makroebene der Finanzflüsse und des Investitionsvolumens sind sie indes berücksichtigt. Zuletzt noch eine begriffliche Präzisierung: Der Ausdruck «Bankier» wird in dieser Studie nicht nur im traditionell korrekten Sinne für uneingeschränkt haftende Partner von Privatbanken verwendet, sondern auch für die leitenden Funktionsträger der als Aktiengesellschaften organisierten Banken. Der Begriff «Bankmanager» war vor dem Zweiten Weltkrieg in der Schweiz noch nicht gebräuchlich.

Mein Dank gilt zunächst allen Archivarinnen und Archivaren, die mir mit wertvollen Hinweisen und effizienter Aktenbeschaffung behilflich waren. Zu nennen sind: Archiv für Zeitgeschichte in Zürich, Archives du Ministère des Affaires Etrangères in Paris und Nantes, Bundesarchiv in Berlin-Lichterfelde, Bundesarchiv – Militärarchiv in Freiburg im Breisgau, Institut für Zeitgeschichte in München, National Archives (Public Record Office) in Kew/London, National Archives in College Park/Maryland, Politisches Archiv des Auswärtigen Amtes in Berlin, Archiv der

Schering AG in Berlin, Schweizerisches Bundesarchiv in Bern, Archiv der Schweizerischen Nationalbank in Zürich sowie Historisches Konzernarchiv UBS AG in Basel. Besonders dankbar bin ich für den Zugang zu Archivalien mit speziellen Benutzungsbedingungen (Vorort-Bestände im Archiv für Zeitgeschichte, Nachlass Walter Stucki im Schweizerischen Bundesarchiv, Akten aus dem Archiv der Schering AG sowie Akten der Vorgängerbanken der UBS AG). Für Fotos aus Archivbeständen bedanke ich mich beim Archiv für Zeitgeschichte, bei der Bank für Internationalen Zahlungsausgleich und der Deutschen Bundesbank.

Anregender Meinungsaustausch gehört auch für den Historiker zu den angenehmeren Seiten seiner Tätigkeit. An dieser Stelle wäre es indes kaum angebracht, einzelne Namen zu nennen und andere aus wohlmeinender Diskretion zu verschweigen. So sei denn allen Gesprächspartnern, ob Historikern, Juristen, Ökonomen oder Bankpraktikern, gleichermassen gedankt für mancherlei herausfordernde Fragen und Kommentare, die sich über Jahre hinweg in lockerer Folge ergaben, noch ehe das Manuskript präzise Formen annahm.

1. Einleitung

Im September 1929 notierte Bundesrat Karl Scheurer, Chef des eidgenössischen Militärdepartementes, etwas bitter in sein Tagebuch: «Die Herren in Zürich wollen alle viel Geld verdienen; die Sorgen um den Staat überlassen sie denjenigen, die zum Geldverdienen zu dumm sind. Sie werden auch noch einmal erfahren, dass es mit dem Aufspeichern von so grossen Vermögen auf die Dauer nicht getan ist.»[1] Als solider Berner kam Scheurer zu dieser Erkenntnis, als es darum ging, für den zurücktretenden Bundesrat Haab einen geeigneten Nachfolger im «grossen» und «gescheiten» Zürich zu finden, wie er sich ausdrückte. Vermutlich dachte Scheurer da auch an die zwei Berner Adolf Jöhr und Paul Jaberg, die ihre glänzenden Bankkarrieren an der Limmat machten. Eines ist gewiss: ein persönliches Engagement in der Politik des schweizerischen Kleinstaates erschien in den 1920er-Jahren vielen ambitionierten Zeitgenossen als vergleichsweise langweilig und materiell wenig attraktiv. Da boten sich im international ausgerichteten Wirtschaftsleben, und hier nicht zuletzt in den Beziehungen zu Deutschland, bedeutend ansprechendere Perspektiven.

Hier soll zum Auftakt nur kurz die Rede sein von den grundlegenden strukturellen Unterschieden zwischen Deutschland und der Schweiz in den Jahren um 1930. Auf politischer Ebene sind sie so offensichtlich, dass sich eine ausführliche Erläuterung erübrigt: Nördlich des Rheins die an Jahren noch junge Weimarer Republik als Erbin des besiegten und gedemütigten Kaiserreiches. Eine Republik, die kaum geliebt, wenig geachtet und dem kritischen Beobachter nicht wirklich konsolidiert erschien. Deutschland hatte sich 1919 zwar die modernste Verfassung seiner bisherigen Geschichte gegeben, doch zeigte sich gerade nach 1930 mit den sogenannten Präsidialregierungen, wie schwach das Fundament der Demokratisierung in Wirklichkeit war. Der Reichspräsident seit 1925, Generalfeldmarschall Paul von Hindenburg, erschien dabei von aussen eher als Ersatzkaiser denn als Repräsentant einer Republik. Deutschland war reich an Spannungen und Leidenschaften, wo viele sich nach dem Glanz der einstigen Grossmacht zurücksehnten. Die Gewaltbereitschaft wies in Deutschland (und auch anderswo in Europa) ganz andere Konturen auf als in der Schweiz, dem föderalistischen Kleinstaat mit seiner langen republikanischen Geschichte, seinem immer noch stark prägenden liberalen Erbe des 19. Jahrhunderts, und der kleinräumig aufgesplitterten Machtverteilung – wenn denn von Macht überhaupt die Rede sein konnte. Ein kriegsverschontes Land überdies, freilich nicht ohne soziale Spannungen, das eher verwaltet als regiert wurde von Männern, deren Risikobereitschaft sich gewöhnlich in engen Grenzen hielt. Keine «Visionen», sondern pragmatisch-nüchternes Vorgehen prägten den helvetischen Alltag. Der Beitritt der Schweiz zum Völkerbund im Jahre 1920 schien zwar eine gewisse Öffnung zu signalisieren, Illusionen über dessen Wirksamkeit gaben sich indessen nur wenige hin. Die Besiegten des

Ersten Weltkrieges waren nicht dabei, Deutschland wurde erst 1926 aufgenommen. «Hat keine Ahnung, wie kühl wir dem Völkerbund gegenüberstehen», notierte Bundesrat Häberlin in sein Tagebuch, als sein enthusiastischer Kollege Giuseppe Motta in der Landesregierung einen Völkerbundsaufruf zur Genehmigung vorlegte (die Proklamation wurde umredigiert und Motta wurden «die schönsten Apotheosen abgezwackt», wie sich Häberlin ausdrückte).[2]

Einige Besonderheiten jener Jahre in der Schweiz verdienen aus der Rückschau Beachtung. Sie sind zum Teil Nachwirkungen der Ereignisse von 1917/18 (Russische Revolution und Generalstreik in der Schweiz). Die politische Linke bediente sich nach wie vor einer durchaus kämpferischen Rhetorik. Der «Klassenfeind» schien noch greifbar (und vielleicht auch besiegbar). Das Militärbudget lehnte die Linke in den zwanziger Jahren ab. Die politische Rechte verharrte ihrerseits manchenorts in einer tief verwurzelten Abwehrhaltung gegenüber allem, was irgendwie mit dem Schreckgespenst des «Bolschewismus» in Zusammenhang zu stehen schien. In verschiedenen Schweizer Städten kamen diese Gegensätze sichtbar zum Ausdruck. Genf war wohl der Ort, wo sich die politischen Kontroversen zwischen den Extremen am linken und rechten Flügel am heftigsten manifestierten, kritisch beobachtet vom Rest der Schweiz.[3] Von saturierter Zufriedenheit konnte jedenfalls auf Seite der Linken keine Rede sein. Erst an verhältnismässig wenigen Orten war es ihr gelungen, eine Mehrheit auf kommunaler Ebene zu erringen.[4] In der Landesregierung waren die Schweizer Sozialdemokraten bis 1943 nicht vertreten, ganz im Gegensatz zu Deutschland, wo die Sozialdemokraten in der Weimarer Republik auch auf höchster Ebene eine sehr wesentliche Rolle spielten und im Reichstag bis zur Septemberwahl 1930 die stärkste Fraktion bildeten. Die deutsche SPD stellte vom Juni 1928 bis zum März 1930 mit Hermann Müller den Reichskanzler (zum letzten Mal in der Weimarer Republik), abgelöst vom Zentrumsvertreter Brüning, der – ohne eigene parlamentarische Mehrheit – auf die Toleranz der SPD rechnen konnte.[5]

Die Schweizer Presse berichtete zwar regelmässig über Deutschland, doch die dortigen politischen Veränderungen und Krisenerscheinungen von 1930 bis 1933 waren nicht immer eindeutig zu interpretieren. Wer hätte im Sommer 1930 mit Bestimmtheit voraussagen können, dass Adolf Hitler zweieinhalb Jahre später bereits an die Macht gelangen würde? Selektive oder verzögerte Wahrnehmung gehörte auch auf schweizerischer Seite zum Charakteristischen dieser Phase, sowohl in Bezug auf die Wirtschaftskrise wie auch auf das kriminelle Potential der nationalsozialistischen Führungsclique. Die Entstehung und das kurze Aufflackern rechtsextremer «Erneuerungsbewegungen» in der Schweiz gehört ebenfalls in diese Phase. Die betreffenden Gruppierungen am rechten Flügel vermochten indes etwas Sektiererisches nie abzustreifen. Ihr Auftritt wirkte auf die Mehrheit der Schweizer als lächerliche Kopie faschistischer oder nationalsozialistischer Vorbilder. Politisch und gesellschaftlich blieben diese rechtsextremen Gruppen marginal. Für eine Breitenbewegung fehlte vom Bodensee bis zum Genfersee ganz einfach der Nährboden. Die demokratischen Traditionen und Institutionen waren in der Schweiz in den 1930er-Jahren nie ernstlich in Gefahr.[6] Auch der kommunistische «Renegat» (und spätere Sozialdemokrat) Walther Bringolf, ein begnadeter Volkstribun, hielt sich als Stadtpräsident von Schaffhausen (gewählt 1932) an die demokratischen Spielregeln. Da war in der Schweiz etwas subkutan Republikanisches im Spiel, das in Deutschland fast vollständig zu fehlen schien: die Abneigung gegen den «starken Mann», der die Formen des Herkömmlichen mit Wichtigtuerei und Gebrüll zu sprengen versuchte. Den «Duce» mit seiner pompösen Selbstinszenierung mochte man in der Schweiz manchenorts noch als halbwegs amüsante Übertreibung der «italianità» belächeln (er schien ja auch kein Feind der Schweiz zu sein, vielleicht war er sogar ein Freund, der noch nützlich werden konnte – das bildeten sich zumindest einige Schweizer wie Bundesrat Motta ein).[7] Hitler hingegen mit seinen brüllenden Tiraden erweckte bei der Mehrheit des Schweizervolkes ganz einfach Abscheu und Ablehnung, das haben Zeitgenossen durchaus glaubwürdig in vielen Varianten überliefert.[8]

Auf dem Feld der wirtschaftlichen Beziehungen sind die grundlegenden Unterschiede zwischen Deutschland und der Schweiz anderer Art. Hier ist zunächst, so trivial das erscheinen mag, auf die Grössenverhältnisse hinzuweisen. In den folgenden Kapiteln wird umfangreiches Zahlenmaterial verwendet, das ohne einen weiteren Bezugsrahmen wenig aussagekräftig wäre. Im Jahre 1930 zählte das Deutsche Reich 65 Millionen Einwohner, die Schweiz 4 Millionen. In beiden Ländern gab es noch einen hohen Anteil der Bevölkerung, der in der Land- und Forstwirtschaft beschäftigt war.[9] Bei den Staatsfinanzen sah das Bild recht unterschiedlich aus. Auf Bundesebene wies die Eidgenossenschaft seit 1925 (ohne PTT und SBB) dank kontinuierlich steigender Zolleinnahmen und guter Ausgabenkontrolle eine ziemlich ausgeglichene Rechnung auf (bei Ausgaben von 307 Millionen im Jahre 1925 und 426 Millionen im Jahre 1930). Die Diskussionen um das Militärbudget (80 oder 85 Millionen Franken?[10]) nehmen sich aus späterer Perspektive fast unwirklich (oder leichtfertig) aus. Die Bundesschulden (inklusive SBB) blieben mit 4.9 Milliarden Franken von 1927 bis 1930 stabil.[11] Die Refinanzierung bot auf dem liquiden und günstigen Inlandmarkt keinerlei Schwierigkeiten. Ganz anders die Lage Deutschlands mit seinen drückenden Reparationsproblemen. Das Reich war mit seinen Schuldverpflichtungen (Stichworte: Dawes- und Young-Plan) ebenso wie zahlreiche private Unternehmen auf

Finanzierung beziehungsweise Devisenzufluss aus dem Ausland angewiesen.[12] Die deutsche Zahlungsbilanz der «laufenden Posten» war seit 1925 ununterbrochen negativ. Über die Zahlungsbilanz der Schweiz konnten mangels genauer Daten nur Schätzungen angestellt werden. Klar war immerhin, dass das chronische jährliche Handelsbilanzdefizit in der zweiten Hälfte der 1920er-Jahre durch Nettokapitalerträge und den Fremdenverkehrssaldo problemlos gedeckt wurde. Eduard Kellenberger, damals einer der wenigen Experten zum Thema, sah den jährlichen Ertragsbilanzüberschuss der Schweiz in den Jahren 1927 bis 1929 im Bereich von 479 bis 462 Millionen Franken.[13] Auf diesem Gebiet werden sich in den Jahren 1930 bis 1933 ganz beträchtliche Veränderungen einstellen, die nachfolgend in den betreffenden Sachkapiteln zum Aussenhandel und zu den Finanzströmen behandelt werden.

Das von den Statistikern errechnete Volkseinkommen lässt sich wohl aufgrund unterschiedlich aussagekräftiger Erhebungsgrundlagen nur bedingt vergleichen: 9.4 Milliarden Franken Nominaleinkommen für die Schweiz im Jahre 1929, und auf deutscher Seite ein Nominaleinkommen von 64.8 Milliarden Reichsmark (für die Periode 1925–1929).[14] Das Pro-Kopf-Nominaleinkommen lag somit in der Schweiz, selbst wenn man diese Berechnungen mit Vorsicht interpretiert, um einiges über dem deutschen Wert – was in Anbetracht der deutschen Kriegsfolgen (Reparationen) und Nachkriegsturbulenzen (Hochinflation) kaum erstaunt.

Zum Warenhandel genügt an dieser Stelle zu Vergleichszwecken eine Momentaufnahme: Deutschland exportierte 1930 im reinen Warenverkehr für 12 Milliarden Reichsmark (= 14.7 Milliarden Franken), davon 5.2 % in die Schweiz (verglichen mit je 10 % nach Grossbritannien und in die Niederlande). Während Deutschland 1930 einen Exportüberschuss von total 1.6 Milliarden Reichsmark (= 2 Milliarden Franken) aufwies, musste die Schweiz bei einem Totalexport von 1.7 Milliarden Franken ein alarmierendes Handelsbilanzdefizit von 897 Millionen Franken verbuchen. In diesen Zahlen reflektiert sich die bereits einsetzende Wirtschaftskrise, mit stark rückläufigem Import auf deutscher Seite. Die schweizerische Ausfuhr nach Deutschland entsprach 1930 knapp 16 % des gesamten Warenexports (gegenüber 19.7 % im Jahre 1927). Damit blieb Deutschland, vor Grossbritannien und Frankreich, immer noch der wichtigste Kunde der Schweiz. Auf der schweizerischen Importseite nahm Deutschland mit einem Anteil von 27.6 % eine bedeutend stärkere Stellung ein (21 % im Jahre 1927).

Interessant ist auch ein Vergleich im Finanzsektor, dem damals in der Schweiz gesamtwirtschaftlich noch bei weitem nicht jene Bedeutung zukam, wie man dies aus der Zeit nach dem Zweiten Weltkrieg kennt. Die 313 Banken in der Schweiz beschäftigten 1930 erst etwa 21 000 Personen. In Deutschland zählten allein die Deutsche Bank und die Disconto-

Gesellschaft vor ihrer Fusion 1929 zusammengenommen 23 600 Mitarbeiter, die Dresdner Bank und die Danat-Bank kombiniert im Jahre 1930 15 364 Personen.[15] Diese Zahlen reflektierten indes keineswegs die innere Stärke der genannten Banken. Denn die privaten deutschen Aktienbanken verfügten 1929 nur über 1.8 Milliarden Reichsmark eigene Mittel, sie hatten in dieser Hinsicht durch die Hochinflation schwer gelitten. Nicht so die Schweizer Grossbanken, die es 1930 immerhin auf eigene Mittel von 1.1 Milliarden Franken brachten. Das Verhältnis von Eigen- zu Fremdkapital war bei den deutschen Banken viel ungünstiger als bei den schweizerischen Gegenparteien, ganz abgesehen davon, dass sich die deutschen Grossbanken überproportional (und dazu noch kurzfristig) in Devisen verschuldet hatten. Die Ausgangslage an der Schwelle zur Wirtschaftskrise war somit in verschiedener Hinsicht eine recht unterschiedliche.

Um die langfristige Entwicklung der bilateralen Finanzbeziehungen präziser zu erfassen, empfiehlt sich ein Blick auf die vermeintliche Glanzzeit der späten 1920er-Jahre. Wer war im Spiel? Welche Ziele wurden verfolgt? Wie ging man auf Schweizer Seite vor? Einige Schweizer Spitzenbankiers werden im Folgenden kurz in ihren charakteristischen Verhaltensweisen und ihrem Beziehungsnetz vorgestellt. Die Auswahl beschränkt sich auf Vertreter von Grossbanken, deren Geschäftskontakte mit Deutschland sich besonders intensiv gestalteten.[16] Kapitel 2.5. fokussiert anschliessend auf die Kapitalflüsse zwischen der Schweiz und Deutschland in beiden Richtungen, wobei zwischen Bankkrediten, Anleihen, Direktinvestitionen und «Fluchtgeldern» zu unterscheiden ist.

Einleitung

1. Bundesrat Karl Scheurer, Tagebücher 1914–1929, Hrsg. von Hermann Böschenstein, Bern 1971. Eintrag vom 23.9.1929, S. 231.
2. Rolf Soland, Zwischen Proletariern und Potentaten – Bundesrat Heinrich Häberlin 1868–1947 und seine Tagebücher, Zürich 1997, S. 98.
3. Vgl. Claude Torracinta, Genève 1930–1939, Le Temps des Passions, Genf 1978.
4. Prominentes Beispiel war die Stadt Zürich, wo die Sozialdemokraten seit 1928 über eine Mehrheit in der Exekutive verfügten (prozentuales Stärkeverhältnis bei den Stadtparlamentswahlen: Sozialdemokraten 44.2%, Kommunisten 6%). Im Kanton Basel-Stadt war die zerstrittene Linke in den Parlamentswahlen seit 1920 sehr stark (mit einer profilierten kommunistischen Partei), konnte jedoch erst 1935 im Regierungsrat eine sozialdemokratische Mehrheit erringen (worauf 15 Jahre «Rotes Basel» folgten).
5. Vgl. unter anderem Hans Mommsen, Aufstieg und Untergang der Republik von Weimar, aktualisierte Ausgabe Berlin 1997.
6. Die Nationale Front erreichte 1933 in der Stadt Zürich (Wahlen zum Stadtparlament) 7.7% der Parteistimmen, sank jedoch bereits 1938 unter Verlust aller Mandate auf 2.4% zurück. Bei den Nationalratswahlen 1935 gewann sie im Kanton Zürich einen einzigen Sitz (von 28). In Basel vermochte die frontistische Gruppe um Leonhard keinen einzigen Sitz im Parlament zu erringen. Die «Volksstimmung» in der deutschsprachigen Schweiz findet sich wohl am besten gespiegelt in den Karikaturen im Satireblatt «Nebelspalter» (Gegen rote und braune Fäuste, 2. Auflage Rorschach 1949).
7. Bemerkenswert ist etwa der Aprilscherz, den sich die «Zürcher Illustrierte» am 1.4.1932 leistete, als sie Mussolini in einer Fotomontage als unzufriedenen Gast in einem Schweizer Wirtshaus vorführte.
8. Vgl. «Zürcher Illustrierte» Nr. 22/1932, wo Hitlers Rednerposen ironisiert werden.
9. Im Jahre 1920 entfiel eine Million Einwohner der Schweiz auf den Landwirtschaftssektor (inklusive Haushaltungsangehörigen). Wo nicht besonders vermerkt, sind die Zahlen den statistischen Jahrbüchern der Schweiz und Deutschlands von 1930 und 1931 entnommen.
10. Vgl. Walther Bringolf, Mein Leben, Bern und München 1965, S. 137, über seine «Jungfernrede» in der Debatte über das Budget für 1926.
11. Auf die SBB entfielen 1930 2.8 Milliarden.
12. Per 31.3.1931 Reichsschuld von 12 Milliarden Reichsmark, wovon 3.3 Milliarden auf die Auslandschuld entfielen (Quelle: Société des Nations, Statistical Year-Book 1931/32).
13. Eduard Kellenberger, Kapitalexport und Zahlungsbilanz, Bern 1939, 1. Band, S. 307.
14. Deutsche Zahlen nach: Hermann Kellenbenz, Deutsche Wirtschaftsgeschichte, Band 2, München 1981, S. 453. Zahlen Schweiz: Statistisches Jahrbuch 1942.
15. Die Deutsche Bank 1870–1995, München 1995, S. 266. 120 Jahre Dresdner Bank, Frankfurt am Main 1992, S. 386.
16. Aus Platzgründen konnte auf die Basler Handelsbank, die Bank Leu und die Schweizerische Volksbank nicht eingegangen werden, obschon sich auch dort interessante Beispiele im Geschäft mit Deutschland finden.

2. Schweizer Bankiers auf dem Höhenflug (1923–1930)

2.1. Armand Dreyfus pflegt das internationale Geschäft

Im Mai 1930 fuhr Armand Dreyfus, der Vizepräsident des Verwaltungsrates des Schweizerischen Bankvereins, zu wichtigen Verhandlungen nach Wien. Seine Gesprächspartner gehörten zu führenden österreichischen Bankkreisen, der Oesterreichischen Credit-Anstalt und dem Wiener Bankhaus Rothschild. Es ging um eine für damalige Verhältnisse höchst komplexe internationale Transaktion, bei der bedeutende Aktiven der österreichischen Grossbank in eine schweizerische Holdinggesellschaft ausgelagert werden sollten. Diese «Continentale Gesellschaft für Bank- und Industriewerte» in Basel, kurz Contvalor genannt, wurde zu einer besonders «nachhaltigen» Angelegenheit, mit Wirkungen über den Zweiten Weltkrieg hinaus. Die Beteiligungen und Kredite der Contvalor – vor allem jene in Polen und in der Tschechoslowakei – erwiesen sich in den politischen und wirtschaftlichen Turbulenzen jener Jahre als problematische Elemente für die Beteiligten, zu denen etwa auch der renommierte Hamburger Bankier Max M. Warburg gehörte. Dies alles war freilich im Jahre 1930 noch nicht klar absehbar. Zu diesem Zeitpunkt ging es darum, die österreichische Grossbank mit Hilfe ausländischer Freunde in einer geschickt aufgezogenen Transaktion – teilfinanziert durch eine Obligationenausgabe in der Schweiz – vom Übermass ihrer Aktiven in gewissen Ländern der alten Donaumonarchie zu entlasten. Im Prinzip gewiss ein ehrenwertes Vorhaben, nur liessen sich unglücklicherweise die Schwierigkeiten des österreichischen Partners damit nicht endgültig beheben.[1]

Warum engagierte sich Armand Dreyfus so stark in dieser Angelegenheit? Weshalb übernahm er bei der Gründung der Contvalor im Herbst 1930 persönlich das Verwaltungsratspräsidium? Und was bewog Hermann Obrecht, den späteren Bundesrat, im Verwaltungsrat Einsitz zu nehmen?[2] Solche Fragen führen über diese Holdinggesellschaft hinaus, welche für den Bankverein im Grunde nur von beschränkter wirtschaftlicher Bedeutung war. Denn schliesslich verstand sich die Bank in erster Linie als traditionelle Handels- und Geschäftsbank, die mit Vorliebe das kurzfristige kommerzielle Geschäft tätigte. Zwei Erklärungen bieten sich an, die auf das Charakteristische im Vorgehen von Armand Dreyfus hinweisen. Zum einen legte er seit je Gewicht auf einen hohen Anteil «bilanzneutraler» Geschäfte. Zum andern ging es ihm um den weiteren Ausbau seines internationalen Beziehungsnetzes, das wiederum zu neuen Geschäften führen sollte. Ohne weitere Umschweife darf man festhalten: Armand Dreyfus stand im Jahre 1930 auf dem Höhepunkt seines Einflusses und Erfolgs. Er ist die treibende Kraft des Schweizerischen Bankvereins seit dem Tod des Präsidenten Leopold Dubois im Jahre 1928. Und der Bankverein ist 1930 die stärkste Schweizer Grossbank, an den «Eigenen Mitteln» gemessen (214 Millionen Franken bzw. 13% der Bilanzsumme). Auf die Bilanzsumme bezogen, liess sich der SBV in diesem Jahr von der Schweizerischen Kreditanstalt, dem grossen Rivalen vom Zürcher Paradeplatz, in geringfügigem Masse überholen. Dies steht zweifellos im Zusammenhang mit der Einschätzung der Verhältnisse in Mitteleuropa.[3] Halten wir hier nur fest, dass der Bankverein erst fünfzehn Jahre später die rekordhohen Bilanzzahlen von 1930 übertreffen wird. Bei den Eigenmitteln dauert dies bis 1952 – dazwischen liegt, etwas vereinfacht ausgedrückt, die grosse Durststrecke.

Zurück zu Armand Dreyfus: Er brillierte in diesen Jahren vor allem durch sein akquisitorisches Geschick, seine Reaktionsschnelligkeit und Gewandtheit. Der französische Konsul in Basel berichtete 1928, man sage dort, Dreyfus sei «de beaucoup le plus compétent et le plus actif de tous les Administrateurs du Bankverein».[4] Dreyfus, geboren 1875 in Biel aus einer Familie mit Wurzeln im Elsass, begann seine Karriere als Banklehrling. Mit 32 Jahren war er bereits Direktor des SBV in Zürich. Dort hat er sich am Paradeplatz in den unruhigen Kriegs- und Nachkriegsjahren besonders profiliert. 1920 stieg er als Delegierter des Verwaltungsrates in die Spitzengruppe der Bank auf und wurde nach dem Tode des alten Patrons Dubois Dritter Vizepräsident, bis er schliesslich 1935 als Erster Vizepräsident rangierte. 1940 verlegte er seinen Wohnsitz in die Vereinigten Staaten, wo er 1942 starb. Von der späten Phase seiner Karriere wird noch in anderem Zusammenhang die Rede sein. Um jeden Zweifel auszuräumen: Armand Dreyfus war kein Vizepräsident auf der Ehrenbank, ganz im Gegenteil. Er liebte die direkten Geschäftskontakte bis zum Schluss in New York. Charakteristisch für seine besondere Stellung als aktiver Bankier war seine regelmässige Teilnahme an den Sitzungen der Generaldirektion.

Armand Dreyfus baute sein nationales und internationales Beziehungsnetz über lange Jahre mit bemerkenswerter Sorgfalt auf. Er pflegte einen eher unauffälligen, diskret wirksamen Stil. Das wurde etwa deutlich, als er der Nationalbank 1937 zu verstehen gab, dass der Bankverein «als grösste Bank der Schweiz» in den Behörden der SNB unzulänglich vertreten sei. Generaldirektor Weber versprach darauf, sich dieses Wunsches «bei nächster Gelegenheit zu erinnern».[5] Dreyfus bleibt stets ausgesprochen praktisch, auf konkrete Lösungen fokussiert. Das kommt in der Regel gut an, sowohl in schweizerischen Verwaltungsräten wie bei den Geschäftsfreunden in Hamburg und Berlin, Amsterdam, Paris oder Wien. Das Modell Contvalor lässt sich variieren: Die Preussische Elektrizitäts-Aktiengesellschaft will im Herbst 1930 ihre umfangreichen Aktienbeteiligungen ebenfalls in eine Holdinggesellschaft im Ausland einbringen. Das soll mit begleitender Finanzierung in Basel geschehen und führt zur Gründung der «Continentale Elektrizitätsunion AG», bei welcher der Bankverein als Minderheitspartner durch zwei Mitglieder im Verwaltungsrat vertreten sein wird. Auch bei der Gründung der Internationalen Bodenkreditbank in Basel ist die Beziehung von Dreyfus zu einem bekannten Berliner Privatbankhaus von nicht geringer Bedeutung.[6] Die im März 1931 definitiv gegründete Bodenkreditbank, eine Konsortiumsbank mit starker deutscher Beteiligung, wird ihre Anlagen vorwiegend in Deutschland tätigen. Sie finanziert sich jedoch hauptsächlich in der Schweiz über eine Obligationenanleihe. So entstehen über den Zweiten Weltkrieg hinaus beträchtliche Probleme der Abgrenzung: ein klassischer Fall langfristiger schweizerisch-deutscher Interessenverknüpfung.[7] Die Internationale Bodenkreditbank war aus schweizerischer Sicht zwar letztlich kein geschäftlicher Erfolg. Immerhin bot sie den Vertretern der Grossbanken im Rahmen des Verwaltungsrates Gelegenheit zu informativem Gedankenaustausch mit ihren deutschen Partnern. Auf deutscher Seite blieb der Bank auch unter der Herrschaft der Nationalsozialisten eine kleine Überlebenschance erhalten. Jedenfalls fällt auf, dass die «nicht-arischen» deutschen Repräsentanten zur Hauptsache erst im Frühjahr 1939 verdrängt wurden.[8] Armand Dreyfus war zu diesem Zeitpunkt – zusammen mit Adolf Jöhr von der Kreditanstalt – immer noch einer der Vizepräsidenten des Verwaltungsrates der «Interboden».

Verweilen wir jedoch noch einen Augenblick im Herbst 1930: dunkle Wolken am Horizont, ein trügerischer Höhepunkt. Beim Bankverein hat man dies deutlich gespürt, Armand Dreyfus verfügte über hervorragende Informationsquellen. Die zunehmenden wirtschaftlichen Schwierigkeiten in Deutschland und der rapide Aufstieg der Nationalsozialisten bei der Reichstagswahl vom 14. September 1930 waren klare Alarmzeichen für nüchterne und unvoreingenommene Beobachter. Die Generaldirektion des Bankvereins hielt es nicht für ausgeschlossen, dass sich die politische Lage in Deutschland «in einigen Monaten wieder verschlimmert».[9] Sie liess die Engagements in Deutschland per Ende Oktober 1930 noch genauer als bisher erfassen: es resultierte ein Betrag von 259 Millionen Franken, zwar teilweise gedeckt, aber doch von beunruhigender Grösse im Verhältnis zu den Eigenmitteln. Andere Schweizer Grossbanken hatten sich freilich proportional noch bedeutend stärker nördlich des Rheins engagiert; ihre Schwierigkeiten werden im Zusammenhang mit der Bankenkrise eingehender zu schildern sein. Beim Bankverein war die Geschäftsleitung jedenfalls im November 1930 der Ansicht, «dass wir grundsätzlich unsere Engagements in Deutschland nicht zu erhöhen wünschen». Auf alle Fälle sollten «nur ganz erstklassige deutsche Firmen berücksichtigt werden».[10] Die Handschrift von Armand Dreyfus ist deutlich spürbar: abwartende Vorsicht, aber kein Abbruch von erstklassigen, selbst bei schwierigen Verhältnissen immer noch potentiell interessanten

Geschäftsbeziehungen. Wie sich die Deutschland-Engagements beim Bankverein im Boom der 1920er-Jahre und an der Wende von 1930 zahlenmässig entwickelten, hat der Historiker Michel Fior im Detail nachgezeichnet. Halten wir hier nur fest, dass der Höhepunkt im Sommer 1930 definitiv überschritten wurde.[11]

Eine kurze Bemerkung nur zum inländischen Beziehungsnetz von Armand Dreyfus: zunächst zu Hermann Obrecht, der ebenfalls im Contvalor-Verwaltungsrat Einsitz nahm. Obrecht, der energische freisinnige Nationalrat aus dem Kanton Solothurn, sieben Jahre jünger als Dreyfus. Er verkörpert den klassischen sozialen Aufsteiger aus bescheidenen Verhältnissen, der als Milizoffizier 1930 die höchste Stufe erklomm und das Kommando der Infanterie-Brigade 7 erhielt; ein Mann, der mit 27 Jahren schon Regierungsrat seines Heimatkantons geworden war, sich als Finanzmann einen Namen machte, mit 35 Jahren aus der Kantonsregierung zurücktrat und eine erfolgreiche Karriere in der Wirtschaft startete. 1927 berief ihn der Bankverein in seinen Verwaltungsrat, zusammen mit einer weiteren starken Persönlichkeit, Ernst Homberger, dem entscheidenden Mann des Georg Fischer-Konzerns. Im Verwaltungsrat von +GF+ traf sich eine besonders profilierte Gruppe aus dem Kreis der Schweizer Bankiers, denen wir allen in den folgenden Kapiteln begegnen werden.[12] Ähnlich verhielt es sich bei der Industriegruppe Brown, Boveri & Cie. in Baden: Auch hier sassen neben dem Privatbankier Alfred Sarasin prominente Vertreter der Grossbanken – teilweise dieselben wie bei +GF+ – im Verwaltungsrat.[13] Dies interessiert uns hier vor allem unter der Perspektive der engen Geschäftsverbindungen mit dem deutschen Markt, die für +GF+ wie für BBC hervorzuheben sind. Der informelle Informationsfluss erlaubte somit den führenden Bankiers einen breiten Einblick in die Vorgänge nördlich des Rheins. Doch zurück zu den feinen Verbindungen zwischen Banken und Politik. Im Verwaltungsrat des Bankvereins sass bereits seit 1923 ein ganz untypischer Vertreter der katholisch-konservativen Partei, der uns noch näher interessieren wird: Nationalrat Roger alias Ruggero Dollfus, während des Zweiten Weltkriegs Generaladjutant der Schweizer Armee, ein Mann von ausserordentlicher Vielseitigkeit, den verschiedene britische Gesandte zu den «Leading Personalities in Switzerland» zählten.[14] Dollfus hatte seine Wurzeln väterlicherseits wie Dreyfus im Elsass, um genau zu sein in Mülhausen, der alten verbündeten Stadt der Eidgenossenschaft. Die Familie Dollfus gehörte zu den «grandes familles» der Textilindustrie. Sein Grossvater lebte in Basel, sein Vater liess sich in der Tessiner Gemeinde Castagnola nieder, die ihm 1889 das Ehrenbürgerrecht verlieh. Ruggero wurde 1876 geboren, machte seine Schulen im Tessin, studierte in Basel und Berlin und war schliesslich als Bankier in Mailand tätig. Seine militärische Karriere bis zum Brigadekommandanten machte er vorwiegend bei den Tessiner Truppen. Und trotzdem werden ihn viele nicht als Einheimischen anerkennen. Dollfus war Protestant und blieb als eleganter, reicher und sprachgewandter Weltmann wohl immer eine etwas ausserordentliche Figur im damaligen politischen Tessiner Klima.[15] Auf eidgenössischer Ebene ist an seinem Einfluss nicht zu zweifeln.

Freilich muss man an dieser Stelle daran erinnern, dass im Verwaltungsrat des Bankvereins die Vertreter der traditionellen Basler Kreise, insbesondere Charles Schlumberger-Vischer, selber Privatbankier und Erster Vizepräsident des SBV bis 1934, nach wie vor ein nicht zu unterschätzendes Gewicht besassen. Charles Schlumberger wird im kritischen Juli 1931 in der Ausschuss-Sitzung des Verwaltungsrates die grundsätzliche Frage an Dreyfus stellen, ob es «nicht angezeigt wäre, unseren Verkehr mit Deutschland noch mehr einzuschränken».[16] Max Staehelin, Präsident des Bankvereins von 1928 bis 1944, pflegte derweil eher den Stil diskreter Unaufdringlichkeit. Gleichwohl sollte man sich hüten, seinen Einfluss völlig zu unterschätzen. Auch der Delegierte Louis Vaucher aus Genf gehörte in den zwanziger Jahren zum innern Kreis der Meinungsführer beim Bankverein. Mit andern Worten: Armand Dreyfus, dessen Einfluss von französischer Seite 1931 als «prépondérante» eingeschätzt wurde, blieb eingebunden in einen Kreis kompetenter Führungsfiguren aus Finanz, Wirtschaft und Politik, welche die strategische Richtung der Bank durchaus zu beeinflussen vermochten. Staehelin, Schlumberger, Dreyfus und Vaucher wurden vom französischen Konsul in Basel als Frankreichfreundlich eingeschätzt, ebenso wie verschiedene andere Verwaltungsratsmitglieder und einige Direktoren. Doch diese «persönlichen Gefühle», so glaubte Konsul Peron zu wissen, spielten im Geschäftsgebaren der Basler Bankiers nur eine sekundäre Rolle; da zählten in erster Linie «les plus gros bénéfices possibles».[17]

Basel spielte jedenfalls in der Zwischenkriegszeit immer noch eine für die Schweiz einzigartige Rolle als eine Art «Gefechtsfeld», wo sich deutsche und französische Einflüsse offen oder verdeckt beargwöhnten oder bekämpften. Dies vollzog sich häufig entlang der Linien, die sich aus der Annexion von Elsass-Lothringen durch das Deutsche Kaiserreich ergeben hatten und die in manchen einflussreichen Familien fortwirkten. Jede Verleihung der Ehrenlegion – wie zum Beispiel an Jacques und Léopold Marx, die Schwäger von Armand Dreyfus, beide ebenfalls elsässischer Abstammung, für ihre Verdienste während des Ersten Weltkriegs – wurde sorgfältig gewichtet. Wer auf welchem Feld letztlich erfolgreicher war, lässt sich nicht mit einer einfachen Formel beantworten. Das französische 2ème Bureau schickte 1929 den Capitaine T. als Verbindungsmann nach Basel. Der I.G. Farben-Konzern hingegen gründete beinahe zur gleichen Zeit daselbst seine grosse Auslandholdingsgesellschaft namens I.G. Chemie, bei der wenige Jahre später der einflussreiche Basler Anwalt und

Oberst Felix Iselin-Merian das Präsidium übernahm. Felix Iselin, Sohn eines Oberstkorpskommandanten, Präsident der Bâloise-Versicherungen, wurde 1933 auch in den Verwaltungsrat des Bankvereins berufen. Interessenkonflikte und Spannungen auf kleinstem Terrain waren nicht auszuschliessen. Von einer einheitlichen Front der «milieux dirigeants» konnte in Basel wohl kaum die Rede sein. Weitere Angaben dazu finden sich in den folgenden Kapiteln.

2.2. Adolf Jöhr und Rudolf Gottfried Bindschedler: Rivalen von unterschiedlichem Format

Berlin 1926, Pariser Platz. Gleich neben dem Brandenburger Tor lässt sich Adolf Jöhr, Generaldirektor der Schweizerischen Kreditanstalt in Zürich, vom grossen Meister Max Liebermann in dessen Atelier porträtieren. Jöhr ist für jene Zeit ein etwas untypischer Schweizer Bankier. Er liebt die Kunst, ist Mäzen und seit 1922 Präsident der Zürcher Kunstgesellschaft. Max Liebermann freilich, mit dem durchdringenden Auge des alten Menschenkenners, sieht in Jöhr durchaus den herausragenden Repräsentanten seines Berufes, einen selbstbewussten und erfolgreichen Mann, dem noch einiges zuzutrauen ist.[18] In der Tat wird Jöhr im schweizerischen Bankwesen der dreissiger Jahre eine hervorragende Stellung einnehmen. Er erwirbt sich auf unaufdringliche Weise ein Prestige, das ganz wesentlich bis in die politische Sphäre hineinwirkt. Und er kennt führende deutsche Persönlichkeiten so gut, dass Oberstkorpskommandant Wille im kritischen Sommer 1940 empfehlen wird, einer allfälligen Mission von C. J. Burckhardt nach Berlin auch Adolf Jöhr «beizugeben, der in Berlin wegen seiner Unvoreingenommenheit und seiner Sachkunde hochangesehen ist».[19]

Doch greifen wir den Ereignissen nicht vor und werfen wir zunächst den Blick auf eine ungewöhnliche Karriere. Adolf Jöhr wurde 1878 als Sohn eines Tierarztes in Bern geboren, wo er mit zweiundzwanzig Jahren zum Dr. oec. promovierte. 1907 ging er als Generalsekretär zur neu gegründeten Schweizerischen Nationalbank, bei der er mit 37 Jahren in die Generaldirektion aufstieg. Das konnte seinen Tatendrang offensichtlich nicht vollständig befriedigen, denn 1918 trat er in die Geschäftsleitung der Kreditanstalt ein: in den damaligen Verhältnissen ein eher ungewöhnlicher Wechsel. Adolf Jöhr stach hervor durch seinen scharfen Intellekt, sein logisches Denken und «seine beneidenswerte stilistische Gewandtheit», wie in einem Nachruf zu Recht festgehalten wurde.[20] Eine grosse Anzahl von Publikationen zeugt von seinem Talent. Es fiel ihm offenbar nicht allzu schwer, sich als brillanter Kopf unter den Standesgenossen durchzusetzen. Von 1929 bis 1939 trat er als initiativer Vizepräsident der Schweizerischen Bankiervereinigung in Erscheinung. Hier konnte er in der Krise der dreissiger Jahre seine Talente voll zur Geltung bringen. An der Entstehung des ersten schweizerischen Bankengesetzes von 1934 hatte Adolf Jöhr einen ganz wesentlichen Anteil. Da gab es freilich nicht wenige Animositäten bei der Festlegung der einzelnen Bestimmungen. Jöhr wird auch in der Öffentlichkeit am Grundsatz möglichst grosser Freiheit des Bankwesens festhalten. Unverblümt wendet er sich gegen Umständlichkeiten in der Handhabung neuer staatlicher Bestimmungen und gegen Fesseln, welche das Spiel der Marktkräfte etwa im Zinsbereich behindern. Die verschiedentlich spürbaren Tendenzen zu einer obrigkeitlich dirigierten Wirtschaft scheinen Jöhr unvereinbar mit einem auf der individuellen Verantwortung und freien Initiative aufgebauten Staatswesen.[21] Besonders anspruchsvoll gestaltete sich Jöhrs Aufgabe als Präsident des «Komitee Deutschland» der Bankiervereinigung (seit 1921). Wir werden Jöhr demnach in zahlreichen delikaten Situationen begegnen, häufig mitten im Spannungsfeld der deutsch-schweizerischen Auseinandersetzungen. Adolf Jöhr mochte «nicht selten hart und unnachgiebig erscheinen» und eine gewisse Distanz wahren, wie Generaldirektor Linder ohne Beschönigung im Nachruf festhielt.[22] In den Verhandlungen mit deutschen Gesprächspartnern war dies freilich nicht unbedingt ein Nachteil.

Adolf Jöhr hat von Anfang seiner Karriere an ein hohes Niveau anvisiert. An dieser ebenso scharfsinnigen wie kultivierten Persönlichkeit werden sich fast zwei Generationen von Schweizer Bankiers bis in die Nachkriegszeit hinein messen müssen. Allerdings gehört Jöhr nicht zu jenen aggressiven Geschäftsakquisiteuren, die in den Hochkonjunkturjahren eine Bank mit ihrem Ehrgeiz unermüdlich an die Spitze treiben. Es ist nicht besonders erstaunlich, dass sich sein Aufstieg zum Präsidenten des Verwaltungsrates der Kreditanstalt trotz all seiner intellektuellen Fähigkeiten keineswegs einfach gestaltete. Im Jahre 1928 wurde er von einem internen Konkurrenten überholt: Direktor Dr. R. G. Bindschedler gelang es offenbar mit Hilfe des neuen Verwaltungsratspräsidenten Dr. Hermann Stoll, sich als Delegierter des Verwaltungsrates und ein Jahr später zudem als Vizepräsident des VR zu etablieren. Bindschedler wurde 1883 in Zürich geboren, promovierte als Dr. iur. und reüssierte bei der Kreditanstalt in den Boomjahren sehr rasch als Chef des profitablen Emissionsgeschäftes, bei welchem die Kreditanstalt häufig eine führende Rolle spielte.[23] Das diesbezügliche Geschäft mit Deutschland hatte dabei ein besonderes Gewicht. R. G. Bindschedler galt bei seinen Konkurrenten als «kühner Financier», der allerdings zu stark auf seine «persönliche

Gewandtheit» zu vertrauen schien. 1931 betrachtete man ihn im Markt als Hauptverantwortlichen für das grosse Deutschland-Engagement der Kreditanstalt.[24] Aber auch mit Frankreich wusste sich der gewandte Bindschedler durch seine Initiativen für zwei Anleihen 1926 gut zu stellen: Die Rosette der Ehrenlegion war unmissverständliches Zeichen seiner Vielseitigkeit. Und schliesslich durfte er sich der Freundschaft mit dem langjährigen schweizerischen Wirtschaftsminister Edmund Schulthess rühmen.[25] Es handelt sich um jenen machtbewussten freisinnigen Bundesrat, der auch nach seinem Ausscheiden aus der Regierung im Jahre 1935 noch Fäden zog und gerne eine besondere Mission ins Ausland übernahm. Der Glanz seines Freundes Bindschedler wird allerdings mit der deutschen Devisen- und Bankenkrise von 1931 und den Schwierigkeiten anderer Schuldnerländer deutlich verblassen. Bindschedler hatte sich mit seinem arroganten Auftreten nicht wenige Feinde geschaffen.[26] 1936 musste er schliesslich sein Amt als Delegierter der Kreditanstalt und erster Mann der Generaldirektion abgeben, blieb jedoch noch Vizepräsident bis zum grossen Wechsel von 1940, als Adolf Jöhr endlich an die Verwaltungsratsspitze gelangte.[27] Ein anderer Vorgang im Zusammenhang dieser personellen Veränderungen ist bemerkenswert: die ungewöhnliche Berufung von Legationsrat Peter Vieli von der Handelsabteilung des Eidgenössischen Volkswirtschaftsdepartements in die Generaldirektion der Kreditanstalt im Jahre 1937. Vieli der «Quereinsteiger», der in den Beziehungen zu Deutschland und Italien eine wesentliche Rolle spielen wird, gehört zu den nicht ganz unumstrittenen Figuren jener Jahre.

Doch nun ganz kurz zu den nackten Zahlen. Der Historiker Joseph Jung und seine Mitarbeiter haben diese grundlegenden Fakten eingehend untersucht: Das Deutschland-Engagement des Kreditanstalt-Hauptsitzes erhöhte sich von 1925 bis 1930 von 83 Millionen Franken auf 424 Millionen. Auch bei dieser Grossbank versuchte die Geschäftsleitung bereits im Frühjahr und Sommer 1929, den Anstieg zu bremsen. Der Höhepunkt wurde gleichwohl ganz deutlich erst 1930 erreicht.[28] Es fiel der Kreditanstalt offensichtlich noch schwerer als andern Schweizer Banken, das lukrative Geschäft mit Deutschland zu diesem Zeitpunkt einzuschränken. Das überrascht eigentlich nicht, denn die SKA konnte genau in dieser Sparte dank längerer Kontinuität vieler Beziehungen einen klaren Konkurrenzvorteil ausspielen. Um nur ein Beispiel zu nennen: keine andere Schweizer Bank verfügte über derart enge Kontakte zur Deutschen Bank wie die SKA. Das wird sich freilich in der kritischen Zeit des Zweiten Weltkriegs als nicht ganz unproblematisch herausstellen. Halten wir hier nur zwei Fakten fest: Die Kreditanstalt engagierte sich in Deutschland in den späten zwanziger Jahren bedeutend stärker als der grössenmässig vergleichbare Bankverein und die SKA trat deutlich später auf die Bremsen. Im Verhältnis zu den Eigenmitteln wird sie entsprechend mehr zu verkraften haben. Der Vergleich mit den kleineren und stark exponierten Hauptkonkurrenten wird diesbezüglich besonders interessant sein.

2.3. Paul Jaberg: Ein Mann will nach oben

Nehmen wir das Charakteristische an Paul Jaberg, diesem profilierten Vertreter der Schweizerischen Bankgesellschaft, gleich vorweg: ein Mann mit drängendem Aufstiegswillen und ausgeprägter Standfestigkeit. Für beides hat er im Laufe seiner Bankkarriere viele Proben abgelegt. Jaberg wurde im gleichen Jahr 1878 wie Jöhr geboren. Auch er stammte – Sohn eines Lehrers – aus dem Kanton Bern. Aber wie Dreyfus begann er ganz unten als Banklehrling, weitab von den Finanzzentren, bei der Berner Kantonalbank in Langenthal. Dort hielt es ihn freilich nicht lange. Es folgten fast vier Jahre praktische Auslanderfahrung in Paris und London und schliesslich einige Weiterbildungssemester bis zum Abschluss eines handelswissenschaftlichen Diploms in Zürich. 1905 trat er bei der Bank in Winterthur ein, zwei Jahre später war er bereits Vizedirektor.

Zu den Merksprüchen des alten Jaberg gehörte der Satz: «Sage mir, wer eine Bank leitet, und ich sage Dir, was sie wert ist.»[29] Seine Bank wurde seit 1901 von Dr. Rudolf Ernst aus Winterthur geleitet, der sie 1912 mit der Toggenburger Bank zur Schweizerischen Bankgesellschaft (SBG) fusionierte. Aus zwei ostschweizerischen Regionalbanken sollte durch Akquisition und Expansion eine starke gesamtschweizerische Bank entstehen. Das war die Ambition von Rudolf Ernst, und Paul Jaberg unterstützte sie kraftvoll. 1941 wird Jaberg als Verwaltungsratspräsident «nachrücken». Dahinter ist mehr zu erkennen: der Wille und die Entschlossenheit einer Winterthurer Gruppe aus der stark exportorientierten Industrie, die das Feld nicht allein den beiden führenden Grossbanken Bankverein (Basel) und Kreditanstalt (Zürich) überlassen wollte. Persönlicher Ehrgeiz der Bankdirektoren verbindet sich aufs Wirkungsvollste mit dem strategischen Fernziel, zu den mächtigen Konkurrenten von Rhein und Limmat aufzuschliessen. Verschiedene Verwaltungsräte wissen als höhere Kavallerie- und Artillerieoffiziere das frische Tempo und die Treffsicherheit von Rudolf Ernst und Paul Jaberg zu schätzen. Neben der Winterthurer Gruppe gibt es im Verwaltungsrat der «Bankgesellen» in diesen Jahren auch eine kleine, aber selbstbewusste «Aargauer Gruppe»[30] sowie einige Vertreter aus der Romandie, welche sich im kritischen Moment durchaus zu Wort melden werden.

Ähnlich wie Armand Dreyfus beim Bankverein, so profiliert sich auch Jaberg bei der raschen Expansion der Filiale im dynamischen Zürich: «Bahnhofstrasse 45» soll eine Adresse werden, die mit den Konkurrenten vom Paradeplatz gleichziehen kann. Und dies wiederum hat wie bei den andern grösseren Banken am Platz sehr viel mit dem Anteil des deutschen Geschäfts zu tun. Nicht nur: denn bei der Bankgesellschaft wird in den zwanziger Jahren unter anderem auch das Geschäft mit Ungarn und Rumänien gefördert. Indes steht seit 1926/1927 Deutschland bei der Expansion der Kredite im Mittelpunkt. Die Bankgesellschaft steigert ihre Bilanzsumme von 1923 bis 1929 um 83%. Das Engagement in Deutschland erreicht im August 1929 den Betrag von 275 Millionen Franken.[31] Das entsprach etwa 27% der Bilanzsumme und dem Doppelten der Eigenmittel: ein eindeutiges «Klumpenrisiko» – aus der Rückschau. Die Verantwortlichkeiten sind schnell benannt: Die meisten Deutschlandtransaktionen wurden in Zürich abgewickelt. Etwas genauer: Paul Jaberg war schon 1916 Mitglied der sechsköpfigen «Hauptdirektion» der Bank geworden. Dort spielte Hermann Grüebler, ein anerkannter Fachmann alter Schule, über lange Jahre die Rolle des «Primus inter pares», indem er die Bank auch im Ausschuss der Bankiervereinigung und in verschiedenen Verwaltungsräten vertrat. Grüebler, Jaberg und weitere Kollegen aus der Direktion bauten an der Bahnhofstrasse in Zürich das Deutschlandgeschäft aus. Das konnten sie in der dezentralen Struktur der Bankgesellschaft deshalb so wirkungsvoll tun, weil sie von der zuständigen «Lokalkommission» des Verwaltungsrates im Boom der späten zwanziger Jahre voll gedeckt wurden. In dieser Lokalkommission «Winterthur-Zürich» sassen die einflussreichsten Männer der Bank, die «Winterthurer Gruppe»: der Präsident Dr. Rudolf Ernst, die Industriellen Dr. Hans Sulzer und Eduard Bühler, ausserdem Dr. Gottfried Bosshard,[32] der Delegierte der Schweizerischen Unfallversicherungs-Gesellschaft in Winterthur, Ständerat Keller und andere. Sie hatten zwar schnell erkannt, dass der kraftvolle Jaberg der kommende Mann war – aber diese Dinge wurden damals mit Feingefühl und Sinn für eine ausgewogene Geschäftsleitung behandelt. Jaberg wird erst 1937 unter gänzlich veränderten Umständen zum Direktionspräsident der Bankgesellschaft aufsteigen, eine neue Führungsposition, die es bis dahin nicht gegeben hatte. Im selben Jahr verleiht ihm die Universität Lausanne den Doktortitel honoris causa. Paul Jaberg, dies sei am Rande bemerkt, hatte eine unverkennbar pädagogische Ader. Viele seiner Publikationen sind von der Absicht geprägt, ein breiteres Publikum über Fragen der Bank- und Finanzpolitik «aufzuklären».[33] In unserem Zusammenhang sind seine Stellungnahmen zur lang anhaltenden Diskussion der schweizerischen Kapitalexporte von Interesse. So hat Jaberg beispielsweise 1927 sehr eindringlich für die Vorteile des Kapitalexports via öffentliche

Auslandemissionen plädiert.³⁴ Er musste nicht eigens erwähnen, dass ein Grossteil der Nachfrage aus Deutschland kam. Jaberg hat im gleichen Aufsatz aber auch geschrieben: «Irren ist menschlich. Es gibt kein Genie, das die kommenden Dinge mit absoluter Sicherheit voraussehen kann.»³⁵

Blenden wir nochmals zurück auf den Höhepunkt der Bank. Am 12. April 1929 berichtet die «Frankfurter Zeitung» über die Gründung der Non ferrum A.G. in Zürich. Es handelt sich um eine Holding der Giesche-Gruppe in Breslau. In die Holding sollen «ausländische, nicht deutsche» Zinkbeteiligungen eingebracht werden. Es geht dabei um die Shares der polnischen Giesche-Gesellschaft, der Silesian American Corp., soweit sie nicht im Besitz der Anaconda, sondern von Giesche-Breslau sind. Komplizierte Ausgangslage, die mit den Grenzziehungen im oberschlesischen Industriegebiet nach dem Ersten Weltkrieg in enger Verbindung steht. Die «Frankfurter Zeitung» weiter: «Offenbar sollen diese Werte über die Schweiz im Bedarfsfalle zur Unterlage von vorübergehenden oder längerfristigen Krediten gemacht werden.» Die Herren von Giesche denken an eine grosse Investition in ein neues Zinkelektrolysewerk in Magdeburg. «Giesche» steht für die «Bergwerksgesellschaft Georg von Giesche's Erben», eine Personenvereinigung mit etwa 800 Anteilseignern, die im 18. Jahrhundert ihren Ursprung hatte. Die leitende Persönlichkeit von Giesche-Breslau ist Dr. Eduard Schulte, Generaldirektor. Er wird 1942 die Nachricht von den grauenhaften Massenvernichtungen der Juden durch die Nazis nach Zürich bringen, damit sie an die Alliierten weitergeleitet werde. Gerhart M. Riegner in Genf, der dabei eine wichtige Rolle spielte, und Richard Breitman haben über diese dramatischen Vorgänge vom Herbst 1942 im Detail berichtet.³⁶ Doch zurück zur Gründung der Non ferrum A.G. in Zürich im März 1929: Eduard Schulte übernahm persönlich das Präsidium der Holding, die mit einem Aktienkapital von 5 Millionen Franken ausgestattet und am Sitz der Bankgesellschaft in Zürich domiziliert wurde. Zwei Direktionsmitglieder der SBG nahmen Einsitz im Verwaltungsrat. Ein charakteristisches Detail: Bei der Herstellung des Kontaktes zwischen Schulte und Bankgesellschaft hat offensichtlich Dr. Otto Fischer, Direktor der Reichs-Kredit-Gesellschaft (RKG) in Berlin, eine wesentliche Rolle gespielt.³⁷ Ganz einfach: Man kannte sich bereits, denn die Bankgesellschaft hatte der noch jungen RKG bereits 1925 Kreditfazilitäten eingeräumt. Die SBG wird dann der RKG im Frühjahr 1929 eine Unterbeteiligung am Kredit an die Non ferrum A.G. anbieten. Dies alles gilt es zu berücksichtigen, wenn man die Geschäfte zwischen RKG und SBG bis in den Zweiten Weltkrieg hinein richtig einschätzen will. Oder anders gesagt: Die Bankgesellschaft wird eine zunächst viel versprechende und hilfreiche deutsche Bankverbindung auch unter gewandelten politischen

Rahmenbedingungen nicht einfach aufgeben. Die Beziehung zum Giesche-Konzern wird die Bankgesellschaft bis über den Zweiten Weltkrieg hinaus beschäftigen.

Ein anderes Beispiel aus diesen Jahren des Erfolgs sei hier noch kurz erwähnt, weil es für die Aktivitäten einer traditionellen Handelsbank und die rasche Geschäftsausweitung überaus charakteristisch ist. Ende 1927 räumte die Bankgesellschaft einer bedeutenden Bier- und Malzgruppe in Berlin einen substantiellen Saison-Kredit ein, der im folgenden Jahr nach zufriedenstellender Abwicklung erneut ausgesetzt wurde. Im Februar 1929 besuchte Fritz W., der führende Mann der Gruppe, Paul Jaberg in Zürich. F. W. schlug nun vor, «ähnlich wie englische Banken», einigen ersten Brauereien einen Akzeptkredit für Malz- & Gersteneinkäufe einzuräumen.[38] Bedingung war freilich, dass die Gruppe von F. W. am Finanzgeschäft «metà-beteiligt» wurde. Resultat waren klassische Rembours-Kredite, bei denen auch ein Devisengeschäft anfallen konnte. Herr W. war zufrieden. Im November 1929 machte er der SBG gleich noch einen weiteren Vorschlag: bei der Abrundung des Brauerei-Aktienbesitzes Unterstützung zu leihen.[39] Jaberg und seine Kollegen verstanden es, anspruchsvolle Geschäftsbeziehungen in einem kompetitiven Umfeld rasch auszubauen. Doch manche dieser Verbindungen werden als Folge der nationalsozialistischen Barbarei nicht von Dauer sein. Fritz W. emigrierte als «Nicht-Arier» 1938 nach Belgien. Die Nazis werden ihn später in Auschwitz ermorden.

2.4. Theodor Wolfensperger setzt im Kreditgeschäft auf Deutschland

Theodor Wolfensperger wurde 1922 als leitender Direktor der Eidgenössischen Bank in Zürich angestellt. In dieser Position blieb er unangefochten in den Jahren des Erfolgs bis 1930, dann sank sein Stern rapide, und im Krisenjahr 1935 demissionierte er. Keine geradlinige Entwicklung wie bei Dreyfus oder Jaberg, sondern eine in mehrfacher Hinsicht gebrochene Karriere. Theodor Wolfensperger wurde 1871 geboren, wuchs in Zürich auf und machte den ersten Teil seiner Banklaufbahn bei der Schweizerischen Kreditanstalt, wo er bis zum Vizedirektor avancierte. 1916 dann der Sprung nach Frankfurt am Main als Vorstandsmitglied der Mitteldeutschen Creditbank. Im März 1920 Ernennung zum Honorarkonsul der Schweiz in Frankfurt, in dieser Funktion bis zum August 1922 tätig. Wolfensperger knüpft in dieser Zeit der Unruhe und des Umbruchs mannigfache Beziehungen in Deutschland, die sich unmittelbar auf die

Geschäftstätigkeit der Eidgenössischen Bank (EIBA) in den zwanziger Jahren auswirken werden.

Gerne wüsste man, wer die «Berufung» von Theodor Wolfensperger in die Wege leitete. War es Verwaltungsratspräsident Dr. Oskar von Waldkirch, der von 1893 bis 1919 selbst zum Direktorium der Bank gehört hatte? Oder Iwan Bally, VR-Delegierter des international tätigen Schuhkonzerns, ein Mitglied des EIBA-Verwaltungsrates mit besonderem Gewicht? Bally ist nebenbei auch Politiker und vertritt von 1938 bis 1942 den Kanton Solothurn im Ständerat. Er bleibt bis zum bitteren Ende der EIBA im Jahre 1945 im Verwaltungsrat. Lassen wir die Frage betreffend Wolfenspergers Fürsprecher offen. Klar ist, dass die Eidgenössische Bank nach dem Ersten Weltkrieg an einer gewissen Überalterung litt und die Nachwuchsprobleme offensichtlich nicht unmittelbar aus den eigenen Reihen lösen konnte. Diese Bank, die in der Romandie den wohlklingenden Namen «Banque Fédérale» führte, gehörte zu den Grossbanken von mittlerem Kaliber. Gegründet 1864 in Bern, hatte sie bereits eine farbige Vergangenheit hinter sich. Nach etlichen Turbulenzen wurde sie 1892 reorganisiert und der Hauptsitz nach Zürich verlegt. Die EIBA behielt jedoch eine stark dezentrale Struktur mit ihren acht «Comptoirs»-Direktionen von St. Gallen über Bern bis Lausanne und Genf und einer entsprechend breit gestreuten, stark mittelständisch ausgerichteten Kundenbasis im Inland.

Was den Verwaltungsrat betrifft, fällt die profilierte politische Solothurner Vertretung auf: Iwan Bally wurde bereits genannt; zur Zeit von Wolfenspergers Eintritt sass ausserdem Ständerat Casimir von Arx aus Olten, VR-Präsident der SBB, in diesem Gremium. Von Arx wurde 1931 von Ständerat Dr. Robert Schöpfer abgelöst, der sich bis zu seinem Tod 1941 «mit seiner ganzen Persönlichkeit» für die EIBA einsetzte, wie es im Geschäftsbericht ehrend hiess. Schöpfer gehörte zu den Spitzenpolitikern der freisinnigen Partei.[40] Im Verwaltungsrat sassen in den zwanziger Jahren überdies Vertreter von fünf mittelgrossen Firmen aus Zürich, ferner zwei Repräsentanten der Romandie und ein Mitglied der Familie Gugelmann aus Langenthal, die über drei Generationen im VR der EIBA vertreten war.

Werfen wir nun einen kurzen Blick auf die fiebrige «Ära Wolfensperger», in der die Eidgenössische Bank – aus der Rückschau gesehen – jedes gesunde Mass zu verlieren scheint. Die Bilanzsumme zeigt von 1923 bis 1929 einen atemraubenden Anstieg um 159% oder 525 Millionen Franken. Dieser Zuwachs wird zum grössten Teil in Zürich gebucht; ins Gewicht fallen dabei vor allem die Deutschland-Engagements. Theodor Wolfensperger geht schnell ans Werk. Schon im September 1922, zu einem Zeitpunkt, da andere Grossbanken Deutschland noch sehr zurückhaltend beurteilen, präsentiert er dem Verwaltungsrat aufgrund seines

Informationsvorsprungs das erste kleine Kreditpaket. Verschiedene Verwaltungsratsmitglieder zögern jedoch: Mitte Juni 1924 hat die EIBA erst Blankokredite an deutsche Firmen von 12 Millionen Franken bewilligt, benützt mit 7 Millionen.[41] Zusätzlich gewährt die Bank allerdings auch Rembours-Fazilitäten an deutsche Banken. Das Jahr 1925 wird zur Wegscheide. Symptomatisch ist die Bewilligung eines Blanko-Vorschusses von 5 Millionen Franken an die BASF. Der Kredit wird, weil verschiedene Verwaltungsratsmitglieder die Engagements in Deutschland limitieren möchten, als «Ausnahmegeschäft» bezeichnet. Der Hunger der Direktion in Zürich ist damit freilich keineswegs gestillt.[42] Immerhin hat es die EIBA geschafft, über die BASF den Zugang zu einem der grössten Konzerne Europas, der I.G. Farbenindustrie, herzustellen. Die I.G. Farben wird allerdings in der Schweiz rasch ihre eigenen finanziellen Wege gehen und zu diesem Zwecke besondere Vehikel benutzen (vgl. Kapitel 2.5.2.).

Folgen wir noch detaillierter dem Aufbau der deutschen Engagements bei der EIBA, denn nur so sind die Ursachen der späteren Probleme richtig zu erkennen. Anfang 1926 ist ein deutliches Zögern spürbar. Die Kreditkommission will sich offensichtlich gegenüber dem Gesamtverwaltungsrat nicht exponieren.[43] Etwas einfacher wird es dann für die Direktion in der zweiten Jahreshälfte, das Geschäft mit den deutschen Banken voranzutreiben. Diese sehen aufgrund der tiefen Schweizer Zinssätze einen Vorteil, «die Tratten-Kredite von London und Amsterdam hierher zu verlegen». Die Rembours-Limiten für deutsche Grossbanken werden deshalb im November zum Teil verdoppelt.[44] Im Jahre 1927 macht sich der Konkurrenzdruck unter den Schweizer Grossbanken noch stärker bemerkbar – so empfindet man dies jedenfalls in der Direktion der EIBA. Im November 1927 sind Blanko-Limiten an deutsche Handels- und Industriefirmen von 42 Millionen Franken ausgesetzt, davon entfallen 15 Millionen auf den I.G. Farben-Konzern.[45] Daneben hat die EIBA auch die Ausleihung von Termingeldern an Banken im Ausland bedeutend forciert. Die Direktion wird damit 1928/29 intensiv fortfahren.[46]

Im Jahre 1928 glaubt die EIBA, in den deutschen Gemeinden besonders interessante Kreditnehmer gefunden zu haben: Da werden nun meist in Reichsmark kurzfristige Vorschüsse vergeben von Kassel bis Breslau, von Mannheim bis Berlin und von Frankfurt bis München. Ein bemerkenswertes Beispiel ist der Kredit an die Jüdische Gemeinde Berlin, ursprünglich im März 1928 für 1.5 Millionen Franken auf ein Jahr bewilligt, dann im März 1930 auf 2 Millionen Franken erhöht. Es ist nicht auszuschliessen, dass dieser Kredit durch das Bankhaus Mendelssohn in Berlin vermittelt wurde, welches zu den bedeutenden Bankenschuldnern der EIBA gehörte.[47] Die Eidgenössische Bank arbeitete in Berlin 1928 unter anderem auch mit dem Bankhaus J. Dreyfus zusammen, als es zum Beispiel darum ging, das berühmte Hotel Adlon finanziell zu unterstützen. Zwei Jahre später wird die Eidgenössische Bank sogar einen Konsortialkredit für das Adlon von 6.5 Millionen Franken anführen.[48] Dieser Adlonkredit scheint symptomatisch für die allzu forsche – oder etwas naive – Kreditgewährung gewisser Schweizer Banken. Der Zeitpunkt der Kreditgewährung im Sommer 1930 ist jedenfalls weder vom politischen noch wirtschaftlichen Gesichtspunkt aus ein Gütezeichen. Es kann kein Zufall sein, dass alle vier beteiligten Banken im Verlaufe der folgenden fünf Jahre in ernsthafte Schwierigkeiten geraten.[49] Das Adlon seinerseits ist übrigens nach 1932 mit den Zinsen in Verzug, der Kredit muss schliesslich mit Verlust für die Schweizer Banken liquidiert werden.[50]

Hat man bei der Eidgenössischen Bank und einigen andern schweizerischen Banken die Zeichen der Zeit nicht erkannt? Hat man weggeschaut, beschönigt auch, als die ersten grösseren Alarmzeichen 1929 schon vor dem New Yorker Börsencrash deutlich sichtbar wurden? Alles spricht mindestens im Falle der EIBA für ein solches Verhalten. Das wohl beste Beispiel ist der Zusammenbruch der einst so stolzen Frankfurter Allgemeinen Versicherung (Favag) im Sommer 1929. Dieses Ereignis, so berichtete das deutsche Generalkonsulat in Zürich nach Berlin, habe «dem deutschen Kredit, der in letzter Zeit öfters Erschütterungen ausgesetzt war, wiederum schweren Schaden zugefügt».[51] Der Generaldirektor der Allianz-Gruppe, Kurt Schmitt, hat wenig später in einem Vortrag die Ereignisse vom Sommer «als furchtbaren Schlag» bezeichnet.[52] Die EIBA hatte 1928 begonnen, Ausleihungen an verschiedene deutsche Kreditnehmer mit der Bürgschaft der Favag zu tätigen. Es war unter anderem diese Art von Geschäften, die dem Versicherungskonzern zum Verhängnis wurden. Die Favag wandelte sich, wie Schmitt treffend festhielt, «vom Versicherer zum Selbstfinanzierer». «Rein bankgeschäftliche, dabei noch meistens hochspekulative Transaktionen» wurden «mit dem hierzu ungeeigneten Rückzeug einer Versicherungsgesellschaft durchgeführt.»[53] Zur Beschaffung von Risikokapital liess sich die Favag Ende 1928 auch an der Zürcher Börse einführen. Bereits am 19. August 1929 musste die Notierung eingestellt werden – eine peinliche Sache. Die EIBA war an dieser Börseneinführung natürlich mitbeteiligt, die Federführung lag bei der Kreditanstalt. Nach dem Zusammenbruch wurde bei der EIBA eiligst die gesamte Favag-Position zusammengestellt. Es stellte sich heraus, dass die EIBA insgesamt 10.5 Millionen Franken an Firmen ausstehend hatte, die mit der Bürgschaft der Favag versehen waren. Die grösste Einzelposition entfiel auf die Chemie Trust AG in Schaffhausen, welche mit einer Berliner Farbenfabrik in enger Verbindung stand.[54] Es ist nicht notwendig, hier weitere Details dieser komplexen Verbindungen auszubreiten. Das Versicherungsgeschäft der Favag wurde schliesslich von der Allianz übernommen. Die endgültigen Verluste der EIBA aus der

Affäre lassen sich nicht genau beziffern, sie fallen bestimmt auf der Position Chemie Trust an, wie übrigens auch bei der Bankgesellschaft, die ebenfalls beim Chemie Trust engagiert war.[55] Dem Prestige der EIBA-Bankleitung waren die Vorgänge um die Favag jedenfalls nicht förderlich. Hier gilt es freilich auch zu berücksichtigen, dass Verwaltungsratspräsident von Waldkirch seit 1929 gesundheitlich geschwächt war. Nach einigem Zögern wird er schliesslich Anfang 1932 mit über 70 Jahren zurücktreten.

Bemerkenswert in diesen Jahren ist zudem ein weiterer Punkt: die Tendenz der EIBA, die einmal gewährten «kurzfristigen» Vorschüsse in vielen Fällen unverändert zu verlängern, aus kurzfristigen also de facto schliesslich mittelfristige Ausleihungen zu machen, natürlich immer in der Vorstellung, dass man diese Beträge jederzeit zurückfordern könne. Die Gründe für dieses Vorgehen sind leicht zu erkennen: Zahlreiche deutsche Schuldner wünschen die fortlaufende Verlängerung, die Abwicklung ist einfach, die Konditionen bleiben gut, die Bonität der Schuldner scheint sich aus der Ferne gesehen nicht wesentlich zu verschlechtern. Und in der Schweiz bieten sich insgesamt keine vergleichbar attraktiven Ausleihemöglichkeiten, insbesondere dann nicht, wenn man den Ausbau der Inlandkundschaft vernachlässigt.

Die Eidgenössische Bank erreichte 1929, in ihrem sechsundsechzigsten Geschäftsjahr, den Kulminationspunkt ihrer Geschichte. Ganz genau genommen erreicht sie ihn schon am 30. Juni 1929 mit einer Bilanzsumme von 866 Millionen Franken, nicht zuletzt angetrieben von einer letzten Kapitalerhöhung. Der ausgewiesene Reingewinn erlaubte in den späten zwanziger Jahren die Ausschüttung einer attraktiven Dividende. Aufgrund verschiedener Indizien muss jedoch vermutet werden, dass in den guten Jahren im Vergleich zu andern Grossbanken nur wenig stille Reserven angelegt wurden. So lief zum Beispiel im Wertschriftengeschäft auf eigene Rechnung nicht immer alles wie erwartet: 1927 täuschte man sich im internationalen Zinstrend und blieb auf zu hohen Beständen sitzen, die aus bilanzoptischen Gründen Ende Jahr zum Teil in ein besonderes «Syndikat» ausgelagert wurden.[56] Und im ersten Semester 1929, also noch vor dem Crash in New York, war das Direktorium in Zürich zu Abschreibungen auf Wertschriften gezwungen, was den diesbezüglichen Ertrag «erheblich» schmälerte.[57]

Wann erreichen nun die deutschen Engagements bei der Eidgenössischen Bank den Höhepunkt? Gesicherte Zahlen liegen erst für Ende Oktober 1930 vor, nachdem die wirtschaftliche und politische Entwicklung in Deutschland dem Präsidium der Bank Anlass zu Beunruhigung gegeben hatte. Der Gesamtumfang belief sich auf 393 Millionen Franken, was etwa 46 % der Bilanzsumme und dem Dreifachen der ausgewiesenen Eigenmittel entsprach. Der Rekordstand der Termingelder an Banken im

Ausland per Ende Juni 1930 sowie die andauernde neue Kreditgewährung an Firmenkunden in Deutschland lassen vermuten, dass der Höhepunkt der Engagements in Deutschland – im Gegensatz zu andern Grossbanken – erst im Sommer oder Herbst 1930 erreicht wurde.[58] Präsident von Waldkirch setzte auf den 18. November 1930 eine besondere Besprechung der Kredit-Kommission an, die in der Praxis einem Ausschuss des Verwaltungsrates entsprach. Man war sich mit der Direktion einig, dass das Deutschland-Engagement als «hoch» zu bezeichnen sei. Die Grossbanken seien jedoch darauf angewiesen, im Ausland Kreditgeschäfte zu machen. In einem aufschlussreichen Abschnitt wurde im Protokoll festgehalten, es sei «im ferneren erklärlich, dass wir das Schwergewicht solcher Geschäfte nach Deutschland legen, weil uns die Verhältnisse dort bekannt sind und die Überwachung der Risiken leichter ist als in andern Ländern». Die Kommission zeigte nun immerhin einen Anflug der längst gebotenen Vorsicht und beschloss, dass die Engagements in Deutschland den damaligen Stand nicht überschreiten dürften und die Vorschüsse an Länder und Kommunen sowie die Markengagements abzubauen seien.[59] Das war nun insgesamt keine radikale Trendwende, sondern ein vorsichtiges Abwarten der weiteren Entwicklung in Deutschland. Man will sich bei der EIBA die lukrativen deutschen Kredite ganz einfach nicht entgehen lassen. Noch im April 1931, kurz vor den grossen Bankenkrisen in Mitteleuropa, liegt das Deutschlandengagement bei 388 Millionen Franken.[60]

Fassen wir zusammen: Die Leitung der Eidgenössischen Bank setzte während mindestens vier Jahren, von 1927 bis 1930, ihr Schwergewicht klar auf das Deutschlandgeschäft. Sie baute dort ein Engagement auf, das mit der Grösse von Bilanz und Eigenmitteln in keinem vernünftigen Verhältnis stand. Das Länderrisiko Deutschland wurde weder in wirtschaftlicher noch politischer Hinsicht ausreichend erkannt. Warnzeichen wurden kaum berücksichtigt; die Angst vor einem Ertragsrückgang bei einem allfälligen Abbau der Deutschlandgeschäfte beherrschte das Denken sowohl in der Direktion wie im Verwaltungsrat. Das war ein Geschäftsgebaren, das sich allzu kurzsichtig und prestigebezogen an der Höhe der Dividende und an der einmal erworbenen Position unter den Grossbanken orientierte.

2.5. Grenzüberschreitende Kapitalflüsse: Ein Überblick bis 1930

2.5.1. Kapitalexport aus der Schweiz nach Deutschland

Private Anleger, Industrie, Handel, Versicherungen und nicht zuletzt viele Banken aus der Schweiz haben in den 1920er-Jahren insgesamt einige Milliarden Schweizerfranken nach Deutschland fliessen lassen. Das geschah hauptsächlich in Form von Krediten, Direktinvestitionen oder Wertschriftenanlagen. Warum die Schweizer dies taten, wurde in den vorangehenden Kapiteln bereits mit verschiedenen Beispielen erläutert. Ganz kurz gesagt: Deutschland erwies sich in der zweiten Hälfte der zwanziger Jahre als aufstrebender, attraktiver Markt, der in der Regel eine höhere Rendite als entsprechende Anlagen in der Schweiz offerierte. Die verschiedenen Risikoaspekte sind dabei freilich noch nicht genauer bezeichnet.

Die aus der Schweiz zufliessenden Milliarden waren in Deutschland ohne Zweifel sehr willkommen. Die deutsche Kapitalnachfrage und das schweizerische Angebot entwickelten sich von 1924 bis 1930 allerdings weder ganz synchron noch in Ausmass oder Form symmetrisch. Genau an diesen Punkten der Ungleichheit wird die historische Analyse besonders interessant, weil Vorbehalte, Verzögerungen oder die unterschiedlichen Preisvorstellungen klarer zu Tage treten. Einiges wurde bereits angedeutet. Illustrativ erscheint in diesem Zusammenhang der Fall der grössten deutschen Schifffahrtsgruppe, der Hamburg-Amerika-Linie aus Hamburg. Die Hapag sondierte bereits 1924 die Möglichkeiten am schweizerischen Kapitalmarkt über den deutschen Gesandten Adolf Müller in Bern.[61] Dies entsprach in dieser Phase wohl politisch-taktischer Vorsicht. Charakteristisch dann im Frühjahr 1925 die Reaktion beim Bankverein, wo man der Hapag keineswegs abgeneigt war, jedoch noch den «Ausgang der Reichspräsidenten-Wahl und die Abklärung der politischen Verhältnisse abwarten» wollte.[62] Die Hapag wird sich dann schliesslich im Februar 1931 bei einer verhältnismässig grossen Kreditaufnahme in der Schweiz der erfahrenen Vermittlung des Hamburger Bankhauses M. M. Warburg & Co. anvertrauen.[63] Max Warburg sass schliesslich auch im Aufsichtsrat der Hapag – allerdings nur bis zu seiner Verdrängung durch die Nationalsozialisten im Jahre 1933. Die Verhältnisse im Winter 1931 waren nun einem zusätzlichen deutschen Risiko aus Sicht der vorsichtigeren unter den Schweizer Banken nicht mehr sonderlich günstig. Wenn der Kredit gleichwohl zustande kam, mussten gute Gründe vorliegen. Für den Schweizerischen Bankverein bot sich die Chance, nun direkt mit einer der grössten deutschen Firmen in Geschäftsbeziehung zu treten. Einer wohl eher kurzfristigen Dringlichkeit von Seite der Hapag entsprach beim Bankverein ein im Grunde strategisch ausgerichtetes

Interesse. Anders ist nicht zu erklären, dass der SBV auch unter den bald massiv verschlechterten wirtschaftlichen und politischen Bedingungen an dieser Geschäftsbeziehung festhalten wird. Eine gewisse Ähnlichkeit zur Verbindung der Bankgesellschaft mit dem Giesche-Konzern ist – bei allen Unterschieden in Branche und Struktur der Geschäfte – über die Jahre unverkennbar: das Bemühen um Kontinuität, wie schwierig sich die äussern Umstände auch gestalteten. Wie stark hier auch persönliche Kontakte zwischen wichtigen Entscheidungsträgern ins Gewicht fielen, wäre von Fall zu Fall genau zu untersuchen.

Halten wir nochmals fest: Das Deutschland der konsolidierten Weimarer Republik war einer der aufnahmefähigsten Märkte der Welt für Anleihen, Investitionen und Kredite jeder Art. Die Schweizer haben im deutschen Markt der zufliessenden Auslandkapitalien nicht die erste Geige gespielt, das blieb den angelsächsischen Siegermächten des Ersten Weltkrieges vorbehalten.

An herausragenden Einzelbeispielen mangelt es nicht: Das deutsche Kali-Syndikat in Berlin emittierte 1925–1929 insgesamt Anleihen von 15 Millionen £ (entsprechend 375 Millionen Schweizerfranken zum damaligen Kurs) im Ausland. Auf die «Schweizer Tranchen» entfielen dabei 2.57 Millionen £ (= Fr. 64 Mio.).[64] Und als Siemens & Halske 1926 ihre Expansionspläne zu finanzieren suchten, war es das New Yorker Haus Dillon Read & Co., das eine Anleihe von US$ 29 Millionen (entsprechend Fr. 149 Mio. zum damaligen Kurs) als 25-jährige Sinking Fund Gold Debentures mit Warrants organisierte. Die Schweizer Grossbanken waren damals nicht in der Lage, Transaktionen solcher Art, in dieser Grössenordnung und Laufzeit, auf die Beine zu stellen. Im kurzfristigen Kreditbereich allerdings haben etwa die Basler Handelsbank und die Eidgenössische Bank den Siemens-Konzern noch Anfang 1930 recht kräftig unterstützt.[65]

Der Wirtschaftshistoriker T. Balderstone hat in seinen Studien die interessante Beobachtung gemacht, dass ausländische Investoren weniger «risk aversion» gegenüber deutschen langfristigen Obligationen zeigten als die Deutschen selbst. Das hat seiner Ansicht nach mit der extremen Inflationserfahrung auf deutscher Seite und den Diversifikationsmöglichkeiten auf ausländischer Seite zu tun.[66] Wir haben anderseits bereits in der Einleitung auf die politischen Rahmenbedingungen hingewiesen, die von schweizerischen oder niederländischen Anlegern und Vermögensverwaltern zweifellos noch etwas aufmerksamer und gleichsam hautnäher als jenseits des Atlantiks wahrgenommen wurden. Auf der rein profitorientierten Ebene gab es keinen Zweifel: dem Schweizer Anleger bot sich häufig die Möglichkeit, sein Kapital zu einer Rendite von über 7% (dank tiefer Emissionspreise) in langfristigen deutschen Papieren anzulegen, während sich zum Beispiel 1927 für Neuanleihen des öffentlichen Sektors der Schweiz nur eine durchschnittliche Bruttorendite von 4.8% ergab. Deutschland war solcherweise in der Lage, allein 1924/1925 ausländische Gelder im Gegenwert von 6 Milliarden Reichsmark zu mobilisieren.[67] In welchem Mass konnte nun Deutschland ganz spezifisch den Schweizer Kapitalmarkt für langfristige Gelder beanspruchen – oder «missbrauchen», wie es einigen kritischen Beobachtern schien? Das Resultat kurz zusammengefasst: Deutsche Schuldner nahmen von 1924 bis 1930 direkt insgesamt 510 Millionen Franken auf diesem Markt auf, was 34% aller Auslandanleihen in der Schweiz von 1922 bis 1930 entsprach.[68] Der öffentliche Sektor partizipierte dabei mit 282 Millionen Franken (55%). Damit sind jedoch nur die damals «sichtbaren» Emissionen erfasst. Hinzu kamen zweifellos substantielle Anlagen, die über den Sekundärmarkt zum Beispiel in deutschen US$- oder £-Papieren getätigt wurden. Selbstverständlich floss aus der Schweiz nicht nur «rein schweizerisches», sondern in beträchtlichem Mass auch Kapital anderer Herkunft in deutsche Wertschriften: nichts Aussergewöhnliches für einen kleinen, aber expansiven Finanzmarkt. Gottlieb Bachmann, Präsident des Direktoriums der Schweizerischen Nationalbank, schätzte den Totalbetrag der «Plazierungen unter der Hand» sowie der Käufe «an oder ausserhalb der Börse» grösser ein als den Gesamtbetrag der öffentlich aufgelegten Anleihen.[69]

Bedeutender noch als die Investitionen in deutsche Wertpapiere waren die direkten Kredite aus der Schweiz. Es ist nicht möglich, den gesamten Fluss über die Jahre auch nur annähernd zu quantifizieren. In den vorangehenden Kapiteln wurde auf einige Charakteristiken, den jeweiligen Höhepunkt des deutschen Engagements und auf die Veränderungen im Verlauf der späten zwanziger Jahre hingewiesen. Unverkennbar bestand die grösste «Versuchung» für die Schweizer Banken im vergleichsweise unkomplizierten, kurzfristigen Interbankgeschäft. Und in dieser Sparte ist auffällig, wie bei vielen Banken den kurzfristigen Blankovorschüssen gegenüber den traditionellen Rembourskrediten ein grösseres Gewicht eingeräumt wurde. Der Weg führt damit tendenziell weg vom klassischen Geschäft einer Handelsbank zur breiter gefächerten «Geschäftsbank», die ein anderes Risikoprofil aufweist.

Es bleibt die zentrale Frage, wie stark das schweizerische Bankensystem insgesamt auf dem Höhepunkt von 1929/1930 in Deutschland engagiert war. Auch dazu gibt es keine zusammenfassenden, absolut verlässlichen Statistiken. Die Schweizer Banken waren diesbezüglich im Prinzip noch keiner Kontrollbehörde Rechenschaft schuldig, so gerne die Nationalbank auch die einschlägigen Zahlen gesammelt hätte. Selbst innerhalb der Banken scheint meist nur ein ganz kleiner Personenkreis eingehend informiert gewesen zu sein. Die Mehrzahl der Verwaltungsräte erhielt mitunter nur Teilinformationen.[70] Einzelzahlen haben wir für den

Bankverein, die Kreditanstalt, die Bankgesellschaft und die Eidgenössische Bank bereits genannt. Addiert man noch vergleichbare Werte der Basler Handelsbank, der Schweizerischen Volksbank, der Bank Leu und des Comptoir d'Escompte, so lässt sich für die acht damaligen schweizerischen Grossbanken ein Totalengagement von mindestens 1.9 Milliarden Schweizerfranken errechnen, wobei dieser Betrag Mitte 1930, das heisst vor den Auswirkungen der Reichstagswahlen, mit grosser Wahrscheinlichkeit noch höher lag.[71] Dies entsprach – gemessen an den Jahresendzahlen 1930 – rund 160% der ausgewiesenen Eigenmittel und etwa 22% der totalen Bilanzsumme aller Grossbanken.[72] Als Vergleich mag auch dienen, dass die Grossbanken der Nationalbank «vertraulich», das heisst in der Tat freiwillig, für Juni 1930 Auslandaktiven von insgesamt 3.5 Milliarden Franken mitgeteilt hatten.[73] Es steht somit klar fest, dass deutlich mehr als die Hälfte aller Auslandengagements der Grossbanken – eine Grössenordnung von 60% auf dem Höhepunkt erscheint als plausibel – auf Deutschland entfiel. Anzufügen bleibt, dass zwar ein gewisser Teil der Kredite durch Sicherheiten scheinbar «gedeckt» erschien, diese Deckung sich jedoch meist auf Werte in Deutschland selbst beschränkte. Das sollte sich nach 1931 für eine devisenwirksame Verwertung als hinderlich erweisen. Nun haben sich im Kreditbereich zweifellos vor allem die Grossbanken gegenüber Deutschland engagiert. Aber selbst einige Kantonal- und Regionalbanken mochten beim grossen Geschäft nicht abseits stehen. So exponierte sich die Spar- und Leihkasse Bern mit 25 Millionen Franken in Deutschland, «mit unbegreiflicher Leichtfertigkeit», wie der erste Präsident der Bankenkommission 1935 feststellen wird.[74]

Auf deutscher Seite nahmen die zuständigen Stellen nach dem Einsetzen der Krise von 1931 umfangreiche statistische Erhebungen bezüglich Aussenverschuldung vor. In der Schweiz fand nichts Vergleichbares mit umgekehrtem Vorzeichen statt. 1933 dachte man immerhin an eine «Enquète». Die deutschen Zahlen wurden mehrfach revidiert, eine gewisse Vorsicht ist bei den rasch fliessenden Verhältnissen jedenfalls am Platz. Durchaus plausibel erscheint jedoch, dass der Höhepunkt allein der kurzfristigen Auslandverschuldung der deutschen Banken – auf Jahresendbasis gemessen – auf 1929 datiert wird, mit 7.89 Milliarden Reichsmark (entsprechend Fr. 9.7 Mrd. zum damaligen Kurs). Für Ende 1930 wurde die kurz- und langfristige deutsche Auslandverschuldung im engeren Sinne auf 25.8 Milliarden Reichsmark (= Fr. 31.7 Mrd.) errechnet. Die Schweiz partizipierte als Gläubigerland mit insgesamt 3.4 Milliarden Reichsmark (= Fr. 4.2 Mrd.).[75] Das entspricht einem Anteil von etwa 13%, der sich im Vergleich mit Grossbritannien (14%) und den ungleich viel reicheren USA (38%) recht stattlich ausnimmt. Es wird interessant sein, zu verfolgen, in welchem Ausmass die Gläubiger der verschiedenen

Länder in den folgenden Jahren ihre Forderungen reduzieren können. Privatrechtliche und politische Elemente verknüpfen sich auf höchst komplexe Weise.

Da wir sowohl den schweizerischen Gläubigerproblemen wie auch den Aussenhandelsfragen zentrale Beachtung schenken, mag an dieser Stelle ein Vergleich angemessen sein. In jenen «goldenen» Jahren, in denen schweizerische Banken und Privatinvestoren ihre zahlreichen deutschen Schuldner mit mehr als 4 Milliarden Franken bedienten, in diesen sieben Jahren von 1924 bis 1930 importierte Deutschland aus der Schweiz insgesamt Waren für «nur» 2.38 Milliarden Franken.[76] Deutschland hätte also theoretisch diese Importe sehr leicht über den Finanzzufluss aus der Schweiz finanzieren können. Das war jedoch keineswegs notwendig. Denn Deutschland erzielte auch in dieser Periode beträchtliche Handelsbilanzüberschüsse gegenüber der Schweiz. Die Tendenz zugunsten Deutschlands war steigend und gab Anlass zu schweizerischer Besorgnis. Wir werden auf diese Probleme im Kapitel 3.1. näher eingehen.

Halten wir hier ganz deutlich fest: Die Schweiz alimentierte das demokratische Deutschland der Weimarer Republik gleich zweifach mit den begehrten Devisen, einmal über den Finanzfluss und fast parallel dazu auch über den Handelsbilanzüberschuss. Diese Devisen, das war jedem aufmerksamen Zeitgenossen einleuchtend, wurden von Deutschland dringend benötigt, um den drückenden Reparationszahlungen aus dem umstrittenen Versailler Vertrag nachkommen zu können. Unter den Gläubigerstaaten Deutschlands befinden sich die grossen Siegermächte USA, Grossbritannien und Frankreich nicht nur politisch, sondern auch betreffend Kapitalströme in einer ganz andern Position als die neutralen Länder Niederlande, Schweiz und Schweden.

Was die Schweiz betrifft, stellt sich deshalb pointiert die Frage, wie dieser massive Kapitalabfluss nach Deutschland bis 1930 verkraftbar war. Das hat die Zeitgenossen in der beständig wiederkehrenden Kapitalexport-Debatte intensiv beschäftigt – mit den unvermeidlichen politischen Begleittönen. Haben sich die Schweizer «Kapitalisten» gewissermassen selbst zur Ader gelassen? Wurde «vagabundierendes Kapital» – ein vielsagender Begriff dieser Zeit – in exzessivem Mass über die Schweiz re-exportiert? Die politische Linke hat das Thema des Kapitalexports in den zwanziger Jahren mit Genuss instrumentalisiert. Da eröffnete sich eine neue Chance zur Allianz mit den teilweise stark verschuldeten Bauern, die es auszunützen galt. 1922 war diese Verbindung in der Volksabstimmung um die Vermögensabgabe ohne Erfolg geblieben. Als sich 1925 der Kapitalexport scheinbar akzentuierte, kam bei Bauern und Sozialdemokraten erneut Unruhe auf.[77] Die Angst vor steigenden Zinssätzen als Folge des Kapitalexports stand in all diesen Debatten im

Mittelpunkt. Der katholisch-konservative Finanzminister Jean-Marie Musy gab sich zunächst unbeeindruckt. Ein Jahr später verstärkte sich jedoch der politische Druck. Im Dezember 1926 trat der sozialdemokratische Volkstribun Robert Grimm im Nationalrat selbst ans Rednerpult, nachdem er vorher mit 41 Mitunterzeichnern eine Interpellation eingereicht hatte, in welcher behauptet wurde, der Kapitalexport habe «einen die volkswirtschaftlichen Interessen schwer bedrohenden, in seinen Auswirkungen an Landesverrat grenzenden Umfang angenommen».[78] Grimm benutzte die Gelegenheit, um gegen das «Zinsdiktat» der Grossbanken und gegen die «Diktatur des Finanzkapitals» zu wettern und bemühte in polemischer Schärfe das Bild vom «Landesverrat, der gleichsam in Frack und Zylinder begangen wird».[79] Bundesrat Musy antwortete zwar staatsmännisch gelassen und wies auf die positiven Auswirkungen des Kapitalexports hin, nahm jedoch im folgenden Jahr eine politische Wendung vor, deren Hintergrund noch genauer auszuleuchten wäre. Im Juli 1927 schien ihm jedenfalls, «dass der freie Wettbewerb etwas gezügelt werden sollte», eine Ansicht, welche die Grossbanken keineswegs teilten. Der temperamentvolle Freiburger Bundesrat ging sogar so weit, kaum verhüllt mit staatlichen Eingriffen zu drohen, falls sich die Banken nicht zu einem Gentlemen's Agreement bereit fänden.[80]

Es kam schliesslich im Herbst 1927 zu einer Art Gentlemen's Agreement nach englischem Vorbild zwischen Nationalbank und Grossbanken, mündlich zwar nur, nach welchem die Grossbanken die Nationalbank über bevorstehende Auslandanleihen informieren sollten. Die SNB konnte aufgrund dieser Angaben ihrerseits mit den interessierten Bundesdepartementen Fühlung nehmen, um deren Meinung einzuholen, ob allenfalls Landesinteressen verletzt würden.[81] Die Banken waren jedoch keineswegs begeistert, sie wollten keinerlei Vetorecht der SNB anerkennen und bekämpften die «Bestrebungen des Departementes (gemeint EFD) und der Nationalbank nach einer verfassungswidrigen Kontrolle der Kapitalbewegungen».[82] Folgerichtig wies der Ausschuss der Bankiervereinigung im Juli 1928 das Ansinnen der Nationalbank nach einer schriftlichen Fixierung des Gentlemen's Agreement mit Verweis auf den befriedigenden «Modus vivendi» deutlich zurück. Immerhin wurde dabei festgehalten, die Banken betrachteten es «als Ehrensache, keine internationalen Geschäfte zu machen, die nicht mit den Interessen des Landes vereinbar sind».[83] Den Banken kam nun zweifellos gelegen, dass von Kapitalmangel dank der hohen inländischen Sparquote und dem kontinuierlichen Zufluss von Auslandgeldern keine Rede sein konnte. Erst die Bankengesetzgebung von 1934 wird – im Zeichen der Krise – der Nationalbank erlauben, auf legaler Basis gegen Kapitalexport Einspruch zu erheben, sofern die Landeswährung, der Zinsfuss oder die «Landesinteressen» dies gebieten.[84]

Ein wichtiger Punkt bleibt nachzutragen: In den zahlreichen schweizerischen Debatten um den Kapitalexport ging es nicht um aussenpolitische Gesichtspunkte einer Bevorzugung dieser oder jener Macht. Zu Polemik gegen das Deutschland Stresemanns bestand kein Anlass. Adolf Müller, kein Karrierediplomat, sondern ein «Quereinsteiger»,[85] hat im Übrigen die Interessen der Weimarer Republik in Bern mit einigem Geschick und Verständnis für die helvetischen Eigenheiten und Empfindlichkeiten vertreten. Sein britischer Kollege attestierte Müller «an excellent position among the Swiss» und hielt ihn für den bestinformierten Missionschef in Bern.[86] Es kam unter diesen Umständen in den späten zwanziger Jahren nur ganz selten vor, dass sich die Schweizerische Nationalbank oder die Eidgenössischen Autoritäten in Bern klar gegen einen spezifischen Kapitalexport nach Deutschland aussprachen – sofern sie dazu im Rahmen des Gentlemen's Agreement begrüsst wurden. Ins Gewicht fiel jeweils bei der Stellungnahme neben währungspolitischen Aspekten die Frage, ob die schweizerische Exportindustrie für Aufträge angemessen berücksichtigt werde. So zeigte sich die Nationalbank zum Beispiel im Juni 1929 einem kleinen Anleiheprojekt der Deutschen Rentenbank-Kreditanstalt nicht geneigt, weil Gegenleistungen fehlten und der Verwendungszweck nicht ganz genehm war. Die Subtilitäten des eidgenössischen Prozedere zeigen sich dabei darin, dass Finanzminister Musy sich mit den Grundsätzen der SNB zwar einverstanden erklärte, jedoch kein ausdrückliches Veto einlegte.[87]

Mit dem Regierungsantritt von Reichskanzler Brüning veränderte sich allerdings die politische Wetterlage ganz wesentlich. Wir haben bereits auf den schwierigen Herbst 1930 nach den Reichstagswahlen hingewiesen. Das Vertrauen in Deutschland wird auf die Probe gestellt. Der Finanzfluss nimmt plötzlich – mindestens für einige Wochen – eine andere Hauptrichtung (vgl. dazu Kapitel 2.5.2.). Die Reichsbank litt an akutem Devisenschwund. Da hätte man es in hohen Berliner Regierungskreisen sehr gerne gesehen, wenn die schweizerischen Banken bei einem Überbrückungskredit via Reichsbahn mitgemacht hätten.[88] Doch die zwei führenden Grossbanken waren sich nicht ganz einig. Der Bankverein stellte in einem wohl überlegten Schachzug die Bedingung, dass die Reichsbahn gewisse tarifarische Massnahmen zurückzuziehen hätte. Diese «politische» Eigenmächtigkeit missfiel wiederum den eidgenössischen Behörden. Doch der Nationalbank schien schliesslich die «reservierte Haltung unserer Grossbanken nach den bereits bestehenden Engagements in deutscher Valuta verständlich».[89] Wie stark hier die Rivalität zwischen den beiden Spitzenbankiers Bindschedler von der Kreditanstalt und dem vorsichtigeren Dreyfus vom Bankverein mitgespielt hat, bleibe dahingestellt. Der Bankverein machte jedenfalls nicht mit. Bindschedler andererseits konnte der deutschen Versuchung, vielleicht spricht man präziser von unterschwelligem Druck, nicht widerstehen, ebenso wenig wie gewisse holländische und britische Banken. Die Beteiligung der Kreditanstalt am Reichsbahnkredit musste dann allerdings 1932 umgeschuldet werden.[90] Der schweizerische Gesandte Rüfenacht in Berlin liess indes im Oktober 1930 eine schöne Gelegenheit ungenützt. Er hätte Ministerialdirektor Ritter, der «mit einer verbindlichen Form oft etwas scharfe Töne zu verbinden pflegt»,[91] ohne weiteres darauf aufmerksam machen dürfen, dass sich die Schweizer Banken nur drei Monate vorher dem Deutschen Reich gegenüber sehr kooperativ zeigten. Sie hatten im Rahmen der sogenannten Young-Anleihe für Deutschland (total US$ 300 Millionen) eine schweizerische Tranche von 92 Millionen Franken übernommen, immerhin die grösste bis dahin in der Schweiz platzierte Auslandanleihe. Die katastrophale Kursentwicklung dieser Anleihe im Herbst 1930 war allerdings für jene Schweizer Anleger, die noch einen Rest Vertrauen in Deutschland behielten, eine schmerzliche Überraschung.

Zunächst bleibt indes noch die Frage nach der realen Basis des bedeutenden Nettofinanzflusses von der Schweiz nach Deutschland zu beantworten. Zwei Aspekte stehen im Vordergrund: der inländische Einkommens- und Vermögenszuwachs in den zwanziger Jahren sowie die Rolle der schweizerischen Grossbanken – und mancher Privatbanken – in der Kanalisierung der zufliessenden Auslandgelder. Zum ersten Punkt nur einige kurze Hinweise: Von 1924 bis 1930 sinkt in der Schweiz der Index der Konsumentenpreise um 11.6%, die Löhne steigen jedoch gleichzeitig um 16.6%. Das Nettovolkseinkommen weist einen Zuwachs von 20.7% auf. Der legendäre Spareifer der Schweizer spiegelt sich am besten in den Bilanzen der Kantonalbanken: Ihre akkumulierten Kundengelder («Fremde Gelder» genannt in der Statistik) wachsen von Ende 1923 bis Ende 1930 um 47.8% oder 1.7 Milliarden Franken auf 5.3 Milliarden. Dabei werden sie freilich von den bedeutend dynamischeren Grossbanken überrundet: diese zeigen im gleichen Zeitraum einen Kundengelderzuwachs von 107% oder 3.4 Milliarden Franken auf 6.7 Milliarden.[92] Dabei sei in Erinnerung gerufen, dass es zwischen 1925 und 1928 auch einiges an der Börse zu verdienen gab. Der Schweizer Aktienindex, der gewiss nicht die wildesten Ausschläge jener Zeit aufwies, stieg immerhin von 130 auf 210 Punkte. Nach dem Februar 1929 setzte bereits die stufenweise Talfahrt ein (Ende 1930: Index 157).

2.5.2. «Fluchtgelder» und Investitionen aus Deutschland

Nun kann bei diesem Wachstum der Banken kein Zweifel bestehen, dass der Zufluss von Auslandgeldern in die Schweiz eine wesentliche Rolle spielte. Das Problem liegt einzig in der Quantifizierung, da die verfügbaren Quellen über Zahlen und Herkunft nur summarische Auskunft geben. Die allgemeine Tendenz ist in der zeitgenössischen Argumentation indes klar erkennbar; sie hängt eng zusammen mit der Verteidigung der öffentlich sichtbaren Kapitalexporte. Paul Jaberg von der Bankgesellschaft sprach im Frühjahr 1927 in einem Vortrag zum Thema noch ganz diskret davon, dass «sehr erhebliche Beträge» von ausländischen Zeichnern in die in der Schweiz aufgelegten Auslandanleihen geflossen seien.[93] Sieben Jahre später wird er nicht ohne einen Anflug von Selbstkritik feststellen: «Wenn man den Banken einen begründeten Vorwurf machen könnte, so wäre es vielleicht der, dass sie jeweilen dem Zustrom ausländischer Einlagen, der verlockend schien, zu wenig Widerstand geleistet haben – nicht aber etwa, dass sie diese Gelder wieder im Ausland und nicht im Inland angelegt haben.»[94] Denn im Inland gab es ganz einfach nicht genügend interessante Anlagemöglichkeiten, weder im Kredit- noch im Geldmarkt. Im Eidgenössischen Finanzdepartement war man Anfang 1926 noch ganz klar der Ansicht, dass der Kapitalexport durch den Kapitalimport «zum mindesten ausgeglichen» werde.[95] In der Bankiervereinigung sprach man im November desselben Jahres davon, dass der grosse Erfolg der Auslandanleihen «zu einem namhaften Teil auf die Beteiligung ausländischer Fluchtkapitalien zurückzuführen ist, die hier ein lohnendes Placement fanden».[96] Und Bundesrat Musy erwähnte in der Nationalratsdebatte vom Dezember 1926 ohne jede Schönfärberei, dass die Schweiz seit dem Ersten Weltkrieg als «lieu de refuge» für Fluchtkapitalien aus allen Nachbarstaaten diene. Das hat die französischen Autoritäten natürlich besonders interessiert.[97] Denn seit im Mai 1924 in Paris das «Cartel des gauches» an die Macht kam, freilich für kurze Zeit nur, gab es mancherlei neue Gründe für Kapitalbewegungen Richtung Genf, Lausanne und Basel. Die politischen Verhältnisse in der französischen Dritten Republik waren keineswegs durch Stabilität geprägt. Poincaré wird zwar 1926 nach seiner Rückkehr an die Macht den französischen Franken stabilisieren, der Steuerdruck blieb jedoch ein beunruhigender Faktor für manche «Kapitalisten».

Was Kapitalien «in die Flucht» drängt, ist seit je leicht zu erkennen: unstabile politische und wirtschaftliche Verhältnisse; unfähige, bedrohliche oder schlicht ungeliebte Regierungen; unzureichende Rechtssicherheit; ein erhöhter Steuerdruck; unstabile Währungen und ein mangelhaftes Bankensystem. Alle direkten Nachbarstaaten der Schweiz – mit Ausnahme Liechtensteins – weisen in der Zwischenkriegszeit in unterschiedlicher Dosierung und zeitlicher Abfolge einige der genannten Elemente auf. Das gilt auch für die Staaten Ostmitteleuropas, des Balkans sowie die iberische Region. Wohin die Reise der Kapitalien geht, hängt hingegen nicht nur von den idealerweise umgekehrten Voraussetzungen des Empfängerlandes, sondern selbstverständlich ebenso von

Rentabilitätserwartungen und nicht zuletzt dem «Know how» und der Seriosität der Vermögensverwalter im Empfängerland ab. Man wird auch die Bedeutung eines effizienten und gewandten Anwaltstandes nicht unterschätzen dürfen. Rechtssicherheit ist das eine, das Bereitstellen geeigneter Investitionsvehikel wie Finanz- und Holdinggesellschaften ist das andere. Die Schweiz der Zeit nach dem Ersten Weltkrieg hatte bei vielen dieser Faktoren gewisse Standortvorteile aufzuweisen, die wir hier nicht ausführlich zu erläutern brauchen. Dabei darf man daran erinnern, dass etwa die Niederlande keineswegs weit hinter der Schweiz zurückstanden. Auch Schweden verfügte über gutes Ansehen. Als Thomas Mann 1929 den Literaturnobelpreis erhielt, da fragte ihn offenbar – wie sich Katia Mann später erinnerte – ein Journalist: «Sie lassen das Geld doch in Stockholm stehen? Sie werden es hoffentlich nicht nach Deutschland mitnehmen?» Katia Mann weiter: «Wir haben es natürlich restlos mit allem übrigen verloren, als wir 1933 emigrierten.»[98] Immerhin: Als der exilierte Nobelpreisträger 1935 Bankkontakt in Zürich suchte, fand auch er den Weg zu Armand Dreyfus am Paradeplatz.[99] Amüsant in diesem Zusammenhang, was Carl Zuckmayer in seinen Charakterskizzen (verfasst im Exil zuhanden des amerikanischen Geheimdienstes) über den berühmten deutschen Schauspieler Emil Jannings berichtete. Gemäss Zuckmayer hatte Jannings («ich liebe die alte Sau») eine geradezu «dämonische» Beziehung zu Geld. «Da trifft man ihn auf dem Salzburger Bahnhof und fragt ihn wohin er fahre. ‹Nach Zürich›, sagt er zwinkernd, (oder nach Amsterdam), – ‹an meinen Goldbarren riechen›.»[100] Das Umfeld im grenzüberschreitenden Geschäft war jedenfalls durchaus kompetitiv. London war in dieser Epoche nach wie vor der wichtigste Finanzplatz Europas.[101] Aber auch Paris hielt weiterhin eine bedeutende Position. «Die Pariser verfügen über ungeheure Devisenguthaben», stellte Reichsbankpräsident Dr. Schacht im Juli 1928 dramatisierend vor dem deutschen Kabinett fest.[102] Das konnte man von Deutschland tatsächlich nicht behaupten. Schacht war auch recht skeptisch, was die Schätzungen der deutschen Kapitalbildung und des Kapitalzuwachses betraf.[103]

Zurück zum Zufluss der Auslandgelder in die Schweiz. Den aussagekräftigsten Indikator kann man in den Kontokorrent-Kreditoren der Grossbanken sehen: sie zeigten von 1923 bis 1930 ein Wachstum von insgesamt 1.1 Milliarden Franken oder 76%, bei einem Anteil an der Bilanzsumme von 32% bzw. 30%. Hier wirkt sich die Schubkraft aus dem Ausland am unmittelbarsten aus, wobei man den Konnex mit den jeweiligen Verhältnissen des Wertschriftenmarktes nicht aus den Augen lassen darf. Für den gleichen Zeitraum erhöht sich zum Beispiel der Depotwert der verwalteten Wertschriften allein beim Bankverein um 2 Milliarden auf 3.2 Milliarden Franken, weit über den Zuwachs des schweizerischen Börsenindexes hinaus.[104] Diese Angaben müssen mit einiger Vorsicht interpretiert werden; es kann sich nur um Trendangaben handeln, da wir beim heutigen Forschungsstand über keine Aufgliederung Inland/Ausland der Kundengelder für die 1920er-Jahre verfügen. Auch darf vom Bankverein mit seiner sehr starken und gut ausgewogenen Stellung im Kapitalmarkt nicht auf die Gesamtheit der schweizerischen Grossbanken geschlossen werden. Auffallen muss immerhin die Entwicklung in den Jahren 1929/1930. Der schweizerische Aktienindex ist nach Februar 1929 – wie bereits erwähnt – in Wellenbewegungen rückläufig, zunächst nur ein sanfter Abschwung, der sich erst im letzten Quartal 1930 entscheidend verstärkt. Gleichwohl steigen die Depotwerte sowohl beim Bankverein wie bei der Kreditanstalt in diesen zwei Jahren noch deutlich an. Parallel dazu zeigen die Kundengelder immer noch ein kräftiges Wachstum.[105] Der schweizerische Geldmarkt ist 1930 allgemein durch grosse Liquidität gekennzeichnet, was sich im deutlichen Rückgang der Zinssätze manifestiert.[106] Kurz gesagt: Man muss von einem ausserordentlich starken Gesamtzufluss bei den zwei führenden Schweizer Grossbanken ausgehen, der wohl zu einem überwiegenden Teil auf Auslandgelder zurückzuführen ist.

Das führt uns zur Frage, ob der Kapitalzufluss aus Deutschland in die Schweiz gerade in dieser Phase eine wesentliche Rolle gespielt hat. Es ist wohl unbestritten, dass die Erfahrung der Hochinflationsjahre, vor allem das Jahr 1923, tiefe Spuren im Bewusstsein deutscher Kapitalbesitzer hinterliess. Wer damals Devisen oder Gold besass, war gerettet. Ob der prominente Hjalmar Schacht, von Dezember 1923 bis Anfang 1930 und dann erneut unter Hitler einige Jahre Chef der Reichsbank, sich zum Beispiel 1923 im Schweizerfranken absicherte, ist nicht bekannt, wäre jedoch durchaus plausibel. Er berichtet in seinen Lebenserinnerungen freimütig, dass er seine Familie damals, als er noch bei der Danat-Bank beschäftigt war, «aus diesem Hexenkessel» in die Schweiz schickte.[107] Ein anderer Besucher aus Deutschland kam 1923 ebenfalls kurz in die Schweiz: der aufstrebende rechtsextremistische Agitator Adolf Hitler. Hitler allerdings brachte kein «Fluchtgeld», sondern er kam im Gegenteil als Bittsteller und Spendenwerber im weiteren Zusammenhang seiner Putschpläne, die dann im November 1923 vor der Feldherrnhalle in München kläglich scheiterten. Allzu erfolgreich scheint seine Bettel-Tour, die offenbar hauptsächlich im Zeichen des manchenorts gepflegten Anti-Bolschewismus stand, nicht gewesen zu sein.[108] Geld hat Hitler privat, so lange er seinen besonderen Lebensstil pflegen konnte, kaum wesentlich interessiert. In einem Kleinstaat wie der Schweiz, politisch bedeutungslos und «völkisch» nicht «rein», ein Konto für seine alten Lebenstage zu eröffnen, lag wohl kaum in seiner Absicht. Der «Trommler» aus Braunau am Inn hatte 1923 und auch später ganz andere «Visionen». Und die Nazi-Partei blieb auch sehr lange knapp bei Kasse: Joseph Goebbels wird noch im Januar 1932 klagen: «Es fehlt uns überall an Geld. Es ist schwer, welches aufzutreiben; keiner will uns Kredit geben.»[109]

Nun zum Kernthema des Kapitalflusses aus Deutschland: Die Schweizerische Bankiervereinigung glaubte sich bereits in ihrem Jahresbericht von 1921/22 verteidigen zu müssen: «Ganz unbegründet ist ferner die vielfach aufgestellte Behauptung, dass die schweizerischen Banken den Unterschlupf ausländischen Kapitals bei uns zu fördern trachten ... und dass insbesondere die sofort verfügbaren deutschen Guthaben bei den Schweizer Banken gewaltig angewachsen seien.»[110] Diese Behauptungen stammten aus der Linkspresse. Im Jahresbericht 1922/23 tauchte das Thema erneut auf. Die Bankiervereinigung legte «schärfste Verwahrung» ein gegen die «böswilligen Erfindungen», wonach sich «ungeheuerliche Summen» von deutschen Guthaben in der Schweiz angesammelt hätten. Diesmal stammten die Verdächtigungen aus einem ausländischen Fachblatt, offenbar der alliierten Kriegssieger. Die Bankiervereinigung hielt demgegenüber fest, «dass die Schweizerbanken in keiner Weise aus dem Rahmen der legitimen Geschäftsbetriebstätigkeit heraustreten und die Kapitalbewegung nach unserem Lande eher einen rückläufigen Kurs eingeschlagen hat, zumal unter dem Eindruck der Vermögensabgabeinitiative».[111] Einige dieser Vorwürfe von alliierter Seite werden am Ende des Zweiten Weltkrieges hauptsächlich von amerikanischer Seite gezielt (oder zumindest völlig unkritisch) wieder aufgewärmt (vgl. Kapitel 9.3 und 9.4.).

Was die Schweizer Bankiers auch einige Jahre später besonders ärgerte, war die masslose Überschätzung dieses Kapitalflusses von Nord nach Süd. Selbst das deutsche Generalkonsulat in Zürich, spezialisiert auf Finanzfragen, wird 1927 die Ansicht vertreten, es habe seit der Stabilisierung der Reichsmark ein Rückfluss eingesetzt. Und weiter: Die Schweiz könne niemals die grossen Summen beherbergen, die «in böswilliger Weise aus der Luft gegriffen werden». Das zweite Expertenkomitee, das die deutschen Auslandguthaben abzuschätzen hatte, sei zum Schluss gekommen, dass diese 7–8 Mrd. Goldmark sich in erster Linie auf die USA, Grossbritannien und die Niederlande verteilten.[112] Interessant ist auch ein Hinweis des französischen Nachrichtendienstes von 1924 in Bezug auf die Basler Handelsbank, die im Vermögensverwaltungsgeschäft für Ausländer zweifellos besonders aktiv war: die französischen Fluchtgelder hätten bei dieser Bank die Kapitalien aus Deutschland («une centaine de millions») bei weitem übertroffen.[113] Bei all diesen Überlegungen wird häufig übersehen, dass deutsche Banken und Unternehmen aus legitimen Liquiditätsüberlegungen über ein gewisses Mass an Auslandguthaben für den handelsbezogenen Zahlungsverkehr sowie den Schuldendienst in Devisen verfügen mussten. Reichsbankpräsident Schacht informierte zum Beispiel das deutsche Kabinett ganz sachlich, dass sich 1927/28 bei den

Berliner Grossbanken die «Deckung» der kurzfristigen Auslandschulden durch Auslandguthaben verschlechtert hatte.[114]

Im Frühjahr 1929 verdichteten sich hingegen die Anzeichen für einen verstärkten Kapitalabfluss aus Deutschland. Der französische Botschafter in Bern war der Ansicht, solche Bewegungen verstärkten sich bei jeder Reparationskonferenz oder französisch-deutschen Spannungen.[115] Hier wird Bezug genommen auf eine gewisse Beunruhigung durch jene Reparationsverhandlungen, welche schliesslich zum «Young-Plan» führten. Es fehlten andererseits auch nicht Hinweise auf die hohe Steuerbelastung in Deutschland.[116] Das deutsche Generalkonsulat in Zürich begann sich im Mai 1929 noch eingehender als früher mit den deutschen Kapitalien in der Schweiz zu beschäftigen.[117] Wenig später kam diese gewöhnlich sehr gut informierte Stelle zum Schluss, dass die gesamte Kapitalabwanderung aus Deutschland seit Ende 1928 auf eine halbe Milliarde Schweizerfranken zu schätzen sei. Natürlich war auch an der Kirchgasse in Zürich das rasche Wachstum der Bankgesellschaft im ersten Semester 1929 aufgefallen.[118] Und beim Eidgenössischen Finanzdepartement war der höhere Beamte Eduard Kellenberger im Mai 1929 klar der Ansicht, dass «in letzter Zeit wiederum wie vor Jahren eine Flucht aus der deutschen Mark» in den Schweizerfranken bemerkbar sei.[119] Das Debakel der Frankfurter Allgemeinen Versicherung war schliesslich im Sommer 1929 dem Vertrauensklima in Deutschland kaum förderlich. Beobachter in Genf sahen im Herbst 1929 auch einen gewissen Zusammenhang zwischen dem Zuwachs an Holdinggesellschaften und der deutschen Kapitalflucht.[120] Die Schweizerische Nationalbank sprach im Rückblick von einem «ausserordentlich starken Andrang deutscher Fluchtkapitalien» im letzten Quartal 1929.[121] Genügend Indizien demnach aus verschiedenen Quellen für den verstärkten Kapitalfluss Nord-Süd, während gleichzeitig – wie bereits gezeigt – in umgekehrter Richtung noch umfangreiche, vor allem kurzfristige Gelder von den Schweizer Banken an deutsche Kreditnehmer ausgeliehen wurden.

Halten wir deshalb nochmals fest, welch grosse Bedeutung dem Zufluss von ausländischen Kapitalien verschiedener nationaler Herkunft in der Wechselwirkung der schweizerischen Finanzdrehscheibe dieser Jahre zukommt. Dass sich deutsche Anleger von vielerlei Faktoren bei ihren Transfers nach Süden oder Westen bestimmen liessen, liegt auf der Hand. Die bereits genannte quantitative Schätzung des deutschen Generalkonsulates für den Zufluss in die Schweiz von Ende 1928 bis Sommer 1929 konnte freilich nur realistisch erscheinen, wenn darin auch Investitionsverlagerungen eingeschlossen waren. Als Bezugsrahmen zum besseren Verständnis dieser Vorgänge empfiehlt sich ein Blick auf die deutsche Konjunkturentwicklung. Die neuere historische Forschung betont, dass der «Turning point» in mancher Hinsicht bereits 1927 erreicht wurde.[122]

Nicht alle Zeitgenossen haben dies freilich in einheitlicher Weise wahrgenommen und interpretiert. Professor Wilhelm Röpke zum Beispiel betonte 1932 im Rückblick die starken Schwankungen der Konjunkturentwicklung, «deren Charakter jeweils nur schwer erkennbar war».[123] Der Verlauf des Wirtschaftslebens in der Schweiz zeigte sich andererseits noch 1929, wie der Bankverein in seinem Geschäftsbericht festhielt, «im Grossen und Ganzen nicht ungünstig», wenn auch das Bild nicht mehr einheitlich war. Bemerkenswert ist, dass sich der Beschäftigungs- und Produktionswertindex der schweizerischen Metall- und Maschinenindustrie selbst im Jahre 1930 auf gleichem Niveau wie 1929 halten konnte. Erst 1931 begann in der Schweiz der eigentliche Schrumpfungsprozess der Investitionen.[124]

Die auffallende deutsche Investitionstätigkeit in der Schweiz in der konjunkturellen Umbruchphase 1928–1930 lässt sich gewiss nicht rein monokausal erklären. An dieser Stelle sei vor allem auf die Holdinggesellschaften hingewiesen. Die Gründung solcher Gesellschaften bot sich in erster Linie zur steuergünstigen Bündelung von Beteiligungen und gleichzeitig zu Refinanzierungszwecken an. Wir haben im Zusammenhang mit Paul Jaberg als charakteristischen Fall die Gründung der Non ferrum A.G. des Giesche-Konzerns im März 1929 in Zürich erwähnt. Der Gudbrod-Konzern hatte 1928 für seine Beteiligungen den Chemie-Trust in Schaffhausen gegründet (vgl. Favag-Debakel in Kapitel 2.4.). Die Eisen- und Stahlwerk Hoesch AG aus Dortmund und der Köln-Neuessener Bergwerksverein gründeten im Herbst 1930 die Montan-Union AG in Basel, die Preussische Elektrizitäts-AG aus Berlin die bereits erwähnte Continentale Elektrizitäts-Union AG, ebenfalls in Basel. Siemens & Halske schliesslich weitete ihr Beteiligungsnetz in der Schweiz fast zur gleichen Zeit aus (Licht und Kraft AG, Opticolor AG etc.). Es handelte sich bei den genannten Gründungen fast durchwegs um gut kapitalisierte Gesellschaften mit klarer, meist langfristiger Zielsetzung. Einen besonderen Hinweis verdient der Glühlampenbereich. Bereits 1922 wurde in Schaffhausen die OSA Industrielle Beteiligungen AG gegründet. Es handelte sich um eine reine Beteiligungs- und Patentverwaltungsgesellschaft, die mehrheitlich von Siemens & Halske sowie der AEG kontrolliert wurde. Eine Minderheitsbeteiligung lag noch Ende des Zweiten Weltkrieges bei der International General Electric Co. der USA. Hier waren Beteiligungen an Osram Zürich, Krakau, Prag, Madrid, Mailand und anderen gebucht. Daneben kontrollierte Osram Berlin über eine schwedische Gesellschaft die in der Produktion tätige Glühlampenfabrik Winterthur AG. Im Portefeuille der Osram Zürich lagen Aktien der mexikanischen und argentinischen Osram-Firmen. Der Osram-Konzern war ausserdem mit 30% an der Phoebus S.A. in Genf beteiligt, welche Kontrollfunktionen des Glühlampenkartells ausübte.[125]

Grössere Bedeutung noch erlangte die Holdinggesellschaft von Europas mächtigstem Chemie-Konzern, der I.G. Farben. Sehen wir uns diesen komplizierten Fall etwas näher an. Im Juni 1928 wurde die I.G. Chemie in Basel mit einem Aktienkapital von 20 Millionen Franken gegründet. Treibende Kraft war Hermann Schmitz, damals Vorstandsmitglied und später Chef des Vorstands der I.G. Farben. Der Geheime Kommerzienrat Schmitz übernahm auch gleich das Präsidium der I.G. Chemie, das er bis zur entscheidenden Loslösung im Jahre 1940 behielt. Schon zu Beginn wurden die Interessen der I.G. Farben an der norwegischen Norsk Hydro und der Firma Durand & Huguenin in Basel in die schweizerische Holding eingebracht. Doch Schmitz' Pläne waren viel ehrgeiziger. Im Februar 1929 liess er das Aktienkapital der I.G. Chemie auf nominell 290 Millionen Franken erhöhen, aufgeteilt in Vorzugs- und Stammaktien, insgesamt mit 134 Millionen eingezahlt. Die I.G. Chemie wurde damit zur kapitalkräftigsten Holdinggesellschaft der Schweiz. Schmitz sicherte sich und seinen Verbündeten den notwendigen Einfluss in vorwiegend indirekter Weise, zum Teil über verschachtelte Konstruktionen, via Vorzugsaktien, aber auch über einen Teil der Stammaktien. Zum komplexen Gesamtpaket gehörte als Kernelement ein Dividendengarantie- und Optionsvertrag. Denn Schmitz wollte bei dieser Gelegenheit auch von der Liquidität des Schweizer Kapitalmarktes profitieren. Er liess deshalb von jenem Teil der Stammaktien, die voll einzuzahlen waren, einen Nominalbetrag von 20 Millionen Franken im Sommer 1929 durch ein Schweizer Bankenkonsortium mit einem Einführungskurs von 230% im Publikum platzieren und an den Börsen von Basel und Zürich kotieren. 15 Millionen Franken gab er an das Bankhaus Mendelssohn zur Platzierung in Amsterdam. Ein bemerkenswertes Detail am Rande: Die Kreditanstalt brachte von dem von ihr liberierten Teil wiederum 27% bei deutschen Kunden unter.[126]

Geheimrat Schmitz hat in geschickter Weise die Vorteile des schweizerischen Finanzplatzes zu nutzen gewusst. Verschiedenen Schweizer Banken wies er schon in den zwanziger Jahren, mit feinem Gespür für ihre Stärken und Schwächen, unterschiedliche Rollen zu. Er kannte nicht wenige der Schweizer Bankiers aus persönlichem Gespräch und konnte sich entsprechend ein recht präzises Bild machen. So kam dann die Eidgenössische Bank, wie im Zusammenhang mit Theodor Wolfensperger angedeutet, seit 1925 hauptsächlich für strukturell einfache, jedoch recht substantielle Kreditgeschäfte in Frage. Die EIBA war bereits 1928 mit einem von der I.G. Farben verbürgten Vorschuss von 15 Millionen Franken an das Ammoniakwerk Merseburg engagiert, der später – in US$ gewandelt – mehrfach verlängert wurde.[127] Für die Aktienkotierung der I.G. Chemie im Jahre 1929 konnte Geheimrat Schmitz die zwei führenden Emissionshäuser Kreditanstalt und Bankverein naturgemäss nicht umgehen. Der Bankverein hatte übrigens schon im Februar 1929 seine Bereitschaft gezeigt, einen bereits bestehenden Blankokredit an die I.G. Farben auf 10 Millionen Franken zu erhöhen.[128] Diese frühen Beziehungen haben nachhaltige Wirkungen bis in die Zeit des Zweiten Weltkrieges. Für seine anspruchsvolleren Transaktionen über die Schweiz benützte Hermann Schmitz allerdings mit Vorliebe die Privatbank Ed. Greutert & Cie. in Basel. Hier konnte er sich auf ein besonderes Vertrauensverhältnis zu Eduard Greutert abstützen, den er seit gemeinsamen Tagen bei der Metallbank kannte. Greutert bezeichnete sich bei Gelegenheit als «Freund» von Schmitz. Der Geheimrat selbst hat dies in den Verhören von 1945 gegenüber den Offizieren der US-Armee bestätigt: «He was a friend of mine, and of high character.»[129] Schmitz hat auch klar festgehalten, dass Eduard Greutert für ihn als «Treuhänder» tätig war.[130] Zum Hintergrund von Greuterts Privatbank muss man ausserdem im Auge behalten, dass seit deren Gründung im Jahre 1920 zwei wichtige Persönlichkeiten der Metallgesellschaft in Frankfurt, Rudolf Euler und Alfred Merton, als Kommanditäre in Erscheinung traten. Alfred Merton sass 1928 auch im Aufsichtsrat der I.G. Farben, zusammen mit andern prominenten Deutschen wie etwa den Bankiers Max Warburg und Otto von Mendelssohn-Bartholdy. Als Hermann Schmitz jedoch die Bank Greutert mehr und mehr für seine besonderen Zwecke beanspruchte, ohne dass die grossen Transaktionen der Bank ganz transparent wurden, distanzierte sich die Metallgesellschaft: 1931 wurde die Kommandite von Euler und Merton auf eine Person beziehungsweise eine Gesellschaft übertragen, die sich – zumindest damals – im Einflussbereich von Schmitz befanden.[131] Der Geheimrat, dies ist unverkennbar, wollte nun möglichst freie Hand für seine weiteren Pläne. Er ging dabei mit einiger Raffinesse vor. 1930 holte er zwei angesehene Schweizer, den Rechtsprofessor Fritz Fleiner aus Zürich und den bekannten Basler Rechtsanwalt und Obersten Felix Iselin in den Verwaltungsrat der I.G. Chemie. Zu seinem eigentlichen Statthalter in Basel bestimmte er jedoch den Deutschen Carl Roesch, ehemals stellvertretendes Vorstandsmitglied der I.G. Farben. Roesch, ein Buchhaltungsspezialist, nahm ebenfalls 1930 Einsitz im Verwaltungsrat der I.G. Chemie. Seit 1932 war er in Basel ansässig. Er trat gewöhnlich sehr diskret, aber bedeutsam in Erscheinung, wenn besonders vertrauliche Transaktionen abzuwickeln waren.[132] Doch dies alles war dem vorsichtigen Schmitz noch nicht genug: Er setzte nach 1932 auch seinen Schwager Albert Gadow bei der I.G. Chemie in wichtigen Positionen ein.

Weshalb diese komplizierte Vorgehensweise? Wozu die geballte juristische und finanztechnische Kraft im Verwaltungsrat der I.G. Chemie? Hermann Schmitz hat aus der Rückschau, in einem Memorandum von 1946, einige durchaus plausible Hinweise gegeben. Aufgrund des Kapitalbedarfs und der Weltwirtschaftslage, so schreibt er, «lag es daher nahe, die Finanzierung von geeigneten Auslandsgeschäften durch ausländische Gesellschaften durchführen zu lassen, wobei natürlich Konzessionen gemacht werden mussten, z.B. in Bezug auf den Auslandsbesitz und seine Kontrolle. Hierfür kamen die für solche Zwecke in der Schweiz besonders begünstigten Holding-Gesellschaften in Frage ...» Mit andern Worten ging es in diesem wie in andern Fällen primär um die Finanzierung der Auslandbeteiligungen und die steuergünstige Garagierung von deren Erträgen. Von Tarnung war keine Rede. Dazu war die Stellung von Schmitz als Verwaltungsratspräsident der I.G. Chemie zu offensichtlich und der Dividendengarantievertrag zwischen den Gesellschaften zu bedeutend. Gemäss eigenen Angaben erzielte Schmitz für die I.G. Chemie aus der Emission von 1929 ein Agio von 100 Millionen Franken, die dem Reservefonds zuflossen. Die Hauptverwendung lag in der Investition in die American I.G. Chemical Corp.[133] Diese US-Gesellschaft, später umbenannt in General Aniline & Film Corp., wird schliesslich zum grossen Zankapfel werden, Ursache schier endloser juristischer und finanzieller Streitereien und diplomatischer Belastungen im Dreieck Schweiz–USA–Deutschland bis weit in die Nachkriegszeit. Es wird daraus die legendenumwobene Geschichte der «Interhandel», die sich mit ihren letzten Ausläufern bis in die 1980er-Jahre hinzieht. Im Zentrum späterer Kontroversen steht die Frage nach der stufenweisen und höchst komplexen Loslösung der I.G. Chemie – mit all ihren Beteiligungen – in der zweiten Hälfte der dreissiger Jahre und schliesslich der definitiven Trennung von der I.G. Farbenindustrie im Jahre 1940.[134]

Während einige deutsche Manager und selbständige Unternehmer noch damit beschäftigt waren, ihre Auslandpläne in die Tat umzusetzen, veränderte sich das politische und wirtschaftliche Klima in Deutschland in entscheidender Weise. Der Rücktritt des sozialdemokratischen Mehrheitskabinetts im März 1930 markierte die Wegscheide. Der neue Reichskanzler Brüning, ein Zentrumsmann, sah – wie dies Hans Mommsen formuliert – «in der Weimarer Verfassung eine von aussen aufgezwungene, mit der deutschen Staatstradition unvereinbare politische Form». Dem Kabinett Brüning fehlte eine klare Mehrheit im Reichstag. Bereits in seiner Regierungserklärung hatte Brüning die Abstützung des Kabinetts auf den Reichspräsidenten Hindenburg betont.[135] Im Juli 1930 löste er in einer fatalen Fehleinschätzung der Stimmung den Reichstag auf. Das angestaute Protestpotential, wesentlich beeinflusst durch die sich rasch verschärfende Wirtschaftskrise, kam in den Septemberwahlen der NSDAP zugute, die das Schlagwort der «nationalen Volksgemeinschaft» zu einem Kernelement ihrer Propaganda gemacht hatte. Hitlers Partei, 1928 noch eine bedeutungslose Splittergruppe mit 2.6%, rückte nun mit

18.3% der Stimmen und 107 Abgeordneten schlagartig zur zweitstärksten Fraktion im Reichstag auf.

«Der überraschende gewaltige Wahlsieg der Nationalsozialisten», so rapportierte der schweizerische Gesandte Rüfenacht aus Berlin, «... lässt sich nur erklären aus der Atmosphäre des hoffnungslosen Pessimismus. Unter dem Druck der Wirtschaftskrise und im Gefühl der politischen Ohnmacht sind weite Kreise irre geworden an Republik, Demokratie und Parlamentarismus und erwarten bessere Zeiten von einem ‹Dritten Reich›, ohne sich von dessen Wesen einen klaren Begriff zu machen.»[136] Der Ausgang der Reichstagswahlen vom 14. September 1930 «hatte dem Vertrauen des Auslands einen fühlbaren Stoss versetzt», schrieb Reichsbankpräsident Luther – der Nachfolger Schachts – in seinen Erinnerungen mit einer gewissen Zurückhaltung. Es kam zu «Kreditabzügen».[137] Reichskanzler Brüning erinnerte sich ebenfalls an diese dramatischen Wochen vor und nach der Wahl. Die Propagandareden von Hitler und Goebbels hätten zu einem «gewaltigen Kreditabzug» seitens der französischen und amerikanischen Banken geführt. Reichsbankpräsident Luther habe ihn «in starker Besorgnis und Aufregung» über die rasch sinkenden Devisen- und Goldreserven orientiert. Bis zum 11. Oktober betrug der Abfluss bei der Reichsbank gemäss Brüning über 650 Millionen Mark.[138] Tatsächlich war man nicht nur in Paris und New York, sondern auch bei einigen Grossbanken in Zürich und Basel – wie bereits erwähnt – über die Vorgänge in Deutschland beunruhigt und machte sich ernsthaftere Gedanken über die zukünftige Kreditpolitik.

Was den Devisenabfluss aus Deutschland im Herbst 1930 betrifft, so erscheint aus historischer Perspektive durchaus bemerkenswert, dass der Reichskanzler und der Chef der Reichsbank in ihren Erinnerungen die «Kreditabzüge» klar in der Vordergrund stellen und die «Kapitalflucht» allenfalls am Rande erwähnen. Denn an kritischen Stimmen hatte es bezüglich Fluchtkapital schon früher nicht gefehlt. Waren die diesbezüglichen Vermutungen masslos übertrieben? Wurden sie lanciert mit politischen und persönlichen Absichten, welche mit Brünings zentraler Reparationen-Strategie kollidierten?[139] Man muss jedenfalls genau beachten, von welcher Seite die Kapitalfluchtvermutungen kamen. Reichsminister Stegerwald, in den zwanziger Jahren Chef des christlich-nationalen Gewerkschaftsbundes und in der Zentrumspartei eine wichtige Figur, im Kabinett Brüning Arbeitsminister, hatte im Frühjahr 1930 von einem gesamten Fluchtkapital von 8 Milliarden Reichsmark gesprochen, wovon angeblich ein grosser Teil in der Schweiz untergebracht sei. Auch der sozialdemokratische ehemalige Reichsinnenminister Severing – von Oktober 1930 bis Juli 1932 preussischer Innenminister – erging sich im Juni 1930 in Spekulationen über das deutsche Fluchtkapital in der Schweiz. Die «Frankfurter Zeitung» brachte dann Ende August einen «sehr ernsten Artikel über die zunehmende Kapitalflucht aus Deutschland», wie sich Brüning in seinen Erinnerungen später ausdrückte.[140] Freilich schätzte der Artikel das gesamte Fluchtkapital nur auf 5.1–5.6 Milliarden Reichsmark, ohne den allfälligen Anteil der Schweiz zu beziffern.[141]

Fest steht, dass man sich beim Generalkonsulat in Zürich erneut und diesmal noch genauer mit dem Thema beschäftigte. Die andern deutschen Konsulate in der Schweiz wurden zu Stellungnahmen aufgefordert. Von Interesse ist die Antwort aus St. Gallen. Der dortige Konsul hatte einen Verleger befragt, der sich auf Informationen von Bankleuten abstützte, wonach die deutschen Kapitalien in der Schweiz auf maximal 3½–4 Mrd. Franken zu schätzen seien. Dazu eine handschriftliche Randbemerkung des Generalkonsulats in Zürich: «Von einer anderen, sehr ernsten Seite ist mir dieser Tage eine auf Grund eingehender Studien gemachte Schätzung von 5 Milliarden genannt worden.»[142] In Basel erhielt Konsul Foerster von einem dort ansässigen deutschen Bankier, «der über weitreichende Verbindungen verfügt», eine Schätzung von etwa 1½ Milliarden Franken für das im Jahre 1930 aus Deutschland in die Schweiz geflossene Kapital. Konsul Foerster, der nicht zuletzt dank seiner Basler Verwandtschaft über gute Informationen verfügte, hielt allerdings Ende November 1930 den Höhepunkt der deutschen Kapitalfluchtbewegung für überschritten. Aufgrund rückläufiger Obligationenkurse sei sogar bereits ein Rückfluss anzunehmen.[143] Generalkonsul Heilbron in Zürich kam in seiner ausführlichen Denkschrift vom 8. November 1930 auf eine Schätzung deutscher Anlagen in der Schweiz von insgesamt 4.35 Milliarden Franken. Darin eingeschlossen waren auch Direktinvestitionen, Immobilien und Hypotheken. Er hielt deshalb die Zahlen von Minister Severing für unglaubwürdig.

Heilbron hatte auch den Effekt deutscher Abwanderung in die Schweiz – er sprach von einigen Tausend Auswanderern mit zum Teil sehr grossen Vermögen – berücksichtigt. Aus Lugano schrieb man von konsularischer Seite von «Schamlosigkeit», wie sich gewisse reiche Deutsche «hier protzend gebärden».[144] Namen wurden nicht genannt. An mehr oder weniger prominenten und wohlhabenden deutschen Neu-Ansiedlern hat es gerade im Tessin gewiss nicht gefehlt. Zu nennen wäre etwa Baron Eduard von der Heydt, Bankier und Kunstfreund, der 1926 den berühmten Monte Verità erworben hatte und 1930 offiziell in Ascona ansässig wurde. Sein Verhalten während des Zweiten Weltkriegs im Dienste von Admiral Canaris wird von einigem Interesse sein (vgl. Kapitel 9.4). Der Schriftsteller Emil Ludwig, bekannt geworden durch seine Biographien, unter anderen über Mussolini, war schon seit längerem in Ascona wohnhaft. Der Grosskaufmann Max Emden hatte Ende der zwanziger Jahre die Brissago-Inseln erworben.[145] Und 1932 wird der Bestsellerautor Erich

Maria Remarque, von den Nazis wegen seines Erfolgsbuchs «Im Westen nichts Neues» geschmäht, seine «Casa Monte Tabor» in Porto Ronco erwerben. Die Reihe liesse sich ohne Mühe mit weiteren Beispielen ergänzen, freilich ab 1933, als es mehrheitlich (aber nicht ausschliesslich) um die Verfolgten des Hitler-Regimes ging, auf einer anderen Motivationsebene.

Generalkonsul Heilbron betonte im November 1930 aus Zürich, dass die seit 1928 langsam spürbare deutsche Kapitalflucht erst mit der Reichtagsauflösung vom Juli 1930 in ein akut verschärftes Stadium getreten sei («nach übereinstimmenden Angaben» von unterrichteten Schweizer Kreisen). Und dass nach den Wahlen vom 14. September «insbesondere das jüdische Kapital» sich «in seiner Sicherheit bedroht fühlte». Auch die Schweizerische Handelszeitung kam in diesem Zusammenhang auf den «Judenhass» in Deutschland zu sprechen: «Wenn kein bekannter Semite sich in Deutschland auf der Strasse blicken lassen darf, ohne dass ihm Kinder und Erwachsene nachrufen: ‹heraus mit den Juden aus Deutschland›, so kann es ihm niemand verargen, wenn er sein Vermögen ausser Landes bringt.»[146] Heilbron wies erneut auf die Holdinggesellschaften hin; er hielt auch fest, dass man von den Anlagen in der Schweiz 350 Millionen Franken als «legitimen Devisenbedarf» der deutschen Unternehmen betrachten könne.[147] Folgt man allerdings den vorgängig zitierten Überlegungen von Hjalmar Schacht über die «Deckung» der Auslandschulden durch Auslandguthaben, so müsste man wohl den «legitimen» Bedarf – insbesondere mit Bezug auf die grossen Zins- und Amortisationsverpflichtungen auf den kurzfristigen Schulden – bedeutend höher ansetzen.

Die Diskussion um die deutsche Kapitalflucht und bestimmte Rückflüsse nach Deutschland wird in den folgenden Jahren nicht mehr abreissen. Von Schweizer Seite wurde das Thema nun allerdings bewusst gedämpft. Mindestens die wichtigsten Grossbanken waren vorderhand auf neue Auslandgelder angesichts der übergrossen Liquidität gar nicht mehr angewiesen. Das «Stuttgarter Neue Tageblatt» berichtete in einem Artikel aus Zürich am 7. März 1931, die Kreditanstalt und die Schweizerische Nationalbank bezeichneten die herumgebotenen Zahlen zum Thema Kapitalflucht als «unsinnig hoch» beziehungsweise als um ein Mehrfaches zu hoch. Der Kreditanstalt-Delegierte Bindschedler erinnerte an der SKA-Generalversammlung daran, dass dem Publikum schon Anfang der zwanziger Jahre «phantastische Übertreibungen über das aus Deutschland nach der Schweiz geflüchtete Kapital» vorgesetzt worden seien. Als dann Deutschland nach dem Zusammenbruch seiner Währung «seine Auslandguthaben rasch einziehen musste, hat es sich ergeben dass, soweit die Schweiz in Frage kam, die zurückgezogenen Summen nicht annähernd an die behaupteten Ziffern herankamen».[148] Die Schweizerische Volksbank widmete der «Kapitalbildung» in der Schweiz im April 1931 eine besondere Studie (Nr. 133), in welcher sie den Zuwachs an Auslandkapital für 1930 insgesamt auf 800 Millionen Franken (für 1929 auf Fr. 700 Mio.) schätzte. Den ausländischen Besitz an Wertschriften und Bankguthaben setzte sie auf insgesamt 4–4.5 Milliarden Franken an. Nicht ohne Grund wies die Volksbank darauf hin, dass der Zufluss in die Schweiz nicht nur durch Kapitalflucht, sondern ebenso durch die Repatriierung schweizerischer Anlagen aus «Mitteleuropa» verursacht sei.

In der Überleitung zu den Problemen des Aussenhandels verdient ein anderer Aspekt besondere Aufmerksamkeit: Deutschland erzielte in den zwei Jahren 1929/1930 einen für damalige Verhältnisse enormen Handelsbilanzüberschuss gegenüber der Schweiz von insgesamt 769 Millionen Franken. Dass davon ein gewisser Teil in der Schweiz als Reserve «stehengelassen» wurde, scheint aufgrund der politischen und wirtschaftlichen Entwicklung in Deutschland durchaus plausibel. Gleichzeitig sind damit aber auch Grössenordnungen und Grenzen der Handlungsfreiheit auf dem Gebiet der grenzüberschreitenden Transaktionen bezeichnet.

Schweizer Bankiers auf dem Höhenflug (1923–1930)

1 Vgl. Aurel Schubert, The Credit-Anstalt Crisis of 1931, Cambridge University Press 1991.
2 Das Aktienkapital der Contvalor betrug bei der Gründung 60 Millionen Franken. Das Schwergewicht der Industriebeteiligungen lag wertmässig anfänglich im chemischen und Montansektor, bei Brauereien und Holzindustrien. Zusammensetzung und Grösse des Portefeuilles veränderten sich im Verlauf der 1930er-Jahre in bedeutendem Mass. Der Verwaltungsrat bestand bei der Gründung aus 9 Mitgliedern, davon 3 vom SBV. Das Vizepräsidium lag bei Ludwig von Neurath, dem Direktionsvorsitzenden der Oesterreichischen Credit-Anstalt. Max Warburg wurde als VR bereits genannt, ferner partizipierten auch ein Vertreter des Bankhauses Helbert, Wagg & Co. in London sowie die Rechtsanwälte Konrad Bloch aus Zürich und Hans von Mauthner aus Wien.
3 Während der SBV im Jahre 1930 die Bankendebitoren geringfügig auf Fr. 277 Mio. reduzierte, steigerte die SKA diese Ausleihungen noch um 21% auf Fr. 368 Mio. Die Bilanzsumme der SKA stand damit bei Fr. 1.7 Mrd., jene des SBV bei Fr. 1.6 Mrd.
4 Französischer Konsul Basel an Chargé d'Affaires in Bern, 21.12.1928, AMAE/ Europe 1918–1940/ Suisse Bd. 129.
5 Protokoll SBV-GD, Privatsitzung vom 23.3.1937, Historisches Konzernarchiv (GHA) UBS AG/ SBV.
6 Protokoll SBV-GD vom 9.12.1930, GHA UBS AG/ SBV.
7 Vgl. Dossier Internationale Bodenkreditbank in den Handakten Stucki: Schweizerisches Bundesarchiv (SBA), E 2801, 1968/84, Bd. 143.
8 An der Generalversammlung vom 27.3.1939 wurde Erich M. Warburg als Vertreter der nunmehr «arisierten» Bank M. M. Warburg & Co. durch R. Brinkmann ersetzt. Als Vertreter der Deutschen Bank wurde gleichzeitig Georg Solmssen, ehemaliger Vorstandssprecher und noch bis 1938 im Aufsichtsrat, durch den Opportunisten Alfred Kurzmeyer abgelöst. Solmssen lebte zu diesem Zeitpunkt bereits im Exil in der Schweiz.
9 Protokoll SBV-GD vom 21.10.1930, GHA UBS AG/ SBV.
10 Protokoll SBV-GD vom 18.11.1930, GHA UBS AG/ SBV.
11 Vgl. Michel Fior, Les Banques suisse, le franc et l'Allemagne, Genève–Paris 2002, S. 180ff.
12 Zu GF vgl. Hans Ulrich Wipf, Georg Fischer AG 1930–1945, Zürich 2000. Im VR sassen 1930 Charles Schlumberger für den SBV, Rudolf Ernst für die SBG, Adolf Jöhr für die SKA und Alfred Sarasin.
13 1930 im VR der BBC seitens der Grossbanken: Max Staehelin für den SBV, Adolf Jöhr für die SKA, Rudolf Ernst für die SBG.
14 Russell an Foreign Office, 5.1.1931, Public Record Office (PRO)/ FO 371/15'784.
15 Vgl. die Opposition im Tessin gegen seine Bundesratskandidatur 1940: Peter Menz, Der «Königsmacher» Heinrich Walther, Freiburg i.Ue. 1976, S. 273.
16 Protokoll SBV-Ausschuss vom 7.7.1931, GHA UBS AG/ SBV.
17 Peron an de Marcilly (Botschafter in Bern), 18.3.1931, AMAE (Nantes), Amb. Bern/ Carton 531.
18 Vgl. Neujahrsblatt 1954 der Zürcher Kunstgesellschaft: Fotografie des Porträts und eine amüsante Beschreibung seiner Sitzungen bei Liebermann (S. 34).
19 Wille an Pilet, 12.8.1940, zit. bei Edgar Bonjour, Geschichte der schweizerischen Neutralität, Band 4, Basel 1971, S. 230.
20 Nachruf von Albert Linder, Präsident der Generaldirektion der SKA, in NZZ vom 5.7.1953.
21 Ansprache Jöhrs an der GV der SKA 1939, NZZ Nr. 354 vom 26.2.1939.
22 Linder, Sonderdruck zur Trauerfeier vom 3.7.1953, S. 32.

23 Vgl. Walter Adolf Jöhr, Schweizerische Kreditanstalt 1856–1956, Zürich 1956.
24 Peron an de Marcilly, 16.9.1931, AMAE (Nantes), Amb. Bern/ Carton 531. Der damalige französische Konsul in Basel bezog dabei seine Informationen von zwei Hauptquellen aus dem Bankgeschäft, die von anderer Seite noch bestätigt wurden.
25 Empfehlungsbrief Schulthess an den US-Diplomaten Hugh R. Wilson, 3.10.1938, SBA/ J.I.6, Akz.2, 1.
26 Voigt (deutscher Generalkonsul in Zürich) an AA, 14.10.1936, PAAA/ R 107'995.
27 Dr. H. Stoll, VR-Präsident der SKA von 1929 bis 1940, war VR-Delegierter der Maggi-Gesellschaft in Kemptthal. Adolf Jöhr war VR-Präsident der SKA von 1940 bis 1953.
28 Vgl. Zwischen Bundesplatz und Paradeplatz – Die Banken der Credit Suisse Group im Zweiten Weltkrieg, Hrsg. Joseph Jung, Zürich 2001, S.75f.
29 Revue UBS Januar 1945.
30 Diese Gruppe ist auf die stufenweise Zusammenarbeit und schliesslich Integration der «Aargauischen Creditanstalt» (1913 bis 1919) zurückzuführen. 1930 gehörten zu dieser Gruppe: Max Bally vom gleichnamigen Schuhkonzern, Traugott M. Bruggisser aus Wohlen und P. Matter-Bally aus Kölliken.
31 Carl Bühler, Erinnerungen und Betrachtungen, S.198, GHA UBS AG/ SBG.
32 G. Bosshard sass seit 1911 im Verwaltungsrat (damals noch der Bank in Winterthur) und wird 1932 Vizepräsident der SBG (bis 1942).
33 Vgl. den Sammelband: Paul Jaberg, Reden und Aufsätze 1916–1953, Zürich o.J.
34 Jaberg a.a.O., S.118.
35 Jaberg a.a.O., S.117.
36 Vgl. Gerhart M. Riegner, Ne jamais désespérer – soixante années au service du peuple juif et des droits de l'homme, Paris 1998. Mit mehr Details: Richard Breitman, Official Secrets – what the Nazis planned – what the British and Americans knew, London 1999.
37 Irniger an Schulte, 4.4.1929, GHA UBS AG/ SBG 12/3071.
38 Rapport Jaberg vom 9.2.1929, GHA UBS AG/ SBG 12/3074.
39 Rapport Z. vom 28.11.1929, GHA UBS AG/ SBG 12/3090.
40 Der Jurist Robert Schöpfer, geboren 1869, war 1919 bis 1923 Präsident der freisinnig-demokratischen Partei der Schweiz und von Ende 1933 bis Ende 1935 Fraktionschef in der Bundesversammlung.
41 Protokoll EIBA-VR vom 5.6.1924, GHA UBS AG/ SBG.
42 Protokoll EIBA-VR vom 26.11.1925, GHA UBS AG/ SBG.
43 Protokoll EIBA-VR vom 5.2.1926, GHA UBS AG/ SBG.
44 Protokoll EIBA-VR vom 18.11.1926, GHA UBS AG/ SBG.
45 Protokolle EIBA-VR vom 22.9.1927 und 15.12.1927, GHA UBS AG/ SBG.
46 Per 12.12.1927 betragen die Termingelder an Banken im Ausland Fr. 90 Mio. (= 15% der Bilanzsumme). Bis zum 29.10.1929 verdoppeln sie sich auf Fr. 182 Mio. (= ca. 21% der Bilanzsumme). EIBA-VR-Protokolle vom 15.12.1927 und 29.10.1929, GHA UBS AG/ SBG.
47 Indep-Berichte Nr.1 und Nr.6 von 1935, GHA UBS AG/ SBG 12/3357.
48 Protokolle EIBA-VR vom 16.6.1928 und 4.6.1930, GHA UBS AG/ SBG.
49 Beteiligt sind neben der EIBA auch die Schweizerische Volksbank, die Diskontbank und die Spar- und Leihkasse Bern.
50 Vgl. Reichsbank/Aktenvermerk vom 4.8.1934, BAB/ R 2501/7998.
51 Schmidt-Polke an Auswärtiges Amt, 28.8.1929, PAAA/ Gesandtschaft Bern, Bd.2529.
52 Vortrag von Dr. Kurt Schmitt, Tagesfragen aus der Privatversicherung, Berlin 29.10.1929, Broschüre S.3.
53 Schmitt a.a.O., S.5.
54 Protokoll EIBA-VR vom 23.8.1929, GHA UBS AG/ SBG.
55 Protokolle SBG-VR vom 13.12.1929 und 6.2.1930, GHA UBS AG/ SBG.
56 Protokoll EIBA-VR vom 15.12.1927, GHA UBS AG/ SBG.
57 Protokoll EIBA-VR vom 23.8.1929, GHA UBS AG/ SBG.

58 Die Termingelder an Banken im Ausland betrugen per 30.6.1930 Fr. 195.9 Mio. (Prot. EIBA-VR vom 15.8.1930).
59 Protokoll EIBA-Kredit-Kommission vom 18.11.1930, GHA UBS AG/ SBG 12/3335.
60 Protokoll EIBA-VR vom 9.7.1931, GHA UBS AG/ SBG.
61 Adolf Müller an Direktor Hopf, 12.12.1924 sowie 4.2.1925, PAAA/ Ges. Bern, Bd. 2554.
62 Protokoll SBV-Delegation vom 21.4.1925, GHA UBS AG/ SBV.
63 Aktennotiz SBV Zürich vom 9.10.1931, GHA UBS AG/ SBV 1000001107.
64 Exposé Nr. 4 der Schweizerischen Verrechnungsstelle (1935), SBA/ E 7110, Akz. 1, Bd. 44.
65 Kredit Fr. 18 Mio. auf 3 Monate, Federführung BHB, EIBA mit Fr. 5 Mio. beteiligt. Protokolle BHB-Direktion vom 7.1.1930 und Prot. EIBA-VR vom 7.2.1930 (GHA UBS AG/ SBV/ SBG).
66 T. Balderstone, The Origins of Economic Instability in Germany 1924–1930, Vierteljahrschrift für Sozial- und Wirtschaftsgeschichte, Bd. 69, Heft 4 (1982), S. 509.
67 Vgl. B. Kent, Spoils of War, S. 263.
68 Zahlen nach: Wilhelm Meier, Die Emission ausländischer Anleihen in der Schweiz, Zürich 1931, Tabelle Nr. 2.
69 Vgl. G. Bachmann, Die Schweiz als internationales Finanzzentrum, in: Die Schweiz, ein nationales Jahrbuch, 1931, S. 32.
70 Bei der Basler Handelsbank wurden zum Beispiel dem Gesamtverwaltungsrat nur die Kontokorrentkredite bzw. Debitoren ländermässig aufgeschlüsselt mitgeteilt, nicht jedoch die entsprechenden Anteile im Interbankgeschäft oder Portefeuille.
71 Zahlen für die Volksbank und Bank Leu per Juli 1931 vgl. J. Jung, Die Banken der Credit Suisse Group, S. 73. Die Basler Handelsbank hatte per 31.12.1930 Debitoren in Deutschland von Fr. 168 Mio. (Prot. BHB-VR vom 11.2.1931, GHA UBS AG/ SBV).
72 Per 31.12.1930: Kapital und Reserven aller Grossbanken Fr. 1 162 Mio. und Bilanzsummen Fr. 8 577 Mio. (Quelle: Das Schweizerische Bankwesen im Jahre 1934, S. 41).
73 Vgl. Bachmann an Motta, 27.10.1930, DDS Bd. 10, Nr. 44.
74 15. Sitzung der EBK vom 12.11.1935, SBA 6520(A), Akz. 1, Schachtel 6.
75 BAB/ R 3102/2548: Aufstellung vom 21.9.1932 zur kurzfristigen Auslandverschuldung der deutschen Banken. BAB/ R 3102/2598: Tabelle: Deutschlands Auslandverschuldung, erstellt 1932. Es handelt sich um Quellen des Statistischen Reichsamtes. Die zum Teil in der Fachliteratur zitierten Zahlen des Layton-Berichtes und anderer Angaben von 1931 (z.B. DDS Bd. 10, Nr. 117) wurden damit überholt.
76 Historische Statistik der Schweiz. Hrsg. H. Ritzmann u.a., S. 706.
77 Interpellation Nationalrat Weber-St. Gallen und Kleine Anfragen der Nationalräte Müller und Reinhard, alle vom 14.12.1925, SBA/ E 6100(A)/4/Bd. 1.
78 Interpellation Grimm vom 7.12.1926, in SBA/ E 6100(A)/5/Bd. 1.
79 Rede vom 22.12.1926 in SBA. Vgl. dazu auch: Hugo Bänziger, Die Entwicklung der Bankenaufsicht in der Schweiz seit dem 19. Jahrhundert, Bern und Stuttgart 1986, S. 71 ff.
80 Musy an die Mitglieder des Kartells (für inländische Anleihen), 7.7.1927, sowie Notiz Kellenberger (Finanzdepartement) vom 1.9.1927 mit Titel «Ordnung der Kapitalausfuhr», in der wörtlich von «Drohung mit gesetzlichen Erlassen» die Rede ist. SBA/ E 6100(A)/6/Bd. 1.
81 Vgl. H. Bänziger a.a.O., S. 73 ff. und E. Kellenberger, Kapitalexport 1. Band, S. 255 f.
82 Max Vischer, 1. Sekretär der Schweizerischen Bankiervereinigung (SBVg), in der Vorstandssitzung der SBVg vom 16.11.1927.
83 SBVg an Alfred Sarasin, Präsident des Bankrates der SNB, 21.7.1928, GHA UBS AG/ SBG.
84 Art. 8 des Bundesgesetzes über die Banken und Sparkassen vom 8.11.1934.
85 Vgl. Karl Heinrich Pohl, Adolf Müller, Geheimagent und Gesandter in Kaiserreich und Weimarer Republik, Köln 1995.

86 Kennard an FO, 2.1.1933, PRO/ FO 425/411.
87 SNB an EFD, 11.6.1929, und EFD an SNB, 14.6.1929, SBA/ E6100(A)/8/179.
88 Rüfenacht an Motta, 18.10.1930, DDS Bd. 10, Nr. 40.
89 SNB-Direktionspräsident Bachmann an Motta, 27.10.1930, DDS Bd. 10, Nr. 44.
90 Reichsbahnkredit von RM 100 Mio., Anteil SKA Fr. 10 Mio., BAB/ 2501/9386.
91 Rüfenacht an Motta, 18.10.1930, DDS Bd. 10, Nr. 40.
92 Quellen: Historische Statistik der Schweiz, S. 503 und S. 871. Statistisches Jahrbuch der Schweiz 1924 und 1931.
93 Paul Jaberg, Reden und Aufsätze 1916–1953, Zürich o.J. (1953), S. 123 (Vortrag «Auslandanlagen und Banken» vom Frühjahr 1927).
94 Paul Jaberg a.a.O., S. 131 (Vortrag vor der Statistisch-Volkswirtschaftlichen Gesellschaft Basel am 23.4.1934).
95 EFD an Bundesrat, 11.2.1926, SBA/ E 6100(A)/4/Bd. 1.
96 Aus einem Zirkular des Revisionsverbandes bernischer Banken und Sparkassen vom 25.10.1926, zitiert in der Vorstandssitzung der Schweizerischen Bankiervereinigung vom 16.11.1926, GHA UBS AG/ SBG.
97 Französischer Chargé d'affaires in Bern an Briand, 14.12.1926, AMAE/ Europe 1918–1940/ Suisse Bd. 127.
98 Katia Mann, Meine ungeschriebenen Memoiren, Hrsg. Elisabeth Plessen und Michael Mann, Tübingen 1974, S. 64 f. Der Text wörtlich: «Ein ganz guter Journalist war dort, ich denke, ein jüdischer Journalist vom ‹Berliner Tageblatt›, der zu uns sagte: Sie lassen das Geld doch in Stockholm stehen?...»
99 Vgl. Thomas Mann, Tagebücher 1935–1936, Hrsg. Peter de Mendelssohn, Frankfurt am Main 1978, Eintrag vom 7.1.1935.
100 Carl Zuckmayer, Geheimreport, Herausgegeben von Gunther Nickel und Johanna Schön, Göttingen 2002, S. 138 f. Zuckmayer gibt kein genaues Datum für die Anekdote. Plausibel scheint sie für die Zeit bis Mitte 1931.
101 Vgl. The Development of London as a Financial Centre, Vol. 3, Hrsg. R. C. Michie, London/ New York 2000.
102 «Stenographische Niederschrift des Berichts des Herrn Reichsbankpräsidenten Dr. Schacht an die Reichsregierung» vom 19.7.1928, S. 19. BAB/ R 43 I/ 636.
103 «Stenographische Niederschrift des Berichts des Herrn Reichsbankpräsidenten Dr. Schacht an die Reichsregierung» vom 9.11.1928, S. 12 f. BAB/ R 43 I/ 636.
104 Kontokorrent-Kreditoren nach Statistischem Jahrbuch der Schweiz 1924 und 1931. Wertschriftendepotwerte SBV nach: UEK-Band 13 (La place financière), S. 620.
105 Die Checkrechnungen und Kreditoren des SBV nehmen in den zwei Jahren 1929/1930 akkumuliert um Fr. 205 Mio. zu (plus 29 %). Die Kreditanstalt zeigt für den gleichen Zeitraum ein Wachstum der Sicht- und Zeitkreditoren von Fr. 219 Mio. (plus 42 %).
106 Die SNB senkt den seit 1925 unveränderten Diskontsatz 1930 in zwei Schritten um 1 % auf 2½ %. Der Privatsatz geht bis Anfang 1931 auf beinahe 1 % zurück.
107 Hjalmar Schacht, 76 Jahre meines Lebens, Bad Wörishofen 1953, S. 223.
108 Die staatlich-bayerischen Untersuchungen ergaben Spenden von insgesamt Fr. 33 000 aus der Schweiz (zitiert nach Georg Franz-Willing, Die Hitlerbewegung, der Ursprung 1919–1922, Hamburg 1962, S. 196 f.). Interessante Ergänzungen zu Hitlers Besuch in Zürich finden sich bei Alexis Schwarzenbach, Die Geborene – Renée Schwarzenbach-Wille und ihre Familie, Zürich 2004, S. 173 ff.
109 Joseph Goebbels, Tagebücher 1924–1945, München–Zürich 1999, Eintrag vom 5.1.1932.
110 10. Jahresbericht der SBVg 1921/1922, S. 32.
111 11. Jahresbericht der SBVg 1922/1923, S. 79 f.
112 Generalkonsulat Zürich an AA, 1.9.1927, PAAA/ Ges. Bern, Bd. 2551.
113 Renseignement No. 1702 vom 6.3.1924, AMAE/ Europe 1918–1940/ Suisse Bd. 129.

114 «Stenographische Niederschrift des Berichts des Herrn Reichsbankpräsidenten Dr. Schacht an die Reichsregierung» vom 9.11.1928, S. 6, BAB/ R 43 I/ 636: Die Berliner Grossbanken verfügten im September 1928 «nur» über Auslandguthaben von RM 1 393 Mio., was einer «Deckung» der kurzfristigen Schulden von 34% entsprach (gegenüber 52% im April 1927).
115 De Marcilly an frz. Aussenministerium, 13.4.1929, AMAE/ Europe 1918–1940/ Suisse Bd. 129.
116 Deutsches Konsulat Basel an AA, 9.4.1929, Information eines Lonza-Direktors, PAAA/ Ges. Bern, Bd. 2550. Ausserdem: Konsul Foerster (Basel) an Generalkonsulat Zürich, 28.11.1930, PAAA/ Generalkonsulat Zürich, Paket 49.
117 Generalkonsulat Zürich an Gesandtschaft Bern, 8.5.1929, PAAA/ Ges. Bern, Bd. 2550.
118 Generalkonsul Heilbron an AA, 21.8.1929, PAAA/ Ges. Bern, Bd. 2559.
119 Abhandlung Kellenberger vom 31.5.1929, SBA/ E6100(A)/8/179.
120 Deutsches Konsulat Genf an Ges. Bern, 31.10.1929, PAAA/ Ges. Bern, Bd. 2550.
121 Schweizerische Nationalbank 1907–1932, Zürich 1932, S. 287.
122 Albrecht Ritschl, International Capital Movement and the Onset of the Great Depression. Some International Evidence, in: The Interwar Depression in an International Context, Hrsg. Harold James, München 2002, S. 2–4.
123 Wilhelm Röpke, Krise und Konjunktur, Leipzig 1932, S. 43.
124 Francesco Kneschaurek, Der schweizerische Konjunkturverlauf und seine Bestimmungsfaktoren, Zürich und St. Gallen 1952, S. 152f.
125 Revisionsberichte der Verrechnungsstelle vom 15.2.1950 und 9.12.1950 in SBA/ E 7160-07(-), 1968/54, Bd. 1154.
126 Schweizerische Verrechnungsstelle (SVST): Revisionsbericht Interhandel vom 8.3.1946, S. 75–79. SBA/ E 7160-07(-), 1968/54, Bd. 1064.
127 Protokoll EIBA-VR vom 8.2.1928, GHA UBS AG/ SBG.
128 Protokoll SBV-Delegation vom 5.2.1929, GHA UBS AG/ SBV.
129 Corrected and supplemented Record of the Interrogation of Hermann Schmitz, 11. September 1945, National Archives (NARA).
130 Interrogation Hermann Schmitz, 12.9.1945, a.a.O.
131 Alfred Merton an E. M. Schafer, Office Alien Property Custodian, 16.10.1943, NARA. Vgl. auch Revisionsbericht SVST vom 8.3.1946, S. 191ff., SBA a.a.O.
132 Revisionsbericht SVST vom 8.3.1946, S. 32, 182, 213ff., 275ff., SBA a.a.O. Ausserdem: Interrogation Hermann Schmitz vom 12.9.1945 und 13.9.1945 zum Vertrauensverhältnis mit Roesch.
133 Memorandum H. Schmitz über die I.G. Chemie vom 16.9.1946, SBA/ E 7160-07(-), 1968/54, Bd. 1056.
134 Vgl. UEK-Band 2 (Mario König, Die schweizerische Holding der IG Farben und ihre Metamorphosen – eine Affäre um Eigentum und Interessen (1910–1999), Zürich 2002.
135 Hans Mommsen, Aufstieg und Untergang der Republik von Weimar, 1918–1933, überarbeitete und aktualisierte Ausgabe Berlin (Ullstein) 1997, S. 357f.
136 Rüfenacht an Motta, 29.9.1930, DDS Bd. 10, Nr. 36.
137 Hans Luther, Vor dem Abgrund – Reichsbankpräsident in Krisenzeiten, Berlin 1964, S. 158.
138 Heinrich Brüning, Memoiren 1918–1934, Stuttgart 1970, S. 188f. und 198.
139 Zu Brünings diesbezüglicher Strategie im Herbst 1930: H. Mommsen, a.a.O., S. 438f.
140 Brüning, Memoiren, S. 185.
141 Denkschrift Generalkonsul Heilbron (Zürich) an AA vom 8.11.1930, PAAA/ Ges. Bern, Bd. 2550.
142 Deutscher Konsul in St. Gallen an Generalkonsulat Zürich, 22.11.1930, Randbemerkung vom 25.11.1930, PAAA/ Generalkonsulat Zürich, Paket 49.

143 Konsul Foerster an Generalkonsulat Zürich, 28.11.1930, PAAA/ G.K. Zürich, Paket 49.
144 Konsulat Lugano an Generalkonsulat Zürich, 25.11.1930, PAAA/ G.K. Zürich, Paket 49.
145 Vgl. Wolfgang Oppenheimer, Das Refugium – Erinnerungen an Ascona, München 1998.
146 Schweizerische Handelszeitung Nr. 45 vom 6.11.1930.
147 Denkschrift Heilbron vom 8.11.1930, a.a.O.
148 NZZ Nr. 334 vom 22.2.1931.

Abb. 1: Die Konferenz von Locarno im Jahre 1925 markiert einen wichtigen Schritt der politischen Beruhigung in Europa. An der Schlusssitzung sieht man den deutschen Aussenminister Stresemann (1) und Reichskanzler Luther (2) am Tisch mit Mussolini (4), Briand (6) und anderen Politikern.

Abb. 2: Reichsbankpräsident Hjalmar Schacht (rechts) verabschiedet sich 1929 nach der Pariser Reparationskonferenz betont herzlich vom Amerikaner Owen D. Young.

Abb. 3: Der trügerische Glanz der späten 1920er-Jahre zeigt sich nicht zuletzt im Automobil-Boom.

Abb. 4: Der Henkel-Konzern bemüht sich 1929 erfolgreich um die «Verschweizerung» seiner Produkte.

Abb. 7: Die deutsche Kreditnachfrage der 1920er-Jahre wirkt magnetisch auf zahlreiche europäische und amerikanische Banken. Das Bild zeigt den Reichsbank-Komplex in Berlin.

Abb. 5: Deutsche Bankiers und Industrielle geniessen Ansehen im Ausland. Hier der renommierte Bankier Carl Melchior (rechts) mit dem damaligen Reichsbankchef Luther (Mitte) im Jahre 1930 in Basel.

Abb. 6: Das erste informelle Meeting der Bank für Internationalen Zahlungsausgleich (BIZ) 1930 in Basel. Vorne links Melchior und Luther.

Abb. 8/9: Auch viele Schweizer Banken engagieren sich bis 1930 massiv in Deutschland. Die Basler Handelsbank (hier der Hauptsitz in Basel) gehört dazu.

Abb. 10: An der grössten deutschen Auslandanleihe der Weimarer Republik partizipieren 1930 die Schweizer Banken und Investoren mit einer stattlichen Tranche.

Einige Schweizer Bankiers, die im Geschäft mit Deutschland während der Zeit der Weimarer Republik eine prominente Rolle spielen.

Abb. 11: Armand Dreyfus, Schweizerischer Bankverein

Abb. 13: Adolf Jöhr, Schweizerische Kreditanstalt

Abb. 12: Paul Jaberg, Schweizerische Bankgesellschaft

Abb. 14: R. G. Bindschedler, Schweizerische Kreditanstalt

Abb. 15: Die neue Zürcher Börse repräsentiert Modernität, Optimismus und Aufschwung der 1920er-Jahre. Doch der Boom ist 1930 bereits zu Ende.

Abb. 16: Gottlieb Bachmann, Präsident des Direktoriums der Schweizerischen Nationalbank von 1925 bis 1939 (und anschliessend bis 1947 Präsident des Bankrates), sorgenvoll an seinem Stehpult.

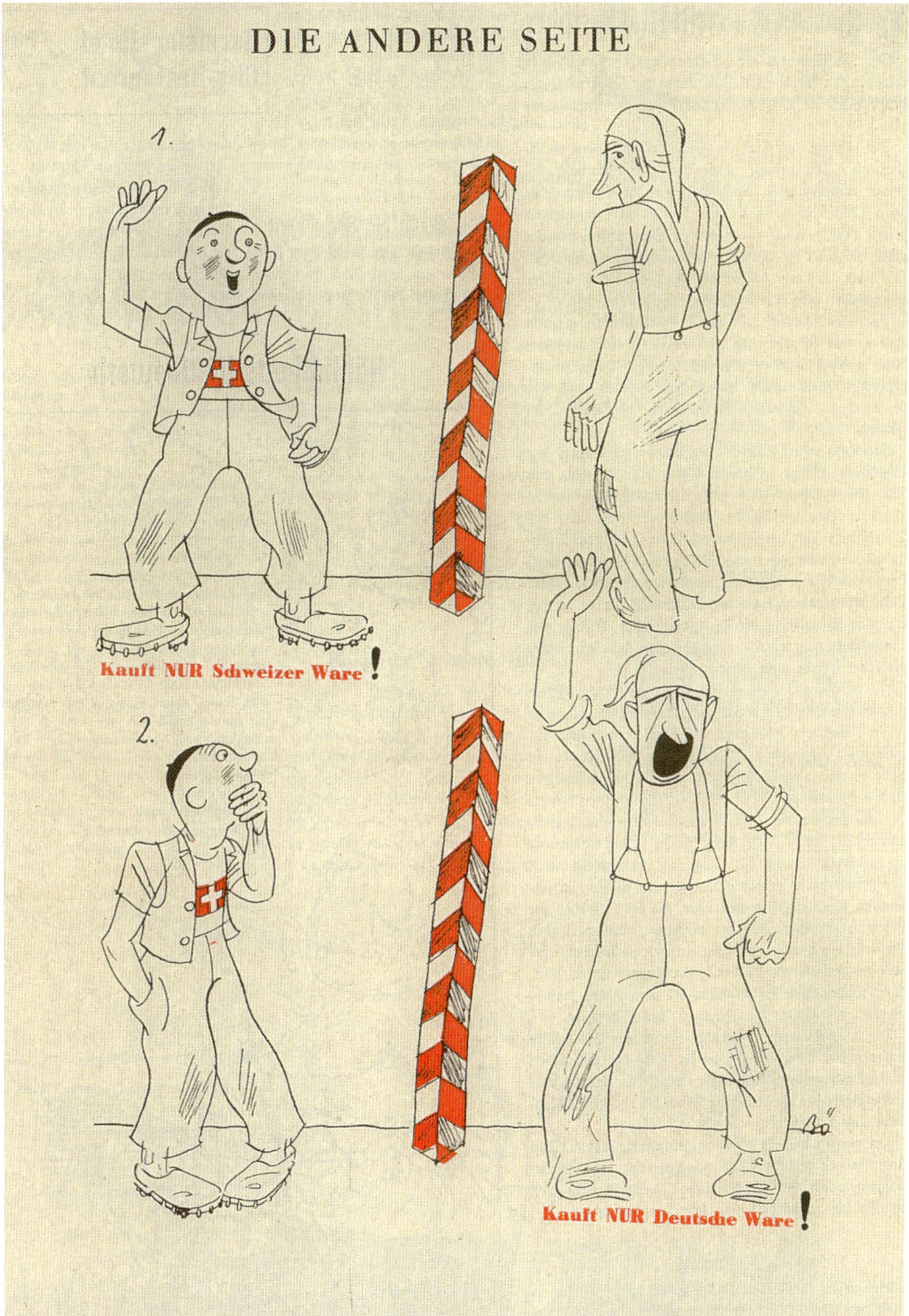

Abb. 17: Der schweizerisch-deutsche Handelskonflikt, wie ihn «Nebelspalter»-Redaktor Böckli (alias Bö) im Februar 1931 sieht.

Abb. 18: Eine seltene Aufnahme: Die schweizerische Verhandlungsdelegation 1931 in Berlin. Am Tisch sitzend von rechts nach links: Delegationsleiter Walter Stucki, Oberzolldirektor Gassmann, Nationalrat Wetter, Nationalrat Schirmer, Heinrich Homberger.

Die deutschen Verhandlungspartner, erfahrene Ministerialdirektoren, hart in der Sache, ohne Neigung, der Schweiz besonders entgegenzukommen.

Abb. 20: Karl Ritter, Chef der Handelspolitischen Abteilung im Auswärtigen Amt.

Abb. 21: Hans Ernst Posse, Ministerialdirektor im Reichswirtschaftsministerium.

Abb. 19: Walter Stucki, Chef der Handelsabteilung im Eidgenössischen Volkswirtschaftsdepartement.

3. Die grosse Wende von 1931

3.1. Walter Stucki am Steuer der schweizerischen Aussenhandelspolitik

Als im November 1926 der neue Handelsvertrag zwischen der Schweiz und Deutschland im Reichstag debattiert wurde, herrschte keine Festfreude. Das war auch südlich des Rheins nicht durchwegs der Fall. Nie liessen sich alle Interessengruppen optimal befriedigen. Immerhin war mit dem Vertrag vom 14. Juni 1926 im Sinne des teilweisen Ausgleichs der gegenseitigen Interessen eine neue Ausgangsbasis geschaffen worden. Aufhorchen lässt eine Bemerkung des Rapporteurs im Reichstag zu Berlin. Er sprach von den «Schwierigkeiten wegen der zähen, hartnäckigen Verhandlungsart unserer südlichen Nachbarn, die von ihrem Standpunkt aus ganz vorzüglich gehandelt haben ...». Gleichzeitig beklagte er, dass «die Waffen, die wir unsern Unterhändlern in die Hand drücken können, ganz wesentlich stumpfer sind als die ihrer Schweizer Gegner am Verhandlungstisch».[1] Diese Bemerkungen mit leicht kriegerischem Anklang wurden von den Deutschnationalen mit Beifall quittiert. Besonders ungehalten über das Resultat waren die Vertreter der Baumwollspinnereien, der Stickereiinteressen und schliesslich süddeutsche Landwirtschaftsvertreter, denen die Zollermässigungen für die schweizerische Obstausfuhr ein Dorn im Auge waren. Im beratenden Ausschuss war die Annahme des Vertrags mit 14 zu 11 Stimmen recht knapp ausgefallen, im Reichstag war die Zustimmung klarer.[2]

Der deutsche Rapporteur im Reichstag hatte keineswegs übertrieben. Die Verhandlungen, die zum Vertrag vom Juni 1926 führten, waren lang und zäh. Das zeigte sich bereits beim Vorläuferabkommen, dem schweizerisch-deutschen Protokoll über Einfuhrbeschränkungen vom November 1924. Ernst Wetter, damals noch Chef der Handelsabteilung und Vorsitzender der Schweizer Delegation, hatte seinem Chef in Bern rapportiert, dass «wir wohl noch etwas hart sein müssen». Und weiter: «... aber leider können wir die deutsche Delegation nicht mit Gewalt zum Verhandlungstisch schleppen».[3] Im Herbst 1925 kam es als Zwischenstufe zum einem «Modus vivendi».[4] Das Klima dieser Phase – auch auf schweizerischer Seite sprach man bei Gelegenheit von «Abwehrwaffe»[5] – gilt es im Vergleich zu späteren Verhandlungen in Erinnerung zu behalten. Denn viele der Schweizer Beteiligten aus den Jahren 1924 bis 1926 werden zum Teil bis weit in die Zeit des Zweiten Weltkrieges hinein eine wichtige Rolle spielen: Walter Stucki, Ernst Wetter, Jean Hotz und andere. Nehmen wir deshalb voraus: die Kontinuität des «Personals» – auch bei gewissem Rollenwechsel – ist auf schweizerischer Seite ausgeprägt. Entsprechend stark sind die schweizerischen Verhandlungsführer der Aussenhandelspolitik verankert in ihren langjährigen Erfahrungen, sowohl nach «innen» im Verkehr mit den eidgenössischen Interessengruppen wie auch nach «aussen» im Kontakt mit den Gesprächspartnern im Auswärtigen Amt und im Reichswirtschaftsministerium in Berlin.

Zwei der Protagonisten müssen an dieser Stelle vorab etwas genauer vorgestellt werden: Bundesrat Schulthess und Walter Stucki. Der Aargauer Anwalt und Politiker Edmund Schulthess, geboren 1868, war von 1912 bis 1935 Wirtschaftsminister der Schweiz, während einer für heutige Verhältnisse unvorstellbar langen Zeitspanne. Seine Erfahrung als Mitglied der Landesregierung wurde nur noch von Giuseppe Motta, gewählt 1911, Aussenminister seit 1920, übertroffen. Indes besteht kaum ein Zweifel, dass der Wirtschaftsminister die dominierende Kraft im Bundesrat war – oder zumindest sein wollte. Der französische Botschafter in Bern sah ihn jedenfalls 1931 kraft seiner «ressources d'esprit et de parole» auf dem «ersten Platz» im Parlament und im Bundesrat. Und er bezeichnet Schulthess, was uns hier besonders interessiert, unverhohlen als «erwiesenen Germanophilen», obschon mit einer Französin verheiratet.[6] Diese Aussage eines Diplomaten, der in Bern nicht sehr erfolgreich war, wie sein britischer Kollege festzustellen glaubte,[7] wird im Folgenden genauer zu prüfen sein. Manche Zeitgenossen mit Sinn für historische Kontinuitäten erinnerten sich gewiss an ein Detail am Rande: Edmund Schulthess war schon als Bundesrat dabei, als Kaiser Wilhelm II. 1912 im Bundeshaus empfangen wurde.

Von zentraler Bedeutung für die Gewichtsverteilung im Bundesrat erwies sich ohne Zweifel, dass die Handelsabteilung 1917 unter die Verantwortung von Schulthess kam – und auch dort blieb. Bundesrat Motta mochte sich mit dem Völkerbund und den Neutralitätsfragen herumschlagen, während sich Schulthess mit den für dieses Land so häufig zentralen Fragen der Aussenwirtschaft beschäftigte. Edmund Schulthess schätzte den Umgang mit den Exponenten der Wirtschaftswelt, mit Walter Boveri von der BBC, mit den wichtigen Herren der Kreditanstalt, aber auch mit Leopold Dubois vom Bankverein oder ausländischen Politikern. Seine Kontaktfreudigkeit überstieg für damalige schweizerische Verhältnisse bei weitem das übliche Mass.[8] Das brachte ihm, wie sich leicht nachweisen lässt, in mancherlei Situation wichtige Informationsvorteile. Da konnte der Chef des Eidgenössischen Politischen Departementes (EPD) – wie das Aussenministerium amtlich genannt wurde – kaum ganz mithalten, so sehr er sich auch im «Palais des Nations» in Genf profilieren mochte. Wirtschaftsminister Schulthess war indessen kein einfacher Kollege im Bundesrat. Verteidigungsminister Karl Scheurer notierte sich am 60. Geburtstag von Schulthess: «Im übrigen ist es nicht immer sehr leicht, sich ihm gegenüber zu behaupten, ohne mit ihm uneins zu werden.»[9] Kollege Heinrich Häberlin, der Justizminister, war Schulthess bereits in ihrer gemeinsamen Leipziger Studentenzeit begegnet. Zu Sympathie kam es nie. Der nüchterne und überaus republikanisch eingestellte Thurgauer konnte sich mit den autokratischen Tendenzen des Wirtschaftsministers nicht befreunden. In der Rückschau notierte sich Häberlin nach Schulthess' Tod: «In Grundsatzfragen stiessen wir nicht selten zusammen wegen seiner auf den Tag berechneten Opportunitätspolitik ...» Aber «das pragmatische Geschick sowie die unbändige Arbeitskraft» des Wirtschaftsminister hat Häberlin schon kurz nach dessen Rücktritt neidlos anerkannt.[10] Wer vom freisinnigen Politiker Schulthess spricht, muss auch an seinen katholisch-konservativen Widersacher in der Regierung erinnern: den temperamentvollen Freiburger Jean-Mary Musy, Finanzminister der Eidgenossenschaft von 1920 bis 1934. Die Rivalität zwischen den beiden Bundesräten war öffentlich bekannt, dem Klima in der obersten Landesbehörde war sie nicht zuträglich.

Kurz gesagt: Die Schweiz tritt in die akute Phase der Wirtschaftskrise mit einer keineswegs homogenen Regierung. Zwar dominieren nach Parteistärke die vier freisinnigen Mitglieder, zu einer geschlossenen und überzeugenden Politik findet diese Landesregierung bis zu den Wechseln von 1934/35 jedoch nur mit grösster Mühe – falls solches überhaupt je nach Sachfrage gelingt. Immerhin: Mit dem kraftvollen Berner Bauernvertreter Rudolf Minger sitzt seit 1930 ein entschlossener Mann im Bundesrat, der sich als Verteidigungsminister in den kommenden Jahren beträchtliche Verdienste beim Wiederaufbau einer leistungskräftigen und vor allem glaubwürdigen Armee erwerben wird. Ein weiterer Berner tritt nun 1931 im Zusammenhang mit den Beziehungen zu Deutschland vermehrt ins Rampenlicht: Dr. Walter Stucki, seit 1925 Nachfolger von Ernst Wetter als Chef der Handelsabteilung und damit der wichtigste Mann im Departement von Schulthess. Walter Stucki wurde 1888 in Bern geboren, war also genau zwanzig Jahre jünger als sein politischer Chef. Auch er begann seine Karriere als Rechtsanwalt, nach juristischen und volkswirtschaftlichen Studien in Bern und zusätzlichen Aufenthalten in München, Paris und London. Walter Stucki musste sich sein Studium selbst verdienen, er ging durch eine harte Schule. Schulthess rief den jungen Anwalt, der ihm aufgefallen war, bereits 1917 als Generalsekretär ins Volkswirtschaftsdepartement. Doch Stucki war im Grunde kein Beamtentyp, er dachte zu selbständig, und seine selbstbewusste Dynamik vertrug sich nicht leicht mit dem spezifischen Klima in den Korridoren der Bundesverwaltung. Nach dem Ersten Weltkrieg gewann er seine Freiheit als Anwalt zurück. Doch Ende 1924 gab er dem Drängen von Schulthess nach und übernahm die Leitung der Handelsabteilung, mit der Absicht, nur fünf Jahre zu bleiben. Daraus wurden schliesslich elf Jahre sowie zusätzlich, über die Ära Schulthess hinaus, noch zwei Jahre als besonderer Delegierter des Bundesrates. Walter Stucki hat somit von 1925 bis 1937 die Aussenhandelspolitik der Schweiz in ganz entscheidender Art geformt und geleitet. Er spielt in den Beziehungen zu Deutschland noch vor seinem Chef – der sich oft geschickt als Reserve im Hintergrund hält – die ausschlaggebende Rolle. Dies drückt sich am sichtbarsten dann aus, wenn Stucki – wie so häufig in den spannungsreichen dreissiger Jahren – direkt dem Gesamtbundesrat mündlichen Vortrag hält. Bundesrat Schulthess hat zweifellos sehr früh die Stärken seines wichtigsten Mitarbeiters erkannt und ihm eine Bewegungsfreiheit eingeräumt, die sich auf die Verhandlungsführung ausserordentlich positiv auswirkte. Nur auf diese Weise konnte er den ambitiösen Stucki über längere Zeit an seiner Seite halten. Schulthess folgte dabei wohl in gewissem Mass auch einem instinktiven Machtkalkül: dass er Walter Stucki als funktionellen Staatssekretär einsetzte – den Titel gab es damals in der Schweiz noch nicht, in Berlin allerdings sehr wohl – und ihn bisweilen die Kohlen aus dem Feuer holen liess, kam letztlich auch der Absicherung seiner eigenen Machtbasis im Bundesrat zustatten.

Im Januar 1931 traf Walter Stucki am Rande der Europa-Konferenz in Genf den deutschen Aussenminister Curtius sowie die einflussreichen Ministerialdirektoren Ritter vom Auswärtigen Amt und Posse vom Reichswirtschaftsministerium. Er machte seine Gesprächspartner unverblümt darauf aufmerksam, dass die Entwicklung der schweizerisch-deutschen Handelsbeziehungen für die Schweiz «untragbar» werde. Das Handelsbilanzdefizit sei «unerträglich». Er warf Deutschland auch «illoyale Anwendung des Handelsvertrages» vor, was insbesondere die Maschinenindustrie «vor den Kopf stosse». Die deutschen Spitzenbeamten lehnten Zollermässigungen glattweg ab und waren lediglich bereit, über hängige Anstände «und eventuell über andere untergeordnete Punkte in Verhandlungen einzutreten». Sie hielten es für besser, «die Entwicklung der Dinge noch etwas abzuwarten». Das war nun nicht nach dem Geschmack Stuckis. Er entgegnete, «dass wir nun lange genug gewartet hätten». Den schweizerischen Gesandten Rüfenacht in Berlin informierte Stucki für zukünftige Gespräche, dass man in Bern eventuell auch an Kündigung des Handelsvertrages denke.[11] Stucki hatte nicht übertrieben. Der deutsche Export in die Schweiz zeigte seit 1927 ununterbrochen steigende Tendenz, die schweizerische Ausfuhr hingegen fiel zurück. Das Handelsbilanzdefizit gegenüber Deutschland stieg somit von 343 Millionen Franken im Jahre 1929 auf alarmierende 426 Millionen im Jahre 1930. Dies entsprach 53 % des gesamten Passivsaldos des schweizerischen Aussenhandels. Für Deutschland, in zunehmender Devisenknappheit und schon stark von der Wirtschaftskrise betroffen, wirkte diese Entwicklung begreiflicherweise keineswegs beunruhigend. In der Schweiz machten nun gewisse industrielle Kreise ihre Empörung in einer scharf formulierten Zuschrift an die Neue Zürcher Zeitung publik. Die deutschen Zollbehörden, so wird geklagt, verschärften das Missverhältnis der Handelsbilanz noch, indem sie die Einfuhr aus der Schweiz vor allem im Maschinenbau «in der kleinlichsten Weise zu drangsalieren beginnen». Von Spitzfindigkeit und «üblem Willen» war die Rede. Der Artikel schloss: «Es ist gefährlich bei der heutigen Wirtschaftslage ... die Langmut der Schweiz zu reizen. Es müssen schlechte Politiker sein, die es nicht merken, was sie provozieren.»[12]

Dass man in Berlin unter solchen Umständen auf Zeit spielen würde, um die zu diesem Zeitpunkt noch weitgehend intakte schweizerische Kaufkraft nach allen Regeln der Kunst auszunützen, war wohl zu erwarten. Walter Stucki und die Schweizer Gesandtschaft in Berlin hatten es überdies mit sehr erfahrenen und keineswegs besonders rücksichtsvollen Gegenspielern zu tun. Ministerialdirektor Karl Ritter, fünf Jahre älter als Stucki, war seit 1924 Leiter der Referate für Wirtschaft und Reparationspolitik im Auswärtigen Amt. Der schweizerische Gesandte Hermann Rüfenacht, ein kluger Beobachter, umgänglich und mit vielfältigem Beziehungsnetz – wie ihm auch Paul Widmer attestiert[13] –, hatte an Ritters Ton bereits im Herbst 1930, im Zusammenhang mit dem Reichsbahnkredit, Anstoss genommen. Im November 1931 wird er lapidar festhalten: «Herr Ritter ist nicht ein angenehmer Verhandlungsgegner.»[14] Bis April 1931 waren Stucki und der Bundesrat jedoch zum Schluss gekommen, dass umfassende Verhandlungen mit Deutschland unter den damaligen Verhältnissen kaum möglich waren. Man wollte sich vorderhand auf dringliche Einzelfragen beschränken, die im zweiten Zusatzabkommen zum Handelsvertrag vom 9. Mai 1931 geregelt werden konnten. Ritter wich bei dieser Gelegenheit einer grösseren und grundsätzlichen Verhandlungsrunde erneut aus. Der schweizerische Delegationsleiter Dr. Ernst Wetter, seit Ende 1924 Delegierter des «Vororts» (Schweizerischer Handels- und Industrie-Verein), deutete jedoch an, dass die schweizerische Regierung «wohl kaum dem Begehren der schweizerischen Wirtschaft auf Kündigung des Vertrages widerstehen könne».

Bundesrat Schulthess und Walter Stucki haben wohl nicht ohne Absicht Wetter mit diesem Signal an die Front geschickt. Welche Rolle spielte Ernst Wetter im komplizierten Geflecht helvetischer Machtvernetzung? Wetter wurde 1877 als Sohn eines Drehermeisters in Töss bei Winterthur geboren. Seine Laufbahn führte vom Sekundarlehrer über das Studium der Nationalökonomie zum Handelslehrer und Privatdozenten für Bankbetriebslehre an der Zürcher Universität. 1920 holte ihn Schulthess als Generalsekretär ins Volkswirtschaftsministerium, zwei Jahre später war er Direktor der Handelsabteilung und damit Vorgänger Stuckis, allerdings nur bis Ende 1924, als er zum Vorort nach Zürich wechselte. Dieses Spitzengremium der Schweizer Wirtschaft befand sich damals in einer Umbruchphase, die 1931 mit einer breiteren personellen und branchenmässigen Besetzung ihren Abschluss fand. Präsident war von 1924 bis 1934 der Baumwollindustrielle John Syz, der vom bekannten Industriellen Dr. Hans Sulzer aus Winterthur abgelöst wurde. Ernst Wetter übernahm Ende 1924 die Leitung des ständigen Vorort-Büros, von 1926 bis 1938 war er nicht nur Delegierter, sondern auch Vizepräsident des Vororts.[15] Er verkörperte den zunehmend in den Vordergrund tretenden Typ des führenden Verbandssekretärs, der nie selbständiger Unternehmer oder leitender Manager gewesen war. Dieser Typus eignete sich, sofern mit der notwendigen Konsensfähigkeit ausgestattet, hervorragend für die zeitlich sehr belastende Teilnahme an den vom Volkswirtschaftsdepartement gesteuerten Verhandlungsdelegationen ins Ausland. Ernst Wetter rückte im Dezember 1929 als Freisinniger in den Nationalrat nach. Seit 1925 war er Aufsichtsrat der Schweizerischen Lebensversicherungs- und Rentenanstalt, im Jahre 1929 wurde er zudem Verwaltungsrat der Schweizerischen Aluminium AG. Beide Gesellschaften wird er in der Nachkriegszeit längere Zeit präsidieren. Während Hans Sulzer als Mitglied der führenden Winterthurer Kreise schon seit 1911 im Verwaltungsrat der Bank in Winterthur beziehungsweise der Bankgesellschaft sass, wurde Ernst Wetter, nur ein Jahr jünger als Sulzer, erst 1937 in den Verwaltungsrat der Kreditanstalt berufen, aus dem er bald wieder ausscheiden musste, nachdem er im Dezember 1938 in den Bundesrat gewählt wurde. Wetter wirkte als Finanzminister der Schweiz in der schwierigsten Phase bis Ende 1943. Er kontrastierte in seiner nüchternen Klugheit, seiner kühlen Gelassenheit mit dem machtbewussten und leicht erregbaren Vollblutpolitiker Schulthess, der beim Wechsel Wetters von Bern nach Zürich Ende 1924 die Hände im Spiel gehabt haben soll.[16] Im Kräftedreieck Schulthess–Stucki–Wetter war der Zürcher in der ersten Hälfte der dreissiger Jahre der Unauffälligste, kein Machtpolitiker, sondern ein Mann schier unerschöpflicher Sachkenntnis.

Zurück zur Situation vom Mai 1931. Aufschlussreich war eine Bemerkung von Ministerialdirektor Karl Ritter gegenüber Wetter in Berlin: die Schweiz dürfe bei der Beurteilung der Verhältnisse im Handel «die beidseitige Kapitalverflechtung, die sich doch unzweifelhaft zugunsten der Schweiz auswirke, nicht vergessen».[17] Der handelspolitische Chef im Auswärtigen Amt spielte damit geschickt auf die Ertragsbilanz zwischen den beiden Ländern an, deren Saldo in der Tat keineswegs mit der Handelsbilanz parallel lief. Was Ritter vermutlich noch nicht mit Gewissheit abschätzen konnte, war der Zusammenbruch von Deutschlands Zahlungsfähigkeit in Devisen nur drei Monate später. Damit wird sein Argument eine wesentliche Entwertung erfahren.

3.2. Die deutsche Liquiditäts- und Bankenkrise – wie die Schweizer Grossbanken darauf reagieren

Im Dezember 1930 widmete die Neue Zürcher Zeitung der internationalen Kapitalverflechtung der schweizerischen Grossbanken einen informativen und recht kritischen Artikel. Sie kam zum Schluss, dass der Auslandanteil auf der Aktivseite der gesamten Bilanzsumme der Grossbanken bei etwa 39% liegen könnte. Diese Kapitalverflechtung, so schrieb die Zeitung, «hat nachgerade ein Ausmass erreicht, das neben den durchaus erfreulichen positiven Auswirkungen auch eine tüchtige Dosis Gefahren birgt, die im gegebenen Zeitpunkt in ihrer Wirkung nur dann abgedämmt werden können, wenn alle Beteiligten die Situation mit klarem Kopf und offenen Augen überblicken». Der Verfasser des Artikels sah voraus, «dass im Falle einer Krisis der Kapitalströmungen den kurzfristigen Guthaben im Ausland wahrscheinlich da und dort nicht jene Liquidität innewohnte, die ihnen theoretisch zukommen sollte ...».[18] Wie richtig die NZZ mit dieser Warnung lag, sollte sich kaum sechs Monate später auf überaus schmerzhafte Weise im Falle von Deutschland zeigen. Ob die Schweizer Bankiers die Situation dann im Frühjahr und Sommer 1931 «mit klarem Kopf und offenen Augen» überblickten, bleibt eine der zahlreichen interessanten Fragen.

Der Historiker Harold James hat in überzeugender Weise die Bedeutung der Finanzmarktturbulenzen und des Domino-Effekts für den Ablauf der grossen Wirtschaftskrise unterstrichen.[19] Eine kurze Chronologie der internationalen Abläufe scheint unerlässlich. Am 12. Mai 1931 überraschte die Neue Zürcher Zeitung ihre Leser mit der Nachricht, die Oesterreichische Credit-Anstalt weise einen riesigen Verlust für 1930 auf und müsse mit Staatshilfe gerettet werden. Die mit Abstand wichtigste Bank des östlichen Nachbarlandes «galt noch bis gestern als finanzielle Grossmacht», berichtete der Korrespondent der NZZ aus Wien. Die Redaktion in Zürich schloss in feiner Untertreibung: «Die überaus schwierige Situation der Oesterreichischen Credit-Anstalt ist geeignet, auch im Auslande Beunruhigung zu erwecken.»[20] Sie verband damit die Frage nach den Auswirkungen auf die Contvalor in Basel. Armand Dreyfus liess jedoch umgehend verlauten, die Vorgänge in Wien hätten keinen Einfluss auf die von ihm präsidierte Gesellschaft.[21] Zwei Tage später war Dreyfus zusammen mit andern internationalen Financiers bereits in Wien, um mit der schwer angeschlagenen Grossbank zu konferieren. Für jene Bankiers, die an der Contvalor-Gründung teilgenommen hatten, war die Angelegenheit etwas peinlich. Sie konnten kaum glaubhaft machen, über den Zustand des übernommenen Beteiligungs- und Kreditportefeuilles völlig ahnungslos gewesen zu sein. Viele Zeitungen berichteten jetzt, dass eine der Hauptursachen des Debakels der Credit-Anstalt in der Übernahme der Oesterreichischen Boden-Credit-Anstalt im Herbst 1929, auf Drängen der Regierung, zu sehen sei.[22] Und dies wiederum führte aus schweizerischer Sicht zum Thema der Entlastungsaktion via Contvalor. Es erübrigt sich, an dieser Stelle auf die Details der österreichischen Banken- und Währungskrise einzugehen; sie sind von verschiedenen Historikern sehr eingehend analysiert worden.[23] Für die Auslandbanken lief die Entwicklung auf ein Stillhalteabkommen betreffend kurzfristige Forderungen hinaus, kein gutes Omen, falls in Deutschland und andern Ländern Ähnliches vorfallen sollte.

Die Schweizerische Bankgesellschaft verkürzte in der Rückschau ihres Geschäftsberichtes die Ereignisfolge in durchaus prägnanter, jedoch etwas allzu vereinfachender Weise: «Der unerwartete Zusammenbruch der Oesterreichischen Creditanstalt für Handel und Gewerbe gab den Anstoss zu einer Vertrauens- und Finanzkrise ... Der Ansturm richtete sich zunächst gegen Deutschland, wo durch umfangreiche Geldrückzüge des Auslandes, zu denen sich die Kapitalabwanderung aus dem Inland gesellte, die Gold- und Devisenbestände zusammenschmolzen...»[24] Tatsächlich war die Ausgangslage für Deutschland im Mai 1931 keineswegs komfortabel. Die Neue Zürcher Zeitung hatte am 7. Mai etwas ironisch berichtet, Finanzminister Dietrich reise «jetzt viel im Lande umher», um «über den Schaden aufzuklären, den die Septemberwahlen an dem deutschen Kredit im Ausland angerichtet hätten. Noch heute fehlten zwei Milliarden Auslandgeld, d.h. kurzfristiger Kredite, die damals aus Schreck über den Wahlausgang aus Deutschland geflüchtet und bisher nicht wieder zurückgekehrt wären.»[25] Ende Mai alarmierten die Schwierigkeiten beim Karstadt-Konzern und bei der Nordstern-Versicherung. Die offene Wendung zur Krise, wie dies Gerd Hardach und andere interpretieren, erfolgte durch die unglückliche – hauptsächlich innenpolitisch gezielte – Regierungserklärung zur Reparationsfrage vom 6. Juni 1931. Der Hinweis auf Deutschlands bedrohte finanzielle und wirtschaftliche Lage wirkte auf die Auslandgläubiger besonders alarmierend. Die Kreditkündigungen beschleunigten sich, die Reichsbank verlor rapid Devisen.[26] Die Neue Zürcher Zeitung berichtete Mitte Juni zudem von der «Sturmflut der Effektenrealisationen». Die Panik habe die Reichsbank in «den letzten Tagen» mehr als eine halbe Milliarde an Gold und Devisen gekostet.[27] Die Reichsbank reagierte am 13. Juni mit einer deutlichen Erhöhung des Diskontsatzes. Erleichterung schien am 20. Juni US-Präsident Hoover zu versprechen, indem er ein einjähriges Moratorium für internationale Schulden im Zusammenhang mit den Reparationszahlungen vorschlug. Ein Überbrückungskredit verschiedener Notenbanken verschönerte das Ultimo-Bild der Reichsbank im Juni, er war freilich für viele Auslandgläubiger das Zeichen, dass Deutschlands Zahlungsfähigkeit an der äussersten

Grenze angelangt war. Karl Born hat dies in seiner immer noch lesenswerten Studie treffend beschrieben: Nun «mussten» die ausländischen Gläubiger, wollten sie ihr Geld zurückhaben, nach dem Motto «den Letzten beissen die Hunde» zugreifen.[28] Die Neue Zürcher Zeitung warnte allerdings noch am 20. Juni vor einer «Sauve qui peut»-Strategie.

Wie haben sich die Schweizer Bankiers in dieser Situation verhalten? In Treue fest bis zum (möglicherweise) bösen Ende? Abwarten und abwägen? Kühl bleiben, Bedenken abwiegeln, die Sonnenbrille aufsetzen und in die Berge fahren? Oder Krisenstab bilden, rücksichtslos alle kurzfristigen Kredite eintreiben, auf die Gefahr hin, langjährige Geschäftsverbindungen zu zerstören? Über welche Reaktionsfähigkeit verfügten die schweizerischen Bankleitungen? Wie viel Zeit blieb noch? Dazu einige Hinweise. Am 2. Juli 1931 versammelte sich der Verwaltungsrat der Schweizerischen Bankgesellschaft, in Anwesenheit der Spitzen der Direktion, zur üblichen Sommersitzung. Bei dieser Gelegenheit wurde in Anbetracht der besonderen Lage eine Diskussion protokolliert, eine Rarität, die zu vermerken ist. Verwaltungsrat Henry Rieckel aus La Chaux-de-Fonds, dessen kleine Privatbank die Bankgesellschaft 1920 übernommen hatte, bezeichnete den aktuellen Stand der Kredite an deutsche Banken immer noch für zu hoch und bemerkte: «Wenn Deutschland heute keinen Kredit habe, so habe es sich dies selbst zuzuschreiben, da es mutwillig jedes Vertrauen verscherze.» Präsident Ernst versuchte zu besänftigen. Er glaubte, dass zum Beispiel die Deutsche Bank noch über genügend Liquidität verfüge; man dürfe das Kind nicht mit dem Bade ausschütten, denn wenn die Bankgesellschaft zu stark abbauen würde, «so wäre die Wiederaufnahme des Verkehrs mit den deutschen Kollegen im gegebenen Moment jedenfalls ziemlich erschwert». Verwaltungsrat Enrico Hardmeyer, Kaufmann in Mailand, meinte, dass die Ansicht von Henry Rieckel nicht von allen seinen Kollegen geteilt werde und «der Bankplatz Genf noch sehr viel Geld in Deutschland habe». Rieckel blieb jedoch hart und betonte, dass er sich jetzt nicht für die Rendite interessiere, «sondern nur dafür, keine Kapitalverluste zu erleiden». Paul Jaberg, der Sprecher der Direktion, bemerkte demgegenüber, dass man mehr Geld im Inland als in Deutschland verloren und überdies die Engagements in Deutschland seit etwa Jahresfrist stark reduziert habe. Verwaltungsrat Alexandre Cailler, freisinniger Nationalrat und bekannter Schokoladefabrikant aus Broc, verwandte sich schliesslich diplomatisch dafür, «d'agir avec prudence». In einer Beilage zum Protokoll wurde über die Position in Österreich rapportiert, mit Hinweis auf die deutsche Problematik. Hier wurde berichtet, die Zürcher Banken hätten sich in letzter Zeit wiederholt mit dem Thema beschäftigt, ob man alle Beträge von den deutschen Banken zurückziehen solle, wodurch man die Banken in Schwierigkeiten bringen würde, «oder soll man kollegial und anständig sein auch auf das Risiko hin, schliesslich allein auf weiter Flur zu stehen». Die Bankgesellschaft habe eine «mittlere Linie versucht» und das Engagement bei den deutschen Banken im letzten Jahr etwa halbiert.[29]

Beim Bankverein befasste sich der Ausschuss des Verwaltungsrates am 7. Juli mit dem brennenden Thema. Der Erste Vizepräsident Charles Schlumberger-Vischer warf – wie bereits an anderer Stelle kurz erwähnt – die kritische Frage auf, «ob es angesichts der derzeitigen Lage in Deutschland nicht angezeigt wäre, unseren Verkehr mit Deutschland noch mehr einzuschränken und die bewilligten Kredite möglichst herabzusetzen». Armand Dreyfus wies in seiner Antwort darauf hin, dass die Generaldirektion bereits einen wesentlichen Abbau bei den deutschen Banken herbeigeführt habe, und erwähnte die aktuellen deutschen Massnahmen sowie den Notenbankenkredit, «die eine Beruhigung auf dem deutschen Kapitalmarkte bezwecken». Der Ausschuss zeigte sich darauf «einstimmig» einverstanden, «die gegenwärtige Politik der Generaldirektion weiter zu verfolgen und von einer Aufhebung der deutschen Kredite abzusehen».[30]

Auffallen muss, dass erfahrene, ältere Bankiers wie Rieckel und Schlumberger bei den zwei Banken das kritische oder mindestens skeptische Element vertreten. Die Form, in der sie dies tun, lässt darauf schliessen, dass sie die grossen Engagements in Deutschland nicht erst im Sommer 1931 mit Beunruhigung betrachteten. Ob sie in ihren Voten hauptsächlich von einer schärferen Risikowahrnehmung oder auch von einer gewissen Westorientierung geleitet wurden, bleibe dahingestellt. Die Situation in Deutschland war jedenfalls nicht leicht zu beurteilen. Mancher erinnerte sich, dass scheinbar ähnliche Krisen im Frühjahr 1929 und Herbst 1930 erfolgreich überwunden wurden. Und wozu hatte man seit 1929 die BIZ in Basel? Die Zusammenarbeit unter den Zentralbanken funktionierte im operationellen Bereich befriedigend. Die Schweizerische Nationalbank übernahm von der Reichsbank allein in der ersten Junihälfte Gold für 29.3 Millionen Franken.[31] Professionelle Gelassenheit schien manchem schweizerischen Bankier offenbar bis Anfang Juli mindestens nach aussen nicht die schlechteste Verhaltensweise. Das kann nicht darüber hinwegtäuschen, dass die grossen «Macher» Bindschedler und Dreyfus, Jaberg und Wolfensperger und natürlich auch die verantwortlichen Herren von der Basler Handelsbank, der Schweizerischen Volksbank, der Bank Leu und des Comptoir d'Escompte mit ihrem ganzen Prestige engagiert sind. Wer jetzt noch Fehler macht, dem wird später kaum mehr verziehen.

Wie tückisch die Lage in Wirklichkeit war, ergibt sich etwa aus der Lagebeurteilung im Direktorium der Nationalbank am selben 7. Juli, an dem Armand Dreyfus in Basel mit seinen beruhigenden Worten noch den Verwaltungsratsausschuss des Bankvereins hinter sich scharen kann. Bei der Nationalbank sieht man die Entwicklung in düsterstem Licht. Die

Reichsbank werde den Devisenabzügen «nicht mehr lange Stand halten können.» Und weiter: «Wenn nicht noch ein Wunder eintritt, so wird die Situation in kurzem unhaltbar.» In Frage komme wohl nur eine sofortige Hilfe von aussen, «oder aber ein Moratorium».[32] Die offensichtliche Währungskrise wurde nun in gravierender Weise verschärft durch eine Bonitätskrise im deutschen Bankensystem. Eine Schweizer Zeitung hatte eine nicht ganz unwichtige Übermittlungsrolle gespielt. Am 5. Juli nämlich wies die Basler Nationalzeitung auf die ungünstige Lage einer deutschen Grossbank hin. Tags darauf wurde die Bank – es handelte sich um die von Jakob Goldschmidt geführte Danat-Bank – namentlich genannt. Aus Berlin wurde flugs dementiert.[33] Aber die Schweizerische Nationalbank ahnte oder wusste bereits mehr: «Gewisse Zweifel in die Liquidität der deutschen Banken, wie sie in den letzten Tagen etwa verlauteten, sind nicht ganz von der Hand zu weisen; wenn die kurzen Mittel abgeschöpft sind, wird es eben schwierig, das Bankgeschäft fortzuführen. Die Beunruhigung ist momentan nun so stark, dass man sich auf das schlimmste gefasst machen muss.»[34] In der Tat musste Goldschmidt in Berlin am 8./9. Juli der Regierung eingestehen, dass seine Bank sich in grössten Schwierigkeiten befand.[35]

In Zürich meldete sich inzwischen Armand Dreyfus, begleitet vom Direktor der Zürcher Kantonalbank, bei der Nationalbank mit der Frage, «ob es nicht möglich wäre, etwas von dem reichlichen flüssigen Geld, über das unsere Banken zurzeit verfügen und das ihnen zum überwiegenden Teil aus Deutschland zufliesst, durch Vermittlung der BIZ wiederum dorthin zu geben …».[36] Diese Idee war kurz zuvor in einigen unauffälligen Sätzen bereits in der Neuen Zürcher Zeitung lanciert worden.[37] Für eine solche letztlich internationale Konstruktion reichte die Zeit nicht mehr. Die NZZ beschrieb am 10. Juli anschaulich die «Krise der kurzfristigen Auslandverschuldung Deutschlands». Sie kam zum durchaus zutreffenden Schluss: «Für den Augenblick ist die Sicherung und Stillhaltung der in Bewegung geratenen kurzfristigen Kredite das dringende Gebot der Stunde.» Freilich wies sie auch hin auf die «gefährliche Welle politischer Radikalisierung, die immer sichtbarer über Deutschland geht» und im Ausland zu pessimistischer Beurteilung der zukünftigen innerdeutschen Entwicklung führe.[38]

Am Tag darauf, dem 11. Juli, einem Samstag, teilte Goldschmidt der Regierung mit, dass die Danat-Bank am Montag geschlossen bleiben würde. Am Sonntag wurde in pausenlosen Konferenzen in Berlin klar, dass sich auch die Dresdner Bank in einer Liquiditätsklemme befand. Die Reichsregierung liess am 13. Juli mittags verlauten: «Es kommt darauf an, dass das deutsche Volk in dieser schweren Lage die Nerven bewahrt.»[39] Das war nicht ganz der Fall. Der Run auf die Banken am 13. Juli war das Ende. Denn Reichsbankpräsident Luther war am gleichen Tag in Basel bei der

BIZ (Ankunft 15.20 Uhr im Sonderflugzeug) in seinem Versuch gescheitert, einen grösseren Rediskontkredit zu beschaffen. Das deutsche Kabinett beschloss darauf, den 14. und 15. Juli zu Bankfeiertagen zu erklären. Damit war Deutschlands Kredit im Ausland endgültig zerstört. Die momentane Schockwelle war enorm. Die langfristigen Auswirkungen, verstärkt zwei Jahre später durch das Hitler-Regime, waren fatal. Praktisch zwanzig Jahre wird es dauern, bis Deutschland seine alte Kreditwürdigkeit wieder erlangt.

Ob sich die verhängnisvolle Entwicklung im Frühjahr und Sommer 1931 hätte vermeiden lassen, mit andern Strategien, einem gewandteren Reichsbankpräsidenten, einem mehrheitsfähigen Reichskanzler, einer kräftigen Unterstützung durch die USA und Grossbritannien, darüber liess sich damals und lässt sich auch heute noch trefflich streiten. Und nicht zuletzt bleibt teilweise umstritten, in welcher Phase der Krise der innerdeutsche Vertrauensverlust gegenüber gewissen Banken, die deutsche Kapitalflucht oder die ausländischen Kreditkürzungen eine beschleunigende oder ausschlaggebende Rolle spielten.[40]

Was war nun zu tun? Deutschland musste in erster Priorität einen völligen Zusammenbruch seines Bankensystems vermeiden. Zu diesem «späten» Zeitpunkt der in- und ausländischen Vertrauenskrise blieb nur noch die Staatsintervention, gefolgt von Sanierungen und verstärkter Kontrolle, um das Vertrauen notdürftig wiederherzustellen. Auf der zweiten Ebene, der Aussenfront, galt es möglichst rasch mit den Auslandgläubigern zu einer provisorischen Regelung der kurzfristigen Fälligkeiten zu kommen. Die Vorgänge der vorangehenden Wochen in Österreich hatten bereits eine Ahnung von den Schwierigkeiten auf beiden Ebenen vermittelt; freilich ging es nun um bedeutend grössere Engagements und um ganz andere politische Dimensionen.

Wie gefährlich war die Lage für die Schweizer Gläubiger? Wir werden für die folgenden Jahre zwischen den sogenannten Privatgläubigern und den Finanzinstituten unterscheiden müssen. Die Grösse und Art der Engagements, die Interessenlage, die Möglichkeiten zur Einflussnahme und die wirtschaftlichen Auswirkungen liegen in unterschiedlichen, bisweilen freilich benachbarten Bereichen. In der Schweiz stellte sich just zu diesem Zeitpunkt auch ein «hauseigenes» Problem: Am Unglückstag, dem 13. Juli 1931, musste die Banque de Genève ihre Schalter schliessen. Das kam allerdings nicht unvorbereitet. Bereits Ende Juni zirkulierten Gerüchte über Schwierigkeiten der Bank, die das Publikum zu Abhebungen veranlassten. Den eingeweihten Kreisen waren die Schwierigkeiten dieser privaten Bank, an welcher der Kanton Genf eine Aktienbeteiligung hielt, schon vorher bekannt. Die Folge: fieberhafte Konferenzen zur Rettung, mit Intervention des eidgenössischen Finanzministers Musy, und schliesslich am 10. Juli der äusserst knappe Entscheid des Genfer

Grossen Rates, den Vorschlag des Staatsrates zur Kapitaleinspritzung abzulehnen. «Die Erregung unter dem Publikum ist beträchtlich», hielt die NZZ ganz nüchtern am 13. Juli fest. Nicht die Grösse der Bank war das beunruhigende Element (Bilanzsumme Ende 1930 von 97 Millionen Franken), sondern der Prestigeverlust und die politischen Begleiterscheinungen für Genf sowie die möglichen Auswirkungen auf den Schweizer Finanzplatz insgesamt. Die Ansteckungsgefahr war akut, wie überall in Europa. Die Unruhe griff zunächst auf die Genfer Grossbank Comptoir d'Escompte über, welche bereits im Juli bei der Nationalbank Diskonthilfe in Anspruch nehmen musste.[41] Nicht nur «kleine Leute» zogen ihr Geld zurück, sondern auch gewisse in- und ausländische Banken entzogen dem Comptoir teilweise ihr Vertrauen. Kurz: Im August 1931 «musste» der Comptoir d'Escompte – unter teilweiser Regie von Bundesrat Musy – von den restlichen Schweizer Grossbanken gestützt werden. Als kurzfristige Massnahme verständlich und einigermassen wirksam, wird das Experiment solidarischer Hilfe schliesslich mittelfristig misslingen: eine lange und schmerzliche Geschichte, die sich als klassische Fallstudie zum Thema Bankenkrisen anbietet.

Diese beunruhigenden Entwicklungen im eigenen Land muss im Auge behalten, wer sich mit dem Verhalten der Schweizer Grossbanken gegenüber Deutschland im Sommer und Herbst 1931 beschäftigt. Die Ausstrahlungen und Vernetzungen lassen die Anlagekunden der Banken selbstverständlich nicht unberührt. Der französische Konsul in Basel ist nicht der einzige, der sich darum sorgt, welche Grossbanken in der erweiterten Gefahrenzone liegen könnten. Er nennt bereits am 17. Juli die Kreditanstalt, die Eidgenössische Bank und die Volksbank als «assez touchées par la crise (allemande)». Der Bankverein hingegen wird ihm von einem Bankier als «vorsichtigste» der Schweizer Banken genannt. Es wäre freilich kaum notwendig gewesen, den französischen Botschafter in Bern bei dieser Gelegenheit daran zu erinnern, dass sich unter den Anlagekunden der Schweizer Banken «beaucoup de capitalistes français» befänden.[42] Auffallend ist hingegen der Umstand, dass der Konsul die Basler Handelsbank nicht hervorhebt, die in Wirklichkeit sehr stark in Deutschland exponiert war und gleichzeitig über eine bedeutende französische Privatkundschaft verfügte. Allerdings gehört sie zu jenen Banken, die den Abbau der deutschen Engagements in den kritischen Monaten mit besonderer Vehemenz vorantrieben. Sie hatte aufgrund ihrer einseitigen Kreditpolitik in der Vergangenheit auch allen Grund dazu. Dies führt uns zurück zum zentralen Thema der kurzfristigen deutschen Auslandschulden.

Die Idee eines Moratoriums für sämtliche Zahlungen sowohl an das Ausland wie im Inland war schon früh in deutschen Regierungskreisen aufgetaucht. Für Ex-Reichsbankpräsident Hjalmar Schacht, den man am 12. Juli zur Besprechung in der Reichskanzlei beigezogen hatte, war die

Notwendigkeit eines Auslandmoratoriums, wie er in seinen Erinnerungen festhält, nichts als eine Selbstverständlichkeit. «Meine Auffassung ist immer gewesen, dass im Kreditgeschäft nicht der Schuldner allein die Verantwortung tragen muss, sondern dass für die Sicherheit und die Liquidität von Krediten der Gläubiger eine Mitverantwortung trägt.»[43] Staatssekretär Schäffer, der enge Verbindungen zum schwedischen Spitzenbankier Marcus Wallenberg pflegte, widersetzte sich zusammen mit dem amtierenden Reichsbankpräsidenten Luther erfolgreich dem Drängen Schachts. Eine Ungleichbehandlung in- und ausländischer Gläubiger hätte nach ihrer Ansicht gegen Treu und Glauben verstossen und dem deutschen Ansehen beträchtlichen Schaden zugefügt.[44] Schacht kannte offenbar keine solchen Rücksichten. Die Ereignisse vom 13. Juli hatten indes, wie dies Luther einige Wochen später treffend formulierte, «die fürchterliche Überzeugungskraft eines Elementarereignisses, die stärker ist als die besten Beweisgründe, und führten der ganzen Welt vor Augen, dass es so nicht weitergehen kann».

Die deutsche Bankenschliessung bildete den Auftakt zu den Stillhalteverhandlungen. Mit den Bankfeiertagen und der Stilllegung des deutschen Zahlungsverkehrs (erst ab 5. August wieder voll in Aktion) hörten zunächst auch die Devisenverluste der Reichsbank auf, ohne dass formell ein Auslandmoratorium verhängt werden musste.[45] Der Weg zu einer vertraglichen Lösung des Problems war freilich ausserordentlich mühsam und hing von wesentlichen Voraussetzungen ab. Governor Harrison vom Fed New York hatte zum Beispiel schon im Juni Massnahmen gegen die deutsche Kapitalflucht gefordert.[46] Das Kabinett Brüning reagierte nun mit einer Flut von Notverordnungen, die schrittweise zur vollständigen Devisenbewirtschaftung führten. Mit der Verordnung vom 18. Juli wurde die Anbietungspflicht für ausländische Zahlungsmittel und Forderungen an die Reichsbank festgelegt. Daneben wurde eine Steueramnestie für bisher nicht deklarierte Devisenbeträge erklärt. Zuwiderhandlungen sollten in schweren Fällen mit bis zu zehn Jahren Zuchthaus bestraft werden. Reichsminister Treviranus liess am Rundfunk verlauten, diese Massnahmen gegen die Kapital- und Steuerflucht hätten den Zweck, mit allen dem Staat zu Gebote stehenden Mitteln die Rückkehr dieser Gelder zu erzwingen.[47] Das dürften einige Schweizer Bankiers mit gemischten Gefühlen gelesen haben. Das deutsche Bankgeheimnis wurde im Zusammenhang mit der Devisengesetzgebung praktisch aufgehoben.[48] Was die Rückführung deutscher Gelder aus dem Ausland betraf, so schrieb die Neue Zürcher Zeitung einige Tage später von «nicht unbegründeter Skepsis». Es sei «kaum anzunehmen dass das Ausland bereit wäre, zugunsten des deutschen Fiskus oder der Devisenreserve der Deutschen Reichsbank das Prinzip des Bankgeheimnisses gegenüber den deutschen Kunden irgendwie preiszugeben».[49]

Die Bemühungen um Stillhaltung der kurzfristigen Forderungen nahmen ihren Anfang bereits am 15./16. Juli mit einem provisorischen Gentlemen's Agreement der New Yorker Banken. Die Londoner Akzeptbanken folgten auf dem Fuss. Am 18. Juli verabredete Reichsbankpräsident Luther mit der Bank of England, die Notenbankpräsidenten der Schweiz, der Niederlande und Schwedens sollten aufgefordert werden, auf ihre Banken in gleichem Sinne einzuwirken.[50] Governor Norman und Luther sandten entsprechende Telegramme an Bachmann. Die bereits am 15. Juli einsetzenden Besprechungen unter den Grossbanken in Zürich ermöglichten in erster Phase die Aufrechthaltung eines minimalen Zahlungsverkehrs mit den deutschen Banken auf Basis der bestehenden Guthaben. Ein bemerkenswertes Detail der provisorischen schweizerischen Vereinbarungen sei hier wörtlich zitiert: «Überträge von Depots und Konti deutscher Kunden auf Schweizerpersonen sollen abgelehnt werden.»[51] Ein weiterer Punkt am Rande irritierte die Schweizer Banken in mancher Hinsicht: Zwei deutsche Banken hatten bereits telegrafiert, «dass alle hier liegenden Wertschriften Kundendepots seien». In Zürich war man mehrheitlich der Meinung, diese Telegramme vorerst unbeantwortet zu lassen.[52]

Die allgemeine Nervosität wird bei der Nationalbank am 21. Juli trefflich festgehalten: «In der schweizerischen Bankwelt herrscht die beispiellose Tendenz, sich flüssig zu gestalten und zwar aus dem Grunde, weil die Banken den Abfluss von Geldern befürchten.» Dr. Bindschedler konfrontierte die Nationalbank mit dem radikalen «Ansuchen… es möchten die schweizerischen Banken, ähnlich wie die Banken in Dänemark, die deutschen Guthaben sperren». Dazu kam es nicht. Das heikle Thema wird indes zwei Jahre später in einer politisch schwierigeren Lage wieder auftauchen. Betreffend Stillhaltung zeichnete sich bei den Grossbankenvertretern bereits die Einsicht ab, sich dem englisch-amerikanischen Vorgehen anzuschliessen. Allerdings sollten künftig keine direkten Akzeptleistungen zu Lasten der deutschen Banken erfolgen, sondern nur noch unter der direkten Haftung der kreditnehmenden Firmen. Im Klartext gesagt: Die Bonität der deutschen Industrie- und Handelsfirmen war nun mehr wert als diejenige der Banken. Widerstand von deutscher Bankenseite gegen diese Forderung war zu erwarten.[53]

Eine insgesamt eher enttäuschende internationale Regierungskonferenz in London, zu der die Schweiz, Schweden und die Niederlande allerdings nicht eingeladen wurden, gab am 23. Juli generelle Empfehlungen für das weitere Vorgehen ab, das nun im Rahmen der BIZ ablaufen sollte. In Basel hatte ein zehnköpfiges internationales Sachverständigengremium ans Werk zu gehen, bezeichnenderweise unter dem Vorsitz von Albert H. Wiggin, dem Chairman des Governing Board der Chase National Bank, die in Deutschland am stärksten engagiert war. Die Schweizer

Banken waren in diesem Gremium durch Dr. Bindschedler von der Kreditanstalt vertreten. Deutschland wurde durch den renommierten Carl Melchior vom Bankhaus Warburg repräsentiert. Britischer Vertreter war Sir Walter Layton, Editor des «Economist», der im August den Abschlussbericht, meist «Layton-Bericht» genannt, verfasste. Dieser Ausschuss sollte zunächst einmal, etwas ambitiös ausgedrückt, die Kreditbedürfnisse Deutschlands und die Möglichkeiten zur Umwandlung von kurzfristigen in langfristige Schulden abklären. In Wirklichkeit ging es sehr rasch um die genaue Feststellung der deutschen Auslandverpflichtungen und zentral um die Stillhalteregelungen. Über die deutsche Auslandverschuldung herrschte bis zur Krise von 1931 keine völlige Klarheit. Mit den nun eiligst gesammelten Daten ergab sich das Bild von kurzfristigen Auslandverpflichtungen (der 28 «besonders in Betracht kommenden Banken und Bankiers») per Mitte Juli von 4.3 Milliarden Reichsmark (= Fr. 5.3 Mrd.). Auf die USA entfielen 37%, auf Grossbritannien 23.9%; an dritter Stelle befand sich die Schweiz mit 13.2% (= ca. 705 Millionen Franken), gefolgt von den Niederlanden mit 7.6% und Frankreich mit 6.8%.[54] Damit war natürlich erst ein Teil des Problems erfasst. Unterschätzt wurden nämlich recht lange die direkten kurzfristigen Auslandverpflichtungen der Industrie- und Handelsfirmen. Auch fehlten noch die Angaben über die öffentlichen Auslandschulden, die erst Anfang 1932 separat verhandelt wurden. Die Zahlen der nun in Deutschland akribisch erfassten privaten Auslandschulden erhöhten sich laufend. Man muss sorgfältig unterscheiden zwischen den Gesamtangaben und den zu einem bestimmten Zeitpunkt in der Stillhaltung tatsächlich blockierten Beträgen. Gewisse Doppelzählungen und gedeckte Kredite sorgten für Verwirrung. Es ist deshalb nicht erstaunlich, dass die Zahlenflut für den Herbst 1931 Diskrepanzen aufweist. Harold James hat in seinen Studien übrigens angemerkt, dass gerade im Falle der Schweiz und der Niederlande das «relending», mit andern Worten die Entgegennahme deutscher Depositen und die Rückausleihe in Kreditform, eine Rolle spielten.[55] Seine Beobachtung ist für gewisse Fälle zutreffend, insgesamt indes für das Ausmass der Forderungen aus der Schweiz – soweit ersichtlich – nicht von entscheidender Bedeutung.[56]

Die eigentlichen Stillhalteverhandlungen begannen erst Mitte August in Basel. Zwischen Deutschen und Angelsachsen hatten vorbereitende Besprechungen stattgefunden. Keine gemütliche Lage für die schweizerischen Banken. Bereits der Begriff «Stillhalten» hatte keinen guten Klang, liess ein Problem der Liquidität erahnen. Man wird ihn deshalb im folgenden Jahr aus dem offiziellen Vokabular eliminieren. Für praktisch alle schweizerischen Grossbanken war das Thema von grosser oder grösster Wichtigkeit. Beunruhigung im Publikum konnte gefährlich werden. Diskretion war das Gebot der Stunde. Die innenpolitische Dimension ist nicht zu verkennen. Die schweizerischen Sozialdemokraten beobachteten sehr genau, wie Deutschland die Bankenkrise zu überwinden gedachte. Der Ruf nach «Bankenkontrolle» liess sich auch in der Schweiz nach den Vorgängen in Genf auf die roten Fahnen heften.[57] Schon bald ertönte von nördlich des Rheins das grässliche Wort «Bankenkommissar» in die empfindlichen Ohren an der Zürcher Bahnhofstrasse.

Wie haben die Schweizer Grossbanken und die Nationalbank im Rahmen dieser ersten Verhandlungen ihre Interessen wahrgenommen? Am 10. August präzisierten sie in der Antwort – von G. Bachmann unterzeichnet – an Reichsbankpräsident Luther ihre Position, welche unter einer ganzen Reihe von Forderungen vor allem zwei interessante Punkte enthielt. Sie forderten eine bindende Zusage von deutscher Seite, dass der Zahlungsdienst für alle in der Schweiz begebenen deutschen Anleihen aufrechterhalten werde. Diese Forderung lag vor allem im Interesse der Bankkunden; sie illustriert sehr deutlich die bestehenden Befürchtungen über die deutschen Absichten. Ausserdem sollte sich die Reichsbank verpflichten, «aus dem zugunsten Deutschlands sich ergebenden beträchtlichen Überschuss der schweizerisch-deutschen Handelsbilanz einen angemessenen Prozentsatz zur Tilgung der ... gestundeten schweizerischen Forderungen zur Verfügung zu stellen».[58] Doch die Umstände sprachen nicht für nationale Sonderwünsche. Hier handelte es sich nicht um bilaterale und ebenso wenig um intergouvernementale Verhandlungen. Gegenüber standen sich das deutsche Team, bestehend aus Reichsbankdirektor Fuchs und den Bankiers Schlieper (Deutsche Bank) und Jeidels (Berliner Handelsgesellschaft), und die Vertreter der Gläubigerbanken Deutschlands. Die stärksten Meinungsunterschiede entzündeten sich an der Frage, ob die Markguthaben in die Stillhaltung einzuschliessen seien, was die Gläubiger ablehnten. Die Deutschen hatten keine echten Trümpfe in der Hand. Gemäss Reichsbankpräsident Luther hätte die Moratoriumsdrohung («das beinahe einzige deutsche Druckmittel») bei den Franzosen, Schweizern und Holländern ihre Wirkung verfehlt, «weil sie in einem solchen Falle deutsche Werte in ihren Ländern beschlagnahmen würden».[59]

«Es war eine bewegte Nacht in der B.I.Z.», berichtete die Neue Zürcher Zeitung am 19. August 1931. «Die Situation war sehr gespannt ... endlich erfolgte um Mitternacht die Annahmeerklärung der deutschen Delegierten ... und um ½ 1 Uhr morgens war der Bericht unterzeichnet.» Das Basler Stillhalteabkommen definierte Paul Jaberg als «multilaterale privatrechtliche Abmachungen».[60] Es umfasste nicht nur die kurzfristigen Devisenverpflichtungen der deutschen Banken – wie dies die schweizerischen Banken am 10. August einschränkend gewünscht hatten –, sondern auch die entsprechenden Verpflichtungen der Handels- und Industriefirmen.[61] Saisonkredite und Markkredite waren ausgenommen. Für

Deutschland verblieben deshalb beträchtliche laufende Verpflichtungen, die in den nächsten Monaten, zusammen mit den Zinszahlungen in Devisen, erheblich an den Reserven zehrten. Die Unterzeichnung durch die einzelnen Banken fand erst im September statt, mit Wirkung vom 1.9.1931 bis zum 29.2.1932. Deutschland erhielt eine Atempause – mehr war es nicht. Dem Direktorium der Schweizerischen Nationalbank erschien es Anfang Oktober «schon fraglich, ob Deutschland die Verpflichtungen gemäss dem Stillhalteabkommen wird einhalten können». Gleichzeitig stellt sich die Frage, wie rasch Deutschland, wie dies Harold James formulierte, von einem unglücklichen und schlechten Schuldner zu einem «lachenden Schuldner» mutierte.[62]

Konnten die schweizerischen Grossbanken und die Nationalbank mit dem Resultat vom August 1931 zufrieden sein? Wohl kaum. Sie hatten erst spät reagiert und blieben deshalb praktisch im Windschatten der Angelsachsen. Politische Faktoren hatten zweifellos in der Startphase zwischen Deutschland und den USA, Grossbritannien und Frankreich eine Rolle gespielt und damit die Banken des neutralen Kleinstaates am Rande gelassen. Das zweite Problem ist indessen bei der Schweizerischen Nationalbank zu orten. Eine initiative Notenbankleitung hätte frühzeitig – im Rahmen der BIZ und vor allem in informellen Gesprächen – Ideen und spezifische Interessen einbringen können. In einer Krise dieser Art, potentiell bedrohlich für die Liquidität verschiedener Grossbanken, hätte sich die Nationalbank auch auf internationaler Ebene profilieren können. Davon war man freilich recht weit entfernt. Jene Eigenschaften, welche manche Bankiers vom Paradeplatz und der Bahnhofstrasse bisweilen im Übermass ausgezeichnet hatten, nämlich Schnelligkeit und Wagemut, Initiative und gesundes Selbstvertrauen, das alles gehörte kaum zu den Charakteristiken der Nationalbank-Leiter. Dr. Gottlieb Bachmann aus Winterthur, 57-jährig, seit 1918 Mitglied des Direktoriums und seit 1925 dessen Präsident, war ein intelligenter, pflichtbewusster und sehr gründlicher Mann. Aber ein Macher mit Ambitionen, der nun seinen Handlungsspielraum hätte ausnützen können, das war er gewiss nicht. Ursprünglich Jurist, hatte sich Bachmann vor seinem Eintritt in die Nationalbank als Universitätsprofessor für Handelsbetriebslehre in Zürich betätigt. Kurz gesagt: Der etwas ängstliche und international wenig profilierte Gottlieb Bachmann war nicht der optimale Mann der Stunde, nicht geschaffen für energische Krisenbewältigungen. Dies wird sich auch in den folgenden Jahren bestätigen. Das Bild wird noch geschärft, wenn man sich vergegenwärtigt, auf welch schwierigem Terrain zu dieser Zeit Montagu Norman, der Chef der Bank of England, manövrieren musste, weil das Pfund unter starken Druck gekommen war. Und mit welcher Intensität Harrison vom New Yorker Fed die US-Interessen im direkten Gespräch mit Reichsbankpräsident Luther wahrnahm. In Berlin kam man bei der Reichsbank im Herbst 1931 jedenfalls zum Schluss, dass Bachmann – gemeint im Vergleich zu Walter Stucki – «keinen Einfluss» habe.[63]

Für übertriebene Leisetreterei bestand von Seite der Schweiz keinerlei Ursache. Die umfangreichen Engagements in Deutschland sprachen für sich selbst. Der Schweizerfranken war gesucht und bewegte sich schon im Juni 1931 über Parität. Der Bestand an Gold und Devisen überschritt im Juli die Schwelle von 1.4 Milliarden Franken. Und die Notendeckung – welch komfortable Lage – erhöhte sich gleichzeitig auf über 120%.[64] Gottlieb Bachmann sah seine Rolle, zusammen mit seinen Direktoriums-Kollegen Schnyder von Wartensee und Weber, primär als Gralshüter dogmatisch konservativer Währungspolitik, basierend auf dem unverrückbaren Goldstandard. Die kontroversen Stillhalte- und Aussenhandelsprobleme gehörten nicht zu ihren zentralen Interessegebieten – solange der Franken nicht in unmittelbarer Gefahr war. Ob sich diese Politik in den Krisenjahren zu Nutz und Frommen der schweizerischen Volkswirtschaft auswirkte, bleibt in manchen Aspekten eine kontroverse Frage. Im Problemfeld mit Deutschland war es nun ironischerweise einem Outsider der Zürcher Bankenszene überlassen, konstruktive Ideen zu entwickeln. Dr. Felix Somary, gebürtiger Wiener, seit 1919 beim kleinen Privatbankhaus Blankart & Cie. in Zürich tätig, war ein ideenreicher Ökonom. Er hatte in Europa ein Beziehungsnetz aufgebaut, das viele kluge Köpfe einschloss, darunter Staatssekretär Hans Schäffer in Berlin. Auch Reichsbankpräsident Luther war ihm nicht unbekannt.[65] Somary lancierte im August 1931 in der Neuen Zürcher Zeitung eine Programmidee, die zum teilweisen «Auftauen» der ausländischen Forderungen und zur Finanzierung von Exporten nach Deutschland hätte dienen können; eine interessante Verknüpfung gerade im Falle der Schweiz, freilich wäre dazu die Mitarbeit der Nationalbank und eine gewisse Risikoübernahme notwendig gewesen.[66] Dank seiner Beziehungen konnte Somary seine Ideen im Verlaufe des Herbstes auch in Berlin vortragen. Er zeigte sich dann allerdings etwas «pikiert», als Reichsbankpräsident Luther allerhand Einwände vorbrachte.[67]

Die schweizerischen Grossbanken und ein Teil ihrer Kunden blieben im Spätsommer und Herbst 1931 nervös. Welche Gerüchte im Detail umliefen, lässt sich kaum mehr rekonstruieren. Unruhige Erwartungen in Bezug auf zukünftige Entwicklungen in Deutschland verbanden sich mit zunehmender Bewusstwerdung der problembehafteten und nun teilweise blockierten schweizerischen Engagements nördlich des Rheins. Die sich lange hinziehende Aufarbeitung der Genfer Bankenkrise, begleitet von den schrillen Tönen des Genfer Sozialistenführers und Nationalrates Léon Nicole, wirkte keineswegs vertrauensfördernd. Der politische Druck verstärkte sich. Der konservative Bundesrat Musy, aufgeschreckt durch die Untersuchung der Vorgänge in Genf, zog im August «eine gewisse Aufsicht oder Kontrolle neuerdings in Erwägung», wie man bei der Nationalbank feststellte.[68]

Am schweizerischen Bankiertag in Lausanne wies Musy dann am 12. September «staatssozialistische Eingriffe» immerhin deutlich zurück. Gleichzeitig forderte er detaillierte Quartalsbilanzen der Banken zuhanden der Nationalbank, damit diese «als oberste Hüterin der schweizerischen Währung und der schweizerischen Kreditpolitik» ihre wichtige Mission erfüllen könne.[69] Am Tag darauf hielten die Sozialdemokraten ihren schweizerischen Parteitag in Bern ab. Nationalrat Grimm forderte den Einfluss des Staates auf die «privatmonopolistischen Wirtschaftsgebilde und ihre öffentliche Kontrolle, durch die staatliche Beaufsichtigung des Finanzkapitals».[70] Anders ausgedrückt: Eine Debatte im Parlament sowie Nationalratswahlen standen bevor. Mehr Transparenz wurde von verschiedenen Seiten gefordert. Nur die Bankgesellschaft und die Volksbank hatten bisher Halbjahresbilanzen per Juni 1931 publiziert. Erst nach reichlichem Zögern entschlossen sich die Grossbanken schliesslich im Spätherbst erstmals zur gemeinschaftlichen summarischen Veröffentlichung von Quartalsbilanzen.[71]

Inzwischen war es Ende September zu panikartigen Rückzügen an einzelnen Schaltern der Volksbank in Zürich gekommen. Kurz vorher musste die kleine Zürcher Bankfirma C. J. Brupbacher um Nachlassstundung nachsuchen. Selbst in Berlin sprach man an einem Empfang des französischen Botschafters von den Gerüchten über gewisse Schweizer Banken. Es werde in der Schweiz, wie Staatssekretär Schäffer festhielt, von einem angeblich bevorstehenden Run auf die Kreditanstalt «gemunkelt».[72] Wie stark sich die teilweise heftig geführte Nationalratsdebatte vom 25. September 1931 um Bankenkontrolle und Fehler in der Genfer Affäre auf das allgemeine Klima auswirkte, ist nicht präzis zu erfassen. Das Thema der Bankenkontrolle wird jedenfalls nicht mehr aus dem politischen Raum verschwinden.[73] Die Sozialdemokraten sorgten dafür. Nationalrat Johannes Huber, den Hermann Böschenstein im Rückblick wohl zu Recht als «gefürchteten Meister der politischen Taktik» charakterisierte, sass 1931 als neues Mitglied im Bankrat der Nationalbank. Er warf in einer Eingabe an das Präsidium die Frage auf, ob es nicht Aufgabe der Nationalbank sei, die Öffentlichkeit «über den Stand der schweizerischen Banken im allgemeinen und der dem Misstrauen besonders ausgesetzten Institute aufzuklären». Das Direktorium der Nationalbank war über Hubers Initiative wenig erfreut und lehnte die vorgeschlagene ausserordentliche Sitzung des Bankrates ab.[74]

In der Öffentlichkeit herrschte im Sommer und Herbst 1931 keinerlei Klarheit über die allenfalls gefährdeten Engagements der Schweizer Banken in Deutschland. Fassen wir zusammen, was ein kleiner eingeweihter Kreis von Bankiers und Diplomaten etwa wissen konnte: In die

Stillhaltung fielen per 8. Oktober 1931 nach deutschen Quellen kurzfristige Schulden gegenüber Schweizer Banken von 860 Millionen Reichsmark (= 1 047 Millionen Franken). Das entsprach 16% des damals blockierten Totals. Auf die USA entfielen 36.2%, auf Grossbritannien 28.2%.[75] Gesamthaft war Deutschland nach den ersten genaueren Erhebungen gegenüber der Schweiz mit 3.2 Milliarden Reichsmark (= 3.9 Milliarden Franken) verschuldet, alle Kategorien und Laufzeiten eingeschlossen. Das übertraf alle bisherigen Schätzungen und löste zunächst auch in Berlin Erstaunen und später manchenorts in der Schweiz eine gewisse Skepsis aus.[76] Für die Risikoeinschätzung der Banken war bedeutsam, dass sich ihre gesamten kurzfristigen Guthaben in Deutschland im November 1931 in der Grössenordnung von 1.3 Milliarden Reichsmark (= 1.6 Milliarden Franken) bewegten. Darin eingeschlossen waren zum Beispiel 104 Millionen Reichsmark-Saldi und Reichsmark-Kredite, welche nicht unter die Stillhaltung fielen, aber in der Praxis nicht wesentlich abgebaut werden konnten. Charakteristisch für die Schweizer Banken: Nur 328 Millionen Reichsmark waren als handelsgebundene Akzept- und Remburskredite gebucht, während der überwiegende Teil der Ausstände auf kurzfristige Vorschüsse entfiel.[77]

Was bedeutet dies vom schweizerischen Risikostandpunkt aus? Die Schweizer Grossbanken verfügten Ende 1931 insgesamt über eigene Mittel (Kapital und ausgewiesene Reserven) von 1.2 Milliarden Franken.[78] Damit konnten sie als Bankengruppe «im Notfall» knapp ihre Stillhaltekredite, jedoch keineswegs das gesamte kurzfristige deutsche Risiko abdecken. Zwei der acht Grossbanken, die Volksbank und die im September soeben aus Fusion hervorgegangene Banque d'Escompte Suisse (Schweizerische Diskontbank) in Genf, litten jedoch aus verschiedenen Gründen bereits an Vertrauensschwund im Publikum.[79] Beide Banken, obschon bezüglich Deutschlandengagements nur im zweiten Glied, befanden sich in der Gefahrenzone. Es war nur eine Frage der Zeit, bis Gerüchte sich auch mit den überproportionalen Deutschlandkrediten der Basler Handelsbank und der Eidgenössischen Bank sowie in etwas geringerem Mass der Bankgesellschaft befassen würden. Die Eidgenössische Bank und die Basler Handelsbank mussten ihre Aktien bereits kräftig stützen.[80] Die anhaltende Nervosität der Grossbanken wird etwa daran deutlich erkennbar, dass sie sich noch Ende November 1931 unter Verweis auf das Bankgeheimnis dagegen sträubten, der Nationalbank die länderweise Aufteilung ihrer Aktiven nach In- und Ausland bekannt zu geben.[81] So kann sich nur verhalten, wer sich unsicher fühlt, jede Einmischung zu vermeiden sucht – und ausserdem der Diskretion der Nationalbankbeamten nicht ganz traut.

Positive Ansätze waren nun gefragt, um – wie es Armand Dreyfus vor dem Verwaltungsratsausschuss des Bankvereins ausdrückte – «die

Wiederherstellung des Vertrauens zu den Banken im allgemeinen» zu erreichen.[82] Dreyfus unterbreitete Finanzminister Musy im Oktober die Anregung, ein besonderes Instrument für die Übernahme der deutschen Engagements zu schaffen, um die Banken zu entlasten. Er dachte an die Gründung einer Auffanggesellschaft mit einem Aktienkapital von 100 bis 200 Millionen Franken, die zur Ausgabe von Obligationen mit der Garantie des Bundes zu ermächtigen wäre. Die Rückzahlung dachte sich Dreyfus aus dem deutschen Überschuss der Handelsbilanz mit der Schweiz.[83] Auch an der Spitze der Bankgesellschaft verfolgte man die Idee, wonach die Rückzahlung der schweizerischen Guthaben aus dem Handelsbilanzsaldo erfolgen könnte. Hauptdirektor Grüebler «suggerierte» das Thema im Gespräch mit Direktor Dr. O. Busch von Brown Boveri, der sich damit im November an Bundesrat Schulthess wandte. Schulthess zeigte sich «sehr ablehnend», wies jedoch darauf hin, dass er bereits bei den Handelsvertragsverhandlungen «diese Idee in Diskussion bringen wollte, worauf er von Herrn Dr. Bindschedler angerufen worden sei. Dr. Bindschedler hätte ihm Vorwürfe gemacht, diese Idee überhaupt verfolgt zu haben», da sie bereits Schaden angerichtet habe. Schulthess gab sich «höchst erstaunt darüber, dass die Schweizerbanken so verschiedene Richtlinien verfolgen», hielt SBG-Präsident Ernst in einer Aktennotiz zur Sache fest.[84] Diese Schnittstelle Grossbanken/Politik wirft ein bezeichnendes Licht auf die unterschiedlichen Einflusstendenzen der Banken. Von einem Konsens ist man unter den ehrgeizigen Bankiers in Zürich weit entfernt, geht unkoordiniert ans Werk und vermindert damit die Erfolgschancen. Im folgenden Kapitel sollen die Handelsvertragsverhandlungen dieses unruhigen Herbstes genauer betrachtet werden. Halten wir an dieser Stelle nur fest, dass auf schweizerischer Seite in dieser Phase zum ersten Mal die Finanzfragen zielgerichtet mit den Aussenhandelsproblemen verknüpft werden. Wenn man von deutscher Seite beanstandet, die schweizerischen (und holländischen) Banken hätten die Zinsen auf den Stillhaltegeldern über Gebühr erhöht, dann ertönt selbst in der Presse die Antwort, Deutschland müsse in handelspolitischen Belangen mehr Verständnis für die Forderungen der Schweiz aufbringen.[85]

Die Bankkonkurrenten von Paradeplatz und Bahnhofstrasse fanden sich nun immerhin zu einer gewissen Arbeitsteilung bereit, vermutlich nicht ohne diskrete Regie der Nationalbank. SKA-Vizepräsident Bindschedler wird im Dezember die schweizerischen Interessen im internationalen Sonderkomitee zur Prüfung der Zahlungsfähigkeit Deutschlands in Basel vertreten. Auch andere bekannte schweizerische Bankier-Namen waren für diese wichtige Aufgabe vorgebracht worden: Sarasin, Dreyfus oder Staehelin. Reichskanzler Brüning schliesslich: «Für den Schweizer nehmen wir Bindschedler oder Staehelin.» Geheimrat Vocke war eher für Staehelin gewesen, den er – offenbar im Gegensatz zu dem von Frankreich unterstützten Sarasin – für «mehr deutschfreundlich» hielt. Es scheint indes, dass Nationalbankchef Bachmann eher Bindschedler für diese Aufgabe bevorzugte.[86] Bindschedler profitierte zweifellos davon, dass er sich in seiner Rede am Bankiertag bereits intensiv mit dem Thema der Reparationen befasst hatte. Im Basler Sonderausschuss treffen sich – das Komitee basiert auf dem Young-Plan – renommierte Vertreter der Gläubigerländer wie Sir Walter Layton (Grossbritannien) und Professor Rist (Frankreich) etc. mit einer deutschen Delegation, die vom Privatbankier Carl Melchior angeführt wird. Fast zeitgleich beginnen neue Stillhalteverhandlungen der internationalen Gläubigerbanken mit ihren deutschen Vertragspartnern. Es ist jedermann klar, dass Deutschland Ende Februar 1932 nicht in der Lage sein wird, die Stillhaltegelder vollständig zurückzuzahlen. Die Verhandlungen um die Verlängerung des Abkommens werden zäh und mit sehr unterschiedlichen Schwerpunkten geführt und ziehen sich bis Anfang 1932 hin. Hier nun kommt Paul Jaberg von der Bankgesellschaft als schweizerischer Hauptdelegierter zum Zug, begleitet von Theodor Wolfensperger von der Eidgenössischen Bank und Zentraldirektor G. F. Renz von der Basler Handelsbank. Jaberg wird die Zügel nicht mehr aus den Händen geben und sich auf schweizerischer Seite als führender Kopf der Stillhaltethemen bis in den Zweiten Weltkrieg hinein betätigen. Seine besondere Stellung in den Beziehungen zu Deutschland kommt auch darin zum Ausdruck, dass er im November 1931 in das Komitee Deutschland der Bankiervereinigung Einzug hält, das von SKA-Generaldirektor Jöhr weiterhin in gewohnt souveräner Weise präsidiert wird. Präsident La Roche von der Bankiervereinigung hatte damals den Eindruck: «Das Komitee Deutschland wird vielleicht in der nächsten Zeit berufen sein, hie und da einzugreifen.» Und auch Jöhr befürchtete, «dass in der nächsten Zeit andere Fragen (gemeint: abgesehen von den Stillhalteproblemen) auftauchen werden, mit denen sich das Komitee Deutschland befassen muss».[87] Diese Vorahnungen werden sich als durchaus zutreffend erweisen.

Am schweizerischen Bankiertag im September 1931 hatte R. G. Bindschedler unter anderem das «Problem des Durchhaltens» angesprochen: für jene Bankiers, «die Deutschland für die kurzfristigen Schulden seiner Banken, seiner Industrien und seines Handels Stundung gewähren müssen». Gleichzeitig machte er auf die gefährliche Volatilität der ausländischen kurzfristigen «Fluchtgelder» aufmerksam, die «für die schweizerischen Banken sozusagen wertlos» geworden seien, «weil eine technisch richtige Anlage sehr schwierig ist».[88] In der Tat hatte dieses entscheidende Jahr der Wende die Bilanzen der Grossbanken und der Nationalbank in ausserordentlichem Masse verändert. Dies zeichnete sich bereits aufgrund der Zwischenbilanzen per Ende September ab. Die Neue Zürcher Zeitung kommentierte die auffallendsten Veränderungen zwar mit

Zurückhaltung, deutlich genug immerhin für den aufmerksamen Anleger. So war nicht zu übersehen, dass zum Beispiel die Basler Handelsbank in diesen neun Monaten des Jahres 1931 sowohl absolut wie prozentual die grösste Bilanzsummenreduktion aufwies (Fr. 230 Mio. bzw. 27.5%), prozentual gefolgt von der Eidgenössischen Bank mit nahezu 20%. Da die Bankgesellschaft bereits per Ende Juni eine Zwischenbilanz veröffentlicht hatte, liess sich nun bei ihr allein für das dritte Quartal ein Bilanzsummenrückgang um 125 Millionen Franken oder rund 12% feststellen. Und die Volksbank verzeichnete in den ersten neun Monaten des Jahres eine Reduktion um 170 Millionen Franken. Die NZZ bemühte sich in einem nachgeschobenen Kommentar, den auffälligen Rückgang der kurzfristigen Kundengelder als «gewollten Abbau» zu interpretieren.[89] Das traf für die zwei führenden Grossbanken gewiss zu, bei den mittelgrossen Konkurrenten jedoch spielte die Vertrauenserosion mit grosser Wahrscheinlichkeit eine wesentlichere Rolle.

Kurz gesagt: Die Grösse der Bilanzsummenreduktion schien für gut informierte Kreise in einem gewissen Verhältnis zum deutschen Gesamtengagement zu stehen. Und man kann dabei der Frage nicht ausweichen, welche Grossbanken diese Engagements in den kritischen Monaten besonders «erfolgreich» zu reduzieren vermochten. Von deutscher Seite aus gesehen hätten diese Banken – zusammen mit zahlreichen andern ausländischen Instituten – in besonderem Masse zum Devisen- und Liquiditätsengpass beigetragen. Begnügen wir uns mit einem statistisch einigermassen befriedigend dokumentierten Ausschnitt zum Thema: Gemäss den provisorischen Erhebungen der deutschen Statistiker (Stand Anfang August 1931) verminderten sich die kurzfristigen Auslandverpflichtungen der 28 rapportierenden deutschen Banken gegenüber der Schweiz vom 31. März 1931 bis Mitte Juli 1931 um 204 Millionen Reichsmark (bzw. 26%). Damit stand die Schweiz hinter den Niederlanden zurück, welche Rückzahlungen von 210 Millionen Reichsmark (bzw. 38%) verbuchen konnte. In absoluten Zahlen stachen die USA mit einer Engagementreduktion von 464 Millionen Reichsmark (Reduktion um 22%) hervor.[90]

Welche schweizerischen Grossbanken im genannten Zeitraum und unter den Einschränkungen der nachfolgenden Monate ihre Engagements in Deutschland noch wesentlich abbauen konnten, lässt sich nicht vollständig erfassen. Für die Kreditanstalt ist immerhin belegt, dass sie in der bereits sehr schwierigen Phase zwischen Ende Juli und Dezember 1931 noch Rückzahlungen von rund 40 Millionen Franken erzielen konnte.[91] Die Verhältnisse im Herbst 1931 waren unübersichtlich, die Zusammensetzung der Deutschlandengagements – und damit die allfälligen Reduktionsmöglichkeiten – je nach Bank unterschiedlich. Mehr als eine Bank musste jede Möglichkeit zur Reduktion ausschöpfen, weil auf der Passivseite der Abfluss von Kundengeldern entsprechenden Druck ausübte.

Der Bankverein andererseits konnte dank seiner insgesamt gemässigten Deutschlandpolitik und seiner kräftigen Eigenmittel relativ gelassen bleiben. Kein Zweifel bleibt, dass die Basler Handelsbank und die Eidgenössische Bank durch die Situation in Deutschland besonders betroffen wurden. Die Bilanzsummenreduktion dieser beiden Banken im Verlaufe des Jahres 1931 spiegelt das Problem in prägnantester Weise.

Die Basler Handelsbank war bemüht, aus Liquiditätsgründen einen Kassabestand von 30 bis 35 Millionen Franken zu unterhalten. Um dies tun zu können, musste sie ihre Deutschlandengagements von Ende April 1931 bis Mitte August 1931 allein unter dem Titel der «Leihgelder, Remburskredite und Bankguthaben» um 70 Millionen Franken reduzieren.[92] Für das ganze Jahr ergab sich ein Abbau aller Auslandengagements gegenüber dem Höchststand um 50%, die Bilanzsumme sank von 836 Millionen im Vorjahr auf 570 Millionen Franken Ende 1931. Die Bankendebitoren hatten sich um 143 Millionen Franken verringert, die Kontokorrentdebitoren um 130 Millionen Franken.[93] Der grösste Teil dieses Geschäftsabbaus auf der Aktivseite entfiel auf Deutschland. Das blieb auch bei der Reichsbank nicht unbemerkt. Auf der andern Seite musste die BHB nicht zuletzt an ihre französische Anlagekundschaft denken. Das Dilemma wird nirgends deutlicher als bei dieser besonders exponierten Basler Bank, welche neben ihrem Hauptsitz nur noch über Niederlassungen in Zürich und Genf verfügte. So schmerzhaft die Kreditrückzüge für manche deutschen Schuldner auch waren, so wenig vermochten sie die Probleme der Basler Handelsbank endgültig zu lösen. Die Einseitigkeit des Kreditportefeuilles liess sich in dieser Wirtschaftsphase nicht mehr wesentlich korrigieren. Ende 1931 verblieben immer noch 168 Millionen Franken an Kontokorrentdebitoren in Deutschland (entsprechend 57% dieser Bilanzkategorie), bei ausgewiesenen Eigenmitteln von 133.5 Millionen Franken.[94] Eine vorausblickende Bemerkung sei hier gestattet: Die Basler Handelsbank wird sich aus dieser Situation nicht mehr befreien können, die Probleme werden sich bis 1935 verschärfen und anschliessend nur noch eine unglückliche Schlussphase des knappen Überlebens bis 1945 zulassen. Aufstieg und Fall der Basler Handelsbank bieten zweifellos viel Stoff für eine dramatische Fallstudie. Von besonderem Interesse wäre der «innerbaslerische» und soziale Aspekt der Konkurrenz mit dem Schweizerischen Bankverein. Ein Blick auf den Verwaltungsrat der beiden Banken gibt eine leise Ahnung von Ambitionen und bisweilen auch konkurrentem Verhalten unter den «klingenden» Namen am Rheinknie.

Bei der Eidgenössischen Bank entwickelte sich die Lage nicht viel weniger spannend. Von Ende April bis Anfang Juli 1931 baute die EIBA 91 Millionen Franken an deutschen Engagements ab, was die Liquidität, wie der Verwaltungsrat informiert wurde, «stark erhöht habe, wodurch ein gefährliches Moment ausgeschaltet worden ist».[95] Ganz so einfach blieb dies nicht. Die Bank musste weiterhin um ihre Liquidität besorgt sein. Bis zum Jahresende gelang es immerhin, die deutschen Engagements um zusätzliche 74 Millionen Franken auf 224 Millionen Franken zu reduzieren.[96] Das entsprach immer noch 36% der Bilanzsumme und überstieg die ausgewiesenen Eigenmittel von 130 Millionen Franken bei weitem. Es wäre wohl kaum bekömmlich gewesen, die Öffentlichkeit über diese Punkte zu informieren. Umso mehr, als die Bank sich nicht in der Lage sah, Rückstellungen auf den deutschen Transferrisiken zu machen, wie Theodor Wolfensperger dem Verwaltungsrat eingestehen musste.[97] Die Eidgenössische Bank hatte nämlich noch andere Sorgen: dazu gehörte vorab die Sanierung der bedeutenden Maschinenfabrik Escher Wyss & Cie. in Zürich, die im Herbst 1931 in eine bedrohliche Schieflage geraten war. Auch unter den deutschen Kreditpositionen gab es Problemfälle, besonders unangenehm der Fall der Schultheiss-Patzenhofer Brauerei in Berlin, einer der damals grössten Lagerbierbrauereien der Welt. Generaldirektor Ludwig Katzenellenbogen hatte sie mit seinen Spekulationen, wie die Presse berichtete, ins Verderben geführt.[98] Die Eidgenössische Bank war mit Vorschüssen, vermeintlich «gedeckt» durch Aktien der Brauerei, exponiert. Das liess sich nicht ganz verheimlichen. Erinnerungen an das Favag-Debakel, das in diesem Herbst gerade vor Gericht verhandelt wurde, waren unvermeidlich. Kurz: Auch die Lage der Eidgenössischen Bank wird sich bis 1935 beträchtlich verschlechtern. Das Weiterleben dieser einst so stolzen und forschen Bank gestaltet sich für Mitarbeiter und Aktionäre in der Schlussphase bis 1945 zu einer Leidensgeschichte.

Das Gesamtbild der schweizerischen Grossbanken verlor bis Ende 1931 viel Glanz. Die akkumulierten Bilanzsummen fielen um 1.4 Milliarden Franken oder 16% auf 7.1 Milliarden Franken. Die Grossbanken waren damit hinter die Kantonalbankengruppe zurückgefallen.[99] Bedeutend dabei: die Grossbanken verloren fast 1.1 Milliarden Franken an fremden Geldern; davon hatten die Kreditoren auf Zeit um 664 Millionen Franken abgenommen, während die Sichtgelder sich nur leicht erhöhten. Der Vertrauensschwund liess sich nicht mehr beschönigen. Diese Entwicklung konnte selbstverständlich nicht ohne Auswirkungen auf die Ertragslage bleiben. Verschiedene Grossbanken hätten im Grunde bereits 1931 ihre Dividenden bedeutend massiver kürzen oder gar ausfallen lassen müssen. Es ergab sich bei der Grossbankengruppe die «Anomalie», dass der Betrag der ausgezahlten Dividenden den akkumulierten Reingewinn überstieg.[100] Der bedeutende Themenkreis um Dividendenpolitik, Rückstellungspraxis und Auflösung von Reserven kann an dieser Stelle freilich nicht ausführlich erörtert werden.

«Wie ist alles gekommen?», fragte die Neue Zürcher Zeitung in einem Leitartikel im Oktober 1931 unter dem Titel «Wandernde Gelder und Finanzkrise». Sie diagnostizierte «psychologische Faktoren» und

«Schwund des Vertrauens» als Ursachen, welche die «Lawine ins Rollen gebracht».[101] Die deutsche Devisen- und Bankenkrise hatte ebenso wie die faktische Abwertung des Pfundes das weltweite Vertrauen entscheidend untergraben. Die Weltwirtschaftskrise verschärfte sich, auch die Schweiz geriet nun zunehmend in den Abwärtstrend. Nur ein schwacher Trost blieb: die Reserven der Nationalbank waren intakt. Doch ganz froh konnten die treuen Währungshüter nicht sein, dazu hatte sich die Situation allzu «abnormal» entwickelt. Die Bilanzsumme des Noteninstituts verdoppelte sich 1931 beinahe. Von Mai bis Ende 1931 ergoss sich eine Goldflut über die Nationalbank, deren Goldbestand sich mehr als verdreifachte auf 2.3 Milliarden Franken. Die «Angstpsychose» führte andererseits zu einer massiven Ausweitung des Notenumlaufes von 949 Millionen Franken Ende Januar auf 1 609 Millionen Franken Ende 1931. Die Nationalbank musste die Geschäftsbanken ermahnen, «bei der Abgabe von Schweizernoten an Ausländer zurückhaltender zu sein».[102] Schliesslich zeigte sich im explosiven Wachstum der Girogelder von 213 Millionen Franken auf 883 Millionen Franken unter anderem der Effekt der «Repatriierungen» aus dem Ausland, vorab aus Deutschland. Die Grossbanken allein unterhielten am Jahresende 586 Millionen Franken Girogelder bei der SNB, scheinbar ein Zeichen beruhigender Liquidität bei der Mehrzahl der Institute, gleichzeitig aber auch Beweis dafür, dass sie einen Teil ihrer Aktiven nicht mehr profitabel einsetzen konnten.

3.3. Ein folgenreicher Schritt: Die Kündigung des Handelsvertrages

Zur grossen Wende von 1931 gehört die Kündigung des schweizerisch-deutschen Handelsvertrages. Die Auswirkungen sind nachhaltig. Nicht der grosse Nachbar im Norden, von der Wirtschaftskrise und politischen Extremen gezeichnet, unternahm diesen ausserordentlichen Schritt, sondern der gewöhnlich wenig entscheidungsfreudige Kleinstaat Schweiz. Wie kam es dazu? Die im vorangehenden Kapitel geschilderten deutschen Finanzprobleme, die Devisenbewirtschaftung und der damit eng verbundene Vertrauensschwund gehören ganz selbstverständlich zum stimmungsmässigen Gesamtbild, das auch die wichtigen Akteure der Aussenhandelspolitik in den Herbstmonaten 1931 begleitete. Weiteres Zuwarten und stilles Dulden waren aus schweizerischer Sicht nicht zu verantworten. Das Handelsbilanzdefizit gegenüber Deutschland summierte sich im ersten Halbjahr 1931 auf 195 Millionen Franken, die schweizerischen Exporte nach Deutschland waren – mit 1927 (= 100) verglichen – auf einen

Indexstand 61 gefallen, während sich die Importe aus Deutschland auf Index 126 erhöht hatten.[103]

Walter Stucki entschloss sich, im September 1931 das Forum des Völkerbundes in Genf für einen deutlichen Auftritt zu benützen und eine klare Sprache zu sprechen. In einer Aufsehen erregenden Rede vor der Wirtschaftskommission des Völkerbundes schilderte er die Zwangslage der Schweiz: «Der Ausblick in die Zukunft ist düster. Wir müssen unverzüglich handeln.» Die Schweiz müsse eine neue Handelspolitik einschlagen, «und wir verlangen heute hierzu nicht nur die juristische, sondern auch die moralische Freiheit». Die Schweiz werde den inneren Markt durch das Mittel der Kontingentierung und der Verminderung der Einfuhr schützen müssen.[104] Genau das hatte Deutschland durch hinhaltende Taktik seit Anfang 1931 zu vermeiden gehofft. Der deutsche Aussenminister Curtius, der sich mit einer hochkarätigen Delegation ebenfalls in Genf befand, liess durch Ministerialdirektor Posse vom Reichswirtschaftsministerium in der Völkerbundskommission «scharfen Widerstand» gegen Stuckis Äusserungen anmelden. Posses Ton scheint für schweizerische Ohren ziemlich schroff geklungen zu haben. Im bilateralen Gespräch machte Curtius den Schweizer Aussenminister Motta auf die «unabsehbaren Folgen eines solchen Vorgehens der Schweiz für die deutsch-schweizerischen Handelsbeziehungen und für das ganze europäische Wirtschaftssystem» aufmerksam. Für die Deutschen standen nicht nur die bilateralen Handelsvorteile gegenüber der Schweiz auf dem Spiel, sondern es ging um die gefährliche Präzedenzwirkung der von Stucki anvisierten Massnahmen für andere europäische Länder, die sich ebenfalls der aggressiven deutschen Ausfuhrstrategie ausgesetzt sahen. Das deutsche Ziel musste deshalb – wie Curtius in einem Grundsatzpapier festhielt – darin liegen, «die Vorteile des deutsch-schweizerischen Handelsvertrages für uns möglichst lange, wenn irgend möglich wenigstens über den Winter 1931/32 hinaus, zu erhalten».[105] Die Schweiz hatte um Eröffnung von Verhandlungen ersucht, worauf man in Berlin erst im Oktober einzutreten gewillt war. Die Verhandlungen sollte der keineswegs zimperliche Ministerialdirektor Posse führen, denn er war aus Berliner Sicht geeignet, «manches kräftige Wort von unsererseits» zu sprechen.[106]

Innenpolitisch war auf Schweizer Seite die Verhandlungsposition zunächst noch nicht ganz befriedigend abgesichert. Das für helvetische Gepflogenheiten etwas forsche Vorgehen von Walter Stucki in Genf hatte Misstrauen auf der Linken und teilweise auch bei den Liberalen erregt. Der sozialdemokratische Spitzenpolitiker Robert Grimm war in seiner Interpellationsbegründung im Nationalrat am 23. September der Ansicht, «dass die Ankündigung eines so folgenschweren Wendepunktes in der schweizerischen Handelspolitik erst hätte erfolgen dürfen, nachdem er sich der Zustimmung der Bundesversammlung versichert hätte.» Und Grimm, mit seiner feinen Witterung für die klimatischen Verhältnisse im Bundeshaus, fügte an: «Bei der Rede Stuckis hatte man das Gefühl, es spreche hier nicht nur ein Funktionär des Bundes.» Grimm befürchtete, dass Stuckis Politik zur Kündigung des Handelsvertrages und damit zu einem «Handelskrieg mit Deutschland» führen könnte. Der freisinnige Nationalrat Pfister «deckte» Stucki in der Debatte, indem er befand, dessen Rede sei «eine mutige, erste wirtschaftspolitische Tat der Ehrlichkeit», ohne allerdings auf Einzelheiten einzutreten.[107] Eine Stellungnahme von Bundesrat Schulthess war nicht zu umgehen; sie erfolgte allerdings – angeblich aus Termingründen – erst zwei Tage später. Der Volkswirtschaftsminister bezeichnete die wirtschaftliche Lage der Schweiz als «äusserst ernst». Und fügte in einer dramatischen Zuspitzung hinzu: «Sie war während des Krieges weniger ernst als sie heute ist.» Direktor Stucki, so bestätigte er im Nationalrat, habe seine Rede in Genf im Einverständnis mit dem Bundesrat gehalten und er habe seine Instruktionen keineswegs überschritten. Da der Völkerbund auf wirtschaftlichem Gebiet nichts erreicht habe, nehme die Schweiz ihre Handlungsfreiheit wieder zurück. Und an Grimm gewandt meinte Schulthess, eine allfällige Kündigung des Handelsvertrages bedeute noch keinen Handelskrieg. Er knüpfte daran die Hoffnung auf eine Verständigung mit Deutschland.

Aufschlussreich ist in diesem Zusammenhang die Stellungnahme von Nationalrat Ernst Wetter, dem Vizepräsidenten des Vororts. Wetter betrachtete in der Debatte vom 25. September Einfuhrbeschränkungen nicht als den richtigen Weg für die schweizerische Volkswirtschaft. Er schloss sich damit praktisch der Kritik des liberalen Nationalrates und Chefredaktors Oeri an, dem jeglicher Staatsinterventionismus ein Dorn im Auge war. Oeri sorgte in der Debatte übrigens für Heiterkeit, als er ausrief: «Wir haben in Genf gebellt, aber nicht gebissen, und gelten nun als die bösen Köter.»[108] Damit spielte er auch auf die teilweise polemischen deutschen Pressereaktionen an. Walter Stucki hat in einer internen Stellungnahme, zweifellos bestimmt für Bundesrat Schulthess, ausführlich zu Grimms Kritik Stellung genommen und manches Detail zu den Vorkommnissen in Genf festgehalten. Der wesentlichste Punkt dabei aus der Rückschau: Der Bundesrat und nicht die Bundesversammlung war für die Kündigung des Handelsvertrages zuständig.[109] Stuckis Papier ist von einer gewissen Empfindlichkeit geprägt, welche durchaus begreiflich erscheint. Da ging es nicht zuletzt um seine persönliche Ehre, gleichzeitig auch um die politische Absicherung der schweizerischen Verhandlungsposition und um innenpolitische Kräfteverteilungen. Zwar sind die Sozialdemokraten noch längst nicht im Bundesrat als Regierungspartei vertreten, im Vorfeld der Nationalratswahlen haben ihre gut gezielten Attacken auf die Schwächen des Liberalismus jedoch eine erhöhte Resonanzwirkung. Der mehrheitlich freisinnige Bundesrat muss – als Folge der erst jetzt in der Schweiz verstärkt einsetzenden Wirtschaftsrezession – bedeutend mehr Rücksicht auf des Volkes Stimmung nehmen.[110] Die Resultate der Nationalratswahlen vom Oktober 1931 zeigen die Linke in starker Stellung. Im verkleinerten Nationalrat (187 statt 198 Sitze) erringen die Sozialdemokraten 49 Mandate (minus 1), die drei bürgerlichen Bundesratsparteien fallen um 9 Sitze zurück auf insgesamt 126 Mandate (davon noch 52 für den führenden Freisinn). Die extreme Linke kann dank einem Sitzgewinn in Zürich nun drei Mann nach Bern abordnen.

Interessant scheint an dieser Stelle, einige differenzierende Feinheiten auf der letztlich ausschlaggebenden freisinnigen Seite zu beleuchten: Nationalrat Wetter und mit ihm der Vorort verfolgten eine weniger aggressive Politik als Stucki. Ernst Wetter hatte gemäss seiner Selbsteinschätzung «immer» die Auffassung vertreten, bezüglich Kündigung des Handelsvertrages «die grösstmögliche Vorsicht und Zurückhaltung» zu beobachten, «da selbst im günstigsten Fall auch die Schweiz darunter zu leiden hat, vor allem der industrielle Export». Dazu kam beim Vorort eine je nach Branche und politischem Temperament unterschiedlich ausgeprägte Abneigung gegen Staatseingriffe, welche sich in der Wirtschaftskrise dann doch nicht ganz vermeiden liessen.[111] Es ist unverkennbar, dass sich im freisinnig-liberalen Lager vermehrt Zielkonflikte einstellten. Wenn sich Wetter vor seinen Vororts-Kollegen gemässigt gab, dann hatte er auf deutscher Seite bis September keineswegs diesen Eindruck erweckt. Der neue Generalkonsul in Zürich, Joachim Windel, langjähriger vortragender Legationsrat und Wirtschaftsfachmann im Auswärtigen Amt, kannte Wetter sehr gut seit den Verhandlungen Mitte der zwanziger Jahre. Nach seinem Antrittsbesuch Ende September bei Wetter in Zürich sprach er von dessen «unbeugsamer Natur» und schrieb es auf Wetters Konto, dass die letzten Verhandlungen ohne positives Resultat geblieben seien.[112]

Stucki trieb nun zur Entscheidung. Der Antrag des Volkswirtschaftsdepartementes vom 30. September an den Bundesrat formulierte deutlich, dass der Direktor der Handelsabteilung bei den Besprechungen in Genf «von der Deutschen Regierung eine klare Antwort darüber verlangt (habe), ob sie bereit sei, über eine weitgehende Revision des Handelsvertrages zu verhandeln». Zweck müsste sein, den «abnormalen Krisenimport aus Deutschland einzudämmen» und der schweizerischen Exportindustrie Erleichterungen zu verschaffen. Dem Antrag von Stucki und Schultness folgend, beschloss der Bundesrat am 2. Oktober, dieses Vorgehen durch eine diplomatische Demarche in Berlin zu verstärken.[113] Das Reichskabinett trat auf den schweizerischen Wunsch nach Verhandlungen ein, liess jedoch bereits am 13. Oktober durchblicken, dies bedeute keine Festlegung auf die Art und Weise der gesuchten Lösung, insbesondere sollte nichts betreffend Kontingentierung der deutschen Ausfuhr präjudiziert werden.[114] Damit war bereits klar, dass die Verhandlungen unter ganz gegensätzlichen Zielrichtungen aufgenommen wurden und nur sehr beschränkte Chancen auf eine brauchbare grundsätzliche Einigung bestanden. Als Aussenminister Curtius seine Kabinettskollegen über die Kontroverse in Genf unterrichtete, machte er eine interessante Feststellung: Stucki habe Beifall gehabt, «nicht wegen des Vorgehens gegen Deutschland, sondern mehr wegen seiner Persönlichkeit».[115]

Eine deutsche Delegation unter Ministerialdirektor Posse kam im Oktober nach Bern. Die Verhandlungen führten nicht zur Unterzeichnung eines Abkommens, sondern lediglich zur Übergabe eines schweizerischen Redaktionsentwurfs zu einem vorläufigen Zusatzabkommen, das als wichtigsten Teil immer noch eine reduzierte Anzahl von Kontingentierungsbegehren enthielt. Am 24. Oktober telegrafierte Posse nach Berlin: «Situation hier und Entscheidung ungewöhnlich schwierig und gefahrvoll.» Stucki und Wetter, welche in der schweizerischen Verhandlungsdelegation die Richtung bestimmten, war es gelungen, Posse in eine Position zu manövrieren, wo die hinhaltende deutsche Taktik ihre Wirkung verlieren musste. Brisanz gewann diese Verhandlungsphase noch aus einem weiteren Grund. Stucki hatte den heiklen Versuch unternommen, Elemente der Finanzbeziehungen in die Verhandlungstaktik einzubeziehen. Das geschah keineswegs im luftleeren Raum. Bundesrat Musy stellte in der Bundesratssitzung vom 16. Oktober die Frage, ob man nicht diese Gelegenheit ergreifen sollte, einen Teil der kurzfristigen schweizerischen Forderungen an Deutschland über die schweizerischen Importe zu deblockieren. Musy hätte deshalb einen Bankenvertreter in der Verhandlungsdelegation begrüsst, worauf Schulthess zu diesem Zeitpunkt nicht eintreten mochte. In der Bundesratssitzung vom 22. Oktober erinnerte der Finanzminister seine Regierungskollegen an den Vorschlag, doch Schulthess blockte ab mit der Bemerkung, die Frage der Finanzforderungen könne erst in der letzten Verhandlungsphase aufgebracht werden.[116]

Tatsächlich warf Stucki in einem «rein privaten Gespräch» am 24. Oktober gegenüber Posse die Frage auf, ob nicht ein Teil des zweifellos weiterhin bestehenden deutschen Exportüberschusses zur Abtragung der deutschen Verbindlichkeiten gegenüber der Schweiz verwendet werden könnte. Der Direktor der Handelsabteilung liess durchblicken, dass bei einer solchen bilateralen Verständigung die Schweiz «in der Einschränkung der Wareneinfuhr aus Deutschland bedeutend bescheidener sein» könnte. Selbstverständlich müsste Deutschland gegenüber Ländern, «denen gegenüber es im Warenverkehr stark aktiv ist und gleichzeitig Geld schuldet, wie England und Holland, gleich vorgehen». Posse zeigte sich nach Stuckis Aussage deutlich ausweichend und eher skeptisch betreffend Durchführbarkeit.[117] In Wirklichkeit sah Ministerialdirektor Posse sehr scharf die sich eröffnenden Möglichkeiten und Gefahren für beide Seiten. Ihm schien, wie er prägnant nach Berlin telegrafierte, «Konfliktsfall mit Schweiz für deutsche Plattform in Reparationsfrage und für Verhandlungen über Rückzahlung kurz- und langfristiger Auslandsschulden besser, als wenn wir uns mit Schweiz verständigen».[118] In Berlin beschloss am 27. Oktober der Handelspolitische Ausschuss, in dem die entscheidenden Staatssekretäre und Spitzenbeamten vertreten waren, das schweizerische Verlangen nach einem Kontingentsabkommen abzulehnen. Am Tag darauf ging die Meldung des ablehnenden Entscheids der Reichsregierung über die Agenturen. Bundesrat Schulthess war tief verstimmt. Entrüstet rief er den deutschen Gesandten Müller in Bern an. Auch am folgenden Tag fand ihn Müller bei einem Besuch «in höchst schlechter Stimmung». Was Schulthess so überaus ärgerte, waren die deutschen Unterstellungen in Agenturmeldungen und Presse, die Schweiz habe als Finanzgläubiger eine gegenüber den andern Ländern bevorzugte Stellung zu erreichen versucht.[119] Erregt erklärte er Müller, es bleibe ihm nichts anderes übrig, als sich Vollmacht zur Kündigung geben zu lassen. Die Schweiz könne nicht länger warten. «Er werde von der Industrie gedrängt die zum Teil vor der Notwendigkeit stärkerer Arbeiterentlassungen steht.» Müller hingegen warnte vor der Kündigung und versuchte Zeit zu gewinnen.[120] Man nahm auf deutscher Seite durchaus zur Kenntnis, dass die Verstimmung in Bern vor allem aus der indiskreten und wohl bewusst tendenziös interpretierten Mitteilung des «privaten» Posse-Stucki-Gespräches herrührte. Im Auswärtigen Amt gab man sich jedoch ganz unschuldig und stellte sich auf den Standpunkt, «die Mitteilung der schweizerischen Absicht eines Devisenausgleichsverfahrens an die Interessenten sei angesichts der schwerwiegenden Bedeutung eines solchen Schritts unvermeidlich gewesen».[121]

Als der schweizerische Gesandte Rüfenacht in Berlin Ministerialdirektor Ritter aufsuchte, um das «Befremden» des Bundesrates zu übermitteln, gewann er den zutreffenden Eindruck, dass Ritter die Äusserungen Stuckis «dazu benützt hat, um die ohnehin beabsichtigte Ablehnung des Vorabkommens mit angeblichen unannehmbaren schweizerischen Forderungen nach aussen zu begründen».[122] Ritter war sichtlich gereizt. Er bemerkte gegenüber Rüfenacht, «die Verhandlungen seien von schweizerischer Seite so ultimativ und diktatorisch geführt worden, dass sie den Namen von solchen nicht mehr verdienen».[123] Das war zweifellos eine deutliche Spitze gegen Stucki, inspiriert von Posse, der den Direktor der Handelsabteilung als harten Verhandlungspartner kennen gelernt hatte. Ministerialdirektor Ritter zog alle Register, die ihm zur Verfügung standen. Er behauptete gar, dass die I.G. Farben nach Bekanntwerden der schweizerischen «Bedingung» (die in Wirklichkeit keine war) «sofort die Verlegung ihres schweizerischen Sitzes von Basel nach Holland in

Erwägung gezogen habe». Der schweizerische Gesandte Rüfenacht hat die Einschüchterungstaktik Ritters leicht durchschaut, umso mehr, als Ministerialdirektor Köpke nachträglich die Wogen zu glätten versuchte und ihm mitteilte, Staatssekretär von Bülow und er selbst seien mit dem Vorgehen von Ritter nicht einverstanden. Ritters Vorgehen wurde jetzt als «Regiefehler» und «Eigenmächtigkeit» dargestellt.[124] Stucki und Schulthess waren jedenfalls gewarnt. Gewisse Herren im Auswärtigen Amt und im Reichswirtschaftsministerium wussten ausgezeichnet mit dem Mittel gezielter Agentur- und Pressemitteilungen umzugehen. Und «private» Gespräche am Rande offizieller Verhandlungen hatten offensichtlich ihre Tücken, wenn man den Gesprächspartner nicht genügend kannte. Denn Ritter hatte am 27. Oktober in Berlin sowohl bei den Chefbeamten wie beim Reichskanzler die Stimmung gegen die Schweiz förmlich angeheizt und vorgeschlagen, in der Presse «etwas Krach» zu machen. Reichsbankpräsident Luther bekam bei dieser Gelegenheit eine «Mordswut». Staatssekretär Schäffer notierte kühl: «Starke Entrüstung über die Schweizer».[125]

Am 30. Oktober sah sich der Bundesrat veranlasst, in einem offiziellen Communiqué die Sachlage aus schweizerischer Sicht klarzustellen. Die Schweizer Presse hatte in den vorangehenden Tagen einige polemische Äusserungen der deutschen Presse rapportiert. So sprach zum Beispiel die «Deutsche Allgemeine Zeitung» von angeblichen «Schweizer Drohungen, die geradezu wie ein Rückfall in Kriegsgewohnheiten wirken».[126] Die Neue Zürcher Zeitung kam dagegen zum Schluss: «Die Schweiz hat das aus irgend einer Amtsstube dirigierte journalistische Trommelfeuer deutscher Provenienz... bei dieser Gelegenheit zum ersten Male am eigenen Leibe erfahren.»[127] Das war freilich nur ein kleiner Vorgeschmack auf die Pressefehden, die in den folgenden Jahren zu einem festen Bestandteil der Auseinandersetzungen zwischen Deutschland und der Schweiz werden sollten.

Das offizielle Berlin versuchte weiterhin, auf Zeit zu spielen und eine sofortige Kündigung des Handelsvertrages durch den Bundesrat zu vermeiden. Der Gesandte Müller überbrachte Bundesrat Schulthess am 1. November ein Telegramm von Staatssekretär von Bülow, in welchem zu lesen stand, «dass die Deutsche Regierung keine Möglichkeit unversucht lassen will, einen Bruch zu vermeiden». Auf das Kontingentierungssystem wollte Berlin jedoch nicht eingehen, hingegen bei Verhandlungsfortsetzung mit den «bisher üblichen Mitteln der Handelspolitik also Zollermässigung und Freigabe von Zollbindungen» der Schweiz «für die Dauer der gegenwärtigen anormalen Verhältnisse» entgegenkommen.[128] Berlin war deshalb auch bereit, die Kündigungsfrist des geltenden Vertrages herabzusetzen. Auf die nun folgenden zwei Verhandlungsrunden in Berlin im November und Dezember 1931 braucht man nicht detailliert einzugehen, da die Ausgangspositionen nur marginal aufgeweicht wurden. Das deutsche Entgegenkommen hielt sich insgesamt in sehr engen Grenzen. Dabei kamen auch Meinungsunterschiede zwischen dem «härteren» Reichswirtschaftsministerium und dem konzilianteren Auswärtigen Amt im Handelspolitischen Ausschuss vom 27. November zum Ausdruck.[129] Das Verhandlungsklima insbesondere zwischen Stucki und Posse hatte sich inzwischen nicht verbessert. Walter Stucki bekam offen zu hören, auf deutscher Seite sei man gekränkt über seinen harten Verhandlungsstil. Es soll von deutscher Seite der Ausdruck gefallen sein, Stucki habe die deutsche Delegation «wie die eines Negerstaates behandelt». Der Direktor der Handelsabteilung betonte demgegenüber, «nichts habe ihm ferner gelegen», aber er habe die deutsche Delegation über die wirkliche Schweizer Situation ganz offen ins Bild setzen wollen. Tatsache blieb, dass an der deutschen «Chefbesprechung» vom 10. Dezember entschieden wurde, auch auf die letzten schweizerischen Vorschläge nicht einzutreten.[130] Das Reichskabinett folgte am 11. Dezember den hohen Beamten. Dem Vernehmen nach hätte man sich nur mit vier bis fünf Kontingentierungen abfinden können.[131] Die Verhandlungen waren endgültig gescheitert, Stucki reiste nach Bern zurück. Drei Tage später beschloss der Bundesrat endgültig, den Handelsvertrag am 18. Dezember auf den 4. Februar 1932 zu kündigen. Die Schweizer Presse sprach von «handelspolitischer Notwehr».[132] Ironischerweise hatte diesmal Ministerialdirektor Ritter den schweizerischen Chefunterhändler Stucki darum gebeten, «dass es unser Wunsch sei, wenn es zu einer Kündigung komme, dass die Presse dann ruhig bleibe. Er sagte, er habe bisher alles getan, um seine Presse ruhig zu halten und das sei ihm auch gelungen.»[133] Der 14. Dezember 1931 «war ein schwarzer Tag für den deutsch-schweizerischen Handel», hielt Fr. von Napolski, geschäftsführendes Präsidialmitglied der Deutschen Handelskammer in der Schweiz, einige Jahre später aus der Rückschau fest. «Ein vertragsloser Zustand, wie er nun begann, war seit 1865 im deutsch-schweizerischen Handelsverkehr nicht mehr vorgekommen. Handelspolitische Aufbauarbeit vieler Jahre war mit einem Federstrich zunichte geworden, und schwere Zeiten sollten der deutschen Ausfuhr nach der Schweiz bevorstehen.»[134]

Wie sah das Resultat aus schweizerischer Sicht aus? Stucki, Wetter und Schulthess hatten ihre Verhandlungsziele, abgesehen von einigen Kleinigkeiten im Zusatzabkommen vom 23. November, formell nicht erreicht. Dies ungeachtet der beträchtlichen taktischen Beweglichkeit, die sie unter Beweis stellten. Ernst Wetter, der im Wesentlichen die exportorientierten Interessen im Auge hatte, fand am Ende des Gefechtes keinen Grund zur Freude. Er befürchtete, dass die Schweiz nun mit stark erhöhten Zöllen des deutschen Generaltarifs zu rechnen habe, wo bisher Bindungen galten.[135] Stucki und Schulthess gewannen andererseits jene Handlungsfreiheit zur Eindämmung der deutschen Importflut, die sie schon im

September klar anvisiert hatten. Ihre Strategie ging allerdings über die Beziehungen zu Deutschland weit hinaus. Und dazu glaubten sie innenpolitisch ein spezifisches Instrument zu benötigen, das nicht überall auf Begeisterung stiess: einen dringlichen Bundesbeschluss, welcher dem Bundesrat die Möglichkeiten zur Einführung von Importbeschränkungen verschaffte. Der Gesamtbundesrat schickte seine diesbezügliche Botschaft am selben 14. Dezember, dem Tag des formellen Kündigungsbeschlusses, an das Parlament. Bereits am 21. Dezember 1931 votierte der Nationalrat mit 88 zu 30 Stimmen für die Vollmachten zur Einfuhrbeschränkung. Der sozialdemokratische Sprecher Ernst Nobs hatte in der Debatte wissen lassen: «Die Sozialdemokratie wünscht keinen Handelskrieg; aber wir dürfen mit starker Hand den Staaten gegenüber auftreten, die uns mit ihren handelspolitischen Massnahmen schädigen.» Jedermann wusste, wer damit in erster Linie gemeint war. Indes waren die Sozialdemokraten auch der Meinung, der Bundesrat dürfe es nicht bei Abwehrmassnahmen bewenden lassen, auch «positive Mittel» seien gefragt. Der freisinnige Nationalrat und Industrielle C. Sulzer-Schmid, Mitglied des Vororts, äusserte sich – gewiss abgesprochen mit Wetter – in der Debatte recht offen und meinte, man könne den Anträgen des Bundesrates «nur mit gewissen Hemmungen zustimmen». Er befürchtete Preissteigerungen und eine eher lähmende Auswirkung auf den Export, der ihm naturgemäss in erster Linie am Herzen lag. Wirtschaftsminister Schulthess versuchte die generellen Befürchtungen betreffend Vollmachten zu dämpfen und äusserte zum Fall Deutschland: «Wir wollen trotz der Kündigung des Handelsvertrages keinen Zollkrieg.» Er wies am Rande auf einen wichtigen Punkt hin: Deutschland habe aus «grundsätzlichen Erwägungen» nicht von seinem Standpunkt abweichen wollen.[136] Stucki und Schulthess glaubten zu erkennen, dass die deutsche Regierung die Untragbarkeit der Reparationsschulden damit beweisen wolle, dass der deutsche Exportüberschuss andere Staaten (gemeint u. a. die Schweiz) zu Abwehrmassnahmen zwinge und damit die Möglichkeiten zur Abtragung vermindere.[137] Diese Überlegung war gewiss teilweise zutreffend, wie aus dem bereits zitierten Telegramm Posses vom 24. Oktober aus Bern hervorgeht. Sie erfasste jedoch keineswegs die Gesamtheit deutscher Absichten und Strategien.

Was Stucki und Schulthess vermutlich unterschätzten, war die Bedeutung der Stillhalteverhandlungen für die deutsche Regierung. Ministerialrat Berger vom Reichsfinanzministerium hatte bereits im Oktober in einem Strategiepapier für die Reichskanzlei festgehalten: «Die Stillhaltefrage ist zweifellos nicht nur wirtschaftlicher, sondern auch politischer Natur. Mit Rücksicht darauf aber, dass wir allgemein das Primat der Wirtschaft vor die politischen Probleme stellen, empfiehlt es sich auch hier, die unpolitischen Stellen, d.h. die Zentralnotenbanken in den

Vordergrund zu schieben und die Regierungen nur nebenher, soweit unbedingt notwendig, einzuschalten.»[138] In einer Chefbesprechung in der Reichskanzlei Ende Oktober – auch Reichskanzler Brüning und Reichsbankpräsident Luther waren anwesend – wurde klar zum Ausdruck gebracht, dass den Zinszahlungen auf den Stillhaltegeldern Priorität eingeräumt werden sollte. «Diese Zahlungen muss Deutschland in Devisen unter allen Umständen leisten, wenn es überhaupt noch kreditfähig bleiben will», hielt Ministerialrat Berger fest.[139] Freilich gab es bei diesem Thema viele Details, die noch zu bereinigen waren, wo sich Deutschland wesentliche Erleichterungen verschaffen wollte.

Reichskanzler Brüning verfolgte eine einleuchtende politische Grundlinie: Beseitigung oder mindestens Aufweichung des Versailler Vertrages und damit endgültige Bereinigung der Reparationsfrage. Er betrachtete dabei zu diesem Zeitpunkt den amerikanischen Bankier Wiggin, der zu den Stillhalteverhandlungen nach Berlin gekommen war, als Verbündeten «für die Ausspielung der Macht der privaten Gläubiger Deutschlands gegenüber den Franzosen». Auch der prominente schwedische Bankier Marcus Wallenberg wurde von Brüning als «Berater» und konkret zur Beeinflussung der gleichzeitigen Verhandlungen der internationalen Sachverständigen in Basel eingesetzt.[140] Schweizerische Bankiers hingegen konnte der Reichskanzler für seine Zwecke offenbar nicht wirksam rekrutieren, selbst wenn etwa Bindschedler den deutschen Wünschen keineswegs immer ablehnend gegenüberstand. Hier wird die Rückwirkung der dornenvollen schweizerisch-deutschen Handelsvertragsverhandlungen sowie der schweizerischen Verknüpfungsideen bezüglich Finanzschulden sehr deutlich. Natürlich spielten auch andere Elemente eine Rolle: nicht zuletzt das deutsche Wissen um die traditionelle Flexibilität der Schweizer Bankiers, welche die Beziehungen zum französischen Staat als Anleiheschuldner und zu den geschätzten französischen Privatkunden nie aus den Augen liessen.

Die grosse Wende von 1931

1 Zitiert in: Stucki an Delegationsmitglieder, 30.11.1926, SBA/ E 7110/ 1/ Bd. 22.
2 Stucki an Delegationsmitglieder, 15.11.1926 und 18.11.1926, SBA a.a.O.
3 Wetter an Schulthess, 12.11.1924, SBA a.a.O.
4 Vgl. DDS Bd. 9, Nr. 98 und Nr. 128.
5 Protokoll der BR-Sitzung vom 1.9.1925, DDS Bd. 9, Nr. 88.
6 De Marcilly an Briand, 4.2.1931, AMAE/ Europe 1930–40/ Suisse Bd. 201.
7 Kennard an Foreign Office, 2.1.1933, PRO/ FO 425/411.
8 Vgl. Hermann Böschenstein, Bundesrat Schulthess, Bern 1966.
9 Scheurer: Tagebücher S. 347 (Eintrag vom 2.3.1928).
10 Vgl. Rolf Soland, Zwischen Proletariern und Potentaten, Bundesrat Heinrich Häberlin und seine Tagebücher, Zürich 1997, S. 118–121 (Tagebuchzitate vom 22.4.1944 und 14.8.1937).
11 Stucki an Rüfenacht, 24.1.1931, DDS Bd. 10, Nr. 58.
12 NZZ Nr. 268 vom 12.2.1931.
13 Hermann Rüfenacht (1867–1934) war von 1922 bis 1932 schweizerischer Gesandter in Berlin. Zu seiner Person und Tätigkeit vgl. Paul Widmer, Die Schweizer Gesandtschaft in Berlin, Zürich 1997, S. 142–153.
14 Rüfenacht an Motta, 7.11.1931, DDS Bd. 10, Nr. 119.
15 Vgl. Bernhard Wehrli, Aus der Geschichte des Schweizerischen Handels- und Industrie-Vereins, Erlenbach-Zürich 1970.
16 Vgl. Böschenstein, Schulthess, S. 156 f.
17 Wetter/Gassmann an EVD, 13.5.1931, SBA/ E 7110/1/Bd. 20.
18 NZZ Nr. 2445 vom 14.12.1930.
19 The Interwar Depression, Introduction S. XI.
20 NZZ Nr. 897 vom 12.5.1931.
21 NZZ Nr. 899 vom 13.5.1931.
22 NZZ Nr. 910 vom 15.5.1931.
23 Vgl. Schubert, Credit-Anstalt Crisis of 1931. Fritz Weber, The Failure of the Austrian Creditanstalt and its Consequences, EABH Conference 2001.
24 Geschäftsbericht SBG 1931, S. 5.
25 NZZ Nr. 858 vom 7.5.1931.
26 Gerd Hardach, Währungskrise 1931: Das Ende des Goldstandards in Deutschland, in: Finanz- und wirtschaftspolitische Fragen der Zwischenkriegszeit, Hrsg. Harald Winkel, Berlin 1973, S. 122 f. H. Luther, Vor dem Abgrund, S. 163 f.
27 NZZ Nr. 1139 vom 15.6.1931.
28 Karl Born, Die deutsche Bankenkrise 1931, München 1967, S. 83. Vgl. auch Luther, Vor dem Abgrund, S. 177.
29 VR-Protokoll SBG vom 2.7.1931, GHA UBS AG/ SBG.
30 Protokoll SBV-VR-Ausschuss vom 7.7.1931, GHA UBS AG/ SBV.
31 Protokoll SNB-Direktorium vom 16.6.1931, Archiv SNB.
32 Protokoll SNB- Direktorium vom 7.7.1931, Archiv SNB.
33 Born, Bankenkrise, S. 85.
34 Protokoll SNB-Direktorium vom 7.7.1931, Archiv SNB.
35 Aufschlussreiche Detailschilderung der Abläufe bei: Eckhard Wandel, Hans Schäffer, Veröffentlichung des Leo Baeck Instituts 1974, S. 194 ff. (Schäffer war als einflussreicher Staatssekretär im Finanzministerium direkt involviert in die wesentlichen Verhandlungen zwischen Banken und Regierung; das Buch von Wandel beruht auf Schäffers Tagebuch und Schriften).
36 Protokoll SNB-Direktorium vom 9.7.1931, Archiv SNB.
37 NZZ Nr. 1231 vom 28.6.1931.
38 NZZ Nr. 1323 vom 10.7.1931.
39 NZZ Nr. 1348 vom 14.7.1931.

40 Vgl. T. Balderstone, 1994, S. 61 (und dort angegebene Literatur). Harold James, The Reichsbank and Public Finance in Germany 1924–1933, Frankfurt am Main 1985, S. 173–211. Christoph Kaserer, Die deutsche Bankenkrise von 1931 – Marktversagen oder Staatsversagen?, Bankhistorisches Archiv, Juni 2000, S. 3–26.
41 Protokoll SNB-Direktorium vom 21.7.1931, Archiv SNB.
42 Französisches Konsulat Basel an de Marcilly, 17.7.1931, AMAE/ Suisse 1930–1940/ Bd. 218.
43 Schacht, 76 Jahre, S. 360.
44 Luther, Vor dem Abgrund, S. 193f. Wandel, Schäffer, S. 362.
45 Luther, a.a.O., S. 195ff.
46 H. James, Reichsbank, S. 188f.
47 NZZ Nr. 1380 vom 19.7.1931.
48 Luther, Vor dem Abgrund, S. 212.
49 NZZ Nr. 1437 vom 28.7.1931.
50 Luther, Vor dem Abgrund, S. 206.
51 Protokoll SBV-GD vom 21.7.1931, GHA UBS AG/ SBV.
52 Protokoll-Notizen Bankenkonferenzen vom 15. Juli 1931 und 20. Juli 1931, GHA UBS AG/ SBG 12/3421.
53 Protokoll SNB-Direktorium vom 21.7.1931, Archiv SNB.
54 Basler Gutachten / Layton-Bericht, S. 35f.
55 H. James, Reichsbank, S. 183; ders., German Slump, S. 298f.
56 Die überaus starke Kreditnachfrage deutscher Industriefirmen in den späten zwanziger Jahren überstieg bei weitem die Möglichkeiten zur Konstruktion von umfangreichen, durch Steuerüberlegungen etc. motivierten Treuhandkrediten. Diese Annahme wird durch Stichproben zur Kreditgewährung verschiedener Grossbanken bestätigt. Ein anderes Kapitel sind indes die Lombardkredite für deutsche Firmen- und Privatkunden, bei denen nur mit umfangreichen Nachforschungen festzustellen wäre, in welcher Form sie den deutschen Behörden angemeldet wurden und damit in die offiziellen Statistiken einflossen.
57 Vgl. Stellungnahme der NZZ vom 28.8.1931, Nr. 1628, zur sozialistischen «Bankenkontrolle».
58 Protokoll SNB-Direktorium vom 13.8.1931, Archiv SNB.
59 Luther, Vor dem Abgrund, S. 208.
60 Jaberg, Reden und Aufsätze, S. 150.
61 Zu den Verhandlungen vgl. auch Susanne Wegerhoff, Die Stillhalteabkommen 1931–33. Internationale Versuche zur Privatschuldenregelung unter den Bedingungen des Reparations- und Kriegsschuldensystems. Diss. München 1982, S. 125ff.
62 H. James, Reichsbank, S. 215.
63 Aussage von Geheimrat Vocke, Mitglied des Direktoriums der Reichsbank, Tagebuch Hans Schäffer, 27.10.1931, IfZ.
64 NZZ Nr. 1366 vom 16.7.1931.
65 Vgl. Luther, Vor dem Abgrund, S. 54.
66 NZZ Nr. 1502 vom 7.8.1931.
67 Tagebuch Schäffer, 25.9.1931 (über gemeinsamen Besuch bei Luther), IfZ.
68 Protokoll SNB-Direktorium vom 27.8.1931, Archiv SNB.
69 NZZ Nr. 1738 vom 14.9.1931.
70 NZZ Nr. 1742 vom 14.9.1931.
71 NZZ Nr. 2137 vom 11.11.1931.
72 Tagebuch Hans Schäffer, 28.9.1931, IfZ. Der international tätige Financier Fritz Mannheimer war an der Verbreitung solcher Gerüchte mitbeteiligt.
73 Vgl. Hugo Bänziger, Die Entwicklung der Bankenaufsicht in der Schweiz seit dem 19. Jahrhundert, Bern/Stuttgart 1986, S. 91ff.

74 Protokoll SNB-Direktorium vom 1.10.1931, Archiv SNB. Hermann Böschenstein, Vor unseren Augen, Aufzeichnungen über das Jahrzehnt 1935–1945, Bern 1978, S. 272.
75 Tabelle Stillhalteverschuldung 1931–1939 in: BAB/ R 2501/9890. E. Wenzel, Die deutschen Stillhalteabkommen, S. 71, gibt zwar richtige Prozentsätze an, hingegen einen unzutreffenden Totalbetrag.
76 Vgl. Ritter an Rüfenacht 31.10.1931 und 26.11.1931, DDS Bd. 10, Nr. 117 und Annex. Die Verschuldung gegenüber der BIZ ist für das Total von RM 3.2 Mrd. ausgeklammert.
77 Comparison of total German Indebtedness as of November 30th, 1931 and that of February 28th, 1933 (erstellt für die Stillhalteverhandlungen von Anfang 1933). Weitere Details in «Stand der deutschen Auslandsverschuldung unter besonderer Berücksichtigung der Schweiz», erstellt aufgrund deutscher Angaben 1933/1934, beide Dokumente in: GHA UBS AG/ SBG 12/2570.
78 Das schweizerische Bankwesen im Jahre 1931, Zürich 1932, S. 43.
79 Die Banque d'Escompte Suisse entstand aus der Fusion des Comptoir d'Escompte de Genève und der Union Financière de Genève, unter kapitalmässiger Beihilfe von Bankverein und Kreditanstalt sowie mit ergänzendem Stützungskredit der Grossbanken und Kantonalbanken. Die Banque d'Escompte benötigte in Anbetracht knapper Liquidität bereits im Oktober 1931 einen weiteren Stützungskredit.
80 Protokoll EIBA-VR vom 27.10.1931, GHA UBS AG/ SBG.
81 Bachmann an Musy, 28.11.1931, SBA/ E 6100 (A), Akz. 10, Dossier 286.
82 Protokoll SBV-VR-Ausschuss vom 6.10.1931, GHA UBS AG/ SBV.
83 Protokoll SBV-VR-Ausschuss vom 20.10.1931, GHA UBS AG/ SBV.
84 Rapport Rudolf Ernst vom 27.11.1931 über Besprechung mit O. Busch, GHA UBS AG/ SBG 12/2569.
85 Vgl. NZZ Nr. 1917 vom 11.10.1931.
86 Tagebuch Hans Schäffer: Sitzungen des Reparationsgremiums, 24.11.1931 und 26.11.1931, IfZ.
87 Ausschuss-Protokoll SBVg vom 11.11.1931, GHA UBS AG/ SBG.
88 Protokoll der 18. Generalversammlung der SBVg vom 12.9.1931 in Lausanne, S. 16f.
89 Vgl. NZZ Nr. 2137 vom 11.11.1931 und Nr. 2153 vom 13.11.1931.
90 Tabelle der Statistischen Abteilung vom 3.8.1931 in BAB/ R 3102/2598; abgedruckt im «Layton-Bericht», Anhang 5. Die nachfolgenden Erhebungen von 1931/32 ergaben für alle deutschen Banken zusammengenommen naturgemäss neue und grössere Auslandverschuldungswerte.
91 J. Jung, Credit Suisse Group, S. 77.
92 Protokoll BHB-VR vom 1.9.1931, GHA UBS AG/ SBV.
93 Geschäftsbericht BHB 1931, S. 7.
94 Protokoll BHB-VR vom 5.2.1932, GHA UBS AG/ SBV.
95 Protokoll EIBA-VR vom 9.7.1931, GHA UBS AG/ SBG.
96 Protokolle EIBA-VR vom 22.12.1931 und 12.12.1932, GHA UBS AG/ SBG.
97 Protokoll EIBA-VR vom 4.2.1932, GHA UBS AG/ SBG.
98 NZZ Nr. 2055 vom 30.10.1931.
99 Zu berücksichtigen ist dabei, dass die Kantonalbankengruppe in der Statistik durch Zuteilung von drei Hypothekarbanken vergrössert worden war (Das Schweizerische Bankwesen im Jahre 1931, S. 11).
100 Das Schweizerische Bankwesen 1931, S. 35.
101 NZZ Nr. 1868 vom 3.10.1931.
102 Die Schweizerische Nationalbank 1907–1932, S. 306.
103 Vgl. NZZ Nr. 1808 vom 24.9.1931.
104 NZZ Nr. 1773 vom 19.9.1931.
105 Curtius an Reichskanzlei und Reichsministerien, 6.10.1931, PAAA/ R 106'244.
106 Wiehl an Windel, 14.10.1931, PAAA/ R 106'244.

107 NZZ Nr. 1806 vom 24.9.1931.
108 NZZ Nr. 1822 vom 26.9.1931.
109 Bemerkungen zur Begründung der Interpellation Grimm, 24.9.1931, SBA/ J. 1. 131, Bd. 21.
110 Das Nationale Volkseinkommen fällt 1931 auf Index 91, verglichen mit 1929 = 100, die Zahl der Stellensuchenden verdoppelt sich im Jahresdurchschnitt gegenüber 1930 auf 24 208 (nach Kneschaurek, S. 233).
111 Vorort-Protokoll vom 8.1.1932, Archiv für Zeitgeschichte (AfZ)/ Bestand Vorort/1.5.3.8.
112 Windel an Wiehl, 1.10.1931, PAAA/ R 106'244.
113 Vgl. DDS Bd. 10, Nr. 104 mit Annex.
114 Schweizerisch-deutsche Handelsvertragsverhandlungen / Historische Darstellung vom 14.12.1931 (EVD), SBA/ E 7110, -/1, Bd. 26.
115 Tagebuch Hans Schäffer, 2.10.1931, IfZ.
116 Bundesrats-Protokolle vom 16.10.1931 und 22.10.1931, SBA/ E 7110, -/1, Bd. 20.
117 Stucki-Aufzeichnung vom 30.10.1931, und Schulthess an Bundesrat vom 29.10.1931, DDS Bd. 10, Nr. 113 bzw. 112.
118 Posse an AA, 24.10.1931, PAAA/ R 106'244.
119 Zum Beispiel Frankfurter Zeitung Nr. 807 vom 29.10.1931.
120 Tgr. Müller an AA, 29.10.1931, PAAA/ R 106'244.
121 Aufzeichnung Wiehl über Telefongespräch mit Posse, 29.10.1931, PAAA/ R 106'244.
122 Rüfenacht an Schulthess, 30.10.1931, DDS Bd. 10, Nr. 115.
123 Rüfenacht an Motta, 7.11.1931, DDS Bd. 10, Nr. 119.
124 Rüfenacht an Motta, 7.11.1931, a.a.O.
125 Tagebuch Hans Schäffer, 27.10.1931, IfZ.
126 Vgl. NZZ Nr. 2049 vom 29.10.1931.
127 NZZ Nr. 2097 vom 5.11.1931.
128 Von Bülow an Schulthess, 31.10.1931, DDS Bd. 10, Nr. 116.
129 Aufzeichnung vom 27.11.1931, PAAA/ R 106'244.
130 Aktenvermerk Ritter vom 10.12.1931, PAAA/ R 106'244.
131 wie Fussnote 114.
132 NZZ Nr. 2399 vom 15.12.1931.
133 wie Fussnote 130.
134 25 Jahre Deutsch-Schweizerischer Handel, Hrsg. Deutsche Handelskammer in der Schweiz, Zürich (1938). S. 126.
135 wie Fussnote 111.
136 NZZ Nr. 2468 vom 22.12.1931.
137 Antrag EVD vom 14.12.1931 an Bundesrat, DDS Bd. 10, S. 284.
138 Aufzeichnung Ministerialrat Berger vom 24.10.1931, BAB/ R 43 I/ 316.
139 Aufzeichnung Berger vom 28.10.1931 zur Stillhaltefrage, BAB/ R 43 I/ 316.
140 Brüning, Memoiren, S. 488f.

4. Schweizerische Initiativen und neuartige Gefahren aus Deutschland (1932–1934)

4.1. Blockierte Kredite in Deutschland: Was nun?

In seinen Erinnerungen an den Jahreswechsel 1931/1932 kam Reichskanzler Brüning zu einer erstaunlichen Feststellung: Der «zweite Stillhaltevertrag ermöglichte die gesamte Aussenpolitik Deutschlands für die nächsten zwei Jahre. Er brachte die Entscheidung.»[1] Falls dem wirklich so war, dann müsste auch die Haltung der Schweizer Bankiers von einiger Relevanz sein. Als unbestritten darf gelten, dass diese Verhandlungen einen multilateralen Rahmen vorgaben, der auch unter dem Nazi-Regime bis zu einem gewissen Grade respektiert wurde. Es lagen somit Interessen vor, welche ungeachtet der fatalen politischen Veränderungen in Deutschland nachhaltig wirksam blieben. An dieser scheinbar so unattraktiven Thematik der «kurzfristigen» Schulden Deutschlands gegenüber den internationalen Geschäftsbanken lassen sich exemplarisch Strategien, Erwartungen, Fehleinschätzungen und politische Rückwirkungen aufzeigen, wie sie von privatwirtschaftlich orientierten Protagonisten der westlichen Demokratien, inklusive der Schweiz, im Laufe der dreissiger Jahre entwickelt und erlebt wurden. Im Folgenden kann es sich freilich nur um einige kurze Hinweise im Rahmen der schweizerisch-deutschen Beziehungen handeln.

Ende Oktober 1931 reiste Geheimrat Cuno als Abgesandter Brünings in die USA, wo er auch Präsident Hoover besuchte. Aus Washington kabelte er nach Berlin: «Situation is fully understood here in special endeavour to keep Germany going.» Der deutsche Botschafter Prittwitz berichtete über den Besuch beim Präsidenten noch etwas genauer: «Über die Bedeutung des Problems der kurzfristigen Kredite zeigte er sich durchaus im Bilde, warf aber dabei die Frage auf, wieso trotz Aktivität unserer Handelsbilanz der Devisenbestand der Reichsbank weiter geschrumpft sei.»[2] So weit die Ausgangslage beim grössten Gläubiger Deutschlands, von dem ein Signal betreffend Prioritäten erwartet wurde. «To keep Germany going» bedeutete aus amerikanischer Sicht letztlich Priorität für die umfangreichen privatwirtschaftlichen Interessen, sowohl der Banken wie der Direktinvestoren und Privatanleger. Dass in Paris andere Vorstellungen herrschten, leuchtet ohne weiteres ein. Kam dazu, dass Frankreich in Charles Rist über einen Delegierten im Basler Sonderausschuss verfügte, «gegen dessen Scharfsinn und Sachkenntnis unsere Delegierten» – wie Brüning sich erinnerte – «einen schweren Stand hatten».[3] Nur am Rande sei vermerkt, dass die deutsche Regierung der Sicherheit auf Basler Territorium misstraute. Die deutschen Delegationen richteten sowohl im Sommer wie im Dezember 1931 ihr effektives Hauptquartier im nahen Lörrach ein, von wo aus «abhörsicher» mit Berlin telefoniert werden konnte.[4]

Konzentrieren wir uns nun auf die gleichzeitig anlaufenden Stillhalteverhandlungen in Berlin. Mannigfache Pläne zur Lösung der anstehenden Probleme waren im Vorfeld entwickelt worden. Felix Somary wurde bereits genannt, auch Geheimrat Schmitz von I.G. Farben, der Industrielle Otto Wolff aus Köln und der Bankier Wassermann präsentierten der Regierung ihre Ideen. Der Grundgedanke der deutscherseits vorgebrachten Pläne lag bei allen Unterschieden in der Konsolidierung der Auslandschulden unter starker Sicherstellung der Gläubiger und mit der Möglichkeit, die Forderungen via Bonds zu «mobilisieren».[5] Als der bekannte Wall-Street-Anwalt John Foster Dulles, später Aussenminister unter Präsident Eisenhower, im November 1931 Staatssekretär Schäffer in Berlin besuchte, liess er allerdings bereits deutlich werden, dass es bei der Stillhaltung auf eine Verlängerung hinauslaufen würde. Denn eine langfristige Lösung sei für die amerikanischen und englischen Banken aus verschiedenen Gründen nicht möglich. Dulles sah ebenso klar wie die leitenden deutschen Persönlichkeiten, dass die Stillhaltungsregelung Deutschland immerhin Schutz vor den Reparationen bot.[6] «Die langen Verhandlungen», so berichtete Direktor Wolfensperger, Mitglied der schweizerischen Delegation, dem Verwaltungsrat der Eidgenössischen Bank nach Abschluss, «wurden vom Grundgedanken geleitet, dass die Aufrechterhaltung der Markvaluta im allseitigen Interesse liege und es geboten sei, eine Schwächung der Devisen- und Goldposition der Reichsbank zu verhüten.»[7] Diese Stellungnahme liegt ganz auf der Linie von «to keep Germany going». Dabei wurde um die Details sehr hart gerungen. Zahlreiche Einzelinteressen mussten abgeschliffen werden, um sie in das Gesamtabkommen einbringen zu können. Am 23. Januar 1932 schliesslich wurde das «Deutsche Kreditabkommen von 1932», so hiess nun die Stillhaltung beschönigend, in Berlin paraphiert. Die Gültigkeit umfasste den Zeitraum vom 1. März 1932 bis zum 28. Februar 1933.

Die schweizerischen Gläubigerbanken vertraten ihre Interessen in dieser Phase bedeutend wirkungsvoller als im Sommer 1931. Der offendirekte, «bodenständige» und von Optimismus getragene Stil von Paul Jaberg, dem führenden Kopf der Schweizer Delegation, wird deutlich spürbar. Da brachte vielleicht der «Bierabend» vom 9. Januar 1932 in Berlin, formell organisiert über die Gesandtschaft, etwas Entspannung und gegenseitigen Goodwill. Führende deutsche Bankiers und Persönlichkeiten wie Geheimrat Kastl, wichtigster Mann des Reichsverbandes der deutschen Industrie, sowie Staatssekretär Trendelenburg vom Reichswirtschaftsministerium waren sich nicht zu fein, der von Jaberg gesteuerten Einladung zu folgen.[8]

Was erreichten die Schweizer Bankiers 1932 konkret in Berlin? Von zentraler Bedeutung war die sogenannte «Schweizer Klausel» (Klausel 10), die eine Teilkonsolidierung der kurzfristigen Schulden anstrebte. Die

Schweizer Banken konnten diese Idee nur deshalb lancieren, weil sie dank der Kassenobligationen über eine gewisse mittelfristige Refinanzierungsbasis verfügten. Allerdings handelte es sich dabei um relativ teure Kundengelder, die – wie sich in der anhaltenden Krise erst richtig zeigen sollte – kontinuierlich abgebaut werden mussten. Jaberg sprach in seinem Kommentar zum Abkommen von einer «Investierungsklausel». Sogenannte Barvorschüsse (die nicht handelsgebunden waren) konnten stufenweise gekündigt und in langfristige Anlagen (Hypotheken, Grundschulden und Wertpapiere mit Mindestlaufzeit von 5 Jahren) umgewandelt werden.[9] Die Attraktion lag in der Möglichkeit des Schuldnerwechsels: kein geringer Vorteil für die Gläubiger inmitten einer unübersehbaren Wirtschaftskrise. Das Risiko lag in der langen Laufzeit, je nach Schuldner nicht unbedingt erschreckend, falls man davon ausging, dass Deutschland in den folgenden fünf Jahren ohnehin nur einige Teilrückzahlungen zu leisten im Stande wäre. Paul Jaberg jedenfalls hatte schon Anfang Februar 1932 für die Bankgesellschaft «einige attraktiv ausgestattete Projekte zum näheren Studium ausgewählt».[10] Auf deutscher Seite soll diese Klausel gewisse «Überfremdungsängste» erzeugt haben. Experten rechneten freilich nur mit einer Beanspruchung der Schweizer Klausel im Umfang von 200 bis 300 Millionen Reichsmark.[11] Im März gab es für die Schweizer bereits Ärger mit der Reichsbank, welche die Klausel nur als Reichsmarkschuld interpretieren wollte. Das hätte sie für die schweizerischen Gläubiger völlig uninteressant gemacht. Der selbstbewusste Jaberg wollte eine solche Interpretation keinesfalls akzeptieren.[12]

Die Implementierung der Schweizer Klausel stellte sich in den folgenden Monaten als ausserordentlich arbeitsintensiv heraus. Ohne Zustimmung der Reichsbank war in der Praxis keine Transaktion durchzuführen. Damit treten zwei Männer in Erscheinung, die bis ans Ende des Zweiten Weltkrieges in unzähligen Verhandlungen wichtige und in vielen Fällen entscheidende Gesprächspartner der Schweizer Bankiers sein werden: Reichsbankdirektor B. von Wedel und Reichsbankrat L. Wolf, mit Zuständigkeiten für die Auslandschulden und die «Deutschen Kreditabkommen». An der Jägerstrasse, beim Gendarmen-Markt in Berlin-Mitte, bauen von Wedel und Wolf ihre formidable Bürokratie auf, deren Akten heute noch teilweise erhalten sind. Hier werden Verhandlungen geführt und Entscheidungen gefällt, die für das tiefere Verständnis der schweizerisch-deutschen Finanzbeziehungen bis 1945 von allzu oft unterschätzter Bedeutung sind. Auf die mannigfachen Rückwirkungen aus dem Bereich der «alten» deutschen Schulden gilt es deshalb in verschiedenen «Spezialfällen» während der Kriegszeit näher einzutreten.

Die Schweizer Grossbanken entwickelten einen recht unterschiedlichen Appetit für die verschiedenen Transaktionsformen unter der Klausel 10. Manches wird sich mit den Jahren als problematisch erweisen, insbesondere im Immobilienbereich. Vermittler wie etwa der Rechtsanwalt Jacques Rosenstein, der über viele Jahre bei schwierigen Geschäften zwischen der Schweiz und Deutschland seine Talente entfaltet, treten in Erscheinung.[13] Der zupackende Praktiker Paul Jaberg sieht ungeachtet aller Schwierigkeiten immer noch gewisse Chancen für gesunde, langfristige Geschäftsverbindungen in Deutschland. Und eine gewisse Führungsrolle will er sich offensichtlich nicht entgehen lassen. Sein Hauptinteresse gilt den «Public utilies», wie er im Mai 1932 Geheimrat Kastl vom Reichsverband der deutschen Industrie wissen lässt.[14] Zwei signifikante Beispiele für Jabergs Initiativen seien hier genannt: Zunächst ein Konsortialkredit von 10 Millionen Franken an die Deutsche Continentale-Gas-Gesellschaft in Dessau zur Finanzierung der Grossgaserei Mitteldeutschland AG in Magdeburg. Neben der Bankgesellschaft als Konsortialführerin machten schliesslich die Basler Handelsbank, die Eidgenössische Bank und drei Kantonalbanken mit. Die drei Grossbanken verwendeten dazu ausschliesslich Stillhaltegelder, die sie von deutschen Banken abzogen. Der Begriff «Umlegekredit» wird gebräuchlich. Die keineswegs einfachen Verhandlungen erstreckten sich vom März bis zum Juni 1932. Sie schlossen mit einer – den Schweizer Banken unsympathischen – Endlaufzeit des Kredits von 9 Jahren, was keineswegs der ursprünglichen Absicht entsprach, die auf maximal 5 Jahre abzielte. Der Kredit wurde schliesslich durch die Hinterlage von Reichsschuldbuchforderungen bis zu einem Grad «abgesichert».[15] Zuvor hatte die Bankgesellschaft der Reichsbank ihre «unverhohlene Enttäuschung» über die geforderten langen Laufzeiten ausgedrückt.[16] Aufschlussreich ist auch der Konsortialkredit an die Berliner Elektrizitätswerke Bewag, der Ende 1932 mit einem Totalbetrag von 5 Millionen Franken und einer Endfälligkeit 1942 unter Dach kam. Hier engagierten sich neben der Bankgesellschaft wiederum die Eidgenössische Bank sowie der Bankverein, die Volksbank und die Zürcher Kantonalbank. Die Bankgesellschaft erhöhte im folgenden Jahr ihren Anteil noch um zusätzliche 2 Millionen Franken. Als Vermittler bei diesem Bewag-Kredit trat für eine entsprechende Kommission das Berliner Bankhaus J. Dreyfus & Co. in Erscheinung.[17] Längst nicht alle Verhandlungen führten zum Erfolg. Hier wären etwa die seltsamen Versuche des hoch verschuldeten Hauses Mosse in Berlin zu nennen, mit dem Ziel, bei der Bankgesellschaft einen Kredit von 3 bis 4 Millionen Mark zu erhalten.[18]

Umlegekredite gewannen ihre Bedeutung primär aus der Anbahnung oder Verstärkung lang wirksamer Geschäftsbeziehungen. Dass die Amortisationsperiode in eine Kriegszeit fallen würde, war 1932 noch nicht abzusehen. Hingegen war wohl allen Bankiers bewusst, dass die langen Laufzeiten selbst im bis anhin so liquiden schweizerischen Markt ein gewisses Refinanzierungsrisiko mit sich brachten. Jedenfalls war es kaum möglich, solche Kredite im Krisenfall «loszuwerden». Beim Bankverein verhielt man sich anfangs den Umlegekrediten gegenüber sehr zurückhaltend, war jedoch in Ausnahmefällen ab Herbst 1932 zu einem Entgegenkommen bereit, etwa im Falle der A.-G. Obere Saale in Weimar, der Hapag in Hamburg oder wie erwähnt im Fall Bewag.

In diesem Zusammenhang muss auch der Zinsfrage einige Aufmerksamkeit geschenkt werden. Ob Deutschland nun seinen Zinsverpflichtungen auf der Auslandschuld vollständig, nur teilweise oder gar nicht mehr nachkommt, ist für zahlreiche schweizerische Banken – je nach Gewicht der deutschen Engagements – von buchstäblich lebenswichtiger Bedeutung. Das Thema bleibt über viele Jahre aktuell, Zankapfel sowohl multilateraler wie bilateraler Verhandlungen und schliesslich auch Gegenstand binnenschweizerischer «Verteilungsprobleme» im Rahmen der Verrechnungsabkommen. Zurück zur spezifischen Situation von 1932: Bei Umlegekrediten konnte man in der Schweiz die Hoffnung hegen, einen relativ hohen Satz langfristig fixiert zu haben. Doch wie sah dies für die in der Stillhaltung verbleibenden Gelder sowie die Anleihen und die Forderungen ausserhalb des «Deutschen Kreditabkommens» aus? «Müssen sich die schweizerischen Gläubiger von ihren ausländischen Schuldnern alles gefallen lassen?», fragte bereits im März 1932 ein erboster Basler Bankier an der Ausschuss-Sitzung der Schweizerischen Bankiervereinigung. Er meinte damit den Druck auf Zinssenkung seitens Deutschlands. Die Schweiz müsse sich «besser wehren» und ihren Rechtsstandpunkt wirkungsvoller auch in der Presse vertreten. Aber Adolf Jöhr entgegnete als Präsident des Komitees Deutschland mit kühlem Realismus, die Deutschen hätten «ausserordentlich Mühe, ihren Verpflichtungen im Ausland nachzukommen. Ein Protest würde nichts nützen.» Er erinnerte ganz bewusst daran, dass die Schweiz den Handelsvertrag gekündigt habe, Deutschland indes brauche die Möglichkeit, seine Produkte abzusetzen, um seinen Verpflichtungen nachkommen zu können.[19] Jöhrs Kritik an der Handelspolitik gegenüber Deutschland ist unverkennbar. Das Thema der Zinshöhe blieb dornenvoll und international nur schwer zu koordinieren. Im April zeigten sich die Schweizer Banken bereit, Maximalsätze von 6 bis 7% für Stillhaltegelder zu akzeptieren. Der zunehmende Druck und die veränderten Umstände bewogen sie schliesslich im Juni, Bereitschaft für eine Senkung auf 5½ bis 6½% zu signalisieren. Einige Monate später wird Jaberg gegenüber einem deutschen Experten klagen, «dass den Schweizerbanken kaum mehr eine Risikoprämie, geschweige denn ein Nettonutzen verbleibt».[20]

In der letzten Etappe der Regierungszeit Brünings kam es auch noch zu einer Stillhaltevereinbarung über die kurzfristigen Auslandverbindlichkeiten der deutschen Länder, Gemeinden und öffentlich-rechtlichen Körperschaften. Die Schweizer Delegierten J. A. Meyer vom Bankverein und H. Blass von der Kreditanstalt bekamen zu hören, die Finanzlage der öffentlichen Schuldner sei «durch die enormen Soziallasten geschwächt».[21] Das Entgegenkommen der Gläubiger in der Zinsenfrage sei Deutschland deshalb nicht nur im Hinblick auf die Devisenlage, sondern «fast ebenso im Hinblick auf die budgetäre Lage der Schuldner» erwünscht. Bei einem Gesamtumfang von 247 Millionen Reichsmark standen die schweizerischen Gläubiger mit 73 Millionen Reichsmark im ersten Glied, knapp vor Grossbritannien, gefolgt von Holland und den USA.[22] Weitaus grösster Einzelschuldner war mit 89 Millionen Reichsmark die Stadt Hamburg, die von den weitreichenden Beziehungen ihrer prominenten Bankiers und Kaufleute hatte profitieren können. Hamburgische Schatzscheine über 5 Millionen Franken lagen allein beim Bankverein und der Basler Handelsbank zu gleichen Teilen. Auch die kurzfristigen Auslandverpflichtungen der Jüdischen Gemeinde Berlin von 3 Millionen Reichsmark fielen unter dieses Abkommen; hier hatte sich, wie an anderer Stelle erwähnt, die Eidgenössische Bank engagiert.[23]

Als sich die Vertreter der internationalen Gläubigerbanken mit einer deutschen Delegation Anfang Juli 1932 in London trafen, sah die Lage unübersichtlich aus. Es wurde, wie Jaberg festhielt, «allgemein anerkannt, dass die Situation der Reichsbank eine ordentliche Rückzahlung an die Kreditlimiten nicht gestattet». Die Schweizer Delegierten Jaberg und Renz erreichten immerhin, dass die Umlegekredit-Zinssätze in der Spannweite 6–7% fixiert wurden. Die Reichsbank erklärte sich bereit, die Umlegetransaktionen zu begünstigen.[24] Neue Hoffnung erweckte die gerade zu Ende gehende Lausanner Konferenz, auf welcher Deutschland die lang angestrebte Entlastung in der Reparationsfrage zu erzielen vermochte. Brüning freilich konnte die Früchte seiner mühsamen Anstrengungen nicht mehr ernten. Reichspräsident Hindenburg und seine «Kamarilla» hatten ihn Ende Mai fallen gelassen. Der Herrenreiter Franz von Papen mit seinem reaktionären «Kabinett der Barone» versuchte sich nun seit Anfang Juni als Regierung Deutschlands. Das verhiess nichts Gutes. Papen verstand von Wirtschaft und Finanzen nicht viel. Die unter Brüning gepflegte enge Zusammenarbeit zwischen Kabinett und Reichsbank wandelte sich nun unter Papen – nach Luthers Aussage – ins Gegenteil.[25] Bedeutsamer war insgesamt der weitere Vormarsch der Nazis bei den Reichstagswahlen Ende Juli: Hitler gewann 37.4% der Stimmen, und die Nazis stellten nun die grösste Fraktion im Parlament. Joseph Goebbels notierte Anfang August atemlos in sein Tagebuch: «Kann's noch gar nicht fassen. An den Toren der Macht. Nerven behalten. Nicht klein werden. Mutig sein. Die grosse Stunde ist da.» Und auch den fatalen Satz: «Wir werden die Macht niemals wieder aufgeben, man muss uns als Leichen heraustragen.»[26] Aber Hindenburg war noch nicht bereit, Hitler die Kanzlerschaft zu übergeben. Die Agonie der Weimarer Republik wird sich noch einige Monate hinziehen.

In diesen Monaten hatte sich die Situation im Bereich der schweizerisch-deutschen Handelsbeziehungen keineswegs entspannt. Nach der Kündigung des Handelsvertrages hatte Reichspräsident von Hindenburg am Neujahrsempfang 1932 dem schweizerischen Gesandten Rüfenacht sein «Bedauern über die bestehenden Anstände» ausgedrückt und angefügt, er hoffe, dass «wir doch gute Freunde bleiben werden». Natürlich betonte Rüfenacht bei dieser gesellschaftlichen Gelegenheit den guten Willen der Schweiz.[27] Stucki und Schulthess stellten Deutschland im Januar 1932 eine «De facto-Meistbegünstigung» in Aussicht, welche die Einführung von Kontingenten ihrer Ansicht nach nicht hinderte. Dies stiess auf scharfen deutschen Widerspruch. Der Direktor der Handelsabteilung fuhr darauf nach Berlin, um die vorgesehenen schweizerischen Massnahmen zu erläutern, und mit dem Ziel, einen Zollkrieg nach dem Auslaufen des Vertrages am 5. Februar zu vermeiden. Er schätzte dabei die Drosselung der deutschen Einfuhr durch die neuen Kontingentierungen auf etwa 57 Millionen Franken.[28] Das konnte in Berlin naturgemäss keine Freude auslösen. Die schweizerische Gesandtschaft erfuhr kurz darauf auf dem Umweg über zwei Journalisten, «dass im Reichswirtschaftsministerium, namentlich bei Herrn Posse, von neuem eine ausserordentlich scharfe Stimmung gegen die Schweiz herrsche». Posse gab sich besonders entrüstet über einen Artikel in der Neuen Zürcher Zeitung, welcher die Schuld am Kontingentierungssystem Deutschland in die Schuhe schiebe. Posse wollte einen schweizerischen Bezug auf die französisch-deutschen Handelsverhandlungen vermeiden.[29] In einer deutschen Verbalnote wird Mitte Februar schliesslich Einspruch erhoben gegen die neuen Massnahmen des Bundesrates über die Beschränkung der Einfuhr: sie seien nicht in Übereinstimmung mit der Meistbegünstigung; bei gewissen Waren werde allein Deutschland gegenüber ein Bewilligungsverfahren eingerichtet.[30] Ministerialdirektor Posse benützte nun nach bereits bekannter Manier auch die Presse. In einem Leitartikel in «Industrie und Handel» vom 11. Februar wurde die Ansicht verbreitet, die Schweiz sei für die «Erschütterung des europäischen Handelsvertragssystems verantwortlich». Das war ein starkes Stück. Walter Stucki beklagte sich darauf bei Staatssekretär Trendelenburg, dem Vorgesetzten Posses, der so tat, als ob der Artikel nicht von seinem Ministerialdirektor gesteuert worden wäre. Immerhin versprach er, bei der deutschen Presse dahin zu wirken, «dass der sachliche Ton einer wirtschaftspolitischen Aussprache nicht durch Missklänge gestört wird».[31]

In einem sachlich gehaltenen Artikel im Berliner Tageblatt vom 3.5.1932 versuchte Walter Stucki dem deutschen Publikum die schweizerische Situation zu erklären. Im ersten Quartal 1932 habe die Schweiz von Deutschland Waren für 151 Millionen Franken importiert, jedoch in umgekehrter Richtung nur für 39 Millionen exportieren können. Der oft gehörte Einwand, die Schweiz müsse das grosse Defizit im Warenhandel eben durch den Tourismus und die Kapitalerträge ausgleichen, sei nicht stichhaltig, schrieb Stucki. Die beträchtlichen von der Schweiz an Deutschland gewährten Kredite seien bekanntlich «zum grossen Teil eingefroren». Und die von Deutschland eingeführten Einschränkungen im Reiseverkehr hätten für die schweizerische Hotellerie zu einem «nahezu katastrophalen Rückgang geführt». Ende Mai versammelten Stucki und Schulthess in Bern die Spitzenvertreter der Schweizer Wirtschaftsverbände zu einer Besprechung in Anwesenheit der Bundesräte Musy und Motta. Von allen Seiten wurde festgestellt, «dass die gegenwärtigen Wirtschaftsbeziehungen zwischen der Schweiz und Deutschland absolut unhaltbar geworden sind». Ein erneuter Verhandlungsanlauf mit Deutschland sollte unternommen werden, um vermehrte Devisenzuteilungen für Import und Reiseverkehr zu erreichen. Stucki machte gegenüber Geheimrat Hagemann vom Reichswirtschaftsministerium schnell deutlich, dass der Bundesrat jetzt entschlossen sei, den Import von Massengütern «von denjenigen Ländern zu tätigen, die der Schweiz genügend Entgegenkommen beweisen».[32] Dies lief auf Sonderabmachungen hinaus, die Berlin unter den gegebenen Umständen nicht ganz behagen konnten, weil stets ähnliche Forderungen seitens anderer Staaten zu befürchten waren. Aber Stucki und Schulthess gingen diesmal mit einigem Geschick vor, um den deutschen Widerstand aufzuweichen. Man liess beispielsweise durchblicken, dass Vertreter von Schweizer Grossbanken in Frankreich den deutschen Reparationsstandpunkt propagieren könnten.[33] Die schweizerische Regierung zeigte sich in Detailfragen während der Verhandlungen von Juni und Juli kompromissbereit. Symptomatisch ist der Satz im Bundesratsprotokoll vom 29. Juni: «Überdies scheine es auch nicht angezeigt, Deutschland in seiner gegenwärtigen Lage noch mehr Schwierigkeiten zu bereiten.» Deutschland stellte schliesslich für die Sommersaison 1932 etwas mehr Devisen für Reisen nach der Schweiz zur Verfügung und erhielt dafür die Zusage, dass der Import von Kohle, Zucker und Malz vorderhand auf dem Stand von 1931 bewilligt blieb.[34]

Ein wesentlicher Kompromiss wurde im Juli 1932 bei Verhandlungen in Berlin erzielt, wo Ernst Wetter vom Vorort als schweizerischer Verhandlungschef agierte. Das Abkommen vom 19. Juli «über den Zahlungsverkehr» war ebenfalls nur ein Provisorium, ging indessen erstmals in die neue Richtung des Kompensationsverkehrs. Der Zahlungsverkehr zugunsten der schweizerischen Exporte sollte durch die Einrichtung eines «Sonderkontos» auf den Namen der Nationalbank bei der Reichsbank verflüssigt werden, während die Schweiz den Import der sogenannten Kompensationswaren im Rahmen der vorjährigen Einfuhr zuliess. Der Vorort bezeichnete das Abkommen als einen «Versuch», mit Wirkung bis Ende des Jahres. Man legte Wert darauf, «irgendwelche Veröffentlichung zu unterlassen».[35] Die Verhandlungen gingen im September weiter, in einem Klima der Ungewissheit, das in den Worten Wetters offen liess, ob man wie bisher weiterfahren oder ob von Seite der Schweiz «weitergehende Massnahmen gegen Deutschland ergriffen werden sollten».[36] Im Oktober war Berlin bemüht, einen offenen Bruch mit der Schweiz zu vermeiden, und drängte auf einen Abschluss.[37] Schliesslich kam der Verhandlungsmarathon im Abkommen vom 5. November 1932 zu einem vorläufigen Zwischenziel, das den vertragslosen Zustand teilweise beendete: Im Reiseverkehr versprach Deutschland weitere Erleichterungen (Reisekreditbriefe und Hotelgutscheine anstelle der abschreckenden Devisengesuche bei den Landesfinanzämtern), ebenso bei der Benützung des Sonderkontos für die Bezahlung der schweizerischen Exporte. Einige Zollermässigungen gewährte man sich gegenseitig. Die Schweiz musste bei den Import-Kontingenten gewisse Zugeständnisse machen, die allerdings nicht als dramatisch eingestuft wurden, da Stucki vorgängig mit Absicht «eigentliche Kampfkontingente» geschaffen hatte.[38] Auch diesmal wurden die heikleren Teile des Abkommens nicht veröffentlicht (Reiseverkehr und Sonderkonto-Zusatzdevisen).

Fassen wir einige wesentliche Punkte der schweizerisch-deutschen Wirtschaftsbeziehungen am Endpunkt der Weimarer Republik zusammen: Auf dem Feld des Aussenhandels litten jene Teile des schweizerischen Exportsektors, die traditionell nach Deutschland ausgerichtet waren. Das betraf nicht nur wesentliche Teile der Industrie, sondern beispielsweise auch den Käseexport. Die von Stucki und Schulthess durchgedrückten Einfuhrbeschränkungen in Form von Kontingenten wurden von den schweizerischen Verhandlungsleitern konsequent als Druckmittel eingesetzt. Nur auf diese Weise waren von Deutschland einige Konzessionen zu erzielen. Die schweizerische Fremdenverkehrslobby war stark genug, um ihre Anliegen effektvoll einzubringen. Ein noch grösserer Rückgang der deutschen Kundschaft hätte für die touristisch ausgerichteten Bergkantone in der Tat zu bedeutenden Schwierigkeiten geführt. Bei all dem ist deutlich sichtbar, dass sich der deutsche Gesandte Adolf Müller in Bern redlich bemühte, die Wogen zu glätten. Nur wenige deutsche Diplomaten und Regierungsbeamte haben die Stärken und Schwächen der Schweiz wohl so gut erkannt wie Müller, der sich einige Monate später beim Machtantritt der Nazis zurückziehen musste. Neue Probleme ergaben sich aus der deutschen Devisenbewirtschaftung und der verschärften Steuerfahndung: 1932 setzten Schnüffeleien von deutscher Seite in der Schweiz ein, mit ersten Hinweisen auf Bankspionage (vgl. Kapitel 4.3.).

Die Finanzbeziehungen schienen im Rahmen des zweiten Stillhalteabkommens eine gewisse Beruhigung erfahren zu haben. Jaberg liess im Geschäftsbericht der Bankgesellschaft verlauten, Deutschland «habe keine Anstrengungen gescheut», um seine daraus resultierenden Verpflichtungen zu erfüllen.[39] In der schweizerischen Wirtschaftskonferenz vom Mai 1932 war man sich einig, «dass die Interessen des Kapitalverkehrs vorläufig noch zurückgestellt werden können».[40] Damit war keineswegs eine Vernachlässigung gemeint, sondern die Vermeidung einer Verknüpfung mit den Aussenhandels- und Fremdenverkehrsforderungen. Gewisse Meinungsunterschiede zwischen den Spitzenbankiers und den bestimmenden Herren des Aussenhandels sind unverkennbar. Die Bankiers bewegten sich stärker im internationalen Umfeld. Jaberg hielt nach der Londoner Stillhalte-Konferenz vom Dezember 1932 fest: «Wir sind in der Tat der Ansicht, dass der deutschen Wirtschaft eine gewisse Ellenbogenfreiheit gewährt werden muss und dass es ein gefährliches Beginnen ist, den Bogen zu überspannen und eventuell Transferschwierigkeiten heraufzubeschwören.»[41] Gegenüber Walter Stucki hat Jaberg den Standpunkt der Banken im November 1932 sehr klar bezeichnet: Um das Funktionieren eines neuen Stillhalteabkommens zu ermöglichen, müssten «schweizerischerseits keine neuen Kontingente gegenüber Deutschland eingeräumt werden». Jaberg betonte einmal mehr, dass es sich bei den Stillhalteabkommen um «privatrechtliche Abmachungen privater Banken» handle, die keine Präjudizierung der Handelspolitik enthalten dürften. Einmischung der betreffenden Länder sei «unbedingt zu vermeiden».[42] Jaberg ging in diesem Positionsbezug von den bisherigen, rechtsstaatlichen Verhältnissen aus. Mit dem Machtantritt der Nazis wird sich dies alles ändern.

4.2.   Hjalmar Schacht spielt den «Finanzdiktator»

Horace Greely Hjalmar Schacht, 56 Jahre alt, seit seinem Ausscheiden aus der Reichsbank Gutsherr auf Gühlen in der Mark Brandenburg, begrüsste den Machtwechsel vom 30. Januar 1933. Mit dem Instinkt des gewandten Karrieristen hatte er sich Hitler 1932 angenähert, ohne freilich Parteimitglied zu werden. Parteipolitik war seine Sache nicht. Kennen gelernt hatte Schacht den zukünftigen Diktator bereits im Januar 1931 bei Göring. Schacht wurde – folgt man seinen Erinnerungen – damals klar, «dass die propagandistische Kraft Hitlers ungeheuerliche Chancen bei der deutschen Bevölkerung haben musste, falls es gelang, die Wirtschaftskrise zu beheben ...». Nach den Reichstagswahlen vom Juli 1932 stand für Schacht fest, «dass eine Regierung unter der Kanzlerschaft Adolf Hitlers nicht mehr vermieden werden konnte». Die nationalsozialistischen

«Wirtschaftsexperten» hielt er allerdings für unfähig. Darin sah er seine eigene Chance und gab Hitler zu verstehen, dass er zur Mitarbeit bereit stehe.[43] Am 17. März 1933 wird Schacht – nach einer Pause von fast genau drei Jahren – wieder Reichsbankpräsident. Unter den braunen Horden bleibt er ein Aussenseiter, der seine Stellung erst noch konsolidieren muss. Aber er weiss, dass ihn Hitler vorderhand als Aushängeschild für das Ausland sehr gut gebrauchen kann: Schacht, der weltgewandte Bankier im hohen steifen Kragen, fast eine Legende, soll dem Ausland Seriosität und Fachkenntnis signalisieren. Schachts Ehrgeiz geht über das Reichsbankpräsidium hinaus. Er will Steuermann der Wirtschaftspolitik werden. Im Sommer 1934 wird er dieses Ziel erreichen und dank Hitlers Wohlwollen zusätzlich das Amt des Wirtschaftsministers übernehmen dürfen.[44]

Als Anfang 1933 die Verlängerung des Stillhalteabkommens zur Debatte stand, befand sich Schacht allerdings noch nicht an den Schalthebeln der Macht. Zum letzten Mal konnte mit den bekannten und bewährten deutschen Fachleuten auf vernünftige Weise verhandelt werden. «In längeren, sehr geschickten Ausführungen bekämpfte Herr Jeidels jede Linienkürzung, während eine solche namentlich mit Rücksicht auf die öffentliche Meinung von amerikanischer Seite energisch verlangt wurde im Ausmass von 10%», hielt Paul Jaberg am Tag von Hitlers Ernennung zum Reichskanzler fest. «Eigentlich als einzige Delegation machten wir (d.h. die Vertreter der Schweizer Banken) auf die Nachteile einer solchen Linienkürzung aufmerksam.» Es war nicht ganz ohne Ironie, dass die Amerikaner und Briten ebenso wie die Schweizer im Hotel Esplanade logierten, welches ohne den Genuss schweizerischer Kredite kaum hätte überleben können. Die Schweden hingegen hatten sich im Hotel Kaiserhof einquartiert, die Franzosen residierten im Adlon. Angelsächsische und schweizerische Interessen stiessen verschiedentlich aufeinander. Es ging wie schon ein Jahr zuvor um die keineswegs unwichtige Frage, wie viele Kredite neu in die Stillhaltung aufgenommen werden durften. Konkret betraf dies jene Fälligkeiten während der Vertragsdauer, die aus ursprünglich mittelfristigen Krediten oder anderen Forderungen herrührten. Auf die Schweiz entfielen zum Beispiel bei den sogenannten «Ratenkrediten» nicht weniger als 17 Millionen Reichsmark von einem Totalbetrag von 32 Millionen Reichsmark (der in den folgenden zwölf Monaten fällig wurde).[45] Zahlreiche schweizerische Banken blieben aus Gründen der Rechtssicherheit interessiert, möglichst viele Fälligkeiten in den internationalen Rahmen der Stillhalteabkommen einzubringen. Ausserhalb dieses Rahmens herrschte Ungewissheit und Belieben der Reichsbank. «Vom Abkommen ausgeschlossene Kredite unterliegen kurzerhand den deutschen Devisennotverordnungen», wurde eine zögernde Privatbank im Auftrag Jabergs informiert.[46] Es sei auch daran erinnert, dass jede ausländische Gläubigerbank das Abkommen nach wie vor einzeln unterzeichnen musste.

Am 17. Februar wurde die Verlängerung der Stillhaltung, genannt «Deutsches Kreditabkommen von 1933», in Berlin unterzeichnet. Mit diesem Abkommen wurde ein Rahmen verfestigt und präzisiert, der im Wesentlichen bis zum Beginn des Zweiten Weltkrieges Bestand haben wird. Einige wichtige Punkte aus schweizerischer Sicht seien deshalb nachstehend kurz erläutert. Im neuen Abkommen waren Limiten von 3.9 Milliarden Reichsmark erfasst, die insbesondere auf amerikanischen Druck um 5% reduziert werden sollten. Jaberg missfiel die Kürzung vor allem deshalb, weil sie sich in der Praxis auf eine Reduktion der handelsbezogenen Rembours- und Trassierungskredite auszuwirken drohte, also gerade jene Kredite, «die für die Finanzierung von Rohstoffimporten und schliesslich von für Deutschland lebenswichtigen Exporten dienten». Auf die Schweiz entfielen per 28.2.1933 Stillhaltelimiten von 583 Millionen Reichsmark, die im Gegensatz etwa zu England fast vollständig benützt waren. Die Schweizer Gläubiger standen damit nach den USA (Limiten von 1.7 Mrd. RM) und Grossbritannien (Limiten von 894 Mio. RM) an dritter Stelle. Die von der Schweizer Delegation gewünschte «grössere Klarheit über das Exekutionsrecht der Gläubiger» wurde nicht erreicht, hingegen fand der Wunsch Aufnahme, dass die Bestellung von Deckung und Nachdeckung möglich sein sollten. Neu war die Bestimmung, dass Kreditlinien auf andere Kreditnehmer übertragen werden durften. Von dieser Möglichkeit wird bis in den Zweiten Weltkrieg hinein Gebrauch gemacht – für Aussenstehende oft nur schwer zu entwirrende Verschiebungen zur Verbesserung der Gläubigerposition. Die berühmte Klausel 10, früher «Schweizer Klausel» genannt, wurde zur wichtigsten Umgestaltung des komplizierten Vertragswerkes. Jaberg notierte: «Den Wünschen der Gläubiger auf Auflockerung der Kredite wurde stattgegeben.» Die ausländischen Gläubiger konnten nun von ihren deutschen Schuldnern gestaffelte Rückzahlungen verlangen, wenn damit die «Valutahaftung» erledigt wurde. Im Klartext: Der Schuldner zahlte Reichsmark zurück anstelle von Devisen. Diese Rückzahlungsbeträge gingen zur «Registrierung» und unverzinslichen Verwaltung an eine neu geschaffene Treuhandstelle in Berlin. Damit entstanden die nachmals berühmt-berüchtigten «Registermark», die in verschiedener Weise verwendet werden konnten (z.B. für Reisezwecke und den Kauf deutscher Obligationen). Die Zinsfrage führte erwartungsgemäss zu Meinungsdifferenzen unter den Gläubigern. Die Amerikaner waren nach den Worten von Jaberg «zum vornherein entschlossen, eine Zinssenkung zu gewähren. Wir hatten einen äusserst schweren Stand und zeigten uns bis zum letzten Moment unnachgiebig, mit dem Hinweis darauf, dass unsere Hände gebunden seien.» Aber die Senkung des Lombardsatzes durch die Nationalbank und die neuen Sätze der Ungarn-Kredite «erschütterten unsere Stellung» gemäss Jaberg. Auch die Schweizer mussten mit Wirkung ab 1. April Zinssatzsenkungen von ¼ bis ½% in Aussicht stellen. Bei den Umlegekrediten gelang es Jaberg, die durchschnittliche Laufzeit auf 6 Jahre zu drücken. In der Frage der Ratenkredite kam es zu einem Kompromiss, indem nur jene Fälligkeiten Aufnahme fanden, welche einen bereits früher eingeschlossenen Kredit betrafen.[47]

Gerne nahm Jaberg am 15. Februar eine Einladung des schweizerischen Gesandten Dinichert zum Frühstück an, um ihn bei dieser Gelegenheit über die Resultate der Stillhalteverhandlungen zu informieren. Der Freiburger Paul Dinichert (1878–1954) hatte 1932 die Nachfolge von Rüfenacht angetreten. Paul Widmer, selber Diplomat und Historiker, charakterisiert ihn aus der Rückschau als «erfahren, arbeitsam und leistungsfähig, perfekt zweisprachig ... Gegen die Berufskrankheiten der Diplomatie war er immun. Von floskelhafter Höflichkeit, Duckmäusertum und Intrigantenschläue hielt er nichts.»[48] Dinichert war vor seinem Amtsantritt in Berlin Chef der Abteilung für Auswärtiges gewesen, der Schaltstelle des damaligen Eidgenössischen Politischen Departementes. Sechs Jahre wird er die Belange der Schweiz in Berlin vertreten – bis zu seiner Abberufung. Seine klugen und scharfsichtigen politischen Berichte aus Berlin sind wohl zu Recht immer von neuem von den Historikern als Belege für eine nüchtern-unvoreingenommene Beobachtung der frühen Naziherrschaft zitiert worden. In Wirtschaftsbelangen fühlte sich Dinichert indessen weniger zu Hause. Diese Dossiers lagen in den Händen von Legationsrat Edouard Feer (1894–1983). Der Aargauer Feer war ein Mann der Handelsabteilung, bereits seit 1925 in Berlin im Einsatz und als einer der frühen «Handelsattachés» naturgemäss in engster Verbindung mit Walter Stucki. Es wird für Dinichert und Feer nicht einfach sein, im nationalsozialistischen Deutschland die zur Erfüllung ihrer Aufgaben notwendigen Kontakte zu pflegen. Kam dazu, dass Dinichert auf dem glatten Parkett Berlins nicht unbedingt eine blendende Erscheinung abgab. Der britische Botschafter Phipps charakterisierte ihn etwas maliziös als «a rather comic, perky little man with excellent intentions, but too long-winded».[49] Das schweizerische Gesandtschaftsteam in Berlin wurde seit 1930 ergänzt durch einen bedeutend biegsameren Diplomaten, Legationsrat Hans Frölicher (1887–1961), der schliesslich – nach einem Intermezzo in der Berner Zentrale – im Jahre 1938 umstrittener Nachfolger Dinicherts werden sollte. Paul Widmer und andere haben betont, wie präzis gerade Frölicher in seiner ersten Berliner Zeit die heraufziehenden Gefahren erkannte.[50] Frölichers Amtszeit als Gesandter ist ein anderes Kapitel, das nach wie vor zu mancherlei kritischen Überlegungen Anlass gibt.

Wie haben in der Schweiz Politiker, Presse und nicht zuletzt die Exponenten der Wirtschaft auf die eben erst etablierte Naziherrschaft über

Deutschland reagiert? Die scharf beobachtenden Berichte der Gesandtschaft in Berlin charakterisieren die manchenorts anzutreffende Unsicherheit in der Wahrnehmung wohl gerade nicht. Am 16. März begegnete der 35-jährige Chefredaktor und Berner Politiker Markus Feldmann, der spätere Bundesrat, auf dem Bubenbergplatz zufällig dem Bundespräsidenten Schulthess. Man sprach zuerst über Meinungsunterschiede in der Milchpreisfrage. Dann kam Bedeutenderes. «Im Verlauf des Gesprächs zeigt Schulthess sich sehr besorgt über die allgemeine Lage, auch international; er zeigte sich stark beeindruckt durch den Sieg Hitlers», hielt Feldmann in seinem Tagebuch fest.[51] Gerne wüsste man genauer, was Schulthess am «Sieg» Hitlers «beeindruckte». War es einfach der Zuwachs von etwa 4 Millionen Stimmen für Hitlers Partei, die Mobilisierung bisher abstinenter Wählerschichten? Auch Schulthess wusste sehr wohl, dass die Wahlen vom 5. März in Wirklichkeit durch den Reichtagsbrand und den Nazi-Terror gegen die Linke entscheidend beeinflusst worden waren.[52] Quellenkritische Vorsicht ist an dieser Stelle besonders angebracht. Die Besorgnis von Schulthess hingegen steht in Anbetracht der gespannten schweizerisch-deutschen Wirtschaftsbeziehungen auf sicherem Fundament. Die Neue Zürcher Zeitung hatte am Vorabend der Wahl geschrieben: «Der Zusammenbruch der Demokratie in Deutschland – beschädigt war sie schon seit einigen Jahren – ist für uns Schweizer ein Ereignis, das nicht einfach als erschütterndes Schauspiel verfolgt wird, sondern das spontan zum Miterleben und zum gedanklichen Verarbeiten zwingt.» Und an anderer Stelle: «Die tägliche Nachrichtenwelle aus dem Land der Kanzlerschaft Hitler wälzt die Frage heran: Was wird dort drüben noch werden?»[53] Bereits im April 1933 befürchtete NZZ-Chefredaktor Willy Bretscher Rückwirkungen der deutschen Vorgänge auf die Schweiz: «... und die nationalsozialistische, antidemokratische und antiliberale Neuorientierung eines Nachbarn, mit dem die Schweiz so enge Beziehungen unterhält, stellt uns ein Problem der geistigen Landesverteidigung.»[54] Eric Dreifuss hat in seiner Untersuchung von 1971 über die Haltung wichtiger schweizerischer Blätter gewiss zu Recht darauf hingewiesen, dass die Rasanz, die Dynamik und schlagartige Abfolge des Geschehens gerade in «bürgerlichen» Kreisen einige Verwirrung stiftete. Die Zeitgenossen hätten grösste Schwierigkeit bekundet, den Totalitarismus «überhaupt als Phänomen sui generis zu begreifen». Indes kommt auch Dreifuss zum Schluss, dass sich zum Beispiel die Neue Zürcher Zeitung Anfang Juli 1933 «ohne jede Einschränkung vom neuen Deutschland distanzierte».[55] Anfang August wird sie erstmals in Berlin durch SS und SA beschlagnahmt. Die Blätter der Linken hatten schon nach dem Reichtagsbrand scharf gegen das Hitler-Regime polemisiert. Da war von den «braunen Hunnen über Deutschland» und «Hitlers Mordbestie» die Rede.[56] Die deutsche Verbotsliste zählte rasch zehn schweizerische Blätter, unter denen sich neben sozialdemokratischen und Gewerkschafts-Organen auch die bürgerliche Thurgauer Zeitung und die Zürcher Illustrierte befanden. Kurz: Die Pressefrage führte bereits 1933 zu einer Belastung der bilateralen Beziehungen und zu einer Intervention des schweizerischen Gesandten bei Aussenminister von Neurath.[57] Schweizer Zeitungen, wenn Deutsche sie noch irgendwie zu Gesicht bekamen, wurden zu einer wertvollen Informationsquelle. Der schweizerische Generalkonsul in Köln, Franz-Rudolf von Weiss, berichtete im September 1933: «Die Regierung dürfte ganz genau wissen, warum sie Blätter wie die ‹Neue Zürcher Zeitung› verbietet, die die Lage in Deutschland unter dem richtigen Gesichtswinkel schildern. Als ich kürzlich einer hiesigen bekannten Persönlichkeit den Artikel ‹Spektrum der schweizerisch-deutschen Handelsbeziehungen› aus der NZZ vom 7.d.M. zeigte, war sie über dessen Inhalt einfach verblüfft.» Von Weiss sah völlig zu Recht bereits zu diesem Zeitpunkt eine grosse Gefahr darin, «wenn das Volk über die auswärtigen Strömungen ganz im Unklaren gelassen wird».[58]

Unsicherheit über die Weiterentwicklung in Deutschland prägte unzählige Gespräche in diesen Monaten. Zwei Beispiele nur, die den Zeitabschnitt vom April bis Juli 1933 markieren. Thomas Mann, im provisorischen Exil im Tessin, war am 13. April zum Essen bei Emil Ludwig in Ascona geladen. Auch Remarque war dort und der revolutionär-pazifistische Schriftsteller Ernst Toller sowie Wilhelm Abegg, Staatssekretär a.D. im preussischen Innenministerium. Thomas Mann in seinem Tagebuch: «... angeregte Unterhaltung, fast nur über politische Dinge. Abeggs Optimismus: Er hält den Bestand des Regimes für undenkbar, baut auf Stahlhelm und Reichswehr, während Ludwig die Deutschen für psychologisch befriedigt hält und ich nur den Krieg für ein wirksames Mittel zum Sturze der Machthaber halte. Der aber wird sorgfältig vermieden werden.» Abegg erzählte bei dieser Gelegenheit «von den Räubereien und Juden-Misshandlungen der S.A.-Bande». Thomas Mann: «Welch ein Wust von Betrug, Verbrechen und niederträchtigem Humbug ist das Ganze.»[59] Nicht jedermann sah so klar wie Thomas Mann. Aber er fand nicht leicht zur endgültigen Entscheidung für das Exil, bis er dann im Juli notierte: «Die Rückkehr ist ausgeschlossen, unmöglich, absurd, unsinnig und voll wüster Gefahren für Freiheit und Leben, – das ist meiner Vernunft klar, so sehr ich den klaren und freiwillig vollzogenen Bruch bisher zu verzögern suchte. Die Situation läuft auf die Erwerbung der Schweizer Staatsangehörigkeit und die Niederlassung in Zürich zum Herbst hinaus.»[60] Der deutsche Gesandte Müller meinte hingegen noch im Juni 1933, kurz vor seinem Rückzug in den Ruhestand nach Merligen am Thunersee, gegenüber Bundesrat Häberlin, «das Hitler-System werde sich nicht lange halten...».[61] Solche Fehleinschätzungen – der Wunsch vernebelte die unangenehme Wirklichkeit – waren auch in Wirtschaftskreisen manchenorts verbreitet. Der nüchterne Justizminister Häberlin hatte freilich keine Schwierigkeiten, den Charakter des neuen Regimes in Deutschland zu erkennen. Bereits im März benutzte er ganz bewusst ein Gespräch mit dem Schriftsteller Heinrich Stegemann dazu, um seine Position gegenüber Nazi-Deutschland klarzumachen. Stegemann dürfe «draussen jedem sagen, dass wir mit dem grossen Nachbarn Frieden haben, aber auch weiter nach unsern Heften leben wollen, in Freiheit, in Demokratie und Parlamentarismus. Ich fügte den Wunsch bei, die Deutschen möchten die Vorkriegs-Laster, die sie isoliert hätten, nicht wieder aus der Schublade hervornehmen.»[62]

Wenn Bundesrat Häberlin ein Wiederaufleben wilhelminischer Grossmannssucht befürchtete, dann sprach Thomas Mann jetzt schlicht von «Rebarbarisierung, ... willentlich als ‹Revolution› vorgenommen».[63] Selbst jenen bürgerlichen Kreisen in der Schweiz, denen das «antibolschewistische» Vorgehen der Nazis zu Beginn nicht besonders verwerflich schien, musste auf die Dauer die beinahe pausenlose, lärmende Erregung nördlich des Rheins höchst unangenehm erscheinen. Jedenfalls war eine solche Atmosphäre sachlichen Verhandlungen in keiner Weise zuträglich. Ende März schienen die handelspolitischen Pläne der Hitler-Regierung den Beobachtern in Bern noch «absolut undurchsichtig». Die Schweiz konnte vorläufig kein Interesse daran haben, das nur mit Mühe ausgehandelte, komplizierte Provisorium vom 5. November 1932 zu kündigen. Um nichts zu präjudizieren, verhielt man sich bei der Handelsabteilung betreffend Zuteilung der Einfuhrkontingente für das zweite Quartal 1933 sehr vorsichtig.[64] Stuckis Kontingentierungsmassnahmen führten in den ersten vier Monaten 1933 zu einem Teilerfolg: Das Handelsbilanzdefizit gegenüber Deutschland konnte auf 97 Millionen Franken gedrückt werden, gegenüber 142 Millionen Franken im Vorjahr. Aber auch dieses Ungleichgewicht war noch zu gross. Ernst Wetter fuhr deshalb im Mai als offizieller Schweizer Delegierter zu einem Verhandlungsversuch nach Berlin. Die deutschen Gesprächspartner schienen dem Vizepräsidenten des Vororts jedoch «mehr oder weniger desorientiert». Geheimrat Hagemann machte ihm «den Eindruck eines Mannes, der seiner Lage gegenüber der Regierung nicht mehr sicher ist». Selbst Ministerialdirektor Ritter vom Auswärtigen Amt schien «momentan nebenausgestellt». Wetter brachte immerhin präventiv einen wichtigen «Vorbehalt» an. Es ging um die alarmierenden Andeutungen von Hjalmar Schacht an einer BIZ-Sitzung über ein mögliches deutsches Transfermoratorium. Wetter wies darauf hin, dass sich die Schweiz in einem solchen Falle nicht bloss mit einer Gleichstellung mit andern Gläubigerstaaten begnügen und nicht erlauben könnte, «dass diejenigen Staaten, die an Deutschland viel zu fordern haben, ohne von ihm entsprechende Waren abzunehmen, gleichsam auf Kosten der Schweiz befriedigt würden».[65] Diese Stellungnahme war in der

Hauptsache auf die USA gemünzt. Die Verhandlungen Wetters blieben völlig ergebnislos, weil die deutsche Seite «bei den derzeitigen unübersichtlichen Verhältnissen» keine grösseren Entschlüsse fassen konnte.[66]

Das zentrale Problem der folgenden Wochen lässt sich in den sprunghaften Manövern und unabsehbaren Drohungen von Hjalmar Schacht erkennen. Der Gesandte Dinichert hatte schon im Februar gehört, dass sich Schacht seine Rolle innerhalb des neuen Regimes als «eine Art Finanzdiktator» vorstellte.[67] In der Tat eine vortreffliche Voraussage. Der Reichsbankpräsident benützte ein Reise nach den Vereinigten Staaten im Mai zu einer Art Testlauf. Eigentlich ging es um die Vorbereitung der für Juni bevorstehenden Weltwirtschaftskonferenz in London. Schacht jedoch benützte einen Besuch bei Präsident Roosevelt zur Erklärung, «dass sich Deutschland voraussichtlich in aller Kürze gezwungen sehen würde, die Zinszahlungen auf die nach Deutschland gegebenen amerikanischen Anleihen einzustellen». Roosevelt soll nach Schachts Erinnerungen angeblich lachend ausgerufen haben: «Das geschieht den Wall Street Bankers ganz recht.» Diese Bankiers hatten die Wahl des neuen Präsidenten tatsächlich nicht favorisiert. Anderntags jedoch erhielt der Reichsbankpräsident von Aussenminister Cordell Hull die offizielle Mitteilung, der Präsident sei durch Schachts gestrige Mitteilung schockiert gewesen.[68]

Diese Eindrücke genügten für Schacht, um für Ende Mai eine internationale Gläubigerkonferenz nach Berlin einzuberufen. Jedermann wusste, dass die Moratoriums-Drohung in der Luft hing. Die Juristen beugten sich über die Frage, ob damit wohlerworbene Rechte verletzt würden. In Bern bezweifelte man, ob mit der Geltendmachung des Rechtsstandpunktes den Gläubigerinteressen – bei einer allfälligen Hinauszögerung des Streitfalls durch Deutschland – viel gedient wäre. Die Bundesräte Schulthess und Motta erklärten den schweizerischen Bankenvertretern, «dass der Bundesrat es einstweilen gerne den Banken überlasse, den Versuch einer Lösung der bestehenden Schwierigkeiten zu unternehmen». Falls Deutschland vertragswidrige Massnahmen ergreife, wäre die Frage zu prüfen, «welcher Gebrauch von der Waffe zu machen sein wird, die uns in dem starken deutschen Exportüberschuss nach unserm Land gegeben ist».[69] Eine gewisse Animosität zwischen den schweizerischen Akteuren hatte sich seit 1932 eher verstärkt. Schon im Sommer 1932 hatte Ernst Wetter im Vorort etwas vorwurfsvoll bemerkt, die Banken hätten bisher im Alleingang verhandelt, ohne Staat und Industrie zu begrüssen.[70] Im Mai 1933 stellte er deutlich in Frage, ob es richtig sei, dass die Banken «bei diesen Stillhalteverhandlungen respektive dieser kommenden Schuldenkonferenz ohne irgendwelche Verbindung mit dem Staat vorgehen und Vereinbarungen treffen». Wetter sah sehr scharf die veränderten Machtbedingungen, die es den Banken nicht mehr so leicht erlauben würden, ihre Geschäfte allein zu ordnen.[71] Dazu ist freilich zu bemerken, dass die

Bankenvertreter in dieser Situation ohne Verhandlungsvollmachten nach Berlin reisten.

Hjalmar Schachts Absichten lagen wohl primär – obschon er dies in seinen Erinnerungen nicht zu erkennen gibt – in der Verstärkung seiner eigenen Position innerhalb des Regimes. Ob er schon an der Ausbootung des ungeliebten Wirtschaftsministers Hugenberg mitarbeitete, bleibe dahingestellt. Jedenfalls brauchte Schacht einen greifbaren Erfolg, um seine Stellung in den Augen der Nazi-Spitze zu konsolidieren. Der Finanzminister, Graf Schwerin von Krosigk, einst Ministerialdirektor unter Brüning, konnte ihm dabei nicht gefährlich werden. Aber Schacht wusste, dass der einflussreiche «kleine Doktor», Propagandaminister Goebbels, «instinktiv» sein Gegner war.[72] Im Frühjahr 1933 zeigte sich dies noch nicht offen. In derselben Sitzung, in welcher das Kabinett Anfang April Gesetze der Gleichschaltung und Arierparagraphen verabschiedete, informierte Schacht, die Devisenlage habe sich «wider Erwarten sehr günstig entwickelt». Goebbels hielt befriedigt im Tagebuch fest: «Das zielbewusste Wirken Dr. Schachts ist heute schon ganz unverkennbar.»[73] Später wird sich der Propagandaminister weniger schmeichelhaft ausdrücken.

Den angereisten internationalen Bankenvertretern präsentierte Schacht ein sehr düster gefärbtes Bild der Devisenlage für die nächsten zwölf Monate. Die Reichsbank sei durch den übermässigen Devisentransfer ausser Gefecht gesetzt. Er behauptete, es bestünde die Gefahr, dass die Reichsbankreserven auf Null zusammenschrumpften.[74] Die Schweizer Gläubigervertreter, angeführt von Jöhr und Jaberg, zeigten sich keineswegs beeindruckt. Die deutschen Statistiken der Auslandverschuldung waren seit Herbst 1931 auf zunehmende schweizerische Skepsis gestossen, die sich nun erneut verstärkte, weil Schacht im Vorfeld der Konferenz teilweise veraltete Zahlen via deutsche Presse präsentieren liess. In einer ganzen Reihe von Details schienen den Schweizern die deutschen Zahlen aufgebläht oder nicht mehr zeitgemäss. Besonderes Ärgernis erweckte der Umstand, dass Deutschland nicht dazu stand, umfangreiche Rückkäufe deutscher Auslandbonds getätigt zu haben.[75] Ein Zürcher Privatbankier empfand es im Juni als «unerhörte Herausforderung», dass Deutschland mit den angeblich so knappen Devisen fortfuhr, Obligationen zu Tiefkursen zurückzukaufen.[76] Selbstverständlich war bei den Kennern der Materie seit Mai der Verdacht entstanden, dass Schacht die frühzeitige Moratoriumsdrohung bewusst lanciert hatte, um die Kurse in die Tiefe sausen zu lassen. Solche Manöver waren ihm aus seiner seinerzeitigen Tätigkeit bei der Danat-Bank gewiss gut bekannt. Jedenfalls setzte man auf schweizerischer Seite die deutschen Deviseneffordernisse für Zinsen und Amortisationen bedeutend tiefer an als die offiziellen deutschen Zahlen.[77]

Schacht machte bewusst keine Vorschläge Ende Mai in Berlin. Er liess die Moratoriumsdrohung verhandlungstaktisch geschickt im Raum stehen. Gleichzeitig berief er auf Juni eine Konferenz mit den Stillhaltegläubigern ein. Seine Taktik ging zweifellos darauf aus, die verschiedenen Gläubigerkategorien getrennt zu behandeln und sich letztlich auf dem Rücken der weniger gut organisierten Anleihegläubiger zu erholen. Adolf Jöhr und Paul Jaberg begriffen sehr wohl, dass es sich in Berlin um eine «Inszenierung» handelte, die neben rein finanziellen auch wirtschaftspolitische Zwecke im Hinblick auf die bevorstehende Londoner Wirtschaftskonferenz verfolgte und die Bankiers als Resonanzboden benutzte.[78] Am 8. Juni beschloss das deutsche Kabinett formell das Transfer-Moratorium mit Wirkung ab 1. Juli. Effektiv handelte es sich nur um ein Teilmoratorium, denn die Stillhaltegläubiger sollten ausgenommen werden. Diese Ungleichbehandlung wirkte auf schweizerischer Seite vielenorts stossend. Die Anleihegläubiger sahen ihre Interessen von den Grossbankiers zu wenig gewahrt. Interessenkonflikte lagen auf der Hand.[79] Die schweizerischen Börsen protestierten in einer gemeinsamen Erklärung ungewöhnlich scharf gegen das deutsche Vorgehen. Es gehe nicht an, «ein allgemeines Schema der Schweiz aufzwingen zu wollen». Der Handelsverkehr sei für die Deckung der Tilgungs- und Zinszahlungen heranzuziehen, «wenn nötig auf dem Wege eines Clearings».[80] Für die Londoner Verhandlungen wurde deshalb eine sehr umfangreiche schweizerische Delegation zusammengestellt. Walter Stucki, der vom Bundesrat mit dem Ministertitel ausgezeichnet wurde, stand als koordinierende Figur im Zentrum. Vertreten waren ferner die Nationalbank mit Sarasin und Bachmann, natürlich war auch Wetter anwesend, von den Grossbanken Jöhr für das Komitee Deutschland und Jaberg für die Stillhaltegläubiger, und als Konzession an die Gläubiger langfristiger Forderungen waren auch die Versicherungen und Privatbanken mit Delegierten vertreten. Bundespräsident Schulthess wäre bereit gewesen, höchstselbst als Chef der Delegation zu wirken, doch schien dies aus protokollarischen Gründen und entsprechend helvetischer Vorsicht bei Auslandreisen eines Regierungsmitglieds nicht opportun. Schulthess hatte Stucki indes klar instruiert, im Auftrag des Bundesrates vor allem die finanziellen Interessen des Landes an dieser Konferenz zu vertreten.[81] Die Schweiz wollte in London deutlich Geschlossenheit markieren, ein beträchtlicher Fortschritt verglichen mit dem Vorgehen im Sommer und Herbst 1931.

Es war nicht ganz einfach für die Spitzen der schweizerischen Delegation, sich im Rahmen dieser ungewöhnlich grossen und komplexen Konferenz bei den Deutschen bilateral Gehör zu verschaffen. Ein erstes Gespräch von Stucki und Bachmann mit Schacht und Hugenberg im Juni diente der Positionsmarkierung. Ministerialdirektor Ritter erkannte bereits da die Gefahr einseitiger schweizerischer Clearingmassnahmen, was Länder in ähnlicher Lage wie die Niederlande und Schweden zum Nachziehen veranlassen würde. Auch Schacht sah die Gefahr eines «Zahlungskrieges», den es zu vermeiden galt.[82] Am 28. Juni kam es in London zur grundlegenden Auseinandersetzung im bilateralen Gespräch Stucki–Schacht, in Anwesenheit von Jöhr auf schweizerischer sowie Ritter und Staatssekretär Bang auf deutscher Seite. Stucki forderte gleich zu Beginn, dass die Schweiz auf vollständigen Transfer im Kapitalverkehr Anspruch erheben müsse. Die Zustimmung der schweizerischen Bankiers zu «irgendwelchen Arrangements» sei für die schweizerische Regierung «nicht massgebend». Sie behalte sich freie Hand vor «und werde durch einseitige Massnahmen zur Selbsthilfe greifen», wenn diesem Anspruch nicht Genüge getan werde. Stucki deutete an, dass für die Schweiz eine Sonderregelung, er sprach von einem «Aufbau» auf einen Teiltransfer, gefunden werden müsse. Schacht führte die Unterredung nach Ritters Aufzeichnung so, dass er die Möglichkeit weiterer Verhandlungen nicht abbrechen wollte, um der Schweiz zum 1. Juli nicht einen äusseren Anlass zu einseitigen Massnahmen zu geben. Gleichzeitig betonte der Reichsbankpräsident, er könne nichts tun, «was die Schweiz offen vor andern Ländern bevorzuge». Vor Konferenzabschluss könne Deutschland nicht einseitig solche Entschlüsse fassen. Auf deutscher Seite wurde nach Abschluss des Gesprächs die zukünftige Taktik festgelegt: «Dilatorisches Hinziehen, wenn möglich mit gewissen sachlichen und ungefährlichen Konzessionen», um in die neue Phase ab 1. Juli hineinzukommen, «ohne dass der Schweiz Gelegenheit zu einseitigen Massnahmen gegeben wird.»[83] Jöhrs Bericht über diese Besprechung beleuchtet einige Punkte mit interessanten Ergänzungen: so schob Schacht vor allem die Amerikaner vor, um seine Bedenken gegen die «differentielle Behandlung der Schweiz» deutlich zu machen. Jöhr hatte allerdings sehr geschickt vor der Londoner Besprechung eine Unterredung mit Schacht in Berlin arrangiert. Bei dieser Gelegenheit scheint der Reichsbankpräsident eine geheime Spezialregelung mit der Schweiz für grundsätzlich durchaus möglich gehalten zu haben. Bundespräsident Schulthess hielt allerdings die Geheimhaltung einer solchen Regelung für «ganz unmöglich». Er war mit Stucki am 29. Juni der Meinung, dass man für die Schweiz doch etwas mehr erreichen müsse.[84]

Die Revision des Stillhalteabkommens war inzwischen über die Bühne gegangen. Die Stillhaltegläubiger mussten sich wohl oder übel zu einem weiteren Zinsschnitt von $1/2\%$ und zum Verzicht auf Kapitalabzahlungen bereit erklären. Die schweizerische Delegation enthielt sich allerdings der Stimme mit der Begründung, dass sie einer Neuordnung nur hätte zustimmen können, falls auch alle übrigen schweizerischen Gläubiger- und Anlageinteressen in einer fairen und befriedigenden Weise neu geregelt würden.[85] Erst am 30. Juni liess Schacht die Öffentlichkeit wissen, wie sich die deutsche Regierung den Schuldendienst auf den langfristigen Auslandschulden im zweiten Semester 1933 effektiv vorstellte: auf Zins- und Dividendenzahlungen wollte Schacht nur eine Quote von 50% mit einem Höchstzinssatz von 4% transferieren (mit Ausnahme der Dawes- und Young-Anleihen). Tilgungsbeträge sollten mit Ausnahme der Dawes-Anleihe überhaupt nicht mehr transferiert werden. Die Schuldner zahlten die fälligen Reichsmarkbeträge vollständig an die deutsche Konversionskasse, welche den Gläubigern für die nicht transferierten Beträge handelsfähige Schuldscheine, sogenannte Scrips, ausstellen sollte. Schacht behauptete, Deutschland gehe damit bis an die äusserste Grenze des Möglichen und könne das eigentliche Ziel, die Währungsreserven anzureichern, nur in bescheidenem Umfang und sehr langsam erfüllen.[86]

Das Komitee Deutschland der Bankiervereinigung, gesteuert von Adolf Jöhr, liess die Öffentlichkeit wissen, dass Bemühungen im Gange seien, «die Verwertung dieser Scrips derart zu organisieren, dass ein namhafter zusätzlicher Transfer ermöglicht wird».[87] Jöhr wollte die aufgebrachten Gläubiger offensichtlich beschwichtigen. Die Neue Zürcher Zeitung wies «Berlin» in einem Kommentar darauf hin, «dass nicht unberechtigte Gier nach einer Extrawurst es ist, was die Gemüter in unserem Lande so sehr erregt, sondern ganz einfach der legitime Anspruch auf eine Behandlung, die der Schweiz als bedeutendem Kunden gebührt». Es gehe niemandem in der Schweiz in den Kopf, «dass wir in Zukunft für die Bezahlung unseres Importüberschusses einige hundert Millionen Franken nach Deutschland schicken sollen, damit daraus, zum Teil auf Kosten unseres eigenen Landes alle Gläubiger in gleicher Weise befriedigt werden sollen, ganz ohne Rücksicht darauf, ob ihr Handel mit Deutschland passiv oder aktiv sei». Auch ein scharf ablehnender Kommentar der Londoner «Times» zu Schachts Vorgehen wurde abgedruckt.[88] Der Chef der Bank of Manhattan schrieb an Paul Jaberg: «I feel that Schacht has taken very drastic steps and has really gone further than was necessary…».[89] Vor der Presse ging der Reichsbankpräsident indessen recht geschickt auf die unterschiedlichen Interessenlagen ein, indem er auf das «Valuta-Dumping» der USA und Grossbritanniens hinwies, während er für den Standpunkt der Goldwährungsländer Holland und Schweiz Verständnis aufbrachte.[90] Damit sandte er versöhnliche Zeichen aus, die jedoch zahlreiche aufgebrachte Gläubiger und den Bundesrat nicht sonderlich beeindruckten. Die Karikaturen im «Nebelspalter» reflektieren die weit verbreitete Stimmung auch unter den Kleinanlegern. Die politische Dimension ist nicht zu verkennen. Schulthess bekam das gewiss in manchen Gesprächen zu spüren. Eine Geste des Widerstandes gegen die deutsche Willkür drängte sich auf. Jedenfalls beschloss der Bundesrat am 4. Juli, dem Ersuchen schweizerischer Gläubigervertreter stattzugeben

Abb. 22: Edmund Schulthess, seit 1912 Wirtschaftsminister der Schweiz, wird für das Jahr 1933 zum vierten Mal zum Bundespräsidenten gewählt. In den Beziehungen der Schweiz zu Deutschland spielt er bis Anfang 1935 eine zentrale Rolle. Nach seinem Rücktritt übernimmt er gerne noch einige heikle Missionen ins Ausland.

Drei einflussreiche Schweizer Parlamentarier der Zwischenkriegszeit:

Abb. 23: Heinrich Walther, Fraktionschef der katholisch-konservativen Partei, der legendäre «Königsmacher» bei verschiedenen Bundesratswahlen, Nationalrat von 1908 bis 1943 (Präsident des Rates 1929).

Abb. 24: Roman Abt, Gutsbesitzer und Anwalt aus dem Aargau, eigenwilliger Vertreter der Bauernpartei (BGB), Nationalrat von 1919 bis 1942 (Präsident des Rates 1932).

Abb. 25: Robert Grimm, wortgewaltiger Volkstribun der sozialdemokratischen Partei, Nationalrat von 1911 bis 1955.

Hjalmar Schacht wird in wirtschaftlichen Belangen rasch zu einer Schlüsselfigur unter Hitler: Chef der Reichsbank von 1933 bis Anfang 1939, Reichswirtschaftsminister von 1934 bis 1937. Ein sprunghafter, ehrgeiziger und streckenweise gefährlicher Verhandlungspartner für die Schweiz.

Abb. 26: Schacht pflegt sein Image im Inland. Hier als Sammler für die Winterhilfe vor der Berliner Börse (1934).

Abb. 27: Auch an den Auslandbeziehungen liegt ihm sehr, solange dies zur Beruhigung der Gläubiger und zur Linderung der deutschen Devisennot beiträgt. Hier im Jahre 1935 an einer Verwaltungsratssitzung der BIZ in Basel (zusammen mit dem Privatbankier Kurt Freiherr von Schröder, im Hintergrund links der amerikanische BIZ-Präsident Leon Fraser).

Abb. 28: Ernst Freiherr von Weizsäcker (links) wird im Sommer 1933 Gesandter des Deutschen Reiches in Bern. Was sich zunächst als leichtes Amt im Hinterhof des Weltgeschehens ausnahm, entwickelte sich bis zum Ende seiner Gesandtschaft 1936 als Parcours mit einigen tückischen Hindernissen.

Abb. 29: Paul Dinichert (links) wirkte von 1932 bis 1938 als Gesandter der Schweiz in Berlin. Ein scharfer Beobachter, der allerdings auf dem glatten Parkett nicht den gewünschten Erfolg erzielte. In Wirtschaftsfragen spielte er keine wesentliche Rolle. Die Fotografie zeigt ihn 1936 im Gespräch mit dem deutschen Aussenminister Konstantin von Neurath bei einem Empfang.

Abb. 30: «Bö» zeigt im «Nebelspalter», wie man in breiten Schichten der Schweiz im Sommer 1933 das Moratorium der deutschen Auslandschulden interpretiert.

Abb. 31: Die Währungsturbulenzen verschärfen sich. Der alte Goldstandard verliert stufenweise seinen Nimbus. Die USA werten im Januar 1934 ab. Selbst der «goldgedeckte» Schweizerfranken gerät im Anschluss daran während einiger Wochen (und dann erneut im Jahre 1935) unter Druck. Die «Zürcher Illustrierte» porträtierte im Januar 1934 Montagu Norman, den Governor der Bank of England, als grossen Dirigenten hinter den Kulissen.

Abb. 32: Im Rahmen der BIZ treffen sich nach wie vor die Spitzenvertreter der Nationalbanken. Diese Fotografie zeigt das Board-Meeting vom Mai 1935 in Basel. Vorne links am Tisch SNB-Chef Gottlieb Bachmann, vorne rechts Montagu Norman, ganz hinten rechts am Tisch die deutsche Delegation um Schacht.

Abb. 33: Die langfristige schweizerisch-deutsche Interessenverflechtung zeigt sich nirgends deutlicher als beim Bau und Betrieb der Rheinkraftwerke. Hier die bei Escher Wyss in Zürich hergestellte Turbine für das Werk Albbruck-Dogern.

Abb. 34: Deutsche Firmen wollen den Schweizern auch 1934/1935 weiterhin Kohle und Aspirin liefern.

Zunehmender Vertrauensschwund bedroht 1935 verschiedene Banken in der Schweiz. Die Bewertungsunsicherheiten in Bezug auf die noch ausstehenden Kredite an deutsche Schuldner beunruhigen viele Anleger und Aktionäre. Einige schmerzhafte Sanierungen sind unumgänglich. Stützungsaktionen bleiben allerdings umstritten. Die Meinungen im vielschichtigen Umfeld von Banken und Politik sind nur schwer zu koordinieren.

Abb. 35: Ein angesehener Privatbankier im Hintergrund: Alfred Sarasin, Präsident des Bankrates der Schweizerischen Nationalbank von 1927 bis 1935.

Abb. 37: Hermann Obrecht (rechts) wird 1935 Nachfolger von Edmund Schulthess (links) als Schweizer Wirtschaftsminister. Schulthess übernimmt sogleich die Leitung der neu gebildeten Eidgenössischen Bankenkommission (Aufsichtsorgan).

Abb. 36: Privatbankier Robert La Roche, der diplomatische Präsident der Schweizerischen Bankiervereinigung von 1927 bis 1946.

Abb. 38: Ruggero Dollfus, ein vielseitiger Interessenvertreter: Bankier, Nationalrat (Präsident im Jahre 1933), Generalstabsoffizier und nebenbei Präsident der Eidgenössischen Darlehenskasse (die ein schwerfälliges Hilfsinstrument bleibt).

Abb. 39: Im Jahre 1935 befindet sich die Schweiz als Folge der anhaltenden wirtschaftlichen Krise in verschiedenen Bereichen in einem Stimmungstief. Die Fotografie zeigt eine Arbeitslosen-Demonstration in Zürich.

Abb. 40: Der Kampf um die Kriseninitiative führt 1935 zu heftigen innenpolitischen Kontroversen. Das sozialdemokratische «Volksrecht» polemisiert während der Abstimmungskampagne gegen die «Hochfinanz», welche nach seiner Ansicht «Milliarden von Franken, die durch das arbeitende Volk erschafft wurden», verspekuliert habe, darunter die in Deutschland «eingefrorenen» drei Milliarden.

und in Berlin gegen das Teilmoratorium Rechtsverwahrung einzulegen. In der Verbalnote heisst es dann: «Die schweizerische Regierung möchte vermeiden, dass durch ein Stillschweigen von ihrer Seite angenommen werden könnte, dass sie oder die schweizerischen Gläubiger die einseitig vorgenommene Regelung anerkennen würden.»[91] Über den praktischen Wert dieser Erklärung machte man sich in verschiedenen Kreisen offenbar keine Illusionen.[92]

Hinter den Kulissen gab es auf schweizerischer Seite beträchtliche Verstimmung unter den verschiedenen Interessenvertretern. Dem Komitee Deutschland der Bankiervereinigung mangelte es kurz gesagt in vielen Augen an Legitimität. Dieses Komitee war nur eines von mehreren «Schutzkomitees», welche 1919 innerhalb der Bankiervereinigung zur Verteidigung der nach dem Ersten Weltkrieg gefährdeten Gläubigerinteressen ins Leben gerufen worden waren. Die Spitzenbankiers sorgten im kleinen Kreis für die aus ihrer Sicht angemessene Zusammensetzung. Das bedeutete keineswegs, dass sich andere Interessenten im Sommer 1933 durch Generaldirektoren von Grossbanken optimal vertreten fühlten. Kurz gesagt: Adolf Jöhr stand unter beträchtlichem Erfolgsdruck, um mit der Reichsbank zu einem die schweizerischen Interessen befriedigenden Spezialarrangement zu gelangen. Konkret ging es vor allem darum, die Scrips so zu verwerten, dass den Schweizer Gläubigern möglichst wenig Verlust im Devisentransfer entstand. Kompliziert wurde die Sachlage dadurch, dass die Scrips von Deutschland als faktisch abgewertete Reichsmark für die Exportförderung eingesetzt werden sollten, was wiederum einem Grossteil der schweizerischen Exportwirtschaft missfallen musste. Die Landesregierung verhielt sich im Juli zunächst vorsichtig abwartend. Bundespräsident Schulthess erklärte Jöhr, «der Bundesrat begrüsse es, wenn er nicht intervenieren müsse».[93]

Als sich im Verlauf der Hochsommermonate indes herausstellte, dass greifbare Resultate – entsprechend der dilatorischen Taktik in Berlin – nicht rasch zu erreichen waren, verstärkte sich die Unruhe in der Schweiz. «Die Presse aller Schattierungen verlangt immer deutlicher ein energisches Vorgehen des Bundesrates», schrieb Stucki Anfang September an Dinichert in Berlin.[94] Weitere Elemente waren hinzugekommen. Da gab es deutsche Schikanen im Reiseverkehr, welche die schweizerischen Hoteliers empörten.[95] Und es gab Probleme, die sich aus dem neu erlassenen Reichsgesetz vom 12. Juni «gegen den Verrat der deutschen Volkswirtschaft» ergaben, welches eine Anzeigepflicht für Auslandvermögen enthielt (mit Bestrafung mit Zuchthaus bis zu 15 Jahren bei Zuwiderhandlung). Ziel war letztlich, Kontrolle, Rückfluss und Devisenverwertung der privaten Auslandanlagen zu erreichen. Das Gesetz steht somit in direkter Nachfolge der Notverordnungen von 1931. Nur waren diesmal die Folgen bei Verheimlichung bedeutend gefährlicher. In der Schweiz wurde das

Gesetz Ende August in kleinem Kreis in Bern besprochen. Grund dazu gaben einsetzende Rückzüge deutscher Guthaben bei verschiedenen Banken. Der Bankrat der Thurgauer Kantonalbank war besonders erbost und forderte ein «rigoroses Vorgehen», praktisch die Sperrung deutscher Guthaben, um «Kompensationsobjekte» in der Hand zu haben.[96] Die Aargauische Hypothekenbank wartete nicht lange auf Anweisungen, sie gewährte die deutschen Rückzüge nur mit zeitlicher Verzögerung, was selbst in Berlin bei der Reichsbank Beachtung fand.[97] Zweifellos erfolgte auch bei den Grossbanken ein Abfluss deutscher Gelder. Der Verwaltungsrat der Bankgesellschaft wurde schon Mitte September über «Depotabhebungen von deutschen Kunden» informiert. Und der Bankverein wies einige Monate später darauf hin, «dass seit Erlass des deutschen Volksverratsgesetzes Hunderte von Konti Deutscher bei uns abgehoben und direkt an die Kunden oder dann an die Reichsbank überwiesen wurden».[98] Es ist bemerkenswert, dass die Statistiker der Reichsbank im November 1934 davon ausgingen, dass bereits nach den Devisenbewirtschaftungsmassnahmen von 1931 ein «erheblicher Rückgang» der deutschen Auslandvermögen zu verzeichnen war; an Wertpapieren sei der Bestand «wohl kaum grösser als 1 Milliarde Reichsmark».[99] Wie viel davon schätzungsweise noch auf die Depots in der Schweiz entfiel, ist nicht bekannt. Gewiss ist jedoch, dass dieser Rückfluss nach Deutschland zielbewusst durch allerlei direkte oder indirekte Nachforschungen deutscher Amtsstellen gefördert wurde. Davon wird im folgenden Kapitel detaillierter die Rede sein. Halten wir hier nur fest, dass die deutschen Guthaben bei den schweizerischen Banken (ohne Wertschriftendepots) bis Ende 1935 auf 92 Millionen Franken zurückgingen.[100]

Zwei «Waffen» standen der Schweiz theoretisch zur Verfügung: Zum einen die von Stucki gegenüber Schacht bereits angedeutete einseitige Einführung eines Zwangsclearings, zum andern das noch bedeutend heiklere Unterfangen der Blockierung oder Beschlagnahmung deutscher Guthaben in der Schweiz. Beide Massnahmen wurden vom Bundesrat bereits in der Sitzung vom 19. Juni 1933 erörtert. Die «Sequestration» deutscher Guthaben sei, so wurde festgehalten, von den Banken stets abgelehnt worden. Diese Waffe schien im Übrigen bereits etwas stumpf, weil die deutschen Guthaben massiv reduziert worden seien und nur noch auf drei- bis vierhundert Millionen Franken geschätzt würden.[101] Das Direktorium der Nationalbank kam im August zur Ansicht, von Massnahmen gegen den Abfluss deutscher Guthaben sei abzusehen «im Gesamtinteresse des einheimischen Bankwesens» sowie «insbesondere auch im Interesse unserer Valuta». Schulthess und Stucki vertraten hingegen die Meinung, die Nationalbank solle Vorbereitungen treffen, die dann «in kleinstem Kreise zu diskutieren» seien.[102] Vermutlich dachte Stucki an Massnahmen, die sich flexibel und stufenweise als Drohgebärden verwenden liessen. Denn bei nüchterner Abwägung der Interessen war klar, dass eine völlige Blockierung der deutschen Guthaben zu diesem Zeitpunkt der Schweiz mit Sicherheit mehr Nach- als Vorteile gebracht hätte.

Im September schaltete sich Walter Stucki erneut mit voller Energie in das Verhandlungskarussell ein. Aus langer Erfahrung wusste er, dass sich Aussenminister Giuseppe Motta nicht vordrängen oder gar exponieren würde. Mottas Weisheit resümierte sich in diesen Wochen im Satz: «Nous devons vivre en bons termes avec tous nos voisins.» Der neue deutsche Gesandte Ernst von Weizsäcker schien ihm ein «esprit pondéré, agréable et amicale», mit welchem er beste Beziehungen pflegte.[103] Kurz zuvor hatte Motta in Genf am Rande der Völkerbundsversammlung erstmals ein Gespräch mit einem Spitzenexponenten des Nazi-Regimes geführt. Joseph Goebbels notierte in sein Tagebuch: «Schweizer Bundesrat Motta. Hat Sorgen wegen Grenzzwischenfällen, Preiswucher und n.s. Expansionsgelüsten. Ich rede sie ihm aus. Er ist ganz zufrieden. Der politisierende Spiesser. Aber so ist ja die ganze Schweiz.»[104] Ob Goebbels über die Wirtschaftsverhandlungen genauer unterrichtet war, bleibt ungewiss. Seine am Rande notierten Eindrücke reflektieren wohl recht zutreffend die allgemeine Stimmung gegenüber der Schweiz innerhalb der Nazi-Spitze. Bemerkenswert war andererseits eine Schlussfolgerung des Gesandten Dinichert, als er seine Eindrücke über den Parteitag in Nürnberg zusammenfasste: «... dass auch wir uns gegenüber dieser Regierung nicht zu genieren brauchen. Ihre ganze Art ist so bestimmt, absolut, rücksichtslos und jede Erörterung ausschliessend, dass wir ihr einen Dienst leisten, wenn wir sie, wenigstens im internationalen Verkehr, zur sachlichen, aber harten Diskussion zwingen.»[105] Das entsprach durchaus der Absicht von Walter Stucki. Die Meinungen über allfällige «Zwangsmassnahmen» blieben im Bundesrat geteilt. Die Landesregierung wollte, in den Worten Stuckis, «nochmals, ein letztes Mal, den Versuch machen, die verschiedenen wichtigen Probleme auf dem Verhandlungswege zu regeln».[106] Tatsächlich gelang es Stucki bis Anfang Oktober in ausserordentlich schwierigen Verhandlungen, die drei Themenkreise Transferfragen, deutscher Reiseverkehr in die Schweiz sowie Warenverkehr zu einem höchst komplexen Gesamtpaket zu schnüren, welches bis Ende 1933 ein einigermassen befriedigendes Provisorium ermöglichen sollte. Das Kernstück bestand in der Aussicht, dass den schweizerischen Gläubigern 100% der Couponsbeträge über ein Bankenkonsortium ausgezahlt werden konnten. Die Schweiz machte Konzessionen bei den Importen – so wurde es mindestens zu Papier gebracht. Dies war für die deutsche Seite entscheidend, um dem zu erwartenden Vorwurf der Diskriminierung anderer Staaten entgegnen zu können.[107] Adolf Jöhr hatte guten Grund, sich im Namen des Komitees Deutschland bei Bundespräsident

Schulthess zu bedanken.[108] Stucki wusste indes, dass nur ein kleiner Etappenerfolg errungen worden war. Schon im November steckten die Fortsetzungsverhandlungen in Bern über den Warenverkehr in einer neuen Krise. Der Chef der Handelsabteilung betrachtete die deutschen Zugeständnisse in der Anfangsphase als völlig unbefriedigend. Das mühsame Ringen zeigt Stucki einmal mehr als entschlossenen und umsichtigen Verhandlungspartner.[109] Erst Ende Dezember 1933 kam es zum Abschluss der «vierten Zusatzvereinbarung», welche die drei zentralen Themenkreise mit unterschiedlicher zeitlicher Wirkung für 1934 zu regeln versuchte. Nicht besonders überraschen konnte, dass die deutschen Sonderabkommen mit der Schweiz und Holland im gleichen Monat zur Intervention von Grossbritannien und den Vereinigten Staaten führten (siehe Kapitel 4.4.).

Wenn sich die schweizerischen Besitzer deutscher Obligationen oder Goldhypotheken im Herbst 1933 vorübergehend etwas beruhigen durften, so war die Lage für die Grossbanken keineswegs vorteilhafter geworden. Das Misstrauen des Publikums war nicht zu bannen. Die Aktienkurse blieben unter Druck, die Kundengelder zeigten vor allem bei den in Deutschland engagierten Banken rückläufige Tendenz. Es fehlte nach wie vor an Transparenz betreffend Bewertung der deutschen Aktiven. Hinter den beabsichtigten Kapitalreduktionen der Bankgesellschaft, der Basler Handelsbank und der Eidgenössischen Bank witterte der sozialdemokratische Nationalrat Reinhard im Dezember 1933 düstere Bankenmanöver.[110] Die Diskussion um die Kontrolle der Banken hatte inzwischen ein fortgeschrittenes Stadium erreicht. Die alte liberale Ordnung des 19. Jahrhunderts wurde von verschiedensten Seiten in ihren konkreten Ausformungen in Frage gestellt.

4.3. Liberalismus in der Defensive: Bankspionage, Bankgeheimnis und «Spitzelgesetz»

Der Polizeihauptwachtmeister Kapfelsperger aus Lindau am Bodensee kam im Sommer 1933 zu einem höchst zweifelhaften «Erfolg». Ihm gelang es, unter falschen Angaben bei der Filiale Rorschach der St. Galler Kantonalbank ein Guthaben abzuheben, «das einem im Konzentrationslager Dachau befindlichen deutschen Schutzhäftling gehörte», wie sich eine schweizerische Protestnote ausdrückte.[111] Dies war nicht der erste Fall, bei dem das Deutsche Reich die schweizerische Gebietshoheit verletzte. Immerhin handelte es sich nun aus schweizerischer Sicht um einen eindeutigen und symptomatischen Fall staatlich-kriminellen Vorgehens von Seite des Nazi-Regimes. Einen traurigen Höhepunkt werden im Ziel vergleichbare (aber im Detail unterschiedlich ablaufende) Fälle 1938 nach dem «Anschluss» Österreichs erreichen.

Zwischen der in mancher Hinsicht traditionellen deutschen Steuerfahndung und dem Vorgehen unter der Herrschaft des Nationalsozialismus gilt es zu differenzieren. Bereits 1920 wurde beim Reichsfinanzministerium ein Nachrichtendienst eingerichtet, der sich unter anderem mit der Kapitalflucht beschäftigte. Bei den Landesfinanzämtern gab es entsprechende diskrete «Nachrichtenstellen». Zur Verschleierung gebrauchte man für diese Aktivitäten den Begriff «steuerlicher Aussendienst».[112] Eifer und Erfolg erwiesen sich in den frühen und mittleren Jahren der Weimarer Republik als unterschiedlich, Ermittlungen im Ausland jedenfalls waren heikel. Keiner wusste das besser als Deutschlands Generalkonsul in Zürich von 1920 bis 1926, der ehemalige Finanzminister des Grossherzogtums Baden, Dr. Joseph Nikolaus Rheinboldt. Er stellte schon 1921 vorsichtig fest, «Nachforschungen» nach deutschen Vermögenswerten in der Schweiz würden immer zwischen zwei Extremen schwanken, den hohen Schätzungen der Siegermächte von Versailles und den Angaben der Schweizer Banken. Wo die Mitte liege, sei nicht zu eruieren – «solange die Schweiz das Bankgeheimnis so sorgfältig hütet».[113]

Darin lag in der Tat der Kern der Sache. Zu erinnern nur, dass es während der Zeit der Weimarer Republik noch kein schweizerisches Bankengesetz mit strafrechtlichem Schutz des Bankgeheimnisses gab. Das schweizerische Bankgeheimnis hat seinen Ursprung im Zivilrecht und dient damit dem Schutz der Privatsphäre des Kunden. Das usanzgemässe Element der Diskretion in der Geschäftsbeziehung geht in der Praxis bis zum Ursprung des Bankwesens zurück. Im liberalen schweizerischen Bundesstaat von 1848 war der Respekt vor der individuellen Privatsphäre eine Selbstverständlichkeit, die nicht alle Tage plakativ vorgeführt werden musste. Der Erste Weltkrieg brachte hier einen wesentlichen Einschnitt. Von zwei Seiten geriet die traditionelle Diskretion in Bedrängnis. Zum einen durch die undurchsichtigen Kriegsvorgänge (Stichwort internationale Spionage), zum andern aufgrund der politischen Fragen um die Kriegssteuererhebungen. Die Schweizerische Bankgesellschaft hielt es jedenfalls 1915 für notwendig, das Gebot der Verschwiegenheit für Bankangestellte ausdrücklich in ihrem Personalreglement zu fixieren. Im öffentlichen Bereich waren es zwei einflussreiche Anwälte und Nationalräte, der katholisch-konservative Alfons von Streng und der freisinnige G.-A. de Meuron, die sich im Dezember 1915 in einer Debatte um die ausserordentliche Kriegssteuer erfolgreich gegen die sozialdemokratischen Vorstösse zur Aufweichung des Bankgeheimnisses aussprachen.[114] Die Sozialdemokraten zeigten sich indes hartnäckig.

Noch 1922 versuchten sie in ihrer Initiative für eine einmalige Vermögensabgabe auch das Bankgeheimnis zu knacken. Die Initiative wurde jedoch in der Volksabstimmung mit einer vernichtenden Mehrheit abgelehnt. Die Bankiervereinigung begrüsste «lebhaft» ... «die Befreiung der produktiven Stände des Landes von dem Alpdruck der von ausländischen Theoretikern und gewissenlosen Umstürzlern angestrebten Teilkonfiskation».[115] So viel zum politischen Klima jener Jahre. Die intern-schweizerische Debatte um das Bankgeheimnis kam jedenfalls für einige Jahre zur Ruhe. Es liess sich für die Linke vorübergehend ganz einfach kein Profit mehr daraus schlagen. Umso interessanter wird die Haltung der sozialdemokratischen Partei im Vorfeld des Bankengesetzes von 1934 sein.

In Deutschland wurde das Bankgeheimnis, wie bereits erwähnt, mit Brünings Notverordnungen vom Sommer 1931 praktisch aufgehoben. Die Bekämpfung der Kapitalflucht bekam einen besonderen Stellenwert. Es ist in diesem Zusammenhang bemerkenswert, dass die Einführung der nachmals berüchtigten «Reichsfluchtsteuer» im Dezember 1931 zu den «Errungenschaften» des zweiten Kabinetts Brüning gehört. Der Finanzminister Brünings vom Juni 1930 bis zum Mai 1932 hiess Hermann Dietrich, einer der führenden Männer der Deutschen Demokratischen Partei. Er sass in allen Reichstagen der Weimarer Republik. Mit der Schweiz war Dietrich als ehemaliger Oberbürgermeister von Konstanz und Politiker im Grossherzogtum Baden zweifellos gut vertraut. Als Staatssekretär im Reichsfinanzministerium wirkte von 1929 bis Mai 1932 der bereits mehrfach genannte, über seinen engeren Aufgabenkreis hinaus einflussreiche Hans Schäffer. Er wird als «Nicht-Arier» 1933 in die Emigration nach Schweden gehen.

Sehen wir uns nun etwas genauer an, wie von deutscher Seite bezüglich Vermögen in der Schweiz vorgegangen wurde. Viele Elemente gehören zum Repertoire des Deutschen Reiches bis 1945. Manches ist Berlin nützlich nicht nur im finanztechnischen Resultat, sondern auch auf einer allgemein-politischen Ebene. Es lässt sich von deutscher Seite mehr oder weniger unauffällig abtasten, was sich die eidgenössischen «Spiesser» – um bei der Terminologie von Goebbels zu bleiben – gefallen lassen, wo sich die Grenzen von Langmut, Schwäche oder Widerstandwillen des Kleinstaates wirklich manifestieren. Ist die Rheingrenze durchlässig? Und falls ja: dann wo und wie und mit welchem Aufwand? Solche oder ähnliche Fragestellungen bleiben aktuell für «Täter und Opfer» ebenso wie für Leute des Widerstandes oder zwielichtige Schieber und Opportunisten bis zum April 1945 – und in einigen Fällen darüber hinaus.

Der schweizerische Handelsattaché Edouard Feer in Berlin erfüllte seine Frühwarnfunktionen in präziser Weise. Bereits im Oktober 1931 informierte er die Bankiervereinigung wie folgt: «Wie ich in den letzten Wochen hier wiederholt feststellen konnte, herrscht im Publikum, welches Geld bei schweizerischen Banken liegen hat, eine gewisse Ängstlichkeit darüber, dass auf illegitimem Weg Mitteilungen über Anlagen in der Schweiz an deutsche Finanzämter gelangen könnten. So geht das Gerücht um, dass von deutscher amtlicher Seite Prämien ausgesetzt worden sind, um die Eigentümer von in der Schweiz liegenden Fluchtkapitalien feststellen zu können.» Feer glaubte persönlich nicht, «dass von Amtes wegen in Deutschland derartige Machenschaften unternommen werden, es ist aber immerhin mit der Möglichkeit zu rechnen, dass übereifrige Finanzbeamte versuchen, mit schweizerischen Bankangestellten in Verbindung zu treten, um sich auf diesem Weg Material zu beschaffen, das ihnen in ihrer Karriere förderlich sein könnte. Es ist dies eine Befürchtung, die auch von seriösen deutschen Bankkreisen als möglich zugegeben wird.» Feer empfahl den schweizerischen Banken «besondere Vorsichtsmassnahmen».[116] Diese Warnung stiess bei einigen Zürcher Bankiers auf zustimmendes Kopfnicken. Sie hatten sich bereits gegenseitig informiert über den «Fall Pfau». Nach den Ermittlungen der Banken versuchte sich der Deutsche Arthur Pfau eindeutig in Bankspionage. Die Bankgesellschaft verlangte bereits Ende Juli 1931 bei der Fremdenpolizei die Ausweisung des Verdächtigen. Der Verein Zürcherischer Kreditinstitute zeigte sich alarmiert. «Dass Pfaus Treiben eine Gefährdung schweizerischer Interessen bedeutet, wird kaum bezweifelt werden können», hielt diese Gruppierung im Dezember1931 in einem Schreiben an die Fremdenpolizei fest.[117] Bei der Bankgesellschaft erkannte man bereits zu diesem Zeitpunkt klar den Kontakt zwischen «Steuerschnüfflern» und gewissen Landesfinanzämtern.[118]

Diese Vorgänge sollten sich 1932 in beunruhigender Weise verstärken. Erwähnen wir hier nur einige grössere «Fälle», die dem Thema sowohl in zwischenstaatlicher wie in innenpolitischer Hinsicht besondere Dynamik verleihen. Im Februar 1932 schrieb der Kaufmann Erwin Rusch aus Geisingen (Baden) an den Reichsminister der Finanzen, dass er in der Lage sei, unangemeldete deutsche Guthaben in der Schweiz festzustellen mit dem Ziele der Rückbringung dieser Vermögenswerte nach Deutschland. Das bürokratische Prozedere nahm seinen korrekten Verlauf über das Landesfinanzamt in Karlsruhe, dessen Vorgehen Rusch jedoch als «Verschleppung» interpretierte. Beleidigt schrieb er dem Minister zwei Monate später: «... habe aber in dieser Sache erwartet, dass man meiner Sache mehr Interesse entgegenbringt und ausserhalb des üblichen Verwaltungsweges bearbeitet.»[119] Der zuständige Oberregierungsrat und «Steueraussendienstreferent» in Karlsruhe war offensichtlich zurückhaltend. Das Landesfinanzamt vertrat in einem rechtfertigenden Schreiben nach Berlin die Ansicht, dass nach ihren Erfahrungen – «es ist dies ja nicht die erste derartige Anzeige» – grösste Vorsicht gegenüber solchen Informationen geboten sei. Rusch verlangte nämlich recht unbescheiden bereits einen

Vorschuss für seine Bemühungen, den man in Karlsruhe glatt ablehnte. «Was Rusch in der Sache selbst unternimmt, welche Wege er hierbei einschlägt, wie gross oder klein der Apparat ist, den er für die erstrebten Zwecke aufzieht, kann ich nicht mit meiner Verantwortung decken, sondern muss ich ihm vollkommen überlassen», liess der Präsident des Landesfinanzamtes den Reichsminister wissen.[120] Doch in diesem Fall hatte man Denunzianten und Spitzel etwas unterschätzt. Rusch übergab im April dem Finanzamt Singen ein Verzeichnis von 24 deutschen Staatsangehörigen, die bei der Sparkasse Au im Kanton St. Gallen ein Guthaben besassen. Bereits im Mai kamen vier Schnellgerichtsverfahren gegen Verdächtige im Bereich von Karlsruhe zum Abschluss. Gegen drei in Lindau wohnende Angeklagte wurden «empfindliche Freiheitsstrafen» und Geldstrafen verhängt.[121] Rusch spielte jedoch ein mehrfaches Doppelspiel. Er versuchte gleichzeitig die deutschen Einleger und den Direktor der Sparkasse Au zu erpressen, was Ende Mai zu seiner Verhaftung in Konstanz führte.[122] Diese Angelegenheit erweckte begreiflicherweise bei den Schweizer Banken beträchtliche Unruhe, umso mehr, als die «Zürcher Volkszeitung» in ihrer Ausgabe vom 14. Mai 1932 ziemlich ausführlich über den Fall zu berichten wusste. Ganz bestimmt eine peinliche Sache, denn zu Tage lag, dass sich ein Angestellter der Sparkasse zu einer Verletzung des Bankgeheimnisses «verführen» liess. Die Bankiervereinigung sah die Sachlage unter einem weiteren Blickwinkel. Sie setzte sich mit Bundesanwalt Stämpfli in Verbindung. «Herr Dr. Stämpfli betrachtet nun die Tätigkeit von deutschen Fiskalagenten in der Schweiz mit Recht als eine unerwünschte Erscheinung, die eventuell zu administrativen Massnahmen des Bundesrates Veranlassung geben dürfte», liess das Sekretariat der Bankiers ihre Ausschussmitglieder wissen. Stämpfli gehe davon aus, «dass die Schweiz es ablehnt, ausländischen Steuerbehörden Rechtshilfe zu leihen».[123]

Publizität in diesen heiklen Themenkreisen konnte weder den Banken noch der schweizerischen Regierung besonders gelegen kommen. Denn der auf liberalen und ausgeprägt föderativen Grundlagen beruhende Bundesstaat mit seinem meist langwierigen Gesetzgebungsprozedere war für die neuen Herausforderungen schlecht gerüstet. Es fehlte in mancher Hinsicht an griffigen Strafrechtsnormen. Am eidgenössischen Strafgesetz wurde seit Jahren in unzähligen Kommissionen «gearbeitet». Erst 1938 kam das schweizerische Strafgesetz zur Volksabstimmung und trat endlich auf Anfang 1942 in Kraft. Deshalb im Frühjahr 1932 Stämpflis Verweis auf allfällige «administrative Massnahmen», etwas anderes schien damals juristisch nicht möglich. Beim Bankgeheimnis wurde die Situation zusätzlich kompliziert durch einen Bundesgerichtsentscheid, der von der deutschen Presse rasch und in einer für die Schweizer Banken höchst gefährlichen Weise aufgegriffen wurde. Es ging vereinfacht gesagt um die

Auskunftspflicht im Arrestverfahren. Der Lorentz-Börsen-Dienst aus Berlin verbreitete am 12. März 1932 die Meldung: «Durch Urteil des höchsten Schweizer Gerichts ist die Basler Handelsbank verpflichtet worden, einer deutschen Privatperson Auskunft darüber zu erteilen, ob für eine bestimmte Rechnung ein Depot unterhalten werde oder nicht. Diese Entscheidung könnte wichtige Folgen haben, denn es wird eventuell die Frage akut, ob nicht die deutschen Finanzämter hinsichtlich der Kapitalflüchtigen auf sie zurückgreifen werden.» Die «Neue Freie Presse» titelte am 13. März: «Teilweise Aufhebung des Bankgeheimnisses in der Schweiz». Auch die angesehene «Frankfurter Zeitung» vom 17. März brachte den Titel «Bankgeheimnis in der Schweiz teilweise aufgehoben», schilderte dann jedoch ohne Polemik den Sachverhalt im umstrittenen Arrestverfahren. Die «Deutsche Bergwerkszeitung» vom 21. März schliesslich: «Das dürfte zur Folge haben, dass viele Auslandseinlagen aus der Schweiz abwandern.» Solche Befürchtungen waren bei manchen schweizerischen Bankiers durchaus vorhanden. Die entscheidende Tatsache war, dass Umfang und Schutz des Bankgeheimnisses, wie sich jetzt vermehrt zeigte, gesetzlich ungenügend festgelegt waren. «Es ist ein Gewohnheitsrecht, mit dem wir sorgfältig umgehen müssen», hielt Adolf Jöhr in einer diesbezüglichen Diskussion fest.[124]

Das Thema Bankspionage kam nicht zur Ruhe. Am 8. Juni 1932 veröffentlichte die «Zürcher Post», welche der demokratischen Partei nahe stand, die Meldung, zwei Herren aus Berlin hätten im Auftrag des Landesfinanzamtes vergeblich in Zürich versucht, «Angestellte einer hiesigen Bank zu Angaben über deutsche Bankguthaben zu veranlassen». Dieser Artikel erregte Aufsehen, zuerst beim Generalkonsulat in Zürich, dann auch in Berlin. Das Landesfinanzamt behauptete, es sei nie irgendeiner Person der Auftrag erteilt worden, in der Schweiz Nachforschungen anzustellen, die Zeitung solle konkrete Namen nennen.[125] Generalkonsul Windel in Zürich versuchte Genaueres herauszufinden, wollte jedoch nicht gegen die «Zürcher Post» vorgehen. Denn hier lagen die Dinge etwas komplizert. Redaktor Haas galt als «deutschfreundlich», der Verfasser des Artikels, so stellte sich heraus, war jedoch Direktor Ehrensperger von der Guyerzeller Bank, gleichzeitig Vizepräsident des Verwaltungsrates der «Zürcher Post», der damals als «germanokritisch» eingeschätzt wurde.[126] Am 4. Oktober schliesslich brachte die Zeitung eine Art Berichtigung unter dem Titel «Keine Steuer-Spione Deutschlands». Das hatte Generalkonsul Windel so mit Haas vereinbart, falls andere Zeitungen auf den Vorwurf zurückkommen sollten. In der Tat nahm die konservative St. Galler «Ostschweiz» am 22. September 1932 das Thema «Ausländische Bankspionage in der Schweiz» in scharfen Formulierungen auf. Hier ging es dem Verfasser hauptsächlich um eine fulminante Verteidigung des Bankgeheimnisses: «... denn die absolute Sicherung des schweizerischen

Bankgeheimnisses vor jedem illegalen Eingriff beruht auf einer alten, durch den Weltkrieg hindurch hochgehaltenen Tradition unseres soliden Bankgewerbes. Ihre weitere strikte Aufrechthaltung ist für unsere gesamte Volkswirtschaft von schicksalshafter Bedeutung.» Steuerspionage, so wurde hier klar formuliert, sei eine Verletzung schweizerischer Gebietshoheit.

Was lief nun wirklich weiter ab im düsteren Bereich der Spitzel, Opfer und Verräter? Mitte Juni 1932 übergab ein gewisser Albert Malär dem Landesfinanzamt in Karlsruhe 23 Listen über Vermögenswerte deutscher Reichsangehöriger bei der Zürcher Kantonalbank. Bis Ende 1934 ergaben sich daraus für den deutschen Fiskus 770 956 Reichsmark an Mehrsteuern sowie 1.1 Millionen RM an abgelieferten Devisen. Die Spitzel erhielten bis dahin 56 600 Reichsmark an «Belohnungen». Das Verfahren war damals allerdings noch nicht abgeschlossen.[127] Beim Landesfinanzamt Brandenburg war seit August 1931 ein gewisser Walter Hell als «Vertrauensmann für Schweizer Grundbesitz» tätig. Hell lieferte detaillierte Listen über deutschen Grundbesitz in der Schweiz. «Das Material wird erhebliche Bedeutung erlangen, falls der Anfangsstichtag für die Reichsfluchtsteuer zurückdatiert werden sollte», hielt der zuständige Regierungsrat fest.[128] Die Oberstleutnantswitwe Frau von K. teilte 1932 in einem Strafverfahren dem Finanzamt Dresden vermutlich unter Zwang mit, dass Vizedirektor H.A. von der Schweizerischen Kreditanstalt in Zürich das Vermögen von 16 deutschen «Kapitalflüchtlingen» verwalte. Von Dresden aus schlug man dem Reichsfinanzministerium vor, den kriminalistischen Leiter des Steueraussendienstes in Düsseldorf, der bereits über Beziehungen zu schweizerischen «Vertrauensleuten» verfügte, «zum Zwecke mündlicher Verhandlungen» in die Schweiz zu schicken. Das Ministerium wollte diese Erlaubnis im Juli 1932 nicht erteilen.[129] Gleichwohl erhält man insgesamt den Eindruck, dass sich bereits mit dem Ende der Ära Brüning eine «Enthemmung» bei gewissen Landesfinanzämtern einstellte. Im Finanzministerium sah dies noch anders aus. Der «Grundstückspion» Walter Hell beispielsweise, seit August 1932 in der Geheimkartei der Nazi-Partei geführt, wird sich 1933 bitterlich bei Fritz Reinhardt (Nazi-Staatssekretär im Finanzministerium nach der Machtübernahme) beklagen, dass seine Absichten von den alten Beamten, namentlich Staatssekretär Zarden als Nachfolger von Schäffer, «sabotiert» worden seien.[130] Zarden wird unter dem neuen Regime den Freitod wählen.

Beim deutschen Generalkonsulat in Zürich waren inzwischen Zweifel entstanden. In einem Entwurf an das Auswärtige Amt hielt Konsul Hellenthal im Oktober 1932 fest: «... es haben nämlich tatsächlich Steuerspionageversuche von seiten einiger Landesfinanzämter stattgefunden.» Beamte aus Nürnberg und Stuttgart wollten sich auf dem

Generalkonsulat beraten lassen, ob eine direkte Verhandlung mit Banken angebracht sei. Im definitiven, etwas abgeschwächten Schreiben von Hellenthal war immer noch von «Amtshandlungen» die Rede.[131] Solches Vorgehen der Landesfinanzämter missfiel dem Auswärtigen Amt. Das Reichsfinanzministerium wurde auf «das Bedenkliche des eingeschlagenen Verfahrens aufmerksam» gemacht, das die Schweiz zu «berechtigten Beschwerden veranlassen» könnte, «was einen höchst unerwünschten diplomatischen Schriftwechsel zur Folge haben würde».[132] Im Finanzministerium versuchte man zu bagatellisieren. Seitens des Landesfinanzamts Stuttgart habe nur ein Beamter der Zollfahndungsstelle in der Schweiz und in Liechtenstein «Ermittlungen in Devisensachen» angestellt, «wobei er nur mit Vertrauensleuten verkehrt hat». Aus Nürnberg machte immerhin Regierungsrat Lohmüller als Leiter der Zollfahndungsstelle auf Ersuchen der Staatsanwaltschaft eine Reise nach Zürich. «Er hat der Öffnung eines Schliessfaches bei einer Bank beigewohnt, ohne indes seine Beamteneigenschaft überhaupt zu erkennen zu geben.» Die schweizerische Pressereaktion zeigte immerhin konkrete Auswirkungen. Im Bereich von Stuttgart wurden die Zollstellen angewiesen, «grösste Vorsicht beim Verkehr mit Schweizer Agenten» walten zu lassen. Und nun die aufschlussreiche Schlussfolgerung des Reichsfinanzministeriums vom Februar 1933: «Ein Anlass, Ermittlungen durch deutsche Finanzbeamte in der Schweiz ganz zu untersagen, dürfte um so weniger vorliegen, als die Schweizer Regierung aus den Auslassungen der Presse keinen Anlass zu diplomatischen Vorstellungen bei uns genommen hat.»[133] Nur selten wird derart deutlich, welche Schlussfolgerungen sich nördlich des Rheins unverzüglich aus schwächlichem Verhalten der Schweizer Regierungsstellen ergaben. Im Grunde genommen wurde die Situation für die Schweiz noch gefährlicher durch die Empfehlungen aus Stuttgart zu einem «äusserst vorsichtigen Verhalten und Auftreten von deutschen Beamten» in der Schweiz. Das Landesfinanzamt sprach in diesem Zusammenhang von der «Eigenart der schweizer Verhältnisse, die in einer peinlich gehüteten Neutralität verbunden mit finanzpolitischen Erwägungen liegt».[134]

Bereits im Juli 1932 erfuhr man beim Bankverein in Schaffhausen, dass das Finanzamt in Stuttgart eine Kundenliste in Händen habe. Die betreffenden deutschen Kunden mussten ihre Vermögenswerte in der Schweiz zwangsweise anmelden. Einige sollen durch «Drohungen zu Geständnissen» bewogen worden sein. Dahinter stand als Spitzel ein gewisser Paul Roth, der drei Angestellte des Bankvereins mit «Entschädigungen» in Versuchung geführt hatte.[135] Roth war ein Schweizer, dem nach Polizeiangaben allerlei «dunkle Geschäfte» zugeschrieben wurden. An seinem Fall lässt sich besonders gut zeigen, wie schwierig es war, solche dubiosen Figuren strafrechtlich zu belangen. Die Zürcher Kantonalbank erhob im

September 1932 Klage gegen Roth und Konsorten wegen versuchter Spionagetätigkeit. Das Material reichte jedoch nicht aus, und die Bezirksanwaltschaft stellte die Untersuchung im Januar 1933 ein.[136] Roth ging offenbar ziemlich verschlagen vor und liess sich nicht leicht in eine Falle locken, die man ihm von schweizerischer Seite zu stellen versuchte.[137] Er verstand es, bei den süddeutschen Finanzämtern das Interesse an weiterer Zusammenarbeit auch 1933 aufrechtzuerhalten, selbst wenn seine Angaben zum Teil gänzlich abenteuerlich und übertrieben erschienen.[138] Aus Sicht der Nationalbank erschien Roth als «Hauptagent» der deutschen Bankenspionage. Beunruhigung erweckte 1933 auch der «Fall Matt». Dieser «Reichsdeutsche», der gelegentlich unter anderem Namen auftrat, wandte sich wiederholt an Schweizer Banken mit dem Anerbieten, ihnen gegen Entschädigung Angaben zur Aufdeckung von Spionagefällen zu liefern. Er wurde von den Banken verdächtigt, Angestellter eines süddeutschen Finanzamtes zu sein.[139]

All diese Fälle von Spionage und Indiskretionen wurden 1933 akzentuiert durch jene Vorfälle, die man aus schweizerischer Sicht eindeutig als Verletzung der Gebietshoheit einstufte. Die Geduld der betroffenen schweizerischen Behörden und Banken war gegen Ende 1933 weitgehend erschöpft. Die schweizerische Gesandtschaft in Berlin übergab am 11. Dezember 1933 im Auswärtigen Amt eine Verbalnote, in welcher die Aktivitäten in Zürich des Obersteuerinspektors Steffen und des Steuersekretärs Thoresen, beide vom Finanzamt Wiesbaden, beanstandet wurden. Sie hatten Ende Oktober / Anfang November bei der Schweizerischen Kreditanstalt Nachforschungen vorgenommen, die aus schweizerischer Sicht «nach den obwaltenden Umständen als Amtshandlungen betrachtet» werden mussten. Es ging um Ermittlungen gegen den deutschen Staatsangehörigen W.W., dem der – in solchen Fällen übliche – Strauss von Vergehen (Steuerhinterziehung, «Verbrechen» gemäss «Gesetz gegen den Verrat der deutschen Volkswirtschaft» sowie Vergehen gegen die Devisengesetzgebung) vorgeworfen wurde. W.W. kam in Begleitung der beiden Beamten nach Zürich, wo bei der Kreditanstalt der Wertschriftenbestand in einem Tresorfach überprüft wurde. Der Umstand, dass W.W. mit dem Vorgehen angeblich einverstanden war, änderte nach schweizerischer Meinung nichts am Übergriff. Der Reichsminister der Finanzen war erwartungsgemäss der Ansicht, die beiden Beamten hätten keinerlei Amtshandlungen in Zürich vorgenommen. Er missbilligte jedoch die Genehmigung dieser Reise durch das Finanzamt Wiesbaden. Gegen W.W. wurde ein ausserordentlich grosser Betrag von 546 300 Reichsmark unter dem Titel «Reichsfluchtsteuer» festgesetzt.[140] W.W. hatte sich offensichtlich – ungeachtet der vermutlich erzwungenen Reise nach Zürich – dem neuen Regime gegenüber zu wenig «entgegenkommend» gezeigt.

Ein weiterer gravierender Fall ereignete sich im Dezember 1933. Beim Landesfinanzamt Mecklenburg-Lübeck wurde gegen G.B. ermittelt, den Teilhaber der Duensing-Bicheroux-Werke in Bolzenburg, wegen «Verbrechens des Verrats der deutschen Volkswirtschaft». Die Staatsanwaltschaft beim Landgericht Schwerin hielt es für notwendig, zur Einsichtnahme in die von G.B. bei zwei Schweizer Banken bestehenden Tresorfächer die Fahrt nach Zürich anzutreten. Staatsanwalt Beusch reiste höchstselbst, begleitet durch den Leiter der Schwerinschen Devisenstelle, Reichsbankinspektor Dr. Rudelsdorff, sowie den Anwalt des Angeklagten G.B., der in Untersuchungshaft sass. Die Schrankfächer, deren Verfügungsberechtigung bei G.B. lag, lauteten auf den Namen von P.St., Amsterdam, der in Zürich ebenfalls anwesend war. Zuerst gingen die deutschen Beamten mit P.St. am 6. Dezember, ohne sich zu erkennen zu geben, zum Bankverein, um das Schrankfach zu inspizieren. Hernach zur Kreditanstalt, wo man Verdacht schöpfte, die Kantonspolizei alarmierte und die Herren aus Schwerin unverzüglich verhaften lassen wollte. Der Anwalt des inhaftierten G.B. wusste dies jedoch mit einleuchtenden Argumenten zu verhindern. Die Zürcher Kantonspolizei musste sich wohl oder übel damit begnügen, die zwei deutschen Beamten gleichen Tages über die Grenze abzuschieben für ihre lange Fahrt nach Norden.[141]

Dieser Vorfall beschleunigte nun in der Schweiz, zusammen mit dem Fall W.W., ganz entscheidend das weitere Vorgehen. Zuwarten war nicht mehr tolerierbar. Auch die Öffentlichkeit musste mindestens bruchstückhaft informiert werden, um der diplomatischen Warnung an Nazi-Deutschland etwas Gewicht zu verleihen. Radio Beromünster verbreitete am 18. Dezember die Nachricht, dass zwei deutsche «Zollbeamte», die auf eidgenössischem Gebiet unrechtmässige Erhebungen durchgeführt hätten, vom Bundesrat ausgewiesen worden seien. Berlin nahm durchaus Notiz von diesem Vorgehen.[142] Die Juristen von Bankverein und Kreditanstalt setzten sich erneut mit Bundesanwalt Stämpfli in Verbindung. Es ging um die bereits bekannte, höchst ärgerliche Gesetzeslücke, welche eine effiziente strafrechtliche Verfolgung solcher Spionagefälle unter den damals geltenden Rechtsnormen nicht erlaubte. Hier verstärkte sich nun durchaus situativ ein Vorgang mit weitreichenden Auswirkungen: Zum einen bekam von hier aus der strafrechtliche Schutz des Bankgeheimnisses den entscheidenden Schub für die Einfügung in das neue Bankengesetz. Zum andern ging es um den übergeordneten Schutz der öffentlichen Ordnung und darin eingeschlossen die Verfolgung von Amtshandlungen im Namen ausländischer Staaten auf eidgenössischem Territorium. Für beide Gesetzesnormen war die Bedrohung durch das deutsche Vorgehen entscheidender Auslöser.

Man kann der Bundesanwaltschaft keine Naivität vorwerfen. Bereits im Februar 1932 wurde in Zusammenarbeit mit verschiedenen Kantonen ein polizeiliches Ermittlungsverfahren betreffend nationalsozialistische Umtriebe in der Schweiz durchgeführt. Der Schaffhauser Nationalrat und Stadtpräsident Walther Bringolf stellte schon im März 1932 eine «kleine Anfrage» an den Bundesrat bezüglich Bespitzelung aus Deutschland. Der Bundesrat versprach Untersuchung solcher Tatbestände. Tatsächlich kam es zur Ausweisung des «Reichsdeutschen» Morstadt, der bei der Nazi-Ortsgruppe Zürich einen «Überwachungsdienst» eingerichtet hatte, jedoch im Februar 1932 aus der NSDAP ausgeschlossen wurde. Wilhelm Gustloff, Angestellter des physikalisch-meteorologischen Observatoriums in Davos, avancierte zum kommissarischen Führer der Nazi-Landesgruppe Schweiz. Gustloff konnte man nichts strafrechtlich Relevantes nachweisen. Der Bundesrat entschloss sich immerhin am 17. Juni 1932, das Tragen von Nazi-Braunhemden auf Schweizergebiet zu verbieten.[143] Ob man in Davos die Anhänger der braunen Heilslehre genügend scharf überwachte, bleibt freilich eine offene Frage. In Schaffhausen, Basel, Zürich und im Kanton St. Gallen, wo die deutschen Übergriffe 1932/1933 deutlich zu Tage traten, entwickelten sich jedenfalls gesunde Abwehrkräfte. Die Polizei konnte letztlich nur dann wirkungsvoll vorgehen, wenn sie auf breiter Basis unterstützt wurde. Ein gutes Beispiel in dieser Beziehung war die Verhaftung und Ausweisung der deutschen Kriminalbeamten Würtz und Meier in Basel im November 1933 wegen Amtsanmassung und Amtshandlungen auf Schweizer Territorium. Dieser Vorgang wurde auch in Paris mit Interesse zur Kenntnis genommen.[144]

Die Parallelität zum Vorgehen im Bereich der Bankenspionage springt ins Auge. Das untolerierbare und für die schweizerische Souveränität gefährliche deutsche Vorgehen wurde nun als Ganzes wahrgenommen. Und von französischer Seite verfolgte man sehr genau, wie sich die Schweiz gegenüber der deutschen Herausforderung auf allen Gebieten behauptete. Der französische Militärattaché sprach zwar zu Recht davon, dass ein «Abgrund» das durch Hitler geknechtete Deutschland trenne von der «demokratischen, föderalistischen und freien Schweiz», aber die Frontenbewegung von 1933 schien gleichwohl ein momentan beunruhigendes Element. Die gut informierten französischen Beobachter in Saint-Louis rapportierten im Juli 1933 wohl nicht ohne Genugtuung über das Vorgehen der Basler Polizei gegen die Frontenanhänger sowie die Verhaftung von vier deutschen Agenten.[145] Die berühmte patriotische Rede von Bundesrat Minger am 9. Juli 1933 in Vindonissa vor 15 000 Personen (mit ihrem Aufruf für eine starke Armee) war zeitlich sehr geschickt angesetzt. Minger als «Mann aus dem Volke» wusste nur zu gut, welche Gärung (oder war es Verwirrung?) bei einem Teil seiner Jungbauern festzustellen war. «Niemals wird sich unser Volk eine Gleichschaltung nach deutschem Muster gefallen lassen. Nach Schweizerart wollen wir unser

Schweizerhaus bestellen. Hierzu brauchen wir weder Extrahemden noch Extraflaggen, uns genügt das weisse Kreuz im roten Feld», rief Minger aus. In Paris fand dies Beachtung, ebenso wie die Absicht zur dringend notwendigen Modernisierung der Armee.[146] Der Berner Bauernpolitiker gewann unverkennbar an Gewicht in der schweizerischen Landesregierung. Graf Clauzel, der französische Botschafter, attestierte Minger gesunden Menschenverstand, Urteilskraft und Entschlussfreudigkeit.[147]

Von Justizminister Häberlin hätte sich mancher Zeitgenosse ebenfalls ein entschlossenes Vorgehen gewünscht. Doch der Thurgauer war mit seinen 65 Jahren kein Draufgänger mehr. Er fühlte sich zudem von seinen Bundesratskollegen 1933 nicht besonders gut unterstützt und dachte im Oktober an Demission.[148] Häberlin war sich bereits 1932 durchaus bewusst, dass die Rechtsnormen zur wirksamen Bekämpfung der nationalsozialistischen und faschistischen Spionagetätigkeit nicht ausreichten.[149] Andererseits zeigte er zunächst wenig Enthusiasmus für ein neues Spezialgesetz, sicherlich beeinflusst durch seine Niederlage von 1922 in der Volksabstimmung über die erste «Lex Häberlin» (Staatsschutzgesetz). Die Genfer Ereignisse vom November 1932 setzten ihn jedoch unter kräftigen Zugzwang von rechts. Gleichwohl lehnte es der ehemalige Oberst und Brigadekommandant ab, «den starken Mann zu spielen», wie er in seinem Tagebuch festhielt.[150] Im April 1933 kündigt er im Nationalrat immerhin fünf Staatsschutzartikel an, darunter auch einen Artikel gegen das Spitzelunwesen. Die von Häberlin beabsichtigte Einbindung der Sozialdemokraten misslang jedoch, weil von rechts Verschärfungen eingebracht und aus seiner Sicht von Kollege Minger ein Konsensklima verunmöglicht wurde.[151] Die Folge war, dass Häberlins neues Gesetz von links wie von ganz rechts bekämpft wurde. So kam es dann am 20. Dezember 1933 im Nationalrat zu einem symptomatischen Intermezzo. Der kämpferische Walther Bringolf interpellierte den Bundesrat über die Ausschreitungen von Nationalsozialisten in Schaffhausen und erinnerte den Rat in einer Zugabe an verschiedene Fälle von Spitzeltätigkeit. Der kommunistische «Renegat» Bringolf gab dem Freisinnigen Häberlin gewissermassen das Stichwort. Der Justizminister stellte nicht in Abrede, dass «die Ahndung gegen die Spitzel ungenügend» sei. «Warum? Weil wir das Schutzgesetz nicht haben, das Sie bekämpfen, Herr Bringolf. Helfen Sie uns, die Schutzgesetze durchzubringen, statt uns nur zu interpellieren.»[152] Indes fand auch die zweite «Lex Häberlin» in der Volksabstimmung vom März 1934 keine Gnade. Der Justizminister hatte nun endgültig genug von der Politik und trat auf Ende April aus dem Bundesrat zurück. Damit war nun gar nichts gewonnen zur Abwehr deutscher Schnüffeleien und Übergriffe. Natürlich wussten das auch die linken Volkstribune. In seinen Lebenserinnerungen wird Bringolf, der den frühen Häberlin noch als «Popanz» bezeichnete, dem Thurgauer eine schöne Zeile widmen:

«Später lernte ich ihn als einen kultivierten und geistig bedeutenden Menschen kennen ...».[153]

Wertvolle Zeit war verschwendet worden. Man befand sich noch recht weit entfernt von der patriotischen Einheit von 1938/1939. Artikel 8 von Häberlins Gesetz wollte den Nachrichtendienst zugunsten des Auslandes unter Strafe stellen. Dieser Artikel war im Grunde von keiner Seite angefochten worden. Das Thema musste deshalb neu in den Gesetzgebungsprozess eingebracht werden. Am 3. Oktober 1934 wurde eine Verfassungsinitiative zum Schutze der Armee und gegen ausländische Spitzel eingereicht. Dies beschleunigte den Prozess, obschon wiederum unterschiedliche Themen vermengt wurden. Schliesslich kam es zum dringenden Bundesbeschluss vom Juni 1935 «betreffend den Schutz der Sicherheit der Eidgenossenschaft und die Erweiterung der Bundesanwaltschaft». Die Nationalratskommission, beeinflusst durch neue gravierende Fälle, hatte die Vorlage des Bundesrates noch verschärft durch eine möglichst weite Umschreibung der unter Strafe gestellten Tatbestände. Endlich war es möglich, Amtshandlungen für einen ausländischen Staat sowie alle möglichen Spionagearten (politische, wirtschaftliche und militärische Varianten) strafrechtlich einheitlich auf eidgenössischer Ebene zu verfolgen. Die Grenzkantone Tessin und Basel-Stadt waren – aus gutem Grund (Fälle Rossi und Jacob u.a.) – mit strafrechtlichen Bestimmungen vorangegangen.[154] Im Nationalrat fielen jetzt markige Worte. Der deutschsprachige Berichterstatter Meyer aus Luzern: «Wir müssen allen diesen Spitzel- und Spionage-Organisationen mit kräftiger Faust auf den Leib rücken. Wir wollen unser Schweizerhaus, unsere Schweizerstube sauber halten.» Die sozialdemokratische Partei war mit der Bekämpfung des Spitzelwesens einverstanden, bemängelte jedoch die Form des dringlichen Bundesbeschlusses, der dem Referendum entzogen war.[155]

Fassen wir zusammen: Die Entstehungsgeschichte des sogenannten «Spitzelgesetzes» von 1935 ist im Ursprung eng verknüpft mit der deutschen Bankspionage und dem Vorgehen von deutschen Beamten auf Schweizer Boden in den Jahren 1932/1933. Die unglückliche Kombination verschiedener Zielsetzungen in der gescheiterten zweiten «Lex Häberlin» verzögerte die einheitliche Bekämpfung dieser deutschen Übergriffe um praktisch zwei Jahre. Inzwischen war das erste schweizerische Bankengesetz in einem keineswegs reibungslosen Entwicklungsprozess weit vorangekommen. Erinnern wir uns an das Debakel der Banque de Genève und die stark politisch gefärbten Forderungen der Sozialdemokraten vom Sommer und Herbst 1931 nach Kontrolle der Banken, an die unaufhaltsame Vertrauenserosion in die Schweizerische Volksbank und die Schweizerische Diskontbank von 1931 bis 1933, und nicht zuletzt an die Unsicherheiten der weitgehend blockierten deutschen Engagements, die wie ein Bleigewicht auf der Mehrzahl der

Grossbanken lasteten. Hugo Bänziger hat den Gesetzgebungsprozess eingehend beschrieben, die nur scheinbare Ruhe von 1932, als Adolf Jöhr Bundesrat Musy von übereilten Massnahmen abzuhalten verstand. Denn dieses Dossier lag beim Finanzminister, der für seine gefährliche Sprunghaftigkeit bekannt war. Die Bankiervereinigung überreichte Bundesrat Musy im September 1932 ein Memorandum, das für eine Beaufsichtigung der Banken keinen Anlass sah. Hingegen hätten die Banken «alle Veranlassung, sich über die Hetze zu beklagen, die aus unverantwortlichen Kreisen entfacht wird, um das Vertrauen in die Banken zu erschüttern ...».[156] Im Jahre 1933 verschärfte sich die Situation sehr schnell, weil eine zweite Sanierung der unglückseligen Diskontbank mit Bundeshilfe notwendig erschien, was wiederum den Ruf nach Bankenkontrolle verstärkte. Ein «Spezialgesetz», das der Bankiervereinigung zwar gründlich missfiel, war aus politischen Gründen kaum mehr zu umgehen. In der Expertenkommission vertrat Max Weber den Standpunkt des Gewerkschaftsbundes. Der Schutz des nationalen Vermögens und der Sparer stand für die Linke im Vordergrund.[157] Und die Krise der Schweizerischen Volksbank war im Herbst 1933 nicht mehr zu vertuschen; sie gab schliesslich den Ausschlag. Am 18. November 1933 überraschte der Bundesrat die Öffentlichkeit mit der Mitteilung, er beantrage zur Rettung dieser genossenschaftlich organisierten Bank eine Beteiligung von 100 Millionen Franken. Es bestand ein unmittelbarer Abschreibungsbedarf von 130 Millionen Franken. Ohne Bundeshilfe wäre die Bank illiquide geworden, was mit einiger Wahrscheinlichkeit auch mehrere andere Grossbanken in den Strudel gerissen hätte. Die Landesregierung konnte die Volksbank mit ihren Zehntausenden von kleinen Genossenschaftern auch aus politischen Gründen nicht fallen lassen. Der politische Preis war klar: Dem Parlament musste eine griffige Bankengesetzgebung in Aussicht gestellt werden. Denn gewichtige Sozialdemokraten träumten bereits davon, die Volksbank in eine Art Staatsbank umzuwandeln.[158] Bundesrat Musy hatte inzwischen die Expertenkommission durch Sozialdemokraten und BGB-Nationalräte erweitert, die sich Ende November 1933 in der grossen allgemeinen Aussprache zu Worte meldeten. Subkommissionen wurden eingesetzt, um die Beratungen zu beschleunigen. Der neue Gesetzesentwurf vom November 1933 ging bedeutend weiter als derjenige vom März. Am 18. Januar 1934 bereinigte die grosse Expertenkommission schliesslich die Gesetzesvorlage.

In unserem Zusammenhang interessiert hauptsächlich der nachmalige Artikel 47, der mit Busse oder Gefängnis bestraft, wer als Organ oder Angestellter einer Bank die «Schweigepflicht oder das Berufsgeheimnis» verletzt. Mit diesem Artikel wurde im allgemeinen Verständnis das «Bankgeheimnis» strafrechtlich geschützt. Interessant ist, dass der Bundesrat in seiner Botschaft an das Parlament vom 2. Februar 1934 auf diesen Artikel im Bankengesetz nicht besonders eingeht, sondern generell den Gläubigerschutz und die Kontrollinstanzen in den Mittelpunkt stellt. Für die Leser der Neuen Zürcher Zeitung vom 2. und 3. Februar 1934 ergab sich keineswegs der Eindruck, dass hier ein spezieller Schutz des Bankgeheimnisses geboren worden war. Strafbestimmungen im Gesetz wurden zwar erwähnt, jedoch nicht mit dem betreffenden Artikel in Verbindung gebracht.[159] War dies alles Absicht, gesteuert mit Rücksicht auf innenpolitische Empfindlichkeiten? Oder darf man den «vergessenen» Artikel ganz harmlos einem überlasteten Beamten zuschreiben, der die Botschaft zweifellos unter Zeitdruck redigieren musste? Fest steht, dass die Regierung in ihrer Botschaft vom 29. April 1935 zum «Spitzelgesetz» einen direkten Bezug auf Artikel 47 nahm. Hier wird betont, dass der neu beantragte Artikel gegen den «wirtschaftlichen Nachrichtendienst im Interesse des Auslandes» über die Vorschrift des Artikel 47 im Bankengesetz hinausgehe und sich gegen «jede landesverräterische, d.h. im Interesse ausländischer Regierungen, Behörden oder Parteien ausgeübte Verletzung des Fabrikations- und Geschäftsgeheimnisses» richte.[160] Die Detailfrage, wer den «Bankgeheimnisartikel» zuerst formulierte, ist nicht ohne Reiz, führt jedoch nur zu Annäherungen. Im frühen Gesetzesentwurf vom 24. Februar 1933 findet sich erstmals ein ausformulierter Artikel, der die Verletzung des «Berufsgeheimnisses» bestrafen wollte. Die massgebende Formulierung entstammt dem Entwurf der Bundesanwaltschaft und der Justizabteilung vom 29. Dezember 1933. Dr. E. Alexander vom Justiz- und Polizeidepartement hielt denn auch an der abschliessenden Expertensitzung vom 18. Januar 1934 klar fest: «Die Bundesanwaltschaft legt auf letztere Bestimmung (gemeint Sanktion gegen Verletzung des Bankgeheimnisses) besonderen Wert, namentlich im Hinblick auf die Bankspionage des Auslandes.»[161] Jene zwei Stunden, in welchen Bundesanwalt Stämpfli in der ersten Dezemberhälfte 1933 mit den Bankjuristen von Kreditanstalt und Bankverein dieses Thema eingehend diskutierte, waren keineswegs Auslöser, sondern allenfalls Verstärker des geplanten Schutzartikels. Stämpfli nahm bei dieser Gelegenheit die Anregung auf, auch die Anstiftung zu den betreffenden Delikten mit Strafe zu belegen.[162]

Artikel 47 passierte ohne Probleme nicht nur die Expertenkommission, sondern auch die parlamentarischen Beratungen des Bankengesetzes im Jahre 1934. Das hat die Kritiker des Bankgeheimnisses bis in die jüngste Vergangenheit stets arg gestört. Doch die Sozialdemokraten von 1934 verhielten sich im Zweckbündnis mit den Bürgerlichen zur Bekämpfung des Spitzelunwesens durchaus pragmatisch. Die Bankspionage liess sich nicht völlig isolieren von den andern Spitzeltätigkeiten Nazi-Deutschlands. Die Linke hatte von den deutschen Übergriffen einiges zu befürchten und im Übrigen alles Interesse, das erste Bankengesetz möglichst zügig über die Hürden zu bringen. Das geschah am 8. November 1934. Das Gesetz mit seiner detailreichen Vollziehungsverordnung trat auf den 1. März 1935 in Kraft. Die Reaktion von deutscher Seite fiel recht unterschiedlich aus. Für die Opfer des Regimes brachte Artikel 47 zweifellos einen klaren Vorteil. Beim Generalkonsulat in Zürich interpretierte man das Bankgeheimnis als «Rocher de bronze» des schweizerischen Bankwesens. Manche Bestimmungen des Bankengesetzes seien zwar als Abschluss der «liberalen Phase» zu bewerten, aber das Bankgeheimnis bleibe aus dieser Phase «unversehrt erhalten».[163] Die erneuten schweizerischen Reklamationen in Berlin gegen die Amtshandlungen von deutschen Beamten in der Schweiz hatten übrigens ihre Wirkung nicht verfehlt. Der Gesandte Dinichert ergänzte am 6. Februar 1934 die Verbalnote dahin, «dass die Schweizerische Regierung im Falle der Wiederholung solcher Vorkommnisse es nicht bei der Verwarnung oder Abschiebung der betreffenden Beamten bewenden lassen, sondern ... gegen dieselben mit aller Strenge vorgehen werde». Das Auswärtige Amt zeigte durchaus Verständnis für die Schweiz und forderte das Reichsfinanzministerium auf, den in Betracht kommenden Behörden entsprechende Weisungen zu erteilen. Tatsächlich untersagte der Reichsminister der Finanzen am 19. März 1934 Dienstreisen von Beamten der Reichssteuerverwaltung sowie der Reichszollverwaltung in die Schweiz in diesem Zusammenhang.[164] Es wäre jedoch naiv, anzunehmen, dass damit die Schnüffeleien in der Schweiz ein Ende nahmen. Denn die betreffenden Stellen in Deutschland ermittelten weiterhin mit unvermindertem Eifer gegen «Kapitalflüchtlinge» und Emigranten. Nur ging man jetzt behutsamer vor und vermied allzu offensichtliche Provokationen im Finanzbereich. Zum Arsenal gehörten einerseits die «Steuersteckbriefe», mit denen die «Delinquenten» öffentlich ausgeschrieben wurden, und andererseits die Zusammenarbeit mit Denunzianten, die sich auch in der Schweiz fanden.[165]

Einige Fragen bleiben offen: Wie wirksam war der Schutz des Artikels 47 in Wirklichkeit in den folgenden Jahren? Welche Auswirkungen sind erkennbar im Ausmass des Vermögensverwaltungsgeschäftes? Welche Konflikte entstehen neu auf internationaler Ebene vor allem gegen Ende des Zweiten Weltkrieges? Diese Themen sollen in den folgenden Kapiteln ganz bewusst in ihrem zeitlichen Kontext belassen und dort etwas näher beleuchtet werden.

4.4. Grossbritannien will Stuckis Strategie durchkreuzen

Wenn sich manche Schweizer Gläubiger im Spätherbst 1933 einbildeten, Hjalmar Schacht werde die komplizierte Sonderregelung mit der Schweiz auch 1934 ohne weiteres fortführen, so hatten sie sich gründlich getäuscht. Schacht liebte die Provokation. Der Reichsbankpräsident benützte im Dezember 1933 einen Aufenthalt in Basel – er nahm an einer BIZ-Tagung teil – zu einer herausfordernden und stark beachteten Rede. Schacht sprach vor der Bezirksgruppe Basel der Deutschen Handelskammer in der Schweiz zum Thema «Zins oder Dividende? – Eine Frage an die Welt». Die Hauptmitteilung an die Welt: Deutschland werde 1934 seine Zinsüberweisungen an das Ausland noch weiter einschränken müssen. Der streitbare Reichsbankpräsident polemisierte gegen das politische Denken der Siegermächte, das kein «dynamisches, sondern ein statisches» sei. Das statische Denken äussere sich, indem man seine «kapitalistischen Zinsrechte» zu bewahren suche. Das sei, so Schacht, der «krasse Rentnerstandpunkt» gegen die Stellung des Unternehmens. Er sprach von «Ausblutung Deutschlands», die «unmoralisch und wirtschaftlich sinnlos» sei. Wie ein Volkstribun der Linken behauptete der wendige Reichsbankchef: «Das alte liberalistische Wirtschaftssystem hat gegenüber den grossen sozialen Notwendigkeiten versagt und ist in gleicher Weise erstarrt wie die Politik.» Diese Worte dürften nicht wenige der schweizerischen Zuhörer arg gestört haben. Schacht wurde jedoch noch provokativer mit Bezug auf die Schweiz. Er fand es merkwürdig, dass gerade und zuerst in der Schweiz das mit der Einführung der Scrips verbundene deutsche Exportdumping «auf Widerstand stiess». Schacht vertrat die Ansicht, dass in der Schweiz die «sich ständig verschlechternde wirtschaftliche Lage und die wenig freundliche Stimmung gegen den deutschen Nationalsozialismus, geschürt durch die deutschen Emigranten, zum Anlass wurden, dass man in Deutschland vorstellig wurde, um die volle Transferierung der Zinsen zu erreichen». Er warnte einmal mehr vor einem Clearing und drohte allenfalls Gegenmassnahmen an. Auch einen kleinen politischen Seitenhieb auf den sozialistischen Wahlsieg im Kanton Genf konnte sich der gut informierte Schacht nicht verkneifen.[166]

Die schweizerischen Zuhörer enthielten sich offenbar aus «Höflichkeit und internationalem Takt» einer offenen Missbilligung dieser Rede. Die Neue Zürcher Zeitung holte dies jedoch umgehend nach und liess Schacht wissen, dass seine Theorien «auf das Entschiedenste zurückgewiesen wurden».[167] Hjalmar Schacht hatte wohl nichts anderes erwartet. Seine Rede war nur einer von mehreren Zügen im Pokerspiel mit den wichtigsten Gläubigerländern. Schachts Rede wurde am 14. Dezember im Bundesrat besprochen. Schulthess wollte keinen Zweifel bestehen lassen, dass ein neues Abkommen für 1934 «den schweizerischen Gläubigern nicht weniger bieten darf als das gegenwärtige». Schachts Vorwürfe müssten im Übrigen zurückgewiesen werden.[168] Der Wirtschaftsminister antwortete gleichen Tages in diesem Sinne auf die Interpellation des Sozialdemokraten Schneider im Nationalrat. Der Interpellant aus Basel hatte Bezug genommen auf die «alarmierenden und die schweizerische Volkswirtschaft bedrohenden Ausführungen Dr. Schachts». Er kritisierte in einem bemerkenswerten politischen Spagat die deutsche Schuldnermoral, «ohne die schweizerischen Geldgeber in Schutz nehmen zu wollen».[169] Dennoch war klar: Es ging in erster Linie um den politischen Standort, den Widerstand gegen deutsche Anmassung. Bundesrat Schulthess betonte vor dem Nationalrat, dass die Landesregierung «mit vollem Recht» in Berlin vorstellig geworden sei, dieses Vorgehen sei kein Ausfluss der Stimmung gegen den deutschen Nationalsozialismus. Deutsche Emigranten hätten dabei keinen Einfluss ausgeübt. «Mit aller Entschiedenheit» machte Schulthess darauf aufmerksam, «dass unsere Handelsbilanz gegenüber Deutschland stark passiv ist, dass wir ein langjähriger und zuverlässiger Abnehmer deutscher Waren sind ... Würden andere Staaten von Deutschland verhältnismässig gleichviel kaufen wie wir, so könnten auch gegenüber ihnen die Zinsverpflichtungen voll erfüllt werden.»[170] Auch in den Niederlanden schien man gewillt, an der Sonderregelung mit Deutschland festzuhalten. Im holländischen Finanzministerium zeigte man sich interessiert, das weitere Vorgehen mit der Schweiz zu koordinieren.[171]

Walter Stucki war zur gleichen Zeit Gast der Volkswirtschaftlichen Gesellschaft in Zürich. Im Börsensaal vor der Zürcher Wirtschaftselite durfte er deutlicher und sarkastischer werden als Schulthess im Parlament. Er erinnerte Schacht daran, «dass abgeschlossene Verträge vor allem dazu da sind, gehalten zu werden». Damit waren die alten deutschen Zins- und Rückzahlungsverpflichtungen gemeint. Wenn Schacht eine allgemein gehaltene «Anfrage an die Welt» richte, die alle gleich behandle, dann sei dies «nicht die richtige Fragestellung». Die Situation der Schulden gegenüber den Vereinigten Staaten sei mit Blick auf den Handel nicht mit jener der Schweiz zu vergleichen. Minister Stucki wurde ganz konkret: Im gesamten Wirtschaftsverkehr der Schweiz mit Deutschland verbleibe unter Berücksichtigung von Handel, Fremdenverkehr sowie der Bedienung von schweizerischen Finanzforderungen ein Defizit zuungunsten der Schweiz von 120 Millionen Franken. Dieses Ungleichgewicht gebe der Schweiz die Berechtigung, Erleichterungen zu fordern. Und an den «politischen Schuldendiktaten» der Siegermächte sei die Schweiz unbeteiligt. Wer den grössten Teil der deutschen Devisen beanspruche, das seien die Vereinigten Staaten. Der Schluss von Stuckis Rede lag wieder etwas mehr auf der landesväterlich beruhigenden Linie von Schulthess: «Die Schweiz will ihrerseits in engen Beziehungen zum nördlichen Nachbarland bleiben» und keinen Konflikt vom Zaune brechen. Dann jedoch ein typischer Abschluss-Satz aus Stuckis Mund: «Wir werden uns aber durch Drohungen niemals von dem abhalten lassen, was uns im Interesse unseres Landes notwendig erscheint.»[172]

Grossbritannien hatte am 8. November 1933 in Berlin mit einer Verbalnote gegen die deutschen «Scrips»-Abkommen mit der Schweiz und den Niederlanden protestiert. Dazu war die britische Regierung bereits im Oktober von ihrem nationalen Gläubigerkomitee aufgefordert worden, das sich betreffend Zinszahlungen diskriminiert fühlte. Die britische Regierung wies auch darauf hin, dass sie im Gegensatz zur Schweiz zu keinen Kontingentierungsmassnahmen betreffend Importe aus Deutschland gegriffen habe. Die deutsche Regierung liess sich mit der Antwort viel Zeit. Am 7. Dezember teilte Aussenminister Neurath den Briten mit, die Sonderabkommen mit der Schweiz und den Niederlanden basierten auf zusätzlichen Importen dieser Länder von deutschen Waren. Die Schweizer und die Holländer hätten unmissverständlich klargemacht, dass sie bei einer deutschen Weigerung betreffend Sonderabkommen zum einseitigen Clearing übergehen würden, was Deutschland zu Gegenmassnahmen zwänge, die letztlich zum Rückgang der Exporte nach der Schweiz und Holland führten. Der Wegfall dieses Exportüberschusses würde auch die Zahlungen an die britischen Gläubiger gefährden. Ministerialdirektor Ritter unterstrich im Gespräch mit dem britischen Financial Counsellor Pinsent, dass man davon ausgehe, dass die Schweizer und Holländer bezüglich Clearing nicht bluffen. Als Pinsent sondierte, ob gemeinsamer Druck von Deutschland und Grossbritannien auf die Schweiz ausgeübt werden könnte, blieb Ritter freilich zurückhaltend. Pinsents Schlussfolgerung: «I thought the most satisfactory solution would be that the Swiss should be induced to reconsider their attitude and that there should be no more separate agreements at all.» Ritter hinterliess ihm jedoch den Eindruck, eher an einer erweiterten Anzahl von Agreements interessiert zu sein.[173]

Schachts Taktik bestand nun darin, die wesentlichen Gläubigerländer so weit als möglich einzuschüchtern, hinzuhalten und gegeneinander auszuspielen. Der Reichsbankpräsident machte damit, ähnlich wie bereits im Sommer 1933, de facto im einem Teilbereich Aussenpolitik. Am 18. Dezember 1933 teilte die Reichsbank mit, dass die Barquote des Zinstransfers auf den mittel- und langfristigen Schulden ab Anfang 1934 auf 30% reduziert werde, der Rest in Scrips. Grossbritannien und die Niederlande protestierten. Adolf Jöhr telegrafierte im Namen der Schweizer Gläubiger und versuchte im Januar 1934, in enger Koordination mit Walter Stucki, zu einer akzeptablen Übergangslösung zu gelangen.[174] Gegenüber Grossbritannien teilte die Schweiz mit, sie führe

Verlängerungsverhandlungen mit Deutschland betreffend das «special arrangement».[175] Der Gesandte Dinichert erkannte durchaus zu Recht, dass Schacht versuchte, den Streit um das Transferproblem aus taktischen Gründen den Gläubigern zuzuschieben.[176] Die Schweiz, die Niederlande und Grossbritannien hatten am klarsten Stellung bezogen, sie standen damit im Zentrum der Kontroversen, die sich zugleich im bilateralen Bereich des Handels und dem multilateralen Bereich der Transferprobleme bewegten. Der Reichsbankpräsident war indes nicht so schnell zu beeindrucken. Er vertrat gegenüber dem Auswärtigen Amt Anfang 1934 die Ansicht, dass «die Drohung der Schweiz mit Zwangsmassnahmen nicht so ernsthaft zu nehmen sei».[177] Der Gesandte Ernst von Weizsäcker analysierte darauf in kluger Differenzierung die unterschiedlichen schweizerischen Interessen. Er glaubte, in der «Bankwelt» gewisse Besorgnisse gegen einen deutsch-schweizerischen «Wirtschaftskrieg» feststellen zu können. Andererseits würde ein vertragsloser Zustand für Deutschland Grund zur Besorgnis geben, denn der Bundesrat habe die Handhabung der Aussenwirtschaft «im Sinne einer Planwirtschaft» richtig in die Hand bekommen und könne deshalb Deutschland «aufs empfindlichste treffen». Weizsäcker sah völlig richtig, dass in der Schweiz die wirtschaftlichen Fragen «bekanntlich stark auf das Politische abfärben». Er hatte deshalb «schwere Bedenken» gegen einen vertragslosen Zustand, wie er durch das einseitige und radikale Vorgehen der Reichsbank zu befürchten war. Weizsäcker schloss sein Telegramm mit einer übergeordneten Überlegung: «Meines Erachtens kann uns Freundschaft oder Feindschaft selbst eines so kleinen Landes, wie der Schweiz, unter gegenwärtigen Umständen nicht gleichgültig sein.»[178] Schacht liess sich einige Tage später in einer gemeinsamen Besprechung mit Staatssekretär von Bülow vom Auswärtigen Amt und Direktor Hülse von der BIZ zu einer konzilianten Haltung gegenüber der Schweiz bewegen, um Zeit für eine generelle Regelung der Transferfragen zu gewinnen.[179]

Der Einfluss des Gesandten in Bern wird hier nun sehr deutlich spürbar. Wer war der Mann, der das «Dritte Reich» seit dem September 1933 in der schweizerischen Hauptstadt repräsentierte? Ernst von Weizsäcker wurde 1882 geboren. Er entstammte einer überdurchschnittlich erfolgreichen Familie aus Württemberg. Sein Vater, langjähriger Ministerpräsident in Stuttgart, wurde 1916 vom König in den erblichen Adelsstand erhoben. Ernst von Weizsäcker trat mit achtzehn Jahren in die kaiserliche Marine ein. Dort steigt er in einer nicht ganz einfachen Karriere bis 1918 zum Korvettenkapitän auf. Nach Kriegsende sucht er eine neue Beschäftigung. 1920 gelingt ihm als «Quereinsteiger» der Eintritt ins Auswärtige Amt.[180] Weizsäcker ist seit 1921 zunächst als Vizekonsul, dann 1922 bis November 1924 als Konsul in Basel tätig. «Beziehungen, die wir mitbrachten», öffneten dem Ehepaar von Weizsäcker einige der Häuser der Basler

Oberschicht. Im Übrigen konnte er sich dort nicht besonders profilieren.[181] Es folgten Etappen als Gesandtschaftsrat in Kopenhagen bis Anfang 1927, dann im Auswärtigen Amt mit längeren Aufenthalten in Genf. Im Januar 1928 wird er Leiter der Referats Völkerbund im Auswärtigen Amt. Der Völkerbund hinterlässt ihm jedoch bittere Erinnerungen. Er schien ihm «ein Bund gegen die Unterlegenen und etwa neu Auftretenden», also gegen Deutschland voreingenommen. «Das hohe Selbstbewusstsein und die Geschäftigkeit der Genfer Konferenz-Techniker» sind ihm unsympathisch. «Mir war am wohlsten, wenn Vertreter des gesunden Menschenverstands, etwa ein Schweizer oder ein Holländer, im bewussten Verzicht auf äusseren Effekt, ihre Meinung vortrugen», schreibt Weizsäcker in der Rückschau.[182] Von Juli 1931 bis zum August 1933 wirkte er als Gesandter in Norwegen. Ob Ernst von Weizsäcker 1933 den Einsatz in der Schweiz bewusst gesucht hat, ist keine nebensächliche Frage. Sie steht in engem Bezug zum Machtantritt der Nationalsozialisten. Dass er die Schweiz von seinen Einsätzen in Basel und Genf her bereits gut kannte, brachte gewisse Vorteile. Nicht ganz belanglos vermutlich auch, dass er mit der Familie Wille in Mariafeld verschwägert war. Ging es ihm in der frühen Phase der nationalsozialistischen Herrschaft darum, an einem vermeintlich ruhigen Posten abzuwarten? Schon in Norwegen hatte sich ihm – so schreibt er in seinen Erinnerungen – die Frage gestellt, «ob ich gut daran tue, weiter mitzumachen». Nur der deutsche Botschafter in Washington, Friedrich Wilhelm von Prittwitz und Gaffron, quittierte zu diesem Zeitpunkt aus liberal-demokratischer Überzeugung den Dienst. Die höheren Beamten des Auswärtigen Amtes zogen eine Politik des «Abwartens und Durchhaltens» vor. Ministerialdirektor Köpke fand, die Nazis seien derartig kindische Dilettanten, dass sie in kurzer Zeit abwirtschaften würden.[183] General von Hammerstein jedoch sagte zu Weizsäcker, «das Hitler-Regime sei nun unser Schicksal; wir würden es zehn Jahre ertragen müssen». Weizsäcker selbst mochte nicht an den Bestand des «Dritten Reiches» glauben. Er erlag nach seiner Selbstaussage dem auch im Ausland verbreiteten Irrtum, «dass die hemmungslose Finanzwirtschaft Hitlers in kurzer Frist in Deutschland zu einer allgemeinen wirtschaftlichen Katastrophe führen werde und damit zu einem neuen Wechsel des Regimes».[184]

Weizsäckers Hauptaufgabe in Bern bestand nun gemäss seiner eigenen Aussage darin, «unseren beträchtlichen Wirtschaftsaustausch zu pflegen und Zwischenfälle möglichst zu vermeiden».[185] Zwischenfälle gab es vor allem im Bereich der Presse. Die Gesandtschaft in Bern konnte Weizsäckers Ehrgeiz freilich auf Dauer nicht genügen. Sein späterer Aufstieg zum Staatssekretär des Auswärtigen Amtes ist ein besonderes Kapitel, das Zeitgenossen und Historiker stark beschäftigt hat. Für die Schweiz wird Ernst von Weizsäcker in seiner wichtigen Stellung in Berlin bis 1943 jedenfalls von besonderer Bedeutung sein. Die davorliegenden Jahre in Bern von 1933 bis 1936/37 gaben ihm zweifellos einen sehr nützlichen Eindruck von den Stärken und Schwächen der Schweiz.

Zurück zu den Kontroversen um die Transferfragen. London fuhr einen harten Kurs. Der britische Botschafter wurde instruiert, im Januar bei Hitler vorzusprechen. Der «Führer», obschon freundlich, liess wenig Hoffnung auf eine Änderung der deutschen Haltung erkennen.[186] Transferprobleme dürften ihn kaum interessiert haben. Dafür war in erster Linie Schacht zuständig. Und Schacht war geneigt, der Schweiz und den Niederlanden mit einer Verlängerung der Spezialabkommen für das erste Semester 1934 – wenn es nicht anders ging – entgegenzukommen. Die Briten versuchten im Januar hartnäckig, eine gemeinsame Front der wichtigen Gläubigerländer zu errichten. Aber Walter Stucki – «who is described as the dictator of Switzerland's economic policy» – war nicht dafür zu gewinnen, wie er dem britischen Gesandten ganz offen mitteilte.[187] Über die Klugheit einer solch ablehnenden Haltung waren Dinichert schon einige Wochen vorher Zweifel gekommen, die er in einem persönlichen Schreiben gegenüber Aussenminister Motta äusserte. Dinichert drückte in etwas gewundenen Sätzen seine Beunruhigung über die «jonction» zwischen Handelspolitik und Finanzbeziehungen aus. Mit feinem Gespür mahnte er, dass Solidarität mit England und den USA im Finanzbereich auch in Zukunft Vorteile mit sich bringen könnte.[188] Doch Motta spielte im Bundesrat nicht die erste Geige. Gegen das überaus starke Tandem Schulthess–Stucki hatte der Tessiner kaum eine Chance, selbst wenn er wirklich gewollt hätte. Konflikten ging Motta ja ohnehin stets aus dem Weg. Rein sachlich und von der momentanen Situation aus betrachtet, hatte Stucki keinen zwingenden Anlass, sich der britischen Linie anzuschliessen. Die englischen Eventualvorschläge in Richtung auf «Funding Bonds» boten keinen Vorteil gegenüber der bisherigen Spezialregelung zur Verwertung der Scrips. Daneben war bei Stucki ein gewisses Misstrauen gegenüber den angelsächsischen Grossmächten spürbar, die erstens keine direkten Nachbarn Deutschlands waren, zweitens sich betreffend Aussenhandel und Währung in einer ganz andern Situation befanden und drittens ihrerseits keinen Anlass hatten, auf schweizerische Sonderwünsche mit speziellem Wohlwollen einzugehen.

Schacht hatte die Gläubigervertreter zu einer gemeinsamen Konferenz auf Ende Januar 1934 nach Berlin eingeladen. In der ersten Phase hielt er sich wohl bewusst im Hintergrund und überliess das Feld seinem Vizepräsidenten Dreyse sowie den Ministerialdirektoren Ritter und Posse. Die Deutschen manövrierten, wie es Ritter gebildet ausdrückte, «zwischen Skylla und Charybdis». Die englischen, amerikanischen und schweizerischen Delegierten präsentierten ihre jeweiligen Standpunkte, die in den Plenarsitzungen zu keinen Annäherungen führen konnten. Der britische

Berichterstatter schrieb fairerweise in seiner Zusammenfassung: «The Swiss delegates put forward an able defence of the agreements.» Adolf Jöhr vertrat den Schweizer Standpunkt mit Geschick. Sein grundlegendes Memorandum war mit Stucki genau abgesprochen.[189] Die Schweizer wiesen auf ihre traditionell engen Wirtschafts- und Finanzbeziehungen mit Deutschland hin. Jöhr präsentierte einen Vergleich der langfristigen deutschen Auslandschulden pro Kopf der betreffenden Gläubigerländer, der zeigte, dass für die Schweizer viel mehr auf dem Spiel stand als für Grossbritannien und die USA. «In other words, it is seven to fifteen times easier for the large countries United States of America and Great Britain, to put up with a deficiency on German interest remittances than it is for tiny Switzerland.»[190] Erstmals machte die Schweiz in dieser Form auch auf den Gesamtbetrag an Devisen aufmerksam, den sie dem Deutschen Reich seit 1924 unter Verrechnung von Handel, Tourismus, Kapitalverkehr und Zinsendienst zur Verfügung gestellt hatte. Die Schätzung lautete auf einen Nettobetrag von 5 Milliarden Franken. Die Amerikaner opponierten vor allem aus Prinzipgründen gegen Separatabkommen. Die Briten argumentierten darüber hinaus noch mit spezifischen Elementen, so der Überlegung, dass ihr Importüberschuss aus Deutschland ähnlich wie im Falle der Schweiz 1933 die deutschen Zinsleistungen zweimal deckte. Es zeigte sich schliesslich aus britischer Sicht als notwendig, in «privaten und inoffiziellen» Gesprächen weiter zu verhandeln. Dies gab Schacht die Gelegenheit, sich den Briten gegenüber als Gegner der Spezialabkommen zu erklären, welche beendet werden sollten. Die Frage war bis zu welchem Zeitpunkt.[191] Schliesslich einigten sich die Briten, Amerikaner und Deutschen auf einen Endpunkt von Juni 1934, wobei eine nächste Verhandlungsrunde im April stattfinden sollte. Amerikaner und Engländer verlangten eine «Kompensation» für ihre Geduld, welche in einer höheren Verwertungsquote der Scrips (67%) bestehen sollte.[192] Ministerialdirektor Ritter beeilte sich, dies gegenüber der Schweiz als «provisorischen Ausweg» darzustellen, der die Lage der Schweiz nicht verschlechtere. Damit waren Schulthess und Stucki erwartungsgemäss nicht einverstanden. Auch das liess Stucki den englischen Gesandten in Bern in offener Sprache umgehend wissen. Schulthess dachte sofort daran, dem Bundesrat eine Rechtsverwahrung vorzuschlagen, da, wie er Weizsäcker mitteilte, «angelsächsische Gläubiger ohne Gegenleistung eine Begünstigung erzielt hätten, für welche die Schweiz zusätzliche Exporte gewähren musste». Schulthess liess sich dann mit der Rechtsverwahrung etwas Zeit bis Mitte Februar, nachdem mit Berlin die Verlängerung des Spezialabkommens zu einem trotz «Schönheitsfehlern» akzeptablen Abschluss gebracht werden konnte.[193]

Gleichwohl blieb auf Schweizer Seite ein gewisses Misstrauen zurück, das aus den «privaten» Gesprächen zwischen Briten und Deutschen vom

Januar herrührte, über deren Inhalt man in Bern und Zürich keine genaue Kenntnis besass. Hatte Grossbritannien, dessen Prestige noch immer auf einer höheren Ebene zu schweben schien, eine Art Vetorecht gegen die Verlängerung des Spezialabkommens mit der Schweiz zu erreichen vermocht? Als gewiss darf gelten, dass Stucki und Jöhr in den beinahe endlosen Verhandlungsrunden mit Schacht, Ritter und Posse seit dem Sommer 1933 ein feines Sensorium für die Nuancen der deutschen Seite, die Tücken situativen Nachgebens in Berlin und die Wirkung schweizerischer Argumentation entwickelt hatten. Stucki wollte in London mehr herausfinden. Im März sprach er, zusammen mit einer holländischen Delegation, bei Sir Frederick Leith-Ross vom britischen Schatzamt und Vertretern des Foreign Office sowie des Board of Trade vor. In einer Besprechung von dreieinhalb Stunden wurden die gegenseitigen Positionen im Hinblick auf die bevorstehenden Gläubigerverhandlungen vom April abgetastet. Stucki drückte sich mit gewohnter Offenheit aus. «He felt that London was rather juridical or even theoretical», hielt das Treasury fest. Er fragte die Briten, weshalb sie nicht mit Holland und der Schweiz, sondern mit den USA zusammenarbeiten. «Perhaps England was moved not by economic interests, but by political, moral or juridical conceptions; if economic, he failed to follow the reasons.» Der Direktor der Handelsabteilung verteidigte vehement und streckenweise emotionell den schweizerischen Anspruch auf ein Sonderabkommen. So sagte er im Verlaufe der Diskussion: «it was impossible to let their men remain unemployed in order that Germany might pay America». Sir Frederick Leith-Ross betonte, dass man den amerikanischen Standpunkt nicht vernachlässigen könne. Betreffend Deutschland hielt er die Situation für unstabil, fand jedoch, die Deutschen übertrieben ihre Schwierigkeiten, der aktuelle «setback» in der Devisenlage könnte sich als rein temporär herausstellen, und übereilte Schlussfolgerungen seitens der Schweiz und Holland in Richtung Clearing seien nicht angebracht. Sir Frederick bezog sich zum Schluss noch auf «assurances given by Dr. Schacht» betreffend das Ende der Spezialabkommen, worauf ihn Stucki und der holländische Delegierte van Kleffens unterbrachen und solche «assurances» in Abrede stellten. Sir Frederick musste zugestehen, «that in any case the Germans seemed to be playing a double game».[194] Walter Stucki, zurück in Bern, deutete gegenüber Ernst von Weizsäcker an, dass den Briten in Berlin im Januar vielleicht mehr versprochen wurde, als in Bern bekannt sei.[195]

Die langen und etwas konfusen multilateralen und bilateralen Transferverhandlungen vom April und Mai 1934 in Berlin waren nicht erfolgreich. Schacht, der offensichtlich freie Hand behalten wollte, überraschte die Gläubigervertreter wiederholt durch brüske Manöver. Und die Amerikaner erschwerten fast bis zum Schluss die Diskussionen durch ihr Festhalten an einer «firm cash offer» seitens Deutschlands, während die Briten hauptsächlich ihre «Funding Bond»-Ideen einbrachten. Die Niederlande und die Schweiz wiederum wollten von ihren Sonderabkommen nicht abgehen. Die Schweizer Delegierten, von Jöhr angeführt, verteidigten sich freilich etwas flexibler als die Holländer. Die britischen Delegierten kamen sogar zum Schluss: «that, up to a point, there is something to be said for the Swiss arguments in the sense that commercial relations are now materially influenced by politics ...».[196] Die schweizerische Flexibilität hatte einiges damit zu tun, dass es Schacht gegenüber der Schweiz während der Berliner Verhandlungen zu keinem Bruch kommen lassen wollte. Er schlug Jöhr bilateral eine Zinsreduktion auf 4% vor mit der Einlage des Differenzbetrags in einen Amortisationsfonds. Am 13. Mai trafen sich Schulthess, Stucki, Jöhr und Bachmann mit Schacht und Posse in Basel. Die Deutschen wollten eine Neuregelung der Zusatzexporte, Schulthess beharrte jedoch darauf, dass für die Schweiz keine Vergrösserung des Handelsbilanzdefizits eintreten dürfe und auch die Interessen des Fremdenverkehrs gewahrt werden müssten.[197] Die Begegnung blieb zwar ohne greifbares Resultat, aber es bestand doch noch eine gewisse Hoffnung, auf bilateraler Ebene einen Weg zur Einigung zu finden.

Aus der Rückschau gesehen stand man knapp vor der Einführung eines Clearingsystems. Für die Zeitgenossen, manche davon etwas zermürbt durch Schachts unentwegte Schwenkmanöver, war die Weiterentwicklung indes nicht klar zu überblicken. Deutschland kündigte Ende Mai, mit Wirkung per Ende Juni 1934, das Sonderabkommen vom Februar mit der Schweiz. Stucki war nicht überrascht, die Verhandlungen sollten nach Schweizer Absicht im Juni weitergehen.[198]

4.5. Der Griff zum «Notbehelf»: Clearing Schweiz – Deutschland

Hjalmar Schacht hat den Kontroversen von 1933/1934 mit den Gläubigern Deutschlands in seinen Lebenserinnerungen keine besondere Aufmerksamkeit gewidmet. Das ist gewiss kein Zufall. Er hätte – auch unter dem Blickwinkel der Nachkriegsjahre – nichts Erbauliches erzählen können. Schacht befand sich 1934 im Grunde noch immer in einer Aufstiegsphase innerhalb des nationalsozialistischen Regimes. Grosse Erfolge hatte er bisher nicht aufzuweisen, die Währungsreserven lagen tief, die Wiederaufrüstung mit zusätzlichem Rohstoffbedarf stand vor der Tür: Schacht musste sich als Scharfmacher gegenüber dem Ausland und als Devisenbeschaffer erst noch richtig profilieren. Denn schliesslich wollte er auch Wirtschaftsminister werden. Am 27. Juli 1934 offerierte ihm Hitler endlich die längst angestrebte zusätzliche Machtplattform, zunächst nach aussen dargestellt als eine Art Provisorium in Stellvertretung des erkrankten Ministers Schmitt. Nun war Schacht aus Schweizer Sicht der «Wirtschaftsdiktator».[199] Im September 1934 wird er den «Neuen Plan» präsentieren, im allgemeinen Sprachgebrauch «Schacht-Plan» genannt. Auch die Schweiz wird davon betroffen.

Inzwischen war allerdings einiges vorgefallen. Die Reichsbank hatte am 14. Juni 1934 offiziell eine neue Variante des Ausland-Moratoriums erklärt: Bis Ende 1934 keine Zinszahlungen mehr auf den mittel- und langfristigen ausländischen Forderungen, nicht einmal mehr auf den bisher privilegierten Dawes- und Young-Anleihen, sondern als Entschädigung nur noch «Funding-Bonds» zu 3%, fällig im fernen Jahre 1945. Eine «Cash-Variante» zu 40% des Nominalbetrages wurde als Beruhigungströpfchen vorderhand in Aussicht gestellt.[200] Die Schweiz, Holland und Grossbritannien versuchten nun auf bilateraler Ebene, diese Massnahmen abzuschwächen und Kompromisse im Zusammenhang mit dem Aussenhandel zu erreichen. Deutschland zog gleichzeitig die Daumenschrauben stärker an. «Devisenrepartierungen» seitens der Reichsbank und Importbeschränkungen waren die Mittel. Die Schweiz wurde im Frühjahr auf dem Gebiet der Baumwollgarne betroffen. Das verursachte in den betreffenden Industriekreisen «grösste Aufregung», wie Stucki nach Berlin kabelte. Die Missstimmung stieg im Mai weiter. Stucki betonte telefonisch den «Ernst der Lage». Er schickte Heinrich Homberger, den Ersten Sekretär des Vororts, nach Berlin.[201] Dann sperrte die Reichsbank im Juni, mindestens vorübergehend, die sogenannten Sonderkonti der Nationalbanken verschiedener europäischer Gläubigerländer, darunter auch der Schweiz. Über das Sonderkonto der Schweizerischen Nationalbank bei der Reichsbank waren seit August 1932 immerhin Transaktionen von total 125 Millionen Reichsmark abgewickelt worden.[202] Die deutschen Importeure scheinen nun diese Sonderkonti für übertriebene Rohmaterialeinkäufe missbraucht zu haben, weil sie eine Abwertung der Reichsmark befürchteten.[203] Der tatsächliche Wert der Reichsmark spiegelte sich am besten in den Sperrmarksorten, deren Disagio seit Januar 1934 beträchtlich gestiegen war.[204] Dies muss im Auge behalten, wer die offiziell sehr tief ausgewiesenen deutschen Devisenreserven vom ersten Semester 1934 angemessen beurteilen will. Diese Zahlen der Reichsbank stiessen im Ausland seit langem auf Argwohn. Aufmerksamen Beobachtern war nicht entgangen, dass die Verschlechterung der deutschen Handelsbilanz 1934 in einer gewissen Beziehung zu den Schuldendienstverhandlungen zu stehen schien. Bereits wurde vermutet, dass «unnötig grosse Rohstoffkäufe» getätigt wurden, «darunter solche, die vermutlich nur Rüstungszwecken dienen sollen». Ausserdem bestand der Eindruck im Markt, dass Deutschland unentwegt Auslandobligationen zu

Schleuderpreisen zurückkaufte.[205] Die Briten wiesen in einer Note vom 20. Juni deutlich darauf hin, dass der rapide Rückgang der deutschen Währungsreserven teilweise durch «exceptional items» bedingt sei, die später ausgeglichen würden, und dass gewisse Deviseneinnahmen gar nicht ausgewiesen würden.[206]

Schacht lehnte im Juni eine Abwertung einmal mehr ausdrücklich ab. Vor der Auslandpresse in Berlin schlug er einen scharfen Ton an: Es habe keinen Zweck, «die deutsche Regierung oder das deutsche Volk zu beschimpfen, denn dieses könne sich eines Tages auch sagen, dass es nicht mehr so stark am Zahlen interessiert sei».[207] In diesem Klima war die schweizerische Delegation unter der Leitung von Walter Stucki zu neuen Verhandlungen nach Berlin gefahren. Bundesrat Schulthess war offensichtlich nervös. Er traf sich mit Weizsäcker, um ihm die «schwierige innenpolitische und wirtschaftspolitische Lage der Schweiz» darzulegen. Der Chef des Volkswirtschaftsdepartementes wünschte ganz offensichtlich eine dringende Verständigung mit Deutschland. Aber Stucki blieb vorerst hart in Berlin, er wollte von gewissen Forderungen nicht abgehen.[208] Der Bundesrat beschloss am 22. Juni, auf der Basis von Stuckis Plan die komplizierten Verhandlungen um die notwendigen deutschen Devisenzahlungen für Waren, Tourismus und Schuldendienst fortzuführen. Stucki sollte «einen letzten Versuch machen».[209] In den folgenden Tagen kam es in Berlin zur grundlegenden Neuorientierung: der Einigung auf das Prinzip eines bilateralen «Verrechnungsabkommens». Stucki hatte «eine Art Ultimatum» gestellt. Darauf machte die deutsche Delegation am 29. Juni, «in letzter Stunde», wie sich Stucki gegenüber dem Bundesrat ausdrückte, den Vorschlag auf Einführung eines Verrechnungsabkommens. Das Wort Clearing wurde in der offiziellen Mitteilung an die Presse bewusst vermieden.[210] Allzu viele Details waren noch ungelöst, und die bisherigen schweizerischen Clearing-Abkommen – etwa mit Ungarn – hatten nicht durchwegs befriedigend funktioniert. Für die deutsche Seite war das Wort Clearing mit dem abgelehnten Begriff des einseitigen «Zwangsclearing» verbunden, wie es gerade zu dieser Zeit nun Grossbritannien androhte.

Die im Juli 1934 folgenden Detailverhandlungen gehören zum Eindrücklichsten, was das schweizerische System zu leisten im Stande war. Die Delegation, bestehend aus Stucki, Feer, Jöhr (Gläubigerinteressen), Homberger (Vorort), König (Versicherungen) und Schnorf (SNB) vollbrachte eine Arbeit, die in einem Kleinstaat nur auf der Basis vertrauensvoller Zusammenarbeit zwischen staatlichen und privaten Interessen überhaupt möglich war. Als Beispiel kann etwa der Teilentwurf von Adolf Jöhr für das Kapitel Schuldendienst angeführt werden.[211] Stucki wird nach geschlagener Schlacht gegenüber Jöhr und Homberger in ungewohnt herzlichen Worten den Dank der obersten Landesbehörden für ihre wertvolle Mitarbeit ausdrücken.[212] Auf deutscher Seite hingegen lagen die Verhandlungen ausschliesslich in den Händen der alten Ministerialbürokratie, welche freilich ohne das letzte Einverständnis von Schacht nicht entscheidungsfähig war. Das resultierende Vertragspaket vom 26. Juli 1934 war auch für Deutschland in dieser Form ein Novum. Entsprechend hartnäckig wurde um zentrale Elemente gestritten. Für Schacht war von ausschlaggebender Bedeutung, aus dem ganzen System einen sicheren Devisenüberschuss für die Reichsbank herauszuholen.[213] Das wird man später die «Devisenspitze» nennen, ein Element jahrelangen Tauziehens. Für die Verteilung des Clearingerlöses beziehungsweise des «Aktivsaldos» wurde ein kompliziertes Prioritätensystem entwickelt, auch dies ein Punkt anhaltender Verteilkämpfe. Eine besonders heikle Frage – im Hinblick auf die Öffentlichkeit – war bis zuletzt die Höhe des Zinssatzes auf den mittel- und langfristigen schweizerischen Forderungen an Deutschland. Im Gesamtinteresse wurde ein Teilopfer verlangt. Deutschland wollte ja eigentlich gar nichts zahlen, daran wäre natürlich das ganze Paket gescheitert. Dann war Berlin bereit für eine Verzinsung zu 4%. Die Schweiz verlangte hartnäckig 4½%, wofür eine kleine Konzession an «zusätzlichen Importen» gemacht werden musste.[214] Das gesamte Vertragspaket war von Aussenstehenden kaum zu überblicken. Es bestand aus einem Rahmenabkommen mit fünf Einzelverträgen, die den Waren-, Kapital- und Fremdenverkehr sowie Versicherungszahlungen und den Verkehr zwischen den Notenbanken regelten.[215] Begreiflich, dass sich die Schweizerische Nationalbank von solcher Bürokratie entlasten wollte. Zur Durchführung des Verrechnungsabkommens wurde die Schweizerische Verrechnungsstelle ins Leben gerufen, welche nach den üblichen Gesetzen der Bürokratie beträchtlich anwachsen und insbesondere 1945/46 zusätzliche, für unseren Zusammenhang sehr wichtige Aufgaben übernehmen wird. Das lange Leben der Verrechnungsstelle dauert bis 1978, entsprechend gewaltig sind die noch teilweise vorhandenen Aktenberge dieser etwas besonderen Behördenstelle. Wer sich für die technischen Abläufe des Clearingverkehrs und die rechtlichen Aspekte besonders interessiert, sei auf die Studie von Stefan Frech mit der dort angegebenen älteren Literatur verwiesen.[216]

Fassen wir aus Ablauf und Motiven kurz zusammen: Die Fortführung des Sonderabkommens vom Februar 1934 erwies sich als unmöglich. Dies war eine Folge der britischen und amerikanischen Opposition sowie von Schachts Devisensparstrategie. Für die Zeit nach dem 1. Juli musste eine neue Lösung gefunden werden. Der schweizerische Importüberschuss aus Deutschland betrug im ersten Semester 1934 immer noch 117 Millionen Franken. Deutschland war unverändert der wichtigste Lieferant der Schweiz mit einem Importanteil von 27%, während der Exportanteil 19.6% betrug. Im Gesamtrahmen der Wirtschaftskrise liess sich die enge gegenseitige Handelsvernetzung nicht leicht korrigieren. Und die Schweiz beharrte erfolgreich darauf, den Importüberschuss mindestens teilweise mit den Erfordernissen des Kapitalverkehrs und des Fremdenverkehrs verrechnen zu können. Es kann kein Zweifel bestehen, dass die Schweiz als demokratischer Rechtsstaat ein vitales Interesse besass, diese vielgefächerten Zusammenhänge im Rahmen von bilateralen Verträgen abzusichern. Stucki und Schulthess werden es dem Bundesrat zum Schluss nochmals deutlich sagen: Dieses Abkommen sei immer noch viel besser als ein «wirtschaftlicher Kriegszustand» mit Deutschland. Und es wäre ein Fehler gewesen, zusammen mit Grossbritannien und den USA gegen Deutschland vorzugehen.[217] Stucki kannte die in der Wirtschaft vielenorts verbreitete Skepsis gegenüber den Clearingsystemen sehr wohl, auch wenn man sich mit offiziellen Äusserungen in letzter Zeit zurückgehalten hatte.[218] Der Chef der Handelsabteilung enthielt sich deshalb vor der Presse am 27. Juli jeder überschwänglichen Beurteilung. Das Abkommen sei geeignet, meinte er, für Deutschland und die Schweiz «immerhin noch relativ erträgliche Verhältnisse zu schaffen, wenn nicht neue politische Ereignisse Zustände schaffen, bei denen überhaupt zwischenstaatliche Vereinbarungen aufhören». Und nicht ohne eine Dosis Sarkasmus erinnerte Stucki daran, dass er bereits im Herbst 1931 Vorschläge gemacht habe, die nun verwirklicht würden, aber damals von der deutschen Presse als «undiskutierbar» verworfen worden seien.[219]

Eine andere Frage war, ob ein solch komplexes Regelwerk nicht von vornherein die Gefahr mit sich brachte, in Schwerfälligkeit zu erstarren und die bei Änderung der Umweltbedingungen notwendige Flexibilität zu verlieren. Mit der weitgehenden Aufgabe des freien Zahlungsverkehrs waren jedenfalls auch beträchtliche Nachteile verbunden. Adolf Jöhr sprach vom Clearing völlig zu Recht als einem «Notbehelf».[220] Auch auf deutscher Seite gab es, etwa bei der Deutschen Handelskammer in Zürich, ein ausgeprägtes Interesse, einen vertragslosen Zustand zu diesem Zeitpunkt zu vermeiden.[221] Für Schacht zählte in erster Linie, was sich an frei verfügbaren Devisen für die Reichsbank herausholen liess. Denn mit dieser Quote musste er auch die Stillhaltezinsen auf den kurzfristigen Schulden bezahlen. Der neue Wirtschaftsdiktator sah sehr deutlich die Vorteile der nicht im Verrechnungsabkommen eingegliederten Stillhalteabkommen. Hier ging es darum, sich weiterhin offene Limiten für die unentbehrlichen kurzfristigen Handelsfinanzierungen zu sichern.[222] Und Schacht wusste natürlich, dass die Schweizer Banken auf diesem Gebiet nach wie vor beträchtlich engagiert waren. Die Interessenverflechtung ging somit deutlich über die unmittelbaren Wirkungen des Verrechnungsabkommens hinaus. Gleichzeitig scheint dieses Wirkungsfeld der Wirtschaftsinteressen auf den ersten Blick gleichsam abgelöst von den beträchtlichen Turbulenzen im politischen Bereich. Der Eindruck täuscht.

Eine allzu einseitige Fokussierung auf die Wirtschaftsdossiers verstellt den Blick auf den historischen Gesamtzusammenhang. Denn in Wirklichkeit veränderte sich die Wahrnehmung Deutschlands in der Schweiz gerade im Verlaufe dieses Sommers 1934 auf nachhaltige Weise – gewiss nicht zum Guten. Die Rückkoppelung dieser Vorgänge wird sich auch im wirtschaftlichen Bereich in mannigfacher Weise bemerkbar machen. Auf einzelne Aspekte beispielsweise im Bereich des Bankwesens wird im Kapitel 5 hingewiesen.

Worum geht es bei dieser bedeutenden Wahrnehmungsänderung? Nur einige kurze Hinweise: Die Ereignisse vom 30. Juni 1934 in Deutschland brachten eine neue und verschärfte Phase des seit Wochen schwelenden Pressekonflikts. Als Hitler und seine engste Clique an diesem Tag den SA-Stabschef Röhm und dessen Anhänger ausschalteten und zahlreiche andere angebliche Verschwörer und Gegner skrupellos ermorden liessen, wurde dies in der Schweiz als sensationelles Ereignis, als Krise und Demaskierung des Regimes interpretiert. Die führenden Schweizer Zeitungen sahen Terror am Werk und kaum verhüllten Mord. Das sozialdemokratische Volksrecht stellte fest, dass Deutschland kein Rechtsstaat mehr sei. Der Vergleich mit dem «Reichtagsbrandschwindel» lag auf der Hand. Die Darstellungen aus Berlin wurden äusserst kritisch kommentiert und in Frage gestellt. Goebbels reagierte darauf Anfang Juli mit Einfuhrverboten und Beschlagnahmungen der wichtigsten schweizerischen Blätter. Darauf reagierte der Bundesrat in Anbetracht der öffentlichen Erregung am 6. Juli mit dem Einfuhrverbot für drei deutsche Zeitungen auf vorerst 14 Tage.[223] Man hätte auch etwas schärfer vorgehen können, doch die Landesregierung fand in der Beratung, es sei «Vorsicht und Zurückhaltung notwendig». Ein allzu ungünstiger Einfluss auf die laufenden Wirtschaftsverhandlungen in Berlin sollte vermieden werden.[224] In Berlin war man tatsächlich sehr ungehalten, dass sich die kleine Schweiz erfrechte, auf die deutschen Zensurmassnahmen überhaupt zu reagieren. Der Gesandte Dinichert wurde am 9. Juli zu Ministerialdirektor Köpke ins Auswärtige Amt gebeten. Der Chef der Abteilung West- und Südeuropa gab sich alle Mühe, eine «ungewohnt finstere Miene» aufzusetzen. Aussenminister von Neurath liess ausrichten, «dass die Reichsregierung den ihr zugeworfenen Fehdehandschuh aufzunehmen bereit sei». Dinichert vertrat bestimmt und ohne Umschweife den schweizerischen Standpunkt.[225] Indes war klar, dass die Pressefrage zu einer anhaltenden Belastung der gegenseitigen Beziehungen geworden war. Bundesrat Motta war dies unangenehm. Er wollte jede weitere Steigerung, «einen unwürdigen und unzweckmässigen Wettlauf mit Verboten» vermeiden.[226] Für die schweizerische Öffentlichkeit sah dies anders aus. Denn auf diesem Felde konnte sich der schweizerische Widerstandswille gegen die Lügen, Verdrehungen und Anmassungen des Nazi-Regimes am wirkungsvollsten manifestieren. Die Gesamtatmosphäre mit all ihren Unwägbarkeiten, welche sehr deutlich in der zitierten Äusserung von Stucki an der Pressekonferenz vom 27. Juli anklingen, wird jedenfalls durch die Pressestreitigkeiten in wesentlichem Masse mitgeprägt.

Das Verrechnungsabkommen vom Juli 1934 brachte keine nachhaltige Beruhigung der gegenseitigen Beziehungen. Die Reichsbank war schon im September unzufrieden, weil sie zu wenig freie Mittel bekam.[227] Im August hatte Hjalmar Schacht mit einer viel beachteten Rede an der Leipziger Messe für Unruhe gesorgt. Neue Kontingentierungsmassnahmen und Vorschriften betreffend Devisenzuteilung seitens Deutschlands waren zu befürchten. Vorderhand versuchte man in Berlin die Schweizer noch zu beruhigen.[228] Dann wurde gegen Ende September der «Schacht-Plan» in Kraft gesetzt. Stucki protestierte sogleich gegen Bestimmungen, die nach seiner Ansicht einer Vertragsverletzung gleichkamen. Der schweizerische Gesandte wurde instruiert, bei der Übergabe der Protestnote mündlich darauf aufmerksam zu machen, «dass angesichts des letzten deutschen Vorgehens man sich nicht nur in der Schweiz, sondern auch in andern Staaten frage, ob Deutschland überhaupt noch vertragsfähig sei».[229] Damit hatte der Chef der schweizerischen Handelsdiplomatie den Kern des Problems präzis getroffen. Schacht manövrierte und jonglierte fortlaufend mit neuen Elementen. Dem deutschen Wirtschaftsdiktator missfiel, wie er bei Gelegenheit dem schweizerischen «Bauernführer» Professor Laur sagte, dass Stucki «meist mit bestimmten Ideen nach Berlin» komme, «auf die er sich oft schon vorher in der Öffentlichkeit festgelegt hat».[230]

Angesichts des deutschen «Vertragsbruchs» drängte Stucki auf unverzügliche Neuaufnahme von Verhandlungen. Die «Frankfurter Zeitung» schrieb derweil am 26. September, dass die «groben Töne» aus der Schweiz, das heisst die angebliche Androhung einer Überweisungssperre, der Sache keineswegs dienlich sei. Das Reichswirtschaftsministerium versuchte auch den Wirtschaftsexperten der Neuen Zürcher Zeitung in Berlin durch besondere Informationen zu beeinflussen.[231] Das offizielle Berlin ignorierte hingegen zunächst den schweizerischen Protest weitgehend, was Stucki und den Bundesrat veranlasste, das Schiedsgerichtsverfahren einzuleiten. Bundesrat Schulthess betonte ausserdem gegenüber dem Gesandten von Weizsäcker die «schwere Schädigung» für das deutsche Ansehen auch auf internationaler Ebene, falls über die bilateralen Abkommen autonom hinweggegangen werde».[232] Damit wurde eine gewisse Wirkung erzielt. Nach Vorgesprächen vom Oktober in Bern kam es schliesslich im November zu einer neuen Verhandlungsrunde in Berlin. Die deutsche Delegation legte einen Entwurf zu einem «Umbau» des Verrechnungsabkommens vor. Die Reichsbank und die Schweizerischen Zinsgläubiger hätten privilegiert werden sollen. Dies entsprach jedoch in keiner Weise den Absichten der schweizerischen Delegation. Der Vorort hatte sich Ende Oktober ganz klar dafür entschieden, dass dem Warenverkehr vor den Finanzgläubigern Priorität eingeräumt werden müsse. Stucki berichtete dem Bundesrat von «langen, schwierigen und zum Teil auch recht peniblen Diskussionen» mit den Deutschen.[233]

Erst am 8. Dezember 1934 kam es zu einer Einigung in Form eines Zusatzabkommens zum Verrechnungsabkommen. Das wichtigste Element aus deutscher Sicht: Die Reichsbank erhielt aus den Einzahlungen für deutsche Waren (Kohlenlieferungen ausgenommen) 12% zur freien Verfügung. Daraus zahlte die Reichsbank unter anderem die Zinsen auf den schweizerischen Stillhalteguthaben. Die schweizerischen Zahlungen für den Kohlenimport wurden separat mit den deutschen Fremdenverkehrszahlungen verknüpft. Der Transithandel musste andererseits aus dem Abkommen herausgenommen werden. Schacht wollte dafür vom Reichsbankanteil nichts opfern. Für den schweizerischen Warenexport konnte mindestens theoretisch erreicht werden, dass die deutschen Überwachungsstellen die Erteilung von Devisenbescheinigungen für Schweizerwaren nicht von der Prüfung des wirtschaftlichen Bedürfnisses abhängig machen konnten.[234]

Das Verrechnungsabkommen war somit nach «unendlich schwierigen und hartnäckigen Verhandlungen» – so Stucki am 10. Dezember beim Vortrag vor dem Bundesrat – den sich rasch ändernden Verhältnissen des Warenaustausches und der deutschen Devisenverfügbarkeit angepasst worden. Die Warenströme wurden durch verschiedene Sonderfaktoren wesentlich beeinflusst. Dazu gehörten die Durchführung des «Schacht-Planes» ebenso wie eine zunehmend spürbare Zurückhaltung der Schweizer gegenüber gewissen Importen aus Deutschland. Das Gleichgewicht im Verrechnungsverkehr war deshalb längerfristig keineswegs abgesichert. Auch die Ungleichgewichte auf schweizerischer Seite zwischen Warenhandel, Fremdenverkehr und Finanzinteressen waren geeignet, sich bei anhaltender deutscher Devisenknappheit eher zu verschärfen. Und die Schweiz befand sich immer noch tief in einer gravierenden wirtschaftlichen Schwächephase.

Schweizerische Initiativen und neuartige Gefahren aus Deutschland (1932–1934)

1 Brüning, Memoiren, S. 491.
2 Tgr. Cuno an Reichskanzlei vom 30.10.1931 und Tgr. Prittwitz an AA vom 29.10.1931, BAB/ R 43 I/ 316.
3 Brüning, Memoiren, S. 488.
4 Vgl. Wandel, Schäffer, S. 221.
5 Vorschläge in BAB/ R 43 I/ 316.
6 Tagebuch Hans Schäffer, 8.11.1931, IfZ.
7 VR-Protokoll EIBA vom 4.2.1932, GHA UBS AG/ SBG.
8 Einladungsliste in GHA UBS AG/ SBG 12/2569.
9 Jaberg: Kurzer Kommentar zum Stillhalteabkommen, GHA UBS AG/ SBG 12/2570.
10 Jaberg an K. von Lewinski, 8.2.1932, GHA UBS AG/ SBG 12/2571.
11 H. A. Simon, Deutsches Kreditabkommen von 1932, Sonderdruck aus dem «Bank-Archiv», 31. Jahrgang, Nr. 9–11, S. 42 f.
12 Jaberg an Simon, 15.3.1932, sowie Briefentwurf Jaberg an Ausschuss zur Regelung von Streitigkeiten, 21.3.1932, GHA UBS AG/ SBG 12/2572 und 12/2571.
13 Vgl. zum Beispiel Landesfinanzamt Berlin an Rosenstein, 9.9.1932, BAB 2501/8258.
14 Jaberg an Kastl, 11.5.1932, GHA UBS AG/ SBG 12/2571.
15 BAB 2501/8236.
16 Rudolf J. Ernst an von Wedel, 4.5.1932, BAB 2501/8235.
17 BAB 2501/8248.
18 Vgl. die detailreiche Studie von Elisabeth Kraus, Die Familie Mosse – Deutschjüdisches Bürgertum im 19. und 20. Jahrhundert, München 1999, S. 503 ff. Hier werden auch Kredite der Zürcher Firmen Brettauer und Blankart an Mosse behandelt.
19 Ausschuss-Protokoll SBVg vom 23.3.1932, GHA UBS AG/ SBG.
20 Jaberg an von Wedel, 30.4.1932; Notizen Jaberg zur Londoner-Konferenz, 7.6.1932; Jaberg an Simon, 26.11.1932. GHA UBS AG/ SBG 12/2572.
21 Bericht Meyer/Blass an Bachmann, 11.4.1932, GHA UBS AG/ SBG 12/2570.
22 Vgl. Wenzel, Stillhalteabkommen, S. 92 f.
23 Schuldnerliste in Bericht Meyer/Blass vom 11.4.1932.
24 Notiz Jaberg vom 7.7.1932, GHA UBS AG/ SBG 12/2570.
25 Luther, Vor dem Abgrund, S. 260.
26 Joseph Goebbels, Tagebücher, 7.8.1932.
27 Rüfenacht an Schulthess, 4.1.1932, SBA/ E 7110, Akz. 1, Bd. 25.
28 Tgr. von Bülow an Müller, 26.1.1932. Vermerk Benzler vom 1.2.1932 über Besprechung mit Stucki. PAAA/ R 106'244.
29 Notiz Feer vom 10.2.1932, DDS Bd. 10, Nr. 146.
30 Verbalnote der deutschen Gesandtschaft in Bern vom 15.2.1932. PAAA/ R 106'244.
31 Rüfenacht an Stucki, 12.2.1932, SBA/ E 7110, Akz. 1, Bd. 25. Trendelenburg an Stucki, 21.3.1932, SBA/ J. 1. 131, Nr. 24.
32 BR-Protokoll vom 10.6.1932 (Antrag EVD vom 8.6.1932), DDS Bd. 10, Nr. 174.
33 Tgr. Müller an AA, 25.5.1932, PAAA/ R 106'244.
34 BR-Protokoll vom 29.6.1932 mit Annex, DDS Bd. 10, Nr. 178.
35 Vorort an die Sektionen, 25.7.1932, DDS Bd. 10, Nr. 186.
36 Protokoll Vorort vom 30.9.1932, AfZ.
37 Benzler an Hagemann, 4.10.1932. Tgr. Ritter an dt. Delegation, 12.10.1932. PAAA/ R 106'245.
38 Antrag Schulthess an Bundesrat vom 5.11.1932, DDS Bd. 10, Nr. 207.
39 Geschäftsbericht Bankgesellschaft 1932, S. 6.
40 Antrag EVD vom 8.6.1932, DDS Bd. 10, Nr. 174.
41 Notizen Jaberg vom 14.12.1932, GHA UBS AG/ SBG 12/2570.

42 Jaberg an Stucki, 15.11.1932, GHA UBS AG/ SBG 12/2571.
43 Schacht, 76 Jahre, S. 352, 372. Vgl. auch Albert Fischer, Hjalmar Schacht und Deutschlands «Judenfrage», Köln 1995, S. 75 ff.
44 A. Fischer, Schacht, S. 82 f.
45 Notiz Jaberg vom 30.1.1933 über die Vorsitzung in Berlin, GHA UBS AG/ SBG 12/2570.
46 Bankgesellschaft an Speiser, Gutzwiller & Co., 9.1.1933, GHA UBS AG/ SBG 12/2572.
47 Bericht Jaberg für die Bankenkonferenz vom 28.2.1933, GHA UBS AG/ SBG 12/2570. Zahlenmaterial Stillhaltung per 28.2.1933 ebenfalls in 12/2570.
48 Paul Widmer, Die Schweizer Gesandtschaft in Berlin, Zürich 1997, S. 157.
49 Phipps an Eden, 7.1.1936 (Report über die Missionschefs in Berlin), PRO/ FO 408/66.
50 P. Widmer, a. a. O., S. 183 f.
51 Markus Feldmann, Tagebuch 1923–1939, Basel 2001, Bd. 1, S. 225.
52 Vgl. zum Beispiel den Leitartikel der NZZ vom 3.3.1933, Nr. 381, über den «Ausnahmezustand in Deutschland».
53 NZZ Nr. 395 vom 5.3.1933.
54 Leitartikel vom 13.4.1933, vgl. Willy Bretscher, Im Sturm von Krise und Krieg, Zürich 1987, S. 24.
55 Eric Dreifuss, Die Schweiz und das Dritte Reich, Vier deutschschweizerische Zeitungen im Zeitalter des Faschismus 1933–1939, Frauenfeld und Stuttgart 1971, S. 39, 47, 68. Zur Haltung der NZZ zum Thema der «Fronten» vgl. Konrad Zollinger, Frischer Wind oder faschistische Reaktion? – Die Haltung der Schweizer Presse zum Frontismus 1933, Zürich 1991, S. 140 ff.
56 Motta an Häberlin, 22.3.1933, DDS Bd. 10, Nr. 252.
57 Vgl. Karl Weber, Die Schweiz im Nervenkrieg, Aufgabe und Haltung der Schweizer Presse in der Krisen- und Kriegszeit 1933–1945, Bern 1948, S. 31. Dinichert an Motta, 12.9.1933, DDS Bd. 10, Nr. 333.
58 Von Weiss an Schweizerische Gesandtschaft in Berlin, 21.9.1933, zit. nach: Markus Schmitz und Bernd Haunfelder, Humanität und Diplomatie, Die Schweiz in Köln 1940–1949, Münster 2001. Edition der Berichte von Weiss, S. 139 f.
59 Thomas Mann, Tagebücher 1933–34, S. 47.
60 Thomas Mann, Tagebücher 1933–34, S. 132 (20.7.1933).
61 R. Soland, Häberlin und seine Tagebücher, S. 281 (Tagebuch vom 17.6.1933).
62 R. Soland, a. a. O., S. 280 (17.3.1933).
63 Thomas Mann, Tagebücher, S. 54 (20.4.1933).
64 Antrag EVD an Bundesrat vom 27.3.1933, SBA/ E 7110, Akz. 1, Bd. 26.
65 Wetter an Schulthess, 17.5.1933, DDS Bd. 10, Nr. 271.
66 Protokoll Vorort vom 2.6.1933, AfZ.
67 Dinichert an Motta, 2.2.1933, SBA/ E 2300 Berlin, Bd. 63.
68 Schacht, 76 Jahre, S. 391 f.
69 Motta an Dinichert, 24.5.1933, DDS Bd. 10, Nr. 277.
70 Protokoll Vorort vom 27.8.1932, AfZ.
71 Wetter an Schulthess, 17.5.1933, DDS Bd. 10, Nr. 271.
72 Schacht, 76 Jahre, S. 405.
73 Goebbels-Tagebücher, 7.4.1933.
74 NZZ Nr. 975 vom 30.5.1933.
75 NZZ Nr. 898 vom 18.5.1933.
76 Stellungnahme von Dr. E. Friedrich in NZZ Nr. 1071 vom 13.6.1933.
77 NZZ Nr. 902 vom 19.5.1933.
78 Protokoll des Komitees Deutschland der SBVg vom 7.6.1933, DDS Bd. 10, Nr. 283.
79 Stellungnahme «aus Kreisen privater Inhaber ausländischer Anleihetitel» in NZZ Nr. 1016 vom 6.6.1933.

80 NZZ Nr. 1086 vom 16.6.1933.
81 Protokoll der schweizerischen Delegationssitzung vom 15.6.1933, DDS Bd. 10, Nr. 289.
82 Ritter an AA, London 21.6.1933. Tgr. AA an Ritter, 24.6.1933. PAAA/ 106'245.
83 Aktenvermerk Ritter vom 28.6.1933, PAAA/ 106'245.
84 Protokoll Konferenz Schulthess, de Stoutz, Feldscher, Jöhr, Vieli vom 29.6.1933, DDS Bd. 10, Nr. 295.
85 NZZ Nr. 1112 vom 19.6.1933.
86 NZZ Nr. 1192 vom 1.7.1933.
87 NZZ Nr. 1194 vom 2.7.1933.
88 NZZ Nr. 1198 vom 2.7.1933.
89 F. Abbot Goodhue an Jaberg, 12.7.1933, Archiv UBS/SBG 12/2571.
90 NZZ Nr. 1202 vom 3.7.1933.
91 BR-Protokoll vom 4.7.1933, DDS Bd. 10, Nr. 297.
92 Vgl. NZZ Nr. 1241 vom 8.7.1933.
93 Protokoll Ausschuss SBVg vom 13.7.1933, GHA UBS AG/ SBG 12/2623.
94 Stucki an Dinichert, 7.9.1933, DDS Bd. 10, Nr. 328.
95 Dinichert an Stucki, 20.5.1933 und 17.6.1933. Stucki an Dinichert, 2.6.1933. SBA/ E 71110, -/1, Bd. 41.
96 Thurgauische Kantonalbank an SNB, 25.8.1933, SBA/ E 6100(A), 12, Bd. 2.
97 Reichsbank an RWM, 23.8.1933, PAAA/ Ges. Bern, Bd. 2534.
98 VR-Protokoll SBG vom 14.9.1933, Archiv UBS/SBG. GD SBV an Direktion SBV Zürich, 18.5.1934, GHA UBS AG/ SBV 00083300.
99 Notiz «Deutsche Auslandvermögen» vom 6.11.1934, BAB/ R 2501/6627.
100 Daten der SNB, zitiert in: UEK-Band 13, S. 584.
101 BR-Protokoll vom 19.6.1933, SBA/ E 7110, Akz. 1, Bd. 36. Es ist unklar, welche deutschen Vermögenswerte in dieser Schätzung enthalten sind.
102 SNB an EPD, 15.8.1933. Stucki an SNB, 17.8.1933. SBA/ E 7110, Akz. 1, Bd. 39.
103 Motta an Dinichert, 14.10.1933, DDS Bd. 10, Nr. 341.
104 Goebbels-Tagebücher, 27.9.1933.
105 Dinichert an Motta, 5.9.1933, DDS Bd. 10, Nr. 327.
106 Stucki an Dinichert, 7.9.1933, DDS Bd. 10, Nr. 328.
107 BR-Protokoll vom 6.10.1933, DDS Bd. 10, Nr. 339. AA an Botschaften in Paris, London, Rom, Washington etc., 5.10.1933, PAAA/ R 106'245.
108 Jöhr an Schulthess, 9.10.1933, SBA/ E 7110, -/1, Bd. 51.
109 Aktenvermerk Ritter vom 10.11.1933, PAAA/ R 106'245. Tgr. Hagemann an AA, 9.11.1933 und 29.11.1933, PAAA/ Ges. Bern, Bd. 2627.
110 Kleine Anfrage Reinhard an den Bundesrat vom 4.12.1933, SBA/ E 6100(A), 12, Bd. 2.
111 Verbalnote der Schweizerischen Gesandtschaft in Berlin, 6.2.1934, BAB/ R 2/5972. Erster Protest in dieser Sache in Verbalnote vom 1.8.1933, SBA/ E 2801 (-), 1967/77, Bd. 2.
112 «Begründung für die anderweite Bezeichnung des ‹Steueraussendienstes› mit ‹Steuerfahndungsdienst›», Notiz Reichsfinanzministerium, ohne Datum (vermutlich 1934). BAB/ R 2/5972.
113 Rheinboldt an AA, 23.12.1921, PAAA/ G.K. Zürich, Paket 49.
114 Amtliches stenographisches Bulletin der schweizerischen Bundesversammlung, 16.12.1915.
115 11. Jahresbericht der Schweizerischen Bankiervereinigung, S. 66f.
116 Feer an SBVg, 2.10.1931, GHA UBS AG/ SBG 12/2616.
117 Verein zürcherischer Kreditinstitute an Kantonale Fremdenpolizei Zürich, 3.12.1931, Archiv SNB 4005.
118 Handschriftlicher Kommentar von K. zum Schreiben Feer an SBVg, a.a.O.
119 Rusch an RMF, 20.4.1932, BAB/ R 2/5893.

120 Der Präsident des Landesfinanzamtes Karlsruhe an RMF, 10.5.1932, BAB R 2/5893.
121 Landesfinanzamt Karlsruhe an RMF, 12.5.1932, BAB/ R 2/5893.
122 Staatsanwaltschaft Konstanz an Finanzamt Singen, 23.5.1932, BAB/ R 2/5893.
123 Vischer (1. Sekretär SBVg) an Ausschussmitglieder, 14.5.1932, GHA UBS AG/ SBG 12/2617.
124 Ausschuss-Protokoll der SBVg vom 23.3.1932, GHA UBS AG/ SBG.
125 Landesfinanzamt Berlin an RFM, 1.7.1932, PAAA/ G.K. Zürich, Paket 43.
126 Windel an AA und an Gesandtschaft Bern, 18.8.1932 (Briefe nicht identisch), PAAA/ G.K. Zürich, Paket 43.
127 RMF (i.A. Grothe) an AA, 22.11.1934, PAAA/ G.K. Zürich, Paket 46a.
128 Landesfinanzamt Brandenburg an RMF, 19.4.1933, BAB/ R 2/5972.
129 Landesfinanzamt Dresden an RMF, 24.6.1932, und RMF an dasselbe, 2.7.1932, BAB/ R 2/5893.
130 Hell an Reinhardt, 6.4.1933, BAB/ R 2/5972.
131 Briefkonzept Hellenthal vom 5.10.1932 und definitives Schreiben an AA vom 10.10.1932, PAAA/ G.K. Zürich, Paket 43.
132 AA an RMF, 1.11.1932, BAB/ R 2/5893.
133 RMF 3.2.1933, BAB/ R 2/5893.
134 Landesfinanzamt Stuttgart, Verkehr mit Schweizer Agenten, 31.10.1932, BAB/ R 2/5893.
135 Notiz SBV (für SNB) vom 25.9.1933, Archiv SNB 4005.
136 Rapport der Stadtpolizei Schaffhausen vom 31.1.1940, SBA/ E 4320(B), Akz.1984/29, Bd.88.
137 SBV an ZKB, 18.3.1933, Archiv SNB 4005.
138 Landesfinanzamt Karlsruhe an RMF, 12.5.1933, BAB/ R 2/5984.
139 SNB an Schweizerische Bundesanwaltschaft, 10.11.1933, Archiv SNB 4005.
140 RMF an AA, 25.1.1934, BAB/ R 2/5972. Zürcher Polizeibericht vom 16.11.1933, SBA/ E 2801 (-), 1967/77, Bd.2.
141 Polizeikommando Zürich an Bundesanwaltschaft, 16.12.1933, SBA/ E 2801 (-), 1967/77, Bd.2. Landesfinanzamt Mecklenburg-Lübeck an RMF, 7.3.1934, BAB/ R 2/5972.
142 AA an RMF 30.12.1933, BAB/ R 2/5972.
143 Bericht des Bundesrates an die Bundesversammlung über die antidemokratische Tätigkeit von Schweizern und Ausländern im Zusammenhang mit dem Kriegsgeschehen 1939–1945 (Motion Boerlin), 1.Teil vom 28.12.1945, S.3ff.
144 Rapport du Commissaire spécial, Saint-Louis, 4.11.1933, französisches Innenministerium an Aussenministerium, 7.11.1933, AMAE/ Europe 1930–1940/ Suisse Bd. 245.
145 Rapport du Commissaire spécial, Saint Louis, 18.7.1933, AMAE/ Europe 1930–1940/ Suisse Bd. 202.
146 H. Wahlen, Minger, S.143. Botschafter Clauzel an frz. Aussenministerium, 10.7.1933, AMAE/ Europe 1930–1940/ Suisse Bd.202.
147 Clauzel an Aussenministerium, 14.12.1933, AMAE/ Europe 1930–1940/ Suisse Bd.202.
148 Vgl. R. Soland, Häberlin, S. 290f., 305f.
149 R. Soland, a.a.O., S.309.
150 R. Soland, a.a.O., S.312.
151 R. Soland, a.a.O., S.320f.
152 NZZ Nr.2339 vom 21.12.1933.
153 Walther Bringolf, Mein Leben, Bern/München/Wien 1965, S.132.
154 Botschaft des Bundesrates vom 29.4.1935, Bundesblatt vom 1.5.1935, S.742ff.
155 Stenographisches Bulletin der Bundesversammlung: Nationalrat vom 6.6.1935 und Ständerat vom 18.6.1935.
156 Memorandum Bankiervereinigung, überreicht am 23.9.1932, SBA/ E 6520(A), Akz.1, Schachtel 2.

157 Bänziger, Die Entwicklung der Bankenaufsicht, S. 100-108.
158 NZZ Nr. 2194 vom 4.12.1933 zur Beratung der nationalrätlichen Kommission.
159 NZZ Nr. 190 vom 2.2.1934 und Nr. 194 vom 3.2.1934.
160 Botschaft des Bundesrates zum Entwurf eines Bundesbeschlusses betreffend den Schutz der Sicherheit der Eidgenossenschaft vom 29.4.1935, Bundesblatt 1.5.1935, S. 745.
161 Gesetzesentwürfe zum Bankengesetz sowie Protokoll der Expertensitzung vom 18.1.1934 in: SBA/ E 6520(A), Akz. 1, Schachtel 3.
162 Notiz Rechtsdienst SBV Zürich an GD SBV, 11.12.1933, GHA UBS AG/ SBV/CGP/00083256.
163 G.K. Zürich an AA, 9.2.1935, PAAA/ Ges. Bern, Bd. 2534.
164 AA an RMF, 22.2.1934. RMF an Landesfinanzämter, 19.3.1934. BAB/ R 2/5972.
165 Vgl. verschiedene Fälle in PAAA/ Ges. Bern, Bd. 2551.
166 NZZ Nr. 2263 vom 12.12.1933.
167 NZZ Nr. 2265 vom 12.12.1933.
168 BR-Protokoll vom 14.12.1933, DDS Bd. 10, Nr. 371.
169 NZZ Nr. 2282 vom 14.12.1933.
170 NZZ Nr. 2285 vom 15.12.1933.
171 De Pury an Stucki, 18.12.1933, DDS Bd. 10, Nr. 373.
172 NZZ Nr. 2279 vom 14.12.1933.
173 Neurath an Phipps, 7.12.1933. Memorandum G. H. S. Pinsent, 8.12.1933. PRO/ FO 408/63.
174 Jöhr an Stucki, 8.1.1934, 12.1.1934, 15.1.1934, SBA/ E 7110, Akz. 1, Bd. 39.
175 Memorandum J. V. Perowne/FO, 16.1.1934, PRO/ FO 408/64.
176 Dinichert an Stucki, 9.1.1934, SBA/ E 7110, Akz. 1, Bd. 41.
177 Tgr. Ritter an Gesandtschaft Bern, 2.1.1934, PAAA/ Ges. Bern, Bd. 2522.
178 Tgr. Weizsäcker an AA, 3.1.1934, PAAA/ Ges. Bern, Bd. 2522.
179 Vermerk Weizsäcker, 19.1.1934, über Besprechung vom 8.1.1934 mit Schacht, PAAA/ Ges. Bern, Bd. 2522.
180 Vgl. die kritische Studie von Rolf Lindner, Freiherr Ernst Heinrich von Weizsäcker, Staatssekretär Ribbentrops von 1938 bis 1943, Lippstadt 1997, S. 72-125 zur Marinekarriere und zum Start im Auswärtigen Amt.
181 Ernst von Weizsäcker, Erinnerungen, München/Leipzig/Freiburg i. Br. 1950, S. 61 ff.
182 Weizsäcker, Erinnerungen, S. 88 f., 92.
183 Vgl. Hans-Jürgen Döscher, Das Auswärtige Amt im Dritten Reich, Berlin 1987, S. 67 f.
184 Weizsäcker, Erinnerungen, S. 106 und 108.
185 Weizsäcker, Erinnerungen, S. 111.
186 Memorandum Treasury, 17.9.1934, PRO/ FO 408/66.
187 Memorandum Perowne, 16.1.1934, PRO/ FO 408/64.
188 Dinichert an Motta, 22.12.1933, DDS Bd. 10, Nr. 376.
189 Entwurf Jöhr, 20.1.1934, SBA/ Akz. 1, Bd. 39. «Arguments in Support of the special Arrangement governing the Transfer from Germany to Switzerland, put forward by the Swiss Delegation», 25.1.1934, PRO/ FO 408/64.
190 Deutsche langfristige Auslandschuld (Stand Februar 1933) pro Kopf der Gläubigerländer: Schweiz: 293 RM, USA: 42 RM, GB: 23 RM. Arguments, 25.1.1934, a.a.O.
191 Memorandum E. H. Lever, communicated by the Treasury 5.2.1934, PRO/ FO 408/64.
192 Communiqué issued by the Reichsbank, 31.1.1934, PRO/ FO 408/64. Dinichert an Stucki, 1.2.1934, SBA/ Akz. 1, Bd. 41.
193 Tgr. Ritter an Weizsäcker, 31.1.1934. Tgr. Weizsäcker an AA, 1.2.1934. Protokolle vom 8./9.2.1934. Note EVD an Dt. Ges. Bern, 16.2.1934. PAAA/ Ges. Bern, Bd. 2522. Kennard an FO, 1.2.1934, PRO/ FO 408/64. Jöhr an Stucki und Schulthess, 10.2.1934, SBA/ Akz. 1, Bd. 39.

194 Note Treasury über Meeting vom 21.3.1934, PRO/ FO 408/64. Zum gleichen Thema aus holländischer Quelle: Deutsche Gesandtschaft im Haag an AA, 24.3.1934, PAAA/ Ges. Bern, Bd. 2522.
195 Weizsäcker an AA, 24.3.1934, und Antwort Ritter vom 4.4.1934. PAAA/ Ges. Bern, Bd. 2522.
196 Memorandum by the British Representatives (Lever and Guinness) on the Proceedings of the Berlin Transfer Conference, April–May 1934, communicated by Treasury 13.6.1934, PRO/ FO 408/64.
197 BR-Protokoll vom 18.6.1934, und Rapport Jöhr vom 7.5.1934 (Anm. 6), DDS Bd. 11, Nr. 46.
198 Weizsäcker an AA, 1.6.1934, PAAA/ Ges. Bern, Bd. 2522.
199 NZZ Nr. 1394 vom 3.8.1934.
200 Statement issued by the Reichsbank, 14.6.1934, PRO/ FO 408/64.
201 Tgr. Stucki an Hagemann, 7.4.1934. Vermerk Hagemann über Telefongespräch mit Stucki, 18.5.1934. PAAA/ Ges. Bern, Bd. 2627. Homberger an Stucki, 6.6.1934, SBA/ E 7110, Akz. 1, Bd. 37.
202 SNB an EVD, 25.9.1934 (betr. Zeitraum 1.8.1932–1.8.1934), SBA/ E 7110, Akz. 1, Bd. 43.
203 Ernst Wetter an Vorort-Sitzung vom 29.6.1934 (Protokoll Vorort), AfZ.
204 NZZ Nr. 1141 vom 25.6.1934.
205 BR-Protokoll vom 3.7.1934, SBA/ E 1004.1 (-). NZZ Nr. 1082 vom 16.6.1934.
206 Sir John Simon an von Hoesch, 20.9.1934, PRO/ FO 408/64.
207 NZZ Nr. 1119 vom 22.6.1934.
208 Weizsäcker an AA, 18.6.1934. Ritter an Weizsäcker, 19.6.1934. Vermerk Weizsäcker, 22.6.1934. PAAA/ Ges. Bern, Bd. 2522.
209 BR-Instruktionen an Stucki vom 22.7.1934 in: DDS Bd. 11, S. 151 (Anm. 21).
210 NZZ Nr. 1201 vom 4.7.1934.
211 SKA an Stucki, 4.7.1934, SBA/ E 7110, Akz. 1, Bd. 39.
212 Stucki an Homberger, 27.7.1934, SBA/ E 7110, Akz. 1, Bd. 37.
213 BR-Protokoll vom 17.7.1934, DDS Bd. 11, Nr. 53.
214 BR-Protokoll vom 4.8.1934, DDS Bd. 11, Nr. 55.
215 Veröffentlichte Teile im Schweiz. Handelsamtsblatt Nr. 175/30.7.1934 und Nr. 179/3.8.1934. Ferner Nr. 215/14.9.1934 mit EVD-Ausführungsbestimmungen.
216 Stefan Frech, Clearing – Der Zahlungsverkehr der Schweiz mit den Achsenmächten, UEK-Band 3, Zürich 2001.
217 BR-Protokoll vom 4.8.1934, Antrag EVD vom 2.8.1934, SBA/ E 1004.1 (-).
218 Vgl. Homberger an Stucki, 2.7.1934, SBA/ E 7110, Akz. 1, Bd. 39.
219 NZZ Nr. 1356 vom 28.7.1934.
220 Adolf Jöhr, Die Schweiz und das Transferproblem, Separatdruck Zürich (1938), S. 7.
221 Vgl. Napolski, S. 169.
222 Zum Beispiel Schacht betreffend Stillhalteinsen vor der Auslandpresse am 21.6.1934 in Berlin (NZZ Nr. 1119 vom 22.6.1934).
223 Vgl. Karl Weber, Die Schweiz im Nervenkrieg, S. 47 ff.
224 BR-Protokoll vom 6.7.1934, SBA/ E 1004.1 (-).
225 Dinichert an Motta, 10.7.1934, DDS Bd. 11, Nr. 52.
226 BR-Protokoll vom 13.7.1934, SBA/ E 1004.1 (-).
227 Reichsbank an AA, 20.9.1934, PAAA/ Ges. Bern, Bd. 2524.
228 Dinichert an Stucki, 31.8.1934, DDS Bd. 11, Nr. 59.
229 Stucki an Dinichert, 26.9.1934, DDS Bd. 11, Nr. 66. Protestnote vom 26.9.1934 als Annex zu DDS Bd. 11, Nr. 68.
230 Laur an Stucki, 3.9.1934, DDS Bd. 11, S. 228 (Anm. 12).
231 Dinichert an Stucki, 24.10.1934, SBA/ E 7110, -/1, Bd. 41.
232 Tgr. Weizsäcker an AA, 3.10.1934, PAAA/ Ges. Bern, Bd. 2524.

233 Vorort-Protokoll vom 31.10.1934, AfZ. BR-Protokoll vom 13.11.1934, DDS Bd. 11, Nr. 79.
234 BR-Protokoll vom 10.12.1934, DDS Bd. 11, Nr. 84.

5. Die Schweiz im Tief (1935/1936)

5.1. Schulthess geht widerwillig – die Konjunktur bleibt schwach

Am 29. November 1934 hielt Bundesrat Schulthess in Aarau vor 1400 Zuhörern eine Rede, die grösstes Aufsehen erregte. Der Wirtschaftsminister wollte, wie er Hans Sulzer schrieb, einmal die Dinge klarstellen. Sein Hauptthema war die Wirtschaftslage. Die Wirtschaftskrise sei zur «grossen geistigen und politischen Krise» geworden. Es gehe um Sein oder Nichtsein des Landes. Der Export müsse belebt werden und dazu seien die Produktionskosten zu senken. Er befürwortete «eine richtige Organisation des Preisabschlags», den Abbau von Löhnen und Gehältern, wo dies noch nicht erfolgt sei.[1] Das Echo auf diese «Abbau-Rede» war sehr gemischt. Verschiedene Punkte seines Programms weckten Bedenken, nicht nur auf der linken politischen Seite. Schulthess hatte sich offensichtlich verrechnet. «Wer ihm zustimmte», schreibt Hermann Böschenstein, «tat es ohne echtes Vertrauen, weil er doch allzu sehr der Repräsentant einer andern Politik gewesen war; wer ihm widersprach, war gerade deshalb so erbittert, weil Schulthess und kein anderer so gesprochen hatte.»[2] Der alternde Schulthess hatte sich im Alleingang zu weit vorgewagt. Es schien, als habe ihn sein einst so wacher politischer Instinkt im Stiche gelassen.

Natürlich war es kein Zufall, dass am folgenden Tag die Kriseninitiative mit 335 000 Unterschriften eingereicht wurde. Sie war von einer «nationalen Aktionsgemeinschaft» lanciert worden, deren Rückgrat die Gewerkschaften und Angestelltenverbände bildeten. Max Weber bezeichnete die Auseinandersetzung um die Kriseninitiative aus der Rückschau der sechziger Jahre als den wohl wichtigsten wirtschaftspolitischen Kampf, der in einer schweizerischen Volksabstimmung ausgetragen worden sei.[3] Die Initiative zielte auf die «Erhaltung der Konsumkraft des Volkes durch Bekämpfung des allgemeinen Abbaues der Löhne, der landwirtschaftlichen und der gewerblichen Produktenpreise». Sie forderte «planmässige Beschaffung von Arbeit» und Entlastung für überschuldete landwirtschaftliche und gewerbliche Betriebe. Ausserdem fand sich darin das Begehren auf «Regulierung des Kapitalmarktes und Kontrolle des Kapitalexports» sowie die «Kontrolle der Kartelle und Trusts». Das war für die bürgerlichen Parteien und die «Hochfinanz» eine ganz unbekömmliche Mischung. Der Abstimmungskampf wurde im ersten Halbjahr 1935 mit grösster Härte geführt und fand auch im Ausland viel Beachtung. Von den Auswirkungen auf den Finanzplatz wird noch genauer die Rede sein. Für die sozialdemokratische Partei war der Kampf um die Kriseninitiative jedenfalls «eine der schönsten und eindrucksvollsten Kampagnen, die wir je erlebt haben. Vielleicht noch nie disputierte das Schweizervolk so eifrig die schwierigsten ökonomischen Probleme.»[4]

Bereits Anfang Dezember 1934 zirkulierten darauf Gerüchte über einen Rücktritt von Bundesrat Schulthess. Das war ein schwieriges Thema. Der grosse «Wirtschaftsdirigent» war zwar 66 Jahre alt, hatte Gesundheitsprobleme, liebte jedoch im Grunde unverdrossen Macht und Einfluss. Andererseits hatte er nun viele seiner Freunde mit seinem Vorgehen vor den Kopf gestossen, wie es der «Bauernführer» Laur formulierte.[5] Folgt man Markus Feldmanns Tagebuch, dann scheint Bundesrat Minger dem Volkswirtschaftsminister das Gesetz des Handelns aus der Hand genommen zu haben.[6] Jedenfalls demissionierte Schulthess am 13. Februar 1935 offiziell auf Mitte April. Er wurde vom Bundesrat zum Präsidenten der neu ins Leben gerufenen Eidgenössischen Bankenkommission ernannt. Das war kein gemütlicher Honoratiorenposten, sondern in dieser Krisenlage eine Stellung von beträchtlichen Einflussmöglichkeiten, was Schulthess gereizt haben muss.

Die Nachfolgefrage war nicht einfach. Der britische Gesandte glaubte zu wissen, dass keiner der sechs Bundesratskollegen ins schwierige Volkswirtschaftsdepartement wechseln wollte.[7] Walter Stucki hätte sich rein sachlich als Nachfolger aufgedrängt. Aber der Berner Sitz war bereits von Rudolf Minger besetzt, der dem Höhepunkt seiner Karriere zustrebte und 1935 überdies das Amt des Bundespräsidenten bekleidete. Minger und der katholisch-konservative «Königsmacher» Heinrich Walther sorgten schliesslich dafür, dass am 4. April 1935 Hermann Obrecht zum Nachfolger von Schulthess gewählt wurde. Markus Feldmann notierte in sein Tagebuch: «Die Art und Weise, wie diese Kandidatur von Bundesrat Minger durchgestiert wurde, gibt zu Bedenken Anlass.»[8] Walter Stucki reichte sogleich seine Demission auf Ende Jahr ein. Er hatte sie mit Datum vom 28. März versehen.[9] Der französische Botschafter ging davon aus, dass Stuckis «autoritäre Unabhängigkeit» sich nicht mit dem neuen Chef Obrecht vertragen würde. Motta kommentierte, Stucki habe immer nur mit Schulthess zusammenarbeiten wollen. Aber der französische Botschafter vermutete überdies, dass bei Stucki auch «certains tendances germanophiles» des neuen Bundesrates zu seinem Rücktrittsschritt beigetragen haben könnten. Denn die Beziehungen von Obrecht als Präsident der Waffenfabrik Solothurn zur deutschen Schwerindustrie waren von der linken Presse mit Genuss ausgebreitet worden. Botschafter Clauzel erinnerte sich überdies nur allzu gut an die Hirtenberger Affäre, mit der er sich drei Jahre vorher in Wien herumschlagen musste. Clauzel befragte Bundesrat Motta, der für Obrechts Loyalität und Unparteilichkeit garantierte.[10] Mit Obrecht war – wie bereits in Kapitel 2.1. angetönt – ein «self made man» und klassischer sozialer Aufsteiger in die Landesregierung gewählt worden. Als Chef des Volkswirtschaftsdepartementes wird er ebenso wie sein Vorgänger eine entscheidende Rolle sowohl in den Beziehungen zu Deutschland wie auch in den wichtigsten inländischen

Problemfeldern spielen. In den Augen des britischen Gesandten war Obrecht bereits im Herbst 1935 der «dominierende Faktor» in der Landesregierung.[11] Das Verhältnis zu seinem Vorgänger Schulthess, der mit Stellungnahmen und mancherlei Aktivitäten auch nach dem Rücktritt kaum zurückhalten mochte, blieb kühl.[12]

Der neue Chef des Volkswirtschaftsdepartementes sah sich vor einer sehr schwierigen Aufgabe. Im Gegensatz etwa zu Grossbritannien und Deutschland erreichte die Wirtschaftskrise in der Schweiz erst 1935/36 ihren Tiefpunkt. In der Schweiz kam der Kriseneinbruch 1930 bis 1934 vom Aussenhandel her, mit einem noch nie erlebten Exportrückgang (1935 noch Exporte von 715 Millionen Franken gegenüber 2 098 Millionen im Jahre 1929). Dagegen wies die Binnenkonjunktur dank dem Wohnungsbau bedeutende Widerstandskräfte auf, die sich erst gegen Mitte der dreissiger Jahre erschöpften. Die Zahl der Stellensuchenden stieg 1935 im Jahresmittel auf 82 468 (1934 noch 65 440). Der Höhepunkt der Arbeitslosigkeit wurde bei der Exportindustrie 1935 und bei der Binnenindustrie und Bauwirtschaft sogar erst 1936 erreicht. Das Volkseinkommen sank 1935 auf den Index-Tiefstand 78 (1929 = 100) und verblieb dort praktisch auch 1936 (Index 79). Im Investitionssektor wurde der Tiefpunkt 1936 erreicht. Die allgemeine Investitionsunlust betraf sowohl den Export- wie den Binnensektor.[13] Man kann davon ausgehen, dass neben andern Faktoren die Abwertungsdiskussion vielenorts hemmend – im Sinne eines abwartenden Effekts – auf die Investitionen wirkte. Stagnation und Pessimismus beherrschten weitgehend das Stimmungsbild. Es kann nicht erstaunen, dass auch die Grossbanken von der allgemeinen Krise stark betroffen wurden und ihre Bilanzsummen ebenfalls im Jahre 1935 den Tiefpunkt erreichten. Hier gilt es allerdings auf die externen Faktoren genauer einzugehen. Denn die zunehmenden Schwierigkeiten verschiedener Grossbanken sind vom Problem der Deutschlandengagements nicht zu trennen.

5.2. Frankenschwäche und Bankenkrise

Der Schweizerfranken geriet in der ersten Aprilwoche 1935 unter beträchtlichen Druck. Das geschah nicht zum ersten Mal. Bereits im Juni 1933 hatte es eine «Attacke» gegen die schweizerische Währung gegeben, die teilweise aus französischer Quelle gesteuert schien.[14] Auch in den Monaten Februar bis April 1934 kam es zu einer Schwächephase, die mit der Stabilisierung des Dollars und dem nachfolgenden Goldabfluss in die

USA in Verbindung stand.[15] Nun, Anfang April 1935, verschärfte sich die Situation in bisher nicht gekannter Weise. Die Nationalbank musste bis zum 6. April Gold für 200 Millionen Franken abgeben. Es gab gemäss Bundesrat Schulthess einen Moment, in dem die Nationalbank die Lage als «verzweifelt» betrachtet habe.[16] Das war wohl etwas übertrieben, denn noch immer verfügte die SNB über Währungsreserven von 1.5 Milliarden Franken. Der abrupte Vertrauenseinbruch war indes unbestreitbar alarmierend.

Die ausserordentliche Nervosität drückte sich darin aus, dass der Gesamtbundesrat mit Bachmann und Stucki am 7. April, einem Sonntag, zu einer eigentlichen Krisensitzung zusammentrat. Auch Hermann Obrecht, gewählt, aber noch nicht amtierend, nahm daran teil. Es ging um dringliche Massnahmen «zur Rettung unserer Valuta». Doch die drei Herren des Nationalbankdirektoriums waren uneinig. Generaldirektor Weber glaubte nicht, dass der Franken gehalten werden konnte, und befürwortete deshalb einschränkende Massnahmen.[17] Bachmann war optimistischer. Er hatte mit Vertretern der Goldblockländer gesprochen. Der holländische Notenbankchef hatte nicht eingegriffen und die «Spekulation sich selbst zu Tode laufen lassen». Bachmann stellte zwar einen Entwurf zu einem «Devisenbeaufsichtigungsbeschluss» zur Diskussion, wollte jedoch im Grunde nichts beschliessen und abwarten. Schulthess forderte hingegen, dass «energisch gehandelt werden müsse». Wolle man die Währung ohne Devisenbewirtschaftung halten, so müsse mindestens der Terminspekulation entgegengetreten werden.

Walter Stucki wies auf die vielen Rückzüge deutscher Guthaben hin. Er vertrat die Ansicht, dass man den Abzug von Vermögenswerten ins Ausland unverzüglich verhindern müsse, auch wenn dies momentan gewisse Nachteile mit sich brächte. Stuckis Stellungnahme war wesentlich von politischen Überlegungen mitbestimmt. Die Wirtschaftsverhandlungen mit Deutschland, auf die noch genauer einzugehen ist, befanden sich nämlich einmal mehr in einer kritischen Phase. Stucki hegte den Verdacht, wie er dem französischen Botschafter mitteilte, dass die Reichsbank gegen den Schweizerfranken arbeitete, indem sie Wertpapiere verkaufte. Dies als Druckmittel während der laufenden Verhandlungen.[18] Verteidigungsminister Minger gab sich in der Krisensitzung ebenfalls energisch und war der Ansicht, der Moment für die Devisenbewirtschaftung scheine gekommen zu sein. Obrecht war jedoch ähnlich wie Bachmann für ruhiges Abwarten. Das gab wohl den Ausschlag. Der Bundesrat sah von einer drastischen Beschlussfassung ab.[19] Stucki hatte sich nicht durchsetzen können. Seine Kündigung, nur drei Tage vorher publik geworden, dürfte seinem brisanten Anliegen betreffend Zahlungseinschränkung nach Deutschland kaum förderlich gewesen sein. Und die Gewichte im Bundesrat hatten sich mit dem Auftreten Obrechts rasch verschoben.

Aber Walter Stucki verabschiedete sich keineswegs. Er war mit all seiner Verhandlungserfahrung und seinem Persönlichkeitsprofil in dieser Krisensituation des Landes genau besehen nicht zu ersetzen. Drei Monate später wird ihm der Vorort nahe legen, auf seine Rücktrittsabsichten zurückzukommen. Auch Nestlé-Chef Dapples schreibt ihm in diesem Sinne.[20]

Beruhigende Erklärungen der Nationalbank sowie der andern Goldblockländer führten in der zweiten Aprilwoche zu einer vorübergehenden Entspannung. Der «Angriff» auf den Schweizerfranken war im Frühjahr 1935 indes nur ein Teil der internationalen Währungsturbulenzen, die mit der Pfundschwäche im Februar und Anfang März begonnen hatten. Ein Übergreifen auf die «Goldblockvaluten» war im Grunde nicht überraschend. Zunächst kam das schwächste Glied, der belgische Franken, an die Reihe. Belgien griff im März zwar zur Devisenkontrolle, das Vertrauen liess sich jedoch auch im Inland nicht wiederherstellen. Am 31. März wertete Belgien um 28 % ab. Nun gerieten der holländische Gulden und der Schweizerfranken in die Schusslinie. Dr. Trip, der Gouverneur der Niederländischen Bank, verfolgte, wie erwähnt, eine gelassene Linie. Am 7. April, nach einer Besprechung mit seinen Kollegen vom Goldblock in Basel, vertrat er die Ansicht, dass der Angriff auf den Gulden zur Hauptsache abgewiesen sei.[21] Der Effekt der belgischen Währungskrise verflüchtigte sich. Aber das Vertrauen in den Schweizerfranken blieb prekär. Viele in- und ausländische «Kapitalisten» schienen beunruhigt durch die möglichen Auswirkungen der Kriseninitiative, falls diese in der Volksabstimmung – die auf Anfang Juni angesetzt worden war – angenommen würde.

Zwei Artikel in der britischen Finanzpresse, die sich mit der Frankenschwäche befassten, sorgten von Ende April bis Anfang Mai für beträchtliche Aufregung in der Schweiz. Einige wichtige Schweizer Zeitungen glaubten, sich gegen die ausländische Spekulation, die den Franken schwäche, wenden zu müssen.[22] Dahinter stand die Nationalbank. Sie hatte in einem Rundschreiben vom 1. Mai an die Banken in dramatischen Formulierungen von der «internationalen Spekulation gegen die Goldwährungen» gesprochen, die seit Wochen im Gange sei. Gegen Belgien war die Spekulation erfolgreich gewesen. «Auch bei uns» seien die «Valutaspekulanten» am Werk, «zum Schaden des Volksganzen.» Die tapferen schweizerischen Währungshüter warnten, dass Firmen und Private, die über den legitimen Bedarf hinaus Gold und Devisen horteten, nicht auf die SNB-Unterstützung im Lombard und Diskont rechnen könnten. Für die SNB-Spitze gab es offenbar nur eine Priorität: Erhaltung der alten Goldparität.[23] In diesem Zusammenhang kam es Anfang Mai auch zu einem Gespräch zwischen dem britischen Handelsattaché in Bern und Generaldirektor Schnyder von Wartensee von der Nationalbank. «I found Mr. Schnyder very excited», berichtete der Brite nach London.

Die Nationalbank sei sehr beunruhigt.[24] Die Obligationen des Bundes waren erneut unter Verkaufsdruck geraten. Die deutliche Abnahme der Girokonti der Banken per Ende April wies auf die zunehmenden Liquiditätsprobleme im Markt hin. Die britischen Beamten zeigten sich indes wenig beeindruckt. Die helvetische Aufgeregtheit schien ihnen unangebracht, denn schliesslich hatte der «Economist» nur die «schwachen Punkte» der Kriseninitiative formuliert. «The weakness of the Swiss franc has been self-evident for some time», stellte ein Beamter im Foreign Office nüchtern fest.[25] Überdies schien aus Londoner Sicht, dass die Nationalbank eben gerade nicht jene Kontrolle über den Markt ausübte «which it ought to have had».[26] Das war eine durchaus bedenkenswerte Feststellung, welche interessante Fragen aufwirft über das Verhalten und die Möglichkeiten der Schweizerischen Nationalbank in diesen Krisenmonaten.

Die SNB verstieg sich nun sogar dazu, Strafbestimmungen «gegen den wirtschaftlichen Landesverrat» in ihre Überlegungen einzubeziehen.[27] Bachmann und Schnyder von Wartensee liessen es an Hartnäckigkeit in ihrem Abwehrkampf für den Schweizerfranken nicht fehlen. Schnyder wird gegen Ende Mai im Direktorium vorschlagen, nochmals ein Rundschreiben an die Banken zu schicken, um dem «Hamstern» von Gold und Devisen seitens der Kundschaft entgegenzutreten. Schnyders Schlussfolgerung: «Die Nichtbeachtung dieser Empfehlung müsste als unpatriotisches Verhalten und als unfreundlicher Akt gegenüber der Notenbank angesehen werden.» Generaldirektor Weber hatte jedoch Bedenken gegen ein neuerliches Rundschreiben, das nur zur weiteren Beunruhigung der Öffentlichkeit beitragen würde. Bachmann schlug schliesslich eine Konferenz mit den Grossbanken vor, um wenn möglich ein Gentlemen's Agreement nach holländischem Muster in die Wege zu leiten.[28] Das Abkommen wurde erst am 20. Juni unterzeichnet. Die Banken sollten sich grundsätzlich der Mitwirkung, Vermittlung und Unterstützung von Transaktionen enthalten, die als Währungsspekulationen betrachtet werden konnten.

Tatsache war, dass die Nationalbank im Verlaufe des Monats Mai Gold für 172 Millionen Franken abgeben musste. Der Höhepunkt dieser erneuten Schwächephase des Schweizerfrankens lag in der zweiten und dritten Maiwoche.[29] H. Grandjean, Mitglied der Generaldirektion der Kreditanstalt, sah in einem aufschlussreichen Artikel in der Neuen Zürcher Zeitung die Angriffe auf die Schweizer Währung eindeutig von London ausgehen. Er sprach von einer «Spekulantenclique», von gewissen «kosmopolitischen Elementen der City», die dort ihrem «dunklen Handwerk» nachgingen, um eine Panikstimmung zu schaffen, die zu massiven Exporten einheimischer Kapitalien führen solle. Die «Wühler gegen den Schweizerfranken» machten gemäss Grandjean jedoch zwei fundamentale Fehler. Der erste sei ein psychologischer: «Sie vergessen, dass das

Schweizervolk mit seinen Institutionen und seiner Währung, die noch nie versagt hat, tief verbunden ist und ausserdem die Inflation und das daraus folgende Unheil nicht kennt.» Das sei anders im Publikum der ehemals kriegführenden Länder, wie das belgische Beispiel zeige. Der zweite Irrtum der ausländischen Spekulanten sei technischer Natur und liege in der Überschätzung der bei den Schweizer Banken liegenden ausländischen Guthaben und der Unterschätzung der schweizerischen internationalen Gläubigerposition.[30] Während in der letzten Maiwoche die Spekulation gegen den Schweizerfranken deutlich abflaute, kam die französische Währung trotz umfangreicher Reserven unter massiven Druck. In Frankreich gab es im Gegensatz zur Schweiz eine nicht unbedeutende, offen auftretende Gruppe von «Devalvationisten», ausserdem wirkten hier die innenpolitischen Spannungen und Regierungswechsel beträchtlich auf die Währungslage ein. Den eigentlichen Anstoss zur französischen Währungskrise konnte man in den Kassenschwierigkeiten des französischen Tresors sehen.[31] Die Verteidigung der «Goldblockvaluten» mochte im Falle von Frankreich, Holland und der Schweiz noch einmal gelingen, das Thema blieb indes auf der Tagesordnung.

Zurück zur Schweiz: Im Frühjahr 1935 war jedem aufmerksamen Beobachter klar, dass zwischen der Frankenschwäche, der Abstimmungskampagne für und gegen die Kriseninitiative sowie den Gerüchten um verschiedene Grossbanken beunruhigende Wechselwirkungen bestanden. Dazu gehörten unausweichlich die steigenden Befürchtungen über die deutschen Engagements verschiedener Banken. «There are still rumours of more bank failures», berichtete der britische Handelsattaché in seinem Memorandum über die erste Aprilwoche nach London.[32] Anfang Mai sprach Walter Stucki mit dem französischen Botschafter offen über die Bankenkrise. Stucki war «sehr beunruhigt». Im Zentrum der Befürchtungen standen die möglichen Auswirkungen eines deutschen Zahlungsausfalles auf die Basler Handelsbank und die Eidgenössische Bank. Stucki glaubte immerhin, dass sich die «Krise» überwinden lasse. Der Bundesrat zähle dabei auch auf die «moralische Unterstützung» Frankreichs.[33]

Es ist in unserem Zusammenhang notwendig, etwas genauer auf die Entstehung und Entwicklung dieser grössten Bankenkrise der Schweiz im 20. Jahrhundert einzugehen. Sie stand begreiflicherweise im Zentrum der ersten Sitzung der Eidgenössischen Bankenkommission (EBK) am 8. April 1935. «Die Lage wird jeden Tag kritischer, und man diskutiert in der Öffentlichkeit darüber», stellte Vizepräsident Rossy alarmiert in seinem Einleitungsreferat fest. Die EBK könne nicht zuwarten, bis die gefährdeten Banken – dazu gehörte auch die alte Bank Leu – die gekündigten Publikumsgelder voll ausbezahlt hätten. Bei dieser ersten Sitzung war auch Nationalbankchef Bachmann anwesend, da die

Kompetenzabgrenzung zwischen SNB und EBK noch nicht ganz klar erschien. Bachmann liess keinen Zweifel daran, dass sich die Nationalbank keineswegs als Aufsichtsinstanz verstand. Gleichzeitig liess er jedoch die EBK wissen, dass die SNB «froh sein» werde, wenn die Kommission bei der Basler Handelsbank und der Eidgenössischen Bank «interveniere». Es ging bei dieser Startsitzung nicht zuletzt um die Feinheiten des Informationsaustausches zwischen SNB und EBK. Bachmann kannte die Empfindlichkeit der Grossbanken auf diesem Gebiet nur allzu gut – im Zentrum standen immer die blockierten Ausleihungen an Deutschland. Schulthess, der beinahe nahtlos von seinem Bundesratsbüro auf den Präsidentenstuhl der EBK gewechselt hatte, legte den Finger sogleich auf den wunden Punkt: Wie waren die Engagements der gefährdeten Banken in Deutschland eigentlich zu bewerten? «Mein persönliches Urteil lautet da ziemlich pessimistisch», meinte er. Die Banken krankten seiner Meinung nach daran, dass sie nicht sehen wollten, dass «gewisse ihrer Aktiven nichts oder fast nichts mehr wert sind». Die EBK musste sich zunächst einmal über die Lage der gefährdeten Banken Klarheit verschaffen.[34]

Das Prestige des noch ungefestigten und verhältnismässig kleinen schweizerischen Finanzplatzes war seit 1931 angekratzt, seit 1933 ernsthaft in Frage gestellt, und nun, im Frühjahr 1935, auf einem gefährlichen Tiefstand angelangt. Benennen wir nochmals kurz die wichtigsten Etappen dieses markanten Niedergangs. Sommer 1931: Debakel der Banque de Genève (mit einem langen und publizitätsträchtigen Nachspiel vor den Gerichten). Anschliessend und eng verbunden der kostspielige Versuch, die Banque d'Escompte Suisse sowohl mit Hilfe der Grossbanken wie des Bundes über Wasser zu halten. Das Experiment missglückt. Die Diskontbank muss im April 1934 die Schalter schliessen. 61% ihrer Aktiven sind im riskanten mittel- und osteuropäischen Raum angelegt beziehungsweise weitgehend blockiert, 18% der Aktiven entfallen auf Deutschland.[35] Inzwischen sorgte die Basler Handelsbank im November 1932 mit ihrer «Pariser Affäre» für höchst unliebsame Schlagzeilen. Es ging in der Sache um den Inkasso von Coupons der französischen Privatkundschaft. Das Vorgehen der BHB und ihrer Kunden wurde von staatlichen Stellen als «fraude fiscale» eingestuft. Paris wollte ein Exempel statuieren. Das zweifelhafte Vorgehen von einzelnen BHB-Angestellten auf französischem Boden bot den richtigen Anlass. Es kam zu spektakulären Verhaftungen in Paris und zur Sequestrierung der Aktiven der BHB in Frankreich. Diese Angelegenheit sorgte für beträchtliches Aufsehen und grosse Erregung insbesondere in Basel, aber auch in Genf, da gewisse Genfer Banken ebenfalls unter ähnlichem Verdacht standen. In Genf hatte man natürlich auch ein feines Gespür für die Hintergründe der Affäre. Denn ganz abgesehen von der Leichtfertigkeit der BHB und möglicherweise einiger anderer Schweizer Banken, gab es ohne Zweifel eine besondere politisch-wirtschaftliche Dimension. In Genf wunderte man sich beispielsweise, dass die französischen Autoritäten nur gegen die Schweiz, nicht jedoch gegen holländische, belgische oder monegassische Banken vorgingen.[36] Das angesehene «Journal de Genève» führte am 26. November 1932 einen Leitartikel unter dem Titel «Offensive gegen die Schweiz». Man vermutete manchenorts auch eine Verbindung mit einer Spekulationsattacke gegen den Schweizerfranken. Bei all dem kann kein Zweifel bestehen, dass der Pariser Regierung jener Monate – die zersplitterte Linke hatte in den Wahlen vom Mai 1932 eine Mehrheit errungen, aber der Radikale Herriot regierte ohne Sozialisten im Kabinett – daran gelegen war, die französische Privatkundschaft vor der «Kapitalflucht» in die Schweiz abzuschrecken und wenn möglich einen Kapitalrückfluss herbeizuführen. Es ging ganz unmittelbar um das Budget 1933, das von strenger Steuerkontrolle begleitet sein sollte, nicht zuletzt weil das Kabinett gleichzeitig die Saläre der Funktionäre senken wollte. Ministerpräsident Herriot bestätigte vor der Deputiertenkammer unter Applaus, dass die Bekämpfung der Steuerhinterziehung zu den wichtigsten Bemühungen der Regierung gehöre. Sie werde die Wahrheit aufdecken «sans égard pour qui que ce soit ou quoi que se soi».[37] Das waren starke Worte, die dem sozialistischen Teil der Linken, den man zur Abstimmung benötigte, gefallen mussten. Der schweizerische Gesandte Dunant war noch einige Wochen später überrascht, wie diese Affäre von der französischen Seite behandelt wurde und «unter dem Einfluss der Innenpolitik degenerierte».[38] Die Affäre hatte für die Basler Handelsbank ein jahrelanges, belastendes gerichtliches Nachspiel in Frankreich. Das Prestige der Bank blieb beschädigt. Gleichzeitig war sie, wie bereits erwähnt, übermässig in Deutschland exponiert. Das liess sich auf die Dauer nicht beschönigen. Negative Auswirkungen auf Kundengelder und Aktienkurs waren unvermeidlich. Die Basler Handelsbank gehörte damit zu den krisenanfälligsten schweizerischen Grossbanken. Sie konnte sich freilich noch über die Jahre 1933 und 1934 hinwegretten, während die Schweizerische Volksbank im Herbst 1933 in Liquiditätsnöte geriet. Die Sanierung der Volksbank mit massiver Bundeshilfe stellte allerdings keinen valablen Präzedenzfall für die Rettung weiterer Grossbanken dar. Die genossenschaftlich organisierte Volksbank war auch für die schweizerische Linke ein akzeptabler Sonderfall. Auf solches Wohlwollen konnte nicht zählen, wer zur viel geschmähten «Hochfinanz» gehörte.

Es gab demnach Anfang 1935 noch sieben schweizerische Grossbanken, von denen sechs als privat beherrscht und unabhängig eingestuft werden durften. Bei genauem Licht besehen ist es nicht selbstverständlich, dass die vier mittleren und kleineren darunter überhaupt bis zum Frühjahr 1935 durchzuhalten vermochten. Für die zwei Marktführer Bankverein und Kreditanstalt bestand hingegen keine echte Gefahr. Sie verfügten über die kritische Grösse und Diversifikation. Ihr gut ausgebildetes Filialnetz in der Schweiz und ihr weit gefächertes internationales Beziehungsnetz eröffneten ihnen breitere Geschäftschancen und zugleich erweiterte Möglichkeiten zur Risikodiversifikation. Der Bankverein verfügte über einen besonderen Wettbewerbsvorteil: eine profitable Niederlassung in London seit 1898. Das Produkteangebot von SBV und SKA im Emissions-, Devisen- und Vermögensverwaltungsgeschäft lag deutlich über demjenigen der Mitkonkurrenten. Nur die Bankgesellschaft war dank der Initiative und dem Geschick ihrer Chefs in der Lage, im mittleren Segment in gewissem Umfang mitzuziehen. SBV und SKA waren demnach bedeutend besser gewappnet für den massiven Ertragsrückgang aus dem Kreditgeschäft. Ertragskraft und Profitabilität drückten sich nicht mehr wie in den zwanziger Jahren in einer möglichst hohen Dividende aus, sondern bei den Rückstellungen und Abschreibungen, welche allerdings zum Teil «vorab» gemacht wurden, das heisst aus den veröffentlichten Gewinn- und Verlustzahlen nicht vollständig ersichtlich waren. Hinzu kam der Faktor der stillen Reserven, welche die Grossbanken in ziemlich unterschiedlicher Weise angehäuft hatten. Sie kamen nun seit 1931 zu ebenso unterschiedlichem Abbau.

Sehen wir uns etwas näher an, wie die potentiell gefährdeten Grossbanken den Abbau bis dahin verkraftet hatten. Nach dem Schock von 1931 verlief die Rückzugsperiode von Anfang 1932 bis Ende 1934 in etwas ruhigeren Bahnen. Die Bilanzsumme reduzierte sich während dieser drei Jahre insgesamt um 32 % bei der Bankgesellschaft und 27 % bei der Basler Handelsbank, mit der Eidgenössischen Bank dazwischen mit einem Minus von 29 %. Die Abnahme der Kundengelder (ohne Kassenobligationen) bewegte sich in ähnlichen Grössenordnungen, wobei allerdings hervorzuheben ist, dass diese Entwicklung bei der Bankgesellschaft einen ausgeglicheneren Verlauf nahm als bei den zwei andern Banken. Dies kann weitgehend auf die unterschiedliche Zinssatzpolitik der einzelnen Banken zurückgeführt werden. Im Jahre 1934 genügte es jedoch nicht mehr, wenn BHB und EIBA etwas höhere Zinsen an gewisse Anleger bezahlten. Nun setzt, spätestens ab Mitte Jahr, ein verstärkter Rückzugsdruck ein. Die Bankgesellschaft verliert 1934 «nur» 38 Millionen Kundengelder, die Basler Handelsbank jedoch bei kleinerer Bilanzsumme bereits 49 Millionen und die EIBA 40 Millionen. Wie viel von diesen Rückzügen auf Auslandanleger zurückzuführen ist, wird aus den Geschäftsberichten nicht deutlich. Die Nationalbank kommentierte bezüglich Rückgang der fremden Gelder im Jahre 1934 bei den Grossbanken: «Ausländische Gelder wurden weiter heimgerufen, zum Teil aus Furcht vor einer Abwertung des Schweizerfrankens, zum Teil unter dem Druck der ausländischen Devisengesetzgebung.» Mit der letzten Bemerkung war vor allem Deutschland gemeint. Nach Ansicht der Nationalbank hatte «auch ein

Misstrauen gegen die Banken, vorzugsweise gegen solche mit ausländischen Anlagen, eine Rolle gespielt».[39] Das waren deutliche Symptome der wieder ansteigenden Fieberkurve. Alle drei Banken hatten ausserdem in den Jahren 1933/34 ihr Kapital durch Rückkauf eigener Aktien reduziert. Gleichwohl musste der Dividendensatz stufenweise herabgesetzt werden.[40] Nur so war es möglich, mehr oder weniger ausreichende Rückstellungen und Abschreibungen auf den Kreditrisiken vorzunehmen.

Für die Transferrisiken, die sich im Falle von Deutschland tendenziell verschlechterten, blieb kaum noch etwas übrig. Zur Deckung hätten im schlimmsten Fall offene Reserven und schliesslich das Kapital beigezogen werden müssen. Aus der Sicht der Öffentlichkeit war somit die Relation zwischen dem Deutschlandengagement und den ausgewiesenen eigenen Mitteln der entscheidende Kennwert. Das Kernproblem lag in der Bewertung der deutschen Aktiven. Erfahrungswerte fehlten. Es gab schlicht keine vergleichbaren Vorgänge in dieser Grössenordnung in der gut siebzigjährigen Geschichte der schweizerischen Grossbanken. Unsicherheiten und auch taktisches Zögern sind deshalb bis zu einem gewissen Grade verständlich. Das deutsche Transferrisiko nahm dabei mehr und mehr den Charakter eines politischen Risikos an. Hjalmar Schacht und Adolf Hitler sorgten mit ihrem unberechenbaren und sprunghaften Verhalten ausreichend dafür. Dazu gehörte auch die Einführung der allgemeinen Wehrpflicht in Deutschland am 16. März 1935. Das Bedrohungspotential von Hitlers Reich nahm deutlichere Formen an. Die «Affäre Jacob» um die Entführung eines deutschen Emigranten auf Basler Boden durch die Helfer der Gestapo führte ausserdem im März und April 1935 zu einer beträchtlichen Spannung zwischen der Schweiz und Deutschland. Wie sich Ständerat Thalmann in seiner Interpellation an Bundesrat Motta ausdrückte, «ging ein allgemeiner Schrei der Empörung bis in die hintersten Täler des Schweizerlandes». Die deutsche Darstellung der Angelegenheit empfand man als «Verhöhnung», die Verletzung der Hoheitsrechte als unerträglich.[41] Das hat den Lernprozess auch bei den Schweizer Bankiers zweifellos beschleunigt. Die recht weit verbreiteten Illusionen von 1932/33 zerronnen in einem stufenweisen Prozess, der bei den verschiedenen Grossbanken unterschiedlich ablief. Es war ein schmerzhafter und schwieriger Prozess, bei dem durchaus nicht immer Einigkeit in den Bankspitzen herrschte.

Zwei Aspekte laden zu einer differenzierten Analyse ein. Zum einen ging es um das «Länderrisiko» Deutschland, das heisst um die in einem spezifischen Zeitpunkt vertretbare Grösse des Gesamtengagements nördlich des Rheins. Zum andern stellte sich die Frage, mit welchen Geschäftspartnern man allenfalls weiterhin in Verbindung bleiben wollte. Denn so lange die Schweiz noch Aussenhandel mit Deutschland trieb, waren gewisse Dienstleistungen der Grossbanken eine schlichte Notwendigkeit.

Die grundsätzliche Absicht, das Gesamtengagement in Deutschland zu reduzieren, lässt sich bei allen Grossbanken seit Sommer 1931 in mehr oder weniger starker Ausprägung feststellen. Zeitweise Anflüge von Optimismus verflüchtigten sich mit einer gewissen Regelmässigkeit aufgrund der politischen und finanziellen Entwicklung Deutschlands. Indes waren die Grossbanken sehr zurückhaltend, was die Information der Öffentlichkeit betraf. Der Grund ist einfach zu erkennen: Die in den zwanziger Jahren aufgebauten Deutschlandengagements erwiesen sich, wie bereits mehrfach erwähnt, bei der Mehrzahl der Grossbanken als überdimensioniert im Verhältnis zu den eigenen Mitteln. Und über die Abbauaktivitäten mochte man lange nicht detailliert Auskunft geben, denn allzu unangenehme Fragen hätten da gestellt werden können.

Auf welche Weise liessen sich die Deutschlandengagements in Zeiten der Devisenbewirtschaftung überhaupt reduzieren? Eine definitive Antwort müsste sich auf minutiöse Einzelstudien in den Archiven der verschiedenen Banken abstützen. Denn auch auf diesem Gebiet gab es beträchtliche Unterschiede. Nicht jede Grossbank hatte beispielsweise einen vergleichbaren Anteil an deutschen Schuldnern mit Aktiven oder Ertragsquellen im Ausland, womit sich hie und da gewisse Devisenrückzahlungsprobleme regeln liessen.[42] Im Zusammenhang der Stillhaltevereinbarungen ist ferner bereits auf die generellen Rückzahlungsquoten von insgesamt 15% in den ersten zwei Jahren hingewiesen worden. Ab 1934 tritt die Liquidierung von Registermark-Rückzahlungen, die unter den Stillhalteabkommen geleistet wurden, in den Vordergrund. Seit 1933 entwickelte sich ein eigentlicher Registermarkhandel, dessen nationale und internationale Marktkräfte nur schwer zu durchschauen sind. Der Kurs der Registermark lag je nach Entwicklung deutlich unter dem offiziellen Reichsmarkkurs. Die Nachfrage stammte in der Schweiz entsprechend dem beschränkten Verwendungszweck vorwiegend von Reisebüros und den SBB. In Zürich und Basel hatte man sich unter den Platzbanken im Prinzip schon früh auf die Festlegung von einheitlichen Kursen geeinigt. Ob diese wirklich durchgängig angewendet wurden, bleibt wohl eine offene Frage. Auch für andere Spezialmarksorten gab es einen Parallelmarkt, der aus der Rückschau noch weniger transparent erscheint. Dies machte die Entscheidungen für die Gläubigerbanken betreffend «Abruf» der Kredite – so lautete der zeitgenössische Fachbegriff – sowie bezüglich Verkaufszeitpunkt der angesammelten Registermark recht schwierig. Vieles hing von Fingerspitzengefühl und Marktnähe ab. Unabdingbar war für die Gläubigerbank beim Verkauf gegen Schweizerfranken die Fähigkeit zur Verlustabsorption. Jede Grossbank musste für sich eine Antwort finden, wann und wie sie allenfalls diese Verluste tragen wollte und konnte. Dazu gab es keine behördlichen Leitlinien oder Vorschriften. Wir werden auf einige Beispiele näher eingehen.

Doch zunächst ein kurzer Hinweis zu den Gesamtdimensionen des Abbaus der Deutschlandengagements. Die in den Stillhaltevereinbarungen festgelegten Kredite geben kein vollständiges Bild, aber immerhin eine wertvolle Trendanzeige. Nach deutschen Quellen reduzierte sich die Stillhalteverschuldung gegenüber der Schweiz von 860 Millionen Reichsmark am 8.10.1931 auf 578 Millionen Reichsmark am 28.2.1934 und 460 Millionen Reichsmark (= 562 Mio. Franken) am 28.2.1935.[43] Ein kleiner Ausschnitt zu den effektiven Bewegungen: Im Zeitraum vom März bis Ende Dezember 1934 unterstellten die Schweizer Banken Kredite über 39 Millionen Reichsmark neu dem Stillhalteverfahren, kündigten aber gleichzeitig Kreditlimiten von total 102 Millionen Reichsmark.[44] Grösster Stillhaltegläubiger waren nun im Ländervergleich nicht mehr die USA, sondern Grossbritannien. Es folgten in dritter und vierter Position die Schweiz und die Niederlande.[45] Im Verlaufe des Jahres 1935 kam es zu einem wesentlich beschleunigten und massiven Abbau der schweizerischen Stillhalteguthaben: sie reduzierten sich um 32% oder etwa 184 Millionen Franken.[46] Dies entspricht zeitlich dem Höhepunkt der schweizerischen Bankenkrise. Der entscheidende Punkt lag eindeutig darin, dass mehrere Grossbanken ihre noch ausstehenden Aktiven in Deutschland unter dem Druck der Kundengeldererosion dringend liquidieren mussten. Sie hatten keine Wahl mehr. Die Schonzeit war abgelaufen, die Liquiditätserfordernisse begannen den Lauf der Dinge zu diktieren. Einen weiteren Aspekt gilt es zu berücksichtigen: Die sogenannten Umlegungskredite (vgl. Kapitel 4.1.) mit ihren mittleren und langen Laufzeiten waren in den Zahlen der Stillhaltung nicht mehr enthalten. Ende 1935 hatten die Schweizer Banken unter diesem Titel 197 Millionen Franken in Deutschland ausstehend.[47] In den folgenden Jahren wird sich durch Rückzahlungen und Liquidationen auch dieser Betrag vermindern.

Auf der Ebene der einzelnen Banken spielt sich ein aufschlussreicher Prozess ab, der einerseits die unterschiedliche Wahrnehmung Deutschlands reflektiert und zugleich Ausdruck der Stellung und Ambition im Gesamtmarkt ist. Recht gelassen und pragmatisch abwägend verfolgt da etwa die Generaldirektion des Bankvereins ihre Abbaustrategie in Deutschland. Diese Bank ist nicht in Not. Aber die neuen, aufstrebenden Generaldirektoren Speich und Golay liegen wohl nicht immer ganz auf der Linie des nunmehr sehr vorsichtig gewordenen Vizepräsidenten Armand Dreyfus.[48] Golay und Speich, wie auch immer man die Reihenfolge will, werden die Zukunft der Bank bis zum Ende des Zweiten Weltkrieges und darüber hinaus entscheidend prägen. Der Bankverein verfügt damit über eine generationsbezogen und herkommensmässig ausgewogene und fachtechnisch sehr vielseitige exekutive Spitze. Den Abbauprozess der Deutschlandengagements des Bankvereins hat der Historiker Michel Fior in einprägsamer Weise analysiert. Halten wir daraus nur zwei

Elemente fest: Dem SBV gelang es als einziger Grossbank bereits im Herbst 1931, die Nettoengagements in Deutschland unter den Vergleichswert der eigenen Mittel zu reduzieren. Bis Ende 1935 hatte der Bankverein das deutsche Nettorisiko auf 99 Millionen Franken oder 51% der eigenen Mittel gesenkt. Dies verursachte dem SBV in den Jahren 1933 bis 1935 Verluste auf den Registermarkverkäufen von insgesamt 10 Millionen Franken.[49] In den zwei folgenden Jahren werden diesbezüglich noch bedeutend grössere Verluste entstehen. Die Kreditanstalt verringerte derweil ihr Nettoengagement in Deutschland von 230 Millionen Franken Ende 1933 auf 157 Millionen Franken Ende 1935. Das entsprach noch 76% der ausgewiesenen eigenen Mittel.[50]

Im mittleren und kleineren Feld der schweizerischen Grossbanken sah es bedeutend kritischer aus. Das eindrücklichste Fallbeispiel für den verzögerten «Vorzeichenwechsel» bezüglich Deutschland und die dann angewandte Entschlossenheit bietet wohl die Bankgesellschaft. Paul Jaberg und Verwaltungsratspräsident Rudolf Ernst taten sich zunächst schwer, ihren Kurs brüsk zu korrigieren. Jaberg war von Natur aus ein zupackender Optimist. Er schien recht lange fixiert auf die Verbesserung der einzelnen deutschen Kreditrisiken und die Optimierung des Zinsertrages. Zu diesem Zweck förderte er die Umlegungskredite (siehe Kapitel 4.1.). Im September 1933 kam es im Verwaltungsrat erneut zu einer interessanten Diskussion über die Deutschlandengagements. Verwaltungsrat Rieckel zeigte sich skeptisch, ob die Kredite «auch unter dem heutigen Regime langsam, aber sicher, zurückbezahlt würden». Jaberg antwortete im Namen der Geschäftsleitung beruhigend. «Vom rein wirtschaftlichen Standpunkt aus sei Deutschland für seine Schulden absolut gut.» Die einzelnen deutschen Debitoren seien «wesentlich besser» als der Durchschnitt der schweizerischen Debitoren. Jabergs allzu optimistische Schlussfolgerung: «Wenn Deutschland nicht auf politischem Gebiete schwere Fehler begehe», so werde das Land in der Lage sein, seinen privaten Auslandsverpflichtungen nachzukommen. Dann orientierte Jaberg darüber, dass die Bank «einen speziellen deutschen Vertrauensmann engagiert habe, der auch der Nationalsozialistischen Partei angehöre und mit dem alle deutschen Engagements eingehend durchbesprochen worden seien». Der Bankier Rieckel war mit Jabergs Antwort nicht zufrieden. Er zweifelte nicht an der Zahlungswilligkeit der einzelnen Schuldner, äusserte hingegen seine «Bedenken gegen die Hitler Regierung». Es kam zwischen Jaberg und Rieckel zu einem etwas erhitzten Wortwechsel über die Ursachen und Schuld der «derzeitigen Misere». Hans Sulzer teilte den Pessimismus von Henry Rieckel, «weil die deutsche Regierung in das freie Spiel der Schuldverhältnisse eingreife».[51] Rieckel blieb auch weiterhin ein hartnäckiger Mahner in Bezug auf das politische und Transfer-Risiko Deutschland.[52] Die Entwicklung wird ihm Recht geben. Über den sogenannten Vertrauensmann in

Deutschland, den Privatbankier Alwin Steffan in Frankfurt, wurde nicht diskutiert. Seine Rolle blieb nach den vorliegenden Dokumenten sehr beschränkt. Im eigentlichen Entscheidungsprozess war er nicht involviert.[53] Erwähnenswert mag sein, dass die Bankgesellschaft zu gleicher Zeit in Berlin mit dem Rechtsanwalt Jacques Rosenstein bei Umlegungstransaktionen zusammenarbeitete. Rosenstein spielte in der jüdischen Gemeinschaft eine nicht ganz unwesentliche Rolle.[54] Auch der bekannte Jurist Karl von Lewinski gehörte in Berlin zu jenen Experten, die man gerne konsultierte.[55] An Informationen aus unterschiedlicher Quelle hat es der Leitung der Bankgesellschaft demnach keineswegs gefehlt.

Wie sah das Resultat aus? Im Jahre 1933 wurde das Bruttoengagement der SBG in Deutschland um 11 Millionen Franken abgebaut. Das Nettoengagement stellte sich Ende Jahr noch auf 90 Millionen Franken, was 80 % der ausgewiesenen eigenen Mittel entsprach. Die stillen Reserven waren allerdings durch hohe Abschreibungen praktisch aufgebraucht worden. Das Personal musste reduziert werden. Und die Bank hatte 8 Millionen Franken an deutschen Kundengeldern als Folge der drakonischen deutschen Gesetze verloren. Es blieben nur noch 11 Millionen Franken davon in der Bilanz. Der publizitätsfreudige Verwaltungsrat Fred Bates aus Genf plädierte nun dafür, den Umfang der ausländischen Kredite erstmals im Geschäftsbericht zu veröffentlichen. Die Mehrheit hatte jedoch Bedenken, dass diese Zahlen vom «grossen Publikum falsch ausgelegt würden».[56] Das war vermutlich ein Fehler, den freilich auch andere Grossbanken begingen. Denn die periodisch wiederkehrenden Gerüchtewellen konnten mit vagen Hinweisen im Geschäftsbericht, wonach namentlich die deutschen Debitoren «erstklassig und durchaus zahlungsfähig» seien, keineswegs gestoppt werden. Gleichzeitig erklärte die Bankgesellschaft nämlich ganz offen, dass für die Transferrisiken keine besonderen Abschreibungen gemacht wurden, «da deren Abschätzung heute nicht möglich sei».[57] Das Misstrauen der Kunden führte bei der SBG im ersten Semester 1934 zu einem starken Druck auf die Liquidität. Die Bank hatte Mühe, den Kassenstand per Ende Juni wieder auf 51 Millionen Franken zu erhöhen.[58] Als zunehmend schwierig erwies sich 1934, die fällig werdenden Obligationengelder zu halten. Das Bruttoengagement in Deutschland konnte 1934 immerhin um weitere 16.5 Millionen Franken reduziert werden.

Das erste Halbjahr 1935 brachte eine gefährliche Beschleunigung der Entwicklung. Nun entschloss sich die Bankleitung der SBG doch, den von Bates schon im Vorjahr vorgeschlagenen Schritt an die Öffentlichkeit zu wagen. Der Generalversammlung vom 28. Februar 1935 wurde ein Transferrisiko Deutschland von 82 Millionen Franken mitgeteilt. Auch über die Fälligkeitsstruktur der Obligationen erhielt das Publikum detaillierte Informationen.[59] Verwaltungsratspräsident Rudolf Ernst sprach an der Generalversammlung von «einem gewissen Misstrauen gegen Banken mit ausländischen Engagements» und von «oft übel wollender Kritik», der man mit erschöpfender Auskunft entgegentreten wolle. Er verwies auf den bisherigen «zielbewussten Abbau» der Deutschlandengagements und die damit verbundenen Opfer.[60] Dies alles kann Dr. Rudolf Ernst nicht angenehm gewesen sein. Er war jetzt 69 Jahre alt. Während seiner langen Bankkarriere hatte er die Geschäftsbeziehungen zu deutschen Kunden besonders gepflegt. Er gehörte zu jenen Zeitgenossen, die das wilhelminische Deutschland noch lebhaft vor Augen hatten. Rudolf Ernst sass immer noch im Aufsichtsrat der Münchener Rück und er war seit 1923 Verwaltungsratspräsident der Union Rück in Zürich, welche zum Einflussbereich des Münchener Versicherungsimperiums gehörte. Ungeachtet langjähriger Verbindungen war der Abbau zahlreicher Geschäftsbeziehungen zu diesem «neuen» Deutschland unter Hitlers Diktatur nun nicht mehr zu umgehen.

Tatsächlich hatte die Geschäftsleitung den Abbaurhythmus in den ersten Monaten des Jahres 1935 in Anbetracht der «Situation in Deutschland» beschleunigt.[61] Ende März bestand noch die Absicht, das Engagement in Deutschland unter 80 Millionen Franken zu drücken. Die Krise vom Frühjahr 1935 veranlasste die Bankleitung jedoch zu einer radikaleren Gangart. Bis Ende Juni wurden die deutschen Engagements auf 63 Millionen Franken reduziert, mit einem durchschnittlichen Verlust von 45%, der auf dem Verkauf der Registermark anfiel. Bis Ende 1935 wollte Jaberg auf 50 Millionen Franken «herunterkommen». «Die Eingänge aus den deutschen Engagements waren für die Liquidität unseres Instituts überaus angenehm», teilte Jaberg dem Verwaltungsrat Anfang Juli beruhigend mit. Denn nicht einmal auf die Nationalbank sei Verlass bezüglich Rediskont. Jaberg formulierte das übergeordnete Ziel im Juli einfach und klar: Die Bankgesellschaft «muss sehen, durchzukommen», ohne Inanspruchnahme von öffentlichen Geldern, das heisst ohne Hilfe der eidgenössischen Darlehenskasse.[62] Und Paul Jaberg wird dieses Ziel erreichen. Bis Ende 1935 reduzierte die Bankleitung das Nettoengagement in Deutschland effektiv auf 44 Millionen Franken. Diese Radikalkur verursachte einen Verlust von 17.3 Millionen Franken für das Jahr 1935. Daneben waren weitere Verluste auf Wertschriften und Beteiligungen sowie Rückstellungen auf den Debitoren zu verkraften.[63]

Jaberg bewies in diesen Jahren 1935/36 jene Standfestigkeit und Entschlossenheit, die seinen Nachruhm unter den Eingeweihten begründete. Keiner hat die Situation besser beschrieben als Carl Bühler, damals Jabergs wichtigster Kollege in der Generaldirektion. «Die Jahre vom Beginn der deutschen Bankenkrise an bis zur Durchführung unserer Bilanzbereinigung stellten an die Nerven der verantwortlichen Leiter ganz ungeheure Anforderungen ... Ich weiss auch nicht, was wir in jenen schlimmen Jahren gemacht haben würden und wie es uns ergangen wäre, ohne die Mitwirkung eines Mannes von der Tatkraft und der Zähigkeit eines Jaberg, der uns andere mit seinem auf schönster Lebensbejahung beruhenden Optimismus stets wieder aufzurichten verstand.»[64] So weit die Erinnerung Bühlers, der als Fabrikantensohn zum einflussreichen Winterthurer Kreis gehörte. Carl Bühler wird 1937 als zweiter Vizepräsident in den Verwaltungsrat wechseln und damit einen gewissen Ausgleich zu Jabergs Machtfülle herstellen.

Im August 1935 legte Paul Jaberg einen ersten Entwurf für die «Reorganisation», sprich Sanierung der Bankgesellschaft vor. Der vielleicht wichtigste Satz: «Wir halten dafür, dass es nicht mehr länger verantwortet werden kann, deutsche und ungarische Forderungen zu pari zu bewerten.»[65] Ein halbes Jahr später wird ihn der Vizepräsident der Bankenkommission Paul Rossy zur Bilanzbereinigung beglückwünschen: «Ich glaube, dass Sie recht gehabt haben, bahnbrechend zu handeln.»[66] Das hatte allerdings einen hohen Preis. Die Diskussionen in der Geschäftsleitung und im Verwaltungsrat waren bisweilen hart, die Meinungen in mancher Hinsicht unterschiedlich. Am 28. Februar 1936 stimmten die Aktionäre der Sanierung zu. Kernstück war die schmerzhafte Halbierung des Aktienkapitals. Gleichzeitig mussten der ausserordentlichen Reserve 12 Millionen Franken entnommen werden. Die ausgewiesenen eigenen Mittel der Bank beliefen sich danach noch auf 60 Millionen Franken. Dieser drastische Schritt erlaubte Verlustabschreibungen von insgesamt 27 Millionen Franken sowie eine Rückstellung von 25 Millionen Franken oder ca. 50% auf den noch verbliebenen Transferrisiken. Um es kurz und klar zu sagen: Die Sanierung war eine direkte Folge der Verluste auf den einst überdimensionierten deutschen Engagements. Und noch war der Weg des Abbaus nicht beendet.

Wie erging es 1935 den andern beiden Grossbanken, welche vom Vertrauensschwund am meisten betroffen wurden? Die Entwicklung soll nur kurz skizziert werden, um das Bild vom Ablauf dieser Bankenkrise mit zwei charakteristischen Fällen zu ergänzen. Anfang Februar 1935 berichtete der französische Konsul aus Basel seinen Vorgesetzten von Gerüchten um die Basler Handelsbank. Es schien, dass andere Grossbanken wenig Neigung zeigten, der BHB beizustehen.[67] Mitte Januar hatte die Leitung der Basler Handelsbank mitgeteilt, dass sie die Kursstützung durch Rückkäufe eigener Aktien einstellen werde. Dieses ungewohnte Eingeständnis musste im damaligen Umfeld höchst alarmierend wirken. Bereits im Dezember 1934 war die BHB bei der Eidgenössischen Darlehenskasse vorstellig geworden, um einen «Bereitstellungskredit» von 70 Millionen Franken als «vorsorgliche Massnahme» zu beantragen. Verwaltungsratspräsident der Darlehenskasse war der Bankier und Nationalrat Ruggero Dollfus. Er sass, wie bereits früher erwähnt, seit 1923 im Verwaltungsrat des Bankvereins, wäre damit in einfacher Weise in der Lage gewesen, vom starken Bankverein zur jetzt schwachen Basler Handelsbank eine informelle Brücke zu schlagen. Doch allzu viel sprach offensichtlich damals aus der Sicht des Bankvereins gegen eine Übernahme im Alleingang.

Was die Darlehenskasse betraf, so war sie als mehrheitlich staatliches Unterstützungsinstrument noch nicht an der Kapazitätsgrenze angelangt. Von 128 Millionen ausstehenden Kreditlinien waren Ende 1934 nur 50% beansprucht.[68] Doch man glaubte, mit den verfügbaren Mitteln vorsichtig umgehen zu müssen. Weitere grössere Gesuche waren nicht auszuschliessen. Die Darlehenskasse war mit Bundesbeschluss vom 8. Juli 1932 errichtet worden, um die «Mobilisierung» von illiquiden Aktiven zu ermöglichen, welche bei der Nationalbank nicht belehnbar waren. Die tiefen Belehnungssätze unter anderem für Auslandaktiven erwiesen sich rasch als ungenügend und mussten bereits im April 1933, in engem Zusammenhang mit der versuchten Sanierung der Diskontbank, erhöht werden. Wichtig war Artikel 6 des neuen Bundesbeschlusses: In besonderen Fällen konnte die Darlehenskasse nun vom Bundesrat zur Durchführung von eigentlichen «Hilfsaktionen» für notleidende Firmen ermächtigt werden, wobei die normalen Belehnungslimiten ausser Kraft traten.[69] Ruggero Dollfus regte im Juni 1934 in einem Postulat eine Erweiterung der Hilfsmöglichkeiten sowie die Erhöhung der maximalen Verbindlichkeiten der Kasse von 200 auf 300 Millionen Franken an. Als «Insider» wusste er um die Verletzlichkeit der Grossbanken bei einem teilweisen oder totalen deutschen Zahlungsausfall. Im Sommer 1934 wurde ausserdem die schon früher entwickelte Idee zur Herauslösung der eingefrorenen deutschen Engagements und Einbringung in eine grosse Auffanggesellschaft wieder aufgenommen. Die Fühlungnahme gewisser Bankiers mit dem Bundesrat zeigte jedoch, dass sich die Landesregierung scheute, ein solch «weittragendes Projekt» – das ohne Garantie-Mitwirkung des Bundes kaum denkbar schien – vor das Parlament zu bringen.[70] Verstärkte Hilfe für die gefährdeten Banken konnte vor Inkrafttreten des Bankengesetzes und vor Einsetzung der Bankenkommission im damaligen gereizten politischen Klima nicht belieben. Übrigens befand sich auch eine Anzahl kleinerer Banken in der Gefahrenzone. So hatten sich die kompetenten Stellen im Herbst 1934 zum Beispiel mit dem Hilfsgesuch der Bank Guyerzeller zu befassen, welche hauptsächlich aufgrund ihrer Deutschlandverbindungen in Liquiditätsnöte geraten war.[71]

Im Dezember 1934 wurde klar, dass neben der Basler Handelsbank auch die Eidgenössische Bank eine Liquiditätsspritze benötigte. Der Solothurner Ständerat Dr. Schöpfer begrüsste im Verwaltungsrat der EIBA die Anbahnung von Verhandlungen mit der Darlehenskasse. Er glaubte, «auf die Zustimmung des Bundesrates rechnen zu dürfen».[72] Schöpfer war zu einer Schlüsselfigur im Verwaltungsrat geworden. Erst seit 1931 im obersten Gremium der EIBA, konnte man ihn nicht für die Fehler der zwanziger Jahre verantwortlich machen. Schöpfer war als Chef der radikaldemokratischen (freisinnigen) Gruppe der Bundesversammlung einer der einflussreichsten Parlamentarier auf Landesebene. Die EIBA plante nun, ihre deutschen Engagements in eine besondere Holdinggesellschaft auszulagern. Diese Gesellschaft sollte teils durch die EIBA, teils durch die Darlehenskasse refinanziert werden. Die Nationalbank befürwortete nach einigen Einwendungen die Unterstützung der BHB und der EIBA «im Interesse eines ruhigen Ganges des Bankbetriebes in der Schweiz». Der SNB-Leitung schienen im Januar 1935 die Kreditgesuche der BHB und der EIBA begründet «aus der Erschwerung in der Umwandlung der Zahlungen deutscher Schuldner in Schweizerfranken».[73] Doch im Verwaltungsrat der Darlehenskasse regte sich Widerstand. Der Glarner Textilfabrikant Jenny war eigentlich der Meinung, dass sich die Grossbanken selber helfen sollten. Wenn es in Deutschland zu einem «gänzlichen Zusammenbruch» kommen sollte, so müsste letztlich der Bundesrat die Verantwortung übernehmen. Der Sozialistenführer Grimm andererseits störte sich an der Holding-Auslagerungsidee beim Gesuch der Eidgenössischen Bank. Ausserdem schien ihm notwendig, dass man sich klar werde, «wie gering der innere Wert dieser sogenannten Guthaben» (in Deutschland) sei. Und der Chef der «Zürich»-Versicherung stellte die provokatorische Frage, ob es notwendig sei, «dass alle diese Grossbanken bei der heutigen Wirtschaftsschrumpfung weiter bestehen».[74]

Der Bundesrat bewilligte schliesslich am 25. Januar 1935 Kredite von nur je 35 Millionen Franken an BHB und EIBA. Grössere Beträge, wie sie von den beiden Banken gewünscht worden waren, hätten den immer noch gültigen alten Gesamtplafond der Darlehenskasse von 200 Millionen gesprengt. Der Bundesrat zögerte nach wie vor, die Erhöhung des Plafonds an die Hand zu nehmen, wie Ständerat Schöpfer in einer Besprechung mit Bundesrat Schulthess feststellte. Das war keine gute Ausgangslage. Auch den Herren der Darlehenskasse war damit klar geworden, dass der Bundesrat, wie es Dollfus ausdrückte, «in der Tat geringere Bedenken» gegen einen Schalterschluss gewisser Grossbanken hegte als die Nationalbank.[75]

Die Liquiditätshilfe der Darlehenskasse konnte der BHB und der EIBA bei verschärftem Kundengelderabfluss nicht genügen. Die beiden Banken waren deshalb in den folgenden Monaten gezwungen, massiv Registermark bei sinkenden Wechselkursen mit beträchtlichen Verlusten gegen Schweizerfranken zu liquidieren.[76] Alle Grossbanken standen nun unter einem gewissen Druck, sich in dieser oder jener Form zum Umfang ihrer Engagements in Deutschland zu bekennen. Die Bankgesellschaft ging – wie erwähnt – mit ihrer detaillierten Information über alle Auslandengagements in einem mutigen Schritt voran. Das brachte ihr ein deutliches Lob der Neuen Zürcher Zeitung ein.[77] Bankverein und Kreditanstalt reagierten allerdings etwas verhalten. Dr. Bindschedler konnte sich an der Generalversammlung der Kreditanstalt nur zur Bemerkung durchringen, dass «unsere eigenen Mittel grösser sind als der Buchwert sämtlicher Debitoren und anderer Aktiven in Ländern mit Transverbeschränkungen».[78] Bankverein-Präsident Dr. Staehelin war vor seinen siebzig Aktionären etwas präziser: Er nannte ein Totalengagement von 150 Millionen Franken in Ländern mit Transferbeschränkungen, was 75% der eigenen Mittel des SBV entspreche. Staehelin hielt im Übrigen ein überzeugendes Plädoyer zur Verteidigung des Auslandgeschäfts der Bank. Die grossen schweizerischen Handelsbanken müssten immer «internationale Banken» sein. Sie könnten sich «niemals» nur auf das Inlandgeschäft beschränken. Das Auslandgeschäft sei für die Schweiz und ihre Beteiligung am internationalen Wirtschaftsverkehr eine «absolute Lebensnotwendigkeit».[79]

Auch die Eidgenössische Bank sah sich nun in Anlehnung an die Bankgesellschaft erstmals veranlasst, den Aktionären das Deutschlandengagement bekannt zu geben. Ein Gesamtbetrag von 135 Millionen Franken wurde genannt. Dazu brauchte es einige Überwindung, denn dieses Engagement, das bereits die laufenden Abbaupläne vorausnahm, entsprach immer noch 128% der ausgewiesenen eigenen Mittel. Längere Diskussionen gab es im Verwaltungsrat der EIBA über die Opportunität einer Dividendenausschüttung. Trotz Skepsis hauptsächlich von Ständerat Schöpfer glaubte die Bankleitung schliesslich nicht auf eine Ausschüttung verzichten zu können. Bei der Basler Handelsbank hatte man in diesen Wochen zweifellos die grössten Sorgen. Denn die BHB konnte nun wirklich keine Dividende mehr zahlen. Sie musste im Gegenteil 7 Millionen Franken aus der Spezialreserve für Abschreibungen und Verluste heranziehen. Und Präsident Dr. Alfred Wieland-Zahn kam an der Generalversammlung im Februar um das Eingeständnis nicht herum, dass 54% der Aktiven als ausländisch einzustufen waren. Auf Länder mit Transferbeschränkungen entfielen 153 Millionen, davon 117 Millionen festgelegt in den deutschen Stillhaltevereinbarungen.[80] Dieses Engagement in Deutschland entsprach 137% der freien eigenen Mittel. Das Totalengagement in Deutschland lag indes bei 150 Millionen Franken, wie die EBK alsbald erfuhr.

Bis Mitte Mai 1935 verschärfte sich die Situation derart, dass die Basler Handelsbank die Darlehenskasse um eine Kreditaufstockung ersuchen musste. Sie benötigte dringend 10 bis 15 Millionen Franken. Das hatte seinen besonderen Grund. Denn die Darlehenskasse hatte sich in der Bewertung deutscher Pfänder restriktiver gezeigt, als im Januar angenommen.[81] Der neue Bundesrat Obrecht gab nun ein Zeichen, dass er gegen eine grosszügigere Bewertung nichts einzuwenden hätte. Das

Finanzdepartement war einverstanden und befürwortete «Durchhalten», bis neue Lösungen gefunden würden. Damit konnte die BHB über 27 Millionen Franken verfügen. Doch das war immer noch nicht genug. Bereits am 20. Mai verlangte die Basler Handelsbank die Aufstockung der Hilfe auf 50 Millionen Franken. Die Nationalbank zeigte sich «grundsätzlich nicht abgeneigt», jedoch einzig darum, weil die BHB inzwischen mit der Kreditanstalt Verhandlungen betreffend eine Übernahme aufgenommen hatte. Es ging nicht mehr um die Rettung der unglücklichen Basler Bank, sondern um deren möglichst geordnete Liquidierung.[82] EBK-Vizepräsident Rossy brachte die Lage am 21. Mai auf den Punkt: «Das Bankenproblem ist heute gleichzeitig ein Bonitäts-, ein Liquiditäts- und ein Währungsproblem.» Er war der dezidierten Ansicht, dass eine Hilfsaktion nur jenen Grossbanken zustehen dürfe, bei denen die Verbindlichkeiten durch die schweizerischen Aktiven gedeckt seien. Das war bei der BHB, der EIBA und der Bank Leu nicht der Fall. Rossy sah im Grunde für BHB und EIBA nur den Weg zur Stundung. Gleichzeitig wurden in der EBK nun ernsthaft Pläne für eine generelle Herausnahme der Stillhalteforderungen in eine Holding diskutiert, die jedoch unter dem vorhandenen Zeitdruck nicht weit gedeihen konnten.[83] Und Schulthess spielte mit dem Gedanken einer Fusionierung der schwächeren Grossbanken.[84] Alle diese Besprechungen führten zu keinen konkreten Massnahmen. Jetzt rächte sich, dass man wichtige und zentrale Fragen aus politischen Opportunitätsgründen monatelang vernachlässigt hatte.

Am Rande stellt sich eine zusätzliche Frage: Hat der sozialdemokratische Spitzenpolitiker Robert Grimm mit seinen scharfen Angriffen auf die Grossbanken – vor allem in seinem Leibblatt, der «Berner Tagwacht» – die Liquiditätsprobleme einiger Banken wesentlich verschärft? Der Vorstand der Bankiervereinigung legte jedenfalls am 20. Mai öffentlich «schärfste Verwahrung» gegen die Angriffe Grimms ein. Er bedauerte das Verhalten des sozialdemokratischen Nationalrats umso mehr, als Grimm dem Verwaltungsrat der Eidgenössischen Darlehenskasse angehörte.[85] Zwischen den Zeilen ist dabei zu verstehen, dass Grimm die dort erhaltenen Informationen für seine politischen Zwecke missbrauchte. Die Neue Zürcher Zeitung fuhr drei Tage später in einem ungewöhnlich heftigen Artikel starkes Geschütz auf gegen die «perfide Hetze» Grimms. Sie sah in Grimm nicht ganz zu Unrecht den «massgebenden Strategen des roten Lagers». Offenbar halte Grimm den Augenblick für günstig, «um Schulter an Schulter mit internationalen Spekulanten, von denen er sich zwar öffentlich als von Verbrechern ausdrücklich distanzieren möchte, schweizerischen Banken den Todesstoss zu geben und damit ‹den kapitalistischen Zusammenbruch› zu beschleunigen», schrieb das Zürcher Blatt.[86] Zweifellos gehört diese Pressepolemik zur Schlusskampagne um die Kriseninitiative. Gleichwohl ist nicht auszuschliessen, dass Grimms

Angriffe und Verdächtigungen gerade im Falle der Basler Handelsbank den Ablauf der Ereignisse beschleunigt haben.

Die Kriseninitiative wurde am 2. Juni 1935 in der Volksabstimmung mit 566 242 «Nein» gegen 424 878 «Ja» verworfen. Fünf Kantone hatten angenommen. Die grosse Schlacht war entschieden. Doch für die Basler Handelsbank war es zu spät. Am 7. Juni 1935 musste sie ein Gesuch um Fälligkeitsaufschub stellen. Nationalbank, EBK und Darlehenskasse befürworteten das Gesuch, und der Bundesrat genehmigte am 11. Juni 1935. Der Fälligkeitsaufschub war ein neues Instrument des Bankengesetzes. Im Sinne einer Notmassnahme sollte das Weiterleben in einer Überbrückungsphase ermöglicht werden, anstelle einer plötzlichen, verheerenden Schalterschliessung. Entsprechende Bedingungen sahen vor, dass die Gläubiger gedeckt und der Zinsendienst aufrechterhalten werden konnten. Dieser erste Anwendungsfall führte deshalb nicht unerwartet zu eingehenden Diskussionen, ob die BHB die Bedingungen erfülle. Im Zentrum stand die heikle Frage der Bewertung der deutschen Engagements. Die Revisoren hatten sich in ihrem Spezialbericht wohlweislich nicht definitiv dazu geäussert. Und Paul Rossy blieb weiterhin skeptisch, ob die Basler Handelsbank nach dem Fälligkeitsaufschub in der Lage sein würde, wieder aufzuleben. «Wir können die Entwicklung der Dinge in Deutschland nicht übersehen», war Rossys Schlussfolgerung. Gleichwohl entschied sich die EBK schliesslich für einen Fälligkeitsaufschub auf zwei Jahre mit gewissen Ausnahmen.[87] Der Kunstgriff bestand in der Annahme, ein Teil der Verpflichtungen der BHB könnte notfalls durch die mit ca. 50% bewerteten deutschen Aktiven gedeckt werden. Dem kam entgegen, dass der Registermarkkurs sich leicht auf 57 erholt hatte.[88] «Der allgemeine Eindruck», so berichtete allerdings der französische Botschafter einige Wochen später nach Paris, deute darauf hin, dass sich die Situation der Basler Handelsbank auch nach Ablauf des Fälligkeitsaufschubs nicht wesentlich verbessern könne und das «Moratorium» der Vorbereitung einer Liquidation diene.[89] Man glaubt, die Stimme Rossys im Hintergrund zu hören. Diese Sicht der Dinge war letztlich zutreffend, auch wenn sich die Agonie der Basler Handelsbank noch bis 1945 hinzog. Das endgültige Scheitern der Strategie der BHB – vorwiegend Grosskundengeschäft im ertragsattraktiven Ausland (unter Vernachlässigung der Länderrisiken), refinanziert durch volatile Auslandgelder mit Schwerpunkt Frankreich – war in Griffnähe.

Mit dem offenkundigen Debakel der Basler Handelsbank hatte die Bankenkrise ihren Höhepunkt noch nicht erreicht. Die Frage blieb offen, ob auch die Eidgenössische Bank und die Bank Leu oder vielleicht sogar die Bankgesellschaft in den Strudel gerissen würden. Ein symptomatisches Beispiel: «Le Travail», das Zeitungsorgan der Chefs der linken Genfer Kantonsregierung, warnte im Juni 1935 die Sparer vor Anlagen bei den Grossbanken, indem ein Zahlenvergleich zwischen den bis dahin bekannten Deutschlandengagements und den Eigenmitteln veröffentlicht wurde. Dieser Vergleich zeigte EIBA und Leu als verletzliche, möglicherweise nächste Opfer.[90] Das linksextreme Genfer Blatt schrieb von den «conséquences de la détestable et pernicieuse activité de la haute banque suisse».[91] In London wurde derweil der auch im zweiten Quartal 1935 anhaltende Rückgang der Bilanzsummen der schweizerischen Grossbanken als Zeichen der Verwundbarkeit interpretiert. Auch der genau beobachtete «Déport» auf den Schweizerfranken-Terminkontrakten deutete im August noch auf gewisse Baisse-Tendenzen. Dies alles wurde insbesondere von französischer Seite mit grösster Aufmerksamkeit verfolgt. Es wird darin spürbar, wie weit verbreitet die Zweifel an der schweizerischen Widerstandskraft in diesen Monaten gewesen sein müssen.[92] In diesen Zusammenhang gehören auch die Sondierungen zwischen Banque de France und Nationalbank im Mai über eine eventuelle Rückdiskonthilfe seitens Frankreichs. Gottlieb Bachmann blieb freilich sehr zurückhaltend. Er wollte offensichtlich den Eindruck vermeiden, dass die Schweiz von aussen Hilfe benötige.[93] Alt-Bundesrat und EBK-Präsident Schulthess kannte weniger Hemmungen und glaubte sich zu seiner ersten Sondermission berufen. Er reiste noch im Mai nach Paris, um mit dem Gouverneur der Banque de France und gewissen Politikern offenbar sehr diskrete, sondierende Gespräche zu führen.[94] Allerdings kam er in einem Moment nach Paris, als der Abwehrkampf um den Franzosenfranken einem neuen Höhepunkt zustrebte. Man geht wohl kaum fehl in der Annahme, dass Schulthess in Anbetracht der unstabilen politischen Verhältnisse einen eher gemischten Eindruck nach Hause nahm. Dies war keineswegs belanglos im Hinblick auf die auch in der Schweiz hinter den Kulissen geführte Diskussion, ob das unbedingte Festhalten an der alten Goldparität wirklich den zukünftigen wirtschaftlichen Erfordernissen entsprach. Oder anders gefragt: Befand sich die Schweiz zusammen mit Frankreich und Holland tatsächlich im richtigen Boot? Die bald wieder einsetzenden Angriffe gegen den Gulden liessen wohl die schleichenden Zweifel – die öffentlich freilich nicht geäussert werden durften – kaum verstummen. Und die ausgesprochene Deflationspolitik der neuen Regierung Laval wird dem Franzosenfranken auch nur eine Atempause von einigen Monaten verschaffen.[95]

Fortsetzung und Scheitelpunkt der schweizerischen Bankenkrise spiegeln sich besonders anschaulich im Schicksal der Eidgenössischen Bank. Paul Rossy sprach am 15. Juni in der Bankenkommission den dramatischen Satz: «Wenn nichts geschieht, so werden alle Banken nach und nach verbluten.» Rossy sah als mögliche Massnahmen die generelle Einschränkung der Geldauszahlungen und die Devisenkontrolle. EBK-Mitglied Walch beklagte zu Recht die «ständige Unentschlossenheit», die es weitgehend verunmöglichte, die «Auftau»-Projekte betreffend die Engagements in Deutschland wirksam voranzutreiben.[96] Auslöser für diese Diskussion war das Gesuch der Eidgenössischen Bank an die Darlehenskasse für einen Zusatzkredit von 35 Millionen Franken. Insgesamt beantragte die EIBA damit einen Kreditrahmen von 70 Millionen. Die exekutive Leitung der Bank, nunmehr nicht mehr durch Theodor Wolfensperger, sondern durch Direktor Charles Zoelly vertreten, beabsichtigte, dem Publikum nach durchgeführter Transaktion den Abbau der deutschen Engagements bekannt zu geben. Die Nationalbank befürwortete das Gesuch, damit die «Vertrauensstörung im Publikum» beseitigt werden könne. Ein Fälligkeitsaufschub für die EIBA hätte nach Ansicht der Nationalbank eine «allgemeine Misstrauensverschärfung und damit Verschlechterung der Gesamtlage» erwarten lassen. Die SNB fand es deshalb vertretbar, die Belehnungssätze für die deutschen Pfänder zu erhöhen.[97] Doch die Bankenkommission opponierte. Sie wollte an den Beschlüssen vom 13. Mai festhalten. Rossys Linie scheint deutlich spürbar. Schulthess hielt sich als Präsident – stützt man sich auf die protokollierten Meinungsäusserungen ab – eher zurück, was nicht ausschliesst, dass er Rossy in dieser kritischen Phase als Sprecher benützte. Die EBK vertrat jedenfalls gegenüber dem Bundesrat die Ansicht, die von der EIBA beantragten zusätzlichen 35 Millionen würden nicht ausreichen, «um diese Bank definitiv zu retten». Der Bund, so die Herren Schulthess und Rossy in ihrem Schreiben an den eidgenössischen Finanzminister, müsse sich «aus grundsätzlichen Erwägungen und im Interesse seiner Finanzen hüten», besonders jenen Banken ausserordentliche Hilfe zu gewähren, «die ihre Kapitalien in Deutschland angelegt haben». Falls für die Eidgenössische Bank «etwas geschehen solle», dann «nur im Rahmen einer allgemeinen Lösung des Bankenproblems auf breiter Grundlage». Schulthess und Rossy wiesen bei dieser Gelegenheit darauf hin, dass in Anbetracht der Geldrückzüge «eine ganze Reihe von Banken», darunter auch Kantonalbanken, in kurzer Zeit in «grosser Verlegenheit» sein würden.[98] Konkret ging es in erster Dringlichkeit um die Neuenburger Kantonalbank, die ebenfalls Hilfe benötigte.

Die Eidgenössische Bank stiess auch bei der Darlehenskasse auf wenig Sympathie. Doch die Spitze der Bank gab nicht auf. Am 25. Juni sprachen Direktor Zoelly und die zwei einflussreichsten Verwaltungsräte, Ständerat Schöpfer und Iwan Bally, separat bei Obrecht und Schulthess vor. Bundesrat Obrecht, so schien den Besuchern, glaubte nicht an eine generelle «Entlastungsaktion für die Grossbanken». Zoellys Eindruck: «Bundesrat Obrecht ist nicht pessimistisch eingestellt gegenüber den deutschen Engagements. Er drückte sich dahin aus, wir selbst in der Schweiz machten diese Engagements schlecht.» Der Volkswirtschaftsminister empfahl der EIBA-Delegation den Versuch zu machen,

Schulthess und die EBK umzustimmen. Schulthess war immerhin bereit, sich die ergänzenden Angaben der EIBA zu den Deutschlandengagements anzuhören.[99] In der ersten Juli-Hälfte konferierten in Bern die involvierten Stellen. Bachmann drückte Bundesrat Meyer sein Bedauern aus, «dass der Bundesrat zugunsten der Eidgenössischen Bank nichts tun will». Die Nationalbank schien pessimistisch: «Das Schwierige in der Angelegenheit ist, dass eben das Vertrauen nicht hergeschafft werden kann.»[100] Das Gesuch der EIBA war bei der Darlehenskasse «zurückgestellt» worden. Die Hilfe für die Neuenburger Kantonalbank schien dort nun prioritär. Gemäss Schulthess erklärte Ruggero Dollfus «strikte», dass die Darlehenskasse der EIBA «nichts mehr geben werde.»[101] In Anbetracht der Zusammensetzung des Verwaltungsrates der Darlehenskasse liegt die Vermutung nahe, dass sich in dieser kompromisslosen Haltung auch politische Einflüsse bemerkbar machten.

Man kann es beinahe als glückliche Fügung für die Eidgenössische Bank bezeichnen, dass sich die Aufmerksamkeit und das Misstrauen der Anleger nun verstärkt auf die Neuenburger Kantonalbank sowie die Spar- und Leihkasse Bern konzentrierte, welch Letztere sich mit ihren 25 Millionen Deutschlandengagements in «schlimmer Lage» befand, wie die EBK im September feststellte. Schulthess sprach in diesem Zusammenhang, wie bereits früher erwähnt, von der «unbegreiflichen Leichtfertigkeit» der Berner Lokalbank.[102] Die Eidgenössische Bank stand somit nicht mehr im Rampenlicht. Sie vermochte sich schliesslich ohne zusätzliche Liquiditätsspritze über die Sommermonate zu retten. Selbst Schulthess und Rossy schienen schliesslich beeindruckt, namentlich weil «aus den deutschen Engagements Fr. 45 Millionen zur Befriedigung von Kreditoren aufgebracht worden sind und die Liquidität sich wesentlich verbessert hat», wie im Verwaltungsratsprotokoll im Oktober festgehalten wurde. Zoelly erwartete für die folgenden Monate nur noch einen stark verlangsamten Rückzug der Kundengelder.[103] Die im Vergleich mit der Basler Handelsbank bedeutend breitere Verankerung der EIBA über ihr schweizerisches Filialnetz dürfte ein nicht unwesentlicher Faktor dieser Stabilisierung gewesen sein. Ausserdem wird auf gewisse Beobachter vertrauensfördernd gewirkt haben, dass Theodor Wolfensperger, in vielen Augen der Hauptverantwortliche der überdimensionierten Deutschlandengagements, auf Ende 1935 aus der Geschäftsleitung ausschied. Als Ersatz wurde bezeichnenderweise M. Mischler, der Chef der für das Privatkundengeschäft wichtigen Genfer Niederlassung, in die Zentraldirektion berufen, wo nun der erst 44-jährige Dr. iur. Charles Zoelly eindeutig den Ton angab. Zoelly übertrug man im März 1936 das neue Amt eines Delegierten des Verwaltungsrates, unter Beibehaltung seiner exekutiven Funktionen.[104] Die Eidgenössische Bank wird das Jahr 1935 mit einem Verlust von 15.9 Millionen Franken auf dem Abbau der Engagements in

Deutschland beschliessen. Sie muss zu diesem Zweck 15 Millionen ihren Reserven entnehmen. An eine Dividendenzahlung ist nicht mehr zu denken. Die Nettoengagements in Deutschland liegen Ende Jahr jedoch immer noch bei 95 Millionen Franken. Das Problem Deutschland ist damit für die Eidgenössische Bank bei weitem noch nicht gelöst. Allein im ersten Halbjahr 1936 entstehen auf dem konsequent weitergeführten Abbau der deutschen Engagements via Registermarkliquidationen neue Verluste von 10.8 Millionen Franken. Ständerat Schöpfer drängte im August 1936 auf weitere Reduktion, «weil er in die deutschen Verhältnisse kein Vertrauen haben kann».[105] Im Dezember 1936 schritt die EIBA schliesslich nach Vorbild der Bankgesellschaft zur Halbierung des Aktienkapitals, um die notwendigen Abschreibungen und Rückstellungen vornehmen zu können.

Es kann sich an dieser Stelle nicht darum handeln, der nur langsam abklingenden Bankenkrise in allen Details nachzuspüren. Die Lage bleibt jedenfalls bis zum Sommer 1936 in mancher Hinsicht unstabil. So gab im November 1935 die alte Zürcher Bank Leu mit ihren 72 Millionen Aktiven in Deutschland der EBK zu Bedenken Anlass.[106] Das Bewertungsproblem der deutschen Kredite war immer noch nicht einheitlich gelöst. Ende 1935 entschloss sich die Bank Leu, um Fälligkeitsaufschub nachzusuchen. Erneute Unruhe war die Folge. Die Eidgenössische Bank beispielsweise musste ihre Aktien im Januar 1936 durch Rückkäufe massiv stützen. Der Fall Leu führte 1936 zur Entwicklung von gesetzlichen Vorschriften über das Sanierungsverfahren bei Banken. Bis zum Juli war klar, dass das Aktienkapital der Bank Leu verloren war. Im September 1936 wurde endlich ein Entwurf für die Sanierung vorgelegt, die Genehmigung durch das Bundesgericht erfolgte jedoch erst im Frühjahr 1937. Auch die Basler Handelsbank musste sich 1937 dem Sanierungsverfahren unterziehen. Diese Vorgänge gehören indes bereits in einen unterschiedlichen zeitlichen Rahmen, der durch die Abwertung des Schweizerfrankens und die weitere Verschlechterung der Beziehungen zu Deutschland wesentlich geprägt wurde.

Aus der kritischen Rückschau betrachtet, findet sich in der «Bewältigung» der schweizerischen Bankenkrise von 1931 bis 1937 viel halbherziges «Pröbeln», politisches Herumwursteln, taktisches Zögern und Verschleiern. Manches davon mag den Hauptakteuren damals klug vorgekommen sein. Es entsprach schliesslich bewährter helvetischer Tradition, die einzelnen Institutionen nicht mit allzu viel Macht auszustatten. So war denn niemand je ganz «zuständig».[107] Und die Mehrheit des Bundesrates fühlte sich nicht berufen, Führungsqualitäten unter Beweis zu stellen, wohl in der stillschweigenden Annahme, dass man in einer übergreifenden Systemkrise dann doch noch «irgend etwas» hätte tun können. Im Grunde behagte den meisten Hauptakteuren das fallweise Vorgehen, wie es bei der Diskontbank und der Volksbank geübt wurde. Das erlaubte es, Probleme in altbekannter Manier möglichst lange «auszusitzen». Kreative Ideen um das Herauslösen der fatalen deutschen Engagements, wie sie etwa Armand Dreyfus schon in einer Frühphase vorgebracht hatte, kamen erst auf dem Höhepunkt der Krise im Frühjahr 1935 in letzter Minute wieder auf den Tisch, als es dazu zu spät war. Man kann in diesem Zusammenhang der Frage nicht ausweichen, ob sich bei frühzeitigem, koordiniertem Agieren ein wesentlicher Teil der enormen Verluste auf den deutschen Engagements und damit der erzwungenen «Sanierungen» verschiedener Grossbanken hätte vermeiden lassen. Bei einer solchen Sichtweise hätte sich auch eine bedeutend stärkere gesamtschweizerische Verhandlungsposition gegenüber Deutschland ergeben. Doch dem war nicht so. Nicht zuletzt ist zu berücksichtigen, dass das Prestige der schweizerischen Bankiers 1935 einem Tiefstand zustrebte. Ihr politischer Einfluss war geringer denn je. Die Hoteliers beispielsweise konnten auf mehr staatliche Unterstützung zählen. Davon wird im folgenden Kapitel die Rede sein. Besondere Sympathie durften die Vertreter der «Hochfinanz» und die «Kapitalisten» weiterhin nicht erwarten.

5.3. Es gilt: «Arbeit geht vor Kapital» – Kann Hjalmar Schacht die Schweiz in die Knie zwingen?

Als Anfang April 1935 eine Delegation des Aluminium-Kartells bei Schacht ihre Anliegen vorbrachte, kam der deutsche Wirtschaftsminister und Reichsbankchef auch auf den Clearing Deutschland–Schweiz zu sprechen, der «sehr schlecht» laufe. Mit Herrn Stucki, so bemerkte Schacht gewiss nicht ohne Absicht, habe er «keine leichte Aufgabe».[108] Nach Ansicht des Reichswirtschaftsministeriums war für Deutschland im Clearing eine «nicht tragbare Verschuldung» eingetreten. Schacht forderte im März 1935 Neuverhandlungen.[109] Eine erste Vorkonferenz unter den schweizerischen Beteiligten brachte keine Einigkeit über den einzuschlagenden Weg. Die Verteilprobleme zwischen Warenverkehr und Finanzgläubigern standen im Zentrum der Kontroversen. Stucki veranlasste den Bundesrat am 22. März zu einer eingehenden Diskussion. Die Landesregierung beschloss, ihn zu Verhandlungen zu ermächtigen, wonach den Warenexportforderungen Priorität einzuräumen wäre und die Stillhaltezinsen nicht unter das Verrechnungsabkommen fallen sollten. In diesem Verhandlungskontext hatte Stucki die keineswegs ganz neue Idee entwickelt, gegebenenfalls «die Hand auf die deutschen Kapitalien in der Schweiz» zu legen. Der Bundesrat war jedoch der Ansicht, dass sich dies nur durchführen liesse «mittels einer allgemeinen Beschlagnahme ausländischer Kapitalien».[110] Und dafür lag natürlich kein Anlass vor. Doch Schacht erhöhte nun den Druck. Er forderte Ende März in einer seiner brüsken Wendungen «plötzlich» eine wesentlich erhöhte Reichsbankquote. Stucki und die schweizerische Verhandlungsdelegation lehnten ab. «Die deutsche Kündigung wurde dann abends 7 Uhr dem Nachtwächter im Ostbau gegen Quittung übergeben», notierte Stucki über diesen 30. März. Der Chef der Handelsabteilung hatte den Eindruck, dass Schacht die «Belga-Krise» benützen wollte, um möglichst viel von der Schweiz herauszuholen. Stucki hatte übrigens erfahren, dass es Schacht gleichzeitig auch gegenüber Frankreich beinahe zum Abbruch der Verhandlungen kommen liess. «Wir dürfen uns jetzt unter keinen Umständen schwach zeigen», war Stuckis charakteristische Schlussfolgerung. Er befürchtete in der Bundesratssitzung vom 1. April, dass Deutschland nun seine Guthaben in der Schweiz (die noch mit 542 Millionen Franken angegeben wurden) zurückziehen werde. Stucki schlug deshalb, wie bereits im vorangehenden Kapitel erwähnt, ein sofortiges «beschränktes Zahlungsverbot» vor. Der ebenfalls anwesende Nationalbankchef Bachmann äusserte jedoch grösste Bedenken. Er hatte sich mit Wetter, Jöhr und Jaberg in dieser höchst brisanten Frage beraten. Verschiedene Argumente sprachen gegen Stuckis Zwangsmassnahmen. Zum einen habe Schacht, so erinnerte Bachmann den Bundesrat, wiederholt erklärt, dass er die Bezahlung der Stillhaltezinsen gegenüber einem Staat, der den Zahlungsverkehr nach Deutschland hindern sollte, sofort einstellen würde. Dies müsste verschiedene Grossbanken in Schwierigkeiten bringen und könnte eine Kettenreaktion bei den Rückzügen auslösen. Ferner erinnerte Bachmann daran, dass nur ein Teil der deutschen Gelder, nämlich die angemeldeten, unter dem Druck der deutschen Behörden stünden. Ein anderer Teil habe sich bekanntlich der «Unterstellung unter das Volksverratsgesetz entzogen». Kurz gesagt hielt Bachmann eine Zahlungssperre nach Deutschland in diesem Moment der «allgemeinen Beunruhigung» im Bankensektor und im Währungsbereich für ganz unzweckmässig. Stucki fand in seiner Entgegnung auf Bachmann die Befürchtungen der Bankiers übertrieben. Er präzisierte geschickt, dass «wir nicht unbedingt eine Blockierung und Beschlagnahme vornehmen würden, sondern bloss soweit keine Kompensation erfolgt». Der Schwierigkeiten eines solchen Vorgehens war er sich durchaus bewusst. Die «Pfänder» wollte er indes nicht wegschwimmen sehen. Bundespräsident Minger fasste die Situation in dramatischer Verkürzung in vier «Eventualitäten» zusammen: bedingungslose Kapitulation vor Deutschland, Ablehnung des Ultimatums mit oder ohne Gegenmassnahmen und schliesslich die Suche nach einem Kompromiss. Den letzteren Weg zog

Bundesrat Schulthess vor. Minger wäre Stucki gefolgt. Aber Aussenminister Motta, obschon er fand, «die Schweiz sei unerhört brutal behandelt worden», schreckte wie üblich vor einer Konfrontation zurück und wollte weiterhin den Verhandlungsweg beschreiten.[111]

Bachmann nahm nun Rücksprache mit den Spitzenbankiers. Diese wollten keinen Bruch mit Deutschland. Sie zeigten sich in dieser Zwangslage bereit, zusätzliche finanzielle Opfer im Sinne einer weiteren Reduktion der Stillhaltezinsen und der Erhöhung der Reichsbankquote zu erbringen.[112] Doch als in den Verhandlungen der ersten Aprilhälfte die voraussichtlichen Gesamtdimensionen der Zahlungseinbussen aus Deutschland sichtbar wurden, begann bereits das grosse Wehklagen der Finanzgläubiger.[113] Es galt nun auch im rein bürgerlichen Bundesrat der generelle Leitsatz: Arbeit (gemeint Warenexport und Fremdenverkehr) geht vor Kapital (Zinsendienst).[114] Das schweizerisch-deutsche Abkommen vom 17. April 1935 konnte deshalb die Kapitaleigner nicht befriedigen. Die Stillhaltegläubiger mussten in eine Zinsreduktion von ½% einwilligen und erhielten überdies nur 3% der Zinsen in bar, den Rest in Registermark. Schlimmer erging es den Gläubigern der mittel- und langfristigen Guthaben in Deutschland: Sie erhielten für den Zeitraum bis Ende 1935 lediglich sogenannte 4%-Funding-Bonds (mit gewissen Ausnahmen).[115] Hjalmar Schacht durfte zufrieden sein. Er erhielt eine Reichsbankquote, die nach Abzug der Stillhaltezinsen etc. immer noch einen Überschuss ergab. Und das war und blieb für ihn zweifellos die Hauptsache. Die schweizerische Regierung war in ihrer Sorge um Export und Fremdenverkehr vor harten Massnahmen zurückgewichen. Ob damit verhandlungstaktisch die richtigen Signale ausgesendet wurden, darf bezweifelt werden.

Auf Seite der schweizerischen Gläubiger wuchs nun die Missstimmung. Es kam im Juni zu einem Protest gegen die Zurücksetzung durch das April-Abkommen.[116] Hinweise auf Missbräuche im Export und Reiseverkehr lagen vor.[117] Gewisse Deutsche sollen vornehmlich zum Umwechseln von Reichsmarknoten in die Schweiz gekommen sein. Legationsrat Feer gab einem deutschen Gesprächspartner in Berlin bei Gelegenheit zu verstehen, dass «gerade die Juden mit den Reisezahlungsmitteln Missbrauch treiben (Kapitalverschiebungen)».[118] Stucki seinerseits konnte – nach Rücksprache mit der Nationalbank und dem Politischen Departement – seinen neuen Chef Obrecht veranlassen, am 13. Juli 1935 ein Verbot des Handels mit Reichsmarknoten zu erlassen. Dies schien dem Volkswirtschaftsdepartement «notwendig, um den Clearingumgehungen durch Zahlungen in Reichsmarknoten und ganz besonders dem Unfug, dass deutsche Reisende die in der Schweiz nicht verbrauchten Reisegelder, in Marknoten umgewechselt, mit Kursgewinn nach Deutschland mitnehmen, den Riegel zu stossen».[119] Auf deutscher Seite war übrigens bereits am 17. April 1934 die Ausfuhr von Reichsmarknoten ins Ausland verboten worden. Der Schmuggel liess sich jedoch nicht völlig verhindern. Den schweizerischen Geschäftsbanken, welche im Notenhandel aktiv waren, musste die Massnahme aus Bern ohnehin missfallen.[120] Ein neuer Beweis staatlicher Einmischung, und ausgerechnet unterzeichnet von einem Bundesrat, der noch bis vor kurzem im Verwaltungsrat einer führenden Grossbank sass. Ganz offensichtlich war der Einfluss der Bankiers in diesen Monaten auf einen neuen Tiefstand gesunken. Eine andere Frage ist, ob dieses Verbot tatsächlich strikte eingehalten wurde. Zweifel sind erlaubt. Die Verrechnungsstelle beispielsweise hätte in realistischer Einschätzung einige Monate später eine «scharfe Kontrolle bei grundsätzlich erlaubtem Handel dem vollständigen Verbot» vorgezogen. Sie wollte nur bei konkretem Verdacht gegen allfällige Sünder vorgehen.[121] In Basel kam es aufgrund von Denunziationen zu Untersuchungen gegen einige Banken. Strafen wurden offenbar nicht ausgefällt. Man wusste dort nur allzu gut um den engen Zusammenhang mit dem Herausschaffen von Emigrantengeldern. Als sich zwei Jahre später ein «Vertrauensmann» des deutschen Generalkonsulats in Zürich bei der Nationalbank zum Thema informierte, wurde ihm diplomatisch bedeutet, «dass das Verbot nicht extensiv zu interpretieren sei».[122] Im September 1937 hob das EVD schliesslich das umstrittene Verbot auf.

Die schweizerischen Finanzgläubiger mochten jammern, die Hoteliers hingegen führten eine scharfe Klinge. Am 20. Dezember 1935 telefonierte Wilhelm Gustloff, der Nazi-Landesgruppenleiter Schweiz mit Sitz in Davos, mit der deutschen Gesandtschaft in Bern. Gustloff machte auf Nummer 51 der «Hotel-Revue» aufmerksam. Dort war unter anderem zu lesen, man «füttere» in der Schweiz einige hunderttausend Deutsche durch und bezahle 30 000 deutsche Dienstmädchen. Gustloff fand diese Sprache so «ungewöhnlich», dass er sich veranlasst sah, den «Führer» zu informieren und eine «Tausendmark-Einreisesperre in Vorschlag zu bringen».[123] Der ungeschminkte Artikel der «Hotel-Revue» hatte naturgemäss eine Vorgeschichte. Berlin liess im Herbst 1935 sein Missfallen über das unbefriedigende Resultat des Reiseverkehrsabkommens, das bekanntlich mit deutschen Kohlelieferungen verknüpft war, deutlich werden. Stucki traf Schacht in Meran mit dem Vorschlag, die Schweiz könnte eine ausserordentliche Kohleneinfuhr von 1 Million Tonnen zur Anlage einer «Kriegsreserve» tätigen. Doch Schacht lehnte ab. Deutschland gab den Lieferungen nach Italien als Folge des Äthiopienkonfliktes Priorität.[124] Wiederum ging es für Schacht und seine Beamten letztlich um die «Devisenspitze». Man müsse doch dafür in der Schweiz Verständnis haben, meinte Ministerialdirektor Ritter ganz offen zu Legationsrat Feer. Für Deutschland bedeute «dieses kleine Devisenplus erheblich viel», während es für die Schweiz nicht ins Gewicht falle.[125] Gegenüber dem

Gesandten Dinichert soll Ritter zugegeben haben, «dass man die Schweiz schikanieren wolle, um das gesteckte Ziel zu erreichen».[126] Tatsächlich wird Hjalmar Schacht nicht lange zögern. Am 24. Dezember 1935 berichteten die führenden Schweizer Zeitungen voller Empörung über die Sistierung des deutschen Reiseverkehrs mit der Schweiz. Dabei ist im wichtigen innenpolitischen Kontext nachzutragen, dass der Bundesrat das Defizit des Reiseverkehrsabkommens mit Deutschland bereits seit Monaten zugunsten des Gastgewerbes massiv bevorschusste. Im Zentrum der Bemühungen stand die Erhaltung der Hotellerie in Graubünden, die vom deutschen Fremdenverkehr am stärksten abhing.

Nun musste Stucki erneut an die Front, obschon er bereits nicht mehr Chef der Handelsabteilung war. Jean Hotz, der bisherige Vizedirektor, war sein formeller Nachfolger. Bei den Oktoberwahlen 1935 war Stucki im Kanton Bern als Freisinniger in den Nationalrat gewählt worden. Der Bundesrat und zahlreiche Wirtschaftsexponenten wollten jedoch nicht auf seine Dienste verzichten. Es kam deshalb zu einer ungewöhnlichen personellen Konstellation. Der Bundesrat ernannte Walter Stucki auf den 1. Dezember 1935 zum «Delegierten für den Aussenhandel». Als solcher war er berechtigt, auch Verhandlungen zu «überwachen», die von andern Unterhändlern geführt wurden. Ausserdem behielt er den Vorsitz der Clearingkommission, wo wichtige Entscheidungen mit Präzedenzwirkung getroffen wurden.[127] Am 11. Januar 1936 erreichte Stucki in Berlin eine Einigung, welche die Wintersaison der vom deutschen Tourismus abhängigen Hoteliers einigermassen rettete. Der schweizerische Fremdenverkehrsverband bedankte sich bei ihm «mit einem Gefühl der ausserordentlichen Erleichterung». Die Hoteliers hofften in ihrem Schreiben an Stucki, «dass es Ihrer wirtschaftspolitischen Führung gelingen wird, den Fremdenverkehr auch weiter durch die Fährnisse der Krise hindurch zu retten».[128]

Stucki hatte in Berlin wie gewohnt Klartext geredet. Ministerialdirektor Ritter musste anerkennen, dass Deutschland betreffend Devisenspitze für Kohle vertraglich nicht berechtigt war, «dies jetzt plötzlich und mit so kurzer Frist zu verlangen».[129] Gegenüber Schacht teilte Stucki am 11. Januar mit, dass das Verrechnungsabkommen «für uns auf die Dauer nicht mehr tragbar» sei.[130] Auf der andern Seite war im Auswärtigen Amt durchaus bekannt, «dass Herr Schacht auf eine grundsätzliche Auseinandersetzung mit der Schweiz hinsteuert, da er der Meinung ist, dass wir zur Zeit der stärkere Teil sind».[131] Stucki muss dies deutlich gespürt haben. Alles deutete auf eine neue Konfrontation hin. Zu berücksichtigen ist ausserdem die Spannung, welche im Februar als Folge der Ermordung Gustloffs in Davos durch den jüdischen Studenten David Frankfurter entstanden war. Der Gesandte von Weizsäcker benützte die Gelegenheit, um bei Motta erneut die deutschen Beschwerden gegen die angebliche schweizerische «Pressehetze» vorzubringen.[132] In Berlin war es bei Bekanntwerden des Attentats zu einem scharfen Wortwechsel zwischen Goebbels und dem Gesandten Dinichert gekommen, dies offenbar vor Zeugen während eines Empfangs im Kaiserhof, wie Reto Caratsch an Motta berichtete. Dinichert schien dem Korrespondenten der Neuen Zürcher Zeitung – die Beobachtung ist nicht ganz unwichtig – keineswegs der geeignete Mann für diesen «schwierigsten und delikatesten Posten, den die Schweiz im Ausland überhaupt zu vergeben hat».[133] Gleichwohl wird man dem schweizerischen Gesandten Klarsicht nicht absprechen wollen. Er erkannte die deutsche Wirtschafts- und Finanzpolitik, die Politik Schachts mithin, ganz einfach als «Funktion der politischen Zielsetzungen», wie er Stucki schrieb.[134] Und über die politische Richtung bestand nach dem ungestörten Einmarsch der Wehrmacht ins Rheinland am 7. März 1936 kein Zweifel mehr. Es war ein Triumph für Hitler, der Kulminationspunkt der ersten Phase seiner Diktatur. Welchen Eindruck die hilflos-klägliche Reaktion der «Grossmächte» Frankreich und Grossbritannien in der Schweiz machte, lässt sich leicht nachvollziehen. Die Aufrüstungsfrage trat auch für die Schweiz in den Vordergrund.

Bemerkenswert ist das diplomatische Vorgehen Weizsäckers. Er hatte am Vortag des Rheinlandeinmarsches Markus Feldmann zum Mittagessen geladen. Auch Sohn Richard, der spätere Präsident der Bundesrepublik, war dabei. Beim schwarzen Kaffee unter vier Augen bedauerte der Freiherr dann, dass sich die Beziehungen zwischen der Schweiz und Deutschland «in ununterbrochen absteigender Kurve» entwickelten. Etwas dramatisierend stellte er gemäss Feldmanns Niederschrift fest: «Ich kann mich nicht erinnern, dass diese Beziehungen innerhalb der letzten 100 Jahre jemals so schlecht gewesen wären.» Feldmann machte Weizsäcker auf Widersprüche zwischen Hitlers «Mein Kampf» und der deutschen Aussenpolitik aufmerksam. Durch die Ideen von Haushofer sei in der Schweiz der Eindruck entstanden, «dass der deutsche Nationalsozialismus es auf uns Schweizer abgesehen hat». Feldmann zweifelte ganz offensichtlich an der Glaubwürdigkeit Hitlers. Weizsäcker konnte nicht bestreiten, dass Hitler «im Ausland einfach kein Vertrauen besitzt», hatte jedoch angefügt: «Aber wir müssen doch in der Politik mit Tatsachen rechnen, auch wenn sie uns nicht passen …» Es ging Weizsäcker einmal mehr um die Zähmung der schweizerischen Presse.[135]

Drei Tage nach diesem Mittagessen traf sich eine Delegation des Bundesrates unter dem Vorsitz von Obrecht mit den Spitzen der Wirtschaft zur Lagebesprechung. Wetter fand als Mann des Vororts die Diskussion «diffus und steril». Keine Gruppe wollte die Verantwortung für die Kündigung der Wirtschaftsabkommen mit Deutschland übernehmen. Die meisten Vertreter hatten hingegen ihre besonderen Revisionswünsche. Wetter war verärgert: Diese Konferenz war ein Beispiel dafür, wie man solche Dinge gerade nicht organisieren durfte.[136] Walter Stucki dürfte diese Meinung geteilt haben. Ende März 1936 traf er überraschend in Berlin ein, um sofort bei Schacht vorzusprechen und die Lage zu sondieren. Dabei kam auch ein neuer Plan des unkonventionellen Bankiers Felix Somary zur Sprache. Auf Schweizer Seite wurde Somarys Idee allerdings im April für undurchführbar erklärt, als Schacht seinen Ministerialdirektor Wohltat zu Gesprächen nach Bern schickte. Eine Einigung in diesen direkten Kontakten zwischen Stucki und dem Reichswirtschaftsministerium konnte nicht erzielt werden. Stucki gab Wohltat auf den Weg, dass eine weitere Verschlechterung für die Finanzgläubiger «vollkommen untragbar» sei.[137]

Schacht verschärfte nun Ende April den Kurs. In einer ausführlichen Note, so wies er an, sollte aufgelistet werden, wie die Schweiz «uns ein Clearing aufgezwungen hat». Schacht hatte Hitler über die Notwendigkeit einer «Neuordnung» der wirtschaftlichen und finanziellen Beziehungen mit der Schweiz Vortrag gehalten und darauf hingewiesen, dass dies die Möglichkeit eines Konflikts einschlösse. Der «Führer» war mit Schachts Vorgehen einverstanden.[138] Der Gesandte von Weizsäcker informierte Bundesrat Obrecht und Walter Stucki am 30. April über die Kündigung des Reiseabkommens und die Rücktrittsdrohung vom Verrechnungsabkommen, falls keine Einigung erzielt werde. Auch Obrecht dachte nun daran – ähnlich wie Stucki im vorangehenden Jahr –, in Anbetracht des «brutalen Vorgehens» sämtliche deutschen Guthaben mit Beschlag zu belegen.[139] Das deutsche Memorandum vom 9. Mai 1936 war insgesamt sachlich abgefasst, liess indes an Deutlichkeit nichts zu wünschen übrig. Eine weitere Verschuldung Deutschlands sollte unbedingt vermieden werden. Denn im Rahmen des Verrechnungsabkommens vom 17. April 1935 hatte sich nach deutscher Buchhaltung unter verschiedensten Titeln eine Gesamtverschuldung von 122 Millionen Franken angehäuft. Der reduzierte deutsche Handelsbilanzüberschuss gegenüber der Schweiz galt als eine der Hauptursachen (1935 noch 168 Millionen Franken verglichen mit 207 Millionen im Vorjahr). Deutschland müsse im Gegensatz zur schweizerischen «rein bilateralen» Auffassung den «Globalstandpunkt seiner Zahlungsbilanz» mit dem Ausland berücksichtigen. Damit war der deutsche Bedarf an Rohstoffimporten gemeint, den die Schweiz naturgemäss nicht befriedigen konnte, es sei denn indirekt mit der von Schacht stets angestrebten grösseren «Devisenspitze». Und mit der komplizierten Verteilung der Zahlungen auf die verschiedenen schweizerischen Interessengruppen inklusive Finanzgläubiger wollte Berlin nichts zu tun haben.[140]

Der britische «Financial advisor» in Berlin kam in diesen Wochen zum Schluss, dass Deutschland möglicherweise an einem Wendepunkt seiner Beziehungen mit den Gläubigerstaaten stehe. Die Clearing-Abkommen hätten bisher schlecht funktioniert. In jedem Fall hätten die Schweiz und Holland nicht die vollen Zinsbeträge erhalten. Die Lage der Schweiz hielt er für besonders schlecht.[141] Walter Stucki beurteilte die Situation in einer grossen internen schweizerischen Konferenz am 14. Mai ernster als viele Interessenvertreter. Nach seiner Ansicht herrschte in Deutschland eine «Katastrophenstimmung, die alle Hemmungen über Bord geworfen hat». Die Beachtung von Rechtsverpflichtungen spiele keine Rolle mehr. «Sodann herrscht in den massgebenden Kreisen in Berlin ein eigentlicher Hass gegen die Schweiz.» Dieser Hass erkläre sich aus dem Verlauf der Gustloff-Affäre und der Stellungnahme der schweizerischen Presse zur Rheinlandbesetzung. Stucki erkannte sehr realistisch, dass Schacht innerhalb des Regimes durch den Aufstieg von Göring an Gewicht verloren hatte. Schacht wolle nun den Machthabern beweisen, dass er ein «starker Mann» sei. Mit diesen «ewigen Meckerern, als die man die Schweizer betrachtet», wolle man in Berlin nichts mehr zu tun haben. Stucki nahm den Anwesenden alle Illusionen. Die teilweise erwähnten «Trümpfe» könnten gar nicht ausgespielt werden. Er erinnerte an die Konferenz vom März, als klar wurde, dass «alle Wirtschaftskreise» einen Bruch mit Deutschland vermeiden wollten. Die Situation der Schweiz war deshalb aus Stuckis Sicht «äusserst schwach und verwundbar». Die immer von neuem vorgebrachten Eventualmassnahmen gegen die deutschen Kapitalien in der Schweiz wirkten auf die Deutschen «wie ein rotes Tuch». Es wäre gemäss Stucki bei der herrschenden Stimmung gefährlich gewesen, dieses Thema schriftlich in die Diskussion zu werfen.[142] Wie brisant die Lage für die Schweiz tatsächlich war, ergibt sich etwa aus Schachts Absicht in diesen Tagen, eventuell zusätzlich mit der Kündigung des Niederlassungsvertrages zu drohen. Er hatte dazu die Zustimmung Hitlers eingeholt. Doch befürchteten die deutschen Beamten bei einem solchen Schritt zu Recht wirkungsvolle schweizerische Retorsionsmassnahmen gegenüber den Deutschen in der Schweiz.[143]

Die im Mai und Juni 1936 folgenden deutsch-schweizerischen Verhandlungen wurden einmal mehr von beiden Seiten als schwierig und mühsam beurteilt. Walter Stucki und der Bundesrat legten das Hauptgewicht zunächst auf den Rechtsstandpunkt. Die Schweiz bestritt damit, dass überhaupt Rechtsgründe zur Kündigung des auf fünf Jahre abgeschlossenen Transfer- und Fundierungsabkommens vorhanden seien. Die Schweiz hielt am bilateralen Grundsatz fest und bestand ausserdem auf der Verkoppelung zwischen Reiseverkehr und Kohlelieferungen. In der Schlusssitzung der ersten grossen Verhandlungsrunde betonte Stucki am 28. Mai in Bern, die Schweiz könne eine grundsätzliche Änderung des bestehenden Vertragswerkes nicht annehmen. Der deutsche Delegationschef Ministerialdirektor Wohltat nahm Stuckis Ausführungen «frostig» auf. Die schweizerischen Detailvorschläge seien ungenügend und entsprächen nicht den deutschen Zielvorstellungen.[144] Damit stand man knapp vor dem endgültigen Bruch. Doch plötzlich machte Schacht eine seiner überraschenden Gesten, möglicherweise beeinflusst durch den Gesandten von Weizsäcker. Jedenfalls liess er den Freiherrn am 2. Juni wissen, dass er bereit sei, höchstselbst zu einem Blitzbesuch in die Schweiz zu kommen. Am 6. Juni lud der Gesandte zum Abendessen im Smoking. Anwesend waren Schacht und Wohltat, von schweizerischer Seite Bundespräsident Meyer, die Bundesräte Motta und Obrecht und natürlich Walter Stucki. Hjalmar Schacht machte den Schweizern «in bekannt schlagfertiger und anschaulicher Weise», wie Weizsäcker festhielt, die deutsche «Zwangslage» klar, die zur Revision der bestehenden Verhältnisse zwinge. In Stuckis Erinnerung betonte Schacht, dass Deutschland entschlossen sei, «mit allen Mitteln für eine Besserung seiner Rohstofflage zu sorgen». Da sei die Schweiz für Deutschland ganz uninteressant, weil sie sozusagen nichts liefern könne. Stucki bestritt in seiner Entgegnung die deutsche Rohstofftheorie und betonte einmal mehr den schweizerischen Rechtsstandpunkt. Weizsäcker hingegen erhielt den Eindruck – vielleicht aus einem Randgespräch mit gewissen Bundesräten –, auf schweizerischer Seite bestehe eine Hauptschwierigkeit darin, der Öffentlichkeit die «Rolle der Schweiz als Schrittmacherin für Selbstbescheidung unserer ausländischen Gläubiger» mundgerecht zu machen.[145] Das war etwas verschleiert ausgedrückt, falsch lag Weizsäcker gewiss nicht. Denn «Selbstbescheidung» à la Weizsäcker bedeutete in Wirklichkeit den Verzicht schweizerischer Finanzgläubiger auf wohl erworbene Rechte.

Am 10. Juni 1936 überbrachte der Gesandte von Weizsäcker in Bern die Kündigung des Verrechnungs- und des Warenzahlungsabkommens per Ende Juni. Bemerkenswert ist Stuckis Reaktion in dieser Phase. Er brachte gegenüber Weizsäcker zum Ausdruck, dass die «deutsche Aktion» gegen die Schweiz doch wohl auch einen «politischen Hintergrund» haben müsse. Der Gesandte bestritt dies und warnte Stucki, «die Diskussion auf dieses Gebiet zu tragen».[146] Walter Stucki stand offensichtlich unter dem Eindruck, dass Schachts Auftritt in Bern Teil einer grösseren deutschen Einschüchterungsstrategie war. Dies hätte den eidgenössischen Widerstand auch bei den einseitig ausgerichteten Interessenvertretern versteifen müssen. Für Weizsäcker persönlich stand in dieser spannungsgeladenen Situation einiges auf dem Spiel. Denn schliesslich war er nicht nach Bern gekommen, um sich die Finger zu verbrennen. Und im Auswärtigen Amt standen nach dem Tod von Staatssekretär von Bülow wichtige Änderungen bevor. Ernst von Weizsäcker war gewissermassen auf dem Karriere-Sprung. Zwei Monate später wird ihn Aussenminister von Neurath «kommissarisch» mit der Leitung der politischen Abteilung beauftragen. Im Juni hoffte der Gesandte jedenfalls immer noch auf ein neues Arrangement mit der Schweiz. Bei einer Verlagerung auf die rein politische Ebene über die von ihm wenig geschätzte schweizerische Presse sah er die Hoffnung schwinden.[147] Die «kritischen und nörgelnden» Schweizer gingen Weizsäcker ohnehin seit einiger Zeit auf die Nerven.[148]

Nun kam es zur entscheidenden zweiten Verhandlungsrunde, der es an Spannung und politischen Implikationen keineswegs fehlte. Stucki liess gegenüber den Deutschen gleich zu Beginn durchblicken, dass es für ihn nicht leicht gewesen sei, den Bundesrat zur Wiederaufnahme der Verhandlungen zu bewegen. Der Entschluss sei nicht einstimmig gefällt worden.[149] Am 11. Juni orientierte Stucki die Presse ausführlich und sachlich über die Ausgangslage für die neue Verhandlungsrunde.[150] Die Neue Zürcher Zeitung fand es offensichtlich ärgerlich, dass es Deutschland «ein weiteres Mal» gelungen war, «das Gesetz des Handelns an sich zu reissen und frei nach eigenem Gutdünken den Zeitpunkt neuer Verhandlungen zu bestimmen». Deutschland halte offenbar diesen Moment für besonders günstig für eine «Kraftprobe» mit der Schweiz. Man kann in dieser und ähnlichen Stellungnahmen der NZZ durchaus eine Kritik an der Verhandlungsstrategie von Walter Stucki und der Landesregierung erkennen.[151] Die Basler «National-Zeitung» führte am 12. Juni einen Artikel unter dem Titel: «Vor einem Wirtschaftskrieg mit Deutschland?» Doch auf schweizerischer Seite dominierte nach wie vor die Grundtendenz, einen vertragslosen Zustand zu vermeiden.

Am 16. Juni zeigte die Schweizer Delegation Entgegenkommen bei der Reichsbankquote und den Stillhaltezinsen. Stucki betonte, dass es sich um eine «äusserste Konzession» handle. Wohltat und Weizsäcker fanden das glaubwürdig. Der Ministerialdirektor ersuchte Schacht um Ermächtigung zum Abschluss. Der Gesandte warnte gleichzeitig vor einer Überspannung der deutschen Forderungen. Eine solche würde die Grundlage «für eine hier sehr populäre Zusammenfassung der Kräfte gegen Deutschland abgeben».[152] Doch Hjalmar Schacht trieb die Auseinandersetzung einmal mehr auf die Spitze. Ungnädig telegrafierte er an Wohltat in Bern: «Mir scheinen Ihre Verhandlungen auf einen völlig falschen Weg zu geraten.» Schachts Instruktionen verfolgten unerbittlich den bereits früher skizzierten Weg.[153] Das brachte nun Weizsäcker in Rage. In einem seiner Gespräche mit Berlin, die teilweise abgehört wurden, sagte er gegenüber dem zuständigen Beamten im Auswärtigen Amt: «Diese Instruktionen führe ich nicht aus ... in toto falsche Sache.»[154] Weizsäcker telegrafierte nach Berlin, Schachts Anweisungen liefen in ihrem materiellen Inhalt auf einen Abbruch der Verhandlungen hinaus. Wenn man schon einen vertragslosen Zustand mit der Schweiz mit den entsprechenden politischen Konsequenzen herbeiführen wolle, «so wäre eine Taktik am Platz, welche die Schweiz offensichtlich ins Unrecht setzt» und das Endziel erkennen liesse. Auf dem angegebenen Wege sei beides nicht der Fall. Ein besonderer Punkt in Schachts Anweisung sei für die schweizerische Regierung schlicht nicht annehmbar, selbst wenn die Schweiz «ein autoritär regierter Staat wäre».[155]

Der Widerstand gegen Schachts Forderungen blieb nicht ohne Wirkung. Wohltat reiste nach Berlin zurück, um die Verhandlungsrichtlinien mit seinem diktatorialen Chef zu bereinigen. Schacht stimmte nun im Sinne eines Kompromisses und unter gewissen Bedingungen dem Abschluss eines Reiseverkehrsabkommens auch unter Beibehaltung der Funding Bonds für die Fälligkeiten des zweiten Halbjahres 1936 zu.[156] Doch die Detaildifferenzen liessen sich nur sehr schwer ausräumen. Die schweizerische Delegation wurde hart an die äusserste Schmerzgrenze getrieben. Nationalrat Gafner, der Vertreter der Hotellerie, drohte schliesslich an, dass sein Verband bei einem Scheitern der Verhandlungen ein Reiseverbot von der Schweiz nach Deutschland beantragen werde und sich der Bundesrat gegen die Beteiligung der Schweiz an den bevorstehenden olympischen Spielen in Berlin aussprechen sollte.[157] Bis zum 6. Juli 1936 wurde schliesslich eine Einigung erzielt. Die neuen Vereinbarungen glichen jedoch eher einem unbefriedigenden Provisorium, da bis Ende 1936 mit einer Gesamtrevision gerechnet werden musste. Es war klar, dass sich Deutschland dann definitiv von der Ausgabe von Funding Bonds befreien wollte. Zu den wesentlichen neuen Punkten gehörte die Kontingentierung des deutschen Reiseverkehrs auf die aus dem schweizerischen Kohlenimport zur Verfügung stehenden Beträge. Im Warenverkehr blieb der Schweiz nichts anderes übrig, als die Einfuhrkontingentierung zu lockern, um mehr finanziellen Spielraum im gesamten Clearing zu bekommen. Der negative Saldo auf dem Reiseverkehrskonto sollte durch den von Stucki schon im Herbst 1935 ins Gespräch gebrachten Sonderkohlenbezug abgedeckt werden. Zur Tilgung der bereits ausgegebenen Funding Bonds schliesslich wurde ein kompliziertes Paket geschnürt, das nur den Spezialisten der Materie verständlich sein konnte. Für Schacht war zweifellos sehr wesentlich, dass die Reichsbankquote an freien Devisen in der ersten Verteilkategorie leicht erhöht wurde, von der jedoch nach wie vor die Stillhaltezinsen in Abzug kamen.[158]

Walter Stucki bezeichnete diese Verhandlungen in einem Brief an den schweizerischen Gesandten in Paris als «Diktat gegen das man die Faust in der Tasche machen muss!».[159] In der offiziellen Pressekonferenz vom 7. Juli tönte dies aus seinem Munde freilich etwas anders. Da schien es sich um eine Art «Mittellösung» zu handeln. Stucki verhehlte gegenüber der Presse freilich nicht, dass dem Bundesrat und den Vertretern der «Hauptinteressen» ein schlechter Vertrag immer noch besser schien als der Abbruch der gesamten Wirtschafts- und Finanzbeziehungen.[160] Schluss war nun immerhin mit der übertriebenen Privilegierung des Fremdenverkehrs gegenüber den Finanzgläubigern. Doch von wirklicher Zufriedenstellung der Letzteren über den ingeniösen Mechanismus von

«Hotelanweisungen» konnte keine Rede sein. Und ob es gelingen würde, den Import aus Deutschland in Anbetracht der Konkurrenzschwäche mancher deutscher Produkte[161] tatsächlich zu beleben, blieb völlig offen.

Das Duell Stucki gegen Schacht, das der satirische «Nebelspalter» für jedermann bildhaft darstellte, war bestenfalls unterbrochen worden. Mit der Abwertung des Schweizerfrankens wird sich überdies ein wichtiger Faktor in den gegenseitigen Wirtschaftsbeziehungen sehr bald verändern. Und Schachts Stern befand sich im Sinken. Schon im Mai hatte Goebbels nach einem Gespräch mit Hitler den Eindruck: «Es wird nicht mehr lange gut gehen mit Schacht. Er gehört doch nicht mit dem Herzen zu uns.»[162] Schacht hatte sich in der für Hitler zentralen Frage der beschleunigten Aufrüstung aus wirtschaftlichen Gründen als Bremser erwiesen. Hitler ernannte im April 1936 Göring zum «Rohstoff- und Devisenkommissar». Der Machtkampf zwischen Göring und Schacht konnte für das «Nicht-Parteimitglied» naturgemäss nicht gut ausgehen. Göring wird im Herbst 1936 in seiner zusätzlichen Stellung als Chef der neuen Vierjahresplanbehörde als Sieger dastehen. Diese Behörde wird auch in den Wirtschaftsbeziehungen mit der Schweiz bis zum Ende von 1945 eine wesentliche Rolle spielen.

Die Schweiz im Tief (1935/1936)

1 Vgl. H. Böschenstein, Edmund Schulthess, S. 175 ff.
2 Böschenstein, a.a.O., S. 187.
3 Max Weber, Der Kampf um die Krisen-Initiative, in: Festschrift zum 75. Geburtstag von Hans Oprecht, Hrsg. Ulrich Kägi, Zürich 1969, S. 39 ff.
4 Geschäftsbericht 1935 der SP, zit. von Max Weber, a.a.O., S. 49.
5 Brief Laur an Schmid-Ammann vom 7.12.1934, zit. in: Paul Schmid-Ammann, Unterwegs von der politischen zur sozialen Demokratie, Zürich 1978, S. 50.
6 Markus Feldmann, Tagebuch 1923–1939, Basel 2001, S. 322 (14.2.1935).
7 Warner an FO, 20.2.1935 und 5.3.1935, PRO/ FO 371/19752.
8 Feldmann, a.a.O., S. 337 (4.4.1935).
9 Stucki an Minger, 28.3.1935, SBA/ J. I. 131, Bd. 21.
10 Clauzel an MAE, 5.4.1935, AMAE/ Europe 1930–1940/ Suisse Bd. 203.
11 Warner an FO, 12.10.1935, PRO/ FO 371/19750.
12 Vgl. Böschenstein, Schulthess, S. 193.
13 Vgl. Kneschaurek, Der schweizerische Konjunkturverlauf. Ferner: Hans Böhi, Hauptzüge einer schweizerischen Konjunkturgeschichte, in: Schweiz. Zeitschrift für Volkswirtschaft und Statistik, 1964, S. 92 f.
14 Clauzel an MAE, 3.7.1933, AMAE/ Europe 1930–1940/ Suisse Bd. 218.
15 Die SNB musste in den drei Monaten Februar bis April 1934 Gold für Fr. 365 Mio. abgeben (Quelle: SNB-Monatsberichte).
16 BR-Protokoll vom 7.4.1935, DDS Bd. 11, Nr. 117.
17 Protokoll SNB-Direktorium vom 11.4.1935, Archiv SNB.
18 Clauzel an MAE, 13.4.1935, AMAE/ Europe 1930–1940/ Suisse Bd. 218.
19 BR-Protokoll vom 7.4.1935, DDS Bd. 11, Nr. 117.
20 Sulzer/Wetter an Stucki, 6.7.1935. Dapples an Stucki, 13.7.1935. SBA/ J. I. 131, Bd. 21.
21 Vgl. NZZ Nr. 610 vom 8.4.1935.
22 «National-Zeitung» Nr. 200 vom 3.5.1935. «Bund» Nr. 204 vom 3.5.1935. «Berner Tagwacht» vom 7.5.1935.
23 Rundschreiben SNB vom 1.5.1935 in: SBA/ E 6100(A), Akz. 14, Bd. 1.
24 Memo Commercial Secretary über Meeting mit Schnyder vom 6.5.1935, PRO/ FO 371/19749.
25 Anmerkung im FO zu: Warner an FO, 8.5.1935, PRO/ FO 371/19749.
26 Anmerkung im FO zu: Warner an FO, 4.5.1935, PRO/ FO 371/19749.
27 Vgl. SNB an EJPD, 10.5.1935, SBA/ E 6100(A), Akz. 14, Bd. 1.
28 Protokoll SNB-Direktorium vom 23./24.5.1935, Archiv SNB.
29 Vgl. Ausweis der SNB vom 7.5.1935, 15.5.1935, 23.5.1935, 31.5.1935.
30 NZZ Nr. 955 vom 2.6.1935.
31 Vgl. NZZ Nr. 1028 vom 13.6.1935.
32 Memo Setchell «Swiss Financial Situation Week Ending April 6th», PRO/ FO 371/19749.
33 Clauzel an MAE, 7.5.1935, AMAE/ Europe 1930–1940/ Suisse Bd. 219.
34 Protokoll der 1. EBK-Sitzung vom 8.4.1935, SBA/ E 6520(A), Akz. 1, Schachtel 6.
35 NZZ Nr. 1148 vom 26.6.1934.
36 Generalkonsul Amé-Leroy (Genf) an Herriot, 29.11.1932, AMAE/ Europe 1930–1940/ Suisse Bd. 218.
37 «Le Temps» vom 12.11.1932 über Kammersitzung vom 10.11.1932.
38 Dunant an Motta, 7.1.1933, SBA/ E 2200.41, Akz. 10, Schachtel 24.
39 Das schweizerische Bankwesen im Jahre 1934, S. 11.
40 Die Dividende sank bei der SBG von 5% im Jahre 1931 auf 4% 1932/1933 und 3.142% 1934. Die BHB zahlte 1931–33 gleiche Dividendensätze wie die SBG, musste den «Überschuss» von 1934 jedoch den Reserven und Abschreibungen zuweisen.

41 NZZ Nr. 573 vom 2.4.1935. Zur Affäre vgl. unter anderem Widmer, Die Schweizer Gesandtschaft, S. 167 ff.
42 Ein interessantes Beispiel findet sich in der Art, wie die SKA ihren Kredit von zeitweise Fr. 5.9 Mio. an die «Gesfürel», Berlin, von 1931 bis 1935 umstrukturiert und massiv abbaut. Material dazu in: BAB/ R 2501/9641.
43 Tabellen der Reichsbank in: BAB/ R 2501/9890.
44 Tabelle 1 der Reichsbank zur Entwicklung 1.3.–31.12.1934 in: BAB R 2501/9885.
45 Prozentanteile der Stillhalte-Kreditlimiten Ende 1934: GB 31%, USA 26%, CH 23%, NL 13%.
46 Tabelle Reichsbank in: BAB R 2501/9885.
47 Protokoll SNB-Direktorium vom 7./8.2.1936, Archiv SNB.
48 Der Glarner Dr. rer. pol. Rudolf Speich, geboren 1890, arbeitete seit 1920 beim Bankverein, und der Genfer Maurice Golay, geboren 1891, seit 1910. Beide wurden auf Anfang 1932 in die Generaldirektion berufen.
49 Michel Fior, Les Banques Suisses, S. 207–220.
50 Nettoengagement nach Abzug von Treuhandkrediten, Sicherheiten ausserhalb Deutschlands sowie internen Rückstellungen. Siehe: Joseph Jung, Die Banken der Credit Suisse Group im Zweiten Weltkrieg, S. 77.
51 SBG-VR-Protokoll vom 14.9.1933, GHA UBS AG/ SBG.
52 SBG-VR-Protokoll vom 26.1.1934, GHA UBS AG/ SBG.
53 Vgl. die ausführliche Untersuchung über A. Steffan seitens der UEK (UEK-Band 13, S. 386–395). Die Schlussfolgerung der UEK-Forscher (S. 394), wonach Steffan «représenta un relais bancaire sur lequel s'appuya l'UBS pour effectuer diverses transactions et soigner ses relations avec certains grands instituts bancaires allemands…» erscheint durch die Tatsachen nicht ausreichend unterlegt. Es fehlt vor allem der Beleg für grössere Geschäfte, welche über Steffan abgewickelt worden wären. Hingegen ist interessant, dass Steffan offensichtlich noch 1938 eine grössere Anzahl von jüdischen Kunden in seiner kleinen Privatbank betreute (UEK-Band 13, S. 388). Zutreffend ist, dass die SBG durch Umlegung von Markguthaben 1934 stille Teilhaberin an der Bank Steffan geworden war.
54 Vgl. Gerhart M. Riegner, Ne jamais désespérer, S. 61. Walter Laqueur und Richard Breitman, Der Mann, der das Schweigen brach, S. 99 f.
55 Jaberg an Lewinski, 8.2.1932, GHA UBS AG/ SBG 12/2571.
56 SBG-VR-Protokoll vom 26.1.1934, GHA UBS AG/ SBG.
57 Vgl. Geschäftsbericht SBG 1933, S. 10.
58 SBG-VR-Protokoll vom 16.8.1934, GHA UBS AG/ SBG.
59 Geschäftsbericht SBG 1934, S. 13 ff.
60 Referat Rudolf Ernst an GV vom 28.2.1935, GHA UBS AG/ SBG.
61 SBG-VR-Protokoll vom 21.3.1935, GHA UBS AG/ SBG.
62 SBG-VR-Protokoll vom 4.7.1935, GHA UBS AG/ SBG.
63 SBG-VR-Protokoll vom 30.1.1936, GHA UBS AG/ SBG.
64 Erinnerungen Carl Bühler von 1943/44, S. 214 f., GHA UBS AG/ SBG.
65 Exposé Jaberg vom 31.8.1935, GHA UBS AG/ SBG DO 4468.
66 Rossy an Jaberg, 3.2.1936, GHA UBS AG/ SBG 12/2619.
67 Konsul in Basel an Clauzel, 5.2.1935, AMAE/ Europe 1930–1940/ Suisse Bd. 218.
68 NZZ Nr. 506 vom 24.3.1935.
69 Vgl. Botschaft des Bundesrates vom 3.4.1933 in: Bundesblatt 1933, S. 632 ff.
70 Vgl. Carl Zoelly, Direktor der EIBA, an P. Rossy, 1.5.1935, SBA/ E 6521/ 1979/51/ Bd. 179.
71 Vgl. SBA/ E 6100 (A), Akz. 13, Bd. 7, Dossier 609.
72 EIBA-VR-Protokolle vom 11.12.1934 und 11.1.1935, GHA UBS AG/ SBG.
73 SNB an Bundesrat Meyer, 17.1.1935, SBA/ E 6100 (A), Akz. 14, Bd. 12.
74 Protokolle der Eidg. Darlehenskasse vom 21.12.1934 und 3.1.1935, SBA/ E 9042 (-), 1/-, Bd. 2.

75 EIBA-VR-Protokoll vom 12.2.1935, GHA UBS AG/ SBG. Protokoll Darlehenskasse vom 6.3.1935, SBA/ E 9042(-), 1/-, Bd. 2.
76 Die EIBA verkaufte von Januar bis Juni 1935 insgesamt 26 Millionen Registermark mit einem Verlust auf den ursprünglichen Forderungen von 12.2 Millionen Franken. Der Durchschnittskurs dieser Verkäufe sank von 80.- im Januar auf 66.20 im Mai 1935. Quelle: SBA/ E 6521(A)/ 1979/51/ Bd. 179. Bereits 1934 hatte die EIBA einen Verlust von Fr. 3.4 Mio. auf der Liquidation von Registermark erlitten (EIBA-VR-Protokoll vom 11.1.1935).
77 Vgl. NZZ Nr. 199 vom 4.2.1935.
78 NZZ Nr. 322 vom 24.2.1935.
79 NZZ Nr. 358 vom 2.3.1935.
80 NZZ Nr. 252 vom 12.2.1935.
81 Protokoll SNB-Direktorium vom 2.5.1935, Archiv SNB.
82 Protokolle SNB-Direktorium vom 16.5.1935 und 23./24.5.1935, Archiv SNB. Protokoll Darlehenskasse vom 15.5.1935, SBA/ E 9042(-), 1/-, Bd. 2.
83 EBK-Sitzungen vom 15.5.1935 und 21.5.1935, SBA/ E 6520(A), Akz. 1, Schachtel 6.
84 Armand Dreyfus über Besprechung vom 15.4.1935. Protokoll SBV-GD vom 16.4.1935, GHA UBS AG/ SBV.
85 Vgl. NZZ Nr. 876 vom 20.5.1935.
86 NZZ Nr. 900 vom 23.5.1935.
87 EBK-Sitzung vom 8.6.1935, SBA/ E 6520(A), Akz. 1, Schachtel 6.
88 EBK an EFD, 7.6.1935, SBA/ E 6100(A), Akz. 14, Bd. 12.
89 Clauzel an Laval, 25.9.1935, AMAE/ Europe 1930–1940/ Suisse Bd. 219.
90 Französischer Konsul in Genf an Botschaft in Bern, 19.6.1935, AMAE/ Europe 1930–1940/ Suisse Bd. 219.
91 Französischer Konsul in Genf an Botschaft in Bern, 14.6.1935, AMAE/ Europe 1930–1940/ Suisse Bd. 219.
92 Botschaft London an Laval, 10.8.1935. Clauzel an Laval, 21.8.1935. AMAE/ Europe 1930–1940/ Suisse Bd. 219.
93 Tgr. Clauzel vom 16.5.1935, 18.5.1935, 19.5.1935. AMAE/ Europe 1930–1940/ Suisse Bd. 219.
94 Vgl. EBK-Sitzung vom 1.6.1935, SBA/ E 6520(A), Akz. 1, Schachtel 6.
95 Vgl. Michel-Pierre Chélini, Histoire du Franc au 20e siècle, Paris 2001, S. 135ff.
96 EBK-Sitzung vom 15.6.1935, SBA/ E 6520(A), Akz. 1, Schachtel 6.
97 SNB (Bachmann/Schnyder) an Bundesrat Meyer, 14.6.1935, SBA/ E 6521, 1979/51, Bd. 179. Protokoll SNB-Direktorium vom 14.6.1935, Archiv SNB.
98 EBK (Schulthess/Rossy) an Bundesrat Meyer, 17.6.1935, SBA/ E 6521, 1979/51, Bd. 179.
99 EIBA-VR-Protokoll vom 27.6.1935, GHA UBS AG/ SBG.
100 Vgl. EIBA an EBK, 26.6.1935, SBA/ E 6521 (A), 1979/51, Bd. 179. Protokoll SNB-Direktorium vom 11./12.7.1935, Archiv SNB.
101 EBK-Sitzung vom 12.7.1935, SBA/ E 6520(A), Akz. 1, Schachtel 6.
102 EBK-Sitzungen vom 9.9.1935 und 12.11.1935, SBA/ E 6520(A), Akz. 1, Schachtel 6.
103 EIBA-VR-Protokoll vom 4.10.1935, GHA UBS AG/ SBG.
104 Charles Zoelly (1891–1985) studierte die Rechte in Zürich, Berlin und Leipzig. Ab 1917 bei Escher Wyss & Cie., wo sein Vater, Ingenieur Heinrich Zoelly-Veillon, von 1888 bis 1931 den Betrieb technisch leitete. 1922 Eintritt in die Eidgenössische Bank, 1924 Direktor.
105 EIBA-VR-Protokoll vom 27.8.1936, GHA UBS AG/ SBG.
106 EBK-Sitzung vom 12.11.1935, SBA/ E 6520(A), Akz. 1, Schachtel 6.
107 Vgl. zum Beispiel die Aussage von Bundesrat Schulthess gegenüber Markus Feldmann am 13.10.1934, als ihm dieser die grosszügige Hilfe an die Volksbank vorhielt: «Über die Banksachen möchte ich mich nicht äussern; ich bin für diese Bankpolitik nicht verantwortlich.» (Tagebuch Feldmann, Bd. 1, S. 296).

108 Notiz Direktor A. Bloch (AIAG) über Besprechung mit Schacht am 5.4.1935, SBA/ E 7110, -/1, Bd. 37.
109 Wohltat an Stucki, 16.3.1935, PAAA/ Ges. Bern, Bd. 2627.
110 BR-Protokoll vom 22.3.1935, DDS Bd. 11, Nr. 105.
111 BR-Protokolle vom 1.4.1935, DDS Bd. 11, Nr. 109 und 110.
112 BR-Protokoll vom 2.4.1935, DDS Bd. 11, Nr. 112. Details dazu in: Stucki an SNB, 10.4.1935, DDS Bd. 11, S. 365f.
113 Vgl. Komitee Deutschland (unterschrieben von A. Jöhr) an Bundesrat, 10.4.1935, DDS Bd. 11, Nr. 118.
114 Vgl. Antrag EVD vom 24.6.1935, DDS Bd. 11, Nr. 130.
115 Vgl. NZZ Nr. 808 vom 9.5.1935.
116 Generalkonsulat Zürich an AA, 14.6.1935, PAAA/ Ges. Bern, Bd. 2525.
117 Zur «Entgleisung» einer bekannten Basler Firma vgl. Stucki an Köchlin, 26.4.1935, SBA/ E 7110, Akz. 1, Bd. 36.
118 Aktenvermerk Wingen über Gespräch mit Feer vom 26.11.1935, PAAA/ Ges. Bern, Bd. 2525.
119 Notiz EVD vom 12.7.1935. Stucki dazu handschriftlich an Obrecht: «Mit dem Antrag auf Unterzeichung. Die Sache ist wichtig und dringend.» SBA/ E 7110, -/1, Bd. 44.
120 Protokoll SBV-GD vom 23.7.1935, GHA UBS AG/ SBV.
121 Stellungnahme SVST vom 5.11.1935 in: SBA/ E 7110, -/1, Bd. 44.
122 Voigt an AA, 7.7.1937, PAAA/ R 107'992.
123 Aktenvermerk Ges. Bern vom 20.12.1935, PAAA/ Ges. Bern, Bd. 2525.
124 BR-Protokoll vom 26.11.1935, DDS Bd. 11, Nr. 181.
125 Aktenvermerk Wingen vom 10.12.1935, PAAA/ Ges. Bern, Bd. 2525.
126 Dinichert an Bonna, 16.12.1935, DDS Bd. 11, Annex zu Nr. 181.
127 Obrecht an Stucki, 11.11.1935, SBA/ J.I. 131, Bd. 21.
128 Schweiz. Fremdenverkehrsverband an Stucki, 13.1.1936, SBA/ J.I. 131, Bd. 24.
129 Aktenvermerk Ritter vom 9.1.1936, PAAA/ R 106'246.
130 Notiz Stucki vom 28.2.1936, SBA/ J.I. 131, Bd. 24.
131 Aktenvermerk Benzler vom 26.3.1936, PAAA/ R 106'247.
132 Vgl. BR-Protokoll vom 6.2.1936, DDS Bd. 11, Nr. 205.
133 Caratsch an Motta, 5.3.1936, DDS Bd. 11, Nr. 219.
134 Dinichert an Stucki, 13.5.1936, DDS Bd. 11, Nr. 232.
135 Markus Feldmann, Tagebuch Bd. 1, Eintrag vom 6.3.1936.
136 Protokoll Vorort vom 28.3.1936, Wetter über Konferenz vom 9.3.1936, AfZ.
137 Aktenvermerk Benzler vom 26.3.1936, PAAA/ R 106'247. Aktennotiz Stucki vom 18.4.1936, SBA/ J.I. 131, Bd. 24.
138 Aktenvermerk Ritter vom 22.4.1936, PAAA/ R 106'247.
139 Notiz Stucki vom 30.4.1936 und 1.5.1936, SBA/ J.I. 131, Bd. 24.
140 Memorandum des AA vom 9.5.1936, DDS Bd. 11, Nr. 229.
141 Memorandum Financial advisor, 2.6.1936, PRO/ FO 408/66.
142 Protokoll der Konferenz vom 14.5.1936, DDS Bd. 11, Annex zu Nr. 229.
143 Aktenvermerk Wingen vom 14.5.1936, PAAA/ R 106'247.
144 Vermerk Wingen vom 2.6.1936 über Verhandlungen vom 22. bis 28. Mai 1936, PAAA/ R 108'085. Stucki-Information an Konferenzteilnehmer vom 11.6.1936, DDS Bd. 11, S. 730f.
145 Tgr. Weizsäcker an AA, 7.6.1936, PAAA/ Ges. Bern, Bd. 2520. Stucki-Information an Konferenzteilnehmer vom 11.6.1936, DDS Bd. 11, S. 730f.
146 Vermerk Wingen vom 10.6.1936 über Telefongespräch mit Weizsäcker, PAAA/ R 108'085.
147 Weizsäcker an Benzler, 10.6.1936, PAAA/ R 108'085.
148 Vgl. Hill, Weizsäcker-Papiere, S. 85.
149 Aktenvermerk Benzler über Telefon von Kessel, 12.6.1936, PAAA/ R 108'085.

150 Vgl. NZZ Nr. 1008 vom 12.6.1936.
151 NZZ Nr. 1005 vom 11.6.1936.
152 Tgr. Wohltat/Weizsäcker an AA/RWM, 17.6.1936, PAAA/ R 108'085.
153 Tgr. Schacht/Benzler an Wohltat, 20.6.1936, PAAA/ R 108'085.
154 Telefonabhörbericht vom 21.6.1936, SBA/ J. I. 131, Bd. 24.
155 Tgr. Weizsäcker an AA, 21.6.1936, PAAA/ R 108'085.
156 Aktenvermerk Benzler vom 23.6.1936, PAAA/ R 108'085.
157 Aktenvermerk vom 26.6.1936, PAAA/ R 108'085.
158 Vermerk Wingen, 15.7.1936, PAAA/ R 108'085. Vgl. auch DDS Bd. 11, S. 732. Die Reichsbankquote in der ersten Kategorie betrug nun monatlich Fr. 4.3 Mio., wovon Fr. 2.2 Mio. auf Stillhaltezinsen entfielen.
159 Stucki an Dunant, 2.7.1936, DDS Bd. 11, Nr. 259.
160 Vgl. NZZ Nr. 1179 vom 8.7.1936.
161 Vgl. dazu NZZ Nr. 1184 vom 9.7.1936.
162 Goebbels-Tagebücher, Eintrag vom 3.5.1936.

6. Vorbereitung auf den Krieg (1936–1939)

6.1. Deutschlands Devisenhunger und der erzwungene Kapitalrückfluss aus der Schweiz

Im August 1935 berichtete der Gesandte Dinichert an Stucki über einen weiteren Fall, bei dem eine deutsche Devisenstelle eine «Kapitalabwanderung» aus der Schweiz nach Deutschland zu erzwingen versuchte. Dinichert hatte davon gehört, dass dieses Thema in der Clearing-Kommission behandelt worden sei. Er bat um Information über allfällige vorsorgliche Massnahmen, die den schweizerischen Banken «eine gewisse Zurückhaltung zur Pflicht machen» würden.[1] Welche Orientierung ihm Stucki zukommen liess, ist leider aus dem Aktenzusammenhang nicht ersichtlich. Zu erinnern ist an dieser Stelle an die Bekämpfung der deutschen Bankspionage durch das «Spitzelgesetz» vom Juni 1935 und Artikel 47 des Bankengesetzes (vgl. Kapitel 4.3.). So empfahl etwa das deutsche Generalkonsulat in Zürich der Zollfahndungsstelle von Freiburg im Breisgau im Januar 1936, wegen des «Spitzelgesetzes» bei Ermittlungen «grösste Vorsicht» walten zu lassen.[2] Und das Landesfinanzamt Dresden erhielt einige Monate später vom Generalkonsulat Bescheid, wonach in Devisenstrafsachen die Rechtshilfe «sehr wahrscheinlich» abgelehnt würde, weil «hier nicht strafbar».[3] Gewiss zeigte man sich im deutschen Generalkonsulat in Zürich nun im Allgemeinen recht vorsichtig, doch ganz heraushalten konnten sich die betreffenden Beamten nicht aus den Schnüffeleien deutscher Fahndungsstellen. In Halle beispielsweise wurde im Herbst 1935 den Schrankfächern eines Fabrikanten bei der Kreditanstalt in Zürich und Basel nachgeforscht. Schliesslich kam der beauftragte Justizrat auch beim Generalkonsulat vorbei, wo die Schrankfachschlüssel aus nicht ersichtlichen Gründen zwischengelagert worden waren.[4] Diese Beispiele vermitteln einen kleinen Ausschnitt von den anhaltenden und für die Angeschuldigten keineswegs harmlosen Anstrengungen deutscher Stellen zur «Rückführung» von Vermögenswerten aus dem Ausland.

Die deutsche Devisenlage blieb auch 1936 insgesamt prekär, selbst wenn man berücksichtigt, dass die tatsächlich vorhandenen Reserven die publizierten Reichsbankzahlen übertrafen.[5] Die Hauptursache für den dringenden Devisenbedarf lag zweifellos im Rohstoffimport im grösseren Zusammenhang der Aufrüstung. Schachts Forderungen gegenüber der Schweiz in den bereits erwähnten Verhandlungen vom Mai/Juni 1936 bilden nur einen kleinen Teil der deutschen Gesamtbemühungen. Nun waren unter dem Volksverratsgesetz von 1933 wohl kaum alle Auslandvermögen unverzüglich und vollständig deklariert worden. Einige deutsche Vermögensinhaber dürften zunächst mit verschiedenen Vorkehrungen auf Zeit gespielt haben.

Hier lag für das Regime gewissermassen eine zweite Reserveposition, die sich die Nazi-Spitze insbesondere im Falle der politischen Opponenten und der aus rassistischen Gründen Verfolgten nicht entgehen lassen wollte. Mit der in allen Bereichen feststellbaren Radikalisierung der Nazi-Herrschaft erhöhte sich die Gefahr für die Inhaber nicht deklarierter Vermögen im Ausland nun zweifellos ganz erheblich. Im Reichswirtschaftsministerium machte man sich zum Beispiel im Mai 1936 Gedanken über die möglichen Vollstreckungsmassnahmen in der Schweiz gegen deutsche «Schuldner». Unmissverständlich war jedoch klar geworden, dass das schweizerische Bundesgericht die deutsche Devisengesetzgebung nicht anerkannte, weil sie gegen den «Ordre public» verstiess. Das massgebende Kriterium in der schweizerischen Rechtssprechung in diesem Zusammenhang war dabei die Frage, ob seitens deutscher Stellen ein «spoliativer Eingriff» vorlag.[6] Stucki hatte im Übrigen gedroht, notfalls das zwischenstaatliche Schiedsgerichtsverfahren anzurufen. Ministerialdirektor Wohltat kam zum vorsichtigen Schluss: «Das Ergebnis einer solchen Entscheidung dürfte wohl kaum zu Gunsten Deutschlands lauten.»[7] Das Thema wurde auch in den folgenden Jahren von deutscher Seite bei Gelegenheit wieder aufgenommen. Es war die Rede von «aus politischen Gründen übel wollenden schweizerischen Richtern». In Berlin befand man auch im Jahre 1938 den Zustand als «ausserordentlich unbefriedigend», vor allem weil sich die schweizerische Landesregierung entsprechend der Gewaltentrennung selbstverständlich nach wie vor weigerte, in die Unabhängigkeit der Gerichte einzugreifen.[8] Bezeichnend für die Haltung des schweizerischen Bundesgerichts ist folgender Satz aus einem Urteil von 1934: «Ohne ein Werturteil über den Nationalsozialismus als Weltanschauung fällen zu wollen, darf man mit der Vorinstanz feststellen, dass er den in der Schweiz seit langem herrschenden politischen Anschauungen diametral entgegengesetzt ist ...»[9]

Die deutsche Devisenbewirtschaftung mit all ihren Verordnungen und «Runderlassen» seit 1931 war wohl nur noch den Experten ganz verständlich. Da gab es das Rahmengesetz vom 4. Februar 1935 mit nicht weniger als neun Durchführungsverordnungen in den folgenden zwei Jahren. Im Kompetenzdschungel waren involviert zuvorderst die Reichsbank, dann die Reichsstelle für Devisenbewirtschaftung sowie die den Landesfinanzämtern angegliederten Devisenstellen. Die Reichsbank beauftragte ihrerseits ausgewählte «Devisenbanken» mit der Abwicklung gewisser Transaktionen, die auch für die Schweiz sowohl im Handels- wie im Finanzbereich von Bedeutung waren. Man muss hier demnach unterscheiden zwischen einer anordnenden politischen Ebene und der ausführenden, technischen Transaktionsebene.

Mit Görings Ernennung zum Chef des Vierjahresplanes war ab Oktober 1936 ein weiterer Schritt der Radikalisierung voraussehbar.[10] Die

Devisenreserven der zweiten Linie sollten nun zielbewusst im Rahmen der Aufrüstung eingesetzt werden. Am 1. Dezember 1936 wurde das «Gesetz gegen Wirtschaftssabotage» erlassen, das mit der Todesstrafe bedrohte, wer Vermögen gesetzeswidrig ins Ausland verschob oder dort stehen liess. Das Vermögen des Schuldigen wurde eingezogen. Für die Aburteilung war der Volksgerichtshof zuständig. Allerdings gewährte die Regierung mit einem Zusatzgesetz vom 15. Dezember eine «Devisenamnestie», falls die entsprechenden Vermögenswerte bis zum 31. Januar 1937 angemeldet wurden. Es sei hier nur am Rande erwähnt, dass bereits vor Inkrafttreten dieser Bestimmungen insgesamt 4722 Strafen wegen Vergehen gegen die Devisenvorschriften erlassen worden waren, davon mehr als die Hälfte auf Zuchthaus und Gefängnis lautend.[11] Technisch von grosser Bedeutung war in diesem Zusammenhang die bereits am 19. November 1936 erlassene 7. Durchführungsverordnung, welche die in Deutschland domizilierten Personen verpflichtete, ihre ausländischen Wertschriften bei einer deutschen Devisenbank zu deponieren. Dieser «Depotzwang» führte konkret zum Übertrag der betreffenden Wertschriften aus den individuellen Depots der Kunden in die Wertschriftendepots der beauftragten deutschen Banken, ein scheinbar wenig spektakulärer Schritt mit allerdings sehr grossen Auswirkungen.

Um welche Grössenordnungen deutscher Vermögenswerte im Ausland geht es überhaupt noch? Der deutsche Besitz an ausländischen Wertpapieren war einst für den Kriegsbeginn von 1914 auf mindestens 18 Milliarden Mark geschätzt worden. Der gewaltige Aderlass während des Ersten Weltkriegs und der nachfolgenden Krisenjahre konnte im Boom der späten zwanziger Jahre nicht mehr kompensiert werden. 1930 schätzte das Statistische Reichsamt die deutschen «Kapitalanlagen» im Ausland auf 8.8 bis 10.8 Milliarden Mark. Für Ende 1932 kam die Reichsbank noch auf geschätzte 6.8 Milliarden. Mit dem Machtantritt der Nationalsozialisten ergab sich aus dem Blickwinkel der Reichsbank eine verstärkte Abwanderung jüdischer Vermögen, andererseits war der Effekt des Volksverratsgesetzes mit der Auflösung von Vermögen im Ausland zu berücksichtigen. Die Reichsbank schätzte demzufolge die gesamten «Auslandforderungen» per Ende 1936 noch auf 5 Milliarden Reichsmark, wovon 0.45 Milliarden uneinbringlich. Der Rest entfiel zu etwa gleichen Teilen auf kurz- und langfristige Forderungen. Unter den langfristigen Forderungen wurde der Wertpapierbesitz auf 1 Milliarde geschätzt.[12]

Welche konkreten Auswirkungen hatten nun die drakonischen Massnahmen vom November und Dezember 1936? Bis zum Mai 1937 erfasste die Reichsbank «freiwillig» abgelieferte ausländische Wertschriften im Betrage von 204 Millionen Reichsmark. Die Reichsbank erwartete bis Ende 1937 zusätzliche 50 Millionen an verspäteten Ablieferungen. Effektiv gingen bis zum März 1938, das heisst ohne die Auswirkungen des österreichischen «Anschlusses», Wertpapiere über total 279 Millionen Reichsmark ein.¹³ Dazu kamen aufgrund der Amnestie 20 Millionen Reichsmark in Goldablieferungen bis Mai 1937. Die Reichsbank durchkämmte in diesen Monaten alle Auslandforderungen und -beteiligungen – das betraf in erster Linie die Firmen – auf ihre «Abrufbarkeit». Gewisse Beträge waren jedoch ohne Schädigung der deutschen «Handelsstützpunkte» nicht reduzierbar.¹⁴ Der Verkauf der angesammelten Wertschriften wurde sorgfältig gestaffelt und gewissermassen getarnt über die autorisierten deutschen Banken durchgeführt. Es lag der Reichsbank bezeichnenderweise daran, den «Privatcharakter» dieser Transaktionen zu wahren. Bis zum März 1938 wurden innerhalb der genannten Aktion Wertpapiere für 264 Millionen Reichsmark verkauft, davon 35% in der Schweiz, 25% in den USA, 20% in den Niederlanden und 14% in Grossbritannien.¹⁵ Mit dem «Anschluss» Österreichs im Frühjahr 1938 eröffneten sich den Nazis ausserordentliche Beute-Perspektiven, welche insbesondere Göring als Chef des Vierjahresplanes interessierten. Neben den umfangreichen Gold- und Devisenreserven der österreichischen Nationalbank stand die Beschlagnahmung des jüdischen Besitzes zweifellos im Mittelpunkt. Bis zum September 1938 war der Verkauf fremder Wertschriften allerdings nur vorsichtig gesteigert worden. Ein Expertenbericht vom August 1938 erwartete immerhin noch die Ablieferung ausländischer Wertschriften «aus österreichischem und jüdischem Besitz» von etwa 150 Millionen Reichsmark.¹⁶

War der oben genannte Anteil der Schweiz von 35% an den verkauften Wertschriften repräsentativ für die ungefähre Verteilung des bis dahin nicht deklarierten deutschen Auslandvermögens? Skepsis ist am Platz. Denn es lässt sich nicht ausschliessen, dass zum Beispiel deutsche Auslandvermögen in Liechtenstein und andern Nachbarstaaten der Schweiz über Banken in Zürich, Basel oder Genf liquidiert wurden. Dieser hohe Anteil am Wertschriftenverkauf ist wohl eher Indikation der Ausnutzung des gut entwickelten schweizerischen Wertschriftenmarktes, unter Berücksichtigung der traditionell engen Beziehungen zwischen deutschen und schweizerischen Banken auf diesem und andern Gebieten. Staatliche und private Ziele und Absichten vermengen sich damit auf deutscher Seite in einer für die schweizerischen Banken zweifellos gefährlichen Mischung. Hinzu kommt südlich des Rheins die bereits beschriebene Schwächesituation vieler Banken, vor allem kleinerer und spezialisierter Institute, die Suche bisweilen nach Nischengeschäften im bilanzneutralen Bereich.¹⁷ Einige Forscher der Bergier-Kommission sind diesen Zusammenhängen akribisch nachgegangen, allerdings mit Bewertungen, die der kritische Leser in einigen Fällen nicht unbedingt teilen wird.¹⁸

Bleibt die Frage, ob sich die Gesamtwirkung dieser verschärften Massnahmen des Nazi-Regimes in Bezug auf die Kunden der Schweizer

Banken einigermassen verlässlich erfassen lässt. Ins Zentrum der Aufmerksamkeit rücken zumal jene Transaktionen, bei denen Opfer des Regimes erpresst und zur zwangsweisen Abtretung ihrer Vermögenswerte in der Schweiz gezwungen wurden. Verschiedene Beispiele sind dazu inzwischen aus den Arbeiten von Joseph Jung und seinen Mitarbeitern sowie der Bergier-Kommission bekannt geworden.[19] Hier zur Illustration ein Fall aus den Akten der Bankgesellschaft betreffend die kritische Phase von 1937. Ein der Bank bekannter Dr. B. rief im Mai 1937 aus Berlin in Zürich an mit der Mitteilung, «dass er sich weder mit Notar v. B. noch mit Graf v. F. im Gefängnis unterhalten konnte. Die Sprecherlaubnis ist nicht erteilt worden.» Notar v. B. gab sich «äusserst beleidigt ... ob dem Schritt, den wir zur Verifikation der Rechtmässigkeit der uns übermachten Verfügung unternommen haben».[20] Ohne weiteres wird klar, dass die Bankgesellschaft der Verfügung misstraute und über einen Mittelsmann entsprechende Abklärungen veranlasste. Ebenso deutlich ist der Verdacht, dass Notar v. B. im Auftrag der Nazis handelte. Der Ausgang dieses Falls ist aus dem Aktenzusammenhang nicht ersichtlich. Immerhin wird deutlich, wie schwierig sich die Situation für die Schweizer Banken gestaltete. Wo lag das Interesse des Kunden, wenn dieser inhaftiert worden war und nur bei Auslieferung der Vermögenswerte nach Deutschland freikommen konnte? Dass verschiedene Schweizer Banken bei dieser «Interessenabwägung» für Auslieferung entschieden, wird man unter Berücksichtigung aller Einzelumstände im Nachhinein sehr sorgfältig beurteilen müssen. Die Banken orientierten sich an den damals verbindlichen Rechtsnormen. Und die schweizerischen Behörden unternahmen wie schon 1933 und 1935 nichts, was eine generelle Blockierung der deutschen Vermögen ermöglicht hätte. Von Bankenseite hielt Generaldirektor Jöhr solche Massnahmen im Januar 1937 auch nicht für tauglich, da dies nach seiner Ansicht zu einem «völligen Kurzschluss im Wirtschaftsverkehr» geführt hätte.[21] Das oben zitierte Beispiel der Bankgesellschaft gibt auch einen Hinweis auf die unvollständige Quellenlage bei vielen Banken, wo nur noch Spurenelemente dieser Vorgänge vorhanden sind. So lange die Gegenakten in Deutschland nicht vollständig greifbar sind, wird man sich vor abschliessenden Bewertungen oder gar Verallgemeinerungen hüten müssen. Es lässt sich beim heutigen Wissensstand keine wirklich verlässliche Angabe darüber machen, wie gross der Anteil der durch Inhaftierung erzwungenen Vermögensrückflüsse am Gesamttotal war. Nach dem Zweiten Weltkrieg – Joseph Jung und andere haben zu Recht darauf hingewiesen – mangelte es freilich bei verschiedenen Schweizer Banken an Sensibilität und Unterstützung bei der Wiedergutmachung dieser Zwangsüberweisungen.[22]

Das Dilemma der Schweizer Banken verstärkte sich nach dem «Anschluss» Österreichs im März 1938 beträchtlich. Die deutsche Devisengesetzgebung wurde unverzüglich zur Anwendung gebracht. Über die Brutalität des deutschen Vorgehens insbesondere gegen die Juden konnte kaum mehr ein Zweifel bestehen. Beim Sitz Zürich des Bankvereins blieben zufällig zwei Dokumente erhalten, die gewisse Rückschlüsse erlauben, wie sich die österreichischen Kunden beziehungsweise ihre Vermögensverwalter in Zürich verhielten. Es zeigt sich bei vorsichtiger Interpretation, dass vermutlich nicht ganz die Hälfte der Anzahl der Kundenbeziehungen den deutschen Behörden gemeldet wurde, was nicht gleichbedeutend ist mit der Meldung und Ablieferung aller beim Bankverein vorhandenen Vermögenswerte. In den andern Fällen wurde teils auf andere Banken abdisponiert – unter anderen an britische und amerikanische – oder Vermögenswerte direkt an die Kunden beziehungsweise ihre Vertrauenspersonen in der Schweiz oder im westlichen Ausland ausgeliefert. Ferner kam es zu Übertragungen auf Nummernkonti und an andere Personen.[23] Man kann deshalb davon ausgehen, dass ein substantieller Teil dieser österreichischen Vermögenswerte – mindestens zu diesem Zeitpunkt – mit geeigneten Massnahmen vor dem Zugriff der Nazis gerettet werden konnte. Besondere Schwierigkeiten entstanden allerdings aufgrund der «Bestellung von kommissarischen Verwaltern» durch den «Reichsstatthalter» im Zusammenhang mit «Arisierungen». Gewisse Banken wählten bei Unsicherheit über die Verfügungsberechtigung den Ausweg, die entsprechenden Kundenguthaben beim zuständigen Bezirksgericht zu deponieren. Auch bei der Bewertung dieser Vorgänge, die zum Teil ein gerichtliches Nachspiel mit sich brachten, ist grösste Sorgfalt am Platz. Im Falle des Wiener Bankhauses Thorsch zum Beispiel entschied das Zürcher Obergericht schliesslich 1939 gegen die Herausgabe von zwei Guthaben mit der Begründung, die Zwangsverwaltung widerspreche dem «Ordre public».[24] Frank Vischer, juristischer Gutachter der Bergier-Kommission, weist allerdings darauf hin, dass die Hinterlegung vor Gericht nur in jenen Fällen sinnvoll war, wo sich der Vermögensinhaber in der Lage befand, seinen Anspruch vor Gericht in der Schweiz geltend zu machen. Vischer erwähnt in diesem Zusammenhang auch die mit einem solchen Vorgehen verbundene Offenlegung «mit allen Konsequenzen für den Vermögensinhaber».[25]

Die Forscher der Bergier-Kommission haben argumentiert, es sei «aus heutiger Sicht nur schwer nachvollziehbar, warum die schweizerische Politik und die Banken der Ausführung der deutschen Depotzwanggesetze – sei es durch eine Sperre, sei es durch andere wirksame Interventionen – nicht vehement entgegentraten».[26] Frank Vischer hat dem in seinem Gutachten entgegengehalten, dass der Bundesrat mit einer Sperre die schweizerisch-deutschen Wirtschaftsbeziehungen «aufs äusserste strapaziert» hätte.[27] Vischers Ansicht kann man zustimmen (vgl. nachfolgend Kapitel 6.5. zu den Wirtschaftsverhandlungen von 1938). Der Schutz der schweizerischen Interessen in Deutschland, ob nun betreffend Export, Direktinvestitionen, Versicherungsinteressen, individuelle Finanzgläubiger oder Stillhalteguthaben, all dies und noch mehr war in Erwägung zu ziehen. Damit soll nichts beschönigt werden. Aus der Perspektive der Opfer des Nazi-Regimes wirkt das Verhalten der schweizerischen Behörden und verschiedener Vertreter der Wirtschaftsinteressen ohne Zweifel egoistisch. Da stellte sich freilich auch die Frage, wie sich die Behörden und Banken der Grossmächte USA und Grossbritannien verhielten, wo immerhin, wie gezeigt, deutscherseits insgesamt 39% der zwangsweise zurückfliessenden Wertschriften verkauft werden konnten. Eine detaillierte Antwort der Forschung steht, so weit überblickbar, noch aus. Die Schweiz wird die deutschen Vermögenswerte erst im Februar 1945 sperren, unter massivem Druck der Alliierten (vgl. Kapitel 9.4.).

Eher zu den Kuriositäten im Umfeld von 1936/37 gehören folgende Begebenheiten: Ausgerechnet jene Zürcher Bank erweckte in besonderem Masse deutsches Misstrauen, die einige Jahre später wegen angeblich nazifreundlichen Transaktionen ins Fadenkreuz des amerikanischen Geheimdienstes geriet. Es handelte sich um die kleine Privatbank von Carl Wehrli-Thielen, der sich auf Vermögensverwaltung spezialisiert hatte. Offenbar waren in Stuttgart Denunziationen über die Verwaltung grosser deutscher Vermögen eingegangen. Das Generalkonsulat in Zürich setzte einmal mehr seinen besten Vertrauensmann für Finanzfragen ein, dem im August 1936 zu Ohren kam, dass sich die Wehrli-Bank «infolge Rückzugs namhafter Depots» und sonstiger Krisenwirkungen in schwieriger Lage befände. Wichtigster Kunde Wehrlis war bis dahin dem Vernehmen nach die bekannte deutsch-argentinische Familie Bemberg. Deren Spezialgesellschaften werden später im Zweiten Weltkrieg das grösste Misstrauen der Amerikaner erwecken. Über die Verwaltung jüdischer Vermögen lagen andererseits unterschiedliche Informationen vor. Wehrli selbst wurde vom Generalkonsulat als «rein arisch» deklariert.[28] An der Kirchgasse in Zürich beobachtete man mit einiger Aufmerksamkeit das allgemeine finanzielle Umfeld. Es war in den Rapporten nach Berlin von Devisenschiebungen die Rede, von neuen Formen, wie zum Beispiel dem Handel mit Inlandmark, der in Zürich von «Winkelbankiers» betrieben worden sein soll.[29] Besonderer Verdacht fiel auf die kleine Lombardbank, geführt von Arthur und Otto Adler. Sie galt dem Generalkonsulat als Stützpunkt des österreichischen Fluchtkapitals, spezialisiert auf die Verwaltung jüdischer Vermögen.[30]

Halten wir aufgrund der öffentlich zugänglichen deutschen Akten an dieser Stelle nochmals klar fest, dass sich die Schweizer Banken in der Regel keineswegs besonders willfährig gegenüber den deutschen Forderungen verhielten. Dazu ein aufschlussreiches Beispiel: Der Oberstaatsanwalt beim Landgericht in München beklagte sich im Juli 1938 beim

Justizministerium über die Schweizer Banken, wie das Reichswirtschaftsministerium dem Auswärtigen Amt mitteilte. Die Schweizer Banken verhinderten die Auslieferung der Vermögenswerte, wenn gegen den Kunden behördliche Ermittlungen liefen.[31] Die Devisenstelle München summierte ihre Beschwerden im November 1938 unter dem Titel «Deutschfeindliches Verhalten von Schweizer Banken». «Selbst gegen den ausdrücklichen Wunsch ihrer Kunden» verweigerten Schweizer Banken Auskunft über die Konten von deutschen Staatsangehörigen. Einfache Vollmacht eines deutschen Anwalts wurde offensichtlich in verschiedenen Fällen nicht anerkannt, «mit der Begründung, die Vollmacht sei von einer deutschen Behörde erzwungen worden».[32]

Wie gross war insgesamt der Abfluss deutscher und österreichischer Vermögenswerte aus der Schweiz? Gemäss Statistik der Nationalbank verminderten sich die bilanzwirksamen Verpflichtungen der erfassten Schweizer Banken gegenüber Deutschland im Jahre 1937 um 23 Millionen Franken auf 73 Millionen. Sie fielen damit unter die österreichischen Guthaben, welche im gleichen Jahr noch um 11 Millionen auf insgesamt 99 Millionen anstiegen. Der schärfste Einbruch erfolgte erst 1938. Die nun in der Statistik kombinierten Verpflichtungen gegenüber Deutschland und Österreich reduzierten sich im Jahre des «Anschlusses» um insgesamt 67 Millionen Franken (= 39%) auf 105 Millionen Franken. Bis zum Juni 1939 erfolgte ein weiterer deutlicher Rückzug auf 77 Millionen Franken. Wie viel davon auf «freiwilligen» oder erzwungenen Rückfluss beziehungsweise kommerzielle Abdispositionen von deutschen Banken und Firmen entfiel, lässt sich nicht feststellen. Zu berücksichtigen ist auf jeden Fall der Abfluss von Geldern emigrierter deutscher und österreichischer Juden aus der Schweiz. Bei der Abteilung für Privatkundschaft des Bankvereins in Zürich wurde dieser Vorgang, betreffend das zweite Quartal 1938, ganz klar festgehalten: «Bei den Depots, die wir verloren haben, handelte es sich oft auch um Kunden, die nach Amerika oder England ausgewandert sind, sodass sie kein Interesse mehr daran hatten, ihre Gelder bei uns liegen zu lassen.»[33] Erst im Vergleich mit den französischen Geldern in der Schweiz werden die Proportionen und Verschiebungen übrigens ganz deutlich: Der ausgeprägte Zufluss aus Westen nach der Abwertung liess die Verpflichtungen der rapportierenden Banken gegenüber Frankreich per Mitte 1937 auf einen Höhepunkt von 538 Millionen Franken anschwellen. Selbst Mitte 1939, kurz vor dem Kriegsausbruch, weist die Statistik noch 410 Millionen Franken an französischen Guthaben in der Schweiz aus.[34]

Die Schlussfolgerung liegt deshalb auf der Hand: Die Schweiz diente bis Mitte 1939 nicht als «Safehaven» zur Konzentration deutscher Auslandgelder. Der bedeutende Nettoabfluss deutscher und österreichischer Guthaben und Wertschriften ist in den wesentlichsten Elementen eindeutig belegt. An diesen Grössenordnungen ändert auch wenig, dass es gerade in der letzten Phase vor Kriegsausbruch von deutscher Seite noch zu gewissen Tarnaktionen kam. Sie tragen unterschiedlichen Charakter und sollen im zeitlichen Kontext näher behandelt werden. Zwei wesentliche Elemente dieses Umfeldes gilt es im Auge zu behalten: zum einen die verschärfte anti-nazistische Stimmung in der Schweiz, die nicht ohne Auswirkungen auf die Hauptakteure der Wirtschaft blieb, und zum andern die Unsicherheit, vor allem von ausländischer Seite, über die Sicherheitslage der Schweiz. Auf beide Aspekte ist im Folgenden noch genauer einzutreten.

6.2. Die Abwertung und einige Folgen für Aussenhandel, Finanzgläubiger und Banken

Am Sonntagmittag, dem 27. September 1936, wandte sich Bundespräsident Albert Meyer über das bis dahin von der Regierung noch wenig genutzte Radio an das Schweizervolk. Er warb um Verständnis für den am Vortag vom Bundesrat gefällten Entscheid, den Schweizerfranken um etwa 30 % abzuwerten. Albert Meyer war seit Frühjahr 1934 Chef des Finanzdepartementes. Als ehemaliger Wirtschaftsjournalist und Chefredaktor der NZZ bewegte er sich auf seinem Spezialgebiet. «Manchem mag es vorgekommen sein, die Massnahme erscheine wie ein Blitz aus heiterem Himmel», sagte Meyer in seiner Radioansprache. Die Rede Meyers war nüchtern und defensiv gehalten. Der Bundesrat habe den Beschluss «nur nach schweren Bedenken» gefasst, erfuhr das Schweizervolk. Und eigentlich hätte man noch genügend Währungsreserven zur Verteidigung gehabt.[35] Entscheidend jedoch war die Abwertung des Franzosenfrankens durch die Volksfrontregierung Blum am 25. September 1936. Am späten Abend des 24. September war der französische Finanzminister Spinasse auf dem Luftweg nach Bern gekommen, um Meyer und Bachmann mitzuteilen, dass eine Abwertung der französischen Währung um etwa 30 % unausweichlich sei. Am Freitag tagte der Bundesrat in Anwesenheit von Bachmann, der mitteilte, das Direktorium der Nationalbank sei einstimmig gegen eine Abwertung. In der Tat war die Stellung der Nationalbank «solid», ihre Goldreserven hatten – ganz im Gegensatz zur Krise vom Frühjahr 1935 – in den vorangehenden Wochen sogar noch deutlich zugenommen. Bachmann glaubte zu diesem Zeitpunkt überdies zu wissen, dass Holland ebenfalls bei der alten Parität bleiben würde. Der Bundespräsident stellte sich an die Seite von Bachmann, ebenso Justizminister

Baumann. Doch die Mehrheit der Regierung war gemäss Protokoll dieser dramatischen Sitzung der Ansicht, «nun sei es höchste Zeit für die Schweiz, den Anschluss an die Weltwirtschaft nicht zu verpassen und ebenfalls mitzumachen». Die Schweiz dürfe nicht länger eine Preisinsel bleiben. Jetzt könne die Abwertung noch vorgenommen werden ohne allzu grossen Schaden. Eine Abwertung sei also unvermeidlich. Resultat der Abstimmung im Bundesrat: 5:2 für Abwertung. Bachmann war derart enttäuscht über den Entscheid, dass er zunächst darum bat, die Durchführung jemand anders zu übertragen.[36]

Die Argumentationsweise der Abwertungsbefürworter im Bundesrat zeigte am 26. September 1936 den entscheidenden Einfluss von Hermann Obrecht. Das war nicht immer so gewesen. Noch im Dezember 1935 hatte der Volkswirtschaftsminister eine Abwertung in öffentlicher Diskussion als «Irrweg» bezeichnet.[37] Erinnern wir uns daran, dass 1935 der Gedanke an eine Abwertung nicht zuletzt der Spitze der Nationalbank praktisch als Landesverrat erschien. Das Thema wurde in Kreisen der Wirtschaftselite zweifellos weiterum diskutiert, indes wenn möglich hinter vorgehaltener Hand. Man wollte sich nicht dem Verdacht unpatriotischen Verhaltens aussetzen. Der Basler Chemieindustrielle Carl Koechlin brachte das Thema in symptomatischer Art im März 1936 im Vorort zur Sprache. Koechlin wollte die Nationalbank unterstützen, weil er spürte, wie ein «grosser Teil der Industrie» sowie der Hoteliers eine Abwertung für letztlich unvermeidlich hielt, um sich dem ausländischen Preisniveau anzupassen. Bei den Banken waren die Meinungen gemäss Koechlin geteilt. Im Vorort mochte man sich zu diesem Zeitpunkt ebenfalls nicht klar festlegen.[38]

Im Juni 1936 sah es schon ziemlich anders aus. Zwar hatte der Bundesrat am 22. Juni eine Verordnung zum Schutze der Landeswährung erlassen. Doch diese Massnahme fand keine einhellige Zustimmung mehr. Noch immer befürworteten zwar renommierte Volkswirtschafter eine «langsame Deflation» und lehnten eine Abwertung ab. Doch hinter den Kulissen bröckelte die Einheitsfront, falls sie überhaupt jemals bestanden hatte, bedenklich. Beim deutschen Generalkonsulat in Zürich beobachtete man diese Vorgänge mit grösster Aufmerksamkeit. Hier wusste man aus verschiedenen Äusserungen wichtiger Persönlichkeiten, dass sie «entgegen der offiziellen Stellungnahme ihrer Verbände im Grunde doch für eine Abwertung eintreten». Zu diesen Persönlichkeiten gehörten nach deutscher Einschätzung Alt-Bundesrat Schulthess, Adolf Jöhr bei den Banken, der Bauernführer Professor Laur (mindestens zeitweise) und selbst der Sekretär des Gewerkschaftsbundes Max Weber. Der deutsche Generalkonsul stellte durchaus zu Recht «ein starkes Durcheinander von Meinungen und Vorschlägen» fest, «verbunden mit gelegentlichem Stellungswechsel der einen oder der anderen Gruppe».[39]

Bundesrat Minger freilich hatte Ende August 1936 bereits eine ganz klare Meinung, und er vertraute diese auch dem zurückhaltenden Parteikollegen Markus Feldmann an. Von einer Abwertung versprach sich Minger Ankurbelung des Exports, den Rückfluss der in fremden Devisen «wartenden» schweizerischen Kapitalien sowie eine starke Belebung der Wirtschaft. Bundesrat Pilet-Golaz und «ein Stück weit auch» Bundesrat Etter teilten offenbar Mingers Meinung. Über die Haltung seines Bundesratsfreundes Obrecht wollte oder konnte sich Minger nicht äussern.[40] Und Rudolf Minger wird mit seiner Prognose wie im Schützenhaus ins Schwarze treffen. Der instinktsichere und pragmatische Bauernpolitiker Minger war dem intellektuell veranlagten Feldmann, der keinerlei Verbindung zu massgebenden Industrie- oder Bankenkreisen besass, nicht nur in diesem Moment eine Nasenlänge voraus. Minger dachte in diesem Sommer wohl vor allem an sein wichtigstes Projekt, die Wiederaufrüstung der Schweizer Armee und die dazu notwendige «Wehranleihe». Und um diese grosse Anleihe im Herbst zu platzieren, brauchte man bedeutende Liquidität im Kapitalmarkt. Ob nun «rein» schweizerisches oder französisches Kapital zurück- beziehungsweise zufloss, war dann eher eine sekundäre Frage. Im Vorort kam es im Juni in diesem Zusammenhang zu einer aufschlussreichen Diskussion. Der Genfer Bankier Pictet äusserte die Ansicht, dass nur noch ein «ausserordentliches Ereignis» die Abwertung verhindern könne. Ohne sich ausdrücklich auf die politischen Vorgänge in Frankreich zu beziehen, war klar, was Pictet hier meinte. Die allseits bekannte Kapitalflucht aus Frankreich nach dem Sieg der Volksfront hatte vor allem den Genfer Banken zweifellos einen bedeutenden Zufluss gebracht, der allerdings nicht unbedingt in Schweizerfranken angelegt wurde. Im Vorort mahnte Ernst Wetter im Juni zur Vorsicht, um den Eindruck zu vermeiden, die Mitglieder seien Anhänger der Abwertung. In Wirklichkeit hatte er bereits mit Obrecht gesprochen im Hinblick auf einen eventuellen Anschluss an die Pfund-Zone.[41] Dazu kam es nach der Abwertung allerdings nicht. Es blieb bei den viel beschworenen Vereinbarungen der ehemaligen Goldblockländer mit den USA und Grossbritannien zur Stabilisierung der internationalen Währungsverhältnisse. Deren Erfolg lag freilich völlig im Ungewissen.

Der deutsche Generalkonsul Voigt in Zürich hat das Abwertungsszenario aufgrund seiner guten Informationsquellen bereits im Juli vorausgeahnt. Er spürte, dass manche Kreise in der Schweiz nur auf eine Abwertung in Frankreich warteten, um den schwierigen Schritt zu vollziehen «und das Odium einer selbstgewollten und herbeigeführten Abwertung für den Fall ihres Misserfolges zu vermeiden».[42] Ernst Wetter war dann im Vorort allerdings «nicht besonders glücklich», dass der bürgerliche Bundesrat mit seinem epochalen Entscheid dem Entschluss einer Volksfrontregierung gefolgt war. Wetter hätte bis zum Schluss eine vertrauensstärkende Bindung an das Pfund vorgezogen.[43] Doch nun ging es um die Konsequenzen, zunächst um die so oft zitierten Gefahren der Abwertung. Der Bundesrat erliess zeitgleich einen Beschluss gegen ungerechtfertigte Preiserhöhungen. Diese Aufgabe lag konkret bei Bundesrat Obrecht, dessen Machtbereich damit noch gestärkt wurde. Am 1. Oktober rief Obrecht einen kleinen Kreis von Wirtschaftsexponenten zur Diskussion weiterer Schritte zusammen. Auch Walter Stucki war anwesend. Zur Debatte stand unter anderem die zukünftige Gestaltung der Kontingentierung im Aussenhandel. Meinungsunterschiede zeichneten sich ab, gegenüber welchen Ländern die Importrestriktionen gelockert werden sollten. Die Beziehungen zu Deutschland standen wieder auf dem Prüfstand.

In Berlin betrachtete man die Abwertung des Schweizerfrankens als genügenden Anlass, um am 30. September auch jene Abkommen zu kündigen, bei denen dies bisher noch nicht der Fall gewesen war. Ausserdem wurden am 1. Oktober Verhandlungen im Hinblick auf eine Übergangslösung gefordert. Deutschland kürzte mit sofortiger Wirkung die monatlichen Reichsmarkwertgrenzen für die Einfuhr aus der Schweiz um 40%, was zu einem formellen schweizerischen Einspruch führte.[44] Stucki stand für die erste Verhandlungsrunde im Oktober in Berlin nicht zur Verfügung. Dies ermöglichte an seiner Stelle Legationsrat Peter Vieli seinen ersten grösseren Auftritt im Zusammenhang mit Deutschland. Vieli wird in den folgenden Jahren in den Beziehungen zu Deutschland und Italien eine wesentliche Rolle spielen. Geboren 1890, Dr. iur. der Universität Bern, war er von 1924 bis 1931 auf der Gesandtschaft in Rom tätig, wo er sich auf Wirtschaftsbelange spezialisiert hatte. Anschliessend verfolgte er seine Karriere unter Stucki in der Handelsabteilung. Ende 1937 wird er demissionieren und in die Generaldirektion der Kreditanstalt eintreten, ein damals ungewöhnlicher und einiges Aufsehen erregender Schritt. Vieli wurde im Oktober 1936 begleitet von Adolf Jöhr sowie Heinrich Homberger, dem «Ersten Sekretär» des Vororts. Der damals vierzigjährige Dr. rer. cam. Homberger war bereits seit 1922 beim Vorort tätig und hatte sich, zunächst noch im Schatten Wetters, zunehmend profiliert. Seinen Einfluss auf die Aussenhandelspolitik der Schweiz in den nachfolgenden Jahren darf man ohne Übertreibung als ausserordentlich bezeichnen. Das merkten auch die Deutschen sehr rasch. Vieli schlug nun in der ersten Verhandlungsrunde vor, aus Zweckmässigkeitsgründen einfach die alte Parität (100 RM = 123 Franken) vorderhand beizubehalten, um Zeit für Anpassungsmassnahmen zu finden. Die Deutschen lehnten ab. Die Schweizer Delegation erhielt dabei den Eindruck, dass der Entscheid Schachts massgebend gewesen war. Auf deutscher Seite gab man sich gleichzeitig empört, dass die Schweizerische Verrechnungsstelle noch immer die Auszahlung von Zahlungsaufträgen der Deutschen

Verrechnungskasse gesperrt hielt. «Auf dringenden Protest deutscherseits» wurde dann am 10. Oktober der Verrechnungsverkehr zu den neuen Tageskursen wieder aufgenommen. Homberger hatte – folgt man der Aufzeichnung des zuständigen Beamten im Auswärtigen Amt – in «stundenlangen Ausführungen» versucht, die Deutschen zur unverzüglichen Anwendung des «Zusatz-Ausfuhrverfahrens» zu überreden, um die durch die Abwertung entstandenen Preisdifferenzen auszugleichen. Doch die deutsche Delegation wollte vorderhand die Preisentwicklung in der Schweiz abwarten. Kurz gesagt hatte die Schweizer Delegation mit dem am 18. Oktober abgeschlossenen Zusatzabkommen keinen greifbaren Erfolg erzielt. Einmal mehr waren die Finanzgläubiger die Benachteiligten. Sie mussten für das letzte Quartal 1936 auf die Barquote von 2% verzichten, wofür ihnen wiederum die ungeliebten Funding Bonds in Aussicht gestellt wurden. Ein Provisorium löste das andere bis Ende 1936 ab.

Das gesamte Paket musste neu verhandelt werden, darüber war man sich im Prinzip einig. Ministerialdirektor Wohltat teilte jedoch schon im Oktober in leicht drohendem Tone mit, «dass es keinen Zweck habe, diese Verhandlungen aufzunehmen, so lange man in der Schweiz nicht wisse, auf welcher Grundlage man die Neuregelung aufbauen soll».[45] Das war für die Kenner der Materie ein deutlicher Hinweis auf die Differenzen eidgenössischer Provenienz. Denn Generaldirektor Adolf Jöhr war in Verlegenheit. Wozu war er nach Berlin gefahren? Wo blieb sein Einfluss zugunsten der Finanzgläubiger in seiner Aufgabe als Präsident des Komitees Deutschland und mit seiner Reputation eines führenden Bankiers? Jöhr versuchte sich aus der Affäre zu winden, indem er einmal mehr «intern» darauf insistierte, dass die Finanzgläubiger den andern schweizerischen Interessengruppen gleichzustellen seien. Der etwas erstaunliche Punkt in seiner Argumentation war nun die Feststellung, die deutschen Verhandlungspartner hätten bei den Oktoberverhandlungen ein «ähnliches Begehren» angemeldet und Reichsbankpräsident Schacht habe sich ihm gegenüber «völlig unprovoziert in gleichem Sinne geäussert».[46] Das Komitees Deutschland der Bankiervereinigung richtete am 24. Oktober eine formelle Eingabe an den Bundesrat, in welcher Gleichstellung mit Warenexport und Fremdenverkehr gefordert wurde. Das Direktorium der Nationalbank lieh dieser Eingabe volle Unterstützung. Nicht ohne einen sarkastischen Unterton, indes völlig berechtigt, wies Gottlieb Bachmann darauf hin, dass «es ja gerade einflussreiche Kreise des Fremdenverkehrs, aber auch unserer Exportindustrie» gewesen waren, die «sich zuerst für eine Abwertung einsetzten und schliesslich gewissermassen in einer solchen Massnahme allein ihr Heil erblickten». Genau diesen beiden Gruppen eröffneten sich nun durch die Abwertung «besondere Chancen». Kurz und gut: Bachmann schien es «wirklich nicht billig und kaum zu verantworten», wenn diesen neuen Umständen bei den Verhandlungen mit Deutschland nicht gebührend Rechnung getragen würde. Insbesondere im Bereich der Kohleneinzahlungen müsse eine gerechtere Lösung gefunden werden.[47]

Dieses Schreiben der Nationalbank war an Aussenminister Motta gerichtet, weil im Mai 1936 endlich eine halbherzige Kompetenzabgrenzung stattgefunden hatte, wonach sich das Politische Departement in den Grundsatzfragen um die Wahrung der Interessen der Finanzgläubiger kümmern sollte. In Mottas Reich fühlte man sich jedoch unwohl und schlecht informiert. Walter Stucki verteidigte sich scharf und präzis gegen gewisse Vorwürfe, sah jedoch ein, dass man das Politische Departement vermehrt einbeziehen musste.[48] Um welche Grössenordnungen ging es zu diesem Zeitpunkt? Von Bankenseite wurde ein Betrag von 1.3 Milliarden Franken genannt, den die «Einzelgläubiger» von Deutschland zugute hätten.[49] Zu erinnern bleibt ausserdem, dass darin natürlich die Stillhalteguthaben der Banken nicht eingeschlossen waren. Auf deutscher Seite wurde im Budget der Devisenzahlungen für 1937 an die Schweiz noch mit einem Kapitalbetrag von 2.5 Milliarden Franken gerechnet (ebenfalls ohne Stillhalteforderungen).[50] Der Verdacht liegt nahe, dass es sich bei dieser Zahl um eine Fiktion im Sinne bewusst verhandlungstaktisch aufgeblähter Zahlungsverpflichtungen handelte. So oder so wurde jedenfalls in diesen Monaten auch dem schweizerischen Aussenminister klar, dass immer noch beträchtliche Beträge des schweizerischen «Volksvermögens» in einer Gefahrenzone lagen. Nationalbank-Chef Bachmann hatte Motta im Übrigen in geradezu pädagogischer Weise darauf aufmerksam gemacht, dass die Abwertung «ein glattes Geschenk an die ausländischen Schuldner der Schweiz» war.[51] Hjalmar Schacht dürfte sich tatsächlich nicht wenig gefreut haben.

Im November 1936 zog der Gesandte Dinichert in Berlin auf Wunsch Stuckis Erkundigungen über die weiteren deutschen Absichten ein. Dabei wurde erneut deutlich, dass die ganze komplizierte Struktur des Rahmenabkommens dem Reichswirtschaftsministerium nicht gefiel.

Die Aufnahme der Verhandlungen verzögerte sich bis Anfang Dezember. Da war die Zeit für eine vollständige Neuregelung des Verrechnungsverkehrs bereits zu kurz geworden. Auch stellte sich heraus, dass es noch nicht möglich war, die Wirkung der Abwertung auf den Warenverkehr angemessen zu beziffern. Die Schweiz tendierte zur Verlängerung des Provisoriums um weitere drei Monate. Stucki und Jöhr reisten zu Vorbesprechungen mit Schacht, Wohltat und Reichsbankdirektor Puhl am 4. und 5. Dezember nach Berlin. Dabei wurde grundsätzliche Zustimmung zur vorläufigen Regelung für das erste Quartal 1937 erzielt, sofern die Schweiz bereit war, auf Funding Bonds zu verzichten. Die anschliessenden Detailverhandlungen in Bern wiesen dementsprechend ihre grössten Schwierigkeiten beim Kapitalverkehr auf. Deutschland konnte sich durchsetzen und erreichte eine Regelung nach dem Vorbild der Vereinbarungen mit Holland. Konkret ging es um die «Abgeltung» der Ansprüche der Finanzgläubiger für die Zinsdifferenz zwischen der geplanten Barquote von 2½% und einem Maximalzinssatz von 5½%. Rechtlich wurden die Gläubiger damit gegenüber den bisher ausgegebenen Funding Bonds (einer Schuldverpflichtung des Deutschen Reiches) schlechter gestellt. Diese neuen Instrumente, genannt Reichsmarkanweisungen A (Verwendung nur beschränkt in Deutschland) oder B (ein noch unbekannter, veräusserbarer Restwert) vermochten die Finanzgläubiger naturgemäss nicht zu befriedigen.[52] Immerhin wurde für diese geplagte Interessengruppe ein etwas verbesserter Zufluss in den sogenannten Transferfonds, eine Art Sammeltopf für die Ausschüttung der Barquote, vereinbart. Die Schweiz kam im Interesse des Ausgleichs im Gesamtpaket bei der Erleichterung der Importe aus Deutschland entgegen (Aufhebung einer Reihe von Einfuhrverboten). Wenn es nicht gelang, diese Seite mindestens zu stabilisieren, war das gesamte Verrechnungsabkommen nicht mehr haltbar.[53] Ganz nebenbei fällt auf, mit welch feinen Verhandlungselementen nun gearbeitet wurde, deren Inhalt zum Teil nicht für die Öffentlichkeit bestimmt war (so etwa zum schweizerischen Käseexport nach Deutschland und dem Spezialthema Kunstseide, oder den «geheimen» Zusatzerklärungen über die Durchführungsbestimmungen).[54]

Am 7. Februar 1937 brachten die «Hamburger Nachrichten» und weitere deutsche Zeitungen einen grösseren Artikel unter dem Titel «Fünf Jahre mühsamer Verhandlungen! – Wohin steuert der deutsch-schweizerische Handel?». Den Artikel verfasste Dr. von Napolski, der Geschäftsführer der deutschen Handelskammer in der Schweiz, zweifellos autorisiert vom Reichswirtschaftsministerium. Napolski sprach zur Sache, ohne jede ideologische Rhetorik. Er war kein Freund des Verrechnungsabkommens; die ganze Entwicklung der vorangehenden fünf Jahre hielt er im Grunde für verfehlt. Seine fachmännische Analyse traf einen schwachen Punkt der schweizerischen Position. Napolski erinnerte daran, dass die Schweiz 1932 bestrebt war, den Import aus Deutschland zu reduzieren. Jetzt lagen die Verhältnisse ganz anders. Denn unter der Herrschaft des Verrechnungsabkommens war die Schweiz darauf angewiesen, dass im Warenhandel Einfuhrüberschüsse erzielt wurden, um die andern Interessenten befriedigen zu können. Napolski forderte die Schweiz zu einer Kursänderung auf, ohne ins Detail zu gehen. Auf deutscher Seite wurde die Industrie vom Reichswirtschaftsministerium instruiert, das Möglichste zu tun, um den Export in die Schweiz im bisherigen Ausmasse aufrechtzuerhalten. Der «wertvolle» Schweizer Markt sollte auch in Zukunft für Deutschland gesichert werden. Die Schweiz hatte auf eine gewisse «Exportmüdigkeit» in Deutschland aufgrund der guten Binnenkonjunktur aufmerksam gemacht.[55] Schacht gab sich demnach nun bedeutend gemässigter. Man könnte dahinter ein gesteigertes Interesse an gewissen schweizerischen Exporten und Dienstleistungen vermuten.

Schacht schlug im März 1937 zur Ablösung des Verrechnungsabkommens ein sogenanntes «Zahlungsabkommen» vor, wie es beispielsweise mit Grossbritannien seit November 1934 bestand. Die Verrechnungsabkommen führten aus deutscher Sicht leicht zu einer Erstarrung und Schrumpfung des Aussenhandels, während ein Zahlungsabkommen mehr Flexibilität versprach.[56] Schacht schien gewillt, den schweizerischen Finanzgläubigern eine bessere Stellung einzuräumen, doch dies war dem Bundesrat, gemäss Stuckis Aussage in der ersten Verhandlungsrunde in Berlin, nicht genehm. Noch immer galt in der Schweiz der Grundsatz: Arbeit geht vor Kapital. Walter Stucki war generell skeptisch, ob ein Zahlungsabkommen nach britischem Vorbild funktionieren würde.[57] Im April zeichnete sich im schweizerischen Vernehmlassungsprozess ab, dass man trotz «aller Mängel und Schikanen» das Verrechnungssystem dem «Experiment» eines Zahlungsabkommens mit zahlreichen Unbekannten vorzog. Die Finanzgläubiger forderten einmal mehr Gleichstellung mit den andern Interessentengruppen und verwahrten sich gegen gewisse Berechnungen des Vororts.[58]

An der Bedeutung des Fremdenverkehrs aus Deutschland für die schweizerische Hotellerie wurden selbst im Bundesrat Zweifel geäussert.[59] Bei der nächsten Verhandlungsrunde im Mai 1937 in Berlin lehnte Stucki ein Zahlungsabkommen eindeutig ab und vertrat die Ansicht, das Verrechnungsabkommen habe «seit 8 Monaten zum erstenmal gut gearbeitet». Gegenüber Ministerialdirektor Ritter liess er einfliessen, das Reichswirtschaftsministerium habe den Vorschlag ungeschickt aufgemacht. Schacht gab sich schliesslich konziliant, unter der Voraussetzung, dass sich der Zinssatz für die Finanzgläubiger weiter drücken liess, was allerdings nur in geringfügigem Ausmass (Barquote neu 3.4% p.a.) erreicht wurde. Das neue Verrechnungsabkommen vom 30. Juni 1937, mit einem Jahr Laufzeit, charakterisierte sich durch einen übersichtlicheren Vertragstext unter Wegfall des bisherigen Zinsenabkommens. Die Technik wurde elastischer gestaltet. Es gab jetzt anstelle des schwerfälligen Systems von zwei «Hypotheken» nur noch eine Vorwegnahme von 3.5 Millionen Franken monatlich für den Reiseverkehr und die anschliessende Aufteilung des Restbetrags. Für Schacht am wichtigsten: der 17%-Anteil für die Reichsbank. 63% waren hauptsächlich für Warenzahlungen und 20% für die Finanzgläubiger reserviert. Die schweizerischen Einzahlungen für die Kohlenbezüge gingen von nun an auf das Sammelkonto.[60]

Diese Verhandlungen schienen beidseits durch Vernunft bestimmt, im Vergleich zu früheren Jahren beinahe emotionslos geführt von den längst eingeübten Spezialisten. Die unaufgeregte Atmosphäre war zweifellos durch besondere Faktoren beeinflusst. Walter Stucki versuchte in diesen Monaten nicht so sehr als Aussenhandelsdelegierter hervorzutreten, sondern vielmehr als Innenpolitiker Profil zu gewinnen. Er strebte in seinem grossen Grundsatzreferat am freisinnigen Parteitag vom Mai 1937 eine «Sammlung auf die Mitte» hin an, was man umgehend als «Stuckismus» bezeichnete. Stucki anerkannte, dass die «Arbeiterschaft» sich nunmehr zu den «Grundprinzipien unserer Staatspolitik» bekannte, auf nationalem Boden stehe und bereit schien, die Demokratie zu verteidigen. Sein Vorstoss war in der damaligen politischen Konstellation kühn, umso mehr, als er über keine nennenswerte Hausmacht in seiner eigenen Partei verfügte. Walter Stucki war kein Parteimann; vorsichtiges Taktieren im kleinföderalistischen Intrigen- und Machtspiel war seine Sache nicht. Dies sollte sich alsbald rächen. Stuckis ungestümes Vorgehen gab zwar Anlass zu interessanten und fast schon leidenschaftlichen Debatten, scheiterte jedoch bald an den realpolitischen Skeptikern der bürgerlichen Regierungskoalition. Von allen Seiten wurde die Frage gestellt, wo denn diese politische Mitte sich befinde und wer darin gesammelt werden solle.[61] Markus Feldmann hörte damals in Bern von Gerüchten, wonach Stucki durch die Fühlungnahme mit der Richtlinienbewegung eine Bundesratskandidatur vorbereite (was Stucki öffentlich in Abrede stellte). Bundesrat Minger und vor allem Feldmann zeigten sich alarmiert: sie argwöhnten, Stucki wolle eine «neue bernische Mehrheitsgruppierung» bilden, um bei nächster Gelegenheit den bernischen Bundesratssitz in seine Hand zu bringen.[62] In Wirklichkeit befürwortete Stucki in einer weit verbreiteten «Klarstellung», der Bundesrat sei auf neun Mitglieder zu erweitern, wobei die zwei neuen Sitze «den Vertretern der Arbeiterschaft zu überlassen wären».[63] Scharfe Opposition erfuhr Stucki aus dem Welschland. Unter der Regie von Henri Vallotton, dem einflussreichen Präsidenten der freisinnig-demokratischen Fraktion der Bundesversammlung, lehnten die Radikalen der Waadt in demonstrativer Weise Stuckis Ideen ab, in einer Form überdies, die dem Aussenhandelsdelegierten beleidigend erschien. Stucki hatte in der Tat einen gewichtigen Punkt vernachlässigt: Die welschen Sozialistenführer entsprachen nämlich keineswegs dem leicht retuschierten Bild, das er beim Parteitag in Luzern von der Linken gezeichnet hatte.[64] Auch der Bundesrat distanzierte sich nun im Juni 1937 von den innenpolitischen Vorstellungen seines Handelsdelegierten, der – wie er selbst einsah – in eine delikate Situation geriet. Dies war umso gravierender, als ausgerechnet sein direkter «Vorgesetzter», Bundesrat Hermann Obrecht, nichts von Stuckis Ideen einer freisinnigen Öffnung nach links hielt. Obrecht war im Gegenteil der Ansicht, der Kampf gegen die «Linke» müsse offensiv geführt werden.[65] Stucki sah ein, dass er sich in seiner Doppelfunktion als Handelsdelegierter und freisinniger Nationalrat beträchtlich exponiert hatte. Am ausserordentlichen Parteitag der freisinnig-demokratischen Partei der Schweiz am 11. Juli 1937 in Olten schwenkte er auf einen von verschiedenen Seiten vorgetragenen Kompromiss ein, mit dem die Einheit der Partei gewahrt und diese spannende Episode beendet wurde. Stucki mochte es wenden wie er wollte – es blieb eine Niederlage. Als der Bundesrat ihm schliesslich die Gesandtschaft in Paris offerierte – eine elegante Lösung, den unbequemen und allzu dynamischen Mann loszuwerden –, nahm Stucki im Herbst 1937 an und trat als Nationalrat zurück.[66] Zu den bemerkenswerten Glückwunschschreiben gehört jenes von Ministerialdirektor Wohltat, der sein «aufrichtiges Bedauern» ausdrückte, «dass auf diese Weise nicht nur Ihre Persönlichkeit, sondern auch Ihre reichen Erfahrungen und Ihre stets ausgleichende Verhandlungsart» für die deutsch-schweizerischen Interessen «in Fortfall kommen».[67] Neben einer Prise Schmeichelei und Beschönigung – denn «stets ausgleichend» hatte Stucki gewiss nicht bei allen Verhandlungen gewirkt – wurde doch der Respekt spürbar, den man in Berlin dem langjährigen und hartnäckigen Chef der schweizerischen Aussenhandelspolitik entgegenbrachte. Was Stuckis Weggang von dieser Bühne bedeutete, zeigte sich erst in den Wirtschaftsverhandlungen von 1938 mit Deutschland in ganzer Klarheit (siehe Kapitel 6.5.).

Auch auf deutscher Seite bahnten sich wichtige personelle Veränderungen an: Hjalmar Schacht war längst nicht mehr der «Wirtschaftsdiktator» von 1934 oder 1935. Der Rivalenkampf mit Göring trieb 1937 dem Höhepunkt zu und absorbierte seine Kräfte. Sein Mandat als Chef der Reichsbank war im März 1937 nach Meinungsverschiedenheiten über die Finanzierung der Aufrüstung nur um ein Jahr verlängert worden. Goebbels sah die Krise mit Schacht nur aufgeschoben und notierte in seinem Tagebuch: «Er bleibt doch ein ewiger Querulant.»[68] Im August 1937 ersuchte der zermürbte Schacht schliesslich Hitler, ihn aus dem Amt des Wirtschaftsministers zu entlassen. Hitler zögerte diesen Schritt jedoch bis November 1937 hinaus und ernannte erst im Februar 1938 das farblose Parteimitglied Walther Funk zu Schachts Nachfolger. Dem schweizerischen Gesandten Dinichert schien Hitlers Vorgehen und die Ernennung Schachts zum Reichsminister ohne Geschäftsbereich ein «Musterbeispiel für die machiavellistische Kunst, tatsächlich vorhandene Spannungen zu verdecken und das Ausland über die Schwere der Hintergründe» hinwegzutäuschen.[69]

Kurz zurückgeblendet zum Thema Abwertungseffekt: Francesco Kneschaurek bezeichnet die Jahre 1937 bis 1939 als Aufschwungperiode der Konjunktur in der Schweiz. Die Arbeitslosigkeit reduzierte sich im Jahresmittel von 1936 bis 1939 um mehr als die Hälfte. Das nationale Volkseinkommen erhöhte sich vom Tiefpunkt Index 79 (1929=100) auf Index 86 im Jahre 1937 und Index 87 für 1938/39. Im Exportsektor stellt

Kneschaurek für die 15 Monate nach der Abwertung eine starke Produktionsausweitung und Einkommenserhöhung fest, allerdings mit einer Expansion vorwiegend im Verkehr mit den Nicht-Clearing-Ländern aufgrund der Wiederherstellung der preislichen Wettbewerbsfähigkeit. Im Geschäft mit den Clearing-Ländern hingegen scheint insgesamt ein weiterer Rückgang der Kompensationskraft infolge der vorwiegend preislich bedingten Schrumpfung der Importe bemerkbar. Diese Tendenz wird auch 1938 anhalten.[70] Aufmerksamen zeitgenössischen Beobachtern war allerdings schon früh aufgefallen, dass «die gewaltige Rüstungswelle, die über die Welt schlägt», für den schweizerischen Export nicht ohne Auswirkungen blieb.[71] Damit ist eine Frage angeschnitten, die bis 1944 aktuell blieb: Welcher Anteil am schweizerisch-deutschen Handel entfiel auf Güter, die direkt oder indirekt sowohl mit der deutschen wie der schweizerischen Rüstung in Verbindung standen? Welches Interesse bestand gerade von dieser Seite aus – ob nun staatlich gesteuert oder privat initiiert – an der Aufrechterhaltung kontinuierlicher Handelsbeziehungen? Bereits 1938 drängen sich solche Fragen in den Vordergrund (siehe Kapitel 6.5.). Tatsache ist, dass sich der Aussenhandel der Schweiz mit Deutschland im Jahre 1937 vom absoluten Tiefpunkt des Vorjahres deutlich erholen konnte. Bei der Importzunahme aus Deutschland um 89 Millionen auf 403 Millionen Franken wird die bereits beschriebene staatliche Steuerung im Rahmen des Verrechnungsabkommens zweifellos sehr deutlich. Der schweizerische Export konnte hingegen lediglich um 29 Millionen Franken auf 200 Millionen gesteigert werden. Das Handelsbilanzdefizit vergrösserte sich somit auf 203 Millionen Franken und trug damit entscheidend zur Entspannung im Clearingverkehr bei. Diese Entwicklung steht damit im Gegensatz zu der von Kneschaurek für 1937 beschriebenen Gesamttendenz der Clearing-Länder, doch wird sich das Bild 1938 auch im Falle Deutschlands entscheidend wandeln.

Eine letzte Bemerkung zu den Abwertungsfolgen gilt den schweizerischen Banken. Die manchenorts gehegten Befürchtungen unter dem Stichwort Vertrauensverlust in den Schweizerfranken bestätigten sich nicht. Im Gegenteil: Die Kapitalflüsse standen unter dem Zeichen der Entwarnung. Inländisches Gold wurde enthortet und Kapital floss aus Fremdwährungen zurück. Und ausländisches «Hot money», die Rede war von 700 Millionen Franken, strömte in die Schweiz. Der Goldbestand der Nationalbank stieg bis Ende 1936 um 1.2 Milliarden Franken (davon 539 Millionen als buchmässige Aufwertung des Goldes) und wies auch 1937 noch einen Zuwachs auf. Was diese Entwicklung im Detail für die Geschäftsbanken bedeutete, lässt sich etwa am Beispiel des Hauptsitzes der Bankgesellschaft in Zürich illustrieren: Die Verpflichtungen an Ausländer im Ausland erhöhten sich vom 30. September 1936 bis zum 31. Oktober 1937 um 60% auf 16.7 Millionen Franken, wobei die Anzahl der Konti nur unwesentlich anstieg.[72] Die Nationalbank zeigte sich einmal mehr über das «unbequeme Flucht- und Wanderkapital» aus dem Ausland beunruhigt. Ihr schien angezeigt, diese kurzfristigen Gelder mindestens teilweise wieder «abzudrängen».[73] Die Geschäftsbanken teilten diese Ängste kaum. Schliesslich einigte man sich nach wochenlangen Verhandlungen im November 1937 auf ein Gentlemen's Agreement «zur Verminderung des Übermasses der bei den Banken liegenden ausländischen Frankenguthaben» sowie zur Bekämpfung der Notenthesaurierung. Das Agreement kam indes zu spät, wies einige Konstruktionsschwächen auf und wurde überdies bald von den politischen Ereignissen überholt. Vom Zufluss der Kundengelder konnten 1936 vor allem die Grossbanken (plus 580 Millionen Franken) sowie in geringerem Masse die Kantonalbanken (plus 154 Millionen Franken) profitieren. Die Liquidität verbesserte sich deshalb beinahe sprunghaft vornehmlich bei der Gruppe der Grossbanken.[74] Manche Banken profitierten auch von Aufwertungsgewinnen, die sie umgehend – in glücklicher Fügung – für die anstehenden Abschreibungen auf den deutschen Engagements verwenden konnten (siehe Kapitel 6.4.).

6.3. Exkurs zur Sicherheitslage, zur «Stimmung» und Aussenpolitik der Schweiz

Oberstdivisionär Johannes von Muralt, Kommandant der 5. Division, war mit den Übungsergebnissen seiner Truppen in den Wiederholungskursen von 1936 unzufrieden. Er hatte ganz realistisch am Rhein üben lassen. «Das überraschungsweise Übersetzen roter Patrouillenkräfte über den Rhein, die dann bei Blau erhebliche Störung verursachten, hätte nicht gelingen dürfen. Die blaue Verteidigung war zu wenig aufmerksam», hielt er in einem Vortrag vor der Allgemeinen Offiziersgesellschaft Zürich ohne Umschweife fest. Als Artillerist kritisierte er zudem ziemlich scharf die Leistungen seiner alten Waffengattung. Und weiter: Die «Mängel des Grenzschutzes» seien schon in aller Öffentlichkeit zur Sprache gekommen, ab Januar 1938 werde mit der Neuorganisation Abhilfe geschaffen. Mit dem potentiellen «roten» Gegner war der Zürcher Patrizier besser vertraut als viele andere Schweizer Offiziere. Er war Jurist und hatte auch in Berlin und München studiert. Vor dem Ersten Weltkrieg war er eine Zeit lang zu einem preussischen Artillerieregiment abkommandiert. 1917 unternahm er eine Reise an die deutsche Westfront. Von Muralt besass zweifellos genügend Vorstellungsvermögen, um sich auszumalen, mit welcher Feuerkraft und Wucht die deutsche Wehrmacht über die kurze Strecke vom Rhein nach Zürich durch teilweise gefährlich offenes Gelände vorstossen würde. «Je besser wir gerüstet sind», meinte von Muralt, «um so kleiner wird die Wahrscheinlichkeit eines Angriffs.» Grund zu einer «Krisenstimmung», so meinte der Divisionär abschwächend, sei freilich nicht vorhanden.[75] Das war eine «politische» Aussage, bestimmt für die deutsche Gesandtschaft in Bern.

Die ausländischen Beobachter hatte man 1936 wohlweislich nicht zu von Muralts Übungen, sondern zu den konventionellen grossen Manövern der 6. Division eingeladen. Aus den damaligen «Riesendivisionen» von beinahe 40 000 Mann liessen sich ohne Problem zwei Übungsdivisionen bilden. Die «Rote Division» unter dem neuen Generalstabschef Labhart markierte eine Armeeabteilung, die von Norden in die Schweiz eingebrochen war und den «blauen» Grenzschutz in der Ostschweiz in die Voralpen zurückgeworfen hatte. Eine keineswegs unwahrscheinliche Ausgangslage. Begnügen wir uns hier mit den Beobachtungen von deutscher Seite. Generalleutnant Muff, der Chef der deutschen Delegation, seit 1933 als Militärattaché mit Standort Wien für die Schweiz zuständig, besass ein scharfes Auge für Stärken und Schwächen der Schweizer Armee. Die Haltung der höheren Offiziere gegenüber Deutschland fand naturgemäss seine besondere Aufmerksamkeit. Er hatte sehr wohl bemerkt, dass es einige Berufsoffiziere mit frontistischen Neigungen gab. Gleichzeitig hielt er im Februar 1936 sehr deutlich fest, dass sich das Offizierskorps «völlig einig» sei in der Ablehnung der «rasse- und volkstumspolitischen» Grundsätze des Nationalsozialismus. Jede Einmischung stosse auf Ablehnung. Muff warnte in der damaligen Spannungssituation – durchaus im Einklang mit dem Gesandten von Weizsäcker – vor einer allfälligen Repressalienpolitik gegenüber der Schweiz, die eine Eingliederung in den Ring der «Einkreisungsländer» bewirken könnte. Muff plädierte damals für eine rasche Überwindung des Spannungszustandes im Interesse der deutschen Landesverteidigung.[76] Bei den Herbstmanövern 1936 der 6. Division machte nun die ostschweizerische Truppe «in Geist und Haltung» nach Muffs Ansicht «einen recht guten Eindruck». Aus diesen Soldaten, so schien ihm, liessen sich bei professioneller Führung «sicher ausgezeichnete Leistungen» herausholen. Die Schwäche der Schweizer Armee war eher beim Offizierskorps zu finden. Die mittleren und unteren Kommandanten vermochten ihn nicht zu überzeugen. Die anwesenden ausländischen Offiziere stimmten nach Muffs Eindruck darin überein, dass das schweizerische Offizierskorps mit wenigen Ausnahmen trotz besten Willens «den Aufgaben der Gefechtsführung nicht gewachsen ist».[77] Das war ein hartes und gefährliches Urteil, wenn es um die Abschreckwirkung der Schweizer Armee ging. Bundesrat Minger war sich dieser Schwachstelle als ehemaliger

Regimentskommandant durchaus bewusst. Er hatte vor dem Ständerat bereits zwei Jahre vorher auf die beträchtlichen neuen Anforderungen an Bataillons- und Kompaniekommandanten hingewiesen und angefügt: «Das alles lässt sich nicht aus dem Ärmel schütteln, sondern muss erlernt und eingeübt werden.»[78] Dabei ging es vor allem um den Einsatz der neuen Waffen für die Infanterie (Minenwerfer und Infanteriekanone), deren Beschaffung schon früh von publizistischer Aufmerksamkeit begleitet war.[79] Eine andere Frage war die Qualität der obersten Armeeführer. General Muff blieb skeptisch, solange er die Schweizer Armee beobachtete. Er glaubte, eine «Armut» an Führerpersönlichkeiten feststellen zu können. Selbst der notorisch deutschfreundliche Oberstkorpskommandant Ulrich Wille vermochte ihn in dieser Hinsicht nicht voll zu überzeugen.[80] Britische Beobachter kamen in mancher Hinsicht zu ähnlichen Schlussfolgerungen. Die «Smartness» der schweizerischen Rekruten beeindruckte beispielsweise im Frühjahr 1938 den englischen Militärattaché. In einer Zusammenfassung der Stärken und Schwächen der Schweizer Armee vom Mai 1940 – man beachte den kritischen Zeitpunkt des deutschen Westfeldzugs – war davon die Rede, dass sich der Schweizer Soldat durch gute Erziehung und «excellent physique» auszeichne. Doch noch immer glaubten die Briten einen Mangel an gut trainierten Unteroffizieren sowie an Kommandanten und Stabsoffizieren mit Erfahrung in der Führung grösserer Verbände feststellen zu können. Die Rheinlinie schien ihnen ungeachtet der verminten Brücken und der Bunkerkette kein unüberwindbares Hindernis gegen einen entschlossenen Angreifer darzustellen.[81]

Die Zeit drängte jedenfalls für die Schweizer Armee gleichermassen im Bereich der Ausbildung wie der Rüstung. Selbst bei den Sozialdemokraten, die jahrelang das Militärbudget abgelehnt hatten, machte sich seit 1936 ein stufenweises Umdenken bemerkbar, das vorerst allerdings noch auf heftigen Widerstand des vehement antimilitaristischen linken Flügels stiess. An der Wehrvorlage und der Wehranleihe von 1936 zeigte sich die tiefe Zerrissenheit der Linken. Aus der Sicht der patriotischen Kreise handelte es sich bei der Wehranleihe «gleichsam um ein Plebiszit mit dem Portemonnaie», «ein Opfer des gesamten Volkes zur Verstärkung der militärischen Sicherheit unseres Landes».[82] Diese entscheidende Anleihe von 235 Millionen Franken (3% Zins, maximale Laufzeit von 10 Jahren), ein damals ganz ausserordentlicher Emissionsbetrag, wurde in klugem «Timing» vom 21. September bis Mitte Oktober zur Zeichnung aufgelegt. Sie konnte bei allen Banken und Poststellen der Schweiz gezeichnet und ratenweise in Kleinbeträgen eingezahlt werden. «Und nun hat das Volk das Wort», rief Bundesrat Minger in einer von patriotischem Pathos getragenen Rede vor den Manöverzuschauern in der Ostschweiz am 24. September 1936 aus. Er vergass nicht anzufügen, dass das Resultat dieser Anleihe «besonders auch vom Auslande» als Spiegelbild für den Wehrwillen des Schweizervolkes gewertet würde.[83] Das Resultat war ein «Bombenerfolg», wie sich Markus Feldmann ausdrückte. Die Anleihe wurde im ersten Anlauf mit 100 Millionen Franken überzeichnet. «Das Schweizervolk ist aus seiner Sorglosigkeit, zu der der Völkerbund nicht wenig beigetragen hat, plötzlich erwacht», stellte Minger befriedigt fest. Die neue Truppenordnung mit der Verstärkung des Grenzschutzes, der Gliederung der Armee in eine grössere Anzahl von «handlicheren» Heereseinheiten und dem Aus- und Aufbau der Flieger- und Fliegerabwehrtruppen konnte allerdings nicht schlagartig umgesetzt werden. Das schweizerische Militärsystem stand fortan, modern ausgedrückt, unter einem «Stress-Test». Jetzt fehlte es nicht mehr an Geld, sondern an Berufsoffizieren mit ausreichender Managementerfahrung. Die Schwerfälligkeiten und die «Bedächtigkeit» der schweizerischen Militärentwicklung waren General Muff seit je aufgefallen.[84] Kritiker waren auch im Inland schnell zur Hand. Dazu gehörte jener umstrittene Hauptmann Hans Hausamann, der es in den folgenden Jahren zu einer gewissen Berühmtheit bringen wird. Hausamann sprach der damaligen Armee das Kriegsgenügen ab. Er schrieb von dilettantischer Instruktion und forderte mit Blick auf die grossen Nachbarn radikal verlängerte Ausbildungszeiten.[85] Reibereien zwischen der Generalstabsabteilung und dem selbstbewussten Chef der KTA (Kriegstechnische Abteilung im EMD), dem Obersten Fierz, gehörten in dieser Phase zum Alltag im bürokratischen Bern.[86] Ein überaus kritischer Berufsoffizier wie Gustav Däniker – an dessen militärischer Kompetenz niemand zweifelte, ungeachtet seiner deutschfreundlichen Tendenzen – schreckte auch vor harter Kritik an seinem obersten Chef Bundesrat Minger keineswegs zurück.[87]

Worauf gründete sich dieses mehr oder weniger diffuse Gefühl der Bedrohung durch Deutschland, das in der Bevölkerung zweifellos bereits 1936/1937 weit verbreitet war? Die Antwort liegt im Ineinanderwirken verschiedener Konfliktzonen. Die mannigfachen Spitzeltätigkeiten und territorialen Übergriffe sind bereits erwähnt worden. Ebenso deutlich musste der beständige wirtschaftliche Druck im Aussenhandel und bei den Finanzbeziehungen das Gefühl des Bedrohtseins und einer gewissen Hilflosigkeit in weiten Kreisen schüren. Der ungehinderte deutsche Einmarsch ins Rheinland und die kraftlose Reaktion der Westmächte zeigte auch den gutgläubigsten Völkerbundsanhängern im März 1936 die tatsächlichen Machtveränderungen in Europa. Bundesrat Minger äusserte sich gegenüber Weizsäcker sehr offen. Die Angst vor deutschen territorialen Übergriffen und Absichten bestehe in der Schweiz unvermindert fort. Minger wies auch auf die Gerüchte über neue deutsche Truppenteile in Südbaden und angebliche Befestigungsarbeiten im Schwarzwald hin, die manchem Schweizer zu denken gäben. Der Gesandte von Weizsäcker tat natürlich sein Bestes, solche Befürchtungen zu zerstreuen.[88] Viel Erfolg war ihm gewiss nicht beschieden. Der neue Generalstabschef Jakob Labhart, ein Thurgauer vom Untersee, erklärte dem Gesandten von Weizsäcker bei einem Gespräch im August 1936 ganz nüchtern die «nordschweizerische Angstpsychose» – ein Ausdruck, der wohl eher von Weizsäcker geprägt wurde. Beigetragen hatten zwei verdächtige deutsche Überfliegungen. Labhart machte dem Freiherrn im Übrigen einen ruhigen und leidenschaftslosen Eindruck, der ihm Gewähr zu bieten schien gegen Unbesonnenheiten von schweizerischer Militärseite. Er schien Weizsäcker kein «Französling» zu sein.[89] Wie sahen die Franzosen die Lage? Der französische Luftwaffenattaché Commandant Loriot war etwas erstaunt, als sich Oberst Dubois, der Chef des schweizerischen Nachrichtendienstes, im April 1936 – im Gegensatz zu früheren Kontakten – deutlich reserviert gab und plötzlich keine Bedrohung durch Deutschland mehr sehen wollte. Der Commandant nahm zu Recht an, dass Deutschland beschwichtigend aktiv geworden war. Oberstleutnant La Forest-Divonne, der Militärattaché in Bern, vermutete einen Einfluss von Oberstkorpskommandant Wille, damals Waffenchef der Infanterie. Wie dem auch sei, Commandant Loriot erhielt bei seinem anschliessenden Besuch in Zürich aussagekräftigere Informationen. Seine Kontaktpersonen waren einmütig der Ansicht, dass die Gefahr für die Schweiz andauere, selbst für den Fall, dass Deutschland feierliche Engagements unterschreiben würde, welche, so nehme man an, nur so weit respektiert würden, wie die Umstände dies erlaubten.[90] In diesen Äusserungen reflektiert sich nur allzu deutlich die schweizerische Erfahrung in den Aussenhandels- und Finanzbeziehungen mit Deutschland.

Für die öffentliche Meinungsbildung bedeutsam war zweifellos die unnachgiebige Haltung der schweizerischen Presse gegenüber deutschen Anmassungen. Eine direkte Beunruhigung ging vorrangig von den Machenschaften der nationalsozialistischen Organisationen in der Schweiz aus. Nach dem Mord an Gustloff erliess der Bundesrat am 18. Februar 1936 unter dem Druck der öffentlichen Meinung zunächst ein Verbot von Landesleitung und Kreisleitungen der NSDAP. Der Gesandte von Weizsäcker protestierte umgehend im Auftrag Berlins und verlangte eine Rücknahme des Verbots.[91] Die schweizerisch-deutschen Beziehungen erreichten einen Tiefpunkt. Was indes den Politiker und Journalisten Feldmann, den Bundesanwalt Stämpfli und viele andere Schweizer gleichermassen beunruhigte, war die Gefahr, dass die Schweiz «eben doch als ‹Gau› angesehen und behandelt wird».[92] Die sozialdemokratische Partei wachte besonders aufmerksam über solche Äusserungen. So befasste sich etwa ein Leitartikel des «Volksrecht» im Mai 1938 mit der «grossdeutschen Geographie» und ihren Lehrbüchern, wo die deutsche Schweiz unter den «deutschen Gauen und Ländern» und das Finsteraarhorn als höchster

Berg Deutschlands zu finden war.[93] Im Mai 1939 veröffentlichte die sozialdemokratische Partei schliesslich unter dem Titel «Gau Schweiz?» eine eindrückliche Dokumentation über die nationalsozialistischen Umtriebe in der Schweiz. Darin fanden sich unter anderem jene deutschen Karten abgedruckt, auf denen die deutschsprachige Schweiz ohne Einschränkung zum «deutschen Volksboden» gezählt wird. «Welcher Schweizer, stehe er in diesem oder jenem Parteilager, schrickt da nicht auf und nimmt unwillkürlich die entschlossenste, verbissenste Abwehrstellung an», schrieb der sozialdemokratische Parteisekretär im Vorwort.

Im Jahre 1937 war in der Öffentlichkeit bekannt geworden, dass die Auslandorganisation der NSDAP in der Schweiz weiterhin auf mehr oder weniger diskrete Weise aktiv sein durfte. Das warf Fragen auf und musste neue Befürchtungen wecken.[94] Als Landesgruppenleiter wirkte nun Legationsrat Sigismund Freiherr von Bibra in Bern. Geboren im Jahre 1894, war er seit 1922 im Auswärtigen Amt tätig, seit 1933 Parteimitglied der NSDAP und seit August 1936 auf der Gesandtschaft in Bern im Einsatz, wo er bis 1943 eine wesentliche Rolle spielen wird. Einer seiner Kollegen aus dem Auswärtigen Amt schilderte Bibra 1945 gegenüber den Briten als «blonden Siegfried» und einstigen «Ladykiller», der die Partei zum raschen Aufstieg innerhalb des Auswärtigen Dienstes benutzt habe.[95] Bibra ist symptomatisch für die Versuche der Nazi-Partei, stärkeren Einfluss auf das im Kern immer noch von den alten Berufsdiplomaten geprägte Auswärtige Amt zu gewinnen. Es ist kein Zufall, dass Bibra erst mit der Rückkehr Weizsäckers nach Berlin zum Einsatz in Bern gelangte. Für Propagandaminister Goebbels war in umgekehrter Richtung klar: «Die schweizer. Presse darf in Deutschland nicht als Opposition auftreten», wie er im Januar 1936 in seinem Tagebuch notierte.[96] Bleibt die Frage offen, weshalb sich der Bundesrat beim Thema Landesgruppenleitung letztlich tolerant zeigte – ganz im Gegensatz zur breiten Öffentlichkeit. Dieser Aspekt ist im Gesamtzusammenhang der schweizerischen Aussenpolitik noch näher zu untersuchen.

Waren die Befürchtungen der schweizerischen Öffentlichkeit über die Machenschaften der Nazi-Organisationen in der Schweiz in dieser Zeitphase gerechtfertigt oder übertrieben? Dazu muss man sich vor Augen halten, über welch theoretisches Rekrutierungs-Potential das Dritte Reich verfügte. Mitte der dreissiger Jahre lebten in der Schweiz noch etwas mehr als 100 000 «Reichsdeutsche».[97] Der Gesandte von Weizsäcker teilte sie bezüglich ihrer Einstellung zum Nationalsozialismus in drei Gruppen ein, die von den überzeugten Nazis über die Zögerer und Skeptiker bis zu den Regimegegnern reichten. Weizsäcker nahm an, dass sich nur 3% der Reichsdeutschen in der Schweiz klar zum Nationalsozialismus bekannten. Die zweite Gruppe hielt er für die umfangreichste: «Sie bejaht das Ganze, neigt aber im einzelnen zu Kritik und Skepsis. Hier also ist der

Hebel anzusetzen.» Im Übrigen empfahl der Gesandte 1936, die Arbeit unter den Deutschen in der Schweiz möglichst «geräuschlos» durchzuführen und den «pangermanischen Ängsten» der Schweizer keine Nahrung zu geben.[98] In den Städten Zürich und Basel wurden die verdächtigen Organisationen der NSDAP durch die Polizei zweifellos aufmerksam beobachtet. Der schweizerische Föderalismus liess diesbezüglich freilich viele Varianten an Eifer oder Ressourceneinsatz zu. Das Problem Davos wurde bereits früher angesprochen. Die Bundesanwaltschaft wies in ihrem Rückblick auf diese Jahre darauf hin, dass die Abgrenzung zwischen dem, was die schweizerische Landessicherheit gefährdete oder sonst wie ungesetzlich schien, und dem, «was noch als zulässig angesehen werden konnte», keineswegs leicht war, «da sich fast nirgends der klare Tatbestand einer Gesetzwidrigkeit herausschälen liess». Gleichwohl konnte kein Zweifel bestehen, dass etwa beim Thema der Auskunftsgesuche seitens der Nazi-Organisationen in einer Grauzone gearbeitet wurde.[99]

Am Rande sei erwähnt, dass die Bundesbehörden nur über beschränkte Ressourcen verfügten: Die Bundespolizei umfasste 1939 im Aussendienst ganze 15 Mann. Der Ausbau der politischen Abteilungen bei den kantonalen und städtischen Polizeikorps erfolgte, von einigen wichtigen Ausnahmen abgesehen, mit Verspätung. Erstmals im Dezember 1938 fanden sich die Leiter dieser Abteilungen zu einer gesamteidgenössischen Konferenz zusammen.[100] Man wird sich deshalb kaum wundern, dass die schweizerischen Polizeiorgane vor dem Kriegsausbruch nur in ganz beschränktem Masse in der Lage waren, das deutsche klandestine Vorgehen aufzudecken. Die Tätigkeit etwa des Dr. Georg Ashton liess sich wohl kaum verlässlich verfolgen. Ashton, geboren 1892, wurde als deutscher Offizier im Ersten Weltkrieg verwundet. Er studierte Nationalökonomie, betätigte sich später als Kaufmann und kam 1930 in die Schweiz. Er war verheiratet mit einer Schweizerin. Als Nazi-Parteimitglied spielte er seit 1933 eine Rolle in der Ortsgruppe Zürich. Die Auslandorganisation der NSDAP setzte Ashton bald als «Sonderbeauftragten» ein.[101] Vom März 1939 an übernahm er beim Generalkonsulat in Zürich «Sonderaufgaben» im nachrichtendienstlichen Bereich. Er gehört zu jenen Fällen, in denen der Konsultitel als Tarnung «missbraucht» wurde.

Zurück zur Wahrnehmung der militärischen Bedrohung der Schweiz. «Bundesrat Minger will die Grenze gegenüber Deutschland und Frankreich so verriegeln, dass der Aufmarsch unserer Armee, der 5 Tage Zeit braucht (mit der Mobilmachung), möglichst wenig gestört wird», hielt Markus Feldmann aus einem Gespräch mit Minger im März 1936 fest.[102] Der Chef des eidgenössischen Militärdepartementes fürchtete vor allem einen «strategischen Überfall» ohne Kriegserklärung mit starken motorisierten Streitkräften und erheblicher Luftunterstützung.[103] Dieses für die Schweizer Milizarmee besonders gefährliche Szenario wird bis in den

Kalten Krieg hinein seine Bedeutung behalten. Auch Marschall Pétain, Mitglied des französischen Conseil supérieur de la Guerre, machte sich Sorgen um die Schweiz. Die Maginot-Linie habe der Schweiz einen schlechten Dienst erwiesen, indem dadurch die Umfassungsgefahr über schweizerischen Boden grösser geworden sei. Pétain dachte an einen schnellen deutschen Vorstoss in die Region Besançon. Frankreich müsste die Maginot-Linie Richtung Lyon verlängern, wenn die schweizerische Abwehr nicht überzeugend wäre. Der Marschall sah zwei Schwachpunkte der Schweiz: das Fehlen einer permanenten Deckungstruppe und das Thema Ausbildung der Milizoffiziere. Taktik sei eine Sache, die sich nicht improvisieren lasse, sondern ein Métier, das «à la longue» gelernt werden müsse, rief er der Schweizer Armeeleitung in Erinnerung.[104]

Es ging in dieser Periode deshalb nicht zuletzt darum, die periodisch aufkeimenden Zweifel der Franzosen an der helvetischen Abwehrbereitschaft zu entkräften. Ende 1936 verbreitete sich die Pariser «République» über deutsche Durchmarschpläne durch die Schweiz, die darauf zielten, die Maginot-Linie zu umgehen. In Blitzesschnelle werde eine deutsche Armee die Nordschweiz bis Bern besetzen, bevor die Schweizer Armee voll mobilisiert sei. Die «Berliner Börsenzeitung» nahm dieses Thema in einem aus offiziöser Quelle stammenden Leitartikel auf, um die Schweiz zu beruhigen. Einige wichtige Punkte, die auch für die Situation vom Mai 1940 bedeutsam sind, wurden hier vorausgenommen: Im Raum nördlich des Rheins könne ein blitzartiger Aufmarsch von zwanzig bis dreissig Divisionen aus Transportgründen gar nicht stattfinden. Die Schweiz hätte genügend Zeit zur Mobilmachung und würde einen zähen Widerstand leisten. Eine Invasionsarmee müsste noch den unwegsamen Jura durchqueren, bedroht in der Flanke von der Schweizer Armee. Deutschland verspreche sich von einem Durchbruch durch die Schweiz ebenso wenig wie vor zwanzig Jahren.[105]

Doch die französische Beunruhigung über die offene Südflanke war nicht so leicht aus der Welt zu schaffen. Nirgends wurde dies so deutlich wie in der Frage der Befestigung Hüningens. Das Thema war von französischen und schweizerischen Zeitungen bereits 1936 mehrfach aufgenommen worden. Französische Befestigungen in Hüningen wurden jedoch in Basel und Bern abgelehnt, nicht zuletzt aus Bedenken, Deutschland könnte die südbadischen Höhen im Gegenzug entsprechend ausbauen. Auf französischer Seite zögerte man zunächst. Erst im Dezember 1936 forderte der französische Ministerpräsident und Verteidigungsminister Daladier seinen Aussenminister auf, mit der Schweiz Verhandlungen aufzunehmen. Das «Loch» von Hüningen sollte beseitigt werden. Dieser kleine Schwachpunkt im französischen Abwehrdispositiv ging zurück auf einen Artikel des zweiten Pariser Friedens vom 20. November 1815, worin sich Frankreich verpflichten musste, keine Befestigungen im Umkreis von drei Meilen von Basel auszuführen. Der französische Verteidigungsplan für das Oberelsass zielte nun darauf ab, die Ausfallpforte bei Basel abzusperren.[106] Doch der französische diplomatische Vorstoss fand beim Bundesrat kein offenes Ohr. Im Interesse Basels hielt die Schweiz weiterhin am Befestigungsverbot von 1815 fest. Generalstabschef Labhart mass dabei der Hüningen-Frage rein militärisch gesehen nicht allzu grosse Bedeutung bei. Einen deutschen Vorstoss über schweizerisches Gebiet in die französische Südflanke erwartete er allenfalls in einem weiträumigeren, südwestlich gerichteten Bogen.[107] Das war auch das Szenario, auf welches sich der französische Generalstab einstellte: General Gamelin wollte die Burgunderpforte so abriegeln, dass ein deutscher Angriff auf die französische Flanke kräfteraubend durch das schweizerische Mittelland und den Jura geführt werden musste.[108]

Just in dieser Phase französischer und eidgenössischer Unruhe machte sich der nimmermüde alt Bundesrat Edmund Schulthess in Sondermission auf den Weg nach Berlin. Am 26. Februar 1937 erfuhr die überraschte Öffentlichkeit aus offizieller Mitteilung, Schulthess habe eine «private Reise» im Einverständnis mit dem Bundespräsidenten Motta zu einer Unterredung mit dem deutschen Reichskanzler benutzt. Adolf Hitler habe bei dieser Gelegenheit «seine aufrichtige Friedensliebe neuerdings betont» und Schulthess versichert: «Zu jeder Zeit, komme was da wolle, werden wir die Unverletzlichkeit und Neutralität der Schweiz respektieren. Das sage ich Ihnen mit aller Bestimmtheit. Noch nie habe ich Anlass zu einer anderen Auffassung gegeben.» Der Bundesrat nahm «mit Genugtuung» von dieser Erklärung Kenntnis.[109] Hitlers Versicherungen konnten als solche keine Überraschung bedeuten. Sie lagen auf der Linie seiner grossen Reichstagsrede vom 30. Januar 1937, als er so tat, als sei «die Zeit der grossen Überraschungen abgeschlossen». Der «Führer» flocht in jener Rede am Rande auch ein, er sei bereit, Belgien und Holland als neutrale Gebiete anzuerkennen und zu garantieren. Die Schweiz hatte er nicht erwähnt, was man in Anbetracht der unterschiedlichen Neutralitätsbegriffe nicht unbedingt als Nachteil deuten musste. Denn die Schweiz verstand sich ja unablässig als Sonderfall, ausgestattet seit dem Wiener Kongress mit einer Neutralität ganz eigener Art. Was nun in den Wandelhallen des Parlaments, in den Redaktionsbüros und wohl auch anderswo Anlass zu Diskussionen gab, war die Frage nach den näheren Umständen der überraschenden Begegnung von Schulthess mit Hitler. Noch nie war bis dahin ein führender Schweizer Politiker oder Diplomat mit dem Diktator des «Dritten Reiches» zusammengetroffen. Vorbehalte und Kritik wurden in einer Form geäussert, die Aussenminister Motta veranlasste, am 9. März im Ständerat präzisere Erklärungen abzugeben. Es lohnt sich, etwas näher darauf einzugehen. Denn Hitlers Erklärungen gegenüber dem «Privatmann» Schulthess blieben, welchen

Wert auch immer man der Glaubwürdigkeit des «Führers» beimass, ein wichtiger Referenzpunkt der schweizerisch-deutschen Beziehungen bis zum Mai 1940. Und es zeigten sich in dieser Episode Feinheiten des taktischen Vorgehens auf beiden Seiten, die ein besonderes Interesse verdienen.

Nach Mottas Angaben vor dem Ständerat war es alt Bundesrat Schulthess, der zuerst Ende 1936 und dann nochmals kurz nach Hitlers Reichstagsrede anregte, von der deutschen Regierung Erklärungen zu erhalten, ähnlich denjenigen, die Mussolini am 1. November 1936 in Bezug auf das freundschaftliche Verhältnis zur Schweiz abgegeben hatte. Motta entgegnete seinem alten Kollegen Schulthess nach eigener Aussage, «dass meine Aufmerksamkeit seit langem auf dieses Ziel gerichtet sei». In der Tat war es ein altes Anliegen Mottas, von Deutschland Versicherungen über die Respektierung der schweizerischen Neutralität zu erhalten. Nur gelang es dem unglücklichen Gesandten Dinichert in Berlin nicht, das Auswärtige Amt für ein solches Vorhaben zu gewinnen.[110] Mottas Aussagen vor dem Ständerat stimmen freilich nicht ganz überein mit dem, was er seinen Bundesratskollegen am 26. Februar mitteilte. Da sprach der Aussenminister davon, Schulthess habe ihm Ende Januar seine Absicht mitgeteilt, Schacht in Berlin zu treffen. Von Schacht erwartete der rührige alt Bundesrat, dass er ihm eine «Audienz» bei Hitler verschaffen könnte, um mit dem Diktator – immer in Mottas Worten – eine Konversation zu führen, die «gewisse Missverständnisse» der gegenseitigen Beziehungen zerstreuen sollte. Dazu gehörte der Umstand, dass Hitler die Schweiz am 30. Januar nicht erwähnt hatte. Es sollte klar werden, dass Deutschland die schweizerische Neutralität als Selbstverständlichkeit ansah und anerkannte.[111] Bemerkenswert ist, dass Dinichert seinerseits noch Anfang Februar 1937 einen neuen Anlauf in dieser Richtung bei Aussenminister von Neurath unternahm, doch dieser gab sich in den Worten des Gesandten «ebenso klar als höflich ablehnend».[112] Doch kurz danach fädelte der Freiherr von Weizsäcker, damals immer noch interimistischer Leiter der Politischen Abteilung im Auswärtigen Amt, den Besuch von Schulthess bei Neurath ein. Schulthess liess durchblicken, dass «er eventuell auch je nach Lage der Dinge eine Audienz beim Führer für erwünscht halten würde». Weizsäcker wies Neurath darauf hin, dass Schulthess dem Dritten Reich zunächst «skeptisch» gegenüberstand. Die Entwicklung in Spanien hätte ihm jedoch die Augen geöffnet. «Seine früher zweifellos vorhandenen deutschen Sympathien erwachen wieder», schloss Weizsäcker in einer Gesprächsnotiz vom 10. Februar.[113] Neurath sprach darauf mit Hitler, der sich zuerst abgeneigt zeigte («er wüsste nicht recht, was er Herrn Schulthess sagen sollte»). Doch der Reichsaussenminister vermochte den Führer offensichtlich von der Nützlichkeit des Gesprächs zu überzeugen.[114] Nach seiner Ankunft in Berlin ging

Schulthess zuerst zu Weizsäcker, der umgehend, das heisst am 19. Februar, ein Gespräch bei Neurath vermittelte. Der Reichsaussenminister gab sich liebenswürdig und versicherte, gemäss Schulthess' Erinnerung, «man werde die Schweiz in Ruhe lassen». Am 21. Februar frühstückte Schulthess allein bei Schacht in der Reichsbank. Es war effektiv Schacht, mit dem der alt Bundesrat bereits im September und Dezember 1936 näheren Kontakt gesucht hatte, wobei die Zielsetzung scheinbar privater Natur war.[115]

Doch wie Motta dies gewiss zu Recht festhielt, sollte Schacht in erster Linie als Zugangshelfer zu Hitler dienen. Das war freilich nicht unbedingt opportun, nicht zuletzt, weil Ernst von Weizsäcker gute Gründe hatte, eine solche Begegnung aus eigener Initiative zu erleichtern. Denn Weizsäckers Karriere in Berlin war etwas ins Stocken geraten und er musste annehmen, dass für ihn eine Rückkehr auf den verwaisten Gesandtenposten in Bern bevorstand. Der neue Staatssekretär im Auswärtigen Amt hiess im März 1937 noch nicht Weizsäcker, sondern Hans-Georg von Mackensen, Sohn des berühmten Feldmarschalls und Schwiegersohn Neuraths. Da konnte es für Ernst von Weizsäcker nur nützlich sein, vor seiner Rückkehr nach Bern dort gute Stimmung zu machen. Seine Karrierehoffnungen scheint er keineswegs aufgegeben zu haben. Am 10. März war Weizsäcker zur Verabschiedungsaudienz bei Hitler, was sich allem Anschein nach als recht nützlich erwies. Jedenfalls wird sein erneuter Aufenthalt in Bern bei den «kritisch nörgelnden Schweizern» nur kurz sein. Weizsäcker wird formell am 30. April zum Ministerialdirektor befördert, obschon er immer noch nicht Parteimitglied war, und übernimmt Mitte Mai 1937 definitiv die Leitung der Politischen Abteilung im Auswärtigen Amt.[116] Der Emporkömmling Hitler benützte offensichtlich die Mitglieder der alten Eliten mit ihren Verbindungen, ihren Repräsentationstalenten, ihren Eitelkeiten und ihren internen Spannungen nicht ohne Geschick. Tut man Ernst von Weizsäcker Unrecht, wenn man seine Aufstiegsambitionen im Auswärtigen Amt betont, wenn man davon ausgeht, dass er sich in den engen Verhältnissen von Bern in diesen spannenden Zeiten ziemlich langweilte?

Sein Sohn Richard, der spätere Präsident der Bundesrepublik, ist jedenfalls überzeugt, dass Ehrgeiz seinen Vater «nie entscheidend geprägt» habe.[117] Ernst von Weizsäcker selbst hat in seinen Erinnerungen die «Anziehungskraft» des Auswärtigen Amtes keineswegs bestritten. Nach seiner eigenen Aussage – wie auch immer man sie bewerten mag – wäre es «Fahnenflucht» gewesen, sich in diesen gefährlichen Zeiten der «Pflicht» zu entziehen. Weizsäcker hielt «eine innere Evolution des Dritten Reiches für absolut notwendig». Er lässt auch durchblicken, dass er nicht allzu viel von Aussenminister Konstantin von Neurath hielt, den er zwar als «bauernschlau» einschätzte, indes vielsagend anmerkte:

«Politische Phantasie war nicht seine Stärke. Er neigte zur Vereinfachung der Probleme.»[118] Nachfolger Weizsäckers als Gesandter in Bern wird der eher unauffällige Berufsdiplomat Dr. Otto Köcher, geboren im Jahre 1884. Seine Mutter war eine Baslerin. Köcher wuchs in Basel auf und machte dort auch die Matur, studierte die Rechte in Deutschland und trat 1912 ins Auswärtige Amt ein. Den Militärdienst im Ersten Weltkrieg beendete er als Rittmeister. Bei Kriegsende kam er kurz als Vizekonsul in St. Gallen und von Ende 1918 bis März 1923 als Legationsrat auf der Gesandtschaft in Bern zum Einsatz. Neben den üblichen Zwischenstufen in Berlin führten ihn weitere Auslandeinsätze nach Mexico und schliesslich von Juni 1933 bis November 1936 als Generalkonsul nach Barcelona. Otto Köcher wird bis zum Mai 1945 als Vertreter Deutschlands in der Schweiz tätig sein, mit meist vorsichtigem Urteil und gemässigtem Auftreten (die Rolle des gefährlichen Scharfmachers spielte bekanntlich bei Gelegenheit der Legationsrat Freiherr von Bibra). Köchers Stil gar nicht unähnlich bewegte sich Oberstleutnant Iwan von Ilsemann, seit November 1936 als Militärattaché in Bern im Einsatz. Er bleibt bis Mitte 1944 in der Schweiz.[119]

Doch noch einmal zurück zur Unterredung von Schulthess mit Hitler. Der alt Bundesrat hatte sich sehr gut vorbereitet. Bereits beim Hinausgehen unterbreitete er nach eigener Aussage dem Chef der Reichskanzlei, Staatssekretär Lammers, einen Communiqué-Entwurf, den er auch noch Weizsäcker übergab. Daraus resultierte dann der definitive Text von Hitlers Kernaussagen, die mit dem Satz begannen: «Der Bestand der Schweiz ist eine europäische Notwendigkeit. Wir wünschen mit ihr als gute Nachbarn in bestem Einvernehmen zu leben und uns mit ihr in allen Dingen loyal zu verständigen.» Es scheint nicht sehr wahrscheinlich, dass sich der «Führer» ganz so ausgedrückt hat, jedenfalls tönt es in Schulthess' Aufzeichnung vom 3. März etwas anders. Bei diesen Eingangsformulierungen dürfte es sich um ein gemeinsames Redaktionswerk von Weizsäcker und Schulthess handeln. Den «Originalton» Hitlers gibt Schulthess hingegen durchaus glaubhaft wieder in einem wichtigen Punkt, der keinen Eingang in das offizielle Communiqué fand. Hitler sagte ihm nämlich nach seinen Beteuerungen betreffend Respektierung der schweizerischen Neutralität: «Es wäre ein ‹Wahnsinn›, wenn Deutschland die Schweiz angreifen oder durch sie marschieren wollte ... Die Schweiz decke die Flanke Deutschlands und erspare diesem Befestigungen, Geld und Truppen.» Schulthess hatte das ganze Gespräch geschickt geführt, indem er Hitler zuerst Gelegenheit gab, sich über dessen Lieblingsthema, den verheerenden Bolschewismus, zu verbreiten. Dann kam man auf Spanien zu sprechen, wo Hitler bereits den Sieg Francos voraussah. Die Pressefrage konnte nicht ganz umgangen werden. Schulthess versicherte dem Diktator, «dass jüdische Einflüsse in unserer Presse gar keine Rolle spielen», wie von deutscher Seite verschiedentlich behauptet worden sei. Was die NSDAP-Organisation in der Schweiz betraf, so betonte Hitler nach Schulthess' Aufzeichnung, dass sich Gustloff korrekt verhalten habe: «deshalb habe ihn die Verweigerung der Zulassung eines Nachfolgers schmerzlich berührt». Erst nach all diesen Präliminarien kam das Gespräch auf die Hauptsache, die Respektierung der schweizerischen Neutralität.[120]

Was das Echo auf die Begegnung Schulthess–Hitler betrifft, so ist bemerkenswert, wie erst nachträglich, als erste Kritik aufkam, jene wichtige Bemerkung des «Führers» über die «Flankendeckung» der Schweiz Eingang in die Presse fand.[121] Auch musste Motta nun offiziell in Abrede stellen, dass Deutschland Gegenleistungen verlangt hätte. Der schweizerische Aussenminister verstieg sich indes vor dem Ständerat dazu, «die Wärme und die Aufrichtigkeit» von Hitlers Zusicherungen zu preisen. Offenbar in rhetorischer Hochstimmung, schwärmte Giuseppe Motta zum Abschluss davon, wie jetzt der Beweis dafür erbracht sei, «dass unsere Weltsendung ihrem wahren Wert entsprechend beurteilt wird und dass unsere Neutralität, Eckstein unserer internationalen Stellung, wie früher ausserhalb des Völkerbundes, so heute in demselben ohne Abschwächungen oder Reserven anerkannt wird».[122] Wie auch immer man Mottas überschwängliche und gelegentlich liebedienerische Ausdrucksweise beurteilen mag, an seinem ernsten Willen, die Schweiz von der «differentiellen» Neutralität innerhalb des Völkerbundes zur althergebrachten, «absoluten» Neutralität zurückzuführen, besteht kein Zweifel. Diese Hauptzielrichtung seiner Aussenpolitik in der zweiten Hälfte der dreissiger Jahre ist vielfach beschrieben worden. Einige Widerstände waren dabei vor allem von Frankreichs Seite zu überwinden.[123] Die wenigen an Aussenpolitik interessierten Spitzenpolitiker im Nationalrat (auf bürgerlicher Seite Vallotton, Oeri, Gut und Feldmann) verfolgten dieselbe Richtung, wie sich gerade in den Debatten vom März 1937 zeigte. Der Nationalrat – im Gegensatz zum braven Ständerat – hatte sich die Freiheit genommen, eine aussenpolitische Kommission zu bilden, die freilich nur einen limitierten Einfluss auszuüben vermochte. Motta war nicht gewillt, sich allzu genau in die Karten sehen zu lassen. Das führte zu mancherlei Reibungen hinter den Kulissen. Der kritische Markus Feldmann hatte schon im November 1936 «von der Leitung des Politischen Departementes einen denkbar schlechten Eindruck erhalten».[124] Gleichwohl war es Feldmann, der im März 1937 im Parlament den erfolgreichen Antrag stellte, die Stellungnahme des Bundesrates vom 4. September 1936 (Brief an das Generalsekretariat des Völkerbundes) betreffend Interpretation der Neutralität von der Bundesversammlung billigen zu lassen. Es ging letztlich ganz einfach darum, bei wirtschaftlichen Sanktionen des Völkerbundes nicht mehr zwangsweise mitmachen zu müssen.

Die Schweiz, darin bestand Einigkeit auf breiter Front, wollte ihre alte Handlungsfreiheit definitiv zurückgewinnen. Das Dilemma der Wirtschaftssanktionen, mochten diese noch so halbherzig sein, hatte sich im Falle des italienisch-äthiopischen Konfliktes mit aller Schärfe abgezeichnet. Es war Walter Stucki, welcher der nationalrätlichen Spezialkommission im Dezember 1935 vor Augen führte, welche Bedeutung Italien für den schweizerischen Export und als Kapitalinvestitionsland zukam.[125] Selbstredend wollte es Giuseppe Motta auf der aussenpolitischen Ebene nicht mit dem «Duce» verderben, den er für einen Freund der Schweiz hielt. Im April 1937 unternahm Motta eine Erholungsreise nach Italien. Audienzen beim König, bei Mussolini und beim Papst gehörten wie schon drei Jahre früher zum Programm. Der «italophile» schweizerische Aussenminister kam zurück, wie der französische Botschafter in Bern ans Quai d'Orsay berichtete, «avec une admiration grandie pour l'organisation italienne».[126] Im gleichen Monat war auch der Rektor der Universität Lausanne nach Rom gepilgert, um dem «Duce» den Titel eines Ehrendoktors zu verleihen, was keineswegs überall in der Schweiz gut ankam und durchaus als Entgleisung oder Farce gedeutet werden konnte. Aus der Rückschau kann man sich immer wieder fragen, ob Motta und seine Gleichgesinnten nicht willens oder nicht fähig waren, die wahre Natur der faschistischen und nationalsozialistischen Diktaturen zu erkennen. Wie auch immer man diesen Aspekt beurteilt, Mottas Festhalten an guten Beziehungen zu Italien besass durchaus eine konkrete Basis: «Die Sicherheit der Eidgenossenschaft hängt davon ab», hielt er Ende 1937 vor dem Parlament fest.[127] Paul Rüegger, der schweizerische Gesandte in Rom, wird in einem Brief an den katholisch-konservativen Fraktionschef Heinrich Walther in der ersten Kriegsphase noch deutlicher: «Auch die Opposition wird vielleicht heute einsehen, dass die Permanenz des Herrn Motta direkt einer der Faktoren des Vertrauens bildet, auf den sich u.a. unsere Sicherheit gründet.»[128] Da ging es – wie schon im Ersten Weltkrieg – ganz handfest um die lebenswichtige Versorgungslinie der Schweiz zu den italienischen Häfen (und damit nach Übersee).

Für die deutsch-schweizerischen Beziehungen in der Phase von 1937 sind weitere Elemente zu berücksichtigen. Dazu gehört die Ernennung von Professor Carl Jacob Burckhardt zum Hochkommissar des Völkerbundes in Danzig, was Motta zunächst nicht behagte. Einmal mehr war es Ernst von Weizsäcker, der im Hintergrund die Fäden zog. Weizsäcker und Burckhardt kannten sich seit Jahren. Der Freiherr wusste um die Ambitionen des Basler Patriziers, den es danach drängte, eine bedeutsame Rolle zu spielen. Weizsäcker legte Burckhardt nahe, sich um den Danziger Posten zu bewerben, aber der Kandidat durfte natürlich nicht als Favorit Berlins erscheinen. Es war ein ausgeklügeltes Ränkespiel der beiden Protagonisten, wie Paul Stauffer in seiner Studie über Burckhardt eingehend erläutert.[129] Am 17. Februar 1937 war das Ziel der Ernennung erreicht. Burckhardt bemühte sich ohne Zögern um eine erste Audienz bei Hitler, die jedoch erst im September 1937 zustande kam. Burckhardts eigentlicher Ehrgeiz war darauf gerichtet, auf hoher Ebene zugunsten einer Verständigung zwischen Deutschland und Grossbritannien zu wirken.[130] Seine internationalen Kontakte konnten für die Schweiz in dieser spannungsgeladenen Zeit bei Gelegenheit durchaus von Interesse sein. Dies umso mehr, als der zunehmend isoliert wirkende Gesandte Dinichert in Berlin wenig geschätzt wurde, wie sich gerade wieder mit aller Deutlichkeit gezeigt hatte. Der Völkerbundskommissar Burckhardt andererseits fand dank seines Amtes schliesslich doch Zugang höchsten Ortes. Im September 1937 lernte er in Berlin einen Hitler kennen, der «in all seinen Äusserungen sehr heftig» war, wie er Motta «streng confidentiell» mitteilte. England, so erregte sich Hitler gemäss Burckhardt, habe seine Hand zurückgestossen. «Das ist Irrsinn, das kann zu furchtbaren Katastrophen führen», soll der Diktator Burckhardt gesagt haben.[131] Im Übrigen war man in Berlin mit Burckhardt recht zufrieden. Hitler wird ihn in einer Reichstagsrede vom Februar 1938 als «Mann von persönlichem Format» lobend erwähnen, Ernst von Weizsäcker wird Ende 1938 Burckhardts schwieriger Arbeit seine Anerkennung nicht versagen.[132]

Zwei Schweizern war es somit 1937 gelungen, den obersten Machthaber des «Dritten Reiches» in der Reichskanzlei zu Berlin in höherem Interesse sprechen zu können. Solches war jedoch dem schweizerischen Gesandten Dinichert nicht vergönnt, der – wie haben es bereits erwähnt – in Berlin als leicht komische Figur galt. Er wirkte pedantisch und galt als unbedeutender Diplomat.[133] Da nützte seine Klarsicht in seinen Rapporten nach Bern nicht allzu viel. Seine Ablösung war nur eine Frage der Zeit. Der Korrespondent der Neuen Zürcher Zeitung in Berlin, Reto Caratsch, hatte Motta schon im März 1936 auf die Schwächen Dinicherts hingewiesen. Hermann Böschenstein warf Dinichert unter anderem vor, nicht zuhören zu können, «wusste er doch alles von vornherein besser».[134] Nach Ansicht von Caratsch, die zweifellos vielenorts geteilt wurde, stellte der Berliner Gesandtenposten «so grosse Anforderungen an die Festigkeit des Charakters, die Kaltblütigkeit, die Intelligenz und den Takt seines Inhabers, dass nur der beste Mann, den die Schweiz überhaupt für diese Aufgabe zur Verfügung hat, dafür gut genug ist».[135]

Und genau da lag eine von Mottas Schwierigkeiten und Schwächen. Eigentlich hätte man ja erwarten dürfen, dass der langjährige Aussenminister längst eine effiziente Equipe brillanter Köpfe um sich geschart hätte und entsprechende Persönlichkeiten auf den Aussenposten zur Verfügung standen. Dem war nicht so. Zwar verfügte die Schweiz auf den Gesandtschaften durchaus über einige erfahrene, kluge und kultivierte

Repräsentanten. Doch diese Gruppe erster Garnitur war sehr klein und ihre einzelnen Mitglieder nicht beliebig transferierbar. Das Rotationsprinzip war im Departement noch nicht etabliert. Der schweizerische Gesandte Dunant zum Beispiel stand seit zwanzig Jahren in Paris im Einsatz. Der damals vielleicht beste Mann, Paul Rüegger, sass in Rom und war dort wohl sinnvoll eingesetzt.[136] Für die Gesandtschaft in Paris konnte der Bundesrat als Nachfolger Dunants – unter den bereits erwähnten besonderen Umständen – immerhin Walter Stucki gewinnen. Der entschlossene und kantige Stucki dürfte freilich nicht Mottas Wunschkandidat gewesen sein. Doch war es für Motta und Obrecht die eleganteste Art, den unbequemen Mann in Bern loszuwerden.[137]

Denn der Aussenminister zog ganz offensichtlich in seiner engsten Umgebung anpassungswillige und wenig profilierte Männer vor. Der funktionell wichtigste war der Genfer Pierre Bonna, seit November 1935 mit dem Titel eines Ministers Chef der Politischen Abteilung. Bonna wurde 1891 geboren, war Jurist und bereits seit 1917 im Eidgenössischen Politischen Departement tätig (mit einem zweijährigen Unterbruch im Genfer Finanzgeschäft). Beinahe unglaublich an Bonnas Karriere war der Umstand, dass er abgesehen von einer Spezialmission in Südamerika keinen wichtigen Einsatz im Ausland aufweisen konnte. Pierre Bonna kannte die Welt vorwiegend aus der bürokratischen Sicht der Berner Zentrale. Der Junggeselle Bonna hatte den Ruf eines überaus fleissigen, gewissenhaften, jedoch kontaktscheuen und ängstlichen Funktionärs.[138] Auf Markus Feldmann machte er einen ungünstigen Eindruck. «Minister Bonna referierte ... entsetzlich hilflos und dürftig», hielt Feldmann bei Gelegenheit fest.[139] Ein erfahrener Diplomat wie René de Weck, damals schweizerischer Gesandter in Rumänien, fand für Bonna und seinen Stil schliesslich nur noch verächtliche Sarkasmen.[140] Der britische Gesandte bezeichnete ihn immerhin als «invariably courteous and obliging».[141] Pierre Bonna war kein Chef mit überzeugender Persönlichkeit, sondern der beflissene, meist nervöse Adjutant von Motta und anschliessend von dessen Nachfolger Pilet-Golaz bis 1944.

Kein Wunder, dass in einem solchen Milieu der wendige Hans Frölicher rasch seine Chance erkannte. Zurück von seiner Tätigkeit als zweiter Mann in Berlin, war er 1934 zunächst Personalchef des Konsulardienstes geworden, um dann 1935 hinter Bonna zu dessen Stellvertreter aufzusteigen. Eine geradezu ideale Stellung, um sich für die Nachfolge Dinicherts richtig zu positionieren. Frölicher pflegte da etwa den Kontakt zum Freiherrn von Bibra. Er hatte schnell erkannt, welche Bedeutung man in Berlin der Frage der Wiederzulassung der Landesgruppenleitung der NSDAP beimass. Im Vorfeld von Schulthess' Besuch bei Hitler liessen Motta und Frölicher gegenüber Bibra Entgegenkommen erkennen. «Wenn Frage nicht erneut öffentlich diskutiert werden müsse und Leitung

Landesgruppe von Gesandtschaft ausgehe, lasse uns Bundesrat völlig freie Hand», telegrafierte Bibra optimistisch nach Berlin.[142] Weizsäcker besprach sich im Februar 1937 mit Gauleiter Bohle, dem Chef der Auslandorganisation der NSDAP, der sich im Aufstieg befand und dessen Eingliederung ins Auswärtige Amt bevorstand. Bohle drängte darauf, jetzt konkret an Motta heranzutreten. Als Weizsäcker selbst in dieser Sache im März 1937 bei Motta vorsprach, wich ihm dieser aus. Schliesslich gab Motta zu verstehen, dass die Landesgruppe und die Kreisleitungen nur bei den amtlichen deutschen Vertretungen liegen könnten (nach dem Muster der Italiener).[143] Und so verfuhr man dann auch auf deutscher Seite. Im Jahresbericht 1937 meldete die Gesandtschaft in Bern bereits mit Stolz, die NSDAP habe im Laufe des Jahres «ihre alte Festigkeit» aus der Zeit Gustloffs erreicht. Allerdings sei es nicht leicht gewesen, den Bestand in Anbetracht der starken Rückwanderung zu halten. Die schweizerischen Behörden waren einverstanden, dass der Gesandtschaft ein hauptamtlicher Mitarbeiter der NSDAP-Auslandorganisation nebst subalternem Personal zugeteilt wurde.[144] Frölicher machte sich bei diesem Vorgehen nach Bibras Aussage verdient. Freilich liess sich deutscherseits auch 1938 keine offizielle Zulassung der Landesgruppenleitung durchsetzen, weil Motta und Frölicher in einem solchen Fall erneut schwere Angriffe der Presse befürchteten, die sich ja bereits im Herbst 1937 kritisch mit Bibras Tätigkeit auseinander gesetzt hatte.[145]

In dieser Frage wird exemplarisch deutlich, wie weit sich Motta und seine Mitarbeiter in Bern von der Stimmung im Volk und Parlament entfernt hatten. Die späten Jahre Mottas im Amt hinterlassen – zumindest was die Beziehungen mit Deutschland betrifft – einen schalen Geschmack, den Eindruck von permanenter Ängstlichkeit und wenig kohärentem Vorgehen. Das seltsame Ambiente in der Zentrale des Politischen Departementes scheint keineswegs frei von tragisch-komischen Elementen. René de Weck hat nach Mottas Tod im Januar 1940 ein funkelnd-ironisches Kurzporträt des Aussenministers gezeichnet, fern von der damals bereits einsetzenden «Heiligenverehrung». «Un brave homme certes, qui a toujours fait ce qu'il croyait être son devoir.» Ein guter Familienvater, mit Herz auch für andere. «Mais un esprit étroit, bourré de préjugés, incapable de s'élever jusqu'à une liberté véritable de la pensée.» Mottas diplomatische Mittel waren aus de Wecks Sicht eine seltsame Mischung aus «schweizerischer Treuherzigkeit und italienischer Gerissenheit». Motta sei zutiefst neutral gewesen, meinte de Weck, mit all dem, was dies an «prudence timoré» mit sich bringe. Kurz: Der Aussenminister schien dem gebildeten und weltgewandten Freiburger Aristokraten alle Tugenden und Schwächen des «durchschnittlichen Schweizers» zu besitzen, dessen Trägheitskraft seine sicherste Verteidigung darstelle.[146]

Natürlich lässt sich Mottas langjähriger Tätigkeit auch manch Positives abgewinnen. Paul Widmer, aktiver Diplomat von heute, hat dies unlängst in seiner ausgewogenen Überblicksdarstellung getan. Doch auch Widmer weist ganz klar auf viele Schwachpunkte Mottas hin, nicht zuletzt auf die «Gefahrenzone der Gutgläubigkeit».[147] Der schweizerische Aussenminister war und blieb bis zum Schluss höchst anfällig für Schmeicheleien und beschönigende Lageeinschätzungen – mit Ausnahme der bolschewistischen Gefahr, die ihm stets zuvorderst stand. So war es dann möglich, dass sich der umstrittene Hans Frölicher einige Jahre später als Gesandter in Berlin während des Zweiten Weltkriegs immer noch als Vollzieher von Mottas «Linie» fühlte, als er in seinem Tagebuch seine Bemühungen unterstrich, «unsere Beziehungen auch zu einem nationalsozialistischen Deutschland freundschaftlich und vertrauensvoll zu gestalten».[148] Aus der Rückschau gewiss ein belastender Satz für den Verfasser. Doch Frölicher war ein zu naher Mitarbeiter gewesen, um Mottas «Linie» völlig falsch zu interpretieren. Ein Zitat Mottas aus dem Jahre 1935 fasst die Quintessenz seiner Haltung in Bezug auf Italien und Deutschland prägnant zusammen: «Jeder von uns muss sich davon überzeugen, dass es unmöglich ist, die internationalen Beziehungen auf die Gemeinsamkeiten der Staatsformen und auf die Ähnlichkeit der politischen Auffassungen zu gründen... Die Weisheit, der gesunde Menschenverstand, die Besonnenheit sagen uns, dass es nur eine einzige mögliche Politik gibt: Herr im eigenen Hause bleiben, seine Würde unter allen Umständen verteidigen, aber im übrigen die Völker gewähren lassen, wenn sie sich Staatsformen geben, die sie ihren Bedürfnissen entsprechend für die besten halten.»[149] Der deutsche Gesandte Köcher notierte schliesslich im Rückblick auf die Ära Motta: «Die Politik guter Nachbarschaft zu Deutschland hatte schon seit Jahren eine wirkliche Garantie eigentlich nur in der Person Mottas.» Im März 1939 erlitt der Aussenminister einen ersten Schlaganfall, blieb jedoch im Amt bis zu seinem Tod im Januar 1940. Die Bearbeitung der deutsch-schweizerischen Beziehungen, so notierte Köcher, sei Motta bereits im Frühjahr 1939 «entglitten und zu einem Arbeitsfeld mittelmässiger Beamten des Eidgenössischen Politischen Departements geworden».[150]

Zurück zur Situation von 1937. In der Pressefrage war ungeachtet monatelanger Versuche zum gegenseitigen Gespräch keine Entspannung eingetreten. Im Gegenteil kam es zu einer erneuten Verschärfung, die in der Auseinandersetzung um die NSDAP-Auslandorganisation in der Schweiz einen Brennpunkt fand. Missfallen erregte in Berlin auch die ungeschminkte Berichterstattung der Schweizer Zeitungen über die Kirchenfrage. Hermann Böschenstein, Korrespondent der «Basler Nachrichten», wurde im November 1937 deshalb praktisch ausgewiesen.[151] Die Erregung jenes Herbstes wird im Tagebuch Feldmanns plastisch greifbar. Als ihm der deutsche Presseattaché Hack im Oktober 1937 drohte, «man werde nun einmal mit der Schweiz anders verfahren, und das Propagandaministerium könnte sehr wohl einmal auf uns lostrommeln, antworte ich: Dann können Sie sich darauf verlassen, dass wir zurücktrommeln, und zwar die ganze schweizerische Presse ohne jeden Unterschied der Parteirichtung.»[152] Für den neuen deutschen Gesandten Köcher kam dies alles etwas überraschend. Ihn schmerzte, dass auch die bürgerlichen Blätter sich zunehmend aggressiv gegen Deutschland wandten. Durchaus zutreffend stellte Köcher im September 1937 fest: «Der Grossteil der Bevölkerung steht unserer Aussenpolitik und dem innerpolitischen Geschehen ablehnend gegenüber. Die Stimmung verschlechtert sich, je mehr man sich der deutschen Grenze nähert.»[153]

Gleichzeitig war für aufmerksame Beobachter eine gewisse schweizerische Annäherung an Frankreich zu erkennen, ungeachtet der litaneiartig wiederholten Versicherungen absoluter Neutralität. Der Besuch von Marschall Pétain bei den Manövern der 1. Division in der Westschweiz hatte Symbolkraft. Zunächst wollte er die Einladung, bei welcher der Generalstabshauptmann Bernard Barbey eine Vermittlerrolle spielte, aus politischen Gründen gar nicht annehmen.[154] Doch dann kam der «Sieger von Verdun» doch noch und wurde mit grösster Achtung und Sympathie empfangen. Beim Vorbeimarsch am 9. September 1937 bei Lausanne sass der Marschall auf der Ehrentribüne zur Rechten von Bundespräsident Motta. Bundesrat Minger hielt bei dieser Gelegenheit eine bemerkenswert deutliche Ansprache. In jenem Teil, der nicht wörtlich Eingang in das offizielle Communiqué fand, sagte er nach der Erinnerung des französischen Botschafters, man könne in die internationalen Verpflichtungen kein Vertrauen haben, das sei nur Papier. Nur durch eigene Stärke könne man Unabhängigkeit und Freiheit bewahren. Die Schweiz werde jeder Invasion widerstehen, woher sie auch komme. Und der Durchmarsch werde kein militärischer Spaziergang sein.[155] Auf französischer Seite machte man Ende 1937 keinen Unterschied zwischen Belgien und der Schweiz, was die grundsätzliche Bedrohungslage betraf. Deutschland könnte versucht sein, Frankreich anzugreifen über Belgien oder über die Schweiz in Verbindung mit Italien, hielt General Gamelin, der Generalstabschef der französischen Streitkräfte, im «Comité permanent de la Défense nationale» in Anwesenheit von Ministerpräsident Daladier fest.[156] Auch Pétain nahm übrigens an jener Sitzung teil. Welche Mitteilungen er der Spitze der französischen Streitkräfte über seine Eindrücke aus Lausanne machte, scheint im Detail nicht bekannt. In seiner Ansprache in Lausanne hatte der Marschall höflichkeitshalber keine kritischen Meinungen geäussert. Er lobte damals diplomatisch den «esprit militaire», die «très grande valeur morale» der Schweizer Armee und sprach sogar schmeichelnd von einer «valeur intellectuelle élevée». Diesen Eindruck hatten ihm wohl einige besonders gewandte welsche Offiziere – geschult an der französischen

Ecole supérieure de guerre – vermittelt.[157] Doch wer in Lausanne genau zuhörte, verstand gewiss die Frage Pétains, ob man in der Ausbildung den richtigen Weg eingeschlagen habe. Unüberhörbar war auch Pétains Hinweis auf die Notwendigkeit einer starken Flugwaffe.[158] Alle Anwesenden wussten zwar, dass die Schweiz hier eine gefährliche Lücke aufwies, was jedoch in Bern noch nicht genügte, unverzüglich die Prioritäten der schweizerischen Rüstungsanstrengungen anders zu setzen. Im April 1938 kam der französische Luftwaffenstab zur vernichtenden Schlussfolgerung «que l'aviation suisse est hors d'état d'esquisser une résistance quelconque contre l'aviation allemande, qui est capable à elle seule de mettre en quelques jours la Suisse hors de jeu matériellement et moralement».[159] Tatsächlich wies auch der Aufbau der schweizerischen Fliegerabwehr einen bedenklichen Rückstand auf. Erst ganz wenige Geschütze standen im Frühjahr 1938 zur Verfügung und man stritt sich immer noch um das zu beschaffende Kaliber.[160] Dies hatte zur Folge, dass der gut informierte französische Nachrichtendienst die Abwehrkraft der schweizerischen Fliegerabwehr noch während der «Drôle de guerre» als sehr gering einschätzte.[161]

Gerade weil man in Paris die Stärken und Schwächen der Schweizer Armee so gut kannte, suchte die französische Armeespitze bereits 1937 auf diskreten Wegen eine Annäherung an den schweizerischen Generalstab im Hinblick auf gemeinsame Operationen im Kriegsfall. Das war vom Neutralitätsstandpunkt aus ein äusserst heikles Unterfangen, wie bereits die Vorgänge während des Ersten Weltkrieges gezeigt hatten. Oberst Rudolf von Erlach, als Chef der Operationssektion eine Schlüsselfigur im Generalstab, orientierte 1937 Bundesrat Minger, der nach Rücksprache mit seinen Bundesratskollegen allen Generalstabsoffizieren solche Kontakte verbot.[162] Das war zweifellos klug, denn insbesondere Oberst von Erlach war aufgrund seiner Einstellung kaum der richtige Mann für diese Art von Verbindungen zu Frankreich. Minger wusste dagegen sehr wohl, dass der elegante und diskrete Oberstkorpskommandant Henri Guisan und seine engsten Mitarbeiter für solches Tun, wenn es denn sein musste, die einzig richtigen Vertrauenspersonen waren. Der direkte Kontakt im September 1937 zwischen Guisan und Pétain dürfte in dieser heiklen Sondierungsphase gewiss förderlich gewesen sein. «He has profound Francophile leanings», berichtete der britische Gesandte wenig später über Guisan nach London.[163] Henri Guisan nahm unmittelbar nach den eigenen Manövern an denjenigen der französischen Armee in der Normandie teil. Dort ergab sich dann Gelegenheit zu direktem Kontakt mit General Gamelin. Kurz darauf organisierte Henri de Torrenté, Legationsrat in Paris und zugleich Offizier im Stabe Guisans, in Paris ein keineswegs geheimes Mittagessen, an dem neben Guisan auch drei wichtige französische Generäle, darunter General Georges als Vertreter Gamelins, teilnahmen.[164] Die gegenseitige Vertrauensbasis wurde in diesem Herbst 1937 ganz gewiss wesentlich gestärkt. Auf französischer Seite wird das Interesse an militärischen Kontakten mit der Schweiz auch 1938 unverändert weiter bestehen.[165] Und Henri Guisan rückte definitiv zum Spitzenkandidaten des Bundesrates für das Oberkommando der Schweizer Armee im Kriegsfall auf. Wie die konkreten Vereinbarungen für den Fall eines deutschen Angriffes auf die Schweiz dann 1939 zustande kamen, hat der Teilnehmer Bernard Barbey in literarisch-stilisierter Form im Jahre 1967 geschildert (und verschiedene Historiker haben das Thema in der Folge minutiös analysiert).[166] Die französische Eventualhilfe nimmt sich aus der Rückschau eher bescheiden aus. Gefährliche Bedeutung erlangte die Frage hauptsächlich durch einige Aktenfunde nach der französischen Niederlage, womit Deutschland über ein gewisses Erpressungsmaterial für den Ernstfall Schweiz verfügte.

Die dramatischen und tragischen Ereignisse von 1938 sind in unzähligen Einzelheiten und Varianten beschrieben worden. An dieser Stelle genügt es, sich an den schweren Schock zu erinnern, den der «Anschluss» des Nachbarlandes Österreich in der Schweiz auslöste. Nationalrat Theodor Gut schrieb an Walter Stucki in Paris, der «Anschluss» habe «merkwürdig zwiespältige Gefühle und Reaktionen ausgelöst. Eine heisse Welle lief durch den Volkskörper.»[167] Der Bundesrat sah sich veranlasst, am 21. März 1938 eine feierliche Erklärung vor der Bundesversammlung abzugeben. Darin hiess es im pathetischen Stil der Zeit: «Das Schweizervolk ist einig und muss einig bleiben in dem Willen, das unvergleichliche Vaterland, das Gott ihm gegeben hat, koste es was es wolle, gegen jedermann und bis zum letzten Atemzug zu verteidigen.» Es war die Rede von der «jahrhundertealten Mission der Schweiz in Europa, im Interesse aller die Alpenpässe zu hüten». Der Wille des Schweizervolkes, die Unabhängigkeit unter Einsatz seines Blutes zu behaupten, sei einhellig und unerschütterlich.[168] Die teilweise heftige Reaktion der schweizerischen Presse auf Hitlers Einmarsch in Österreich bereitete sowohl den zivilen wie militärischen Spitzen Sorgen. Der Gesandte Köcher erhielt aus Berlin umgehend Order, «allen Greuelnachrichten wegen einer angeblich bevorstehenden Vergewaltigung der Schweiz ausdrücklich entgegenzutreten». Köcher durfte dem Bundesrat gleichzeitig für die «verständnisvolle und freundschaftliche Haltung in der Anschlussfrage Österreichs» den Dank aussprechen.[169] Das war nun ziemlich peinlich. Denn die schweizerische Landesregierung wollte eigentlich nur ihre Kenntnisnahme des Fait accompli ausdrücken. Doch der vertrauensselige Aussenminister Motta, der offensichtlich Chamberlains genereller Linie folgte, sorgte durch seine Ausdrucksweise – ob nun gewollt oder nicht – für Missverständnisse gegenüber Deutschland.[170]

Die Sicherheitslage der Schweiz hatte sich nach dem «Anschluss» beträchtlich verschlechtert. «Bis heute war der Fall eines isolierten Angriffes einer Grossmacht gegen uns undenkbar, heute müssen wir diese Gefahr wenigstens als möglich ins Auge fassen und bedenken, dass wir in Zukunft auf uns selbst angewiesen sind», hielt Bundesrat Minger als Lagebeurteilung in der Sitzung der Landesverteidigungskommission fest.[171] In Frankreich betonte General Gamelin, die Schweiz sei wie die Tschechoslowakei nun umzingelt von Deutschland und Italien. Auch wenn das Gelände der Schweiz schwieriger sei als Böhmen und Mähren, könnten die Achsenmächte doch ein Interesse haben, durch die Schweiz zur französischen Juragrenze durchzustossen, um ihre Fronten zu verschweissen.[172] Deutschland begnügte sich vorderhand damit, den Druck auf die Schweiz zu verstärken. Einmal mehr standen Presse- und Wirtschaftsfragen im Mittelpunkt. Der neue Aussenminister Joachim von Ribbentrop empfing am 20. Mai 1938 den Gesandten Dinichert, der ihm eine Note zum Thema der absoluten Neutralität vorlas. Der Völkerbundsrat hatte sich endlich einverstanden erklärt, dass die Schweiz ihre Handlungsfreiheit vollständig zurückerhielt. Doch das interessierte den Nazi-Aussenminister nur am Rande. Er benützte vielmehr die Gelegenheit, sich in deutlichen Worten über die deutschfeindlichen Artikel der Schweizer Presse zu beklagen. Ribbentrop stellte gemäss der Aufzeichnung Weizsäckers die kritische Frage: «Wie aber werde es mit der schweizerischen Neutralität im Ernstfall sein, wenn eine solche Presse der Ausdruck des Volkswillens sei?» Er liess den schweizerischen Gesandten «unter einem gewissen Druck wegen des Verhaltens der schweizerischen Publizistik».[173] Nachzutragen ist an dieser Stelle, dass Ernst von Weizsäcker im April 1938 zum Staatssekretär im Auswärtigen Amt aufgerückt war. «Bei einem Amateur als Aussenminister stand im inneren Betrieb der Staatssekretär an der Lötstelle zwischen Dilettantismus und Sachverstand. Dem Ausland gegenüber hatte er eine Schlüsselstellung», so beschrieb Weizsäcker selbst die Situation im Rückblick. Der Freiherr wollte «dieses Kreuz» angeblich nur auf sich nehmen, um einen Krieg zu verhindern.[174] Was die Schweiz betraf, so kann man aus den Umständen schliessen, dass Weizsäcker an der Verschärfung des Tons keineswegs unbeteiligt war (siehe auch Wirtschaftsverhandlungen Kapitel 6.5.). Es war Hitler persönlich, der in dieser gespannten Atmosphäre scheinbar beruhigende Signale aussandte. Hans Frölicher machte am 8. Juni 1938 seinen Antrittsbesuch als neuer schweizerischer Gesandter bei Ribbentrop und Weizsäcker. Der Aussenminister interessierte sich vor allem für die wirtschaftliche Lage der Schweiz. Weizsäcker zeigte sich in der Neutralitätsfrage reserviert; er sah offenbar keinen Anlass zu besonderen Freundlichkeiten gegenüber der Schweiz. Am folgenden Tag übergab Frölicher sein Beglaubigungsschreiben an Hitler. Der «Führer» gab sich wohlwollend und erfreut über die

Abb. 41: «Das Attentat von Davos» führt 1936 – neben andern Faktoren – zu einer krisenhaften Zuspitzung der Beziehungen zwischen der Schweiz und Deutschland. Die Fotografie zeigt den Gesandten Ernst von Weizsäcker (links) zusammen mit dem in Davos residierenden Wilhelm Gustloff, Landesgruppenleiter der NSDAP für die Schweiz, der im Februar 1936 vom jüdischen Studenten David Frankfurter ermordet wurde.

Abb. 42: Bei der Davoser Trauerfeier repräsentiert neben dem Freiherrn von Weizsäcker vor allem Ernst Wilhelm Bohle (vorne rechts), der Chef der Auslandorganisation der NSDAP, das «Dritte Reich».

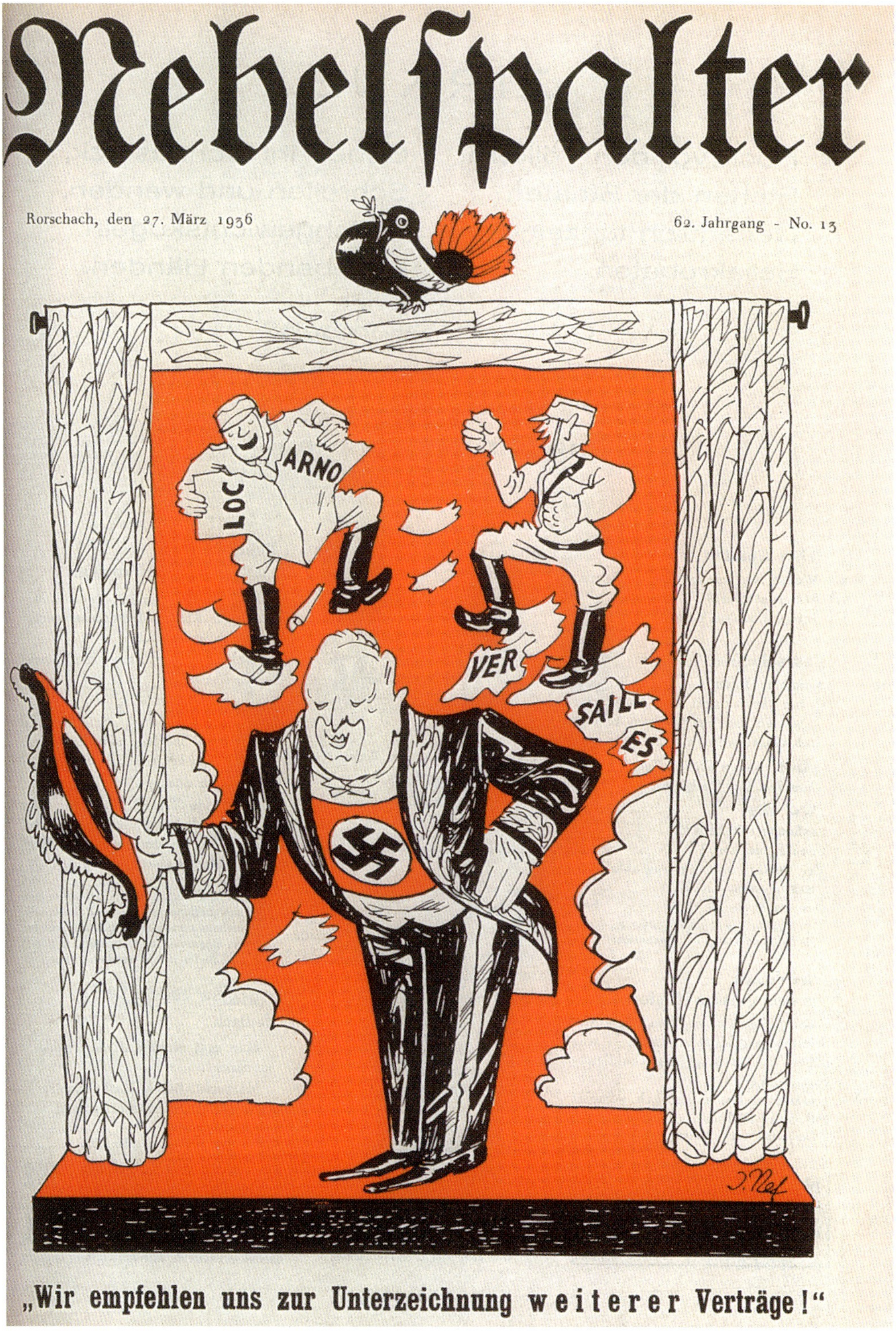
Nebelspalter
Rorschach, den 27. März 1936
62. Jahrgang - No. 13
LOC
ARNO
VER
SAILL
ES
J. Nef
„Wir empfehlen uns zur Unterzeichnung weiterer Verträge!"

Abb. 43: Der deutsche Einmarsch im Rheinland wird in der Schweiz durchaus realistisch interpretiert.

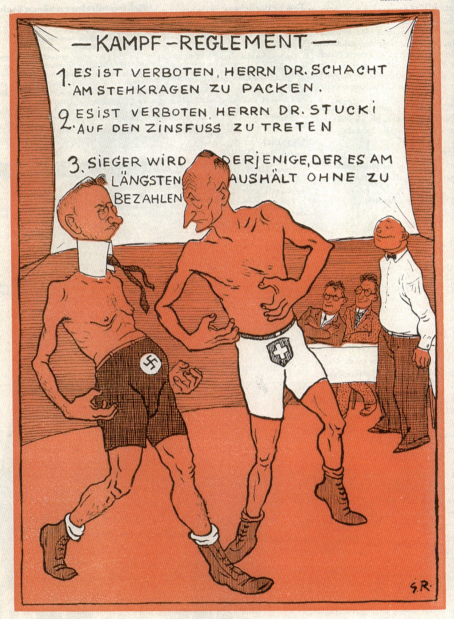

Abb. 44: Die Kontroversen auf wirtschaftlichem Gebiet verschärfen sich 1936 zu einem Crescendo. Der Text der Karikatur von Rabinovitch im «Nebelspalter» (10. Juli 1936) reflektiert den komplexen Hintergrund nur unzureichend.

Abb. 45: Auf deutsche Technologie kann man in der Schweiz kaum verzichten. Bemerkenswert ist die Betonung des «Schweizerfabrikats» von Telefunken-Albis (in Zürich).

Abb. 46: Das «Haus der Schweiz» entsteht an bester Lage in Berlin (Ecke Unter den Linden / Friedrichstrasse). Es handelt sich um eine Umlegeinvestition aus alten Forderungen. Das Haus wird u. a. das Schweizerische Verkehrsbüro beherbergen. Die werbende Anschrift «Touristen gegen Kohle» bezieht sich auf einen Teilaspekt des komplizierten bilateralen Verrechnungsabkommens.

Abb. 47: Schachts rechte Hand 1936/37 in den Wirtschaftsverhandlungen mit den widerspenstigen Eidgenossen war Ministerialdirektor Wohltat vom Reichswirtschaftsministerium (fotografiert beim Winterurlaub mit Gemahlin in Arosa).

Abb. 48: Otto Köcher wird 1937 Gesandter des Deutschen Reiches in der Schweiz (und bleibt bis 1945 in Bern im Einsatz).

Abb. 49: Die Schweizer Armee wird kritisch beobachtet. In der Mitte der deutsche Generalleutnant Muff beim Manöverbesuch 1936. Rechts Rudolf Miescher, Kommandant des 3. Armeekorps. Links der damalige Oberstleutnant Masson, neuer Chef des schweizerischen Nachrichtendienstes.

Abb. 50: Oberstleutnant Iwan von Ilsemann (links) wird 1937 als ständiger deutscher Militärattaché in Bern stationiert. Er bleibt auf diesem Posten bis 1944. Die Fotografie zeigt ihn (zusammen mit dem Amerikaner Magruder) bei den Manövern der 1. Division im Jahre 1937.

Abb. 51: Auch die deutsche Luftwaffe zeigt Präsenz in der Schweiz. General der Flieger Milch (links) und Generalmajor Udet (rechts) verfolgen im Sommer 1937 das Internationale Flugmeeting in Zürich.

Abb. 52: Dieses auffallende Titelblatt der «Zürcher Illustrierten» vom September 1936 liess sich mühelos politisch interpretieren. Bundesrat Minger (Mitte) und Korpskommandant Henri Guisan (links) pflegen das Gespräch mit dem französischen General de Lannurien (der zum Manöverbesuch in der Schweiz weilte).

Abb. 53: Marschall Pétain erregte beträchtliches Aufsehen, als er 1937 die Manöver der 1. Division in der Westschweiz besuchte. Links Divisionär Borel als Begleitoffizier.

Abb. 54: Jean Hotz wurde Ende 1935 zum Chef der Handelsabteilung im Eidgenössischen Volkswirtschaftsdepartement ernannt. Er blieb indes noch zwei Jahre im Schatten seines Vorgängers Walter Stucki, der als Delegierter des Bundesrates über eine ausserordentliche Stellung in der schweizerischen Aussenhandelspolitik verfügte.

Abb. 55: Hans Frölicher löste 1938 Paul Dinichert als Gesandten der Schweiz in Berlin ab. Er blieb dort bis zum Ende des «Dritten Reiches» im Einsatz. Die Fotografie zeigt ihn zusammen mit seiner Tochter bei der Ankunft auf dem Flugplatz Tempelhof.

Abb. 56: Die schweizerische Landesregierung auf dem «Diplomatenausflug» 1937. Sitzend in der ersten Reihe von links die Bundesräte Minger (Militär), Meyer (Finanzen), Baumann (Justiz), Motta (Aussenministerium), Pilet-Golaz (Post und Eisenbahn), Obrecht (Wirtschaft). Es fehlt Etter (Innenministerium). Dahinter die Diplomaten und einige höhere Beamte (in der hintersten Reihe erkennt man u.a. Hotz und Frölicher).

Rückkehr der Schweiz zur absoluten Neutralität. Erneut betonte Hitler gemäss den Aufzeichnungen Frölichers die Funktion des «Flankenschutzes» durch «neutrale Staaten, die wirklich neutral sind und ihre Neutralität zu verteidigen verstehen». Mit der Schweiz wolle Deutschland in Freundschaft leben. Sie habe nichts zu befürchten und über wirtschaftliche Fragen müsse man sich durch gegenseitiges Entgegenkommen verständigen.[175] Hitlers Erklärungen machten auf Frölicher einen «grossen Eindruck». Ernst von Weizsäcker lächelte. Der Staatssekretär nahm nun in Aussicht, in der von Motta so sehnlichst erwünschten Beantwortung der schweizerischen Neutralitätsnote Bezug zu nehmen auf die seinerzeitigen Erklärungen Hitlers gegenüber Schulthess.[176] Als Frölicher dem französischen Botschafter François-Poncet von Hitlers Worten erzählte, war dieser nicht sonderlich beeindruckt: «ça sont des mots, mais c'est mieux que la silence», soll er geantwortet haben. Naivität kann man Frölicher wohl kaum vorwerfen. Neugierig beobachtete er die Augen Hitlers. Als der Gesandte von der Schweiz als «Hüterin der Alpenpässe» sprach, wollte er in Hitlers Augen einen Widerspruch bemerkt haben.[177] An Beflissenheit wird es Frölicher nicht fehlen lassen. Schon einige Monate später zirkulierte in schweizerischen Kreisen in Berlin – wie auch die Deutschen erfuhren – der Witz: «Die Schweizer werden wieder fröhlicher, wenn Frölicher wieder mehr Schweizer wird.»[178]

Die Septemberkrise 1938 war für die Schweiz in den Worten des Gesandten Köcher «eine Art Generalprobe für ihre Neutralitätspolitik». Der Bundesrat zögerte mit einschneidenden Mobilisationsmassnahmen, was in der Öffentlichkeit auch auf bürgerlicher Seite zum Teil auf offene Kritik stiess. Bundesrat Minger geriet unter Druck. Die Neue Zürcher Zeitung rügte unverblümt, «dass unser Land im September einem strategischen Überfall nicht voll gewachsen gewesen wäre».[179] Hans Frick, der Unterstabschef Front im Generalstab, übte in einem persönlichen Schreiben an Generalstabschef Labhart fundierte und herbe Kritik am Bundesrat, insbesondere daran, dass «der Bundesrat sich am kritischen 28. September mit dem Aufgebot der Alarmdetachemente begnügen wollte, einer typischen halben Massnahme, einem Dergleichen-Tun, als ob». Frick war der Ansicht, der Bundesrat hätte mindestens die Grenztruppen aufbieten müssen. Dies hätte auch Gelegenheit geboten, diese neu zusammengestellten Truppenkörper, denen es noch an Ausbildung mangelte, richtig einzuüben. Er wies ausserdem darauf hin, dass gerade im Ausland der Eindruck geweckt wurde, die Schweiz sei unentschlossen und es genüge, sie mit einigen Erklärungen zu beruhigen. Auch innenpolitisch wurden falsche Akzente gesetzt. Die Beunruhigung der Bevölkerung war nach Fricks Ansicht «wegen des Ausbleibens jeglicher Massnahmen» gross. Der Bundesrat habe erneut bewiesen, «wie wenig Kontakt er mit der Volksmeinung hat».[180] Es kann kein Zweifel bestehen, dass Fricks

Kritik in weiten Kreisen geteilt wurde. Die endlose Diskussion um die Neuregelung der Armeeleitung und die dringend notwendige Verlängerung der Ausbildungszeiten nährte zusätzliche Zweifel an Mingers Führungsqualitäten. Nun kam hinzu, dass man sich in der schweizerischen Öffentlichkeit vermehrt Rechenschaft gab über die völlig ungenügende Rüstung im Bereich der Luftwaffe und der Fliegerabwehr. Migros-Chef Duttweiler lancierte seinen Vorstoss für «Tausend Flugzeuge», der selbstredend wiederum auf unzählige Einwände stiess.[181] Im Dezember 1938 überschrieb die Neue Zürcher Zeitung einen detailreichen Artikel zum Thema Landesverteidigung mit dem provokativen Titel «Sind wir noch handlungsfähig?». Tatsächlich stellt sich auch aus der Rückschau die Frage, ob bei Rudolf Minger eine gewisse Amtsmüdigkeit vorlag. Im Tagebuch von Markus Feldmann wird manches spürbar von den unablässigen Spannungen im Eidgenössischen Militärdepartement, die bei Minger den grundsätzlichen Entscheid vermutlich förderten, das undankbare Ressort auf Ende seiner Amtszeit abzugeben.[182]

Auf deutscher Seite verfolgte man mit grösster Aufmerksamkeit, wie sich die Schweiz in den unruhigen Septembertagen verhielt. Weizsäcker, Köcher und Ilsemann werteten die «ruhige Hand» der Behörden positiv. Des Schweizervolkes Stimme tönte anders. Die «Reichsdeutschen» in der Schweiz mussten allerlei Beschimpfungen und eine Art stillen Boykott über sich ergehen lassen.[183] Der deutsche Gesandte analysierte in diesen Wochen einmal mehr «die Abwehrstellung der Schweiz gegen Deutschland». Ganz sachlich stellte er fest, die «Weltanschauung» des nördlichen und südlichen Nachbarn habe in der demokratisch geprägten Schweiz «so gut wie gar nicht Fuss fassen können». Der Expansionsdruck Deutschlands werde insbesondere nach dem «Anschluss» Österreichs als ausserordentlich gefährlich empfunden. Mit empfindlich verschärfter Stellungnahme der öffentlichen Meinung in der Schweiz wäre bei einem Kriegsfall zu rechnen (Köcher spielte damit auf die Tschechoslowakei an). Gleichzeitig berichtete der Gesandte beruhigend nach Berlin, der Schweizer Bürger hätte im Ersten Weltkrieg den «materiellen Nutzen der Neutralität» sehr wohl erkannt. «Er hat zu viel praktische Vernunft, um seinen Wohlstand etwa durch Teilnahme an einem Kriege leichtfertig aus gefühlsmässigen Erwägungen heraus aufs Spiel zu setzen.» Immerhin blieben Köcher Zweifel, ob sich die Schweiz in wirtschaftlicher Hinsicht unter alliiertem Druck absolut neutral verhalten würde.[184] Aus deutscher und französischer Sicht verstärkte die Septemberkrise jedenfalls die Beunruhigung und Nervosität in der schweizerischen Bevölkerung. «Die Sorge, auch die Schweiz könne entgegen den Versicherungen des Führers und Reichskanzlers Ziel einer deutschen aggressiven Volkstumspolitik werden, blieb weit verbreitet», hielt Köcher im Jahresrückblick fest. Auf der französischen Botschaft in Bern glaubte man Ende 1938 eine «moralische

Krise» und Defätismus zu erkennen, was auf die Erkenntnis zurückzuführen sei, dass die Schweiz von den Westmächten keine automatische Hilfe gegen Deutschland erwarten könne. Auch die italienische Haltung gab Anlass zur Beunruhigung.[185]

Das Jahr 1938 war nicht nur gekennzeichnet durch die Verschärfung der internationalen Lage, die «Erfolge» Hitlers und die Schwäche der Westmächte, sondern ganz wesentlich auch durch die antisemitischen Verfolgungen in Deutschland und Österreich. Das Elend der Emigranten und Verfolgten wurde allerdings in ganz unterschiedlicher Weise wahrgenommen. «Schwierigkeiten zwischen beiden Ländern entstanden durch den Judenzustrom in die Schweiz», hielt die deutsche Gesandtschaft in ihrem Jahresrückblick fest. Dr. Rothmund von der schweizerischen Fremdenpolizei zielte in seinen eigenen Worten auf die «lückenlose Kontrolle der deutschen Nichtarier vor ihrem Erscheinen an der Schweizergrenze». Der Bundesrat bewilligte am 4. Oktober 1938 das beschämende Übereinkommen zur Kennzeichnung der Pässe jüdischer Flüchtlinge mit dem «J»-Stempel.[186] Die Schweiz sollte nach der Vorstellung Rothmunds und vieler anderer nur Durchgangsland für Flüchtlinge sein. Ein prominenter Emigrant wie Thomas Mann hätte zwar noch bleiben dürfen, ihm und seiner Familie schien der Schweizer Boden jedoch nicht mehr genügend sicher. Nach fünfjährigem Aufenthalt verlässt er am 14. September 1938 Küsnacht in Richtung USA. Ganz ähnlich die Erfolgsschriftsteller Erich Maria Remarque und Emil Ludwig, die das Tessin verlassen und die Vereinigten Staaten vorziehen. Andere Emigranten kamen erst jetzt im Sommer und Herbst 1938 in die Schweiz, darunter der österreichische Schriftsteller Robert Musil, der 1942 in Genf sterben wird. Im August 1938 liess sich auch der Wiener Rechtsanwalt Dr. Kurt Grimm in Zürich nieder, ein besonderer Fall. Grimm war entsprechend den Nürnberger Gesetzen ein «62½%-iger Nichtarier», wie die Zürcher Polizei 1944 festhielt. Seine Aufenthaltsanträge wurden von der Bankgesellschaft in den folgenden Jahren regelmässig unterstützt. Grimm war unter anderem Vertrauensanwalt von Baron Gutmann vom gleichnamigen Wiener Bankhaus sowie anderer jüdischer Emigranten mit Interessen in der Tschechoslowakei, Ungarn und Österreich. Die Bankgesellschaft wird in den Nachkriegsuntersuchungen betonen, wie verdienstvoll Grimms Wirken beim Transfer von Vermögenswerten war, «die auf solche Weise dem Zugriff der Besetzungsmächte entzogen werden konnten».[187] An seinem Beispiel liesse sich trefflich erläutern, wie unterschiedlich solche Emigranten eingeschätzt wurden. Halten wir an dieser Stelle nur fest, dass Kurt Grimm zu den Kernfiguren des österreichischen Widerstandes gegen die Nationalsozialisten gehörte. Seine Kontakte zu Allan Dulles vom OSS in Bern während des Zweiten Weltkrieges sind evident.[188]

6.4. Massiver Abbau der Bankkredite an Deutschland

Der Informationsfluss aus Deutschland, Österreich und der Tschechoslowakei intensivierte sich 1938 in beträchtlichem Masse für einige Akteure der Schweizer Wirtschaft. Die verfolgten Emigranten liessen keinen Zweifel an der Natur des nationalsozialistischen Regimes. Manche suchten Hilfe bei den ihnen mehr oder weniger bekannten schweizerischen Bankangestellten. Der Bauunternehmer E.S. aus Berlin beispielsweise, der sein Geschäft «zwecks Verarisierung verkauft hat», bot den Direktoren der Bankgesellschaft im August 1938 Schmuckgegenstände zum Kaufe an. Er wollte wie so viele andere in die USA emigrieren. Schweizer Juden waren ihren Bekannten in Deutschland, Österreich und der Tschechoslowakei behilflich. Die Banken hörten über diese Quellen von Verhaftungen und Todesfällen im Konzentrationslager. Die Nervosität stieg. Eine deutsche Dame beklagte sich bei der Bankgesellschaft in Zürich, «dass sie beim Heraustreten aus dem Bankgebäude durch eine ihr unbekannte Person photographiert worden sei». Direktor J.L. von einer Firma in Zürich wünschte sich «hinsichtlich allgemeiner Orientierung, politische Lage usw. bei der Bank etwas auszusprechen». Auch er dachte bereits an die USA, mindestens für ein Konto daselbst.[189] Rechtsanwalt L. aus Wien ersuchte beim Bankverein in Basel um Hilfe für ein Einreisevisum nach Frankreich. Während der Haft in Wien war ihm ein Goldzahn herausgerissen worden. Er machte «tatsächlich einen sehr mitgenommenen Eindruck», wie sich ein Vizedirektor des Bankvereins nach dem Gespräch im August 1938 ausdrückte. Ein amerikanischer Kunde der Bank sah die Schweiz «in der Gefahrenzone». Er verabredete im Mai ein Stichwort, «falls von New York aus gesehen die ernstliche Gefahr bestünde, dass die Schweiz vom Dritten Reich als bedroht zu betrachten wäre».[190]

Für viele Bankkunden stellte sich die zentrale Frage, ob ihre Vermögenswerte in der Schweiz überhaupt noch sicher waren vor dem möglichen Zugriff der Nationalsozialisten. Das Szenario eines Nazi-Raubzuges in die Schweiz gewann nach dem «Anschluss» Österreichs eine neue Dimension. Solche Absichten liessen sich in Anbetracht der fortschreitenden Radikalisierung des Nazi-Regimes nie völlig ausschliessen. Damit stellte sich auch die Evakuationsfrage für den Ernstfall. Im Verwaltungsrat der Schweizerischen Bankiervereinigung diskutierte man bereits im Januar 1937, «was die Banken speziell in Grenzstädten zum Schutze ihrer Depots im Falle einer Invasion vorzukehren gedenken». Die Frage schien damals den Bankvertretern zwar kaum akut, «doch scheint sie zahlreiche Kunden zu beschäftigen». Man beschloss, den Kontakt mit dem Generalstab zu suchen.[191] Eine erste Konferenz im Juni 1937 zeigte eine Reihe von beträchtlichen praktischen Schwierigkeiten. Auf die Militärbehörden schien man sich im Notfall nicht verlassen zu können, sie hatten anderes zu tun. Nur eine frühzeitige Evakuation noch vor einer Invasion erschien Erfolg versprechend, doch dazu war im Falle der Kunden deren Einwilligung notwendig.[192] Bereits machte man sich für den Invasionsfall auch Gedanken über die Verfügungsgewalt betreffend Kundenvermögen, die in New York deponiert waren.[193] In eine akute Phase trat das Thema Evakuation von Gold und Wertschriften im Herbst 1938. Als Zufluchtsort dachten die Grossbanken aus Kapazitätsgründen zunächst an die Westschweiz, aus Sicherheitsgründen waren die Innerschweiz und das Berner Oberland jedoch vorzuziehen. Die Eidgenössische Bank etwa entschloss sich nun für ein Refugium in Stans und die Anschaffung eines Lastwagens mit demontierbarer Panzerung für den bankeigenen Transport.[194] Beim Bankverein in Zürich stellte man im September 1938 bei einem Teil der Privatkundschaft eine eigentliche «Angstpsychose» fest. Gewisse Kunden rechneten mit einer Invasion Zürichs. Sie realisierten ihre Titel oder verschoben ihre Depots nach Lausanne und Genf. Manche übertrugen ihre Vermögenswerte auch auf amerikanische Banken, kamen jedoch teilweise zurück, als sie – in den Worten eines Privatkundenbetreuers des Bankvereins – die Erfahrung machten, «dass die individuelle Behandlung bei den New Yorker Grossbanken im Vergleich zu uns hie und da doch zu wünschen übrig lässt».[195] Es besteht jedoch kein Zweifel, dass sich die Bewegung der Kapitalien Richtung Westen 1938/1939 bedeutend intensivierte.

In diesem Klima der Unsicherheit und zunehmenden Angst standen die Schweizer Grossbanken auch vor der Frage, welcher Handlungsspielraum beim wichtigen Thema der alten deutschen Kreditengagements verblieb. Nehmen wir das Resultat dieser Überlegungen vorweg. Die Grossbanken reduzierten (nach der 1935/36 mehr oder weniger erfolgreich überstandenen Bankenkrise) ihre deutschen Kredite soweit möglich in beschleunigtem Tempo. Insgesamt verminderten die an die Nationalbank rapportierenden Schweizer Banken ihre Engagements in Deutschland und Österreich in den zwei Jahren zwischen Juni 1937 und Juni 1939 von 482 Millionen Franken auf 242 Millionen Franken, das heisst um 240 Millionen oder beinahe 50%. Dabei entfielen 94 Millionen Franken des Abbaus allein auf das erste Semester 1939. Was kurz vor Kriegsbeginn noch in Deutschland verblieb, hatte zum wesentlichen Teil langfristigen, das heisst unflexiblen Charakter, seien es alte Hypothekaranlagen (56.6 Millionen Franken per 30.6.1939) oder Umlegekredite (128 Millionen Franken per 31.5.1939).[196] Der Abbau erfolgte schwergewichtig im Segment der Stillhalteforderungen, deren Saldo die schweizerischen Gläubiger von 127 Millionen Reichsmark (= Fr. 224 Mio. per 28.2.1937) auf 69 Millionen Reichsmark (per 31.7.1939) zu reduzieren vermochten.

Dabei gilt es zu berücksichtigen, dass gerade von schweizerischer Seite auch in dieser letzten Vorkriegsphase noch beträchtliche alte Kreditbeträge neu in der Stillhaltung untergebracht wurden. Dabei dürfte es sich zu einem grossen Teil um ursprüngliche Forderungen gegenüber Österreich gehandelt haben. Ob überdies fallweise auch ein taktisch motiviertes Entgegenkommen der Reichsbank vorlag, lässt sich nicht eindeutig beantworten.[197] Mit andern Worten: Der effektive schweizerische Abbau war viel bedeutender, als sich dies aus den Saldozahlen ergibt. Der internationale Vergleich beim Abbau der Stillhalteforderungen gegenüber Deutschland scheint recht gut die unmittelbare Bedrohungseinschätzung zu reflektieren. Die Holländer reduzierten prozentual noch radikaler als die Schweizer. Die britischen Bankiers hingegen folgten einem bedeutend gelasseneren Reduktionsrhythmus, der sich durchaus in den Rahmen der Chamberlain'schen Appeasement-Politik einfügte. Ende Juli 1939 standen die Briten deshalb schlecht da: Sie hatten immer noch 390 Millionen Reichsmark an Stillhalteforderungen ausstehend, was 59% der deutschen Verpflichtungen in diesem Segment entsprach. Auf die Schweiz entfielen noch 10.5%.[198]

Dass sich verschiedene – aber längst nicht alle – Schweizer Banken diesen massiven Abbau der deutschen Kredite überhaupt erlauben konnten, war keine geringe Leistung. Dazu brauchte es Reserven, Ertragskraft und eine kluge Rückstellungspolitik. Denn wie bereits 1935/36, so fielen auch in der letzten Vorkriegsphase beträchtliche Verluste an, wenn es um die Liquidation von Registermark ging. Die Eidgenössische Bank schätzte sich zum Beispiel glücklich, dass ihr 1938 auf dem Abbau deutscher Engagements von 6 Millionen Franken dank günstiger Sonderfaktoren «nur» ein Verlust von 2.1 Millionen Franken entstand.[199] Doch aus der Rückschau lässt sich argumentieren, dass gerade diese Bank ihre Forderungen auf Deutschland zu wenig radikal zurückfuhr: Bei Kriegsausbruch betrugen ihre Deutschlandengagements immer noch nominal 57 Millionen Franken, wovon lediglich 10 Millionen durch besondere Reserven gedeckt waren. Der Verwaltungsrat hielt es für verantwortbar und aus Prestigegründen für notwendig, auch für das Geschäftsjahr 1939 eine Dividende von 3% auszuschütten.[200] Anders die Bankgesellschaft: Sie reduzierte ihre an die Nationalbank rapportierten Engagements in Deutschland und Österreich in den zwei Jahren von Juni 1937 bis Juni 1939 von 27.4 Millionen Franken auf 9.8 Millionen und bis Ende 1939 auf 3.4 Millionen Franken.[201] Das Problem Deutschlandkredite war für die SBG damit fast endgültig erledigt. Doch zu welchem Preis? In den drei Jahren 1937 bis 1939 fiel auf der Liquidation und Ausgliederung der genannten Engagements ein Verlust von insgesamt 12.7 Millionen Franken an. Davon mussten 8 Millionen durch Entnahme aus den offenen Rückstellungen gedeckt werden, der Rest konnte über den operativen

Ertrag absorbiert werden.[202] Auch die bedeutend grössere Kreditanstalt zahlte einen hohen Preis für den massiven Abbau ihrer Deutschlandengagements. Von Ende 1930 bis Juni 1939 ergab sich gemäss den Studien von Joseph Jung und seiner Equipe ein Verlust von 100 Millionen Franken, wovon 88 Millionen auf Kursverluste aus der Liquidation von Registermark und anderen Markwährungen entfiel.[203] Die Kreditanstalt rapportierte der Nationalbank Ende 1940 nur noch 7 Millionen Franken an Guthaben in Deutschland, während der Bankverein nach gleicher Quelle 38.6 Millionen ausstehend hatte.[204] Dieses Engagement des SBV nahm sich im Vergleich zu Aktienkapital und ausgewiesenen Reserven von 192 Millionen Franken relativ bescheiden aus. Der Bankverein hatte seine Deutschland-Engagements bereits in den Jahren 1934 bis 1937 massiv abgebaut. Die grössten Verluste auf den Registermark-Liquidationen fielen in die Jahre 1936/1937. Insgesamt musste der Bankverein in den Jahren 1933 bis 1939 diesbezügliche Verluste von 36 Millionen Franken verkraften.[205] In der Geschäftsleitung bestand in diesem Zusammenhang nicht immer Einigkeit. So hätte etwa Armand Dreyfus im November 1938 einen fortgesetzt starken Abbau befürwortet, doch seine jüngeren Kollegen nahmen «einstweilen» eine eher abwartende Stellung ein.[206] Sie rechneten möglicherweise nach der überstandenen Sudetenkrise mit einer Erholung des Registermarkkurses. Daneben gab es für den Bankverein auch andere gute Gründe, die Reichsbank nicht zu brüskieren. Denn im Kreditfall Hapag – um nur ein besonders schwieriges Beispiel zu nennen – verhandelten die zuständigen SBV-Direktoren beinahe während des ganzen Jahres 1938 mit ihren Reichsbank-«Gegenspielern», um das komplexe Engagement mindestens teilweise reduzieren zu können.[207] Was beim Zitieren nackter Zahlenresultate nie deutlich wird, sind die notwendigen Feinheiten der Verhandlungsführung mit ihren Rückwirkungen auf das gesamte Geschäftsfeld.[208]

Bedeutend ungünstiger als bei der Kreditanstalt, dem Bankverein und der Bankgesellschaft präsentierte sich die Lage bei der geschwächten Basler Handelsbank und der Bank Leu, die sich bis Kriegsbeginn nicht mehr in genügendem Masse von ihren langjährigen Deutschlandkrediten befreien konnten. Bei der Bank Leu war dies zur Hauptsache auf ihren alten Hypothekenbestand zurückzuführen, der sich nur schwer liquidieren liess. Zudem wurde auch bei der Bank Leu der Bezahlung einer Prioritätsdividende grosses Gewicht zugemessen.[209] Die Basler Handelsbank schliesslich blieb in verschiedener Hinsicht das schwächste Glied unter den privat kontrollierten Grossbanken. Sie baute ihre alten Deutschlandkredite 1939 um 2.8 Millionen Franken ab, womit immer noch 33.9 Millionen in den Büchern verblieben, wovon 23 Millionen auf Umlegekredite entfielen.[210] Bei ausgewiesenem Kapital und Reserven von nur noch 25 Millionen Franken ergab sich damit für die einst in Deutschland so aktive Basler Bank ein recht bedenkliches Bild.

So unterschiedlich sich die Lage der schweizerischen Grossbanken in Bezug auf die Deutschlandkredite im Einzelnen darstellte, so klar präsentierte sich die Gesamtübersicht: Ende 1935 machten die Engagements in Deutschland und Österreich mit 729 Millionen Franken noch 41% aller Auslandforderungen der Grossbanken aus. Bis zum Juni 1939 war dieser Anteil auf 203 Millionen Franken oder 15% abgebaut worden.[211] Die deutschen Schuldner fanden offensichtlich bedeutend mehr Entgegenkommen bei den britischen Banken, welche noch bis zum Sommer 1939 beträchtliche Fazilitäten für Rembourskredite zur Verfügung hielten.[212] Deutschland, verseucht durch den Nationalsozialismus, hatte hingegen bei der Mehrheit der Schweizer Bevölkerung seine Glaubwürdigkeit weitgehend eingebüsst. Die schweizerischen Bankiers bewegten sich – von wenigen Ausnahmen abgesehen – durchaus synchron mit der Grundstimmung in der Bevölkerung. Nazi-Deutschland war weder in politischer noch wirtschaftlicher Hinsicht kreditwürdig. Dies lässt sich ganz nebenbei auch am inoffiziellen Kurs der Reichsmarknoten in Zürich ablesen, der von der Reichsbank aufmerksam verfolgt wurde: Das «Disagio» bewegte sich 1937 im Jahresdurchschnitt bei 42% und stieg 1938 auf 60% (bei Spitzenwerten bis zu 71%).[213]

Mit den deutschen Geschäftsbanken, mit der Reichsbank sowie einigen alten und bedeutenden Kunden mochten viele Schweizer Banken die Verbindungen indes nicht vollständig abbrechen – nicht zuletzt mit Rücksicht auf den unumgänglichen Zahlungsverkehr im Warenclearing oder die fortlaufende Liquidation von Sperrmark. Die Reichsbank wurde dabei nicht primär als Machtinstrument des Nazi-Regimes verstanden, sondern erschien vielmehr bis zu einem gewissen Grad als Relikt vergangener bürokratischer Seriosität, vertreten von Männern wie den Direktoren von Wedel und Wolf, mit denen sich weiterhin auf einigermassen zivilisierte Weise über die teilweise komplexen Kreditabbautransaktionen verhandeln liess. Auf die Veränderungen bei der Reichsbank nach dem Ausscheiden Schachts Anfang 1939 wird im folgenden Kapitel näher hingewiesen. Eine einfache Tatsache war den schweizerischen Bankiers stets bewusst: Die Reichsbank liess sich nicht umgehen, wenn man Amortisationen und Zinszahlungen sowohl für die Banken selbst wie für ihre Kunden sichern wollte. Das hiess konkret, dass die Schweiz in der deutschen Devisenbilanz des Jahres 1938 mit effektiven Zinsgutschriften im Gegenwert von 7.4 Millionen Reichsmark im Stillhaltesegment sowie 36 Millionen Reichsmark unter dem Transferabkommen rechnen konnte. Hinzu kamen im Kapitalverkehr Zahlungen im Gegenwert von 39.4 Millionen Reichsmark. Dies entsprach umgerechnet in Schweizerfranken zum offiziellen Kurs einem Totalbetrag von 144 Millionen Franken, der nur von den entsprechenden deutschen Zahlungen an Grossbritannien übertroffen wurde.[214] Die Schweiz erschien Ende 1938 in den vertraulichen deutschen Statistiken als zweitgrösstes Gläubigerland mit Forderungen von insgesamt 1.3 Milliarden Reichsmark (entsprechend 2.2 Milliarden Franken zum offiziellen Kurs).[215] Diese Grössenordnungen spiegeln die Bedeutung der nach wie vor bestehenden engen wirtschaftlichen Verflechtungen – ungeachtet aller bisherigen Abbaumassnahmen. Für schweizerische Politiker, Diplomaten und Wirtschaftsexponenten schien es nicht ratsam, solche Zusammenhänge völlig zu ignorieren.

6.5. Hart bleiben oder nachgeben? Entscheidungen an der Wegscheide von 1938 im Aussenhandel und Pressekonflikt

Die Einverleibung Österreichs – auffallend reibungslos im Ablauf – konnte die Herrscher Nazi-Deutschlands in ihrem expansionistischen Grössenwahn nur bestärken. Keine guten Voraussetzungen für die anliegenden Kleinstaaten. «Was soll mit den 6 Millionen Tschechen geschehen, wenn wir das Land einmal haben? Schwere, fast unlösbare Frage.» Dies notierte sich Joseph Goebbels bereits am 1. August 1938 in sein Tagebuch. Die Schweiz war nur ein Nebenschauplatz, auf dem Hitler im Juni 1938 immerhin, wie bereits erwähnt, Unruhe möglichst vermeiden wollte. Die Unterredung Hitlers mit dem Gesandten Frölicher schien dem Auswärtigen Amt ausreichend bedeutsam, um verschiedene diplomatische Stellen mittels Rundschreiben darüber zu informieren. Der «Führer» habe Frölicher mitgeteilt, es sei zu wünschen, dass die kleineren Länder in Westeuropa dem Beispiel der Schweiz folgten. «Im Westen wäre ein Krieg völlig unmöglich, wenn sämtliche kleineren Länder neutral wären und entschlossen seien, ihre Neutralität auch zu verteidigen.»[216]

Auf der konkreten Ebene der bilateralen Wirtschaftsverhandlungen zwischen der Schweiz und Deutschland zeichnete sich indes einmal mehr eine ziemlich gespannte Atmosphäre ab. Die sichere, bisweilen autoritär koordinierende Hand von Walter Stucki schien auf schweizerischer Seite zu fehlen. Adolf Jöhr hielt es für klug, bereits Ende März 1938 «privatim» im Auswärtigen Amt vorzusprechen, was bei Ministerialdirektor Wiehl den Eindruck hinterliess, Jöhr sei im Hinblick auf die (nach dem österreichischen «Anschluss») bevorstehenden Wirtschaftsbesprechungen wohl mit der Idee nach Berlin gekommen, «um gutes Wetter zu bitten».[217] Schweizerischer Delegationsleiter war nun Jean Hotz, seit 1935 im Schatten Stuckis Direktor der Handelsabteilung. Stucki und Hotz waren durchaus unterschiedliche Typen, die gleichwohl über viele Jahre erfolgreich zusammengearbeitet hatten. Jean Hotz, geboren 1890 in Uster-Nänikon, machte zuerst eine kaufmännische Lehre, studierte dann Volkswirtschaft und wirkte als Handelslehrer, bis er 1922 in den Dienst des Volkswirtschaftsdepartementes trat. Dort vollzog sich sein stetiger Aufstieg als sachkundiger Beamter. Hotz erschien der britischen Gesandtschaft 1938 als scheu und zurückhaltend.[218] Albert Weitnauer erinnerte sich später an die «Schrulligkeit» und das anekdotenreiche Junggesellentum von «Papa Hotz».[219] Aufhorchen lässt, dass ausgerechnet alt Bundesrat Schulthess, in dessen Departement Hotz einen grossen Teil seiner Karriere gemacht hatte, im Herbst 1939 glaubte feststellen zu können: «Es ist niemand da, der im Ganzen zum Rechten sieht und die Fäden der Handelspolitik in der Hand hält und die verschiedenen Pole miteinander verbindet.» Schulthess vertrat die Meinung, dass nur Walter Stucki dieser Aufgabe ganz gewachsen war.[220] Diese Ansichten des alt Bundesrates erscheinen rückblickend nicht ganz ohne Ranküne, mit einer leicht erkennbaren Spitze gegen seinen Nachfolger Hermann Obrecht, zu welchem die Beziehungen aus verschiedenen Gründen kühl blieben.

Nach Stuckis Weggang nach Paris ergaben sich jedenfalls bedeutende Gewichtsverlagerungen in der schweizerischen Verhandlungsdelegation, nachwirkend bis zum Ende des Zweiten Weltkriegs. Heinrich Homberger, sechs Jahre jünger als Hotz, vermochte als «Erster Sekretär» des Vororts (ab 1939 trägt er den Direktortitel) seinen Einfluss beträchtlich auszuweiten. Als Stucki nach Paris ging, bezeichnete ihn Homberger in einem persönlichen Schreiben als seinen «Meister», obschon die beiden, wie sich Stucki ausdrückte, «hie und da aufeinandergeplatzt» seien. Homberger scheute sich nicht, im Februar 1938 zu schreiben: «Dort, wo Sie bisher standen, klafft ein Loch, das niemand ausfüllt und das im Interesse des Landes nicht hätte entstehen dürfen.»[221] Doch ganz so dramatisch war das wohl nicht, denn Homberger schickte sich rasch an, dieses «Loch» selbst bis zu einem gewissen Grade auszufüllen. Dabei wird ihm helfen, dass Ernst Wetter, sein langjähriger Vorgesetzter im Vorort, im Dezember 1938 in den Bundesrat gewählt wurde. Hombergers unermüdlicher Arbeitseinsatz und seine enorme Sachkenntnis stiessen bei allen Kennern der Materie auf Bewunderung. Daneben führte er, wie seine fein nuancierten Briefe zeigen, die vermutlich eleganteste Feder innerhalb der schweizerischen Wirtschaftselite. Albert Weitnauer wird ihm bescheinigen, er habe «das Ethos des Wirkens für das Allgemeinwohl in einer Reinheit und Absolutheit dargeboten, wie kaum ein anderer Schweizer, dem ich begegnet bin».[222]

Ausserdem wirkte sich nun Anfang 1938 die Demission von Peter Vieli, seit 1933 Erster Adjunkt der Handelsabteilung, in spezifischer Form aus. Dr. Vieli wurde, wie bereits früher erwähnt, von Adolf Jöhr in die

Generaldirektion der Kreditanstalt nach Zürich geholt, wo ihn Jöhr ohne Verzug in politischen Belangen einsetzte. Als Jöhr im Februar 1939 in den Verwaltungsrat der Kreditanstalt wechselte, sorgte er dafür, dass Vieli seine Nachfolge als Präsident des Komitees Deutschland der Bankiervereinigung antreten durfte. Die Neuorganisation der Handelsabteilung an der Jahreswende 1937/38 – Hans Ebrard und Professor Keller rückten unter der Direktion von Jean Hotz zu «Delegierten für Handelsverträge» auf – war offensichtlich nicht ganz unbestritten und gab damals auch Anlass zu einer interessanten Diskussion im Vorort. Der Genfer Bankier Pictet fragte sich, weshalb die schweizerischen Gesandten nicht vermehrt in Wirtschaftsverhandlungen eingesetzt würden. Ernst Wetter antwortete, dadurch würden die normalen diplomatischen Gespräche gestört, weil solche wirtschaftlichen Verhandlungen hie und da auch abgebrochen werden müssten. Ausserdem waren die Gesandten nach Ansicht Wetters ohnehin «kaum in der Lage, die ganze Materie zu beherrschen».[223] Darin hätte ihm Walter Stucki vermutlich beigepflichtet, denn es war Stucki, der den Gesandten Dinichert kaum zu den Wirtschaftsverhandlungen mit Deutschland beigezogen hatte. Doch die helvetischen Nuancen sind damit noch nicht voll erfasst. Denn ab Frühjahr 1938 nahm nun auch das Aussenministerium in verstärktem Masse an der Vorbereitung der Verhandlungen teil. Motta delegierte einen zunächst eher unscheinbaren Mitarbeiter, der jedoch dank juristischem Scharfsinn und diskretgeschicktem Vorgehen in den folgenden Jahren bedeutend an Gewicht gewinnen wird: Robert Kohli, geboren 1896, ab Juni 1938 «Chef du contentieux» des Eidgenössischen Politischen Departementes. Der Berner Kohli war 1918 als bescheidener Aushilfsangestellter in den Bundesdienst getreten und hatte sich in Mottas Departement seit 1922 als Jurist eher mühsam nach oben gearbeitet. Erst Ende 1941 darf er den Titel Legationsrat tragen. Als Steuerexperte erwarb er sich immerhin in den dreissiger Jahren den vollen Respekt des Vororts.[224] Robert Kohli verfügte über Eigenschaften, die ihn vor allem während des Zweiten Weltkrieges zu einem in Wirtschaftskreisen bevorzugten Gesprächspartner im Aussenministerium machten. Homberger wird sich in der Rückschau an einen Mann erinnern, der sich «mit steifem Nacken» zur Wehr zu setzen verstand und gleichwohl von «grösster Aufgeschlossenheit und Pragmatismus» geprägt war.[225] In der letzten Etappe seiner vielseitigen Karriere stieg Kohli schliesslich 1956 zum Generalsekretär des Eidgenössischen Politischen Departementes auf.

Auf deutscher Seite trat jetzt anstelle von Ministerialdirektor Wohltat vom Reichswirtschaftsministerium erstmals der Gesandte Hans Richard Hemmen vom Auswärtigen Amt als Delegationschef auf. Helmuth Wohltat scheint in eine Nebenrolle für Sonderaufgaben abgeschoben worden zu sein.[226] Hans Richard Hemmen war damals fünfzigjährig, seit 1918 im

Auswärtigen Amt tätig, ein ausgesprochener Handelsvertrags-Spezialist. Er stammte aus bescheidenen Verhältnissen, hatte zunächst eine Banklehre gemacht und sich anschliessend weitergebildet. In einer Vernehmung nach dem Zweiten Weltkrieg räumte er ein, er habe sich «sehr langsam im Laufe der Jahrzehnte zu einer diplomatischen Form durchringen müssen». Hemmen bezeichnete sich dabei ganz bewusst als «wirtschaftlich eingestellter Mann» und «im Dienst sicher schwierig», weil er von seinen Leuten und sich selbst viel verlange.[227] Energisch und kämpferisch, war Hemmen, wie auch die Schweizer bald feststellen mussten, kein Mann des sanften Umgangstones. In politischer Hinsicht wurde er von einem deutschen Kollegen in der rückblickenden Bewertung nicht als überzeugter Nazi, sondern als Opportunist eingeschätzt, dem es jedoch keineswegs an Selbstbewusstsein fehlte.[228] Hemmen selbst behauptete später, er sei seinerzeit als Konsul in Buenos Aires in Konflikt mit der dortigen Nazi-Gruppe geraten und Aussenminister von Neurath habe ihn «vorläufig gerettet». Die Partei habe dann auch seinen Einsatz als Gesandter in Bukarest sabotiert.[229] Wie dem auch sei, der neue Aussenminister Ribbentrop (seit Februar 1938) muss in positiver Weise auf Hemmen aufmerksam geworden sein. Dazu beigetragen hatte zweifellos Hemmens Erfolg bei den Handelsvertragsverhandlungen von 1937 mit Frankreich.[230] Der Gesandte Hemmen befand sich im Frühjahr 1938 eindeutig im Aufwind. In den Verhandlungen mit der Schweiz musste er indes erneut seine Durchsetzungsfähigkeiten unter Beweis stellen.

Was die Verhältnisse in der Schaltzentrale in Berlin betraf, so ist bei der Bewertung eine gewisse Vorsicht geboten. Rivalitäten, Kompetenzkonflikte und häufige Gewichtsverschiebungen gehörten zu den Charakteristiken der unübersichtlichen nationalsozialistischen Diktatur. Im aussenwirtschaftlichen Bereich bestand indes kein Zweifel, dass sich mit der Entmachtung Schachts als Wirtschaftsminister im Jahre 1937 und dem Aufstieg der Vierjahresplanbehörde unter Göring eine wesentliche Machtverlagerung ergeben hatte. Hjalmar Schacht blieb 1938 zwar noch Chef der Reichsbank, nahm jedoch zunehmend Distanz zum Regime und wurde schliesslich von Hitler im Januar 1939 auch aus dieser Funktion brüsk entlassen.[231] Dies erklärt vermutlich, weshalb sich Schacht Ende Januar 1939 den nicht unbescheidenen Betrag von £ 5 148 von der Reichsbank an die Filiale des Schweizerischen Bankvereins in London überweisen liess. Er beabsichtigte, persönlich beim Bankverein vorzusprechen, um die «erforderlichen Formalitäten» zu regeln.[232] Ein solcher Transfer war ohne Einverständnis wichtiger Verantwortungsträger in der Reichsbank nicht denkbar. Dies führt zur Person von Emil Puhl, der in den Beziehungen zur Schweiz bis 1945 eine wesentliche Rolle spielen wird. Puhl, 1889 geboren, wirkte seit 1929 in der Reichsbank-Zentrale. Er bewährte sich rasch als Leiter des Devisendezernats und stieg 1934 unter

Schacht ins Reichsbank-Direktorium auf. Nach Schachts Ausscheiden wird Puhl der eigentliche starke Mann im Haus, als Stellvertreter des schwachen Präsidenten Funk, der kein Fachmann war. Den Vizepräsidenten Brinkmann, der angeblich unter starker Überarbeitung litt, schickte man auf unbeschränkten Erholungsurlaub. Puhl verfügte nun über die «Schlusszeichnung für alle wichtigen Angelegenheiten». An ihn rapportiert unter anderen direkt Reichsbankdirektor von Wedel, der Chef der Auslandschuldenabteilung, verschiedenen Schweizer Bankiers bestens bekannt. Ein besonderes Gewicht im obersten Führungsgremium der Reichsbank besass ausserdem Karl Friedrich Wilhelm, der Chef über das Devisen- und Edelmetallgeschäft. Sein Referent Hartlieb beschäftigt sich unter anderem mit Devisenfragen des Vierjahresplanes.[233] Zu vermerken ist ausserdem, dass nun Geheimrat Hermann Schmitz, der Vorstandschef der I.G. Farben und nach wie vor Präsident der I.G. Chemie in Basel, durch Entscheid von Funk (und nach Rücksprache mit Staatssekretär von Weizsäcker) seinen Einzug in den Verwaltungsrat der Bank für Internationalen Zahlungsausgleich in Basel hielt.[234] Schmitz sass auch im Beirat der Reichsbank. Wenige Deutsche in höchster Position kannten die Stärken und Schwächen der Schweiz so gut wie er.

Wann immer in den Verhandlungen mit der Schweiz von der «Devisenspitze» die Rede ist, muss man sich die oben genannten Reichsbankvertreter als wesentliche Entscheidungsträger im Hintergrund denken. Etwas komplexer gestalteten sich die Dinge im Auswärtigen Amt. Hier musste sich Hemmen mit Wiehl, Woermann und Weizsäcker in geeigneter Weise arrangieren. Alle vier gehörten zur selben Generation, geboren zwischen 1882 und 1888. Ministerialdirektor Emil Wiehl war als Nachfolger Ritters seit November 1937 (bis 1944) Leiter der Handelspolitischen Abteilung. Ernst Woermann fungierte seit April 1938 mit der Amtsbezeichnung Unterstaatssekretär als Leiter der Politischen Abteilung. Er hatte sich vorher unter Ribbentrop als Botschaftsrat in London profiliert. Hemmen bezeichnete ihn als «eminent begabten Mann», obschon ein «starker Trinker». Den Staatssekretär Ernst von Weizsäcker schliesslich beschrieb Hemmen nachträglich als «sicher klug, aber nicht konstruktiv und keineswegs von irgendwelchen Ideen gepackt». Über die Machtverhältnisse im Auswärtigen Amt bestand für Hemmen aus der Rückschau kein Zweifel: Woermann war mit Weizsäcker eng liiert. «Die beiden haben den ganzen Laden dort regiert.»[235] Und schliesslich gab es auf deutscher Seite noch den «Handelspolitischen Ausschuss», dessen Entscheidungen nach aussen nicht erwähnt werden durften. In diesem Ausschuss waren im Mai 1938 neben dem Auswärtigen Amt das Reichswirtschafts- und das Reichsfinanzministerium sowie die Reichsbank und die Vierjahresplanbehörde auf höherem Beamtenniveau vertreten. Hier flossen die verschiedenartigen Interessen zusammen und konnten je nach taktischem Geschick des Delegationsleiters gebündelt werden. Die Aufzeichnungen über diese Sitzungen sind indes recht unterschiedlich, manchmal sehr knapp und bisweilen näher beim Typ eines Beschlussprotokolls, mithin oft nur eine Quelle von beschränktem Wert zur innerdeutschen Meinungsbildung.

Im Zentrum der schweizerisch-deutschen Verhandlungsrunden vom Frühjahr 1938 standen die Verlängerung des Verrechnungsabkommens sowie die Eingliederung Österreichs in den komplexen Gesamtrahmen der Transfer- und Handelsvereinbarungen. Die Schweiz hatte bisher mehr Zahlungen aus Österreich erhalten als in umgekehrter Richtung zu leisten waren. Von vorneherein war klar, dass die Eidgenossenschaft mit einer Fortsetzung dieser vorteilhaften Verhältnisse nicht rechnen konnte. Deshalb gehörte es zur schweizerischen Ausgangsposition, gewissermassen als Kompensation auf eine Verminderung der freien Reichsbankquote zu drängen. Man glaubte dies umso eher tun zu können, weil sich das «Dritte Reich» bekanntermassen an den Währungsreserven der österreichischen Nationalbank zu bereichern wusste.[236] Als besonderes Element galt es zu berücksichtigen, dass die Schweizerische Eidgenossenschaft unter dem Titel von Wiederaufbaukrediten und Völkerbundsanleihen noch Forderungen von 45 Millionen Franken an den österreichischen Staat ausstehend hatte.[237] Dazu kamen umfangreiche private Guthaben im östlichen Nachbarland, deren Zinsen und Amortisationen nun zur Diskussion standen. Insgesamt betrug die österreichische Verschuldung gegenüber der Schweiz nach damaligen Schätzungen mehr als 400 Millionen Franken.

Der deutsche Verhandlungsleiter Hemmen bestimmte bereits in der zweiten Runde im Mai 1938 den Ton durch seine harte Linie, obschon die Schweizer in Bezug auf die Höhe der Zinszahlungen bedeutendes Entgegenkommen erkennen liessen. Hemmen lehnte jedoch jedes Zugeständnis in Bezug auf die Reichsbankspitze ab und setzte auf eine nervenaufreibende, abwartende Haltung bis zum Ablauf des bestehenden Verrechnungsabkommens Ende Juni. Der Handelspolitische Ausschuss der involvierten deutschen Ministerien war mit dieser Taktik einverstanden.[238] Um den Druck auf die Schweiz noch zu erhöhen, brachte die deutsche Delegation in dieser Phase auch eine brisante, jedoch sachfremde Forderung ein: Die schweizerische Regierung müsse intervenieren in der Streitfrage der Exekution der deutschen Devisengesetzgebung, die von schweizerischen Gerichten als gegen den «ordre public» verstossend nicht anerkannt worden war (vgl. Kapitel 6.1.). Die schweizerische Delegation lehnte einen solchen Eingriff, den man als «Zumutung» betrachtete, in den Worten Hombergers «auf das Entschiedenste» ab. Allerdings gab es im Vorort auch eine Stimme, die es für «unnötig und sachlich falsch» hielt, wenn das Bundesgericht in seinen Urteilen das deutsche

Devisenzwangsregime als unsittlich und gegen die Interessen der Schweiz verstossend bezeichne.[239]

So war es dann weiter nicht erstaunlich, dass auch die nächstfolgende Verhandlungsetappe bis zum 4. Juni 1938 resultatlos blieb. Hemmen liess drohend durchblicken, Deutschland werde das Verrechnungsabkommen per Ende Juni auslaufen lassen, falls die Schweiz nicht einlenke, und dann autonome Massnahmen treffen. Wiederum erhielt er die notwendige Unterstützung durch den Handelspolitischen Ausschuss. Auf deutscher Seite war man überzeugt, dass die Schweiz damit nur verlieren konnte. Über die Forderungen des Bundes an Österreich liess sich bezeichnenderweise in dieser Verhandlungsphase überhaupt nicht diskutieren. Auch die Probleme der schweizerischen Grenzbanken mit ihren Forderungen in Vorarlberg blieben ungeklärt.[240] Kurz: ein deprimierender Zwischenstand für die schweizerischen Verhandlungsdelegierten. Fünf Tage später sandte dann Hitler in seiner Unterredung mit Frölicher auf neutralitätspolitischer Ebene jene bereits erwähnten versöhnlichen Signale aus. Es war Hitler durchaus bekannt, dass die Wirtschaftsverhandlungen in eine Krise geraten waren. Der «Führer» drückte jedoch gemäss Frölichers Bericht seine Hoffnung auf eine Lösung aus und suchte Verständnis für die schwierige wirtschaftliche Lage Deutschlands. Der schweizerische Gesandte glaubte daraus ableiten zu dürfen, dass ein vertragsloser Zustand mit der Schweiz auf höchster Ebene «nicht leicht genommen wird».[241]

In Wirklichkeit hatte Hemmen – nach der Aufzeichnung des anwesenden Vertreters des Auswärtigen Amtes – in der Schlusssitzung vom 4. Juni «in durchaus unmissverständlicher, ja scharfer Weise der Schweizerischen Delegation erklärt, dass keinerlei Aussicht bestehe, dass man deutscherseits von den überreichten Abkommensentwürfen abgehe». Diese Schlusssitzung bedeutete «unmissverständlich den vorläufigen Abbruch der Verhandlungen». Allerdings wurde dies beidseitig nach aussen «kaschiert».[242] In dieser durch extreme Unsicherheit bestimmten Phase versuchte nun Volkswirtschaftsminister Hermann Obrecht einige persönliche Schachzüge, welche sich nicht völlig durchschauen lassen. Es ging gemäss deutschen Aufzeichnungen um gewisse Missverständnisse und eine bundesrätliche Indiskretion an einen prominenten schweizerischen Parteifreund Obrechts. Jedenfalls versuchte Hermann Obrecht die Wellen zu glätten und die Türe für eine Fortsetzung der Verhandlungen offen zu halten.[243] Auch der Präsident der deutschen Handelskammer in der Schweiz war sehr beunruhigt und wandte sich in einem Schreiben an Staatssekretär von Weizsäcker gegen einen vertragslosen Zustand.[244]

In Berlin ging man in diesen Wochen gegenüber der Schweiz zweifellos mit einigem Raffinement ans Werk. Es kam eine geradezu klassische

Taktik von scheinbarem Entgegenkommen auf der höheren politischen Ebene, gepaart mit beträchtlicher Schärfe auf der «exekutiven» Verhandlungsstufe, zur Anwendung. Als nämlich Frölicher am 22. Juni 1938 seine Antrittsvisite bei Goebbels machte, gab sich der sonst so rabiate Propagandaminister überraschend ziviliert. Es sei zwar für Deutschland nicht leicht, die bestehenden Zeitungsverbote aufzuheben, «weil Deutschland es nicht zulassen könne, dass eine deutsch geschriebene Auslandspresse die Rolle der in Deutschland verbotenen Inlandspresse übernehme», meinte Goebbels nach Frölichers Erinnerung. Indes habe er bereits Weisungen gegeben, «dass in der deutschen Presse Angriffe gegen die inneren Einrichtungen der Schweiz zu unterbleiben hätten und dass man davon Abstand nehme, auf die zahlreichen Unfreundlichkeiten zu antworten». Frölicher hielt es da für angebracht, darauf hinzuweisen, dass der Bundesrat seit längerer Zeit bemüht sei, «mässigend auf die schweizerische Presse einzuwirken».[245]

Doch auf der unteren Stufe liess Goebbels nun seinen neuen Presseattaché in Bern, Fritz von Chamier, recht deutlich werden. Aufschlussreich ist ein Besuch Chamiers bei Nationalrat Feldmann, Mitglied der aussenpolitischen Kommission, nur wenige Tage nach Frölichers Visite bei Goebbels. In Bern konnte Chamier nun offen erklären, «dass Deutschland in den gegenwärtigen Wirtschaftsverhandlungen mit der Schweiz sich deshalb so stark den schweizerischen Wünschen widersetze, weil man deutscherseits Anlass zu Klagen über die Haltung der schweizerischen Presse zu haben glaube», hielt Feldmann in seinem Tagebuch fest. «Ich musste ziemlich an mich halten, um angesichts dieser unverhüllten Pressionen nicht grob zu werden», notierte sich Feldmann über seine Reaktion. Er erinnerte den deutschen Presseattaché daran, dass eine Entspannung in der Pressefrage «ungeheuer erschwert» werde «durch das Misstrauen, das die rein auf Machtziele und Unterwerfung eingestellte Aussenpolitik des deutschen Nationalsozialismus erwecken müsse».[246] Der Pressekonflikt schwelte weiter, scheinbar losgelöst, aber durchaus nicht ohne Rückwirkungen auf die Wirtschaftsverhandlungen. Presseattaché Chamier hatte sich bei Feldmann vermutlich den falschen Adressaten ausgesucht. Markus Feldmann spielte zwar eine wichtige Rolle in der aussenpolitischen Kommission und in den Pressekontroversen mit Deutschland, aber er blieb an seinem Chefredaktorpult in Bern ziemlich «wirtschaftsfremd». Feldmann galt seinen innenpolitischen Widersachern als «links orientiert», und zu seinen Intimgegnern gehörte insbesondere sein einflussreicher Parteikollege Nationalrat Dr. Roman Abt aus Wohlen im Aargau.[247] Feldmann seinerseits hatte dem bisweilen temperamentvollen Rechtsanwalt Abt in einer längeren Sündenliste zuhanden von Bundesrat Minger schon einige Jahre vorher «fragwürdige Charaktereigenschaften, Zynismus, Oberflächlichkeit» vorgeworfen.[248] Die beiden

BGB-Politiker werden bis zum Tode Abts letztlich unverträgliche Gegenspieler bleiben. Dies ist deshalb von Bedeutung, weil Roman Abt in gewissen Momenten auf wirkungsvolle Weise seinen Einfluss – nicht zuletzt über die Bundesräte Minger und Obrecht – zum Tragen brachte. Nationalrat Abt war nicht frei von möglicherweise problematischen Interessenbindungen. Er besass mehrere Häuser in Deutschland, war unter anderem Verwaltungsratspräsident der Albiswerke in Zürich (die zum Siemens-Halske-Konzern gehörten) und bewarb sich nun 1938 um ein Landgut in Österreich.[249] Das besagt nichts über seine patriotische Einstellung, es erhellt jedoch jene Konfliktzonen, die sich für zahlreiche Akteure in der Wirtschaft zunehmend verschärften.

Wer seine deutschen Absatzmärkte, seine Vermögenswerte und seine Kundenbeziehungen (dazu gehört auch die schweizerische Hotellerie) nicht leichthin aufgeben mochte, befand sich in einer zwiespältigen Lage. Die Haltung der schweizerischen Presse gegenüber Deutschland wurde in diesem Zusammenhang von manchen Exponenten in der Wirtschaft mit einiger Beunruhigung beobachtet. Ernst Wetter drückte diese Besorgnis im April 1938 im Namen des Vororts in einem Schreiben an Bundesrat Motta sehr deutlich aus: Für die Wirtschaftsverhandlungen mit Deutschland dürfe nicht eine Atmosphäre geschaffen werden, «die eine rein sachliche Lösung erschwert oder gar verunmöglicht». Die schweizerische Wirtschaft, so Wetter, sei «beunruhigt über die teilweise hemmungslose, teilweise wenigstens unvorsichtige Kritik speziell deutscher Verhältnisse durch die schweizerische Presse». Wetter kommt dann zum Kern der Argumentation: Man könne leicht wirtschaftliche Beziehungen zerschlagen, «aber niemand wird dann der schweizerischen Exportindustrie für verlorene Absatzgebiete Ersatz und der schweizerischen Bevölkerung Arbeit verschaffen».[250] Eine Delegation der «Grossindustrie» wird schliesslich im Herbst 1938 bei Bundesrat Obrecht vorsprechen. Diese Herren befürchten, «dass die Schweiz ernsten wirtschaftlichen Schwierigkeiten entgegengeht, wenn es nicht gelingt, diese Presse dafür zu gewinnen, dass sie weniger einseitig über die Verhältnisse in Deutschland und Italien urteilt».[251] Bundesrat Obrecht schien für die Anliegen der Delegation einiges Verständnis aufzubringen, sie entsprachen auch ganz der Linie von Bundesrat Motta und dessen rechter Hand Pierre Bonna. Der Aussenminister wird Ende Oktober 1938 in einer erweiterten Auslandredaktorenkonferenz die Journalisten auffordern, grössere Zurückhaltung zu üben und sich der Parteinahme «im Kampf der verschiedenen ideologischen Auffassungen fern(zu)halten». Motta gab dabei Kenntnis von der Vorsprache der Industriellen und einer ähnlich lautenden Eingabe des schweizerischen Fremdenverkehrsverbandes sowie einiger Schweizer in Deutschland. Seine Rede wurde jedoch von den versammelten Redaktoren, wie sich Markus Feldmann ausdrückte, «eisig aufgenommen, dafür dann die ersten kritischen Voten mit demonstrativem Beifall».[252] Chefredaktor Willy Bretscher von der ‹Neuen Zürcher Zeitung› wollte sich das Recht nicht nehmen lassen «zu den fremden ideologischen Auffassungen sich sachlich zu äussern und abwehrend Stellung zu nehmen». Die Schweiz sei einer intensiven deutschen Radiopropaganda ausgesetzt und müsse sich über die Presse zur Wehr setzen. Die Einsprachen gewisser Wirtschaftsexponenten beeindruckten den Chef der bekanntesten schweizerischen Wirtschaftszeitung keineswegs: «Die Wirtschaftskreise unseres Landes hätten durch ihre Milliardeninvestierungen in Deutschland gewisse Risiken auf sich genommen, und es sei unzulässig, dass auf ihre Interessen vor allem Rücksicht genommen werde», sagte Bretscher gemäss Protokoll der Sitzung. Der sozialdemokratische Nationalrat und Redaktor Schmid wandte sich anschliessend in klaren Worten gegen die Gefahr, «die in einer Art Defätismus und Gleichschaltung der Presse für unser Land liege».[253]

Den Industriellen wurde offenbar erst jetzt richtig bewusst, dass sie Gefahr liefen, sich in einer Weise zu exponieren, die ihren Anliegen in den Augen der Öffentlichkeit nicht zuträglich sein konnte. So schien es dem Basler Carl Koechlin, dass vielen schweizerischen Redaktoren das Verantwortungsgefühl für die gesamtschweizerische Situation abgehe, dass anderseits aber doch nicht der Eindruck erweckt werden dürfe, «als wolle man den Zuständen in Deutschland das Wort reden». Ernst Wetter beantragte entsprechend im Vorort, von einer schriftlichen Stellungnahme abzusehen und die Redaktoren der wichtigsten bürgerlichen Blätter «persönlich zu begrüssen».[254] Diesem fein nuancierten Vorgehen war jedoch wenig Erfolg beschieden. Eine Konferenz im Dezember 1938 zwischen leitenden Persönlichkeiten des Vororts und den Spitzenvertretern von NZZ, «Bund» und «Basler Nachrichten» brachte offensichtlich keine entscheidende Annäherung der Standpunkte. Die Journalisten warfen den Industriellen Verallgemeinerungen und Gedächtnisirrtümer vor. Verschiedene Herren des Vororts blieben verärgert.[255] Es gibt genügend Hinweise dafür, dass insbesondere der Glarner Textilindustrielle Caspar Jenny in diesen lang andauernden Auseinandersetzungen um die Pressepolitik gegenüber Deutschland eine wesentliche Rolle spielte. Caspar Jenny, geboren 1890, erscheint als geradezu klassische Verkörperung des vielseitig interessierten, eigenverantwortlichen Fabrikanten, wie ihn das 19. Jahrhundert in der Ostschweiz in grosser Zahl hervorgebracht hatte. Er gehörte bereits zur vierten Generation einer patriarchalischen Textildynastie (Baumwollspinnereien und Webereien u.a. in Ziegelbrücke), in der die Tradition gebot, im Lande Glarus auch politisch aktiv zu sein und als Offizier im Glarner Bataillon 85 seine militärischen Pflichten zu erfüllen. Seine eigentliche «Hausmacht» fand Caspar Jenny als Präsident des Schweizerischen Spinner-, Zwirner- und Webervereins. Von 1935 bis 1960 war er Mitglied des Vorortes, seit 1951 dessen Vizepräsident. Bereits seit 1924 sass er als Nachfolger seines Vaters im Verwaltungsrat der Schweizerischen Kreditanstalt, wo er 1953 zum Vizepräsidenten aufstieg. Eine Besonderheit von Caspar Jenny war zweifellos sein Engagement für die «Schweizer Mittelpresse» (SMP), die er während vieler Jahre präsidierte. Die SMP bezweckte die Stärkung vor allem der mittleren und kleineren schweizerischen Zeitungen durch die Übermittlung von Artikeln und Nachrichten. Der Kurs war stramm «bürgerlich» geprägt. Finanziell war die SMP offenbar stets auf Beiträge aus Wirtschaftskreisen angewiesen.[256] Dies ermöglichte gewissen Exponenten wie Caspar Jenny, ihren Einfluss gegebenenfalls auch gegen die grossen bürgerlichen Blätter geltend zu machen. Denn die Neue Zürcher Zeitung schien nicht gewillt, gegenüber Deutschland auf eine gedämpftere Linie einzuschwenken. Direktor Rietmann von der NZZ, gleichzeitig Präsident des Schweizerischen Zeitungsverlegervereins, machte in einem Brief an Aussenminister Motta wohl zu Recht darauf aufmerksam, dass man «bei uns» (gemeint war damit nicht zuletzt das Bundeshaus) den Umfang und die Tonart der deutschen Polemik gegen die Schweiz zu wenig genau kenne. So sei es gekommen, dass zum Beispiel die Schweizer Industriellen, «die keine Zeit zu vergleichender Zeitungslektüre haben und die die berechtigte Sorge für Arbeitsbeschaffung erfüllt, zum Glauben gebracht werden können, die schweizerische Presse sei ein Störenfried und Hemmnis für gute Beziehungen».[257] Markus Feldmann hatte seinerseits den Eindruck gewonnen, dass im Bundeshaus in Bezug auf die Pressefrage «geradezu brüllende Ahnungslosigkeit» herrsche. Minister Bonna zum Beispiel hatte einen gravierenden Artikel der «Münchener Neuesten Nachrichten» überhaupt nicht gelesen.[258] Der Pressekonflikt mit Deutschland liess sich unter diesen Umständen nicht beheben, umso weniger, als Berlin gegen Ende 1938 den Druck noch verstärkte. Der deutsche Presseattaché versuchte dabei gezielt auch den Chefredaktor der SMP, Samuel Haas, einzuschüchtern. Und der schweizerische Generalstabschef wird die «Auslassungen» des deutschen Presseattachés an einer offiziellen Abendeinladung als «Drohung» auffassen.[259]

Doch zurück zur dramatischen Verhandlungssituation von Anfang Juni 1938. Die Positionen hatten sich versteift. Die Schweizer Delegation kämpfte um die Erhaltung des Warenverkehrs, Deutschland insistierte auf der bisherigen Reichsbankquote. Es kam darauf an, wer die stärkeren Nerven besass. Heinrich Homberger sprach von einer «ungewöhnlich widrigen» Verhandlungsatmosphäre. Noch nie hatte sich die deutsche Seite «solche Grobheiten erlaubt».

Unverkennbar gab es eine «Frage Hemmen», wie sich Jean Hotz ausdrückte.[260] Der Bundesrat wollte ohne Konsultation des Vororts nichts unternehmen. Doch die schweizerische Seite wurde wie so häufig durch

Interessengegensätze geschwächt. Am 11. Juni rief der Vorort aus seiner Basis eine grössere konsultative Versammlung zusammen. Es ergab sich dabei die einstimmige Meinung, «dass die Schweiz diesmal stark sein und nicht nachgeben soll». Im Vorort selbst äusserten sich die einflussreichsten Mitglieder jetzt in ziemlich unverblümter Sprache. Carl Koechlin, der vielseitige und starke Vertreter der Basler Chemie,[261] berührte ein grundsätzliches Problem: Er hatte oft den Eindruck erhalten, die Schweizer Delegation sei instruiert worden, dass unbedingt ein Vertrag abgeschlossen werden müsse. Dies hätten auch die Deutschen vermutet. Jetzt sei der Moment gekommen, «wo selbst auf das Risiko vorübergehender Verluste die Möglichkeit eines Bruches mit Deutschland ins Auge gefasst werden muss». Ernst Wetter machte darauf aufmerksam, dass bisher die Position der Finanzgläubiger immer der Punkt war, «der die Stellung der Schweiz zu schwächen geeignet war». Heinrich Homberger fasste die Ansicht des Vororts zusammen, wonach die deutsche Position nur durch eine feste Haltung zu bekämpfen sei.[262] Das tönte recht mutig und entschlossen, doch bleibt die Frage offen, wer in der Schweiz wirklich bereit war, die letzten Konsequenzen eines Bruches mit Deutschland zu tragen. Die Situation der Industrie (zu denken ist an die Patrons alter Schule wie etwa Caspar Jenny und Hans Sulzer, aber auch an manche möglicherweise gefährdeten Hoteliers) war doch eine wesentlich andere als jene der Verbandsfunktionäre und halbberuflichen Politiker, ganz abgesehen von den finanziell abgesicherten Staatsdienern in Bern. Nicht ohne Grund hatte Carl Koechlin in der erwähnten Vororts-Sitzung, ungeachtet seiner harten Grundhaltung, dazu aufgefordert, verhandlungstaktisch beweglich zu bleiben.

Dies blieb auch den deutschen Horchposten in Zürich nicht ganz verborgen. Hans Georg Pauls, der Korrespondent der «Frankfurter Zeitung», informierte das Auswärtige Amt über die «deutliche Verhärtung der Stimmung», und zwar mit einem «politischen Beigeschmack». Pauls hatte bemerkt, dass zum ersten Mal seit einigen Jahren auf schweizerischer Seite «nicht einem Biegen, sondern einem Brechen das Wort geredet wird». Diese Tendenz stamme teils von behördlicher Seite, teils von einzelnen Finanzleuten. Hingegen glaubte Pauls beim Fremdenverkehr und der Exportindustrie Interesse an einem Neuanknüpfen der Verhandlungen erkennen zu können.[263] Tatsächlich hatte Peter Vieli in einer internschweizerischen Delegationssitzung kühl bemerkt, die Finanzgläubiger könnten einem Bruch mit Deutschland mit mehr Ruhe entgegensehen als die Exporteure. Hingegen hatte Professor Keller von der Handelsabteilung bereits verlauten lassen: «Es kommt der Tag, wo wir den Fühler ausstrecken müssen.» Die verhandlungstaktisch bedeutsame Frage war nur: Wann genau?[264] Der entscheidende Schritt im zähflüssigen Prozess der schweizerischen Entschlussfassung erfolgte in einer «kleinen

Konferenz» vom 23. Juni zwischen den Spitzen des Vororts sowie Vertretern der Bankiers, des Fremdenverkehrs und der Landwirtschaft mit den Bundesräten Obrecht, Motta und Pilet-Golaz. Ernst Wetter wies auf die «Besonderheit der heutigen Situation» hin und betonte, dass eine Reduktion des Warenexports um ca. 20% «unmöglich tragbar» sei. Ein Provisorium mit Deutschland wäre «vielleicht doch besser». Der Bauernführer Professor Laur verlangte ein Kontingent von 15 Millionen Franken für den Käseexport. Er wies indes (nach Aufzeichnung Kohlis) auch darauf hin, dass man es mit einem Partner zu tun habe, «der nicht nach wirtschaftlichen Kategorien deutet, sondern nach politischen». Der Vertreter des Fremdenverkehrs gab sich zufrieden mit den bisherigen deutschen Vorschlägen. Adolf Jöhr wies auf die Nachteile eines Abbruchs und die Gefahren eines Wirtschaftskrieges hin. Bundesrat Obrecht äusserte sich eher behutsam in zusammenfassendem und abwägendem Sinne und drückte seine Hoffnung auf einen Ausweg aus. Die Bundesräte Motta und Pilet, sonst so beredsam, verhielten sich auffallend schweigsam. Als Ziel galt gemäss Bundesratsprotokoll nur noch, «in letzter Stunde einen vertragslosen Zustand mit Deutschland zu vermeiden» und zu einer Überbrückungslösung zu gelangen («wenn die Deutschen nicht von allen guten Geistern verlassen sind»).[265]

Auf Ende Juni 1938 schickte Bundesrat Obrecht demzufolge eine kleine Delegation unter Leitung von Jean Hotz zur knappen Schlussrunde nach Berlin. Das Resultat vom 30. Juni: Verlängerung des Verrechnungsabkommens um ein Jahr mit vorzeitigen Rücktrittsmöglichkeiten. Leichte Verschiebung von ca. 600 000 Franken pro Monat von der bisherigen freien Reichsbankspitze auf das Warenkonto für Importe aus der Schweiz. Dies war allerdings keine echte deutsche Konzession, weil es sich in Wirklichkeit weitgehend um eingesparte Stillhaltezinsen handelte. Für den Warenverkehr mit Österreich kam eine Übergangsregelung bis Ende 1938 zur Anwendung, die den schweizerischen Industrieinteressen im Sinne eines separaten Warenclearings entgegenkam. Beim Kapitalverkehr konnte Deutschland seine Ziele durchsetzen: Fortfall der «Reichsmarkanweisungen A und B» sowie Herabsetzung des Zinsentransfers sowohl für private Forderungen wie für die Reichsschulden. Der schweizerische Fremdenverkehr konnte anderseits gewisse Verbesserungen erzielen.[266] Das deutsche Entgegenkommen beim Fremdenverkehr erklärte sich zum Teil aus dem devisenmässigen Vorteil, der sich nach komplizierten Rechnungen schliesslich für die Reichsbank ergeben musste.[267] Ausserdem stand im Hintergrund meist unausgesprochen das anhaltende deutsche Interesse an den in mancher Hinsicht nützlichen Sanatoriums-Stützpunkten in Davos und Agra.[268]

Ungeschminkt ausgedrückt: Die Schweiz war nicht annähernd so hart geblieben, wie die verschiedentlich geäusserten mutigen Töne während des Monats Juni eigentlich erwarten liessen. Die trotzige Entschlossenheit (wo sie wirklich echt war) wich teilweise längst bewährter Kompromissbereitschaft im Dienste der Exportindustrie und der Hoteliers. Den Preis bezahlten einmal mehr die Finanzgläubiger, deren Zahl nun auf 55 000–60 000 geschätzt wurde,[269] mit einem verkleinerten Anteil am «Verrechnungskuchen».[270] Aus deutscher Sicht schien es ohnehin erstaunlich, wie viel Kraft die Schweizer an die Verteilungsprobleme eines jedenfalls zu kleinen «Verrechnungskuchens» vergeudeten.[271] Diese zentrale Schwachstelle der schweizerischen Position war unverkennbar eine anhaltende Belastung. Bemerkenswert scheint, dass die schweizerische Verhandlungsdelegation intern bereits Anfang Juni zu einem Kompromiss neigte, der einen Wirtschaftskrieg vermeiden sollte, eben gerade weil die schweizerischen Interessen, wie es Adolf Jöhr ausdrückte, «wiederum kaum unter einen Hut zu bringen sind». Da gab es nur einen Weg: Der Bundesrat musste entscheiden.[272] Doch es fehlte in der Schweiz offensichtlich der politische Wille und die ordnende Kraft, um die Partikularinteressen wirksam einzudämmen und auf eine konsequente Linie zu verpflichten. Dies hätte freilich notwendig gemacht, vor allem für die aufgesplitterten Finanzinteressen eine innovative Lösung zu suchen, wie sie etwa Felix Somary in verschiedenen Phasen angeregt hatte. Ohne eine gewisse Opferbereitschaft war auch diese Option illusionär. Es war zweifellos bequemer, den vielfach geübten Weg der «Provisorien» weiterzugehen. Doch die Risiken und die Erpressbarkeit verminderten sich dabei angesichts der verschärften internationalen Spannungen keineswegs.

Dass es überhaupt Ende Juni 1938 zu einem Vertragsabschluss gekommen war, hing wohl nicht allein von der schweizerischen Nachgiebigkeit ab, sondern auch vom Verlauf der zeitlich parallel laufenden deutsch-britischen Verhandlungen zur Revision des bilateralen Zahlungsabkommens von 1934. Grossbritannien hatte in dieser Hinsicht einmal mehr mit einem Zwangsclearing gedroht, das Deutschland unbedingt zu verhindern trachtete. Denn für das «Dritte Reich» ging es in erster Linie um die Sicherung der Rohstoffeinfuhr via Grossbritannien, wozu auch «freie» Pfund Sterling benötigt wurden, die nur über den deutschen Export im Rahmen des bilateralen Zahlungsabkommens in ausreichender Weise zu beschaffen waren.[273] Auf dem Gebiet des Finanztransfers kam es zwischen Grossbritannien und Deutschland zu einem Kompromiss, zu dessen wichtigen Ingredienzien die Neuordnung des Zinsen- und Tilgungsdienstes (unter Wegfall der Funding Bonds und mit reduzierten Zinssätzen auf den deutschen Schulden) gehörte. Hjalmar Schacht soll das Abkommen privat kritisiert haben, weil es Grossbritannien zu viele Konzessionen einräumte. Auf britischer Seite kam es in der Folge zu aufschlussreichen Auseinandersetzungen über die Frage, wer wirklich in welcher Weise von der fortgesetzten wirtschaftlichen Zusammenarbeit zwischen Grossbritannien und Deutschland profitierte. Der britische Handelsattaché in Berlin stellte das Problem im Dezember 1938 in einem provokativen Memorandum, das auch die politischen Aspekte einschloss, zur Diskussion.[274] In Bern hingegen war solch offenes Debattieren zwischen den involvierten Stellen nicht Brauch. Beinahe undenkbar, dass ein schweizerischer Legationsrat gewagt hätte, die wichtigsten Entscheidungsträger in ähnlicher Weise in einer Grundsatzfrage herauszufordern.

Die indirekte Verbindung zwischen diesen bilateralen Verhandlungen Deutschlands mit Grossbritannien und der Schweiz bestand unter anderem darin, dass Deutschland im Grunde nach wie vor auch mit der Schweiz zu einer Art Zahlungsabkommen gelangen wollte, welches Berlin gegenüber dem Clearingkorsett mehr Beweglichkeit geboten hätte. Die «Berliner Börsen-Zeitung» wies in einem wohl aus Regierungskreisen inspirierten Kommentar im Juli dann auch darauf hin, dass sich die schweizerische Handelspolitik als «verfehlt» erwiesen habe, vor allem weil sie den «Clearingweg» betreten habe, der mit «Naturnotwendigkeit zu einer Verkümmerung des Wirtschaftsaustausches führen muss».[275] «Gross ist die Genugtuung nicht, die man hierzulande über das nach hartem Ringen erkämpfte Abkommen empfinden kann», kommentierte andererseits die Neue Zürcher Zeitung Anfang Juli 1938. Und doch werde «jeder verantwortungsbewusste Wirtschafter das Erreichte der beklemmenden Ungewissheit vorziehen, die der drohende vertragslose Zustand in sich geschlossen hätte».[276]

Tatsache war, dass sich der Verrechnungsverkehr mit Deutschland in den folgenden Monaten für die Schweiz unbefriedigend entwickelte. Eine Reduktion der deutschen Wertgrenzen schien sich aufzudrängen. Doch dagegen sträubten sich die schweizerischen Exportinteressen «mit Händen und Füssen», denn es konnte nach ihrer Ansicht keine Rede davon sein, «einen bestehenden, angestammten und unentbehrlichen Export nach Grossdeutschland einzuschränken», wie das Volkswirtschaftsdepartement zuhanden des Bundesrates im Oktober 1938 formulierte. Neu stellte sich zudem das Problem der Eingliederung der sudetendeutschen Gebiete in den «grossdeutschen» Machtbereich. Und im Partikularinteressenbereich forderte beispielsweise Professor Laur im Namen der Schweizer Bauern vehement einen grösseren Käseexportanteil im Handel mit Deutschland.[277]

Ein weiteres Element verdient in dieser Phase bis zum Sommer 1939 nicht zuletzt aus verhandlungstaktischer Perspektive Beachtung: der Wunsch des Bundesrates, wohlwollende Erklärungen der Nachbarstaaten zur Sicherstellung der schweizerischen Güterzufuhr im Kriegsfall zu «erwirken». Diese Initiative stand im September 1938 in enger Beziehung zur Sudetenkrise. Das Politische Departement und die zuständigen Gesandtschaften wurden beauftragt, «unverzüglich» entsprechende Verhandlungen einzuleiten. Während in Paris rasch grundsätzliche Bereitwilligkeit erkennbar wurde, zeigte man an der Wilhelmstrasse keine Eile. Als Frölicher Mitte Oktober Ernst von Weizsäcker erinnernd darauf ansprach, gab sich der Staatssekretär erstaunt, dass die Schweiz nach der Überwindung der Krise eine solche Erklärung immer noch für notwendig hielt. «Scherzhaft» fragte er den Gesandten, «welche Kriegsgefahr wir denn schon wieder vermuten.»[278] Symptomatisch war nun, dass sich die Verhandlungen mit Deutschland in dieser Sache in die Länge zogen. Aus der Wirtschaftsabteilung im Auswärtigen Amt kamen Einwände. Früh wurde der Wunsch nach einer Gegenleistung der Schweiz zugunsten des deutschen Durchgangsverkehrs geäussert.[279] Der deutschen Seite war mit dem ziemlich ungeschickten schweizerischen Drängen ein nützliches Verhandlungselement in die Hände gespielt worden. Erst Ende Juni 1939 wird sich das Auswärtige Amt zu einer Verbalnote bequemen, die so unverbindlich formuliert war, dass man daraus keine echte Verpflichtung ableiten konnte.[280]

Mittlerweile war es im Spätherbst 1938 zu einer weiteren mühsamen Verhandlungsrunde im Zusammenhang mit der Eingliederung Österreichs und des Sudetengebietes in die Clearingvereinbarungen gekommen. Jedes Zugeständnis Deutschlands, meldete Homberger im Vorort, müsse erkämpft werden. Von einem Gleichgewicht im Clearing mit Deutschland konnte keine Rede sein. Ein Grund dazu lag in der verschärft antideutschen Stimmung in der schweizerischen Bevölkerung, die sich auf den Warenimport auswirkte. Ein mehr oder weniger stiller Boykott deutscher Waren konnte jedoch unter dem Zwangsregime des Clearings keineswegs im Interesse der Schweizer Exporteure liegen. Ein offensichtlich «gesteuerter» Artikel im «Bund» enthielt im Dezember 1938 gar die Aufforderung, im schweizerischen Interesse deutsche Waren zu kaufen.[281] Einmal mehr war es da im Vorort Carl Koechlin, der eine bedeutende Grundsatzfrage zur Debatte stellte. Er plädierte jetzt dafür, den Export verstärkt auf die Westmächte und die USA auszurichten, um die Abhängigkeit von Deutschland zu verringern. Das kam scheinbar etwas spät. Doch das Thema lag in Wirklichkeit seit einiger Zeit in der Luft; nur zeigten manche Protagonisten eine auffallende Scheu, in offener Diskussion darauf einzutreten. Ein kritischer Kopf aus St. Gallen hatte Jean Hotz zum Beispiel im Mai 1938 aufgefordert, dafür zu sorgen, «dass wir sobald als möglich, auf jeden Fall in absehbarer Zeit, von Deutschland unabhängig werden, damit wir kaufen können, wo wir wollen, damit wir der Stellung des ‹starken Schuldners› die des zahlungsfähigen Käufers entgegensetzen können». Hotz hat sich diesen Satz als «Prinzip» angestrichen, er liess den Brief bei gewissen Mitarbeitern zirkulieren, doch wie wir gesehen haben, liefen die Juni-Verhandlungen in eine andere Richtung.[282] Heinrich Hombergers Reaktion im Vorort auf Koechlins Votum war etwas verhalten, als ob er einer vertieften Diskussion ausweichen wollte. Er gab nur zu bedenken, dass eine Umstellung auf andere Absatzgebiete nicht leicht anzubahnen sei, das habe sich zum Beispiel bei der Uhrenindustrie gezeigt.[283] Im Eidgenössischen Politischen Departement hatte man zu diesem zentralen Thema eine ganz klare Meinung. Bundesrat Motta unterzeichnete im November einen Brief an den Vorort, in dem es hiess: «Die Schweiz ist auf das deutsche Wirtschaftsgebiet, das zudem in den letzten Monaten eine ganz beträchtliche Vergrösserung erfahren hat, nun einmal angewiesen, und es kann doch keine Rede davon sein, aus einer ideologischen Kampfesstimmung heraus alte bewährte Geschäftsverbindungen mit Deutschland aufzugeben und deutsche Besucher unseres Landes abzustossen.» Im Aussenministerium zu Bern war es eine ausgemachte Sache, «dass es schwer fallen dürfte, für diesen Ausfall in andern Staaten nur annähernd Ersatz zu schaffen...».[284] Ob man in Mottas Departement solche Ausweichoptionen jemals ernstlich prüfte, bleibt eine offene Frage. Der Brief erstaunt am Rande auch deshalb, weil für diese Materie in erster Linie das Volkswirtschaftsdepartement zuständig war. Es ist nicht auszuschliessen, dass sich Bundesrat Obrecht und Direktor Hotz zu diesem Zeitpunkt nicht exponieren wollten. In Grossbritannien hingegen wurden Vor- und Nachteile fortgesetzter Wirtschafts- und Finanzbeziehungen mit dem «Dritten Reich» nüchtern abgewogen. Im Board of Trade hielt man nicht einmal die Drohung mit einem Clearing gegenüber Deutschland für ratsam. Der einflussreiche Regierungsberater Sir Frederick Leith-Ross kam im Januar 1939 zur Schlussfolgerung, dass eine Auflösung des bilateralen Zahlungsabkommens für Grossbritannien mehr Nachteile als Vorteile bringen würde. Den britischen Handelsinteressen lag vor allem am Export von Kohle und Textilien. Sir Frederick schätzte, dass ein Abbruch des britischen Exports nach Deutschland zusätzliche 100 000 Arbeitslose schaffen würde.[285] Das war ein gewichtiges Argument, das auch in der Schweiz stets im Hintergrund der Überlegungen stand.

Die deutsch-schweizerischen Wirtschaftsverhandlungen vom Spätherbst 1938 wurden schliesslich dadurch erleichtert, dass einerseits für Berlin ein vertragsloser Zustand in dieser Phase nicht wünschbar erschien und andererseits die Schweiz aus deutscher Sicht bereit war, «ins Gewicht fallende Zugeständnisse» zu machen. Dem Verhandlungsklima war offenbar zuträglich, dass auf Expertenebene gearbeitet werden konnte. Die deutsche Delegation wurde von Ministerialrat Seyboth vom Reichswirtschaftsministerium, die schweizerische von Heinrich Homberger geleitet. Alles vollzog sich unter dem Titel von weiteren «Provisorien» bis Mitte 1939. Die schweizerische Delegation stand unter dem Eindruck, «wenigstens für ein paar Monate eine sehr kostbare Atempause» bekommen zu haben.[286] Auch im Problemfeld der Grenzbankenkompensation waren Fortschritte erzielt worden, die schliesslich bis Juni 1939 zu 626 «Genehmigungsbescheiden» führten. Bedeutend weniger erfolgreich war die Schweiz allerdings bei der Eintreibung der ehemaligen österreichischen Staatsschulden gegenüber der Eidgenossenschaft. Hier begnügte man sich im März 1939 mit einer unbefriedigenden Teilabgeltung in Reichsmark auf «Sonderkonto».[287] Die Wirtschaftsvereinbarungen vom 2. Dezember 1938 regelten auf kurze Frist einige Einzelprobleme wie etwa die beschränkte Aufrechterhaltung des Stickerei-Veredelungsverkehrs mit Vorarlberg. Für die Sudetengebiete wurde eine Sonderregelung mit einem reduzierten schweizerischen Export getroffen, dessen Erlös im Verrechnungsverkehr ganz dem Warenkonto zugute kam. Der Separatclearing mit Österreich wurde um ein halbes Jahr verlängert. Die Vereinbarungen standen völlig unter dem Zeichen der Überbrückung der angespannten Clearinglage. Zu diesem Zweck musste der Plafond für die deutschen Zahlungsrückstände aus dem Warenverkehr auf 35 Millionen Franken erhöht werden. Das war nichts anderes als eine schweizerische Handelskreditgewährung, freilich nicht von der Seite der Banken, sondern der Exportindustrie im offiziellen Rahmen des Clearing. Hinzu rechnen muss man die Altlast der Rückstände von 1936, die bis Ende 1938 durch besondere Kohlenlieferungen immerhin auf 14.5 Millionen Franken abgebaut worden waren.

Die Schweiz zahlte demnach einen nicht unbeträchtlichen Preis für die Erhaltung ihrer Marktstellung in Deutschland. 18% der schweizerischen Exporte gingen im Jahre 1938 nach Deutschland und Österreich. «Grossdeutschland» blieb wie schon das «Altreich» unverändert der wichtigste Ausfuhrmarkt der Schweiz. In absoluten Zahlen bedeutete dies 1938 einen Export von 236 Millionen Franken nach Deutschland und Österreich (Vorjahr Fr. 237 Mio.). Auf deutscher Seite wurde offen kommentiert, dass namentlich die schweizerische Textilindustrie ohne den bisherigen Absatz auf dem deutschen Markt vermutlich «in eine Katastrophe hineinrutschen» würde.[288] Auf der Importseite der Schweiz ergab sich 1938 eine Reduktion um 9% auf 406 Millionen Franken aus «Grossdeutschland». Der Marktanteil von Deutschland und Österreich betrug 25%. Vom gesamten Handelsbilanzdefizit der Schweiz von 290 Millionen Franken entfielen 58% auf Deutschland und Österreich. Von Deutschland aus gesehen stand die Schweiz 1938 als Abnehmer unverändert an siebenter Stelle. Der Zusatznutzen lag für Deutschland nach wie vor in erster Linie bei den freien Devisen aus der Reichsbankquote und Nebenquellen. Unter den Lieferantenländern Deutschlands lag Grossbritannien an der Spitze, knapp gefolgt von Schweden. Die Schweiz lag auf dem 13. Platz.

6.6. Die letzte Etappe mit Bewegungsfreiheit. Wer nützt sie aus?

Ende Februar 1939 stellte das Reichswirtschaftsministerium ganz sachlich fest, dass die deutsche Verschuldung auf dem Warenkonto gegenüber der Schweiz mit 46 Millionen Franken «untragbar» geworden sei. Das Auswärtige Amt wurde aufgefordert, sofortige Verhandlungen mit der Schweiz einzuleiten. Die Antwort von Jean Hotz ist sehr aufschlussreich: Er liess über Bibra ausrichten, man dürfe den Rückstand «nicht allzu ängstlich» beurteilen. Die Schweiz möchte zunächst die Resultate der Bestrebungen zur Steigerung der Einfuhr aus Deutschland abwarten. Der Bundesrat, so Hotz mündlich gegenüber Bibra, wäre dankbar für eine Verschiebung, um «unerfreuliche» parlamentarische Anfragen in der Märzsession zu vermeiden.[289]

Doch der März 1939 wurde von bedeutend Wichtigerem geprägt. Der überraschende deutsche Einmarsch in Prag am 15. März, die endgültige Zerschlagung der Tschechoslowakei, löste eine neue Schockwelle aus. Die Schweizer, die sich bisher mit den bekannten Erklärungen Hitlers gegenüber Schulthess beruhigt hätten, könnten jetzt ermessen – so berichtete der französische Botschafter nach Paris –, welchen Wert solchen Versicherungen zukäme.[290] War auch die Schweiz möglicherweise bedroht? In London und Paris machte man sich im Februar 1939 darüber einige Gedanken. Auf französischer Seite wurde seit geraumer Zeit die Ansicht vertreten, Nazi-Deutschland könnte es auf das Gold und die Wertschriften bei den schweizerischen Banken abgesehen haben. Aussenminister Bonnet äusserte sich bereits im September 1938 in dieser Hinsicht. Nach der Besetzung von «Böhmen und Mähren» wies man am Quai d'Orsay erneut auf eine solche Gefahr hin. Insbesondere die Banktresore in Basel schienen den besorgten Franzosen gefährdet. Dies wiederum provozierte die ironische Bemerkung von Pierre Bonna in Bern, die französischen Besorgnisse entsprängen wohl dem Wunsch nach Repatriierung der französischen «Fluchtgelder».[291]

War die Schweiz auf einen Überfall vorbereitet? Die Antwort des stellvertretenden Generalstabschefs Jakob Huber lässt an Deutlichkeit nichts zu wünschen übrig: «Unser jetziger permanenter Grenzschutz ist gegen einen Überfall völlig ungenügend.» Er forderte diskrete Verstärkung («Aufgebot à tour de rôle») durch die Truppen der Grenzbrigaden, um wenigstens die Besetzung der «verwendbaren Befestigungen» sowie die Bewachung der zündbereiten Minen zu ermöglichen.[292] Doch erst am 23./25. März schritt man in Bern zur Tat, als Gerüchte umliefen, Deutschland konzentriere Truppen in der Bodenseegegend und wolle Liechtenstein besetzen. Da konnte sich die Landesverteidigungskommission sogar zu einem Aufgebot der Alarmdetachemente der Grenztruppen durchringen.²⁹³ «Zu weiteren Massnahmen besteht zurzeit kein Anlass», liess der Bundesrat beruhigend am 25. März verkünden. Doch die schweizerische Nervosität entging den Deutschen nicht. Militärattaché von Ilsemann sprach «sehr besorgt» beim Generalstab vor und wurde dort damit beruhigt, die schweizerischen militärischen Massnahmen seien keineswegs einseitig gegen Deutschland gerichtet.²⁹⁴ Bereits Anfang April wurden die Alarmdetachemente der Grenztruppen wieder entlassen und man war praktisch zurück beim alten unbefriedigenden Zustand. Zwar befürwortete die Generalstabsabteilung weiterhin zusätzliche sichernde Aufgebote, doch die Landesverteidigungskommission verhielt sich seltsam zögernd und zurückhaltend. Sie nahm in Kauf, wie es der spätere Generalstabschef Hans Senn formuliert, dass das Gegenteil einer Abhaltewirkung erzeugt und das Volk verunsichert wurde.²⁹⁵

Immerhin gaben sich die drei Bundesräte Obrecht, Etter und Minger einige Mühe, die Ängste der Bevölkerung zu dämpfen und die Widerstandsmoral zu stärken. Hermann Obrecht hatte dabei am meisten Erfolg. Am 16. März 1939 hielt er in Basel bei der Neuen Helvetischen Gesellschaft eine Rede, in deren Einleitung er einige Sätze improvisiert einschaltete: «Das Ausland muss es wissen: Wer uns ehrt und in Ruhe lässt, ist unser Freund. Wer dagegen unsere Unabhängigkeit und Unversehrtheit angreifen sollte, dem wartet der Krieg! Wir Schweizer werden nicht zuerst ins Ausland wallfahrten gehen.» Der Schlusssatz, eine Anspielung auf die Besuche von Schuschnigg im Vorjahr und von Hacha am 14. März 1938 bei Hitler, machte Hermann Obrecht beinahe über Nacht in der deutschsprachigen Schweiz zum populärsten Bundesrat. Professor Marbach rief Markus Feldmann an, um ihm mitzuteilen, die Erklärungen Obrechts und Etters hätten in der Arbeiterschaft «wie eine Erlösung gewirkt, da man in der Arbeiterschaft dem Bundesrat diesen Abwehrwillen nicht mehr zugetraut hätte». Die sozialdemokratische Presse, die Obrecht bei seiner Wahl in den Bundesrat noch als «Kanonenkönig» geschmäht hatte, sparte jetzt nicht mit Zustimmung.²⁹⁶ Aus Obrechts Wortwahl konnten aufmerksame Zuhörer, wenn sie wollten, auch eine Spitze gegen alt Bundesrat Schulthess und dessen Besuch von 1937 in Berlin heraushören. Zwei Tage nach Obrecht richtete Bundespräsident Etter in einer Radioansprache beruhigende und stärkende Worte an die Bevölkerung. Der katholisch-konservative Philipp Etter aus dem Kanton Zug, tief geprägt von innerschweizerischem Geschichtsbewusstsein, war überzeugt, dass bei Einigkeit, Geschlossenheit und Stärke des Schweizervolkes auch fürderhin die göttliche Vorsehung über der Schweiz walten werde.²⁹⁷ Bundesrat Minger schliesslich benützte eine vaterländische Kundgebung in Lausanne am 24. März, um in einer kurzen Ansprache deutlich Stellung zu nehmen. «Wer sich auf internationale Verträge und Versprechungen verlässt, der ist verlassen», rief Minger aus. Sollte eine Grossmacht kriegerisch über die Schweiz herfallen, «dann wird unser Volk seine gepanzerte Faust erheben». Ganz nebenbei gab Minger zu, dass die Kriegsbereitschaft «noch nicht so ist, wie wir sie wünschen». Gleichwohl dürfe man der Armee vollstes Vertrauen entgegenbringen, denn hinter der Armee stehe ein Volk mit unerschütterlichem Abwehrwillen.[298] Oberst Hans Frick, Unterstabschef im Generalstab, wird wenige Wochen später in einem Vortrag vor der Neuen Helvetischen Gesellschaft in Zürich (Titel: «Können wir uns verteidigen?») ein insgesamt realistisches, wenn auch in manchen Punkten etwas optimistisches Bild der Lage zeichnen. Frick sprach im voll besetzten Zürcher Börsensaal. Ein Satz des Unterstabschefs liess in dieser Umgebung vermutlich nicht wenige Zuhörer aufhorchen: «Und unser ganzes Volk, das allzu gern klaren Entscheidungen aus dem Wege geht, allzu gern sich von materiellen Vorteilen gefangen nehmen lässt, wird noch mehr lernen müssen, entschlossen zu sein, und von furchtloser Bereitschaft, alles für das Land hinzugeben.»[299]

So weit die patriotische Rhetorik, deren Bedeutung man aus der Rückschau keineswegs gering schätzen sollte. Die Landesausstellung vom Sommer 1939 wird den Höhepunkt dieser nationalen Geschlossenheit markieren. Doch wo sich konkrete Probleme im wirtschaftlich-finanziellen Bereich stellten, war die Lösung nicht ganz einfach. So griff Nazi-Deutschland zum Beispiel blitzschnell nach den Goldreserven der Tschechoslowakei. Davon lagen 1013 Barren im Wert von 61 Millionen Franken bei der Schweizerischen Nationalbank. Dieses Gold hatte zur Deckung des Kredits einiger Grossbanken an die Tschechoslowakische Postsparkasse gedient.[300] Der Kredit war Ende Februar pünktlich zurückgezahlt worden, das Gold wurde in der Schweiz im Prinzip nicht mehr benötigt. Die Narodni Banka Ceskoslovenska gab gemäss den Quellen der Schweizerischen Nationalbank schon vor dem deutschen Einmarsch in Prag Auftrag zum Transfer an die Reichsbank. Die effektive Auslieferung nach Berlin erfolgte jedoch erst vom 15. bis zum 20. März 1939.[301] Das sickerte an die Öffentlichkeit durch. Diskret erkundigte sich die britische Gesandtschaft und erhielt zur Antwort von der Nationalbank: «The Swiss National Bank had no other course but to comply with these instructions.»[302] Grossbritannien hingegen blockierte unmittelbar nach dem deutschen Einmarsch alle tschechoslowakischen Guthaben inklusive den Goldbeständen. Das Ziel dieser Massnahmen: Schutz britischer Gläubiger-Interessen im besetzten Land sowie Blockierung jener Beträge, die Grossbritannien der Tschechoslowakei als Geschenk und Kredit nach dem Herbst 1938 zur Verfügung gestellt hatte und die grösstenteils noch auf Konten in London lagen. Kein anderes Land hat vergleichbar nachhaltige Blockierungsmassnahmen durchgeführt.[303] Jetzt machte man sich immerhin auch in Bern und in Zürich einige Gedanken. Man erinnerte sich an den «Anschluss» vom Vorjahr, als nichts gegen den

Abfluss österreichischer Guthaben unternommen wurde. In Obrechts Departement bereitete man eilends einen Bundesratsbeschluss vor, der die tschechischen Guthaben in der Schweiz im Interesse des vermutlich bevorstehenden Clearings sicherstellen sollte. Am 24. März 1939, neun Tage nach der deutschen Besetzung von «Böhmen und Mähren», beschloss der Bundesrat schliesslich, dass die Erfüllung schweizerischer Verpflichtungen gegenüber der ehemaligen Tschechoslowakei nur über den Weg der Schweizerischen Nationalbank erfolgen sollte.[304] So benannte man in Bern gegenüber der Öffentlichkeit diese «sichernde Massnahme». Zu Beginn kam sie praktisch einer Zahlungssperre nach der Tschechoslowakei gleich. Das Direktorium der Nationalbank war über die Art dieses Vorgehens nicht begeistert. Man hielt dies dort für eine «politische Frage» im Verantwortungsbereich des Bundesrates.[305] Dem war tatsächlich so, denn diese Massnahme, so unauffällig sie auch präsentiert wurde, liess sich in den anstehenden Wirtschaftsverhandlungen sehr gut als Instrument gebrauchen. Sie musste Berlin stören. Die Schweiz schien sich aus deutscher Sicht im Schlepptau der Westmächte zu befinden.[306]

Mit ziemlich gemischten Gefühlen beobachteten die Nationalbank und die schweizerischen Grossbanken zu gleicher Zeit einen andern Vorgang: den Abfluss von Gold und Kundengeldern ins Ausland. Die Nationalbank musste in der ersten Woche nach der Zerschlagung der Tschechoslowakei 39 Millionen Franken an Gold und 18 Millionen an Devisen abgeben. Die Abflüsse schienen zu einem grossen Teil in Richtung USA und Kanada zu gehen.[307] Das war in Anbetracht der umfangreichen Währungsreserven der Schweiz im Moment nicht besonders gravierend, umso weniger, als die Nationalbank den Abfluss von ausländischem «Hot money» seit einiger Zeit begrüsste – so lange die Währung nicht übermässig unter Druck geriet. Doch ähnlich wie in der Septemberkrise 1938 ging es nun um eine «Kapitalflucht» aus der Schweiz aus sicherheitspolitischen Überlegungen. Die Schweiz war definitiv kein sicherer Hafen für ausländische Kapitalien mehr. Der Goldabfluss erreichte bei der Nationalbank im April seinen Höhepunkt.

Diese Vorgänge mussten verschiedene Grossbanken und Privatbanken ganz konkret beunruhigen. Es war kein Zufall, dass nun die Geschäftsbanken im Rahmen der Bankiervereinigung ihre Evakuationsvorbereitungen innerhalb der Schweiz energisch vorantrieben. Der Bankverein ging noch einen Schritt weiter und liess Akten der Wertschriftenverwaltung filmen, um sie in London bei ihrer Niederlassung einzulagern.[308] Die Privatkundenbetreuer der Grossbanken sahen jedenfalls schwierigeren Zeiten entgegen. Beim Sitz des Bankvereins in Zürich nahm sowohl die Anzahl der Wertschriftendepots wie der Schrankfächer im ersten wie im zweiten Quartal 1939 deutlich ab.[309] Für zahlreiche alte Kunden mussten «Kriegsdepots» mit Überträgen nach London, New York, Kanada oder Südamerika errichtet werden. Die führenden Grossbanken hatten bereits 1938 auf die neuen Anforderungen zu reagieren begonnen, als grössere Kunden für den Kriegsfall vermehrt direkte Verfügungsmöglichkeiten über ihre in Übersee deponierten Vermögenswerte verlangten.[310] Die Kreditanstalt gründete im September 1938 zusammen mit der Fides eine Wertschriften-Verwaltungsgesellschaft in Kanada. Im Juli 1939 folgte mit der Eröffnung der Tochtergesellschaft Swiss American Corporation in New York ein weiterer wesentlicher Schritt der SKA.[311] Beim Bankverein hatte man schon 1937 das Terrain in New York sondiert, das Thema jedoch Anfang 1938 noch zurückgestellt. Die Bank verfügte damals als einzige über den Vorteil einer Niederlassung im noch relativ sicher erscheinenden London. Doch dies schien dem SBV im Frühjahr 1939 nicht mehr genügend. Vizepräsident Dreyfus persönlich trieb nun die Gründung einer Agency in New York voran (mit formellem Beschluss von Anfang Juli und effektiver Eröffnung im Oktober 1939). Die Kreditanstalt wird dem Beispiel folgen und ihre Agency im Mai 1940 in New York eröffnen. Die immer noch bedeutend kleinere Bankgesellschaft verfolgte vorwiegend aus Ressourcen-Gründen etwas andere Wege. Im Dezember 1938 schritt sie zusammen mit befreundeten Privatbanken zur Gründung der INTRAG, einer Gesellschaft für die Verwaltung von Investment Trusts, sogleich gefolgt vom Start des America-Canada Trust Fund AMCA, für den in der Öffentlichkeit rege geworben wurde. Der Erfolg sprach für sich: Das Fondsvermögen stieg bis Ende 1939 auf 75 Millionen Franken. Als die SBG weitere Platzierungen in Aussicht stellte, erregte dieser «namhafte Kapitalexport» dann bereits das Missfallen der Nationalbank.[312] Die unterliegenden Wertschriften wurden anfangs bei USA-Banken deponiert. Erst 1940 gründete die Bankgesellschaft eine eigene Wertschriftenverwaltungsgesellschaft (UACO) in New York. Die Gründung einer Panama-Gesellschaft wurde damals verworfen.[313]

Der Kapitalfluss aus der Schweiz nach Westen hinterliess nicht nur bei den Wertschriftenbeständen, sondern auch in den Bankbilanzen kräftige Spuren. Die Guthaben in den Vereinigten Staaten aller rapportierenden Schweizer Banken erhöhten sich im Verlaufe des Jahres 1939 um 423 Millionen Franken (oder 138%) auf 728 Millionen Franken. Sie machten damit am Jahresende 46% aller Auslandguthaben der Banken aus (auf Deutschland entfielen, wie bereits erwähnt, noch 14%).[314] Hier gilt es zu präzisieren, dass es sich bei diesen bilanzmässig erfassten Guthaben vorwiegend um Kundengelder, je nach Bank aber auch um bankspezifische liquide Anlagen handelte. Unter den einzelnen Banken sticht übrigens bezüglich der Guthaben in den Vereinigten Staaten der überragende Marktanteil des Bankvereins hervor.

Manch bedeutender Kunde gelangte in dieser als bedrohlich wahrgenommenen Phase an eine oder mehrere Schweizer Banken mit besonderen Wünschen und Erwartungen. Wer sich im unmittelbaren Gefahrenbereich von Nazi-Deutschland befand, ob «Nichtarier» oder sonst ein Verfolgter oder Gegner des Regimes, ob in Deutschland selbst, in Österreich oder der Tschechoslowakei ansässig, er benötigte häufig besondere Beratung und komplexe Lösungen. Einige Fälle seien hier kurz zur Illustration von Problemzonen erwähnt, ohne jeden Anspruch auf Vollständigkeit. Da war zum Beispiel für eine Schweizer Grossbank im Frühjahr 1939 die Geschäftsbeziehung zu Baron K. aus Prag neu zu regeln. Der Baron besass wichtige Industriebeteiligungen in Tschechien. Er begann bereits 1937 erste sichernde Vorkehrungen zu treffen, die im September 1938 verstärkt wurden. Nach der Zerschlagung der Tschechoslowakei brauchte es einigen Aufwand, um das Kreditverhältnis für beide Seiten in befriedigender Weise neu zu strukturieren. Dazu gehörte auch die Bereitschaft der Schweizer Bank, den Kredit in Zukunft formell dem deutschen Stillhalteabkommen zu unterstellen. Baron K. und die betreffende Bank waren aus leicht ersichtlichen Gründen daran interessiert, den Kredit durch Liquidation gewisser Aktiven im deutschen Machtbereich abzubauen, was sich in der Folge als keineswegs einfach erwies. Andere Probleme stellten sich für einen bedeutenden, ursprünglich süddeutschen Textilkonzern mit mehreren Teilhabern vorwiegend jüdischer Herkunft, der auch in der Schweiz über gewichtige Beteiligungen an Spinnereien und Webereien verfügte. Die Gruppe war international im Baumwollgeschäft tätig. Den Teilhabern musste daran liegen, ihren deutschen und internationalen Besitz in geeigneter Form abzusichern. Die Gruppe verfügte bereits seit den Zeiten der Weimarer Republik über eine Holdinggesellschaft in Zürich, welche zur Kreditbeschaffung mit verschiedenen schweizerischen Banken zusammenarbeitete. 1933 waren drei der acht Teilhaber Schweizer und zwei weitere planten die Emigration aus Deutschland in die Schweiz. Knapp vor der Einverleibung Österreichs in den Nazi-Herrschaftsbereich strukturierte der Konzern seinen Auslandbesitz neu über zwei Dach-Holdinggesellschaften in Jersey und Canada. In diesem Zusammenhang wurde eine der führenden schweizerischen Grossbanken ersucht, treuhänderisch noch verbliebene Aktiven in Deutschland zu übernehmen, wozu sie sich bereit erklärte. Das war nicht selbstverständlich. Jede treuhänderische Funktion konnte in dieser Phase beträchtliche Risiken mit sich bringen.

Dies führt zum komplexen «Fall Schering», der in zahlreichen Quellen und Darstellungen im Zusammenhang mit dem Tarnungsvorwurf Aufmerksamkeit erregt hat. Charakteristisch für den Ablauf scheint zunächst ähnlich wie beim vorgenannten Textilkonzern ein weitsichtig angelegtes Vorgehen der Firma, das jedoch rasch auf Misstrauen innerhalb der deutschen Bürokratie stossen wird. Es spiegeln sich darin manche Facetten der sich radikalisierenden innerdeutschen Situation sowie der prekären internationalen Lage. Nachfolgend nur einige kurze Hinweise, welche sich auf die Beziehungen im schweizerisch-deutschen Spannungsfeld konzentrieren. Im Mai 1937 begannen sich die leitenden Herren des Schering-Konzerns in Berlin präzisere Gedanken zu machen über die Gründung einer Holdinggesellschaft in der Schweiz. Schering war bereits damals einer der weltweit wichtigsten Chemie- und Pharma-Konzerne mit einer besonders starken Stellung auf dem Gebiet der Hormonpräparate. Die Schering-Interessen in den USA und Grossbritannien sollten nun in die schweizerische Holding eingebracht werden. Schering fürchtete Boykottgefahr und Kriegsrisiko mit Beschlagnahmung. Daneben fühlte man sich auch durch die Verschärfung der deutschen Devisenbestimmungen in der Beweglichkeit und Handhabung des Auslandgeschäftes beengt. Dazu kamen gewisse Steuerüberlegungen.[315] Persönliche Aspekte in den Akten festzuhalten, wäre damals in Deutschland gefährlich gewesen. Doch genau diesem Punkt ist besondere Aufmerksamkeit zu schenken. Denn der führende Mann des Vorstands von Schering war damals noch Dr. Julius Weltzien, ein «Halb-Jude». Dass er spätestens 1937 an Emigration dachte, liegt auf der Hand. Es kann deshalb kaum erstaunen, dass Weltzien konkrete Kontakte zu einer Schweizer Bank über einen deutschen Textilindustriellen anbahnte, der bereits seit einigen Jahren im Tessin ansässig war. Am 13. Mai 1937 kam es zur ersten Besprechung von Weltzien (begleitet vom Schering-Vorstandsmitglied Herbert Rohrer) mit Paul Jaberg von der Schweizerischen Bankgesellschaft. Es war von Anbeginn klar, dass Kapital für die Holding in der Schweiz beschafft werden musste, um die Bewilligung der deutschen Devisenstellen zu erhalten. Im Verwaltungsrat der Bankgesellschaft kam es darauf im August 1937 zu einer höchst aufschlussreichen Diskussion, in der sowohl kredittechnische wie grundsätzliche Bedenken gegen die Transaktion geäussert wurden. Der mit der Gründung verbundene Kredit schien einem wichtigen VR-Mitglied «im Widerspruch mit unserer allgemeinen Tendenz» gegenüber Deutschland zu stehen. Von anderer Seite wurde bemängelt, dass das Geschäft «zu sehr von deutschen Rechtsbegriffen und deutscher Mentalität abhängig» scheine. Jabergs Antworten zeigen, wie genau er Julius Weltziens Absichten erfasst hatte. Er wies darauf hin, dass Weltzien aus Deutschland auswandern möchte und dass der Konzern die Devisenknappheit in Deutschland dazu benützen wolle, «um die Auslandsaktiven gegen eine gewisse Entschädigung in Devisen frei zu machen». Jaberg erklärte ausdrücklich als «vertrauenerweckend», dass «sich die Herren selbst von Deutschland freimachen wollen». Jaberg dürfte bereits gewusst haben, dass Weltzien plante, persönlich die Leitung der Schering-Gesellschaften in den USA zu übernehmen. Natürlich reizte den Direktionspräsidenten der Bankgesellschaft als Vollblutbankier auch die Verbindung mit dem «erstklassigen Konzern».[316] Jaberg erhielt zwar vom Verwaltungsrat grünes Licht für die Fortsetzung der Verhandlungen, doch die verstärkten Absicherungsbemühungen der Bank förderten bei Weltzien das Bestreben, in der Schweiz Alternativen zu prüfen. Verschiedene Elemente einer offenbar nicht ganz zu beseitigenden «gewissen Verquickung mit Deutschland» waren der Leitung der Bankgesellschaft unangenehm.[317]

Mitte Oktober traf sich Weltzien schliesslich mit Dr. Robert Käppeli von der Ciba in Basel. Der Präsident der Ciba, Jacques Brodbeck-Sandreuter, war damals «Zweiter Vizepräsident» des Bankvereins. Käppeli wird später in seine Fussstapfen treten. Dass beim Basler Chemie-Konzern ein lebhaftes Interesse an der Zusammenarbeit mit Schering vorlag, liegt auf der Hand. Nun galt es für Ciba und Bankverein, die Bankgesellschaft durch flexibleres Vorgehen auszumanövrieren. Das gelang Robert Käppeli und Armand Dreyfus in der Hauptsache bereits am 21./22. Oktober 1937, als Weltzien und Rohrer in der Schweiz parallel mit Bankverein und Bankgesellschaft verhandelten.[318] Auf die Details kann hier nicht eingetreten werden. Dem geballten Know-how der Basler Kombination hatte die Bankgesellschaft kaum Gleichwertiges entgegenzusetzen. Deutlich ist, dass Julius Weltzien auf die rasche Gründung der Holding drängte, die noch im Dezember 1937 unter dem Namen Chepha AG für Chemische und Pharmazeutische Unternehmungen in Basel eingetragen wurde. Die Beschaffung des Kapitals der Holding erfolgte durch Ciba und Bankverein, ergänzt durch einen kommerziellen Kredit. Dies ermöglichte Schering im Endeffekt, der Reichsbank Devisen im Werte von 1.24 Millionen US-Dollar aus ausstehenden Exportforderungen an die Vertriebsgesellschaften abzuliefern. Nur damit war das Einverständnis der deutschen Behörden zu erkaufen. Das Misstrauen gegenüber Schering blieb in Berlin gleichwohl beträchtlich. Die Reichsbank bestand seit Anbeginn darauf, dass sich Schering den Einfluss auf die Schweizer Holding durch Optionen oder optionsähnliche Abmachungen sichere.[319]

Der Schering-Konzern verfügte 1938 über dreissig Auslandgesellschaften. Die verschärfte internationale Lage drängte zu weiteren Absicherungsmassnahmen. Die bisher gepflegten dezentralen Treuhandverhältnisse schienen der Konzern-Zentrale nicht mehr ausreichend. Sie beabsichtigte deshalb im September 1938, verschiedene Beteiligungen in eine weitere Gesellschaft schweizerischen Rechts namens Forinvent A.G. einzubringen. Schering-Berlin rechnete damit, dass die Schweiz im Falle von «Verwicklungen» voraussichtlich neutral bleiben würde.[320] Die Verhandlungen mit den Behörden führte jetzt Dr. Hans Hartenstein, seit Juli 1937 Vorstandsmitglied. Im Grund eine geschickte personelle Wahl, denn Hartenstein war als ehemaliger höherer Beamter im Reichswirtschaftsministerium mit allen Tücken der Devisengesetzgebung bestens vertraut. Gleichwohl verzögerte sich die Transaktion über Monate hinweg. Denn es war wohl unvermeidlich, dass auch der Umkreis Himmlers von der Angelegenheit erfuhr. Der Schering-Konzern, «der in sehr starkem Masse im Ausland jüdische Vertreter beschäftigte und dessen ausländische Vertriebsgesellschaften im wesentlichen von Juden geleitet werden», musste der SS verdächtig erscheinen, insbesondere gewisse Produktionsverlagerungen, über die der zuständige SS-Sturmbannführer im Januar 1939 das Reichswirtschaftministerium informierte.[321] Dort wollte man nun diese neue Holding nicht allein schweizerischer Aufsicht (sprich treuhänderisch wirkenden Direktionsmitgliedern des Bankvereins) unterstellt sehen. Ein geeigneter reichsdeutscher Gewährsmann musste nun gefunden werden. Die Wahl fiel auf Assessor Müller, Direktor der Lonza-Werke in Weil am Rhein, dessen Büro sich in Basel befand.[322] Doch das Aussenhandelsamt der Nazi-Partei zeigte sich im April 1939 misstrauisch und ablehnend. Es schien diesen Stellen «weltanschaulich» nicht richtig, elf deutsche Zweigniederlassungen «unter Schweizer Flagge zu bringen». Die Auslandorganisation der Partei nahm nicht ohne Grund an, dass der britische Secret Service «eine noch so kunstvolle Tarnung» bald entlarven dürfte. Schliesslich vertrat der Nazi-Amtsleiter die Ansicht, dass es sich bei den Absichten von Schering «in der Hauptsache um ein Ausweichen vor der Devisenkontrolle handelt». Im Reichswirtschaftsministerium widersprach man dieser Stellungnahme in allen Punkten und unterstützte nun Schering, nicht zuletzt mit der Begründung, «dass man es bei der augenblicklichen Lage deutschen Firmen nicht verwehren sollte, alle Schritte zu tun, um einem Zugriff auf ihr Auslandvermögen zu entgehen». Die Auslandorganisation der NSDAP gab schliesslich nach, allerdings unter der Bedingung, dass Schering schriftlich bestätige, auf die an die Forinvent transferierten Gesellschaften weiterhin Einfluss ausüben zu können.[323] Erst im Juli 1939 konnten deshalb die Aktien der ausländischen Schering-Vertriebsgesellschaften in Indien, Südafrika, Kanada und Südamerika effektiv auf die Forinvent A.G. umgelegt werden. Da war es bereits zu spät, um nicht den Argwohn der Briten zu erregen. Gleich nach Kriegsausbruch wird zum Beispiel Schering India Ltd. beschlagnahmt. Vielfältige Probleme werden sich dem Schweizerischen Bankverein im Zusammenhang mit Chepha und Forinvent stellen. Einige Hinweise dazu finden sich in den folgenden Kapiteln.

Fazit somit für die Situation am Vorabend des Krieges: Die bisweilen sehr komplexen schweizerisch-deutschen privatwirtschaftlichen Verflechtungen lassen sich mit einem Hell-Dunkel-Raster nicht zureichend erfassen. In vielen Fällen kann nur eine sorgfältig analysierende Abwägung den tatsächlichen Gegebenheiten und möglichen Alternativen gerecht werden. Jener Assessor Albert Müller, der als Lonza-Direktor zwischen Weil am Rhein und Basel pendelte und die Interessen von Schering-Berlin bei der Forinvent A.G. mindestens vorübergehend zu vertreten bestimmt war, verkörperte in mancher Hinsicht fast exemplarisch die Problematik im Spannungsfeld der gegenseitigen Interessenwahrnehmung. Die Lonza-Gruppe selbst befand sich mit ihren Tochterunternehmen in Südbaden in einer keineswegs angenehmen Lage. Und Präsident der Lonza war Maurice Golay, einer der führenden Generaldirektoren des Bankvereins. Im Verwaltungsrat sass auch Armand Dreyfus. Nach aussen waren die Besitzverhältnisse bei Lonza 1939 allerdings nicht transparent. Die Briten werden das für die Schweiz bedeutende chemische Unternehmen im Mai 1941 wegen seiner vermuteten Verbindung mit der Metallgesellschaft in Frankfurt auf die «Schwarze Liste» setzen. Die britischen Informationen waren allerdings nicht mehr ganz zutreffend. In Wirklichkeit war es so, dass zwar die Schweizerische Gesellschaft für Metallwerte vor dem Krieg ein Aktienpaket hielt, das indessen 1939–41 die Hand wechselte.[324] Bedeutsam war, dass die deutsche Henkel-Gruppe bereits 1936 begonnen hatte, die preislich gedrückten Aktien der Lonza an der Börse über ihren in der Schweiz etablierten «Konsortialfonds» aufzukaufen. Es soll sich nach späteren Angaben nur um eine «einfache Kapitalanlage» und nicht um den Aufbau einer Kontrollbeteiligung gehandelt haben. Wie dem auch sei, auf dem Höhepunkt von 1942 wird Henkel damit indirekt 41.6% der Lonza-Aktien kontrollieren.[325] Dass die Henkel-Gruppe daneben in der Schweiz mit bedeutenden Direktinvestitionen (Stichwort «Persil») seit Jahren präsent war, braucht nicht besonders unterstrichen zu werden. Ausserdem verfügte die Gruppe mit der UMA A.G. in Chur über eine Holdinggesellschaft zur Kontrolle verschiedener ausländischer Tochtergesellschaften. Vieles deutet darauf hin, dass die Wahrnehmung der Henkel-Interessen in der Schweiz in der Hand von besonders geschickten schweizerischen Anwälten lag.[326] Das konnte freilich nicht verhindern, dass auch die UMA A.G. 1941 auf die «Schwarze Liste» der Briten gesetzt wurde.

Die Reihe bedeutender deutscher wirtschaftlicher Interessen in der Schweiz liesse sich leicht verlängern. Erwähnenswert ist gewiss der Robert-Bosch-Konzern mit seiner Zentrale in Stuttgart. Robert Bosch und sein liberaler Kreis gehörten zu den Gegnern des Nazi-Regimes. Sie stellten 1937 Carl Goerdeler, den ehemaligen Oberbürgermeister von Leipzig, als Berater für den Konzern ein. Dies ermöglichte Goerdeler zahlreiche Auslandreisen nach Grossbritannien, Schweden und in die Schweiz im Interesse des Widerstandes.[327] Wer diesen Hintergrund vernachlässigt, verkennt die Motive gewisser Vorgänge, die mit der Schweiz in engem Zusammenhang stehen. Von Bedeutung ist vorab der Fall der Scintilla AG in Solothurn, gegründet während des Ersten Weltkriegs durch die BBC. 1925 verkaufte diese ihre Beteiligung an eine schweizerische und belgische Gruppe. Scintilla expandierte ins Ausland und geriet im Tief von 1934/35 – wie manch andere schweizerische Gesellschaft – in finanzielle Schwierigkeiten. Eine Sanierung schien unumgänglich. Seit 1932 bestanden Kontakte zur Robert-Bosch-Gruppe, die 1935 über das Bankhaus Mendelssohn/Amsterdam sowie den Bankier Guhl und die Rechtsanwaltskanzlei Hürlimann einen indirekten Einfluss auszuüben begann (ohne formell in Erscheinung zu treten). Als Mendelssohn/Amsterdam 1939 überraschend zusammenbrach, ging die Pflege dieser Interessen teilweise auf schwedische Gesellschaften über. Im Verlaufe des Zweiten Weltkrieges kam es zu weiteren Veränderungen, die der Absicherung der Bosch-Auslandinteressen über teilweise verschachtelte Investitionsvehikel in der Schweiz und in Liechtenstein dienten.[328] Nichts deutet dabei auf irgendwelche Initiativen der deutschen Regierung hin. Ein gewisses Einverständnis seitens der Reichsbank war freilich unabdingbar. Hier schloss sich der Kreis zu Reichsbankdirektor Bodo von Wedel, der nicht zu den Sympathisanten des Regimes gehörte.[329]

Ob all diese deutschen Investitionen und Beteiligungen in der Schweiz bis zum Sommer 1939 nun mehr oder weniger geschickt «getarnt» waren oder nicht, darf den Blick für das Wesentliche nicht verstellen: Es handelte sich keineswegs um einen zentral gesteuerten deutschen Wirtschaftsimperialismus im Auftrag der nationalsozialistischen Machthaber, dafür gibt es keine Hinweise. Vielmehr ging es um privatwirtschaftlich inspirierte Initiativen, meist über viele Jahre hinweg aufgebaute Beziehungen zur Absatzförderung und geografischen Diversifikation der Produktion (gewiss auch im Sinne der privaten Devisenbeschaffung) sowie zur Absicherung internationaler Beteiligungsverhältnisse für den Fall von «Verwicklungen». Die durchaus unterschiedlichen Vorgehensweisen deutscher Unternehmer in den letzten Vorkriegsjahren und das widerstrebende und misstrauische Verhalten der deutschen Bürokratie zeigen deutlich genug, dass hier kein koordinierender Machtwille am Werk war. Das Reichswirtschaftsministerium betonte im September 1938 in einem entsprechenden Erlass ausdrücklich, dass Genehmigungen zur Übertragung deutscher Vermögenswerte auf neutrale Treuhänder nur unter gewissen Bedingungen und «ausnahmsweise» zu erteilen seien. Man zeigte sich im RWM keineswegs überzeugt von der Notwendigkeit «derartiger Massnahmen». Bereits einen Monat später wünschte das RWM, die während der Sudetenkrise teilweise überstürzt erfolgten Übertragungen rückgängig zu machen. Der zuständige Chefbeamte Dr. Landwehr wollte sich den Entscheid betreffend Ausnahmen vorbehalten.[330] Die Auslandorganisation der NSDAP hielt auch im Juni 1939 ausdrücklich an ihrer Abneigung gegen Tarnungen via Holdinggesellschaften und Treuhänder fest. Die AO war der unwidersprochenen Ansicht, dass die Tarnungen rückgängig gemacht werden müssten, wenn die allgemeine politische

Situation dies ermögliche.[331] Eine Ausnahme von der Regel kann man allenfalls in einer eindeutig zweckbestimmten Firma wie der Getreideimport A.G. in Zürich sehen, die von staatlich gelenkten Stellen in Berlin abhing und während des Zweiten Weltkriegs beispielsweise im Getreideimport Rumänien–Deutschland eine gewisse Rolle spielen wird. Doch kein Unternehmer in Deutschland, selbst Hermann Schmitz von I.G. Farben, konnte 1939 genau voraussehen, was der «Führer» als nächsten Schritt wirklich unternehmen würde. Hjalmar Schacht hat bei einem privaten England-Aufenthalt im Dezember 1938 seine britischen Gesprächspartner überaus deutlich gewarnt: Hitler sei in Wirklichkeit von niemandem beeinflusst, er spiele mit seiner Umgebung. Vereinbarungen würden nur so lange eingehalten, wie sie nützlich seien.[332]

Auf schweizerischer Seite blieb die Sicherung und Vermehrung der Arbeitsplätze derweil ein zentrales Anliegen breiter Kreise, nicht zuletzt der Gewerkschaften. Zahlreiche Unternehmen waren nur mühsam und noch kaum konsolidiert aus der Wirtschaftskrise herausgekommen. Das Jahr 1938 war für die Schweiz kein Glanzjahr gewesen. Das Volkseinkommen stagnierte, die Anzahl der Arbeitslosen war im Jahresmittel immerhin leicht rückläufig.[333] Einzelnen Unternehmen in der Maschinenindustrie ging es freilich bereits recht gut. Die Flugzeugmotoren-Abteilung bei Adolph Saurer in Arbon zum Beispiel lief auf Hochtouren.[334] Das grosse Kredit- und Massnahmenpaket, das der Bundesrat 1939 zum Ausbau der Landesverteidigung und zur Arbeitsbeschaffung vorlegte, wies jedenfalls die Richtung auf eindeutige Weise. Das änderte allerdings nicht viel an der wirtschaftlichen Verflechtung mit Deutschland. Man mochte die Nazis noch so verachten und schmähen, gegen deutschen Know-how-Transfer auf gewissen technischen Gebieten war kaum etwas einzuwenden. Solche Zusammenhänge waren gerade den Solothurner Bundesräten Obrecht und Stampfli aufgrund ihrer alten geschäftlichen und persönlichen Verbindungen gewiss bestens vertraut. Es lässt sich nur schwer abschätzen, wie viele Tausend Arbeitsplätze in der Schweiz ganz direkt von keineswegs getarnten deutschen Unternehmen abhingen. Einige Namen wie Siemens-Albis, Telefunken, Osram und Henkel mögen an dieser Stelle genügen. Nimmt man die indirekt kontrollierten Firmen etwa im Kanton Solothurn dazu, dann gewinnt das Thema unzweifelhaft an Gewicht. Am Ende des Zweiten Weltkrieges werden nach amtlichen Schätzungen mehr als 20 000 Arbeitnehmer in der Schweiz bei Firmen arbeiten, die von den Alliierten auf die «Schwarze Liste» gesetzt worden waren.[335] Nicht alle waren freilich vollständig deutsch beherrscht. Und nicht wenige dieser Unternehmen, daran muss man in diesem Zusammenhang erinnern, waren auch für die Aufrüstung und Modernisierung der Schweizer Armee von beträchtlicher Bedeutung. Indes besteht kein Zweifel, dass in breiten Kreisen der Schweiz die «Reichsdeutschen» 1939 kein Wohlwollen erwarten durften. Deutsche Autofahrer wurden «angepöbelt». «Es vergeht fast kein Tag, wo nicht Beschwerden darüber einlaufen», klagte Bundesrat Baumann vor dem Nationalrat.[336] Die deutsche Gesandtschaft beschwerte sich im April 1939 bei Bundesrat Obrecht über die restriktive Praxis der Fremdenpolizei und der Arbeitsämter in Bezug auf den bewilligten Vertreterstab deutscher Firmen auf dem schweizerischen Markt.[337] Und der Unwillen breiter Schichten, deutsche Waren zu kaufen, war keineswegs geringer geworden, wie auch britische Beobachter mehrfach feststellten.[338] Umgekehrt hatten auch die Schweizer in den Augen mancher Deutscher einige Sympathien verloren. Ein Schweizer Generalstabsoffizier hatte bereits im Herbst 1938 diese stufenweise Stimmungsverschlechterung in einem «Spezialbericht» eindringlich geschildert. Hauptanstoss deutscher Gereiztheit schien ihm nach Kontakten mit alten Bekannten aus Offizierskreisen vor allem die Berichterstattung der Neuen Zürcher Zeitung. «Unsere Zeitungen», so meinte dieser ehemalige Absolvent der Kriegsakademie in Berlin, «geben sich nicht Rechenschaft, dass das deutsche Volk heute sehr bewusst im Gefühl der wiedererlangten Grossmachtstellung lebt.»[339]

Damit sei noch einmal zurückgeblendet auf die Ebene der schweizerisch-deutschen Aussenhandels- und Clearingprobleme vom Frühjahr und Sommer 1939. Die deutsche Verschuldung gegenüber der Schweiz im Clearing war bis März weit über den vereinbarten Plafond auf etwa 45 Millionen Franken angestiegen. Bis Ende April wird sie 58 Millionen Franken erreichen. Das war nur möglich mittels buchhalterischer Provisorien. Die «Katastrophenklausel» war eindeutig erfüllt. Das Reichswirtschaftsministerium insistierte auf Revisionsverhandlungen. Nach Heinrich Hombergers Einschätzung hielten die schweizerischen Gläubiger mit ihren Einzahlungen im Clearing etwas zurück, während auf deutscher Seite gewisse Handelspartner auf eine Abschwächung der Reichsmark spekulierten. Der schweizerischen Seite kamen Verhandlungen noch Anfang April ungelegen, man wollte im Interesse des kontinuierlichen Exportes weiterhin Zeit gewinnen.[340] Die erste Verhandlungsrunde in der zweiten Aprilhälfte in Berlin brachte erwartungsgemäss noch keine Lösung. Die Deutschen starteten mit der grundsätzlichen Forderung nach mehr Flexibilität und völliger Freiheit zur Wahl der Importwaren, nebst Minimalforderungen für die freie Reichsbankquote, deren Berechnungsart von Homberger sogleich widersprochen wurde.[341] Den schweizerischen Delegierten schien klar, dass vor allem Görings Vierjahresplanbehörde an der freien Importwahl interessiert war. Homberger und Hotz zeigten jedoch scharfen Widerstand gegen eine Auflockerung des bestehenden Abkommens. Das schien Homberger «Verrat» an der schweizerischen Wirtschaft, weil durch eine solche Strukturänderung «neue Exportindustrien für kurze Zeit hochgezüchtet würden, alte aber vernichtet».[342] Mit der

Absicht, die schweizerischen Delegierten in Berlin in diesen Tagen zu beeindrucken, wurden sie – meist Milizoffiziere – auf die Ehrentribüne während der Truppenparade zu Hitlers 50. Geburtstag eingeladen. Der Gesandte Hemmen verfolgte inzwischen auf deutscher Seite – wie schon im Vorjahr – eine harte Linie. Er fand es beispielsweise ganz ausgeschlossen, den Schweizern jetzt eine einseitige Zusage für die Versorgung im Kriegsfalle mit Kohle und Eisen zu machen. Diese Stellungnahme hinterliess auch bei Woermann und Weizsäcker deutliche Spuren.[343] Im Handelspolitischen Ausschuss vom 26. April schlug Hemmen unwidersprochen vor, den Schweizern noch etwas entgegenzukommen, nötigenfalls jedoch Anfang Mai zu kündigen. Hemmen liess Homberger und Hotz offensichtlich sehr geschickt unter dem Eindruck, zu einer Einigung grundsätzlich gewillt zu sein. Die Schweizer ihrerseits zeigten in der Frage des Zahlungsverkehrs mit dem «Protektorat Böhmen und Mähren» am 28. April Entgegenkommen und verzichteten auf die aus deutscher Sicht sehr störenden Einschränkungen vom März.[344] Den britischen Beobachtern – beziehungsweise ihrem Informanten – schien es, dass in diesem schweizerischen Entgegenkommen in der tschechischen Angelegenheit der Schlüssel für die Fortsetzung der Verhandlungen lag. Ein wichtiger deutscher Industrieller soll die Schweizer beraten haben, nicht auf ein Zahlungsabkommen (nach deutsch-britischem Muster) einzugehen «and to hold their ground if they were prepared to give way as regards the Czech Protectorate».[345] Kaum hatte Hemmen sein Zwischenziel erreicht, wurden die Verhandlungen unterbrochen. Waren die Schweizer Verhandlungschefs so naiv zu glauben, ein «freier Zahlungsverkehr» mit Böhmen und Mähren könnte tatsächlich über längere Zeit aufrechterhalten werden? Falls nicht, bleibt immer noch die Frage offen, ob diese Karte von der schweizerischen Seite in der ersten Verhandlungsrunde zu früh gespielt wurde.

Die rasch ansteigende deutsche Verschuldung im Clearing gegenüber der Schweiz war kein Staatsgeheimnis. Doch der ganze Umfang wurde nur jenen Beobachtern klar, die nicht nur auf die publizierten Zahlen schauten, sondern auch um die zusätzlichen Zahlungsverzögerungen auf deutscher Seite wussten. Die britischen Beobachter rechneten im Mai mit einer Totalverschuldung von mindestens 103 Millionen Franken.[346] Das schien einerseits alarmierend, war andererseits gewiss beeinflusst durch Erwartungen und Massnahmen taktischer Art. Man kann sich aus der Rückschau leicht wundern über den zur Schau gestellten Gleichmut der schweizerischen Chefunterhändler Homberger und Hotz. Die Erklärung dürfte darin liegen, dass man von den schweizerischen Finanzgläubigern ganz selbstverständlich neue Opfer erwartete. Denn im Moment eines Kriegsausbruches würden deren Forderungen ohnehin noch einmal massiv an Wert verlieren. Die zweite, acht Tage dauernde Verhandlungsrunde in Berlin wurde am 23. Mai 1939 ohne entscheidende Ergebnisse abgebrochen. Ein kurzer vorausgehender Höflichkeitsbesuch von Reichswirtschaftsminister Funk in Bern hatte nichts eingebracht. Diese Runde scheiterte zur Hauptsache am Problem der «Pauschalwertgrenzen», das heisst an den erhöhten deutschen Forderungen nach freier Warenwahl für ihren Import aus der Schweiz.[347]

Zeitlich parallel verstärkte Staatssekretär von Weizsäcker den Druck auf die Schweiz in der Neutralitätsfrage. Das Verhalten Berns hinsichtlich möglicher französischer und britischer Garantieerklärungen wurde gerügt. Der krankheitshalber immer noch geschwächte Bundesrat Motta versuchte einmal mehr zu besänftigen und zu bagatellisieren. Er verstieg sich gemäss deutscher Quelle zur Aussage, solche Garantieversprechungen seien überflüssig, er habe aus den kürzlichen Reden Mussolinis und Hitlers «endgültig die Überzeugung gewonnen, dass Deutschland und Italien keinen Krieg wollten». Der Gesandte Köcher las Motta zum Schluss seiner Intervention einen ziemlich drohenden Absatz aus einem Artikel des «Schwarzen Korps» vor, wo davon die Rede war, «dass das deutsche Volk nicht ewig ungerührt die Unverschämtheit der unbefugten Einmischung, der Lüge und der Beschimpfung zur Kenntnis nehmen kann ...». Damit war man einmal mehr beim Pressekonflikt angelangt, bei dem aus Berliner Sicht Giuseppe Motta am leichtesten der Einschüchterung unterlag. Weizsäcker wird ganz bewusst das Thema Neutralität/ Garantieversprechen als Druckmittel auf seiner Gesprächsagenda weiterführen.[348]

In den Wirtschaftsverhandlungen wurde erst in einer dritten Verhandlungsrunde, die sich von der zweiten Junihälfte bis Anfang Juli 1939 hinzog, ein Abkommen erzielt, das die Bezeichnung «Einigung» nicht wirklich verdient. Der formale Aspekt, wonach das neue Abkommen die kaum mehr überblickbaren Provisorien der vergangenen zwölf Monate ablöste, brachte genau besehen keine Vorteile für die Schweiz. Der Chefunterhändler Hemmen konnte als wichtiges deutsches Ziel eine nur leicht reduzierte Reichsbankspitze von 3 Millionen Franken pro Monat sichern. Um das Ungleichgewicht im Clearing in Zukunft abzubauen, musste der schweizerische Export um 22% gedrosselt werden, und der Bartransfer auf Zinsen für die schweizerischen Finanzgläubiger wurde von 3¼% auf bescheidene 2¾% reduziert. Für die Differenz zu den ursprünglichen Vertragszinsen gab es keine Kompensationsmöglichkeit. Dies bedeutete gemäss Schätzung der Nationalbank eine weitere Entwertung des noch ausstehenden Kapitals in Deutschland um rund 325 Millionen Franken.[349] Wahrhaft kein Grund zur Freude in der Schweiz. Paul Jaberg hatte schon im April befürchtet, dass die Finanzgläubiger am Ende eben doch die «Geleimten» sein würden.[350] Das sozialdemokratische «Volksrecht» wies im Mai in einem viel beachteten Artikel unter dem Titel

«Wo kommen die Verluste hin?» auf problematische Aspekte in der Transferfrage hin. Jean Hotz sah sich zu einer etwas gewundenen Entgegnung veranlasst, die nicht in allen Punkten überzeugen konnte. Quintessenz aus sozialdemokratischer Sicht: Unser Warenaustausch mit Deutschland wird sich wieder beleben von dem Augenblick an, da Deutschland auf seine «starke Stellung als Schuldner» verzichtet. Andernfalls werde der Handel weiter schrumpfen.[351] Selbst die Neue Zürcher Zeitung musste im Juli kritischen Stimmen aus dem Kreis der Nicht-Banken-Finanzgläubiger etwas Raum geben. Von dieser Seite wurde unter anderem nicht ohne Berechtigung darauf hingewiesen, dass im bestehenden Clearing eine wesentliche Lücke betreffend Zins- und Kapitalzahlungen aus der Schweiz nach Deutschland klaffte, die es zu schliessen gelte.[352]

Daneben gibt es Elemente dieser Vertrags-Revision vom Juli 1939, die in ihrer Endwirkung nicht leicht zu gewichten sind. Erwähnenswert ist das deutsche Interesse am Erwerb von Aluminium und Maschinen aus der Schweiz im bisherigen Umfang. Umgekehrt muss das schweizerische Import-Interesse unter dem Stichwort KTA (Kriegstechnische Abteilung) auffallen.[353] Wir befinden uns damit eindeutig im Bereich der kriegswirtschaftlichen Bedürfnisse und der möglicherweise letzten Chancen zur Beschaffung von Rüstungsmaterial. Im Falle der Schweiz ist in diesem Zusammenhang vor allem an die im Juli 1939 zusätzlich bestellten 50 Jagdflugzeuge Messerschmitt 109E zu denken. Die Schweizer Armee wird bei Kriegsausbruch zwar über etwas mehr als 200 Flugzeuge verfügen, doch nur die bereits gelieferten 40 Messerschmitt konnten sich in Wirklichkeit mit modernsten ausländischen Kampfflugzeugen messen.[354] Unabsehbar war in dieser Lage, ob sich die umfangreichen deutschen Rückstände im Clearing über den neu vereinbarten Mechanismus wirklich abtragen liessen.

Vorbereitung auf den Krieg (1936–1939)

1 Dinichert an Stucki, 22.8.1935, SBA/ E 7110, -/1, Bd. 42.
2 G.K. Zürich an Zollfahndungsstelle Freiburg i/B, 11.1.1936, PAAA/ G.K. Zürich, Paket 46 a.
3 G.K. Zürich an Landesfinanzamt Dresden, 23.5.1936, PAAA/ G.K. Zürich, Paket 46 a.
4 Zollfahndungsstelle Halle an G.K. Zürich, 7.12.1935, PAAA/ G.K. Zürich, Paket 46 a.
5 Zu den effektiv vorhandenen Reserven 1934/1935 vgl. BAB/ R 2501/6541. Im Jahre 1936 erreichten die Gold- und Devisenreserven ihren Tiefpunkt in den Monaten Mai bis September mit 120 bis 130 Millionen Reichsmark, erholten sich jedoch bis Ende Jahr auf 175 Mio. RM (Quelle: Reichsbankberichte in: BAB/ R 2501/7503).
6 Vgl. das Rechtsgutachten von Adolf Lüchinger in Zusammenarbeit mit Raphael Lanz: Rechtssprechung der schweizerischen Gerichte im Umfeld des nationalsozialistischen Unrechtsregimes auf dem Gebiet des Privatrechts, unter Einschluss des internationalen Zivilprozess- und Vollstreckungsrechts (Schwerpunkt Ordre Public), Kapitel 4, UEK-Band 19, Zürich 2001.
7 Wohltat an AA, 16.5.1936, PAAA/ R 107'982.
8 RWM (gez. Dr. C. H. Müller) an Reichsbank, 13.4.1938, PAAA/ R 108'089.
9 Zitiert nach A. Lüchinger, a.a.O., S. 114.
10 Vgl. u.a. Richard Overy, Goering, London 2000, S. 45 ff.
11 Dezemberbericht 1936 der Reichsbank, BAB/ R 2501/7503.
12 Memorandum der Volkswirtschaftlichen und statistischen Abteilung der Reichsbank vom 12.3.1937, BAB/ R 2501/6627.
13 Erfassung ausländischer Wertpapiere der Reichsbank, verschiedene Tabellen in: BAB/ R 2501/6446.
14 Bericht Hartlieb vom 15.6.1937, BAB/ R 2501/6446.
15 Erfassung gemäss Blatt 277, BAB/ R 2501/6446.
16 Bericht vom 12.8.1938 über die deutsche Devisenlage, BAB/ R 2501/6446.
17 Vgl. zum Beispiel die Geschäftsbeziehungen der A. Hofmann & Cie. mit der Deutschen Golddiskontbank (die von der Reichsbank gesteuert wurde), in: Joseph Jung, Die Banken der Credit Suisse Group, S. 120.
18 Vgl. UEK-Band 14: Hanspeter Lussy, Barbara Bonhage, Christian Horn, Schweizerische Wertpapiergeschäfte mit dem «Dritten Reich», Zürich 2001.
19 Vgl. Jung, Die Banken der Credit Suisse Group, S. 104 ff. Sowie UEK-Band 15: Barbara Bonhage, Hanspeter Lussy, Marc Perrenoud, Nachrichtenlose Vermögen bei Schweizer Banken, Zürich 2001, Kapitel 3.2.
20 SBG Zürich, Notiz für Dr. Birchler (Rechtsdienst), 21.5.1937, GHA UBS AG/ SBG 12/2903.
21 Vgl. UEK-Band 15, S. 133.
22 Vgl. Jung, Die Banken der Credit Suisse Group, S. 119.
23 Vgl. UEK-Band 15, S. 137 f.
24 Vgl. A. Lüchinger, a.a.O., S. 87.
25 Frank Vischer, Der Handel mit ausländischen Wertpapieren während des Krieges und die Probleme der deutschen Guthaben in der Schweiz sowie der nachrichtenlosen Vermögen aus rechtlicher Sicht, UEK-Band 19, S. 40 f.
26 UEK-Band 15, S. 166.
27 Frank Vischer, a.a.O., S. 41.
28 Generalkonsulat Zürich an Zollfahndungsstelle Stuttgart, 26.8.1936. Notiz vom 29.8.1936 für Vizekonsul Ringelmann, 29.8.1936. PAAA/ G.K. Zürich, Paket 46 a.
29 Voigt an AA, 21.9.1936, PAAA/ G.K. Zürich, Paket 46 a.
30 Voigt an Tischer, 21.12.1936, PAAA/ G.K. Zürich, Paket 46 a.
31 RWM an AA, 29.12.1938, PAAA/ R 107'997.

32 Oberfinanzpräsident München/Devisenstelle an RWM, 1.11.1938, PAAA/ R 107'997.
33 SBV Zürich/Abt. für Privatkundschaft, Bericht über das 2. Quartal 1938, GHA UBS AG/SBV 14'895.
34 Tabellen der SNB zu den Auslandverpflichtungen 1935–1939/40, Archiv SNB.
35 Redetext in NZZ Nr. 1654 vom 28.9.1936.
36 BR-Protokoll vom 26.9.1936, DDS Bd. 11, Nr. 297.
37 Vgl. Böschenstein, Bundesrat Obrecht, S. 183 ff.
38 Protokoll Vorort vom 28.3.1936, AfZ.
39 Voigt an AA, 4.7.1936, PAAA/ R 108'085.
40 Tagebuch Feldmann, Eintrag vom 23.8.1936.
41 Protokoll Vorort vom 20.6.1936, AfZ.
42 Voigt an AA, 4.7.1936, PAAA/ R 108'085.
43 Protokoll Vorort vom 2.10.1936, AfZ.
44 AA an dt. Ges. Bern, 1.10.1938. Obrecht an Bibra, 5.10.1936. PAAA/ R 108'086.
45 Vermerk Wingen vom 19.10.1936 über die Verhandlungen vom 7. bis 18.10.1936, PAAA/ R 108'086. Vgl. aus schweizerischer Sicht: BR-Protokoll vom 23.10.1936, DDS Bd. 11, Nr. 303.
46 Memo Jöhr vom 18.10.1936, DDS Bd. 11, S. 918 (Anm. 1).
47 SNB an Motta, 30.10.1936, DDS Bd. 11, Nr. 305.
48 Vgl. Stucki an Motta, 7.11.1936. Motta an Stucki, 10.11.1936. DDS Bd. 11, Nr. 314 mit Annex.
49 Vgl. BR-Protokoll vom 23.12.1936, DDS Bd. 11, S. 894.
50 Vermerk Wingen vom 2.12.1936 aufgrund der Berechnungen der Reichsstelle für Devisenbewirtschaftung, PAAA/ R 108'086.
51 SNB an Motta, 30.10.1936, DDS Bd. 11, Nr. 305.
52 Vgl. unzufriedene, ausführliche Zuschrift in NZZ Nr. 71 vom 14.1.1937.
53 Vermerk Wingen vom 2.12.1936 und 29.12.1936, PAAA/ R 108'086. Vgl. BR-Protokoll vom 29.12.1936, DDS Bd. 11, Annex zu Nr. 315 sowie NZZ Nr. 2263 vom 27.12.1936.
54 Vgl. Homberger an Seyboth, 20.1.1937, PAAA/ R 108'087.
55 Reichsgruppe Industrie an Wirtschaftsgruppen, 10.2.1937, PAAA/ R 108'019.
56 Vgl. Hans Ernst Posse, Die Hauptlinien der deutschen Handelspolitik, in: Probleme des deutschen Wirtschaftslebens, Berlin und Leipzig 1937, S. 508.
57 Vermerk AA vom 25.3.1937, PAAA/ R 106'247.
58 Komitee Deutschland an Stucki, 19.4.1937. Komitee Deutschland an Bundesrat, 27.4.1937. Archiv UBS/SBG 12/2707.
59 Vgl. Stucki an BR, 10.5.1937, DDS Bd. 12, S. 151.
60 Aktenvermerk Ritter vom 18.5.1937 und Aufzeichnung Wingen vom 25.6.1937, PAAA/ R 106'247.
61 Vgl. NZZ Nr. 925 vom 24.5.1937 zum freisinnigen Parteitag und Nr. 969 vom 30.5.1937 («Die Sphinx der Mitte»).
62 Feldmann-Tagebuch, Eintrag vom 29.5.1937 und 1.6.1937.
63 Stuckis Klarstellung erschien in den führenden freisinnigen Blättern (vgl. NZZ Nr. 1002 vom 3.6.1937).
64 NZZ Nr. 978 vom 31.5.1937. Vallotton an Stucki, 27.5.1937 und 31.5.1937; Stucki an Vallotton, 1.6.1937; SBA/ J. 1. 131, 28.
65 NZZ Nr. 1001 vom 3.6.1937 zur «Aussprache im Bundesrat». Stucki an Obrecht, 4.6.1937; Stucki an Prof. W. Hug, 7.6.1937, SBA/ J. 1. 131, 28. Feldmann-Tagebuch, Eintrag vom 12.6.1937.
66 Stucki an radikal-demokratische Gruppe der Bundesversammlung, 18.10.1937, SBA/ J. 1. 131, 27.
67 Wohltat an Stucki, 20.10.1937, PAAA/ R 108'888.
68 Goebbels-Tagebücher, Eintrag vom 21.3.1937.

69 Vgl. Dinichert an Motta, 8.12.1937, DDS Bd. 12, Nr. 159. Sowie Schachts Darstellung in seinen Erinnerungen, 76 Jahre, S. 467 ff.
70 Vgl. F. Kneschaurek, Der schweizerische Konjunkturverlauf, S. 245 ff.
71 Vgl. NZZ Nr. 31 vom 7.1.1937, «Der schweizerische Aussenhandel 1936».
72 SBG-Direktorenkonferenz vom 10.11.1937, Archiv UBS/SBG.
73 SNB an Schweiz. Bankiervereinigung, 6.8.1937, Archiv UBS/SBG 12/2622.
74 Vgl. Das schweizerische Bankwesen 1936, S. 13 und 45.
75 Vgl. NZZ Nr. 82 vom 15.1.1937 über den Vortrag vom 11.1.1937.
76 Bericht Muff vom 29.2.1936. Weizsäcker an Muff, 4.3.1936. PAAA/ Ges. Bern, Bd. 1874.
77 Bericht Muff vom 6.10.1936, PAAA/ Ges. Bern, Bd. 1874.
78 Vgl. Rede Mingers vom 17.9.1934 im Ständerat, zit. bei H. Wahlen, Minger, S. 154.
79 Vgl. Zürcher Illustrierte Nr. 18/1934. Die gut gestellten Fotografien stammten aus der ersten Rekrutenschule für schwere Infanteriewaffen.
80 Bericht Muff vom 27.9.1934 zu Willes Übungsleitung sowie Bericht vom 23.11.1934 zu möglichen Generalsanwärtern, PAAA/ Ges. Bern, Bd. 1874.
81 Bericht des britischen Militärattachés vom 14.4.1938, PRO/ FO 371/22'470. Sowie: Annex to Weekly Intelligence Commentary No. 38/No. 1 (im FO am 10.5.1940 abgestempelt), PRO/ FO 371/24'530.
82 NZZ 17.8.1936.
83 NZZ 24.9.1936.
84 Berichte Muff vom 7.1.1935 und 31.7.1935, PAAA/ Ges. Bern, Bd. 1874.
85 Vgl. NZZ Nr. 610 vom 6.4.1937.
86 Vgl. Franziska Keller, Oberst Gustav Däniker, S. 61 f.
87 Vgl. F. Keller, a.a.O., S. 233 (Däniker an Oberst Fritz Rieter, 29.7.1937: «Mit Bauernschlauheit und politischen Überlegungen wird man eben eine Armee nie leiten können»). Däniker lernte die Probleme im EMD 1936/37 als Sektionschef für Waffen und Material in der Generalstabsabteilung sehr genau kennen.
88 Vgl. Weizsäcker an AA, 29.4.1936, ADAP/ Serie C, Bd. 5/1.
89 Weizsäcker an AA, 5.8.1936, PAAA/ Ges. Bern, Bd. 1878.
90 Bericht von Commandant Loriot (der in Paris domiziliert war), 1.5.1936, DDF 2. Serie, Bd. 2, Nr. 145.
91 Vgl. DDS Bd. 11, Nr. 209 und 210.
92 Vgl. Stämpfli an BR Baumann, 17.2.1936, DDS Bd. 11, Nr. 209. Tagebuch Feldmann, Eintrag vom 6.3.1936 über Gespräch mit Ernst von Weizsäcker.
93 «Volksrecht» vom 20.5.1938.
94 Vgl. Günter Lachmann, Der Nationalsozialismus in der Schweiz 1931–1934 – ein Beitrag zur Geschichte der Auslandorganisation der NSDAP, Diss. Berlin 1962, S. 70 f.
95 Memo vom 25.7.1945 (CSDIC), FO 371/46'909.
96 Goebbels-Tagebücher, Eintrag vom 19.1.1936.
97 Aufzeichnung Rödiger vom 9.4.1936, PAAA/ R 106'247.
98 G. Lachmann, a.a.O., S. 63 f.
99 BR-Bericht vom 28.12.1945 (Motion Boerlin), 1. Teil, S. 8 ff.
100 BR-Bericht vom 28.12.1945, S. 19.
101 Voigt an AA, 5.1.1939, PAAA/ Ges. Bern, Bd. 5810.
102 Tagebuch Feldmann, Eintrag vom 1.4.1936.
103 Tagebuch Feldmann, Eintrag vom 15.4.1936.
104 Dunant an Motta, 28.4.1936, DDS Bd. 11, Nr. 225. Dieser Bericht des schweizerischen Gesandten basiert auf einem Gespräch, das der schweizerische Generalstabshauptmann Bernard Barbey, Redaktor der Revue hebdomadaire in Paris, mit Pétain führen konnte.
105 NZZ Nr. 2227 vom 20.12.1936.

106 Vgl. Daladier an Delbos, 3.12.1936. Delbos an Daladier, 21.12.1936. DDF 2. Serie, Bd. 4.
107 Vgl. Dunant an Motta, 31.12.1936, DDS Bd. 11. BR-Protokoll vom 12.1.1937 sowie Stellungnahme Labhart vom 26.3.1936 zur Befestigungsfrage Hüningen in: DDS Bd. 12, Nr. 4 mit Annex.
108 Zu den französischen militärischen Planungen vgl. Hans Senn, Generalstab Bd. 6, Kapitel 2.3.1.
109 Offizielle Mitteilung u. a. in NZZ Nr. 344 vom 26.2.1937.
110 Vgl. Motta an Dinichert, 25.5.1935, DDS Bd. 11, Nr. 124.
111 BR-Protokoll vom 26.2.1937, SBA/ E 1004.1(-).
112 Dinichert an Motta, 12.2.1937, DDS Bd. 12, Nr. 27.
113 Vermerk Weizsäcker, 10.2.1937, ADAP/ Serie C, Bd. VI/1, Nr. 190.
114 Gesprächsnotiz Dinichert über Besprechung mit Neurath vom 1.3.1937, DDS Bd. 12, S. 89.
115 Schulthess an Schacht, 1.9.1936 und 3.12.1936. Aufzeichnung Schulthess über Treffen mit Schacht am 12.12.1936 in Basel. SBA/ J. 1. 6, Akz. 2, Bd. 1.
116 Vgl. R. Lindner, Weizsäcker, S. 153–173.
117 Richard von Weizsäcker, Vier Zeiten, Erinnerungen, Berlin 2002 (Taschenbuchausgabe), S. 62.
118 E. v. Weizsäcker, Erinnerungen, S. 131–133.
119 Zu Ilsemann vgl. die Äusserung von Oberstkorpskommandant Labhart in der Militärkonferenz vom 6.6.1944, DDS Bd. 15, Nr. 150.
120 Aufzeichnung Schulthess für Motta, 3.3.1937, DDS Bd. 12, Nr. 39.
121 Vgl. NZZ Nr. 387 vom 5.3.1937.
122 NZZ Nr. 421 vom 10.3.1937.
123 Vgl. u. a. Bonjour, Geschichte der schweizerischen Neutralität, Bd. 3, Kapitel 4.
124 Tagebuch Feldmann, Eintrag vom 24.11.1936.
125 Protokoll der NR-Kommission für das Geschäft Nr. 3327 vom 19.12.1935, SBA/ J. 1. 131, 27.
126 Clauzel an MAE, 30.4.1937, AMAE/ Europe 1930–1940/ Suisse Bd. 205.
127 Zitiert nach: J. R. von Salis, Giuseppe Motta, Zürich 1941, S. 429.
128 Paul Rüegger an Heinrich Walther, 21.1.1940, zitiert nach: Peter Menz, Der «Königsmacher» Heinrich Walther, Freiburg i. Ue. 1976, S. 282.
129 Vgl. Paul Stauffer, Zwischen Hofmannsthal und Hitler, Carl J. Burckhardt, Facetten einer aussergewöhnlichen Existenz, Zürich 1991, S. 83 ff.
130 P. Stauffer, a.a.O., S. 106.
131 Burckhardt an Motta, 22.10.1937, DDS Bd. 12, Nr. 142.
132 P. Stauffer, a.a.O., S. 102. Frölicher an Motta, 16.12.1938, DDS Bd. 12, Nr. 482.
133 Vgl. Paul Widmer, Die Schweizer Gesandtschaft in Berlin, S. 187 ff.
134 Hermann Böschenstein, Vor unsern Augen, S. 307.
135 Vgl. Caratsch an Motta, 5.3.1936, DDS Bd. 11, Nr. 219.
136 Vgl. Edgar Bonjour, Die Schweiz und Europa, Ausgewählte Reden und Aufsätze, Basel 1979, S. 259 ff.
137 Köcher an AA, 12.1.1945, PAAA/ Ges. Bern, Bd. 2789.
138 National-Zeitung vom 17.12.1945.
139 Tagebuch Feldmann, Eintrag vom 17.2.1940.
140 René de Weck, Journal de Guerre (1939–1945), Hrsg. Simon Roth, Genève 2001, Eintrag vom 18./19.8.1942.
141 Warner an FO, 3.2.1938, PRO/ FO 371/22'472.
142 Tgr. Bibra an AA, 17.12.1936. Bibra an Weizsäcker, 17.2.1937. ADAP/ Serie C, Bd. 6.1.
143 Weizsäcker an AA, 29.3.1937, ADAP/ Serie C, Bd. 6.2.
144 Jahresbericht Gesandtschaft Bern für 1937, PAAA/ Ges. Bern, Bd. 2757.
145 Bibra an Bohle, 1.6.1938, ADAP/ Serie D, Bd. 5.

146 R. de Weck, Journal de Guerre, Eintrag vom 24.1.1940.
147 Paul Widmer, Schweizer Aussenpolitik und Diplomatie, Zürich 2003, S. 240–300, zitierte Stelle S. 255.
148 Tagebuch Frölicher, Eintrag vom 31.5.1943, SBA/ J. 1. 236, 1993/368, Bd. 3.
149 Zitiert nach: J. R. von Salis, Giuseppe Motta, S. 379.
150 Köcher an AA, 9.2.1940, PAAA/ Ges. Bern, Bd. 2783.
151 Böschenstein, Vor unsern Augen, S. 132 ff.
152 Tagebuch Feldmann, Eintrag vom 16.10.1937 über Gespräch vom 14.10.1937.
153 Köcher an AA, 29.9.1937, ADAP/ Serie D, Bd. 5.
154 Vgl. Barbey an de Torrenté, DDS Bd. 12, Nr. 108.
155 Alphand an Delbos, 9.9.1937, DDF 2. Serie, Bd. 6, Nr. 417.
156 Protokoll der Sitzung des Comité permanent vom 8.12.1937, DDF 2. Serie, Bd. 7, Nr. 325.
157 Zu dieser Gruppe gehörten vor allem die damaligen Oberstdivisionäre Combe und Borel sowie die wichtigen Generalstabsoffiziere Corbat, Gonard und Masson.
158 Ansprache Pétain vom 9.9.1937 als Annex zu DDS Bd. 12, Nr. 128.
159 Protokoll der interministeriellen Sitzung vom 13.4.1938 am Quai d'Orsay mit Vertretern des Aussenministeriums und der drei Teilstreitkräfte, in: DDF 2. Serie, Bd. 9, Nr. 173.
160 Protokoll Landesverteidigungskommission vom 16.3.1938, DDS Bd. 12, Nr. 234.
161 Note sur la situation de la D. C. A. suisse, 2e Bureau Front du Nord-Est, 28.3.1940, AfZ/ RGVA, MF 1.
162 Tagebuch Feldmann, Eintrag vom 8.10.1937 und 3.12.1937.
163 Warner an FO, 3.2.1938, PRO/ FO 371/22'472.
164 Vgl. Georg Kreis, Auf den Spuren von La Charité, Basel und Stuttgart 1976, S. 18 f.
165 Vgl. Note du Conseil supérieur de la Défense nationale, 4.4.1938, in: DDF 2. Serie, Bd. 9, Nr. 144.
166 Vgl. Bernard Barbey, Aller et Retour, Neuchâtel 1967. G. Kreis, La Charité.
167 Gut an Stucki, 30.5.1938, SBA/ J. 1. 131.130. Zum «schweren Schock» auch Hermann Böschenstein, Vor unsern Augen, S. 141.
168 BR-Protokoll vom 21.3.1938 mit Annex, DDS Bd. 12, Nr. 239.
169 Tgr. Mackensen an Köcher, 22.3.1938, ADAP/ Serie D, Bd. 5, Nr. 513.
170 Motta unterstrich «die Richtigkeit der Chamberlainschen Politik» gegenüber der aussenpolitischen Kommission des Nationalrates (vgl. Tagebuch Feldmann, Eintrag vom 1.3.1938).
171 Protokoll Landesverteidigungskommission vom 16.3.1938, DDS Bd. 12, Nr. 234.
172 Note Gamelin vom 14.3.1938, DDF 2. Serie, Bd. 8, Nr. 432.
173 Aufzeichnung Weizsäcker vom 20.5.1938, ADAP/ Serie D, Bd. 5, Nr. 517. Vgl. Dinichert an Motta, 20.5.1938, DDS Bd. 12, Nr. 306.
174 E. v. Weizsäcker, Erinnerungen, S. 144 ff.
175 Frölicher an Motta, 9.6.1938, DDS Bd. 12, Nr. 318.
176 Frölicher an Motta, 10.6.1938, DDS Bd. 12, Nr. 320. Aufzeichnung Weizsäcker vom 9.6.1938 sowie Note vom 21.6.1938. ADAP/ Serie D, Bd. 5, Nr. 521 und Nr. 525.
177 Erinnerung Frölichers fünf Jahre später: Tagebuch Frölicher, Eintrag vom 9.6.1943, SBA/ J. 1. 236, 1993/368/7.
178 Dokument 27993 vom 17.12.1938 (Dienststelle Ribbentrop), PAAA/ R 27175.
179 NZZ Nr. 1835 vom 18.10.1938.
180 Frick an Labhart, 7.10.1938, DDS Bd. 12, Nr. 421.
181 Vgl. dazu zum Beispiel NZZ Nr. 1614 vom 13.9.1938.
182 Tagebuch Feldmann, 22.11.1938, zum Entschluss, das EMD abzugeben. Eintrag vom 30.12.1938, 8.1., 18.1. und 19.1.1939 zu den Themen Wille und Trüb.
183 Köcher an AA, 18.10.1938, ADAP/ Serie D, Bd. 5, Nr. 529.
184 Köcher an AA, 2.9.1938, PAAA/ Ges. Bern, Bd. 5810.

185 Jahresbericht 1938 Gesandtschaft Bern, PAAA/ Ges. Bern, Bd. 2757. Helouis (Chargé d'affaires) an Bonnet, 5.12.1938, DDF 2. Serie, Bd. 13, Nr. 38.
186 Vgl. Verhandlungsbericht Rothmund vom 1.10.1938 mit Annex und BR-Protokoll vom 4.10.1938, DDS Bd. 12, Nr. 414 und 416. Eine knappe Zusammenfassung zur Entstehung des Juden-Stempels findet sich von Alfred Cattani in NZZ Nr. 102 vom 5.5.1998.
187 Vgl. Spezialfall Nr. 100 der Schweizerischen Verrechnungsstelle: SBA/ E 7160-07, 1968/54, Bd. 1089.
188 Vgl. Claudia Herschelmann, Exilland Schweiz, Lebensbedingungen und Schicksale österreichischer Flüchtlinge 1938 bis 1945, Innsbruck 1997, S. 341 f. sowie auch den Zeitzeugen Fritz Molden, Fepolinksi & Waschlapski auf dem berstenden Stern, Wien 1997, S. 254 f., 265, 330 f.
189 Direktionsnotizen SBG Zürich vom 31.5.1938, 20.8.1938, 24.8.1938, 13.9.1938. GHA UBS AG/ SBG 12/2903.
190 Gesprächsnotizen JG/SBV Basel, 31.8.1938 und 14.5.1938, GHA UBS AG/ SBV 23'814.
191 VR-Protokoll der Schweiz. Bankiervereinigung vom 20.1.1937, GHA UBS AG/ SBG.
192 VR-Protokoll der Schweiz. Bankiervereinigung vom 14.7.1937, GHA UBS AG/ SBG.
193 Protokoll SBV-GD vom 19.10.1937, GHA UBS AG/ SBV.
194 Direktionsnotizen SBG Zürich vom 1.9.1938 und 7.2.1939, GHA UBS AG/ SBG 12/2903. Protokoll EIBA-VR vom 21.10.1938, GHA UBS AG/ SBG.
195 Bericht SBV Zürich/ Abt. Privatkundschaft über das 3. Quartal 1938, GHA UBS AG/ SBV 14/895.
196 SNB-Archiv: Auslandanlagen und Auslandverpflichtungen 1939–1943. Betreffend Umlegekredite: GHA UBS AG/ SBG 12/2674.
197 Vom 1.3.1938 bis zum 31.8.1939 erweiterte sich das schweizerische Stillhaltevolumen brutto (d. h. ohne Berücksichtigung der Reduktionen) um 66 Millionen Reichsmark. Angaben aus Reichsbankquelle in BAB/ R 2501/9890.
198 Übersicht Stillhalteverschuldung 1931–1939 (Reichsbankquelle), BAB R 2501/9890.
199 EIBA-VR-Protokoll vom 24.1.1939, GHA UBS AG/ SBG.
200 EIBA-VR-Protokolle vom 28.9.1939 und 16.1.1940, GHA UBS AG/ SBG.
201 GHA UBS AG/ SBG 12/1722 und 12/1774.
202 Revisionsberichte SBG der Schweizerischen Revisionsgesellschaft AG 1937–1939, GHA UBS AG/ SBG.
203 Joseph Jung, Die Banken der Crédit Suisse Group im Zweiten Weltkrieg, S. 78.
204 Archiv SNB: Tabelle 16 Guthaben auf das Ausland (bei den einzelnen Banken) 1940–1942.
205 Michel Fior, Les Banques Suisses, Tabelle 16, S. 217.
206 Protokoll SBV-GD vom 8.11.1938, GHA UBS AG/ SBV.
207 Kurze Übersicht der Hapag-Kreditentwicklung in Notiz SBV vom 25.11.1940, in: BAB/ R 2501/9382.
208 Ein anderes Kreditverhältnis, das der SBV 1938 in komplexer Weise umstrukturieren konnte, betraf zum Beispiel die Firma Carl Freudenberg in Weinheim bzw. die Externa S.A. in Lausanne (BAB/ R 2501/9473).
209 Die Bank Leu hatte Ende 1939 noch Forderungen von Fr. 44.9 Mio. an Deutschland, davon Fr. 26 Mio. Hypotheken mit Schwergewicht in Berlin (J. Jung, a.a.O., S. 94 ff.).
210 BHB-VR-Protokoll vom 30.1.1940, GHA UBS AG/ SBV.
211 Archiv SNB: Tabelle 22 (31.12.1940)/ Grossbanken – Guthaben auf das Ausland.
212 Die deutschen Banken konnten vom Mai 1938 bis Mai 1939 in Grossbritannien «echte Remburskredite» zur Einfuhrfinanzierung über insgesamt 368 Millionen Reichsmark beanspruchen. Vom Juni 1939 bis zum Kriegsausbruch 1939 wurden noch einmal 91 Millionen RM umgesetzt. Am 31.8.1939 waren die deutschen Kreditfazilitäten in Grossbritannien immer noch mit 356 Millionen RM beansprucht,

besonders intensiv bei den Banken Kleinwort, Sons & Co., Barclays Bank Ltd., Henry Schroder & Co. und der Westminster Bank. Reichsbankquellen 1939 in: BAB/ R 2501/9890.
213 Reichsbankangaben in: BAB/ R 2501/7108.
214 Quelle: Statistisches Reichsamt, Zahlungsbilanz und Devisenbilanz 1938, in: BAB/ R 3102/3497.
215 Reichsbankquelle in: BAB/ R 2501/6446.
216 AA an Botschaften/Gesandtschaften, 22.6.1938, PAAA/ R 106'247.
217 Notiz Wiehl vom 29.3.1938, PAAA/ R 108'888.
218 Warner an FO, 3.2.1938, PRO/ FO 371/22'472.
219 Albert Weitnauer, Rechenschaft – Vierzig Jahre im Dienste des schweizerischen Staates, Zürich und München 1981, S. 107.
220 Schulthess an Stucki, 31.10.1939, SBA/ J. 1. 131. 134.
221 Stucki an Homberger, 25.2.1938. Homberger an Stucki 28.2.1938. AfZ/ Handakten Homberger 10.1.2.1.1.
222 Weitnauer, Rechenschaft, S. 115.
223 Protokoll Vorort vom 5.11.1937, AfZ.
224 Vorort an Motta, 4.4.1938, SBA/ E 2500 (-), 1982/120, Bd. 56.
225 Homberger zum Rücktritt von Kohli in NZZ vom 15.9.1961.
226 Omgus 2/207/6, IfZ.
227 Vernehmung Hemmen durch Kempner, 24.4.1947, IfZ/ ZS 1076.
228 CSDIC/PW Paper, 25.7.1945, PRO/ FO 371/46'909.
229 Interrogation Hemmen, 4.12.1945, Omgus 3/71-3/5, IfZ.
230 Vgl. Sylvain Schirmann, Les relations économiques et financières franco-allemandes 1932–1939, Paris 1995, Kapitel 15 (Die deutsch-französischen Handels- und Transferabkommen vom 10.7.1937 erschienen in erster Linie als Erfolg für Deutschland).
231 Schacht richtete zum Beispiel im Oktober 1938 in Gesellschaft unverblümt «wahrhaft ätzende Angriffe auf das System», wie Botschafter Ulrich von Hassell berichtet (Die Hassell-Tagebücher 1938–1944, Taschenbuchausgabe Berlin 1988, Eintrag betreffend 6.10.1938).
232 Aktennotiz Direktion SBV Basel vom 4.2.1939 betr. Überweisung Valuta 28.1.1939, GHA UBS AG/ SBV 23'814. Der Betrag entsprach zum damaligen Kurs 106 000 Schweizerfranken.
233 Arbeitsverteilung des Reichsbankdirektoriums per 25.9.1939, BAB/ R 2501/10'082.
234 Funk an Reichskanzlei, 28.2.1939, BAB/ R 43 II/ 246.
235 Vernehmung Hemmen durch Kempner, 24.4.1947, IfZ/ZS 1076.
236 Schweizerische Ausgangsposition in BR-Protokoll vom 1.4.1938, DDS Bd. 12, Nr. 257.
237 Vgl. EPD an Obrecht, 20.6.1938, DDS Bd. 12, Nr. 328.
238 Aufzeichnung Maltzan vom 12.5.1938 sowie Aufzeichnung Handelspolitischer Ausschuss vom 13.5.1938, PAAA/ R 106'247.
239 Protokoll Vorort vom 23.5.1938, AfZ. Aufzeichnung AA vom 18.6.1938 (mit einem gewissen Verständnis für die schweizerische Argumentation) in: PAAA/ R 108'089.
240 Aufzeichnung Wingen vom 8.6.1938, PAAA/ R 106'247. Bachmann/Schwab an Motta, 8.6.1938, DDS Bd. 12, Nr. 316.
241 Frölicher an Motta, 9.6.1938. Frölicher an Hotz, 10.6.1938. DDS Bd. 12, Nr. 318 und 319.
242 Wingen an Bibra, 18.6.1938, PAAA/ R 108'089.
243 Obrecht an Bibra, 8.6.1938. Bibra an Hemmen, 17.6.1938. Hemmen an AA, 18.6.1938 (Hemmen spricht von einem «befremdlichen Schreiben» Obrechts). PAAA/ R 108'089.
244 Muff an Weizsäcker, 16.6.1938, PAAA/ R 108'089.
245 Frölicher an Motta, 23.6.1938, DDS Bd. 12, Nr. 333.

246 Tagebuch Feldmann, Eintrag vom 28.6.1938 über Gespräch vom 27.6.1938.
247 Vgl. Peter Menz, Der «Königsmacher» Heinrich Walther, S. 314 und S. 322.
248 Tagebuch Feldmann, 30.5.1934.
249 Abt an Obrecht, 25.6.1938, PAAA/ Ges. Bern, Bd. 2788.
250 Wetter an Motta, 11.4.1938, DDS Bd. 12, Nr. 265.
251 Obrecht an Motta, 24.10.1938, DDS Bd. 12, Nr. 433.
252 Tagebuch Feldmann, 29.10.1938.
253 Protokoll der Pressekonferenz vom 26.10.1938, DDS Bd. 12, Nr. 435.
254 Protokoll Vorort vom 5.11.1938, AfZ.
255 Vgl. die Darstellung von Karl Weber, Die Schweiz im Nervenkrieg, S. 96ff. und den Briefwechsel: Caspar Jenny an Heinrich Homberger, 24.12.1938 sowie Homberger an Jenny, 28.12.1938. AfZ/ Handakten Homberger 10.1.2.3.4.
256 Vgl. Christian Werner, Für Wirtschaft und Vaterland, Erneuerungsbewegungen und bürgerliche Interessengruppen in der Deutschschweiz 1928–1947, Zürich 2000. S. 110 ff. zur SMP als propagandistischem Rückgrat des «Bundes für Volk und Heimat», S. 114 zur Finanzierung der SMP.
257 Rietmann an Motta, 23.12.1938, DDS Bd. 12, Nr. 490.
258 Tagebuch Feldmann, 12.10.1938.
259 Zum Druck Chamiers auf Haas vgl. Tagebuch Feldmann, 6.11.1938. Ausserdem zu den deutschen Beeinflussungsversuchen: Labhart an Minger, 1.12.1938, DDS Bd. 12, Nr. 464. Köcher an AA, 3.12.1938, ADAP/ Serie D, Bd. 5, Nr. 531.
260 Aufzeichnung Kohli über Delegationskonferenz vom 14.6.1938, SBA/ J. I. 215, 1990/279, Bd. 1.
261 Carl E. Koechlin-Vischer, 1889–1969, der führende Mann der Firma J. R. Geigy AG. Präsident der Basler Handelskammer und der Schweizerischen Gesellschaft für Chemische Industrie. Seit 1932 im Bankrat der SNB, seit 1935 in dessen Ausschuss. Seit 1931 Mitglied des Vororts, 1939 dessen Vizepräsident und 1952 bis 1964 Präsident.
262 Protokoll Vorort vom 13.6.1938, AfZ.
263 H. G. Pauls an Legationsrat Wingen, 22.6.1938, PAAA/ R 108'089.
264 Aufzeichnung Kohli über Delegationskonferenz vom 14.6.1938, SBA/ J. I. 215, 1990/279, Bd. 1.
265 Protokoll Vorort vom 28.6.1938, AfZ. Aufzeichnung Kohli über Konferenz vom 23.6.1938, J. I. 215, 1990/279, Bd. 1. BR-Protokoll vom 28.6.1938, DDS Bd. 12, Nr. 336.
266 BR-Protokoll vom 8.7.1938, DDS Bd. 12, Nr. 339 (vermittelt allerdings betr. Kapitalverkehr keine völlige Klarheit). Aufschlussreicher ist die Aufzeichnung des deutschen Delegationsmitglieds Legationsrat Wingen (AA), 4.7.1938, PAAA/ R 106'247. Texte des Abkommens vom 30.6.1938 mit Beilagen in: PAAA/ R 108'089. Auf schweizerischer Seite wurde mit einer gewissen Absicht nur das Rahmenabkommen in die Gesetzessammlung aufgenommen.
267 Berechnung des Rechtsbüros der SBG für Paul Jaberg, 27.6.1938, GHA UBS AG/ SBG 12/2707. Die Schätzung des Devisenanfalls der Reichsbank aus dem deutschschweizerischen Reiseverkehr ergab mindestens einen deutschen «Gewinn» von 4 Mio. Franken für die neue Vertragsdauer.
268 Sichtbar zum Beispiel in: RWM an Oberfinanzpräsidenten, 24.7.1939, PAAA/ R 108'096.
269 Jöhr an Obrecht, 18.5.1938, GHA UBS AG/ SBG 12/2707 (die Zahl umfasst die schweizerischen Finanzgläubiger Deutschlands und Österreichs).
270 Die Finanzgläubiger mussten beim Transfer eine Zinsreduktion auf $3\frac{1}{4}\%$ p. a. hinnehmen, was neu auch für die österreichischen Privatschulden galt und besonders schmerzte.
271 H. G. Pauls in einem grossen Grundsatzartikel vom 2.6.1938 in der Frankfurter Zeitung.

272 Rapport A. Schaefer (damals Direktor der SBG) über die Sitzung des Komitees Deutschland vom 7.6.1938, GHA UBS AG/ SBG 12/2707.
273 Vgl. Protokolle der «Anglo-German Payments Negotiations 1938», 25.5.1938, 29.6.1938, PRO/ BT 11/899.
274 Das Misstrauen äusserte sich bereits im Juli 1938 in einer parlamentarischen Anfrage, auf die Chamberlain nicht eingehen wollte (Hansard vom 7.7.1938, PRO/BT 11/896). Zum eigentlichen Start der Diskussion innerhalb der Regierung vgl. das Memorandum von J. H. Magowan, 6.12.1938 (PRO/ FO 408/68) sowie die Stellungnahme des einflussreichen wirtschaftlichen Experten und Verhandlungsleiters Sir Frederick Leith-Ross vom 24.1.1939 (PRO/ BT 11/1045).
275 Berliner Börsen-Zeitung Nr. 320 vom 12.7.1938.
276 NZZ Nr. 1198 vom 5.7.1938.
277 BR-Protokoll vom 25.10.1938. Laur an Obrecht, 24.10.1938. SBA/ E 7110, 1967/32, Bd. 842.
278 BR-Protokoll vom 16.9.1938, DDS Bd. 12, Nr. 390. Frölicher an Motta, 15.10.1938, DDS Bd. 12, Nr. 430.
279 Aufzeichnung Legationsrat v. Rintelen vom 24.9.1938 in: ADAP/ Serie D, Bd. 5, Nr. 528, mit Anmerkung 3. Ferner Notiz W. Hauser an Chef EVD vom 1.11.1938, DDS Bd. 12, Nr. 439.
280 Vgl. deutsche Note vom 28.6.1938 in DDS Bd. 13, Nr. 110. Auf deutscher Seite u. a. Aufzeichnung Clodius vom 26.5.1939, PAAA/ R 106'247.
281 Köcher an AA, 22.12.1938. «Bund» Nr. 597 vom 21.12.1938. PAAA/ R 108'019.
282 Brief aus St. Gallen (Name nicht identifiziert) an Hotz, 13.5.1938, AFZ/Nachlass Jean Hotz, 181.
283 Protokoll Vorort vom 19.12.1938, AfZ.
284 Motta an Vorort, 7.11.1938, DDS Bd. 12, Nr. 441.
285 Leith-Ross an Sargent, 24.1.1939, PRO/ BT 11/1045. Vgl. Neil Forbes, Doing Business with the Nazis – Britain's Economic and Financial Relations with Germany 1931–1939, London 2000.
286 Aufzeichnung Wingen vom 5.12.1938, PAAA/ R 106'247. BR-Protokoll vom 5.12.1938, DDS Bd. 12, Nr. 468.
287 Zur Grenzbankenkompensation u.a. Reichsbank an AA, 25.8.1938. RWM an SNB, 6.6.1939, PAAA/ R 107'997. Zur Abgeltung der österreichischen Staatsschulden: DDS Bd. 12, Nr. 328 mit Annex sowie DDS Bd. 13, Nr. 57.
288 Frankfurter Zeitung Nr. 82 vom 14.2.1939.
289 RWM an AA, 23.2.1939. Hotz an Bibra, 7.3.1939. Anmerkung Bibra an AA, 8.3.1939. PAAA/ R 108'091.
290 Alphand an Bonnet, 15.3.1939, DDF 2. Serie, Bd. 14, Nr. 347.
291 Vgl. Stucki an Motta, 15.9.1938, DDS Bd. 12, Nr. 385. Alphand an Bonnet, 15.2.1939, DDF 2. Serie, Bd. 14, Nr. 123. Stucki an Motta, 21.3.1939, DDS Bd. 13, Nr. 47 (mit Antwort Bonna vom 23.3.1939 in Anm. 3).
292 Huber an Labhart, 18.3.1939, DDS Bd. 13, Nr. 45.
293 Tagebuch Feldmann, 25.3.1939 und 29.3.1939.
294 BR-Protokoll vom 24.3.1939. H. Frick an Labhart, 28.3.1939. DDS Bd. 13, Nr. 52 und Nr. 56.
295 Vgl. Hans Senn, Der schweizerische Generalstab, Band 6, Basel 1991, S. 335f.
296 Tagebuch Feldmann, 20.3.1939. Hermann Böschenstein, Bundesrat Obrecht, S. 190ff.
297 Text von Etters Ansprache in NZZ Nr. 488 vom 19.3.1939.
298 Ansprache Minger vom 24.3.1939 in: SBA/ J.I. 108. Nr. 423.
299 NZZ Nr. 707 vom 23.4.1939.
300 Es handelte sich um einen Konsortialkredit von Fr. 50 Mio. aus dem Jahre 1937 mit einer Laufzeit von 21 Monaten unter Federführung von Bankverein und Kreditanstalt.

301 Protokoll SNB-Direktorium vom 17.3.1939, Archiv SNB.
302 Warner an Halifax, 27.4.1939, PRO/ FO 371/23'029.
303 Übersicht in Memo Treasury an FO vom 17.1.1940, PRO/ FO 371/24'410.
304 NZZ Nr. 529 vom 25.3.1939.
305 Protokoll des SNB-Direktoriums vom 23.3.1939, Archiv SNB.
306 Tgr. Generalkonsulat Zürich an AA, 24.3.1939, PAAA/ R 106'246.
307 Protokoll SNB-Direktorium vom 28.3.1939, Archiv SNB.
308 Protokoll SBV-GD vom 28.3.1939, GHA UBS AG/ SBV.
309 SBV Zürich/Abt. für Privatkundschaft/Berichte über das 1. und 2. Quartal 1939, GHA UBS AG/ SBV 14'895.
310 Protokoll SBV-GD vom 26.4.1938, GHA UBS AG/ SBV.
311 Vgl. Joseph Jung, Die Banken der Credit Suisse Group im Zweiten Weltkrieg, S. 433 ff.
312 Protokoll SNB-Direktorium vom 18.1.1940, Archiv SNB.
313 Protokoll SBG-Lokalkommission Winterthur-Zürich vom 6.6.1940, GHA UBS/SBG.
314 Tabelle Guthaben auf das Ausland 1935–1940 der vier Bankengruppen, Archiv SNB.
315 Aktennotiz Schering (Mai 1937), Schering-Archiv B8-0034/1.
316 SBG-VR-Protokoll vom 25.8.1937, GHA UBS AG/ SBG.
317 SBG-VR-Protokoll vom 20.9.1937, GHA UBS AG/ SBG.
318 Aktennotiz Rohrer vom 23.10.1937, Schering-Archiv B8-0033.
319 Bericht Reichsbankrat Blumberg, 1938, mit Verweis auf bedingte Genehmigung vom 22.11.1937 und Forderung nach Nachprüfung. Prüfbericht des Reichsbankinspektorates vom 1.3.1938. BAB/ R 3101/43'452.
320 Schering an RWM, 28.9.1938, BAB/ R 3101/34'452.
321 Reichsführer SS/Chef des Sicherheitshauptamtes/Zentralabteilung II2 an RWM, 16.1.1939, BAB/ R 3101/34'452.
322 Schering an RWM, 27.2.1939. Vermerk RWM (Mangold), 2.3.1939. BAB/ R 3101/34'452.
323 NSDAP/AO/Aussenhandelsamt an RWM, 6.4.1939. RWM an NSDAP, 27.4.1939. NSDAP an RWM, 10.5.1939. Schering an RWM, 13.5.1939. BAB/ R 3101/34'452.
324 Die Schweizerische Gesellschaft für Metallwerte in Basel, eine Finanzgesellschaft (vgl. Kapitel 8.3., Anm. 228), hielt per 31.1.1939 noch 9 000 Aktien der Lonza im Wert von Fr. 4.5 Mio. sowie Stammaktien der Metallgesellschaft Frankfurt im Wert von Fr. 5.5 Mio. Die Hauptbeteiligung bestand in Stammaktien der Amalgamated Corporation im Wert von Fr. 11.8 Mio. (vgl. NZZ Nr. 904 vom 21.5.1939). Dr. Alfred Merton, einst wichtiger Mann bei der Metallgesellschaft, befand sich als Emigrant zu diesem Zeitpunkt in London. Er trat im Juli 1939 aus dem Verwaltungsrat der Lonza zurück.
325 Schweiz. Verrechnungsstelle an Commission Mixte, 8.11.1947, SBA/ E 2801, 1968/84, Bd. 72. Weitere Angaben im Dossier Henkel & Co. AG in: SBA/ E 2801, 1968/84, Bd. 144.
326 Vgl. Schema zum Aufbau der Henkel-Interessen via UMA etc. in: SBA/ E 7160-07(-), 1968/54, Bd. 972.
327 Vgl. Joachim Scholtyseck, Robert Bosch und der liberale Widerstand gegen Hitler 1933 bis 1945, München 1999.
328 Vgl. u.a. Exposé Spezialbüro der Schweizerischen Verrechnungsstelle vom 23.5.1947. Protokoll der Einvernahme der Herren Thomä und Schlossstein am 23.9.1948. SBA/ E 7160-07(-), 1968/54, Bd. 1081. Spezialbüro/SVST an EPD, 8.5.1946, SBA/ E 2001 (E), 1967/113, Bd. 425.
329 Vgl. Kapitel 7.3., Anm. 338.
330 Erlass RWM vom 25.9.1938 an die Oberfinanzpräsidenten (nach eingeholter Zustimmung von AA, Vierjahresplan und Reichsbank). Landwehr/RWM an die Leiter der Devisenstellen, 12.10.1938. BAB/ R 3101/33'054.

331 Vermerk Dienststelle AO im RWM für Referant V Dev. 2, 28.6.1939, BAB/ 3103/33'054.
332 Gesprächsaufzeichnung Ashton-Gwatkin (Foreign Office) vom 15.12.1938. In den Papieren von Sir Frederick Leith-Ross (mit welchem Schacht ebenfalls sprach). PRO/ T 188/227.
333 Vgl. Kneschaurek 1952, S. 233 und 246f.
334 Vgl. NZZ Nr. 1208 vom 3.7.1939 zur Entwicklung der Maschinenindustrie 1938. Und NZZ Nr. 826 vom 8.5.1939 zu Saurer.
335 Notiz vom 7.11.1945 für Bundesrat Petitpierre (Enquête per 1.9.1945), SBA/ E 2801 (-), 1967/77, Bd. 2.
336 NZZ Nr. 1123 vom 21.6.1939: Beantwortung Interpellation Meierhans durch BR Baumann.
337 BR Baumann an Obrecht, 15.4.1939, DDS Bd. 13, Nr. 68.
338 Warner an Halifax, 11.2.1939 und 13.5.1939, PRO/ FO 371/23'029.
339 «Spezialbericht über die Stimmung in Deutschland gegenüber der Schweiz» vom 27.9.1938, SBA/ E 27/9616. Der Bericht stammt vom Berufsoffizier Major J. Berli, der vom Herbst 1933 bis Frühjahr 1935 an der Kriegsakademie in Berlin war. Im September 1938 zu Manöverbesuchen in Deutschland detachiert.
340 Protokoll Vorort vom 3.4.1939, AfZ.
341 Aufzeichnung AA vom 18.4.1939, PAAA/ R 108'091.
342 Protokoll Vorort vom 9.5.1939, AfZ.
343 Aufzeichnung Hemmen vom 21.4.1939. Aufzeichnung Woermann vom 26.5.1939. PAAA/ R 106'017.
344 BR-Protokoll vom 5.5.1939, DDS Bd. 13, Nr. 80, Abschnitt II, sowie im Annex BR-Protokoll vom 9.5.1939.
345 Warner an Halifax, 16.5.1939, PRO/ FO 371/23'030.
346 Warner an Halifax, 13.5.1939, PRO/ FO 371/23'030.
347 BR-Protokoll vom 26.5.1939, DDS Bd. 13, Nr. 91. Clodius an Dt. Ges. Bern, 24.5.1939, PAAA/ R 108'091. Protokoll Vorort vom 5.6.1939, AfZ.
348 Weizsäcker an Ges. Bern, 15.5.1939. Köcher an Weizsäcker, 24.5.1939. PAAA/ R 108'091. Frölicher an Motta, 14.7.1939, DDS Bd. 13, Nr. 120.
349 Tgr. Hemmen an AA, 6.7.1939, PAAA/ R 106'246. BR-Protokoll vom 7.7.1939. Schwab an Motta, 8.7.1939. DDS Bd. 13, Nr. 114 und 116.
350 Rapport Paul Jaberg über Sitzung des Komitees Deutschland vom 12.4.1939, GHA UBS AG/ SBG 12/2707.
351 «Volksrecht» vom 3. und 12. Mai 1939. Diese Kontroverse wurde auch in Berlin beachtet (vgl. PAAA/ R 108'019).
352 Vgl. NZZ Nr. 1318 vom 19.7.1939.
353 Hemmen an AA, 6.7.1939 (PAAA/ R 106'246) erwähnt zusätzliche KTA-Geschäfte von 20 Millionen Franken. Vgl. auch die vertraulichen Informationen des Handelsdelegierten Prof. Keller an die Briten in: Warner an Halifax, 11.7.1939, PRO/ FO 371/23'030.
354 Die Schweiz hatte im Dezember 1938 vorerst 10 ME 109D erworben, gefolgt von einer Serie von 30 ME 109E bis Juni 1939. Nur die ersten 10 Flugzeuge waren mit Bordfunkgeräten ausgestattet. Vgl. Werner Rutschmann, Die Schweizer Flieger- und Fliegerabwehrtruppen 1939–1945, Thun 1989. Ernst Wetter, Duell der Flieger und der Diplomaten, Frauenfeld 1987.

7. Im Banne der deutschen Bedrohung (1939–1942)

7.1. «Die neutralen Staaten sind das Schlachtfeld des Wirtschaftskrieges» – Kriegsausbruch und «Drôle de guerre»

In der Morgenfrühe des 1. September 1939 überfiel das «Dritte Reich» Polen. Am 3. September erklärten Grossbritannien und Frankreich in Erfüllung ihrer Garantieverpflichtung Deutschland den Krieg.

Die schweizerische Regierung hatte die Grenzschutztruppen auf den 29. August aufgeboten. Am folgenden Tag wählte die Bundesversammlung Henri Guisan zum Oberkommandierenden, und am 1. September beschloss der Bundesrat die Generalmobilmachung der gesamten Armee. Am 2. September 1939 standen rund 430 000 Mann unter den Fahnen. Beim Bankverein bedeutete dies die Mobilmachung von 967 Männern und «zwei Fräuleins». Etwas mehr als 50% des männlichen Personalbestandes trug jetzt Uniform und stand zur Abwehr eines deutschen Angriffs bereit. In manchen Betrieben lag der Anteil der Mobilisierten noch höher als beim Bankverein. Kleinbetriebe wurden häufig lahm gelegt. Soziale Spannungen waren nicht auszuschliessen. In der Landwirtschaft stellten sich aufs Ganze gesehen wohl die grössten Probleme. Bereits Ende September 1939 mussten deshalb die Dragoner-Schwadronen vorübergehend entlassen werden. Nationalrat Roman Abt verärgerte zur selben Zeit seinen alten Freund Bundesrat Minger mit einer scharfen Interpellation, in der er «mehr Rücksicht der Armee auf die Wirtschaft» forderte.[1]

Der Zielkonflikt zwischen den militärischen Sicherheitsbedürfnissen und den Anforderungen der Wirtschaft an die Aufrechterhaltung der Produktion wurde sehr rasch evident. Der Generaladjutant musste schon bald das Verhalten von Arbeitgebern rügen, die «mit verwerflichen Mitteln» Dispensationen von mobilisierten Arbeitnehmern zu erwirken versuchten.[2] Es lag im Interesse der Gesamtverteidigung, eine offene Polemik zwischen Armee und Wirtschaft zu vermeiden. Das Thema wird damit mindestens zum Teil in den nicht ganz transparenten Bereich der informellen Beeinflussungs-Taktik verwiesen. Der temperamentvolle Gutsbesitzer und Anwalt Roman Abt etwa wird weiterhin auf diesem Gebiete tätig sein.[3] Abt pflegte auch gute Verbindungen zu Emil G. Bührle. Bührles «Waffenschmiede» in Zürich-Oerlikon arbeitete 1939 jedoch keineswegs für die Deutschen, vielmehr war sie bis zum Frühjahr 1940 mit Aufträgen aus Frankreich und England voll ausgelastet.[4] Der britische Gesandte wird sich im Oktober 1939 bei General Guisan beklagen, dass die Aufträge der Royal Navy für Flugabwehrgeschütze in Oerlikon und Neuhausen infolge Arbeitermangels nur sehr langsam ausgeführt würden. Guisan verwies auf Nationalrat Ruggero Dollfus, den der katholisch-konservative «Königsmacher» Heinrich Walther nach Kriegsausbruch unverzüglich in die Position des Generaladjutanten der Armee gehievt hatte. Oberstdivisionär Dollfus, immer noch Verwaltungsratsmitglied des Bankvereins, zeigte gegenüber den britischen Wünschen viel Verständnis.[5] Der weltmännische Dollfus wird auch in den folgenden Jahren als diskreter Freund Grossbritanniens wirken. Dazu noch ein Beispiel von einer anderen Seite: Professor Max Huber, der höchst angesehene Jurist und Präsident des IKRK, war dank seiner familiären Herkunft auch Verwaltungsratspräsident der Maschinenfabrik Oerlikon (nicht zu verwechseln mit Emil G. Bührle's Reich). Max Huber nun informierte die 42 anwesenden Aktionäre seiner Gesellschaft im November 1939 über den flotten Geschäftsgang: «Seit Anfang September ist beinahe plötzlich eine beträchtliche Zunahme der Bestellungseingänge zu verzeichnen.» Die Bestellungen aus der Schweiz «sind dabei vorherrschend». Die durch die Mobilmachung seiner Arbeiter hervorgerufene «Abnahme der Leistungsfähigkeit» verursachte Max Huber hingegen «ernstliche Besorgnisse».[6] Der Waffenfabrik Solothurn waren von 280 Arbeitern etwa 100 durch die Mobilisation «entzogen» worden. In Solothurn produzierte man im Herbst 1939 vorwiegend für Bulgarien und die Niederlande.[7]

Die Sicherheit der Schweiz schien im Herbst 1939 militärisch kaum unmittelbar gefährdet, mit Ausnahme einiger nervöser Tage im November im Anschluss an das Attentat auf Hitler im Bürgerbräukeller, bei dem gewisse Fäden in die Schweiz zu laufen schienen. Auf französischer Seite erwachten allerdings bereits im Oktober erneut Bedenken vor einem deutschen Angriff über die Schweiz. Guisan liess im November erhöhte Alarmbereitschaft erstellen, verbunden mit dem Wiederaufgebot einiger Truppenkörper. Der Oberkommandierende blieb jedoch ebenso wie Generalstabschef Labhart insgesamt gelassen.[8] Für Bundesrat Pilet-Golaz gab es zu diesem Zeitpunkt, wie Markus Feldmann notierte, noch eine andere Beunruhigung: «Pilet steht unter starkem Eindruck des Ausbaus der deutschen Spionageorganisation in der Schweiz und spricht offen von der Notwendigkeit, im Kriegsfall sofort bestimmte Leute zu erschiessen.»[9] Solch entschlossene Worte wird man von Pilet-Golaz im Sommer 1940 vergeblich erwarten. Die Bestände der Schweizer Armee wurden bis Ende 1939 auf 250 000 und im Januar 1940 auf 200 000 Mann reduziert.[10] Das Gros der Armee verschanzte sich für den «Fall Nord» auf der Linie Sargans–Linth–Limmat und links davon anschliessend auf den Jurahöhen bis zum Gempen bei Basel.

Seit 1937 hatten Bundesrat Obrecht und seine Mitarbeiter die kriegswirtschaftliche Organisation umsichtig vorbereitet. Die Fehler des Ersten Weltkrieges sollten vermieden werden. Die Bürokratie von Bund und Kantonen war dabei auf die enge Zusammenarbeit mit der Privatwirtschaft angewiesen. Den kriegswirtschaftlichen Syndikaten kam in der Folge besondere Bedeutung zu bei der Durchführung der Einfuhr, der

Lagerkontrolle und der Verteilung an die Verbraucher. Das schweizerische Milizprinzip fand in charakteristischer Weise in der ganzen komplexen Organisation Anwendung. Prominente Männer aus Industrie und Politik wurden in das machtvolle «KIAA», das Kriegs-, Industrie- und Arbeitsamt als nebenamtliche Sektionschefs berufen. Und Hans Sulzer übernahm den Vorsitz der beratenden Kommission zur Überwachung der Ein- und Ausfuhr. In diesem Kreis waren alle wichtigen Interessengruppen vertreten.[11] Nach aussen von grösster Bedeutung war der Wille der Schweiz, alle Kontrollmassnahmen autonom durchzuführen.

Auf dem Gebiet des Aussenhandels zeigte sich der Bundesrat gleich bei Kriegsbeginn erstaunlich entschlusskräftig: Am 2. September wurden allgemeine Ausfuhrbeschränkungen angeordnet, um einen unerwünschten Warenabfluss zu verhindern. Der Bundesrat konnte aufgrund des Vollmachtenbeschlusses nun mit Notrecht eingreifen. Darauf stützte sich der Bundesratsbeschluss vom 22. September 1939 betreffend die Überwachung der Ein- und Ausfuhr. Auf deutscher Seite führten diese Massnahmen zu einiger Beunruhigung. Der Gesandte Hemmen hatte Anfang September sein Domizil in Bern aufgeschlagen. Es lag Berlin einiges daran, den Warenverkehr mit der Schweiz und den andern Neutralen auch in Kriegszeiten aufrechtzuerhalten. «Die neutralen Staaten sind das Schlachtfeld des Wirtschaftskrieges», liess Hemmen seine Gesprächspartner bei Gelegenheit wissen.[12] Freilich stand die Schweiz auf der deutschen Prioritätenliste bei weitem nicht an erster Stelle. Für Berlin war es bedeutend wichtiger, das Russlandgeschäft durch Exporte zu erweitern und auch den Handel mit den USA nicht abbrechen zu lassen. Von «grösster Wichtigkeit» waren ausserdem die schwedischen Eisenerzlieferungen. Reichsbankrat Ludwig lobte die Bereitschaft von Schweden, Norwegen und Dänemark, weiterhin an Deutschland zu liefern. Deutschland hatte im Jahre 1938 aus Schweden wertmässig doppelt so viel importiert wie aus der Schweiz. Auch die Niederlande, Ungarn und Rumänien rangierten diesbezüglich vor der Schweiz.[13]

Hemmen und Köcher sprachen Anfang September ohne Zögern bei Bundesrat Obrecht vor, der sich vorsichtig ausweichend äusserte. In der anschliessenden ersten Verhandlungsrunde zeigte sich Hemmen zunächst «konsterniert» über das Ausfuhrverbot der Schweiz. Die deutsche Delegation brachte als taktischen Schachzug ohne Zögern die Bedeutung der «KTA-Geschäfte» für die Schweiz ins Spiel. Hemmen stellte eine «weitherzige Würdigung» in Aussicht. Auf diesem Terrain liess sich in den folgenden Wochen, etwa mit Lieferverzögerungen für die bestellten Messerschmitt-Flugzeuge, äusserst fein manövrieren. Ein zentrales Problem sahen beide Seiten in der wachsenden deutschen Verschuldung im Waren-Clearing, die im September rund 64 Millionen Franken erreicht hatte (zusätzlich ca. 13 Millionen Franken im Transferfonds).

Daraus resultierten lange Wartefristen und entsprechende Zurückhaltung mancher Exporteure. Die Deutschen wollten die Verschuldung zunächst einfach «stehen lassen» oder wünschten sich eine Finanzierung durch den schweizerischen Staat beziehungsweise Banken und Versicherungen.[14] Eine Finanzierung durch die Banken kam jedoch keinesfalls in Frage. Das Verhalten der Banken bei Kriegsbeginn wird im zweiten Teil dieses Kapitels noch genauer erläutert.

Die Wirtschaftsverhandlungen kamen im September 1939 nur sehr zähflüssig voran. Die schweizerische Delegation verhielt sich insgesamt vorsichtig-hinhaltend. Hemmen hingegen äusserte sich bisweilen recht heftig. Am 21. September warf er den Schweizern einen heiklen Punkt vor: Sie selbst hätten in der Vergangenheit die Schuldenabtragung verhindert. Das solle nun ihre Sorge sein. Auf die Devisenspitze könne Deutschland unmöglich verzichten. Hemmen drohte mit der Rückreise nach Berlin, was einem Verhandlungsabbruch gleichgekommen wäre.[15] Die schweizerische Delegation, in der Homberger und Hotz wie bisher den Ton angaben,[16] entschloss sich zu einem Annäherungsschritt. Im Hintergrund stand unverändert das schweizerische Interesse am Abschluss der KTA-Geschäfte, für welche die Deutschen im Gegenzug vor allem Werkzeugmaschinen und gewisse Rohmaterialien forderten. Die Abwicklung war über ein separates «Sonderkonto» vorgesehen.[17] Berlin instruierte Hemmen am 25. September, er solle Enttäuschung über den Gang der Verhandlungen ausdrücken. Falls die Schweiz die bestehenden Abkommen kündige, müsste dies als Abweichung von den Grundsätzen der wirtschaftlichen Neutralität betrachtet werden. Damit befand man sich Ende September in einer eigentlichen Verhandlungskrise.[18]

In Berlin erhielt man in diesen Tagen über die Stimmung in der Schweiz aufschlussreiche Informationen. Im Oberkommando des deutschen Heeres wünschte man laufend darüber orientiert zu werden. Der Gesandte Köcher berichtete nach der Generalmobilmachung über die ablehnende Haltung der Bevölkerung gegenüber Deutschland und die Sympathien der Schweizer für die «Demokratien». In den «unteren Bevölkerungsschichten» sei die Stimmung sogar «gehässig» gegen Deutschland. In St. Gallen etwa wurden die Deutschen anfangs «fast stündlich» beschimpft. In Lausanne wurden sie in verschiedenen Konzertlokalen lächerlich gemacht. Der dortige deutsche Konsulatsbeamte schrieb von der «kochenden Volksseele».[19] «Der Hass gegen alles Deutsche geht bis in die untersten Volksschichten», war in der Mitteilung einer deutschen Firma zu lesen. Im Dezember berichtete ein Vertreter eines andern Unternehmens nach einer Schweiz-Reise über die «Kampfstimmung» gegen Deutschland, das allgemein als «Urheberin alles Übels angesehen und verurteilt» werde.[20] Der Gesandte Köcher hatte im Juli 1939 noch angeregt, die antideutsche Psychose allenfalls durch Entgegenkommen auf wirtschaftlichem Gebiet zu mildern.[21] Doch sein Kollege Hemmen war nicht der Mann, der zu politisch motivierten Konzessionen tendierte.

Die Verhandlungserstarrung zu lösen, erwies sich Ende September 1939 als sehr schwierig. Die schweizerische Delegation sah schliesslich nur den Weg über die Bevorschussung der deutschen Zahlungsrückstände gegenüber den Schweizer Exporteuren durch die Eidgenössische Darlehenskasse. Zweck der Aktion in den Worten von SNB-Direktor Schwab: Fortsetzung des Exports. Oder in der Formulierung von Jean Hotz in der Sitzung vom 29. September: «Die Schweiz wird und muss exportieren.»[22] Der Bundesrat konnte sich für eine staatliche Bevorschussung zunächst allerdings nicht erwärmen. Erst am 27. September gaben Obrecht und Wetter ihre grundsätzliche Zustimmung für den indirekten Weg zu erkennen.[23] Es handelte sich um einen hochpolitischen Entscheid. Der Verwaltungsrat der Darlehenskasse legte genau aus diesem Grund Wert darauf, vom Bundesrat einen ausdrücklichen «Auftrag» zu bekommen.[24] Der sozialdemokratische Spitzenpolitiker Robert Grimm, der die Linke im Verwaltungsrat der Darlehenskasse vertrat, sah ganz pragmatisch, dass es sich eigentlich um eine Kreditgewährung an Deutschland handelte. Grimm äusserte sich gleichwohl zugunsten der Bevorschussung, allerdings nur mit Auftrag der Landesregierung und einer Ausfallgarantie. Grimms Begründung: Die Schweiz brauche notwendig gewisse deutsche Waren und Transportmöglichkeiten durch Deutschland.[25] Am Rande bemerkt: Auch der «Bauernführer» Professor Laur war auf Export eingestellt. Bevorschussung durch den Bund schien ihm schon in der mittleren Verhandlungsphase akzeptabel. Die Bauern wollten nach seiner Aussage 300 Wagen Käse, 5 000 Stück Schlachtvieh, dazu Milch und Obst an das kriegführende Deutschland liefern. Als Gegenleistungen wünschte Laur vor allem Saatkartoffeln und Kalidünger. Netto sollte für die Schweizer Bauern ein klarer Überschuss resultieren.[26]

Die Fortsetzung der Verhandlungen im Oktober 1939 wurde geprägt durch den ausserordentlich komplexen Umbau der bisherigen schweizerisch-deutschen Wirtschafts- und Verrechnungsabkommen. Es wäre allerdings verfehlt, diese wochenlangen Besprechungen völlig isoliert zu betrachten. Denn parallel verhandelte die Schweiz vor allem mit Frankreich in der Zufuhr- und Transitfrage. Die Blockade der Alliierten zur See begann negative Auswirkungen zu zeigen. Walter Stucki in Paris war dezidiert der Ansicht, «dass die Alliierten den Krieg auf längere Zeit weder zu Lande, noch in der Luft, noch auf dem Meer in entscheidender Weise führen wollen, sondern diese Entscheidung in der wirtschaftlichen Blockade suchen».[27] Die Schweiz musste ihre Interessen unter diesen Umständen allseitig wahren. «Switzerland's position in Europe is unique from a geographical and economic point of view.» So beginnt das schweizerische Memorandum an Grossbritannien in charakteristischer

Selbsteinschätzung. Ein grosser Teil der schweizerischen Bevölkerung hänge ab von der Verarbeitung von Rohmaterialimporten und dem entsprechenden Export von Fertigprodukten. Das Memorandum versuchte, die komplizierte Situation der Schweiz gegenüber Deutschland bezüglich lebensnotwendiger Importe und deren Bezahlung einigermassen verständlich zu machen.[28] Doch in die Details mochte man dabei nicht gehen. Den Briten kam natürlich auch zur Kenntnis, dass die Schweiz zusätzliche 50 Messerschmitt-Kampfflugzeuge in Deutschland bestellt hatte. London zeigte sich in der Folge nicht bereit, der Schweiz eine kleine Probeserie von drei gewünschten Spitfire-Maschinen zu liefern. KTA-Chef Oberst Fierz gab sich sehr enttäuscht, denn er verhehlte nicht, dass die Schweizer Kampfpiloten eigentlich die Spitfire der Messerschmitt vorgezogen hätten. Tatsache war, dass die Schweiz von den zuständigen Militärstellen in London in der Prioritätenliste für Waffenlieferungen relativ tief eingestuft wurde.[29]

Es kann kein Zweifel bestehen, dass die französische und britische Zurückhaltung – man kann auch von Misstrauen sprechen – gegenüber der Schweiz in den ersten zwei Kriegsmonaten das Klima der Verhandlungen mit Deutschland nicht unwesentlich beeinflusste. Erstmals tauchte das Problem der «Schwarzen Listen» auf, von der Schweiz und Deutschland gleichermassen aufmerksam verfolgt.[30] «Selbstverständlich werden die neutralen Nachbarn der Kriegführenden einen sehr schwierigen Stand haben und nach beiden Seiten unbilligen Zumutungen eine entschlossene Stirn bieten müssen», folgerte die Neue Zürcher Zeitung.[31]

Verhandlungspsychologisch fiel ins Gewicht, dass Berlin sogleich bei Kriegsausbruch eine kompetente Delegation nach Bern geschickt hatte, während es für die Schweiz bedeutend schwieriger schien, mit den Alliierten ins Gespräch zu kommen. Ob diesbezüglich von Bern aus die richtigen Prioritäten gesetzt wurden, bleibt allerdings eine offene Frage. Deutschland genoss jedenfalls den Vorteil eindeutiger Initiative. Von hervorragender Bedeutung für die Schweiz war selbstverständlich die Zufuhr über Italien, vor allem auf dem Gebiet der flüssigen Brennstoffe. Wie im Ersten Weltkrieg ging es darum, das «Fenster» über Genua und Savona etc. offen zu halten. Die Italiener zeigten sich im September 1939 insgesamt flexibel-entgegenkommend in den Transitfragen, freilich verbunden mit Gegenforderungen und Klagen über gewisse Schweizer Banken, die Italien den Kredithahn zudrehten.[32]

Wie sah das Ergebnis der mühsamen, sechswöchigen schweizerisch-deutschen Wirtschaftsverhandlungen nun wirklich aus? Auffallen muss, wie leichthin Heinrich Homberger in seinem sonst so aufschlussreichen und präzisen Rückblick von 1970 diese Phase abhandelt, obschon hier wesentliche Weichen gestellt wurden. Von der verhandlungsentscheidenden Bevorschussung der deutschen Rückstände und der Bedeutung der

Sonderkonti findet sich kaum eine Spur.³³ Es dürfte das politische Element sein, das er in der Rückschau vermutlich nicht berühren wollte. Damals, im Oktober 1939, liess er seine Kollegen im Vorort durchaus wissen, dass eine vollständige Liquidation des Clearings «politisch nicht tragbar» gewesen wäre. Und konzis informierte er über die wichtigsten Punkte des Zusatzabkommens vom 24. Oktober 1939. Völlig neu war, dass die deutschen Kohlen- und Eisenlieferungen aus dem allgemeinen Clearing herausgenommen wurden, um damit prioritäre Konti zu speisen.³⁴ Man rechnete mit Einzahlungen von 96 Millionen Franken pro Jahr. Von diesem «K & E-Konto» dienten 18.2 % der Tilgung bisheriger Rückstände, 11.8 % erhielt die Reichsbank (gewissermassen als Ersatz für die alte Reichsbankspitze), 58.2 % konnte Deutschland für Waren nach freier Wahl (auch dies ein Novum) verwenden, und die restlichen 11.8 % blieben für Nebenkosten (Transport, Versicherung etc.) reserviert. Für die «KTA-Geschäfte» (Messerschmitt-Flugzeuge, Panzerplatten etc.) wurde weiterhin – wie bereits im Juli-Abkommen vorgesehen – ein Sonderkonto ausserhalb des Clearings geführt. Deutschland konnte davon 70 % für Warenimporte nach freiem Ermessen verwenden, während 11.8 % als Reichsbankspitze Verwendung finden sollten. Für die landwirtschaftlichen Produkte wurde ein Kompensationskonto von 6 Millionen Franken eingerichtet. Schliesslich verblieb noch ein schwer abzuschätzendes «Rumpfclearing», aus welchem – so erwartete man – monatlich rund 12.8 Millionen Franken anfallen könnten. Aus diesem Rumpfgebilde mussten unter anderem die einmal mehr vernachlässigten schweizerischen Finanzgläubiger abgefunden werden, auch dies nur möglich unter Inkaufnahme einer Zinsreduktion auf 2 % und weiterer Abstriche. Das bedeutete immerhin noch einen Finanzfluss Deutschland–Schweiz von geschätzten 42 Millionen Franken pro Jahr.³⁵

Das Ganze glich einem höchst kunstvoll gezimmerten Gebäude, das freilich in Wirklichkeit ohne das tragende Element des Eisen & Kohlen-Kontos einstürzen musste. Und alle Verträge waren nichts wert, wenn auch nur eine Seite ihren Lieferverpflichtungen in einer prioritären Sparte nicht nachkam. Was unter kriegswirtschaftlichen Bedingungen in Zukunft möglich sein würde, war im Herbst 1939 mit Bestimmtheit nicht abzuschätzen. Eindeutig war indes die Absicht des Gesandten Hemmen, die Kohlen- und Eisenlieferungen als Druckinstrument zu benützen. Deutschland sollte diesbezüglich «völlig freie Hand» behalten. Hemmen intervenierte deshalb energisch, als Willi Schulthess, Direktor der schweizerischen Bodenkredit-Anstalt und Neffe des alt Bundesrates, im November hinter seinem Rücken in Sondermission für einen zusätzlichen Kohleneinkauf nach Deutschland zu reisen beabsichtigte.³⁶

Die schweizerische Öffentlichkeit wurde zunächst nur unvollständig über die Vereinbarungen vom 24. Oktober informiert. Dass die Finanzgläubiger und der Fremdenverkehr zu den Verlierern gehörten, liess sich allerdings nicht verheimlichen. Das offizielle Communiqué war im Übrigen ein Kunstwerk der beruhigenden Vernebelung. Da war die Rede davon, die Verhandlungen seien «in freundschaftlichem Geiste» geführt worden mit dem Ergebnis, «den gegenseitigen Warenverkehr in dem vorgesehenen Rahmen weiterzuführen».[37] Erst aus deutscher Quelle konnten die Schweizer einige Wochen später dann erfahren, dass nun Verschiedenes über Sonderkonten abgewickelt wurde, wobei der «deutsche Beitrag zur Sicherstellung der schweizerischen Rohstoffversorgung» in Form von Kohle und Eisen in den Vordergrund rückte. Was die Verteilung des Verrechnungskuchens betraf (worüber sich das schweizerische Communiqué im Detail ausschwieg), so begnügte man sich von deutscher Seite mit der Feststellung, der Anteil der Reichsbank sei im Grossen und Ganzen aufrechterhalten worden.[38]

Aufschlussreich ist gleichzeitig, wie man von deutscher Seite gegen missliebige Schweizer Firmen vorgehen wollte, die «aus politischer Einstellung heraus heute Geschäftsverbindungen mit Deutschland ablehnen, deutsche Angestellte entlassen, Transporte für deutsche Firmen ablehnen». Für solche Unternehmen sah die Gesandtschaft – nach Rücksprache mit ihren Vertrauensleuten – die Möglichkeit, sie «auf kaltem Wege» durch Entzug der Kohlenbelieferung, Wagenstellung etc. «zu treffen». Auf «Schwarze Listen» nach dem Muster der Alliierten liess sich damit verzichten.[39] Diese Beispiele illustrieren, dass der Wirtschaftskrieg im Spätherbst 1939 auch auf schweizerischem Territorium bereits voll im Gange war. Der deutschen Gesandtschaft konnte zum Beispiel nicht entgehen, dass die Briten in Basel einen zusätzlichen Konsulatsbeamten für «Wirtschaftsspionage» eingesetzt hatten.[40] Alle wichtigen Konsulate der Kriegführenden in der Schweiz entwickelten sich fortan zu kleineren oder grösseren nachrichtendienstlichen Zentren. Nicht jeder Diplomat oder Konsul, ob nun Deutscher oder Brite, brachte freilich dazu die gleiche Begeisterung auf. Bisweilen empfahl es sich, gewisse Aufgaben «nach unten» zu delegieren. So musste etwa von Bern aus Ende Oktober 1939 der Kanzleibeamte Wagner das Grenzgebiet im Jura erkunden, um herauszufinden, welche Personen als Nachrichtenlieferanten in Frage kamen. Das stellte sich als ziemlich schwierig heraus.[41] In St. Gallen waren die Deutschen etwas erfolgreicher. Dort fand sich ein Staatsanwalt, der in seiner Jugend in Göttingen studiert hatte und nun bereit war, «in geeigneten Fällen uns Rat und Unterstützung zu gewähren».[42]

In dieser Phase der «Drôle de guerre» kam es zu mancherlei seltsamen Episoden. Es gab sie durchaus, die zwielichtigen Figuren, wichtigtuerischen Vermittler und Schieber, manche darunter recht erfolgreich, die nun ihre Positionen zwischen den Kriegsparteien bezogen. Daneben gab es indes auch Agenten in mehr oder weniger offiziellem Auftrag, deren Aktionen als nicht ganz harmlos einzuschätzen sind. Zwei Beispiele nur an dieser Stelle: Ein gewisser Dr. Peter vom Sicherheits-Dienst in Stuttgart brachte im November 1939 den vorsichtigen deutschen Generalkonsul Voigt in Zürich in Verlegenheit. Dr. Peter gab an, sich im Auftrag des Büros Ribbentrop in der Schweiz zu befinden und den Kontakt zu Oberst Hasler vom schweizerischen Armeekommando zu suchen. Auf dem Wege über das Generalkonsulat wollte Peter nun eine vertrauliche Meldung nach Stuttgart durchgeben, was dem korrekten Voigt nicht recht behagte, obschon ihm Peter von seinen ziemlich häufigen Reisen nach der Schweiz und Liechtenstein bereits bekannt war.[43] Tatsächlich stand Peter im Kontakt zu Oberst Hasler, der in naiver Verkennung der Umstände glaubte, das gestörte Verhältnis zwischen der Schweiz und Deutschland auf dem Gebiet der Presse verbessern zu müssen.[44] Eugen Hasler war nicht irgendein überzähliger Oberst, sondern Bundesrichter und nun Chef der bedeutenden Abteilung für Presse und Funkspruch im Armeestab. Er und sein enger Mitarbeiter Oberst Fueter versuchten, die Presse möglichst zu zähmen und Kritik an Deutschland zu vermeiden. Die Presseleute widersetzten sich.[45]

In diesem Umfeld war Oberstleutnant Roger Masson, Chef des militärischen Nachrichtendienstes seit 1936, von nicht zu unterschätzender Bedeutung. Bedauerlicherweise verfügte er nicht über jene Nervenstärke, die man von Berufsmilitärs in Krisensituationen erwartet. Masson neigte bisweilen zu Ängstlichkeit und Überwertung von Alarmnachrichten aus bestimmten Quellen, was ihn für gezielte Desinformationen anfällig machte. So schloss er im Oktober 1939, dass die Stimmung in Deutschland, insbesondere in den führenden Parteikreisen, der Schweiz gegenüber ausserordentlich schlecht geworden sei. Masson befürchtete einen Zwischenfall, der Deutschland zu militärischem Vorgehen gegen die Schweiz verleiten könnte. Er stellte schon früh die These auf, «dass die Haltung der Schweizer Presse über Krieg oder Frieden für unser Land entscheide». Bundesrat Etter liess sich im Oktober 1939 von Massons Nervosität offensichtlich stärker beeindrucken als von der Kaltblütigkeit des Generalstabschefs Labhart.[46] Bernard Barbey, der Masson aus enger Zusammenarbeit im Generalstab sehr gut kannte und viel Verständnis für ihn aufbrachte, teilte hingegen die «obsessive» Beunruhigung des Nachrichtenchefs durch die angeblichen «Exzesse» der schweizerischen Presse keineswegs.[47] Barbeys Haltung ist von besonderer Bedeutung, weil er 1940 zum Chef des persönlichen Stabes von General Guisan aufrückte. Aus der Rückschau entsteht jedenfalls der Eindruck, dass die wirtschaftliche Interessenlage Deutschlands gegenüber der Schweiz von wichtigen militärischen Stellen in dieser Phase nur ganz unzureichend in Betracht gezogen wurde.

Abb. 57: Der brillante Karikaturist David Low (damals vor allem für den Evening Standard tätig) sah im September 1938 das Schreckbild einer langen «Warteliste» von Krisen (die Hitler zum angeblichen Schutz deutscher Minderheiten noch auslösen könnte). Der Fall Schweiz rangierte an fünfter Stelle.

Abb. 58: Professor C. J. Burckhardt wirkte in dieser Zeit als letzter Völkerbundskommissar in Danzig. Er war einer der wenigen Schweizer, die sich von Hitler aufgrund von Gesprächskontakten ein persönliches Bild machen konnten.

Abb. 59: Zur Stärkung der schweizerischen Verteidigungsbereitschaft auf militärischem und wirtschaftlichem Gebiet trugen die beiden Bundesräte Minger und Obrecht Entscheidendes bei. Das Bild zeigt sie auf dem Bubenbergplatz in Bern, wohl auf dem Weg zum gemeinsamen Mittagessen.

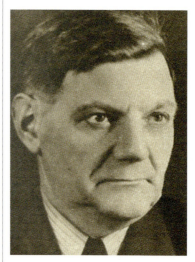

Abb. 60: Ein wesentlicher Schritt zur sozialpolitischen Konfliktvermeidung und damit auch zur innenpolitischen Festigung wurde mit dem «Friedensabkommen» vom Juli 1937 in der schweizerischen Maschinen- und Metallindustrie erzielt. Nationalrat Konrad Ilg, der Chef des schweizerischen Metall- und Uhrenarbeiterverbandes, erwarb sich dabei besondere Wertschätzung.

Abb. 61: Professor Ernst Laur, der Sekretär des schweizerischen Bauernverbandes, gehörte zu den einflussreichsten Interessenvertretern auf eidgenössischer Ebene. Der «Bauernführer» sorgte dafür, dass die Anliegen seines Verbandes in den Verhandlungen mit Deutschland den gebührenden Platz fanden.

Abb. 62: Hjalmar Schacht, politisch bereits kaltgestellt, macht im Dezember 1938 einen letzten Besuch als Reichsbankpräsident bei Montagu Norman in London. Schacht warnt seine verschiedenen Gesprächspartner vor der Unzuverlässigkeit Hitlers. Einige Briten interessieren sich hingegen vor allem für ein Kohlenkartell mit Deutschland.

Abb. 63: Schacht stellt in London die Reichsbank als eine «Insel guter Männer» dar. Nach Schachts Rücktritt (Anfang 1939) wird Emil Puhl als Vizepräsident zum entscheidenden Mann der Reichsbank. Seine fachliche Kompetenz und Gewandtheit bleiben nicht ohne Wirkung auf die Generaldirektion der Schweizerischen Nationalbank.

Abb. 64: Reichsbankdirektor Friedrich Wilhelm ist Chef der Devisenabteilung der Reichsbank bis zum Ende des Zweiten Weltkrieges. Auch die Goldoperationen stehen unter seiner Leitung.

Reichswirtschaftsminister

V Dev. 5b/35665/38

s wird gebeten, dieses Geschäftszeichen und den
Gegenstand bei weiteren Schreiben anzugeben

An das Auswärtige Amt

　　Berlin W 8

Betrifft: Verhalten von Schweizer Banken
in Devisenangelegenheiten.

Berlin W 8, den 29. Dezember 1938
Behrenstraße 43
Fernsprecher: Sammel-Nr. 16 43 51

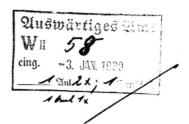

Die Devisenstelle München hat mir wiederholt berichtet, dass Schweizer Banken es ablehnen, Kontoauszüge über Guthaben zu erteilen, die entgegen den deutschen Devisenbestimmungen der Reichsbank nicht angeboten worden sind. Besonders bemerkenswert, in dieser Richtung, sind die Mitteilungen in dem abschriftlich u.R. anliegenden Bericht des Oberstaatsanwalts bei dem Landgericht München I an das Reichsjustizministerium vom 16. Juli 1938. Danach haben sich die Schweizer Banken, um ein weiteres Zurückfluten verschobener Kapitalien nach Deutschland zu verhindern, entschlossen, Geschäftsbedingungen aufzustellen, in denen ihnen verboten wird, eine Auslieferung der bei den Banken befindlichen Vermögenswerte eines Deviseninländers vorzunehmen, wenn gegen diesen behördliche Ermittlungen laufen. Nach den in dem Bericht angeführten Mitteilungen des Rechtsanwalts Dr. Leibrecht soll in den Geschäftsbedingungen der Banken oft auch die Bestimmung enthalten sein, dass die Banken berechtigt sind im Falle eines behördlichen Zugriffs das Vermögen des deutschen Berechtigten einfach zu verschenken.

Wie der abschriftlich beiliegende Bericht der Devisenstelle München vom 1. November 1938 zeigt, sind ähnliche Beobachtungen auch in anderen Devisenstrafverfahren gemacht worden.

-2-

Abb. 65: Dieses Schreiben des Reichswirtschaftsministeriums an das Auswärtige Amt zeigt deutlich, dass sich verschiedene Schweizer Geschäftsbanken den umstrittenen deutschen Forderungen nach Auslieferung von Vermögenswerten (angeblicher Devisendelinquenten) widersetzten. Das Auswärtige Amt sollte prüfen, «ob wegen dieses Verhaltens der Schweizer Banken Vorstellungen bei der Schweizerischen Regierung erhoben werden können».

Abb. 66: Reichswirtschaftsminister Funk (rechts) kommt im Mai 1939 zu einem kurzen Besuch nach Bern, um den deutschen Forderungen in den Wirtschaftsverhandlungen Nachdruck zu verleihen. Bundesrat Obrecht (links) mimt gute Laune, obschon die Verhandlungen sehr zäh verlaufen. Für den Bundesrat steht die wirtschaftliche Kriegsvorsorge und die Bestellung einer weiteren Serie von Messerschmitt-Jagdflugzeugen im Vordergrund.

Abb. 67: Auf der Ebene der Einzelinteressen ist die stufenweise Loslösung der I.G. Chemie in Basel vom I.G. Farben-Konzern von nachhaltiger Bedeutung. Die Fotografie von Erich Salomon zeigt Hermann Schmitz (Mitte) bei einem Empfang für den britischen Premier Ramsay MacDonald (rechts) in Berlin im Jahre 1931. Hermann Schmitz, der «Finanzarchitekt» der I.G. Farben, trat im Sommer 1940 als Verwaltungsratspräsident der I.G. Chemie zurück.

Abb. 68: Basel wird mit dem Kriegsbeginn 1939 zur potentiellen Frontstadt. Auf dem Bild die Tanksperre auf der Mittleren Brücke über den Rhein.

Abb. 69: Die grossen Truppenaufgebote führen in der Schweiz zu Beginn des Krieges (und teilweise auch in späteren Phasen) zu beträchtlichen wirtschaftlichen Engpässen und Härtefällen. Kontroversen hinter den Kulissen bleiben nicht aus.

Abb. 70: Drei schweizerische ME 109-Jagdmaschinen aus der ersten Bestellserie beim Patrouillenflug 1939 über den Berner Alpen. Im Sommer 1940 kommt es zu Luftkämpfen mit deutschen Jagdfliegern über der Nordwestschweiz.

Die Bewahrung grösstmöglicher Pressefreiheit gehört zu den grundlegenden Elementen der schweizerischen Selbstbehauptung. Die Redaktoren sind nicht glücklich über die staatlichen Kontrollmassnahmen während des Krieges.

Abb. 71: Willy Bretscher, Chefredaktor der Neuen Zürcher Zeitung von 1933 bis 1967.

Abb. 72: Albert Oeri, Chefredaktor der Basler Nachrichten von 1925 bis 1949.

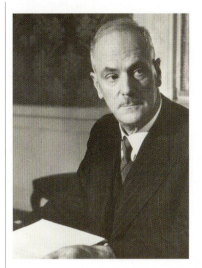

Abb. 73: Die Schweizerische Nationalbank steht während des Zweiten Weltkrieges vor schwierigen Entscheidungen, die auch politischen Charakter aufweisen. Ernst Weber trägt als Präsident der Generaldirektion von 1939 bis 1947 in dieser Hinsicht besondere Verantwortung.

Abb. 74: Robert Kohli, mit dem bescheidenen Rang eines Legationsrates ausgestattet, gewinnt im Eidgenössischen Politischen Departement zunehmend an Bedeutung. Er ist der Mann im Hintergrund, der einige der schwierigsten Dossiers bearbeitet und mit den Wirtschaftskreisen in Kontakt steht.

Abb. 75: «Tenuewechsel» für viele Exponenten der Wirtschaft und Politik: Auf dem Bild Ruggero Dollfus (links), nunmehr Generaladjutant der Armee (in der Wandelhalle des Bundeshauses mit Nationalrat Perret).

Abb. 76: «Dienst am Vaterland» wird auch in der eidgenössischen kriegswirtschaftlichen Organisation geleistet. Der Basler Chemie-Industrielle Carl Koechlin wirkt nebenbei als Chef der Sektion für Chemie und Pharmazeutika des Kriegs-Industrie- und Arbeitsamtes.

Abb. 77: Die Schweizer Armee verschanzt sich im Winter 1939/1940 für den «Fall Nord» auf der Linie Linth–Limmat–Gempenplateau. Das Bild zeigt eine Talsperre, die von der Mitrailleur Kompagnie IV/140 an der nördlichen Abwehrfront in Grenznähe erstellte wurde.

Was Dr. Ernst Peter betraf, so scheint die schweizerische Spionageabwehr erst mit Verzögerung erkannt zu haben, dass es sich bei diesem Mann um eine Führungsfigur des Sicherheitsdienstes in Stuttgart handelte. Peter war direkt zuständig für die nachrichtendienstlichen Operationen gegen die Schweiz und stand in enger Verbindung mit den schweizerischen «Erneuerungsbewegungen».[48] Im Falle des deutschen Majors Steffen wurde etwas später von schweizerischer Seite immerhin ein warnendes Exempel statuiert. Steffen kam im Januar 1940 in die Schweiz, hielt sich in Basel und Zürich auf und wurde schliesslich auf der Reise nach Bern verhaftet. Der Major trug Papiere auf sich, die ihn als Beauftragten des Reichswirtschaftsministeriums auswiesen, mit der Absicht, «auf jedem möglichen Wege lebenswichtige Rohstoffe nach Deutschland einzuführen». Steffen nahm an, dass er von einem Geschäftspartner in Basel denunziert worden war.[49]

Die Wachsamkeit zum «Schutz der inneren Sicherheit» liess im Herbst 1939 in der Schweiz vermutlich hie und da noch etwas zu wünschen übrig. Der militärische Spionageabwehrdienst befand sich faktisch erst im Aufbau. Es kam überdies zu Doppelspurigkeiten und lang anhaltenden, unerfreulichen Rivalitäten mit der Bundespolizei.[50] Eine gewisse defensive Wirkung liess sich andererseits ziemlich subtil über die Presse erzielen. Die Gerichtsberichterstattung eignete sich hierzu vorzüglich. Das brauchte nicht unbedingt von staatlicher Seite angeordnet zu werden, sondern entsprach ganz einfach der grundsätzlichen Haltung der wichtigsten schweizerischen Zeitungsmacher. So berichtete etwa die Neue Zürcher Zeitung 1939 recht auffällig über einen Prozess vor dem Zürcher Bezirks- und anschliessend Obergericht, bei dem es um die Verfolgung verbotener (deutscher) Amtshandlungen in der Schweiz ging. «Deutsche Finanzspione», die zunächst in Chur aktiv geworden waren und dann insgesamt siebzehn Banken in Zürich, Basel und Bern aufsuchen wollten, wurden bereits in Zürich verhaftet. Die Zeitung übte bei dieser Gelegenheit kaum verhüllte Kritik an gewissen Vorgehensweisen des Eidgenössischen Politischen Departementes.[51] Deutsche Wirtschafts- und speziell Bankspionage (vgl. Kapitel 4.3. zu den Anfängen) liess sich offenbar ungeachtet aller Vorsichtsmassnahmen nicht ganz ausschalten. Es kann indes kein Zweifel bestehen, dass sich die meisten schweizerischen Banken den deutschen Anmassungen gegenüber widersetzten. Generalkonsul Voigt in Zürich wird dies im kritischen Sommer 1940 eindeutig festhalten: Man könne der Mehrzahl der Schweizer Banken den Vorwurf nicht ersparen, dass sie im Verein mit der Gesetzgebung und der Justiz alles taten, um «unsere Devisengesetzgebung zu sabotieren zum Vorteil der jüdischen Emigranten».[52] (siehe Kapitel 6.1.)

Eine andere Konfliktfront öffnete sich bei Kriegsbeginn auf dem Gebiet der multilateralen Stillhaltevereinbarungen. Diese alten Kredite wurden nun nach übereinstimmender Meinung der ausländischen Gläubiger im Prinzip sofort fällig. Die britischen Banken waren mit einem Anteil von 57% (oder 356 Millionen Reichsmark) kriegsbedingt in einer ungünstigen Lage. Sie konnten auf eine Rückzahlung nicht mehr zählen, es sei denn, es wäre zu einem frühzeitigen Friedensschluss gekommen. Besonders betroffen wurden einige der kleineren Privatbanken und Akzepthäuser in London, denen die Bank of England entsprechende Deckungskredite in Aussicht stellen musste. Die Schweizer Banken hingegen hatten – wie bereits mehrfach erwähnt – ihre Engagements in Deutschland über mehrere Jahre unter grossen Verlusten weit stärker abgebaut und verblieben noch mit einem ausstehenden Betrag (ohne Umlegekredite) von 69 Millionen Reichsmark (= ca. 120 Millionen Franken zum offiziellen Kurs bzw. einem Anteil von 11%). Auf die USA entfiel ein Anteil von 24% (151 Mio. RM) der benützten deutschen Stillhaltekredite.[53] Die schweizerischen Gläubigerbanken schritten nun im September 1939 zu vorsorglichen Verrechnungen und Arresten auf gewissen deutschen Guthaben. Im Hintergrund dieser Aktion standen nicht zuletzt die Arrestversuche der Londoner Bank Kleinwort & Sons in der Schweiz und den Niederlanden. Betroffen waren in erster Linie die Guthaben der deutschen Grossbanken, die sich über das Vorgehen gewisser schweizerischer Kollegen keineswegs glücklich zeigten. Der Bankverein etwa liess gemäss Klage der Dresdner Bank «jede Grosszügigkeit in der Behandlung dieser Sache vermissen».[54] Eine deutsche Verhandlungsdelegation war im September 1939 eilends in die Schweiz gereist, um Schlimmeres zu verhüten. Die Gläubigerbanken aus den Niederlanden, Belgien und der Schweiz koordinierten nun ihre Zustimmung zu einer weiteren kurzfristigen Verlängerung der Stillhalteabkommen. Auf separater Spur fuhren hingegen die Banken der Vereinigten Staaten, die sich Anfang Dezember 1939 mit den Deutschen vorerst auf eine siebenmonatige Verlängerung einigten. Grösste Einzelgläubiger Deutschlands in den USA waren unter dem Stillhalteabkommen noch im Jahre 1941 die Manufacturers Trust Co., knapp gefolgt von der Bank of America. Auf schweizerischer Seite wiesen Ende 1939 die Basler Handelsbank und die Kreditanstalt nominell die grössten Restengagements auf.[55] Auf deutscher Seite trat nun ein Mann vermehrt ins Rampenlicht, der erst in der Nachkriegszeit den Höhepunkt seines Renommees als international gewandter Bankier erreichen wird: Hermann J. Abs, seit 1937 Vorstandsmitglied der Deutschen Bank, zeichnete als Hauptvertreter des sogenannten «Deutschen Ausschusses» bei den Stillhalteverhandlungen. Abs war nicht Parteimitglied, zweifellos ein Vorteil im Verkehr mit den ausländischen Banken. Die Reichsbank wird bei den Verhandlungen durch Vizepräsident Puhl und Direktor von Wedel vertreten. Alle kennen sich seit Jahren. Deutschland bemüht sich in diesem Umfeld ohne Säbelrasseln um den

Anschein eines «Courant normal». Im Februar 1940 folgte die nächste Stillhalterunde der niederländisch-belgisch-schweizerischen Gruppe mit den deutschen Vertretern in Brüssel. Resultat: Erneute Verlängerung, abgebrochen dann allerdings durch den deutschen Angriff im Westen vom Mai 1940.

Wie reagierten die Alliierten auf das Verhalten der Schweizer Banken gegenüber Deutschland zu Kriegsbeginn? In Paris überlegte man sich offensichtlich ein einschüchterndes Vorgehen in Bezug auf die Banken. Das war nur einer von vielen Schachzügen der wirtschaftlichen Kriegsführung. Die französische Botschaft in Bern sammelte Informationen unter der Federführung des Experten C.J. Rodenbach, der bei der BIZ in Basel im Einsatz gewesen war. Der französische Generalkonsul in Genf vertrat die durchaus realistische Ansicht, die schweizerischen Grossbanken hätten wohl in Anbetracht ihrer Verluste in den vergangenen Jahren keinerlei Absichten, ihre Aktivitäten in Deutschland neuerdings auszudehnen. Er erinnerte an die alten Verdienste Bindschedlers um die französischen Anleiheplatzierungen in der Schweiz und vor allem daran, dass die oberste Führung des Bankvereins – Staehelin, Dreyfus und Golay – in mannigfacher Weise Frankreich verbunden und geneigt schienen. Rodenbach kontaktierte darauf den britischen Handelsattaché Setchell in Bern. Dieser machte sehr pragmatisch darauf aufmerksam, dass man mit Blick auf den offiziellen schweizerisch-deutschen Handel von den Banken wohl nicht verlangen könne, dass sie entsprechende Handelsfinanzierungen ablehnten. Rodenbach hielt es immerhin für prüfenswert, einige kleinere Banken, die mit deutschen Konzernen in Verbindung standen, auf die «Schwarze Liste» zu setzen. Er dachte unter anderem an die Bank Greutert in Basel mit ihrer Liaison zu I.G. Farben. Aus London nahm das zuständige Ministry of Economic Warfare sehr zurückhaltend Stellung. Jede Aktion, die sich als Bumerang für eigene Kreditaufnahmen bei neutralen Banken erweisen könnte, sei zu vermeiden. Was die indirekte Kreditgewährung über den offiziellen Clearingweg anbelangte, so tendierte das MEW danach, dass der Vorkriegsstand nicht überschritten werden sollte.[56] Die Schweizer Banken werden damit keineswegs aus jedem Verdacht entlassen. Die alliierten Gesandtschaften und Konsulate beobachten weiterhin aufmerksam jede einigermassen sichtbare Bewegung auf dem wirtschaftlich-finanziellen Felde. Die Kreditanstalt zum Beispiel erhielt 1940 ein «warning» über die Banque de France.[57] Und ausgerechnet der westwärts orientierte Bankverein gerät im Zusammenhang mit dem Fall Schering ins Fadenkreuz der Briten und wenig später auch der Amerikaner.

Damit ist wiederum die Verbindung zum Thema der deutschen wirtschaftlichen «Tarnungen» hergestellt. Aufgeschreckt durch die Verarrestierungen im Ausland, bangten die deutschen Banken nach Kriegsbeginn nicht nur um ihre verhältnismässig bescheidenen liquiden Devisenguthaben, sondern auch um die von ihnen verwalteten Wertschriftendepots. Am 6. September 1939 instruierte die «Wirtschaftsgruppe Privates Bankgewerbe» im Einvernehmen mit dem Reichswirtschaftsministerium ihre Mitglieder, Konti und Depots umzulegen auf «inländische Institute, die keine Verpflichtungen gegenüber dem Ausland haben, oder befreundete ausländische Institute».[58] Diese Massnahmen weisen – wie manch anderes zu Beginn des Krieges – eher improvisierenden Charakter auf. Für eine wirklich «wasserfeste» Tarnung war es jetzt vielfach zu spät. Wenn etwa die Dresdner Bank einen Teil ihrer Geschäfte über die Schweiz nominell auf die «Allgemeine Waren-Finanzierungs-Gesellschaft GmbH» in Berlin verlagerte, dann konnte das den Kennern der Materie kaum entgehen, obschon sich die Gesellschaft offenbar bemühte, ihre Zahlungen auf eine grosse Anzahl von Banken zu streuen. Probleme ergaben sich schliesslich bis in die Nachkriegszeit hinein aus der Umlagerung von Kundendepots.[59] Auch das Vorgehen der Reichs-Kredit-Gesellschaft, welche ihre Auslandgeschäfte vorübergehend über die Mitteldeutsche Montanwerke GmbH leitete, war bei genauerem Hinsehen rasch zu erkennen. In diesem Falle wurden zwei Prokuristen der Bank mit voller Zeichnungsberechtigung zur «Tarngesellschaft» delegiert.[60]

Der viel zitierte «Geheimerlass» des Reichswirtschaftsministeriums vom 9. September 1939 an die Devisenstellen betreffend die Sicherung von gefährdeten Werten im neutralen Ausland konnte jedenfalls in mancher Hinsicht nicht befriedigen. Erinnern wir uns nur an die vorangehende Ablehnung der Tarnungen durch die NSDAP (vgl. Kapitel 6.6.). In München, um ein für die Schweiz gewiss wesentliches Beispiel zu zitieren, vermehrten sich in der Folge zwar die Anträge, in denen deutsche Firmen «wegen vermeintlicher Gefährdung ihrer Werte» um Genehmigung für die «treuhänderische Übereignung ihrer Forderungen oder Anteilsrechte oder Wertpapiere an neutrale Treunehmer nachsuchten». Doch die Meinungen der Antragsteller, in welchen Ländern deutsche Werte allenfalls gefährdet seien, gingen gemäss Aussage der Devisenstelle «völlig auseinander». Zuerst hielt man Schweden für gefährdet, dann Holland und Belgien oder den «Südosten». Auch über die Frage, aus welchem Lande die Treuhänder «zu entnehmen seien», gingen die Ansichten auseinander, «wenn auch vielleicht die Mehrheit des Glaubens war, dass die schweizerische Neutralität als sicherste gelten könne». Der Chef der Devisenstelle in München entschloss sich deshalb, eine «teils zurückhaltende, teils ablehnende Stellung» einzunehmen, wie er im Januar 1940 nach Berlin rapportierte. Er mochte nicht ausschliessen, «dass eine als Sicherungstarnung beabsichtigte Massnahme gerade den entgegengesetzten Erfolg zeitigt». Genehmigungen könnten bei den Antragstellern einen unzutreffenden Eindruck politisch-behördlicher Einschätzung eines bestimmten

Landes erwecken.[61] Einfacher ausgedrückt: Auch im Reichswirtschaftsministerium und bei den Devisenstellen wusste man über Hitlers Pläne und die nächsten Opfer seiner Eroberungspolitik nicht Bescheid. Die Antwort aus Berlin auf die Anfrage aus München war entsprechend zwiespältig gehalten: Die Devisenstellen hätten eine Stellungnahme zur Frage der voraussichtlichen politischen (durchgestrichen: «und militärischen») Entwicklung zu vermeiden. Die Devisenstelle müsse grundsätzlich darüber wachen, «dass das im Einzelfall geplante Tarnungsgeschäft nicht zu einer Schädigung der deutschen Devisenbelange führt». Sich etwas windend fügte der zuständige Referent Assessor Dr. Mangold vom Reichswirtschaftsministerium indes an, das schliesse nicht aus, «dass die Devisenstellen bei ihren Entscheidungen den bereits gegebenen politischen Tatsachen, z.B. der mehr oder minder einwandfreien Neutralität einzelner Länder Rechnung tragen». Mangold stimmte zu, dass es grundsätzlich empfehlenswert wäre, den Treuhänder «einem andern neutralen Lande zu entnehmen», doch liess sich das offensichtlich recht häufig nicht durchführen. In einem durchgestrichenen Absatz im Briefentwurf enthüllte der Referent, dass er in «einigen Fällen die Bestellung amerikanischer Treuhänder für gefährdeten Besitz in USA zugelassen» habe.[62] Diese Sachlage wird auch in andern Quellen bestätigt: Als zum Beispiel ein deutscher Unternehmer Ende November 1939 bei der Bankgesellschaft in Zürich vorsprach, um zu sondieren, was sich bezüglich seiner Tochterfirma in den USA vornehmen liesse, lehnte die Bank eine treuhänderische Funktion rundweg ab.[63]

Ob die Schweiz nun zu den «mehr oder minder einwandfrei neutralen Ländern» gezählt werden konnte, blieb in der Stellungnahme des Reichswirtschaftsministeriums vermutlich bewusst offen. Der Gesandte Köcher in Bern sah die Lage hingegen ganz realistisch: Die schweizerische Öffentlichkeit hatte ihre Sympathie für die Westmächte seit Kriegsbeginn völlig unverhüllt gezeigt. Köcher hatte den Eindruck gewonnen, «dass die Behörden selbst der Überzeugung sind, der Endsieg werde nicht auf Seiten Deutschlands, sondern auf der der Alliierten liegen».[64] Durch die lange Krankheit Mottas, der im Januar 1940 starb, war im schweizerischen Aussenministerium eine Art «Interregnum» mit all den üblichen negativen Begleiterscheinungen entstanden. Zweifel an der schweizerischen Neutralität erhielten auf deutscher Seite neuen Auftrieb. Köcher wird im März 1940 bei Mottas Nachfolger Pilet-Golaz vorsprechen, um die Gerüchte über «Offiziersbesprechungen» zwischen der Schweiz und Frankreich zur Sprache zu bringen. Den Deutschen war natürlich nicht entgangen, dass sich das Gros der Schweizer Armee praktisch nur für den «Fall Nord» eingerichtet hatte. Die entsprechenden Feldbefestigungen und die Konzentration der Truppen zwischen Zürich und Basel waren unübersehbar. Anfang März 1940 ordnete Guisan erneut erhöhte Alarmbereitschaft an, verbunden mit einer Wiedererhöhung der Truppenbestände. Pilet bekräftigte nun im Gespräch mit Köcher, dass sich die Schweiz nach allen Richtungen verteidigen werde. Bezüglich angeblicher Besprechungen mit Frankreich wich Pilet aus und sprach von gewissen «familiären» Kontakten, bestritt jedoch eine Initiative des Armeestabes. Süffisant bemerkte er gegenüber Köcher, es gebe in der Armee ja auch Sympathien für Deutschland, wobei er auf Labhart (inzwischen als Generalstabschef durch Jakob Huber abgelöst und in der Folge Kommandant des 4. Armeekorps) sowie Divisionär Bandi (Chef Flieger und Flab) hinwies, die mit deutschen Frauen verheiratet seien.[65]

Diese unvorsichtigen Bemerkungen – um nicht mehr zu sagen – werfen ein seltsames Licht auf Pilets Stil als neuer schweizerischer Aussenminister. Immerhin war er kein Neuling, sondern sass bereits seit 1929 im Bundesrat. Im Jahre 1940 wirkte er überdies als Bundespräsident. Wie sich zeigen wird, glaubte Pilet, entgegen den politischen Gebräuchen in der Eidgenossenschaft, besondere Führungsfunktionen ausüben zu müssen. Das war mitbedingt durch die Gewichtsverlagerungen in der Landesregierung. Hermann Obrecht, bis vor kurzem noch der starke Mann im Bundesrat, war ab Ende 1939 durch schwere Krankheit gezeichnet und musste im Sommer 1940 ausscheiden. Der neue Bundesrat Enrico Celio aus dem Tessin (seit dem 22. Februar 1940) startete als Verlegenheitslösung und praktisch Unbekannter in Bern – aus hauptsächlich föderalistischen Gründen. Da sah nun Marcel Pilet-Golaz, der als brillanter Anwalt und radikaler Politiker aus Lausanne bereits mit vierzig Jahren in die Landesregierung gewählt worden war, seine grosse Stunde gekommen. Die erste Vorsprache Köchers beunruhigte ihn allerdings nicht wenig. Mitte April 1940 bat er den deutschen Gesandten zu erneutem Besuch. Das hatte seinen guten Grund. Inzwischen hatte das «Dritte Reich» am 9. April Dänemark und Norwegen überfallen. Das Thema «Quisling» gab auch in der Schweiz Grund zum Nachdenken.[66] Nachrichtenchef Oberst Masson war schon im Februar/März, wie man im Armeestab feststellte, «mit seinen Nerven am Ende». Masson hielt auch im April an der Ansicht fest, in der NSDAP halte man die Schweiz für den «Feind Nr. 1» des deutschen Volkes. Er befürchtete, dass Deutschland zum Beispiel den Kanton Schaffhausen in einer «Strafexpedition» besetzen könnte.[67] Manches deutet darauf hin, dass Massons Nervosität auf den Bundespräsidenten abfärbte. Pilet versicherte Köcher, dass ihm zwei befreundete welsche Divisionskommandanten ihren Abwehrwillen auch gegen Frankreich versichert hätten. Der Bundespräsident unterstrich erneut, dass mit Frankreich keine militärischen und politischen Abmachungen getroffen worden seien.[68] Was die militärische Seite betraf, entsprach dies allerdings nicht den Tatsachen. Denn General Guisans geheime Eventualabsprachen mit der französischen Armeeleitung für den Fall eines deutschen Angriffs waren inzwischen über Verbindungsoffiziere (auf Schweizer Seite Bernard Barbey) bis in die Details ausgearbeitet worden. Mit dem Prinzip eines Bündnisses mit Frankreich im Eventualfall ging auch Pilet einig, wie Barbey schon Ende Januar 1940 glaubwürdig festgehalten hat.[69]

Aus deutscher Sicht musste man jedenfalls während der «Drôle de guerre» in Bezug auf die Schweiz mit verschiedenen Varianten rechnen. Was immer die Schweizer an Absichtserklärungen in Sachen absoluter Neutralität zu Protokoll brachten, stiess nach wie vor auf beträchtliches Misstrauen. In diesem ungewissen Umfeld konnte es sich wohl kaum empfehlen, zu wirtschaftlichen Tarnzwecken eine grössere Anzahl von schweizerischen «Treuhändern» einzuschalten. Weshalb sollte man dies tun, wenn die Alliierten in der Schweiz ganz offensichtlich ihre Spionagetätigkeit verstärkten und Hitler überdies jederzeit in plötzlichem Wutanfall wegen der verhassten Schweizer Presse einen Nebenfeldzug anordnen konnte? Es fehlen denn auch in den relevanten Akten Hinweise auf umfangreiche neue Tarntransaktionen. Einige kleinere Fälle mit bekannten Namen scheinen eher Ausnahmecharakter aufzuweisen.[70] Im einflussreichen Devisenbereich («V Dev.») des Reichswirtschaftsministeriums unter der Leitung des Ministerialdirigenten Dr. Landwehr ging man in diesen Monaten ausgesprochen vorsichtig-pragmatisch vor. Dies lässt sich etwa am Beispiel der Münchner Firma Friedrich Deckel (Werkzeugmaschinenbau) zeigen, die noch im Herbst 1939 in der Schweiz eine Holdinggesellschaft gründen wollte. Die Beamten im RWM zeigten sich skeptisch, eine «Umschreibung der Patente» in den «Feindstaaten» schien ihnen im November nicht mehr durchführbar. Eine Rückfrage der Firma bei ihren Schweizer «Vertrauensleuten» erwies überdies die Schwierigkeiten einer «fiduziarischen Abtretung» von Exportforderungen. Der Fall ist besonders aufschlussreich, weil die Firma nun in Anbetracht der bürokratischen Widerstände direkt den Vizepräsidenten der Reichsbank Emil Puhl einschaltete. Dieser bat das RWM ziemlich ungehalten, die Angelegenheit zu beschleunigen. Sarkastisch schrieb ein Beamter im RWM als Kommentar dazu: «Ob sich hier Hr. Puhl durch keinerlei Sachkenntnis getrübt aufregt?» Die Firma Deckel blieb vorerst hartnäckig: Sie beabsichtigte nun, über die neu zu gründende Gesellschaft in der Schweiz Transitgeschäfte nach Japan, USA und Südamerika durchzuführen. Das sollte die allseits geschätzten Bardevisen bringen. Und Herr Deckel wollte vor allem noch die amerikanischen Patente in die Gesellschaft einbringen. Die «Wirtschaftsgruppe Maschinenbau» äusserte sich indes in ihrer Stellungnahme ebenfalls sehr vorsichtig. Sie konnte sich im Januar 1940 «nicht denken, dass eine Schweizer Firma sich der Gefahr aussetzt, durch falsche Angaben über die Herkunft über die von ihr vertriebenen Erzeugnisse etwa auf die schwarze Liste gesetzt zu werden». Gleichzeitig wurde im Reichswirtschaftsministerium klar, dass in Anbetracht der neuen Ausfuhrpolitik gar keine Chance mehr bestand, ein grösseres Werkzeugmaschinengeschäft über eine getarnte Schweizer Firma aufzuziehen. In Anbetracht des «katastrophalen Eisenvorrates» ergab sich, dass «nach der Bedienung des Russengeschäftes in erster Linie nur noch Schweden einigermassen ausreichend bedient werden kann, während die übrigen Länder nach einer gewissen Staffel schlecht und schlechter behandelt werden müssen».[71]

Etwas anders gelagert waren die Aktionen des Oberkommandos der Marine. Da ging es primär um die diskrete Sicherung von Treibstoffreserven im Ausland. So wurde ein gewisser Dr. Entzian, «Konsulent» der Dresdner Bank, während der «Drôle de guerre» in der Schweiz aktiv, etwa bei der Verwendung von besonderen «Zweckgesellschaften» wie zum Beispiel der Sonora AG in Zug.[72] Dies liess sich nur dank der Zusammenarbeit mit einem kleinen Kreis von schweizerischen Vertrauensanwälten durchführen. Wie viel diese jeweils über den Hintergrund der einzelnen Transaktionen wussten, lässt sich nicht mit Sicherheit feststellen. Völlige Naivität wird man ihnen kaum unterstellen können. Im wichtigsten Fall ergibt sich eine nahe liegende Verbindung zu Admiral Canaris. Entsprechende Vorsicht bei der Interpretation scheint geboten. Denn im Oktober 1940 wird die «Abwehr» unter Canaris und Oberst Hans Oster den «Sonderführer» Dr. Hans Bernd Gisevius als Vizekonsul getarnt beim Generalkonsulat in Zürich «einbauen».[73] Über die regimefeindliche Haltung von Oster und seine Tätigkeit im Widerstand besteht kein Zweifel. Gisevius hingegen galt manchen als zwielichtiger Charakter. Sein Doppelspiel war nicht jedermanns Sache.[74]

Während der «Drôle de guerre», um den Ereignissen nicht vorauszueilen, dürfen die Versuche zur vollständigen formellen Loslösung bisheriger grenzüberschreitender Unternehmensbindungen einiges Interesse beanspruchen. Kehren wir kurz zurück zum Fall Schering. Die Leitung von Schering Berlin handelte Anfang September 1939 kurz entschlossen, indem sie einen Vertrauensmann nach Basel schickte, der freilich für seine Telefonate jeden Tag die Grenze nach Deutschland überschreiten musste. Schering versuchte einen Gang auf dem hohen Seil. Die Verträge mit dem Bankverein betreffend Forinvent-Holding wurden formell aufgelöst und das Reichswirtschaftsministerium vor vollendete Tatsachen gestellt. Assessor Müller schied aus dem Verwaltungsrat der Forinvent aus. Die Auslandorganisation der NSDAP gab darauf ihrer «Verwunderung» über ein solches Vorgehen Ausdruck. Schering wurde praktisch gezwungen, eine Erklärung abzugeben, wonach die Zentrale in Berlin nach wie vor vollen Einfluss auf die ausländischen Verkaufsgesellschaften ausüben könne.[75] Die Briten blieben derweil misstrauisch und drohten Anfang 1940, zunächst die «Chepha»-Holding auf die «Schwarze Liste» zu setzen. Bankverein und Ciba befanden sich nun als Aktionäre in einem unangenehmen Dilemma. Ausserdem wurden eidesstattliche Erklärungen über den neutralen Charakter der Forinvent gefordert.[76] Es gab nur einen Ausweg: Schering musste auf Optionsrechte und Einflussnahme auf die Chepha und die Forinvent verzichten. Blieb noch die Hoffnung, dass Ciba und Bankverein die Schering-Interessen im Ausland kraft einer Loyalitätserklärung während des Krieges «nach besten Kräften wahren werden». Eine «rechtliche Verpflichtung» konnte man indes auch auf deutscher Seite daraus nicht ableiten.[77] Man sprach zwar über die Rückgabe der Holdinggesellschaften an Schering «nach dem Kriege», doch damit bewegte man sich auf einem höchst ungewissen Terrain. Die NSDAP zeigte sich entsprechend unzufrieden. Die Leitung von Schering blieb der Auslandorganisation der Partei auch im Frühjahr 1940 verdächtig. Die «Herauslösung der ausländischen Stützpunkte» schien den Parteivertretern nicht im «Reichsinteresse», sondern nur im Firmeninteresse zu liegen. In der Partei stellte man sich naturgemäss auch die brisante Frage nach einer allfälligen «Änderung der politischen Lage in der Schweiz».[78]

Bei der I.G. Chemie in Basel stellten sich die Probleme der Loslösung von der deutschen I.G. Farben nicht erst bei Kriegsbeginn. Hier handelte es sich keineswegs um eine «Tarnung» (vgl. Kapitel 2.5.2.). Jedermann konnte seit der Gründung dieser bedeutenden Holdinggesellschaft im Jahre 1928 wesentliche Fakten der wirtschaftlichen Bindung der Presse entnehmen. Geheimrat Hermann Schmitz war Anfang 1940 nach wie vor Verwaltungsratspräsident der Basler Holding. Schon 1937 wurde öffentlich bekannt, dass Verhandlungen zwischen den beiden Gesellschaften über die Interpretation des Dividendengarantievertrages stattfanden. Ein Jahr später verlautete, der Verwaltungsrat stehe auf dem Standpunkt, «dass gewisse Voraussetzungen, unter denen der Vertrag seinerzeit abgeschlossen wurde, nicht mehr gegeben seien».[79] Im Oktober 1939 schliesslich erfuhr der aufmerksame Zeitungsleser und Aktionär, es sei eine «Verständigung» dahingehend erzielt worden, das Optionsrecht des Bindungsvertrages durch ein Vorkaufsrecht zu ersetzen.[80] Dass sich dieser Trennungsprozess nicht ganz einfach gestaltete, konnte man zwischen den Zeilen lesen. Verwaltungsratsmitglied Dr. Felix Iselin, der prominente Basler Anwalt und Notar (und jetzt im Frühjahr 1940 als Oberst im Armeestab auch bei der krisengeschüttelten Presse- und Rundfunkabteilung tätig), musste an sein patriotisches Renommee denken. Sein Dilemma im Verkehr mit Hermann Schmitz ist leicht nachzuvollziehen. Auch andere Schweizer Anwälte und zugleich Milizoffiziere fanden sich in zwiespältiger Lage als Vertreter privater deutscher Interessen, bei denen man nicht mehr genau wusste, in welche Richtung sie unter Kriegsbedingungen gesteuert würden.

Der selbstbewusste Geheimrat Schmitz liess sich derweil nicht gerne drängen. Äusserst kunstvoll war das Gebilde, das er in Basel mit Hilfe seines deutschen Statthalters Carl Roesch und des dienstfertigen Schweizer Bankiers Eduard Greutert über die Jahre aufgebaut hatte.[81] Doch neue Lösungen drängten sich jetzt auf, weil das Hauptaktivum der I.G. Chemie, die wertvolle General Aniline and Film Corporation (GAF) in den Vereinigten Staaten, in Gefahr stand, als letztlich deutsch beherrscht eingestuft zu werden. Bei einem Kriegseintritt der USA war unverzügliche Beschlagnahmung zu erwarten. Hermann Schmitz war ein Mann von ausserordentlicher finanztechnischer Gewandtheit. Auch feine politische Witterung darf man bei seinen vielfältigen Verbindungen ohne weiteres voraussetzen. Der Geheimrat war Mitglied des machtlosen Reichstages unter Hitler, jedoch auffallenderweise nicht Parteimitglied. Seine Kollegen bei I.G. Farben sahen ihn – mindestens in den Nachkriegseinvernahmen – als politischen Opportunisten, stets misstrauisch und vorsichtig, dem das Geschäft zuvorderst stand.[82] Dass sich Schmitz in den späten dreissiger Jahren zunächst nur für eine stufenweise Loslösung und erst im Frühjahr 1940 zur vollständigen Trennung von der I.G. Chemie entschloss, lässt nebenbei auch gewisse Schlussfolgerungen auf seine Einschätzung der Lage der Schweiz zu. Am 8. Februar 1940 erfuhr man am Sitz der I.G. Chemie in Basel, dass die Briten die Gesellschaft auf die «Schwarze Liste» gesetzt hatten. Das musste für die schweizerischen Verwaltungsratsmitglieder, den Aargauer Ständerat und Anwalt Dr. Gottfried Keller und seinen Kollegen Oberst Felix Iselin, recht unangenehm erscheinen. Genierlich war das auch für die zwei grössten Banken des Landes, denn Iselin sass seit 1933 im Verwaltungsrat des Bankvereins und Keller seit 1930 in jenem der Kreditanstalt. Iselin und Keller drängten nun im Januar und April 1940 erneut auf völlige Trennung der Basler Holding von der I.G. Farben. Schmitz wollte offenbar die entsprechenden Verwaltungsratsprotokolle nicht unterschreiben.[83] Der Geheimrat liess sich bitten. Erst am 17. Mai 1940, eine Woche nach Beginn des deutschen Westfeldzuges, traf in Basel telegrafischer Bescheid ein, dass die Behörden in Berlin die notwendige Genehmigung erteilt hätten.[84] Die Verhandlungen mit dem Reichswirtschaftsministerium und der Reichsbank hatte der überaus vorsichtige Schmitz zwei vertrauten Mitarbeitern der Zentralfinanzverwaltung von I.G. Farben überlassen. Beide werden nach dem Krieg die vollständige Trennung bezeugen. Die formelle Aufhebung des Dividendengarantievertrages erfolgte mit Brief aus Berlin am 6. Juni 1940. Geheimrat Schmitz trat am 29. Juni als Verwaltungsratspräsident der I.G. Chemie zurück und wurde durch Felix Iselin ersetzt. Die definitive Trennung war vollzogen. Schmitz' direkt involvierter Vertrauensmann bei I.G. Farben, Rechtsanwalt Gierlichs, wird nach dem Krieg mehrfach bestätigen, dass die Auflösung der vertraglichen Beziehungen «ohne jede geheime Nebenabsprache, reservatio mentalis oder sonstigen stillschweigenden Vorbehalt erfolgt ist». Gierlichs argumentierte überzeugend, dass ein solcher Vorbehalt in den Anträgen an die Behörden «wenigstens andeutungsweise» erwähnt worden wäre.[85] Die Ablösung hatte im Übrigen ihren Preis. Die I.G. Chemie kaufte nämlich gleichzeitig 50 000 Stammaktien «aus deutschem Besitz» zurück, unter anderem gegen Zahlung von 10 Millionen Schweizerfranken «in freien Devisen», ausserhalb des Clearings.[86] Mancherlei Zweifel der Alliierten (und auch einiger Schweizer) an der definitiven Trennung zwischen I.G. Farben und I.G. Chemie blieben indes über Jahre hinweg bestehen und führten zu verschiedenartigen Belastungen der gegenseitigen politischen Beziehungen.

7.2. «Aber die (Schweizer) kommen ja auch noch mal dran» – Frühjahr und Sommer 1940

Die Einschnürung der Schweiz durch die Achsenmächte nach dem deutschen Sieg im Westen im Jahre 1940 ist von Zeitzeugen und Historikern eingehend beschrieben worden. Das Gesamtbild präsentiert sich einfach und klar. Und doch bleibt die Neugier nicht ganz befriedigt, wenn es sich um das Ineinanderwirken verschiedener Faktoren handelt, die Feinheiten von Ursache und Wirkung. Im Folgenden soll die Aufmerksamkeit auf wenige Punkte im wirtschaftlichen und sicherheitspolitischen Bereich konzentriert bleiben, um die Verhaltensweisen einiger Hauptakteure etwas präziser herauszuschälen. Eine Vorbemerkung scheint nicht ganz überflüssig: Es geht um die zunehmend akzentuierte Gewichtsverlagerung vom Feld privater Interessen auf die staatliche Ordnungsebene. Nicht «Gewinnmaximierung» steht nun im Mittelpunkt, sondern das «Landesinteresse», mag der Begriff hie und da auch etwas schwammig erscheinen. Die Handlungsfreiheit privater Interessen wird nicht völlig ausgeschaltet, sie bleibt indes auch in der Schweiz bis Kriegsende deutlich eingeschränkt durch eine Vielzahl staatlicher Reglementierungen im Rahmen des Vollmachtenregimes, direkter oder indirekter Interventionen der schnell wachsenden Kriegswirtschaftsbürokratie. Besonders interessant scheinen jene Schnittstellen, wo die privaten Interessen im «Landesinteresse» eingesetzt werden.

Gewisse Elemente dieser Entwicklung sind in der Phase der «Drôle de guerre» recht gut ersichtlich, etwa am Beispiel der Oerlikon-Fliegerabwehrgeschütze für Grossbritannien und Frankreich, deren Export in Konkurrenz zu den dringenden Eigenbedürfnissen der Schweizer Armee stand. Die Instrumentalisierung im Dienste der Aussenwirtschaftspolitik liegt auf der Hand.[87] Ähnliches lässt sich im Finanzbereich feststellen, wo die Offerte von «privaten» Krediten – in welcher Form auch immer – in den Wirtschaftsverhandlungen fallweise als wesentliches Ausgleichselement eingebracht wird. Die lang andauernde Diskussion mit Grossbritannien über einen Kredit von 100 Millionen Franken durch die schweizerischen Grossbanken an britische Banken, rediskontierbar «ausnahmsweise» bei der Nationalbank, weist eindeutig die Richtung. Ein solcher Kredit war aus der Sicht der Bundesräte Wetter und Obrecht unzweifelhaft zu befürworten, der Anschein staatlicher Mitwirkung sollte jedoch aus Neutralitätsgründen unbedingt vermieden werden. Ein ungeschickter Brief der Grossbanken an wichtige Industriekunden musste allerdings Misstrauen auf deutscher Seite wecken. Alt Bundesrat Schulthess befürchtete im April 1940 in einem etwas impulsiven Brief an Pilet-Golaz, dass Deutschland entsprechende Parallelforderungen stellen könnte.[88] Tatsache war, dass die handelspolitischen Zugeständnisse Grossbritanniens nach monatelangen Verhandlungen «nur in Verbindung mit der Kreditaktion» erreicht werden konnten. Nach Beginn der deutschen Westoffensive zögerten die Grossbanken allerdings, den Kredit auszuzahlen. Sie äusserten nun Bedenken «mit Bezug auf die politische Tragbarkeit des Kredits» und wollten aus jeder Verantwortung für eine «Neutralitätsverletzung» entlassen sein.[89] Dahinter stand die Kernfrage, wie sie der Bankverein-Generaldirektor Maurice Golay bereits am 15. Mai formulierte: «Wird Grossbritannien morgen noch der gute Schuldner sein, der er gestern war?»[90]

Die Wirtschaftsverhandlungen der Schweiz mit den beiden Kriegsparteien im Frühjahr und Sommer 1940 völlig getrennt zu betrachten, wäre nicht angemessen. Seit Herbst 1939 war ein Wechselspiel im Gange, das der Öffentlichkeit zu einem wesentlichen Teil verborgen blieb. Die Verhandlungen mit Frankreich und Grossbritannien hatten sich während der «Drôle de guerre» als überaus mühsam herausgestellt. «Die Blockadepolitik bildet ein System von Macht und Willkür», klagte Heinrich Homberger im März 1940 vor seinen Kollegen im Vorort. Es galt für die Schweiz, den unablässig lastenden «Konterbandeverdacht» zu beseitigen. Ein entsprechender Überwachungsapparat in Bezug auf die Lieferungen an Deutschland gehörte zum Kern der Erfordernisse. Homberger sprach vom «legitimen Verkehr» der schweizerischen Firmen mit Deutschland, der nicht zu einer Diffamation über die «Schwarzen Listen» führen sollte.[91] Solche Hoffnungen werden sich freilich im Verlaufe des verschärften Wirtschaftskrieges als Illusion herausstellen. Erst am 24. April 1940 konnte mit Grossbritannien und Frankreich das «War Trade Agreement» abgeschlossen werden. Der Gesandte Hemmen, der nun in Bern weitgehend unabhängig vom offiziellen Gesandten Köcher die sogenannte

Wirtschaftsabteilung leitete, hatte die Verhandlungslage der Schweiz gegenüber den Westmächten als «prekär» eingeschätzt. Er verfolgte in den ersten Wintermonaten eine zurückhaltende Politik, obschon die Schweiz etwa im Bereich KTA-Geschäfte mit der Lieferung der Ende September 1939 versprochenen Pneus in Verzug war. Das Thema Kautschuk gehörte zu den delikatesten Gebieten des Wirtschaftskrieges. Die Schweiz wollte schliesslich gar keine Pneus an Deutschland liefern. Dafür musste sie beim Aluminium entgegenkommen, um die restlichen Messerschmitt-Kampfflugzeuge (ME 109E) endlich geliefert zu bekommen.[92]

Was nun die beträchtliche deutsche Verschuldung vom Herbst 1939 gegenüber der Schweiz im Clearing betraf, so verschwand sie in den folgenden Wintermonaten auf gleichsam wundersame Weise. Erinnern wir nochmals daran, dass es sich nicht um Bankkredite, sondern faktisch um ursprünglich unabgesicherte, kurzfristige Lieferantenkredite der schweizerischen Exporteure unter dem zwischenstaatlichen Clearingdach handelte. Umso erstaunlicher scheint zunächst, dass die Eidgenössische Darlehenskasse, im Herbst 1939 mit bundesrätlicher Zustimmung um dringende Hilfe ersucht, in der Folge nur geringfügig in Anspruch genommen wurde.[93] Verschiedene Gründe sind erkennbar. Bei der Darlehenskasse vermutete man zu Recht, dass grössere Firmen gar keine Belehnung benötigten – sie waren genügend liquid. In andern Fällen zogen es die privaten Unternehmen vor, ihre Hausbanken in Anspruch zu nehmen.[94] Doch der Hauptgrund lag anderswo: im Vorzeichenwechsel des Handelsflusses zwischen Deutschland und der Schweiz. Anders ausgedrückt: Die Schweiz erhöhte ihre Importe aus Deutschland schon im Herbst 1939 (auf den für die Tilgung entscheidenden Konten) ganz beträchtlich, während der Export bis Frühjahr 1940 mehr oder weniger gedämpft blieb. Allein in den ersten drei Kriegsmonaten erzielte Deutschland damit einen Handelsbilanzüberschuss gegenüber der Schweiz von 93 Millionen Franken, wie die «Frankfurter Zeitung» mit Stolz vermerkte.[95] Die deutschen Rückstände im Clearing schmolzen dadurch bis Januar 1940 auf 13 Millionen Franken ab. Jean Hotz drückte diese Vorgänge in einer Art aus, welche nur den besten Kennern der Materie einigermassen verständlich war. Er sprach von einer «Beruhigung der Tilgungsquote» auf dem KTA- und dem Kohlen & Eisen-Konto.[96] Schliesslich resultierte im Mai 1940 sogar ein Clearing-Überschuss zugunsten von Deutschland von etwa 40 Millionen Franken. Das dürfte allerdings am Schluss nicht ganz so geplant gewesen sein, denn damit gab man den Deutschen ein Druckargument in die Hände. Homberger erwartete jedenfalls aus dieser Umkehrung im Clearing einige Schwierigkeiten.[97] Die nach Ländern gegliederte offizielle Handelsstatistik, dies nur nebenbei bemerkt, wurde seit Anfang 1940 nicht mehr veröffentlicht. Die letzten Zahlen, die der einfache Bürger erfahren konnte, betrafen den November 1939: Die Importe aus Deutschland (inkl. Österreich) waren in diesem Monat gegenüber dem Vorjahr wertmässig um 31% gestiegen.[98]

Die schweizerischen-deutschen Wirtschaftsverhandlungen von 1940/1941 sind bereits in den 1980er-Jahren vom Historiker Robert U. Vogler eingehend untersucht worden. Seine Analyse ist für viele Feinheiten der Entwicklung nach wie vor von grossem Interesse. Im Vorwort zur Neuauflage von 1997 nimmt er überdies sehr pointiert Stellung zur aufgeregten Debatte der 1990er-Jahre.[99] Die nachfolgende Darstellung geht indes nochmals zurück auf die Primärquellen, weil sich aus der unterschiedlichen Fragestellung naturgemäss etwas andere Akzente ergeben. Per Ende Juni 1940 liefen die schweizerisch-deutschen Wirtschaftsverträge ab. Auf deutscher Seite beriet man am 18. April 1940 – drei Wochen vor der Westoffensive – in einer Ausschuss-Sitzung im Reichswirtschaftsministerium über den einzuschlagenden Kurs. Der Gesandte Hemmen formulierte die Absicht: Weiterhin Lieferung von Kohle und Eisen an die Schweiz, jedoch unter der Hauptbedingung von Kriegsmateriallieferungen an Deutschland und diesbezüglicher Parität mit den Westmächten. Hemmen dachte auch an die Bedeutung des deutschen Kohlentransits durch den Gotthard nach Italien. Von einer eigentlichen Erpressung der Schweiz ist noch nicht die Rede.[100] Botschafter Karl Ritter, einst mächtiger Ministeraldirektor, der jetzt besondere kriegswirtschaftliche Aufgaben übernommen hatte, drängte bei Beginn des Westfeldzuges auf Eröffnung der Verhandlungen mit der Schweiz. Deutschland könne den Zustand des Ungleichgewichtes mit den Westmächten «nicht lange anstehen lassen».[101] Das war am gleichen Tag, als die Schweizer Armee die zweite Generalmobilmachung durchführte. Wiederum kam die wirtschaftliche Tätigkeit in der Schweiz auf weiten Gebieten zum Erliegen.

Berlin hatte schon einige Tage vorher den Druck auf die Schweiz verstärkt. Aussenminister von Ribbentrop liess den Gesandten Frölicher am 2. Mai zu sich rufen und beanstandete zunächst mit «todernster Miene», dass der Bundesrat einem neuen polnischen Gesandten das Agrément erteile. Dann kam er zum gefährlicheren Teil: Hitler sei «empört gewesen über die Haltung der schweizerischen Presse, die täglich das deutsche Volk, seine Institutionen und seine Regierung beschimpfe und beleidige». Der Gesandte Köcher hatte bereits am 24. April in einem Brief an Bundespräsident Pilet-Golaz protestiert. Insbesondere ein angeblicher «Hetzartikel» von Chefredaktor Schürch im «Bund» erregte allseitiges deutsches Missfallen. Schürch hatte unter dem Titel «Francrireurs» auf die Gefahr von Seite der Auslandkolonien für die Schweiz hingewiesen.[102] Frölicher wich Ribbentrops Beanstandungen aus. Wichtiger als was «irgend ein unverantwortlicher Zeitungsschreiber» zu Papier bringe, sei doch die Tatsache, dass es der Schweiz gelungen sei, in den Blockadeverhandlungen mit den Westmächten «ihre wirtschaftliche Neutralität weitgehend zu wahren», sodass nun die Verhandlungen mit Deutschland «unter günstigen Aussichten» beginnen könnten. Die Drohungen in der Pressefrage nahm Frölicher dabei durchaus ernst.[103] Aussenminister von Ribbentrop gab der Schweiz «den guten Rat ... baldmöglichst völlig neue Wege in dem Verhältnis zu Deutschland einzuschlagen».[104] Bereits einige Wochen vorher hatte Staatssekretär von Weizsäcker den freisinnigen Spitzenpolitiker Nationalrat Vallotton bei dessen Besuch in Berlin in dieser Sache gewarnt. Weizsäcker bat den ihm gut bekannten Vallotton, seinen ganzen Einfluss geltend zu machen, damit es den «Freunden der Schweiz» (er meinte wohl vor allem sich selbst) nicht zu schwer gemacht werde, ihren Standpunkt in Berlin zu vertreten.[105] Man kann Weizsäckers Aussage in dieser Phase als ernsthafte und freundschaftliche Warnung (und vielleicht auch als frühe Rückversicherung) interpretieren, ohne ein taktisches Druckmanöver völlig auszuschliessen. Goebbels notierte beispielsweise im Februar 1940: «Die Schweizer Presse ist unverschämt. Wehrt sich verzweifelt gegen unsere neue Definition der ‹Neutralität›. Aber wir bleiben ihr auf den Fersen.» Einige Tage später: «Ich lasse nochmals die Schweizer Presse abbürsten.» Am 18. Mai schliesslich schreibt Goebbels von der «geradezu giftsprühenden Hassstimmung gegen uns in der Schweiz. Aber die kommen ja auch noch mal dran. Dann wird diesen verkümmerten Hotelportiers das Maul gestopft.»[106]

Tatsächlich befürchtete ein Teil der schweizerischen Armeeleitung einen deutschen Überfall für die Nacht vom 14. auf den 15. Mai 1940. Der Nachrichtendienst hatte bereits am 1. Mai über die «Wiking-Linie» vom bevorstehenden deutschen Angriff im Westen erfahren. Das war nichts Ausserordentliches. Auch die Niederlande und Grossbritannien waren von Oberst Oster mehrfach gewarnt worden.[107] Entscheidend war letztlich das definitive Datum eines spezifischen Angriffs. Ein Informant des schweizerischen Nachrichtendienstes in Berlin versicherte auch am kritischen 14. Mai, dass keine Aktion gegen die Schweiz geplant sei. Der Nachrichtenoffizier Max Waibel mit seiner nachmals berühmten NS 1 in Luzern blieb gelassen.[108] Doch die Nerven Oberst Massons und anderer Schweizer Offiziere lagen offenbar blank. Sie wurden Opfer der geschickten Täuschungsmanöver der Heeresgruppe C, die entlang der Rheingrenze Truppenverschiebungen und -konzentrationen vortäuschte, um damit französische Kräfte hinter der Maginot-Linie und der schweizerischen Westgrenze zu binden. Die Täuschung war erfolgreich. Roger Masson und einige seiner Mitarbeiter vermuteten im süddeutschen Raum bis zu 25 deutsche Divisionen. Auch das berühmte «2ème bureau» des französischen Oberkommandos liess sich täuschen. Und das war schliesslich die Hauptabsicht. Die französische Botschaft in Bern erwartete den deutschen Angriff um 3 Uhr morgens am 15. Mai 1940. Der britische Gesandte informierte telefonisch die wachhabenden Beamten in London.

Die britischen Konsulate in Basel und Zürich evakuierten in dieser Nacht. Die Bank für Internationalen Zahlungsausgleich (BIZ) verlagerte unter ihrem amerikanischen Präsidenten McKittrick ihre Tätigkeit vom unmittelbar gefährdeten Basel in das Grand Hôtel du Parc in Château d'Oex.[109] In Wirklichkeit verfügte die Heeresgruppe C im Raum südlich Karlsruhe – Stuttgart – Ulm nur über zehn Divisionen von geringem Kampfwert. Eine offensive Aktion gegen die Schweiz war nicht geplant.[110] Unrühmliche Bekanntheit erlangte damals der panikartige Auszug wohlhabender Familien aus einigen nördlichen schweizerischen Grenzregionen, verursacht durch die Aufregung in Teilen des Armeekommandos. Auch auf deutscher Seite hatte man diesen «Panikzustand» sehr wohl bemerkt. Köcher schrieb ihn der «Urteilslosigkeit hochgestellter Offiziere im Armeestab» zu.[111] Aus schweizerischer Sicht beunruhigte die zunehmend zu Tage tretende Spionagetätigkeit zugunsten des «Dritten Reiches». Ein Hilfsoffizier des deutschen Militärattachés erschien nach einer Haussuchung schwer belastet und wurde möglichst geräuschlos nach Norden abgeschoben. Pilet informierte Köcher in den ersten Mai-Tagen, dass zurzeit gegen drei Schweizer Offiziere Untersuchungen wegen Spionage zugunsten Deutschlands liefen.[112]

Nach Mitte Mai verdüsterten die Meldungen über die rasche Folge der alliierten Niederlagen das allgemeine Klima in der Schweiz in beträchtlichem Mass. Die Stimmung im Volk wurde zunehmend bedrückter.[113] Bereits am 21. Mai war für Guisan und seine Getreuen klar, dass Frankreich die Schweiz bestenfalls noch mit einem schwachen Armeekorps unterstützen konnte. Drei Tage später vertrat Guisans persönlicher Stabschef Oberstleutnant Gonard die Ansicht, dass auf französische Hilfe nicht mehr gezählt werden konnte und sich die Schweizer Armee auf den allfälligen Rückzug ins «Réduit» der Berge vorbereiten musste.[114] Der britische Militärattaché Oberstleutnant Cartwright hielt Anfang Juni in einem Bericht an seinen Nachrichtendienst die Moral der schweizerischen Truppen noch immer für «exzellent». Aus sehr guter Quelle wollte er jedoch wissen, dass in gewissen Kreisen der Finanz und des «Big business» («those who think they have the most to lose») ein deutlicher «undercurrent of defeatism» festzustellen sei.[115] Ohne genaue Kenntnis von Cartwrights Quelle wird man freilich diese Meinungsäusserung – die auffallend pauschal klingt – mit einiger Vorsicht bewerten müssen. Henry Cartwright war erst im Vorjahr in die Schweiz beordert worden, ihm fehlte noch ein ausgedehntes Beziehungsnetz, und seine Reports genossen in London keine besondere Wertschätzung.[116]

In dieser unheildrohenden Atmosphäre begannen jedenfalls am 27. Mai 1940 die schweizerisch-deutschen Wirtschaftsverhandlungen in Berlin. Einige Tage vorher hatte Reichswirtschaftsminister Funk den Staatssekretär von Weizsäcker darauf aufmerksam gemacht, dass «bei einer eventuellen Einbeziehung der Schweiz in den Krieg» der Sitz der BIZ in Basel besonders geschützt und geschont werden sollte. Aufschlussreiche Berliner Prioritäten wurden hier deutlich. Weizsäcker antwortete Funk, dass seines Wissens die Schweiz «zur Zeit nicht auf dem Programm» stehe.[117] Doch wer konnte dies zu diesem Zeitpunkt so genau wissen? Eine Nebenoperation gegen die Schweiz war jedenfalls nicht völlig auszuschliessen.

Die schweizerische Verhandlungsdelegation unter der Leitung von Jean Hotz und Heinrich Homberger startete in Anbetracht der «verkehrten» Clearing-Verhältnisse mit der Absicht, den schweizerischen Export zu steigern, um Deutschland wiederum zum Schuldner werden zu lassen, «weil dann Deutschland nicht dauernd versuchen wird, Begehren an uns zu stellen, die wir mit dem besten Willen einfach nicht erfüllen können, sei es aus Blockade-Gründen, sei es wegen kriegswirtschaftlichem Unvermögen».[118] Diese Argumentation wirkt aus der Rückschau vielleicht etwas erstaunlich, beruht indes auf vernünftiger Grundlage mitten im Ablauf des hektischen Westfeldzuges, dessen definitiver Ausgang nicht völlig absehbar schien.

In Wirklichkeit hatte man auf deutscher Seite bereits am 24. Mai beschlossen, den Druck auf die Schweiz zu verstärken und höhere Forderungen als ursprünglich geplant zu stellen. Die Reichsbank war an der Freigabe ihrer Guthaben aus dem Clearing in freien Devisen interessiert.[119] Botschafter Ritter schlug gleich zu Beginn der Verhandlungen Ende Mai einen unterschwellig drohenden Ton an. Er lud Hotz und Frölicher in Anwesenheit von Hemmen zu einem Vorgespräch und machte klar, dass Deutschland keine Kohle mehr liefern werde «für die schweizerische Rüstungsindustrie, die nach England und Frankreich liefere». In den nachfolgenden ersten Delegationsverhandlungen fielen Randbemerkungen, die von den Schweizern als politische und militärische Drohung aufgefasst wurden. Ritter selbst hielt einige Tage später den Moment für günstig, um Frölicher «die Sünden der Schweizerischen Regierung und der schweizerischen Öffentlichkeit in den letzten sieben Jahren vorzuhalten».[120]

Die von Deutschland gewünschten Lieferungen von Kriegsmaterial und Uhrenmaschinen standen zunächst im Vordergrund. Hemmen warf der Schweiz unneutrale Haltung vor, weil sie Kriegsmaterial an die Westmächte «in einem die früheren Ausfuhren erheblich übersteigenden Masse» liefere. Wenn die Schweiz auf paritätische Lieferung nicht eingehe, werde die Kohlenausfuhr gesperrt. Am 30. Mai liess Hemmen keinen Zweifel, «dass die Frage nicht nur von wirtschaftlicher, sondern auch von erheblicher politischer Bedeutung» sei. Er gab der Schweiz nur maximal eine Woche zur Erfüllung der deutschen Forderungen. Das Oberkommando der Wehrmacht, bis zum April 1940 an schweizerischen Lieferungen nur in engen Segmenten interessiert, wünschte jetzt eine

Verdreifachung der bisherigen Werkzeugmaschinenlieferungen und darüber hinaus «reines Kriegsmaterial» für 47.5 Millionen Reichsmark, ferner die Übertragung der noch nicht ausgelieferten belgischen und holländischen Bestellungen an Deutschland.[121]

Die Schweiz versuchte nun auf Zeit zu spielen. Hitlers Haltebefehl im Westen hatte zu einer momentanen Stabilisierung der französischen Front geführt. Dies waren die dramatischen Tage der britischen Evakuation aus Dünkirchen. Der Bundesrat wollte erst am 11. Juni Beschluss fassen. Präzisierungen zum Thema Kriegsmaterial schienen der schweizerischen Seite notwendig. KTA-Chef Oberst Fierz sollte zu einer Sonderbesprechung am 10. Juni nach Berlin reisen, nachdem Hotz und Homberger in die Schweiz zurückgekehrt waren. Für die Deutschen war dies als Versuch zum Zeitgewinn leicht erkennbar. Der kaltblütige Oberst Fierz – mit seinem engen Draht zu Bundesrat Minger – hatte schon im Zusammenhang mit den verzögerten Pneulieferungen sein diesbezügliches Geschick gezeigt. Hemmen gab sich entsprechend ungeduldig. Die erfolgreiche deutsche Fortsetzungsoffensive der zweiten Phase («Fall Rot») nach dem 5. Juni arbeitete ihm in die Hände. Bereits um den 6. Juni spielte Hemmen mit dem Gedanken an eine sofortige Kohlensperre. Am 10. Juni forderte Köcher von Pilet-Golaz, die schweizerische Delegation solle unverzüglich nach Berlin zurückkehren. Die Schweiz müsse mit einer Kohlensperre rechnen, falls nicht in derselben Woche eine Einigung erreicht werde.[122] Zunächst wollte man in Bern indes die Resultate von Fierz' Reise abwarten. Pilet wies auch darauf hin, dass Bundesrat Obrecht wegen seiner schweren Erkrankung «fast gänzlich ausfalle». Zwei Tage später stattete Oberst Fierz neben seinen Fachbesprechungen auch Ernst von Weizsäcker einen Höflichkeitsbesuch ab. Der Staatssekretär bemerkte mit «feinem Lächeln»: «Die Schweiz werde doch wohl kaum nur ein Museumsstück der guten alten Zeit bleiben und es dürfte doch wohl notwendig sein, dass mit der Zeit auch einige Änderungen eintreten.»[123] Das hatte nun nichts mehr mit Wirtschaft, jedoch sehr viel mit dem «neuen Europa» von Hitlers Gnaden zu tun, in welchem ein demokratisch-unabhängiger Kleinstaat aus Berliner Sicht offenbar bereits als «Museumsstück» wirkte. Die Lage der Schweiz verschlechterte sich von Tag zu Tag. Am 10. Juni 1940 trat Italien in den Krieg ein.

Der Bundesrat hatte zwar am 8. Juni signalisiert, dass die Schweiz bereit sei, auf die Lieferung von Kriegsmaterial an Deutschland einzutreten.[124] Doch das war Berlin jetzt nicht mehr genug. Die schweizerische Delegation kam nicht sofort wunschgemäss in Berlin angereist. Hemmen kehrte deshalb nach Bern zurück. Am 11. Juni verhängte Deutschland die Kohlensperre. Es ist allerdings nicht ganz klar, wer in Bern darüber zu welchem Zeitpunkt genau Bescheid wusste. Noch immer trafen offenbar einige Kohlenlieferungen in der Schweiz ein. Erst am 17. Juni notierte Robert

Kohli in charakteristischem Understatement: «Die deutsche Massnahme wird von der schweizerischen Delegation bei dem Stand der Verhandlungen als ausgesprochen unfreundlich empfunden.»[125] Tatsächlich hatte Hemmen in Bern – vermutlich im bilateralen Gespräch mit Hotz – die Forderungen unverzüglich hochgeschraubt (Kriegsmateriallieferungen nun für 80–90 Millionen Reichsmark, Verzicht der Schweiz auf das französische Blockadeabkommen, deutsche Kontrollstellen in der Schweiz, «um die Weiterleitung deutscher Waren an die Feindmächte zu verhindern»).[126] Einige Tage später ersuchte Berlin die italienische Regierung, die Durchfuhr von Kohle nach der Schweiz zu unterbinden.[127] Der Kreis um die Schweiz hatte sich geschlossen.

Heinrich Homberger versuchte gleichzeitig, von der deutschen Fokussierung auf die Kriegsmateriallieferungen abzulenken. In einem Zirkular des Vororts an seine Sektionen macht er die Exporteure darauf aufmerksam, dass «auf den verschiedenen Clearingkonten jetzt bedeutende unbenützte Mittel zugunsten Deutschlands» lägen. Es ergebe sich die dringende Notwendigkeit, «die Ausfuhr nach Deutschland so intensiv als immer möglich zu pflegen».[128] Hemmen erfuhr überdies, dass auch der Verein Schweizerischer Maschinenindustrieller seinen Mitgliedern dringend empfohlen habe, die Ausfuhr nach Deutschland zu intensivieren. Die schweizerischen Initiativen schienen dem Wirtschaftsgesandten, wie er in nüchterner Offenheit schreibt, «im wesentlichen von der jetzigen Abhängigkeit von Deutschland diktiert» zu sein.[129] Am 14. Juni marschierten die Deutschen in Paris ein. Am 16. Juni stiessen Guderians motorisierte Truppenspitzen gegen die Schweizer Juragrenze vor. Dieser Blitz-Vorstoss hatte offensichtlich auch eine politische Komponente: die Einschüchterung der Schweiz.[130] Marschall Pétain bildete eine neue französische Regierung und ersuchte Hitler in der folgenden Nacht um Waffenstillstand (der allerdings erst am 22. Juni im Wald von Compiègne unterzeichnet wurde). Die Schweizer Armee mit ihrem schwachen linken Flügel befand sich plötzlich in einer äusserst prekären Situation. Die Armeespitze war überrascht durch die Geschwindigkeit des deutschen Durchbruchs, der zu einer Einkesselung der französischen Streitkräfte an der Maginot-Linie führte. Allzu lange blieben viele Schweizer Offiziere auf die vermeintliche Drohung aus dem Schwarzwald fixiert. Nun drängte ein französisches Armeekorps zur Internierung in die Schweiz. Am 21. Juni notierte Bernard Barbey, der neue Chef des persönlichen Stabes von General Guisan: «Umzingelt» (ausser an der Savoyergrenze).[131]

Eine beträchtliche Belastung der schweizerisch-deutschen Beziehungen resultierte in diesen Tagen aus den Fliegerzwischenfällen, bei denen Anfang Juni einige deutsche Flugzeuge von Schweizer Kampfpiloten abgeschossen worden waren. Von deutscher Seite wurde behauptet, die schweizerischen Luftangriffe hätten teilweise über französischem Boden stattgefunden. Die Schweiz bestritt dies. Aus diplomatischer Vorsicht ordnete General Guisan an, die Jagdpatrouillen hätten ab 13. Juni den Luftkampf über der Ajoie zu vermeiden. Deutschland zeigte sich indes noch nicht beschwichtigt. Am 19. Juni bat Bundespräsident Pilet-Golaz den General um 23 Uhr in seine private Wohnung in Bern. Der Bundespräsident war beunruhigt. Köcher hatte ihm gleichentags eine scharfe deutsche Protestnote überreicht. Es war nicht die erste diesbezügliche Note, doch der drohende Unterton liess nun aufhorchen. Die Reichsregierung kündigte an, dass sie bei einer Wiederholung solcher Fälle von schriftlichen Mitteilungen absehen «und die deutschen Interessen in anderer Weise wahrnehmen wird».[132] Auf welche Weise, das schien jedermann klar. Die Frage war nur, ob Hitler und Göring hier einen Vorwand für einen überraschenden Angriff auf die Schweiz aufbauten. Die kampferprobten deutschen Sieger standen nun zwar nicht massiert im Schwarzwald, sondern – wie Klaus Urner und Hans Senn detailreich gezeigt haben – an der Juragrenze zum raschen Angriff bereit. Hitler hielt sich die Option zur Besetzung der Schweiz offen.[133] Umso erstaunter nimmt man aus der Rückschau zur Kenntnis, dass Pilet-Golaz in jener nächtlichen Besprechung vom 19. Juni bereits an eine Teil-Demobilmachung der Armee dachte und General Guisan mit entsprechender Planung beauftragte. Der General liess sich das scheinbar gefallen.[134]

In dieser seltsamen Atmosphäre, geprägt vom Zusammenbruch bisheriger Erwartung und der Unsicherheit bezüglich der deutschen Absichten, musste man sich rasch über das weitere Vorgehen im Wirtschaftsbereich klar werden. Der schwer kranke Bundesrat Obrecht fiel als Regierungsmitglied aus. Er hatte bereits Ende Mai von seinem Amt zurücktreten wollen. Das offizielle Rücktrittsschreiben trug das Datum vom 20. Juni. Sein Freund Minger sprang einmal mehr als Stellvertreter ein. Die Bundesräte Pilet, Minger und Wetter besprachen sich am 21. Juni mit den Mitgliedern der schweizerischen Verhandlungsdelegation. Wie weiter? Das war die zentrale Frage in Anbetracht der deutschen Kohlensperre. Heinrich Homberger umriss den heiklen Punkt: «Deutschland will, dass sich die Schweiz wirtschaftlich nach ihm orientieren soll.» Homberger schlug in dieser Zwangslage vor, Deutschland in einigen Punkten rasch entgegenzukommen. Bundespräsident Pilet-Golaz verdeutlichte die Lage der Schweiz auf seine Art: Deutschland könne nun «drakonische Bedingungen» stellen. Es werde sich nicht um eine militärische Invasion handeln. Die Deutschen hätten der Schweiz die Schnur um den Hals gelegt. Sie müssten nur noch mehr zuziehen, um der Schweiz zu nehmen, was sie zum Leben brauche. Jetzt seien praktische Lösungen gefragt und theoretische Diskussionen zu vermeiden. Professor Laur war bereit, zusätzliche landwirtschaftliche Produkte an Deutschland zu liefern. Minister Hans Sulzer betonte die Notwendigkeit, so lange wie möglich am

Blockadevertrag mit den Alliierten festzuhalten. Jede Ausnahme müsse man «sich zäh von Deutschland abringen lassen». Bundesrat Minger war mit einem gewissen Entgegenkommen gegenüber Deutschland einverstanden. Er unterstrich gleichzeitig die Notwendigkeit, an den guten Beziehungen zu England festzuhalten. Nach Mingers Einschätzung konnte der Krieg noch lange dauern. Bundesrat Wetter wollte verhindern, vor ein Diktat gestellt zu werden. Auf keinen Fall dürfe Deutschland ultimative Forderungen stellen. Einigkeit bestand in dieser Runde, den Deutschen im Prinzip die Überschüsse auf den Clearingsonderkonten zu überweisen.[135] Man kann dies als einen kleinen Schritt von «financial appeasement» bezeichnen, ohne dass daraus grössere Konsequenzen abzuleiten waren.

Am folgenden Tag versammelte General Guisan die Korpskommandanten und den Generalstabschef zu einer nicht minder bedeutenden Konferenz in Bern. Der Oberkommandierende vertrat die Ansicht, «dass die Deutschen nunmehr in erster Linie einen politischen und wirtschaftlichen Druck ausüben werden und militärische Aktionen kaum ins Auge fassen». Korpskommandant Ulrich Wille teilte diese Einschätzung der Lage. Wie der General ging er davon aus, dass die Deutschen erst dann mit Einmarsch drohen würden, wenn sich die Schweiz auf wirtschaftlichem und politischem Gebiet widersetzte. In Bezug auf die zukünftige Armeestellung wurden unterschiedliche Meinungen geäussert. Guisan hatte auch die Teil-Demobilmachung zur Debatte gestellt. Die Gefahr steigender Arbeitslosigkeit sei zu berücksichtigen. Darin stimmten ihm die Korpskommandanten Miescher und Prisi bei. Ausbildungschef Wille indes teilte diese Bedenken nicht. Er sah Chancen für schweizerische Industrieaufträge bei der Eingliederung «in die neue Wirtschaftspolitik der Achse». Gemäss Zusammenfassung des Generals «ist man sich einig darüber, dass nach dem Waffenstillstand eine teilweise Demobilmachung, immerhin unter Berücksichtigung des Arbeitsmarktes, erfolgen sollte, wobei sich einzig Verschiedenheiten im Ausmass ergeben», hielt das Protokoll fest.[136]

Die Öffentlichkeit erfuhr nichts über diese richtungweisenden Konferenzen. Was schwer wog: Die Landesregierung hatte sich in den vorangehenden spannungsgeladenen Wochen in Schweigen gehüllt. Unsicherheit und Entmutigung lagen nun in der Luft. Erst am 25. Juni 1940 hielt Bundespräsident Pilet-Golaz um 12.45 Uhr eine Ansprache am Radio, die in weiten Kreisen einen zwiespältigen Eindruck hinterliess. Bundesrat Etter las die Rede auf Deutsch und Bundesrat Celio auf Italienisch. Der Bundespräsident kündigte eine «teilweise und stufenweise Demobilmachung» an. Kernpunkt war das Versprechen des Bundesrates, dem Schweizervolk Arbeit zu verschaffen, «koste dies was es wolle». Auf Einzelheiten ging der Bundespräsident nicht ein. Manche Formulierungen tönten anpasserisch und für das demokratische Volksempfinden verwirrend. Der Zeitpunkt der «inneren Wiedergeburt» sei gekommen. Die Eidgenossen müssten nur ihrer Regierung («un guide sûr et dévoué») folgen. Darauf folgte die ominöse Ankündigung, die Regierung könne ihre Entscheidungen nicht immer erklären, erläutern und begründen. Das widersprach eindeutig schweizerischer Tradition. Markus Feldmann notierte lakonisch in seinem Tagebuch: «Heute Mittag merkwürdige Rede von Bundespräsident Pilet und Bundesrat Etter am Radio mit Tendenz zur autoritären Staatsführung.»[137] Am gleichen Tag hielt übrigens Marschall Pétain eine grundlegende Ansprache, in der von einer «neuen Ordnung», von «redressement moral et intellectuel» die Rede war. Gewisse gedankliche Parallelen zu Pilets Rede sind unverkennbar.[138] Markus Feldmann und andere haben diese Zusammenhänge rasch erkannt. Drei Tage später setzte Feldmann in seiner Zeitung gegen die «Pétain-Psychose» an.[139]

Bundespräsident Pilet-Golaz musste sich am 26. Juni der Vollmachtenkommission des Nationalrates stellen. Sie holte ihn auf gut eidgenössischen Boden zurück. Nur der Aargauer Bauern-Vertreter Roman Abt applaudierte offen dem Bundespräsidenten. Abt hätte am liebsten ohne Zögern mindestens zwei Drittel der Armee entlassen. Immerhin wollte auch er die «nationale Würde» «unter allen Umständen wahren». Die führenden Sozialdemokraten zeigten sich skeptisch und unzufrieden. Hans Oprecht bemängelte, dass Pilet die Demokratie mit keinem Wort erwähnt habe. Robert Grimm sah den Kulminationspunkt der Gefahr für die Schweiz längst nicht überschritten. Er befürchtete die «schrittweise Gleichschaltung». Beim Thema der Bekämpfung der Arbeitslosigkeit erklärte er sich mit dem Bundesrat einverstanden. Grimm sah die «richtige Lösung in einem staatlich dirigierten Verbrauchs- und Produktionsprozess». Migros-Chef Duttweiler wollte auch in kleinen Dingen nicht nachgeben. Nur mit fester und entschlossener Haltung könne man «dem grossen Nachbarn im Norden imponieren», glaubte der unkonventionelle Unternehmer wohl nicht zu Unrecht. Von Grimms Dirigieren der Wirtschaft hielt er naturgemäss nichts. Einzig Nationalrat Vallotton erkannte in diesem Kreis die konkrete Gefahr, die immer noch von den mechanisierten deutschen Divisionen an der Juragrenze drohen konnte. Er bedauerte, dass Pilet kein Wort an die Soldaten gerichtet hatte. Der Bundespräsident sah sich zum Schluss veranlasst, zu bekräftigen, was er in seiner Radioansprache gerade nicht getan hatte: dass sich die Schweiz gegen jeden Angriff oder jede untolerable Forderung verteidigen werde. An seinen Prioritäten änderte sich allerdings nichts: «C'est donc au danger économique qu'il s'agira de parer.» Die wirtschaftlichen Probleme standen im Vordergrund. Nicht nur Brot, sondern auch Arbeit wollten Pilet und seine Kollegen dem Schweizervolk sichern. Pilet schien beinahe besessen vom Gedanken an die Gefahr der Arbeitslosigkeit und daraus folgenden inneren Unruhen.[140] Waren diese Befürchtungen gerechtfertigt? Hatte Deutschland ein Interesse daran, die Schweiz in dieser Phase auszuhungern? Wirtschaftliche Vernunft spricht gegen eine solche These. Sehr viel hing nun davon ab, wie flexibel sich die schweizerische Regierung gegenüber erhöhten deutschen Forderungen verhielt. Es scheint nicht ohne Interesse, dass die Neue Zürcher Zeitung am 23. Juni einen Hinweis gab, wie die gleichzeitigen Verhandlungen zwischen Deutschland und Schweden verliefen. Auch Schweden wies eine Clearingverschuldung gegenüber Deutschland auf. Auch hier setzte Berlin die Waffe der Kohlen- und Kokslieferungen ein, um zu bekommen, was man dringend begehrte, wobei über die Preise offenbar noch keine Einigung erzielt worden war.[141] Bei Schweden kam ein Sonderelement hinzu, das für die Schweiz in etwas anderer Form ebenfalls besonderes Gewicht erlangen wird: die Frage des deutschen Transits.[142]

Die Wirtschaftsverhandlungen zwischen der Schweiz und Deutschland wurden informell am 18. Juni in einem Gespräch Hotz–Hemmen wieder aufgenommen. Der Chef der Handelsabteilung bestätigte dem Gesandten Hemmen, Deutschland könne seine Clearingüberschüsse auf den Sonderkonten Kohlen & Eisen sowie KTA (total 28 Millionen Franken) sofort in Devisen abrufen, das heisst de facto auf das freie Konto der Reichsbank bei der Schweizerischen Nationalbank übertragen. Der Bundesrat sei ferner bereit, Kriegsmaterial im Rahmen der Möglichkeiten zu liefern. Die Schweiz erwarte dafür deutsche Zulieferung von Stahl, Zink und chemischen Materialien. Auch bezüglich Lieferung von Uhrenmaschinen und Werkzeugmaschinen zeigte sich Bern flexibel. Die Ablieferung von Kriegsmaterial an die Alliierten werde «zurückgestellt».[143] Das war nur ein Auftakt. Eine Woche später begann eine neue, kritische Verhandlungsrunde. Die Kohlensperre war keineswegs aufgehoben. Schwierigkeiten gab es im Warensektor. Die Schweizer wollten auf die Wertgrenzen im Rumpfclearing nicht völlig verzichten.

Am 29. Juni verdeutlichte Hemmen, dass Berlin noch mehr Entgegenkommen forderte. «Die Schweiz muss sich vertraut machen mit dem Gedanken der Lieferung ohne sofortige Zahlung», so hielt dies Robert Kohli in seinen Notizen fest.[144] Deutlicher ausgedrückt: Deutschland forderte Kreditgewährung für die zusätzlichen Bestellungen von Werkzeugmaschinen, Kriegsmaterial und Aluminium. Man sprach von 100 Millionen Franken. Das erinnerte die Schweizer anfänglich an den im Frühjahr für Grossbritannien vorgesehenen Kredit. Keine Schockwirkung somit, sondern grundsätzliches Einverständnis des Bundesrates am 2. Juli zu Weiterverhandlungen über die Einzelheiten.[145] Zu einer Einigung kommt es nicht. Hemmen reist ab, da er bei der Waffenstillstandskommission in Wiesbaden zusätzliche Aufgaben zu übernehmen hat. Ministerialrat Seyboth vom Reichswirtschaftsministerium führt die Verhandlungen deutscherseits in Bern weiter. Er gibt sich am 5. Juli unzufrieden mit dem schweizerischen «Opfer». Eine Zinszahlung auf dem Kredit komme gar nicht in Frage. Dieser Kredit diene schliesslich der schweizerischen Arbeitsbeschaffung. Er lässt deutlich durchblicken, dass man in Berlin entrüstet sei.[146]

Das war kein Bluff. Denn am 2. Juli 1940 fand bei Generalfeldmarschall Göring in Karinhall eine Besprechung statt. Es «habe allgemein grosse Unzufriedenheit mit der in letzter Zeit von der Schweiz uns gegenüber eingenommenen Haltung geherrscht», erfährt Emil Wiehl, der Chef der Handelspolitischen Abteilung im Auswärtigen Amt, von Ministerialdirigent Bergemann im Auftrag von Staatssekretär Landfried. Friedrich Landfried war Görings Mann im Reichswirtschaftsministerium. Göring habe verlangt, dass die Schweiz bei den Wirtschaftsverhandlungen «auf das schärfste angefasst werden müsse». Der zweitwichtigste Mann in Nazi-Deutschland äusserte die Ansicht, die Schweiz dürfe überhaupt nicht mehr mit deutscher Kohle beliefert werden, wenn sie nicht die 90 Messerschmitt-Flugzeuge zurückgebe. Ministerialdirektor Wiehl schien es allerdings «zweifelhaft», ob eine solche «politische Forderung» im Rahmen der Wirtschaftsverhandlungen geltend gemacht werden sollte. Er wollte darüber zunächst im Auswärtigen Amt eine Stellungnahme herbeiführen.[147] Über diesen Meinungsbildungsprozess scheint nichts Näheres bekannt zu sein. Es ist jedoch schwer vorstellbar, dass Staatssekretär von Weizsäcker nicht konsultiert wurde. Jedenfalls äusserte der Gesandte Hemmen in seiner ausführlichen Stellungnahme zuhanden von Göring die klare Meinung, dass die Rücklieferung der Flugzeuge nicht als Vorbedingung für die Wiederaufnahme der Kohlenlieferungen dienen sollte. Hingegen hielt es Hemmen für «durchaus erreichbar», die Höhe des schweizerischen Kredites noch zu steigern und möglicherweise zu verdoppeln. Bisher hatten die vorsichtig taktierenden Schweizer den Kredit nämlich erst «in Höhe der tatsächlich erfolgenden Kohlenlieferungen» zugesagt.[148]

Hatte Göring mit Hitler über die Schweiz gesprochen? Das ist im Detail zwar nicht bekannt, doch besteht kein Zweifel, dass auch der «Führer» die Schweiz unter Druck setzen wollte. Am 18. Juni hatte sich Hitler mit Mussolini in München getroffen. Der «Führer» bekräftigte dabei im Zusammenhang der Waffenstillstandsbedingungen für Frankreich auch die Absicht, die Schweiz durch einen Gürtel besetzten Gebietes von Frankreich abzuschneiden. Die Schweiz «würde sich dann zu einer entgegenkommenderen Haltung in der Transitfrage sowie ganz allgemein auch in ihrer politischen Einstellung und ihrer Presse bequemen müssen», liess er den Duce nach Aufzeichnung des Dolmetschers wissen.[149] Die deutsche Drohung vom folgenden Tag in der Angelegenheit der Flugzeugzwischenfälle liegt ganz auf dieser Linie. Der Bundesrat zögerte mit der

Beantwortung der deutschen Note, liess indes als beschwichtigende Geste alle internierten deutschen Flieger frei. Frölicher sondierte darauf Ende Juni bei Weizsäcker über das weitere Vorgehen, doch dieser wollte die Wirkung der deutschen Note vom 19. Juni, wie er selbst nach dem Gespräch festhielt, «nicht auflockern».[150] Der Staatssekretär hätte der Schweiz entgegenkommen können, wie er selbst am 2. Juli notierte. Doch er tat es nicht. Im Gegenteil: Weizsäcker informierte Frölicher am gleichen Tag über die Ausweisung des ungeliebten NZZ-Korrespondenten Reto Caratsch, dessen Konto «nun ja schon reichlich überzogen» sei.[151] Die Kette der Drohgebärden wurde somit fortgesetzt. Die Vermutung liegt nahe, dass Ernst von Weizsäcker in seiner eigenen Weise auf die vorherrschende Stimmung in der Umgebung von Göring und Goebbels reagierte. Seine Stellung innerhalb des unübersichtlichen Machtapparates schien zu dieser Zeit jedenfalls nicht besonders stark.[152] Dabei verstanden sich der Staatssekretär und der Gesandte Frölicher recht gut. Sie kannten sich seit Jahren und besassen ähnlich feine Antennen für die gefährlichen Klippen der Tagespolitik. Man geht kaum fehl in der Annahme, dass sie beide das explosive Gemisch der Atmosphäre um die Schweiz im Juni und Juli 1940 durchaus richtig wahrnahmen. Es lag indes wohl kein Grund vor, weshalb sich der Staatssekretär in dieser Kriegsphase für den kleinen, sperrigen Nachbarn im Süden hätte exponieren wollen.

Wutausbrüche und Drohgebärden der obersten Nazi-Machthaber mussten im Frühjahr und Sommer 1940 gewiss ernst genommen werden. Dabei waren sich die Staatssekretäre und Ministerialdirektoren in Berlin schon einiges gewöhnt. Sie wussten aus Erfahrung, dass sich bisweilen ein Ausweg eröffnete, der deutschen Interessen letztlich besser diente, als einen zusätzlichen Spannungsherd anzufachen. Göring interessierte sich zum Beispiel auch für die Verhandlungen mit Schweden. Er stellte sich in einem Telefongespräch mit Botschafter Ritter Anfang Mai dagegen, dass Schweden «auch nur ein Gewehr» geliefert werde, falls Stockholm die deutschen Wünsche nicht erfülle.[153] Im Falle der Schweiz sandte das Auswärtige Amt die bereits genannte Stellungnahme des Gesandten Hemmen (vom 9. Juli) nicht direkt an Göring, sondern an Ministerialdirektor Gramsch, mit der Bitte um Abklärung, «welche Wünsche Herr Gf. (Generalfeldmarschall Göring) wegen Kohlenlieferungen an die Schweiz hat». In dieser Abschrift wurde interessanterweise der Schlusssatz Hemmens – wonach die Rücklieferung der Flugzeuge nicht Vorbedingung für die Wiederaufnahme der Kohlenlieferungen sein sollte – unterdrückt.[154]

Damit bewegt man sich einmal mehr auf der Ebene jener Spitzenbeamten, die gerade im Falle der Schweiz die emotionellen Elemente in der Regel zugunsten materieller Vorteile zurückzuhalten verstanden. Ministerialdirektor Dr. Friedrich Gramsch gehörte zu dieser Gruppe. Gramsch spielte in Görings Doppelimperium eine etwas schattenhafte, in den praktischen Abläufen indes zweifellos einflussreiche Rolle. Er diente Göring seit Jahren als Spezialist in Devisen- und Aussenhandelsfragen im Rahmen der Vierjahresplanbehörde. Zu den Hauptaufgaben von Gramsch gehörte die Koordination mit den anderen Ministerien. «If I put up a law he had to do the administrative job», bestätigte Göring den Alliierten 1945. Die Vierjahresplanbehörde, daran ist stets zu erinnern, verfügte über ausserordentliche Möglichkeiten, sich je nach Bedürfnis in andere Ressorts einzumischen.[155] Friedrich Gramsch nun war ein Mann vieler Facetten. Ulrich von Hassell, Mitglied des Widerstandes, hielt ihn für einen «innerlich ganz in gutem Sinne konservativen Mann». Doch was er im Gespräch mit von Hassell über die Politik in den besetzten Gebieten von sich gab, tönte verwirrend zwiespältig. Manches deutet darauf hin, dass Gramsch diskretem Umgang mit regimekritischen Beobachtern, aus welchen Gründen auch immer, nicht abgeneigt war.[156] Für die Schweiz wird sich Ministerialdirektor Gramsch – das darf man wohl mit einiger Sicherheit annehmen – vor allem aus Gründen der Devisenbeschaffung interessiert haben. Aus der Aktenlage ergibt sich der Eindruck, dass Gramsch mit einer definitiven Stellungnahme seitens Göring zum Thema Schweiz gelassen bis in den August 1940 zuwartete.[157] Die Zeit arbeitete eindeutig für Deutschland. Natürlich gibt es auch einen andern einleuchtenden Grund: die Priorität der Luftschlacht um England. Dies führt zum zweiten Aspekt. Dem Interesse der deutschen Luftwaffe an den Lieferungen aus der Schweiz. Das Rüstungsamt im Oberkommando der Wehrmacht hielt einen wesentlichen Faktor schon im Januar 1940 fest: Deutschland sei «in erheblichem Masse auf den Bezug von Spezialwerkzeugmaschinen aus der Schweiz angewiesen», die für die Fertigung von Flakzündern benötigt würden. Damals verhielt sich die Schweiz – zum deutschen Ärger – zurückhaltend betreffend Ausfuhrgenehmigung.[158] Im Juli 1940 umfasste nun die Wunschliste der deutschen Luftwaffe (neben den Werkzeugmaschinen) die Lieferung von Fliegerabwehrgeschützen mit umfangreichen Munitionsbeständen im Wert von 73 Millionen Franken.[159] Daneben konzentrierte sich das deutsche Interesse auf die schweizerische Lieferung von Aluminium. Auch hier entdeckt man bei genauem Hinsehen wiederum ein spezifisches Interesse der Luftwaffe (200 Tonnen legiertes Blech und ein Posten Roh-Aluminium für Junkers Dessau).[160] Der für die Schweiz zuständige Referent im Auswärtigen Amt, der Vortragende Legationsrat Sabath, bemerkte zur veränderten Situation am 11. Juli: «Jedenfalls steht schon jetzt fest, dass die Schweiz keinesfalls mehr für uns so uninteressant ist, wie sie bei der letzten Aufstellung des Kohleprogramms eingeschätzt wurde.»[161] Wenn sich die Schweiz in den Hauptpunkten flexibel zeigte, bestand eine gute Chance, sich vorderhand aus der unmittelbaren Gefahrenzone manövrieren zu können.

Eine klare Schmerzgrenze wurde für die Schweiz allerdings in den Juli-Verhandlungen erreicht, als die Deutschen eine völlige Ausfuhrsperre nach England und Frankreich forderten. Das war mit der schweizerischen Neutralitätsauffassung nicht zu vereinbaren. Hingegen schien sich nach schweizerischer Ansicht eine Auswegmöglichkeit über eine besondere Verbotsliste zu eröffnen. Ministerialdirektor Gramsch wollte jedoch noch Mitte Juli seitens des Vierjahresplanes an einer «förmlichen Ausfuhrsperre» der Schweiz gegenüber England festhalten. Eine Anerkennung der «alten Neutralität», so meinte Gramsch, müsste sich auf andere Neutrale wie Schweden und Spanien «unter Umständen ungünstig auswirken». Im Auswärtigen Amt und im Reichswirtschaftsministerium hingegen gab man sich in dieser Hinsicht konzilianter.[162] Ernst von Weizsäcker scheint gespürt zu haben, dass sich im Umkreis Görings die Wut über die Schweiz langsam verflüchtigte und das materielle Potential des neutralen Nachbarn vermehrt in Betracht gezogen wurde. Am 16. Juli teilte der Staatssekretär dem Gesandten Frölicher mit, dass die deutsche Regierung die Flieger-Zwischenfälle aufgrund der schweizerischen Antwortnote vom 1. Juli definitiv als erledigt betrachte. Auf Schadenersatz wollte Berlin verzichten. Die Freilassung der deutschen Flieger sei «höhernorts», so berichtete Frölicher nach Bern, gebührend vermerkt worden.[163] Auch auf anderem Gebiet wollte Berlin die Dinge zu diesem Zeitpunkt nicht auf die Spitze treiben. Ribbentrop verzichtete darauf, an die Schweizer Regierung die Forderung auf offizielle Wiederzulassung der Landesgruppenleitung und der Kreisleitungen der NSDAP zu stellen, wie ihm das von Parteiseite offensichtlich suggeriert worden war. Auf die «unberechtigte Ausweisung von Reichsdeutschen» aus der Schweiz sollte allerdings «in jedem Fall mit scharfen Repressalien» geantwortet werden.[164] Ausserdem wurden dem schweizerischen Nachrichtendienst offenbar einmal mehr Desinformationen zugespielt. Oberst Masson glaubte am 17. Juli, wie er dem britischen Militärattaché mitteilte, die Deutschen hätten sechs Divisionen an der Grenze zwischen Basel und Konstanz aufmarschieren lassen. Der Chef des Nachrichtendienstes befürchtete, dieser Aufmarsch diene dazu, politische und wirtschaftliche Forderungen an die Schweiz zu «unterstützen». Der britische Gesandte mochte einen Bezug zu den Wirtschaftsverhandlungen, die eine kritische Phase erreicht hätten, nicht ausschliessen.[165]

Nach kurzem Unterbruch der Verhandlungen traf die schweizerische Delegation am 22. Juli zu einer weiteren Runde in Berlin ein. Sie war sich voll bewusst, dass der folgenden Verhandlungsphase «besondere politische Bedeutung» zukam, wie dies Robert Kohli zuhanden von Pilet-Golaz formulierte. Man wollte schweizerischerseits zu einem klaren Ergebnis kommen. Die Delegation wünschte sich deshalb vom Bundesrat «möglichst weitgehende Bewegungsfreiheit», um vor allem möglichst rasch eine ausreichende Kohlenzufuhr zu sichern.[166] Robert Kohli ging erstmals mit nach Berlin. Das erwies sich als Vorteil für die Schweiz. Er schien atypisch für das Politische Departement, für dessen Verhalten der britische Gesandte anhaltende Ängstlichkeit diagnostizierte.[167] Die drohenden deutschen Bemerkungen zur schweizerischen Zwangslage brachten Kohli Ende Juli nicht aus dem Gleichgewicht. Er vertrat den «politischen» Aspekt, die Neutralitätsauffassung der Schweiz in der Blockadefrage, mit offener und einfacher Standfestigkeit.[168] Scheinbar ging es «nur» um eine Prinzipfrage. In Wirklichkeit stand die Glaubwürdigkeit der «klassischen» schweizerischen Neutralität auf dem Spiel. Das hatten die deutschen Ministerialbeamten schnell begriffen. Bei der deutschen Forderung nach einer formellen Ausfuhrsperre nach England ging es um einen Testfall. Botschafter Ritter bat den schweizerischen Delegationsleiter Jean Hotz gleich zu Beginn der Runde zu einem Gespräch zu zweit. Ritter liess dabei diesmal eine gewisse Konzilianz spüren, die Hotz etwas allzu naiv als schweizfreundliches Signal deutete.[169] Das Verhandlungsklima wurde damit zu Beginn immerhin etwas günstiger beeinflusst. Hotz und Homberger brachten unter diesen Umständen am 29. Juli die Idee des «Geleitscheins» für die schweizerischen Exporte ins Gespräch, um das Problem der Gegenblockade endlich einer Lösung näher zu bringen. Die Tücke lag im Detail der Kontrolle der schweizerischen Ausfuhr nach Drittländern. Und nach wie vor wollte Deutschland das «Loch» an der schweizerisch-savoyischen Grenze schliessen.[170]

Bis zum 6. August 1940 konnte in den Grundsätzen Einigung erzielt werden. Drei Tage später erfolgte die Unterzeichnung der neuen Wirtschafts-Vereinbarungen. Die Schweiz hatte ihr Hauptziel erreicht. Deutschland hob die Kohlensperre auf, lieferte allerdings nicht ganz die Menge, welche die Schweiz im Vorjahr insgesamt aus Deutschland und Polen bezogen hatte. Die einstigen Kohlenimporte aus England und Frankreich konnten somit nicht kompensiert werden. Deutschland erhielt als Hauptentgegenkommen einen zinslosen, staatlichen Clearing-Kredit von 150 Millionen Franken, der es ermöglichte, für 100 Millionen Franken Kriegsmaterial zu beziehen und die Einfuhr von landwirtschaftlichen Erzeugnissen aus der Schweiz von 20 auf 80 Millionen Franken zu steigern. Ferner konnte Deutschland drei Viertel der schweizerischen Aluminiumproduktion für sich in Anspruch nehmen (gegen Lieferung von italienischer Tonerde).[171] Nicht alle Probleme waren damit gelöst. Die Schweiz erhielt beispielsweise keine festen Zusagen betreffend deutsche Eisenlieferungen – und wird sie auch in den folgenden Monaten, ungeachtet mehrfachen Drängens unter anderen von Bundesrat Stampfli, nicht bekommen.[172] Immerhin war es gelungen, das brisante Thema der von Göring geforderten Rückgabe der Messerschmitt-Kampfflugzeuge bis zum Abschluss der Wirtschaftsverhandlungen aus dem Spiel zu lassen.

Das war wohl nicht zuletzt dem diskreten Zusammenwirken der Ministerialdirektoren Wiehl und Gramsch zu verdanken. Denn der Chef der Handelspolitik im Auswärtigen Amt ersuchte Gramsch erst in letzter Minute, am 8. August, um «beschleunigte Mitteilung, ob der Herr Reichsmarschall mit Rücksicht auf die erheblichen Zugeständnisse, zu denen die schweizer Delegation sich bereit erklärt hat, dem Abschluss zustimmt». Gramsch gab mündlich Görings Einverständnis bekannt (der Zeitpunkt ist unklar), die schriftliche Bestätigung trug das Datum vom 9. August, wurde jedoch von Wiehl erst am 18. August abgezeichnet.[173]

Für die schweizerische Regierung war neben der Kohlenfrage ein anderer Punkt zentral: Unter dem Blickwinkel der Arbeitsbeschaffung ergaben sich zusätzliche Lieferungen nach Deutschland von mindestens 150 Millionen Franken. «Ohne diese Exportmöglichkeiten, die Arbeitsbeschaffung im besten Sinne des Wortes darstellen, wäre es um unsere Industrie, aber auch um unsere Landwirtschaft schlimm bestellt», hielt der Antrag des Volkswirtschaftsdepartementes an den Bundesrat fest.[174] Die Frage der Arbeitsbeschaffung war nicht zu trennen vom Thema der Demobilisierung. Nationalbankdirektor Schwab, Mitglied der schweizerischen Verhandlungsdelegation, hielt es noch am 13. August für notwendig, den Bundespräsidenten darauf aufmerksam zu machen, dass von deutscher Seite die Aufrechterhaltung grosser Armeebestände kritisiert worden sei, da sie die Lieferfähigkeit der Schweiz einschränkte. Schwab hielt es für «unerlässlich», dass nun die für die Belieferung Deutschlands in Betracht kommenden Industriebetriebe unverzüglich über die benötigten Arbeitskräfte verfügten.[175] Damit rannte er bei Pilet-Golaz gewiss offene Türen ein. Fast macht es den Anschein, als hätte der Bundespräsident eine solche Stellungnahme bei Schwab «bestellt», um die Karte im Bundesrat und gegenüber General Guisan bei Gelegenheit auszuspielen. Der General hatte freilich bereits am 25. Juni – auf Drängen Pilets beziehungsweise gewisser Wirtschaftskreise – die Entlassung der Landsturm-, Landwehr- und Territorialeinheiten auf den 6. Juli angeordnet. Ab dem 10. August sollten Ablösungsgruppen der Auszugstruppen im Turnus wechseln. Etwas mehr als die Hälfte der Armee, über zweihunderttausend Mann, strömte bis im August 1940 an die Arbeitsplätze zurück.[176] Kurz gesagt: Die Schweizer Armee markierte zwar noch Präsenz, ein deutscher Überraschungsangriff hätte sie jedoch in ausserordentlich geschwächter Position getroffen – nicht zuletzt aufgrund der noch keineswegs abgeschlossenen Umgruppierung in den Zentralraum. Und in diesem nachmals berühmten Réduit waren noch längst nicht jene Materialreserven vorhanden, die zu einem einigermassen glaubwürdigen, nachhaltigen Abwehrkampf notwendig waren. Ganz abgesehen vom Problem der Preisgabe von Bevölkerung und Produktionsstätten im Mittelland in einem solchen Ernstfall.

Die politischen und militärischen Spitzen waren sich der mannigfachen Probleme im Sommer 1940 zweifellos voll bewusst, auch wenn man in Bern der offenen Diskussion gerne auswich. Die Frage war, wie man die schwierige Lage dem teilweise entmutigten Volke erklären konnte und mit welchen Mitteln sich Unabhängigkeit, Demokratie, Selbstbewusstsein und Moral aufrechterhalten liessen. Der Bundesrat zeichnete sich in keiner Weise durch besondere Führungskraft aus. «Dem Kollegium fehlen die starken Persönlichkeiten», hatte der freisinnige Ständerat Löpfe-Benz aus dem Kanton St. Gallen, Verleger des bisweilen frechen «Nebelspalters», schon im März an Walter Stucki geschrieben.[177] Bundespräsident Pilet-Golaz glich einem waghalsigen Seiltänzer über dem Abgrund der Anpassung an das «Dritte Reich». Bundesrat Etter pflegte nach Feldmanns Einschätzung «autoritäre Gedankengänge mit berufsständischem Einschlag» – und vertraute im Übrigen auf die göttliche Vorsehung. Bereits hatten ihm maliziöse Zungen die Bezeichnung «Ministrant Pilets» umgehängt. Der einst so kraftvolle Rudolf Minger dachte ermüdet an Rücktritt und verlor sich in kleinkarierten, parteipolitischen Überlegungen.[178] Ernst Wetter taktierte derweil mit kühler Zurückhaltung, wie es seine Art war, in feiner Abstimmung mit gewissen Wirtschaftskreisen. Die Bundesräte Baumann und Celio durften als ehrenwerte Beisitzer im Regierungskollegium gelten, ohne eigenständiges Profil. Etwas anders verhielt es sich mit Obrechts Nachfolger Walther Stampfli, der am 18. Juli 1940 gegen die sozialdemokratische Opposition in die Landesregierung gewählt worden war. Er litt zu Beginn, da er nicht leicht zu delegieren verstand, offenbar an einer Art «Überforderungsdepression».[179] Im Verlaufe der Kriegsjahre wird Stampfli freilich beträchtlich an Gewicht im Bundesratskollegium gewinnen.

Im Juli 1940 war in der Schweiz jedenfalls an manchen Orten eine gefährlich verunsicherte Stimmung zu bemerken. Der liberale Basler Nationalrat Albert Oeri, standfester Chefredaktor der «Basler Nachrichten», schrieb einen alarmierenden Brief an den Bundesrat: Er befürchtete aufgrund seiner eigenen Informationen, dass man die Schweiz in Deutschland für «fallreif» halte, «dass nur noch wenige Druckversuche gegen uns nötig seien, um uns über den Haufen zu werfen». Das bezog sich auf die Wirtschaftsverhandlungen sowie die gleichzeitige militärische Bedrohung «an unserer West- und Nordgrenze». Oeri bedauerte das «offenbare Versagen unserer Diplomatie, die am Entstehen dieser Überzeugung mitschuldig ist, sei es durch eigene Zaghaftigkeit, sei es infolge mangelnder Instruktion». Er rief den «hochgeehrten Herren» in Bern jedoch scharf in Erinnerung: «Der beste Teil des Schweizervolkes und der Armee wird sich wehren, auch wenn die politische Leitung versagen sollte und die Verteidigung unserer Freiheit gegen den Bundesrat erzwungen werden müsste.»[180] In Oeris Warnung spiegelte sich deutlich seine

Kenntnis der Offiziersverschwörung sowie des Aufbaus der geheimen «Aktion Nationaler Widerstand».[181]

Wo der Gesamtbundesrat eine bedenkliche Lücke liess, da bot sich General Guisan hervorragende Gelegenheit zu überzeugendem Auftritt. Am 1. August 1940 informierte er in einer Radioansprache über den Rapport, den er am 25. Juli mit den höheren Kommandanten der Armee auf der Rütli-Wiese durchgeführt hatte. Er verstärkte mit der Radioansprache die Wirkung der offiziellen Mitteilung des Armeestabes vom 29. Juli. Guisan hatte den Kommandanten auf dem Rütli einen «Wachbefehl» ausgegeben, der in einfachen Worten den Widerstandswillen stärken sollte. Am Bundesfeiertag brachte er noch etwas mehr Pathos ins Spiel, wie es die Stunde gebot. «Achtung findet nur der, der sich verteidigen will und sich zu verteidigen weiss ... Wenn es wahr ist, dass jedes Zeichen von Schwäche gegen uns ausgenützt werden kann, dann ist es ebenso wahr, dass jedes Zeichen von Stärke unsern unerschütterlichen Willen standzuhalten kund tut.» Der General traf damit in hervorragender Weise die Seelenlage des Volkes, was sich von der eher konfusen Ansprache des Bundespräsidenten nicht behaupten lässt.[182] Die Neue Zürcher Zeitung erinnerte Pilet mit kaum verhülltem Sarkasmus an seine vollmundigen Versprechungen vom Juni betreffend die Arbeitsbeschaffung «um jeden Preis». Klare Ideen und Taten seitens des Bundesrates wurden bis dahin vermisst.[183] Das «Volksrecht», Sprachrohr der Sozialdemokratie, betonte zum 1. August, «dass jeder Arbeitsfähige grundsätzlich auch ein Recht auf Arbeit besitzt».

Da kamen die offiziellen Mitteilungen über den Abschluss der schweizerisch-deutschen Wirtschaftsverhandlungen im August keineswegs verfrüht. Die Neue Zürcher Zeitung verabfolgte die Medizin in wohl abgewogenen Dosen. Das Bestreben, die Kontinuität der Wirtschaftsbeziehungen zu Deutschland zu betonen, ist nur allzu deutlich spürbar. Ein langer, nachgeschobener Kommentar vom 17. August (mit grosser Wahrscheinlichkeit aus der gewandten Feder von Heinrich Homberger) diente der Beruhigung der «erschreckten und nervös gewordenen Schweiz». Da war dann die Rede von einer «ausgesprochen organischen Weiterentwicklung», von einem «Ergebnis jahrelanger gegenseitiger intensivster Verhandlungsarbeit», von «Geben und Nehmen». Der kunstvollste Teil dieses Kommentars umschiffte die heikle Kreditfrage. Das Wort wurde sorgfältig vermieden. Stattdessen erfuhr der aufmerksame Leser, der bisherige Verrechnungsmechanismus sei «in interessanter Weise vervollkommnet worden, indem man ihn von der Plage der Auszahlungsfristen befreite». Der schweizerische Exporteur komme nun «durch die Bereitstellung entsprechender Mittel» unverzüglich zu seinem Geld. Und auch das sei der «Idee nach» nicht etwas gänzlich Neues, sondern vielmehr die Weiterentwicklung früherer Ansätze.[184] In der Tat: So liess sich umschreiben, was im Herbst 1939 unter deutschem Druck seinen Anfang nahm. Auch das «Volksrecht» vermied den Ausdruck Kredit: Hier war die Rede von einer «Vorschussaktion».[185] Auffallen muss, dass das «Volksrecht» einer eigenen, vertieften Analyse auswich, stattdessen einige Tage später einen kritischen Kommentar von Nationalrat Duttweiler abdruckte, der vor allem den «Überpreis» für die deutsche Kohle kritisierte.[186] Darauf antwortete der Bauernführer Professor Laur, indem er das Wirtschaftsabkommen mit Deutschland in klaren Worten verteidigte. Es bringe der Schweiz «Arbeit, Absatz und Verdienst». «Freundschaftliche Beziehungen und ein reger wirtschaftlicher Verkehr sind auch für die Stellung der Schweiz in der angekündigten Neuordnung Europas sicher bessere Ecksteine als unfreundliche Kritik», glaubte Laur zu wissen.[187]

Somit schien es vorderhand, als ob die Schweiz noch nicht durch Kohlenmangel «tiefgekühlt» werden sollte. Immer unter der Voraussetzung, dass an Deutschland einigermassen wunschgemässe Lieferungen erfolgten. Als symptomatisch darf gelten, dass etwa auch der feurige Patriot Markus Feldmann, der eine zunehmend schärfere Position gegen den Kurs Pilet/Etter einnahm, den Abschluss der Wirtschaftsverhandlungen ausdrücklich als «günstigen Faktor» wertete.[188] Die Führungsfiguren der Linken liessen sich zum Thema etwas weniger deutlich vernehmen. Das «Volksrecht» hatte am 1. August neben dem Recht auf Arbeit immerhin ganz klar gefordert, dass die Schweiz «auf alle Fälle auch an ihrer wirtschaftlichen Selbständigkeit festhalten» müsse. Wenn Robert Grimm der wirtschaftlichen Entwicklung mit «grösster Besorgnis» entgegensah und um die Schweiz fast so etwas wie eine «Verschwörung» erblickte, so war klar, wohin er sein Auge richtete.[189] Die Priorität der Arbeitsplatzsicherung stand jedenfalls ausser Frage. «Die Bekämpfung der Arbeitslosigkeit ist heute die wichtigste innenpolitische Aufgabe», erklärte der sozialdemokratische Stadtpräsident und Ständerat Emil Klöti im Juli vor dem Zürcher Gemeinderat.[190] Wie die Arbeiter selbst reagieren würden, wenn sie die Endabnehmer ihrer Produkte erkannten, blieb vorderhand offen. «Man darf den Arbeitern gar nicht sagen, dass es sich um Material für Deutschland handelt», meinte Heinrich Homberger in einer frühen Phase im September 1939, als es um heikle deutsche Warenwünsche ging.[191] Selbst wenn Homberger seine Bemerkung wirklich ernst gemeint hätte, wäre eine totale Verschleierung im Alltag der Industrie nicht durchführbar gewesen. Allein in der Maschinen- und Metallindustrie und in den metallverarbeitenden Gewerben waren mehr als 110 000 Arbeiter beschäftigt.[192] Zu denken ist an all jene Betriebe, die nun von der Ostschweiz bis nach Le Locle und Genf ihre Produktion an die neuen Erfordernisse anpassen mussten. Misstrauisch beobachteten die Deutschen – unter Verwendung von «V-Leuten» – vor allem jene Firmen, die im Verdacht standen, insgeheim weiterhin Spezialartikel für Geschosszünder an Grossbritannien zu liefern.[193] Diese Produktion wollte sich nun die deutsche Wehrmacht vollständig reservieren. Dabei gilt es die Proportionen im Gesamtbild der schweizerischen Wirtschaft zu wahren. Völlig unklar schien zum Beispiel immer noch, wie viele Arbeitskräfte notfalls von der Exportindustrie in die Binnenwirtschaft verlagert werden konnten. An dieser Stelle ist auch ein Seitenblick auf das Verhalten der Banken aufschlussreich.

Die Stillhalteverhandlungen gaben erneut einen recht verlässlichen Hinweis auf die gegenseitige Interessenlage. Erinnern wir daran, dass sich die schweizerischen, holländischen und belgischen Gläubigerbanken im Februar 1940 auf ein gemeinsames Verlängerungsabkommen mit Deutschland bis Ende Mai geeinigt hatten. Paul Jaberg, Direktionspräsident der Bankgesellschaft, wurde zum Vorsitzenden dieser «continentalen» Gruppe bestimmt. Die Amerikaner fuhren nochmals auf getrennter Schiene. Die schweizerischen Gläubiger (zur Hauptsache die Grossbanken) hatten Ende 1939 noch 71 Millionen Reichsmark unter dem Stillhalteabkommen im engeren Sinne sowie zusätzlich mindestens 37 Millionen Reichsmark unter alten Umlegekrediten in Deutschland ausstehend – somit ein Total von ca. 193 Millionen Franken, umgerechnet zum offiziellen Kurs.[194] Das entsprach etwa 87% aller Bankenengagements der Schweiz in Deutschland. Der massive Abbau der vorangehenden Jahre hatte sich bewährt. Die schweizerischen Bankguthaben machten nur noch ca. 5% der deutschen Gesamtverschuldung gegenüber der Schweiz aus.[195] Die für April 1940 vorgesehene nächste Verhandlungsrunde konnte erst im Mai stattfinden. Die Belgier und Holländer waren kriegsbedingt nicht mehr dabei. In Rom trafen sich am 15. Mai nur noch die Vertreter der amerikanischen und schweizerischen Banken mit der deutschen Delegation unter Führung von Hermann J. Abs und Reichsbankvizepräsident Puhl. Die Amerikaner und die Schweizer einigten sich rasch auf ein gemeinsames Vorgehen zur Verlängerung der Stillhaltung um weitere sechs Monate ab 1. Juni, wobei bereits zwei anschliessende Verlängerungen um je drei Monate vorgesehen waren. Aus juristisch-formellen Gründen unterzeichneten die Amerikaner (am 25. Mai) und Schweizer (am 28. Mai in Luzern) erneut separate Abkommen. Die Deutschen zeigten sich insgesamt entgegenkommend. Offene Limiten konnten um 50% gekürzt werden, der nachträgliche Beitritt zum Abkommen wurde wieder eingeführt, und die Höhe der Zinsen blieb unverändert. Auch bei dem immer noch wichtigen Abruf von Registermark liess die Reichsbank Konzilianz erkennen. Die Mitteilungen in der Presse bemühten sich um Kürze und Zurückhaltung.[196] Die deutsche Seite zeigte sich ganz offensichtlich bestrebt, möglichst ungestörte Kontinuität im Finanzverkehr mit den neutralen USA und der Schweiz zu wahren. Nur allzu gut in Erinnerung waren die Probleme vom Herbst 1939 in den Verarrestierungsfragen. Das deutsche Interesse konzentrierte sich auf die Aufrechterhaltung des Zahlungsverkehr und eines limitierten Remboursgeschäfts mit den amerikanischen und schweizerischen Banken. Neue Kredite standen in diesem Rahmen vordergründig nicht zur Diskussion. Sogenannte «Rekommerzialisierungen» alter Limiten dürfen in dieser Hinsicht nicht mit Neukrediten verwechselt werden. Die Reichsbank nutzte indes die sich rasch verändernde politisch-militärische Situation, um aus komplexen alten Kreditverhältnissen, wie etwa jenem zwischen dem Schweizerischen Bankverein und der Hapag, zusätzlichen Nutzen zu ziehen. Besondere Pflege liess die Reichsbank den Beziehungen zur BIZ in Basel zukommen. Reichswirtschaftsminister Funk zeigte sich glücklich über die Ernennung des Amerikaners McKittrick zum neuen BIZ-Chef.[197]

Die Entwicklungen auf dem schweizerischen Finanzplatz verfolgte man in Berlin unverändert mit Aufmerksamkeit. Von Interesse war etwa der Graumarkt für Sperrmark-Werte und Reichsmark-Noten.[198] Man nahm sehr wohl zur Kenntnis, dass ein Teil der ausländischen «Fluchtgelder» die Schweiz inzwischen verlassen hatte. Die Ertragslage der schweizerischen Grossbanken fand unter Kriegsbedingungen vorsichtige Beurteilung.[199] Tatsächlich reduzierten sich die Verpflichtungen der Grossbanken gegenüber dem Ausland in den eineinhalb Jahren von Anfang 1939 bis Mitte 1940 um 27%. Der grösste Abfluss betraf Gelder aus Frankreich und Grossbritannien.[200] Für viele Auslandkunden, ob Private oder Banken, lag die Schweiz in der eindeutigen Gefahrenzone. Manche Inlandkunden flüchteten vorübergehend in Noten- und Goldhortung. Einen weiteren interessanten Detailhinweis auf die Gefahrenwahrnehmung gibt der massive Verlust an belegten Schrankfächern, den zum Beispiel der Bankverein in Zürich verzeichnete.[201] Es erstaunt deshalb kaum, dass sich die Bilanzsumme aller Grossbanken allein im zweiten Quartal 1940 um 274 Millionen Franken verringerte.

Der Dollar war begehrt. Die beschleunigten Kapitalabflüsse aus der Schweiz beunruhigten nicht zuletzt die Schweizerische Nationalbank. Schweden schritt im Februar 1940 zur Devisenkontrolle, ein Beispiel, dem die Nationalbank damals allerdings nicht folgen mochte. Dämpfende Massnahmen hingegen schienen angebracht. Die Nationalbank verlor von Ende August 1939 bis Mitte April 1940 Devisen- und Goldreserven von insgesamt 331 Millionen Franken.[202] Das war freilich bei einem Reservebestand von immer noch 2.8 Milliarden Franken nicht wirklich problematisch. Gleichwohl wies die Nationalbank am 10. Mai die schweizerischen Banken an, Dollars nicht mehr für Kapitalverschiebungen, sondern nur noch für Warenzahlungen und Dienstleistungen abzugeben. Etwa zur gleichen Zeit gingen die letzten Goldsendungen der Nationalbank über Frankreich nach New York. Der Goldbestand im Inland war damit Mitte Mai auf 734 Millionen Franken gesunken.[203] Die allfällige greifbare Beute für Nazi-Deutschland hatte sich deutlich vermindert. Am 23. Mai beschloss das Direktorium der Nationalbank mit zwei gegen eine Stimme, dem Bundesrat eine Devisenkontrolle vorzuschlagen. Das hätte einen völligen Bruch mit der schweizerischen Tradition bedeutet und für den Finanzplatz unbestreitbare Nachteile mit sich gebracht. Zwei Tage später diskutierten die Generaldirektoren das Thema mit Bundesrat Wetter. Eine Aufzeichnung darüber scheint nicht vorhanden zu sein.[204] Jedenfalls geschah nichts. Was darauf schliessen lässt, dass das Vorhaben diskret abgeblockt wurde. Am 15. Juni 1940 erreichten die Währungsreserven der SNB schliesslich mit 2.6 Milliarden ihren «Tiefstand». Die Reichsbank verfügte nun bei der Nationalbank dank Freigabe der Clearingguthaben über 36 Millionen Franken. Die SNB rechnete damit, dass die Reichsbank jederzeit grössere Beträge in Dollars abziehen könnte (was dann mit etwas Verzögerung auch geschah).[205] In der zweiten Junihälfte 1940 kam es zu einer zunächst etwas überraschenden Wende im grenzüberschreitenden Kapitalfluss der Schweiz (mit einer Nettozunahme der Reserven von 50 Millionen Franken). Nach Feststellungen der Nationalbank handelte es sich vorwiegend um Kapitalerträgnisse aus dem Ausland. Die Herren des SNB-Direktoriums hatten es im Übrigen reichlich satt, «als Wechselstube und Kassen- und Devisenhalter für das Finanzkapital zu funktionieren». Sie wollten jetzt Dollars aus Kapitalverschiebungen nur noch unter bestimmten Bedingungen entgegennehmen. Schweizerfranken-Käufe von ausländischer Seite gegen Dollars waren der SNB nicht erwünscht.[206] Der Schweizerfranken schien somit wieder gesucht, und der Goldpreis kam im Juli unter Druck. Die Reichsbank verhielt sich dabei antizyklisch, indem sie bei der Nationalbank regelmässig Dollars sowie ausserdem 4 000 kg Gold gegen Schweizerfranken kaufte. Weitere Goldkäufe tätigte die Reichsbank über die Bank Leu & Co. in Zürich, was schliesslich den Preis wieder stabilisierte. Anders ausgedrückt: Die Reichsbank wirkte für ganz kurze Zeit als Goldarbitrageur auf dem Zürcher Markt, wozu ein bescheidenes Volumen ausreichte. Auch da gilt es die Proportionen zu wahren. Die Nationalbank hätte dies übrigens leicht verhindern können, doch sie hatte sich darauf festgelegt, «nur Gold anzukaufen, das uns aus der Durchführung einer wirtschaftlichen Transaktion zufliesst».[207] Ganz konsequent wird sie diesen Grundsatz freilich nicht durchziehen, insbesondere nicht im späteren Verkehr mit der Reichsbank.

In diesem Zusammenhang verdient auch die Episode des «Russengoldes» Erwähnung, nicht zuletzt deshalb, weil sie in den frühen Untersuchungen der Bergier-Kommission von 1997/98 für etliche Verwirrung sorgte. Michel Fior brachte drei Jahre später Klarheit in diese Materie.[208] Wir können uns hier deshalb auf einige wenige Punkte beschränken. Die

Episode beginnt am 11. Oktober 1939: Da begleiteten Reichsbankrat Schrank und zwei Oberzählmeister einen Goldtransport von 1600 kg von Berlin nach Zürich. Es handelte sich um russisches Gold, das für die Bankgesellschaft bestimmt war und schliesslich an die Nationalbank in Bern geliefert wurde. Der Reichsbankrat wusste nicht, wem das Gold letztlich zukommen sollte.[209] Mit andern Worten: Die Reichsbank war nur Transportzwischenstelle zwischen Moskau und Zürich. Die Enddestination des Golderlöses hatte mit der Reichsbank nichts zu tun, sondern stand im Zusammenhang mit den sowjetischen Importerfordernissen vor allem aus den Vereinigten Staaten, ab Mitte 1940 dann auch aus der Schweiz. Weitere russische Goldlieferungen in die Schweiz werden deshalb bis 1941 folgen. Nun ist es nicht ohne Interesse, zu wissen, dass zum Beispiel die Geschäftsleitung der Bankgesellschaft, beeinflusst von wichtigen schweizerischen Exportindustriekunden, keine Berührungsängste zur Sowjetunion kannte. Dies ganz im Gegensatz zur Mehrheit der bürgerlichen Politiker in der Schweiz, die sich der Aufnahme diplomatischer Beziehungen zur Sowjetunion ideologisch lupenrein verweigerten.[210] Die Bankgesellschaft hatte hingegen bereits 1936 einen Devisenspezialisten zu einer Sondierungsmission nach Moskau geschickt. Damit sicherte sich die SBG auch einen gewissen Konkurrenzvorsprung im Akkreditivgeschäft Russland–Schweiz.[211] Der Bankverein mochte freilich nicht zurückstehen. Schliesslich sprach dort Generaldirektor Albert Nussbaumer Russisch. Der Bankverein wird 1940/41 den grössten Teil des Russengoldgeschäftes abwickeln können, hauptsächlich dank der eigenen Goldschmelzanlage in Le Locle, kombiniert mit den Dienstleistungen der Agency in New York.

Doch zurück zum Sommer 1940. Die Bankgesellschaft erhielt von den Russen im August eine Tonne Gold, erneut mit Lieferung via Berlin. Jetzt ging es eindeutig um die Bezahlung schweizerischer Exporte in die Sowjetunion beziehungsweise um die Abdeckung der betreffenden Akkreditive. Die Nationalbank war deshalb bereit, der Bankgesellschaft das Russengold abzunehmen.[212] Die schweizerische handelspolitische Öffnung Richtung Moskau (immer noch ohne diplomatische Anerkennung) stand in unmittelbarem Zusammenhang mit der Einschnürung durch Deutschland.[213] Weitere Goldtransaktionen mit den Russen werden dementsprechend im Herbst und Winter 1940/41 folgen. Erst der deutsche Überfall auf die Sowjetunion schliesst im Sommer 1941 das kurzlebige Fenster dieses bilateralen Handels. Resultat der ganzen Episode: Die Sowjetunion verkaufte via Bankverein und Bankgesellschaft vom Herbst 1939 bis Februar 1941 insgesamt Gold für mehr als 140 Millionen Franken. Dieses Gold wurde physisch via Berlin geliefert. Von Absicht und Verwendung her sind diese Lieferungen sorgfältig zu trennen von den Goldlieferungen der Reichsbank auf eigene Rechnung, welche gemäss

Berechnung von Michel Fior in dieser Phase für insgesamt 120 Millionen Franken über die schweizerischen Grossbanken liefen.[214] Diese Zahlen sind wiederum in Beziehung zu setzen zu den späteren, ungleich bedeutenderen Goldtransaktionen der Reichsbank mit der Schweizerischen Nationalbank und den Zentralbanken von Portugal und Spanien (vgl. Kapitel 7.4.). Es gab Geschäftsbanken (die Bankgesellschaft zählt dazu), die nach heutigem Wissensstand während des ganzen Krieges keinerlei Goldgeschäfte mit der Reichsbank tätigten. Andere (etwa der Bankverein) taten dies nur in einer relativ kurzen, frühen Phase.

Als sich der dramatische Sommer 1940 seinem Ende zuneigte, blieb im bilateralen Verhältnis Schweiz–Deutschland vieles im ungewissen. An der Oberfläche wurde auf schweizerischer Seite auf Beruhigung abgezielt. In Wirklichkeit war nichts nachhaltig gefestigt, weder auf sicherheitspolitischem noch auf wirtschaftlichem Gebiet. Dass der Grossteil des europäischen Kontinents unter der direkten oder indirekten Fuchtel einer unberechenbaren, gewalttätigen deutschen Clique stand – so viel war für jedermann erkennbar. Nicht abzusehen war damals, wie Nazi-Deutschland in die Schranken verwiesen werden konnte. Grossbritannien mit seiner intakten Flotte und seinem Empire, materiell unterstützt durch die USA, mochte einen langen Krieg unter Churchills entschlossener Führung durchhalten. Doch Deutschland niederzuringen, das war eine andere Sache. Und wirksame Hilfe konnte die Schweiz in ihrer geografischen Zwangslage von niemandem erwarten. Es begann, was André Lasserre so treffend das «Année morose» genannt hat[215] – das Jahr des schweizerischen Stimmungstiefs, das in viele Bereiche ausstrahlte, wie im folgenden Kapitel an einigen Beispielen aus dem wirtschaftlichen Bereich zu erläutern ist.

7.3. Vom schwierigen Umgang mit dem «siegreichen» Deutschland – Die Schweiz zwischen Wunsch und Wirklichkeit (1940/1941)

Die Eidgenossenschaft stand erst jetzt vor der schwierigsten Bewährungsprobe seit den Zeiten Napoleons: eine Überlebensübung mit ungewissem Ausgang. Kann es erstaunen, dass sich unterschiedlichste Tendenzen – auf einer breiten Skala von granithart und unnachgiebig über schwankenden Opportunismus bis zu pessimistischer Anpassungswilligkeit – in irgendeiner Form bemerkbar machten? Mit einer Landesregierung, die nach wie vor Geschlossenheit und Führungstalent weitgehend vermissen liess, waren die Voraussetzungen nicht die besten. Nicht dass es dem

Bundespräsidenten an wohlklingenden Formeln gefehlt hätte («cohésion – union – discipline»). Doch die Lage schien ihm (durchaus zu Recht) sehr düster, und zur Zukunft notierte er sich: «L'avenir? Il est à Dieu.»[216]

Symptomatisch für die Unsicherheit an der Spitze des Landes sind die Diskussionen um eine Sondermission nach Berlin, die sich nach Pilets anfänglichen Vorstellungen vor allem mit wirtschaftlichen Themen hätte befassen sollen. Die Namen von Adolf Jöhr und Carl Jacob Burckhardt waren im August 1940 für ein solches Unterfangen im Gespräch.[217] In den Kulissen wartete indes der unermüdliche alt Bundesrat Edmund Schulthess, jetzt 72 Jahre alt, auf einen erneuten Einsatz. Bereits Anfang Juni 1940 wollte sich Schulthess, wie er dem deutschen Gesandten Köcher im persönlichen Gespräch versicherte, unter Wahrung der Unabhängigkeit für eine «grosszügige Umorientierung der schweizerischen Wirtschaftpolitik» einsetzen. Schulthess liess durchblicken, dass er mit Pilet in engem Kontakt stand.[218] Sein Neffe Willy Schulthess, Direktor der Bodenkreditanstalt, pflegte seit langem eifrige Kontakte in Berlin, welche über die schillernde Figur des Dr. Wilhelm Oeding schliesslich zu General Bodenschatz führten.[219] Das war vom Standpunkt der Informationsbeschaffung aus nicht unbedingt ungeschickt. Denn Karl Heinrich Bodenschatz war ein alter Kampfgefährte Richthofens und Görings aus dem Ersten Weltkrieg, jetzt Chef des Ministeramtes im Reichsluftfahrtministerium und ständiger Verbindungsoffizier Görings zu Hitler.[220]

Und man wusste in Bern sehr wohl, dass der Gesandte Frölicher keinen direkten Draht zu den wichtigen Figuren des engsten Nazi-Führungszirkels unterhielt. Als begeistertem Jäger wäre es ihm zwar vermutlich recht leicht gewesen, Zugang zum engeren Umfeld Görings zu gewinnen. Doch davor scheint ihn sein Instinkt der diplomatischen Vorsicht bewahrt zu haben. Frölicher hielt sich vorwiegend an den Staatssekretär von Weizsäcker und seine Beamten, ohne dabei weitere Informationsquellen ganz zu vernachlässigen. Jetzt konnte man dies je nach Standpunkt auch als Schwäche auslegen. Jedenfalls sondierte Bundesrat Wetter im Spätherbst 1940 diskret, ob die Schweiz den wenig initiativen Gesandten Frölicher durch Walter Stucki ersetzen könnte. Pilet hingegen wollte keinen solchen Wechsel, und der Gesandte Köcher bestätigte ihm, dass Frölicher «bei uns wohl gelitten» und ein Pluspunkt für die Schweiz sei.[221] Den energischen und unbequemen Walter Stucki mochten die verschiedenen Interessengruppen zu dieser Zeit wechselseitig weder in Bern (als Bundesratskandidat) noch als wirtschaftsbeschlagenen Gesandten in Berlin sehen.

Was die Sondermission betraf, darf man daran erinnern, dass selbst General Guisan vom Sommer 1940 bis Frühjahr 1941 mehrmals die Entsendung von Professor Burckhardt befürwortete. Willi Gautschi hat dies als Anwendung der Methode «des schlauen Sowohl-Als-auch» interpretiert. Burckhardt war ja kein Mann der Wirtschaft, er hätte sich auf das diplomatisch-kulturelle Feld beschränken müssen. Auch Korpskommandant Ulrich Wille befürwortete eine Sondermission, zunächst als politisch-wirtschaftlich-militärisch gemischte Delegation. Später sah er sich selber als geeigneten Emissär.[222]

Bei der Fokussierung auf den Wirtschaftsbereich bleibt der Vorschlag von Edmund Schulthess vom Herbst 1940 zweifellos am aufschlussreichsten. Worum ging es überhaupt? Nach der Idee des alt Bundesrates hätte es sich um eine Reise informatorischen Charakters gehandelt, «um zu vernehmen, welche Rolle man der Schweiz im europäischen Konzert zudenkt und welches ihre politische und wirtschaftliche Stellung sein soll». Unabhängigkeit und Selbständigkeit der Schweiz sollten erhalten bleiben. Im Wirtschaftsbereich müsste man «unseren Willen, an der Wiederaufrichtung Europas tatkräftig mitzuwirken, zum Ausdruck bringen». «Weil wir aber nicht schlechthin mit Deutschland und Konsorten mitarbeiten wollen», so werde man von der Schweiz gewisse Vorschläge erwarten. Im Zentrum sah Schulthess Fragen der Handelspolitik. Sie drohten «die politischen Fragen zu überschatten und eventuell auch unsere Entschlussfähigkeit zu beschränken». Schulthess wollte bei Verhandlungen den Wert der Alpentransversale sowie die Bereitschaft zum Ausbau der Wasserkräfte betonen «und die elektrische Energie für einmal bis auf weiteres Deutschland zur Verfügung stellen». All das würde sich mit dem zentralen Erfordernis der Arbeitsbeschaffung decken. Auf handelspolitischem Gebiet «werden wir uns auf den Boden stellen müssen, dass die Schweiz leben können muss. Deshalb darf man erwarten, dass man ihr Arbeitsgebiete überlässt, in denen sie bisher eine besonders wichtige Stellung einnahm.» Die Schweiz sollte nach Schulthess' Vorstellungen auch ein Verkehrs- und Reiseland bleiben. Der rührige alt Bundesrat erklärte sich im Oktober 1940 ausdrücklich zu einer solchen offiziösen Mission bereit.[223] Dazu kam es jedoch nicht. Der Bundesrat scheint den Moment nicht als opportun betrachtet zu haben. Pilet-Golaz zeigte sich zwar mit wesentlichen Punkten von Schulthess' Vorschlägen offensichtlich einverstanden, doch er blieb gewarnt durch die heftige öffentliche Ablehnung, die auf seine umstrittene Audienz für einige «Erneuerer» im September gefolgt war. Pilets Stellung im Bundesrat schien deutlich geschwächt. Markus Feldmann notierte sich in sein Tagebuch: «Die Landammann-Allüren Pilets müssen ein für allemal gebrochen werden, und wenn das nicht gelingt, muss er gehen.»[224] Selbst Bundesrat Wetter geriet in ein etwas schiefes Licht und dürfte sich, seinem Naturell entsprechend, vermehrt zurückgehalten haben, wie auch immer seine Kontakte zu Schulthess in diesen Wochen aussahen. Vermutlich wusste Wetter aus dem Kreis des Vorortes auch, dass zum Beispiel Carl Koechlin den alt Bundesrat für «ganz ungeeignet» für eine solche Aufgabe hielt.[225] Kam dazu, dass General

Guisan im November in einem recht deutlichen Schreiben an den Bundespräsidenten eine «Mission Burckhardt» gegenüber einer «Mission Schulthess» favorisierte.[226] Man kann davon ausgehen, dass dieses Schreiben nicht allein der Inspiration des Generals entsprang. Denn der Oberkommandierende überschritt damit ziemlich klar seinen eigentlichen Kompetenzbereich. Feldmanns Tagebuch zeigt sehr deutlich, wie die patriotisch-unnachgiebigen Kräfte ihre Beziehungen im Kampf gegen anpasserische Tendenzen spielen liessen. Hauptmann Hausamann drohte schon Ende Juli, dass eine Delegation, die in Berlin «Wünsche entgegenzunehmen» hätte, «erschossen werde, bevor sie die Grenze nach Deutschland überschreiten könne».[227]

Aus britischer Sicht zeigte die schweizerische Regierung im Herbst 1940 zweifellos «schwache Moral». Dem War Office war klar, dass es in der Schweizer Armee «a strong band of diehards» gab, die unter keinen Umständen aufgeben würden. Doch dem Bundesrat gab man keinen grossen Kredit, wenn die Deutschen versuchen würden, stufenweise die schweizerische Unabhängigkeit mittels ständiger Forderungen im wirtschaftlichen Bereich zu unterminieren. Im Foreign Office kam man zur Schlussfolgerung, von der Armeeführung (obschon mit viel besserer Moral ausgestattet) sei kaum zu erwarten, dass sie den Bundesrat im Falle gewisser deutscher Forderungen in einen Krieg zu zwingen vermöchte.[228] Gerüchte in London wollten im November davon wissen, Deutschland fordere von der Schweiz den Beitritt zu einer Zollunion. Die Briten zeigten sich gegenüber der Schweiz deutlich misstrauischer. Die Wirtschaftsvereinbarungen vom Sommer mit Deutschland und Italien liessen in London den Eindruck entstehen, die Schweiz arbeite in einseitiger Weise für die Achsenmächte. Den Kreditfazilitäten begegnete man in England nun mit beträchtlichen Vorbehalten. Jean Hotz, vom britischen Gesandten Kelly direkt darauf angesprochen, wich jedoch dieser delikaten Materie aus.[229] Das ist weiter nicht erstaunlich. Denn die Schweiz versuchte zu gleicher Zeit hartnäckig, eine Lockerung der britischen Blockade zu erreichen. Da ging es ganz konkret auch um die Freigabe verschiedener blockierter Schiffe mit wichtigen Importen. Das Entgegenkommen der Briten hielt sich freilich als Folge der intensivierten wirtschaftlichen Kriegsführung in sehr engen Grenzen.[230]

Wurde die Schweiz nun tatsächlich von Deutschland in politischer und wirtschaftlicher Hinsicht verstärkt unter Druck gesetzt? Der britische Gesandte Kelly sondierte damals auch beim gewöhnlich gut informierten Schweden Per Jacobsson in Basel. Jacobsson war der Wirtschaftsberater der BIZ, wo – wie wir gesehen haben – einst Hjalmar Schacht und nun Emil Puhl von der Reichsbank bedeutende Gesprächspartner waren. Jacobsson vertrat (gemäss Kellys Telegramm an das Foreign Office) die Ansicht, Deutschland übe Druck aus «to manoeuvre Swiss francs in sense advantageous to Germany». Ferner sei es deutsche Taktik, in der Schweiz Alarm zu erzeugen.[231] Interessante weitere Feststellungen machte Jacobsson nach einem Gespräch mit Emil Puhl gegen Ende November. Er kam mit dem Reichsbank-Vizepräsidenten auf die Währungssituation in Schweden und der Schweiz zu sprechen. Jacobsson fand es wichtig, dass der Schweizerfranken (im Gegensatz zu den Devisenrestriktionen in Schweden) als starke, frei handelbare Währung erhalten blieb. Puhl soll ihm sogleich zugestimmt haben mit der Bemerkung: «That the Swiss do not introduce exchange restrictions is important also from a political point of view for it constitutes a reason for leaving Switzerland free.» Diese Information liess Jacobsson umgehend der Schweizerischen Nationalbank zukommen, von wo sie den Weg zu Bundesrat Wetter fand.[232] Ein frei handelbarer, starker Schweizerfranken hätte demnach in moderner Terminologie eine gewisse «dissuasive» Wirkung ausgeübt, immer vorausgesetzt, dass die Aussage von Puhl wirklich zum Nennwert zu nehmen ist. Natürlich stellt sich in diesem Zusammenhang die Frage, inwiefern der Reichsbank-Vizepräsident eine für die Nazi-Führungsschicht repräsentative Meinung vertrat. Als gewiss darf man voraussetzen, dass sich der «Führer» an die Vorteile des starken Schweizerfrankens von 1923 erinnerte, als er als Bittsteller nach Zürich kam, während die deutsche Währung sich in der Inflationsspirale gleichsam auflöste. Und im Umkreis Görings, insbesondere in der Vierjahresplanbehörde bei Ministerialdirektor Gramsch, wusste man die Vorteile des freien Schweizerfrankens (und des amerikanischen Dollars) zweifellos präzis abzuschätzen. Denn es würde auf absehbare Zeit notwendig sein, gewisse Rohstoffe in diesen zwei Währungen oder mit Gold zu bezahlen.

Gleichwohl wäre es verfehlt, solche Einzelfaktoren in dieser Phase des deutschen Siegestaumels zu überschätzen. Die Schweiz blieb vielmehr in mancher Hinsicht ein Ärgernis. In Berlin nahm man zum Beispiel weiterhin Anstoss daran, dass gemäss Agentenmeldungen Uhrenzünder aus der Schweiz über Vichy-Frankreich nach England geliefert wurden.[233] Und in der Pressefrage gab es keine Ruhe. «In der Schweiz ist man nach wie vor sehr frech», notierte sich Goebbels am 11. Oktober 1940 in sein Tagebuch. Die deutschen Anmassungen auf diesem Gebiet («Aktion Trump» vom Juli 1940) sowie die berühmt-berüchtigte «Eingabe der Zweihundert» als binnenschweizerische, zwielichtige Aktion sind in der historischen Literatur ausgiebig analysiert worden.[234] Es erübrigt sich, an dieser Stelle näher darauf einzutreten. Den erneuten Versuchen zur massiven Beeinflussung der Presse war letztlich kein Erfolg beschieden. Als Störungselement blieb die Pressefrage indes unverändert auf der Traktandenliste der bilateralen Beziehungen. Die wirklichen oder angeblichen Irritationen der Nazi-Führer über die schweizerische Presse liessen sich in taktischem Sinne hervorragend einsetzen, um den Druck auf die Schweiz situativ zu verstärken. So war etwa in Bern im November 1940 gerüchteweise zu vernehmen, Hitler habe sich bei seinem Zusammentreffen mit Pétain in Montoire sehr scharf über die schweizerische Presse geäussert. Ob nun gezielte Information aus deutscher Hinterhand oder Manöver aus dem Initiantenkreis der «Eingabe der Zweihundert», das darf hier dahingestellt bleiben.[235] Tatsache war, dass General Jodl, der Chef des Wehrmachtführungsstabes (und damit enger Mitarbeiter Hitlers), im November in Vorbereitung einer Zusammenkunft von Ribbentrop mit Laval «zur Erörterung» stellte, «erneut einen Druck auf die Schweiz auszuüben». Unter den Störpunkten der Schweiz figurierte neben den Rheinbefestigungen und dem Eisenbahnverkehr mit Vichy-Frankreich tatsächlich auch die Presse, die «immer noch falsch» liege. Botschafter Ritter als Verbindungsmann im Auswärtigen Amt hielt es allerdings nicht für angebracht, den Reichsaussenminister in diesem Zusammenhang einzuschalten.[236]

An dieser Stelle geht es vor allem um die Wahrnehmung der latenten Bedrohung der Schweiz, wie sie fast automatisch aus jeder Verärgerung der obersten Nazi-Machthaber abgeleitet wurde. Herbert Lüthy hat für diesen Zeitraum vom «lastenden Zustand des Bedrohtseins, das äusserlich ereignislos dauern und langsam zermürben kann», gesprochen. Jeder Heroisierung abhold, sah Lüthy mit der feinen Wahrnehmung des Zeitgenossen die Manifestation schweizerischer Widerstandsbereitschaft hauptsächlich in Einzelaktionen und Einzelgruppierungen zur Abwehr punktueller Gefährdungen.[237] Ein anderer Aspekt der Bedrohung wird berührt, wenn im Bankausschuss der Schweizerischen Nationalbank ein Generaldirektor nun feststellt: «Die Abwanderung der Israeliten nach Amerika hält ununterbrochen an. Von der Mehrzahl der wichtigeren Firmen dürften sich die Inhaber bereits ausser Landes befinden.»[238] Selbst wenn diese Bemerkung auf sachlicher Ebene übertrieben gewesen wäre (und einiges spricht dafür), so bleibt sie gleichwohl symptomatisch für den Herbst 1940. Denn es lag ja auf der Hand, dass sich die schweizerischen Juden, ob reich oder arm, in ihrer physischen und wirtschaftlichen Existenz an vorderster Stelle bedroht fühlen mussten.

Der Gesandte Frölicher beurteilte den Sommer 1940 und die nachfolgenden Monate aus der Rückschau als die Phase der grössten latenten Gefahr für die Schweiz, mit einer «unbeschäftigten Wehrmacht» (was auf die deutsche Luftwaffe allerdings nicht zutraf).[239] Eine ganz besondere potentielle Gefahr – der Öffentlichkeit völlig unbekannt – ging von den deutschen Aktenfunden in Frankreich aus, die auf die Absprachen von General Guisan mit dem französischen Oberkommando für den Kriegsfall hindeuteten. Im November 1940 wurde dazu in Berlin ein zusammenfassender Bericht erstellt, der über Ribbentrop auch Hitler vorgelegt wurde.[240] Offensichtlich hielt man deutscherseits den Moment noch nicht für geeignet, das Material in erpresserischem Sinne zu verwenden. Zwei

Jahre später wird man sich dies ernsthaft überlegen (vgl. Kapitel 8.2.). Kein Zweifel kann dabei bestehen, dass General Guisan in Berlin höchst unbeliebt war. Selbst dem gemässigten Staatssekretär von Weizsäcker waren Guisans Worte zur Aufrechterhaltung der Wachsamkeit schon im August 1940 «übel aufgefallen». Damals wurde der deutsche Gesandte sogar mit einer Protest-Démarche beim Bundesrat beauftragt.[241]

Die Signale aus der Schweiz liessen sich von Berlin aus unterschiedlich interpretieren. Die Verminderung des Armeeaufgebotes auf etwa 150000 Mann bis Oktober 1940 konnte den deutschen Agenten nicht entgehen. An der Jahreswende fiel der Bestand vorübergehend sogar noch unter diese Limite. Die Einführung der Verdunkelung im November liess sich – nicht nur aus britischer Sicht – leicht als entgegenkommende Geste gegenüber Deutschland verstehen. Die Schweiz zahlte dafür ihren Preis, als schon im Dezember britische Bomben auf Basel fielen. Einen «tapferen» Beschluss fasste der Bundesrat hingegen, als er im November die nazifreundliche «Nationale Bewegung der Schweiz» nach deren arroganter Eingabe verbot (begleitet kurz danach zum Ausgleich von einem Verbot der kommunistischen Organisationen). Das Verbot der NBS musste insbesondere im Bereich Heinrich Himmlers in Berlin beträchtlichen Ärger hervorrufen. Dort hatte man die Hoffnungen auf die kleinen, in sich seit längerem zerstrittenen Gruppen der schweizerischen «Quislinge» noch keineswegs ganz aufgegeben. SS-Gruppenführer Heydrich rapportierte einige Monate später an Himmler, wie nach dem Verbot der NBS «auf unsere Anweisung hin» die Organisation «in die Illegalität» übergegangen sei. Als Tarnung wurde ein Fechtbund gegründet, «dessen Aufnahmebedingungen denen der SS entsprechen». Das Ziel war keine Massenorganisation, «sondern ein rassisch auserlesenes Kader». Diese jungen Leute sollten 1941 im «Reich» geschult werden.[242] In den kleinräumigen schweizerischen Verhältnissen liess sich indes auch dieses Vorgehen dank der Aufmerksamkeit der Bevölkerung und der Nachrichtendienste nicht lange verheimlichen.

Ungleich feinere Bewegungen schienen bei den Bundesratswahlen vom Dezember 1940 im Spiel. Nationalrat Roman Abt mit seinen Verbündeten sorgte dafür, dass der impulsive Markus Feldmann nicht gewählt wurde beziehungsweise der Berner Aristokrat Eduard von Steiger als Kandidat der BGB-Partei das Rennen machte. Unter den verschiedenen Argumenten gegen Feldmann («zu weit links», «allzu draufgängerisch», «zu jung») gab es mehr oder weniger verschleiert auch die Ansicht, seine Wahl könnte in Berlin nicht genehm sein. Kein Geringerer als der nun abtretende Bundesrat Minger hatte das Thema schon früh in einem gelegentlichen Gespräch mit Feldmann zur Erwägung gebracht. Eduard von Steiger, so Minger, geniesse als ehemaliger Anwalt der deutschen Gesandtschaft das Vertrauen der Deutschen. Auch kurz vor der Wahl betrachtete Minger die angeblich engen Beziehungen von Steigers zur Familie von Weizsäcker unmissverständlich als Vorteil.[243] Eduard von Steiger wird kurz danach gegenüber Feldmann präzisieren, nicht er selbst sei Rechtskonsulent der deutschen Gesandtschaft gewesen, sondern Friedrich Trüssel (jetzt Oberauditor der Armee). Im Übrigen sei er «lediglich mit der Familie Weizsäcker näher bekannt».[244] Welche Argumente bei der Bundesratswahl schliesslich den Ausschlag gaben (und ob eine Intrige der deutschen Gesandtschaft hineinspielte), blieb unter Zeitgenossen und Historikern umstritten.[245] Aufhorchen lässt, dass auch Bundesrat Minger in seiner Abschiedsrede auf der Ehreneinladung der Berner Kantonalregierung nebenbei für Sondierungen bei den Achsenmächten plädierte, um herauszufinden, «was man mit uns eigentlich vorhabe». Um dann in seinem launigen Stil anzufügen: Man könne immer noch «ja» oder «nein» sagen. Dieser Exkurs Mingers soll nach Feldmanns Eindruck «männiglich Befremden und Entsetzen» erregt haben.[246] Vielleicht war er auch nur Ausdruck von Mingers legendärer Bauernschlauheit.

Vor diesem stimmungsmässigen Hintergrund gewinnen die deutschen Schritte im Wirtschaftsbereich besondere Bedeutung. Im siegreichen «Dritten Reich» gab es beträchtliche Produktionsengpässe. Die Umstellung auf die Kriegswirtschaft verlief keineswegs mit reibungsloser Effizienz. Der Kriegsausbruch kam vom Rüstungsstandpunkt aus eindeutig zu früh. Hermann Göring war in seinen machtgierig angehäuften Funktionen überfordert.[247] Verschiedene deutsche Einkäufer tummelten sich nun ziemlich unkoordiniert in der Schweiz. Einige Schweizer Firmen zeigten sich willig, andere – bisweilen in besonders wichtigen Segmenten – verhielten sich zurückhaltend.[248] In einer nüchternen «Ressortbesprechung» im Reichswirtschaftsministerium unter mittleren Beamten teilte das Oberkommando der Wehrmacht am 29. Oktober 1940 seine Absicht mit, zusätzliche Bestellungen für 261 Millionen Franken «nach der Schweiz zu legen». 80 % der Bestellungen entfielen auf Munition, der Rest auf Maschinen und Lehren. Dazu kamen noch Maschinen für 40 Millionen Franken, die zur Lieferung nach Russland bestimmt waren. Die Schweizerische Regierung, so dachten sich die Beamten offenbar ganz selbstverständlich, sollte für diese insgesamt 300 Millionen «in Vorlage treten». Damit hätte sich der schweizerische Kreditrahmen auf 450 Millionen verdreifacht.[249] Wer «höhernorts» den Anstoss zu diesem verschärften Vorgehen gab, scheint nicht völlig klar. Am direkten Interesse der OKW-Spitze ist in Anbetracht des Sachverhaltes nicht zu zweifeln. Dabei mag es durchaus «qualitative» Unterschiede gegeben haben zwischen den Positionen eines General Jodl und denjenigen des Wehrwirtschafts- und Rüstungsamtes unter General Thomas, wo die materiellen Erfordernisse der Wehrmacht zusammenliefen. Thomas, dies muss man im Auge behalten, gehörte zur geheimen Militäropposition gegen Hitler.[250] Für den deutschen Widerstand blieb die Schweiz durch den ganzen Krieg eine nützliche Plattform zum Informationsaustausch.

Die zusätzlichen wirtschaftlichen Forderungen aus Berlin an die Schweiz vom Herbst 1940 kann man durchaus in den Rahmen der allgemeinen Nützlichkeitsabwägungen einordnen – falls die Schweiz darauf einging. Da war von Görings Vierjahresplanbehörde gewiss kein Widerstand zu erwarten. Denn was die Schweiz im Vergleich zu den anderen (mehr oder weniger) neutralen Staaten des europäischen Kontinents auszeichnete, war ihre ungebrochene Finanzkraft. Diese mochte unter der Last der Armeekosten langsam erodieren, doch die Schweizerische Nationalbank publizierte nach wie vor stolz den Umfang ihrer Währungsreserven, die sich bis Anfang November 1940 auf 3.2 Milliarden Franken erholten. Die Angst vor der Blockierung schweizerischer Guthaben in den Vereinigten Staaten spielte nach Ansicht der Nationalbank eine entscheidende Rolle an diesem Rückfluss aus dem Dollar in den Schweizerfranken. Die Reichsbank war erneut gegenläufig aktiv: Sie kaufte bei der Nationalbank und bei privaten Banken (in relativ bescheidenem Ausmass) Dollars gegen Gold.[251] Ganz wohl war den Herren der Nationalbank dabei nicht. Sie besprachen sich mit dem Politischen Departement in Bern. Die sibyllinische Antwort aus Pilets Ressort wurde folgendermassen protokolliert: «An und für sich begrüsst es das Politische Departement, wenn der Geschäftsverkehr mit der Reichsbank sich in dieser Hinsicht glatt abwickelt.» Immerhin gab es «gewisse Bedenken ... mit Bezug auf das Verhalten Amerikas». Diese betrafen die Blockierungsgefahr. Ein Generaldirektor der Nationalbank bemerkte allerdings durchaus zu Recht, dass die USA die deutschen und italienischen Guthaben noch keiner Sperre unterworfen hatten.[252]

Aus Berliner Sicht erschien unter den obgenannten Umständen die Forderung nach erhöhten Kreditfazilitäten seitens der Schweiz kaum exzessiv. Da brauchte es keine langwierigen Diskussionen auf höchster Ebene. Der Gesandte Hemmen war ja bereits im Sommer 1940 der Ansicht, dass sich aus der Schweiz mehr herauspressen liess. Zeitdruck und andere Prioritäten hatten dies damals verhindert. Jetzt kam der richtige Moment, die Daumenschrauben noch etwas anzuziehen. Hemmen kam wiederum zum persönlichen Einsatz: Mitte November 1940 präsentierte er in Bern die deutschen Forderungen bei Hotz, Homberger und Bundesrat Stampfli. «Die Aufnahme war überall sehr zurückhaltend», meldete Hemmen nach Berlin. Gegenforderungen im Bereich Kohle, Eisen und Lockerung der Gegenblockade wurden unverzüglich erhoben. Stampfli befürchtete eine negative Reaktion Grossbritanniens. Die Eidgenossen begannen auf Zeit zu spielen.[253] Zustatten kam der Schweiz (und andern Neutralen), dass die deutschen Personalressourcen allmählich an ihre natürlichen Grenzen stiessen. Von Bukarest bis Madrid, von

Stockholm bis Ankara musste verhandelt werden. Das Doppelspiel mit der Sowjetunion, die Schwierigkeiten mit Frankreich (Sturz Lavals) sowie die Pflege des schwächlichen italienischen Achsenpartners absorbierten bedeutende Energie. Selbst «Grossdeutschland» verfügte nur über eine limitierte Anzahl erfahrener, ideologisch einigermassen «zuverlässiger» Diplomaten. Allzu viele Kräfte blieben gebunden in der Wehrmacht, in der Rüstung und neu vor allem bei der Kontrolle und Ausbeutung der unterworfenen Gebiete.

Die schweizerische Verhandlungsdelegation, so lässt sich zusammenfassend sagen, leistete über Wochen hinweg mit ihren Gegenforderungen hartnäckigen, hinhaltenden Widerstand. «Schweiz will offenbar sonst in ganz Europa bereits notwendige Einschränkungen nicht auf sich nehmen», hielt Carl Clodius, der stellvertretende Leiter der Handelspolitischen Abteilung im Auswärtigen Amt, Ende Dezember 1940 mit offensichtlicher Verärgerung fest.[254] Die schweizerische Taktik liess sich nicht unendlich durchziehen, es sei denn, die Eidgenossen hätten sich auf einen vorindustriellen, einigermassen autarken Agrarstaat zurückgezogen. Das war in nützlicher Frist mit der damaligen Wirtschaftsstruktur überhaupt nicht zu schaffen, selbst wenn es die führenden Gruppierungen und eine Mehrheit des Volkes gewollt hätten. Auch zu diesem Thema mussten keine ausufernden Diskussionen geführt werden. Immerhin ging die «Anbauschlacht» unter Anleitung von Friedrich Traugott Wahlen – auch er wie Feldmann ein zukünftiger Bundesrat von besonderem Format – als herausragende Leistung der schweizerischen Bauern (und ihrer einsatzwilligen Frauen, Kinder und sonstigen Helfer) in die Geschichte ein. Doch völlige Autarkie war eine Illusion, mochte sie noch so sehr auf der mythologisch überhöhten Linie der «geistigen Landesverteidigung» liegen. Ganz ohne ausländischen Dünger und eiweissreiche Futtermittel liess sich die reale Produktion damals nicht wirksam steigern.[255] Tatsache war, dass die Vorräte an Futtermitteln, Ölen und Fetten im Spätherbst 1940 als knapp eingeschätzt wurden.[256] Das führte dazu, dass zum Beispiel Rumänien als Lieferant von Futtermitteln und Erdölprodukten vermehrt ins Rampenlicht der schweizerischen Handelspolitik trat. Ohne deutsche Einwilligung war allerdings kein Transit möglich. Ähnliches galt für die handelspolitische Öffnung zur Sowjetunion. Im Dezember 1940 beschloss der Bundesrat endlich (im Schlepptau der bereits aktiven privaten Unternehmen), eine Delegation zu offiziellen Wirtschaftsverhandlungen nach Moskau zu schicken.[257] Auch in diesem Fall war man auf deutsches Wohlwollen im Transit angewiesen.

Noch Ende Dezember 1940 drückte Hotz dem Gesandten Hemmen sein «Befremden über das geringe deutsche Entgegenkommen» aus. Das machte keinen besonderen Eindruck in Berlin. Der Handelspolitische Ausschuss zeigte sich auch im Januar und Februar 1941 kaum kompromissbereit. Zukünftige Eisenlieferungen blieben in der Schwebe, die Kohlenlieferungen abhängig von neuen schweizerischen Vorschüssen.[258] Dabei drängten die Deutschen weiterhin auf sofortige Platzierung ihrer OKW-Aufträge. Die schweizerische «Salami-Taktik» zur Staffelung der deutschen Kreditforderungen konnte unter den obwaltenden Umständen nur sehr beschränkten Erfolg verbuchen. Am 7. Februar fixierte ein Protokoll die Zusage deutscher Kohlenlieferungen im bisherigen Umfang bis Ende April 1941, im Gegenzug zu einem zusätzlichen schweizerischen Vorschuss von 165 Millionen Franken. Im Volkswirtschaftsdepartement glaubte man zudem, einige Erleichterungen auf dem Gebiet der Gegenblockade-Lockerung erreicht zu haben.[259] In übereifriger Weise eilte der Gesandte Frölicher der Entwicklung voraus. Er hielt bereits im Januar den Moment für gekommen, um bei Staatssekretär von Weizsäcker gute Stimmung zu machen, indem er von einer Vorschusserhöhung auf 450 Millionen Franken berichtete. Dies zeige, so Frölicher gemäss Weizsäckers Aufzeichnung, dass die «offizielle Schweiz» auf einen deutschen Sieg setze – «denn sonst wären diese 450 Millionen doch in den Rauchfang geschrieben».[260] War das nun anpasserisch ernst oder ironisch-sarkastisch gemeint? Jedenfalls fiel Frölicher damit der schweizerischen Delegation verhandlungstaktisch in den Rücken. Und gerade Weizsäcker wusste gewiss recht gut, dass in der Schweiz von einem Umkippen der öffentlichen Meinung keine Rede sein konnte. Was Oberst Gustav Däniker und einige seiner Förderer oder Getreuen denken und sagen mochten, konnte nicht als repräsentativ gelten. Köcher in Bern war sich durchaus bewusst, dass der grösste Teil der schweizerischen Bevölkerung nach wie vor auf den Sieg Grossbritanniens hoffte.[261] Auch der britische Gesandte freute sich über die Haltung der Schweizer: Die Moral in der Armee und im Grossteil der Bevölkerung habe sich in den vergangenen Monaten definitiv verbessert, rapportierte er im Februar 1941 nach London. Und im März notierte er mit Genugtuung, mit welch eindrücklichem Schweigen etwa der deutsche Film «Sieg im Westen» in Bern zur Kenntnis genommen wurde.[262]

Tatsache war jedenfalls, dass die schweizerische Wirtschaftsverhandlungsdelegation ihren hartnäckigen Kurs weiterverfolgte, zunehmend gestärkt durch den nun allmählich eingearbeiteten Bundesrat Stampfli. Nun beschleunigten sich die Vorgänge auf deutscher Seite. Bereits Ende Februar 1941 kündigte Hemmen an, das Protokoll vom 7. Februar sei überholt. Er erhöhte die Vorschuss-Forderung rasch auf 600 Millionen Franken und wünschte freie Hand für die Ausgabe der Devisenbescheinigungen. Ohne Hemmungen schlug er einen ultimativen Ton an: Es gehe um Biegen oder Brechen. Die schweizerische Delegation lehnte diesen Systemwechsel zunächst rundweg ab.[263] Darauf beschloss der Handelspolitische Ausschuss in Berlin am 5. März 1941, «Massnahmen zu ergreifen, die die Schweiz ihre Abhängigkeit von Deutschland fühlen lassen». Das liess sich ziemlich unauffällig, aber äusserst wirksam über eine Sperre der Mineralöltransporte aus Rumänien, der dilatorischen Ausstellung von Geleitscheinen, «getarnten Schwierigkeiten» bei der Wagenstellung für den Transit durch Deutschland sowie italienischen Sperrmassnahmen in Genua bewerkstelligen.[264] Carl Clodius übernahm es, den ängstlichen Gesandten Frölicher in inoffiziellem Gespräch noch mehr einzuschüchtern, indem er ihn informierte, «dass es eine Diskussion über die Erfüllung unserer Forderungen nicht geben könne». Es liege nun an der Schweiz, dass die Dinge nicht auf die Spitze getrieben würden.[265] Ministerialdirigent Bergemann vom Reichswirtschaftsministerium liess die schweizerische Gesandtschaft wissen, man denke deutscherseits an eine Vorschuss-Summe, die 1 Milliarde Franken übersteige. Das RWM «müsse den höchsten Stellen in dieser Hinsicht Grosses berichten können». Dieser stark erhöhte Kredit würde als «schweizerischer Baustein zum neuen Europa» angesehen werden.[266] So scharf hatte Nazi-Deutschland selbst im Sommer 1940 nicht gedroht. Jean Hotz war gemäss Köcher (oder gab sich zumindest) «bestürzt», insbesondere über die deutsche Unnachgiebigkeit in der Geleitscheinfrage, wo die heiklen Souveränitätsfragen berührt wurden.[267] Anfang April folgte aus Berlin die vielsagende Mitteilung, dass die Lieferung von Kohle «vorübergehend» herabgesetzt werde.[268]

Gleichzeitig schritt man in der Reichshauptstadt zu einer verbesserten Einkaufsstrategie in Bezug auf die Schweiz. Die Forderung war nicht neu. Im Reichswirtschaftsministerium hielt man nun ausdrücklich fest: «Bei den beschränkten Zahlungsmöglichkeiten kommt die möglichst restlose Ausnutzung freier Kapazitäten in der Schweiz nur für Aufträge in Frage, die unmittelbaren Wehrmachtszwecken dienen.» Man sah im RWM schon im Januar 1941 einen dringlichen Bedarf für eine stärkere Zentralisierung seitens der Wehrmacht.[269] Es kann kaum ein Zweifel bestehen, dass sich die Radikalisierung des deutschen Vorgehens im Februar/März 1941 nicht nur aus einem Konsens der Beamten im Handelspolitischen Ausschuss, sondern auch aus verstärktem Druck höherer Stellen zur vermehrten Ausnutzung der schweizerischen Produktionskapazitäten ergab. Einen deutlichen Hinweis auf das Umfeld Görings als wichtige Quelle dieser Entwicklung gibt eine Weisung des Generalluftzeugmeisters Udet von Ende Februar: «Zur Durchführung der mir vom Reichsmarschall gestellten Aufgaben bin ich gezwungen, die hochwertige Schweizer Industrie für die deutsche Luftwaffenrüstung in wachsendem Umfang einzuschalten.» Zu diesem Zwecke sollte in der Schweiz eine halbamtliche «Deutsche Industrie-Kommission» eingerichtet werden. Im Juni 1941 wird das Wehrwirtschafts- und Rüstungsamt im OKW «Richtlinien für die wehrwirtschaftliche Ausnützung der Schweiz» erlassen.[270] Das waren etwas vollmundige Absichtserklärungen. In Wirklichkeit lagen die Dinge nicht ganz so einfach. Die schweizerische Wirtschaft in ihrer reichen Fragmentierung liess sich nicht leicht dirigieren. Lieferfähigkeiten und Lieferwille einzelner Unternehmen liefen nicht unbedingt parallel, ganz abgesehen von den politisch-militärischen Rahmenbedingungen und den entsprechenden Erwartungen sowohl von staatlicher wie privater Seite. Einige Beispiele (unter Einschluss der Banken) vertiefen diesen Aspekt im folgenden Kapitel.

Inzwischen rätselten die engeren schweizerischen Führungskreise, wie diese neue Krise – die an den Sommer 1940 gemahnte – zu bewerten war. Was stand bevor? Der militärische Nachrichtendienst des Obersten Masson schien jedenfalls nicht besonders alarmiert. Das schweizerische Armeeaufgebot wurde bis März 1941 nur leicht auf etwas über 150 000 Mann erhöht. Die Réduit-Stellungen, dies nur nebenbei bemerkt, waren zu diesem Zeitpunkt weder vollständig eingeübt noch logistisch für einen längeren Abwehrkampf abgesichert. Dazu brauchte man noch ein Jahr.[271] Markus Feldmann hörte, dass «eine hohe Persönlichkeit» des Auswärtigen Amtes angeblich in Zürich geweilt und betont habe, dass keine feindseligen Absichten gegenüber der Schweiz vorlagen. «Der Nutzen einer funktionierenden Gotthardbahn sei grösser als der allfällige Nutzen eines militärischen Sieges über die Schweiz.» Allerdings blieb – ähnlich wie bei Schweden – die Frage des allfälligen Transits von deutschen Truppen ein grosses Fragezeichen.[272] Man geht kaum fehl, diese Informationen dem engeren Umkreis Weizsäckers zuzuordnen, wer auch immer als «Meldeläufer» fungierte. Denn sie stimmen im Ton durchaus überein mit jenen Aussagen, die der Staatssekretär Ende März 1941 in einem «Privatgespräch» gegenüber dem Versicherungs-Generaldirektor Koenig machte. «Die Schweiz ist nur wirtschaftlich für uns interessant, politisch nicht und militärisch nicht.» Weizsäcker gab vor, nicht zu verstehen, weshalb die Schweiz ständig so viel Militär unter den Waffen halte. Sie stehe (gemeint militärisch) «ausser Diskussion» und solle sich «entsprechend aufführen und nichts von sich merken lassen», hielt Koenig in seiner Gesprächsaufzeichnung fest. Weizsäckers üblicher Seitenhieb gegen die Schweizer Presse durfte allerdings auch bei dieser Gelegenheit nicht fehlen.[273]

Der entscheidende Punkt im Hintergrund: Natürlich wusste der Staatssekretär, dass die Vorbereitungen für das Unternehmen «Barbarossa» (Überfall auf die Sowjetunion) weit fortgeschritten waren und einen Grossteil der deutschen Kräfte absorbierten.[274] Beim Losschlagen würde der Druck auf die Schweiz, so war anzunehmen, je nach Verlauf des Feldzugs mindestens vorübergehend beträchtlich nachlassen. Solche und andere Überlegungen hätten in eine Gesamtlagebeurteilung seitens der schweizerischen Führungsspitzen einfliessen müssen. Doch auf dieser

Ebene gab es wenig brauchbare Koordination, hingegen viel Papieraustausch, persönliche Eifersüchteleien und interne Spannungen.[275] Weizsäcker muss die steigende schweizerische Nervosität deutlich gespürt haben. Dies galt es auszunutzen. Als er am 11. April den Divisionär Bircher in Berlin zu einem Privatbesuch empfing, verstärkte er den ungehaltenen Ton, den er bereits im Gespräch mit Koenig anklingen liess, noch um eine klare Note. Der Staatssekretär benützte die Gelegenheit (gemäss Birchers Mitteilung an Guisan), um die Pressefrage erneut scharf ins Zentrum zu rücken. Die «Thurgauer Zeitung» und das «St. Galler Tagblatt» hatten in Berlin soeben Missfallen erregt. Weizsäcker soll gesagt haben, die «Langmut Deutschlands» gegenüber den schweizerischen Presseangriffen sei am Ende. Dann kam der Staatssekretär zum essentiellen Punkt: Mit wirtschaftlichen Repressalien müsse gerechnet werden. Offensichtlich war von den Kohlenlieferungen die Rede. Bircher nahm an, dass die Wirtschaftsverhandlungen «in einer sehr schwülen Stimmung» geführt werden müssten. Nach dem neuen Blitz-Feldzug Deutschlands auf dem Balkan kam General Guisan jetzt zum Schluss, dass die Situation der Schweiz gefährlicher sei als im Mai 1940.[276] In der Armeespitze verdichtete sich endgültig die Erkenntnis, dass mit wesentlicher Vorwarnzeit nicht mehr gerechnet werden konnte, dass die Wehrmacht überraschend aus einer Bereitstellung in der Tiefe anzugreifen in der Lage war.[277] Das Gefühl der Verletzlichkeit verstärkte sich damit auf Schweizer Seite in diesen Wochen zweifellos auf allen Ebenen. Das Verhandlungsklima blieb nicht unbeeinflusst. Heinrich Homberger sprach bereits Ende März von der «Gefahr des wirtschaftlichen Erstickungstodes». Hans Sulzer erhielt den Eindruck einer «sehr kritischen Situation».[278]

Längeres Zuwarten drohte sich für die schweizerische Position möglicherweise katastrophal auszuwirken, im Sinne eines totalen Verlustes an Handlungsspielraum. Im April 1941 schien der Bogen bis zum Äussersten gespannt. Die Bundesräte Etter, Pilet und von Steiger trafen sich am 22. April mit den wichtigsten Chef- und Auslandredaktoren der Presse. Es war unvermeidbar auch von den Störungen im Verhältnis zu Deutschland die Rede. Die Redaktoren wurden dringend ersucht, «alles zu vermeiden, was die Wirtschaftsverhandlungen stören könnte».[279] Hotz und Homberger wollten die Deutschland-Gespräche mit einer Reise nach Berlin aus der «Versteifung» lösen. Zur Antwort bekamen sie, dass ihre Fahrt nur Sinn mache, wenn die Schweiz «wenigstens grundsätzlich» die deutschen Forderungen annehme.[280] Der Direktor des Vororts, gewandt in der Formulierung ausgeklügelter Varianten, scheint genügend Positives in Aussicht gestellt zu haben, um Ende April doch noch eine letzte Sondierungsmission durchführen zu können. Die schweizerische Führungsspitze benötigte nach wie vor ein schärferes Bild der Absichten auf höherer Ebene in Berlin.[281] Beim Besuch von Hotz und Homberger kam es auch zu einem Kontakt mit dem OKW-Rüstungsamt, wo die Gegenblockademassnahmen gesteuert wurden. Die Deutschen benützten diese Gelegenheit, um ihre Kreditforderungen (wie bereits vorangekündigt) nun offiziell um 400 Millionen auf 850 Millionen Franken hochzuschrauben. Damit begann das unvermeidliche Feilschen um die Staffelung der Lieferungen und der Kreditbenützung, mit dem schweizerischen Ziel, Gegenzusagen mit möglichst langer Wirkungsdauer zu erhalten. «Man zählt darauf, dass wir müssen», so brachte Homberger die Sachlage auf den Punkt. Immerhin konnte eine völlige Vereisung der Beziehungen vermieden und weitere Zeit gewonnen werden.[282] Die deutschen Truppenverschiebungen nach Osten und die Vorbereitungen für den Angriff auf die Sowjetunion entgingen dem schweizerischen Nachrichtendienst in dieser Phase keineswegs.[283]

Jede zusätzliche Woche konnte jetzt eine Veränderung des Verhandlungsklimas bewirken. Der Bundesrat beschloss erst am 16. Mai, die Verhandlungen offiziell wieder aufzunehmen. Bundespräsident Wetter erachtete die Lage als «recht unerfreulich». Auf die deutsche Vorschuss-Forderung trat die Landesregierung wohl oder übel ein. Der fehlende Zinsendienst irritierte nach wie vor. Homberger brachte zur Erleichterung der Bundeskasse die Wiedereinführung von Clearing-Auszahlungsfristen bis zu 6 Monaten in die Diskussion. Der Bundesrat beschloss antragsgemäss, auf dem Gebiet der Gegenblockade «die besondere Lage unseres Landes mit äusserster Energie zu verteidigen».[284] Man konnte sich in Bern leicht vorstellen, wie empfindlich Grossbritannien auf schweizerische Konzessionen gegenüber Deutschland reagieren würde. Genau an diesem Punkt zeigte sich das Oberkommando der Wehrmacht sehr hartnäckig. Abwehrberichte wiesen nach wie vor auf «illegale» schweizerische Ausfuhr von Zünderteilen via Vichy-Frankreich und Portugal nach England hin. Auch die schweizerische Brief- und Päckchenpost stand unter Verdacht und sollte kontrolliert werden. Die Überwachungslücken an der französischen Grenze im Raum Genf spielten deutscherseits weiterhin eine sehr wichtige Rolle. Es ärgerte Berlin, dass die Schweiz geleitscheinpflichtige Waren offenbar ohne Kontrolle nach Frankreich «herausliess».[285]

Man darf keineswegs davon ausgehen, dass in diesen kritischen Wochen innerhalb der vielgliedrigen schweizerischen Führungsschichten völlige Einhelligkeit über den generellen Kurs gegenüber Deutschland bestanden hätte. Eine gewichtige Stimme aus der Wirtschaft gibt dafür einen interessanten Hinweis. Dr. Jacques Brodbeck, langjähriger Präsident der Ciba in Basel (und seit 1935 auch «Zweiter Vizepräsident» des Bankvereins hinter dem «Ersten Vizepräsidenten» Armand Dreyfus), zeigte sich mit dem Verhalten des Bundesrates durchaus nicht einverstanden. Wir wissen das aus einem Brief, den er im Mai 1941 nach New York schickte und der von den Amerikanern (wie viele andere Mitteilungen) insgeheim geöffnet und eingehend analysiert wurde. Brodbeck wünschte sich damals mehr Härte und Rückgrat der Landesregierung gegenüber den wirtschaftlichen Pressionen Deutschlands. Gleichzeitig war ihm bewusst, über welche Möglichkeiten die «sieben kleinen Diktatoren» in Bern scheinbar verfügten, indem sie mit der öffentlichen Meinung zu spielen vermochten.[286]

Die Verhandlungsrunde der letzten Maiwoche 1941 in Berlin brachte in einigen zentralen Punkten grundsätzliche Einigung: Krediterhöhung auf 850 Millionen Franken einerseits (davon 450 Millionen benützbar bis Ende 1941, der Rest 1942) gegen deutsche Lieferzusagen andererseits für Eisen (1941) und erhöhte Kohlenmengen (bis Ende 1942). Um das Eisen wurde seit 1940 am härtesten gerungen. Die deutsche Zusage wurde jetzt nur erreicht gegen zusätzliche schweizerische Zusicherungen betreffend Aluminiumlieferungen.[287] Wichtige Fragen betreffend Gegenblockade und Benzinzufuhr aus Rumänien blieben noch teilweise oder ganz offen. Der Bundesrat musste sich im Juni unter deutschem Druck schliesslich zu einem Verbot der Ausfuhr im Briefpostverkehr durchringen. Homberger hatte dafür deutsches Entgegenkommen bei den Geleitscheinen für Lieferungen in die USA verlangt.[288] Beständig tauchten neue Unsicherheiten auf. Deutschland war Ende Juni betreffend Kohlenlieferungen beträchtlich im Rückstand. Auf die deutschen Forderungen nach den Grenzkontrollmassnahmen im Raume Genf ging die schweizerische Delegation nur mit grossem Widerstreben ein. Dabei war zu berücksichtigen, dass die Deutschen das Thema der rumänischen Benzinlieferungen weiterhin für Sonderverhandlungen in der Schwebe hielten.[289] Reichsmarschall Göring forderte von der Schweiz dringend erhöhte Aluminiumlieferungen. Die Schweiz wurde aufgefordert, ihren Eigenverbrauch einzuschränken.[290] Erst am 18. Juli 1941 kam es zur Unterzeichnung der Wirtschaftsverträge zwischen Deutschland und der Schweiz. Da stand die unverändert siegreiche Wehrmacht bereits in Smolensk, 360 Kilometer vor Moskau. Ein rascher Sieg über die Sowjetunion, mindestens in deren westlichem Teil, schien fast in Reichweite.

Das Endresultat der Wirtschaftsverhandlungen konnte für die Schweiz unter den gegebenen Machtverhältnissen notgedrungen nicht befriedigend ausfallen. Wirtschaftliche und finanzielle Konzessionen waren unvermeidbar, doch sie hielten sich in jenen Grenzen, die vom Gesichtspunkt der nationalen Ehre und der Souveränität aus mindestens vorübergehend tragbar schienen. Bundespräsident Wetter hatte dies in einem Gespräch mit Nationalrat Feldmann schon Anfang Juni knapp und offen ausgedrückt: Wirtschaftliche Konzessionen an die Achsenmächte müssten bis zu einem gewissen Grade gemacht werden, andere Konzessionen kämen nicht in Frage.[291] Selbst im blumigen Plädoyer des Aussenministers Pilet-Golaz vor dem Ständerat fanden sich Formulierungen, die man unter den gegebenen Umständen als Fortschritt gegenüber bisheriger Unklarheit empfinden konnte.[292] Auch in Berlin musste man sich Rechenschaft geben, dass die Schweiz auf dem Höhepunkt deutscher Macht keine wesentlichen Aufweichungserscheinungen zeigte. Die Nervenkrise vom März/April schien weitgehend überwunden. Der Rapport eines gut informierten «Vertrauensmannes» vom August 1941 berichtete nüchtern über ein zunehmendes schweizerisches Sicherheitsgefühl, das nicht nur mit der deutschen Bindung im Russlandfeldzug, sondern auch mit den Resultaten der Wirtschaftsverhandlungen in gewisser Beziehung stand. Die Zahl jener Schweizer, die auf einen Sieg Englands setzten, sei noch gestiegen, auch in führenden politischen Kreisen. Bei einer längeren Kriegsdauer setzten diese Schweizer auf die materielle Überlegenheit der Angelsachsen.[293]

Zum Gesamtbild 1941 gehörte an prominenter Stelle das Durchgreifen der Bundesanwaltschaft an der inneren Front im Monat Juni mit einer umfangreichen Aktion gegen nazifreundliche Elemente. Der Aufbau der von Heydrich geförderten Kampfstaffeln junger Leute (Stichwort «Sportschule») war nicht unbemerkt geblieben. Dr. Ashton, der getarnte Verbindungsagent im deutschen Generalkonsulat in Zürich, beklagte schon einige Wochen vorher die scharfe Überwachung seitens der Behörden.[294] Die Aktion der Bundesanwaltschaft vom 10. Juni 1941 in Zusammenarbeit mit den kantonalen Polizeibehörden war ungewohnt rigoros und weit gespannt. Man machte in Zürich auch nicht Halt vor der vorübergehenden Verhaftung eines deutschen Mitarbeiters von Dr. Ashton. Die deutsche Gesandtschaft protestierte umgehend. Bundesrat von Steiger tat, als wüsste er von nichts. Im Departement von Pilet gab man sich ängstlich-sorgenvoll. Der sonst recht gemässigte deutsche Gesandte Köcher schlug gewiss nicht ohne Anweisung von höherer Stufe einen drohenden Ton an, als er Bundesrat von Steiger darauf aufmerksam machte, «dass dieser politische Unverstand nicht ohne Folgen bleiben könne».[295] Bundespräsident Wetter benützte in einem parteiübergreifenden Gespräch im kleinen Kreis diese ganze Aktion als Beleg dafür, wie der Bundesrat «in vitalen Angelegenheiten der inneren Ordnung» (so Feldmanns Aufzeichnung) durchzugreifen verstehe.[296] In der Tat gehört diese Aktion, offenbar durch geschickte schweizerische Abhörmassnahmen und Unterwanderung ermöglicht, zu den eindrücklichsten Episoden dieser Phase.[297]

Alles deutet darauf hin, dass sich Ernst Wetter in der Funktion des Bundespräsidenten als diskret-geschickter Lotse zwischen den Untiefen und Klippen der schweizerisch-deutschen Beziehungen bewegte. Zu seinen Informationsquellen gehörte auch Dr. Fritz Bon, der seit den 1920er-Jahren eine leitende Stellung bei der Inga/Interfranck-Gruppe (Schaffhausen/Zürich) bekleidete.[298] Fritz Bon kann als Beispiel dafür gelten, wie sich einzelne Wirtschaftsvertreter in dieser Phase vorsichtig neu positionierten. Dazu muss man wissen, dass sein Bruder Anton Bon, der bekannte Hotelier, bereits im Vorjahr als «deutschfeindlich» denunziert worden war.[299] Aufschlussreich ist, dass man sich in Berlin nun auch beim Sicherheitsdienst genauer für Fritz Bon interessierte. Offensichtlich kam er aufgrund eines negativen Berichts eines «Gewährsmanns» unter Verdacht. Der Gesandte Köcher antwortete im August 1941 vorsichtig abwägend nach Berlin, dass man vielleicht geglaubt habe, Fritz Bon zu jenen Männern zählen zu dürfen, «die ein Aufgehen der Schweiz im Reich anstrebten». Das sei jedoch nicht zutreffend. Der «gelegentlich etwas zu geschäftstüchtige Dr. Bon setzt sich vielmehr für eine betont deutschfreundliche, aber unabhängige Schweiz ein». Der Gesandte wies im Übrigen darauf hin, dass sich Fritz Bon für die Entsendung einer Ärztemission an die Ostfront bemühte.[300] Bei dieser Initiative, vom Gesandten Frölicher und bald auch von Bundesrat Pilet-Golaz unterstützt, spielte der stramm antibolschewistische Arzt und Divisionär Eugen Bircher – im Verbund mit seinem Freund Dr. Ruppaner und dem berühmten deutschen Chirurgen Ferdinand Sauerbruch – eine ausschlaggebende Rolle. Die Ostfrontmissionen (die erste startete im Oktober 1941) entwickelten in der Folge ihre umstrittene Eigendynamik. Sie fanden sowohl in der Öffentlichkeit wie in der historischen Forschung beträchtliche Aufmerksamkeit. Ob sie wesentlich zu einer Entspannung im schweizerisch-deutschen Verhältnis beitrugen, dürfte weiterhin umstritten bleiben. Die Verärgerung der Sowjetunion war mit dieser Aktion jedenfalls vorprogrammiert.[301] Was den allzeit gewandten Dr. Fritz Bon betrifft, so wird er kaum zwei Jahre später mit Erfolg den Kontakt zu Allen Dulles suchen, der sich dannzumal in Bern als einflussreicher Postenchef des amerikanischen Geheimdienstes OSS einrichtete.[302]

Von besonderem Interesse sind in unserem Zusammenhang die Schnittstellen von 1941 zu einigen Wirtschaftsexponenten, die Frage somit nach allfälligen Wechselwirkungen. Fritz Bon gehörte lediglich zu den diskreten Hintermännern der Ostfront-Initiative, Generaldirektor Peter Vieli von der Kreditanstalt (mehr alter Handelsdiplomat als Bankier) wirkte als Koordinator für die Teilfinanzierung seitens privater Firmen. Nach Frölichers Ansicht sollte sich Vieli in Sachen Mittelbeschaffung für die Ärztemission in erster Linie an die Industrie wenden, «die für Deutschland arbeitet und wo der Bund in Vorschuss tritt». Staatssekretär von Weizsäcker soll die Initiative gemäss Frölicher für «ausgezeichnet» gehalten haben. Der schweizerische Gesandte war überzeugt vom Wert dieser Geste «im richtigen Moment» zur Verbesserung der Beziehungen.[303] Fritz Bon und Peter Vieli hatten im Herbst 1940 die «Eingabe der Zweihundert» unterzeichnet. Divisionär Bircher hingegen hatte diese Unterschrift interessanterweise nicht geleistet. Auch Carl Koechlin nicht, der nun als prominentester Wirtschaftsvertreter im Unterstützungskomitee der Ärztemission sass.[304] Der 51-jährige Koechlin war in seiner Ämterfülle (Geschäftsleitung J. R. Geigy AG in Basel, Präsident der Basler Handelskammer, Mitglied des Vororts, Leiter der Sektion für Chemie und Pharmazeutika des KIAA, Bankrat der Nationalbank etc.) ein Mann von besonderem Kaliber. Seine Voten im Vorort zeigen ihn als Persönlichkeit von betonter Eigenständigkeit, durchaus nicht immer ganz im Einklang mit Heinrich Hombergers Linie. Carl Koechlin forderte gerade zu diesem Zeitpunkt, man müsse eine vergleichende Bilanz ziehen zwischen den Wirtschaftsbeziehungen zu Deutschland und Grossbritannien, was Homberger nicht recht behagen wollte.[305]

Die Vielfalt der Interessenwahrnehmung auf politischem, militärischem und wirtschaftlichem Gebiet spiegelte auch in den Kriegsjahren 1941/42 die beträchtliche Unübersichtlichkeit der helvetischen Landschaft. Das lag auf der Kontinuitätsebene der traditionellen Machtaufsplitterung mit ihren unendlich erprobten Korrekturmechanismen, die in die «Alte Eidgenossenschaft» zurückreichten. Wenn alt Bundesrat Jean-Marie Musy aus Fribourg die Rettung des Abendlandes vor dem Kommunismus jetzt «nur vom Reich her» sah (gemäss der Wiedergabe Heydrichs), so durfte er mit dieser privaten Botschaft zwar im Januar 1941 den SS-Chef Heinrich Himmler besuchen, doch bereits im Juni desselben Jahres schien eine erneute Vorsprache von Musy dem Aussenminister Ribbentrop nicht mehr zweckmässig. Musy war zu dieser Zeit als potentieller «Quisling» in der Schweiz unter scharfer Beobachtung und weitgehend disqualifiziert. Sein Anhang war gering, man glaubte zu wissen, dass der alt Bundesrat in Finanznöten steckte.[306]

Musy war ein schwer verirrtes schwarzes Schaf der katholisch-konservativen Herde, zu beschönigen gibt es hier nichts. Doch typisch für die Stimmung in der Schweiz war dieser alt Bundesrat in keiner Weise. Vielmehr wird die Haltung der Mehrheit der schweizerischen Bevölkerung im Verlaufe des Jahres 1941 gerade durch die Tatsache charakterisiert, dass die Abwehrmoral gegenüber Nazi-Deutschland trotz der intensiven deutschen Propaganda nicht einbrach. Dafür gibt es vermutlich kein besseres Zeugnis als die ausführliche amerikanische Analyse schweizerischer Briefe aus jener Zeit. Hass und Abneigung gegenüber den Nazis hatten sich offenbar noch gesteigert. Hitler erschien als verachtungswürdiger Fanatiker und Massenmörder, seine Anhänger als «Banditen, Diebe und Mörder». Den amerikanischen Auswertern fiel die durchgehende Verteidigungsbereitschaft aller Bevölkerungsschichten auf, das Vertrauen in die Armee und den Oberkommandierenden General Guisan. Das war keine Selbstverständlichkeit in einem Land, das von den Achsenstaaten eingeschlossen war. Daneben fanden sich in diesen Briefen naturgemäss auch viele Hinweise auf die beklemmende wirtschaftliche Zwangslage der

Schweiz – sowie manch ungehaltene Äusserung über die eingeschränkte Pressefreiheit.[307]

Im Folgenden geht es darum, den Feinheiten der wirtschaftlichen Verflechtung in dieser Kriegsphase noch etwas genauer nachzugehen, dies in der erklärten Absicht, neben den zentralen Leitlinien die unterschiedlichen Verhaltensweisen an einigen Beispielen zu verdeutlichen.

7.4. Vorsicht, Widerstreben, Profit und Überleben (1941/1942)

Dass sich 1941/42 substantielle Veränderungen im schweizerischen Wirtschaftskörper vollzogen, konnte weder den Patrons noch den Arbeitern und Angestellten entgehen. Auch den Briten nicht, welche den Wirtschaftsverkehr Schweiz–Deutschland mit zunehmendem Eifer und Misstrauen beobachteten. Heinrich Homberger war sich schon im Juli 1941 bewusst, dass die neuen Wirtschaftsvereinbarungen bei den Engländern einen «Schock auslösen» mussten. Trotz all dieser Risiken, so glaubte Homberger, «müssen wir unsere nackte Existenz retten».[308] Drei Monate später konstatierte er im Vorort, dass die «gegenwärtige gute Beschäftigungslage» auf dem Handel mit Deutschland basiere. Ein allfälliges Abbremsen hätte entsprechende Folgen.[309]

In der Tat: Die im Vorjahr noch so überaus gefürchtete Arbeitslosigkeit mit ihren innenpolitischen Gefahren liess sich im Jahre 1941 fast vollständig vermeiden. Und dies ungeachtet der Tatsache, dass im Laufe des Herbstes das Armeeaufgebot unter 100 000 Mann sank. Der Gesamt-Index der beschäftigten Arbeiter in der Schweiz zeigte bis Ende 1941 steigende Tendenz, stagnierte hingegen 1942. Wesentliche Impulse gingen von der Maschinenindustrie aus: Die Zahl der Arbeiter wuchs bis 1942 auf 84 000 (1939 noch 72 780). Vergleichbares gilt für die Uhrenindustrie, deren Beschäftigungsindex Ende 1941/Anfang 1942 mit 120% (1938 = 100) einen Höhepunkt erreichte.[310] Bei den Grossbanken hingegen, dies nur nebenbei bemerkt, gab es keinen Personalzuwachs. Hier drohte vielmehr bei verschiedenen Instituten anhaltender Abbau.[311] Der Einfluss der Beziehungen zu Deutschland machte sich somit, zurückhaltend ausgedrückt, in ziemlich unterschiedlicher Weise geltend. Beim Thema Vollbeschäftigung sind ausserdem binnen- und kriegswirtschaftliche Faktoren zu berücksichtigen: Zunächst der zusätzliche Arbeitskräfteeinsatz in der Landwirtschaft, ausserdem der Effekt staatlicher Arbeitsbeschaffungsprogramme (auch der Ausbau des Réduits gehört indirekt dazu) und nicht zuletzt die Aufblähung der staatlichen Bürokratie.[312] Das hinderte nicht, dass die Sorge um Arbeit in breiten Kreisen ein zentrales Anliegen blieb. Es gab keine Gewissheit, wie sich die Lage in einigen Monaten entwickeln würde. Die amerikanischen Analysten schweizerischer Briefe erkannten sehr wohl diese Furcht vor der Zukunft, die sich unter anderem aus der überall spürbaren Verknappung der Rohstoffe herleitete.[313]

Gleichzeitig wiesen die Lebenskosten in der Schweiz ein auffallendes Wachstum auf. Die Inflationsentwicklung war keineswegs völlig unter Kontrolle. Aus der Sicht des Ökonomen lässt sich eine intensivere Verknappung der Einfuhrwaren als im Ersten Weltkrieg feststellen. Die Einfuhrpreise steigen bis 1942 weit stärker als die nominellen Einfuhrwerte.[314] Nur ein Teil davon wird bei den Lebenskosten unmittelbar sichtbar, deren Index (im Jahresmittel) von 138 Punkten (im Jahre 1939) auf 174 (im Jahre 1941) und 193 (im Jahre 1942) ansteigt, mit andern Worten um nahezu 40%. Dies sind die Faktoren, mit welchen die so oft zitierten Nominalzahlen der Handels- und Unternehmensentwicklung relativiert werden müssen. Inflatorische Wirkung war im Übrigen auch aus exzessiven Gewinn- und Lohnerhöhungen zu befürchten. Damit schliesst sich der Kreis zum Thema Vollbeschäftigung und Kriegskonjunktur.

Dass Deutschland in diesem Zusammenhang eine wesentliche Rolle spielte, liegt auf der Hand. Der Import aus Deutschland (inkl. Böhmen und Mähren ab 1941) steigt von 1939 bis 1942 nominal/wertmässig um 50% auf 660 Millionen Franken. Das entspricht einem Drittel aller Einfuhren. Auf Kohle entfallen im Jahre 1941 30% der Importe aus Deutschland, auf Eisen, Stahl (inkl. Verarbeitungsware) 12%, auf Instrumente und Maschinen 10%, auf die chemische Industrie 8%. Aus Italien, Rumänien und Ungarn kommen 1942 Waren für 321 Millionen Franken. Mit diesen drei Staaten, die sich in wirtschaftlicher Hinsicht eine limitierte Eigenständigkeit bewahren konnten, verhandelte die Schweiz nach wie vor direkt. Konzessionen an Deutschland in der Transitfrage liessen sich jedoch nicht vermeiden. Auch im Warenverkehr mit den Neutralen Schweden, Portugal und Spanien (Importe 1942 von 276 Millionen Franken) war der deutsche Einfluss aufgrund der geografischen Gegebenheiten oder politischer Faktoren nicht völlig auszuschalten. Der schweizerische Export nach Deutschland wies von 1939 bis 1942 einen wertmässigen Nominalzuwachs von 243% auf. Diese «abnormale» Entwicklung führte im Jahre 1942 praktisch zum Ausgleich der bilateralen Handelsbilanz. 41% der schweizerischen Ausfuhren gingen 1942 nach Deutschland, 1943 waren es noch 37%. Hier gilt es den Auftragsüberhang von 1942 bei relativ langen Lieferfristen zu berücksichtigen. Dies führte 1943 (auf bereits etwas tieferem Gesamthandelswert) sogar zu einem kleinen Exportüberschuss der Schweiz. Während somit auf der Importseite (auch produktebedingt) eine gewisse ländermässige Diversifikation aufrechterhalten werden konnte, blieb die Schweiz auf der Exportseite zwangsweise stärker an Deutschland gebunden.[315]

So präsentierte sich die intensivierte Verflechtung der Schweiz mit Deutschland auf dem Gebiet des Handels aus der Vogelschau der kalten Statistik von 1945. Wie sahen das indes die Zeitgenossen? Erinnern wir nochmals daran, dass die länderweise Aufgliederung der Handelsstatistik nicht mehr veröffentlicht wurde. Doch weiten Kreisen konnte nicht entgehen, dass viele Betriebe vermehrt nach Deutschland exportierten. Für die nach wie vor funktionierende schweizerische Demokratie zeugte der Umstand, dass die Wirtschaftsvereinbarungen mit Deutschland im Sommer 1941 bei der politischen Opposition auf deutliche Kritik stiessen. In der zuerst zuständigen Zolltarifkommission enthielten sich die Sozialdemokraten der Stimme. Sie hatten nicht den vollständigen Text einsehen können und zeigten sich mit den zweckoptimistischen Erläuterungen von Jean Hotz unzufrieden. Der Landesring der Unabhängigen betonte, dass diese Abkommen einen «hochpolitischen Charakter» angenommen hätten und damit in die Kompetenz der Vollmachtkommission gehörten. Die «Unabhängigen» brachten einen der Kernpunkte zur Sprache: Sie vertraten die unkonventionelle Ansicht, «dass die wirtschaftlichen Notwendigkeiten, wie die Vollbeschäftigung gewisser Industrien, zurückzustehen haben». Sie wollten «unter Umständen» den schwereren Weg zur Autarkie gehen und die Arbeitskräfte vermehrt für den Mehranbau einsetzen. Der Primat der Politik über die Wirtschaft müsse gesichert werden. Der Landesring argwöhnte, dass die Privatwirtschaft die neue Situation ausnütze.[316] In der Nationalratsdebatte vom 29. September 1941 kamen diese und andere Einwände offen zur Sprache, verstärkt durch die Besorgnis über die britischen Restriktionen gegenüber der Schweiz. Nationalrat Max Weber, der Finanzexperte der Sozialdemokraten, machte die Bundesräte Wetter und Stampfli auf die inflatorischen Gefahren aufmerksam, die sie seiner Ansicht nach nicht richtig beurteilten. Bundesrat Stampfli antwortete mit schneidender Schärfe. Er unterstrich die Zwangslage der Schweiz sowie die lebensnotwendige Sicherung der Einfuhr an Kohle, Eisen, Düngemitteln, Saatgut und Brennstoffen. Die Autarkie-Ideen nahm er offensichtlich nicht ernst. Sarkastisch merkte er an, er habe die Eidgenossen bisher «nicht von der Seite kennengelernt, dass sie in einem Anflug von idealem Heroismus auf das Notwendigste zu verzichten bereit wären». Im Übrigen stellte er sich in deutlichen Worten vor die schweizerischen Unterhändler der Wirtschaftsabkommen und verteidigte die Kompetenzen des Bundesrates in dieser Materie.[317] Die Amerikaner bemerkten derweil, wie bitter viele Schweizer auf die Wirtschaftsvereinbarungen mit Deutschland reagierten. Auch die teilweise vernebelnde Kommunikationspolitik des Bundesrates fand zahlreiche Kritiker.[318]

Halten wir hier deshalb nochmals fest, wo die entscheidenden Weichen der Aussenhandelspolitik gestellt wurden: nämlich in der Wirtschafts- und Finanzdelegation des Bundesrates, bestehend aus den Bundesräten Stampfli, Wetter und Pilet, angeleitet von Hotz, Homberger und Kohli. Professor Laur brachte die Anliegen der Bauern ein. Daneben gewann die kriegswirtschaftliche Organisation in ihrer ausufernden Struktur zunehmendes Gewicht.[319] Eine perfekte Produktionssteuerung wurde dabei bei weitem nicht erreicht. Zwar unterstand zum Beispiel die Eröffnung von Betrieben seit April 1941 grundsätzlich einer Bewilligungspflicht, doch das war Notrecht und damit in der schweizerischen Praxis nicht ganz einfach durchzusetzen.[320]

Dies bringt uns zurück zur Frage nach dem Verhalten der Privatwirtschaft gegenüber Deutschland unter den neuen Abkommen, der Frage nach der Ausnützung der Geschäftschancen, nach Produktionsausweitung, Erhöhung des Personalbestandes, nach Risiken und Profit. Der historische Forschungsstand erlaubt auch heute noch keine verallgemeinernden Schlussfolgerungen. Nur wenige Unternehmensstudien der neuesten Zeit (wie etwa die Untersuchung von Hans Ulrich Wipf über die Georg Fischer AG) vermögen kritische Fragen schlüssig in einem grösseren Zusammenhang zu beantworten.[321] So viel steht indessen fest: Die Vollbeschäftigung wichtiger Branchen wurde 1941/42 auf höchst labiler Basis erreicht. Es lässt sich gleichzeitig argumentieren, dass die Landesregierung mit ihrer «Vorschuss-Aktion» zugunsten von Deutschland (und in kleinerem Masse von Italien) falsche Anreize schuf, indem sie das Risiko der Exporte nach Deutschland durch die implizite Transfergarantie weitgehend ausschloss. Die längeren Auszahlungsfristen im Clearing (bis drei Monate) änderten daran nichts. Zahlreiche Firmen waren genügend liquid, andere benützten ihre privaten Banken zur Clearingbevorschussung, auch dies ein Vorgehen, das von staatlicher Seite ausdrücklich gefördert wurde.[322]

Eine differenzierte Betrachtung dieses Themas müsste unterscheiden zwischen der Kapazitätsausnützung bestehender Anlagen und exzessiver Produktionsausweitung durch Neuinvestitionen. Es war kein Zufall, dass ausgerechnet Hans Sulzer im Vorort sein Missbehagen über Projekte zur Ausweitung der Kriegsmaterialexporte ausdrückte. Albert Pictet bedauerte dies mit Blick auf Genf ebenfalls, in der Befürchtung, dass eine solche Aufblähung später zu Arbeitslosigkeit führen könnte.[323] Es erübrigt sich hier, auf die betreffenden Firmen detailliert einzugehen. Der Leser wird in der Arbeit von Daniel Heller über Emil G. Bührles Unternehmen sowie in Peter Hugs umfangreicher UEK-Studie über die Schweizer Rüstungsindustrie zahlreiche aufschlussreiche Einzelangaben finden. Aus Hugs Untersuchungen wird unter anderem der bedeutende Anteil westschweizerischer Unternehmen an dieser umstrittenen

Produktionsphase deutlich. Hug zeigt aber auch, wie etwa die Tavaro SA frühzeitig zu diversifizieren begann und 1943 ihre Exporte nach Deutschland scharf abbremste beziehungsweise stoppte (siehe Kapitel 8.3. zu weiteren Beispielen).[324]

Bei all dem gilt es die Proportionen zu wahren. Bührles Belegschaft erreichte im Jahre 1941 mit 3761 Personen (im Jahresdurchschnitt) den Höhepunkt, um bis 1943 bereits wieder auf 2557 abzusinken.[325] Die Belegschaft der Tavaro im Zünderbereich erreichte Mitte 1942 mit 2206 Personen (davon 28% Frauen) ihren Höhepunkt.[326] Je nach Firma wurde ausserdem mit zahlreichen Unterlieferanten gearbeitet. Dies traf in ausgeprägtem Mass auf Bührles Einflussbereich zu, ebenso auf die Dixi-Gruppe von Georges Perrenoud im Neuenburger Jura. Die Alliierten versuchten rasch, gerade auf die verletzlicheren Unterlieferanten Druck auszuüben. Georges Perrenoud kam übrigens erst spät richtig ins Geschäft mit Deutschland, dann jedoch 1941 umso entschlossener. Er wollte rasch expandieren, fand indes beim KIAA kein Gehör, das die Bewilligung für neue Fabrikhallen offensichtlich bewusst verschleppte.[327]

Manches deutet darauf hin, dass Produktionsveränderungen im Sinne einer Ausrichtung nach deutschen Wünschen in ausgeprägterem Mass bei einigen mittleren und kleineren Industriebetrieben in die Wege geleitet wurden (vgl. Kapitel 8.3. zu den Reaktionen 1943). Nur Mikrountersuchungen können auf diesem Gebiet ganz präzise Auskunft geben. Bei einer Gesamtbeurteilung bleibt jedenfalls zu bedenken, dass nur ein kleines «Zeitfenster» offen war und auf dem Gebiet qualifizierter Arbeitskräfte keine grösseren Reserven zur Verfügung standen. Der Mobilisierungsgrad der Armee mit all seinen unvorhersehbaren Schwankungen musste für die Unternehmerentscheide ebenfalls eine bedeutende Rolle spielen. Gab es da nun wirklich eine wie auch immer motivierte Anpassung an das nebulöse «Neue Europa»? Bundespräsident Wetter glaubte im Sommer 1941 genau zu wissen, dass die deutschen Pläne unter diesem Schlagwort keine greifbare Gestalt aufwiesen.[328] Handelte es sich nicht ganz einfach um die vom wirtschaftlichen Standpunkt aus optimale Ausnützung eines voraussichtlich kurzlebigen Zwischenhochs? «Moralisch» je nach Standpunkt aus der Rückschau anfechtbar, doch durchaus im Rahmen der staatlichen Exportbewilligungen und der übergeordneten Handelspolitik von damals, insbesondere was die von Deutschland erzwungenen Kriegsmaterialausfuhren betraf. Ein interessantes Beispiel der damaligen (durchaus nicht immer objektiven Wahrnehmung) bietet alt Bundesrat Minger, der im Gespräch mit Markus Feldmann fand, die «Riesengewinne der Industrie seien empörend, wenn man nicht auch der Landwirtschaft die Anlage von Reserven gestatte». Denn Markus Feldmann verdächtigte die Agrarpolitik unter der «geheimen» Leitung Mingers der «hemmungslosen Ausnützung der Konjunktur».[329] Hätte er gewusst, dass die Schweiz im Jahre 1941 für insgesamt 43 Millionen Franken Käse und Nutzvieh nach Deutschland exportierte, so wäre sein Misstrauen gegenüber den eigenen Parteifreunden wohl noch etwas stärker ausgefallen.[330] Gewiss, die landwirtschaftlichen Exporte nehmen sich bescheiden aus neben Kriegsmaterial und Werkzeugmaschinen.[331] Und doch erstaunt dieses Unterkapitel gerade deshalb, weil der schweizerische Viehbestand seit Kriegsbeginn rückläufig war. Direktor Ernst Feisst, der einflussreiche Chef der eidgenössischen Abteilung für Landwirtschaft (und ab März 1942 Leiter des Kriegs-Ernährungs-Amtes), beklagte im Februar 1942 «das geringere Exportpotential für die Ausfuhr nach der Achse».[332] Tatsache war andererseits, dass es um die schweizerischen Vorräte bei weitem nicht so gut stand, wie der Öffentlichkeit hie und da weisgemacht wurde.[333]

Die schweizerischen Grossbanken arbeiteten derweil in auffallender Bescheidenheit. Ihre Bilanzsumme wuchs nominal von Ende 1939 bis Ende 1943 nur um 16%. Adjustiert am gleichzeitigen Lebenskostenanstieg von 47% resultierte eine deutliche reale Abnahme. Das Geschäft war alles andere als blendend. Von Personalabbau und Stagnation war bereits die Rede. An den rasch erhöhten Ausleihungen an den Bund liess sich nur eine magere Marge verdienen. Immerhin zeigten sich die Grossbanken als sehr nützliche Instrumente, um die gewaltig anwachsenden Kosten von Bund und Kantonen für die Kriegsdauer abzudecken. So wuchs die gesamte Kreditgewährung der Grossbanken an die inländischen öffentlich-rechtlichen Körperschaften von 360 Millionen Franken im Juni 1939 auf 1.1 Milliarden Franken Ende 1942.[334] Das Auslandgeschäft hingegen unterlag unzähligen kriegsbedingten Einschränkungen. Viele Kontakte waren unterbrochen, der Informationsfluss zu einem Rinnsal geworden, die Bespitzelung durch die zahlreichen Nachrichtendienste beträchtlich. Dazu ein interessantes Beispiel: Als Arthur Lang, damals Prokurist der Bankgesellschaft in der Vermögensverwaltung, Ende 1940 nach München und Wien reisen wollte, wurde ihm von deutscher Seite der «Sichtvermerk» verweigert. Der Grund: Prokurist Lang war denunziert worden. Er soll nach seiner Rückkehr von einer Geschäftsreise nach Prag «Greuelmärchen» verbreitet haben über die Unterdrückung der Tschechen durch die Deutschen. Lang hetze ständig gegen Deutschland, erfuhr man im Generalkonsulat an der Kirchgasse von einem «V-Mann». Arthur Lang erhielt auch 1942 kein Visum für die dannzumal beantragte Reise nach Budapest. Er blieb den deutschen Sicherheitsstellen verdächtig.[335] Es lag auf der Hand, dass er Vermögensinteressen betreute, die mit dem «Dritten Reich» nicht in Einklang standen.

Wenn es unter den machtpolitischen und wirtschaftlichen Rahmenbedingungen von 1941/1942 bei einzelnen Banken gleichwohl eine gewisse Versuchung zur Intensivierung des Bankgeschäfts mit Deutschland gab, dann kam sie nicht vom Kreditgeschäft, wo man meist immer noch die Wunden leckte, sondern eher aus dem bilanzneutralen Bereich. Die grossen Versucher sind klar identifizierbar: zuvorderst die Reichsbank, dann in deren Schlepptau oder parallel geschaltet ein Dutzend deutsche Gross- sowie spezialisierte Privatbanken, ergänzt durch wenige Grossfirmen wie etwa I.G. Farben oder die Otto Wolff-Gruppe. Dabei stiessen «die Schweizer Plutokraten» bei strammen Nazis nach wie vor auf Misstrauen. So berichtete etwa Ministerialrat Dr. Stähle vom württembergischen Innenministerium nach einer längeren Beobachtungsreise in der Schweiz im März 1941 davon, diese Leute seien immer noch bereit, «im Dienste Englands und besonders Amerikas» für die «Leiche» der Demokratie zu kämpfen.[336] Als im Herbst 1939 Schweizer Banken vom Reichswirtschaftsministerium zur Entgegennahme von gewissen Auslandüberweisungen in treuhänderischem Sinne gesucht wurden, kamen nach vorsichtigen Abklärungen in Zürich und Basel nur drei oder vier kleine Privatbanken in Frage, denen man deutscherseits mehr oder weniger vertrauen mochte. Doch auch diese Bankiers zeigten sich risikobewusst.[337] Den Grossbanken begegnete man aufgrund der zurückliegenden Erfahrungen (vgl. Kapitel 6.1.) mit Zurückhaltung. Der Bankverein blieb lange unter Verdacht. Dazu trug seine Niederlassung in London bei, verstärkt noch durch die Nachricht, dass sich Vizepräsident Armand Dreyfus seit April 1940 in New York befand.[338] Allerdings glaubte Gesandtschaftsrat von Selzam nach dem deutschen Sieg im Westen, «dass die schweizer Banken in Zukunft ihr Geschäftsgebaren den deutschen Wünschen anzupassen sich bemühen werden».[339] War dem so? Liess sich das völlig ausschliessen? Lag die Konzessionsbereitschaft einzelner Banken nicht vielmehr im Rahmen dessen, was der Bundesrat mit seiner «Vorschuss-Aktion» im Exportgeschäft im Frühjahr 1941 markiert hatte? Allerdings mit einem gewichtigen Unterschied: Die Banken konnten sich nicht wie die Exportindustrie (inkl. Käse- und Viehexporteure) auf eine Bundes-Transfergarantie abstützen.

Zunächst eine Bemerkung zum Kreditgeschäft: Tatsache ist, dass sich die Deutschlandengagements der Grossbanken in den drei Jahren 1941 bis 1943 kontinuierlich um insgesamt 46 Millionen Franken auf einen Saldo von 139 Millionen Franken reduzierten.[340] Dies entsprach gerade noch 2.8% ihrer Aktiven. Leicht zu erreichen war dieser Abbau allerdings nicht. Kompromisse schienen im Rahmen der jährlichen Stillhalteverlängerungen angezeigt, solange Deutschland die Zinsen wie bisher bezahlte. Komplex verschachtelte Umschichtungen musste zum Beispiel der Bankverein vornehmen, um die alten Engagements der Contvalor (vgl. Kapitel 3.2.) in den von Deutschland besetzten Gebieten wenn möglich abbauen, mindestens aber unter einer gewissen Kontrolle behalten zu können.[341] Wer bei diesen Transaktionen – dazu gehört zum Beispiel auch das Hapag-

Engagement des Bankvereins – die Geschäftsbeziehungen über die Jahre nicht ganz präzis verfolgt, wird leicht zu anfechtbaren Schlussfolgerungen gelangen. Reisen nach Berlin, periodische Kontakte mit der Reichsbank blieben notwendig und nützlich.

Dabei boten sich ganz nebenbei auch Chancen zur Nachrichtenbeschaffung, besonders dann, wenn Generaldirektoren wie Rudolf Speich, Regimentskommandant, oder Alfred Schaefer, damals Kommandant einer Aufklärungsabteilung der Leichten Truppen, nach Berlin (oder in die Balkanländer) reisten. Erinnern wir daran, dass Reichsbankdirektor Bodo von Wedel, Referent für die Stillhaltekredite und obligate Anlaufstelle für einige Schweizer Bankiers, zu den stillen Opponenten des Nazi-Regimes zählte.[342] Bezeichnend der Umstand, dass von Wedel am Ende des Krieges, mit Rücksicht auf seine angeschlagene Gesundheit und seine politische Haltung, in der Schweiz Zuflucht fand. Max Schwab, ehemals Direktor der Nationalbank und 1945 Chef der einflussreichen Verrechnungsstelle, fand sich bereit, für Wedels «Redlichkeit und Anständigkeit» einzutreten.[343] Ein weiteres Beispiel bietet der ehemalige Staatssekretär Erwin Planck, den Alfred Schaefer 1942 in Berlin traf. Planck arbeitete für die Otto Wolff-Gruppe und kam dank deren Aktivitäten 1941/42 verschiedentlich in die Schweiz. Schaefer diente ihm noch Ende 1942 als Referenz.[344] Erwin Planck stand in Verbindung mit der Militäropposition. Er wurde 1944 hingerichtet. Auf die schillernden Aspekte der Otto Wolff-Geschichte wird weiter unten eingegangen. Weniger geheimnisvoll verhielt es sich mit Emil Puhl, dem Vizepräsidenten der Reichsbank. Von ihm fühlten sich verschiedene Personen in der Schweiz (insbesondere in der Nationalbank) im Nachhinein hintergangen: Seine Einreise in der Nachkriegszeit war nicht genehm. Im Übrigen war es kein Zufall, dass die Schweiz bereits im August 1941 vom Oberkommando der Wehrmacht als «Nachrichtenquelle für den Feind» bezeichnet wurde. Besondere Gefahren lauerten aus deutscher Sicht im Geschäftsverkehr mit Schweizern. Das OKW verlangte zum Beispiel von I.G. Farben eine Liste mit allen schweizerischen Kontaktpersonen, deren Haltung gegenüber Deutschland nach bestimmten Kriterien beurteilt werden sollte.[345] Diese Liste scheint bis heute allerdings nicht gefunden worden zu sein.

Der Versuchungen in den Jahren 1941 bis 1943 waren für Schweizer Geschäftsleute zweifellos recht viele, für einige Banken eher im Devisen- und Notenhandel, im Zahlungsverkehr und Akkreditivgeschäft, für andere hauptsächlich im Wertschriftenhandel, und für die Nationalbank erwiesenermassen im Goldgeschäft. Der eine oder andere Industrielle oder Bankdirektor ging dabei vorübergehend recht weit oder zeigte sich zu sorglos bei der Offerierung von spezifischen Dienstleistungen. Da gibt es nichts zu beschönigen. Der französische Nachrichtendienst erfuhr zum Beispiel Anfang 1941 aus offensichtlich ausgezeichneter Quelle von gewissen Devisenoperationen der Reichsbank über eine schweizerische Grossbank. Freilich handelte es sich jeweils um eher bescheidene Beträge.[346] Die Nationalbank sah nichts Verwerfliches an solchen Geschäften. «Wir sind tatsächlich wieder zu einer Art Drehscheibe geworden», kommentierte man im Direktorium zum Thema Devisenhandel im Januar 1941. Der SNB fielen insbesondere die Käufe von Escudos auf. Im Mai 1941 machte sie selbst ein «Grossgeschäft» in Escudos, die von der Banque de France abgestossen wurden. Als Abnehmerin trat die Reichsbank auf.[347] Der Notenhandel insbesondere mit französischen Papieren gehörte vermutlich zu den am wenigsten transparenten Transaktionen dieser Kriegsphase. So hörte zum Beispiel der französische Konsul in Zürich aus guter Quelle, grosse Quantitäten kämen mit der Kurierpost der rumänischen Gesandtschaft in Vichy in die Schweiz.[348] Bald zirkulierten auch Informationen, gewisse Notenverkäufe von Franzosenfranken stammten aus deutscher Quelle. Offenbar boten sich im Dreieck Frankreich–Deutschland–Schweiz mindestens 1941 zeitweise «interessante» Arbitragemöglichkeiten.[349]

Die Bergier-Kommission hat manche «Negativ-Beispiele» in fünfjähriger Arbeit mit akribischer Genauigkeit seziert und aufgelistet. Ob dabei die Rahmenbedingungen der jeweiligen Kriegs- und Verhandlungsphasen, die Handlungsmotive der schweizerischen Akteure und die Auswirkungen für die deutsche Seite angemessen gewichtet wurden, dürfte umstritten bleiben.[350] Manches erweist sich als eine Frage des Augenmasses, der Proportionen, der Dimension des jeweils vorhandenen Marktes. Ob nun Banknoten in Franzosenfranken, US-Dollars oder rumänischen Lei, ob Wertschriften, Goldmünzen oder Schmuck: überall stiessen die Verkäufer verhältnismässig rasch auf die Enge des schweizerischen Marktes, die durch die gegenseitige Bespitzelung noch verstärkt wurde. Die Baisse des Dollars und des Franzosenfranken in gewissen Zeitperioden deutet ganz klar auf diese Marktbeschränkungen hin.

Die Problematik dieser Phase lässt sich kurz an einigen weiteren Beispielen illustrieren, welche in den 1990er-Jahren noch einige Brisanz (weil nur wenig bekannt) aufzuweisen schienen. Diese Geschäfte sind freilich keineswegs die Spitze eines unbekannten Eisbergs. Vielmehr handelt es sich bei der Auswahl um Vorgänge, denen in verschiedener Hinsicht Sondercharakter zukommt. Da sind zunächst die «Barackengeschäfte» mit Deutschland zu nennen. Schon Pierre Braunschweig hat 1989 auf dieses Thema aufmerksam gemacht, weil sich hier eine Schnittstelle zur umstrittenen Nachrichtenlinie Massons nach Berlin vorfand.[351] Dr. Cagianut, der Präsident des schweizerischen Baumeisterverbandes, seit Kriegsbeginn auch Chef der Sektion Baustoffe im KIAA, entwickelte mit seinen Mitarbeitern schon früh beträchtliche Energie zum Export von Holzbaracken. Im Februar 1941 wird ihn der Bundesrat ausserdem zum

Delegierten für Arbeitsbeschaffung einsetzen. Ende 1940 ging es im ersten grossen Geschäft des Schweizerischen Holzsyndikates (SHS) um die Lieferung von 500 Baracken an Vichy-Frankreich. In der Direktion der Bankgesellschaft sah man das «moralische Risiko der Eidgenossenschaft» engagiert.[352] Das durfte sinngemäss auch für die Vereinbarungen vom Januar 1941 zwischen dem Holzsyndikat und dem Oberkommando des deutschen Heeres (OKH) betreffend 820 Baracken gelten. Dr. Cagianut beklagte in einer Sitzung des Vororts, zu der er als Gast zum Thema Arbeitsbeschaffung geladen war, dass sich die Schweizer Armee erst jetzt (d.h. nach dem Vertrag mit den Deutschen) ebenfalls für die Baracken interessiere.[353] Ob das eine blosse Schutzbehauptung war, bleibe dahingestellt. Die Abwicklung bot einige Startschwierigkeiten, unter anderem weil Deutschland die notwendigen Eisenbestandteile erst mit Verzögerung lieferte. Die Bankgesellschaft war bereit, eine Anzahlungsgarantie zu leisten.[354] Im September 1941 folgte ein Vertrag SHS/OKH über die Lieferung von Betten, Tischen etc. für diese Baracken, und im Oktober 1941 wurde eine zusätzliche Barackenlieferung von 420 Stück vereinbart. Für die letztgenannte Lieferung zeigte der Bankverein Bereitschaft zur Stellung der Anzahlungsgarantie.[355] Gleichzeitig begann auf deutscher Seite eine Art Verdrängungsprozess, in dessen Verlauf das OKH von der SS als Barackeninteressentin überflügelt wurde. Auf schweizerischer Seite kamen im Herbst 1941 der Sohn von General Guisan mit seinen dubiosen Geschäftspartnern (Extroc S.A.) als Vermittler ins Spiel. Jetzt ging es um einen neuen Rahmenvertrag über 2000 Baracken im Werte von 24 Millionen Franken, mit einer ersten Tranche von 500 Stück «aus Schweizerholz» bis März 1942. Lieferant blieb das SHS. Als Käuferin erschien am Ende der Kette die Warenvertriebs GmbH. in Berlin.[356] Die Bankgesellschaft stellte schliesslich für die erste Tranche 1942 ein Akkreditiv von 5.5 Millionen Franken zugunsten des Holzsyndikats im Auftrag der Bank der Deutschen Arbeit. Erst im Nachhinein erfuhr der zuständige Direktor, dass der Vertrag «mit deutschen Parteistellen» abgeschlossen worden sei.[357] Spätestens Anfang 1942 versuchte die Handelsabteilung des Volkswirtschaftsdepartementes, das Unwesen der Vermittler-Kommissionen zu stoppen.[358] Die «Schieber-Gesellschaft» Extroc S.A. war auch der Bankgesellschaft unsympathisch. Was die Bank der Deutschen Arbeit betraf, so zeigte sich die Bankgesellschaft noch im Sommer 1942 bereit, Akkreditive im Zusammenhang mit weiteren Tranchen des Barackengeschäfts zu stellen.[359] Der Bankverein versuchte inzwischen vergeblich, der Bankgesellschaft auf diesem Gebiet Konkurrenz zu machen. Effektiv kam es jedoch unter dem Rahmenvertrag nur noch zur Lieferung einer zweiten Tranche von 500 Baracken in der zweiten Hälfte 1942 (bei der das Volkswirtschaftsdepartement nun eine Bewilligungsgebühr von bis zu 300 Franken pro Baracke erheben wollte).

1943 folgte noch eine letzte Lieferung von 70 Baracken an die Warenvertriebs GmbH.

Diese Barackengeschäfte wurden von den UEK-Mitarbeitern mit einer seltsamen Fokussierung auf die beteiligten Schweizer Banken dargestellt.[360] Fassen wir deshalb die Kernpunkte aus rein wirtschaftlicher Sicht nochmals zusammen: Es ging primär um Exportgeschäfte des schweizerischen Holzgewerbes (und darum, Arbeit zu beschaffen, wie es im Jahresbericht 1941 des SHS deutlich zu lesen ist). Das Holzsyndikat arbeitete im Rahmen der eidgenössischen kriegswirtschaftlichen Organisation. Das Geschäft konnte nur mit Einverständnis der Handelsabteilung abgewickelt werden. Und die Banken spielten dabei lediglich eine Nebenrolle durch die Stellung von Anzahlungsgarantien und Akkreditiven. Das war traditionelles, kurzfristiges Geschäft der schweizerischen Handelsbanken (mit marktüblichen Kommissionen), das mit Deutschland im Rahmen der offiziellen bilateralen Beziehungen in gewissem Masse weiterhin getätigt wurde. Ferner zeigten sich die Grossbanken, wie bereits früher erwähnt, generell an der Bevorschussung der Guthaben der Exporteure aus dem Clearing interessiert. Dies wiederum im Einklang mit den Wünschen des Volkswirtschaftsdepartementes. Für die Bankgesellschaft, zunehmend mittelständisch orientiert, standen damit die Schreiner- und Zimmermeister im Zentrum des Interesses – und nicht die Bank der Deutschen Arbeit.

Nur «widerstrebend», wie es im internen Kreditprotokoll hiess, war die Bankgesellschaft im Sommer 1942 auf Drängen verschiedener deutscher Banken bereit, eine Maximallimite von 3 Millionen Franken für kurzfristige Handelstransitgeschäfte auszusetzen. Acht deutsche Banken mussten sich diesen bescheidenen Kuchen teilen. Da gab es faktisch nur Platz für Kleingeschäfte. Ein entscheidender Faktor dieser bedingten Konzessionsbereitschaft war die vorangehende, entgegenkommende Haltung der Reichsbank in Bezug auf die Regelung von zwei alten Krediten.[361] Ein Geben und Nehmen somit in deutlich beschränktem Ausmass, wie es für verschiedene Banken in Einzelfällen nachweisbar ist. In denselben Zusammenhang gehören etwa die Kreditfazilitäten, welche Kreditanstalt und Bankverein von 1940 bis teilweise 1943 der I.G. Farben zur Verfügung stellten. Da handelte es sich zum Beispiel bei der SKA um einen «Lagersicherungskredit» über schliesslich 2.3 Millionen Franken, der im Rahmen der Stillhaltevereinbarungen unter dem Titel «Rekommerzialisierung» (mit Rembourscharakter) benützbar war.[362] Im Falle des Bankvereins ging es bei einem Kredit von 2.5 Millionen Franken an I.G. Farben anfänglich (Februar 1940) um die Ablösung einer früheren Kreditgewährung. Der Kredit kam je zur Hälfte im Oktober 1941/1942 zur Rückzahlung. Einen zweiten Kredit über 3 Millionen Franken konnte die I.G. Farben ab Dezember 1941 in Anspruch nehmen.[363] Das insgesamt bescheidene Volumen und der zeitliche Ablauf dieser Kreditgewährungen lassen bei nüchterner Analyse erkennen, dass die erwähnten schweizerischen Banken selbst dem Grosskonzern I.G. Farben auf dem Höhepunkt deutscher Machtentfaltung nur zögernd und limitiert entgegenkamen. Dass es überhaupt so weit kam, hatte wiederum nicht wenig mit der Konkurrenzsituation unter den Grossbanken zu tun. Es liegt auf der Hand, dass dieser Kreditgewährung an I.G. Farben – die Beträge sprechen für sich – aus deutscher Sicht kaum mehr als marginale Bedeutung zukommen konnte. Aus dem Blickwinkel der Reichsbank handelte es sich gleichsam um Versuchsballone, um das schweizerische Verhalten regelmässig im Detailverfahren abzutasten. Dessen war man sich bei den wichtigsten Schweizer Banken vollauf bewusst. Maurice Golay, ab 1942 Chef der Generaldirektion des Bankvereins, wollte deshalb in dieser Phase diskret bei Bundesrat Pilet-Golaz sondieren, welche Bankenpolitik gegenüber Grossbritannien und den Achsenmächten aus der Sicht der Landesregierung wertvoll wäre. Der schweizerische Aussenminister zeigte sich bei diesem Kontakt im Januar 1942 freilich überaus vorsichtig. Maurice Golay scheint gegenüber Deutschland gewisse «hésitations» ausgedrückt zu haben. Pilet-Golaz seinerseits sprach davon, dass es angebracht sei, den «courant normal» der Geschäfte mit Deutschland weiterzuführen.[364] Was genau zu diesem «normalen» Geschäft gehörte, blieb weiterhin den Banken überlassen.

Der schweizerische Aussenminister dachte bei seiner Unterredung mit Golay vermutlich kaum an den Wertschriften- und Vermögensverwaltungsbereich. Hier konnte kein unmittelbares Landesinteresse (im Sinne der Unterstützung des Aussenhandels) geltend gemacht werden, sondern bestenfalls das Interesse an der Aufrechterhaltung der betreffenden Arbeitsplätze. Diese Geschäftssparte der Banken, von ganz unterschiedlichem Gewicht je nach Banktyp, litt an Umsatzflaute. «Sich im Dschungel der Verordnungen, Bestimmungen, Weisungen und Instruktionen der verschiedenen Regierungen, amtlichen und halbamtlichen Stellen, sowie internen Organen auch nur einigermassen auszukennen, ist zurzeit keine leichte Aufgabe», klagte der Chef der Privatkundenabteilung einer Grossbank in Zürich im Januar 1942.[365] Die Inlandkundschaft war sicherheitsorientiert und zeichnete mit Vorliebe die nun reichlich angebotenen Papiere des Bundes. Das Geschäft mit der Auslandkundschaft blieb kriegsbedingt stark eingeschränkt.[366] Das war nicht unbeeinflusst von den Massnahmen des Bundesrates, der im Juli 1940, auf dem Höhepunkt von Pilets autoritären Präsidialallüren, mit erstaunlichem Elan die beträchtlichen französischen Vermögenswerte in der Schweiz «vorsorglich» blockiert hatte. Wohl gemerkt: ohne Konsultation der Bankiervereinigung, die sich entsprechend empörte und sogleich gewisse Erleichterungen beantragte.[367] Trotz allem Hin und Her: Die Möglichkeiten der Schweizer

Banken im Vermögensverwaltungs- und Wertschriftengeschäft blieben limitiert, umso mehr, als die Vereinigten Staaten im Juni 1941 zur längst befürchteten Blockierung der schweizerischen Vermögenswerte daselbst schritten. In dramatischer Formulierung hatte die Nationalbank einige Monate vorher in einem Exposé zuhanden des Politischen Departementes gewarnt: «Die Blockierung der schweizerischen Aktiven in den Vereinigten Staaten würde die internationalen Geschäfte und damit die internationale Bedeutung der Schweiz, die sie in jahrhundertelanger zäher Arbeit errungen hat, zum grossen Teil vernichten. Damit wäre aber auch ihre Existenz weitgehend gefährdet.»[368] Diese Vorgänge wurden naturgemäss auch in Deutschland aufmerksam verfolgt. Manches spielte im Rahmen des Wirtschaftskrieges in deutsche Hände, solange in Berlin gegenüber der Schweiz – ungeachtet aller Drohgebärden – letztlich doch eine technokratisch-vernunftgeprägte Linie die Oberhand behielt.

Generalkonsul Voigt wies übrigens völlig zu Recht auf die «Übersättigung» des Bankenplatzes Zürich hin.[369] Ähnliches traf in Anbetracht der geschilderten Rahmenbedingungen auch auf Genf und Basel zu. Vor diesem Hintergrund kam es bei einzelnen Schweizer Banken vor allem in Zürich und Genf zu eindeutigen Fehlleistungen, den sogenannten Affidavitfälschungen. Dabei ging es darum, importierte oder in ausländischem Besitz befindliche Wertschriften mit dem Gütesiegel schweizerischen Vorbesitzes zu «vergolden». Diese Machenschaften wurden ab Herbst 1941 aufgedeckt. Die Untersuchungen richteten sich gegen 38 Personen.[370] Der Gesamtwert der umgesetzten Wertschriften mit falschen Affidavits scheint allerdings, falls die zitierten Zahlen wirklich zutreffen, ziemlich unbedeutend, was den Nutzen für die ausländischen Lieferanten betraf. Wer diese Lieferanten genau waren, scheint nicht verlässlich aufgedeckt worden zu sein. Wie viel davon aus deutschem Raubbesitz stammte, bleibt damit offen.[371] Dass in diesem Zusammenhang dubiose deutsche Figuren wie etwa Kurt Eichel in Erscheinung traten, kann kaum verwundern. Schätzungen in der zweiten Kriegshälfte bezifferten zum Beispiel den Umsatz an Royal Dutch-Aktien mit falschem Affidavit auf fünf bis zehn Millionen Franken.[372] So weit zu den Grössenordnungen, die wiederum einen Hinweis auf die beschränkten Möglichkeiten im schweizerischen Markt geben (die Royal Dutch-Aktien waren gemäss verschiedenen Indizien das bevorzugte Instrument im Geschäft mit falschen Affidavits).

Vom deutschen wirtschaftlichen Standpunkt aus standen wohl andere Aktionen, die über die Devisengruppe des Vierjahresplanes initiiert wurden, im Vordergrund. Deutsche Akten, die erst in den 1990er-Jahren in einem Sonderarchiv in Moskau wieder «entdeckt» wurden, werfen ein interessantes Licht auf das Vorgehen der Devisenspezialisten in Berlin. Eine spannende Geschichte. Denn da geht es zunächst durchaus nicht um die Lieferung von Raubgut in die Schweiz, sondern um eine gross angelegte «Entschuldungsaktion», das heisst um den Rückkauf deutscher Wertschriften im Ausland. Ein Vorgehen, das schon unter Schacht erfolgreich praktiziert wurde und manch eidgenössischen Obligationenbesitzer von seiner unsicher gewordenen Investition (allerdings mit beträchtlichem Verlust) befreit hatte. Ein unauffälliger Oberregierungsrat namens Dr. Friedrich Kadgien bereitete nun im August 1940 in der Devisenstelle des Vierjahresplanes unter Staatssekretär Neumann die Entscheidungsgrundlagen für den Reichsmarschall Göring vor. Er hielt es für vertretbar, etwa 100 Millionen Reichsmark in Gold für den Abbau der damals tief kotierten deutschen Auslandschuld einzusetzen. Damit liessen sich, so lautete die Schätzung, Werte über eine halbe Milliarde Reichsmark zurückkaufen. Der darauf auf dem Inlandmarkt erzielte Gewinn sollte dem Reichsmarschall für seine Sonderzwecke zufallen, «ohne an kleinliche Gesichtspunkte der Finanzaufsicht gebunden zu sein». Für die Ausführung brachten Kadgien und Neumann die Firma Otto Wolff in Köln in Vorschlag, «da sie dem Vierjahresplan bereits beste Dienste geleistet hat und wegen ihrer internationalen Stellung hierzu besonders geeignet erscheint».[373] Aufgrund der Aktenlage kann man davon ausgehen, dass Rudolf Siedersleben, Partner der Firma Otto Wolff, bei der Entwicklung der Idee eine herausragende Rolle spielte. Was die Schweiz betraf, so hatte er bereits vorgesorgt. Die in Genf zu Tarnzwecken errichtete Firma Société de Gestion Rodopia S.A. mit ihrem Verwaltungsrat Fritz Bestgen (in der Schweiz eingebürgerter Rheinländer) und der Verbindungsmann Dr. Max Doerner in Orselina bei Locarno (ein ehemaliger Direktor der Dresdner Bank in Köln, seit 1936 in der Schweiz) sollten die Transaktionen treuhänderisch abwickeln. Der Finanzprokurist Fritz Bandhauer als Spezialabgesandter des Hauses Otto Wolff ging den genannten Herren vom Hotel Baur au Lac in Zürich aus zur Hand. Die wichtigsten Verhandlungen führte Siedersleben allerdings persönlich. Vom Reingewinn der Aktion fielen der Firma 3% zu.[374] Göring war mit allem einverstanden. Und vom September 1940 an wurde auf diesem Wege in vorsichtig dosierten Tranchen über verschiedene Schweizer Banken zurückgekauft. Kurssteigerungen waren gleichwohl nicht immer zu vermeiden. Hier finden sich erneut deutliche Hinweise auf die Enge des schweizerischen Wertschriftenmarktes. Bis Ende 1940 setzte Otto Wolff 12.7 Millionen Franken für den Rückkauf von nominal 53.7 Millionen Franken ein. Daraus resultierte ein «Tilgungsüberschuss» von 23.8 Millionen Reichsmark.[375] Eine vom Gewinn her gesehen sehr erfolgreiche Aktion, die sich Anfang 1941 noch etwas fortsetzte. Freilich stand sie insgesamt im Schatten jener Rückkaufstransaktionen, welche über Schweden durchgeführt wurden. Allein aus der sogenannten «ersten Kreuger-Transaktion» resultierte für den Vierjahresplan ein Tilgungsüberschuss von 58.9 Millionen Reichsmark. Hinzu kamen Überschüsse aus Aktienrückkäufen über die Stockholms Enskilda Bank der Herren Wallenberg von mindestens 15.9 Millionen Reichsmark. Bei den schwedischen Geschäften war teilweise Hermann J. Abs von der Deutschen Bank eingeschaltet worden. Bis zum Abschluss der ganzen Aktion im Sommer 1941 erzielte der Vierjahresplan einen Ertrag von 121 Millionen Reichsmark.[376]

Nun wird es nicht erstaunen, dass diese Vorgänge von verschiedenen Historikern in der jüngsten Vergangenheit mit unterschiedlichen Akzenten versehen wurden.[377] Fassen wir deshalb den Sachverhalt in etwas anderer Weise zusammen, indem eine zeitliche und sachliche Isolierung vermieden werden soll. Da fällt zunächst die Anknüpfung an die Rückkaufsoperationen aus der Zeit Schachts auf, das Ausnützen von günstigen Gelegenheiten im Effekten- und Devisenmarkt zur Entlastung der deutschen Auslandschulden. Einige wenige Beamte des Vierjahresplanes ziehen nun anstelle der Reichsbank die wichtigsten Fäden (freilich in gegenseitiger Absprache), was die momentanen innerdeutschen Machtverhältnisse spiegelt. Und interessant: Nur ein ganz kleiner Kreis von international erfahrenen Spezialisten wird auf deutscher Seite aktiv in die komplexen Transaktionen über die Schweiz, Schweden und die USA einbezogen (Puhl von der Reichsbank, Siedersleben und dessen Gehilfen, Abs von der Deutschen Bank und nicht zuletzt Karl Blessing, unter Schacht bei der Reichsbank, jetzt in der Privatwirtschaft, und in der Nachkriegszeit langjähriger Präsident der Bundesbank). Ein wichtiger Punkt deshalb, weil hier wiederum sehr deutlich wird, wie scharf kontrolliert die deutsche Devisenbewirtschaftung auch unter Kriegsbedingungen fortgeführt wurde. Oder anders interpretiert: Grössere Transaktionen waren nicht zuletzt als Folge des gegenseitigen Misstrauens nur im institutionellen Rahmen möglich. Denn fast jeder der erwähnten Herren verfügte über seine Informationskanäle in Stockholm und/oder Zürich, Basel und Genf. Karl Blessing hatte da schon früh das Gefühl, die Firma Otto Wolff habe eigentlich bereits genug verdient.[378] Und Vizepräsident Puhl wusste von gewissen «Parallelkäufen» in der Schweiz, die er auf das «Mitlaufen» von Bankangestellten zurückführte. Ob er damit nur schweizerische Wertschriftenhändler meinte oder auch an gewisse Kollegen in Berlin oder anderswo dachte, bleibe dahingestellt. Puhl veranlasste übrigens, dass keine Stillhalteguthaben zurückgekauft wurden.[379] Auf diesem Feld wollte sich die Reichsbank offensichtlich ihre Bewegungsfreiheit für die Zukunft bewahren. Wer von den schweizerischen «Finanzgläubigern» zu diesem Zeitpunkt noch zu einem Kurs knapp über 20% des Nominalwertes verkaufte, musste natürlich einen enormen Verlust einstecken. Da gab es wohl nicht wenige «Verzweiflungsverkäufer», die davon ausgingen, dass Deutschland, ob nun siegreich oder nicht, seinen finanziellen

Auslandverpflichtungen in absehbarer Zeit aus machtpolitischen oder wirtschaftlichen Gründen ohnehin nicht mehr nachkommen würde. Deutschland hatte die Luftschlacht um England nicht gewonnen, die Invasion der britischen Inseln war ausgeblieben.

Aus der Sicht Hermann Görings, den Staatssekretär Neumann über den Fortgang der Entschuldungsaktion periodisch informierte, dürfte sich im Verlauf dieser Monate das «Nützlichkeitsprofil» der Schweiz und Schwedens als weiterhin unabhängige Staaten verbessert haben. Das schloss nicht aus, den Druck auf die beiden Neutralen 1941 bei Gelegenheit zu verstärken. Das Interesse wichtiger Figuren des Vierjahresplanes an der Schweiz gewann zweifellos neue Konturen. Der bereits in anderem Zusammenhang genannte Ministerialdirektor Gramsch gehörte dazu. Folgt man den Einvernahmen Görings durch die Alliierten, so ergab sich im Vierjahresplan eine Rangfolge, die von oben nach unten über Paul Körner zu Neumann, Gramsch und Kadgien führte.[380] Staatsekretär Neumann kam nach verlässlicher Informationsquelle des französischen Geheimdienstes im Februar 1942 über Basel zu einem Besuch in die Schweiz, im gleichen Monat wie zum Beispiel Regierungsbaurat Werner, der zur Abnahme der Baracken beim Schweizerischen Holzsyndikat vorsprach, sowie die Herren Steinacker und Brinkmann, die mit dem Einkauf von Vieh beschäftigt waren.[381] Der Besuch von Erich Neumann erscheint allerdings aussergewöhnlich. Deutsche Reisen in neutrale Staaten auf dieser Hierarchieebene waren äusserst selten und erforderten in der Regel eine Bewilligung höchster Stellen. Neumanns Aktivität für das Kalisyndikat, das seit den 1920er-Jahren als Schuldner und Lieferant mit der Schweiz verbunden war, gibt eine einleuchtende Erklärung für seine Besuche in der Schweiz bis ins Jahr 1944.[382] Staatssekretär Neumann und insbesondere Friedrich Kadgien, nunmehr zum Ministerialrat aufgestiegen, lassen die Schweiz zweifellos nicht mehr aus den Augen. In der fortgeschrittenen Kriegsphase ist Kadgien vertraut mit den zwielichtigen Verkaufstransaktionen von Wertschriften aus besetzten Gebieten in der Schweiz. Auch der Spezialfond der Abwehr in der Schweiz war ihm nicht unbekannt. In die Diamantengeschäfte von 1944 war er direkt involviert.[383]

Die Frage nach der wirtschaftlichen Bedeutung der deutschen Wertschriftengeschäfte über die Schweiz macht einen Vorgriff auf die abschliessenden Grössenordnungen sinnvoll. Kadgien bezeichnete aus der Rückschau den Devisenertrag aus dem Verkauf der Wertschriften im «neutralen Ausland» als «relativ bescheiden». Er sprach von 30 bis 40 Millionen Reichsmark, «wahrscheinlich eher weniger».[384] Das scheint nicht unglaubwürdig, weil beim Verkauf auf den Nominalbeträgen (oder dem Marktwert im Ursprungsland) – wie aus verschiedenen Quellen hervorgeht – beträchtliche Einbussen zu verzeichnen waren. Puhl schätzte (im Verhör durch die

Amerikaner) den Devisenertrag aus dem Verkauf von holländischem Wertschriftenbesitz auf den Gegenwert von 30 Millionen Gulden. Für Belgien nannte er eine Grössenordnung von 30 Millionen Reichsmark. Ob Puhl wirklich den Nettoerlös meinte, ist ungewiss.[385] Die beschlagnahmten, erpressten oder im Graumarkt beschafften Wertschriften liessen sich jedenfalls in Anbetracht der zweifelhaften Herkunft der Papiere, der alliierten Warnungen (vom 5. Januar 1943) sowie der beschränkten Handelbarkeit nicht so leicht im neutralen Ausland gegen Devisen verkaufen, wie man sich das in Berlin 1942/43 vorgestellt hatte. Offenbar entwickelte sich deshalb vor allem in Paris ein zusätzlicher Schwarzmarkt. Aus niederländischen Quellen wird deutlich, dass nur ein relativ geringer Teil der «abgelieferten» Papiere effektiv den Weg ins Ausland fand, wo sie nur zu niedrigen Preisen abgesetzt werden konnten.[386] Für den Verkauf in der Schweiz wurden deutscherseits neben der Golddiskontbank auch privatwirtschaftliche Verbindungen eingesetzt. Die Otto Wolff-Gruppe kam über ihren willfährigen Teilhaber Rudolf Siedersleben erneut zum Einsatz. Siedersleben schien dafür besonders geeignet, weil er nicht Parteimitglied war und mit seinem pedantischen und perfektionistischen Auftreten offenbar südlich des Rheins anfänglich wenig Misstrauen erregte.[387] Ein anderer wichtiger Kanal war der seit Jahren in den Niederlanden tätige Bankier Otto Rebholz. Er hatte sich dort bereits 1930 naturalisieren lassen. Während des Zweiten Weltkrieges wirkte er als «V-Mann» des deutschen Sicherheitsdienstes. Er hatte den Auftrag, jüdischen Besitz, der in der Schweiz realisiert werden sollte, «als arisches Vermögen zu frisieren». Doch Rebholz spürte spätestens Anfang 1943, dass sich solches Tun auf die Dauer nicht geheim halten liess. Er rechnete damit, dass die Schweizer Banken in Zukunft keine Geschäfte mehr mit ihm machen würden, falls er «falsche Erklärungen» abgab.[388] Wie viel aus solchen dubiosen Wertschriftenverkäufen tatsächlich in der Schweiz beziehungsweise in andern neutralen oder besetzten Staaten gelöst werden konnte, ist beim heutigen Forschungsstand nicht eindeutig ersichtlich. In Bezug auf die Schweiz fällt die Vorsicht auf, die sich auf deutscher Seite ausbreitete: Im Juni 1943 wollte Seyss-Inquart, der «Reichskommissar für die besetzten Niederlande», die ihm aus jüdischem Besitz «abgezweigten» Valutawerte (im Gegenwert von 250 000 Gulden) nicht mehr in zweifelhaften Stücken erhalten. Der zuständige Funktionär Bühler hatte ihm festverzinsliche Schweizerwerte, jedoch mit holländischem Stempel, zuteilen wollen. Der Reichskommissar forderte Umtausch in einwandfreie Stücke.[389]

Welche Details man auch immer noch zu Tage befördern mag, an den entscheidenden Grössen ändert sich nichts: Der Deviserlös aus den Wertschriftentransaktionen nahm sich aus deutscher Sicht bescheiden aus im Vergleich zum Verkauf der erbeuteten oder beschlagnahmten Goldbestände (hauptsächlich holländisches und belgisches Notenbankgold).

Eine Übersicht des Vierjahresplanes nennt als Eingangsbeträge vom Kriegsbeginn bis November 1944 Notenbankgold im Wert von 939 Millionen Reichsmark, hingegen aus «Wertpapiergeschäften und dergleichen» lediglich 178 Millionen Reichsmark.[390] Die deutschen Goldverkäufe und Goldabtretungen an die Schweiz und andere neutrale Staaten während des Zweiten Weltkrieges haben denn auch in der historischen Fachliteratur durchaus zu Recht aussergewöhnliche Aufmerksamkeit gefunden. Hintergrund, Motive und Auswirkungen sind in unterschiedlicher Weise gewichtet worden. Von einer Konsensmeinung kann bei genauer Lektüre wohl kaum die Rede sein.[391] Für unseren Zusammenhang von besonderem Interesse sind die kontroversen Ansichten von Michel Fior und Thomas Maissen über die möglicherweise «dissuasiven» Absichten dieser Goldkäufe im schweizerisch-deutschen Spannungsfeld. Maissen bestreitet, dass von Seite des Nationalbankdirektoriums diesbezügliche Intention, Strategie und entsprechende Kommunikation vorlag. Er vermisst auch die dazu allenfalls notwendige Koordination mit dem Bundesrat sowie die Verknüpfung mit der Handelspolitik.[392] Doch weitgehend ausgeklammert wurde in dieser Debatte, ob die Konvertibilität des Frankens eben doch eine mehr oder weniger dissuasive Wirkung gehabt hat. Maissen hält die Frage letztlich für müssig, weil sich Hitler von ökonomischer Rationalität nie leiten liess. Das trifft zwar durchaus zu, unterschätzt indes wohl doch den Einfluss wichtiger Funktionsträger auf den Fluss des Geschehens, vor allem auf den Nebenschauplätzen, zu denen die Schweiz gehörte. Niemand wird so naiv sein, anzunehmen, dass Emil Puhl und einige Staatssekretäre Hitler von einem Angriffsentschluss auf die Schweiz mit Verweis auf den konvertiblen Franken hätten abhalten können. Doch es gab da auch einen Zwischenbereich der Druckausübung und erpressungsnaher Vorgänge knapp unterhalb der Schwelle militärischer Drohung. Und für diese Ebene ist kaum zu bezweifeln, dass die Goldkäufe der Nationalbank mindestens in gewissen Perioden eine «beschwichtigende» Wirkung bei den direkt involvierten oder auch nur orientierten Kreisen (Reichsbank, Vierjahresplan, Reichswirtschaftsministerium, Oberkommando der Wehrmacht und Auswärtiges Amt) ausübten. Wiederum geht es primär um die potentielle Nützlichkeit der Schweiz und anderer Neutraler als unabhängige Staaten. Dies brauchte deutscherseits nicht pausenlos aktenmässig ausformuliert zu werden, solange keine akute Krise vorlag.

Halten wir hier zu Zwecken der Vergleichbarkeit die Schlüsselzahlen im Goldbereich nochmals fest. Die Reichsbank «lieferte» im Laufe des Krieges Gold für 961 Millionen Reichsmark an die Schweizerische Nationalbank sowie für 58 Millionen Reichsmark an die Geschäftsbanken in der Schweiz. Die Nationalbank kaufte von diesen deutschen Gesamtlieferungen Gold im Wert von netto 1211 Millionen Franken (zurückgerechnet zum offiziellen Kurs entsprach dies 704 Mio. RM). Der Rest der Lieferungen ging über das Depot der Reichsbank bei der Nationalbank an andere Adressen, unter denen die portugiesische Nationalbank als Abnehmerin von Gold im Wert von 238 Millionen Franken hervorstach.[393] Die Goldverkäufe der Reichsbank an die Schweizerische Nationalbank bewegten sich bis Mitte 1941 in relativ bescheidenem Rahmen, erreichten dann jedoch rasch ihren Höhepunkt im Jahre 1942 (34% des Gesamttotals) und blieben noch 1943 auf hohem Niveau. Damit wird die Ungewissheit der Phase 1942/43 angesprochen, die im folgenden Kapitel ausführlicher behandelt wird. Welche Bedeutung den Dienstleistungen der Nationalbank aus deutscher Sicht im gesamten Kriegsrahmen zukam, bleibt wohl ein Thema der historischen Kontroverse. Der Stellenwert deutscher Importe (etwa aus Portugal und Spanien) über diese schweizerische Zahlungslinie ist nicht ganz so einfach zu beurteilen, wenn man die durchaus benützten deutschen Alternativmöglichkeiten in Betracht zieht (Clearing sowie Kriegsmaterial gegen Wolfram).

In der Zwischenbilanz lässt sich jedenfalls feststellen, dass die rein privaten schweizerischen Akteure im Finanzbereich in Bezug auf die Devisenbeschaffung Nazi-Deutschlands überwiegend einen vorsichtigzurückhaltenden Kurs verfolgten. Als Ausnahme kann 1941/42 teilweise der Handel mit Escudos gelten (der den Schweizer Banken legitim erschien) sowie gewisse Unvorsichtigkeiten im Notenhandel. Das Risikobewusstsein schärfte sich ohne Zweifel im Verlaufe des Krieges. Nur wenige Finanzintermediäre (genauer gesagt: einige Wertschriften-, Devisen- und Notenhändler) exponierten sich überproportional im Geschäft mit Deutschland oder den besetzten Ländern. Einige davon gehörten zu jener Gruppe, die man im Markt als «Schieber» zu bezeichnen pflegte.[394] Doch auch ihnen waren verhältnismässig enge Grenzen gesetzt, weil sie schliesslich eine zahlungsfähige Gegenpartei benötigten. Markttechnisch ausgedrückt, mussten grössere deutsche Transaktionen in Wertschriften, Devisen, Goldmünzen oder Banknoten über die Schweiz binnen kurzer Zeit zu beträchtlichen Preisverzerrungen führen. Die «Entschuldungsaktion» des Vierjahresplanes brachte diese Beschränkungen des Schweizer Marktes verschiedenen wichtigen deutschen Akteuren im Finanzbereich bereits bis Anfang 1941 zu vollem Bewusstsein.

Im Banne der deutschen Bedrohung (1939–1942)

1. Abt an Minger, 2.10.1939. Briefentwurf Minger an Abt, 6.10.1939. SBA/ J.I. 108, Nr. 659.
2. Vgl. NZZ Nr. 1772 vom 10.10.1939, unter dem Titel «Bitte um Verständnis» (gemeint war die Lage eines kleinen und finanzschwachen Arbeitgebers).
3. Vgl. Tagebuch Feldmann, 12.6.1941.
4. Vgl. Daniel Heller, Zwischen Unternehmertum, Politik und Überleben – Emil G. Bührle und die Werkzeugmaschinenfabrik Oerlikon, Bührle & Co. 1924 bis 1945, Frauenfeld etc. 2002, S. 180ff.
5. Warner an Halifax, 10.10.1939, PRO/ FO 371/23'172. Zur Wahl von Dollfus als Generaladjutant vgl. Peter Menz, Heinrich Walther, S. 393ff.
6. Vgl. NZZ Nr. 1936 vom 13.11.1939.
7. Direktionsnotiz SBG vom 13.11.1939, GHA UBS AG/ SBG 12/2897.
8. Bericht des Chefs des Generalstabes über den Aktivdienst, S. 15. Warner an FO, 10.11.1939, PRO/ FO 371/23'172. Gautschi, General Guisan, S. 93f. Hans Senn, Der schweizerische Generalstab, Bd. 7, Basel 1995, S. 180f.
9. Tagebuch Feldmann, 12.11.1939.
10. Bericht des Chefs des Generalstabes, S. 53.
11. Vgl. Bericht des EVD, Die schweizerische Kriegswirtschaft, Bern 1950.
12. Besprechungsnotizen Robert Kohli vom 19.9.1939, SBA/ J.I. 215 (-), 1990/279, Bd. 1.
13. Memorandum Schlotterer/Clodius über Aussenhandel im Krieg, 12.9.1939, BAB/ R 2501/7004.
14. Verhandlungsnotizen Robert Kohli vom 5. und 6.9.1939, SBA/ J.I. 215, 1990/279, Bd. 1. Tgr. Köcher an AA vom 7.9.1939, PAAA/ R 108'092. BR-Protokoll vom 12.9.1939, DDS Bd. 13, Nr. 159.
15. Besprechungsnotizen Robert Kohli vom 21.9.1939 (Delegations-Verhandlungen), SBA a.a.O.
16. Hotz führte den nominellen Vorsitz der Delegation. Homberger markierte im September 1939 zuweilen eine etwas härtere Position. Unter den übrigen Mitgliedern zeichneten sich durch ihre Interventionen und ihren Einfluss vor allem Peter Vieli (Finanzgläubiger) und Prof. Laur (Landwirtschaft) aus. Nationalrat Max Gafner als Vertreter des Fremdenverkehrs war in die Defensive gedrängt. Robert Kohli als EPD-Vertreter scheint sich diskret im Hintergrund gehalten zu haben. SNB-Direktor Schwab war für gewisse Sachfragen im Finanzbereich (u.a. die Verbindung zur Eidg. Darlehenskasse) von Bedeutung.
17. Besprechungsnotizen R. Kohli vom 13.9.1939 (interne Bespr.), 21.9.1939 (Delegations-Verhandlungen), interne Bespr. ohne Datum (nach dem 21.9.1939) u.a. über ein Telefongespräch von KTA-Chef Oberst Fierz mit dem Messerschmitt-Vertreter Graf Thun, interne Bespr. vom 25.9.1939, SBA a.a.O.
18. Wiehl an Ges. Bern, 25.9.1939. Tgr. Köcher an AA, 1.10.1939. PAAA/ R 108'092.
19. Tgr. Weizsäcker an Ges. Bern vom 5.9.1939. Köcher an AA, 8.9.1939. Konsulat St. Gallen an AA, 12.9.1939. Konsulat Lausanne an Ges. Bern, 8.11.1939. PAAA/ Ges. Bern, Bd. 2921.
20. Wirtschaftsgruppe Gross-, Ein- und Ausfuhrhandel an AA, 29.9.1939. Reichsstelle für den Aussenhandel an AA, 11.1.1940. PAAA/ R 108'019.
21. Köcher an AA, 26.7.1939, PAAA/ Ges. Bern, Bd. 2817.
22. Besprechungsnotiz R. Kohli über Delegationsverhandlung vom 29.9.1939, SBA a.a.O.
23. Besprechungsnotizen R. Kohli über die internen Sitzungen vom 25.9.1939, 26.9.1939 und 27.9.1939.
24. Prof. Richard König als Vertreter der Eidg. Darlehenskasse, Besprechungsnotiz R. Kohli vom 4.10.1939 (interne Sitzung), SBA a.a.O.

25 Protokoll 41. Sitzung der Eidg. Darlehenskasse vom 28.9.1939, SBA/ E 9042, Akz. 1, Bd. 3.
26 Besprechungsnotizen R. Kohli, interne Sitzungen vom 12.9.1939 und 21.9.1939, 30.9.1939, SBA a.a.O.
27 Vgl. Obrecht an Stucki, 16.10.1939. Stucki an Obrecht, 19.10.1939. DDS Bd. 13, Nr. 185.
28 Schweiz. Gesandtschaft London an Foreign Office, 6.11.1939, DDS Bd. 13, Nr. 197.
29 Warner an MEW, 11.10.1939. Notes (des britischen Luftattachés) on Conversations with Colonel Fierz, 12.10.1939. Warner an FO, 18.10.1939 und 19.12.1939. PRO/ FO 371/23'172.
30 Tgr. Köcher an AA, 10.10.1939, PAAA/ R 106'017.
31 NZZ Nr. 1708 vom 28.9.1939.
32 Vgl. Protokoll der Verhandlungen vom 18.9.1939 (Nr. 165). Rüegger an Hotz, 22.9.1939 (Nr. 167). Matter an Obrecht, 24.9.1939 (Nr. 170). DDS Bd. 13.
33 Vgl. Heinrich Homberger, Schweizerische Handelspolitik im Zweiten Weltkrieg – ein Überblick auf Grund persönlicher Erlebnisse, 2. Auflage Zürich 1997, S. 29f.
34 Protokoll Vorort vom 21.10.1939, AfZ.
35 Besprechungsnotiz R. Kohli (Finanzdelegationen), 12.10.1939, SBA a.a.O. BR-Protokolle vom 13.10. und 24.10.1939, SBA/ E 1004.1, 1, Bd. 390. Rapport SBG-Direktion über Sitzung des Komitees Deutschland am 17.10.1939, Archiv UBS/SBG 12/2707.
36 Tgr. Koecher an AA, 27.11.1939, PAAA/ R 106'017.
37 Vgl. NZZ Nr. 1848 vom 26.10.1939.
38 Die NZZ Nr. 1971 vom 20.11.1939 resümierte einen Artikel des «Deutschen Volkswirt».
39 Köcher an AA, 13.12.1939, PAAA/ Ges. Bern, Bd. 5813.
40 Köcher an Haeften, 27.10.1939, PAAA/ Ges. Bern, Bd. 5813.
41 Aufzeichnung Wagner vom 1.11.1939, PAAA/ Ges. Bern, Bd. 5812.
42 Köcher an Weyrauch, 10.12.1939, PAAA/ Ges. Bern, Bd. 5813.
43 Voigt an AA, 29.11.1939, BAB/ G.K. Zürich, 5025.
44 Vgl. Hasler an Labhart, 22.11.1939, DDS Bd. 13, Nr. 205.
45 Vgl. Tagebuch Feldmann vom 14.10.1939 und 31.10.1939. Generell zum Thema: Georg Kreis, Zensur und Selbstzensur, Die schweizerische Pressepolitik im Zweiten Weltkrieg, Frauenfeld 1973.
46 Tagebuch Feldmann, 14.10.1939, 15.10.1939, 17.2.1940.
47 Vgl. Bernard Barbey, Aller et Retour – mon journal pendant et après la «drôle de guerre» 1939–1940, Neuchâtel 1967, S. 31 (16.10.1939), S. 54 (15.11.1939), S. 101 (19.2.1940).
48 Vgl. Hans Rudolf Fuhrer, Spionage gegen die Schweiz – Die geheimen deutschen Nachrichtendienste gegen die Schweiz im Zweiten Weltkrieg 1939–1945, Frauenfeld 1982, S. 63f.
49 Köcher an AA, 12.1.1940, PAAA/ Ges. Bern, Bd. 5813.
50 Vgl. Hans Senn, Generalstab Bd. 7, S. 82ff.
51 Vgl. NZZ Nr. 1192 vom 1.7.1939 und Nr. 1889 vom 2.11.1939.
52 Voigt an Ges. Bern, 19.7.1940, PAAA/ G.K. Zürich, Paket 49.
53 Tabelle Reichsbank per 31.8.1939, BAB/ R 2501/9885.
54 Details der Reichsbank in BAB: R 2501/9716. R 2501/10'140. R 2501/9628 (hier das Zitat aus einem Brief Dresdner Bank an die Reichsbank vom 21.12.1939).
55 Reichsbankakten/Tabellen in: BAB R 2501/10'107. Die Stillhalteabkommen von 1939/1940 in: BAB/ R 2501/6773.
56 Warner an Halifax, 25.10.1939. Kopie frz. Generalkonsul an frz. Botschafter Bern, 12.10.1939. MEW an Warner, 7.11.1939. PRO/ FO 371/23'173.
57 Report of the Exports and Foreign Exchange Sub-Committee (1940), PRO/ FO 837/105.

58 Wirtschaftsgruppe Privates Bankgewerbe an RWM, 6.9.1939 und 15.9.1939, BAB/ R 3101/33'054.
59 Vgl. die Kontobeziehungen am Kriegsende in: SBA/ E 7160-07 (-), 1968/54, Bd. 761. Zu den Kundendepots vgl. SBA/ E 7160-07 (-), 1968/54, Bd. 992.
60 RKG an RWM, 8.8.1939, BAB/ R 3101/33'063.
61 Der Oberfinanzpräsident München/Devisenstelle an RWM, 18.1.1940, BAB/ R 3101/33'058.
62 RWM/V Dev. 2/ Dr. Mangold an Devisenstelle München, Briefentwurf vom 28.2.1940, BAB/ R 3101/33'058.
63 Notiz Dr. V./ Direktion SBG, über Besuch von Dr. Hugo H., 30.11.1939, GHA UBS/SBG 12/2897.
64 Köcher an AA, 9.2.1940, PAAA/ Ges. Bern, Bd. 2783.
65 Aufzeichnung Köcher vom 20.3.1940, PAAA/ Ges. Bern, Bd. 2765.
66 Tagebuch Feldmann, 17.4.1940.
67 Tagebuch Feldmann, 28.2.1940, 4.3.1940, 21.4.1940, 22.4.1940.
68 Tgr. Köcher an AA, 16.4.1940, PAAA/ Ges. Bern, Bd. 2765.
69 Vgl. Hans Senn, Generalstab Bd. 7, S. 149 ff. Barbey, Aller et retour, S. 95 (31.1.1940).
70 Ein «tarnungstechnisch» interessantes Beispiel: Die Friedrich Krupp AG in Essen erhielt Anfang Januar 1940 die Erlaubnis zu einer höchst komplexen Konstruktion über die Pantena AG/Noxum AG/Wolframerzgesellschaft, alle in Glarus domiziliert. Es ging um die Einbringung von Krupp-Patenten. Das aufzuwendende Aktienkapital betrug 500 000 Franken (Akten in BAB/ R 3101/33'058).
71 Akten zum Fall Deckel (September 1939 bis Februar 1940) in: BAB/ R 3101/33'059. Die zuletzt zitierte Stellungnahme in: «V Exp. 2» an Referat V Dev. 2., 20.1.1940.
72 Zur Sonora vgl. Rekursfall Nr. 75 in: SBA/ E 2801, 1968/84, Bd. 84.
73 Tgr. Köcher an AA, 25.10.1940, PAAA/ Ges. Bern, Bd. 5817.
74 Vgl. Heinz Höhne, Canaris – Patriot im Zwielicht, München 1976. Hans Bernd Gisevius, Bis zum bitteren Ende, Band 2, Zürich 1946. Klemens von Klemperer, Die verlassenen Verschwörer – der deutsche Widerstand auf der Suche nach Verbündeten, Berlin 1994. Christoph Mauch, Schattenkrieg gegen Hitler, Stuttgart 1999.
75 Schering an RWM, 14.9.1939. NSDAP/AO an RWM, 29.9.1939. Schering an RWM, 16.10.1939. RWM (Dr. Mangold) an Leiter der Devisenstelle Berlin, 7.11.1939. BAB/ R 3101/ 34'452.
76 Vgl. Bankverein an britisches Konsulat, 14.2.1940, über die Hintergründe der Chepha. SBA/ E 2001 (E), 1967/113, Bd. 421.
77 Schering an RWM, 26.2.1940. Vermerk RWM/Mangold über Besprechung vom 10.4.1940. BAB/ R 3101/34'452.
78 Dienststelle AO im RWM an Referat V Dev. 2 («geheime Reichssache»), 15.5.1940, BAB/ R 3101/34'452.
79 Vgl. NZZ Nr. 1107 vom 21.6.1938.
80 NZZ Nr. 1735 vom 3.10.1939.
81 Vgl. Revisionsbericht der Schweiz. Verrechnungsstelle vom 8.3.1946 (der sogenannte «Rees-Bericht»), SBA/ E 7160-07 (-), 1968/54, Bd. 1064. C. Roesch (einst bei I.G. Farben tätig) war seit 1930 VR-Mitglied der I.G. Chemie und verlegte 1932 seinen Wohnsitz nach Basel. Er starb im Januar 1941. Eduard Greutert kannte Schmitz aus der gemeinsamen Zeit bei der Metallgesellschaft in Frankfurt. 1920 war Greutert Mitbegründer und Gesellschafter der nach ihm benannten Privatbank in Basel. Daneben fungierte er als VR-Mitglied bei der I.G. Chemie von deren Gründung bis zu seinem Tod im Jahre 1939.
82 Memorandum über H. Schmitz aus alliierten Nachrichtenquellen, Sommer 1945, PRO/ FO 1031/151.
83 Vgl. Rekursentscheid vom 1.5.1948 (Schweizerische Rekursinstanz auf Grund des Abkommens von Washington), SBA/ E 2801, 1968/84, Bd. 84.

84 Niederschrift über Besprechung Iselin, Keller, Germann, Gadow, Sturzenegger, Roesch am 22.5.1940 im Hotel Bellevue in Bern. NARA/ RG 131.
85 Gierlichs an Schweiz.Verrechnungsstelle, 23.4.1951. Dazu auch Affidavit Kurt Krüger, 10.7.1947. SBA/ E 7160-07(-), 1968/54, Bd.1056. Vgl. die Schlussfolgerung der Schweiz.Verrechnungsstelle im Exposé vom 24.9.1947, SBA/ E 7160-07(-), 1968/54, Bd.1054.
86 Revisionsbericht der Schweiz.Verrechnungsstelle vom 8.3.1946, SBA a.a.O. Vgl. NZZ Nr.895 vom 21.6.1940 zur Änderung der Verhältnisse.
87 Vgl. Minger an Kelly, 19.1.1940 (Nr.229). Fierz an de Blonay, 31.1.1940 (Nr.231). Obrecht an Minger, 30.3.1940 (Nr.258). DDS Bd.13.
88 Vgl. Wetter an Obrecht, 7.12.1939 (Nr.212). Keller an Hotz, 12.2.1940 (Nr.237). Baumann an Obrecht, 4.3.1940 (Nr.245) mit Annex Obrecht an Grossbanken, 26.3.1940. Schulthess an Pilet-Golaz, 9.4.1940 (Nr.261, Anm. 1). DDS Bd.13.
89 BR-Protokoll vom 21.5.1940, DDS Bd.13, Nr.284.
90 Besprechungsnotiz R. Kohli, 15.5.1940, SBA/ J.I. 215, 1990/279, Bd.1.
91 Protokoll Vorort vom 26.3.1940, AfZ.
92 Abschrift Vermerk Oberst Hanesse, 19.1.1940. Hemmen an AA, 26.1.1940. Vermerk Sabath (AA), 28.3.1940. AfZ/ MF 3595.
93 Die Bevorschussung durch die Darlehenskasse belief sich auf dem Höchststand auf 5 Millionen Franken, das heisst nur einen Bruchteil des ursprünglich erwarteten Maximalrisikos (vgl. Protokoll der VR-Sitzung der Darlehenskasse vom 20.3.1940, SBA/ E 9042, Akz.1, Bd.3).
94 Protokoll Ausschuss Eidg. Darlehenskasse, 22.11.1939. Aussage Verwalter Pfyffer. SBA/ E 9042, Akz.1, Bd.6.
95 Frankfurter Zeitung Nr.657 vom 24.12.1939.
96 Besprechungsnotiz R. Kohli (interne Sitzung) vom 25.1.1940, SBA a.a.O.
97 Protokoll Vorort vom 21.5.1940, AfZ.
98 Monatsbericht SNB vom Dezember 1939.
99 Vgl. Robert U. Vogler, Die Wirtschaftsverhandlungen zwischen der Schweiz und Deutschland 1940 und 1941, Neuauflage (Basel und Frankfurt am Main) 1997.
100 Aufzeichnung Legationsrat Schüller vom 20.4.1940, PAAA/ R 108'098.
101 Tgr. Ritter an Ges. Bern, 11.5.1940, PAAA/ R 108'098.
102 Köcher an Pilet-Golaz, 24.4.1940. Köcher an AA, 26.4.1940. AfZ/ MF 3672.
103 Frölicher an Pilet-Golaz, 2.5.1940, DDS Bd.13, Nr.271/Annex 1.
104 Aktennotiz Ribbentrop vom 2.5.1940, ADAP/ Serie D, Bd.9.
105 Tagebuch Feldmann, 10.4.1940.
106 Goebbels-Tagebücher, 23.2.1940, 28.2.1940, 18.5.1940.
107 Vgl. Höhne, Canaris, S.383.
108 Vgl. Hans Senn, Generalstab Bd.7, S.204 (mit Bezug auf Rechenschaftsbericht von Major Waibel).
109 Tgr. Kelly an FO/War Cabinet, 15.5.1940, PRO/ FO 371/24'541. Gianni Toniolo (with the assistance of Piet Clement), Central Bank Cooperation at the Bank of International Settlements 1930–1973, Cambridge 2005, S.221f. Im Oktober 1940 kehrten die BIZ-Funktionäre mit ihren Familien nach Basel zurück. Das Leben im Bergdorf hatte offenbar zu einigen Spannungen unter der multinationalen Belegschaft geführt.
110 Zu Gerüchtewelle und «Nervenkrieg» u.a. Tagebuch Feldmann, 14.5., 15.5. und 17.5.1940. Zu den Details der militärischen Täuschungen: Christian Vetsch, Aufmarsch gegen die Schweiz – der deutsche «Fall Gelb», Irreführung der Schweizer Armee 1939/40, Olten und Freiburg im Breisgau 1973.
111 Köcher an AA, 28.5.1940, ADAP/ Serie D, Bd.9.
112 Köcher an AA, 6.5.1940 und 10.5.1940. PAAA/ Ges. Bern, Bd.5815.
113 Tagebuch Feldmann, 27.5.1940. Ausführlich dazu: André Lasserre, La Suisse des années sombres, Lausanne 1989, Kapitel 3 (La défaite française et la crise morale).

114 Barbey, Aller et retour, S. 159, 163.
115 Cartwright an M.I.3, 7.6.1940, PRO/ FO 371/24'530.
116 Vgl. Neville Wylie, Britain, Switzerland and the Second World War, Oxford 2003, S. 271 f.
117 Notiz Weizsäcker vom 24.5.1940, PAAA/ R 106'248.
118 Antrag EVD vom 24.5.1940 an Bundesrat (Protokoll vom 24.5.1940), DDS Bd. 13, Nr. 289.
119 Aufzeichnung Schüller über Sitzung des Regierungsausschusses am 24.5.1940 im Reichswirtschaftsministerium unter dem Vorsitz von Hemmen. PAAA/ R 108'092.
120 Aktenvermerk Ritter vom 3.6.1940 (betr. Einleitende Besprechung am 27. Mai und Gespräch Frölicher/Ritter vom 3. Juni), ADAP/ Serie D, Bd. 9. Vgl. auch Frölicher an Pilet-Golaz, 28.5.1940, DDS Bd. 13, Nr. 292. Aktenvermerk Ritter vom 30.5.1940, ADAP/ Serie D, Bd. 9.
121 Vermerk Sabath über bilaterale Besprechung vom 30.5.1940 und 31.5.1940. PAAA/ R 108'092.
122 Vermerk Sabath, 6.6.1940. Köcher an AA, 10.6.1940. PAAA/ R 108'092.
123 Fierz an Minger (über seinen Besuch bei Weizsäcker am 12. Juni), 17.6.1940, DDS Bd. 13, Nr. 309.
124 Notiz Sabath über Anruf von Legationsrat Grässli, 8.6.1940. PAAA/ R 108'092.
125 Notiz R. Kohli über Besprechung Hotz mit Hemmen am 17.6.1940, DDS Bd. 13, Nr. 310.
126 Vermerk Schüller über Mitteilung Hemmen, «Stand 12.6.1940». PAAA/ R 108'092. BR-Protokoll vom 11.6.1940, DDS Bd. 13, Nr. 302.
127 Tgr. Clodius an Ges. Bern, 20.6.1940, PAAA/ R 108'092.
128 Abschrift des Zirkulars des Vororts vom 11.6.1940 in PAAA/ R 108'019.
129 Hemmen an AA, 27.6.1940, PAAA/ R 108'019.
130 Vgl. Klaus Urner, «Die Schweiz muss noch geschluckt werden!» – Hitlers Aktionspläne gegen die Schweiz, Zürich 1990, S. 36 ff.
131 Vgl. Guisan an Pilet-Golaz, 16.6.1940, DDS Bd. 13, S. 728. Tagebuch-Eintrag Bernard Barbey vom 18.6.1940 und 21.6.1940, in: Bernard Barbey, P.C. du Général, Journal du Chef de l'Etat-major particulier du Général Guisan, Neuchâtel 1948.
132 Barbey, P.C. du Général, 20.6.1940. Vgl. Bonjour, Neutralität, Bd. 4, Kapitel 6. Wetter, Duell der Flieger, S. 134 ff.
133 Vgl. Klaus Urner, «Die Schweiz muss noch geschluckt werden!», S. 65 ff. Hans Senn, Der schweizerische Generalstab, Bd. 7, S. 235 ff.
134 Vgl. Guisan an Minger, 25.6.1940, DDS Bd. 13, S. 750.
135 Protokoll R. Kohli über Besprechung vom 21.6.1940, DDS Bd. 13, S. 739 f.
136 Protokoll der Konferenz vom 22.6.1940, DDS Bd. 13, Nr. 317.
137 Tagebuch Feldmann, 25.6.1940. Deutscher Text von Pilets Rede damals veröffentlicht u.a. in NZZ Nr. 914 vom 25.6.1940. Französischer Text in DDS Bd. 13, Nr. 318.
138 Vgl. Jean-Paul Cointet, Histoire de Vichy, Paris 1996, S. 104.
139 Tagebuch Feldmann, 28.6.1940.
140 Protokoll der Vollmachtenkommission vom 26.6.1940, DDS Bd. 13, S. 763 ff.
141 Vgl. NZZ Nr. 901 vom 23.6.1940.
142 Vgl. ADAP/ Serie D, Bd. 10, Nr. 60, 131 und 132 zum deutsch-schwedischen Transportabkommen.
143 Tgr. Hemmen an AA, 18.6.1940. Protokoll vom 22.6.1940, PAAA/ R 108'092.
144 Besprechungsnotizen R. Kohli vom 29.6.1940, SBA a.a.O.
145 Bericht Hemmen vom 5.7.1940, PAAA/ R 108'092. Besprechungsnotizen R. Kohli vom 2. und 4. Juli 1940, SBA a.a.O. BR-Protokoll vom 2.7.1940, DDS Bd. 13, Nr. 328.
146 Besprechungsnotiz R. Kohli über Plenarsitzung vom 5.7.1940, SBA a.a.O.

147 Aufzeichnung Wiehl vom 3.7.1940, ADAP/ Serie D, Bd. 10, Nr. 99. Zum Gewicht von Staatssekretär Landfried im RWM vgl. u. a. die Aussage von Albert Speer in: Albert Speer, «Alles was ich weiss», Hrsg. von Ulrich Schlie, München 1999, S. 144.
148 Aufzeichnung Hemmen vom 9.7.1940, ADAP/ Serie D, Bd. 10, Nr. 144.
149 Vgl. K. Urner, «Die Schweiz muss noch geschluckt werden!», Dokument Nr. 5 im Anhang.
150 Aufzeichnung Weizsäcker vom 28.6.1940, PAAA/ R 29'832.
151 Aufzeichnungen Weizsäcker vom 2.7.1940 (Nr. 506 und 507), a. a. O.
152 Ribbentrop dachte zu dieser Zeit an ein grosses Revirement unter seinen Diplomaten. Weizsäcker gab einige Empfehlungen ab, reichte gleichzeitig vorsichtshalber auch seinen Rücktritt ein. Vgl. Weizsäcker an Ribbentrop, 26.6.1940, in: Leonidas E. Hill (Hrsg.), Die Weizsäcker-Papiere 1933–1950, Frankfurt am Main etc. 1974, S. 208.
153 Aktenvermerk Ritter, 6.5.1940, PAAA/ R 106'242.
154 Aufzeichnung Hemmen vom 9.7.1940 mit einschränkenden Zeichen der Abschrift in: PAAA/ R 106'248.
155 Interrogation of Goering, 25.6.1945, Omgus 11/285/8.
156 Vgl. Hassell-Tagebücher, Eintrag vom 19.1.1941. Ferner: Helmuth J. von Moltke, Briefe an Freya 1939–1945, Hrsg. Beate Ruhm von Oppen, München (dtv) 1995, S. 264, 345.
157 Wiehl an Gramsch, 8.8.1940. Gramsch an AA, 9.8.1940 (effektiver Eingang evtl. erst am 19.8.1940), PAAA/ R 108'093.
158 OKW/WiRüAmt an AA, 16.1.1940, PAAA/ R 106'453.
159 Aktennotiz OKW/WiRüAmt vom 11.7.1940, PAAA/ R 106'453.
160 Tgr. Seyboth an AA, 13.7.1940, PAAA/ R 108'093.
161 Vermerk Sabath vom 11.7.1940, PAAA/ R 108'092.
162 Gramsch an AA, 16.7.1940. Vermerk Sabath über Besprechung mit Seyboth bei Wiehl am 22.7.1940. PAAA/ R 108'093.
163 Aufzeichnung Weizsäcker vom 16.7.1940, PAAA/ R 106'248. Frölicher an Pilet-Golaz, 17.6.1940, DDS Bd. 13, Nr. 344.
164 Vgl. Ribbentrop an Bohle, 16.7.1940, ADAP/ Serie D, Bd. 10.
165 Tgr. Kelly an FO, 18.7.1940, PRO/ FO 371/24'410.
166 BR-Protokoll vom 19.7.1940 mit Annex R. Kohli, DDS Bd. 13, Nr. 346.
167 Kelly an Sir Orme Sargent, 21.9.1940, PRO/ FO 371/24'539.
168 Vgl. Niederschrift R. Kohli über Verhandlungen vom 29.7.1940, DDS Bd. 13, Nr. 351. Vermerk Sabath/AA vom 30.7.1940, PAAA/ R 108'093. Sabath sagte nach eigener Aufzeichnung am 29.7.: «Wir hätten die Macht, unseren Willen durchzusetzen und wir würden rücksichtslos davon Gebrauch machen.»
169 Hotz an Pilet-Golaz, 24.7.1940, DDS Bd. 13, Nr. 348.
170 Vermerk Sabath vom 2.8.1940, PAAA/ R 108'093.
171 Aufzeichnung Ministerialrat Seyboth vom 7.8.1940, PAAA/ R 108'093.
172 Tgr. Seyboth an AA, 6.9.1940. RWM an AA, 13.9.1940. PAAA/ R 108'093.
173 Wiehl an Gramsch, 8.8.1940. Gramsch an AA, 9.8.1940, mit Abklärungsvermerk, weshalb der Eingangsstempel des AA das Datum vom 19.8.1940 aufweist. PAAA/ R 108'093.
174 BR-Protokoll vom 13.8.1940, DDS Bd. 13, Nr. 363.
175 Schwab an Pilet-Golaz, 13.8.1940, DDS Bd. 13, Nr. 364.
176 Vgl. Hans Wegmüller, Brot oder Waffen – der Konflikt zwischen Volkswirtschaft und Armee in der Schweiz 1939–1945, Zürich 1998, S. 112. Bericht des Chefs des Generalstabs der Armee, S. 53.
177 Löpfe-Benz an Stucki, 11.3.1940, SBA/ J. I. 131.131.
178 Tagebuch Feldmann, 29.6.1940, 12.7.1940, 1.8.1940.
179 Vgl. Georg Hafner, Bundesrat Walther Stampfli, Olten 1986, S. 206 ff.
180 Brief vom 24.7.1940, zitiert nach: René Teuteberg u. a., Albert Oeri, Basel 2002, S. 151 ff.

181 Vgl. dazu Willi Gautschi, General Guisan, Kapitel 15 und 18.
182 Ansprache Guisans in NZZ Nr. 1101 vom 1.8.1940. Ansprache Pilet-Golaz in NZZ Nr. 1105 vom 2.8.1940. Zu den Details des Rütli-Rapports vgl. Gautschi, Guisan, Kapitel 16.
183 NZZ Nr. 1086 vom 29.7.1940 und Nr. 1127 vom 7.8.1940.
184 Vgl. NZZ Nr. 1150 vom 12.8.1940 und Nr. 1166 vom 14.8.1940 zum «technischen» Teil. Sowie die «Betrachtungen über das neue Verrechnungsabkommen mit Deutschland» in NZZ Nr. 1179 vom 17.8.1940.
185 «Volksrecht» vom 15.8.1940.
186 «Volksrecht» vom 20.8.1940.
187 Artikel in der «Schweizerischen Bauernzeitung», zitiert nach «Volksrecht» vom 24.8.1940.
188 Tagebuch Feldmann, 1.9.1940.
189 «Volksrecht» vom 1.8.1940. Tagebuch Feldmann, 27.7.1940.
190 NZZ Nr. 958 vom 4.7.1940.
191 Notiz Robert Kohli über Vorbesprechung vom 19.9.1939, SBA a.a.O.
192 «Volksrecht» vom 3.8.1940 betr. Stand 1938.
193 Tgr. Krauel (Genf) an AA, 9.8.1940, PAAA/ R 108'093.
194 Reichsbankzahlen per 31.12.1939 (ohne Umlegekredite) in: BAB/ R 2501/10'065. Zum Stand der Umlegekredite variieren die Zahlen. Die hier verwendete tiefere Angabe aus dem Bericht über die Stillhalte-Konferenz vom 5. bis 8.2.1940, GHA UBS AG/ SBG 12/2570.
195 Die gesamte deutsche Verschuldung gegenüber der Schweiz (inkl. Sperrguthaben und Anlagen in Beteiligungen und Grundstücken etc.) wurde von der Reichsbank im Mai 1940 auf 2.2 Milliarden Reichsmark geschätzt (BAB/ R 2501/6428). Dabei handelt es sich vermutlich um Nominalwerte. Die effektiven Marktwerte waren zu diesem Zeitpunkt kaum verlässlich feststellbar.
196 H. Simon, Die Stillhaltung von 1940, Bank-Archiv 1940, Nr. 13 und 14. Frankfurter Zeitung vom 4.7.1940. NZZ Nr. 996 vom 11.7.1940. «The German-American Standstill Agreement of 1940» in BAB/ R 2501/6773. Protokoll Nr. 2 des Schweizerischen Bankenausschusses, 30.5.1940, GHA UBS AG/ SBG 12/2573.
197 Funk an der Beiratssitzung der Reichsbank vom 2.2.1940, BAB/ R 2501/6391. Vgl. auch Gian Trepp, Bankgeschäft mit dem Feind, 2. Aufl. Zürich 1996, S. 71 ff.
198 Vermerk Reichsbank/Volkswirtschaftliche und statistische Abt. vom 24.1.1940, BAB/ R 2501/6447.
199 Reichsbank/Länderbericht Schweiz vom 18.5.1940, BAB/ R 2501/5964.
200 Verpflichtungen der Grossbanken gegenüber dem Ausland (1935–1940), Archiv SNB, Tabelle 24.
201 Die Anzahl der belegten Schrankfächer ging zwischen dem 30.9.1939 und dem 30.9.1940 um 29% zurück (Bericht der Abt. für Privatkundschaft für das 3. Quartal 1940, GHA UBS AG/ SBV 14'895).
202 Protokoll SNB-Direktorium vom 16.4.1940, Archiv SNB.
203 BR-Protokoll vom 17.5.1940, DDS Bd. 13, Nr. 280.
204 Vgl. Vincent Crettol et Patrick Halbeisen, Les motivations monétaires des opérations sur or de la Banque nationale suisse pendant la Seconde Guerre mondiale, S. 20.
205 Protokoll SNB-Direktorium vom 26.6.1940, Archiv SNB.
206 Protokoll SNB-Direktorium vom 15.7.1940, Archiv SNB.
207 Protokolle SNB-Direktorium vom 25.7.1940 und 31.7.1940, Archiv SNB.
208 Vgl. Unabhängige Expertenkommission Schweiz – Zweiter Weltkrieg (UEK), Goldtransaktionen im Zweiten Weltkrieg: Kommentierte statistische Übersicht (ein Beitrag zur Goldkonferenz in London, 2.– 4. Dez. 1997). UEK, Die Schweiz und die Goldtransaktionen im Zweiten Weltkrieg, Zwischenbericht vom Mai 1998. Michel Fior, L'Union soviétique et les banques suisses au début de la Seconde Guerre mondiale, 1939–1941, Relations Internationales, No. 105, Sommer 2001, S. 195–212.

209 Reichsbankhauptkasse Berlin an AA, 11.10.1939. Notiz Voigt vom 13.10.1939. PAAA/ G.K. Zürich, Paket 49.
210 Vgl. Christine Gehrig-Straube, Beziehungslose Zeiten, Das schweizerisch-sowjetische Verhältnis zwischen Abbruch und Wiederaufnehme der Beziehungen (1918–1946) aufgrund schweizerischer Akten, Zürich 1997.
211 Protokoll SBG-VR vom 3.4.1936, GHA UBS AG/ SBG. Notizen Direktion SBG Zürich vom 13.10.1937 und 14.10.1939, GHA UBS AG/ SBG 12/2903.
212 Protokoll SNB-Direktorium vom 22.8.1940, Archiv SNB.
213 Vgl. Ebrard an Obrecht, 28.6.1940, DDS Bd. 13, Nr. 323.
214 Vgl. M. Fior, L'Union soviétique et les banques suisses, S. 198f. (er berechnet sowjetische Lieferungen an den Bankverein von Fr. 135 Mio. und an die SBG von Fr. 32 Mio. ab 15.1.1940. Die Lieferungen vom Herbst 1939 sind somit nicht berücksichtigt).
215 Vgl. A. Lasserre, La Suisse des années sombres, Kapitel 4.
216 Handschriftliche Notizen Pilet-Golaz' für die Sitzung vom 3.7.1940 mit der aussenpolitischen Kommission des Nationalrates, DDS Bd. 13, Nr. 329.
217 Vgl. Pilet-Golaz an Wetter, 5.8.1940, 18.8.1940, DDS Bd. 13, Nr. 357.
218 Köcher an AA, 1.6.1940, PAAA/ Ges. Bern, Bd. 2765.
219 Zu W. Schulthess und W. Oeding während des Zweiten Weltkrieges vgl. «Spezialfall Nr. 4» der SVST, SBA/ E 7160-07 (-), 1968/54, Bde. 1068–1071.
220 Biographisches Lexikon zum Dritten Reich, Hrsg. Hermann Weiss, S. 46f.
221 Köcher an AA, 27.11.1940 und 14.12.1940, PAAA/ Ges. Bern, Bd. 2783.
222 Vgl. W. Gautschi, General Guisan, Kapitel 19 (mit der dort angegebenen Spezialliteratur von G. Kreis und O. Gauye).
223 Schulthess an Pilet-Golaz, ohne Datum (von Pilet am 1.11.1940 abgezeichnet). Notiz Bonna an Pilet vom 17.10.1940. DDS Bd. 13, Nr. 406 mit Annex.
224 Tagebuch Feldmann, 15.9.1940 (mit zahlreichen Details zum Hintergrund und Ablauf der umstrittenen Audienz).
225 Protokoll Vorort vom 15.8.1940, AfZ.
226 Guisan an Pilet-Golaz, 9.11.1940, DDS Bd. 13, Nr. 410.
227 Telefon Hausamann mit Feldmann, Tagebuch Feldmann vom 28.7.1940. Vgl. auch Informationen von Dr. Lindt an Feldmann, Tagebuch vom 15.9.1940.
228 Generalmajor Beaumont-Nesbitt (War Office) an Makins (FO), 25.10.1940. Makins an Beaumont-Nesbitt, 21.10.1940, PRO/ FO 371/24'539.
229 Kelly an FO, 15.11.1940, PRO/ FO 371/24'541.
230 Vgl. BR-Protokoll vom 6.12.1940 mit Übersicht über die schweizerisch-britischen Verhandlungen seit Mitte September 1940, DDS Bd. 13, Nr. 423. Zur Blockade vgl. auch O. Inglin, Der stille Krieg, S. 69ff., 86f.
231 Kelly an FO, 12.11.1940, PRO/ FO 371/24'541.
232 Jacobsson an GD Weber, 25.11.1940. Weber an Wetter, 28.11.1940. DDS Bd. 13, Nr. 419 mit Annex.
233 Kappeler an Bonna, 27.11.1940, DDS Bd. 13, Nr. 418.
234 Vgl. Georg Kreis, Juli 1940 – Die Aktion Trump, Basel und Stuttgart 1973. Gerhart Waeger, Die Sündenböcke der Schweiz, Olten und Freiburg i.Br. 1971.
235 Tagebuch Feldmann, 29.11.1940. Feldmann erfuhr dies von Jann von Sprecher, Redaktor der Schweizer Monatshefte. Die Information stammte gemäss von Sprecher von einem französischen Senator, der sie auch an Bundesrat Etter weitergab.
236 Aktenvermerk Ritter vom 11.11.1940, PAAA/ R 106'248.
237 Herbert Lüthy, Die Disteln von 1940, Nachwort zu G. Kreis, Juli 1940, S. 94f.
238 Protokoll SNB-Bankausschuss vom 21.11.1940 (Referat GD Schnorf), Archiv SNB.
239 Frölicher an Theo Kordt, 8.3.1948, SBA/ J.I. 236, 1993/368, Nr. 18.
240 Aufzeichnung Botschafter v. Moltke, 7.11.1940, ADAP/ Serie D, Bd. 11.1, Nr. 301.

241 Vgl. Aufzeichnung Weizsäckers vom 8.8.1940 über Gespräch mit Frölicher sowie Tgr. Köcher an AA vom 13.8.1940 und Aufzeichnung Köcher vom 26.8.1940. ADAP/ Serie D, Bd. 10, Nr. 314, 335, 397.
242 Heydrich an Himmler, 5.4.1941, BAB/ NS 13/1764.
243 Tagebuch Feldmann, 9.9.1940 und 9.12.1940.
244 Tagebuch Feldmann, 11.12.1940.
245 Vgl. P. Menz, Heinrich Walther, Kapitel 11.
246 Tagebuch Feldmann, 12.12.1940.
247 Vgl. Hans-Erich Volkmann, Die NS-Wirtschaft in Vorbereitung des Krieges, und Wilhelm Deist, Die Aufrüstung der Wehrmacht, in: Ursachen und Voraussetzungen des Zweiten Weltkrieges, aktualisierte Ausgabe Frankfurt am Main 1989. Ferner: Richard Overy, Goering, S. 102 ff.
248 Selzam (dt. Ges. Bern) an AA, 21.12.1940, PAAA/ R 108'019.
249 Vermerk Sabath vom 1.11.1940, PAAA/ R 108'019.
250 Vgl. u.a. Eintrag vom 19.3.1940 und 29.4.1940 in Tagebücher Ulrich von Hassell.
251 Protokolle SNB-Direktorium vom 23.10.1940, 31.10.1940, 7.11.1940, 12./13.12.1940. Archiv SNB.
252 Protokoll SNB-Direktorium vom 31.10.1940, Archiv SNB.
253 Tgr. Hemmen an AA, 19.11.1940. Tgr. Kordt an AA, 4.12.1940. Tgr. Köcher an AA, 14.12.1940. PAAA/ R 106'248. BR-Protokoll vom 26.11.1940, DDS Bd. 13, Nr. 417.
254 Tgr. Clodius an Ges. Bern/Hemmen, 23.12.1940, PAAA/ R 116'814. Antrag EVD an Bundesrat vom 7.12.1940, AfZ/ 9.1.2.5.1.
255 Vgl. Werner Baumann/Peter Moser, Bauern im Industriestaat – Agrarpolitische Konzeptionen und bäuerliche Bewegungen in der Schweiz 1918–1968, Zürich 1999. S. 84 f.
256 Festellung H. Homberger, Protokoll Vorort vom 4.11.1940, AfZ.
257 BR-Protokoll vom 2.12.1940, DDS Bd. 13, Nr. 420.
258 Hotz an BR, 26.12.1940, AFZ/ 9.1.2.5.1. Handelspolitischer Ausschuss, Protokolle vom 10.1.1941 und 4.2.1941, PAAA/ R 116'814.
259 Tgr. Hemmen an AA, 14.1.1941, PAAA/ R 108'019. BR-Protokoll vom 11.2.1941, DDS Bd. 14, Nr. 8.
260 Aufzeichnung Weizsäcker vom 22.1.1941, PAAA/ R 106'248.
261 Aufzeichnung Köcher vom 13.1.1941, Ges. Bern, Bd. 2766.
262 Kelly an FO, 18.2.1941 und 13.3.1941, PRO/ FO 371/27'012.
263 EVD-Antrag an BR vom 7.3.1941, DDS Bd. 14, S. 50 f. Tgr. Kordt an AA, 1.3.1941, PAAA/ R 106'248.
264 Protokoll Handelspolitischer Ausschuss vom 5.3.1941, PAAA/ R 106'248.
265 Aufzeichnung Clodius vom 11.3.1941, PAAA/ R 106'248.
266 EVD-Antrag an BR vom 17.3.1941, DDS Bd. 14, S. 52 f.
267 Tgr. Köcher an AA, 12.3.1941, PAAA/ R 106'017.
268 Tgr. Wiehl an Ges. Bern, 1.4.1941, PAAA/ R 106'017.
269 RWM/Frhr. v. Süsskind-Schwendi an AA, 8.1.1941, PAAA/ R 108'019.
270 Udet an AA, 27.2.1941. OKW/WiRüAmt, Richtlinien vom 11.6.1941. PAAA/ R 106'593.
271 Vgl. H. Senn, Generalstab Bd. 7, S. 321 ff., S. 338 ff.
272 Tagebuch Feldmann, 3.2.1941.
273 Aufzeichnung H. Koenig vom 28.3.1941, DDS Bd. 14, Nr. 23.
274 Vgl. Weizsäcker-Papiere, 16.2.1941, 13.3.1941.
275 Zu den Konflikten zwischen dem militärischen Nachrichtendienst und dem Politischen Departement vgl. Pierre-Th. Braunschweig, Geheimer Draht nach Berlin – Die Nachrichtenlinie Masson–Schellenberg und der schweizerische Nachrichtendienst im Zweiten Weltkrieg, Zürich 1989, S. 133 ff.
276 Bircher an Guisan, 12.4.1941, DDS Bd. 14, Nr. 27 (Anmerkung 4 zu Guisans Schlussfolgerungen).

277 Aide-Mémoire Guisan vom 9.5.1941 (zuhanden des Bundesrates), DDS Bd. 14, Nr. 38.
278 Protokoll Vorort vom 24.3.1941, AfZ.
279 Tagebuch Feldmann, 22.4.1941.
280 Vermerk Wiehl vom 10.4.1941, PAAA/ R 106'248. Vermerk Sabath vom 12.4.1941, PAAA/ R 108'098.
281 Vgl. Tagebuch Feldmann vom 3.5.1941 zur Unsicherheit von Steigers.
282 Protokoll Vorort vom 1.5.1941, AfZ.
283 Vgl. Kurt Emmenegger, Q.N. wusste Bescheid, Zürich 1965, S. 22 ff.
284 BR-Protokoll vom 16.5.1941, DDS Bd. 14, Nr. 40 (Annex). Verbalnote der schweiz. Ges. in Berlin vom 17.5.1941, PAAA/ R 106'248.
285 Aufzeichnung vom 14.5.1941, Aufzeichnung Schüller vom 15.5.1941, Aufzeichnung Schüller über Ressortbesprechung vom 22.5.1941 PAAA/ R 108'098.
286 J. Brodbeck an A.L. (New York), 20.5.1941, auszugsweise zitiert in: «Report on Swiss Opinion», 16.7.1942 (aus US-Nachrichtendienst-Quelle), NARA/ RG 226/92/93.
287 Protokoll HPA vom 29.5.1941, PAAA/ R 116'814. Vermerk Schüller über Schlusssitzung vom 31.5.1941, PAAA/ R 108'098. Zusammenfassung Seyboth vom 3.6.1941, PAAA/ R 108'098. Beim Eisen sagte Deutschland monatlich 13 500 Tonnen zu unter Voraussetzung erhöhter Gegenlieferung von Gonzenerz. Die Kohlenlieferungen sollten von bisher 150 000 Tonnen auf 200 000 Tonnen monatlich erhöht werden, unter schweizerischer Mithilfe beim Transport.
288 Protokoll Vorort vom 6.6.1941 (Bericht Homberger), AfZ. Selzam (dt. Ges.) an AA, 18.6.1941, PAAA/ R 108'019.
289 Protokoll Vorort vom 3.7.1941 (Bericht Homberger), AfZ. Tgr. Seyboth an AA, 21.6.1941. Aufzeichnung Sabath vom 25.6.1941. Tgr. Seyboth an AA vom 28.6.1941. PAAA/ R 108'098.
290 Tgr. Clodius/Sabath an Ges. Bern vom 3.7.1941, PAAA/ R 106'248.
291 Tagebuch Feldmann, 3.6.1941 sowie 19.7.1941 (offene Information Wetters an einen ausgewählten Politikerkreis über die Wirtschaftsabkommen mit Deutschland).
292 Vgl. das Exposé Pilet-Golaz vom 4.6.1941 in DDS Bd. 14, Nr. 48. Kommentar im Tagebuch Feldmann, 5.6.1941.
293 Vertraulicher Bericht vom 19.8.1941 als Anhang zur Aufzeichnung des Vortragenden Legationsrates Likus vom persönlichen Stab Ribbentrops, ADAP/ Serie D, Bd. 13.1, Nr. 214.
294 Ashton an AA, 5.4.1941, PAAA/ Ges. Bern, Bd. 5818. Neben Ashton spielte ein Dr. Gröbel als Agent der SS eine wichtige Rolle (Aufzeichnung Voigt vom 11.6.1941, PAAA/ Ges. Bern, Bd. 5818).
295 Köcher an AA, 17.6.1941, BAB/ G.K. Zürich, MF 5025.
296 Tagebuch Feldmann vom 1.7.1941 (bei dieser Konferenz am 27. Juni war der Bundesrat durch Wetter, von Steiger und Pilet-Golaz vertreten).
297 Dies zeigt sich etwa in der dramatischen Bewertung durch den schweizerischen Nazi-Freund Max Leo Keller zuhanden deutscher Stellen (Bericht vom Januar 1942, BAB/ NS 19/1764).
298 Aufzeichnung Köcher vom 4.3.1941 (über Gespräch mit Wetter mit Hinweis auf dessen Teilnahme an Informationsanlass Bons im kleinen Kreis nach einer Deutschlandreise), PAAA/ Ges. Bern, Bd. 2788.
299 AA an G.K. Zürich, 29.2.1940, PAAA/ G.K. Zürich, Paket 136 a.
300 SS-Sturmbannführer Bernhard an AA, 26.6.1941. Köcher an AA, 16.8.1941. PAAA/ Ges. Bern, Bd. 5819.
301 Daniel Heller setzt in seiner Biographie über Eugen Bircher (2. Aufl. Zürich 1990, S. 196 ff.) die Akzente etwas anders als Bonjour, Neutralität, Bd. 4, S. 448 ff.
302 Memorandum Dulles an Elting, 18.3.1943. Dulles an Bon, 4.5.1943. AfZ/ Forschungsdok. J. Aeschlimann, Schachtel 8.

303 Frölicher an Homberger, 25.7.1941, AfZ/ Handakten Homberger 10.1.2.3.5.
304 Zur Finanzierung der Ostfrontmissionen vgl. Heller, a.a.O., S. 215.
305 Protokoll Vorort vom 3.7.1941, AfZ.
306 Heydrich an Ribbentrop, 10.2.1941. Tgr. Köcher an AA, 17.2.1941. AA an Köcher, 19.6.1941. PAAA/ Ges. Bern, Bd. 2790. «Tagwacht» Nr. 42 vom 20.2.1941. Tagebuch Feldmann, 6.5.1941, 18.5.1941, 7.6.1941.
307 «Report on Swiss Opinion» (March 1941 – March 1942), 16.6.1942, NARA/ RG 226/92/93.
308 Protokoll Vorort vom 3.7.1941, AfZ.
309 Protokoll Vorort vom 13.10.1941, AfZ.
310 Statistisches Jahrbuch der Schweiz 1945, S. 190, 202 (für die Maschinenindustrie Angaben des Arbeitgeberverbandes schweiz. Maschinen- und Metallindustrieller).
311 Die Bankgesellschaft reduzierte zum Beispiel ihr Personal von 1328 (Ende 1940) auf 1281 (Ende 1941) und 1251 Personen (Ende 1943). SBG-VR-Protokolle vom 13.3.1941 und 18.2.1944, GHA UBS AG/ SBG.
312 Allein der Personalbestand der Kriegswirtschaftlichen Organisation des EVD wuchs von 221 Personen im Jahre 1939 auf 3633 im Jahre 1943 (Die Schweizerische Kriegswirtschaft, S. 9).
313 «Report on Swiss Opinion», 16.6.1942, S. 23 (NARA/ RG 226/92/93).
314 Vgl. Hans Böhi, Hauptzüge einer schweizerischen Konjunkturgeschichte, in: Schweizerische Zeitschrift für Volkswirtschaft und Statistik, 1964, S. 95 f.
315 Handelsstatistik Deutschland–Schweiz siehe Anhang Nr. 1.
316 Nationalrat H. Walder an den Präsidenten der nationalrätlichen Vollmachtenkommission E. Nietlisbach, 13.8.1941, publiziert in UEK-Band 10, S. 436 ff.
317 Protokoll Nationalrat vom 29.9.1941, publiziert in UEK-Band 10, S. 440 ff.
318 «Report on Swiss Opinion», 16.6.1942, S. 12 ff. (NARA/ RG 226/92/93).
319 Vgl. G. Hafner, Stampfli, S. 234 ff.
320 Vgl. die Diskussion im Vorort über den anwendbaren Bereich des BRB vom 1.4.1941 (Protokoll Vorort vom 3.7.1941, AfZ).
321 Hans Ulrich Wipf, Georg Fischer AG 1930–1945, Zürich 2000.
322 EVD an SBVg, 21.11.1941, GHA UBS AG/ SBG 11/98820 und 11/98821.
323 Protokoll Vorort vom 13.10.1941, AfZ.
324 Vgl. Peter Hug, Schweizer Rüstungsindustrie und Kriegsmaterialhandel zur Zeit des Nationalsozialismus, Zürich 2002, UEK-Band 11, S. 726, 732.
325 Vgl. D. Heller, a.a.O., S. 178.
326 P. Hug, a.a.O., S. 735.
327 Zu den Unterlieferanten Bührles vgl. Heller, a.a.O., S. 179. Zu Dixi/Perrenoud vgl. P. Hug, a.a.O., S. 745.
328 Tagebuch Feldmann, 1.7.1941.
329 Tagebuch Feldmann, 27.9.1941.
330 Exportzahlen Käse/Nutzvieh gemäss Statistischem Jahrbuch der Schweiz von 1945, S. 338.
331 Die Ausfuhr von Waffen, Munition und Zündern nach Deutschland betrug 1941 153 Millionen Franken. 1942 und 1943 wurden noch etwas grössere Werte exportiert (vgl. Aufstellung Gygax, DDS Bd. 15, Nr. 344/Anm. 4).
332 Vgl. Protokoll der Kommission zur Überwachung der Ein- und Ausfuhr vom 8.2.1941, DDS Bd. 14, Nr. 101/Annex.
333 Gemäss H. Homberger reichten die Getreidevorräte im November 1940 nur für 5½ Monate, bei den Futtermitteln waren die Vorräte «sehr knapp» (Protokoll Vorort vom 4.11.1940, AfZ).
334 Statistiken SNB, Kreditgewährung an öffentlich-rechtliche Körperschaften, 1940 und 1942, Archiv SNB.
335 Visumanträge vom 26.11.1940, 21.1.1941 und 10.4.1942. Voigt an Chef SD 24.1.1941, basierend auf Vermerk Graf vom 4.12.1940, PAAA/ G.K. Zürich, Paket 136a.

336 Geheimbericht Dr. Stähle an SD Stuttgart, 25.3.1941, PAAA/ Ges. Bern, Bd. 5818.
337 RWM/ C. H. Müller, an AA, 3.10.1939. Köcher an AA, 31.10.1939. PAAA/ Ges. Bern Bd. 5812. Köcher an AA, 16.9.1939, PAAA/ Ges. Bern, Bd. 5811.
338 Voigt an AA, 13.6.1940, PAAA/ R 107'997.
339 Selzam an AA, 23.7.1940, PAAA/ R 107'983.
340 Statistiken SNB, Guthaben auf das Ausland, 1942 und 1944, Archiv SNB.
341 Protokoll SBV-GD 14.10.1941, Archiv UBS/SBV.
342 Vgl. J. Scholtyseck, Robert Bosch, S. 330 und 499. B. von Wedel wurde in Goerdelers Kabinettsliste vom Januar 1943 als zukünftiger Vizepräsident der Reichsbank aufgenommen.
343 Schwab an Fremdenpolizei, 14.11.1945, SBA/ E 7160-01 (-), 1968/223, Bd. 208.
344 Notiz Junod für Kohli, 29.9.1943, SBA/ E 2001 (E), 1967/113, Bd. 432. Schaefer an Planck, 23.6.1942, GHA UBS AG/ SBG 11/18232.
345 BAB/ R 8128/A 2533.
346 Renseignement vom 3.2.1941 («source très bonne»), AMAE Nantes/ Ambassade Berne, carton 631. Die Reichsbank kaufte ungarische Pengö und türkische Pfund und verkaufte US$ und £. Der grösste Tagesverkauf betrug US$ 80 000.
347 Protokolle des SNB-Direktoriums vom 8./9.1.1941 und 21.5.1941, Archiv SNB.
348 Jousset an de la Baume, 9.4.1941, AMAE Nantes/ Zurich, carton 37.
349 Note sur le traffic des billets de banque français en Suisse, 15.3.1941 (aus Genfer Bankenquelle). Tgr. de la Baume vom 14.8.1941, AMAE Nantes/ Ambassade Berne, carton 631.
350 Vgl. UEK-Bände Nr. 13 (La place financière), Nr. 14 (Schweizerische Wertpapiergeschäfte mit dem «Dritten Reich»), Nr. 16 (Die Schweiz und die Goldtransaktionen im Zweiten Weltkrieg).
351 P.-T. Braunschweig, Geheimer Draht, S. 182 ff.
352 Direktionsnotiz SBG Zürich vom 17.12.1940, GHA UBS AG/ SBG 12/2897.
353 Protokoll Vorort vom 24.3.1941, AfZ.
354 Jahresbericht SHS 1941, in: SBA/ E 7110 (-), 1967/32, Bd. 66. Direktionsnotizen SBG Zürich vom 30.5.1941, 31.5.1941, 4.6.1941, GHA UBS AG/ SBG 12/2904.
355 Protokoll SBV-GD vom 25.11.1941, GHA UBS AG/ SBV.
356 Zur Warenvertriebs GmbH als Instrument von Sturmbannführer Eggen vom SS-Beschaffungsamt siehe P.-T. Braunschweig, S. 182 f.
357 Direktionsnotiz SBG Zürich vom 10.2.1942, GHA UBS AG/ SBG 12/2904.
358 Vgl. EVD an SHS, 23.2.1942, SBA/ E 6100(A), 32, 2760.
359 Rapport A. Schaefer vom 8.8.1942, GHA UBS AG/ SBG 12/2610.
360 Vgl. UEK-Band 13, S. 366–376.
361 Protokoll SBG-Lokalkommission Winterthur-Zürich vom 18.6.1942, GHA UBS AG/ SBG.
362 Einzelheiten in: BAB/ R 2501/9700.
363 Einzelheiten in: BAB/ R 8128/A 2461.
364 Vgl. Pilet-Golaz an Golay, 14.1.1942, SBA/ E 2001 E, 1968/78, Bd. 341.
365 SBV Zürich, Bericht über das 4. Quartal 1941, GHA UBS AG/ SBV, SBV Zürich 14896.
366 Dies reflektiert sich zum Beispiel darin, dass beim Bankverein in Zürich die Anzahl der an Ausländer vermieteten Schrankfächer von 864 (in der Vorkriegszeit) auf 315 (Mitte 1942) zurückging (SBV Zürich an GD Basel, 30.7.1942, GHA UBS AG/ SBV, SBV Zürich 14896).
367 Vgl. Antrag EVD vom 4.7.1940 im Annex zu BR-Protokoll vom 9.7.1940, DDS Bd. 13, Nr. 336. Protokoll Ausschuss-Sitzung der SBVg vom 17.7.1940 über BRB vom 6.7.1940, GHA UBS AG/ SBG 12/3007.
368 Protokoll SNB-Direktorium vom 20.2.1941, Archiv SNB.
369 Voigt an AA, 6.12.1940, PAAA/ R 107'997.

370 Zu den Affidavitfälschungen vgl. die ausführliche Darstellung in UEK-Band 14, S. 202 ff.
371 Vgl. UEK-Band 14, S. 215.
372 Informant «25,590» des US-Nachrichtendienstes (offensichtlich aus Bankkreisen, vermutlich in Basel), Report 18.3.1944, NARA/ RG 84/ Entry 3228, Box 8.
373 Vermerk Kadgien vom August 1940. Kadgien an Göring, 30.8.1940. AfZ/ RGVA, MF 1.
374 Siedersleben an Neumann, 2.9.1940. Vermerk Kadgien über Besprechung mit Siedersleben und Planck am 3.91940. AfZ/ RGVA, MF 1.
375 Geschäftsleitung Otto Wolff an Neumann, 7.1.1940, AfZ/ RGVA, MF 27.
376 Bericht Kadgien vom 8.9.1941, AfZ/ RGVA, MF 27.
377 Vgl. UEK-Band 14, S. 132 f. Herbert R. Reginbogin, in: Walther Hofer und Herbert R. Reginbogin, Hitler, der Westen und die Schweiz, 1936–1945, Zürich 2001, S. 598 ff. Janis Schmelzer, Devisen für den Endsieg, Stuttgart 2003. Jost Dülffer und Ulrich S. Soénius, in: Peter Danylow / Ulrich S. Soénius, Otto Wolff – ein Unternehmen zwischen Wirtschaft und Politik, München 2005, S. 230 ff., 278 ff.
378 Vermerk Kadgien vom 9.10.1940, AfZ/ RGVA, MF 27.
379 Vermerk Kadgien vom 20.10.1940, AfZ/ RGVA, MF 27.
380 Interrogation of Goering, 25.6.1945, Omgus 11/285/8.
381 Renseignement No. 724, Basel 9.3.1942 («Informateur dévoué et très bien placé»), AfZ/ RGVA, MF 1.
382 Neumanns Einreise wird beispielsweise noch im Januar 1944 vom amerikanischen Nachrichtendienst beobachtet (Informant «76,372»), Report vom 24.1.1944, NARA/ RG 84/ Entry 3228, Box 8).
383 Protokolle vom 9./10.2.1946 und 13.6.1946 in den Akten der Schweiz. Verrechnungsstelle über Gespräche mit Dr. Kadgien vom 13.6.1946, SBA/ E 7160-07 (-), 1968/54, Bd. 1097.
384 Protokoll vom 13.6.1946, SBA a.a.O.
385 Vgl. «Notes based on interrogation of Emil Puhl» von Herbert Raskin und Sgt. L. Weisberg, 15.–18.10.1945, Omgus 11/285/9.
386 Vgl. Gerard Aalders, Geraubt! Die Enteignung jüdischen Besitzes im Zweiten Weltkrieg, Köln 2000, S. 283, 290 ff., 300.
387 Zur Person und Laufbahn von Siedersleben vgl. ausführlich Ulrich S. Soénius, in: Danylow/Soénius, Otto Wolff, S. 245 ff.
388 Vermerk SS-Hauptsturmführer über Unterredung u. a. mit Rebholz, 26.1.1943, NIOD (Nederlands Instituut voor Oorlogsdocumentatie), HSSPF/ 95 Cb.
389 Aktennotiz Bühler, 23.6.1943, NIOD/ 87 I.
390 Körner an Göring, 28.11.1944, RGVA 700-1-97.
391 Vgl. UEK-Band 16 (der den UEK-Gold-Zwischenbericht von 1998 weitgehend ersetzt, wobei Letzterer gleichwohl als Zeitdokument der Druckphase auf die Schweiz seinen spezifischen Stellenwert behält). Thomas Maissen, Die Raubgoldproblematik 1933–1955, in: Die Banken der Credit Suisse Group (Hrsg. J. Jung), Zürich 2001, S. 275–320. Vincent Crettol et Patrick Halbeisen, Les motivations monétaires des opérations sur or de la Banque nationale suisse pendant la Seconde Guerre mondiale, Zürich 1999. Jean-Christian Lambelet, Le mobbing d'un petit pays – onze thèses sur la Suisse pendant la deuxième guerre mondiale, Lausanne 1999, Kapitel 7. Sowie die Studien von Michel Fior, Die Schweiz und das Gold der Reichsbank, Zürich 1997, und Kapitel 4 in seinem Buch: Les Banques Suisses, le Franc et l'Allemagne, Genève 2002.
392 Vgl. Michel Fior, La Banque nationale suisse et ses achats d'or à l'Allemagne: un débat qui reste ouvert, in: SZG Bd. 49, 1999, Nr. 2. Und darauf der Debattenbeitrag von Thomas Maissen, Was motivierte die Nationalbank beim (Raub-)Goldhandel?, in: SZG Bd. 49, 1999, Nr. 4.
393 Vgl. UEK-Band 16, Tabellen 1–4.

394 Vgl. zum Beispiel die Einstufung der kleinen Bankfirma Winterstein & Co., Zürich, durch einen Verantwortlichen der SKA (in einem abgehörten Telefongespräch vom 6.3.1942 mit A. Kurzmeyer, Deutsche Bank/ Berlin), in: SBA/ E 7160-07, 1968/54, Bd. 1083.

8. Lavieren an der Wende des Krieges (1942/1943)

8.1. Veränderte Sicherheitslage und Wirtschaftsinteressen

Zu den aus der Rückschau etwas erstaunlichen Vorgängen der Kriegszeit gehört die Teildemobilmachung der Schweizer Armee im Sommer 1941. Der französische Nachrichtendienst vernahm Mitte Mai 1941 von einem frankophilen Nationalrat, General Guisan würde demissionieren, wenn man ihn zur Demobilmachung verpflichte. Nur wenig später informierte ein schweizerischer Industrieller und Major den französischen Konsul in Genf, die Idee der Demobilmachung mache im Bundesrat und selbst bei höheren Offizieren ernsthafte Fortschritte. Demnach würde ein Drittel des damals aufgebotenen Bestandes genügen. Anfang Juli 1941 meldete schliesslich ein Informant «mit sehr guten politischen Verbindungen», die Achsenmächte hätten in Bern zu verstehen gegeben, dass die schweizerische Mobilisierung sie störe. In Süddeutschland und in Norditalien stünden keine Truppen. Deutschland habe zur Vermeidung der Arbeitslosigkeit in der Schweiz zahlreiche Arbeitsstellen im «Reich» angeboten. Und Bundesrat Pilet-Golaz habe im Bundesrat – in der Überzeugung, dass Deutschland den Krieg gewinne – die Demobilmachung gegen die Ansicht des Generals vertreten.[1] Die amerikanischen Nachrichtenstellen erhielten gleichzeitig ähnliche Informationen, die allerdings noch etwas schärfer tönten: Da war davon die Rede, dass Deutschland den Präsenzbestand der Schweizer Armee um 60 000 bis 70 000 Mann reduziert sehen wollte und gleichzeitig unter anderem 10 000 Schweizer Präzisionsarbeiter für die Arbeit in Deutschland gefordert habe.[2] Nur vier Monate vorher hatte Heinrich Walther, graue Eminenz der katholisch-konservativen Partei, seinen Parteifreund Roger Dollfus, Generaladjutant der Armee, mit alarmierenden Nachrichten beliefert: In Berlin, so Walthers Quelle, sei die Stimmung gegen die Schweiz auf dem «Siede- und Explosionspunkt». Hitler soll sich bitter über die Schweiz geäussert haben. Das schweizerische Vorgehen gegen die «Erneuerungsbewegungen» und die Haltung der Presse waren angeblich dafür verantwortlich.[3]

Es ist leicht erkennbar, dass bei diesen Informationen manche Einzelelemente (bisweilen mit faktischem Hintergrund) in vielfältig gefärbten Mischungen auftraten: Nachrichtenlieferanten unterschiedlicher Herkunft und Qualität glaubten ihre Stunde gekommen, um ihre Interpretationen, Vermutungen und wohl auch gezielte Gerüchte über gewisse Kanäle an den geeigneten Mann zu bringen. Bemerkenswert ist jedenfalls der dichte Kern der Informationen über die Demobilmachungsdiskussion und die damit manchenorts verbundenen Ängste vor Arbeitslosigkeit und sozialer Unruhe. Eine Neuauflage somit der Debatten vom Sommer 1940. In welcher Form Deutschland nun den Druck in Richtung

Teil-Demobilmachung tatsächlich verstärkte, gehört zu den wenig transparenten Themen. Der französische Militärattaché in Bern, Oberst Chauvin, traf sich in jenen Tagen mit Hauptmann von Oswald, einem zugeteilten Offizier des deutschen Militärattachés in Bern. Oswald sah keine Bedrohung der schweizerischen Souveränität durch Deutschland. Gleichzeitig vertrat er die Ansicht, die Schweiz habe unter dem Druck der Wirtschaftsverhandlungen eine Reduktion des Armeeaufgebotes um 40% akzeptiert. Ein Offizier des schweizerischen Nachrichtendienstes äusserte demgegenüber die Meinung, im Generalstab sei man erstaunt gewesen, dass die Deutschen «formell» «keinen präzisen Wunsch» in dieser Materie ausgesprochen hätten.[4] Dann taten sie es wohl, so kann man mit einiger Plausibilität annehmen, in recht geschickter «informeller» Weise, indem die eidgenössische Würde und Ehre nicht offen verletzt wurde. Eine andere Lesart des Themas ginge davon aus, dass die Deutschen gewisse Strömungen in der Schweizer Wirtschaft gewandt für ihre Zwecke einspannten. Da wäre man wiederum bei Nationalrat Roman Abt, der in der BGB-Fraktionssitzung vom 4. Juni 1941 gemäss Feldmanns Aufzeichnung den Bundesrat zu einer erheblichen Reduktion des Truppenaufgebotes auffordern wollte. Den Vorwurf Feldmanns, Abt vertrete die «deutsche Parole», liess der Aargauer Rechtsanwalt und Gutsbesitzer «glatt auf sich sitzen». Abt konnte sich zwar in der Fraktion bei dieser Gelegenheit nicht durchsetzen, doch er verfügte bei verschiedenen Parlamentariern durchaus über einen gewissen Rückhalt, den Feldmann mit Empörung feststellte.[5] Welche Wege die Verfechter einer Truppenreduktion im Einzelnen einschlugen, sei hier dahingestellt. Weitgehend offen blieb die Frage, welchen mobilisierten Armeebestand sich die Schweiz bei einem lang anhaltenden Krieg in finanzieller und wirtschaftlicher Hinsicht «leisten» konnte. Diese Frage rührte an ein patriotisches Tabu, sie stellte in heikler Weise die Opferbereitschaft zur Diskussion. Eine Erörterung in der Öffentlichkeit schien unter keinen Umständen opportun. Faktisch war dem Thema der stark erhöhten Verteidigungsausgaben und deren Finanzierung indes nicht auszuweichen. Im kleinen Kreis des Vorortes wagte es ein Industrieller wie Caspar Jenny immerhin, das heisse Eisen anzufassen. Er sah im Juni 1942 «mit Beunruhigung», wie die Ausgaben für die Landesverteidigung «ungenügend abgebaut» wurden. Die Festungsarbeiten sollten seiner Ansicht nach endlich zu einem Abschluss kommen. Deren Wert schätzte er nicht hoch ein. Auch der Bankier und neugewählte Ständerat Albert Pictet war in einer Vorortssitzung der Ansicht, dass für militärische Zwecke zu viel ausgegeben werde. Unbestreitbare Tatsache war, dass der Bund 1942 dringend neue Einnahmequellen benötigte.[6]

Nochmals kurz zurückgeblendet zum Sommer 1941. Im Juni notierte Hans Richard von Fels, St. Galler Arzt und Offizier, in seinem Tagebuch: «Der General hat befohlen, dass alle Truppen heuen müssen.» Und am

2. Juli 1941: «Es ist ein Generals-Befehl gekommen: wir demobilisieren in grösserem Umfang.»[7] Die direktunterstellten höchsten Kommandanten erfuhren vom General, er ergreife diese Massnahmen aus finanziellen und wirtschaftlichen Rücksichten. Der Chef des Militärdepartementes drängte für den Winter 1941/42 auf weitere Bestandesreduktionen. General Guisan rechnete ihm im November 1941 vor, dass effektiv nur noch 79 000 Mann als aktives Heer anzusprechen seien. Hans Wegmüller hat diese Vorgänge in seiner Studie zum Konflikt zwischen Wirtschaft und Armee deutlich herausgearbeitet. Er scheut sich nicht, die negativen Auswirkungen des Ablösungs- und Beurlaubungssystems auf die Bereitschaft und Kampfkraft der Armee beim Namen zu nennen.[8] Unbestrittenermassen musste auf die Bedürfnisse der Landwirtschaft im Rahmen der «Anbauschlacht» vermehrt Rücksicht genommen werden. Brisanter war das Thema der Demobilmachung in Bezug auf die Industriearbeiter, welche den von Deutschland zusätzlich geforderten Export zu produzieren hatten. Wie Jean Hotz dem Chef des Militärdepartementes mitteilte, sollten die Einberufungen zum Aktivdienst und die Dispensationen so gehandhabt werden, «dass die Unterbringung und Ausführung der vom Deutschen Reich in der Schweiz plazierten industriellen Aufträge möglichst ungehindert» ausgeführt werden könnten. General Guisan protestierte. Es ging im Wesentlichen um die heikle Interpretation eines Abschnittes in den Wirtschaftsvereinbarungen, wo im Unklaren blieb, ob er sich auch auf militärische Belange erstreckte.[9] Von der Teildemobilmachung erwarteten sich manche Zeitgenossen ungünstige Rückwirkungen auf die Abwehrmoral der Schweiz. Karl Schmid, damals Generalstabsoffizier der «Gottharddivision» (und später Literaturprofessor an der ETH), war sichtlich beunruhigt. Er stellte seinem Divisionskommandanten einen formellen Antrag für einen erklärenden Tagesbefehl im Moment der Entlassung der Truppe. Darin war vorsichtig die Rede, «dass sich das Schwergewicht des heutigen Weltkrieges von unseren Grenzen entfernt zu haben scheint». Schmid wollte dann ganz offen informieren: «… die Überzeugung aber, dass der Kampf um das tägliche Brot und der wirtschaftliche Krieg in den Fabriken zur Zeit ein Maximum von Männern benötigen, hat den Ausschlag gegeben für die weitreichenden Entlassungen». Selbstverständlich sollte im Tagesbefehl anschliessend die Bereitschaft der Division, einen Überfall abzuwehren, betont werden. Von jedem Soldaten wurde erwartet, dass er sich im Kriegsfall zu seinem Verband durchschlagen würde.[10]

Dem General kam bei den Spannungen jener Monate mit den politischen Behörden letztlich zustatten, dass sich die militärische Bedrohungslage der Schweiz durch den Angriff Deutschlands auf die Sowjetunion tatsächlich entspannte. Im einsehbaren Gürtel um die Schweiz standen keine nennenswerten Kampfverbände der Achsenmächte. Optimisten vermochten deshalb keine direkten Gefahren zu erkennen. Realisten stellten weiterhin die Frage nach der schweizerischen Abwehrfähigkeit im Falle eines deutschen Blitz-Überfalls aus der Raumtiefe, der allerdings so lange unwahrscheinlich schien, als die Schweiz ihre wirtschaftliche Leistungsfähigkeit unter Beweis stellte. Wie auch immer: Die deutsche Wehrmacht hatte soeben bei der Eroberung Kretas demonstriert, zu welch kühnen und erfolgreichen Luftlandeoperationen sie gegen zahlenmässig überlegene Landkräfte imstande war. Die Kette britischer Niederlagen setzte sich auch 1942 in deprimierender Folge fort: dem Fall der einst hochgerühmten «Festung» von Singapore im Februar 1942 und der Kapitulation von Tobruk im Juni 1942. «Die Engländer versagen vollständig», notierte Hans Richard von Fels enttäuscht in seinem Tagebuch.[11] An der materiellen Überlegenheit der Alliierten war nach dem Kriegseintritt der Vereinigten Staaten im Dezember 1941 allerdings kaum mehr zu zweifeln.[12] Und doch blieb bis Herbst 1942 völlig offen, zu welchem Zeitpunkt sich dies in militärische Erfolge ummünzen liess. Die erfolgreiche deutsche Sommeroffensive 1942 in Russland, der Vorstoss zum Kaukasus und nach Stalingrad, und Rommels Vorstoss an die ägyptische Grenze gaben noch einmal Nahrung für das Gespenst eines deutschen Sieges. Erst der britische Erfolg bei El Alamein und die alliierte Landung in Nordafrika im November 1942 sowie der hartnäckige sowjetische Widerstand an Wolga und Don schienen eine Wende anzukündigen, die schliesslich durch die Kapitulation der 6. deutschen Armee im Januar 1943 bei Stalingrad besiegelt wurde.

Das Misstrauen gegenüber Deutschland minderte sich in der Schweiz keineswegs. Die vorsichtigen Realisten blieben beunruhigt in Anbetracht der tiefen Präsenzbestände der Armee (um die 80000 Mann bis Oktober 1942). Es gingen weiterhin Vermutungen um, Deutschland wolle die Schweiz «einsacken».[13] General Guisan wollte, wie er Rudolf Minger und Markus Feldmann im Januar 1942 beim schwarzen Kaffee bestätigte, immer so viel Truppen unter den Fahnen behalten, «dass die Eisenbahnlinien über die Alpen fest in unserer Hand bleiben».[14] Das war einer der sogenannten «Trümpfe» der Schweiz, dessen Wert indes unterschiedlich beurteilt werden kann. Ob sich die Verteidigung dieses «Trumpfes» (der Entscheid zur allfälligen Zerstörung der Tunnels ist eine andere Sache) mit dem reduzierten und örtlich vielfältig gebundenen Armeeaufgebot wirklich durchführen liess, darf dem Urteil der Militärhistoriker überlassen bleiben. Die Denkschrift des Generals Böhme von 1943 im Auftrag der SS gibt einen aufschlussreichen Hinweis, wie ein deutscher Angriff auf die Schweiz in dieser späten Kriegsphase etwa ausgesehen hätte. Hans Senn geht als Fachmann allerdings davon aus, dass das Heranbringen der notwendigen Gebirgsdivisionen vom schweizerischen Nachrichtendienst bemerkt worden wäre und gerade noch Zeit für eine Remobilmachung und Besetzung der Reduitstellungen gelassen hätte.[15] Wie dem auch sei, die Beunruhigung informierter Kreise wurde damals jedenfalls gefördert durch die anhaltende deutsche Spionagetätigkeit. Dabei zeigte sich, dass die schweizerische Spionageabwehr deutliche Fortschritte gemacht hatte.[16] Tatsache ist, dass die deutsche militärische Spionage, wie Hans Rudolf Fuhrer überzeugend dargelegt hat, erstaunlich viele Details (zum Beispiel über die schweizerischen Befestigungsanlagen) bis zum Sommer 1942 in zutreffender Weise in Erfahrung bringen konnte.[17] Weshalb all dieser Aufwand? Wozu das «Kleine Orientierungsheft Schweiz» der Abteilung Fremde Heere West des Generalstabes des deutschen Heeres vom September 1942, wenn deutscherseits nicht von der Annahme ausgegangen wurde, dass die Schweiz eben je nach Entwicklung doch noch einmal «drankäme»? Die Schlussfolgerung für die Realisten in der Schweiz war klar: Solange Deutschland seine Spionage- und Wühltätigkeit fortsetzte, konnte es keine Entwarnung geben. Es verdichtete sich jenes Klima, in dem dann die ersten Todesurteile gegen schweizerische Landesverräter gefällt wurden.[18] Daneben war die deutsche «Fünfte Kolonne» in der Schweiz noch weitgehend intakt. Sigismund von Bibra hatte sie über Jahre hinweg unter verschiedensten Formen organisiert. Die «reichsdeutsche Gemeinschaft in der Schweiz», die er im Juli 1940 gegründet hatte, umfasste nach deutschen Quellen 49 Ortsgemeinschaften mit 25 000 Mitgliedern.[19] Gauleiter Bohle, der Chef der Auslandorganisation der NSDAP, hielt im Oktober 1942 die Hauptansprache am Erntedankfest der Deutschen in Zürich. Im Sommer 1943 versuchte Bohle erneut, in die Schweiz zu kommen, um den Nachfolger Bibras persönlich einzuführen (was dann allerdings auf den Widerstand des Bundesrates stiess). Markus Feldmann sprach im November 1942 (nach der Ablehnung von drei Begnadigungsgesuchen durch die Bundesversammlung) von der «geradezu zynischen Brutalität, mit der man von deutscher Seite den Überfall auf die Schweiz vorbereitet».[20] Am gleichen Tag liess Hitler die Wehrmacht in Vichy-Frankreich einmarschieren. Die Lage der Schweiz verschlechterte sich erneut.

Bei einer möglichen Landung der Alliierten in Italien stieg für Deutschland die Bedeutung der transalpinen Verbindungen durch die Schweiz. Die überfallmässige Besetzung der Transversalen war kein fernes Hirngespinst mehr, falls Deutschland jeden Unsicherheitsfaktor im Rücken Italiens ausschliessen wollte. Guisan beantragte gegen Ende November 1942, zusätzliche Truppen aufzubieten, um dieser Gefahr unter anderem an den Reduiteingängen entgegenzutreten. Der Bundesrat zögerte einmal mehr und wollte sich nur mit Teilmassnahmen begnügen. Pilet-Golaz meinte, Deutschland habe nun andere Sorgen und keine Zeit, sich mit der Schweiz abzugeben. Immerhin war der Aussenminister beunruhigt über die mangelnde Bereitschaft der Truppe jeweils an den Sonntagen (Thema

Urlaub). Von besonderem Gewicht war die Stellungnahme von Bundesrat Stampfli. Der Wirtschaftsminister sah zu diesem Zeitpunkt keine feindliche Einstellung Deutschlands gegenüber der Schweiz, das erkenne man an der Versorgung mit Kohle, Eisen und wichtigen Stoffen für den Anbauplan. Allerdings stünden neue Wirtschaftsverhandlungen bevor. Doch alles spreche dafür, dass Deutschland die wirtschaftlichen Beziehungen in bisheriger Weise fortzuführen wünsche. Deutschland zeige auch «grosses Interesse an der Schweizerwährung, die auf internationalem Gebiet einzig noch eine gewisse Freiheit geniesse». Dies alles spreche gegen einen deutschen Überfall auf die Schweiz. Auch Verteidigungsminister Kobelt vermochte keine strategischen Gründe für eine Besetzung der Schweiz zu erkennen. Er befürchtete vielmehr, dass deutscherseits «Forderungen nach engerer wirtschaftlicher Zusammenarbeit» gestellt werden könnten.[21] Und damit lag der nüchterne St. Galler Bundesrat, dessen Beziehungen zu Guisan nicht gerade von Herzlichkeit geprägt waren, in der Grundlinie durchaus richtig.

Kurz gesagt: General Guisan konnte sich gegen den Bundesrat nicht voll durchsetzen. Er musste froh sein, dass der Chef des Militärdepartementes mit ihm einig ging, ständig wenigstens 40 000 Mann an effektiven «Kampftruppen» verfügbar zu haben.[22] Karl Kobelt traute sich als langjähriger Generalstabsoffizier sein eigenes strategisches Urteil zu, und auch Pilet verwies bei Gelegenheit als ehemaliger Offizier auf seine diesbezügliche Kompetenz. Der Aussenminister war Anfang Dezember 1942 zwar nicht direkt beunruhigt, indes doch der Ansicht, die Schweiz sei einem «mouvement d'humeur ou de folie de l'Allemagne» ausgeliefert. Doch eine schweizerische Generalmobilmachung würde den Krieg bedeuten. Man müsste allenfalls eine stufenweise Mobilmachung, die nicht allzu sichtbar wäre, ins Auge fassen. Unklar blieb, unter welchen Umständen man sich den «Luxus» einer solchen Mobilmachung leisten konnte.[23] Der britische Gesandte Norton hatte Pilet Ende November gefragt, ob es Anzeichen deutschen Druckes auf die Schweiz gebe. Der Aussenminister stellte dies in Abrede, fügte jedoch mit kluger Vorsicht hinzu, wenn sich die Herrscher Deutschlands je für eine Aktion gegen die Schweiz entschlössen, dann würden sie dies tun ohne «preliminary argument».[24] Norton war vom Verteidigungswillen der schweizerischen Führung überzeugt, falls es 1943 zu einem Test kommen sollte. Die anti-deutsche Stimmung und die Sympathien für die Alliierten blieben in der Schweiz unverändert. Die schweizerischen Schwächen sah der Brite zutreffend in der Abhängigkeit von Deutschland bei der Zufuhr der Rohmaterialien, in der Verletzlichkeit der industriellen Distrikte und der Schwäche der Luftwaffe. Die Stärken ortete er in der «Nützlichkeit» für die Achsenpartner, in den Alpentunnels und im «unabhängigen Charakter» der Schweizer.[25]

An verschiedenen nachrichtendienstlichen Warnungen über deutsche Absichten gegen die Schweiz fehlte es seit Anfang Dezember 1942, wie schon Pierre Braunschweig nachgewiesen hat, keineswegs. Die Frage war, wie ernst man sie nehmen musste. Auch aus der Rückschau scheint durchaus glaubwürdig, dass sich etwa im Oberkommando der Wehrmacht einige Offiziere Gedanken machten über die Abwehrbereitschaft der Schweiz und den Ertragswert eines Überfalls.[26] Am 17. Dezember 1942 erhielt der schweizerische Nachrichtendienst über die «Wiking-Linie» die Meldung, auf Drängen von Himmler und Sepp Dietrich sei am 8. November im Beisein von Hitler die Frage aufgeworfen worden, ob gleichzeitig mit dem Einmarsch in das bisher unbesetzte Frankreich auch die Schweiz besetzt werden sollte. Auch wenn im Moment keine akute Gefahr bestehe, könnte sich Hitler je nach Stimmung plötzlich entschliessen, das Problem Schweiz zu lösen. Der Informant verwies auf die deutsche Spionage gegen die Schweiz. Und er warnte, dass die Schweiz den Aufmarsch nicht rechtzeitig erkennen würde, dass der Überfall aus einer weit hinten gelegenen Bereitstellung mit modernsten Mitteln inklusive Luftlandetruppen erfolgen würde. Verschiedene andere Meldungen schienen die deutschen Pläne zu bestätigen, bei denen Generaloberst Dietl als Spezialist des Gebirgskrieges angeblich eine wichtige Rolle spielen sollte.[27] Bernard Barbey fand im Januar 1943, diese Meldungen (sie waren noch ergänzt worden) seien das Präziseste und «vielleicht Eindrücklichste», was der Nachrichtendienst seit Kriegsbeginn bekommen habe.[28] Guisan informierte entsprechend Bundespräsident Celio und Bundesrat Kobelt. Der Verteidigungsminister zeigte sich im Februar 1943 in seiner umfassenden Lageeinschätzung vor der APUF kaum wesentlich alarmiert. Die deutsche Stimmung gegen die Schweiz sei zwar schlecht, doch Kobelt sah die Schweiz aufgrund seiner strategischen Überlegungen nicht unmittelbar bedroht. Er rechnete hingegen für einen späteren Zeitpunkt im Jahr mit grösseren Gefahren und mit der Möglichkeit einer Generalmobilmachung. Verstärkte Wachsamkeit sei ratsam.[29] Wenig später versicherte Professor Sauerbruch dem Gesandten Frölicher bei einem Treffen in Davos, die Schweiz sei ausser jeder Gefahr. Sauerbruch hatte sich zwei Monate vorher als Freund der Schweiz anerboten, notfalls direkt zu Hitler zu gehen.[30] Am 18. März 1943 kam dann allerdings über die «Wiking-Linie» eine neue Alarmmeldung: Eine deutsche Aktion gegen die Schweiz stehe sehr wahrscheinlich schon vor dem 6. April 1943 bevor. Die Armeeleitung versuchte jeden Eindruck von Panik zu vermeiden. Man erinnerte sich nur allzu gut an die Vorgänge im Mai 1940. Guisan und Huber trafen ergänzende Sicherheitsmassnahmen und konkretisierten die Planung für verschiedene Bereitschaftsstufen vorgängig einer Generalmobilmachung. Am 23. März ganz beiläufig vorangekündigt, wurden mit Wirkung ab 27. März Alarmübungen einiger Grenzbrigaden von jeweils

3 bis 4 Tagen angeordnet.³¹ Auf diese Verstärkungsmassnahmen waren die Deutschen übrigens rechtzeitig von einem «Gewährsmann» aufmerksam gemacht worden.³² Die Öffentlichkeit erfuhr zwar kaum etwas Präzises über die verschärfte Lage, doch das schweizerische Milizsystem brachte es mit sich, dass Gerüchte über eine nervöse Stimmung umliefen. Markus Feldmann hörte, es werde über ein «Ultimatum Hitlers» an die Schweiz gemunkelt.³³ Bereits am 22. März 1943 kam über «Wiking» eine vorläufige Entwarnung an den schweizerischen Nachrichtendienst. Doch die Beunruhigung wich nicht völlig (vgl. Kapitel 8.2.). Interessant ist die Bewertung dieser Vorgänge durch die Angelsachsen. Brigadegeneral B. R. Legge, der amerikanische Militärattaché in Bern, hatte bereits Ende Januar 1943 über die Gerüchte nach Washington berichtet. Es schien ihm auch im März unzweifelhaft, dass ein deutscher Plan für den Fall Schweiz existierte, der von einem Sonderstab untersucht werde. Das sei die «typisch deutsche Methode» der «long range plans». Jedoch erschien ihm die neue Alarmmeldung «gepflanzt», weil sie gleichzeitig auch die alliierten Kontaktstellen in Genf erreicht hatte, was ihn auf einen gemeinsamen Übertragungsweg (via Basel) aus vermutlich identischer Ursprungsquelle in Deutschland schliessen liess. Im Übrigen vertrat er Ende März die Ansicht, dass eine rasche Überrumpelung der Schweizer Armee nicht machbar sei.³⁴ Auch der britischen Gesandtschaft in Bern war der deutsche «Nervenkrieg» gegen die Schweiz nicht entgangen. Norton sprach Pilet-Golaz darauf an. Der Aussenminister gab sich äusserlich gelassen. Er äusserte die Vermutung, das deutsche Vorgehen könnte auf eine Beeinflussung der Wirtschaftsverhandlungen abzielen. Nortons Bericht über dieses Gespräch wurde dem War Cabinet mitgeteilt.³⁵ Ein Schweizer Generalstabsoberst, der in regelmässigem Kontakt mit dem amerikanischen Nachrichtendienst stand, teilte diesem mit, man rechne in «hohen Armeekreisen» damit, dass die Invasionsgefahr für die Schweiz in wenigen Monaten wieder akut werden könnte. Dieser Offizier fügte an (wohl mit einer bestimmten taktischen Absicht), dass Deutschland «vor einiger Zeit» zwei Forderungen an die Schweiz gestellt habe, die beide abgelehnt wurden. Es soll sich um die Verlängerung der Siegfried-Linie von Basel bis in den Raum Sargans sowie um den Durchlass deutscher Truppen nach Italien gehandelt haben.³⁶

Die Frage, ob es sich beim «März-Alarm», der sich bei genauem Hinsehen seit Dezember 1942 aufgebaut hatte, um einzelne reale Vorgänge oder nur um einen raffinierten Bluff (oder allenfalls um eine Mischung von beidem) handelte, lässt sich nicht mit letzter Sicherheit beantworten. Auf deutscher Seite fehlen offenbar entsprechende Dokumente, was sich unterschiedlich deuten lässt. Die von Hans Rudolf Kurz in der Nachkriegszeit befragten Deutschen wussten nichts von Angriffsplanungen gegen die Schweiz zu diesem Zeitpunkt. Das darf freilich in Anbetracht der verfügbaren Personen und der damaligen Zeitumstände nicht überschätzt werden. Pierre Braunschweig schien es jedenfalls in seiner Detailanalyse der Vorgänge plausibel, dass hinter dem Bluff des März-Alarms die Absicht stand, die Schweiz bei den Wirtschaftsverhandlungen gefügiger zu machen.[37] Wenn dem so war, dann bleibt doch die interessante Frage, wer die recht umfangreichen Fehlinformationen (über bis dahin bewährte Kanäle des schweizerischen Nachrichtendienstes) gesteuert hat. Was war die «Wiking-Linie» noch wert? Eine bestimmte Koordination auf höherer Ebene zwischen Auswärtigem Amt, Reichswirtschafts- und Rüstungsministerium, OKW und deutschen Geheimdienststellen war wohl unumgänglich, um die Schweizer wirksam mit Desinformationen einzuschüchtern. Darauf müssten eigentlich noch marginale Spuren in deutschen Akten hinweisen. Doch die Persönlichkeit, die für die Koordination in erster Linie in Betracht kam, nämlich Botschafter Karl Ritter als Spezialist des Wirtschaftskrieges und Verbindungsmann zwischen Auswärtigem Amt und OKW, war nicht bekannt für ausführliche Aktenvermerke. Fest steht, dass der ehemalige Ministerialdirektor nie ein Freund der Schweiz gewesen war. Er dürfte sich noch lebhaft an die Auseinandersetzungen mit Walter Stucki in der ersten Hälfte der 1930er-Jahre erinnert haben. Und Ritters Aufgabe war es, die allfälligen Probleme zwischen Auswärtigem Amt und Oberkommando der Wehrmacht, wie es in einem anderen Zusammenhang heisst, «in direkter und persönlicher Aussprache zu erledigen».[38] Wichtiger noch: Botschafter «z.b.V.» Karl Ritter, ein sehr von sich selbst eingenommener Mann, unterstand direkt Aussenminister Joachim von Ribbentrop. Von den Aufzeichnungen Weizsäckers zum Beispiel über die Gespräche mit Frölicher erhielt Ritter jeweils ohne Umwege eine Kopie. Da gab es freilich auch ein wichtiges Detail, das dem Botschafter offensichtlich entging. Denn in seiner unmittelbaren Nähe arbeitete ein unscheinbarer «kleiner» Beamter namens Fritz Kolbe, der ab Sommer 1943 Kopien von Hunderten von Dokumenten, zu denen er im Auswärtigen Amt Zugang hatte, Allen Dulles in Bern zuspielte. Er wurde damit zu einer der wichtigsten deutschen Informationsquellen des OSS-«Spymasters».[39]

Die These vom Zusammenhang zwischen März-Alarm und deutschschweizerischen Wirtschaftsverhandlungen wird im folgenden Kapitel noch etwas näher zu prüfen sein. Nicht zu verkennen ist in diesem Zusammenhang auch die enge zeitliche Verknüpfung des Märzalarms mit der Weiterentwicklung der höchst umstrittenen Kontakte Masson–Schellenberg. Vorläufiges Fazit: Die Lage blieb für die Zeitgenossen unübersichtlich. SS-Standartenführer Walter Schellenberg, seit 1941 Leiter des Auslandnachrichtendienstes im Reichssicherheitshauptamt, lud Oberst Masson im März/April 1943 zu einem Besuch bei Himmler in Berlin ein. Schellenbergs Verbindungsmann Eggen äusserte, es müsse (gemeint nach dem Zusammentreffen Guisan–Schellenberg vom März) weiter gearbeitet werden, «um auch politisch und wirtschaftlich die Sache zwischen den beiden Staaten ins Reine zu bringen».[40] Der Bundesrat verbot dann allerdings dem vertrauensseligen Masson (der glaubte, Schellenberg habe die Schweiz im März gerettet) eine Reise nach Berlin. Eindeutig ist bei alledem, dass man im Reiche Heinrich Himmlers der Schweiz beträchtliche Aufmerksamkeit angedeihen liess. Die Denkschrift Böhme wurde bereits erwähnt. Und dass die Bedeutung Himmlers und seiner engsten Mitarbeiter im Machtgefüge des «Dritten Reiches» bedeutend gestiegen war, gehörte zu den allgemein bekannten Tatsachen. Die Versuchung zu einer Überrumpelung oder Erpressung der Schweiz, vielleicht auch die Aussicht auf neue «Beute», mochte die eine Seite des Interesses begründen. Bei gewissen Exponenten gab es möglicherweise auch gegenläufige Überlegungen für den Fall einer definitiven deutschen Niederlage. Aus nachrichtendienstlicher Sicht liessen sich – bei entsprechender Vorsicht – gewisse Kontakte zum Machtbereich Himmlers gewiss rechtfertigen. Doch über das Wie (und vor allem wen) gingen die Ansichten damals wie später beträchtlich auseinander. Das Vorgehen von Roger Masson bot jedenfalls unverkennbare Angriffsflächen.

Wer schliesslich nach Berlin fuhr, war nicht Masson, sondern Korpskommandant Ulrich Wille. Er konnte dies als Privatmann ohne Auftrag tun, denn er stand nun nicht mehr im aktiven Dienst. Vordergründig ging es um Verwandtschaftsbesuche, darunter war auch Staatssekretär von Weizsäcker, der sich in der veränderten Kriegslage nun als Botschafter beim Vatikan akkreditieren liess. Weizsäcker versicherte Frölicher Anfang April 1943, die Schweiz habe nichts zu befürchten, die schwierigen Zeiten seien früher gewesen, obwohl auch da nie eine akute Gefahr bestanden habe.[41] Ob der Staatssekretär im Frühjahr 1943 (oder auch früher) über alle relevanten Informationen verfügte, kann natürlich in Frage gestellt werden. Der Abgang Weizsäckers von Berlin führte zu verschiedenen personellen Veränderungen im Auswärtigen Amt. Interessant ist, dass der Freiherr von Bibra fast gleichzeitig von Bern nach Madrid verschoben wurde. Was Korpskommandant Ulrich Wille betraf, so benützte er seinen Deutschland-Aufenthalt im April 1943 für mancherlei Kontakte. Frölicher offerierte zu seinen Ehren ein Mittagessen, zu dem neben Weizsäcker auch Sauerbruch und General Olbricht, der Chef des Allgemeinen Heeresamtes beim OKH, eingeladen waren. Olbricht gehörte zu den Regimegegnern. Er war nicht zum ersten Mal bei Frölicher zu Gast. Im Juli 1944 wurde er zusammen mit Stauffenberg und andern Mitverschwörern erschossen. Durch Vermittlung des aus der Schweiz stammenden SS-Sturmbannführers Dr. Riedweg kam es auch zu einem Kontakt Willes mit SS-Gruppenführer Gottlob Berger, dem Chef des

SS-Hauptamtes. Berger fand in seiner Information an Himmler, Wille sei von Guisan ausmanövriert worden und scheide seiner Ansicht nach «für eine politische Aufgabe» aus, da er den «Absprung» vom Eidgenossen zum Nationalsozialisten nie finden werde. Wille hielt bei diesem Gespräch einen militärischen Sieg Deutschlands für unmöglich und empfahl einen Versuch, Frieden zu schliessen. Über die Schweiz äusserte sich Wille nicht. Und Berger scheint sich auch nicht zur Haltung Deutschlands geäussert zu haben. Riedweg erhielt immerhin Befehl, den Kontakt zu Wille weiter zu pflegen, aber nicht über Politik zu reden. «Dass wir eine andere erfolgversprechende Verbindung nach der Schweiz haben, weiss Dr. Riedweg nicht», fügte Berger in seinem Schreiben an Himmler an.[42] Mit dieser Verbindung meinte er wohl die Linie Schellenberg–Masson. Das Interesse der SS-Spitze an der Eidgenossenschaft blieb unverändert. Berger wollte die Schweiz, wie er Himmler versicherte, «laufend noch schärfer im Auge behalten». Von hier aus lässt sich mühelos eine Verbindung zur Denkschrift Böhme über einen Eventualangriff gegen die Schweiz herstellen. SS-Sturmbannführer Daufeldt war schon im Frühjahr 1942 von Schellenberg als Spion (unabhängig von der Organisation der Abwehr unter Korvettenkapitän Hans Meisner in Bern) in die Schweiz geschickt worden. Zur Tarnung hatte man Daufeldt in Lausanne als Vizekonsul untergebracht.[43] Und im Oktober 1943 versuchte SS-Obergruppenführer Kaltenbrunner, der Nachfolger Heydrichs als Chef der Sicherheitspolizei und des SD, den ihm gut bekannten Rechtsanwalt Ernst Hoffmann zusätzlich unter diplomatischer Tarnung nach Bern zu entsenden. Als dies auf Schwierigkeiten stiess, dachten die SS-Chefs an eine Tarnung als «Finanzsachverständiger». Noch im Frühjahr 1944, als das Politische Departement die Einreise verzögerte, wollte die SS auf der Entsendung beharren.[44] Zur gleichen Zeit rapportierte der schweizerische Gesandte Jaeger aus Budapest, dass Hitlers dortiger Statthalter Veesenmayer geäussert haben soll: «Binnen kurzem dürfte die Frage einer Entscheidung auch für die Schweiz akut werden.» Damit konnte wohl nur eine überfallmässige Besetzung wie im Falle Ungarns gemeint sein. Der Gesandte Veesenmayer, nebenbei auch SS-Brigadeführer, war kein harmloser Diplomat auf einem Nebenschauplatz, sondern ein bekannter Spezialist für zweifelhafte Operationen in Ost- und Südosteuropa. Jaeger hörte überdies aus guten inoffiziellen Quellen, die Gestapoleute hätten handgreifliche Motive für einen «Beutezug» auf die Schweiz, die angeblich mit Geld und Gut «vollgestopft» sei. Brigadier Masson machte in der Bewertung dieser Meldungen darauf aufmerksam, dass Deutschland zu diesem Zeitpunkt über beträchtliche strategische Reserven verfügte. Ungünstig wirkte sich damals freilich aus, dass der Schweizer Nachrichtendienst über die Vorgänge in wichtigen Regionen des deutschen Machtbereichs nur unzureichende Informationen besass.[45]

Damit wird indes der chronologischen Entwicklung vorgegriffen. Kehren wir zurück zur Situation der Schweiz nach dem «März-Alarm» 1943. Die Landesregierung erkannte, dass sich aufgrund der Kriegswende an der Ostfront sowie in Afrika in gewissen schweizerischen Kreisen Sorglosigkeit breit zu machen drohte. In einer gut koordinierten Aktion traten verschiedene Bundesräte in den folgenden Wochen mit ihrer Einschätzung der Lage an die Öffentlichkeit. All diese Äusserungen wurden in Berlin mit Aufmerksamkeit registriert. Den Anfang machte Aussenminister Pilet-Golaz am 11. April vor den Freisinnigen in Genf. Betroffen stellte er fest, «wie viele Leute bei uns sich einbilden, dass die Zeit der Prüfungen bald vorbei sei». Pilet sah die nächste Zukunft in düsterem Licht und den Krieg einem «kritischen Höhepunkt» zustreben, der die Schweiz vor «bedenkliche politische, wirtschaftliche, finanzielle, vielleicht auch militärische Lagen» stellen könnte. Er beklagte die Welle von Gerüchten und forderte starke Nerven. Offen sprach er aus, dass der Standpunkt der Neutralen bei den Kriegführenden «weder viel Verständnis noch viel Begeisterung findet». Mit deutlicher Absicht nach aussen versicherte er, dass die Schweiz ihrer Neutralitätspflicht «gegenüber allen und gegen alle» nachkommen werde. Von den Schweizern verlangte er «Wachsamkeit, Disziplin, Mut, Einigkeit, Ruhe und Vertrauen». Durch Entschlossenheit und Festigkeit werde sich das Land behaupten.[46] Wohl noch nie zuvor hatte Pilet-Golaz derart deutlich gesprochen. Das war natürlich auch ein gewandtes Eingehen auf die heftige Kritik, die sich im Hintergrund gegen ihn aus verschiedenen innenpolitischen Richtungen formiert hatte.

Anfang Mai 1943 wurde eine weitere Serie von schweren Strafen gegen zehn Landesverräter verhängt (davon drei Todesurteile) – mit Publikation aller Namen. Ein eindringliches Plakat gegen Gerüchtemacherei und Ausplaudern von militärischen Geheimnissen zierte die Wände der Schweiz. Am 10. Mai sprach Bundesrat Kobelt vor dem Schweizerischen Schützenverein über die militärische Bereitschaft. Er machte, mit Blick nach Norden, darauf aufmerksam, dass der Kampfwert der Armee seit Kriegsbeginn «gewaltig zugenommen» habe. Im vergangenen Jahr sei die Schweiz in der Lage gewesen, «den Bedürfnissen der Wirtschaft durch eine wesentliche Herabsetzung der Truppenaufgebote Rechnung zu tragen». Doch jetzt sähen sich Bundesrat und Armeeleitung veranlasst, die militärische Bereitschaft zu verstärken. «Die militärische Gefahr hat für unser Land nicht abgenommen, sie ist im Zunehmen begriffen.» Und an beide Kriegsparteien gerichtet: «Unser Feind wird der sein, der uns angreift. Gegen ihn richten sich alle unsere Gewehre. Das ist unser Wort.»[47] Den Reigen der bundesrätlichen Ermahnungen und Warnungen beschloss Walter Stampfli eine Woche später. Der Wille zur Neutralität und der Wille zu ihrer Verteidigung nahm auch bei ihm einen wichtigen Platz ein. Wachsamkeit und Bereitschaft blieben das Gebot der Stunde. Stampfli versicherte im Übrigen, dass der Gesamtbundesrat hinter Pilet stehe. Ferner pries er die Sachkenntnis, Zähigkeit und Ausdauer der Unterhändler in den Wirtschaftsverhandlungen und verteidigte sie gegen ungerechtfertigte Kritik. Ernste Prüfungen stünden bevor, meinte Stampfli mit Blick auf die Wirtschaftsbeziehungen zu Deutschland.[48] Diese konfliktreiche Phase soll im folgenden Kapitel genauer untersucht werden.

Die Sicherheitslage der Schweiz blieb in mannigfacher Weise verknüpft vor allem mit der Kriegsentwicklung in Italien. Im Juli sah General Guisan für den Fall einer alliierten Landung auf dem italienischen Festland noch eine Generalmobilmachung vor. Das entsprach einmal mehr keineswegs den Vorstellungen des Bundesrates, der einer vorsorglichen, schrittweisen Verstärkung (d. h. einer unauffälligen Teil-Remobilisierung) den Vorzug gab. Folgerichtig wurde dann Anfang September 1943 vor allem die Südfront verstärkt. Beeindruckend blieb die Fähigkeit der Deutschen, immer noch Reserven, diesmal zur Besetzung Norditaliens, wirksam einzusetzen.[49] Noch im späteren Herbst 1943 gab es warnende Signale von Berlin an Bern. Dies belegt ein Besuch von Staatsrat Walther Schieber, dem Chef des Rüstungslieferamtes im Ministerium Speer, beim Gesandten Frölicher. Schieber drückte dabei seine Enttäuschung aus über die Wirtschaftsvereinbarungen vom 1. Oktober. Auch die Transitfrage schien ihm ein heikles Problem, für das er sich mit Blick auf Italien ganz besonders interessierte. Die «Festung Europa», so Schieber, sei nur eine halbe Sache, wenn sich die Schweiz in keiner Weise einordne. Er befürchte, dass auch für die Eidgenossenschaft «gefährliche Zeiten kommen werden». Frölicher fragte sich mit feiner Witterung für die Klimaveränderungen in Berlin, ob der Staatsrat nur «etwas Dampf» für die Fortsetzung der Wirtschaftsverhandlungen geben wollte oder ob es sich um eine ernste Warnung handelte. Und dann gab es auch noch die Möglichkeit, dass der Staatsrat, wie sich Frölicher notierte, nur seine Bekanntschaft machen wollte – für «alle Fälle».[50] Schieber dachte offensichtlich immer noch in jenen Schablonen, die Adolf Hitler im Mai 1943 in einer Reichs- und Gauleiterbesprechung bestätigt hatte. Da sprach der «Führer» – enttäuscht vor allem über die Ungarn – gemäss Goebbels davon, «dass das Kleinstaatengerümpel, das heute noch in Europa vorhanden ist, so schnell wie möglich liquidiert werden muss». Europa könne eine «klare Organisation nur durch die Deutschen erfahren».[51] Hitlers Grössenwahn und Machtwille schien im rhetorischen Höhenflug vor seinen Getreuen ungebrochen.

8.2. Nur «eine Frage des Masses»? – Konfliktreiche Wirtschaftsverhandlungen nach beiden Seiten

Über welche Bewegungsfreiheit verfügte die Schweiz in wirtschaftlicher Hinsicht vom Sommer 1942 bis zum Herbst 1943, vom Kulminationspunkt deutscher Expansion bis zur klaren Kriegswende? Wie wirkte sich die verstärkte Einschnürung der Schweiz durch Deutschland ab September 1943 aus? Das waren keine akademischen Gedankenübungen, sondern prioritäre Fragen, als sich die schweizerisch-deutschen Wirtschaftsvereinbarungen (von 1941) ihrem Vertragsende zuneigten.

Der französische Nachrichtendienst verfolgte 1942 mit erstaunlicher Detailkenntnis die umstrittenen schweizerischen Lieferungen nach Deutschland. Die Dringlichkeit der deutschen Bestellungen war evident.[52] Man kann wohl davon ausgehen, dass mindestens ein Teil dieser Informationen an die Alliierten weitergegeben wurde. Die deutschen Kräfte waren offensichtlich bis zum Äussersten angespannt. Der Bundesrat, so berichtete im Mai 1942 eine Informationsquelle des französischen Nachrichtendienstes, sei beunruhigt, könne sich jedoch den deutschen Forderungen nicht widersetzen. Er empfehle den Industriellen immerhin «vertraulich», die Lieferungen zu verzögern. Die Franzosen erfuhren übrigens von den Barackenlieferungen ebenso wie von den deutschen Ski-Bestellungen.[53] Verschiedene Gerüchte liefen um, nicht zuletzt über die beunruhigende Höhe der Clearingkredite.[54] Der verstärkte alliierte Luftkrieg liess gleichzeitig die Hoffnung aufkeimen, dass Deutschland, wie sich Heinrich Homberger im Juni 1942 ausdrückte, den «Vorteil der ungestörten schweizerischen Produktion für die Achsenmächte» vermehrt schätzen werde. Dadurch, so hoffte Homberger, sollte sich eine verbesserte Verhandlungsposition der Schweiz ergeben, mit der Möglichkeit, grössere deutsche Gegenleistungen zu fordern. Es ging dabei vor allem um die längst angestrebte Lockerung der deutschen Gegenblockade.[55] Ein Informant Heinrich Walthers aus deutschen Regierungskreisen liess bereits im April 1942 durchblicken, dass sich die Stimmung in Berlin gegenüber der Schweiz stark verbessert habe.[56]

Diese Veränderungen waren nicht zu trennen von den äusserst mühsamen schweizerisch-alliierten Wirtschaftsverhandlungen, die im März 1942 in London begonnen hatten (und deren Ende nicht absehbar schien). Die Schweiz versuchte dabei, den Briten die Zwangslage klar zu machen und gewisse Lockerungen der Blockade zu erreichen.[57] Die Alliierten drängten indes mit zunehmender Härte auf Reduktion der schweizerischen Exporte nach Deutschland. Hans Sulzer war als Handelsdiplomat (wie im Ersten Weltkrieg) für diese Verhandlungen aktiviert worden und mühte sich redlich in monatelangen, qualvollen Detailbesprechungen, die auf schweizerischer Seite zu einiger Erbitterung (und beträchtlichen internen Spannungen) führten. Es war die schwierigste Mission seines Lebens, wie er im Oktober 1942 Professor Rappard (der ursprünglich ebenfalls zur Delegation gehörte und Sulzer anschliessend in Bern unterstützte) gestand.[58] Ohne minimales Entgegenkommen und Verständnis der Alliierten blieb die schweizerische Verhandlungsbeweglichkeit gegenüber Deutschland äusserst beschränkt. Carl Koechlins Lagebeurteilung im Vorort liess an Deutlichkeit nichts zu wünschen übrig: Ihm schien, Grossbritannien und die USA seien gewillt, den Kontinent «mit aller Rücksichtslosigkeit abzuschnüren». Auf ein «kleines Volk von 4 Millionen» werde dabei keine Rücksicht genommen. Im Übrigen kritisierte er wohl nicht unbegründet den zu wenig engen Kontakt auf schweizerischer Seite zwischen Handelsabteilung, Vorort und Nationalbank.[59] Simple Tatsache war, dass die kleine Schweiz den Alliierten auf wirtschaftlichem Gebiet nur wenig Gegenleistung zu bieten hatte. Auch die Kreditofferte von 200 Millionen Franken an Grossbritannien, deren verhandlungstaktischer Einsatz über Monate hinweg umstritten war, konnte die Situation der Schweiz kaum wesentlich verbessern. Die Verhandlungen in London mussten im Dezember 1942 ziemlich erfolglos «unterbrochen» werden.

Den Deutschen entging derweil wenig von dem, was in der Schweiz ablief. Ein Informant berichtete zum Beispiel im Juni 1942 über Professor Rappards Aussagen zu den Verhandlungen in London sowie den zunehmenden Einfluss der USA und die Siegeszuversicht der Alliierten.[60] Deutschland reagierte mit einer gewissen Nervosität. Man befürchtete Sabotageakte der Alliierten an den Eisenbahntransversalen durch die Schweiz. Die alliierten Nachrichtendienste beobachteten den deutschen Eisenbahntransport in versiegelten Wagen zum Beispiel über die Linien Singen–Etzwilen und Singen–Schaffhausen mit einiger Aufmerksamkeit. Brigadegeneral Legge in Bern war es allerdings nicht möglich, Näheres über den Inhalt dieser Transporte herauszufinden.[61] An beunruhigenden Gerüchten fehlte es freilich nicht. Selbst von möglicher Fabriksabotage war anlässlich einer Vorsprache des Gesandten Köcher bei Pilet die Rede. Der schweizerische Aussenminister mochte das den Briten weniger zutrauen, eher schon den Amerikanern.[62] In Wirklichkeit überlegte man sich beim britischen Geheimdienst 1942 durchaus, allenfalls sowohl Tunnel- wie Fabriksabotageaktionen in der Schweiz durchzuführen. Man ging in London bei gewissen Stellen davon aus, dass die schweizerischen Fabrikarbeiter, antinazistisch eingestellt, fruchtbaren Nährboden für gewisse SOE-Aktionen abgeben könnten. Doch scheint man in Anbetracht regierungsinterner Widerstände von solchen Aktionen abgesehen zu haben.[63] Offen bleibt dabei die Frage, wie viele Arbeiterinnen und Arbeiter den Schritt von der antifaschistischen Rhetorik zur Sabotage in ihrem Betrieb (unter Gefährdung der eigenen wirtschaftlichen Existenz) effektiv getan hätten. Offen bleibt auch die Frage, wie solche Themen in Moskau beurteilt wurden. Nach heutigem Forschungsstand erscheinen tatsächliche Sabotageakte eher als Rarität.[64]

Für die Briten war es jedenfalls einfacher, mit dem Instrument der «Schwarzen Listen» auf schweizerische Exportunternehmer zunehmenden Druck auszuüben, um die Ausfuhr nach Deutschland einzuschränken. Oswald Inglin hat dieses Vorgehen 1991 in überzeugender Weise dargestellt. Die Zahl der schweizerischen Namen auf der «Statutory List» (Personen und Firmen, somit nicht übereinstimmend mit der Anzahl der inkriminierten Unternehmen) belief sich Ende 1941 auf 416, Ende 1942 auf 655 und Ende 1943 auf 1 186 Einträge.[65] Dahinter standen ein beträchtlicher administrativer Aufwand der britischen Konsulate (und ihrer nachrichtendienstlichen Mitarbeiter), Schnüffelaktionen, Abhörvorgänge, Vorladungen, die von zahlreichen Schweizern bei aller Sympathie für die Alliierten als Zumutung betrachtet wurden. Was waren die Konsequenzen für die gebrandmarkten Namen? Hier zeichnete sich seit Kriegsbeginn eine deutliche Verschärfung ab: Beginnend mit der Verweigerung von Navicerts und «shipping facilities» bis zur Blockierung der Vermögenswerte und der Verweigerung von Visas. Eine subtile Steigerungsmöglichkeit bestand darin, die verdächtigten Schweizer Firmen zunächst auf die nicht veröffentlichte «Black List» zu setzen, bevor man sie bei «nicht kooperativem Verhalten» auf die moralisch stigmatisierende «Statutory List» brachte. Da kam es zu manch seltsamem Hin und Her, Schonungen und Verschärfungen, deren Hintergründe häufig nicht mehr im Detail zu rekonstruieren sind. Das britische Vorgehen liess sich bei strenger Gesetzesauslegung in vielen Fällen als Wirtschaftsspionage kategorisieren. Von einer Verfolgung wurde in der Regel aus politischen Gründen abgesehen.[66] Zu einem grösseren Testfall wurden 1942/43 die Uhren- und Zünderproduzenten Tavannes und Tavaro, wo auf die entscheidenden Personen (die jüdischen Gebrüder Schwob sowie Eugène de Coulon) schon früh in geeigneter Weise Druck ausgeübt wurde, um sie zur Drosselung der Lieferungen an die Achse zu bewegen. Sie zeigten sich im Mai/Juni 1942 in der Tat «kooperativ». Die Reaktion der Achsenpartner liess jedoch nicht auf sich warten, indem Italien die Ausfuhr von Uhren der Tavannes Watch an die Alliierten über Genua blockierte. Die Tavaro machte Anfang 1943 geltend, sie habe bis dahin Aufträge der Achse über 85 Millionen Franken abgelehnt.[67] Diesem komplexen Fall kam jedenfalls im Ablauf der Ereignisse eine zeitweise beschleunigende Wirkung zu.

Aus deutscher Sicht zeichneten sich im Mai 1942 einige wesentliche Veränderungen der Wirtschaftsbeziehungen zur Schweiz ab. Im Handelspolitischen Ausschuss wurde erwogen, die Lieferungen von Kohle und Eisen an die Eidgenossenschaft offiziell zu kürzen. Die für Deutschland arbeitenden Firmen müssten allerdings bevorzugt behandelt werden. Und die schweizerische Regierung sollte erneut zur Kasse gebeten werden, weil der Clearingkredit von 850 Millionen Franken durch Bestellungen (hingegen noch nicht durch effektive Auszahlungen) praktisch erschöpft schien. Der Gesandte Hemmen zeigte sich optimistisch, dass die Schweiz dazu zu bringen sei, für 1943 einen zusätzlichen Kredit von 850 Millionen Franken zur Verfügung zu stellen.[68] Man brauchte bei dieser Gelegenheit nicht besonders zu kommentieren, dass Deutschland mit seinen Kohlelieferungen in den ersten vier Monaten 1942 in Verzug gekommen war. Hotz, Homberger und Kohli hatten Anfang Mai beim Gesandten Köcher diesbezüglich ihr Missfallen geäussert und mit einer Kreditkürzung gedroht.[69] Diese selbstbewussten Töne der Eidgenossen wurden indes in Berlin nicht ganz ernst genommen. Noch glaubte man sich in der Reichshauptstadt im Vollbesitz der Macht.

Immerhin hoffte man auf deutscher Seite, dass es nicht nötig sein würde, gegen die Schweiz «das schwerste Geschütz einer Drohung mit der Liefersperre aufzufahren». Was gewisse deutsche Stellen, die mit der Schweiz sehr gut vertraut waren, zu diesem Zeitpunkt besonders beschäftigte, war das «Durcheinander», das bei den deutschen «Verlagerungsgeschäften» in die Schweiz offensichtlich immer noch vorlag. Schweizerische Firmen wurden von Vertretern deutscher Unternehmen und Dienststellen sowie von Vermittlern «in einem geradezu unvorstellbaren Masse überlaufen». Das musste, so wurde beklagt, der Schweizer Industrie ein «Gefühl der Unentbehrlichkeit» vermitteln, das den deutschten Interessen «unbedingt abträglich» war. Es gab zwar jetzt drei deutsche Vermittlungsstellen, die bereits früher erwähnte «Deliko» in Zürich und die «Diko» in Bern sowie die Dienststelle des OKH bei der Gesandtschaft, doch praktisch bestand kein Organ, das die Rivalitäten zwischen den Wehrmachtsteilen schlichten konnte. Schlimmer noch: Es bestand keinerlei Übersicht über die Inanspruchnahme der schweizerischen Kapazitäten. Die deutschen Fachleute, welche in diesem Zusammenhang verschiedene Reformen anregten, gingen davon aus, dass zwar die Kapazitäten der schweizerischen Grossfirmen weitgehend ausgelastet waren, indes doch noch namhafte Aufträge bei kleineren Firmen untergebracht werden könnten. Sie äusserten die Ansicht, dass in der Schweiz «gerade Präzisionsarbeiten in einer sehr viel höheren Vollkommenheit als in Deutschland ausgeführt werden können».[70] So viel zur wirtschaftlichen Wertschätzung der Schweiz. Aufhorchen lässt indes, dass gleichzeitig im Auswärtigen Amt «auf Weisung des Herrn Reichsaussenministers» alle Abteilungen aufgefordert wurden, unverzüglich Vorgänge zu melden, aus denen eine «antideutsche schweizerische Haltung» hervorgehe.[71] Dies lässt vermuten, dass ein taktisches Druck-Manöver gegen die Schweiz mit einer entsprechenden «Sündenliste» vorbereitet wurde.

Am 18. Juli 1942 schritt der Gesandte Hemmen, wie im Mai vorgesehen, zur Tat. Er ging gleich zu Beginn zum Angriff über und beanstandete im kleinen Gespräch mit Jean Hotz in Bern, die Schweiz sei mit ihren landwirtschaftlichen Lieferungen im Verzug. Deutschland konstatiere ferner den englischen Druck auf die schweizerischen Lieferanten von Kriegsmaterial in der Uhrenindustrie. Wenn die Schweiz nicht in der Lage sei, diese «unerhörten Eingriffe» (so die Aufzeichnung von Hotz) zu stoppen, dann werde Deutschland die Uhrenausfuhr (gemeint an die Alliierten) verhindern. Dann kündigte Hemmen die Kürzung der Kohlen- und Eisenlieferungen für das zweite Semester 1942 an und forderte betreffend Auftragsvergebung für 1943 einen erweiterten Kreditrahmen. Hotz bezeichnete die Vertragsverletzungen bei Kohle (geplante Reduktion um 25%) und Eisen (mehr als 50%) als undiskutabel. In den folgenden Juli-Tagen wurden die deutschen Forderungen und Massnahmen im erweiterten Verhandlungskreis noch deutlicher sichtbar. Hemmen und von Selzam verliessen dabei die rein technische Ebene und argumentierten, die Schweiz wolle mit allen Mitteln eine geordnete Wirtschaft aufrechterhalten, Deutschland aber kämpfe auf Leben und Tod (und dabei auch zugunsten der Schweiz) gegen den Bolschewismus. Die Schweizer beharrten auf ihrem Standpunkt, die «astronomischen Vorschüsse» (eine Wortprägung von Hotz) seien nur tragbar, wenn Deutschland seinen Lieferverpflichtungen restlos nachkomme. Im Übrigen drängten die Schweizer einmal mehr auf die Lockerung der Gegenblockade. Homberger betonte die bestehenden deutschen Vertragsverpflichtungen. Eine Anpassung müsse auf Gegenseitigkeit beruhen. Die Schweiz sei «fest entschlossen, ihre Existenz mit allen ihr zur Verfügung stehenden Mitteln zu verteidigen». Und Robert Kohli rechnete den Deutschen vor, wie viel Kriegsmaterial die Schweiz bereits geliefert habe. Auch die Fälle Tavaro / Tavannes Watch kamen hier nochmals zur Sprache. Die angedrohten deutschen Gegenmassnahmen wurden von Schweizer Seite als Vertragsbruch qualifiziert.[72]

Diese Gespräche in Bern führten erwartungsgemäss zu keinen greifbaren Resultaten. Hemmen zeigte sich wenig beeindruckt vom schweizerischen Widerstand. Wichtig war aus seiner Sicht, dass die vorliegenden dringlichen Wehrmachtsaufträge immer noch untergebracht werden konnten. Er rechnete mit diesbezüglichen praktischen Schwierigkeiten nicht vor September.[73] Die Schweizer betonten andererseits, das Tempo ihrer Lieferungen hänge wesentlich von den deutschen Kohlelieferungen ab, die 1942 bis dahin nur zu 75% eingehalten worden seien.[74] An Eisen war Deutschland mit 36% des zugesagten Kontingents im Rückstand. Es erwies sich als notwendig, die eigentlichen Verhandlungen im August 1942 in Berlin zu führen. Die schweizerische Delegation suchte den Kontakt zu wichtigen Personen im Reichswirtschaftsministerium und der

Wehrmacht, um sich über die deutschen Absichten zu vergewissern. Bei der Eröffnungssitzung am 6. August im Reichswirtschaftsministerium bei Staatssekretär Landfried (anwesend waren u.a. auch die Generäle von Hanecken und Becker) brachten Hotz, Homberger und Kohli neben den bekannten Argumenten auch einige Nuancen ein, die bemerkenswert sind. Hotz wies gemäss deutscher Aufzeichnung darauf hin, durch die angedrohten Lieferkürzungen würde die «Produktionsbereitschaft» in der Schweiz beeinträchtigt: «bei den Werken, der Arbeiterschaft und den örtlichen Behörden, deren Widerstand nur mit Hinweis auf die wertvollen deutschen Zulieferungen seinerzeit habe überwunden werden können». Homberger betonte, dass «gerade die kleinen Staaten vom Vertragsrecht leben»; «wir konnten England gegenüber unser Abkommen rechtfertigen mit dem Hinweis, dass wir auch Vorteile beziehen». Auf den Vorwurf der Deutschen, die Schweizer sähen die Dinge allzu kommerziell, antwortete Homberger: «Wir Neutrale können nicht anders.» Staatssekretär Landfried und Unterstaatssekretär von Jagwitz beschworen den «Kampf gegen den Bolschewismus». Die Bolschewisten «würden auch vor den Grenzen der Schweiz nicht halt machen».[75]

Die schweizerische Verhandlungstroika zeigte in den nachfolgenden Detailverhandlungen bis Anfang September 1942 beträchtliche Zähigkeit. Ministerialdirektor Wiehl vom Auswärtigen Amt notierte schon zu Beginn die «temperamentvollen Ausführungen» Hombergers über die Rechtslage.[76] Davon ging die schweizerische Delegation auch später nicht ab, doch wirksamer waren offenbar vor allem bei der Wehrmacht ganz handfeste Argumente. So wiesen die Schweizer darauf hin, dass die Einseitigkeit in der Produktion von kriegswirtschaftlichen Gütern für die Verhandlungen mit Grossbritannien einfach nicht mehr tragbar sei und das Land der Gefahr von Bombardierungen aussetze. Bei diesem Thema kam der Delegation zustatten, dass der britische Handelsattaché Lomax in Bern als Scharfmacher kontraproduktive Effekte erzielte. Lomax, so erfuhren die Deutschen über den Industriellen Bührle, habe offenherzig eine Politik skizziert, wonach die Briten und Amerikaner sich nicht scheuen würden, die Schweiz vor die Wahl zu stellen, entweder als Bundesgenosse Deutschlands in den Krieg einzutreten oder sich für die demokratischen Mächte zu entscheiden. England, so Lomax, könne eine Zuspitzung des Konflikts nur recht sein. Die Alliierten könnten ein Weiterbestehen der «Brücke zwischen Deutschland und Italien durch schweizerisches Gebiet nicht dulden». Der Gesandte Köcher knüpfte daran die Überlegung, ob nicht eine «politische Bereinigung des gesamtschweizerischen Problems» aus deutscher Sicht versucht werden sollte.[77] Staatssekretär von Weizsäcker forderte ihn auf, seine Gedanken zu konkretisieren.

Inzwischen war es der schweizerischen Wirtschaftsdelegation scheinbar gelungen, eine Art Modus vivendi zu vereinbaren, festgelegt in etwas vager Weise im Protokoll vom 5. September 1942. Danach sollte die deutsche Regierung «ihr Bestes tun», um die Kohlenlieferungen «sobald als möglich» wieder im Vertragsrahmen vom 18. Juli 1941 abzuwickeln. Auf dem Gebiet der Gegenblockade wurden gewisse Lockerungen in Aussicht gestellt (was zu einer Verflüssigung der schweizerischen Verhandlungen mit den Alliierten hätte beitragen sollen, jedoch letztlich unwirksam blieb).[78] Der Preis für das scheinbare deutsche Entgegenkommen eignete sich kaum zur Veröffentlichung. Homberger sprach vor dem Vorort von einer Erpressung im letzten Augenblick. Die «Lösung» bestand darin, dass Deutschland zwar noch kein offizieller Kredit für 1943 eingeräumt wurde, «zur Aufrechterhaltung der Kontinuität in der Vergebung deutscher Aufträge» (wie es im Protokoll hiess) indes ein «Vorgriff» auf die im ersten Semester 1943 anfallenden Pauschalwertgrenzen ermöglicht wurde. Homberger versuchte dies vor seinen Kollegen als «rein clearingtechnische Massnahme» darzustellen.[79] Doch kaum jemand dürfte sich im kleinen Kreis Illusionen gemacht haben. Es handelte sich um ein höchst prekäres Überbrückungsvorgehen, mit dem Ziel, für die entscheidende Verhandlungsrunde von Ende 1942 Zeit zu gewinnen. Die drei Schweizer hatten die hintergründigen deutschen Schwächen bei ihrem Berliner Aufenthalt deutlich herausgespürt, den Arbeitskräftemangel, die Warenknappheit und die «miserable Stimmung», wie sich Hotz bei Gelegenheit ausdrückte. Der Chef der Handelsabteilung war offenbar zur Ansicht gelangt, dass Deutschland zu einem Angriff auf die Schweiz die Kraft nicht mehr besitze.[80] Gleichzeitig hatten Homberger und Hotz, wie sie William Rappard bei einer vertrauten abendlichen Zusammenkunft erzählten, den Eindruck, die relative deutsche Konzilianz sei auf ein «mot d'ordre» von hoher Stelle zurückzuführen, in dem Sinne, es mit der Schweiz nicht zu verderben.[81]

Das mochten freilich etwas trügerische Eindrücke sein. Denn Anfang Oktober 1942 erinnerte Staatssekretär von Weizsäcker den Gesandten Köcher daran, dass Schweden und die Schweiz «beim Führer tief im Kurse stehen». Hitler hatte ihm soeben gesagt, «die Schweizer schienen ihm doch etwas weicher zu sein als die Schweden».[82] Dass die Schweiz bei Hitler tief im Kurse stand, hatte in dieser Phase wohl vor allem mit der ungehinderten britischen Überfliegung (Anflug zur Bombardierung Münchens Mitte September über schweizerisches Gebiet) zu tun. Dass sie «weich» erschien, konnte auf verschiedene Verhaltensweisen, das beständige Lavieren zwischen Deutschland und den Alliierten, zurückgeführt werden.[83] Noch war das von Köcher angeregte Thema «Bereinigung» der Beziehungen nicht vom Tisch. Dass Weisäcker mit Hitler darüber gesprochen hat, darf aus dem Sachzusammenhang angenommen werden. Köcher beabsichtigte keine Gewaltmassnahmen, sondern hielt es für möglich, «einen Umschwung der Stimmung und der Gesamthaltung» zu Deutschlands Gunsten herbeizuführen. Dazu wären nach Köchers Einschätzung von deutscher Seite ein Abbau des militärischen Nachrichtendienstes gegen die Schweiz, wirtschaftliche Konzessionen und militärische Lieferungen notwendig gewesen. Alsdann sah Köcher die Ausmanövrierung von General Guisan, eine verschärfte Pressezensur und die Schaffung einer deutschfreundlichen Bewegung für die Schweiz vor. Köchers Projekt stiess im Auswärtigen Amt jedoch auf beträchtliche Skepsis.[84] Weisäcker äusserte sich Anfang Oktober auffallend zurückhaltend. Immerhin: Als erster Schritt könnte, so Weizsäcker, die von Köcher in Aussicht genommene Aktion gegen General Guisan erfolgen, nur wollte er da «wegen meiner persönlichen Beziehungen zu dem vermutlichen Gegenkandidaten» (gemeint Ulrich Wille) nicht gerne mitreden. Im Übrigen schien dem Staatssekretär, dass ohne Pressefrieden die Bereinigung nicht gelingen werde. Seine Schlussfolgerung: «Die Neuordnung Europas irgendwie zu präjudizieren, besteht zur Zeit bei uns keine Neigung. Was wir zur Bereinigung mit der Schweiz tun, muss hierauf Rücksicht nehmen.»[85]

Von hier aus lässt sich unschwer eine neuerliche Verschärfung in der deutschen Haltung gegenüber der Schweiz feststellen. Die im vorangehenden Kapitel dargelegten Vorgänge bis zum «März-Alarm» schliessen sich fast nahtlos an. Am 8. Oktober 1942 rief Weizsäcker den Gesandten Frölicher zu sich, um ihm mitzuteilen, dass er Köcher beauftragt habe, deutsches Missfallen zum Ausdruck zu bringen. Die diplomatische und militärische Reaktion der Schweiz auf die Verletzung des Luftraumes durch die Engländer schien Berlin unzureichend. General Olbricht zeigte zwar ein gewisses Verständnis dafür, dass «man nicht einfach knallen soll», wenn die Flieger unsichtbar oder für die schweizerische Flab unerreichbar hoch seien, doch Weizsäcker war da anderer Meinung.[86] Am 21. Oktober warnte der Staatssekretär Frölicher bei einem Abendessen, an dem auch Sauerbruch teilnahm: «Vorsicht in der nächsten Zeit.»[87] Das bezog sich nicht zuletzt auf den neu entfachten Pressekonflikt. Der Chef der Presseabteilung im Auswärtigen Amt, der Gesandte Schmidt, hatte am 14. Oktober in einer Pressekonferenz nebenbei seinen Unmut über gewisse Schweizer Redaktoren geäussert, die gegen das «neue Europa» schrieben. Sie könnten «in die Steppen Asiens auswandern, es wäre aber am besten, sie ins Jenseits zu befördern». Diese wohl nicht ganz zufällig gemachten Äusserungen führten erwartungsgemäss zu scharfen Reaktionen der Schweizer Presse. Der Bundesrat versuchte mit einem Communiqué zu beruhigen, das Frölicher nicht gerade glücklich fand. Bange fragte sich der Gesandte in Berlin in seinem Tagebuch: «Was wird Hitler zu dem Mitgeteilt (Communiqué) des Bundesrates sagen?»[88]

Anfang November war tatsächlich noch keine Entspannung zu verzeichnen, im Gegenteil. Frölicher erhielt den Eindruck, Weizsäcker gehe in der Pressefrage zur Offensive über.[89] Der Staatssekretär hatte bereits im Oktober in drohender Weise empfohlen, der schweizerischen Presse einen «Maulkorb» umzuhängen.[90] Es ist kaum anzunehmen, dass Ernst von Weizsäcker, sonst so gelassen und zurückhaltend, dies ohne einen Fingerzeig höherer Stellen tat. Der Beginn des erneuten Nervenkrieges gegen die Schweiz ist jedenfalls mit Sicherheit im Oktober 1942 anzusetzen. Frölicher reagierte keineswegs ungeschickt mit dem Versuch, zusätzliche Informationen einzuholen. Am 29. Oktober 1942 hatte er den Obersten Hans Oster von der Abwehr als Gast zum Abendessen. Etwas später Direktor Schulthess von der Bodenkreditanstalt, der von einem Vertrauensmann gehört hatte, die Einstellung an höherer Stelle sei ungünstig für die Schweiz.[91]

In dieser gespannten Atmosphäre galt es, die entscheidende Runde der Wirtschaftsverhandlungen vorzubereiten. Bei einem untergeordneten Beamten des Auswärtigen Amtes hiess es da, dass er nicht etwa aus Sympathie für die Schweiz eine Entspannung anstrebe, sondern weil die Schweiz wirtschaftlich von Nutzen sei. Das wusste natürlich auch Ernst von Weizsäcker, doch der Staatssekretär konnte sich immer von neuem an der Pressefrage erregen: «so spritze aus den Zeilen (gemeint der Schweizer Presse), dass die Niederlage Deutschlands gewünscht werde». Weizsäcker war nicht gewillt, Anweisungen zu geben, damit in Deutschland freundlich über die Schweiz geschrieben werde.[92] Das war nicht weiter erstaunlich, denn Goebbels machte sich zu dieser Zeit immer noch lustig über den Zwergstaat Schweiz, der vom Fremdenverkehr und der Uhrenindustrie sein Leben friste. Am 5. November lud Frölicher den Gesandten Carl Clodius von der Handelspolitischen Abteilung des Auswärtigen Amtes zum Bridge, um das Terrain zu sondieren. Clodius äusserte sich recht offenherzig: Es komme Deutschland weniger auf die Höhe der Kredite an als auf die volle Erfassung der schweizerischen Wirtschaftskapazität. Einige Tage später wurde Frölicher bereits wieder zu Weizsäcker befohlen, der das Nebenthema Kurierflugzeug zur Sprache brachte. Der schweizerische Gesandte erhielt den Eindruck, dass man in Berlin Pression für die Wirtschaftverhandlungen aufbaute.[93] Ende November hetzte der «Völkische Beobachter» gegen die Schweiz mit dem Vorwurf, die antideutsche Haltung sei auf den Einfluss jüdischer Emigranten zurückzuführen. Über diese Polemik war man zwar im Auswärtigen Amt nicht erbaut, doch Unterstaatssekretär Woermann mochte nicht ganz darauf verzichten, die Schweiz «im Stadium der Versündigung zu belassen». Gemeint war der «Fall Guisan», die Dokumente von La Charité, die es bei Gelegenheit auszunützen galt.[94]

Und dann gelangten Anfang Dezember (wie im vorangehenden Kapitel erwähnt) jene Meldungen in die Schweiz, Himmler, Rosenberg und Bohle hätten bei Hitler einen Angriff auf die Schweiz beantragt. Die deutsche Generalität habe sich dem widersetzt. Das Gespenst des deutschen Überfalls mit Luftlandetruppen auf Flugplätze und Reduitstellungen machte in wichtigen Kreisen der Schweiz die Runde.[95] Lief hier eine fein orchestrierte deutsche Aktion ab? Oder handelte es sich (bis zum März-Alarm) um eine Kombination unterschiedlicher Absichten und rivalisierender Nachrichtenkanäle? Drei Elemente fallen im Dezember 1942 auf: das perfekte «Timing» vor dem Beginn der Wirtschaftsverhandlungen in Bern, die Streuung der Bedrohungsmeldungen in der Schweiz sowie die seltsame Dreiergruppe, die angeblich bei Hitler einen Angriff auf die Schweiz beantragt haben soll.[96] Man darf diese Fragen ohne Schaden für das Gesamtbild offen lassen, auch jene nach möglichen gewollten oder unbeabsichtigten «Verstärker»-Wirkungen im unübersichtlichen Bereich der schweizerischen Nachrichten- und Sicherheitsdienste jener Tage.

Die deutsche Ausgangsposition für die Wirtschaftsverhandlungen mit der Schweiz war im Handelspolitischen Ausschuss vom 26. November 1942 fixiert worden. Das war eine Sitzung mit ausserordentlich zahlreichen Teilnehmern, unter anderen Gramsch und Kadgien vom Vierjahresplan und einer umfangreichen Delegation des Oberkommandos der Wehrmacht. Der Grund für diesen Aufmarsch lag weniger bei der Schweiz als bei der gleichzeitig behandelten «Aktion Veltjens» (Schwarzmarktkäufe in den besetzten Gebieten). Was die Schweiz betraf, wurde das Programm des Reichswirtschaftsministeriums und des Gesandten Hemmen gebilligt, das die Schweiz verpflichten sollte, «die Annahme und Ausführung deutscher Verlagerungsaufträge nach Massgabe der deutschen Bedürfnisse und der gegebenen schweizer Kapazitäten fortzusetzen». Als Gegenleistung Kohle und Eisen «im Rahmen der gegebenen Möglichkeiten».[97] Den Deutschen entging im Übrigen nicht, dass sich bereits vor Verhandlungsaufnahme in der schweizerischen Industrie unter amtlicher Einwirkung Zurückhaltung bei der Hereinnahme neuer deutscher Aufträge bemerkbar machte.[98] Die Verhandlungen in Bern begannen am 11. Dezember. Die Atmosphäre verschlechterte sich rasch. Hemmen benützte seine übliche Drohtaktik. Falls die Schweiz nicht auf die deutsche Verhandlungsbasis eingehe, wollte man sie gemäss Hemmen die ganze Härte ihrer eingekreisten Lage spüren lassen. Aus deutscher Sicht verhielt sich die Schweizer Delegation «ausserordentlich starr». Sie erlaubte sich, gleich zu Beginn auf die umfangreichen Lieferrückstände Deutschlands bei Kohle, Eisen und Mineralöl hinzuweisen. Deutschland habe die vertraglichen Verpflichtungen nicht erfüllt, deshalb könne die Schweiz nur noch die laufenden Aufträge im Rahmen der bisherigen Verschuldungsgrenze ausführen. Hemmen warf den Schweizern andererseits vor, ihren landwirtschaftlichen Lieferverpflichtungen nicht nachgekommen zu sein. Hotz sah die schweizerische Verpflichtung diesbezüglich nur auf 1941 beschränkt. Jetzt könne die Schweiz kaum mehr

Abb. 78: Das Bild zeigt «Reichsführer SS» Heinrich Himmler Mitte Juli 1940 am Schlagbaum zur Schweizer Grenze in Les Verrières im Neuenburger Jura. Rechts Ferdinand Schörner, Kommandant der 6. Gebirgsdivision, die im dortigen Abschnitt jeglichen Verkehr mit der Schweiz zu unterbinden hatte. Die 12. deutsche Armee unter Generalfeldmarschall List stand zum Angriff auf die Schweiz von Westen her bereit. Diese Fotografie wurde in der Schweiz erst 1945 veröffentlicht (versehen mit einem falschen Aufnahmedatum).

Abb. 79: David Low skizziert Anfang Juni 1940 Hitler beim Grübeln über das nächste Angriffsziel. Ein Fähnchen befindet sich bereits auf dem Gebiet der Schweiz.

Abb. 80: Der Bundesrat verspricht dem Schweizervolk am 25. Juni 1940 über das Radio in den drei Landessprachen «Arbeit um jeden Preis». Bundespräsident Pilet-Golaz (Mitte) gibt den Ton an, assistiert von seinen Kollegen Etter (links) und Celio (rechts).

Abb. 81: Walther Stampfli, im Juli 1940 als Nachfolger von Hermann Obrecht zum Bundesrat erkoren, muss das folgenreiche Versprechen des Bundesrates als Wirtschaftsminister umsetzen.

Abb. 82: Der Grossteil der Schweizer Armee bezieht nun Stellungen im Réduit. Das Maschinengewehr in der Eiskaverne symbolisiert den Widerstandswillen bis zum Äussersten.

Abb. 83: Auf höchster eidgenössischer Ebene scheint 1941 Eintracht zu herrschen. General Guisan und Bundespräsident Wetter (links) in gelöster Stimmung am Neujahrsempfang. Das Bild täuscht. Die Spannungen zwischen Armeekommando und Landesregierung betreffend Präsenzbestand der Armee (sprich: Einschätzung der Gefahrenlage) halten bis 1944 an.

Aufzeichnung.

Am 8. März habe ich dem Schweizer Gesandten bei einem gesellschaftlichen Zusammentreffen eine Bemerkung gemacht, etwa des Inhalts "es täte mir leid, dass die Dinge zwischen uns wieder einmal so schlecht liefen". Herr Frölicher sagte mir daraufhin, er habe das leider auch festgestellt und würde mich gern einmal besuchen, um mit mir über diese Fragen ausführlicher zu sprechen.

Der Gesandte war daraufhin gestern bei mir. Ich habe ihm zu Beginn der Unterredung gesagt, ich legte Wert darauf festzustellen, dass ich ihm keine offiziellen Mitteilungen zu machen hätte und dass die Unterhaltung auf seinen Wunsch stattfinde. Wir haben dann sehr ausführlich über die Gründe des Abbruchs der letzten Verhandlungen in Bern gesprochen. Der Sinn meiner Ausführungen war im wesentlichen der, dass es eine Diskussion über die Erfüllung unserer Forderungen nicht geben könne. Wir würden diese Forderungen unter allen Umständen durchsetzen. Es liege also nur im schweizerischen Interesse, wenn die Dinge nicht auf die Spitze getrieben würden und die Verhandlungen in einer angenehmen Form zu dem von vornherein feststehenden Ergebnis kämen. Ich habe Herrn Frölicher ferner gesagt, dass die schweizer Behandlung der Geleitscheinfrage uns ebenfalls gar nicht gefiele. Auch in diesem Punkte riet ich ihm seiner Regierung nahezulegen, unabhängig von allen rechtlichen Erwägungen

Abb. 84: Diese Aufzeichnung des deutschen Gesandten Clodius vom 11. März 1941 zeigt deutlich das deutsche Vorgehen gegenüber der Schweiz in dieser Phase. Beachtenswert der Abschnitt: «... dass es eine Diskussion über die Erfüllung unserer Forderungen nicht geben könne. Wir würden diese Forderungen unter allen Umständen durchsetzen.» Carl Clodius gehörte zum entscheidenden Kern der Handelspolitischen Abteilung im Auswärtigen Amt.

Die Spitzen der deutschen und italienischen Gesandtschaften in Bern treffen sich im Juni 1940 zum «Kameradschaftsabend». Hier nicht abgebildet sind die Gesandten Köcher und Tamaro.

Abb. 85: Von rechts nach links: der Gesandte Hemmen, Cavaliere Bertotti, Oberstleutnant von Ilsemann und Colonello Bianchi.

Abb. 86: Von links nach rechts: Gesandtschaftsrat Freiherr von Bibra, Baron Camerini, Rittmeister von Oswald und Graf Murari della Corte Brà.

Abb. 87: Beim Neujahrsempfang 1942 im Bundeshaus tragen alle Deutschen Uniform. Von links nach rechts: der Gesandte Köcher, Oberstleutnant Gripp (Luftwaffe), Oberst von Ilsemann und Gesandtschaftsrat von Nostitz.

Abb. 88: Die Versorgungsprobleme der Schweiz bleiben bis 1944 eine Quelle anhaltender Besorgnis. Das Bild zeigt die von Griechenland gecharterte «Mount Aetna», die 1940 in Funchal auf Madeira blockiert liegt.

Abb. 89: Nach Kriegseintritt der Amerikaner gestalten sich die Wirtschaftsverhandlungen der Schweiz keineswegs einfacher. Den Berichten des US-Gesandten Leland Harrison (hier im Bild) und seiner Mitarbeiter aus Bern kommt vermehrte Bedeutung zu. Das US-Treasury Department verfolgt derweil seine eigene Strategie.

Abb. 90: Die Schweizer Delegation für die Verhandlungen in London steht 1942 vor schwierigen Problemen. Von links: William Rappard, Hans Sulzer und Paul Keller.

Abb. 91: Die populäre deutsche Propagandazeitschrift «Signal» erklärt den Lesern 1941, wie der Aussenhandel ohne Einsatz von Gold funktionieren kann. Im Dreieckhandel erscheinen Deutschland, Rumänien und Schweden. «Das goldene Zeitalter ist vorbei», versichert die Zeitschrift übereilt.

Abb. 92: Chef der Handelspolitischen Abteilung im Auswärtigen Amt ist Emil Wiehl. Im Frühjahr und Sommer 1943 wird er die Verhandlungen mit der Schweiz persönlich leiten. Er wirkt auf seine Schweizer Verhandlungspartner «anständig und realistisch» (im Gegensatz zu Hemmen).

Abb. 93: Das Bild zeigt drei Männer in Deutschland, die an den Lieferungen aus der Schweiz bis 1944 besonders interessiert sind. Von rechts nach links: Rüstungsminister Albert Speer, Generalfeldmarschall Milch (Luftwaffe) und Staatsrat Walther Schieber, Chef des Rüstungslieferamtes.

Abb. 94: Am Kriegsende ist die Schweiz isoliert. Walter Stucki (links) versucht sein Bestes, um den Angelsachsen die besondere Lage des Landes begreiflich zu machen. Ein neuer Verhandlungsstil soll dazu beitragen. Der amerikanische Chefunterhändler Currie (Mitte) macht der Schweiz im März 1945 jedoch keine wesentlichen Konzessionen. Das Bild zeigt den betont freundlichen Empfang für die alliierte Delegation bei ihrem Eintreffen in Bern.

Abb. 95: Die Schweizer Delegation im März 1945 am Verhandlungstisch gegenüber den Alliierten. Professor Rappard (2. von links) durchschaut die amerikanischen Zielsetzungen wohl am treffendsten. Zahlreiche Schweizer haben in der Folge beträchtliche Mühe, die Forderungen der amerikanischen Hegemonialmacht zu «schlucken». Das Abkommen von Washington führt 1946 zu einer deutlichen Verstimmung auf schweizerischer Seite. Die Behandlung der blockierten deutschen Vermögenswerte bildet auf Jahre hinaus ein gravierendes Problem.

Lebensmittel und Vieh exportieren. Hemmen versuchte darauf am 21. Dezember, den Widerstand der Delegation durch ein Gespräch mit Bundesrat Stampfli zu überwinden. Der Chef des Volkswirtschaftsdepartementes brachte vor allem den britischen Druck gegen die schweizerischen Exporte an die Achse ins Gespräch. Von Stampflis Seite war die Rede von einer notwendigen Einschränkung der deutschen Auftragserteilung in der Grössenordnung 12 bis 15%. In der Kreditfrage glaubte Hemmen bei diesem Gespräch eine gewisse Flexibilität festzustellen.[99] Hemmen fuhr nach Berlin zurück. Am 27./28. Dezember besprach er die weitere Verhandlungstaktik mit Wiehl, Clodius und den Vertretern des Reichswirtschaftsministeriums und des OKW. Jetzt wurde das ganze Ausmass der deutschen Wünsche erst deutlich. General Becker wollte 1943 Aufträge für 780 Millionen Franken in der Schweiz platzieren, gab sich dann aber zufrieden mit dem Ziel eines Monatsrhythmus von 51 Millionen Franken. Seyboth vom Reichswirtschaftsministerium war derweil in Bern geblieben. Er erhielt den Eindruck, die Schweizer seien völlig vom Druck Grossbritanniens beherrscht.[100] Diese Feststellung lag nicht fern der Wirklichkeit. Die Alliierten warfen der Schweiz, wie sich Homberger vor dem Vorort ausdrückte, «Trölerei» vor.[101] Der Gesandte Hemmen ging Anfang Januar 1943 nach seiner Rückkehr nach Bern noch einmal zu Stampfli. Er hatte sich nach eigener Angabe bei Ribbentrop im Führerhauptquartier rückversichert. Doch die Schweizer lehnten den «bisherigen Rhythmus» der Lieferungen an Deutschland und die Forderung nach neuen Krediten ab. Der Verhandlungsspielraum schien erschöpft. Hemmen scheute sich auch jetzt nicht, düstere Drohungen auszusprechen: «dass die Beziehungen zur Schweiz tragisch werden... Ich fürchte, dass die Schweiz nun in den Strudel hineingerissen wird, in den Strudel, der ganz Europa zerreisst.»[102]

Der kleine Kreis der verantwortlichen Schweizer wagte im Januar 1943, ungeachtet aller Warnungen und Drohungen aus Berlin, einen für eidgenössische Verhältnisse unerhörten Schritt: den «vertragslosen Zustand» mit Deutschland. Damit hatte man in Berlin nicht ernsthaft gerechnet. Der Gesandte Hemmen und alle, die ihn im Auswärtigen Amt, im Oberkommando der Wehrmacht, im Reichswirtschaftsministerium sowie beim Vierjahresplan unterstützten, hatten etwas zu hoch gepokert. Ihre Wahrnehmung der Wirklichkeit stand nicht in Übereinstimmung mit den Eindrücken der Schweizer. Aus schweizerischer und alliierter Sicht näherte man sich eindeutig der Kriegswende. Der überaus vorsichtige Gesandte Frölicher war am letzten Tag des Jahres 1942 überzeugt, dass «die schwärzesten Tage für unser Land vorüber» seien. Die in Berlin noch häufig zur Schau getragene Siegeszuversicht schien ihm «wenig überzeugend».[103] Für die Wahrnehmung unter kritischen Beobachtern in Deutschland ist vielleicht bezeichnend, was Ulrich von Hassell in der zweiten Januarhälfte

1943 notierte: «Man kann wohl noch nicht sicher sagen, dass der Krieg verloren ist, wohl aber, dass er nicht mehr gewonnen werden kann» – und dass die Chance für einen annehmbaren Frieden nur noch herzlich gering sei.[104] Hemmens brüskierende Verhandlungstaktik gegenüber der Schweiz war jedenfalls der veränderten Situation nicht mehr angemessen. Die Schweizer wären zu gewissen Konzessionen (z.B. der Verlängerung der Auszahlungsfrist im Clearing auf 5 bis 6 Monate) bereit gewesen. Doch die deutsche Delegation forderte 400 bis 450 Millionen Franken als neuen Kreditrahmen. Dies hätte gegenüber den Alliierten getarnt werden müssen, was die Schweizer ablehnten. Die Devise auf schweizerischer Seite war: Ruhe bewahren und auf den alten vertraglichen Verpflichtungen bestehen. Das konnte, wie Heinrich Homberger seinen Kollegen vom Vorort mitteilte, recht schmerzhaft werden. Doch vielleicht sei diese Krise notwendig, so meinte er, «um das zu unserer Behauptung Unvermeidliche herauszuläutern».[105] Ein vielsagender Satz, der nicht allzu fern steht von einer fast gleichzeitigen Aussage des Generaladjutanten der Armee. Oberstdivisionär Dollfus hielt vor der Dispensationskommission fest: «Es besteht der Eindruck» (gemeint in Deutschland), «die Schweiz sei in erster Linie um ihre Geschäfte und um ihren hohen Lebensstandard besorgt.» Bei dieser Konferenz ging es um die militärische Gefahrenlage und um ein entsprechend grösseres Armeeaufgebot. Direktor Speiser, der Chef des KIAA, dachte vor allem an die drohende Arbeitslosigkeit bei einem endgültigen Scheitern der Wirtschaftsverhandlungen mit Deutschland.[106]

Der Gesandte Hans Frölicher nahm die Veränderungen in Berlin an der Jahreswende 1942/43 mit der ihm eigenen «Sensibilität» war. Jetzt heulten Sirenen, Bomben schlugen ein, und so mancher Bridge-Abend bei der Baronin X oder Y verlor zwar nicht ganz seinen Reiz, wurde jedoch zur gefährlichen Exkursion. Viktoria von Dirksen, einst unbeirrbare Verehrerin von Hitler (und bisweilen interessante Informationsquelle des Gesandten), sagte ihm, die Lage sei ernst, «dass aber ein Wunder geschehen könne». Am gleichen Tag orientierte ihn Legationsrat Zehnder, zurück aus der Schweiz, über das Scheitern der Wirtschaftsverhandlungen. Alfred Zehnder gehörte zu den jüngeren Talenten der schweizerischen Diplomatie. Er wirkte damals als verlängerter Arm der Handelsabteilung in Berlin und sollte in den folgenden Monaten in den Besprechungen der «vertragslosen» Periode eine nicht unwesentliche Rolle spielen. Doch zunächst erhielt der Gesandte Frölicher Instruktionen über das weitere Vorgehen. «Die Sache regt mich so auf, dass ich ein Schlafpulver nehme», hielt er in seinem Tagebuch fest.[107] In Bern war man einmal mehr unsicher, ob Hemmen nicht doch gebluffft hatte. Das sollte Frölicher herausfinden. Inzwischen suchte man im «vertragslosen Zustand» einen Modus vivendi, über den allerdings die Meinungen ziemlich weit auseinander gingen.[108] Deutschland blieb weiterhin sehr interessiert an der Ablieferung der alten Bestellungen (und der Platzierung von neuen Aufträgen bei der schweizerischen Industrie). Und Bern bestand auf einer Fortsetzung der Kohlen- und Eisenlieferungen. Weizsäcker bestätigte gegenüber Frölicher, dass Hemmen nach Instruktion gehandelt hatte, aber er gab zu verstehen, dass der Gesandte die diplomatischen Formen vernachlässigt hatte. Frölicher meinte voreilig, dass sich Deutschland mit der «Nicht-Eröffnung» neuer Kredite abgefunden habe. Seine Schlussfolgerung: «Ich glaube wir sollten jetzt Zeit gewinnen.» Und jede gefährliche Belastung der Beziehungen vermeiden.[109]

Nun kam Staatssekretär von Weizsäcker sehr direkt ins Spiel. Das war bei Wirtschaftsfragen, wie wir gesehen haben, eher ungewöhnlich. Ein deutlicher Hinweis somit auf die Bedeutung dieser schweizerisch-deutschen Spannungsphase aus der Sicht von Berlin. Der Staatssekretär übergab Frölicher am 26. Januar 1943 ein neues Aide-mémoire, in welchem ein Weg im Modus vivendi präzisiert wurde. Die diktatorische Form der deutschen Äusserungen erklärte Weizsäcker so, «dass man über die Schweiz mit England spreche». Man wolle der Schweiz den Rücken stärken. Frölichers Kommentar war nicht ganz unzutreffend: «In Wirklichkeit sind wir Prügeljungen!»[110] Frölicher flog mit dieser deutschen Stellungnahme in die Schweiz. Mit Pierre Bonna war er sich einig, «dass man es mit Deutschland nicht wegen der Wirtschaftsfragen zum Bruch kommen lassen dürfe». Hotz, Homberger und Kohli gaben sich vorderhand gelassen. Die Deutschen hatten zwar die Kohlenlieferungen gedrosselt, andererseits blieb seit dem 16. Januar die Transfergarantie des Bundes für schweizerische Lieferungen nach Deutschland in der Schwebe.[111] Mit diesem Element liess sich ausgezeichnet verhandeln und Zeit gewinnen. Legationsrat von Bibra formulierte das kurz und knapp beim Abendessen mit Frölicher Anfang Februar in Bern: «Kohle gegen Kies.» Der schweizerische Aussenminister machte Frölicher in jenen Tagen einen etwas müden oder nervösen Eindruck. Pilet hatte den (durchaus zutreffenden) Eindruck, Deutschlands Bestreben gehe seit Herbst 1942 darauf aus, die Position der Schweiz zu schwächen. Da gab es unter anderem die beunruhigenden Spionageaffären. Frölicher war sich allerdings nicht ganz sicher, ob Pilet bewusst, das heisst aus taktischen Gründen, dramatisierte.[112]

Zurück in Berlin, glaubte Frölicher bei seinen Kontakten im Auswärtigen Amt bis Mitte Februar eine Entspannung feststellen zu können, welche deutsche Verhandlungsbereitschaft zu signalisieren schien. Hotz, Homberger und Kohli blieben jedoch vorsichtig abwartend, als Frölicher die frohe Kunde nach Bern brachte. Auch Pilet wollte auf Zeit spielen, um die Exporte nach Deutschland reduzieren zu können.[113] Konkret äusserte sich die Haltung in Bern darin, dass die Schweiz auf Kohlenlieferungen von 150 000 Tonnen pro Monat bestand, gegen allfällige Fortführung der Transfergarantie auf den alten Bestellungen. Bis Mitte März wurde jedoch keine Annäherung bei diesem informellen Hin und Her erreicht. Man war de facto über die Situation vom Januar nicht hinausgelangt.[114] Da stellt sich aus der Rückschau die Frage, wie es schliesslich in der zweiten Märzhälfte zu einer gewissen Aufweichung der schweizerischen Haltung gekommen ist. Die Entscheidung fiel offenbar in der Aussprache der Finanzdelegation vom 25. März 1943. Der Bundesrat bewilligte Anfang April Verhandlungsinstruktionen, die in der Finanzierungsfrage klare Konzilianz erkennen liessen. Neben der Verlängerung der Auszahlungsfristen im Clearing wurde ein Kohlenkredit in Aussicht genommen, der an einen Vorläufer von 1917 anknüpfen sollte.[115]

Wie ist diese bedeutende Positionsveränderung – etwa anzusetzen zwischen dem 17. und 25. März 1943 – zu erklären? Hauptsächlich durch das Bestreben, die Verhandlungsblockierung zu lösen? Basierend auf einer neuen Lagebeurteilung, wonach der Krieg 1943 nicht zu Ende sein würde, was nur ein begrenztes Spiel auf Zeit erlaubte? Zu erinnern ist, dass die Alliierten im Januar 1943 in Casablanca die Formel vom «unconditional surrender» Deutschlands geprägt hatten. Dieses Ziel vernichtete die Hoffnung auf einen Kompromissfrieden und ein nahes Kriegsende. Nach Ansicht Weizsäckers mobilisierte diese Formel «die Kräfte der Verzweiflung in Deutschland für Hitler».[116] Die Primärquellen geben keine eindeutige Antwort auf die eingangs gestellte Frage nach der Positionsveränderung auf schweizerischer Seite. Heinrich Homberger wollte auf keinen Fall vor Deutschland kapitulieren, aber Opfer (gemeint finanzieller Art) schienen ihm unvermeidlich, als er im engen Kreis des Vororts am 22. März zum Thema referierte. Man erhält aus der Rückschau den Eindruck, als habe Homberger diese Vorortssitzung als Test-Gelände für die beabsichtigten Deblockierungsideen verwendet. Es ist unverkennbar, dass zwischen Homberger und dem Präsidenten des Vorortes keine völlige Einhelligkeit herrschte. Hans Sulzer hielt bei dieser Gelegenheit nämlich unmissverständlich fest, die Schweiz sei mit den Lieferungen kriegswirtschaftlich wichtiger Waren an Deutschland zu weit gegangen. Er wusste auch um den Widerstand von Bundesrat Wetter gegen neue Kredite an Deutschland. Sulzer war naturgemäss beunruhigt über die zu erwartenden Reaktionen der Alliierten. Die Vertreter Deutschlands in Bern wussten übrigens sehr genau Bescheid über Sulzers kritische Einstellung in Bezug auf die Kriegsmaterialexporte nach Deutschland. Sie bezogen ihre Informationen von Schweizer Industriellen, welche Sulzers Haltung nicht teilten (vgl. dazu Kapitel 8.3.). Der Bankier Albert Pictet fragte in der Vorortssitzung sehr gezielt nach dem Kompensationswert des Gotthard-Transits. Hombergers Schlussvotum im Vorort lässt die letztlich wirksame Meinungsbildung erahnen: Die Sperrung des Gotthards wäre eine Massnahme des Wirtschaftskrieges. Homberger brauchte nicht auszuführen, dass sich dafür nicht leicht eine Mehrheit der entscheidenden Personen gefunden hätte. «Vielleicht» müssten sie durchexerzieren, meinte er immerhin, wie lange die Schweiz den gegenwärtigen Zustand aushalten könne. Hilfe könnte dann nur noch durch die zweite Front in Europa kommen, doch das wäre Spekulation.[117]

Und diese Feststellungen führen ohne Umschweife zum Thema «März-Alarm». Erinnern wir nochmals an den Ablauf: An die dringenden Warnungen in den drei Tagen vom 18. bis zum 20. März 1943 (via «Wiking-Linie») vor einem deutschen Angriff. An den Entschluss der schweizerischen Armeespitze vom 20. März, gewisse Vorsichtsmassnahmen zu treffen. Und an die Meldung vom 22. März, die Schweiz werde vorerst nicht angegriffen.[118] Doch Guisan blieb vorsichtig. In seinem Schreiben vom 23. März an die Heereseinheitskommandanten hielt er die Situation (ohne in die Details der Informationen zu gehen) zwar nicht für eindeutig alarmierend, aber immerhin für ziemlich ernst.[119] Frölicher scheint erst am 6. April von einem durchreisenden Militärattaché Näheres über die Alarmsituation erfahren zu haben, wonach bei der Armee mit einer deutschen Invasion am 25. März gerechnet worden sei. Auch jetzt, so vernahm er, seien die Befürchtungen nicht völlig zerstreut. Der Gesandte notierte dazu lakonisch: «Unsinn!»[120] Die zeitliche Übereinstimmung zwischen März-Alarm und kritischer Phase in den Wirtschaftsgesprächen liegt auf der Hand. Sie erinnert an die Aufbauphase zur Einschüchterung der Schweiz von Anfang Dezember 1942 und an die Verstärkung der Geräuschkulisse in der ersten Januarhälfte 1943. Die Schweiz, um es ganz einfach zu sagen, wurde unsanft daran erinnert, dass sie nach wie vor deutscher Erpressung ausgesetzt war. Selbst Frölicher konnte eine leichte Beunruhigung nicht ganz unterdrücken. Als er vom Treffen Hitler–Mussolini hörte, notierte er in sein Tagebuch: «Hoffentlich ist die Schweiz ausser Diskussion geblieben.»[121] Wenn von Erpressung die Rede ist, dann muss ganz konkret auch daran erinnert werden, dass Deutschland im Februar und März 1943 eine beträchtliche Anzahl von Geleitscheinen für schweizerische Exporte nach Rumänien, Schweden, Ungarn, Frankreich etc. abgelehnt hatte.[122]

Anfang April wurde bekannt, dass sich Weizsäcker als Botschafter zum Vatikan verschieben liess. Als Nachfolger ernannte Ribbentrop seinen langjährigen Gefolgsmann Baron Steengracht, eine farblose Figur. Unterstaatssekretär Woermann wurde durch den Diplomaten Andor Hencke ersetzt. Aus der Sicht Frölichers verlor die Schweiz in Ernst von Weizsäcker einen «zuverlässigen, väterlichen Freund», der durch viele Schwierigkeiten hindurchgeholfen habe.[123] Doch selbst Frölicher wagte nicht ausdrücklich zu behaupten, dass dies auf den März 1943 zutraf. Denn es waren im Wesentlichen die Signale schweizerischer

Kompromissbereitschaft in der Finanzfrage und eine spürbare Ungeduld gewisser deutscher Stellen, welche die Wiederaufnahme eigentlicher Wirtschaftsverhandlungen im April ermöglichten. Sehen wir uns diese Schnittstelle noch etwas genauer an. Sie ist reich an aufschlussreichen Nuancen. Am 18. März traf der Gesandte Frölicher bei einem Abendempfang General Thomas, den Chef des Wehrwirtschafts- und Rüstungsamtes im OKW. Thomas gab sich verständnisvoll in Bezug auf das schweizerische Zögern. Der General hoffte auf eine Kooperation durch Verständigung. Tatsache war indes, dass der Stern von General Thomas verblasst war. Das Rüstungsministerium Speers (und dort insbesondere General Waeger) versuchte seit Anfang 1943, verschiedene Kompetenzen vom Amt Thomas an sich zu reissen. Ein interner Machtkampf, wie er im Nazi-Reich durchaus üblich war. Auffallend dabei, dass sich das Gerangel nicht zuletzt um die Kompetenzen in Devisenfragen drehte.[124] Speer sass dank seines direkten Rückhaltes bei Hitler am längeren Hebel. Es war der Rüstungsminister, der dem «Führer» nun auch in schweizerischen Belangen Vortrag hielt. Hitler wollte Anfang März das Vorgehen gegen die Schweiz «nicht auf die Spitze treiben, sondern sich dabei die Möglichkeit einzulenken offen halten».[125] Wie lange diese Devise galt, blieb unbestimmt. Den deutschen Funktionsträgern auf ausführender Ebene blieb ein recht weites Feld offen. Dort zeigten sich veränderte Kräfteverhältnisse: Auch die Deutsche Industrie-Kommission (DIKO) in Bern hatte nun nach den Dienstanweisungen von General Waeger, dem Chef des Rüstungsamtes im Ministerium Speer, vorzugehen. Major Dr. Gäfgen wurde im März 1943 neuer Chef der DIKO. Endlich sollte Ordnung in die unübersichtlichen Beschaffungsverhältnisse in der Schweiz gebracht werden. Von nun an wurde bei der DIKO regelmässig ein sogenanntes «Auftragsbild» erstellt, das eine verlässliche Übersicht ermöglichte.[126] Ausserdem wurde ab Mai 1943 die Dienststelle eines Wehrwirtschaftsoffiziers (WO) in Bern eingerichtet, der eng mit der DIKO zusammenarbeitete.

Die Schweiz hatte derweil immer noch nicht auf die deutsche «Notiz» geantwortet, welche Weizsäcker am 12. März dem Gesandten Frölicher übergeben hatte. Der Staatssekretär rief bei jener Gelegenheit in einer offensichtlich gut vorbereiteten mündlichen Ausführung in Erinnerung, dass die Schweiz ihre Vollbeschäftigung und Lebenshaltung den deutschen Aufträgen verdanke. Um baldige Stellungnahme wurde gebeten. Als diese nicht eintraf, kam es am 23. März zu einem spätnachmittäglichen «Schwatz» (so Frölichers Ausdruck) zwischen dem Staatssekretär und dem Gesandten. Weizsäcker brachte die Rede auf die Wirtschaftsprobleme. Frölicher beklagte, dass sich die Gegensätze eher noch vertieft hätten. Da gab ihm der Staatssekretär den «wohlgemeinten Rat» (so hielt es Weizsäcker fest), «die Sache nicht hängen zu lassen». Ein überaus deutlicher Hinweis auf die Gefahrenlage, wenn man Weizsäckers zurückhaltende Ausdrucksweise kennt.[127] Am 29. März kam schliesslich Legationsrat Zehnder mit der teilweise konzilianten schweizerischen Antwort aus Bern zurück, die Weizsäcker und Wiehl am folgenden Tag übergeben wurde. Ministerialdirektor Wiehl hatte bereits mit General Waeger eine Koppelung der deutschen Kohlen- und Eisenlieferungen mit den schweizerischen Rüstungslieferungen vorbesprochen. Damit sollten die Verhandlungen wieder in Fahrt kommen. Speer sollte nochmals bei Hitler vorfühlen.[128] Bereits am 1. April reagierte das Auswärtige Amt grundsätzlich positiv. Doch dies erwies sich als etwas trügerisch. Denn nun begann noch vor der eigentlichen Verhandlungsrunde das Feilschen um vorauslaufende Bedingungen. Eine Art «Status quo ante» sollte erreicht werden. Deutschland hatte zum Beispiel die Versicherungszahlungen während des vertragslosen Zustandes um 25% gekürzt. Dies galt es wenn möglich zu korrigieren. Und Ministerialdirektor Wiehl machte die Weiterbearbeitung von schweizerischen Geleitscheinanträgen davon abhängig, dass die Schweiz die Strombeschränkungen für die Lonza-Werke am Rhein aufhebe. Von einem tiefgreifenden Nachgeben der Schweiz konnte keine Rede sein. Zu Teilkonzessionen war man in Bern allenfalls bereit, widerstrebend nur, wie Pilet-Golaz gegenüber Köcher deutlich machte.[129]

Die schweizerische Verhandlungstroika Hotz, Homberger und Kohli traf am 12. April 1943 in Berlin ein. Sie wartete den Deutschen mit einer unliebsamen Eröffnung auf: der Kontingentierung wichtiger Exportpositionen ab 9. April. Das war eine Massnahme auf der Linie von Hans Sulzer. In Hombergers Worten wäre dieses Vorgehen noch vor kurzem von Deutschland als «Casus belli» betrachtet worden. Für die Schweizer ging es darum, den Alliierten zu beweisen, dass die Kriegsmaterialausfuhr nach Deutschland sofort eingeschränkt wurde (und nicht erst in ferner Zukunft). Die Tücke lag jedoch vor allem im deutschen Auftragsüberhang vom Vorjahr, der scheinbar erst jetzt so ganz deutlich wurde. Je nach Quelle hatten die Deutschen den (1941 vereinbarten) Kreditrahmen von 850 Millionen Franken mit 250 bis 300 Millionen Franken überzogen. Davon entfielen etwa 120 Millionen auf den «Vorgriff» gemäss den Protokollen vom September 1942. Das betraf allerdings noch nicht die effektiven Abrechnungen, sondern erst die Auftragslage. Wenn sich die Schweizer nun in den Worten von Jean Hotz «bestürzt» gaben, was den Kreditüberzug betraf, dann wollten das die deutschen Verhandlungspartner nicht ganz gelten lassen. Tatsächlich fragt man sich auch aus der Rückschau, wie es zu diesem Überzug kommen konnte. Offensichtlich handelte es sich um ein eher peinliches Thema, dem man auf schweizerischer Seite möglichst auswich. Vorsichtig ausgedrückt: Auch in der Schweiz scheint die übergreifende Kontrolle und Zusammenarbeit der involvierten Stellen (zum Beispiel der KTA und der Verrechnungsstelle) mit etlichen Mängeln behaftet gewesen zu sein.

Die Schweizer Delegierten liessen in der Folge durchblicken, dass man gewissermassen den «Konkurs» über den deutsch-schweizerischen Clearing verhängen müsste, eine zweifellos blamable Situation für Deutschland. Von schweizerischer Seite wurde in diesem Zusammenhang auch das Wort «Schalterschluss» als Option verwendet. Die Deutschen beharrten indes auf der vollen Transfergarantie des Bundes für die alten Kontrakte, im Gegenzug zu den von der Schweiz gewünschten Lieferungen an Kohle, Eisen und Brennstoffen. Eine grundsätzliche Verständigung schien zu diesem Zeitpunkt nicht erreichbar. Die «Konkurserklärung» sollte deshalb bis Ende Mai hinausgeschoben werden, um Raum für eine weitere Verhandlungsrunde zu schaffen.[130] Die mühsam errichtete, zerbrechliche Verhandlungsbrücke schien gefährdet. Frölicher machte Homberger darauf aufmerksam, dass man die deutsche «Staatsleitung jetzt nicht reizen dürfe, auch nicht in den Wirtschaftsbesprechungen». Der Direktor des Vororts zeigte Verständnis für diese politischen Erwägungen. Rücksprache mit dem Bundesrat war angezeigt. Die Schweizer Delegation konnte sich nicht mit «mikroskopischen Zugeständnissen» begnügen – das machte sie den deutschen Verhandlungspartnern am 21. April «bei Kirsch und Fromage» klar. Hemmen warnte andererseits Frölicher bei dieser Gelegenheit vor einem abrupten Übergang in der schweizerischen Handelspolitik. Wenn die Sache den höheren (deutschen) Stellen vorgetragen werden müsse, könnte dies «weittragende Folgen» haben. Zwei Wochen später tauchten erneut Gerüchte auf (diesmal aus Stuttgart, dem Spionagezentrum gegen die Schweiz), «dass in nächster Zeit etwas gegen die Schweiz beabsichtigt sei». Reichsmarschall Göring habe gesagt, dass die Schweiz in den Krieg verwickelt werde. Frölicher hielt dies allerdings für «Unsinn».[131]

Zurück in Bern, besprachen sich die drei Delegierten am 29. April 1943 mit den Bundesräten Stampfli, Wetter und Pilet-Golaz. Auch Sulzer und Keller waren als Experten der Verhandlungen mit den Alliierten beigezogen worden. Denn es war unvermeidlich gewesen, die Briten über die Wiederaufnahme der Verhandlungen mit Deutschland zu informieren. In London hatte das schweizerische Vorgehen «Konsternation» ausgelöst. Der Schweizer Gesandte Thurnheer warb tapfer um Verständnis für die Lage der Schweiz bei Aussenminister Eden und Dingle Foot, dem leitenden Mann des Ministry of Economic Warfare. In der Kriegsmaterialfrage waren die Briten indes nicht zu beruhigen. Sie wollten die anhaltenden schweizerischen Lieferungen an Deutschland nicht mehr tolerieren. Die hochqualifizierte Arbeit der Schweizer schien den Briten in Anbetracht der deutschen Arbeitskräfteprobleme von zunehmender Bedeutung. Eden warnte Thurnheer ausdrücklich vor den Konsequenzen eines

Nachgebens gegenüber Deutschland und mahnte die Schweiz, sich nicht bluffen zu lassen.[132]

In der Strategie-Besprechung vom 29. April 1943 zwischen den Verhandlungsdelegierten und den Bundesräten präsentierte Jean Hotz eine etwas simplifizierende Alternative zwischen dem «Schalterschluss» gegenüber Deutschland und einem Stillhalten bis Ende Mai. Hotz und Homberger plädierten für «Stillhalten» und «Zeit gewinnen». Homberger wollte ganz klar zu einem neuen Vertragsverhältnis mit Deutschland gelangen. «Kühle Abwägung» sei notwendig. Ein Bruch mit Deutschland wegen des Auftragsüberhanges hätte nach seiner Ansicht etwas «betont Scharfes, Unfreundliches an sich» gehabt.[133] Damit wurde die politische Dimension angesprochen, entsprechend den Warnungen aus Berlin. «Die Auseinandersetzung bewegt sich im Grenzgebiet von Wirtschaft und Politik», so verdeutlichte Homberger die Situation seinen Kollegen im Vorort. Hans Sulzer hingegen fürchtete vor allem die heftige Reaktion der Alliierten. Und er hatte durchaus Recht und sollte die Konsequenzen bald ganz persönlich und überaus schmerzhaft erfahren. Denn in London überlegte man sich zu diesem Zeitpunkt bereits sehr genau, welche zusätzlichen Druckmassnahmen gegen die Schweiz zur Anwendung gelangen sollten.

Konkretes Resultat der Besprechung vom 29. April in Bern: eine weitere «Überbrückung», wobei der Bund bis Ende Mai die Transfergarantie für die alten Kontrakte übernehmen sollte. Homberger sprach an der folgenden Vorortssitzung vom «Landesinteresse», ohne zu verdeutlichen, welche Einzelinteressen es ebenfalls zu schützen galt (vgl. Kapitel 8.3.). Doch Albert Pictet legt den Finger auf den entscheidenden Punkt: Wenn die öffentliche Meinung in der Schweiz von dieser Situation erfahre, würde sie einen Exportstopp nach Deutschland fordern. Die Frage stelle sich, ob die Schweiz dann während einer gewissen Zeit eine Arbeitslosigkeit von 300 000 bis 400 000 Personen ertragen könne. Carl Koechlin befürchtete für ein solches Szenario eine innenpolitische Krise. Homberger verwies darauf, dass sich ohne Kohle drei Viertel der vorgesehenen Arbeitsbeschaffungsprojekte nicht durchführen liessen.[134]

Dass die Situation für die Schweiz weiterhin kritisch blieb, geht aus einem Schreiben von Generalfeldmarschall Keitel an Ribbentrop einwandfrei hervor. Ein «letzter Versuch» zu einer Einigung, so meinte der Chef des OKW, sollte ab 10. Mai in Bern unternommen werden. Sollte er scheitern, so könne das Ziel «nur noch durch einen zeitlich begrenzten, aber voll wirksamen Wirtschaftskrieg erreicht werden». Fraglich blieb allerdings, ob der Achsenpartner Italien voll mitmachen würde. Dies abzuklären, war Sache Ribbentrops, damit gegebenenfalls ein gemeinsamer Vortrag bei «Führer» erfolgen könne.[135] Italien war in der Tat ein schwankender Bundesgenosse. Das entging auch den Schweizern nicht.

Peter Vieli, Generaldirektor der Kreditanstalt, war als Diplomat temporär reaktiviert und im Dezember 1942 als Gesandter nach Rom geschickt worden. Er und seine Mitarbeiter berichteten ausführlich nach Bern über den Zerfallsprozess von Mussolinis Regime im Frühjahr 1943.[136] Am 25. Juli wurde der «Duce» abgesetzt. Es folgte das Interim von Marschall Badoglio. Für die Schweiz blieb die Lage im Süden ungewiss. Die Besetzung Norditaliens durch Nazi-Deutschland im September 1943 und die Etablierung der Satellitenrepublik von Salo verstärkten erneut die Abschnürung von der Aussenwelt.

Inzwischen kam es Mitte Mai 1943 zu einer weiteren schweizerisch-deutschen Runde in den Wirtschaftsverhandlungen, nachdem die Idee einer praktikablen Überbrückung weitgehend gescheitert war. Die Schweizer Verhandlungsleiter beabsichtigten dabei keineswegs Radikalmassnahmen. Im Vordergrund stand die Reduktion der Kriegsmaterialausfuhr nach Deutschland um 20% im Vergleich zu 1942. Das war, wie Jean Hotz sich ausdrückte, die zentrale «Frage des Masses».[137] Bis zum 21. Mai gerieten die Besprechungen bereits in eine neue Krise. Aus deutscher Sicht hatte sich die schweizerische Haltung «versteift». Dazu trug massgeblich bei, dass die Deutschen offenbar eine massive Erhöhung des Kohlenpreises beabsichtigten. Die Schweizer Delegation opponierte heftig und drohte als Gegenmassnahme mit einer Sonderabgabe auf den Exporten nach Deutschland. Beträchtlich war auch der anhaltende Druck von alliierter Seite. Der britische Gesandte hatte Anfang Mai (in Absprache mit seinem amerikanischen Kollegen) eine «judicious mixture of inducements and threats» im Anschluss an die Suspendierung von Navicerts befürwortet.[138] Er blieb in Kontakt mit Hotz und sprach am 20. Mai auch mit Pilet-Golaz. Dabei stellte Mr. Norton klar, dass den Briten vor allem der Umstand missfiel, dass die Schweiz im «year of grace 1943» daran dachte, Deutschland im Zusammenhang mit den umstrittenen Exporten weiteren Kredit einzuräumen. Der schweizerische Aussenminister verteidigte sich mit dem Argument, die Schweiz könne sich keinen plötzlichen und vollständigen Bruch der Wirtschaftsbeziehungen zu Deutschland leisten. Pilet hoffte auf alliiertes Verständnis für ein graduelles Vorgehen (und gewisse Lieferungen für die Schweizer Armee, die von den Alliierten bewusst in der Schwebe gehalten wurden, um die Armeespitze allenfalls gegen den Bundesrat ausspielen zu können).[139] Am Abend des 26. Mai überreichten der britische und der amerikanische Gesandte dem schweizerischen Aussenminister getrennt eine warnende Note, die Pilet-Golaz als «sehr starken Druck auf einen Schlag» empfand. Etwas weinerlich meinte er, die Schweiz erhalte «kicks» von beiden Seiten. Immerhin erinnerte Pilet seine Gesprächspartner an die Dienste, welche die Schweiz den Alliierten leistete (Interessenvertretung, Toleranz betreffend Nachrichtendienste, Zurverfügungstellung von

Schweizerfranken). Auch der Hinweis auf die Gefahr der Arbeitslosigkeit fehlte nicht, was in London die gereizte Randbemerkung «lächerlich» provozierte.[140]

Eine Erkrankung des Scharfmachers Hemmen bot Berlin Anlass, um ihn als «Delegationsführer» durch den gemässigteren Ministerialdirektor Wiehl zu ersetzen. Der Chef der Handelspolitischen Abteilung schien bedeutend geeigneter, wenn es darum ging, mit den widerspenstigen Eidgenossen doch noch zu einem brauchbaren Kompromiss zu kommen. Homberger wird Wiehl aus der Rückschau als «sehr anständig, realistisch» bezeichnen.[141] Um den Druck damals zu verstärken, wurde Frölicher am 25. Mai zu Staatssekretär Steengracht gerufen. Einmal mehr betonten die Deutschen den «Ernst der Lage». Wiehl, der ebenfalls anwesend war, liess nach Frölichers Aufzeichnung verlauten, dass er von den Militärs «bedrängt werde» und dass Vorbereitungen getroffen seien, um die Schweiz unter Druck zu setzen, wie dies ja auch die Alliierten täten. Der Schweizer Gesandte hielt dies für ein taktisches Manöver von Wiehl, während der schweizerische Militärattaché Burckhardt Warnungen von politischer Seite vermutete. Auf fachtechnischem Gebiet warf Wiehl anhand von Einzelfällen den Schweizern «hartnäckiges und teilweise schikanöses Verhalten» vor. Frölicher gab sich bei dieser Unterredung unwissend betreffend den Stand der Verhandlungen. Gegenüber Pilet-Golaz hielt er den Moment für gekommen, den Kampf um Zeitgewinn einzustellen und eine Verständigung zu suchen.[142] Das entsprach jedoch nicht der kühlen Strategie von Hotz, Homberger und Kohli.

Das schweizerische Verhandlungstrio liess sich durch den offensichtlichen «Nervenkrieg» nicht allzu stark beeindrucken. Homberger verwendete den Ausdruck an einer internen Besprechung am 21. Mai, als Hans Sulzer von Beeinflussungsversuchen seitens der DIKO auf Unternehmensebene berichtete.[143] Am Abend des 3. Juni erhielt Frölicher in Berlin einen Telefonanruf des Gesandten Carl Clodius, der zu dieser Zeit das handelspolitische Dossier Schweiz im Auswärtigen Amt betreute. Clodius hatte ungünstige Nachrichten über die Verhandlungen in Bern erhalten. Er erinnerte Frölicher nun daran, dass man in Berlin noch eine Antwort auf die gemeinsame Unterredung vom 25. Mai mit Staatssekretär Steengracht erwarte.[144] Die neue Verhandlungsrunde hatte gezeigt, dass die Schweizer eine Grenze von 300 Millionen Franken betreffend Rüstungslieferungen für Deutschland im Jahre 1943 nicht überschreiten wollten. Wiehl hatte auch mit Bundesrat Stampfli gesprochen. Der deutsche Delegationsleiter sah keine Aussicht, auf dem Verhandlungsweg eine Änderung der Schweizer Haltung zu erzielen. Clodius brachte das Thema in der Folge vor den Handelspolitischen Ausschuss. Jetzt ging es darum, zu entscheiden, ob der Wirtschaftskrieg gegen die Schweiz eingeleitet werden sollte. Für das Ministerium Speer kamen wirtschaftliche

Kampfmassnahmen jedoch nicht (mehr) in Frage, weil auch beschränkte schweizerische Lieferungen unentbehrlich schienen. Speers Beamte hatten ausgerechnet, dass die an die Schweiz vergebenen Rüstungsaufträge zwar nur etwa ein halbes Prozent der gesamten deutschen Rüstungskapazität ausmachten, darunter befanden sich freilich «besonders wichtige technische Speziallieferungen». Ferner befürchtete dieses Ministerium schweizerische Gegenmassnahmen in Bezug auf die Stromzufuhr für die Aluminiumfabrikation am Oberrhein. Das Oberkommando der Wehrmacht schloss sich dieser Meinung an. Der Vertreter der Reichsbank wandte sich ebenfalls gegen Kampfmassnahmen, «weil die Schweiz die einzige Möglichkeit für die Beschaffung von freien Devisen bietet». Reichsminister Funk war der Ansicht, nicht einmal für zwei Monate auf die Umwandlung von Gold in freie Devisen über die Schweiz verzichten zu können. Diese Äusserung Funks scheint allerdings, so muss man aus der Rückschau kommentierend einschieben, reichlich übertrieben. Denn Spanien, Portugal und die Türkei hätten zu diesem Zeitpunkt direkte deutsche Goldlieferungen für gesuchte Rohstoffe wohl kaum ganz zurückgewiesen (immer vorausgesetzt, der Preis lag richtig). Zu berücksichtigen war auf deutscher Seite ausserdem die Gefährdung der Kohlentransporte durch die Schweiz nach Italien. Nicht alles konnte bei einem Wirtschaftskrieg kurzfristig umgeleitet werden. Dieses Argument spielte jetzt eine besonders wichtige Rolle, da es galt, Italien als Bundesgenossen so lange als möglich auf den Beinen zu halten. Fazit: Clodius beantragte der höheren Führung am 3. Juni, zweifellos in Absprache mit Wiehl, von radikalen Drohungen an die Schweiz abzusehen und «mit allem Nachdruck» die «günstigste Lösung durchzusetzen», die «ohne Anwendung wirtschaftlicher Kampfmassnahmen zu erreichen ist». Ribbentrop folgte dieser Empfehlung. Der «Führer» war mit dieser Taktik einverstanden.[145]

Nachdruck liess sich stets am einfachsten über den Gesandten Frölicher ausüben. Am 10. Juni 1943 erschien Frölicher wunschgemäss bei Staatssekretär Steengracht und dem Gesandten Clodius mit der Antwort des Bundesrates auf die «Vorstellungen» vom 25. Mai. Aus deutscher Sicht wiederholte Frölicher ganz einfach den bekannten schweizerischen Standpunkt in Bezug auf die beabsichtigten Beschränkungen in der Kreditfrage. Nach eigener Aufzeichnung will Frölicher eine ziemlich deutliche Sprache gesprochen haben, zum Beispiel über die bisherige Gratisfinanzierung der Kriegsmateriallieferungen sowie über die Minimalforderung von 150 000 Tonnen Kohle pro Monat («wir würden jetzt schon frieren»). Steengracht seinerseits beklagte sich über die «unfreundliche» Haltung der Schweiz. Er betonte den politischen Aspekt. Gemeint war damit der Eindruck, die Schweiz beuge sich dem Druck der Alliierten, was «erhebliche Rückwirkungen» haben müsste. Und die schweizerische Wirtschaft, so Steengracht, wäre wohl nicht zufrieden, wenn sie plötzlich inmitten des voll beschäftigten Europas an Arbeitslosigkeit leiden müsste.[146]

Bei den Verhandlungen in Bern konnte es im Folgenden nur um eine Übergangslösung gehen. Denn der Druck der Alliierten hatte sich mittlerweile um eine weitere Stufe verschärft. Navicerts wurden selbst für Nahrungsmittel verweigert. Die Schweiz beabsichtigte, in London endlich eine neue Verhandlungsrunde zu beginnen, doch Mr. Foot vom Ministry of Economic Warfare liess höflich, aber bestimmt wissen, dass eine schweizerische Delegation nur willkommen sei, wenn sie Vollmachten mitbringe «to redress the balance». Auch warnte er die Schweiz vor einem «fait accompli» in Bezug auf die Verhandlungen mit Deutschland.[147] Das brachte Bern in eine ausserordentlich ungemütliche Lage. Denn sowohl Deutschland wie der Schweiz lag nun im Juni 1943 daran, eine Verhandlungskrise zu vermeiden. Die Vergangenheit, um Hombergers Worte zu gebrauchen, musste liquidiert werden. Dies bedeutete konkret die Lieferung des «alten» Überhangs an Kriegsmaterial einerseits und die Nachlieferung der Kohlenrückstände von deutscher Seite andererseits. Es gelang der schweizerischen Verhandlungsequipe, den Deutschen Schritt um Schritt einige Konzessionen abzuringen (bei entsprechender Elastizität in der Kreditfrage). In den Worten Wiehls jonglierte man mit den drei Bällen «Kontingentierung, Kohle und Geleitscheine». Das Protokoll vom 23. Juni 1943 hatte formell freilich nur eine Gültigkeit bis Ende Juli. Staatssekretär Steengracht meinte gegenüber Frölicher, dass die Ergebnisse für Deutschland «dünn» ausgefallen seien.[148] Das «Reich» musste nun erstmals offiziell anerkennen, dass der schweizerische Export an kriegswichtigen Waren ab 1. Juli (teilweise erst ab 1. August) kontingentiert wurde. Dies ermöglichte der Schweiz einen glaubwürdigen Eröffnungsschritt gegenüber London. Zahlreiche Fragen, darunter der wichtige Kohlenkredit, blieben allerdings offen. Das fiel auch dem britischen Gesandten auf, als ihn Bundesrat Stampfli über gewisse Punkte informierte. Stampfli betonte die grosse Schwierigkeit für die Schweiz, einen Weg zu finden, der die alliierten Forderungen befriedigte und doch nicht einen kompletten Bruch mit den Achsenstaaten bedeutete.[149] Jean Hotz hatte einige Wochen vorher in einem programmatischen Vortrag die schweizerische «Handelspolitik im Dienste der Arbeitsbeschaffung» in ihren wesentlichen Grundzügen beschrieben. Klar und deutlich war die Rede davon, dass die Schweiz mit «Zähigkeit und Erfolg» den Standpunkt vertrat, «ihre Wirtschaftsbeziehungen auch in der Kriegszeit mit beiden kriegführenden Parteien aufrecht zu erhalten». Der Direktor der Handelsabteilung wollte auch weiterhin eine «unerschrockene, zielbewusste Aussenhandelspolitik» betreiben, die sich auf die «strikte Neutralität und Vertragstreue der Schweiz» stützte.[150]

Aus der Rückschau erhält man in Bezug auf gewisse Einzelheiten den Eindruck eines bisweilen pfiffig-cleveren Vorgehens. Dazu gehörte die Verlängerung der Auszahlungsfrist an die Exporteure, um den berühmten Gesamtsaldo von 850 Millionen Franken abrechnungsmässig noch nicht überschreiten zu müssen. In Wirklichkeit wurde nach Ablauf der Wartefrist die Bundesgarantie gestellt, das heisst eine De-facto-Verlagerung der Schlussrechnung bis ins Jahr 1944 vorgenommen. Was sich unmittelbar und heftig auswirkte, war der Umstand, dass die schweizerischen Exporteure noch zahlreiche transfergarantierte Ausfuhren nach Deutschland (die ab 1. August kontingentiert wurden) im Monat Juli 1943 hineinpressten. Das liess den Export nach Deutschland auf 73 Millionen hochschnellen. Dies wiederum rief in London, als die Zahlen bekannt wurden, trotz schweizerischer Beruhigungsversuche neues Misstrauen und anhaltende Verstimmung hervor. Die alliierte Auswertung der schweizerischen Ausfuhr nach Deutschland schien anzuzeigen, dass der Anteil der «undesirable exports» seit Januar 1943 kontinuierlich angestiegen war. Die alliierten Wirtschaftsattachés in Bern gaben an einer Sitzung der «Commission mixte» Ende August deutlich ihrer Enttäuschung Ausdruck.[151] Der britische Gesandte hatte schon Anfang August im Gespräch mit Pilet-Golaz einen grundsätzlichen Punkt angesprochen: Dass die Schweiz zu diesem Zeitpunkt überhaupt noch ein Wirtschaftsabkommen mit Deutschland schliessen wolle und gleichzeitig mit den Alliierten streite, scheine ihm «ganz falsch». Pilet schien durch diese Bemerkung etwas schockiert. Beim Ministry of Economic Warfare registrierte man hingegen mit Genugtuung, dass nun auch der Gesandte Norton eine harte Linie in Bern vertrat.[152] Gleichzeitig gingen die Fortsetzungsbesprechungen mit Deutschland im Wirtschaftsbereich im August 1943 «miserabel», wie sich Kohli ausdrückte. Sogar der «zahme Wiehl mache in Druck», erfuhr Frölicher bei einem Besuch in Bern. Pierre Bonna vom Politischen Departement schien ihm «furchtbar aufgeregt». Der deutsche Botschaftsrat Theodor Kordt, gewiss kein Scharfmacher, beklagte sich einmal mehr über die Haltung der Schweizer Presse. Kordt betonte auch, dass in Berlin Zweifel bestünden, ob die Schweiz einem alliierten Durchmarschgesuch Widerstand entgegensetzen werde.[153] Diese Zweifel waren keineswegs neu. Sie bildeten vielmehr eine gefährliche Konstante deutscher Vermutungen. Hans Pilder, Vorstandsmitglied der Dresdner Bank und regimekritisch eingestellt, sprach zum Beispiel im Frühjahr 1943 bei einem Besuch in der Schweiz davon. Das deutsche Misstrauen betraf in erster Linie die Amerikaner, denen eine Verletzung der schweizerischen Neutralität ohne weiteres zugetraut wurde.[154] Solche Zweifel waren in Berlin noch im Oktober 1943 deutlich spürbar. Das war nicht weiter erstaunlich, denn SS-Obergruppenführer Kaltenbrunner war über seine eigenen Kanäle betreffend angeblich massiven Druck der USA auf die Schweiz informiert worden und veranlasste darauf Ribbentrop zu Rückfragen in Bern. Der Aussenminister des «Dritten Reiches» vertrat die Ansicht, es müssten «alle schweizerischen Äusserungen, auch wenn sie von offiziellen Persönlichkeiten abgegeben werden, angezweifelt werden». Grund dazu boten in erster Linie die geheimen Absprachen Guisans mit den Franzosen vom Winter 1939/1940, die vom General abgestritten worden waren. Selbstverständlich versicherte Pilet-Golaz gegenüber Köcher einmal mehr den unbedingten Verteidigungswillen der Schweiz auch gegenüber den Alliierten. Der deutsche Gesandte zweifelte nicht daran. Allen Dulles erhielt nun (vermutlich dank Fritz Kolbe) Kenntnis von diesen Vorgängen.[155] Unverkennbar stellte sich jedenfalls für die Schweiz aufgrund der Kriegssituation (insbesondere in Italien) eine erneute Verschärfung der Gesamtlage ein.

In gewissen schweizerischen Wirtschaftskreisen machte sich mittlerweile zunehmende Unruhe bemerkbar. Unklar schien, wohin die Entwicklung führen sollte. Die Wirtschaftsverhandlungen mit den beiden Kriegsparteien durften öffentlich nicht diskutiert werden. Dass es hinter den Kulissen gewisse Meinungsverschiedenheiten gab, konnte aufmerksamen Beobachtern indes kaum entgehen. Selbst im kleinen Kreis des Vororts, wo man sich in der Regel erfolgreich um Einigkeit bemühte, kamen nun gewisse «Nuancen» – so die vornehme Ausdrucksweise – vermehrt zur Sprache. Kein Zweifel: Der Grossindustrielle Hans Sulzer und der Bankier Albert Pictet wollten den Alliierten vermehrt entgegenkommen. Sie hatten die Expansion der Kriegsmateriallieferungen nach Deutschland unter den Vereinbarungen von 1941 seit langem mit Missbehagen und zunehmender Ablehnung verfolgt. Sulzer wollte nun im September 1943 mit den Deutschen keinen neuen Vertrag abschliessen, ohne vorher in London die Reaktion sondiert zu haben. Sulzer und Pictet waren zu wirtschaftlichen Opfern bereit. Der Winterthurer Industrielle äusserte in bisher kaum gekannter Deutlichkeit, dass mit dem Argument der «unbedingt notwendigen Kohlenversorgung» seiner Ansicht nach etwas zu viel operiert werde. Ständerat Pictet war der Ansicht, dass die übergeordneten Landesinteressen nun gewisse Exportinteressen dominieren müssten. Ausgesprochene Befürworter der Kriegsmaterialexporte nach Deutschland gab es im Vorort nicht. Diese machten ihre Meinung gewöhnlich auf indirektem Wege kund. Das wusste Heinrich Homberger nur allzu gut. Immerhin sass im Vorort nach wie vor Caspar Jenny, der seine Kollegen über eine Eingabe der Textilindustrie an den Bundesrat orientierte, worin die Bedeutung des deutschen Marktes für diese Branche unterstrichen wurde. Homberger entfaltete in der Vorortssitzung von Mitte September seine ganze Beredsamkeit, um alle Optionen – die Deutschen drängten nun auf Abschluss – in Erwägung zu ziehen. «Noch nie war die Lage so ernst wie heute», meinte er dramatisierend mit Verweis auf eine mögliche Suspendierung der Verhandlungen mit Deutschland. Auch wenn man davon ausgehe, dass die Achsenstaaten den Krieg verloren hätten, stehe für das «wirtschaftliche Durchhalten» gerade mit den Wirtschaftsbeziehungen zu Deutschland «ungeheuer viel auf dem Spiel». Und einmal mehr war die Rede von der «Massenarbeitslosigkeit», die bei einem Bruch mit Deutschland unvermeidlich wäre.[156] Noch war der Beschäftigungsgrad in der Maschinen- und Metallindustrie im dritten Quartal des Jahres 1943 «im ganzen genommen» gut, wie sich der Branchenverband etwas später ausdrückte. Gleichwohl überwogen die Zukunftsbesorgnisse in Anbetracht der abflauenden Inlandkonjunktur und der Hemmnisse durch Blockade und Gegenblockade.[157]

Die Linie Hotz/Homberger ging darauf aus, die Spannungen mit Deutschland abzubauen, «ohne dass es zu explosiven Entladungen kommt», wie sich der Direktor des Vororts an der oben genannten Sitzung ausdrückte. Homberger wird noch Ende 1943 betonen, dass Deutschland die wesentlichen Trümpfe (Lieferungen von Kohle, Eisen, Saatgut und Mineralöl) fest in der Hand habe.[158] Der Bundesrat folgte offensichtlich dieser Linie. Er rief die Rahmenbedingungen auch den britischen und amerikanischen Regierungsstellen in Erinnerung. Denn am 17. September war der schweizerische Gesandte in London ins Foreign Office gerufen worden, um eine weitere Warnung entgegenzunehmen. Insbesondere die bereits in Umrissen erkennbaren zusätzlichen Kreditfazilitäten erregten den britischen Ärger. Thurnheer verteidigte die schweizerische Haltung durchaus gewandt mit Verweis auf die deutsche Besetzung Norditaliens und die damit verschlechterte Position des Landes gegenüber dem «Dritten Reich». Die Schweiz müsse leben, gab Thurnheer zu bedenken, und es gebe Grenzen des Widerstandes gegen die deutsche «Abwürgung».[159]

Am 1. Oktober 1943 wurden die Wirtschaftsvereinbarungen mit Deutschland unterzeichnet, im Grunde nur eine weitere Überbrückung, mit Gültigkeit bis Ende 1943. Deutschland sicherte Kohlenlieferungen von 150 000 Tonnen pro Monat auf separater Kreditbasis zu. Die schweizerische Ausfuhrkontingentierung für gewisse Waren wurde durch eine Transferkontingentierung ergänzt. Die Transfergarantie des Bundes erhielt nun den Charakter einer «subsidiären Ausfallgarantie». Der Exporteur nach Deutschland musste sich in jedem Fall vergewissern, ob sein Geschäft unter dem Transferkontingent Platz fand. Die Verlängerung der Wartefrist bis zur Auszahlung war das «elastische Element, um zeitweilige Verschiebungen in der Clearingbilanz zu überbrücken».[160] Die Alliierten erfuhren Ende September, dass Deutschland in den Genuss eines separaten Kohlenkredits von 40 bis 45 Millionen Franken im zweiten Semester 1943 kommen werde.[161] Erst einige Monate später hörten sie von Professor Keller die Schätzung, wonach sich die deutsche Verschuldung im Clearing durch die Vereinbarungen vom Oktober 1943 um weitere

100 Millionen Franken erhöhen würde.[162] Die schweizerische Öffentlichkeit wurde Anfang Oktober mit einer kurzen amtlichen Mitteilung beruhigt, wonach die Versorgung mit wichtigen Rohstoffen aus dem deutschen Machtbereich bis Jahresende wiederum vertraglich geregelt werden konnte. Einziger Nachteil schien die allmähliche Verlängerung der Wartefristen bei den Auszahlungen des Exports.[163] Freie Pressekommentare waren unerwünscht. Nur die Schweizerische Mittelpresse scheint sich nicht ganz an die diesbezüglichen Richtlinien gehalten zu haben.[164]

Eine scharfe, negative Reaktion der Alliierten auf die schweizerisch-deutschen Vereinbarungen war nach allen vorangehenden Interventionen und Warnungen zu erwarten. Die Schweiz schien allerdings nur unzulänglich vorbereitet auf die Taktik Londons, den Druck nun vorwiegend über das Instrument der «Schwarzen Listen» direkt auf die schweizerischen Exporteure (und Banken) auszuüben. Weite Kreise in Politik und Wirtschaft hatten offensichtlich immer noch Mühe, die Mechanismen des modernen Wirtschaftskrieges voll zu begreifen. Das traditionelle Konzept, wonach der Neutrale im Prinzip berechtigt war, mit allen Kriegführenden Handel zu treiben und Geschäfte zu machen, solange dies nicht zu einer extrem einseitigen Bevorzugung führte, war tief verwurzelt in den Köpfen der eidgenössischen Führungskreise. Damit ergibt sich die Frage, wie sich einzelne Unternehmen in dieser Übergangsphase tatsächlich verhalten haben, wie sie auf die geschilderten Rahmenbedingungen, Druck und Gegendruck, im Eigeninteresse reagierten. Und zu den Unternehmen wird in diesem Zusammenhang auch die Schweizerische Nationalbank zu zählen sein, deren Goldtransaktionen mit der Reichsbank gewiss nicht zufällig gerade im Sommer und Herbst 1943 Anlass zu aufschlussreichen Diskussionen boten.

8.3. «Schwabengeschäfte» – wie lange noch?

In den letzten Monaten des Jahres 1942 wurden nicht wenige Unternehmen der schweizerischen Maschinen- und Uhrenindustrie von deutschen Ablieferungsbegehren und neuen Aufträgen überflutet. Wer diabolisch-geniale Planung vermutet, liegt ziemlich falsch. Alles deutet vielmehr auf einen eher ungeordneten Nachfragestau hin, der sich unter den noch bis Jahresende gültigen Vereinbarungen entwickelte.[165] Auf die Koordinationsschwächen der deutschen Seite bis 1942 wurde bereits mehrfach hingewiesen. Ein Schweizer Industrieller äusserte einige Monate später in einer vertraulichen Unterredung mit einem deutschen Informanten angeblich harte Kritik am «Durcheinander» auf deutscher Seite, das er «geradezu beschämend» fand. Er bezog sich dabei offenbar auf vergangene Fehler. Aufschlussreich war seine Ansicht, dass die «Geheimdiplomatie» von Hotz und Homberger zwar für schweizerische Industrielle empörend sei, gleichzeitig jedoch als Stärke der schweizerischen Verhandlungstaktik erscheine gegenüber der divergierenden deutschen Verhandlungsweise.[166] General Thomas, der Chef des Wehrwirtschafts- und Rüstungsamtes (Ende 1942 stand er vor der Kaltstellung), wird sich nach Kriegsende in seiner Stellungnahme für die Alliierten bitterlich beklagen über das «unsagbare Durch- und Nebeneinanderarbeiten». Thomas vertrat die These, der unberechenbar arbeitende «Führer» habe die drei Wehrmachtsteile «in gegenseitiger Konkurrenz» auf die deutsche Industrie losgelassen. Von seinem nominellen Vorgesetzten Generalfeldmarschall Keitel ganz ungenügend unterstützt, konnte Thomas nach eigener Aussage nur ausgleichend und nicht effektiv steuernd tätig werden. Den Hauptengpass im lang anhaltenden Krieg sah General Thomas beim Mangel an Facharbeitern (noch vor den Rohstoffproblemen, die bis 1942 vergleichsweise einfacher gelöst werden konnten).[167] So war es deutschen Stellen bis ins Jahr 1942 hinein immer noch möglich, Industriediamanten über zweifelhafte Kanäle in der Schweiz zu beziehen. Die Bezugsquellen lagen teilweise in Frankreich. Dabei kamen sich – wie bei anderen Produkten – die involvierten deutschen Interessenten mit ihren jeweiligen Agenten zeitweise in die Quere (mit entsprechenden Preisauswirkungen). Die schweizerische Kontrolle verbesserte sich indes beträchtlich und machte die Verkäufer in diesem Schwarzmarkt bis Ende 1942 sehr ängstlich.[168]

Auffallend ist, wie die schweizerischen Aussenhandelsspezialisten im Verlaufe des Jahres 1943 wiederholt auf die (in der Kreditfrage fatalen) deutschen «Vorgriffe» (basierend auf dem vagen Protokoll vom September 1942) zurückkamen. Es bleibe dahingestellt, wer hier wen im Herbst 1942 im Ungewissen liess. Eindeutig ist, dass sich die im Clearing involvierten Schweizer Unternehmen bis dahin durchaus im Rahmen staatlich sanktionierter Politik bewegten. Wenn sie die Konjunktur 1942 ausnützten, dann geschah dies gleichsam im «höheren» Landesinteresse, wie auch immer man das aus der Rückschau «moralisch» bewerten mag. Allerdings verdichtete sich auf deutscher Seite gegen Jahresende 1942 der Verdacht, dass amtliche Stellen der Schweiz die Auftragsflut abzubremsen versuchten.[169] Mit dem Beginn des vertragslosen Zustandes Mitte Januar 1943 veränderte sich die Situation grundlegend. Nun trennten sich die Wege auf Unternehmensebene. Die Deutschen erfuhren aus «vertrauenswürdiger Quelle» Folgendes: Dr. Heinrich Wolfer, der Verwaltungsratsdelegierte des Sulzer-Konzerns, habe vor den Maschinenindustriellen kundgetan, dass es der Bundesrat gerne sehen würde, wenn die Schweizer Industrie bei der Auslieferung nach Deutschland Schwierigkeiten machen würde. Faktisch schien es, als ob gewisse führende Firmen die alten deutschen Aufträge fertig stellten – mit Rückgriff auf Anzahlungen für neue Bestellungen. Ausnahme war die bedeutende Firma Adolph Saurer in Arbon, welche die Ablieferungen nach Deutschland einstellte. Bei der Uhrenindustrie (Zünderproduktion) im Jura zeigten sich rasch Probleme. Es war aus deutscher Sicht damit zu rechnen, dass die Dixi-Gruppe von Georges Perrenoud und andere Unterlieferanten des Grossabnehmers Junghans die Löhne bald nicht mehr ausbezahlen und die Lieferungen nach Deutschland einstellen mussten.[170] Zwei schweizerische Grossbanken erregten in diesem Zusammenhang Missfallen in Berlin. Die Niederlassung der Bankgesellschaft in Bern empfahl ihren Kunden, keine Lieferungen nach Deutschland auszuführen, bis konkrete zwischenstaatliche Grundlagen vorhanden seien. Der Bankverein sperrte sich in gewissen Garantiefragen. Eine Rückfrage der deutschen Gesandtschaft in Bern bei staatlichen Stellen ergab, «dass die Banken weit über das hinaus gegangen waren, was sie hätten sagen dürfen».[171] Tatsächlich ging die Bankgesellschaft noch einen Schritt weiter. Zu Bevorschussungen im deutschschweizerischen Clearing war sie nur noch bereit, «wo der betreffende Klient auch für einen Blankokredit genügend Surface bieten würde».[172] Hier zeigen sich ungewohnte Feinheiten, die schriftlich festzuhalten in Berner Verwaltungsbüros nicht immer angezeigt schien.

Als im März 1943 Major Gäfgen das Kommando der Deutschen Industrie-Kommission in Bern übernahm, zeigte das deutsche «Auftragsbild Nr. 1» einen Bestand von 585 Millionen Franken. Der grösste Teil (211 Millionen Franken) entfiel auf Munition. Der Luftfahrtbedarf wurde mit 157 Millionen beziffert. Die Waffenbestellungen beliefen sich auf 95 Millionen. Der «Überhang» von 1942 erschien somit als Problem erster Priorität für die DIKO. Die Frage war, wie viel sich unter den prekären Bedingungen des zwischenstaatlichen Modus vivendi effektiv realisieren liess. Im Verlaufe des Monats März, also mitten im vertragslosen Zustand, wurde immerhin noch für 18 Millionen Franken ausgeliefert. Doch Major Gäfgen war zu Recht beunruhigt. Er und seine Offiziere konnten sich nicht allein auf die Bührle-Gruppe verlassen, welche im Februar noch die Hälfte der zugesagten Lieferungen erfüllt hatte. Wie stand es bei der Tavaro S.A. in Genf? Dort lagen Zeitzünder für 2.8 Millionen Franken versandbereit und standen für weitere 4.2 Millionen Franken in Fertigung. Die DIKO konnte in Anbetracht des ungedeckten Bestellungsbetrages wenig gegen eine weitere Drosselung der Produktion einwenden.[173] Es versteht sich, dass die Verhältnisse bei den direkt oder indirekt deutsch beherrschten Unternehmen, etwa bei der Telefunken A.G. oder dem Albiswerk in Zürich, etwas anders aussahen. Doch auch hier machten sich subtile Veränderungen bemerkbar. Telefunken zum Beispiel wurde im September 1943 von der Verrechnungsstelle aufgefordert, den aufgelaufenen Clearingeinzahlungssaldo abzudecken.[174] Die Toleranzmarge gegenüber Deutschland wurde enger. Nicht immer ganz transparent war die Lage dort, wo eine nominell schweizerische Gesellschaft, wie zum Beispiel die Mineral & Metall A.G. in Zürich, den Einkauf für (in diesem Fall) Hahn & Kolb in Stuttgart besorgte – und nun im vertragslosen Zustand in finanzielle Verlegenheit geriet. Ein in diesem Zusammenhang angefragter Bankdirektor riet der Firma, sich mit den Lieferanten in der Westschweiz zu verständigen, um eine «gewisse Ellenbogenfreiheit» zu erreichen. Akkreditive einer deutschen Bank mochte man allenfalls nur auf gedeckter Basis akzeptieren.[175]

Major Gäfgen besprach sich Ende März/Anfang April 1943 «mit führenden Schweizer Industriellen eingeschlossen Herrn Bührle». Dabei wurde auch die für Deutschland unfreundliche «Richtung» des Vororts-Präsidenten Hans Sulzer kommentiert. Der Chef der DIKO erhielt den Eindruck, Sulzer habe viele Gegner in der Schweizer Industrie, die jedoch nicht leicht zu erkennen seien und sich doch beim Bundesrat Gehör zu verschaffen versuchten. Sie argumentierten, der Krieg sei 1943 nicht beendet und deshalb die Umstellung auf die Friedensproduktion nur in einem Tempo erwünscht, das Erschütterungen vermeide und steuerbar bleibe. Vor allem die kleineren Industriellen verträten diese Ansicht. Die Industriellen schienen dem Major im Übrigen von gegenseitigem Neid und Missgunst beherrscht.[176] Die Alliierten erfuhren mittlerweile aus «verlässlicher Quelle», einige Schweizer Firmen mit deutschen Aufträgen hätten vor kurzem eine «substantielle Zahl» von Arbeitern aufgrund der neuen Vertragslage entlassen. Genannt wurden etwa die Zahnräder Maag AG und die Kugellagerwerke J. Schmid-Roost.[177]

Und was dachten sich die Arbeiter? Ging es «nur» um das individuelle Überleben, wenn sie an der Werkbank immer noch Produkte für Deutschland fertigten? Wie verhielten sich die Gewerkschaftsführer zu diesem Dilemma? Und welchen Kurs steuerten die leitenden Sozialdemokraten? Auf diesem Gebiet bleiben einige Fragen offen. Die unterschiedlichen Besitz- und Produktionsstrukturen erfordern eine differenzierte Betrachtungsweise. Dazu nur drei Beispiele von Unternehmen, die grössenmässig zum obersten Mittelfeld gehörten, jedoch einen unterschiedlichen Hintergrund aufwiesen. Über die Firma Hispano-Suiza in Genf (die auf dem Höhepunkt der Kriegskonjunktur rund 2000 Arbeiter beschäftigte), berichtete der deutsche Wehrwirtschaftsoffizier in Bern: von den Arbeitern seien «sicher 500 bis 600 kommunistisch». Er ging davon aus, dass diese Arbeiter die «Gegenseite» (sprich Moskau) über die Fertigung für Deutschland unterrichtet hatten.[178] Von Sabotage wird nicht berichtet. Erst im Herbst 1944 wird die «Prawda» zum Rundschlag gegen die Schweiz ausholen. Die schweizerische Hispano-Fabrik war eine Neugründung der unmittelbaren Vorkriegszeit, initiiert vom Besitzer

Marc Birkigt, einem Techniker und Konstrukteur, welcher damals den Restriktionen in Frankreich ausweichen wollte. Das Unternehmen stand seit September 1941 auf der «Schwarzen Liste» der Briten. Im Verwaltungsrat der Bankgesellschaft glaubte ein Industrievertreter nach Kriegsende zu wissen, dass der «Hauptinteressent» der Hispano die Konjunktur ausnütze, «wo sie sich am günstigsten zeigt».[179] Hispano-Suiza in Genf war spezialisiert auf Flugabwehrgeschütze und die entsprechende Munition. Die Briten erfuhren im Frühjahr 1943 auch von Ersatzteil- und Werkzeugmaschinenlieferungen nach Deutschland.[180] Die Firma exportierte ihre Produkte von 1940 bis 1944 allerdings weniger nach Deutschland direkt, sondern mehrheitlich in andere Märkte im deutschen Einflussbereich, was natürlich nur mit entsprechenden Geleitscheinen möglich war.[181] Im Sommer 1943 wurde das Ruder scharf herumgeworfen: Hispano-Suiza bemühte sich erfolgreich um grössere Aufträge der Kriegstechnischen Abteilung. Unverkennbar kam man jetzt im Militärdepartement dem Unternehmen aus beschäftigungspolitischen Gründen entgegen.

Ein weiteres Beispiel: Das Albiswerk Zürich (Siemens-Konzern) vergrösserte sich während des Krieges in kurzer Zeit beträchtlich (Produktion: Flugzeugbordgeräte, Bodenfunk, Rundfunkgeräte etc.). Die Firma stand seit Dezember 1940 auf der «Schwarzen Liste» der Briten. Man profitierte vom «konjunkturellen Aufschwung», wie sogar das «Volksrecht» unumwunden zugab (wobei ein nicht geringer Teil des Umsatzes auf Bestellungen der Schweizer Armee entfiel). Nun zeigte sich die Direktion 1943 allzu «schäbig» und wollte die von der Gewerkschaft geforderte Lohnerhöhung von zehn Prozent nicht zugestehen. Im Herbst 1943 kam es zu massiven Streikdrohungen. Bei der entscheidenden Versammlung der Belegschaft («von prachtvoller Kampfentschlossenheit») war auch Genosse Otto Schütz anwesend, der einflussreiche Sekretär des Zürcher Gewerkschaftskartells. Er hätte durchaus einen politischen Bezug herstellen können. Doch von politischen Motiven war im sozialdemokratischen «Volksrecht» nicht die Rede.[182]

Bei der Firma Saurer im «roten Arbon» am Bodensee konnte man sich über die Beschäftigungslage während des Krieges ebenfalls nicht beklagen, wie zwei Studien zur Firmengeschichte aus jüngster Zeit belegen.[183] Die Anzahl der Beschäftigten lag seit 1942 um die 3 000. Sie wussten, wie Stefan Keller schreibt, um die Zulieferungen für die deutsche Flugzeugmotorenindustrie. «Ein Anlass für Diskussionen seien die deutschen Aufträge nie gewesen», versicherten ihm die befragten Zeitzeugen. Man war dankbar, Arbeit zu haben. Erst im September 1943 beantragte ein Metallarbeiter an einer Gewerkschaftsversammlung, die Arbeit für Deutschland einzustellen.[184] Er rannte offene Türen ein. Die Lieferungen nach Deutschland hielten sich in den Jahren 1941 bis 1943 im Verhältnis zum Gesamtumsatz in engen Grenzen. Die Hauptproduktion bei Saurer betraf den

Lastwagenbau für die Schweizer Armee. Die AG Adolph Saurer repräsentierte jene Gruppe der Schweizer Industrie, die nur zögernd auf dem Höhepunkt deutscher Machtentfaltung einen Teil ihrer Kapazität für den Export nach Norden zur Verfügung stellte. Verwaltungsratspräsident während der Kriegszeit war Hans Sulzer. Neben ihm zählten auf höchster Ebene vor allem die Vertreter von Bankverein und Bankgesellschaft. Armand Dreyfus war Vizepräsident des Verwaltungsrates bis Frühjahr 1941 (gefolgt von SBV-Generaldirektor Nussbaumer als Mitglied des VR). Paul Jaberg vertrat die Bankgesellschaft bereits seit 1919 im Verwaltungsrat. Als Generaldirektor von Saurer wirkte Albert Dubois.

Der St. Galler Arzt Hans Richard von Fels notierte im April 1942 in sein Tagebuch: «Wir arbeiten für die Achsenmächte und sympathisieren mit den Demokratien; deshalb will jeder auf uns loshauen. Weiss der Himmel, wie das noch enden soll!»[185] Die Alliierten gaben der Schweiz in der ersten Hälfte 1943 etwas Ruhe, immer in der Erwartung, dass eine Reduktion der Exporte in die Achsenstaaten sichtbar würde. An Warnungen an die Schweiz fehlte es im Frühjahr 1943 nicht, wie im vorangehenden Kapitel gezeigt wurde. Auf der Unternehmensebene wurde vor allem Druck auf Tavaro/Tavannes ausgeübt, mit schliesslich befriedigendem Resultat für die Alliierten. Georges Perrenoud von Dixi hingegen kümmerte sich zum Ärger der Briten nicht um ihre Forderungen.[186] Im Fokus befanden sich seit längerem die Zulieferer von Bührle. So untersuchten die Briten zum Beispiel auch die Scintilla AG in Solothurn, die mit 1100 Arbeitern zu den mittelgrossen Betrieben gehörte. Die Besitzverhältnisse (welcher Einfluss des Robert Bosch-Konzerns?) blieben unklar. Im Juli 1943 genügte nun die Feststellung von Zulieferungen an Siemens sowie die Argus Motorenwerke und die Firma Robert Bosch, um das renommierte Unternehmen Scintilla (Walter Stampfli war bis zu seinem Amtsantritt als Bundesrat einer der Verwaltungsräte) definitiv auf die veröffentlichte Schwarze Liste zu setzen.[187]

Der alliierte Druck verstärkte sich unverkennbar. Doch jeder Fall auf Unternehmensebene lag etwas unterschiedlich. Oswald Inglin hat das britische Vorgehen eingehend beschrieben: die «von aussen kaum durchschaubare, oft inkonsequente Praxis der Listensetzungen», welche für die legalistisch argumentierenden schweizerischen Geschäftsleute «völlig unverständlich» gewesen sei.[188] Ein Beispiel: Die Maag Zahnräder AG in Zürich war in London schon längst ein Diskussionsgegenstand. 70 bis 80% der Exporte gingen angeblich an die Achsenstaaten, auch noch im ersten Semester 1943. Man hatte die Firma trotzdem bis dahin geschont, wegen der pro-alliierten Einstellung des Hauptaktionärs Georg Fischer (er sass seit 1941 auch im Verwaltungsrat der Bankgesellschaft). Nun ging die Gnadenfrist zu Ende, und die Firma kam im August 1943 auf die nicht veröffentlichte «Black List», um eine Reduktion der Exporte zu erzwingen.[189]

Enttäuschung, Misstrauen und Ungeduld bestimmten das Verhalten alliierter Regierungsstellen im August/September 1943 gegenüber der Schweiz. Die sicherheits- und neutralitätspolitischen Argumente der Eidgenossen prallten ab am Machtanspruch der angehenden Siegermächte. Die Stimmung war gereizt. Am 21. August telegrafierte das Ministry of Economic Warfare aus London an die Gesandtschaft in Bern: «We feel that this is the moment when the utmost pressure should be applied to all firms engaged in the export to the enemy of those items to which we attach the greatest importance.» Das MEW plante somit eine aggressive Kampagne gegen die involvierten Unternehmen (und ihre leitenden Personen). Die britische Gesandtschaft wurde bei dieser Gelegenheit um Abklärung ersucht, ob auch die Firma Gebrüder Sulzer am Anstieg der Exporte nach Deutschland im Juli beteiligt war. Falls ja, wäre Dr. Sulzer natürlich als offizieller Verhandlungsdelegierter der Schweiz in London nicht mehr genehm.[190] Hier wird eine personalpolitische Nuance deutlich, welche zweifellos auf die wenig glücklichen Verhandlungen Sulzers in London im Jahre 1942 zurückgeht. Einfach ausgedrückt: Der selbstbewusste Winterthurer Industrielle wurde von gewissen Beamten in London als Amateur-Diplomat nicht geschätzt. Doch der entscheidende Punkt lag darin, dass die Alliierten ohne weitere Verzögerungen eine deutliche Reduktion der unerwünschten Schweizer Exporte nach den Achsenstaaten sehen wollten. Die Briten und Amerikaner teilten sich die heikle Arbeit auf. Der US-Generalkonsul in Zürich erhielt zum Beispiel die unmissverständliche Anweisung «that when bargaining for a favorable reduction in exports you make perfectly clear to the firms that this is their last chance to choose between the Allies and the Axis...» Wer nicht auf die Wünsche der Alliierten eintrat, wurde zum Kreis der Feinde gezählt.[191]

Den Höhepunkt erreichte die «Listing Campaign» zweifellos mit dem «Fall Sulzer» im September/Oktober 1943. Das Ministry of Economic Warfare wählte Sulzer gezielt als Opfer zur Abschreckung der gesamten schweizerischen Maschinenindustrie aus. Hans Sulzer konnte lange beteuern, dass die Firma keine Waffen an Deutschland lieferte und dass die Exporte von Dieselmotoren ziviler Natur seien und nur deshalb im Juni/Juli angestiegen seien, weil es sich um einen Überhang von Ende 1942/Anfang 1943 handelte.[192] Mitte September erkannte «Doctor S.», dass er für London «persona non grata» war. Das war ein persönlicher Schock für ihn.[193] Die Einschüchterungskampagne der Alliierten begann gegen Ende September deutliche Resultate zu zeigen, wie der britische Wirtschaftsattaché mit Befriedigung nach London meldete.[194] Gleichzeitig begann sich der Widerstand auf schweizerischer Seite zu versteifen. Die Briten wollten nun auch von Hans Sulzer die Unterzeichnung eines «Undertaking», das der Präsident des Vororts als demütigend und unehrenhaft ablehnte. Der britische Gesandte spürte den

Stimmungsumschwung deutlich. Anfang Oktober befürchtete er eine kontraproduktive Entwicklung und befürwortete ein Überdenken des alliierten Vorgehens. Der Gesandte Thurnheer wirkte in ähnlichem Sinne beim entscheidenden Mann des MEW in London. Doch die Eigendynamik dieser Kampagne – mindestens vierzig schweizerische Unternehmen waren einbezogen worden – machte eine Abschwächung für die Alliierten offensichtlich schwierig. Im Foreign Office glaubte man wenigstens durch die Einladung an Professor Keller für informelle Gespräche auf Regierungsebene eine entspannende Wirkung erzielen zu können. Das Ministry of Economic Warfare gab indes zu bedenken, dass man von den Schweizern nie ein Resultat erreicht habe – «except by the use of constant economic pressure».[195] Das MEW konnte sich im Oktober mit seiner harten Linie durchsetzen, die im Wesentlichen auch im Foreign Office Zustimmung fand. Der britische Gesandte in Bern erhielt die Hintergrund-Information, dass Schweden den Alliierten in Bezug auf Deutschland beträchtlich mehr entgegenkäme als die Schweiz.[196]

Ende Oktober wurde die definitive Schwarzlistensetzung der Firma Sulzer publik und das Unternehmen in der britischen Presse und seitens BBC als Waffenschmiede denunziert.[197] Die Briten hatten ausgerechnet jenen Mann getroffen, dessen Zurückhaltung gegenüber Deutschland und pro-alliierte Einstellung kein Geheimnis waren. Das Misstrauen der Alliierten und ihre Entschlossenheit im Wirtschaftskrieg überwogen nun gegenüber feinen politischen Abwägungen. Diese Rücksichtslosigkeit wirkte wie ein Schock auf die schweizerische Wirtschaftselite und erzeugte zweifellos kontraproduktive Kräfte. Der Glaube an die britische Fairness erhielt jedenfalls einen beträchtlichen Schaden. Der Bundesrat sah sich veranlasst, Sulzer mit einer öffentlichen Mitteilung gegen die unsachlichen Vorwürfe in Schutz zu nehmen.[198] Das war für eidgenössische Verhältnisse ein ganz ungewöhnlicher Schritt. Hans Sulzer konnte ausserdem auf das Mitgefühl seiner Kollegen im Vorort zählen. Und im Verwaltungsrat der Bankgesellschaft sprach Präsident Jaberg von einem «unverständlichen Vorgehen der Engländer», das «gegen Treu und Glauben» verstosse.[199] Die Schweizer Presse durfte nun Anfang November ihren Unmut über das englische Vorgehen deutlich zum Ausdruck bringen. Auch in der Heimat des «fair play», so ein Leitartikel der Neuen Zürcher Zeitung, sollte man «für die wirtschaftlichen Lebensnotwendigkeiten der Schweiz und für die unerschütterlichen Richtlinien ihres politischen Verhaltens» Verständnis aufbringen und von Massnahmen absehen, «welche die Souveränität der Schweiz beeinträchtigen und ihr wirtschaftliches Durchhalten erschweren».[200] Bei der britischen Gesandtschaft in Bern registrierte man diese Pressestimmen sehr aufmerksam und leitete sie nach London weiter. Ein Abbremsen der Kampagne schien den Briten mindestens vorübergehend angezeigt, umso mehr, als die schweizerische

Regierung nun ein mögliches Entgegenkommen in Bezug auf die Reduktion der Exporte nach Deutschland für das Jahr 1944 signalisierte. Die Amerikaner hingegen vertraten zu diesem Zeitpunkt noch eine bedeutend härtere Linie gegenüber der Schweiz.[201]

Die Reaktion des Bundesrates auf das Vorgehen der Alliierten bezüglich «blacklisting» wurde im Vorort als allzu zögernd beurteilt. Eine Bemerkung von Pilet-Golaz gegenüber dem britischen Gesandten deutete gleichzeitig darauf hin, dass sich die Landesregierung mit dem Problem der Exportreduktion nach wie vor schwer tat.[202] Doch die Beeinträchtigung der Souveränität durch das alliierte Vorgehen liess sich nicht mehr bagatellisieren. Die «Einmischung» bei den Schweizer Firmen schien Heinrich Homberger jedenfalls «unhaltbar». Carl Koechlin wollte vermeiden, dass die einzelnen Industriezweige zum «Spielball» der Alliierten und der Deutschen wurden. Hans Sulzer erinnerte daran, dass die Aufrüstung der Schweizer Armee mit Lieferungen aus Deutschland erfolgte. «Ohne Gegenleistungen ging es nicht.» Empörung löste bei Homberger auch der von den Alliierten betriebene Atlantik-Sender mit seinen propagandistischen Unterstellungen betreffend die Schweiz aus.[203] Erst am 4. November 1943 schritt die schweizerische Landesregierung zur Tat und verbot die Unterzeichnung der umstrittenen «Undertakings», die den Firmen von den Alliierten über Monate hinweg aufgedrängt worden waren. Das Vorgehen der alliierten Konsulate und ihrer Agenten in der Schweiz bewegte sich je nach Interpretation in der Grauzone der Wirtschaftsspionage. Ansätze zu diesem Verbot bestanden zwar bereits seit November 1939. Doch mit der Durchsetzungskraft (oder vielmehr dem Durchsetzungswillen) der ausführenden Organe war es auf schweizerischer Seite nicht zum Besten bestellt. In einer internen Notiz im Politischen Departement war 1942 die Rede von «Duldsamkeit» gegenüber dem britischen Vorgehen, während «mit aller Schärfe» gegen Beauftragte der deutschen Devisen- und Zollbehörden vorgegangen wurde.[204]

Das zögernde und unentschlossene Vorgehen des Bundesrates im Spannungsfeld der Aussenhandelsbeziehungen während der Sommer- und Herbstmonate 1943 erklärt sich möglicherweise auch aus innenpolitischen Überlegungen und Rücksichten. Im Oktober standen Nationalratswahlen bevor. Die noch rein «bürgerlich» besetzte Landesregierung befürchtete zweifellos einen Vormarsch der Linken. Jeder Anschein von drohender Arbeitslosigkeit war Wasser auf die Mühlen der Sozialdemokraten. Bundesrat Wetter, damals 66 Jahre alt, dachte an einen Rücktritt aus der Regierung. Die Sozialdemokraten drängten ihrerseits auf einen Rücktritt von Pilet-Golaz. Sie hofften auf eine Zweiervertretung im Bundesrat. Die Nationalratswahlen vom 31. Oktober 1943 brachten der Linken Erfolg, allerdings keinen «Erdrutschsieg». Die Sozialdemokraten stellten neu die stärkste Fraktion im Nationalrat (56 von 194 Sitzen). Im

Dezember 1943 wurde Genosse Ernst Nobs, Stadtpräsident von Zürich, als erster Sozialdemokrat in die Landesregierung gewählt. Er konnte das wichtige Finanzdepartement übernehmen. Pilet-Golaz vermochte sich bei der Erneuerungswahl (mit dem schlechtesten Resultat der Bisherigen) noch einmal zu halten. Seine umstrittene rechte Hand Minister Bonna hätte eigentlich abgelöst werden sollen.[205] Doch dazu kam es dann doch erst ein Jahr später nach dem endgültigen Fall Pilets. Der Aussenminister und sein engster Mitarbeiter galten jedenfalls als geschwächte Figuren auf dem Berner Schachbrett. Wirtschaftsminister Stampfli erzielte bei den Erneuerungswahlen das beste Resultat. Dies lässt sich – neben andern Faktoren – als breites Einverständnis der Bundesparlamentarier mit der bisherigen Aussenhandelspolitik interpretieren. Bemerkenswert dabei, dass Walther Stampfli, der ehemalige Direktor der von Roll'schen Eisenwerke, offensichtlich auch von der Linken eine Anzahl Stimmen erhielt.[206] Nationalrat Feldmann fand das «staatspolitische Ergebnis» dieser Wahl «summa summarum befriedigend». «Die Regierungsbasis ist durch die Wahl eines vernünftigen Sozialdemokraten verbreitert. Die Autorität der Landesregierung ist gegenüber dem Ausland gewahrt und nach innen gefestigt.»[207]

Gleichsam im Schatten der Ereignisse, jedenfalls von der Öffentlichkeit fast unbemerkt, blieb das Thema der Finanzbeziehungen zu Deutschland und im Besonderen das Verhalten der Banken. Albert Pictet erinnerte seine Kollegen im Vorort daran, dass sich bestimmte Banken «schon längst» in ähnlichen Schwierigkeiten wie die Maschinenindustriellen befänden. Sein eigenes Bankhaus hatte nach seiner Aussage nie mit Deutschland Geschäfte gemacht, und doch gab es nun Druckversuche (offenbar vor allem aus den USA), um die Namen von Kunden in Erfahrung zu bringen, die als «beneficial owners» von Panama-Gesellschaften unter Verdacht standen. Auch das Bankhaus Ferrier Lullin wurde diesbezüglich beargwöhnt. Beide Banken bestritten, dass sich hinter diesen Gesellschaften «Feinde» verbargen.[208] Worauf Pictet in der Vorortssitzung vor allem anspielte, war der «Fall Hentsch». Diese Genfer Privatbank war bereits im Januar 1942 von den Briten auf die Schwarze Liste gesetzt worden, hauptsächlich wegen ihrer Beziehungen zu Italien. Der führende Partner der Bank wurde von den Briten als «notoriously pro-Fascist» eingestuft. Offensichtlich hatte man in London damals ganz bewusst eine kleinere Bank als «Opfer» ausgewählt. Die Bank versuchte in langen Verhandlungen, von der geschäftsschädigenden Liste gestrichen zu werden. Erst in der erregten Atmosphäre vom Herbst 1943 scheint sich die schweizerische Regierung für die Banque Hentsch eingesetzt zu haben. Der Fall wurde im Schatten des «Sulzer case» zu einer weiteren Figur auf dem Schachbrett der komplexen Beziehungen. Im Januar 1944 war das Ministry of Economic Warfare im Interesse entspannterer Beziehungen zur Schweiz endlich zu einem «Delisting» von Hentsch bereit.[209] Wie kamen die Briten zu ihren mehr oder weniger verlässlichen Informationen? Neben Informanten und Denunzianten ist der Beitrag von «Sigint», der Entzifferung des Telegrammverkehrs, nicht zu unterschätzen. Das blieb verschiedenen Schweizer Bankiers in dieser Phase durchaus nicht verborgen. Der Chef des kleinen Bankhauses Hofmann in Zürich wurde zum Beispiel im Sommer 1943 auf das britische Konsulat vorgeladen, wo ihm Kopien von Depeschen vorlegt wurden. Aus englischer Sicht schien belastend, dass sich die Firma bei einer portugiesischen Bank erkundigt hatte, ob ein gewisser ausländischer Wertschriftentitel ohne Affidavit in Portugal verkauft werden könne. Man machte Hofmann klar, dass seine Bank auf die Schwarze Liste gesetzt werde, wenn sie ihre Wertschriftengeschäfte mit Deutschland fortsetze. Hofmann kontaktierte darauf die Schweizerische Nationalbank mit der Frage, wie er sich «gegenüber diesem Ansinnen zu verhalten habe». Das Direktorium der SNB vertrat die Ansicht, «dass die Firma selbst zu entscheiden hat, was sie tun will». Allenfalls solle sich Hofmann mit dem Politischen Departement in Verbindung setzen.[210] Doch von dieser Seite hatte Herr Hofmann keine konkreten Verhaltensanweisungen zu erwarten. Weshalb denn sollten sich die zuständigen Staatsdiener gerade jetzt in solch heikler Sache exponieren? Da gab es im Übrigen noch eine andere kleine Privatbank in Zürich, welche zunehmendes Misstrauen der Amerikaner auf sich konzentrierte. Vor dem Krieg war diese Bank namens «Johann Wehrli & Co. AG» gewissen deutschen Stellen verdächtig (vgl. Kapitel 6.1.). Jetzt beschäftigten sich britische und vor allem amerikanische Beamte mit erstaunlichem Eifer mit diesem gesamtwirtschaftlich unbedeutenden Institut, dessen Direktor Karl Kessler angeblich enge Beziehungen zu Nazi-Deutschen unterhielt.[211] In diesem Zusammenhang wurden auf alliierter Seite durchaus unterschiedliche Ziele verfolgt, nicht zuletzt, weil Johann Wehrlis Schwiegersohn ein Brite war: Captain Max Binney, Grenadier Guards, mit besten Beziehungen in London, wurde von den Briten gegen Ende 1942 als «Vizekonsul» in Lugano stationiert. Wehrli und/oder Kessler (der häufig nach Deutschland reiste) lieferten über Binney offensichtlich Informationen von einem gewissen Wert nach London, was dort im Sommer 1943 ein Veto der Nachrichtendienste gegen ein «Blacklisting» der Bank bewirkte.[212] Anderseits erregte die Verbindung Binney–Wehrli unvermeidlicherweise auch das Misstrauen der deutschen Spionagedienste in der Schweiz.[213]

Blenden wir nochmals etwas zurück, um die Vielfalt und Unterschiedlichkeit der Entwicklungen im Bankenbereich zu erhellen. Im September 1942 fasste ein gut informierter Berichterstatter aus Deutschland seine Eindrücke nach einer Reise in die Schweiz konzis zusammen. Sein Resümee fand Eingang in das «Handbuch Schweiz» des Auswärtigen Amtes.

Der Schlusssatz verdient deshalb, wörtlich zitiert zu werden: «Es tritt immer und überall stark hervor, dass man sich in Schweizer Wirtschaftskreisen bemüht, (sich) selbstbewusst national und peinlich neutral zu bewegen.»[214] Fast zur selben Zeit erfuhr der Sicherheitsbeauftragte des deutschen Generalkonsulats in Zürich von einem Vertrauensmann der Textilbranche, bei der Bankgesellschaft sei der Prokurist G. verhaftet worden. Vermutlich habe die Bank die Verhaftung veranlasst, weil ihr die Geschäfte, die G. brachte, nicht genehm waren. Es handelte sich um Transaktionen, «die stark im deutschen Interesse lagen». Prokurist F. von der Remboursabteilung der Bankgesellschaft sprach dazu ein klares Wort: dass die Bank «an Schwabengeschäften kein Interesse habe». Aus einer zweiten Quelle mit italienischem Hintergrund wurde bestätigt, dass die Bankgesellschaft Geschäfte mit Deutschland verzögert habe, «bis sie nicht mehr zustande kommen konnten und nun sogar zu Gunsten Englands erledigt wurden».[215] Kennzeichnend für die engen Verhältnisse auf dem damaligen Bankenplatz Zürich war der Umstand, dass Gerüchte umliefen, bei der Bankgesellschaft werde deutsche Spionage gemacht. Das war rufschädigend. Die Leitung der Bankgesellschaft zögerte nicht, den Verdächtigen unverzüglich zu entlassen. Erste Hinweise auf einen angeblichen Gestapo-Agenten hatte Generaldirektor Alfred Schaefer bereits bei seiner vorangehenden Informationsreise nach Berlin von einem Direktor einer deutschen Grossbank bekommen.[216] Schaefer persönlich war den offiziellen deutschen Stellen verdächtig: Er hatte nach «gut unterrichteter, zuverlässiger» Quelle «recht abfällige Bemerkungen» über Deutschland gemacht.[217]

Die Bankgesellschaft reduzierte ihre Deutschland-Engagements bis Ende 1942 auf nominal 3.6 Millionen Franken (= 0.5% der Bilanzsumme). Darin eingeschlossen war das alte Kreditverhältnis mit dem Sonderfall Non ferrum A.G. (Fr. 2.2 Mio.).[218] Mit dem dahinterstehenden Giesche-Konzern (vgl. Kapitel 2.3.) empfahl sich weiterhin eine enge Verbindung, weil auf diesem Wege die Versorgung der Schweiz mit Zink gesichert werden konnte.[219] Erinnern wir noch einmal daran, dass Eduard Schulte, der Generaldirektor von Giesche-Breslau, im Juli 1942 als eine der ersten verlässlichen Quellen genauere Nachrichten über die Massenvernichtung der Juden in die Schweiz brachte (zur Weiterleitung an die Alliierten). Auf welche Weise Schulte die jüdischen Kontaktpersonen orientierte, ist sehr genau bekannt. Inwieweit er seine alten Geschäftsfreunde bei der Bankgesellschaft informierte, scheint hingegen ungewiss. Dass die Juden vor allem in den besetzten Gebieten erhöhter Gefahr ausgesetzt waren, konnte damals allerdings niemandem in der Schweiz entgehen. Was die Banken betraf, so stellte sich im Herbst 1942 die keineswegs einfache Frage, wie im Falle von Freikaufabsicherungen/Lösegelderpressungen (zur Ermöglichung der Ausreise von Juden vor allem aus Holland) zu verfahren sei. Bei der Bankgesellschaft gingen die Meinungen zeitweise auseinander.[220] Die Alliierten nahmen schliesslich Ende November 1942 eindeutig Stellung gegen Transaktionen über Mittelsmänner zum Freikauf der Verfolgten, mit entsprechend abschreckenden Auswirkungen auf das Verhalten der Schweizer Banken.[221]

Über das Ganze gesehen kann kein Zweifel bestehen, dass die Mehrzahl der Schweizer Banken sich mit äusserster Vorsicht von den Klippen des Wirtschaftskrieges fernzuhalten versuchte. Kleine Konzessionen auf diese oder jene Seite hin liessen sich in diesem Spannungsfeld kaum ganz vermeiden. Die «Autoritäten» in Bern zogen es in der Regel vor, möglichst wenig in die Verantwortung eingebunden zu werden. Die Bankgesellschaft bietet ein weiteres instruktives Beispiel für gewisse Feinheiten um die Jahreswende 1942/1943: Direktor von Igel, der Auslandchef der Reichs-Kredit-Gesellschaft in Berlin, hatte versucht, die SBG mit grossen Akkreditivaufträgen zu ködern. Das lag aufgrund der alten Beziehungen nahe, die seit den 1920er-Jahren nie ganz abgebrochen waren (vgl. Kapitel 2.3.). Jetzt ging es um die Ausfuhr von Aprikosenpulpe und Olivenöl aus Spanien. Doch die Fachleute bei der Bankgesellschaft entdeckten, dass die Ware letztlich für deutsche Rechnung auf schweizerischem Umweg via Portugal gekauft werden sollte. Sie lehnten ab und empfahlen Herrn von Igel, «der an unserer Abweisung natürlich keine Freude hatte», die Zahlung direkt nach Spanien oder Portugal zu machen oder sich an die Basler Handelsbank in Zürich zu wenden. «Prompt» musste die SBG einen Betrag von 5 Millionen Franken an die Basler Handelsbank überweisen, von der angenommen wurde, dass sie das von der RKG gewünschte Geschäft mindestens teilweise durchführte.[222] Bis in den Herbst 1943 hinein gab es einige schwierig zu beurteilende Grenzfälle, wo von deutscher Seite der mehr oder weniger erfolgreiche Versuch gemacht wurde, Firmen in der Schweiz als Zwischenglieder in der Warenbeschaffung einzusetzen. Eindeutiger waren da schon die Versuche von Vorstandsmitglied Dr. Rasche von der Dresdner Bank, noch gegen Ende 1943 über die Schweiz ein grosses Kompensationsgeschäft im Dreieck mit Rumänien einzufädeln (Weizenlieferungen aus Deutschland auf kurzfristiger Kreditbasis gegen schweizerische Fertigwaren und Rüstungsmaterialen an Rumänien – anstelle von diesbezüglichen deutschen Lieferungen). Doch die Geschäftsleitung der Bankgesellschaft lehnte ungeachtet der alten Beziehungen zur Dresdner Bank ab. Generaldirektor Alfred Schaefer bezweifelte, ob sich das «politische Risiko» überbrücken liesse.[223]

1942 waren aus Berlin Erkundigungen über den Bankverein (und insbesondere Generaldirektor Türler) in der Schweiz eingezogen worden. Wie an anderer Stelle bereits erwähnt, galt diese Grossbank gewissen deutschen Stellen bis 1940 als wenig vertrauenswürdig. Nun sollten die

Konsulate im Sinne einer «Nachprüfung» erneut Stellung beziehen. Konsul von Haeften aus Basel zog sich vorsichtig diplomatisch aus der Sache: Türler sei ihm als zuverlässig und vertrauenswürdig bekannt; wenn er ihn auch «nicht als ausgesprochen deutschfreundlich» bezeichnen könne, so sei er doch «keineswegs antideutsch eingestellt». Der Bankverein stehe in den USA unter starkem Druck und sei einer «ausserordentlich scharfen Kontrolle ausgesetzt». Auf den Stillhaltekrediten in Deutschland habe die Bank «empfindliche Verluste erlitten». Anderseits unterhalte die Bank laufende Geschäftsbeziehungen mit der Reichsbank, der Dresdner Bank, der I.G. Farben, mit Schering und der Metallgesellschaft. Aus der Sicht von Haeften bestanden im Juli 1942 keine Bedenken mehr gegen den Bankverein und seine Leitung. Für geheim zu haltende Dinge qualifizierte die Bank indes seiner Ansicht nach nur sehr bedingt, denn Indiskretionen könnten «niemals ganz ausgeschlossen werden».[224] Generalkonsul Voigt in Zürich wusste über die Geschäftsbeziehungen von Türler (und seinen Mitarbeitern am Sitz Zürich) mit der Reichsbank Bescheid. Doch gleichzeitig machte er auf den «freimaurerischen Einfluss» in leitenden Kreisen des Bankvereins aufmerksam und wies darauf hin, dass die Vertreter der Feindmächte in Zürich vorzugsweise mit dieser Bank arbeiteten (was nur teilweise zutraf). Er blieb deshalb bei seiner zurückhaltenden Beurteilung.[225] Tatsächlich war es so, dass sich das amerikanische Generalkonsulat in Zürich, wenn es um vertrauliche Transaktionen ging, an Direktor Ernst Hoch vom Bankverein und Generaldirektor Walter Fessler von der Kreditanstalt hielt.[226] Und Allen Dulles pflegte 1943 engen Kontakt zu Generaldirektor Grandjean von der Kreditanstalt in Zürich. Dabei ging es um die Beschaffung von Schweizerfranken. Die Kreditanstalt zeigte sich grosszügig, das US-Treasury Department hingegen bürokratisch zurückhaltend oder abweisend, was die Freigabe von blockierten Dollars oder Transaktionen gegen Gold betraf.[227] Von deutscher Seite kam es übrigens im Jahre 1942 nicht nur bei der Bankgesellschaft, sondern auch bei der Kreditanstalt, diesmal in Basel, zu einem neuen gravierenden Fall von Bankspionage. Der betreffende Verräter (auch militärischer Informationen) wurde entdeckt, verhaftet und verurteilt. Der Vorfall lässt sich als Hinweis auf die verbesserten Anti-Spionagevorkehrungen in der Schweiz interpretieren.[228] Generaldirektor Grandjean von der Kreditanstalt, dies sei hier am Rande angemerkt, war den Deutschen ebenso verdächtig wie sein Kollege Schaefer von der Bankgesellschaft. Grandjean war von seinem eigenen Schwager als deutschfeindlich denunziert worden. Ein Visum für eine Reise nach Frankreich wurde ihm daraufhin verweigert.[229]

Von Interesse scheint in diesem Zusammenhang auch folgender Vorgang: Die Mannesmannröhren-Werke in Düsseldorf beabsichtigten seit dem Sommer 1942 einen «Tarnungsverkauf» der Aktien ihrer

Tochtergesellschaft in Buenos Aires (auf Betreiben ihres dortigen Generaldirektors, der eine zukünftige Beschlagnahmung durch die argentinische Regierung befürchtete). Ein erstes Projekt im Herbst 1942 mit einer Verkaufs- und Optionskonstruktion über einen Strohmann in Basel und einen Vertrauensanwalt in Zürich scheiterte. Dann dachte man in Düsseldorf an die «rein treuhänderische Übertragung der Aktien» an eine Holdinggesellschaft unter der Kontrolle des Bankvereins. Warum gerade der Bankverein? Die Erklärung ist einfach und charakteristisch zugleich: Der Sitz Zürich dieser Bank unterhielt nämlich seit vielen Jahren Geschäftsbeziehungen zur Röhrenhandels AG in Zürich, die dem Düsseldorfer Konzern nahe stand. Die für die Bewilligung zuständige Devisenstelle in Düsseldorf hatte jedoch nun im Krieg Bedenken hinsichtlich der «Aufrechnungsmöglichkeiten gerade bei Banken». Die Antragstellerin versuchte diese Bedenken offensichtlich zu zerstreuen mit dem Hinweis, dass es sich um eine «deutsch eingestellte Schweizer Grossbank» handle, die Geschäfte der vorliegenden Art für deutsche Interessenten schon wiederholt vorgenommen habe. Der Bankverein (und hier gibt es eine offensichtliche Verbindung zur oben genannten «Nachprüfung») sei von der deutschen Gesandtschaft als vertrauenswürdig bezeichnet worden. Im Reichswirtschaftsministerium in Berlin zeigte man sich jedoch im Februar 1943 nach Rücksprache mit der Auslandorganisation der NSDAP ablehnend, «da durch Tarnungen gemäss Antrag nach den bisherigen Erfahrungen nicht die Erreichung des beabsichtigten Zwecks gewährleistet ist...». Vor allem weigerte sich der Bankverein, die gewünschte Rückdatierung der Stichtage vorzunehmen, und lehnte schliesslich die ganze Transaktion ab. Nun liess Mannesmann das Beziehungsnetz spielen durch eine Rückversicherung bei Unterstaatssekretär von Jagwitz. Das Resultat bestand schliesslich im Verkauf des Aktienpakets an die Sonora AG in Zug über einen schweizerischen Vertrauensmann aus der Kohlenimportbranche.[230] Die ganze Übung erscheint aus der Rückschau wenig erfolgreich. Denn die Briten fingen auf der einen Seite den Telegrammverkehr zwischen Düsseldorf und Buenos Aires ab und hörten andererseits von der Tochtergesellschaft des Bankvereins über deren Verweigerung zur Mithilfe. Einziger Verwaltungsrat der Sonora AG war zu diesem Zeitpunkt Rechtsanwalt Conrad Meyer, der – aus britischer Sicht als «pro-Nazi lawyer» eingestuft – bereits auf der Schwarzen Liste figurierte. Dort fand sich auch die Sonora AG im September 1943.[231]

Mit diesem Beispiel eines verspäteten Tarnungsversuches sowie den erwähnten «Nachprüfungen» und Beobachtungen von deutscher Seite wird deutlich, dass sich die Verhältnisse von Mitte 1942 bis Herbst 1943 auch im Kleinbereich der finanziellen Beziehungen ganz beträchtlich gewandelt hatten. Für deutsche Firmen und Einzelpersonen wurde es nun ziemlich schwierig, «geheime» Transaktionen mit Vertrauenspersonen oder Banken in der Schweiz durchzuführen. Nur eine Handvoll Anwälte, den Alliierten gut bekannt, stand noch in beschränktem Masse zur Verfügung. Basierend auf diesem kleinen, misstrauisch überwachten Personenkreis liessen sich deutscherseits kaum Transaktionen grösseren Ausmasses durchführen. Solche Grundbedingungen muss man für die anschliessende Endphase des Krieges – mit all ihren phantastischen und romanhaften Verdächtigungen – im Auge behalten.

Noch einmal zurück zur ungemütlichen Lage der Schweizer Banken. Die anspruchsvollsten Fragen stellten sich ohne Zweifel beim Schweizerischen Bankverein. Die oben erwähnten Beurteilungen dieser Bank von Seite des Generalkonsuls in Basel und der Firma Mannesmannröhren-Werke in Düsseldorf eignen sich als Fallbeispiele für die Tücken einseitiger Quellenbewertung. Herausgerissen aus dem Gesamtzusammenhang, erscheint ein stark verzerrtes Bild von der Haltung der Bankvereinspitze gegenüber Deutschland. Die Stellungnahmen waren, um es kurz zu sagen, bestimmt durch die leicht erkennbaren Wünsche der Auftraggeber. Der Bankverein war und blieb in Wirklichkeit in seiner Geschäftätigkeit sehr stark nach Westen und in keiner Weise nach Norden orientiert. Vizepräsident Armand Dreyfus reiste im April 1940 nach New York. Er war damals 65 Jahre alt. Bis zu seinem Tode 1942 blieb er in den Vereinigten Staaten. Ende 1941 trat er als Chef der Generaldirektion und wenig später auch als Vizepräsident der Bank zurück. Bis dahin war es ihm immer noch möglich, aus New York einen gewissen Einfluss auszuüben. Was dabei am wichtigsten war: Dreyfus besass eine Generalvollmacht. Er hätte den Bankverein im Falle einer deutschen Besetzung der Schweiz von den USA aus allein führen können.[232] Doch gerade dort stellten sich für die Bank verschiedene unangenehme Probleme ein. In der amerikanischen Administration hatte man offenbar die langjährigen Auseinandersetzungen um die Vermögenswerte der Schweizerischen Gesellschaft für Metallwerte (SGM) nie verziehen. Im Herbst 1940 klagte der amerikanische Staat gegen die New York Agency des Bankvereins auf Rückzahlung eines bereits 1921 der SGM freigegebenen Betrages von 6.9 Millionen US-Dollar (der 1917 als angeblich deutsches Eigentum beschlagnahmt worden war). Nun wollte die US-Regierung den Bankverein mithaftbar machen.[233] In den Vereinigten Staaten wurden die alten europäischen Finanzbeziehungen zu Deutschland bisweilen in recht einseitiger Weise interpretiert. Da interessierte es wenig, dass die Geschäftsverbindungen des Bankvereins zur Metallgesellschaft in Frankfurt auf die Zeit vor dem Ersten Weltkrieg zurückgingen.[234] Nun zählten bei gewissen Stellen hauptsächlich jene Faktoren, die eine Nazi-Verbindung vermuten liessen. Dies hing zweifellos in vielen Fällen mit den diskriminatorischen «Arisierungen» zusammen, die von deutschen Emigranten jüdischer Herkunft in den USA verständlicherweise möglichst genau verfolgt wurden.[235]

Vermehrte Aufmerksamkeit wurde nun auch dem «Fall Schering» zuteil (vgl. Kapitel 7.1. zum Beginn). Armand Dreyfus persönlich, so absurd dies aus der Rückschau in Anbetracht seiner jüdischen Herkunft erscheint, kam nun unter Verdacht, als «Agent» zu wirken.[236] Der «Daily Mirror» publizierte im April 1941 einen tendenziösen Artikel ganz im Dienste des modernen Wirtschaftskrieges. Darin war die Rede vom angeblichen geheimen deutschen «economic blitzkrieg». Die Amerikaner würden nun abklären, wie es um die Mittäterschaft des Bankvereins im Ersten Weltkrieg stand. Im Stile eines Kriminalromans sollten die Leser auf die Fortsetzung gespannt sein. Die Schweiz erschien als «center of international intrigue», Heimstatt der legendären Holdinggesellschaften, über welche Deutschland angeblich seine Auslandaktivitäten abwickelte.[237] Zeitungen der USA nahmen das Thema begierig auf. Auch die Ciba geriet in diesem Zusammenhang ins Kreuzfeuer. Sie rechtfertigte die Zusammenarbeit mit Schering mit den alten Vorkriegsverträgen im Hormonbereich. Ihr Verhalten stehe vollständig in Übereinstimmung mit den Prinzipien der schweizerischen Neutralität. Gleichzeitig beteuerte das Unternehmen zuhanden der Alliierten, keinerlei geheime Aktivitäten auszuüben, die den Feinden Deutschlands zum Schaden gereichen könnten.[238] Bankverein und Ciba prüften verschiedene Varianten, um die genierliche Beteiligung der «Chepha» in den USA mit Anstand loszuwerden. Doch dies alles nützte wenig, und der Eindruck verstärkte sich auf schweizerischer Seite, dass es gewissen Regierungsstellen in Washington letztlich ganz einfach um die Beschlagnahmung der ehemaligen Schering-Tochter ging. Im April 1942 war es dann auch so weit («Vesting Order» des Alien Property Custodian vom 18.4.1942).[239] Die wichtigsten Schweizer Firmen in New York wurden nun sehr genau unter die Lupe genommen. Das Vorgehen der betreffenden US-Beamten wirkte auf die Betroffenen als «inquisitorisch» beziehungsweise als «Razzia».[240] Grosse Geheimnisse konnten da zwar nicht aufgedeckt werden, doch einige Transaktionen bestärkten das Misstrauen der Inspektoren vor allem aus dem amerikanischen Schatzamt.[241]

Unvermeidbar geriet auch der Fall der I.G. Chemie mit ihrer USA-Beteiligung GAF ins Rampenlicht. Aus amerikanischer Sicht wiesen all diese Beteiligungsverhältnisse ähnliche Charakteristiken auf. I.G. Chemie schien gewissen amerikanischen Stellen ein «Schulbeispiel» deutscher Tarnungsmanöver.[242] Die Aktien der GAF waren vom Treasury Department bereits im Februar 1942 beschlagnahmt worden. Nun stellte sich die Frage, ob die schweizerische Regierung intervenieren sollte, immer vorausgesetzt, dass es sich bei den «beneficial owners» der betroffenen Holdinggesellschaften wirklich um schweizerische und nicht um deutsche Interessen handelte. Dr. Felix Iselin setzte als Präsident der I.G. Chemie seinen ganzen Einfluss (zum Beispiel auch über Ständerat

Keller) ein, um das Politische Departement einzuspannen. Doch bei Robert Kohli, der für diese komplexen Dossiers zuständig war, stiess er auf anhaltendes Misstrauen. Die «komplizierten Verschachtelungen» wirkten nicht gerade vertrauenerweckend. Das Drängen Iselins war andererseits verständlich: Er befürchtete, dass der amerikanische «Custodian» zu einem Verkauf der GAF-Titel schreiten könnte. Kohli ging nun sehr umsichtig ans Werk und zog auch bei Koechlin, Homberger und Hotz Informationen ein. Er war nicht gesonnen, dem Bundesrat einen Antrag auf Intervention zu stellen.[243] Sein Chef Pilet-Golaz versuchte mit einigem Erfolg, Oberst Iselin hinzuhalten und einer Entscheidung so lange wie möglich auszuweichen. Es war klar, dass wichtigere Interessen der Schweiz nicht gefährdet werden durften.[244] Im Mai 1943 schien sich die Situation erneut zu verschärfen (Verkaufsgefahr für «feindliches» Eigentum in den USA). Doch Kohli lehnte eine offizielle Intervention unverändert ab. Er liess Iselin wissen, dass diese Angelegenheit der Schweiz bereits sehr geschadet habe. Pilet-Golaz deckte diese Haltung, auch als Iselin im Herbst 1943 versuchte, auf dem Umweg über Bundesrat von Steiger ans Ziel zu gelangen. Tatsächlich interessierte sich nun der Justizminister von Steiger (nach dem Ausscheiden Wetters aus dem Bundesrat) für dieses Dossier. Legationsrat Robert Kohli wird jedoch auch im Sommer 1944 bei einer Besprechung mit von Steiger und Iselin daran festhalten, dass sich das EPD nur für namentlich bekannte Schweizer Aktionäre verwenden wolle und nicht für die I.G. Chemie «als solche». Er machte geltend, dass sich eine solche Haltung auch im Falle der Pirelli Holding und der Scintilla als richtig erwiesen habe. Iselin seinerseits verwies auf den Fall CHADE und forderte Gleichbehandlung. Kohli sah diese Fälle jedoch in anderem Licht.[245]

Damit wird deutlich, wie sich der Druck der Alliierten auf die Schweiz über die Massnahmen der wirtschaftlichen Kriegsführung vielfältig verstärkte und auf die Gesamtheit der bilateralen Beziehungen zurückwirkte. Kaum verwunderlich erscheint in diesem Zusammenhang, dass der Geschäftsleitung des Bankvereins die Manöver ihres prominenten Verwaltungsratsmitglieds Felix Iselin eher ungelegen kamen. Maurice Golay, subtiler Steuermann der Generaldirektion seit 1942, stellte gegenüber Kohli klar, dass Iselin die Präsidentschaft der I.G. Chemie keineswegs auf Veranlassung des Bankvereins übernommen habe. Der Bankverein habe «kein materielles Interesse» an der Gesellschaft. Zur zentralen Frage, ob die I.G. Chemie effektiv schweizerisch beherrscht sei, äusserte sich Golay ausweichend (bei den Inhaberaktien könnten die Verhältnisse nie genau festgestellt werden). Jedenfalls war der Bankverein in Anbetracht seiner Niederlassungen in London und New York an keinen Demarchen interessiert, welche die Gefahr mit sich brachten, auf die Schwarze Liste gesetzt zu werden.[246] Generaldirektor Nussbaumer versuchte derweil bewusst, bei den Briten durch gewisse Informationen über Italien und Deutschland verstärkten Goodwill zu schaffen.[247] Das nützte ihm freilich recht wenig, als er 1943 beim Schatzamt der USA wegen gewissen angeblich persönlichen Transaktionen in die Verdachtszone geriet. Jedenfalls rieten ihm seine Kollegen dringend von einer Reise nach New York ab. Nussbaumer, so erfuhr der schweizerische Gesandte in Washington, galt offenbar als Exponent der umstrittenen «Philosophie des schweizerischen Bankwesens». Was Bruggmann hier umschrieb, war letztlich das mangelnde Verständnis der Amerikaner für die Ausformung des schweizerischen Bankgeheimnisses.[248] Direktor Rudolf J. Ernst von der Bankgesellschaft, der sich einige Zeit in den Vereinigten Staaten aufgehalten hatte, versuchte in einem öffentlichen Vortrag im Herbst 1943, die unterschiedlichen Vorstellungen mit aller Sorgfalt zu präzisieren. Denn das «General Ruling 17» vom 20. Oktober 1943 musste einigen schweizerischen Bankiers in Bezug auf die Aktiven ihrer Kunden in den USA zusätzliches Kopfzerbrechen bereiten. Direktor Ernst (Sohn des ehemaligen Verwaltungsratspräsidenten der Bank) berührte den Kernpunkt des Problems, als er darauf hinwies, dass der amerikanische Begriff der «beneficial ownership» (das wirkliche Eigentum) «in dieser straffen Form bei uns nicht bekannt war, was vielerorts zu einer laxen Auslegung Anlass gab».[249] Kurz gesagt: Die Amerikaner wollten nun die wirklichen und letzten Eigentümer kennen, um allfällige Feindaktiven beschlagnahmen zu können. Auch Treuhandverhältnisse mussten deklariert werden. Dieses Thema ist in Bezug auf allfällig getarnte deutsche Vermögenswerte von beträchtlicher Bedeutung. Es kann mit einiger Sicherheit davon ausgegangen werden, dass sich spätestens nach dem Herbst 1943 im direkten Einflussbereich der Vereinigten Staaten keine wesentlichen Vermögenswerte mehr ganz kaschieren liessen (falls sie nicht schon in der «inquisitorischen» Phase von 1942 aufgedeckt worden waren). Und die alliierten Nachrichtennetze gewannen mit fortlaufender Kriegsdauer und der Aussicht auf den bevorstehenden Sieg zweifellos an Effizienz (und Anziehungskraft in Bezug auf Denunzianten). Die Jagd nach vermeintlichen Nazi-Schätzen in den neutralen Staaten wird 1944 definitiv zu einem wesentlichen Element der Nachkriegsplanung (vgl. Kapitel 9.3. und 9.4.).

Wenig beachtet von der schweizerischen Öffentlichkeit blieb 1943 das Thema der Goldtransaktionen der Schweizerischen Nationalbank mit der Reichsbank. An nachhaltiger Brisanz fehlte es hier freilich keineswegs. In den britischen «Financial News» vom 9. Juni 1943 wurde die Meinung vertreten, dass es sich bei dem von der Reichsbank an die Notenbanken der neutralen Länder verkauften Gold um gestohlene Werte handelte, die den ursprünglichen Eigentümern kompensationslos zurückzuerstatten seien. Knapp ein Monat später befasste sich das Direktorium der Nationalbank mit dem Thema der «Goldzessionen der Deutschen Reichsbank». Hinter dem erwähnten Artikel der «Financial News» konnte man den Journalisten Paul Einzig vermuten («der Schweiz nicht sehr günstig gesinnt»). Allerdings gab es nach Auskunft des Handelsdelegierten Professor Keller keinen Zweifel, «dass diese Goldzessionen bei den Westmächten natürlich nicht gerne gesehen werden». Es war leicht erkennbar, dass Paul Einzig zum Ministry of Economic Warfare enge Beziehungen unterhielt. SNB-Generaldirektionspräsident Weber nahm gleich zu Beginn eine defensive Position ein. Seine Argumentation: Die Nationalbank «sei genötigt, das ihr von der Deutschen Reichsbank angebotene Gold aufzunehmen, da sonst damit gerechnet werden müsste, dass das Gold auf dem freien Markt abgesetzt wird». Generaldirektor Rossy machte beruhigend darauf aufmerksam, «dass der weitaus grösste Teil des von der Deutschen Reichsbank erhaltenen Goldes bereits wieder ausgegangen ist». Auf die «Pressepolemik» (gemeint im Ausland) wollte die Spitze der Nationalbank nicht eintreten.[250] Ganz unberührt blieben die drei Herren gleichwohl nicht. Es musste ihnen bewusst sein, dass die Alliierten seit Monaten die Goldreserven der Schweiz mit der Lupe untersuchten. Der amerikanische «Board of Economic Warfare» hatte die Gesandtschaft in Bern im März 1943 beauftragt, den jüngsten Zuwachs abzuklären. Die Amerikaner wünschten von der Nationalbank damals Auskunft über die Grösse der ausländischen Golddepots bei der SNB. Diese Information erhielten sie indes nicht von offizieller Seite (hingegen gab es Schätzungen über das Total auf Umwegen).[251] Den Alliierten ging es zu diesem Zeitpunkt in erster Linie um die Goldtransaktionen der Reichsbank über die Schweiz und Schweden, die sie einzuschränken wünschten. Mitte Juli schien der Generaldirektion der Nationalbank jedenfalls eine «gewisse Zurückhaltung» angezeigt. Sie wollte der Reichsbank mitteilen, dass die Nationalbank die Entgegennahme von Gold gegen Schweizerfranken «nicht über das bisherige Ausmass auszudehnen wünsche». Das Verhalten der Schweden, die von der SNB zu diesem Zeitpunkt direkt kein Gold abnahmen (hingegen immer noch aus dem Golddepot der Reichsbank bei der SNB), war nicht ganz unbedeutend. Die Schlussfolgerung der Nationalbank-Spitze: «Die Schweiz als kleines Land habe kein Interesse, zum Zentrum für kontinentale Goldverschiebungen zu werden.»[252] Das war eine lobenswerte Absicht, verspätet zwar, doch fehlte zum konsequenten Kurswechsel selbst jetzt noch der Wille. Im Bankausschuss der Nationalbank (die einflussreichsten Mitglieder waren Bankratspräsident Bachmann sowie die Herren Koechlin, Laur und Daguet) kamen die Goldgeschäfte mit der Reichsbank eine Woche später zur Sprache. Es wurde der Wunsch geäussert, das Direktorium möge sich in dieser Sache mit dem Bundesrat in Verbindung setzen. Eine eigene klare Stellungnahme blieb aus.[253] Immerhin: Die politische Dimension wurde endlich erkannt und der Ball der dafür zuständigen Landesregierung zugespielt. Gleichzeitig sah man beim Direktorium vermutlich mit einer gewissen Beruhigung, dass auch Portugal und Schweden immer noch Gold aus dem Depot der Reichsbank entgegennahmen.[254]

Wie reagierten nun der Bundesrat und der Bankrat der Nationalbank, wo ein Grossteil der Wirtschaftselite vertreten war? Am 6. September 1943 konferierten die Generaldirektoren mit Bundesrat Wetter, der gemäss Protokoll der SNB erklärte, er teile die Auffassung der Nationalbank («dass eine Diskriminierung einer Mächtegruppe hinsichtlich der Goldübernahme nicht in Frage kommen könne»). Der schwedische Notenbankchef antwortete inzwischen auf die Fragen seiner Schweizer Kollegen mit dem Hinweis, dass die Reichsbank immer noch die Möglichkeit habe, innerhalb einer früheren Vereinbarung Gold an Schweden zu verkaufen. Er äusserte jedoch die «persönliche» Meinung, dass die grösste Vorsicht angebracht sei.[255] Am 1. Oktober 1943 orientierte das Direktorium der Nationalbank die versammelten 39 Bankräte über eine etwas zurückhaltendere Linie gegenüber der Reichsbank. Die SNB-Leitung hatte der «Erwartung Ausdruck gegeben, dass die Goldverkäufe nicht weiter ausgedehnt und Zahlungen an das Ausland, wo dies möglich sei, nicht über den Schweizerfranken, sondern durch direkte Goldremittierung nach dem betreffenden Land effektuiert werden». Man wollte demnach von der ausgeprägten Drehscheibenfunktion der vorangehenden zwei Jahre wegkommen. Der Bankrat fand keinen Anlass, diese vorsichtige Kursänderung zu kommentieren; stillschweigendes Einverständnis schien vorzuherrschen. Ein indirekt verknüpftes Thema bot mehr Gesprächsstoff: die Besorgnis von Hans Sulzer über die restriktive Politik der Nationalbank in Bezug auf die Dollarübernahmen (im Zusammenhang mit schweizerischen Exporten). Die Verknüpfung bestand darin, dass die Nationalbankleitung das «Vertrauen in unsere Valuta auf dem in der Schweiz frei verfügbaren Goldstock» basierte. Und dieser Goldstock war bisher vor allem durch Goldübernahmen von der Reichsbank alimentiert worden. Die Goldreserven in den USA hingegen waren nicht frei verfügbar. SNB-Chef Weber: «Es ist eine Zumutung der Vereinigten Staaten, uns als kleines Land zu zwingen, blockiertes Gold entgegenzunehmen und dagegen liquide Franken auszugeben.»[256]

Kühle Interessenabwägung im Sinne grösstmöglicher Bewegungsfreiheit und ein gewisser Unmut über die Behandlung durch die USA bestimmte demnach den Kurs der Nationalbank-Leitung in wesentlichem Masse. Gegenüber Bundesrat Wetter präzisierte das Direktorium am 9. Oktober 1943 seine Ansicht, «dass die Notenbank eines neutralen Goldwährungslandes sich als befugt ansehen darf, mit sämtlichen ausländischen Notenbanken beliebige Goldtransaktionen vorzunehmen... Diese Haltung der Nationalbank scheint auch aus politischen Überlegungen angezeigt, indem die Ablehnung der Goldentgegennahme von einem einzelnen Land mit der Neutralität der Schweiz unvereinbar wäre. Die Nationalbank hat keinen Anlass, das ihr von Deutschland angebotene Gold als unrechtmässig erworben zu betrachten.»[257] Der letzte Satz liest sich aus der Rückschau als fatale Fehleinschätzung, als Verkennung oder zumindest grobe Unterschätzung der «moralischen» Dimension des Problems. Dass die Bankleitung gleichwohl einen Verdacht hegte, ergibt sich aus dem Umstand, dass sie Puhl bat, künftig «wenn möglich nicht Goldmünzen, sondern Goldbarren abzutreten». Denn just in der ersten Oktoberwoche hatte die Reichsbank noch schnell «Latormünzen», deren Herkunft nicht kontrollierbar war, für 10 Millionen Franken an die SNB «abgetreten». Bundesrat Wetter liess sich mit einer Antwort an die Nationalbank Zeit: Am 19. November 1943 erfuhren die Generaldirektoren zu ihrer Entlastung, dass der Gesamtbundesrat mit den neuen Richtlinien einverstanden sei. Namentlich begrüsste es der Bundesrat – und der Fingerzeig war eigentlich deutlich genug –, «wenn entsprechend Ihrem eigenen Bestreben diese Goldübernahmen für die Zukunft sich in eher bescheidenerem Rahmen bewegen». Die Nationalbank interpretierte diese Antwort in einer Weise, die aus der Rückschau ziemlich sorglos und wenig konsequent wirkt (vgl. Kapitel 9.2. zur Weiterentwicklung).[258]

Lavieren an der Wende des Krieges (1942/1943)

1. Renseignement No. 611 vom 14.5.1941. Renseignement No. 696 vom 27.5.1941. Renseignement No. 984 vom 4.7.1941. AfZ/ RGVA, MF 1.
2. US-Generalkonsul Stewart (Zürich) an den US-Gesandten Harrison in Bern, 3.7.1941, NARA/ RG 84 (AfZ/ Forschungsdok. J. Aeschlimann, Schachtel 10).
3. Walther an Dollfus (Briefauszug), 4.3.1941, SBA/ E 27/ 9949.
4. Chauvin an 2ème Bureau des Generalstabes in Vichy, 4.7.1941, AfZ/ RGVA, MF 1.
5. Tagebuch Feldmann vom 12.6.1941.
6. Protokolle Vorort vom 1.6.1942 und 14.9.1941, AfZ.
7. Hans Richard von Fels, Auszüge aus seinen Tagebüchern 1939 bis 1945, Hrsg. Ernst Ziegler, St. Gallen 1998, S. 71 f.
8. Vgl. H. Wegmüller, Brot oder Waffen, u. a. S. 113 ff., 167, 175.
9. H. Wegmüller, a. a. O., S. 136 f.
10. Karl Schmid an Karl Brunner, Stabschef der 9. Division, 30.6.1941, in: Karl Schmid, Gesammelte Briefe, Bd. 1, Hrsg. Sylvia Rüdin, Zürich o. J.
11. Tagebuch von Fels, 30.6.1942.
12. Vgl. das «politische Stimmungsbild aus Basel» des deutschen Generalkonsuls von Haeften an Ges. Bern, 6.10.1942, ADAP/ Serie E, Bd. 4, Nr. 18. Die populäre «Schweizer Illustrierte Zeitung» hatte zum Beispiel in ihrer Nummer 6/1941 unmissverständlich auf «Amerikas Reichtum» an Bodenschätzen hingewiesen.
13. Tagebuch Feldmann, 15.1.1942.
14. Tagebuch Feldmann, 20.1.1942.
15. Vgl. Hans Senn, Generalstab Bd. 7, S. 377 ff.
16. Französischer Nachrichtendienst: Renseignements No. 2414 vom 29.11.1941 und No. 2424 vom 4.12.1941, AfZ/ RGVA, MF 1. Tagebuch Feldmann, 21.3.1941, über Informationen von Oberst Müller.
17. Vgl. H. U. Fuhrer, Spionage gegen die Schweiz, S. 50 ff.
18. Tagebuch Feldmann, 9.4.1942, über Bereitschaft von Bundesrat von Steiger, durch ein Todesurteil ein Exempel zu statuieren.
19. «Deutsche Zeitung in der Schweiz» vom 1.5.1943.
20. Tagebuch Feldmann, 10. November 1942.
21. Protokoll der Konferenz vom 23.11.1942 zwischen den Bundesräten Kobelt, Pilet, Stampfli mit General Guisan und Generalstabschef Huber, DDS Bd. 14, Nr. 282.
22. Kobelt an Guisan, 11.1.1943 (in Beantwortung von Guisans Lagebeurteilung vom 22.12.1942), SBA/ E 27/ 14'276.
23. Vgl. Aufzeichnung von Bernard Barbey am 10.12.1942 über die Mitteilungen des Verbindungsoffiziers Daniel, der Eindrücke von einem Tour d'horizon Pilets im Bundeshaus vermittelte (in: P.C. du Général, S. 143).
24. Norton an FO, 28.11.1942, PRO/ FO 371/31'313.
25. Norton an FO, 31.12.1942, PRO/ FO 425/421.
26. Vgl. Meldung Nr. 2 vom 3.12.1942 als Beilage zum Brief Guisan an Kobelt vom 5.12.1942, SBA/ E 5795/327.
27. Vgl. Ph.-T. Braunschweig, Geheimer Draht nach Berlin, S. 260 ff.
28. B. Barbey, P.C. du Général, 30.1.1943.
29. Tagebuch Feldmann, 12.2.1943.
30. Tagebuch Frölicher, 15.12.1942 und 27.2.1943, SBA/ J. I. 236, 1993/368, Nr. 7.
31. Vgl. Bericht des Chefs des Generalstabes, S. 56. Vorankündigung ohne Details in NZZ Nr. 480 vom 23.2.1943.
32. Tgr. Generalkonsul Voigt an Oberst von Ilsemann, vermutlich 19.3.1943 («Ab Montag, 22. März, bevorstehen innerhalb 14 Tagen massive Einberufungen.» … «Gesamteindruck, dass nach Ansicht Armeestab Situation ab Ende März kritisch werden könnte.»), BAB/ G.K. Zürich, MF 14'225.

33 Tagebuch Feldmann, 29.3.1943 (Information von Dr. Marti, der gerade aktiven Dienst leistete).
34 Agentenbericht vom 18.3.1943 betr. deutschen Angriffsplan. Legge an Harrison, 22.3.1943. Memorandum Legge vom 28.3.1943. NARA/ RG 84 (AfZ/ Forschungsdok. J. Aeschlimann, Schachtel 10).
35 Norton an FO, 23.3.1943, PRO/ FO 371/34'874.
36 Informant «23,900» des US-Nachrichtendienstes. Report vom 20.4.1943, NARA/ RG 84/ Entry 3228, Box 5.
37 Braunschweig a.a.O., S. 280. Vgl. auch die Bewertung von Hans Senn, Generalstab Bd. 7, S. 372 ff.
38 Steengracht an OKW/Ausland Abwehr, 20.5.1943, PAAA/ R 29850.
39 Vgl. Lucas Delattre, Fritz Kolbe – un espion au cœur du 3è Reich, Paris 2003.
40 Braunschweig a.a.O., S. 285, zitiert das Tagebuch von Meyer-Schwertenbach vom 23.3.1943 über dessen Unterredung mit Eggen.
41 Tagebuch Frölicher, 9.4.1943, SBA/ J.I. 236, 1993/368, Nr. 7.
42 Berger an Himmler, 19.4.1943, BAB/ NS 19/3779.
43 Köcher an AA, 16.6.1942, PAAA/ R 100'777.
44 Kaltenbrunner an AA, 23.10.1943. Vortragsnotiz Wagner vom 12.2.1944. Tgr. Köcher an AA, 10.5.1944. Wagner an Büro RAM (o. D./1944). PAAA/ R 100'778.
45 Vgl. Jaeger an Pilet, 17.5.1944 (weitergeleitet an die Armeespitze). Masson an Guisan, 25.5.1944 («Certaines zones qui nous intéressent en première urgence sont devenues quasi impénétrables, étant rigoureusement interdites à tout élément civil»). DDS Bd. 15, Nr. 139 mit Annex.
46 Vgl. Veröffentlichung der Rede in NZZ Nr. 598 vom 12.4.1943.
47 Vgl. Veröffentlichung der Rede in NZZ Nr. 750 vom 10.5.1943.
48 Vgl. Veröffentlichung der Rede in NZZ Nr. 793 vom 17.5.1943.
49 Tagebuch Feldmann, 11.7.1943 (über Besprechung mit General Guisan), 14.9.1943 (betr. Orientierung durch Bundesrat Kobelt). Vgl. auch H. Senn, Generalstab Bd. 7, S. 403 f.
50 Tagebuch Frölicher, 24.10.1943, SBA a.a.O.
51 Tagebuch Goebbels, 8.5.1943.
52 Zum Beispiel Renseignements des französischen Nachrichtendienstes No. 4387 vom 27.3.1942 («massive» deutsche Uhrenbestellungen in der Westschweiz), Nr. 4522 vom 1.4.1942 (Bestellungen für die Flugzeugwerke Dornier in Altenrhein), Nr. 4946 vom 15.4.1942 (Lieferungen von Oerlikon an die deutsche Marine etc.). AfZ/ RGVA, MF 1.
53 Renseignement Nr. 5652 vom 12.5.1942, AfZ/ RGVA, MF 1.
54 Renseignement Nr. 6762 vom 29.6.1942, AfZ/ RGVA, MF 1.
55 Protokoll Vorort vom 22.6.1942, AfZ.
56 Bericht vom 16.4.1942, Walther an Dollfus, SBA/ E 27/ 9949.
57 Zum Start der Verhandlungen vgl. Sulzer an Stampfli, 30.3.1942, DDS Bd. 14, Nr. 179 mit Annex (Schweizerisches Memorandum vom 24.3.1942 für das Ministry of Economic Warfare).
58 Vgl. Rappard an Sulzer, 28.9.1942. Sulzer an Rappard, 12.10.1942. DDS Bd. 14, Nr. 244 mit Annex.
59 Protokoll Vorort vom 1.6.1942, AfZ.
60 Informanten-Bericht vom 30.6.1942, PAAA/ Ges. Bern, Bd. 5823.
61 Memorandum Legge für Harrison, 4.3.1943, NARA/ RG 84 (AfZ/ Forschungsdok. J. Aeschlimann, Schachtel 10).
62 Köcher (Konzept) an AA, 6.8.1942, PAAA/ Ges. Bern, Bd. 5823.
63 Verschiedene Hinweise in: PRO/ HS 6/1006.
64 P. Hug, UEK-Band 11, S. 730, erwähnt einen Sabotageakt im August 1942 bei der Tavaro SA. Der Zeitzeuge Ernst Arnold (Jahrgang 1917) berichtet von Sabotage seiner jungkommunistischen Organisation an deutschen Güterwagen auf einem

Güterbahnhof (vermutlich bei Basel, der Zeitpunkt wird nicht erwähnt), in: Landigeist und Judenstempel, Erinnerungen einer Generation 1930-1945, Hrsg. Christof Dejung, Thomas Gull, Tanja Wirz, Zürich 2002, S. 403. Der amerikanische Nachrichtendienst hörte davon, dass deutsche «Aufseher» in Fabriken eingesetzt worden seien, um Sabotage zu vermeiden («Report on Swiss Opinion», 16.6.1942, S. 12, NARA/ RG 226/ Entry 92, Box 93). Solche Vorgänge müssten durch schweizerische Quellen allerdings noch bestätigt werden, um glaubwürdig zu sein. Nicht zu bezweifeln ist in diesem Zusammenhang, dass sich deutsche Abnahmefunktionäre sehr häufig bei jenen Unternehmen einfanden, die ihre Produktion entsprechend ausgerichtet hatten.

65 Vgl. O. Inglin, Der stille Krieg, S. 125 ff.
66 O. Inglin, a.a.O., S. 149 f.
67 Britische Gesandtschaft Bern an MEW, 6.1.1943, PRO/ FO 837/977.
68 Aufzeichnung Wiehl vom 4.6.1942 über HPA vom 29.5.1942, PAAA/ R 116'814.
69 Tgr. Köcher an AA, 8.5.1942, ADAP/ Serie E, Bd. 2, Nr. 191.
70 Bericht über den Stand «Verlagerung Schweiz» vom 18.5.1942, zusammengestellt von Dr. Hellauer der Reichsgruppe Industrie. Der Bericht basiert offensichtlich auf direkten Informationen des Gesandten Hemmen sowie der Wirtschaftsabteilung aus Bern. Vgl. auch Köcher an AA, 25.4.1942. PAAA/ R 108'020.
71 Vermerk Strack vom 1.6.1942, PAAA/ R 108'020.
72 Notiz Hotz vom 20.7.1942 für Stampfli, Kobelt und von Steiger. Notiz Hotz vom 23.7.1942 für Stampfli, von Steiger und Pilet-Golaz. Protokoll vom 31.7.1942. DDS Bd. 14, Nr. 216 mit Annex 1 und 2.
73 Vgl. Tgr. Hemmen an AA, 23.7.1942, ADAP/ Serie E, Bd. 3, Nr. 127.
74 Aufzeichnung der schweiz. Gesandtschaft in Berlin vom 27.7.1942, PAAA/ R 108'098.
75 Vermerk (vermutlich LR Schüller) vom 6.8.1942, PAAA/ R 108'098.
76 Aufzeichnung Wiehl vom 7.8.1942, ADAP/ Serie E, Bd. 3, Nr. 165.
77 Köcher an AA, 27.8.1942, ADAP/ Serie E, Bd. 3, Nr. 237.
78 Vgl. Antrag EVD an Bundesrat vom 7.9.1942, DDS Bd. 14, Nr. 232.
79 Protokoll Vorort vom 14.9.1942, AfZ.
80 Tagebuch Feldmann vom 21.9.1942: Information von Nationalrat Paul Gysler über Äusserungen von Jean Hotz.
81 Rappard an Sulzer, 28.9.1942, DDS Bd. 14, Nr. 244.
82 Weizsäcker an Köcher, 4.10.1942, ADAP/ Serie E, Bd. 4, Nr. 8.
83 Dazu gehörte auch die Einstellung der Radiowettermeldungen, die Pilet am 9.9.1942 nach scharfen deutschen Interventionen zugesagt hatte. (Dt. Luftattaché an Masson, 26.6.1942. Drohung des dt. Luftattachés gegenüber Masson am 24.7.1942 mit politischer Auseinandersetzung. Auftrag Weizsäcker an Köcher zur offiziellen Demarche, 30.8.1942. Köcher an AA, 9.9.1942 zum Erfolg bei Pilet. PAAA/ Ges. Bern, Bd. 5824.)
84 Aufzeichnung Unterstaatssekretär Woermann, 26.11.1942, ADAP/ Serie E, Bd. 4, Nr. 224.
85 Weizsäcker an Köcher, 4.10.1942, ADAP/ Serie E, Bd. 4, Nr. 8.
86 Tagebuch Frölicher, 8.10.1942, SBA/ J.I. 236, 1993/368, Nr. 7. Zur Reaktion in der Schweiz vgl. Masson an Guisan, 5.10.1942. Notiz Pilet-Golaz vom 15.10.1942. DDS Bd. 14, Nr. 246 und Nr. 249 mit Annexen.
87 Tagebuch Frölicher, 21.10.1942, a.a.O.
88 Tagebuch Frölicher, 23.10.1942. SBA a.a.O. Vgl. auch Notiz Pilet-Golaz vom 20.10.1942 zur Gesprächsvorbereitung mit Köcher, DDS Bd. 14, Nr. 252 mit Annex und Fussnoten (die auf Meinungsunterschiede im Bundesrat hinweisen).
89 Tagebuch Frölicher, 3.11.1942, SBA a.a.O.
90 Aufzeichnung Weizsäcker vom 22.10.1942, ADAP/ Serie E, Bd. 4, Nr. 87.
91 Tagebuch Frölicher, 29.10.1942 (ohne Kommentar zu allfälligen Informationen Osters) und 1.11.1942, SBA a.a.O.

92 Tagebuch Frölicher, 3.11.1942, SBA a.a.O.
93 Tagebuch Frölicher, 5.11.1942 und 10.11.1942, SBA a.a.O.
94 Aufzeichnung Woermann, 26.11.1942, ADAP/ Serie E, Bd. 4, Nr. 224.
95 Vgl. u.a. Tagebuch Feldmann, 9.12.1942 (über Mitteilung Oeri/Sartorius), 11.12.1942 (über Mitteilungen von Steiger und Bretscher).
96 Ernst Wilhelm Bohle, Chef der Auslandorganisation der NSDAP, genoss ursprünglich die Protektion von Rudolf Hess, geriet jedoch zunehmend in Konflikt mit Ribbentrop und musste 1941 als Staatssekretär aus dem Auswärtigen Amt ausscheiden. Er schloss sich darauf Himmler an, offenbar in der Hoffnung, auf diesem Weg die Nachfolge Ribbentrops antreten zu können (vgl. H.-J. Döscher, Das Auswärtige Amt im Dritten Reich, S. 160ff.). Bohle bemühte sich im Sommer 1943, den neuen Landesgruppenleiter der NSDAP persönlich in der Schweiz «einführen» zu können.
97 Protokoll Handelspolitischer Ausschuss vom 26.11.1942, IfZ/ NG 4526.
98 Tgr. Köcher an AA, 1.12.1942, PAAA/ R 108'094.
99 Aufzeichnung Hemmen vom 22.12.1942, PAAA/ R 108'094. Hotz an Stampfli, 12.12.1942 mit Annex-Protokoll über die 1. Plenarsitzung, DDS Bd. 14, Nr. 277.
100 Vermerk Sabath vom 28.12.1942. Tgr. Seyboth vom 8.1.1943. PAAA/ R 108'094.
101 Protokoll Vorort, 18.1.1943, AfZ.
102 Gemäss Protokoll Kohli über Verhandlungen vom 13.1.1943, DDS Bd. 14, Nr. 293.
103 Tagebuch Frölicher, 31.12.1942, SBA a.a.O.
104 Die Hassell-Tagebücher, Eintrag vom 22.1.1943.
105 Information Homberger, Protokoll Vorort, 18.1.1943, AfZ.
106 Protokoll Konferenz der Dispensations-Kommission vom 26.1.1943, SBA/ E 27/5656.
107 Tagebuch Frölicher, 19.1.1943, SBA a.a.O.
108 Vgl. Hotz an Frölicher, 19.1.1943, DDS Bd. 14, Nr. 294.
109 Tagebuch Frölicher, 21.1.1943 und 22.1.1943, SBA a.a.O.
110 Tagebuch Frölicher, 26.1.1943, SBA a.a.O.
111 Tagebuch Frölicher, 29.1.1943, SBA a.a.O.
112 Tagebuch Frölicher, 5.2.1943 und 6.2.1943, SBA a.a.O.
113 Tagebuch Frölicher, 9. bis 18.2.1943, SBA a.a.O.
114 Vgl. BR-Protokoll vom 23.2.1943, DDS Bd. 14, Nr. 313. Kappeler an Pilet-Golaz, 13.3.1943, DDS Bd. 14, Nr. 323. Tagebuch Frölicher, 14.3.1943 und 16.3.1943, SBA a.a.O.
115 BR-Protokoll vom 9.4.1943, SBA/ E 1004.1.
116 Weizsäcker, Erinnerungen, S. 342.
117 Protokoll Vorort vom 22.3.1943, AfZ.
118 Vgl. P. Braunschweig, Geheimer Draht nach Berlin, S. 270ff.
119 Guisan an Heereseinheitskommandanten, 23.3.1943, SBA/ E 5795/327.
120 Tagebuch Frölicher, 6.4.1943, SBA a.a.O.
121 Tagebuch Frölicher, 11.4.1943, SBA a.a.O.
122 Detailangaben dazu in: PAAA/ R 108'039.
123 Tagebuch Frölicher, 3.4.1943, SBA a.a.O.
124 Vgl. Kriegstagebuch (KTB) Chef Wi Amt/ Protokoll über Besprechung vom 13.1.1943 betr. «Ansprüche des Gen. Waeger auf bisher zum Wi Amt gehörige Arbeitsgebiete». Sowie KTB Chef Wi Amt, Protokoll vom 6.2.1943. MAF/ WF-01/15882.
125 Aufzeichnung Wiehl vom 11.3.1943, ADAP/ Serie E, Bd. 5, Nr. 197.
126 Details dazu in: MAF/ RW 45/42.
127 Tagebuch Frölicher, 18.3.1943 und 23.3.1943, SBA a.a.O. Aufzeichnungen Weizsäcker vom 12.3.1943 und 23.3.1943, PAAA/ R 29'838.
128 Aufzeichnung Wiehl vom 28.3.1943, ADAP/ Serie E, Bd. 5, Nr. 259.

129 Aufzeichnung Wiehl vom 3.4.1943. Vermerk HaPol vom 6.4.1943. PAAA/ R 108'039. Sowie: KTB DIKO Bern, 29.3.1943, MAF/ RW 45/42.
130 Vgl. BR-Protokoll vom 28.4.1943, SBA/ E 1004.1. Hotz an Vieli, 5.5.1943, DDS Bd. 14, Nr. 351.
131 Tagebuch Frölicher, 17.4.1943, 21.4.1943 und 5.5.1943, SBA a.a.O.
132 Vgl. Thurnheer an Stampfli, 16.4.1943, mit ausführlichen Besprechungsaufzeichnungen, DDS Bd. 14, Nr. 342. Norton an FO, 8.4.1943 betr. Orientierung durch Sulzer (Anmerkung im MEW: «We think that Dr. S. should be told that we simply can't swallow this»). Protokoll der entscheidenden interministeriellen Konferenz vom 15.4.1943 im MEW. PRO/ FO 837/980. Eden an Norton, 16.4.1943, PRO/ FO 425/421.
133 Notiz R. Kohli, 29.4.1943, SBA/ J. I. 215, 1990/279, Bd. 2.
134 Protokoll Vorort vom 3.5.1943, AfZ.
135 Keitel an Ribbentrop, 10.5.1943, ADAP/ Serie E, Bd. 6, Nr. 24.
136 Vgl. Stephan Winkler, Die Schweiz und das geteilte Italien, Basel und Frankfurt am Main 1992, S. 87ff., 167ff.
137 Notiz Kohli über die Plenarsitzung vom 6.5.1943, SBA/ J. I. 215, 1990/279, Bd. 2.
138 Norton an MEW, 6.5.1943, PRO/ FO 837/980.
139 Norton an MEW, 18.5.1943, 21.5.1943, PRO/ FO 837/980.
140 Norton an FO, 27.5.1945, PRO/ FO 837/980.
141 Kolloquium AfZ Nr. 14, 8.1.1976.
142 Notiz Kohli für Pilet, 21.5.1943, DDS Bd. 14, Nr. 358. Tagebuch Frölicher, 25.5.1943 und 27.5.1943, SBA a.a.O. Aus deutscher Sicht: Aufzeichnung Wiehl vom 21.5.1943 für Ribbentrop, ADAP/ Serie E, Bd. 5, Nr. 47. Aufzeichnung Wiehl vom 25.5.1943, PAAA/ R 29'838.
143 Notiz Kohli vom 21.5.1943, SBA/ J. I. 215 a.a.O.
144 Tagebuch Frölicher, 3.6.1943, SBA a.a.O.
145 Aufzeichnung Clodius vom 3.6.1943, ADAP/ Serie E, Bd. 6, Nr. 78.
146 Tgr. Steengracht an Gesandtschaft Bern, 10.6.1943, PAAA/ R 29'838. Tagebuch Frölicher, 10.6.1943, SBA a.a.O.
147 Notiz Thurnheer über Besprechung vom 3.6.1943. Foot an Thurnheer, 9.6.1943. DDS Bd. 14, Nr. 368 mit Annex.
148 Antrag EVD an Bundesrat vom 24.6.1943, DDS Bd. 14, Nr. 379. Referat Homberger/ Protokoll Vorort vom 21.6.1943, AfZ. Tagebuch Frölicher, 17.6.1943, 18.6.1943, 30.6.1943, SBA a.a.O. Aufzeichnung Clodius, 27.6.1943, ADAP/ Serie E, Bd. 6, Nr. 118.
149 Norton an FO (War Cabinet Distribution), 19.6.1943, PRO/ FO/ 837/980.
150 Vortrag abgedruckt in NZZ Nr. 630 vom 18.4.1943.
151 MEW an Norton 21.8.1943. Memorandum der Economic Warfare Division (American Embassy London) vom 25.8.1943. PRO/ FO 837/985. Tgr. Thurnheer über Gespräch mit Foot/Riefler vom 3.9.1943, DDS Bd. 14, S. 1293.
152 Norton an FO, 7.8.1943, PRO/ FO 837/985.
153 Tagebuch Frölicher, 19./20.8.1943, SBA a.a.O.
154 Report US-Nachrichtendienst (Basel) vom 1.5.1943, Informant «52,800». NARA/ RG 84/ Entry 3228, Box 5.
155 Vgl. Köcher an AA, 23.9.1943. «Sondermeldung» AA an Köcher persönlich, 29.9.1943. NARA/ RG 226/ Entry 190 C, Box 1. Ribbentrop an Köcher, 1.10.1943, und Antwort vom 7.10.1943, ADAP/ Serie E, Bd. 7, Nr. 1 und 27.
156 Protokoll Vorort vom 13.9.1943, AfZ.
157 NZZ Nr. 1793 vom 14.11.1943.
158 Protokoll Vorort vom 29.12.1943, AfZ.
159 FO an Norton, 19.9.1943, PRO/ FO 837/988. Memorandum des Bundesrates an Grossbritannien und die USA, 30.9.1943, DDS Bd. 15, Nr. 9.
160 Zirkular des Vororts vom 12.10.1943, DDS Bd. 15, Nr. 16.

161 Der Kohlenkredit nahm seinen Anfang mit der Vereinbarung vom 13. August 1943 zwischen dem Rheinisch-Westfälischen Kohlensyndikat und dem Rheinischen Braunkohlen-Syndikat einerseits und der Schweizerischen Zentralstelle für Kohleneinfuhr andererseits.
162 Rapport MEW über die schweizerisch-alliierten Verhandlungen vom 17.2.1944, PRO/ FO 837/124.
163 NZZ Nr. 1553 vom 6.10.1943.
164 Tgr. Köcher an AA, 8.10.1943, PAAA/ R 108'094.
165 Die Rüstungslieferungen der Schweiz an Deutschland stiegen von durchschnittlich 30 Mio. Franken pro Monat in den ersten drei Quartalen auf 42 und 43 Mio. im Oktober/November und schliesslich 52 Mio. Franken im Dezember 1942 (Aktenvermerk Rüstungsamt vom 17.2.1943, PAAA/ R 108'045). Die bisweilen etwas seltsamen Auftragsverhältnisse von 1942 zeigten sich etwa im «Fall Peters», als das Oberkommando des Heeres mit J. M. L. Peters in Binningen im Oktober 1942 einen Vertrag über die Lieferung von «Schussbeschleunigern» abschloss, die bei der Firma Vibo in Yverdon hergestellt werden sollten. Peters erhielt dafür 1 Million Franken, doch geliefert wurde offenbar nichts, weil das OKH angeblich gemäss Peters nicht alle Bedingungen des Vertrages einhielt. Der Fall blieb bis in die Nachkriegszeit pendent. Peters verschwand 1949 nach Deutschland (vgl. Spezialfall Nr. 513 der Schweiz. Verrechnungsstelle/ SBA/ E 7160-07 (-), 1968/54, Bd. 1122).
166 SS-Oberführer Schellenberg an AA/Abteilung Inland IIg, 12.8.1943, PAAA/ R 101'138. Die Mitteilung kam demnach über den SS-Spionageapparat in der Schweiz. Es ist nicht ausgeschlossen, dass sie zu diesem Zeitpunkt als Instrument interner Intrige (gegen den Einfluss des Speer-Ministeriums) gedacht war.
167 Memorandum General Thomas vom 16.8.1945 für die britischen Einvernahmeexperten, PRO/ FO 935/162.
168 v. Selzam an AA, 12.6.1942; Voigt an Ges. Bern, 18.7.1942, 5.12.1942. PAAA/ G.K. Zürich, Paket 137 B.
169 Tgr. Köcher an AA, 1.12.1942, PAAA/ R 108'094.
170 Kordt an AA, 26.2.1943, PAAA/ R 108'045.
171 Köcher an AA, 27.1.1943. Vermerk dazu vom 28.1.1943. OKW an AA und RWM, 11.2.1943. PAAA/ R 108'045.
172 Direktionsnotiz SBG Zürich, 23.2.1943, GHA UBS AG/ SBG 12/2904.
173 KTB DIKO vom 24.3.1943, MAF/ RW 45/42.
174 Direktionsnotiz SBG Zürich, 18.9.1943, GHA UBS AG/ SBG 12/2904.
175 Direktionsnotiz SBG Zürich, 5.2.1943, GHA UBS AG/ SBG 12/2902.
176 Gäfgen an Rüstungsministerium, 3.4.1943, MAF/ RW 45/42.
177 Information an US-Gesandtschaft Bern von Quelle «475», 2.4.1943. NARA/ RG 84 (AfZ/ Forschungsdok. J. Aeschlimann, Schachtel 10).
178 WO-Bern (Haas) an OKW, 5.12.1944, MAF/ WF-01/19'870.
179 SBG-VR-Protokoll vom 19.10.1945, GHA UBS AG/ SBG.
180 Norton an MEW, 10.4.1943, PRO/ FO 837/980.
181 Vgl. P. Hug, UEK-Band 11, Tabelle 25 zu den Exportbewilligungen der KTA.
182 «Volksrecht» vom 8.10.1943.
183 Vgl. Stefan Keller, Die Zeit der Fabriken – von Arbeitern und einer Roten Stadt, Zürich 2001, Kapitel 5. Hans Ulrich Wipf, Mario König, Adrian Knoepfli, Saurer – Vom Ostschweizer Kleinbetrieb zum internationalen Technologiekonzern, Baden 2003, S. 189 ff.
184 St. Keller, a.a.O., S. 114.
185 Tagebuch von Fels, 18.4.1942.
186 Norton an MEW, 3.6.1943, PRO/ FO 837/980. Minute vom 30.9.1943 betr. Dixi S.A., PRO/ FO 837/977.
187 Meeting des Black List Committee vom 29.7.1943, PRO/ FO 837/82.
188 Vgl. O. Inglin, Der Stille Krieg, S. 135.

189 Meeting des Black List Committee vom 12.8.1943, PRO/ FO 837/82.
190 MEW an GB-Gesandtschaft Bern, 21./22.8.1943, PRO/ FO 837/985.
191 Reagan an Woods, 26.8.1943, NARA/ RG 84 (AfZ/ Forschungsdok. J. Aeschlimann, Schachtel 10).
192 Norton an MEW, 9.9.1943, PRO/ FO 837/988.
193 Norton an MEW, 14.9.1943, PRO/ FO 837/988.
194 Norton an MEW, 23.9.1943, PRO/ FO 837/988.
195 Norton an MEW, 2.10.1943. Minute Dingle Foot 13.10.1943 (über Gespräch mit Thurnheer). Roberts (FO) an Gibbs (MEW), 16.10.1943. Gibbs an Roberts, 20.10.1943. PRO/ FO 837/988.
196 FO an Norton, 21.10.1943, PRO/ FO 837/988.
197 Zum «Fall Sulzer» vgl. die ausführliche Darstellung bei O. Inglin, a.a.O., Kapitel 5.8.4.
198 NZZ Nr. 1740 vom 5.11.1943. Tgr. Norton an MEW, 5.11.1943, PRO/ FO 837/989. MEW an GB-Botschaft in Washington, 15.11.1943: «We have no doubt antagonised powerful interest in Switzerland by listing Sulzers.» PRO/ FO 837/989.
199 SBG-VR-Protokoll vom 5.11.1943, GHA UBS AG/ SBG.
200 NZZ Nr. 1792 vom 14.11.1943.
201 Memo Gibbs (MEW) vom 4.11.1943. MEW an Norton, 12.11.1943. PRO/ FO 837/988/989.
202 Norton an MEW, 28.10.1943: Pilet-Golaz liess durchblicken «that his colleagues were slow and obstinate». PRO/ FO 837/988.
203 Protokolle Vorort vom 30.10.1943 und 29.12.1943, AfZ. Zur britischen Radiopropaganda vgl. auch Tagebuch Feldmann vom 17.9.1943: «Englischer Rundfunk schwindelte heute mittag, Deutschland wolle die Schweiz zwingen, die Gotthard- und Simplonlinie der deutschen Kriegführung zur Verfügung zu stellen.»
204 Notiz Schneeberger vom 2.5.1942, SBA/ E 2801 (-), 1967/77, Bd. 2.
205 Vgl. Tagebuch Feldmann, 7.1.1944.
206 Stampfli kam auf 194 Stimmen, Pilet auf 154 und Nobs auf 122. Etter, Kobelt und Celio erreichten 163/164, von Steiger 183. Zur Wahl von Nobs vgl. u.a. Tobias Kästli, Ernst Nobs: Vom Bürgerschreck zum Bundesrat, Zürich 1995.
207 Tagebuch Feldmann, 15.12.1943.
208 Protokoll Vorort vom 30.10.1943, AfZ. Trading with the Enemy Department an FO, 30.10.1943, PRO/ FO 371/36'530.
209 Black List Committee vom 6.1.1944, PRO/ FO 837/86. Vgl. auch O. Inglin, Der Stille Krieg, S. 168f.
210 Protokoll SNB-Direktorium vom 15.7.1943, Archiv SNB.
211 Vgl. u.a. «Report on Johann Wehrli & Co. AG» des US-Generalkonsulats Zürich vom 15.8.1942, NARA/ RG 84/3223/113.
212 Meeting Black List Committee vom 1.7.1943, PRO/ FO 837/81. Sam Woods an Harrison, 5.11.1943, NARA/ RG 84/3223/113.
213 SS-Sturmbannführer Paeffgen an AA/Inland IIg, 9.6.1943, PAAA/ R 101'138.
214 Notiz über Besuch in der Schweiz, Berlin 1.9.1942, PAAA/ R 102'970.
215 Vermerk Konsul Graf vom 14.9.1942 und Vermerk Albrecht an Graf vom 28.9.1942, BAB/ G.K. Zürich, MF 5025.
216 Erklärungen von SBG-Direktor Theodor Jaeger gegenüber dem deutschen Generalkonsul Voigt (Notiz Voigt vom 12.10.1942, PAAA/ G.K. Zürich, Paket 132). Notiz Voigt vom 13.4.1943, PAAA/ G.K. Zürich, Paket 137.
217 Voigt an AA, 8.9.1942, PAAA/ G.K. Zürich, Paket 137.
218 SBG-VR-Protokoll vom 12.2.1943, GHA UBS AG/ SBG.
219 Vgl. Hotz an Erzag AG, 14.10.1948, SBA/ E 7110 (-), 1967/32, Bd. 896.
220 Notiz Direktion III/ SBG Zürich vom 25.11.1942 (der betreffende Direktor hatte wiederholt Kritik an solchen Transaktionen geübt und forderte nun klare Richtlinien, eventuell ein Veto betr. derartige Garantien oder Akkreditive). GHA UBS

AG/ SBG 12/2904. Tatsächlich war es bei der SBG im Herbst 1942 zur Stellung von Kautionen im Zusammenhang mit den Aktionen des Schweizers Walter Büchi in Holland gekommen.

221 Vgl. UEK-Band 24: Bettina Zeugin und Thomas Sandkühler, Die Schweiz und die Deutschen Lösegelderpressungen in den besetzten Niederlanden, Zürich 2001. Aktenmässige Belege für eine Erwähnung in Lösegeldfällen (meist im technischen Bereich der Zahlungsmittelbereitstellung) liegen für 10 Schweizer Banken vor, darunter auch die «jüdischen» Privatbanken Bär und Dreyfus.

222 Notiz Direktion III/ SBG Zürich, 27.1.1943, GHA UBS AG/ SBG 12/2904.

223 Rapport A. Schaefer vom 1.10.1943, GHA UBS AG/ SBG 12/2610. Notiz Direktion III/ SBG für Sekretariat betr. abgelehnte Kreditgesuche, 11.11.1943, GHA UBS AG/ SBG 12/2604.

224 Haeften an Voigt, 4.7.1942, BAB/ G.K. Zürich, MF 5025.

225 Voigt an Ges. Bern, 9.11.1942, PAAA/ G.K. Zürich, Paket 49.

226 Woods an Harrison, 15.8.1944, NARA/ RG 84 (AfZ/ Forschungsdok. J. Aeschlimann, Schachtel 10).

227 Agenda A. Dulles von 1943 in: NARA/ RG 226/190 C/1. US-Legation Bern an OSS, 24.12.1942, 7.4.1943, 29.4.1943. OSS an US-Leg. Bern, 28.5.1943. NARA/ RG 226 (AfZ/ Forschungsdok. J. Aeschlimann, Schachtel 5).

228 Vgl. US-Generalkonsul Sholes (Basel) an US-Gesandtschaft Bern, 7.12.1942, NARA/ RG 84 (AfZ/ Forschungsdok. J. Aeschlimann, Schachtel 10). Ausserdem: J. Jung, Die Banken der Credit Suisse Group im Zweiten Weltkrieg, S. 107f.

229 Voigt an AA, 20.10.1942 (mit Beilage). AA an G.K. Zürich, 5.1.1943. PAAA/ G.K. Zürich, Paket 136 a.

230 Ausführlicher Schriftwechsel zu diesem Fall in: BAB/ R 3101/33'064.

231 Black List Committee vom 2.9.1943 und 9.9.1943, PRO/ FO 837/83. Zum Fall Sonora AG vgl. auch SBA/ E 2801, 1968/84, Bd. 84, Dossier Nr. 75.

232 Die Generalvollmacht datierte vom 29. August 1939.

233 SBV-GD-Protokoll vom 17.9.1940, GHA UBS AG/ SBV.

234 Die SGM wurde 1910 als klassische Beteiligungsgesellschaft in Basel mit einem Aktienkapital von 18 Mio. Franken gegründet. VR-Präsident war bis zu seinem Tode 1916 Wilhelm Merton, Aufsichtsratsvorsitzender der Metallbank in Frankfurt. Vizepräsidenten waren A. Simonius-Blumer (Präsident des Bankvereins) und bis 1919 der prominente Bankier Carl Fürstenberg, Geschäftsinhaber der Berliner Handels-Gesellschaft. Später fungierten Max Staehelin, Präsident des SBV, als Präsident der SGM und Richard Merton als Vizepräsident. Die Beteiligungen an der Metallgesellschaft in Frankfurt und der Henry R. Merton & Co. in London wurden ursprünglich etwa zur Hälfte über eine Obligationenanleihe refinanziert. Anfang 1938 besass die Metallgesellschaft noch 50.8 % an der SGM (gemäss: Metallgesellschaft an Reichsstelle für Devisenbewirtschaftung, 23.2.1938, BAB/ R 3101/33'054).

235 Im Falle der Metallgesellschaft emigrierte Alfred Merton bereits 1934. Sein Aktienanteil wurde von der Degussa erworben, welche seinen Bruder Richard Merton als Aufsichtsratsvorsitzenden einsetzte. Anfang 1938 wurde auch Richard Merton von den Nazis in die Emigration getrieben (vgl. Peter Hayes, From Cooperation to Complicity – Degussa in the Third Reich, Cambridge 2004).

236 Tgr. Thurnheer aus London an EPD, 6.1.1941, SBA/ E 2001 (E), 1968/78, Bd. 341.

237 «Daily Mirror» vom 10.4.1941.

238 Auszug aus dem VR-Protokoll der Ciba vom 22.7.1941, SBA/ E 2001 (E), 1968/78, Bd. 341.

239 Gesandtschaft Washington an EPD, 23.4.1942, SBA/ E 2001 (E), 1968/78, Bd. 341.

240 Vgl. u.a. Generalkonsulat New York an Bruggmann, 15.6.1942, SBA/ E 2001, 1978/84, Bd. 443.

241 Generalkonsulat New York an EPD, 9.4.1943, SBA/ E 2001 (E), 1968/78, Bd. 341.

242 Tgr. CH-Gesandtschaft Washington an EPD, 11.1.1943, SBA/ E 2001, 1978/84, Bd. 443.
243 Notiz Schneeberger vom 22.6.1942. Kohli an Homberger, 9.7.1942. Tgr. EPD an Bruggmann, 1.8.1942. SBA/ E 2001, 1978/84, Bd. 443.
244 Notiz Pilet-Golaz über Besprechung mit Iselin, 29.7.1942, SBA/ E 2001 (E), 1978/84, Bd. 459. Notiz Pilet-Golaz vom 23.12.1942. Tgr. EPD an Bruggmann, 29.12.1942. SBA/ E 2001, 1978/84, Bd. 443.
245 Notiz Kohli vom 18.5.1943. Notiz EPD/ MB vom 20.5.1943. Iselin an Pilet, 21.5.1943. Notiz Kohli vom 29.10.1943 mit Anmerkung von Pilet. SBA/ E 2001, 1978/84, Bd. 443. Notiz Schneeberger über Besprechung von Steiger/Iselin/Kohli vom 28.6.1944. Notiz Kohli vom 24.8.1944, SBA/ E 2001 (E), 1978/84, Bd. 459.
246 Notiz Schneeberger vom 30.5.1942 über Gespräch Golay–Kohli. SBA/ E 2001 (E), 1968/78, Bd. 341. Notiz M. Golay vom 28.5.1942, Archiv UBS/SBV.
247 Vgl. u.a. Sir Samuel Hoare (Madrid) an FO, 15.11.1941, PRO/ FO 371/26'536. Hoare an FO, 8.1.1942, PRO/ FO 371/30'897.
248 Bruggmann an EPD, 25.8.1943, 18.12.1943, SBA/ E 2001 (E), 1968/78, Bd. 341.
249 Vgl. Abdruck des Referates von R. J. Ernst in NZZ Nr. 1780 vom 12.11.1943.
250 Protokoll SNB-Direktorium vom 8.7.1943, Archiv SNB.
251 Tgr. Department of State an US-Legation Bern, 15.3.1943. Legation Bern an Department. of State, 14.4.1943. NARA/ RG 59 (AfZ/ Forschungsdok. J. Aeschlimann, Schachtel 9).
252 Protokoll SNB-Direktorium vom 15.7.1943, Archiv SNB.
253 Protokoll SNB-Direktorium vom 5.8.1943, Archiv SNB.
254 Protokoll SNB-Direktorium vom 19.8.1943, Archiv SNB.
255 Protokoll SNB-Direktorium vom 8.9.1943, Archiv SNB.
256 Protokoll SNB-Bankrat, 1.10.1943, Archiv SNB.
257 Protokoll SNB-Direktorium vom 21.10.1943, Archiv SNB: Reichsbankvizepräsident Puhl behauptete gegenüber der SNB, das Golddepot Belgiens sei noch intakt. Protokoll SNB-Direktorium vom 5.10.1943: Die SNB habe von der Reichsbank kein Gold erhalten, das aus andern Ländern (gemeint war offenbar: ausser «Grossdeutschland») stamme. Diese Angaben Puhls waren falsch.
258 Protokoll SNB-Direktorium vom 25.11.1943, Archiv SNB.

9. Endphase des Krieges und alliierte Forderungen (1944–1946)

9.1. Handel mit Deutschland im Schrumpfungsprozess

Im Verlaufe des Herbstes 1943 war fast allen schweizerischen Entscheidungsträgern auf schmerzhafte Weise klar geworden, dass nun definitiv ein Schritt zugunsten der Alliierten anstand. Das hätten einige von ihnen gerne schon im Frühjahr und Sommer 1943 getan. Nur fehlten damals Geschlossenheit und Koordination im Vorgehen, wie der fatale «Ausfuhrboom» vom Juli Richtung Norden zeigte. Grund war unter anderem das Bestreben, prioritär die «Altlasten» der Wirtschaftsabkommen von 1941 mit Deutschland wenigstens teilweise loszuwerden. Damit verbunden war ein komplexer innenpolitischer Prozess auf hoher Einflussebene, der sich der öffentlichen Diskussion fast vollständig entzog.

Wie weit wollte oder musste nun die schweizerische Regierung den Alliierten entgegenkommen, um die «Blacklisting Campaign» zu stoppen und das Problem auf eine zwischenstaatliche Verhandlungsebene zu bringen? Die Antwort war mit manch heikler Interessenabwägung verbunden. Hinzu kam eine gewisse administrative Schwerfälligkeit in Bern, die zum Beispiel auch die Deutschen in Bezug auf das Anlaufen der schweizerisch-deutschen Vereinbarungen vom 1. Oktober beanstandeten.[1] Es dauerte recht lange, bis dem Bundesrat endlich am 12. November 1943 ein klarer Antrag des Volkswirtschaftsdepartementes zu den Wirtschaftsverhandlungen mit den Alliierten entscheidungsreif vorlag. Die Experten hatten ein komplexes Offertpaket geschnürt, das für die erste Hälfte 1944 fein abgestufte zusätzliche Ausfuhrbeschränkungen für den Bereich der Achsenländer vorsah. Dabei war die Rede von einem «tiefen Einschnitt in die bisherigen Exportmöglichkeiten». Gegenüber der durchschnittlichen Ausfuhr von 1942 sollte der Export nach Deutschland um etwa 85 Millionen Franken vermindert werden. «Nicht unbedeutende Arbeitslosigkeit» und eine Gefährdung künftiger Warenbeziehungen zu den Achsenmächten wurden befürchtet.[2] Doch jetzt ging es primär darum, wie sich Homberger ausdrückte, die «akute Krise» in den Beziehungen zu den Alliierten zu lösen.[3] Die Deutschen mussten warten. Das führte zu einiger Nervosität und zur Befürchtung, die Schweiz wolle es ab 1. Januar 1944 erneut auf einen vertragslosen Zustand ankommen lassen. Dem war zwar nicht so, indes wurde deutlich, dass sich die Schweizer Verhandlungsstrategen nicht unter demselben Zeitdruck fühlten wie ihre deutschen Gegenspieler.[4]

Die Mission von Professor Keller in London erwies sich bis Dezember 1943 insgesamt als erfolgreich, obwohl die Alliierten – in den Worten Hombergers – an den schweizerischen Vorstellungen «noch weiter herumdrückten» und zum Teil «sehr gefährliche Zumutungen stellten» (zum Beispiel bei den Abbauforderungen betreffend Export von Kugellagern und

Kolbenringen nach Deutschland). Die Alliierten, das war ganz eindeutig, wollten die Schweizer «testen» in Bezug auf die Grenzen des Entgegenkommens. Insgesamt zeigte sich aus britischer Sicht aufgrund der neuen schweizerischen Vorschläge, «how relatively small Swiss contribution to Axis would now be». Für die Schweiz resultierten zwei Hauptpunkte: Die Alliierten sistierten ihre «Blacklisting»-Aktivitäten vorderhand im Bereich der kontingentierten Warenausfuhr nach Deutschland. Daneben gewährten sie Navicerts für Nahrungsmittel einschliesslich Fetten und Ölen sowie Futtermittel (mit Wirkung für das 1. Quartal bzw. 1. Semester 1944). Der «Fall Sulzer» konnte freilich noch nicht bereinigt werden. Der Prozess des «Delisting» blieb ganz bewusst ein Verhandlungs- und Druckelement für die weitere Entwicklung im Jahre 1944. Von beträchtlicher hintergründiger, entspannender Bedeutung war das Abkommen zwischen der Bank of England und der Nationalbank betreffend Beschaffung von Schweizerfranken gegen Gold.[5]

Leicht absehbar erschien, dass sich die Verhandlungen mit Deutschland einmal mehr schwierig gestalten würden. Wenn die Schweiz ihre «attraktiven» Exporte nach Norden massiv abbaute, weshalb sollte das «Dritte Reich» noch Kohle und Eisen liefern und rumänisches Erdöl sowie Nahrungs- und Futtermittel aus Übersee durchlassen. Noch immer war die Schweiz eingekreist, und ein Zusammenbruch der deutschen Front in Italien (südlich von Rom) stand keineswegs in Reichweite. Erst im Mai/Juni 1944 werden die Alliierten dort einen wesentlichen Durchbruch erzielen. Bundesrat Pilet-Golaz hielt die Kraft Deutschlands Anfang März 1944 noch für «sehr beträchtlich». Die amerikanischen Generäle, so meinte er vor einer nationalrätlichen Kommission, seien von der Idee ausgegangen, sie könnten mit ihrem Materialaufwand den Krieg gewinnen und hätten nicht gewagt, «die Leute einzusetzen». In Bezug auf die Schweiz diagnostizierte der Aussenminister eine gefährliche «Friedenspsychose», die sich im Volk wie eine Epidemie ausgebreitet habe und die militärische Bereitschaft beeinträchtige. Pilet mochte – im Gespräch mit Bernard Barbey – einen deutschen Überfall nicht völlig ausschliessen. Er sah indes die gefährlichste Zeit für Mai oder Juni 1944 voraus.[6] Im Februar traf sich General Guisan in Gerzensee mit Professor Sauerbruch, der ihm versicherte, dass die Schweiz militärisch nichts mehr zu befürchten habe, weil das OKW nicht mehr über die notwendigen Reserven verfüge. Der berühmte Chirurg vergass nicht den Hinweis, er habe sich bei Hitler zweimal für die Schweiz verwendet. Die Besetzung Ungarns durch Deutschland einige Wochen später schien Sauerbruch in Bezug auf die angeblich fehlenden Reserven zu widerlegen, so empfand es jedenfalls Bernard Barbey. Auch der Bundesrat schien beunruhigt und zeigte sich zu einer Erhöhung der Truppenbestände bereit.[7] Generalstabschef Huber kam Ende März in seiner Lagebeurteilung zum Schluss, dass keine «akute» Gefahr für die Schweiz erkennbar sei. Der Vergleich mit Ungarn schien ihm aus verschiedenen Gründen nicht zulässig. Hingegen bestand nach wie vor eine «latente Gefahr», wonach sich Deutschland die Schweiz als «Eckpfeiler der engern Festung Europa» sichern könnte.[8]

Die schweizerisch-deutschen Wirtschaftsverhandlungen begannen erst Ende Dezember 1943. Um Zeit zu gewinnen, kam es vorerst zu einer Übergangslösung bis Ende Januar 1944. Details wurden keine veröffentlicht. Die Schweizer Delegation verweigerte neue Kredite und wies auf den Fehlbetrag deutscher Eisenlieferungen im Jahre 1943 hin. Die deutschen Verhandlungspartner gaben sich andererseits in dieser frühen Phase der Verhandlungen unnachgiebig in Bezug auf die Lockerung der Gegenblockade. Ministerialdirektor Wiehl konnte auch in Gesprächen mit den Bundesräten Stampfli und Pilet-Golaz keine Aufweichung erreichen. Die Gegensätze bei der Kontingentierung, Finanzierung und den Gegenblockadefragen verschärften sich im Januar 1944.[9] Aus den internen schweizerischen Besprechungen wird jedoch deutlich, dass intensiv nach einem Kompromiss in der komplexen Finanzierungs- und Clearingausgleichsfrage gesucht wurde. Heinrich Homberger rief ein zentrales Ziel in Erinnerung: «Es sollte unbedingt das Tempo des Abbaues des Exportes verzögert und eine stossartige Krisenwelle, die sich in einer massiven Arbeitslosigkeit äussert, vermieden werden.» Wiederum war es die Angst vor «sozialen Störungen», die sich hier äusserte. «Nach wie vor ist unser Kredit der beste Rohstoff», meinte der Direktor des Vororts im Januar 1944 vor der sogenannten «Gesamt-Delegation» (welche wieder einmal zusammengerufen worden war, nachdem sich die Nationalbank über die zunehmende Verhandlungsführung im «engeren Komitee» beklagt hatte[10]). Aus den Äusserungen Hombergers hört man auch einen Appell an den neuen sozialdemokratischen Finanzminister Ernst Nobs heraus. In dramatischer Zuspitzung gab der Direktor des Vororts zu bedenken, dass ein Exportausfall von 100 Millionen Franken (gemeint in den deutschen Machtbereich) «100 000 Arbeiter zur Arbeitslosigkeit bringt». Direktor Schwab, Vertreter der Nationalbank, vertrat die Ansicht, «dass man nicht allzu schroff in der Kreditfrage urteilen soll». Die Frage war, ob zum Beispiel eine Erhöhung des Kohlenkredits von den Alliierten toleriert würde. An der schweizerischerseits beabsichtigten Reduktion der Reichsbankspitze (die auf scharfe deutsche Opposition stiess) sollte man die Verhandlungen, so Schwab, nicht scheitern lassen.[11]

Ende Januar 1944 wurden die schweizerisch-deutschen Verhandlungen wieder aufgenommen. Nun wirkte der Gesandte Schnurre als deutscher Verhandlungsführer, begleitet von Staatsrat Lindemann und Ministerialrat Seyboth vom Reichswirtschaftsministerium. In Schnurre erkannten Homberger und Hotz rasch einen geschickten und energischen Verhandlungstaktiker, «besser als Wiehl» – wie Köcher im Februar Frölicher anvertraute.¹² Die Situation hatte sich inzwischen an zwei Fronten kompliziert. Da war vor allem die Frage des umstrittenen deutschen Eisenbahntransits von und nach Italien, den die Schweiz teilweise einzuschränken trachtete. Und im Hintergrund baute sich ein deutlich verstärkter Druck der Alliierten auf die Schweizer Banken auf, mit dem Ziel, möglichst viele Transaktionen mit Deutschland zu unterbinden (vgl. Kapitel 9.2.). Die bisherigen schweizerisch-deutschen Wirtschaftsvereinbarungen mussten in Anbetracht der schleppenden Verhandlungen nochmals provisorisch bis Ende Februar verlängert werden. Dann folgte ein kurzer vertragsloser Zustand, der überbrückt wurde, indem die Schweiz das Clearingsystem autonom weiterführte. Erst nach einigen kritischen Verhandlungsunterbrüchen kam es am 24. März 1944 zu einem Abschluss. Auf deutscher Seite war in dieser Zeitphase die «Anwendung wirtschaftlicher Zwangsmassnahmen gegen die Schweiz» von neuem überprüft worden.¹³ Ob auch eine militärische Option (im Sinne der Sicherung des Alpentransits beziehungsweise der «Festung Europa») nochmals in Erwägung gezogen wurde, scheint nicht ersichtlich. Tatsache ist, dass der Gesandte Schnurre am 18. März (als die Wirtschaftsverhandlungen materiell bereits unter Dach schienen) nochmals zur Berichterstattung nach Berlin zurückgerufen wurde. Das stand offensichtlich in direktem Zusammenhang mit den heiklen Gotthard-Transitfragen, welche die Schweiz «autonom» zu regeln wünschte. Markus Feldmann hörte von seinem gut informierten freisinnigen Nationalratskollegen Ernst Bärtschi (er war Präsident der Kommission für Auswärtiges), die deutsche Delegation sei von Ribbentrop im letzten Augenblick zur Berichterstattung zurückgepfiffen worden. Bärtschi bezeichnete den Vorfall als «Eclat». Schnurre kam erst am 24. März zur Unterzeichnung nach Bern zurück.¹⁴ Dabei deutet einiges darauf hin, dass sich Hitler persönlich für diese Verhandlungen interessierte. Der Abschlussbericht sollte ihm jedenfalls vorgelegt werden. Viktoria von Dirksen hatte Frölicher (nach dessen Tagebuchnotizen) Ende Januar bei einem Mittagessen mitgeteilt, Hitler sei auf die Schweiz «gut zu sprechen, weil wir unsere Politik treu weiterführen. Mit Schweden sei er weniger zufrieden.»¹⁵ Ob der «Führer» Mitte März noch dasselbe dachte, scheint nicht gerade wahrscheinlich. Damals stand er mitten in der Vorbereitung der Aktion gegen Ungarn und hatte mit den Widerständen gewisser Generalfeldmarschälle zu kämpfen. Staatssekretär Hayler vom Reichswirtschaftsministerium, der sich als SS-Gruppenführer guter Beziehungen zu Himmler und Hitler rühmen durfte, hatte im Januar auf dem Umweg über den ehemaligen Reichswirtschaftsminister Kurt Schmitt und Generaldirektor König durchblicken lassen, dass es Deutschland mit der Schweiz nicht verderben wolle. Man werde die Schweiz jetzt und später noch brauchen. Schmitt hatte als Generaldirektor des Allianz-Konzerns ein leicht erkennbares

Interesse an kontinuierlichen Beziehungen zur Schweiz. König vermittelte ihm einen Besuchstermin bei Bundesrat Stampfli. Schmitt sondierte bei Stampfli, ob die schweizerische Regierung mit einem raschen deutschen Zusammenbruch rechne und ihre Wirtschaftspolitik entsprechend ausrichte. Stampfli verneinte dies (gemäss Notizen von Frölicher), unterstrich indes, dass die Schweiz ihre Produktion jetzt schon auf Friedensartikel umstellen müsse.[16] Der Chef der DIKO in Bern analysierte im März ganz nüchtern die «Kapazitätsverluste und deren Auswirkungen für Deutschland, wenn das Reich mit der Schweiz in einen vertragslosen Zustand kommen sollte».[17] Fast alles sprach aus deutscher Sicht dafür, eine Konfrontation zu vermeiden und der Schweiz mindestens punktuell entgegenzukommen.

Gewiss, der Gesandte Schnurre wird die Wirtschaftsvereinbarungen vom 24. März (gültig bis Ende Juni 1944) schon im eigenen Interesse als «zufriedenstellende Regelung» darstellen. Neben dem Warenverkehr und Gotthardtransit fand auch das Thema Devisenbeschaffung via Goldverkäufe Erwähnung. Dies Letztere schien im Gesamtbild nun von zunehmender Bedeutung, obschon es sich formell nicht um einen Teil der Vereinbarungen handelte.[18] Aus schweizerischer Sicht wurden die Akzente anders gesetzt. Man dürfe nie aus den Augen verlieren, schrieb das Volkswirtschaftsdepartement in seinem Antrag an den Bundesrat, «dass wir auch heute noch auf eine Verständigung mit Deutschland angewiesen sind». Kohlen- und Eisenlieferungen konnten (mindestens auf dem Papier) in bisherigem Ausmass gesichert werden, und auch für die flüssigen Brennstoffe schien die Zufuhr annähernd im bisherigem Umfang möglich. Andererseits wurden die sogenannten Transferkontingente für den Export nach Deutschland auf monatlich 28 Millionen Franken herabgesetzt, was einer Reduktion um 39% entsprach. Als grosser Erfolg für die Schweiz erschienen sodann die Gegenblockadeerleichterungen im Wert von ca. 170 Millionen Franken. Das war keineswegs selbstverständlich, denn gerade hier versuchte die deutsche Delegation ein Junktim mit dem Gotthardtransit herzustellen und die Schweiz – in den Worten Hombergers – «mürbe» zu machen. Hotz sprach von «Repressalien», als die Deutschen an der spanischen Grenze für die Durchfuhr schweizerischer Waren Schwierigkeiten bereiteten.[19] Die Schweiz entsprach jedoch den deutschen Wünschen betreffend Süd-Nord-Transit (Stichwort «Abtransport requirierter Waren aus Italien») nicht im gewünschten Masse und schränkte die Transitfreiheit in dieser Richtung durch eine Warenliste ein. Der Druck der Alliierten machte sich hier zweifellos besonders stark bemerkbar.[20] Jean Hotz vertrat in der Gesamtbeurteilung die Ansicht, dass die «Schweiz an der äussersten Grenze des unter gegenwärtigen Verhältnissen für die Wirtschaftsbeziehungen mit Deutschland Tragbaren angelangt» sei.[21]

Drei Monate später wird sich die Situation nach der erfolgreichen Landung der Alliierten in der Normandie beträchtlich verändern. Doch zunächst noch keineswegs im Sinne einer Entwarnung für die Schweiz – ganz im Gegenteil (und möglicherweise wie 1943 wiederum über Nachrichtenkanäle beeinflusst). Denn Hitler soll sich in einer Rede vor den Reichs- und Gauleitern auch mit den Neutralen beschäftigt haben – dies erfuhr der schweizerische Militärattaché in Berlin im Mai. Dabei habe der «Führer» geäussert, dass die deutsche Kriegsleitung je nach dem Fall einer drohenden Invasion gewisser neutraler Länder (gemeint durch die Alliierten) Forderungen auf Durchmarschrecht und Sicherung gewisser Gebiete erheben werde. Hitler rechnete angeblich damit, dass gewisse neutrale Staaten gar nicht in der Lage oder nicht willens seien, einem alliierten Durchmarsch Widerstand entgegenzusetzen. Gleichzeitig betonte er die Stärkung des deutschen Kriegspotentials und die Aufstellung neuer Divisionen (welch Letzteres dem schweizerischen Militärattaché auch aus anderer, kritischer Quelle bestätigt wurde). Der Gesandte Frölicher zeigte sich gegenüber diesen Meldungen skeptisch, jedenfalls was die Gefahr für die Schweiz betraf. Er glaubte bei den Militärattachés eine gewisse alarmistische Tendenz zu spüren, die allerdings nicht schaden könne, wenn sie vor Sorglosigkeit bewahre.[22] Eine Woche später kam die bereits erwähnte Meldung vom 17. Mai aus Budapest über deutsche «Raubzug»-Absichten gegen die Schweiz, welche – in Kombination mit den Informationen aus Berlin – nun doch eine gewisse Beunruhigung verursachte. Der schweizerische Nachrichtendienst schätzte die Zahl deutscher Divisionen im 200-Kilometer-Perimeter auf 20 bis 35. Demgegenüber nahmen sich die gerade verfügbaren 12 schweizerischen Einsatz-Regimenter recht bescheiden aus.[23] Einmal mehr ging es vor allem um die Einschätzung des schweizerischen Abwehrwillens aus deutscher Sicht, insbesondere für den Moment, in dem sich die Alliierten der Schweizer Grenze nähern würden. Brigadier Masson erinnerte daran, dass man in Deutschland kein Vertrauen in die Haltung des Schweizervolkes setze. Die Armeespitze (für einmal vollständig einig) wollte am 6. Juni 1944 unverzüglich die Grenztruppen sowie Fliegertruppen und Fliegerabwehr aufbieten, um eine eventuelle Generalmobilmachung abzusichern. Doch der Gesamtbundesrat zögerte und verschleppte die Entschlussfassung. Er wünschte ein Aufgebot mit dem alarmierenden «gelben Plakat» zu vermeiden. Doch genau diese Sichtbarkeit hielten General Guisan und Generalstabschef Huber mit Blick auf die Kriegführenden für nützlich (und auch gegenüber dem Schweizervolk psychologisch geeignet) als Manifestation der Abwehrentschlossenheit. Bundesrat Kobelt sah sich in dieser ziemlich heftigen Auseinandersetzung mit der Armeeleitung in die Defensive gedrängt. Da brachte er ein Argument vor, das den Teilnehmern früherer Kontroversen ziemlich bekannt vorkommen musste: Der Bundesrat habe auch «wirtschaftliche Faktoren» zu berücksichtigen. Bundesrat Pilet-Golaz hatte sich schon etwas früher in dieser Frage sehr gewunden ausgedrückt und die «besoins économiques» ins Feld geführt. Schliesslich einigten sich Bundesrat und Armeeleitung nach tagelangem Hin und Her am 9. Juni auf einen Kompromiss im Sinne eines «stillen» Aufgebotes eines Grossteils der Grenztruppen.[24] Das war wohl keine Sternstunde eidgenössischer Entschlusskraft. Eine Landesregierung, die unablässig Wachsamkeit predigte, war im entscheidenden Moment nicht willens, ein sichtbares Zeichen zu setzen. Hing das (ähnlich wie im März/April 1943) mit der nächsten Runde der Wirtschaftsverhandlungen mit Deutschland zusammen?

Das Auftragsbild Nr. 5/1944 der DIKO in Bern zeigte für den Monat Mai Auslieferungen von 15 Millionen Franken an Deutschland. Der Auftragsbestand der deutschen Wehrmacht am 1. Juni 1944 betrug 205 Millionen Franken. Daneben waren noch Aufträge verschiedener «Reichsstellen» von 137 Millionen Franken (hauptsächlich Maschinenbau) hängig. Deutschland importierte aus der Schweiz vom Februar bis Juni 1944 Waren für 152 Millionen Franken und lieferte für 226 Millionen Franken. So weit die statistisch erfasste Interessenlage.[25] Da gab es allerdings einige wichtige Ungereimtheiten. Die versprochenen deutschen Lieferungen von Dynamoblech an Brown Boveri (Materialersatz) waren zum Beispiel unzureichend geblieben. Damit schien die Durchführung des ganzen Vertrages gefährdet. Die Schweiz berechnete schliesslich das Zurückbleiben deutscher Lieferungen (ohne Landwirtschaftskonto) auf 7 Millionen Franken monatlich.[26] Die Vorstellung eines selbsttragenden Clearings hatte sich somit als Illusion erwiesen.

Am 8. Juni 1944 traf der Gesandte Schnurre zur neuen Verhandlungsrunde in Bern ein. Grundsatzfragen hatte man deutscherseits bereits einige Wochen vorher besprochen. Der Gesandte Clodius formulierte zuhanden von Ribbentrop (und damit vermutlich auch von Hitler) Gedanken zum Thema, wie weit Deutschland auf Schweden und die Schweiz Druck ausüben konnte als «Gegenwirkung gegen die Erpressungsversuche der Feindmächte». Er kam zum Schluss, Deutschland könne auf bestimmte Lieferungen aus Schweden (Eisenerz und Kugellager) überhaupt nicht und auf die Lieferungen aus der Schweiz nur unter erheblichen Opfern verzichten. «Ausserdem ist die Schweiz für uns als Transitland und als einziger noch ins Gewicht fallender Markt für freie Devisen von besonderer Bedeutung.» Ziel der deutschen Politik müsse sein, mit der «Drohung der völligen Absperrung» so zu operieren, dass es zu einer Kraftprobe gar nicht komme. In einem «Wirtschaftskrieg» mit Schweden und der Schweiz würden nur die «Feindmächte als lachende Dritte» gewinnen.[27] Es scheint nun ziemlich nahe liegend oder zumindest nicht auszuschliessen, dass im Verlaufe des Monats Mai – aufgrund dieser deutschen Standortbestimmung – die bereits erwähnten Drohmeldungen gegen Schweden und die Schweiz in die Nachrichtenkanäle eingespiesen wurden, um die Wirkung auf wirtschaftlicher Ebene zu verstärken.

Die schweizerisch-deutschen Verhandlungen vom Sommer 1944 waren erwartungsgemäss von erneut verstärktem Druck der Alliierten begleitet. Das machte sich nun zunehmend auch im Bereich der Finanzbeziehungen, im Druck auf die Schweizer Banken (inklusive Nationalbank) bemerkbar (vgl. Kapitel 9.2.). Für die deutsche Verhandlungsdelegation unter Leitung von Schnurre stellte sich gleich zu Beginn im Juni die Grundsatzfrage, ob sie es allenfalls zum Bruch mit der Schweiz kommen lassen dürfe. Schnurre hatte die Frage «auf Weisung des Herrn Reichsaussenministers» bereits im Handelspolitischen Ausschuss gestellt. Die Schweizer Delegation zielte nun auf eine Reduktion des Exports im Clearing von 28 Millionen monatlich auf 21 Millionen Franken (plus 2–3 Mio. auf dem Landwirtschaftskonto). Diese Schrumpfung sollte zulasten der «kriegsmässig aufgeblähten Positionen» gehen. Gleichzeitig forderten die Schweizer deutsche Lieferungen an Kohle, Eisen und flüssigen Brennstoffen in bisherigem Umfang. Der Gesandte Schnurre suchte rasch den persönlichen Kontakt zu Bundesrat Pilet-Golaz, um die harte Haltung der Delegation (Schnurre sprach von einer «völlig unmöglichen Verhandlungslinie») wenn möglich aufzuweichen. Pilet-Golaz liess in den Worten Schnurres erkennen, dass er sich dafür einsetzen wolle, um die Verhandlungen «von dem toten Punkt wegzubringen».[28] Die Antwort aus Berlin, nach Konsultation der verschiedenen interessierten Stellen, war klar: Auf die grundsätzliche Verständigung mit der Schweiz auf wirtschaftlichem Gebiet wurde grosser Wert gelegt, auch wenn damit gewisse Kürzungen verbunden sein sollten. Dies wurde erleichtert durch den Umstand, dass Deutschland seinerseits seinen Lieferverpflichtungen nicht völlig planmässig nachzukommen vermochte.

Ein besonders interessanter Punkt dieser Verhandlungen lässt sich in der Verbindung zu den Goldtransaktionen der Reichsbank mit der Nationalbank erkennen. Homberger hatte das Thema schon in den März-Besprechungen aufgegriffen. Jetzt bezeichnete er – in der Formulierung Schnurres – «die Hilfsstellung der Schweiz auf diesem Gebiet als eine der wesentlichsten Leistungen der Schweiz uns gegenüber… die die Schweiz aus eigenem Interesse am liebsten abbauen möchte, aber nur unsretwegen aufrechterhalte». Die Verknüpfung zwischen Warenhandel/Clearing und Goldtransaktionen war in dieser direkten Form ein Novum. Schnurre gab sich verhandlungstaktisch gegenüber den Schweizern unbeeindruckt, ging jedoch in Wirklichkeit davon aus, dass die Schweiz bei einem Scheitern der Verhandlungen nicht mehr die gleiche «Hilfsstellung» (betreffend Gold) geben und dem «gegnerischen Druck auf Einstellung dieser Transaktionen nachgeben» würde. Aus Berlin bekam der Gesandte umgehend den Bescheid, dass zwischen Warenabkommen und Goldtransaktionsmöglichkeiten kein Junktim bestehe und erwartet werde, «dass die Umwandlung von Gold in Devisen zeitlich unbegrenzt bleibt».[29] Das war freilich in Anbetracht der Kriegsentwicklung blosses Wunschdenken. Bis Mitte Juli war in Berlin immerhin klar geworden, dass sich ein Junktim de facto (allerdings nicht de jure) kaum vermeiden liess. Die Reichsbankführung inklusive Reichswirtschaftsminister Funk legte weiterhin Wert darauf, Gold in Devisen umwandeln zu können. Es müsse «alles geschehen, diese Möglichkeit durch den Abschluss eines Warenabkommens mit der Schweiz zu erhalten».[30]

Als nicht ganz ungefährlich erwies sich für die schweizerische Verhandlungsposition die Einsicht des Speer-Ministeriums, dass kaum mehr etwas Wesentliches vom kleinen Nachbarn im Süden herauszupressen war. Das Rüstungs-Ministerium hatte einen Spezialisten zu den Verhandlungen in Bern delegiert, der nun einen schonungslosen Vergleich zwischen den beidseitig vorgesehenen Lieferungen zog. Die Bilanz sah für Deutschland nicht günstig aus. Trotz dieser Sachlage war das Speer-Ministerium zur Zustimmung bereit, «wenn aus politischen oder sonstigen allgemein wirtschaftlichen Gründen (Schweiz als Gold- und Devisenmarkt) darauf nachdrücklich Wert gelegt wird».[31] Bundespräsident Stampfli äusserte zur gleichen Zeit in einer internen Besprechung mit Hotz, Homberger und Kohli, man dürfe nicht zu sehr darauf abstellen, dass Deutschland bereits «erledigt» sei. Man dürfe sich nicht verleiten lassen, «zu weit zu gehen».[32] Ende Juni kam es zu einem Überbrückungsprovisorium, um die Verhandlungen fortsetzen zu können.

Die Zeit arbeitete scheinbar für die Schweiz. Freilich war immer noch nicht genau absehbar, wann die Alliierten an der Schweizer Grenze eintreffen und inwiefern sie die Zufuhr aus Westen gewährleisten würden. Die Hauptschwierigkeit lag somit in der Verkürzung der neuen Vertragsdauer mit Deutschland. Darauf bestanden auch die Alliierten energisch. Der britische Gesandte in Bern verhehlte im Gespräch mit Pilet-Golaz keineswegs, dass auf alliierter Seite erneut der Eindruck herrsche, die Schweiz benütze (den Alliierten gegenüber) «Verzögerungstaktiken». Diesen Vorwurf fand der schweizerische Aussenminister unbegründet und unfair. Der alliierte Druck machte sich diesmal auf hoher Ebene bemerkbar, indem die schweizerischen Gesandten in Washington und London von Staatssekretär Hull beziehungsweise Aussenminister Eden ernsthafte Ermahnungen in Bezug auf die Wirtschaftsbeziehungen zu Deutschland entgegennehmen mussten. Der amerikanische Ton war deutlich schärfer.[33] Es ging somit für die Schweiz in den Juli-Verhandlungen mit Deutschland ganz zentral um die Durchsetzung einer eigentlichen «escape clause». Die Frage der ungesicherten Mineralölzufuhr gewann gleichzeitig an Bedeutung im Verhandlungspoker, das um den 20. Juli eine krisenhafte Zuspitzung erfuhr. Schnurre wandte sich nun an Bundespräsident Stampfli, der die schweizerische Absicht bestätigte, einen vertragslosen Zustand zu vermeiden. Er wies den deutschen Verhandlungsleiter indes auch darauf hin, dass er im Parlament zunehmenden Angriffen ausgesetzt sei. Am 25. Juli gelangten die Verhandlungsdelegationen zu einem Abschluss, der in den Grundzügen den Forderungen der Schweiz entsprach und de facto (bezüglich Transfergarantie) nur bis Ende September Gültigkeit besass.[34]

Mit der Befreiung Hoch-Savoyens und des Pays de Gex trat Ende August 1944 bereits jene Lage ein, welche der Schweiz im Prinzip ihre Handlungsfreiheit zurückgab. Anfang September wurde die deutsche Gegenblockade weitgehend gegenstandslos. Jean Hotz erklärte den deutschen Gesprächspartnern, die Schweiz wünsche, «auf veränderter Grundlage eine neue vertragliche Regelung zu finden».[35] Am 18. September forderten die USA und Grossbritannien von der Schweiz ein Verbot aller wirtschaftlichen Unterstützung von unmittelbarem Wert für die Kriegsanstrengungen Deutschlands. Ausserdem wurde von der Schweiz die Unterbindung des deutschen Transitverkehrs nach Italien verlangt. Die Alliierten waren sich bewusst, dass solche Massnahmen für die Schweiz «gewisse Schwierigkeiten» bringen würden. Sie erklärten sich bereit, betreffend Import von Nahrungs- und Futtermitteln bis Ende 1944 zu helfen und zusätzliche Leistungen zu diskutieren, falls die Schweiz auf ihre Forderungen einging. Fünf Tage später informierte Pilet-Golaz den amerikanischen und den britischen Gesandten über den Beschluss des Bundesrates, auf den 1. Oktober 1944 ein Ausfuhrverbot betreffend Waffen, Munition, Zünder und einige weitere Positionen zu erlassen. Das Verbot galt – entsprechend den schweizerischen Neutralitätsbegriffen – für alle kriegführenden Staaten.[36]

War nun der Moment gekommen, die Wirtschafts- und Finanzbeziehungen zu Deutschland in einem vertragslosen Zustand weitgehend abzubrechen, wie dies den Alliierten beliebt hätte? Wie sah die konkrete Interessenlage aus? Eine offene Diskussion zu diesen Fragen scheint auch diesmal nicht geführt worden zu sein. Bundesrat Pilet-Golaz ging jedenfalls in seinem Exposé vor der aussenpolitischen Kommission des Nationalrates im September nicht auf dieses Thema ein. Hingegen waren ihm die «brutalen» amerikanischen Methoden durchaus eine kritische Nebenbemerkung wert.[37] Gegenüber dem Gesandten Köcher soll Pilet vom rücksichtslosen und völlig verständnislosen Benehmen der Amerikaner gesprochen haben. Die Bundesräte Stampfli und Pilet-Golaz bestätigten Köcher (nach dessen Aussage) in «eindeutiger Weise» den Willen, das Vertragsverhältnis beizubehalten.[38] In der Tat kam es am 29. September 1944 zu einem neuen Abschluss (mit Gültigkeit bis Ende 1944), der auf wesentlich tieferen Annahmen über den zukünftigen Handel basierte.

Das Auftragsbild der DIKO/Wehrmacht hatte per 1. September noch einen Bestand von 175 Millionen Franken gezeigt.[39] Darauf musste Deutschland nun verzichten. Die involvierten schweizerischen Industrie-Unternehmen waren gezwungen, die Produktion in verschiedenen Sparten massiv zu drosseln und wenn möglich neu auszurichten beziehungsweise auf Lager zu arbeiten. Dieser Prozess hatte bereits im ersten Semester 1944 beträchtliche Anpassungsfähigkeit erfordert. Der Sulzer-Delegierte Heinrich Wolfer nannte für diesen Zeitraum Einschränkungen in der Maschinenindustrie in der Grössenordnung von 100 Millionen Franken.[40]

Andererseits waren die deutschen Lieferungen an Kohle und Eisen im September weit hinter den Erwartungen zurückgeblieben. Die schweizerische Delegation zielte gleichwohl darauf ab, «die deutschen Lieferungen, soweit diese überhaupt noch möglich sind, nicht zum Versiegen kommen zu lassen». Man einigte sich für das letzte Quartal 1944 auf ein flexibles Vorgehen, bei dem monatlich nach Massgabe der deutschen Lieferungen abgerechnet und allenfalls zusätzliche Transferkontingente bewilligt werden sollten. In Bezug auf Reiseverkehr, Zinsentransfer und Devisenspitze der Reichsbank blieben die Vereinbarungen vom 29. Juli in Kraft.[41] Der Bundesrat war offensichtlich nicht gesonnen, dieses komplizierte Regelwerk zur Bezahlung der «invisibles» vor Kriegsende ohne Not aufzugeben. Denn an dem Tag, an welchem die schweizerischen Finanzgläubiger ihre Zinsen und Dividenden nicht mehr erhalten würden, müssten die deutschen Vermögenswerte in der Schweiz blockiert werden – so hielt es Bundesrat Pilet-Golaz im Dezember 1944 in einer internen Strategiebesprechung in Anwesenheit von Bundesrat Stampfli fest.[42] Materiell ging es für das Jahr 1944 immer noch um den Transfer von rund 25 Millionen Franken von Deutschland an die schweizerischen Couponsgläubiger. Bis Ende November waren davon 19.2 Millionen Franken abgerechnet.[43] Der Bauernführer Professor Laur und der Vorort-Direktor Homberger sprachen sich auch zu diesem Zeitpunkt klar für eine Fortsetzung der Vertragsverhältnisse mit Deutschland aus. Freilich hing nun fast alles davon ab, ob Deutschland noch in der Lage und willens war, Kohle zu liefern, während die Schweiz ihre Exporte ab Januar 1945 nochmals einzuschränken gedachte.[44] Anstelle eines «Solls» von 150 000 Tonnen pro Monat hatte Deutschland im Oktober 1944 noch 52 000 Tonnen und im November nur noch 23 600 Tonnen Kohle an die Schweiz geliefert.[45]

Im Januar 1945 traf der Gesandte Schnurre zu seinen letzten Wirtschaftsverhandlungen mit der Schweiz in Bern ein. Die Besprechungen zogen sich hin, nicht ganz unbeabsichtigt von Schweizer Seite, denn inzwischen wartete man in Bern auf das Eintreffen der alliierten Delegation unter Leitung des Amerikaners Currie (mit seinen erwartungsgemäss radikalen Forderungen). Es galt, wenn möglich ein Fait accompli zu vermeiden. Deutschland war freilich seinen Kohle-Lieferverpflichtungen im Dezember 1944 nur noch in ganz geringem Masse nachgekommen (obschon offenbar immer noch nach Norditalien geliefert wurde). Die alten Wirtschaftsvereinbarungen zwischen der Schweiz und Deutschland blieben während der Verhandlungsphase bis Mitte Februar provisorisch weiterhin in Kraft.

Dann war das Ende gekommen. Der Bundesrat verfügte am 16. Februar 1945 die Blockierung der deutschen Vermögenswerte in der Schweiz. Die längst beargwöhnten Finanzbeziehungen zwischen Deutschland und den neutralen Staaten waren von alliierter Seite im Verlaufe des Jahres 1944 beträchtlich schärfer beurteilt worden. Weitere Verhandlungen zwischen der Schweiz und Deutschland auf dem Gebiet des Handels schienen unter den Voraussetzungen des nahenden Kriegsendes sinnlos. Walter Stucki, Nachfolger Bonnas als Chef der Abteilung für Auswärtiges im EPD, schildert die Stimmung seiner «peinlichen» Schlussunterredung mit Schnurre als «melancholisch». Stucki erinnerte sich wohl an die unzähligen Verhandlungsrunden von 1925 bis Mitte der dreissiger Jahre mit all ihren Spannungen und Krisenpunkten, die letztlich im Interesse bilateraler Kontinuität mehr oder weniger befriedigend überwunden werden konnten.

Einen vollständigen Abbruch der Handelsbeziehungen wollte man in beidseitigem Einverständnis selbst jetzt vermeiden. Deutschland würde auch nach der Kapitulation in irgendeiner Form weiterexistieren und über kurz oder lang wiederum ein wichtiger Wirtschaftspartner der Schweiz sein. Dies war aufgrund der Erfahrungen nach dem Ersten Weltkrieg anzunehmen. In einem «Schlussprotokoll» vom 28. Februar 1945 wurde ein Modus vivendi zur Liquidation pendenter Aufträge festgelegt. Die deutsche Seite hatte zudem versprochen, die schweizerischen Versicherungsansprüche in freien Devisen zu begleichen.[46] Unverkennbar lag auch bei den Finanzbeziehungen das Bestreben vor, die Brücken nicht völlig abzubrechen. Die diesbezügliche Interessenlage soll im nachfolgenden Kapitel genauer untersucht werden.

9.2. Schweizer Banken unter verstärktem Druck der Alliierten

Im September 1944 meldete ein «zuverlässiger V-Mann» (Deckname «Sachsmann») nach Deutschland, die Schweizerische Bankiervereinigung habe unter dem Druck der Alliierten ihren Mitgliedern einschränkende

Richtlinien für den Geschäftsverkehr mit der deutschen Kundschaft gegeben. Die Meldung stand unter dem Titel «Schweiz, finanzielle Überwachung durch die Anglo-Amerikaner». Der offensichtlich gut unterrichtete V-Mann kam zum Schluss, «dass der Bund die Anglo-Amerikanischen Eingriffe in Schweizer Hoheitsrechte stillschweigend duldet».[47] Das war nur das Ende einer langen Indizienkette. Freilich wurden die feinen Voranzeigen nördlich des Rheins nicht immer zutreffend wahrgenommen. Dazu ein Beispiel: Die in der Schweiz anfallenden Dividenden des Badenwerks (Elektrizitätserzeugung) wurden gewöhnlich dem Konto einer deutschen Beteiligungsgesellschaft bei der Luzerner Kantonalbank gutgeschrieben. Dort sammelten sich bis Juni 1944 rund 1.39 Millionen Franken. Bereits im April 1944 hatte die Luzerner Kantonalbank mitgeteilt, dass sie für die kurzfristige Anlage der Gelder «bei den heutigen Geldverhältnissen in der Schweiz» keine Verwendung mehr habe. Sie kündigte deshalb einzelne Beträge. Die beherrschende deutsche Gesellschaft, die Rheinisch-Westfälische Elektrizitätswerk AG (RWE), überlegte sich darauf die Umlegung in Teilbeträgen auf verschiedene Banken.[48] Die Grösse des Guthabens war jedoch nicht das wirkliche Problem, vielmehr wollte die Luzerner Bank anzeigen, dass ihr dieses Konto nicht mehr behagte. Der Vorgang ist deshalb symptomatisch, weil es sich bei diesem Beispiel keineswegs um dubiose Transaktionen, sondern um reguläre Zahlungen im Rahmen bilateraler Abkommen handelte, die nunmehr zur politischen Belastung wurden.[49]

Der nach und nach zunehmende alliierte Druck auf verschiedene Schweizer Banken, mit dem Ziel, Transaktionen mit Deutschland zu bremsen und letztlich völlig zu unterbinden, wurde bereits in Kapitel 8.3. kurz skizziert. Dabei herrschte auf Seite der Alliierten in Bezug auf die Strategie, die Intensität, die auszuwählenden Banken und den Zeitpunkt der Druckausübung durchaus keine völlige Einigkeit. Zuweilen recht unterschiedlich präsentierte sich die Interessenlage nicht nur zwischen London und Washington, sondern auch im Beziehungsgeflecht der involvierten alliierten Ministerien. Und nicht zuletzt herrschte über die wirklichen beziehungsweise eingebildeten Verknüpfungen schweizerischer Banken mit deutschen Geschäftspartnern keine Klarheit. Dies förderte mit zunehmender Kriegsdauer vor allem auf amerikanischer Seite die Entstehung phantastischer Vorstellungen, unkritisch (oder bewusst propagandistisch) in unzähligen Varianten bis in die Nachkriegszeit wiederholt (vgl. das folgende Kapitel 9.3. zur Suche nach den Nazi-Vermögen). Bei der Untersuchung dieser Vorgänge gilt es stets die subtilen Interessenabwägungen auf alliierter Seite im Auge zu behalten. Selbstverständlich befanden sich die Briten mindestens bis 1942 in verschiedener Hinsicht in einer bedeutend ungünstigeren Lage als die Amerikaner. Entsprechend unterschiedlich entwickelten sich Verständnis und Entgegenkommen gegenüber der Schweiz und ihren wirtschaftlichen Akteuren. So wies etwa ein Vertreter des britischen Schatzamtes im März 1942 seinen Kollegen im Foreign Office auf die «einfache Tatsache» hin, «that we want Swiss francs for various war purposes, including certain secret purchases which we are making on behalf of the Americans». Die Nationalbank wollte dafür im Gegenzug frei verfügbares Gold. Die Amerikaner hingegen blieben befangen in ihren Blockierungsstrategien. Sie verlangten ganz einfach freie Schweizerfranken gegen nur bedingt verwendbare Dollars in den USA. In London sah man das als «excessively simple and short-sighted».[50] Dem schweizerischen Gesandten in Washington war die Mentalität im amerikanischen Schatzamt nur allzu gut bekannt. Er sprach von «Blockierungsfanatikern», welche das Vertrauen des Treasury-Chefs Morgenthau besässen. Der Gesandte Bruggmann hatte die frustrierende Erfahrung gemacht, dass jede Diskussion sowohl in freundschaftlicher Aussprache wie als «dringliche Vorstellung» beim einflussreichen Harry Dexter White und seinen engsten Mitarbeitern nutzlos blieb. Auch BIZ-Chef McKittrick, der sich bisweilen für die Schweiz einsetzte, kam bei seinen Besprechungen in Washington offenbar zum gleichen Schluss. Harry White und seine Truppe beharrten auf einer scharfen Blockierungspolitik gegenüber den europäischen Neutralen, da vermochte auch das Staatsdepartement nicht zu helfen.[51] Morgenthau beförderte White 1944 zum Assistant Secretary des Treasury Departments, durchaus im Bewusstsein, dass er einen Mann förderte, der sehr unangenehm, rüde, ungeduldig sein konnte und als überaus ehrgeizig galt. Kam dazu, dass White einige Assistenten beschäftigte, die später im Verdacht standen, Kommunisten zu sein.[52] Kurz gesagt: Die Schweiz konnte auf kein besonderes Wohlwollen zählen, sie wurde von dieser Funktionärsgruppe im Gegenteil mit besonders nachhaltigem Misstrauen verfolgt. Es war den höchsten Bankkreisen in der Schweiz durchaus bewusst, dass sich hier unter anderem der Verdacht manifestierte, hinter den Nummernkonti versteckten sich vermeintliche Vermögenswerte aus dem Bereich der «Achse».[53] Maurice Golay als Chef der Bankverein-Generaldirektion scheute sich keineswegs, die heissen Eisen direkt mit dem amerikanischen Wirtschaftsattaché in Bern aufzunehmen. Im persönlichen Gespräch spürte er sehr wohl eine «extrem widerspenstige» Haltung, erhielt jedoch gleichzeitig den Eindruck «that they have no founded reproach to make to the Swiss banks in general».[54]

Blenden wir nochmals zurück zur britischen Seite: An einer wegweisenden interministeriellen Konferenz wurde im Mai 1941 die Politik gegenüber der Schweiz besprochen. Lord Drogheda vom Ministry of Economic Warfare sah die Frage ganz pragmatisch als ein Abwägen zwischen verschiedenen Vor- und Nachteilen für Grossbritannien. Die Schweizer Banken erschienen dabei bezeichnenderweise nur als verhältnismässig unbedeutendes Nebenthema. Das «MEW» hätte immerhin ganz gerne gewisse Banken, welche angeblich als Deckadressen für deutsche Interessen in Südamerika dienten, auf die Schwarze Liste gesetzt. Man sah davon jedoch aus «politischen Gründen» ab. Es bestand zu jenem Zeitpunkt in London noch ein Konsens, «not to drive the Swiss too hard», wie dies Mr. Strang vom Foreign Office, der Vorsitzende der Konferenz, zusammenfasste.[55] Diese Haltung wird sich bis zum Herbst 1943 mindestens vordergründig beträchtlich verändern, wie in Kapitel 8.3. eingehend gezeigt worden ist. Auf hoher britischer Ebene war zwar weiterhin ein gewisses Zögern spürbar, die Schweiz allzu stark unter Druck zu setzen. Auf ausführendem Niveau hingegen gab es weniger Wohlwollen für die Schweiz, da standen die Beamten des Ministry of Economic Warfare in London bisweilen – von Ausnahmen abgesehen – nicht allzu weit hinter ihren amerikanischen Kollegen zurück.[56]

Nicht nur einige kleine Privatbanken gerieten nun ins Visier. Gegenüber den Grossbanken kam es zu einer Taktik der kleinen Nadelstiche, die sich besonders wirkungsvoll via Druck auf einzelne Persönlichkeiten anwenden liess. Vor allem die Briten entwickelten auf diesem Gebiet zweifellos beträchtliches «Geschick», das nebenbei auch dem Geltungsbedürfnis ihrer konsularischen Beamten in Zürich und Basel (und anderswo) eine gewisse Befriedigung verschaffte. So wurde etwa Generaldirektor Nussbaumer vom Bankverein bedeutet, dass seine geplante Reise nach London (als Folge der Pirelli-Angelegenheit) vorderhand nicht genehm sei.[57] Das verursachte einige Unruhe, weil Albert Charles Nussbaumer aufgrund seiner Stellung innerhalb der Bankiervereinigung (Spezialisierung auf die Beziehungen zu den Angelsachsen) bei den Verhandlungen verschiedentlich eine wesentliche Rolle zu spielen bemüht war. Nussbaumer gab sich gerne weltmännisch gewandt und überlegen.[58] Seine Selbsteinschätzung entsprach freilich nicht ganz dem Bild, das die Briten von ihm zeichneten. Sie trauten ihm nie vollständig und hielten ihn für einen extrem ambitiösen Mann, der seine eigenen Interessen über alles stellte. Auch an der Spitze der Schweizerischen Nationalbank schien man – gemäss amerikanischer Quelle – diese Einschätzung zu teilen. Dazu kam noch das Misstrauen des amerikanischen Generalkonsuls in Basel, der nicht zu Unrecht glaubte, Nussbaumer wirke im Falle Pirelli als eine Art Verbindungsagent der Briten.[59] Dies alles war, zurückhaltend ausgedrückt, der schweizerischen Verhandlungsposition kaum zuträglich.

Direktor Theodor Jaeger vom Hauptsitz der Bankgesellschaft geriet in dieser Phase unter Druck, weil er nebenbei Verwaltungsrat einer in Zürich domizilierten Handelsgesellschaft war, die – in türkischem Besitz – wegen Export in die Achsenländer unter Verdacht stand. Direktor Jaeger wurde im Dezember 1943 als Warnung auf die Schwarze Liste gesetzt. Im März

1944 beschloss man in London seine Streichung von der Liste unter gewissen Bedingungen. Generaldirektor Alfred Schaefer hatte sich in einem persönlichen Gespräch mit dem amerikanischen und dem englischen Wirtschaftsattaché um eine Klärung pendenter Fragen bemüht. Er wollte unter anderem herausfinden, ob eine «spezielle Kampagne» gegen die Bankgesellschaft geführt werde, was seine Gesprächspartner – denen er nicht ganz traute – verneinten. Schaefer kam zum Schluss, «dass wir mit Vorteil den Kontakt mit den beiden Gesandtschaften unauffällig und ohne Preisgabe unserer Souverainität pflegen sollten».[60] Die Kreditanstalt vermochte sich vorderhand dank der bereits erwähnten besonderen Beziehungen zu gewissen amerikanischen Stellen auffallend gut aus der Gefahrenzone herauszuhalten. Immerhin geriet hier Generaldirektor Blass in seiner Funktion als Verwaltungsrat einer angeblich verdächtigen Holdinggesellschaft in Glarus unter Druck. Nach seinem Rücktritt aus dem betreffenden Verwaltungsrat wurde er im Februar 1944 von der Schwarzen Liste gestrichen.[61] Man tut gut daran, diese häufig als sehr unangenehm empfundenen Erfahrungen der schweizerischen Bankiers mit den diplomatischen und konsularischen Beamten der Alliierten in atmosphärischer Hinsicht zu berücksichtigen. Samuel Schweizer, damals als stellvertretender Direktor in einer Vertrauensstellung bei der Generaldirektion des Bankvereins (und später selbst Präsident der Bank), machte einen britischen Spezialisten der Materie mit aller Deutlichkeit darauf aufmerksam, welcher Schaden bei den «sehr guten Freunden Grossbritanniens» durch die «Blacklist action» entstanden sei. Er nannte als Beispiel seinen Chef Maurice Golay im Zusammenhang mit Lonza (deren Verwaltungsratspräsident Golay war).[62] Tatsache blieb, dass die Alliierten die Drohung mit der Schwarzen Liste weiterhin als wirksames Mittel zu verwenden gedachten. Die Streichungsmethoden blieben mit Absicht ein offenes Thema.[63]

Zusammenfassend lässt sich feststellen, dass sich das alliierte Misstrauen gegenüber verschiedenen Schweizer Banken im Verlaufe des Jahres 1943 bedeutend vertieft hatte. Dies war zu einem beträchtlichen Teil eine Folge der intensivierten nachrichtendienstlichen Tätigkeiten vor allem von amerikanischer Seite. Da wurde etwa rapportiert, Delegierte der Reichsbank hätten versucht, in der Schweiz einen Kredit gegen Bilder und ungeschliffene Diamanten, später auch gegen amerikanische Bonds zu erhalten. Angeblich offerierte die Reichsbank daneben holländische Banknoten und sondierte den Verkauf von Goldmünzen auf dem Schwarzmarkt. Eine kleine Bank in Zürich soll Goldmünzen aus Nazi-Raubbeständen am Markt angeboten beziehungsweise in den Balkan und die Türkei verschoben haben.[64] Einige dieser Meldungen, die hie und da zutreffende Teilelemente enthielten,[65] mussten in der Folge korrigiert oder in ihrer Bedeutung relativiert werden. Vieles blieb im unpräzisen

Vermutungsbereich stecken. Das änderte wenig daran, dass solche Informationen hervorragend geeignet schienen, das vorgefasste Bild gewisser Stellen in Washington und London zu verfestigen. Bekanntlich liefern vor allem rivalisierende Nachrichtendienste (und das war in der Schweiz der Fall) bisweilen genau das, was bedeutende Adressaten gerade hören wollen. Diese natürliche Tendenz wurde erleichtert durch die wichtige «Goldfrage», den begründeten Verdacht, wonach die Reichsbank weiter in der Lage war, in gewissem Umfang Gold in neutralen Staaten abzusetzen.

Für Robert Kohli bestand im Januar 1944 (in einer internen vorbereitenden Besprechung zu den anstehenden Wirtschaftsverhandlungen mit den Alliierten) kein Zweifel, dass diese die «Wirtschaftsspionage» in der Schweiz mit grossem Geschick betrieben. Er setzte voraus, dass sie über die Goldimporte der Nationalbank von der Reichsbank Bescheid wussten. Mit durchaus kritischem Unterton nahm er die von der Nationalbank produzierten Zahlen betreffend das Jahr 1943 zur Kenntnis. Er wusste, dass die schweizerischen Verhandlungsdelegationen früher oder später dazu Stellung nehmen mussten. Einmal mehr versuchten die Generaldirektoren der Nationalbank, ihre Haltung in den vergangenen Jahren zu rechtfertigen (vgl. Kapitel 8.3.). Kohli sah nur zwei einigermassen valable Argumente für die Verhandlungen: Zum einen die Neutralität, die es zur Pflicht mache, offeriertes Gold von jedermann (gemeint waren damit Zentralbanken) entgegenzunehmen. Die «geographische Lage» der Schweiz habe Deutschland in dieser Beziehung einen Vorteil eingebracht. Zum andern war die Goldübernahme eine Überlebensfrage, «puisque grâce aux services que nous avons pu rendre à l'Allemagne, nous avons échappé à la guerre».[66] Die Alliierten sahen das Thema aufgrund ihrer kriegswirtschaftlichen Zielsetzung aus einer andern Perspektive. Die Amerikaner brachten im Dezember 1943 ihre Studien über die deutschen Goldtransaktionen auf den letzten Stand. Was die Konsequenzen betraf, so bestimmte nun das US-Treasury Department unter Henry Morgenthau Jr. zweifellos die Agenda. Am 22. Februar 1944 erliess Morgenthau eine «Declaration» mit weltweiter Signalwirkung, die sich vor allem mit dem deutschem «Raubgold» befasste. Darin wurde festgestellt, die US-Regierung «does not and will not recognize the transference of title to the looted gold which the Axis at any time holds or has disposed of in world markets». Und weiter: Die Vereinigten Staaten würden kein Gold von Staaten kaufen, welche die Beziehungen zur Achse nicht abgebrochen hätten, es sei denn, das US-Treasury sei über die Herkunft des Goldes (d.h. keine Verbindung zu Raubgold) befriedigt. Die amerikanischen Auslandvertretungen in zahlreichen Ländern (darunter die in erster Linie anvisierten Neutralen Schweiz, Schweden, Spanien und Portugal) wurden instruiert, die Zustimmung der betreffenden

Regierungen zu dieser Deklaration einzuholen.[67] In gewisser Hinsicht war die Morgenthau-Deklaration eine Präzisierung der alliierten Warnung vom 5. Januar 1943, die sich gegen die deutschen Enteignungsmethoden in den besetzten Gebieten gerichtet hatte.[68]

Das waren peinigende Perspektiven für die Leitung der Schweizerischen Nationalbank, die – neben der neutralitätspolitischen Argumentation – an der Fiktion festhielt, das von der Reichsbank übernommene Gold entstamme unverdächtigen Vorkriegsbeständen.[69] Das Direktorium sah in der Aktion der Alliierten einen «ausgesprochen politischen Charakter». Präsident Weber zeigte sich noch im Juni 1944 vor dem Bankrat überzeugt, die Nationalbank könne «schon aus Gründen der Neutralitätspolitik nicht auf der einen Seite von den Alliierten blockierte Gold- und Dollarbeträge in grossem Ausmass entgegennehmen, während sie anderseits den Achsenmächten die Abnahme von freiem Gold verweigert». Das Prinzip der Goldwährung lasse sich nicht einseitig nur gegenüber einer bestimmten Ländergruppe aufrechterhalten. Im Übrigen habe die Reichsbank der SNB erklärt, das der Nationalbank «abgetretene Gold» stamme aus Vorkriegsbeständen. «Trotzdem» habe das Direktorium auf Zurückhaltung gedrängt und den Wunsch ausgesprochen, «dass uns – soweit Goldabtretungen unvermeidlich sind – anstelle von Münzen der lateinischen Münzunion vorzugsweise Goldstücke deutscher Prägung übergeben werden». Anwesend bei dieser Sitzung waren 39 Bankräte, darunter auch die Herren Jöhr, Koechlin, Laur und Hans Sulzer, neben verschiedenen Politikern (zum Beispiel dem zukünftigen Aussenminister Max Petitpierre) und weiteren Vertretern der Wirtschaft. Der Bankier R. de Haller, im Bankrat der SNB bereits seit 1920, erkundigte sich, ob die Reichsbank ihre Versicherung betreffend Goldherkunft schriftlich oder «nur mündlich» abgegeben habe. Das sei nicht belanglos, «um unseren guten Glauben in der befolgten Politik zu beweisen». Daraufhin präzisierte Weber, dass nur eine mündliche Erklärung von Puhl vorliege. Die Nationalbank sei daran, so erfuhren die Herren des Bankrates zusätzlich, die Goldoperationen mit den Achsenmächten einer «eingehenden Untersuchung zu unterziehen», und habe die Absicht, ein völkerrechtliches Gutachten einzuholen.[70]

Mittlerweile verstärkte sich der Druck auf die schweizerischen Geschäftsbanken, um ein willfährigeres Verhalten zu erwirken. Es erweist sich als notwendig, die Parallelforderungen oder -verdächtigungen der Alliierten an den verschiedenen Fronten (unerwünschte schweizerische Lieferungen an die Achsenstaaten, beanstandeter Gotthardtransit, verdächtige Goldtransaktionen der Nationalbank, angebliche «Safehaven»-Transaktionen etc.) stets im Auge zu behalten, auch wenn die Gegenmassnahmen und Drohsignale (z.B. limitierte Versorgung der Schweiz mit Rohstoffen, Schwarze Liste, anhaltende Blockierung der schweizerischen

Guthaben bzw. Ruling 17 in den USA, offene und verdeckte «Warnings») nicht einer perfekten Regie unterlagen.

Anzumerken bleibt an dieser Stelle, dass die Alliierten ihre Vorstellungen in Bezug auf die «beanstandeten» Aktivitäten der Schweizer Banken bis Ende 1943 noch gar nicht verbindlich präzisiert hatten. Dazu kam es erst im Verlaufe der Monate März und April 1944. Als genereller Anknüpfungspunkt konnte immerhin das «Standard Undertaking for Banks» gelten, wie es 1942/43 von den Briten entwickelt, jedoch nach schweizerischem Widerstand nicht generell in Kraft gesetzt worden war.[71] Generaldirektor Nussbaumer erhielt Anfang Februar 1944 Gelegenheit, als Kenner der Materie dem Verwaltungsrat der Bankiervereinigung (dem er persönlich nicht angehörte) über die voraussichtlich von den Alliierten beanstandeten Transaktionen Vortrag zu halten (Devisengeschäfte, Notenhandel, Wertschriftentransaktionen und Transitwarengeschäfte, die den Achsenmächten zugute kamen beziehungsweise Devisen verschafften). Paul Jaberg, immer noch Vizepräsident der Bankiervereinigung, befürchtete, dass «unter Berufung auf die kautschukartige Bestimmung betreffend Vergehen gegen die Blockadebestimmungen jeder Bank am Zeug geflickt werden könnte». Nussbaumer hatte bereits Verteidigungsargumente gesammelt: Die Briten hätten ihre «Defense Finance Regulations» sowie den «Trading with the Enemy Act» in ihrer praktischen Anwendung erst im Laufe der Kriegsjahre ausgebaut. Ferner sei zu berücksichtigen, dass die Vereinigten Staaten bis zum Juni 1941 eine praktisch unbeschränkte Freiheit für alle Waren-, Finanz- und Devisentransaktionen mit ihren zukünftigen Gegnern aufrechterhielten und die Amerikaner noch bis zum Kriegseintritt (Dezember 1941) zahlreiche Transaktionen mit Achsenländern durchführten, die nun den Schweizer Banken zum Vorwurf gemacht würden. In dieser Aussprache der Bankiers ging es vor allem darum, jene Gebiete zu besprechen, wo («wenn unumgänglich notwendig») gewisse Konzessionen möglich schienen. Nussbaumer machte seinen Kollegen klar, dass sie sich «nicht auf der ganzen Linie ablehnend verhalten» könnten, auch wenn «im Sinn und Geiste der Neutralität zahlreiche Geschäfte als durchaus gerechtfertigt angesprochen werden müssen». Zu dieser Kategorie, um nur ein Beispiel zu nennen, gehörte die Zahlungsabwicklung von spanischen, portugiesischen und türkischen Exporten nach Ländern im Machtbereich der Achse. Die Bankiers wollten auf Antrag von Nussbaumer darauf beharren, solche Geschäfte unbeanstandet tätigen zu können, solange damit keine Kreditgewährung verbunden war. Auch Waren-Transitgeschäfte schienen ihnen als traditionelle Geschäftssparte weiterhin gerechtfertigt, solange der Käufer den Betrag zum Voraus bereitstellte.[72] Dabei ging es weniger um den Ertragsumfang dieser Geschäftssparte (die im Vergleich zum Kredit- und Vermögensverwaltungsgeschäft eine sekundäre Rolle spielte), sondern viel mehr um das Prinzip, um die Souveränität der Geschäftstätigkeit im internationalen Bereich. Grösste Sorgfalt war allerdings angezeigt, wie Alfred Schaefer seinen Direktionskollegen der Bankgesellschaft einige Wochen später in Erinnerung rief. Schaefer wollte lieber einen Kunden verlieren, als auf die Schwarze Liste kommen.[73]

Ein besonderes Element kennzeichnet die nun anlaufenden Verhandlungen auf dem Finanzsektor: das ungleiche Gewicht der Verhandlungspartner. Während die Alliierten den erfahrenen Mr. Bliss vom Ministry of Economic Warfare, begleitet von zwei amerikanischen Beamten, zur Kontaktnahme nach Lissabon entsandten, blieb die schweizerische Regierung lediglich distanzierte Zuschauerin. Die Interessen der Schweizer Banken wurden bei den Gesprächen in Portugals Hauptstadt im April 1944 von Albert Nussbaumer vertreten. Anwesend war Ende des Monats – vor allem als Beobachter – auch Direktor Gautier von der Nationalbank, deren Lage sich ganz wesentlich unterschied von derjenigen der Geschäftsbanken.[74] Diese Kontaktnahme hatte aus schweizerischer Sicht primär konsultativen Charakter. Nussbaumer besass jedenfalls kein Verhandlungsmandat des Bundesrates. Die Alliierten liessen ihrerseits jetzt klar erkennen, dass sie von den Schweizer Banken beträchtliche Konzessionen und weitreichende Restriktionen gegenüber Deutschland erwarteten (vor allem auf dem Gebiet des Notenhandels, der alten Stillhaltekredite an Deutschland, der Verhinderung von Kontoeröffnungen und neuen Krediten für ihre Feinde etc.). Ihre Absicht ging ursprünglich dahin, eine einseitige diesbezügliche Erklärung an die Schweizer Banken zu richten. Der erste Entwurf des alliierten «Warning» schien allerdings nicht nur den Bankiers, sondern auch Legationsrat Robert Kohli – der die Liaison zum Bundesrat herstellte – «völlig unannehmbar». Es stellte sich die Grundsatzfrage, ob man in Anbetracht der «überspannten Anforderungen», «die an die schweizerische Souveränität rühren», überhaupt auf die Angelegenheit eintreten solle. Der Ausschuss der Bankiers kam mit Kohli Ende April/Anfang Mai überein, die Gespräche weiterzuführen und mit einem Gegenvorschlag Zeit zu gewinnen.[75] Ein Detail ist an dieser Stelle bemerkenswert: Nussbaumer wurde instruiert, «auf die Unantastbarkeit des Stillhalte- bzw. Goldhypothekenabkommens mit Deutschland hinzuweisen».[76]

In der schweizerischen Bankengeschichte hatte es noch nie eine vergleichbare politische Zwangssituation gegeben. Albert Nussbaumer zeichnete dem Ausschuss der Bankiervereinigung nach seiner Rückkehr aus Portugal im Mai 1944 ein schonungsloses Bild. Sie seien zwar grundsätzlich frei, zu tun, was sie wollten, «aber sie müssten sich bewusst sein, dass die Alliierten rücksichtslos vorgehen werden, um gewisse Exempel zu statuieren», falls die Schweizer Banken kein Entgegenkommen zeigen würden. Die alliierten Delegierten hätten darauf hingewiesen, dass die Banken unterscheiden müssten zwischen ihren kurzfristigen und den «unvergleichlich grösseren langfristigen Interessen». Eine kurzsichtige Haltung könnte für die Banken in der Nachkriegszeit sehr nachteilige Folgen haben. Nussbaumer plädierte für eine Geste des good will. Aus seiner Sicht war die Situation auch deshalb gefährlich, weil die alliierten Gesandtschaften darauf tendierten, das «Warning» den Banken ohne Verzug zuzustellen. Die Lage war ernst. Dem Sekretär der Bankiervereinigung schien es nicht mehr zulässig, auf Zeitgewinn zu arbeiten. Jedermann war vermutlich klar, was letztlich auf dem Spiele stand: die blockierten Vermögenswerte in den USA. Gleichwohl herrschte am 10. Mai unter den Spitzenbankiers noch kein Konsens über das Vorgehen. Robert Kohli mahnte, nüchtern zu denken, es handle sich um eine «Frage der Klugheit». Gleichzeitig erinnerte er daran, dass «der Krieg der Vater der Überraschungen» sei. Man wisse nicht, ob die Invasion wirklich komme und ob sie erfolgreich sein werde und der Krieg dann zu Ende gehe.[77]

Der Bundesrat verhielt sich inzwischen keineswegs besonders hilfreich, obschon in Legationsrat Kohli ein durchaus verständnisvoller und höchst erfahrener Verbindungsmann zur Verfügung stand. Seit der Demission von Ernst Wetter gab es jedenfalls kein Mitglied der Landesregierung mehr, dem man eine Nähe zu einzelnen Grossbankiers hätte unterstellen können. Britische Experten waren sich zu diesem Zeitpunkt durchaus bewusst, dass ein «wirklicher Konflikt» bestand zwischen den alliierten Forderungen und der «traditionellen schweizerischen Bankpraxis», doch die Alliierten könnten nicht zulassen, meinte der MEW-Vertreter E. H. Bliss, dass die «traditionelle schweizerische Bankpraxis» als solche ausreichender Grund sei «against the exercise of belligerent rights in the Allied interests». Sein Kollege E.W. Playfair vom britischen Schatzamt brachte noch mehr Verständnis für die Schweizer Bankiers auf. Ihm schien gar, die traditionelle schweizerische Bankpraxis sei «a perfectly rational cause why the Swiss might be extremely sticky on marginal questions», was zu einem Zusammenbruch der Verhandlungen führen könnte – «without our being able to say that they were being wholly unreasonable». Aus der Sicht von Playfair waren die Transaktionen der Nationalbank mit der Reichsbank viel wesentlicher «als alle Aktivitäten der privaten Banken».[78] Auf britischer und schweizerischer Seite bestand im Frühjahr 1944 offensichtlich die Absicht, eine offene Konfrontation zu vermeiden. Dies liess sich durch ein autonomes schweizerisches Vorgehen im Sinne der Selbstregulierung (und ohne Übergabe einer formellen alliierten Droh-Note mit einer Detailliste der «objectionable transactions») am zweckmässigsten erreichen. Allerdings war zu befürchten, dass die Amerikaner eine harte und rasche Gangart (Mr. Bliss nannte das einen «show-down») gegenüber den Schweizer Banken vorziehen würden.[79]

Am 24. Mai 1944 bereinigten Ausschuss und Verwaltungsrat der Schweizerischen Bankiervereinigung in ungewohnt lebhafter Diskussion den komplex strukturierten Gegenentwurf. Generaldirektor Vieli in dramatischer Zuspitzung: «Wenn uns die Alliierten das Bankgeschäft verunmöglichen, so würden 22 000 Bankangestellte brotlos.» Zwei namhafte Bankiers blieben bei ihrer Meinung, dass der Gegenvorschlag in verschiedenen Punkten zu weit gehe, konnten sich jedoch gegen die kompromissbereite Mehrheit nicht durchsetzen (abgesehen von einigen Details). Der Gegenvorschlag wurde an die Bedingung geknüpft, dass die Alliierten auf eine offizielle «Warning»-Proklamation verzichteten. Die Massnahmen sollten aus Neutralitätsgründen nicht nur gegenüber der Achse, sondern im gesamten Auslandgeschäft Anwendung finden.[80] Nussbaumer unterrichtete, ohne in Details zu gehen, unverzüglich die Briten von dieser «weitreichenden, freiwilligen Aktion», die weit über das in Lissabon zu Erwartende hinausgehe, und fügte an, dass unter diesen Umständen eine alliierte Note eine «deplorable Situation» schaffen würde. Allerdings kam es nun zu beträchtlicher Verzögerung im Bundeshaus.[81] Kohli wies im Gespräch mit den alliierten Wirtschaftsattachés gelassen auf die interdepartementalen Konsultationen hin – bekanntlich ein langsamer Prozess.[82] Die Annahme liegt nahe, dass der Bundesrat in Anbetracht der schwierigen schweizerisch-deutschen Wirtschaftsverhandlungen zunächst Zeit zu gewinnen versuchte. Kohli bemerkte gegenüber Pilet-Golaz, dass der Entwurf der Bankiers die «autorités fédérales» in beträchtlichem Masse exponiere. Die Finanzdelegation des Bundesrates hätte den Gegenvorschlag der Bankiers zum Beispiel am 6. Juni diskutieren können – doch da war die Traktandenliste offenbar bereits «stark belastet».[83] Aufschlussreich ist die Stellungnahme von Bundesrat Pilet-Golaz einige Tage vorher in der aussenpolitischen Kommission des Nationalrates. Er war (vorangemeldet) von Nationalrat Favre gefragt worden, ob die Schweiz alliiertem Druck im Hinblick auf eine Modifikation der Neutralität ausgesetzt sei. Pilets Antwort (falls er der vorbereiteten Notiz folgte) war von zwiespältiger Art: Zwar kein «politischer», aber «handelspolitischer Druck» sei vorhanden. Die Kernaussage des schweizerischen Aussenministers: Die Neutralitätspolitik würde dann berührt, wenn der Schweiz auf wirtschaftpolitischem Gebiet eine grundsätzliche Parteinahme gegen Deutschland zugemutet würde. Das sei jedoch bisher nicht der Fall gewesen.[84]

Zu berücksichtigen ist, dass die Banken gar nicht in der Lage waren, alle Probleme völlig unabhängig im Selbstregulierungsverfahren zu lösen. Ausserdem wollten sie sich zu Recht gegen eine nachträgliche Desavouierung durch den Bundesrat absichern.[85] Das in Aussicht genommene Verbot der Ein- und Ausfuhr ausländischer Banknoten konnte nur der Bundesrat erlassen. Im Politischen Departement wollte man diese

Frage (die schon seit geraumer Zeit auf der Traktandenliste figurierte) allerdings erst einmal einer Expertengruppe übergeben. Daraus wird deutlich, welche retardierenden Einflüsse im Bundeshaus (und anderswo) wirksam blieben. Heinrich Homberger wird im Zusammenhang mit dem Balanceakt der gleichzeitigen Wirtschaftsverhandlungen mit beiden Kriegsparteien die zu Grunde liegende Hauptströmung einige Wochen später deutlich formulieren: Ein Bruch mit Deutschland dürfe der «wirklich und aufrichtig neutralen Schweiz» nicht zugemutet werden, denn das würde «wirtschaftlichen Selbstmord» bedeuten. Einem «Diktat der Alliierten» dürfe man sich nicht unterziehen.[86]

Die Alliierten interpretierten das bundesrätliche Zögern im Sektor Banken auf ihre Weise. Der britische Wirtschaftsattaché warnte in einer von Nussbaumer als «Drohbrief» eingestuften Mitteilung vor weiterer Verzögerung.[87] Dann gingen die Alliierten einen wesentlichen Schritt weiter: Am 20. Juni legten sie der schweizerischen Handelsdelegation in London «völlig überraschend» (wie sich Professor Keller ausdrückte) eine neue Vertragsklausel vor, in welcher von der Schweiz verlangt wurde, in Zukunft weder Gold aus dem Machtbereich der Achse entgegenzunehmen, noch Schweizerfranken gegen bereits in der Schweiz liegendes Gold abzugeben. Bei der Nationalbank zeigte man sich verblüfft. Denn noch in Lissabon hatte Direktor Gautier den Eindruck erhalten, die Nationalbank sei nicht anvisiert. Nach Gautiers Ansicht handelte es sich somit um eine «komplette Kehrtwende».[88] Dem war in Wirklichkeit durchaus nicht so. Denn an Warnungen allgemeiner Art hatte es ja seit 1943 nicht gefehlt. Nur hatten die Alliierten seit März 1944 eine zweigleisige Taktik verfolgt, die vorübergehend primär die schweizerischen Geschäftsbanken anvisierte. Was die Goldtransaktionen der Nationalbank mit der Reichsbank betraf, so wollte der Bundesrat aus Neutralitäts- und offensichtlich aus Verhandlungsgründen zu diesem Zeitpunkt noch keinen vollständigen Abbruch herbeiführen.[89] Die Nationalbank verteidigte in ausführlichen Stellungnahmen an Pilet-Golaz einmal mehr ihr bisheriges Vorgehen, ganz auf der Linie, die Generaldirektionspräsident Weber bereits vor dem Bankrat vertreten hatte, ergänzt noch durch einige interessante Akzentsetzungen. Die SNB-Spitze war der Ansicht, die alliierten Forderungen hätten eine «eminent politische Bedeutung» und seien deshalb von den Bundesbehörden zu prüfen.[90] Inzwischen hatte der Völkerrechtsprofessor Dietrich Schindler sein Gutachten zum Goldthema abgeliefert, das im Kern die Position der Nationalbank zu stützen schien. Allerdings wies Schindler – mit Bezug auf «looted gold» – deutlich auf schwierige Abgrenzungsfragen in Bezug auf die zulässigen Massnahmen einer Okkupationsmacht unter dem Haager Abkommen von 1907 hin. Ein anderes, grundlegenderes Problem der Schweiz lag darin, dass es nach Schindlers Beurteilung für die Wirtschaftspolitik eines neutralen Staates keine festgeschriebenen Rechtsregeln gab. Jedenfalls lag die unmittelbare Wirkung der alliierten Warnung «in der Zerstörung des guten Glaubens der Neutralen beim Erwerb von Gold durch die Achsenmächte». Weber und Gautier machten im August («mit Genugtuung») die Anmerkung, dass die deutschen Goldzessionen im zweiten Quartal des Jahres eine «bemerkenswerte Abnahme» erfahren hätten.[91] Tatsächlich nahm die SNB von Januar bis Mitte Juli 1944 noch Gold für insgesamt 160 Millionen Franken von der Reichsbank entgegen, wovon der grösste Teil auf die ersten vier Monate entfiel. Die Generaldirektion wies jetzt neuerdings auf einen wichtigen Punkt hin: Nur Dank der Intervention der Reichsbank war es gelungen, das dem Bund bei der Banca d'Italia in Rom als Pfand bestellte Gold im Wert von 53 Millionen Franken im April 1944 sicher in die Schweiz zu bringen, um damit einen Teil der betreffenden italienischen Kreditschuld zu tilgen.[92] Beträchtliche Hindernisse waren bei diesen Vorgängen (auch die BIZ war involviert) zu überwinden.[93]

Am 27. Juni 1944 nahm der Bundesrat endlich Kenntnis (mehr nicht) von einem Rapport des Politischen Departementes über den Gegenvorschlag der Bankiervereinigung an die Alliierten. Dem Departement Pilet-Golaz schien notwendig, zwischen den Klippen mit Vorsicht «so gut wie möglich zu manövrieren» (in Koordination mit der Aussenhandelsdelegation). Erst tags darauf konnte das Bankenmemorandum dem MEW in London und den alliierten Wirtschaftsattachés in Bern formell übergeben werden.[94] Ohne Zweifel kamen die Schweizer Geschäftsbanken den alliierten Forderungen in ihrem Gegenvorschlag (datiert offiziell vom 15. Juni 1944[95]) weit entgegen. Das mussten selbst die kritischen Amerikaner erkennen, doch es konnte ihnen jetzt nicht mehr genügen. Denn die erfolgreiche Invasion hatte die Kriegslage entscheidend zu ihren Gunsten verändert und liess auf ein baldiges Kriegsende hoffen (was dann allerdings nicht zutraf). Und für Washington stand nun Resolution VI der Konferenz von Bretton Woods (Juli 1944) betreffend «enemy assets» in den neutralen Staaten im Zentrum der weiteren Überlegungen (siehe das folgende Kapitel 9.3.). Die Neutralen waren zu dieser Konferenz allerdings nicht eingeladen worden. Das lässt sich in unterschiedlicher Weise interpretieren. Kein Zweifel besteht hingegen, dass man im Berner Bundeshaus auf diese rasanten Entwicklungen und Veränderungen kaum vorbereitet war und teilweise mit bürokratischer Trägheit reagierte.

Kurz gesagt: Die interessierten «US government agencies» kamen bis Anfang August 1944 zum Schluss, nicht auf das Angebot der Bankiervereinigung einzutreten. Sie wollten die alliierte Position in Bezug auf die Nachkriegsforderungen an die Schweiz nicht vorzeitig schwächen. Die Verzögerungstaktik des Bundesrates missfiel ihnen in allen Verhandlungsbereichen (vgl. Kapitel 9.1. betreffend Warnung von Staatssekretär Hull

Mitte Juli). Washington wollte sich volle Handlungsfreiheit bewahren und schweizerische Banken («which engage in transactions inimical to Allied interest») ohne Warnung auf die Schwarze Liste setzen.[96] Die Goodwill-Geste, wie sie die Mehrheit der Schweizer Bankiers im Mai geplant hatte, verpuffte demnach zwei Monate später weitgehend wirkungslos. Das war keineswegs belanglos. Denn hier verstärkte sich vor allem in Washington das Bild einer immer von neuem zögernden Schweiz, die Umwege suchte, um den von den Alliierten gewünschten Abbruch der Wirtschaftsbeziehungen zu Deutschland hinauszuschieben.

Mit Bezug auf die verdächtigen schweizerischen Bankenaktivitäten hatten es die leitenden alliierten Stellen zu keinem Zeitpunkt an investigatorischem Eifer fehlen lassen. Ein aufschlussreiches Beispiel bietet die Basler Handelsbank, die im Herbst 1943 Gegenstand eines britischen Memorandums war. Im April 1944 forderte das State Department die amerikanische Gesandtschaft in Bern zu einer vollständigen Untersuchung der verdächtigen Basler Bank auf. Doch bei der Legation in Bern und beim US-Konsulat in Basel zögerte man in Anbetracht der dünnen Verdachtsmomente. Der Versuch zu einer vollständigen Untersuchung würde vermutlich seitens der Bank und der schweizerischen Behörden auf einen «flat refusal» stossen, so lautete die Antwort. In Washington jedoch beharrte das State Department (genauer wohl: die dort integrierte «Economic Intelligence Division») noch im August 1944 auf einer möglichst genauen Investigation. Die Diskussionen mit der Bankiervereinigung seien dazu kein Hindernis. Die Verdachtssubstanz blieb freilich weiterhin mager: Hauptsächlich die Niederlassung der Basler Handelsbank in Zürich wurde beargwöhnt, der Reichsbank Escudos zu liefern, bei gleichzeitigem Verkauf gewisser Banknoten mit «enemy taint» nach Portugal.[97] Soll man sich wundern, dass auch die kleine Bank Wehrli erneut ins Fadenkreuz der Wirtschaftskämpfer in Washington geriet? Verschiedene misstrauische Regierungsstellen (z. B. Foreign Funds Control) interessierten sich brennend für diesen «Case», nicht zuletzt weil sie eine Kundenverbindung zu Ribbentrop (bzw. dessen Frau oder die Henkell-Interessen) vermuteten. Ein amerikanischer Funktionär verbrachte beinahe einen Monat in Buenos Aires, um herauszufinden, ob sich hinter den drei scheinbar mysteriösen «S»-Gesellschaften (alle formell von Wehrli & Co. kontrolliert) deutsche Interessen verbargen. Die aufwendige Untersuchung in Argentinien förderte bezüglich Nazi-Verbindungen nichts Greifbares zu Tage. Immerhin wurde sichtbar, dass es sich insgesamt um Vermögenswerte von ca. 6 Millionen Dollar handelte, die hauptsächlich von 1939 bis 1941 über die Bemberg-Organisationen nach Buenos Aires transferiert worden waren. Das war enttäuschend, denn die Nazis hatten damals im Siegestaumel keinen Anlass, irgendwelche Werte ins notorisch unstabile Land Argentinien zu verfrachten. Kam dazu, dass die Untersuchung in Buenos Aires auf Vermögenswerte von europäischen Emigranten hindeutete. Doch da gab es mancherlei Verwirrung, zum Beispiel den Fall des ehemals bekannten österreichischen Waffenproduzenten Fritz Mandl, dessen Schwester Inhaberin von drei Konti der «S»-Gesellschaften war. Mandls Verhalten scheint etwas undurchsichtig. Jedenfalls trug er – wohl in der Absicht des Selbstschutzes – zur Belastung von Wehrli & Co. indirekt bei. Indem er die Amerikaner informierte, die Wehrli-Bank habe 1938 mit dem Nazi-Regime einen «Deal» machen können, der ihm erlaubt, einen Teil seiner Vermögenswerte aus dem Nazi-Bereich herauszuholen. Die Schlussfolgerung in Washington war klar: Auch die Wehrli-Bank musste so vollständig wie möglich untersucht werden.[98]

Inzwischen «antworteten» die Alliierten mit langem (und beunruhigendem) Schweigen auf die Gegenvorschläge der Schweizer Banken vom Juni 1944. Sondierungen Ende August in Washington liessen befürchten, dass eine unilaterale Aktion der Alliierten bevorstand. Robert Kohli suggerierte den Bankiers Anfang September, auch ohne Antwort der Alliierten mindestens einige der geplanten Massnahmen in Kraft zu setzen. Doch dagegen regte sich beträchtlicher Widerstand. Verschiedene Bankiers befürchteten, dass man mit einem solchen Schritt nur die eigene Stellung schwächen und die Amerikaner ein «schlechtes Gewissen» schweizerischerseits wittern würden.[99] Maurice Golay, Ausschuss-Mitglied der Bankiervereinigung, zeigte sich illusionslos. Er hatte nie die Hoffnung genährt, dass sich das alliierte «Warning» verhindern liess. Im Übrigen schien ihm das Bankenmemorandum für angelsächsische Gebräuche zu lang und zu kompliziert. Golay war jetzt überzeugt, dass sich die Alliierten «keinen Deut um unsere Haltung kümmern werden».[100] Das war eine bemerkenswert klarsichtige Beurteilung – mit unverkennbar bitterem Unterton. Im Sekretariat der Bankiervereinigung hegte man ebenfalls keine Illusionen. Dort bereitete man schon Ende August in enger Absprache mit Robert Kohli die praktischen Massnahmen des «autonomen» Vollzugs vor. Dabei profilierte sich im Hintergrund der Jurist Adolf Jann, der bald zur Bankgesellschaft wechseln und später in der Nachkriegszeit als Präsident von Hoffmann-La Roche einige Bekanntheit erlangen sollte.[101]

Als dann am 12. September 1944 die alliierten Wirtschaftsattachés den Schweizer Bankiers endlich formell mitteilten, deren Vorschläge vom Juni seien materiell ungenügend und zu einer Neuaufnahme der Verhandlungen seien die Alliierten nicht bereit, traf das in dieser kompromisslosen Härte doch recht schmerzlich. Den alliierten Vorwurf der Verschleppungstaktik wollten die Bankiers jedenfalls nicht auf sich sitzen lassen. Drohend kündigten die Alliierten an, sie reservierten sich «complete freedom to impose every appropiate sanction, now or at any time, upon any bank or financial institution engaging in transactions inimical to the interest of the Allies». Die Schweizer Banken wüssten aufgrund früherer Mitteilungen genau, worum es gehe, insbesondere auch im Bereich der «looted property».[102] Am 18. September versammelte sich der Verwaltungsrat der Bankiervereinigung zu einer entscheidenden Sitzung. Der (zusammen mit Robert Kohli) ebenfalls anwesende Handelsdelegierte Professor Keller, zweifellos der beste Kenner der Beziehungen zu den Alliierten, rief den Bankiers einleitend in Erinnerung, «dass die Schwierigkeiten der Banken nur ein Ausschnitt aus einem grossen Kreise pendenter Probleme zwischen der Schweiz und den Alliierten sind». Er war der Ansicht, dass man jetzt handeln müsse. In der Tat galt es nun, auf allen Gebieten Entgegenkommen zu zeigen. Denn die Alliierten standen jetzt anstelle der Deutschen an der schweizerischen Westgrenze. Da war genau besehen noch keine «Befreiung» in Sicht, sondern vorderhand – von den schweizerischen Entscheidungsträgern als ultimativ empfundene – alliierte Druckausübung. Ein Beispiel: Der schweizerische Vizekonsul in New York überbrachte Maurice Golay eine vertrauliche Mitteilung (die indirekt aus Quellen des US-Treasury Departments stammte), wonach die Amerikaner die Absicht hätten, die Blockierung der schweizerischen Privatvermögen in den USA als Druckmittel zu verlängern, um die Namen aller ausländischen Kontoinhaber in Erfahrung zu bringen.[103]

Kurz gesagt: Der Verwaltungsrat der Bankiervereinigung setzte am 18. September 1944 seine im Mai geplanten restriktiven Massnahmen (mit wenigen Ausnahmen) auf dem Gebiet des Noten-, Wertschriften- und Devisenhandels sowie der ausländischen Kontobeziehungen in Kraft. Das «streng vertrauliche» Zirkular vom 19. September (ergänzt am 30. September) vermittelte den Mitgliedern detailreiche Informationen und Empfehlungen unter dem Titel «Ausserordentliche, zeitbedingte Massnahmen und Verhaltensmassregeln». Die Präambel hielt fest: «Die Freiheit im Kapital- und Zahlungsverkehr, auf welche die schweizerischen Banken stets den grössten Wert gelegt haben, soll nicht dazu dienen, kriegsbedingte Kapital- und Wertverlagerungen durchzuführen, die den Interessen unseres Landes zuwiderlaufen.» Der Verwaltungsrat empfahl «eindringlich», die Massnahmen «auf das Genaueste in Anwendung zu bringen, weil das Interesse des gesamten Landes davon berührt wird». Als Grundsatz galt, bei allen Geschäften mit dem Ausland (die Massnahmen betrafen wie vorgesehen alle kriegführenden Staaten) «die grösste Vorsicht und Zurückhaltung walten zu lassen».[104]

Das Zirkular der Bankiervereinigung wirkte gemäss US-Generalkonsul Walter H. Sholes in den eingeweihten Kreisen «wie eine Bombe». Ein offenbar abgehörter Zürcher Bankier soll gegenüber einem Basler Kollegen geäussert haben, jetzt könne man ja gleich die Türen schliessen. Die

Erregung zeigte sich unter anderem in einem für schweizerische Verhältnisse eher ungewöhnlichen Zwischenfall. Der Basler Privatbankier Paul Dreyfus-de Gunzburg hatte bei einem Empfang von Generalkonsul Sholes für einige Bankiers und Wirtschaftsvertreter in Basel am 20. September deutlich zu verstehen gegeben, dass die Massnahmen der Bankiervereinigung besser zwei Jahre früher in Kraft gesetzt worden wären. Er klagte insbesondere die Grossbanken als «Hauptschuldige» an, während seine Bank als einzige schon vor zwei Jahren solche Restriktionen befolgt habe. Seine Bemerkungen (er selbst sprach etwas später von einer «kleinen Ansprache») erregten den Unwillen der anwesenden Bankiers und wurden offensichtlich als unsolidarisch empfunden. Im Ausschuss der Bankiervereinigung erwog man die Suspendierung von Paul Dreyfus für einige Monate und einen Ausschluss aus der Bankiervereinigung, sollte er seine Aussagen nicht zurücknehmen. Dreyfus trat darauf in einem Schreiben an Sholes den Rückzug an, was der amerikanische Generalkonsul als Enttäuschung bezeichnete. Gleichwohl befürwortete Sholes, Paul Dreyfus das von diesem gewünschte Einreisevisum in die USA zu gewähren (Nussbaumer hatten die USA das Visum praktisch verweigert), um den Privatbankier über die «Swiss banking pratices» aushorchen zu können.[105]

Deutsche Reaktionen auf die Massnahmen der Schweizer Banken liessen nicht auf sich warten. Noch Ende September soll ein Direktor der Reichsbank 1.8 Millionen Franken von einer Bank in Zürich abgehoben haben. Gemäss Albert C. Nussbaumer fand beim deutschen Generalkonsulat in Zürich eine Konferenz statt, bei der das Zirkular besprochen worden sei. Nussbaumer schlug Kohli deshalb vor, den Geldrückzug aus Bankkonten im Besitze von Ausländern betragsmässig zu beschränken sowie ein Ausfuhrverbot für SFr.-Noten zu erlassen. Der zurückhaltende Legationsrat Kohli war jedoch der Ansicht, dass «Massnahmen dieser Tragweite jedenfalls nicht überstürzt vorgenommen werden könnten». Die Bankiervereinigung solle eine formelle Eingabe machen.[106] Von Überstürzung konnte freilich keine Rede sein, denn das Thema Notenhandelskontrolle (in welcher Form auch immer) stand schliesslich seit April mehrfach auf der Traktandenliste. Wer genau in der Bundesverwaltung (und darüber hinaus) für die Verzögerung staatlicher Massnahmen verantwortlich war, scheint aus den verfügbaren Quellen nicht einwandfrei hervorzugehen. Eindeutig ist hingegen, dass gewiss nicht alle Bankiers die Ansichten von Generaldirektor Nussbaumer teilten. G. Renz, Mitglied der Central-Direktion der Basler Handelsbank, opponierte zum Beispiel sehr klar gegen die Einmischung des Staates beim Notenhandel.[107] Nun wusste man in den Kreisen der Spitzenbankiers sehr wohl, dass die Basler Handelsbank gegen Kriegsende mit ihren alten deutschen Engagements ohnehin in zunehmende Schwierigkeiten geraten musste. Sie war ein klarer Übernahmekandidat, wobei natürlich keine Grossbank die zunehmend notleidenden alten deutschen Kredite zu übernehmen bereit sein würde. All diese Elemente in der Abwartestellung auf das Kriegsende gilt es im Auge zu behalten.

Im Oktober beklagte sich der Gesandte Schnurre bei der schweizerischen Gesandtschaft in Berlin «in bittern Worten» über die Behinderung gewisser Transaktionen für deutsche Rechnung in freien Devisen. Er wollte allenfalls nach Bern fahren, und wenn nichts zu erreichen sei, erhalte die Angelegenheit eine «politische Bedeutung».[108] In Wirklichkeit hatten verschiedene Schweizer Banken bereits vor Inkrafttreten der «Verhaltensregeln» stufenweise eine restriktive Linie in Bezug auf bestimmte deutsche Aufträge verfolgt.[109] Das war allerdings ein ziemlich schwieriges Feld, da sich ein grosser Teil des Zahlungsverkehrs nach wie vor im Rahmen der gültigen bilateralen Verrechnungsabkommen bewegte. Einfacher gesagt: In welchen Fällen konnte sich eine Schweizer Bank überhaupt weigern, einen Auftrag auszuführen, wenn deutscherseits entsprechende Guthaben bereits vorhanden waren? An einem Beispiel vom August 1944 lassen sich solche Schwierigkeiten exemplarisch beleuchten. Das spanische Istituto Espanol de Moneda Extranjera beauftragte die Schweizerische Nationalbank, insgesamt 11 Millionen Franken in etwa gleichen Teilen zugunsten der Konti des Banco Aleman Transatlantico (BAT) bei der Kreditanstalt und der Bankgesellschaft zu vergüten. Dieser Transfer erfolgte in sechs Teilbeträgen vom 22. bis 28. August 1944. Der Banco Aleman Transatlantico, Madrid, war eine Tochtergesellschaft der Deutschen Bank. Vorstandsmitglied Hermann J. Abs von der Deutschen Bank verfügte über die entsprechenden Vollmachten, um am 29. September 1944 bei der Kreditanstalt 5.2 Millionen Franken in bar abheben zu können. Auf dem Konto des BAT bei der Bankgesellschaft gingen Ende August 5.4 Millionen Franken ein. Die dort vorhandenen Guthaben wurden im Laufe des Septembers grösstenteils an die Kreditanstalt (Fr. 4 Mio.) und die Bank Leu (Fr. 1.9 Mio.) vergütet. Der Restsaldo von 3.1 Millionen Franken ging Anfang Oktober auf das Konto der Reichsbank bei der Nationalbank. So weit die Geldflüsse, die das Bestreben zur Aufteilung in scheinbar harmlosere Teilbeträge über verschiedene Kontolinien aufzeigen. Doch um was ging es überhaupt? So viel ist klar: Ursprünglich hätten für Rechnung der Firma Otto Wolff aus Spanien 11 Millionen Franken an die Schweizerische Bodenkreditanstalt gezahlt werden sollen. Diese scheute sich indes, den relativ grossen Betrag auf dem Girokonto bei der Nationalbank entgegenzunehmen. Später wird die Bodenkreditanstalt gegenüber der Verrechnungsstelle geltend machen, sie hätte die Verwaltung dieses Betrages mit Rücksicht auf das «Warning» der Alliierten abgelehnt.[110] Damit befinden wir uns bereits mitten im Themenkreis der sogenannten Nazi-Fluchtgelder, dem zentralen Verdacht der Alliierten, die Schweiz diene als «Safehaven» für dubiose deutsche Vermögensverschiebungen. Es lohnt sich, diesen immer von neuem geäusserten Vermutungen genauer nachzugehen.

9.3. Bringen nun die Nazi-Führer ihre Vermögen in die Schweiz? Start einer Legende

Nur wenige «Geschichten», die Schweiz betreffend, haben über Jahrzehnte hinweg die Fantasie zahlreicher Schriftsteller und Journalisten derart beschäftigt wie die Vermutungen über die vermeintlich enormen Nazi-Vermögenswerte in der Schweiz. Wie kam es zu diesen Bildern? Wer hatte ein Interesse an der Förderung solcher «Mythen»? Gibt es bei diesem Thema einen Kern verschleierter Fakten? Was weiss man heute, was scheint plausibel, und was gehört ins Reich der Legenden? Die folgenden Bemerkungen sind als kritischer Diskussionsbeitrag gedacht. Denn wer das umfangreiche und höchst interessante Material der Bergier-Kommission zu diesem Thema – das zum Kern ihres Mandates gehörte – genauer analysiert, wird nicht in allen Punkten zu den gleichen Schlussfolgerungen gelangen.[111]

Zunächst soll hier die Entwicklung bis zur Sperre der deutschen Vermögenswerte in der Schweiz im Februar 1945 skizziert werden. Diese Phase, von den Erwartungen eines mehr oder weniger nahe liegenden Kriegsendes bestimmt, unterscheidet sich naturgemäss in entscheidenden Punkten von der anschliessenden Periode der ersten Besatzungszeit in Deutschland. Die Erkenntnisse aus der Phase nach der Kapitulation werden in Kapitel 9.4. verarbeitet, im Versuch einer Bilanz zum Thema Vermögensverschiebungen aus Deutschland in die Schweiz.

Blenden wir zunächst kurz zurück in die Anfangszeit des Zweiten Weltkriegs. Im Oktober 1939 beschäftigte sich der Verwaltungsrat der Basler Handelsbank mit der «Affaire Knickerbocker». Der amerikanische Reporter Knickerbocker hatte in der Öffentlichkeit behauptet, umfangreiches Material über Vermögensverschiebungen ins Ausland führender deutscher Persönlichkeiten (Goebbels, Göring etc.) gesammelt zu haben. Diese Meldungen wurden über das englische Radio verbreitet und unter anderem im «Paris Soir» publiziert. Dabei wurde auch die Basler Handelsbank genannt, welche interne Untersuchungen anstellte, die negativ verliefen (was die Bank dem Eidgenössischen Politischen Departement sowie zwei «kompetenten französischen Persönlichkeiten» zur Kenntnis brachte).[112] Skeptische Zeitgenossen ahnten bereits damals, was die historischen Quellen bei kritischer Durchsicht bestätigen: Mr. Knickerbocker hatte keine Fakten gesammelt, sondern wirkte im September 1939 als Agent der britischen Kriegspropaganda.[113] Ziel war die Diskreditierung der Nazi-Führungsclique, nicht zuletzt vor der deutschen Bevölkerung (deren verfügbarer Auslandbesitz bereits weitgehend eingezogen worden war). Man überlegte sich auf britischer Seite in diesem Zusammenhang auch, ob die Behauptung, Adolf Hitler habe unter Decknamen ein Konto in der Schweiz, in Umlauf gesetzt werden sollte.[114] Das geschah damals offenbar noch nicht, das Thema «Hitler-Konto in der Schweiz» wird indes 1944 in ähnlicher Form auf amerikanischer Seite wieder auftauchen. Es gibt verschiedene Zwischenglieder in der langen Kette von Gerüchten und gezielten Propagandaunterstellungen. Das amerikanische Treasury Department erkundigte sich bei den Briten bereits im Juni 1941, ob London Informationen über die «verborgenen Vermögenswerte hoher Nazis» verfügbar habe. Der aufschlussreiche Grund für die Anfrage: Die amerikanische Presse erwarte offenbar vom Treasury sensationelle Neuigkeiten bei den laufenden Untersuchungen (und die Treasury-Beamten seien «anxious to oblige»). Die Bank of England und das Ministry of Economic Warfare in London konnten jedoch keine Informationen liefern. Die weit gestreuten Vermutungen Knickerbockers, so wurde Washington informiert, seien durch nachfolgende Nachforschungen «nicht substantiiert» worden.[115] Einige Monate später glaubte der britische Handelsattaché Lomax in Bern, Interessantes zum Thema vermelden zu können. Der dortige Niederlassungs-Leiter einer «führenden Schweizer Bank» habe ihm vertraulich mitgeteilt, dass «alle führenden Mitglieder» der Regierungsgruppen der Achsenstaaten über Vermögenswerte in der Schweiz verfügten. Diese «Funds» seien bei Kriegsbeginn in Dollars angelegt und später in Gold umgetauscht worden. Die Beamten im Foreign Office zeigten sich jedoch vorsichtig gegenüber dieser «Story» (in Erinnerung an Knickerbocker), die ihnen für Propagandazwecke jetzt nicht unbedingt geeignet erschien.[116] Aus der Rückschau liegt die Vermutung nahe, dass Lomax – der gegenüber der Schweiz einen scharfen Kurs verfolgte – hier bewusst eine belastende Information zuhanden interessierter Adressaten in London «fabrizierte». Die Information in der vorliegenden Form ist jedenfalls völlig unglaubwürdig.[117]

Wann gewann die amerikanische Sicht von der angeblichen deutschen Kapitalflucht in neutrale Länder konkrete Konturen und eine höhere Prioritätsstufe? Ein wesentlicher Schritt in dieser Hinsicht erfolgte im September 1943. In Washington beschäftigten sich gewisse Stellen mit einem Szenario, wonach Deutschland versuchen könnte, auch über die Niederlage hinaus in den neutralen Ländern «finanziellen Einfluss» auszuüben. Kriegswirtschaftliche Stellen in den USA glaubten, bereits über aussagekräftige Hinweise auf Kapitalflucht und Verschleierung zu verfügen. Erste Ansätze zu einer koordinierten Gegenaktion (US-Staatsdepartement, US-Treasury Department, britisches MEW) standen zur Diskussion. Doch bereits hier wurde die Tücke des Themas deutlich. Denn eine der amerikanischen Abteilungen schlug vor, im Geheimen die Möglichkeit für deutsche Einzelpersonen zu schaffen, um den deutschen Devisenrestriktionen auszuweichen. Endziel war die Umleitung deutscher Fluchtgelder – auf welchen Wegen auch immer – in den Kontrollbereich der Alliierten. Damit würde die deutsche Finanzstellung in den neutralen Staaten geschädigt.[118] Skeptiker werden die Frage stellen, inwiefern ein solches Vorgehen überhaupt realisierbar war. Was die Schweiz betrifft, gibt es einen deutlichen Hinweis auf halb-klandestine amerikanische Tätigkeit. Es handelte sich um einen gewissen E. V. D. Wight, der 1941 als Vertreter der Wall-Street-Firma Henry Mann nach Zürich gekommen war. «Ed» arbeitete mit Allen Dulles vom OSS zusammen. Wight verfügte über langjährige Deutschlanderfahrung. Er kannte sich zum Beispiel bestens aus auf dem Gebiet des Rückkaufs deutscher Auslandobligationen. Zudem gelang ihm, sich auf äusserst gewandte Weise über ganz unterschiedliche Kontakte so zu positionieren, dass die deutschen Stellen in der Schweiz in ihm mindestens anfänglich keinen direkten Feind sahen.[119] Ed Wight wird über das Kriegsende hinaus in der Schweiz bleiben und 1946 sein Domizil nach Vaduz verlegen.

Es scheint unter den geschilderten Umständen durchaus natürlich, dass sich amerikanische Stellen zunehmend für den Umfang deutscher Vermögenswerte in der Schweiz interessierten. Generalkonsul Walter Sholes diskutierte das Thema zum Beispiel im Frühjahr 1943 mit Generaldirektor Maurice Golay in Basel, der ihm in einem längeren Brief die Situation zu erklären versuchte. Golay wiederholte schriftlich, nach seiner Ansicht könne von einer Anhäufung grosser deutscher «Funds» in der Schweiz in Anbetracht der drakonischen deutschen Devisengesetzgebung keine Rede sein. Was den Tarnungsverdacht unter schweizerischen Namen betraf, fragte Golay rhetorisch: «Even if that amounts to a few dozens of millions, do you think that it would play a role in the reconstruction of the world?» Im Übrigen, so meinte Golay, hätten die Deutschen dann wohl einen viel grösseren Teil unter amerikanischen Namen in den USA platziert. «You will certainly remember that before the war Germany enjoyed a great deal of sympathy in America. The contrary, namely German sympathy for the United States, was also the case and Germans have certainly always entertained in America large proportions of their capital in a dissimulated way...»[120]

Eine andere Argumentationslinie, zumindest aus der Rückschau nahe liegend, galt dem Umstand, dass Deutschland in dieser Kriegssituation (äusserste Anspannung der personellen und materiellen Kräfte) kaum in der Lage war, seine Reserven im Ausland substantiell zu vergrössern.

Vielmehr ging es darum, wie im März 1943 im Umkreis von Dr. Kadgien im Vierjahresplan festgehalten wurde, «radikale Massnahmen zur Steigerung der Einnahmen und zur Ersparung von Ausgaben» zu ergreifen. Nur unter Einbezug aller Reserven (notfalls auch der «Trauringe») konnte der Devisenbedarf für maximal 1½ Jahre gedeckt werden. Auf verschiedensten Gebieten gab es Zahlungsverpflichtungen, die nicht über die deutsche Clearingverschuldung in Europa abgewälzt werden konnten. Für das erste Halbjahr 1943 budgetierte man in Berlin Bardevisen-Ausgaben im Gegenwert von 129 Millionen Reichsmark für die Beschaffung von Rohstoffen. Davon entfielen im industriellen Sektor zum Beispiel 41 Millionen auf Portugal und 20 Millionen auf die Türkei. Der Ausbau und die Finanzierung der Wolframgruben in Spanien und Portugal figurierten an prominenter Stelle. Aber auch für Schiffsneubauten und -reparaturen in Schweden wurden 20 Millionen Schweizerfranken (in dieser Währung) bilanziert. Vieles war nicht genau voraussehbar, insbesondere auf dem eher schlüpfrigen Terrain der «politischen Zahlungen», die dazu dienten, die wankenden Verbündeten bei der Stange zu halten. Effektiv musste Deutschland im ersten Halbjahr 1943 Bardevisen im Gegenwert von 125 Millionen Reichsmark für solche Zwecke aufwenden (davon allein 109 Millionen Reichsmark für Rumänien).[121] Im Oktober 1943 war im «Referat Kadgien» in Berlin klar, dass das holländische und belgische Gold, «mit dem wir uns bisher durchgeholfen haben, ab Ende dieses Jahres im wesentlichen erschöpft sein wird». Reichsmarschall Göring sollte informiert werden, dass die Devisenreserven Ende 1944 oder im ersten Vierteljahr 1945 am Ende sein würden. Denn Kadgien rechnete immer noch mit halbjährlichen Bedürfnissen von etwa 200 Millionen Reichsmark. Die «kleinen Mittel zur Verbesserung der Lage bestehen in der Forcierung der Wertpapier- und Brillanten-Aktion», meinte Kadgien. Doch mehr als «einstellige Millionenbeträge im halben Jahr» glaubte er aus dieser Quelle nicht erwarten zu können.[122] Dr. Kadgien nahm hier, was die Wertschriften betraf, vor allem Bezug auf die sogenannten V-2-Transaktionen, die über seine alten Bekannten von der Firma Otto Wolff durchgeführt wurden. Schon im März 1943 war sich Kadgien andererseits bewusst, dass sich die Verwertung von geschliffenen Diamanten «bei der Enge des Marktes in den Ländern mit freier Devisenwirtschaft» nur langsam bewerkstelligen lassen würde. Dass es sich dabei weitgehend um erpresste Vermögenswerte aus Belgien und Holland handelte, brauchte er Göring gegenüber nicht besonders zu erläutern. Eine dritte Devisenbeschaffungsvariante, die Käufe auf dem schwarzen Markt der besetzten Gebiete, stiess wegen ihrer «reichsmarkmässigen Übertreuerung» auf Schwierigkeiten.[123] Ein später Versuch des Vierjahresplans, noch im Sommer 1944 Schmuckdiamanten in der Schweiz abzusetzen, misslang, weil die Preise aus der Sicht der Verkäufer zu tief lagen.[124] Zusammenfassend ergibt sich somit das Bild eines unverändert substantiellen deutschen Devisenverbrauchs, der an den Reserven zehrte. Für dubiose private Abzweigungen in gewisse neutrale Staaten war da nur wenig Raum unter beträchtlicher Gefahr der Mitwisserschaft. Die Devisenkontrollen hatten nichts von ihrer Strenge eingebüsst, und Denunzianten lauerten an jeder Ecke – einige davon auch in der Schweiz.[125] Die zentrale Frage ist, inwiefern sich dieses Bild im Verlaufe des Jahres 1944 veränderte und ob tatsächlich vermehrt Reserven aus mehr oder weniger autorisierten Quellen in neutralen Staaten gebildet werden konnten.

Kehren wir zunächst zurück zu den alliierten «Massnahmen». Eine Reuter-Meldung vom 3. Mai 1943 aus Zürich berichtete, Reichsaussenminister von Ribbentrop habe auf dem Dietschiberg bei Luzern eine Villa gekauft. Diese Meldung gehörte zum Propagandakonzept, das der Alarmierung sowohl der Deutschen wie der Schweizer (auch via «BBC») dienen sollte.[126] Einige Monate später kam Paul Einzig in den angesehenen «Financial News» auf das Thema zurück. Der schweizerische Gesandte in London war nun etwas beunruhigt, weil er den Eindruck hatte, das britische Publikum glaube die Gerüchte über die Anlagen der Achsenchefs in der Schweiz. Die britischen Propagandisten zogen sich aus der Affäre, indem der Atlantik-Sender verkündete, Ribbentrop habe die Villa wieder verkauft.[127] Das Anekdotische dieser Vorgänge kann nicht verdecken, dass sich die Schweiz einem zunehmenden Reputationsrisiko ausgesetzt sah.

Im Frühjahr 1944, zeitlich parallel zu den Verhandlungen der Alliierten mit den Schweizer Banken in Lissabon, veränderte sich das Klima entscheidend. Allmählich nahm das «Safehaven»-Programm, in Washington bereits 1943 im Kern eingespurt, konkretere Formen an. Ein gewisses Zögern der Briten war freilich noch zu überwinden. Im State Department und in der «Foreign Economic Administration» (alias FEA) kam man zur Überzeugung, dass es nun Zeit sei, die US-Vertretungen in Stockholm, Lissabon, Madrid, Bern, Tanger und Ankara zu instruieren «to be on alert for any information or evidence relating to enemy attempts to secrete funds or other assets in neutral countries for safekeeping, or for other purposes». In der FEA rechnete man «ohne Zweifel» damit, dass feindliche Firmen, Funktionäre und Einzelpersonen in letzter Minute (gemeint vor der Kapitulation) noch versuchen würden, legale Besitztümer ebenso wie Raubgut in neutrale Staaten zu transferieren.[128] Koordinationskonferenzen (State Department, Treasury Department, Censorship, US-Nachrichtendienste, britische Botschaft in Washington) befassten sich im Juni und Juli detailliert mit den Methoden möglicher Verschleierung seitens der Feinde und entwarfen Aktionspläne. Treibende Kraft blieben die amerikanischen Experten der Materie.[129] Sie erreichten einen beträchtlichen Erfolg, indem das Thema auf die Traktandenliste der Konferenz von Bretton Woods kam und in der Resolution VI der «United Nations» einen markanten Ausdruck fand. Die 44 teilnehmenden Regierungen wurden aufgefordert, auf die neutralen Staaten einzuwirken, um vor allem Raubgut aus feindlich besetzten Gebieten zu entdecken und Verwertung sowie Transfer zu verhindern. Ferner sollten die Neutralen sofortige Massnahmen ergreifen, um die Verschleierung feindlicher Vermögenswerte zu verhindern. Besonderes Augenmerk galt den «Assets» feindlicher «Leaders» und deren Helfer. Diese Werte sollten letztlich den «post-armistice authorities» ausgeliefert werden. Ende August wurden die US-Vertretungen in den neutralen Staaten genau instruiert, alle diesbezüglich verfügbaren Daten zu sammeln.[130] Damit begann die eigentliche Implementierungsphase des weitgespannten «Safehaven»-Projektes, bei dem die Schweiz eine zentrale Rolle spielen sollte.

Begriff man in der Schweiz die Ernsthaftigkeit der amerikanischen Absichten? War man sich der Machtmittel der Alliierten voll bewusst? Halten wir zunächst fest, dass die Resolution VI gemäss amerikanischer Absicht ganz klar in erster Priorität an die Regierungen der neutralen Staaten in Europa (inklusive Türkei) gerichtet war. In London gab es freilich einige Zweifel in Bezug auf das konkrete Vorgehen (Übergabe einer Note an die Neutralen), doch gegen Ende September konnte sich Washington einmal mehr durchsetzen.[131] Am 2. Oktober übergaben schliesslich der amerikanische und britische Gesandte in Bern eine Note mit dem Inhalt der Resolution VI. Die USA erwarteten von der Schweiz «Kooperation» (das sei «of primary importance»).[132]

Was unternahm nun der schweizerische Bundesrat? Wer war überhaupt zuständig? War es in Anbetracht der schwierigen Lage der Schweiz nicht am einfachsten, in altbewährter Manier möglichst gelassen abzuwarten? Das Finanz- und das Volkswirtschaftsdepartment sowie die Nationalbank wurden vom Politischen Departement zu einer Stellungnahme eingeladen. Auf höchster Ebene liess man sich reichlich Zeit. Gewiss, der sozialdemokratische Finanzminister Nobs hätte sich jetzt auf diesem Gebiet vor seinen Genossen positiv profilieren können – doch er hielt sich bis Mitte November mit einer klaren Stellungnahme zurück. Von Aussenminister Pilet-Golaz konnte man – wie aus dem Zusammenhang der Bankenverhandlungen erkennbar war – keine Initiative erwarten. Pilets Zeit als Bundesrat lief ohnehin ab. Am 10. November 1944 wird er seinen Rücktritt ankündigen, gestrauchelt über den Misserfolg in dem zögerlichen Versuch, diplomatische Beziehungen mit der Sowjetunion aufzunehmen. Die damaligen Bundesräte schienen dem britischen Gesandten in Bern «worthy but undistinguished». Kein hervorstechender Kandidat war in Sicht für das Aussenministerium.[133]

Die Schweizer Bankiers hatten ihrerseits mit den Verhaltensmassregeln vom 19. September 1944 sehr deutlich und ohne wesentlichen Verzug auf die Resolution VI reagiert: «In erster Linie muss unter den heutigen Umständen auf die Gefahr der Verschiebung von Beutegütern und Fluchtgeldern nach unserem Lande aufmerksam gemacht werden.» Jede Mitwirkung unter irgendwelcher Form an solchen Vermögensverschiebungen sei «unter allen Umständen» zu vermeiden. Das galt auch für Patente, Lizenzen, Anrechte etc. Bei fiduziarischen Transaktionen seien die «wirklichen Eigentumsverhältnisse» massgebend. Kurz und gut: Die Bankiervereinigung hatte weitgehend getan, was von ihr im damaligen gesetzlichen Rahmen erwartet werden konnte. Die Nationalbank bemerkte allerdings im Oktober in scharfer Analyse, dass die Alliierten «etwas Neues», eine direkte Aktion, eine aktive Unterstützung beziehungsweise Mitwirkung der staatlichen Autoritäten verlangten – und dafür sei die SNB nicht zuständig. Die Nationalbank bezweifelte im Übrigen, ob die legale Basis für solche Eingriffe ins Privatrecht vorhanden wäre.[134] Aus Stockholm erfuhr Pilet-Golaz zu seiner Beruhigung, dass die Schweden nicht beabsichtigten, auf die Bretton-Woods-Note der Alliierten zu antworten. Sie verstärkten immerhin einige Kontrollmassnahmen.[135] Doch im Finanzdepartement gab man sich in der zweiten Novemberhälfte mit der bisherigen «Vogel-Strauss-Politik» nicht mehr zufrieden. Dr. Eberhard Reinhardt, angehender Chef der eidgenössischen Finanzverwaltung, befürwortete gründliche Abklärungen, was den Deutschen nun wirklich gehöre. Denn es gebe ja «absolut legitime Guthaben» der Deutschen, die mit dem Nationalsozialismus nichts zu tun hätten. Reinhardt befürchtete durchaus zu Recht, dass die Schweiz dem alliierten Druck letztlich doch nicht ausweichen könne und dann «nur die Nachteile eines im falschen Zeitpunkt gewährten Nachgebens» tragen müsse. Die «Jagd» gelte nun einmal dem deutschen Geld, das von schweizerischem Besitz klar getrennt werden sollte. Die Schaffung von gesetzlichen Grundlagen schien ihm nicht unmöglich. Eberhard Reinhardt reagierte offensichtlich nicht zuletzt auf Zeitungsmeldungen aus den USA. Ein Unterausschuss des Senats hatte soeben gefordert, ein vollständiges Inventar des deutschen Auslandeigentums zu erstellen, «besonders wo die wirklichen Eigentümer durch schweizerische, holländische oder südamerikanische Gesellschaften maskiert werden». Ganz offensichtlich wurde die «Kontrolle aller deutschen Guthaben in den neutralen Ländern» angestrebt.[136] Bundesrat Nobs war mit Reinhardt nun weitgehend einverstanden. Jedenfalls vertrat er die Ansicht, dass der Bundesrat einer Stellungnahme auf die Dauer wohl nicht ausweichen könne. Er erinnerte Pilet-Golaz auch an das ungewisse Schicksal der schweizerischen Auslandsguthaben und Goldvorräte (gemeint in den USA). Nicht ganz unbedeutend ausserdem, dass der sozialdemokratische Nationalrat René Robert, Zentralsekretär des Schweizerischen Metall- und Uhrenarbeiterverbandes, Ende Oktober eine «Kleine Anfrage» einreichen wollte: Was der Bundesrat vorkehre, um zu verhindern, dass «gewisse ausländische Elemente» ihre Beute in die Schweiz brächten? Aus formalen Gründen wurde die Anfrage allerdings erst Anfang Dezember offiziell eingebracht.[137] Der ganze Fragenkomplex um die Verschiebung von deutschen Vermögenswerten in die Schweiz, welche Natur diese auch immer aufwiesen, liess sich nicht mehr unter Verschluss halten, wie dies teilweise versucht worden war.[138] Das hatte auch einiges mit den sowjetischen Presse-Anschuldigungen gegen die Schweiz zu tun.

Inzwischen blieben die US-Beamten und Agenten in der Schweiz nicht müssig. Ihre Auftraggeber in Washington mussten umgehend mit Meldungen im Rahmen des «Safehaven»-Programms bedient werden. Die Amerikaner arbeiteten mit beträchtlicher Geschwindigkeit und einigem Aufwand. Allein in der «Foreign Economic Administration» in Washington wurden im September 1944 fünfundzwanzig Personen mit spezifischen Aufgaben im Programm eingesetzt, um die deutschen Vermögenswerte in den neutralen Staaten präziser zu erfassen. Dabei wurde zunehmend deutlich, dass über die letztliche Verwendung dieser Werte noch keinerlei klare Vorstellungen bestanden.[139] Diesbezügliche Diskussionen werden sich bis weit ins Jahr 1945 hinziehen. Bei einem vertraulichen Nachtessen mit dem britischen Wirtschaftsattaché Sullivan und Generalkonsul Pyke erfuhr Generaldirektor Nussbaumer Ende September sehr genau, wie sich die Stimmung bei den Alliierten entwickelte (und de facto verschlechterte). Demnach glaubte man sowohl in London wie in Washington, dass die Schweiz «enorme feindliche Kapitalien und Güter» beherberge. Diese sollten den Feinden der Alliierten «entzogen werden». Vor allem in den Vereinigten Staaten schien die Ansicht vorzuherrschen, die Schweizer Banken seien «Zentrum und Sammelstelle» für alle verdächtigen Fluchtkapitalien. In Bezug auf die Holdinggesellschaften sollte eine Klärung der Besitzverhältnisse erzwungen werden. Insbesondere die Gesellschaften im Fürstentum Liechtenstein standen unter dem Verdacht der Verschleierung «feindlicher Interessen». Sullivan gab klar zu erkennen, dass die Alliierten die Massnahmen der Banken auf verschiedenen Teilgebieten immer noch für unzureichend hielten. Der Wirtschaftsattaché bedauerte, dass in der Schweiz Konzessionen meist erst unter steigendem Druck erreicht worden seien. Kam hinzu, dass man in den USA das schweizerische Bankgeheimnis nicht verstehe und dahinter Verschleierung vermute.[140] Die letzte Bemerkung war gewiss nichts Neues. Die Schweizer Bankiers versuchten spätestens seit Ende 1943, eine Delegation in die USA zu schicken, um die misstrauischen US-Beamten im Zusammenhang mit der Segregation der eingefrorenen Guthaben (Ruling 17) über das Bankgeheimnis zu informieren. Doch zunächst fand Pilet-Golaz den Zeitpunkt nicht opportun, dann gab es Spannungen bei der Zusammensetzung der Delegation, und schliesslich waren im August 1944 die Visa nicht erhältlich.[141] Erst einige Wochen später wird sich die Delegation auf den Weg machen dürfen.

Die mit der «Safehaven»-Koordination befassten alliierten Beamten scheinen sehr rasch die Lücken ihrer zwar sehr zahlreichen, aber keineswegs immer beweiskräftigen Dossiers erkannt zu haben. Zwei Zielrichtungen zeichnen sich bereits im Herbst 1944 deutlich ab: Zum einen die Vertiefung vermeintlich exemplarischer Tarnungsfälle. Zum andern der Versuch, quantitativ ausufernd die düsteren Machenschaften der Nazi-Führer auf möglichst vielen Transferschienen zu belegen. Keine leichte Aufgabe, wie sich herausstellen sollte. Da lag es nahe, die Kooperationswilligkeit der Schweizer Banken und nebenbei auch die Grenzen des Bankgeheimnisses zu testen. Generaldirektor Nussbaumers Kontakte zu den Briten waren zwar für die schweizerische Informationsbeschaffung durchaus nützlich, nur wurde nun der Bankverein im Gegenzug mit Auskunftsbegehren der alliierten Konsulate überhäuft. Die «Safehaven»-Beauftragten drängten auf Bekanntgabe von «Interna» verschiedener Gesellschaften (vor allem Namen und Nationalität der «beneficial owners»). Manche Bankiers sahen vordergründig einen Konflikt mit dem «Spionageartikel» 273 des schweizerischen Strafgesetzbuches. Doch im Kern ging es um die Wahrung des Bankgeheimnisses. Maurice Golay wollte mit Pilet-Golaz sprechen, damit der Bund den alliierten «exigences» entgegentrete. Damit liesse sich immerhin Zeit gewinnen. Der Ausschuss der Bankiervereinigung war damit einverstanden.[142] Bundesrat Pilet-Golaz war jedoch – wie bereits erwähnt – in dieser Phase kaum mehr aktionsfähig. Einmal mehr blieb Robert Kohli der Ansprechpartner im Bundeshaus zu Bern. Er empfahl für die Antwort an den Bankverein: «Vorsicht, sich nicht exponieren.»[143] Der Nachfolger Pilets im Bundesrat, der Neuenburger Rechtsprofessor Max Petitpierre, trat sein Amt erst auf Anfang 1945 an. Ziemlich klar war auch, dass Pierre Bonna seine Stellung binnen kurzem räumen musste.[144] Damit herrschte im schweizerischen Aussenministerium bis Ende 1944 eine Art Vakuum, geprägt von vorsichtigem Abwarten auf den «starken Mann» Walter Stucki als Nachfolger Bonnas.

Zurück zu den «Safehaven»-Nachforschungen der Alliierten: Wie sah der vorläufige «Ertrag» nun aus? Dazu einige Beispiele: Im August 1944 meldete die amerikanische Gesandtschaft in Bern, der neue deutsche Presseattaché Fürst Albrecht von Urach sei ein SS-Agent und habe Instruktionen, «Nazi funds» in die Schweiz zu schmuggeln sowie die deutsche Gesandtschaft auf Nazi-Linie zu bringen. Denn der deutsche Gesandte und sein erster Mitarbeiter würden als mögliche Regime-Gegner verdächtigt.[145] Der zweite Teil der Meldung war damals in Bern Journalistengespräch, der erste jedoch auffallenderweise nicht.[146] Der schweizerischen Bundesanwaltschaft wurde eine ähnliche Information wie den

Amerikanern zugespielt. Allerdings war da abschätzig die Rede davon, bei Urach handle es sich um eine «müde Erscheinung», einen dekadenten Alt-Aristokraten. Der Fürst wurde nun überwacht. Belastendes kam nicht zum Vorschein, auch nicht bei einer Hausdurchsuchung im Mai 1945. Urach war zwar Parteimitglied, eine Zusammenarbeit mit der SS stritt er jedoch auch in der Nachkriegszeit kategorisch ab, als er aus der Schweiz ausgewiesen wurde.[147] Eine andere Information berichtete Ende August 1944 vom Versuch deutscher Speditionsfirmen (angeblich in den vorangehenden drei oder vier Monaten), grosse Mengen deutscher Waren in der Schweiz einzulagern. Das misslang jedoch. Auffallend dabei: Lediglich Absichten von AEG betreffend elektrische Maschinen wurden in diesem Zusammenhang konkret erwähnt. Im Freihafen Basel hiess es gegenüber den Deutschen, es sei kein Platz vorhanden (was nicht der Wirklichkeit entsprach). Diese «Planung für die Niederlage» seitens einiger deutscher «Industriekapitäne» soll nach dem Agentenbericht bereits seit 1943 ohne Wissen der deutschen kriegswirtschaftlichen Behörden begonnen haben. Der Schlussteil der Agentenmeldung legt indes die Vermutung nahe, dass die genannten Informationen seitens deutscher Industriekreise bewusst platziert wurden, um bei den Alliierten ein gewisses Verständnis für die Nachkriegs-Überlebensbedürfnisse zu wecken.[148] Solche Überlegungen waren leicht begreiflich, gingen jedoch völlig vorbei an den radikalen Planungen, wie sie Henry Morgenthau in diesen Monaten für ein möglichst geschwächtes Nachkriegs-Deutschland entwickelte.[149]

Eine andere Agentenmeldung, in der Fachliteratur mehrfach zitiert und bis heute umstritten, gehört ziemlich genau in diesen sachlichen Zusammenhang. Worum ging es? Ein Monsieur Francfort von der französischen Botschaft in London übergab im Januar 1945 dem Foreign Office eine französisch abgefasste Meldung, wonach sich im August 1944 in Strassburg Repräsentanten von deutschen Industriefirmen mit Nazi-Parteivertretern getroffen hätten, um eine geheime Nachkriegs-Struktur in Bezug auf Waffenproduktion zu organisieren. Die Regierung sei bereit, den Industriellen beträchtliche Mittel zum Transfer ins Ausland zur Verfügung zu stellen, die dann der Partei als Reserve dienen sollten. Im Schlussabschnitt glaubte der Verfasser der Meldung schliessen zu können, dass die Partei «von nun an» den Kapitalexport fördere. «Des sociétés et des bureaux d'affaires helvétiques achèteraient des propriétés en Suisse avec des fonds allemands...» Die Kreditanstalt und die Basler Handelsbank seien spezialisiert auf den deutschen Kapitalexport.[150] Monsieur Francfort war freilich vorsichtig genug, die Briten anzufragen, ob sie ebenfalls Informationen zu diesem Thema besässen. Zumindest im sachlich orientierten britischen Schatzamt war das nicht der Fall.[151] Seltsam nun, dass diese Information in bedeutend ausführlicherer Form offenbar bereits Anfang November 1944 dem amerikanischen Geheimdienst zugespielt worden war. Historiker aus der ehemaligen DDR haben auf dieses sogenannte «Geheimtreffen» im «Roten Haus» in Strassburg aufmerksam gemacht, das ihnen eine gross angelegte Strategie in Bezug auf die Nachkriegszeit zu belegen schien. Wer sich heute die Mühe nimmt, die beiden «Dokumente» genauer unter die Lupe zu nehmen, wird rasch die wenig überzeugende Zusammenfügung unterschiedlicher Elemente erkennen, welche erstaunlich genau den Erwartungen amerikanischer Stellen entsprachen. Somit ein «Fabrikat» aus dem Umfeld des «2ème Bureau», um sich bei den US-Nachrichtendiensten als interessanter Partner zu beweisen? Einiges deutet darauf hin.[152] Man darf die Frage im Übrigen offen lassen. Schliesslich schien diese Information ja auch gewissen Franzosen in London nicht über alle Zweifel erhaben. Die Forscher der Bergier-Kommission gelangen zur Schlussfolgerung, dass die erwähnte Konferenz «in der behaupteten Form mit grösster Wahrscheinlichkeit nie stattgefunden hat». Anschliessend stellen die UEK-Historiker unter dem Titel «industrielle Verlagerungen» für den Bereich der Patente und Lizenzen interessante Überlegungen an.[153] Nur hatte das kaum etwas mit den Nazi-Führern zu tun, sondern allenfalls mit vorsichtigen privatwirtschaftlichen Überlebensstrategien (die auf deutscher Seite in diesem Sachzusammenhang noch nicht ausreichend erforscht scheinen).

Zu bedenken ist ausserdem, dass Deutschland in der zweiten Jahreshälfte 1944 noch keineswegs völlig im Chaos versank. Die brutale Verfolgung des deutschen Widerstandes in diesen Monaten nach dem Attentat und dem Staatsstreichversuch vom 20. Juli zeigte, mit welcher Effizienz das Nazi-Terrorregime noch immer vorzugehen in der Lage war. Es herrschte nach wie vor die Parole vom «Totalen Krieg». Und innerhalb des «Dritten Reiches» setzte sich der Machtkampf zwischen Himmlers wachsendem Einflussbereich und Speers Rüstungsministerium unvermindert fort, als ob der Krieg noch auf irgendeine Weise für Deutschland erfolgreich zu beenden gewesen wäre. Das bedeutete in unserem Zusammenhang zum Beispiel, dass Staatsrat Schieber als Gefolgsmann von Speer unter Verdacht geriet, «unstatthafte Verbindungen» mit schwedischen Lieferanten und schweizerischen Industriellen zu knüpfen, um seine Flucht in ein neutrales Land vorzubereiten. Speer verlangte Beweise – sie konnten nach seinen Aussagen nicht geliefert werden.[154] In die Schweiz zu reisen, war in der zweiten Hälfte 1944 nur noch einem zunehmend kleineren Personenkreis möglich. Sowohl eine deutsche Ausreisebewilligung wie ein schweizerisches Visum wurden während des ganzen Krieges benötigt. In anderem Zusammenhang fand bereits Erwähnung, dass zum Beispiel das Einreisegesuch von Karl Rasche, Vorstandsmitglied der Dresdner Bank, im Oktober 1944 in Bern als ganz unerwünscht erschien. Mittlerweile war die Parteimitgliedschaft von Rasche bekannt.

Zu erinnern ist ferner, dass dem Kaltenbrunner-Protégé Ernst Hoffmann, dessen SS-Zugehörigkeit dem schweizerischen Nachrichtendienst bekannt war, 1944 die Einreise verweigert wurde.[155] Im Bundeshaus musste man realistischerweise annehmen, dass die alliierten Nachrichtendienste die Namen der wichtigeren Einreisenden aus den Achsenstaaten auf verschiedenen Wegen in Erfahrung bringen konnten. Die Reisen des Rittmeisters Eggen als Verbindungsmann von Schellenberg zu Masson wurden nicht zuletzt aus dem genannten Grund sowohl von kritischen Kreisen des schweizerischen Nachrichtendienstes wie von andern Bundesstellen mit zunehmender Ablehnung verfolgt. Eggens umstrittene Einreise im Mai 1944 führte zu internen Spannungen. Die Befürworter mussten sich rechtfertigen (und konnten nochmals einigermassen plausible Gründe anführen). Im Herbst 1944 wurde Eggen hingegen die Einreise verwehrt (aber 1945 wieder bewilligt).[156] Dies alles gehört in das umstrittene Kapitel der Linie Masson–Schellenberg, deren Wert schon damals verschiedentlich bezweifelt wurde. Brigadier Masson scheint selbst 1944 die gefährliche Seite dieser Kontakte völlig unterschätzt zu haben.

Ein anderes Beispiel ist jedoch im Zusammenhang von «Safehaven» bedeutend aussagekräftiger. «Herr Kurt von Berg ist wieder in Zürich, wo er in Gesellschaft von Mr. Belitz, einst Chef der Reichs-Kredit-Gesellschaft in Berlin, gesehen wurde», meldete eine Quelle des US-Nachrichtendienstes im September 1944. Weder von Berg noch Belitz seien Parteimitglieder, hatte der Informant gehört. Das belastende Detail der Information: Kurt von Berg sei Rechts- und Finanzberater von Reichsmarschall Göring (eine alte Familienbeziehung). Erst am Ende einer Zusatzmeldung wurde nachgeschoben, von Berg habe ein «dickes Paket» in die Schweiz gebracht, versehen mit «Unterschrift und Siegel» des Reichsmarschalls.[157] Diese Meldung passte «perfekt» ins Schema der «Safehaven»-Erfordernisse: Endlich schien eine heisse Spur zu einer Nazi-Führungsfigur vorhanden zu sein. Allerdings fällt auf, dass der Adressat des famosen Pakets nicht erwähnt wurde (nur Gesprächskontakte von Bergs mit dem Anwalt Dr. Wilhelm Frick in Zürich, der in Anbetracht seiner alten Kontakte zum deutschen Generalkonsulat ohnehin seit längerem unter Verdacht stand[158]). Aus der Rückschau würde man nun erwarten, dass die angelsächsischen «Spymasters» Genaueres über Belitz und von Berg erfahren wollten. Im näheren Aktenumkreis findet sich dazu allerdings nichts. Eine mögliche Erklärung wäre, dass die betreffende Quelle nur mit der mittleren Qualitätsmarke «B2» eingestuft worden war (Top-Verlässlichkeit rangierte als A1). Im selben unzuverlässigen Feld bewegte sich die Nachricht, Vertreter von Göring hätten in der ersten Septemberhälfte 1944 «large deposits» gemacht bei der Filiale der Graubündner Kantonalbank in Davos und bei der Banque Cantonale Vaudoise in

Lausanne.[159] Das Strickmuster solch vager Meldungen ist leicht erkennbar: Davos mit seinen deutschen Lungentuberkulose-Heilstätten (und der Erinnerung an Gustloff) bot sich ebenso an wie Lausanne als Sitz des SS-Spions Daufeldt. Erst kurz vor Kriegsende nahmen sich die US-Nachrichtenleute die Mühe, den Verhältnissen in Davos genauer auf die Spur zu kommen. Dabei war zwar die Rede von einigen suspekten Flüchtlingen, doch gleichzeitig wurde bestätigt, dass die schweizerische Regierung einen sehr gewissenhaften Effort mache, um den Eintritt von Simulanten in die Schweiz zu verhindern.[160]

Einiges plausibler wirkt auch heute noch eine Meldung aus der Quelle des US-Militärnachrichtendienstes, die zu zeigen scheint, dass noch vorhandene deutsche Mittel in der Schweiz möglicherweise für dringende Einkäufe verbraucht wurden. Mitte Oktober 1944 sollen deutsche Ingenieure in Zürich eingetroffen sein, um die geheime Beschaffung von Präzisionsgütern sowie Industriediamanten für die deutsche Kriegsproduktion zu organisieren. Der illegale Export sollte via Schmuggel über die Grenze bei Schaffhausen erfolgen.[161] Bei dieser Meldung erging von London aus die Aufforderung zur Abklärung der «allegations». In der OSS-Station in Bern schien man erstaunlicherweise nicht über diese Angelegenheit informiert.[162] Aber es dürfte kein Zufall sein, dass sich die US-Nachrichtendienste gerade im September 1944 mit der Frage der «Penetration» über die schweizerisch-deutsche Grenze beschäftigten. G. P. Van Arkel, der soeben beim OSS in Bern eingesetzt worden war, berichtete darüber an Colonel John Haskell. Dabei ging es offensichtlich nicht in erster Linie um «Safehaven», sondern um die Infiltrationsmöglichkeiten für US-Agenten nach Deutschland. Gleichwohl sind die Ausführungen Van Arkels auch in diesem Zusammenhang interessant, denn er schildert die schweizerischen Vorkehrungen: Die Schweizer seien interessiert, dem Schmuggel und «schwarzen Finanztransaktionen» sowie dem Entweichen von SS- oder Gestapoleuten vorzubeugen. Die Kontrolle sei deshalb in ihrem eigenen Interesse eng.[163] Kurz danach sandte OSS Bern eine interne schweizerischen Weisung betreffend die Aufnahme von Flüchtlingen nach Washington. Gemäss Punkt 15 wurden SS-Mitglieder im Polizei- und Gestapodienst nicht als Militärpersonal betrachtet. Über den Einlass von Soldaten entschied der Bundesrat je nach den Verhältnissen.[164] Mitglieder der Waffen-SS sollten allenfalls in scharf bewachten Lagern interniert werden. Die Kantonsregierung von Zürich hatte bereits in Bern sondiert, wie sich der Bundesrat in der Frage des Asylrechts für Kriegsverbrecher verhalten werde. Bundesrat von Steiger liess in einer vertraulichen Besprechung Anfang September wissen, dass der Bundesrat im Allgemeinen beabsichtige, Flüchtlinge aus Deutschland wegzuweisen. Das Risiko, sogenannte Kriegsverbrecher als Flüchtlinge zu erhalten, sei zu gross. Der Bundesrat war zum Beispiel nicht gewillt, den prominenten französischen Kollaborationspolitiker Laval aufzunehmen. Die Bundesanwaltschaft und der Sicherheitsdienst des Armeekommandos erstellten nun Listen über «Zurückzuweisende Ausländer», die fortlaufend verfeinert wurden zur Erfassung der verschiedenen Kategorien unerwünschter deutscher Nazi-Funktionäre, Agenten, Verbrecher und Kollaborateure etc.[165]

Auf alliierter Seite kam es in diesem zeitlichen Umfeld zu einigen Aktionen der psychologischen Kriegsführung, die ein Schlaglicht darauf werfen, wie gewisse Gerüchte entstanden (und als Echo dann von andern alliierten Stellen gelegentlich für bare Münze genommen wurden). Bereits Anfang Juni 1944 wurden amerikanische Agenten der «Moral Operations Branch» der OSS instruiert, «to play up the desperation of the Nazi leadership». Die Nazi-Führer, so die nach Deutschland gerichtete Propagandaversion, verhandelten mit der Schweiz, Schweden und Argentinien um Asyl. Ende Juni sollte dann eine neue Version gestreut werden, wonach die Nazi-Chefs jetzt realisierten, dass Asyl in den neutralen europäischen Staaten «prekär» wäre und sie deshalb ihre Pläne für die Flucht nach Argentinien vervollständigten.[166] Noch im Oktober 1944 zirkulierten Gerüchte, wonach Göring und Ley angeblich planten, über die Schweiz mit falschen südamerikanischen Pässen zu entweichen. Ein Zürcher Jurist war offensichtlich in die Verbreitung dieser «Information» involviert. Es zeugt für die realistische Einstellung von Allen Dulles in Bern, dass er sie als potentielle «fairy story» einschätzte.[167] OSS-Pläne, die Aktivitäten der «Moral Operations Branch» in der Schweiz auszubauen, stiessen bei Dulles auf Skepsis. Er wandte sich in dieser Phase auch gegen nutzlose und möglicherweise sogar schädliche Propaganda von Radio Atlantic.[168] Einige Monate später forderten Flugblätter alliierter Propagandastellen deutsche Soldaten auf, in die Schweiz zu desertieren, um dort «gemütlich in einem anständigen Schweizer Interniertenlager» das Kriegsende abzuwarten. Solche Aufforderungen waren den schweizerischen Behörden begreiflicherweise unangenehm. Der Gesandte Rüegger ersuchte in London darum, auf die Verbreitung derartiger Propaganda zu verzichten – offenbar mit wenig Erfolg.[169]

Dass es die Schweizer Grenzorgane ernst meinten mit der Abwehr von zweifelhaften Flüchtlingen, machte die OSS-Station in Bern indes nicht immer ganz glücklich. So erfuhren die «Spymasters» im Dezember 1944 aus offensichtlich sehr guter Quelle, «zwei wichtige deutsche Industrielle», die mit ihren Familien heimlich die Grenze überqueren wollten, seien zurückgewiesen worden. Der zurückweisende schweizerische Verantwortliche erwähnte diesen Vorfall mit Stolz gegenüber einem OSS-Vertrauensmann als Beispiel dafür, wie Kollaborateure der Nazis behandelt würden. Doch er tat dem OSS damit keinen Gefallen, denn Allen Dulles und seine Leute waren jetzt vermehrt interessiert, deutsche

Techniker im Hinblick auf die «post-collapse period» auszuhorchen und falls möglich durch die Schweiz nach Annemasse durchzuschleusen.[170] Auch als die Schweizer im Dezember 1944 Fritz Kolbe das Einreisevisum verweigerten, kam dies Allen Dulles natürlich sehr ungelegen.[171]

Zu ergänzen bleibt, dass die Schweizer Armee im Spätsommer und Herbst 1944 nicht mehr im Reduit, sondern teilweise ganz vorne an der Nordwestgrenze mit beträchtlich verstärkten Kräften Aufstellung nahm. Praktisch handelte es sich seit August um eine Teilkriegsmobilmachung.[172] Das wusste natürlich auch Allen Dulles. Und er fügte in seiner Information nach Washington einen Abschnitt an, der auf die Schwierigkeiten der Grenzüberschreitung nach Deutschland für Agenten (im Dienste der USA) Bezug nahm. Diese Aussage darf freilich auch in umgekehrter Richtung, das heisst von Deutschland in die Schweiz, gelten. «Switzerland is most incorruptible neutral nation in existence, and we must exercise the greatest tact in getting anything done here. The Swiss counter-espionage is extremely wide awake ...»[173] Für die schweizerische Vorsicht und Aufmerksamkeit gibt es zahlreiche Beispiele. Auf polizeilicher Ebene wurde zweifellos erneuter Spüreifer an den Tag gelegt. Da nahm man nun zum Beispiel das berühmte Hotel Baur au Lac in Zürich genauer unter die Lupe.[174] Die Bundespolizei sondierte derweil auf diskretem Wege, welche Banken allenfalls zu dubiosem Tun Hand bieten könnten. Ein Gewährsmann nannte fünf kleine Banken oder Finanzgesellschaften, äusserte dabei allerdings die Vermutung, zweifelhafte Gelder würden eher Anwälten übergeben.[175] Das war nun gewiss keine überraschende Erkenntnis. In der Schweiz – wie anderswo – fanden sich auch in dieser Berufsgruppe einige schwarze Schafe. Die Anwälte rückten jedenfalls in den letzten Monaten des Jahres 1944 zunehmend ins Zentrum des Interesses. Mr. Bliss vom MEW äusserte in einer Koordinationsbesprechung der alliierten «Safehaven»-Experten die Ansicht, in vielen Fällen seien wesentliche Dokumente von ihren deutschen Besitzern in der Schweiz im Namen von «shady lawyers and other agents» deponiert worden. Leutnant Bogdan, ein US-Experte, glaubte, demnächst in Berlin Aufschluss über manches Problem zu finden.[176]

Inzwischen zeigten sich verschiedene wichtige Schweizer Bankiers gegenüber den Alliierten betont kooperativ. Die Generaldirektoren Rossy (SNB), Grandjean (Kreditanstalt) und Nussbaumer (Bankverein) versuchten, in der Frage der Liechtenstein-Holdings behilflich zu sein, aus alliierter Sicht allerdings ohne grossen Erfolg. Mitte Dezember 1944 trafen sich der britische und der amerikanische Wirtschaftsattaché mit Golay, Nussbaumer, Vieli, Grandjean und Caflisch (Sekretär der Bankiervereinigung) zu einem vertraulichen Gespräch über die Holdinggesellschaften. Die Schweizer Bankiers versuchten die alliierten Vertreter zu überzeugen, dass die betreffenden Liechtenstein-Gesellschaften keine «schmutzigen»

Transaktionen über die führenden Schweizer Banken ausführten. Sie wiesen ferner darauf hin, dass sich die Anzahl der schweizerischen Holdinggesellschaften von 1938 bis 1942 verringert habe und sich darunter viele «bona fide businesses» und Familienstiftungen befänden. Dr. Caflisch hatte seine eigene diskrete Umfrage bei fünfundzwanzig führenden Schweizer Banken gemacht und festgestellt, dass siebzehn davon überhaupt keine Konti für Liechtenstein-Holdinggesellschaften führten. Mit den konkreten Resultaten mochten sich die Vertreter der Alliierten in Bern zwar nicht ganz zufrieden geben. Immerhin stellten sie mit Genugtuung eine gewisse Nervosität in schweizerischen Bankkreisen fest – und damit eine abschreckende Wirkung in Bezug auf «unerwünschte» Transaktionen.[177]

In diesen Kontext der alliierten Verdächtigungen (beziehungsweise der Kooperationsgesten seitens der Schweizer Banken) gehörte auch die Suche nach dem legendären «Hitler-Konto». Die US-Gesandtschaft in Bern hörte im September 1944 aus einer Quelle von «unbekannter Verlässlichkeit», bei der Bankgesellschaft in Basel existiere ein Konto Hitlers unter dem Namen «Ammann». Der amerikanische Generalkonsul Sholes in Basel erhielt einen Auftrag zur Abklärung, die er nicht nur bei der Bankgesellschaft, sondern auch beim Bankverein einleitete. Ein Max Amann, so viel war auf alliierter Seite nach kurzer Zeit klar, spielte eine wichtige Rolle im Nazi-Pressebereich. Die Konto-Suche wurde deshalb erweitert um drei Firmen-Namen aus dem Einflussbereich Amanns (Ullstein, Central Verlag der NSDAP sowie «ALA»). Das Resultat war negativ: Weder beim Bankverein noch bei der Bankgesellschaft fand sich eine Spur von Konten oder Tresorfächern von Max Amann oder den betreffenden Gesellschaften.[178]

Falls sich nun die Schweizer Regierung oder die Bankiers in Zürich und Basel vorstellten, mit ihrem breit gefächerten Entgegenkommen bei den Alliierten eine greifbare Entspannung erzielt zu haben, so täuschten sie sich. Gewiss, in London brachte man der Schweiz bedeutend mehr Verständnis entgegen. Dort schätzte man den Wert der schweizerischen Neutralität jetzt beträchtlich positiver ein. Der Hauptgrund ist leicht erkennbar: Die guten Dienste der Schweiz zum Schutz der britischen Kriegsgefangenen waren im Hinblick auf die Gefahren am Kriegsende (befürchteter Amoklauf der SS und Gestapo) mehr wert als einige Konzessionen mehr oder weniger auf wirtschaftlichem Gebiet. Voraussetzung blieb dabei, dass Deutschland die diplomatischen Beziehungen zur Schweiz nicht wutentbrannt in letzter Minute abbrach.[179] Auf amerikanischer Seite hingegen blieben die Hardliner gegenüber der Schweiz weitgehend in Führung. Beträchtliche Irritation bereitete ihnen der schweizerische Versuch, hartnäckig die Problemfelder Aussenhandel und Gotthardtransitfrage getrennt zu behandeln.[180] Sie sahen vorwiegend «delaying tactics and haggling» auf schweizerischer Seite. Ihr Ziel war einfach und klar: jede Form von «Hilfe» der Neutralen an Deutschland zu unterbinden.[181] Alles andere schien sekundär. Differenzierte Überlegungen zum Gehalt und Wert der schweizerischen Neutralität – die Gotthardtransitfrage gehörte unter anderem zu diesem Themenkreis – wurden bestenfalls am Rande zur Kenntnis genommen.[182] Dabei behielten die Amerikaner dank ihrem Einfluss auf das Oberkommando der alliierten Invasionstruppen in Europa (SHAEF/General Eisenhower) das wichtigste Machtmittel in der Hand: die Behinderung der Warendurchfuhr durch Frankreich an die Schweizer Grenze. Auf diesem Gebiet gab es keine Anzeichen einer Entspannung.[183] Auf schweizerischer Seite schien im November/Dezember 1944 der Verhandlungsspielraum weitgehend erschöpft. Professor Keller machte den alliierten Vertretern in Bern klar, dass die Schweiz nicht auf Forderungen eintreten könne, welche die Form eines Ultimatums hätten. Die US-Gesandtschaft in Bern, bisher meist auf der Linie der Hardliner, vertrat nun vorsichtig die Ansicht, dass man den Schweizern etwas entgegenkommen sollte. Dafür gab es ganz praktische Gründe: das im SHAEF erwachte Interesse an gewissen Materiallieferungen aus der Schweiz (elektrische Installationen und Holzbaracken).[184] In Washington liess man sich freilich nicht grundlegend umstimmen. Die «Foreign Economic Administration» zeigte sich Ende 1944 unverändert unbefriedigt über den Fortschritt der Verhandlungen mit der Schweiz. Aus der einseitigen Hardliner-Perspektive der «FEA» unterstützte die Schweiz nach wie vor in wirtschaftlicher und finanzieller Weise den Kriegsgegner. Die «FEA» war nicht bereit, der Schweiz vorauslaufende Konzessionen zu machen. Falls die Schweiz nicht nachgebe, könne sie nicht auf den Warentransit über Frankreich rechnen. Im State Department fand man jedoch zu einer etwas konzilianteren Linie, nicht zuletzt beeinflusst von den britischen Argumenten. Lord Halifax hatte persönlich in dieser Angelegenheit beim Unterstaatssekretär vorgesprochen.[185] Die Alliierten waren sich im Januar 1945 einig, eine mit Vollmachten ausgestattete Verhandlungsdelegation nach Bern zu schicken, um ihre Vorstellungen durchzudrücken.

In Bern konnte man sich leicht ausmalen, dass die Alliierten nun endgültig einen Exportstopp nach Deutschland und eine möglichst vollständige Unterbindung des Gotthardtransits zwischen Deutschland und Italien fordern würden. Das war aus den Verhandlungen der vorangehenden Monate und dem ungnädigen Verhalten vor allem der Amerikaner unschwer abzulesen. Darauf war man in Bern vorbereitet, und Jean Hotz orientierte die alliierten Vertreter Anfang Januar 1945 freimütig über die Verhandlungsziele mit den Deutschen (den alliierten Forderungen im materiellen Bereich wollte die Schweiz weit entgegenkommen[186]). Nicht ganz so einfach verhielt es sich mit dem Themenkreis «Bretton Woods

Resolution VI», der aus Berner Sicht scheinbar etwas in den Hintergrund gerückt war. Und über «Safehaven» wusste man in der Schweiz wenig Präzises, während auf alliierter Seite unter diesem halbgeheimen Code-Wort die Beschaffung belastender Informationen über deutsche Kapitalverflechtungen, Transfers und Aktivitäten im Ausland energisch vorangetrieben wurde. Die Koordinatoren des «Safehaven»-Programms glaubten nach wie vor «Evidenz» zu besitzen, dass der Feind, in stillschweigender Annahme der bevorstehenden Niederlage, Zuflucht in neutralen Staaten suche für Personen und «Assets», um sie der alliierten Kontrolle zu entziehen. «You should at all times have due regard for the delicate and highly confidential nature of this project», wurden die US-Vertretungen in jenen Staaten informiert, die zur unmittelbaren Aktion aufgefordert wurden.[187] Und zu diesen Ländern gehörte mit Priorität die Schweiz. Der «Foreign Economic Administrator» behauptete in seiner Stellungnahme von Ende 1944 an den US-Staatssekretär, die «Kollaboration» der Schweiz mit Deutschland auf dem Finanzgebiet («the cloaking of enemy funds, the purchase of Axis gold, the Swiss banks assistance to the enemy etc.») werde fortgesetzt.[188] Diese Behauptungen waren fast vollständig falsch, sie entsprachen indes dem vorgefassten Bild, das man bei der FEA offensichtlich nicht revidieren wollte. Margaret Clarke, eine Historikerin der FEA, kam schon 1946 zum Schluss: «Safehaven offered an opportunity to continue a challenging and absorbing game.» Sie spricht im Übrigen von Konfusion, Eifersüchteleien, Missverständnissen und Kompetenzkonflikten zwischen den verschiedenen involvierten administrativen US-Einheiten.[189] Gleichwohl bleibt die quantitative Ausbeute des «Safehaven»-Projekts insgesamt beeindruckender Beleg des Eifers, der nun an den Tag gelegt wurde. War das zur Hauptsache Beschäftigungspolitik für Beamte und Agenten, die am Kriegsende um ihren Job fürchten mussten? Eine solche Argumentation würde etwas zu kurz greifen. Es gab durchaus einen harten Kern vor allem in der FEA und im Treasury Department, welcher die «Safehaven»-Thematik sehr ernst nahm. Auch die «Financial Division» der amerikanischen Militärregierung in Deutschland (OMGUS) wird beträchtliche Energie für das Projekt aufwenden (vgl. Kapitel 9.4.).

Wie bedeutend diese Thematik im Januar 1945 in Washington gewichtet wurde, ermisst sich auch aus der Zusammensetzung der Delegation in die Schweiz. Sie wurde von Lauchlin Currie angeführt, einem persönlichen Assistenten von Präsident Roosevelt. Currie genoss seit einiger Zeit überdies das besondere Vertrauen von Henry Morgenthau.[190] Auch die FEA war in der Delegation vertreten. Ausserdem fanden Orvis A. Schmidt, ein Spezialist für das amerikanische «Freezing», und Walter W. Ostrow, der als Vertrauensmann von Harry D. White galt, nachträglich Platz in der US-Delegation.[191] Die Briten sandten mit Dingle Foot und E. H. Bliss zwei hochkarätige Experten der wirtschaftlichen Kriegführung nach Bern, die ihren amerikanischen Kollegen an Verhandlungserfahrung und Ausgewogenheit zweifellos überlegen waren. Gleichzeitig erhielten die Schweizer jedoch aus London die diskrete Empfehlung, daraus keine Divergenzen abzuleiten.[192] Auf schweizerischer Seite stand neben der eigentlichen Verhandlungsdelegation unter der Leitung von Professor Rappard (bekannt für seine «pro-Alliierte» Grundeinstellung) und den Fachexperten eine besondere Kommission unter Walter Stucki im Einsatz, in der die ganze «Elite» von Homberger bis Kohli, Reinhardt und Prof. Wahlen versammelt war.

Das Verhandlungsklima auf Schweizer Seite blieb nicht völlig unbeeinflusst durch die sowjetischen Presseangriffe vom November 1944 und die teilweise sehr kritischen Stimmen aus den Vereinigten Staaten. Die sowjetischen Vorwürfe, die Schweiz sei ein «aktiver Helfer des Faschismus» gewesen, schmerzten doch sehr und wurden etwa auch vom sozialdemokratischen «Volksrecht» empört zurückgewiesen. Das «Volksrecht» erinnerte die Sowjets an deren Lieferungen an Deutschland bis 1941 sowie an die Tatsache, dass die Schweiz während vier Jahren von den faschistischen Mächten eingeschlossen war. Auch den Sozialdemokraten fiel zudem auf, dass die Russen während der vorangehenden Kriegsperiode nie die geringste Klage gegen die Schweiz laut werden liessen.[193] Die «Prawda» verwendete im Übrigen Elemente, die ziemlich genau der amerikanischen «Safehaven»-Terminologie entsprachen. Der Schweiz, Spanien und Argentinien wurde der Vorwurf gemacht, sie beherbergten nationalsozialistische Flüchtlinge und hätten Vermögenswerte der Nazis in Verwahrung genommen.[194] Was damals geheim blieb, war Stalins Vorschlag gegenüber Churchill während dessen Besuch in Moskau, die Schweiz zum Durchlass alliierter Truppen zu zwingen, um die Siegfried-Linie zu umgehen. Als Churchill protestierte, sagte Stalin, die Schweiz habe während des Krieges eine «falsche Rolle» gespielt und sollte jetzt zur Kooperation gezwungen werden.[195] Churchills viel zitierte, verständnisvolle Stellungnahme (gegenüber Aussenminister Eden) zum Verhalten und zur Neutralität der Schweiz gehört in diesen zeitlichen und sachlichen Kontext.[196] Der britische Premierminister wird der Schweiz einige Monate später seinen offiziellen Dank aussprechen für die Dienste zum Schutz der britischen Kriegsgefangenen.[197]

Aufmerksame schweizerische Zeitungsleser bemerkten im Spätherbst 1944 aufgrund eines kleinen Artikels in der NZZ, dass sich ein Unterausschuss des amerikanischen Senats mit den deutschen Auslandguthaben beschäftigte. Es war, wie bereits erwähnt, die Rede von der Erstellung eines Inventars über deutsches Eigentum, «besonders wo die wirklichen Eigentümer durch schweizerische, holländische oder südamerikanische Gesellschaften maskiert werden». Unmissverständlich zielte dieser

Senatsausschuss auf die «Kontrolle aller deutschen Guthaben in den neutralen Ländern».[198] Der schweizerische Generalkonsul in New York, Victor Nef, mochte nicht ausschliessen, dass «die von Russland aufgetischten Behauptungen» über das Verhalten der Schweiz im grossen amerikanischen Publikum doch gewisse Spuren hinterlassen würden, «die für uns nicht günstig sind». Er befürwortete Schritte, um diskret dagegen anzugehen.[199] Das kam allerdings etwas spät im Ablauf der Ereignisse. Aus der Rückschau gesehen wäre es vielleicht dringlicher gewesen, mit dem Vorsitzenden des genannten Unterausschusses, dem Senator Harley M. Kilgore aus West Virginia, einen geeigneten Informationsaustausch zu pflegen. Es kann kein Zweifel bestehen, dass Kilgore den Ideen von Henry Morgenthau nahe stand und aus dem Treasury Department wichtige Impulse empfing.[200] Schliesslich werden die (gedruckten) Hearings vor dem Kilgore-Subcommittee vom Juli 1945 zum Thema «Elimination of German Ressources of War» (nicht zuletzt in den neutralen Staaten) einen beachtlichen Einfluss auf die nachfolgende amerikanische Meinungsbildung ausüben. Nicht zum Vorteil der Schweiz, muss man anfügen. Anderseits hatte die Delegation der Schweizer Bankiers (mit den Herren Barbey, Bates und Fatio aus Genf, ergänzt durch Adolf Jann) in den USA einen zwiespältigen Eindruck erhalten. Fred Bates, Verwaltungsrat der Bankgesellschaft, berichtete Anfang Februar 1945, wichtige amerikanische Persönlichkeiten hielten die schweizerische Neutralität nicht mehr für «viable». In der US-Administration fänden sich «sehr fanatische Personen» («où l'influence du ressentiment juif est très sensible»). Die inspirierten Presseattacken gegen die Schweiz würden über die «Overseas News Agency» verbreitet.[201]

Die schweizerische Landesregierung liess derweil an der Jahreswende 1944/45 eine günstige Chance verstreichen, doch noch in positivem Sinne in der Öffentlichkeit auf die Resolution VI von Bretton Woods einzugehen. Das hätte den Amerikanern für die bevorstehenden Verhandlungen einigen Wind aus den Segeln genommen. Doch weder der Freisinnige Pilet-Golaz (in der aussenpolitischen «Abschieds»-Debatte vom 12. Dezember 1944) noch der Sozialist Ernst Nobs oder der BGB-Vertreter Eduard von Steiger hielten dies offenbar für opportun. Ob die üblichen formaljuristischen Bedenken oder beleidigtes Schmollen (die Schweiz war ja nicht zu Bretton Woods eingeladen worden) den Ausschlag gaben, bleibe dahingestellt. Das konnte nicht verdecken, dass die vielfältigen Vorwürfe an die Schweiz den Bundesrat beunruhigen mussten. Walter Stucki wird vor der aussenpolitischen Kommission des Nationalrats die «Hehlerei»-Vorwürfe als «amerikanische Bombe» bezeichnen.[202] Justizminister von Steiger, Bundespräsident für 1945, versicherte Mitte Januar 1945 dem britischen Gesandten, der Bundesrat sei entschlossen, Depositen von Nazis in der Schweiz nicht zu erlauben.[203] Für die

Öffentlichkeit fehlten hingegen immer noch sichtbare Zeichen solcher Entschlossenheit. Die vorbeugenden Warnungen und Massnahmen der Bankiervereinigung von 1944 waren der Öffentlichkeit im Detail nicht bekannt. Es fehlte in der Schweiz ohne Zweifel an einer kohärenten Kommunikationspolitik in dieser heiklen Materie.

Am 11. Februar 1945, einem Sonntag, traf die alliierte Verhandlungsdelegation (nach vorgängigen Koordinationsbesprechungen in London und Paris) in Bern ein. Walter Stucki stand zur Begrüssung auf dem Perron. Die Presse durfte diese Verhandlungen mit ungewohnter Aufmerksamkeit verfolgen. Ein neuer Stil schien unter Stuckis Einfluss in Bern Einzug zu halten. Dabei wusste er sehr genau, wie die britische Gesandtschaft nach London berichtete, dass sein Prestige auf dem Spiele stand.[204] Am 5. März telegrafierte der amerikanische Chefdelegierte Currie triumphierend nach Washington, die Schweizer hätten nach dreiwöchigem Widerstand «kapituliert».[205] War das eine zutreffende Beurteilung? An den alliierten Verhandlungszielen gemessen, sprach einiges dafür. Bei genauerem Hinsehen aus der Rückschau handelte es sich indes um einen Vorgang, den man zutreffender als «geordneten schweizerischen Rückzug» bezeichnen könnte, aus Positionen, die ohnehin nicht mehr haltbar oder in Anbetracht der zunehmenden deutschen Liefer- und Zahlungsunfähigkeit gegenstandlos wurden (Themenkreise Warenhandel mit Deutschland sowie Gotthardtransit). Walter Stucki resümierte die Ausgangslage und die schweizerische Strategie vor der Nationalratskommission in sehr griffigen Formulierungen: Eine Isolierung der Schweiz drohte – «wie wir sie vielleicht noch nie zuvor erlebt haben». Und: «Wir müssen den Anschluss an die alliierten Mächte suchen. Diese Frage ist das Kernproblem.» Dass einige schmerzliche Konzessionen gemacht werden mussten, liess sich nicht vermeiden. Stucki glaubte, dass dies aufgewogen wurde durch alliierte Gegenleistungen sowie ein eher psychologisches Element. Konkret zu nennen waren einerseits die Öffnung des Transits durch Frankreich und die Einräumung von Kontingenten für den schweizerischen Import sowie auf der moralischen Ebene die Abwehr des Hehlerei-Vorwurfs.[206]

Der interessanteste Punkt lag wohl bei der verspäteten schweizerischen Zustimmung zur Resolution VI von Bretton Woods und der damit verknüpften Blockierung der deutschen Vermögenswerte in der Schweiz. Zwei unterschiedliche Ebenen wurden hier berührt. Stucki sprach über den moralischen Aspekt am 17. Februar 1945 offen mit dem Gesandten Schnurre: Der Bundesrat könne «auf dem finanziellen Gebiet ganz unmöglich weiter die Vorwürfe fast der ganzen Welt tatenlos annehmen, wonach in grossem Umfange Güter aller Art aus den von Deutschland besetzt gewesenen Ländern in der Schweiz versteckt seien». Wenn er den «Vorwurf der Hehlerei» entkräften wolle, dann befinde sich die Landesregierung «zweifellos in Übereinstimmung mit der ganzen Volksmeinung». Deshalb, so Stucki, habe der Bundesrat am Vortag die Blockierung der deutschen Vermögenswerte in der Schweiz beschlossen.[207]

In den Kulissen war diese Massnahme auf Schweizer Seite – und da befindet man sich auf einer etwas anderen Ebene – längst diskutiert worden. Bereits im Antrag des Volkswirtschaftsdepartementes vom 4. Dezember 1944 – im Zusammenhang mit den vorgesehenen Zahlungsverkehrseinschränkungen gegenüber Ungarn, Kroatien und der Slowakei – fand sich der Absatz: «Je nach der Entwicklung der Verhältnisse werden wir früher oder später gezwungen sein, die Vermögenssperre auch Deutschland gegenüber in Erwägung zu ziehen.» Dabei stand freilich nicht der moralische Aspekt im Vordergrund, sondern die schweizerischen Gläubigerinteressen in Deutschland, die es zu schützen (und allenfalls zu kompensieren) galt. Mitte Dezember 1944 besprach sich der kleine Kreis der Verhandlungsdelegation (Stucki war noch nicht dabei, hingegen Nationalbank-Chef Weber) mit den Bundesräten Stampfli und Pilet-Golaz. Robert Kohli und Pilet-Golaz vertraten beide dezidiert die Ansicht, dass die Schweiz die deutschen Guthaben an dem Tag sperren müsse, an welchem Deutschland den Transferdienst zugunsten der Finanzgläubiger nicht mehr befriedigen könne. Reichsbank-Vizepräsident Puhl hatte man diskret über diese Haltung in Kenntnis gesetzt.[208] Puhl war offensichtlich bereit, ausserhalb des Clearings gewisse Zahlungen zu leisten. Da stellte sich allerdings das Problem, dass sich die Schweiz nun gegenüber den Alliierten verpflichten musste, Gold der Reichsbank nur noch für ganz eingeschränkte Zwecke entgegenzunehmen. Die Befriedigung der schweizerischen Finanzgläubiger befand sich nicht darunter.[209]

Noch vor der Ankunft der alliierten Delegation hatte Walter Stucki intern seine Absicht kundgetan, gegen die «mentalité immobiliste suisse» zu kämpfen und mit der bisherigen Politik zu brechen, die darin bestand, sich jede Konzession im letzten Moment ohne Vorteil abringen zu lassen. Der neue Aussenminister Petitpierre stand in dieser Phase ganz offensichtlich im Schatten Stuckis, dem Bundespräsident von Steiger «ungebremsten Ehrgeiz» (und Bundesratsambitionen) zuschrieb.[210] Walter Stucki schien nach wie vor nicht gesonnen, auf die in Bern üblichen Animositäten in wesentlichem Masse Rücksicht zu nehmen. Zum Missfallen einiger Bundesräte interpretierte Stucki sein Mandat in etwas eigenwilliger Weise. Bundesrat Stampfli, der mit einiger Sicherheit die momentane Gewichtsverlagerung ins EPD nicht schätzte, gab seine neutralitätspolitisch motivierte Opposition gegen die Vereinbarungen mit den Alliierten erst am Schluss auf. Er und die hinter ihm stehenden Kreise hatten offenbar den Eindruck, von den Deutschen nie schlechter als jetzt von den Alliierten behandelt worden zu sein.[211]

Walter Stucki hatte am 9. Februar 1945, das heisst noch vor dem Eintreffen der alliierten Verhandlungspartner in Bern, eine Blockierung aller ausländischen Guthaben in der Schweiz und spezielle Enquêtes der französischen und deutschen Guthaben befürwortet.[212] Das war verhandlungstaktisch nicht ungeschickt, musste jedoch in seiner Radikalität den führenden schweizerischen Bankkreisen missfallen. Am 16. Februar 1945 wird Stucki den Bankiers bestätigen: «Die Blockade gegenüber Deutschland bedeutet eine Sicherung der schweizerischen Forderungen.» Dieser Überlegung konnten sich die Bankiers zu diesem Zeitpunkt ohne Problem anschliessen. Generaldirektor Vieli hätte sich eine solche Sperre schon früher gewünscht.[213] Generaldirektor Nussbaumer, der als Mitglied der Finanzkommission zu den Verhandlungen beigezogen worden war, berichtete bei dieser Gelegenheit von Barabhebungen, die von deutschen Bankdirektoren bereits vorgenommen worden seien (das war im Wesentlichen die alte Geschichte vom September 1944). Er glaubte zu wissen, dass bei den grossen Banken nur wenig deutsches Fluchtgeld vorhanden sei. Hingegen seien «strenge Massnahmen» gegen Privatleute vorzusehen. Auch Vieli vermutete viele deutsche Vermögenswerte bei Notaren und Anwälten. Verhandlungstaktisch interessant war der Hinweis Nussbaumers, Mr. Bliss habe argumentiert, die Schweiz könne sich mit der Blockierung «den ersten Griff auf die deutschen Guthaben» sichern.[214] Falls sich einzelne Briten im vertraulichen Gespräch (das Nussbaumer stets suchte) so ausdrückten, dann entsprach das wohl kaum den Absichten der US-Administration, die im Rahmen des «Safehaven»-Projektes ganz andere Ziele verfolgte. In einer Ausschuss-Sitzung der Bankiervereinigung stellte Alfred Schaefer Anfang März die zentrale Frage, ob über die Verwendung der blockierten Guthaben Zugeständnisse gemacht worden seien. Das war zwar nicht der Fall, doch Nussbaumer mochte nicht ausschliessen, «dass alliierterseits in Bezug auf die deutschen Guthaben gewisse Absichten bestehen». «Aber keine Meinungsäusserung der alliierten Vertreter lässt darauf schliessen, dass die Schweiz solche Gelder nicht für eigene Zwecke verwerten könnte.»[215] Vieles schien offen, was im Verlaufe der folgenden Monate zu Missverständnissen und erneut zu einer Verschlechterung der Beziehungen zu den Alliierten führen sollte.[216]

9.4. Die gesperrten deutschen Vermögenswerte in der Schweiz und die amerikanischen Forderungen: Versuch einer Bilanz unter Berücksichtigung der deutschen Verpflichtungen (1945/1946)

Wie verhielt es sich nun mit den deutschen Vermögenswerten in der Schweiz am Ende des Zweiten Weltkrieges? Um welche Grössenordnungen konnte es sich handeln, wenn man auch die «beneficial owners» nach amerikanischer Sichtweise in Betracht zog? Gab es da eine wundersame Vermehrung während des Krieges, die auf substantielle Verschiebungen hingedeutet hätte? Niemand vermochte jedenfalls in den letzten Kriegswochen vorauszusagen, welches Resultat herausschauen würde. Noch nie hatte man bisher in der Eidgenossenschaft die Vermögenswerte irgendeiner Nation lückenlos registriert. Das widersprach den traditionellen Vorstellungen liberalen Kapitalverkehrs. Und die Nachkriegszeit liess darauf hoffen, den ungeliebten Clearingverkehr mit den meisten Vertragsländern (1945 zwanzig an der Zahl) baldmöglichst reduzieren und abschaffen zu können (was sich freilich für einige Jahre als Illusion herausstellen sollte). Die Sperrung und die vom Bundesrat angeordnete Inventarisierung der deutschen Vermögen (Bundesratsbeschluss vom 29. Mai 1945 betreffend Meldepflicht) lag somit ziemlich quer zu den Grundlinien schweizerischer Liberalität in der Vergangenheit. Da half die Absicht (oder zumindest die Hoffnung), die massive deutsche Clearingverschuldung (die sogenannte «Clearingmilliarde») sowie andere schwer einbringbare schweizerische Guthaben und Investitionen nördlich des Rheins bei Gelegenheit kompensieren zu können. Solche Absichten mussten die Schweiz andererseits in Gegensatz zu gewissen Strömungen in Washington bringen. Es war nicht ungefährlich, sich als Kleinstaat gegenüber der nun eindeutig führenden westlichen Siegermacht «unkooperativ» zu zeigen. Dieses Kapitel wurde für die Schweiz, die hartnäckig an ihren traditionellen Neutralitätsvorstellungen festhielt und ihre Souveränität auch jetzt bewahren wollte, zu einem schmerzhaften Lern- und Anpassungsprozess.

Für die Spezialisten der Materie war damals deutlich erkennbar, dass sich die deutschen Vermögenswerte in der Schweiz während der 1930er-Jahre – ob nun freiwillig oder erzwungen – beträchtlich vermindert hatten (vgl. Kapitel 4.2./5.1./6.1.). Weitgehend unbekannt war freilich der Stand deutscher Direktinvestitionen und Anlagen in der Schweiz um 1930/31, den man als Ausgangslage hätte benutzen können. Ebenso wenig wusste man über einen allfälligen Zuwachs während des Zweiten Weltkrieges Bescheid. Was die Banken an bilanzwirksamen deutschen Guthaben an die Nationalbank rapportiert hatten, liess per Saldo auf keinen wesentlichen Zufluss schliessen: Von 64 Millionen Franken in den Jahren

1939 und 1940 wuchsen die Verpflichtungen der schweizerischen Grossbanken gegenüber Deutschland bis Ende 1943 auf 87 Millionen. Im Jahre 1944 wurde eine Verminderung auf 78 Millionen per Ende Juni und schliesslich 64 Millionen per Ende Jahr verzeichnet. Darin spiegelten sich einerseits jene vorsorglichen Rückzüge, welche Albert Nussbaumer erwähnt hatte, sowie andererseits der anhaltende deutsche Devisenverzehr in Anbetracht der prekären Clearingverhältnisse.[217] Reichsbank-Vizepräsident Puhl war noch kurz vor Kriegsende bereit, 25 Millionen Franken vom Girokonto bei der Nationalbank zugunsten der schweizerischen Finanzgläubiger zu vergüten. Puhl wollte lieber die alten deutschen Verpflichtungen honorieren, als die noch vorhandenen liquiden Mittel dem eventuellen Zugriff der Alliierten aussetzen. Die Nationalbank hatte allerdings gewisse Bedenken.[218] Von den Manövern Puhls kurz vor dem Ende des «Dritten Reiches» wird im Folgenden nochmals die Rede sein, weil davon weiter reichende Wirkungen ausgingen. Hier sei nur vorausgenommen, dass sich die effektiven Abdisponierungen vom Konto der Reichsbank im Rahmen der deutschen Schuldverpflichtungen im April 1945 nur noch auf 10 Millionen Franken beliefen.[219]

Der Bundesrat beauftragte nun die Schweizerische Verrechnungsstelle mit der Inventarisierung der deutschen Vermögenswerte. Dort war im Rahmen der Clearingabwicklung bereits ein spezifisches Wissen vorhanden, was gewisse Zweifelsfälle betraf. Der beträchtliche zusätzliche administrative Aufwand machte rasch eine Aufstockung des Personals notwendig.[220] Es kann kaum ein Zweifel bestehen, dass die Verrechnungsstelle ihre Aufgabe sehr ernst nahm, auch wenn zu Beginn noch einige organisatorische Mängel und definitorische Unklarheiten zu überwinden waren. Die Komplexität der Materie wurde erst im Verlaufe der Startphase ganz deutlich. Wie kaum anders zu erwarten, gab es Widerstände des Anwaltsverbandes gegen die Namensnennung ihrer Klienten (unter Berufung auf das Anwaltsgeheimnis). Die Banken verhielten sich kooperativer, legten allerdings Wert darauf, dass die Behörden die praktische Aufhebung des Bankgeheimnisses nicht beim Namen nannten. Schliesslich mussten sich dann auch die Anwälte fügen.[221]

Während sich in der Schweiz die Beamten der Verrechnungsstelle mit pflichtbewusster Genauigkeit ans Werk machten, zeigten sich gewisse amerikanische Stellen bereits ungeduldig. Sie glaubten offensichtlich schon zum Voraus zu wissen, wie das Resultat aussehen musste. Die früher erwähnten Hearings vor dem Unterausschuss des Senators Kilgore gaben den Scharfmachern in Washington günstige Gelegenheit, medienwirksam ihre Thesen über die deutsche Wirtschaftspenetration im Ausland und die schweizerischen Helfer zu verbreiten. Orvis A. Schmidt, ein Mitglied der Currie-Delegation und jetzt Director of Foreign Funds Control im Treasury Department, spielte bei diesen Hearings eine zentrale

Rolle als eine Art Belastungszeuge. Namentliche Erwähnung fanden I.G. Chemie, Chepha und Forinvent als Paradefälle aus amerikanischer Sicht. Schmidt fand im Übrigen, die Schweiz gehe «sehr zögernd» vor, um die Namen der deutschen Vermögensbesitzer in Erfahrung zu bringen. Senator Elbert D.Thomas aus Utah, der Vorsitzende des Committee on Military Affairs, leitete aus Schmidts Ausführungen Anfang Juli 1945 ab, dass die Schweiz als einer der Hauptkanäle für die «German economic penetration» gewirkt habe. Er regte an, die schweizerischen Beteiligungen in allen Ländern der «United Nations» diesbezüglich untersuchen zu lassen. Im offensichtlich vorarrangierten Dialog fand das Orvis A. Schmidt «a very fine point».[222] Vorerst schien es aus dieser Sicht nützlich, über die alliierte Presse die «Safehaven»-Anklagen gegen die Schweiz erneut anzufachen. Abstruse Zahlen deutscher Depositen in der Schweiz wurden genannt. Das schweizerische Bankgeheimnis, so ein Hauptpunkt, beschütze die verborgenen Vermögenswerte deutscher Financiers und Industrieller.[223]

Die Reaktion auf schweizerischer Seite im Sommer und Herbst 1945 war gemischt, zunächst bestimmt von Faktenunsicherheit, gleichzeitig taktisch und emotional schwankend zwischen trotziger Versteifung gegenüber den Amerikanern und der Bereitschaft zu flexiblem Entgegenkommen in Teilbereichen. Robert Kohli zum Beispiel, mit seiner langjährigen Kenntnis der kritischen Dossiers, sah die Fälle I.G. Chemie und Schering in durchaus unterschiedlichem Licht. Er befürwortete zunächst ganz klar eine provisorische Blockierung der I.G. Chemie – zum grossen Ärger von Felix Iselin, der heftig bei Bundesrat Petitpierre intervenierte.[224] Zusätzliche Reibungen ergaben sich daraus, dass jetzt die Verrechnungsstelle mit ihren neuen, vertieften Untersuchungen über den angeblichen oder tatsächlichen deutschen Charakter gewisser Gesellschaften zu Schlussfolgerungen kam, die beträchtliche Ausstrahlungen im politischen Bereich verursachen mussten. Der Fall der I.G. Chemie war definitiv keine reine Privatsache mehr. Um welche wirtschaftlichen Dimensionen es insgesamt ging, zeigt der Umstand, dass Orvis A. Schmidt vor dem Kilgore-Ausschuss von 214 deutsch kontrollierten Firmen in der Schweiz sprach (zum Vergleich: Schweden 233, Spanien 112, Argentinien 98). Er rechnete damit, dass sich die Zahl im Laufe der Untersuchungen der Besatzungsbehörden noch erhöhen würde.

Ende August 1945 verdichtete sich das Missfallen der Amerikaner über die «general reluctance» der Schweiz im Zusammenhang mit dem «Safehaven»-Projekt. Die amerikanische Wahrnehmung war keineswegs völlig unzutreffend, vernachlässigte jedoch die Komplexität der juristischen und administrativen Probleme, die sich auf schweizerischer Seite stellten. Das Treasury Department wollte nun als Druckmittel das Zertifizierungs-Procedere betreffend die Schweizer Guthaben in den USA aufhalten. Die

Briten wurden aufgefordert, ebenfalls sehr zurückhaltend zu sein bei Erleichterungen der bisherigen Verfügungsbeschränkungen. Man war sich in Washington bewusst, auf diesem Gebiet die «mächtigste Waffe» zu besitzen, um die Schweizer zur «compliance on Safehaven» zu zwingen.[225] In London hatte man inzwischen aus bester Quelle gehört, wie unbefriedigend sich die schweizerisch-amerikanischen Beziehungen entwickelten. Rudolf Pfenninger, der Delegierte der Nationalbank in den USA, besuchte auf der Rückreise in die Schweiz im Mai 1945 auch die Bank of England. Dabei kam vor allem «Safehaven» zur Sprache. Pfenninger äusserte sich wenig erbaut über seine Zeit in Washington. Er gehörte zu jenen, die offensichtlich amerikanischem Druck nicht weiter nachgeben wollten. Pfenninger erinnerte seine britischen Gesprächspartner bei dieser Gelegenheit an die deutsche Clearingschuld sowie private schweizerische Forderungen an Deutschland. Nach Pfenningers Ansicht würden einseitige Massnahmen der alliierten Kontrollkommission in Deutschland (gemeint betreffend deutsches Auslandvermögen in der Schweiz) Gegenmassnahmen der schweizerischen Regierung hervorrufen.[226] In London hielt sich der Eifer zur Durchführung der «Safehaven»-Untersuchungen in Grenzen. Man blieb bemüht, vernünftige Prioritäten zu setzen, und ging davon aus, dass sich manche Fragen aufgrund der Reichsbank-Akten und den Einvernahmen deutscher Gefangener bald klären würden. Nicht ganz auszuschliessen war, dass «sinistere Funds» ohne Wissen der Reichsbank aus Deutschland herausgeschmuggelt worden waren.[227] Die Informationen über den angeblichen Transfer von Vermögenswerten der Nazi-Führung ins Ausland wurden aus britischer Sicht noch einige Wochen vorher als unzuverlässig eingestuft.[228] Man wusste in eingeweihten Kreisen, dass die vielen Berichte über die Flucht von Nazis ins Ausland der fruchtbaren Phantasie von Mr. Delmar entsprangen. Diese Art von Gerüchten wurde, wie bereits im vorangehenden Kapitel erwähnt, auch unter Beihilfe der OSS ausgestreut. Radio Atlantic oder der «Deutsche Soldatensender» spielten eine wesentliche Transmissionsrolle. Die Ironie der Geschichte lag darin, dass verschiedene amerikanische Regierungsstellen diese fabrizierten Gerüchte ernst nahmen und ihnen über Monate nachzugehen versuchten.[229]

Tatsache war, dass sich kein einziges Mitglied der obersten Nazi-Führungsclique ins neutrale Ausland absetzen konnte (falls solche Absichten überhaupt bestanden). Wer nicht Selbstmord beging wie Hitler, Goebbels und Himmler, sass nun in den Gefangenenlagern «Ashcan» und «Dustbin» und wurde einer ersten Serie von Verhören unterworfen. Nur Reichsleiter Martin Bormann fehlte aus der Spitzengruppe. Sein Tod beim Ausbruch aus Berlin konnte erst später einwandfrei festgestellt werden. Neben den sogenannten Hauptkriegsverbrechern verhörten die Alliierten eine Vielzahl von Funktionsträgern unterschiedlicher Rangordnung.

Diese «Interrogations» vom Mai bis August 1945 dienten nicht allein der Vorbereitung der Nürnberger Prozesse, sondern in vielen Fällen auch spezifischen Untersuchungen verschiedener alliierter Militär- und Besatzungsstellen.[230] In diesem Rahmen (sowie anschliessend in Nürnberg) wurde dem «Safehaven»-Projekt einige Aufmerksamkeit zuteil, obschon die «Safehaven»-Fragen nicht zum Kern der Anklage gehörten. Die amerikanischen Offiziere mochten zunächst mit vorgefassten, übertriebenen Erwartungen an das Thema herangehen, doch sie lernten rasch und stellten binnen kurzem verfängliche Fragen, die aus Querinformationen stammten und den Gefangenen den Eindruck vermitteln mussten, dass die Wahrheit kaum zu verschleiern war. Der bequemste Ausweg bestand für die Verdächtigen bisweilen darin, in Teilbereichen Nicht-Wissen vorzutäuschen und die Verantwortung auf Kollegen, Untergebene und ungeliebte Rivalen abzuschieben. Im Endeffekt ergab sich gleichwohl ein aufschlussreiches Bild des unterschiedlichen Spielraums, welcher den Nazi-Funktionsträgern in ihren konkurrierenden Strukturen zur Verfügung stand.

Zentral war die Frage, wer denn im «Dritten Reich» wirklich die Möglichkeit besass, Devisen, ausländische Wertpapiere und Edelsteine zu erwerben und diese alsdann ins neutrale Ausland zu verschieben, sei es über legale Wege oder Schmuggelpfade. Jetzt besassen die Alliierten die einzigartige Chance, fast alles zu erfahren, was sich bisher im Nebel mehr oder weniger plausibler Vermutungen und Denunziationen bewegte. Der britische Geheimdienst glaubte zum Beispiel im Februar 1945 zu wissen, die «deutsche Untergrundbewegung» besitze beträchtliche Mittel in der Schweiz, in Form von Devisen, Banknoten in Schweizerfranken und Diamanten. Diese «Assets» seien in Tresorfächern von Privatpersonen deponiert worden. Die Sperrung der deutschen Vermögenswerte in der Schweiz sei deshalb ohne Effekt auf diese Werte geblieben.[231] Diese Schlussfolgerung war allerdings falsch. Auch solche Werte mussten gemeldet werden. Eine Umgehung der Meldepflicht war in den nun anbrechenden Monaten der «Säuberungen» in der Schweiz mit beträchtlichen Risiken behaftet. Das Vermögen der in verschiedenen Schüben ausgewiesenen Deutschen wurde mit Bundesratsbeschluss vom 13. Juli 1945 gesperrt. Die Verrechnungsstelle konnte von jedermann Auskunft verlangen sowie Bücherrevisionen und Kontrollen durchführen.[232] Und in den kleinräumigen schweizerischen Verhältnissen wusste man in der Regel sehr wohl, wer als «deutschfreundlicher» Anwalt oder Interessenvertreter zu gelten hatte.

Weniger die relativ leicht erkennbaren Transaktionen der Reichsbank, sondern vielmehr die «sinisteren Operationen» vor allem aus Görings Umkreis sowie aus dem SS- und Gestapo-Bereich standen im Zentrum des «Safehaven»-Verdachts. Wie sah das Mosaik nun aus, das die alliierten

Experten im ersten Nachkriegsjahr zusammensetzen konnten? Die Verantwortlichen der «Finance Division, External Assets Branch» von «Omgus» (Office of Military Government U.S. Zone), wo die amerikanischen Fachleute ab September 1945 zusammengefasst wurden, gingen – nach einer notgedrungen etwas chaotischen Startphase – alsbald sehr umsichtig ans Werk. Sie entschlossen sich mit gutem Grund, zunächst den Fall Hermann Göring («No. 1 Nazi official alive») mit all seinen Tentakeln im Bereich Vierjahresplan und Beutegut unter die Lupe zu nehmen. Die verfügbaren Zeugen seiner Umgebung – und das waren recht viele, von seinen Staatssekretären Koerner und Neumann bis zu seinem persönlichen Adjutanten Oberst von Brauchitsch und seiner Sekretärin Gisela Limberger – wurden eingehenden Einvernahmen unterworfen. 36 «interrogations», ergänzt durch 28 «Safehaven»-Reports aus verschiedenen Quellen, bildeten die Grundlage der Schlussfolgerungen. Nehmen wir das Resultat dieses beträchtlichen Aufwandes vorweg: Die Amerikaner fanden keine wirklichen Beweise, wonach Göring direkte oder indirekte Interessen an «Assets» im Ausland gehabt hätte. Göring bestritt in allen Einvernahmen, dass er Vermögenswerte im Ausland versteckt haben sollte. Seine Umgebung bestätigte dies nicht nur, sondern hielt solches Tun mit seinem Charakter und seiner «Philosophie» für unvereinbar.[233]

Von den Aussagen des «Reichsmarschalls» selber versprachen sich die US-Offiziere vermutlich etwas weniger als von den Informationen seiner nächsten Umgebung. Göring antwortete zum Beispiel im Juni 1945 knapp und nur die Oberfläche streifend, dabei stellenweise mit einiger Schlagfertigkeit. Er versuchte seinen Einfluss auf die Devisenverwaltung des Vierjahresplanes herunterzuspielen. Um Details habe er sich nicht gekümmert (was durchaus glaubhaft schien). Das war die Sache von Koerner, Gramsch und Kadgien. Und in der Schweiz sei er seit 1929 nie mehr gewesen. «Purely private affairs» verfolgte er damals, darauf eintreten mochte er nicht. Die Kunstgeschäfte in der Schweiz erledigte Hofer. Der Anwalt «vom Berg»? Den kannte er, doch der wusste «sehr wenig von mir, weil ich ihn nur fünf- oder sechsmal in meinem ganzen Leben gesehen habe». Wo befanden sich Görings Edelsteine? Einiges, so Göring, habe er verteilt. Anderes befand sich am Ende in seinem Sonderzug. Am 23. April 1945 wurde Göring von der SS verhaftet. Sein Sonderzug sei geplündert worden. Die Amerikaner fanden schliesslich die «Göring-Juwelen», deren Wert auf eine halbe Million Dollar geschätzt wurde.

Erwartungsgemäss misstraute Göring vor allem Himmler und dessen Umgebung. Er vermutete, dass die Gestapo konfiszierte Devisen nicht ordnungsgemäss an die Reichsbank abgeliefert hatte, sondern für sich behielt. Zudem habe Himmler für Spionagezwecke von der Reichsbank Devisen verlangt. In diesem Zusammenhang fiel der Name von Walter

Schellenberg, Himmlers Auslandsspionagechef.[234] Betreffend Himmler persönlich fanden die «Safehaven»-Experten keinerlei Hinweis auf Verschiebungen ins Ausland. Alle Zeugen hatten Himmler als Fanatiker geschildert, ohne Interesse an privatem Reichtum und nicht als der Typ, der sich ein «Nest» im Ausland für den Fall einer Niederlage baute.[235] Walter Schellenberg hingegen war das seltene Kunststück gelungen, sich noch am Kriegsende als Sondergesandter nach Schweden absetzen zu können. Das nützte ihm freilich nicht viel, denn nach der deutschen Kapitulation sank sein «Verhandlungswert» auf null. Hingegen interessierten sich die alliierten Geheimdienste ausserordentlich für ihn. Mitte Juni war er zurück in Deutschland und wurde in der Folge dort und in Grossbritannien intensiven Verhören unterworfen.[236] Was die Schweiz betraf, erinnerte er sich auch einige Monate später in Nürnberg recht genau an seine Agenten, zuvorderst Hauptsturmführer Eggen (mit der Linie über Meyer-Schwertenbach zu seinem «Freund» Brigadier Masson), daneben Daufeldt und die Leute der Abwehr, die Schellenberg nach der Absetzung von Admiral Canaris übernommen hatte. Über den finanziellen Aufwand konnte er einige Schätzungen abgeben. Die für seine Tätigkeit notwendigen Schweizerfranken, Schwedenkronen und US-Dollars erhielt er gewöhnlich vom Reichswirtschaftsministerium und vom Vierjahresplan, ausnahmsweise auch von der Reichsbank. Insgesamt verfügte er über ein Jahresbudget in Devisen im Gegenwert von 12 Millionen Reichsmark. Wie viel davon auf die Schweiz entfiel, wusste er annäherungsweise. Zunächst schätzte er 1 Million RM,[237] später etwas detaillierter 1½ bis 2 Millionen Franken für die Militärspionage unter Kapitän Meisner in Bern (inklusive Weiterleitungen in andere Länder) sowie 400 000 Franken für die politische Abteilung unter Daufeldt. Zum Vergleich: Spanien verschlang allein ein Drittel von Schellenbergs Devisenmitteln, um das von Admiral Canaris aufgebaute, vielfältige Agenten- und Beziehungsnetz weiterhin pflegen und ölen zu können. Bei der Übernahme der Abwehr Mitte 1944, so Schellenberg, habe er eine grosse «Säuberungs-Operation» gestartet, da Abwehroffiziere Devisen in die eigene Tasche gesteckt hätten. Auf eine präzise Rückfrage bezüglich der Schweiz konnte er jedoch keine Namen solcher Missetäter nennen. Für die «Buchhaltung» war schliesslich Oberregierungsrat Dr. Joerges zuständig. Immerhin erinnerte sich der damals erst 35-jährige SS-Brigadeführer Schellenberg an seine Gespräche mit Oberst Hansen von der Abwehr über die beabsichtigte Liquidation gewisser «fiktiver» Gesellschaften im Ausland. Hansen sollte zur Untersuchung dieser Angelegenheit den Dr. Joerges einsetzen und der Letztere einen Rapport liefern, den Schellenberg angeblich nie zu Gesicht bekam. Gleichwohl glaubte Schellenberg zu wissen, dass die Mehrheit dieser Firmen vor Kriegsende von Joerges liquidiert worden sei – und dazu sogar noch Devisen eingesetzt werden mussten, weil sie bankrott gewesen seien. Gefragt, ob seine Agenten in den neutralen Staaten noch über «Assets» verfügten, war Schellenbergs Antwort betreffend Schweden ein klares Nein. Für die Schweiz ein: «I don't think so», da müssten sie indes noch Kapitän Meisner fragen, der gleichzeitig mit ihm von den Briten verhört worden sei.[238] Schellenberg war indes nicht unbekannt, dass die Abwehr in der Schweiz über einen Fonds verfügt hatte, den er dort – für eine allfällige Weiterverwendung in der Türkei – belassen wollte.[239] Diese Spur ist im Folgenden noch näher zu verfolgen.

Eine andere Frage war, was Ernst Kaltenbrunner, der Chef des Reichssicherheitshauptamtes, allenfalls ins neutrale Ausland geschafft hatte. SS-Obergruppenführer Kaltenbrunner und Schellenberg waren innerhalb von Himmlers Reich Intimgegner, die sich fortwährend belauerten. Nicht erstaunlich deshalb, dass Schellenberg, der sich dank Himmlers Protektion bis zum Schluss zu halten vermochte, seinen nominellen Vorgesetzten Kaltenbrunner auch im Nachhinein noch zu belasten versuchte. Kaltenbrunner liebte, gemäss Schellenberg, Geldgeschäfte. So kannte Schellenberg zum Beispiel Kaltenbrunners Beteiligung an der Fälschung von Pfund-Noten, die auf Schleichwegen über verschiedene Länder in Verkehr gesetzt worden waren.[240] Wenn es um präzise Einzelheiten betreffend Schweiz ging, erwiesen sich Schellenbergs Informationen allerdings als bescheiden. Nur einen Fall konnte er konkret anführen, bei dem er im Auftrag Kaltenbrunners – der offensichtlich auf Schwierigkeiten gestossen war – einen Transfer von etwa 100 000 Schweizerfranken in die Schweiz veranlassen musste. Ausführende Stelle war Joerges, der zu diesem Zwecke von Kaltenbrunners Adjutant Scheidler niederländische Wertschriften erhalten habe. Das soll sich etwa Ende 1944 abgespielt haben. Die schweizerische Bankverbindung war ihm nicht bekannt. Die «Safehaven»-Experten versuchten nun mehrfach, den Namen der Bank Johann Wehrli zu suggerieren, welche sie immer noch zu entlarven hofften. Schellenberg konnte sich indes nur daran erinnern, dass sein Agent Jahnke einmal die Wehrli-Bank für die Unterstützung eines Einreisevisums in die Schweiz zu mobilisieren versucht hatte.[241] Ein weiterer interessanter Zeuge war Otto Ohlendorf, während des Krieges Chef von Amt III im Reichssicherheitshauptamt, mit zusätzlichen Verantwortlichkeiten ab November 1943 im Reichswirtschaftsministerium. Er kannte somit wie nur wenige andere hohe Funktionäre die Schnittstellen zwischen den Bereichen. Selbst Speer musste anerkennen, dass sein Rivale Himmler mit der Entsendung von Franz Hayler (als Staatssekretär) sowie von Ohlendorf (als Ministerialdirektor) ins Reichswirtschaftsministerium eine «gute Wahl» getroffen hatte, weil beide zur «intellektuellen Schicht» innerhalb der SS gehörten.[242] SS-Gruppenführer Ohlendorf erwähnte nun in der Gefangenschaft einen Auftrag Kaltenbrunners, über die offiziellen

Wege (d. h. RWM und Reichsbank) einen Transfer im Gegenwert von 1 bis 2 Millionen Reichsmark in die Schweiz zu veranlassen. Das soll sich Anfang 1945 abgespielt haben. An Details (etwa die Schweizer Bank) konnte er sich allerdings nicht mehr erinnern. Es ist nicht klar, ob der Auftrag tatsächlich ausgeführt wurde. Ohlendorfs Feststellung, dass er von keiner andern Transaktion dieser Art Kenntnis habe, scheint aus der Rückschau von besonderer Bedeutung. Ausserdem bestätigte er in diesem Zusammenhang, dass es in den letzten Kriegsjahren «ziemlich schwierig» gewesen sei, Auslandreisen zu unternehmen. Himmlers persönliche Zustimmung war dazu erforderlich.[243] Eine andere wichtige Aussage Ohlendorfs aus einer späteren Vernehmung gilt es ebenfalls festzuhalten: Während seiner Zeit als Ministerialdirektor im Reichswirtschaftsministerium, das heisst seit Ende 1943, habe es aus Prinzip keine Erlaubnis für Eigentumstransfers an Ausländer gegeben. Tarnungsoperationen wurden 1944 verboten.[244] Kaltenbrunners administrativer Adjutant Scheidler konnte ebenfalls einvernommen werden. Er erinnerte sich nur an kleinere Transfers seines Chefs an einen Agenten in der Schweiz. Interessanter war sein Hinweis auf ein Projekt Kaltenbrunners mit Seyss-Inquart, dem Reichskommissar für die besetzten Niederlande, noch Anfang 1945 auf dem Schwarzmarkt in der Schweiz Französenfranken in Schweizerfranken zu wechseln. Das Projekt konnte jedoch nicht durchgeführt werden, und der Sack mit den Französenfranken ging zurück an die Reichsbank.[245] Blieb noch ein weiterer Verdacht auf sinistre Transfers Kaltenbrunners am Ende des Krieges: der Weg über Dr. Wilhelm Hoettl, der im Bereich von Schellenberg für den Balkan und Südosteuropa zuständig war. Hoettl suchte im Einvernehmen mit Kaltenbrunner den Kontakt zu Allen Dulles in der Schweiz, um nach eigenen Aussagen «für Österreich zu retten, was noch zu retten war». Dulles tat so, als ob er bereit wäre, auf die Friedensfühler von Kaltenbrunner/Himmler einzugehen, mit dem Ziel, die deutschen «Reduit-Pläne» – eine Phantomvorstellung, die vor allem die amerikanischen Militärs beunruhigte – zu verhindern.[246] Was nun das Finanzielle betraf, so brachte Hoettl nach eigener Aussage eine gewisse Summe nach Liechtenstein, die der österreichischen Widerstandsbewegung (die ihrerseits von Dulles unterstützt wurde) zur Verfügung stehen sollte. Von Versuchen Kaltenbrunners, Geld ins Ausland zu schaffen, wusste Hoettl jedoch angeblich nichts.[247] Fazit: Es liegen keine verlässlichen Indizien vor, wonach es Kaltenbrunner persönlich in den letzten Kriegsmonaten gelungen wäre, grössere Beträge in die Schweiz zu schaffen. Ob SS-Standartenführer Kurt Becher mit seinem «Geschäft des Rettens» (von tödlich gefährdeten Juden) in Bezug auf persönliche Vermögensverschiebungen ins Ausland erfolgreicher war, scheint ungewiss. Die Quellenlage lässt vollständige Transparenz vermissen (was in Anbetracht der ausserordentlich heiklen

Verhandlungsumstände kaum erstaunen kann).[248] Ernst Kaltenbrunner als exemplarischer Nazi-Schurke und Chef des RSHA stand weiterhin unter Verdacht und schien den «Safehaven»-Experten vertiefter Untersuchungen würdig. Mit seiner Hinrichtung im Oktober 1946 verlor das Thema indes an Dringlichkeit. Otto Ohlendorf wurde 1951 hingerichtet. Kurt Becher hingegen brachte es in der Nachkriegszeit zum erfolgreichen Getreide- und Futtermittelhändler in Bremen. Und Wilhelm Hoettl gelang es erstaunlich rasch, sich in der Nachkriegszeit den amerikanischen Nachrichtendiensten anzudienen. Um ihn und seine Finanzlage rankten sich mancherlei Gerüchte.[249]

Erstaunen mag auf den ersten Blick, dass die Finanzexperten der External Assets Branch von Omgus in ihrem zusammenfassenden Rapport vom Februar 1946 den Finanztransaktionen der Abwehr unter Admiral Canaris keine besondere Aufmerksamkeit schenkten, obschon das «Amt Mil» (ein Teil der ehemaligen Abwehr), eingegliedert in das Reichssicherheitshauptamt, am Kriegsende noch über einige Saldi in den neutralen Staaten zu verfügen schien (falls sie nicht aufgebraucht worden waren).[250] Die Vermutung liegt nahe, dass dieses Thema auf amerikanischer Seite teilweise aus interessierter Rücksichtnahme bewusst offen gelassen wurde. Gerade an diesem Beispiel lässt sich indes zeigen, wie die Untersuchungen der Amerikaner, Briten und Schweizer, fügt man alle Elemente nachträglich zusammen, durchaus Spuren komplexer Vermögensverschiebungen insbesondere im Bereich der Devisen aufzudecken vermochten. Allerdings wird sich herausstellen, dass die Motive und vor allem der verhältnismässig bescheidene Umfang solcher Transaktionen keineswegs dem vorgefassten, übertriebenen Bild der «Safehaven»-Verantwortlichen entsprachen. Die schweizerischen Untersuchungsorgane verfolgten jedenfalls mit beträchtlichem detektivischem Aufwand jene Spuren, die auf Abwehr-Transaktionen über Zürich, Bern oder Ascona hindeuteten. In der Strafuntersuchung (wegen «Vorschubleistung zu militärischem Nachrichtendienst») gegen Baron Eduard von der Heydt, den Rechtsanwalt Josef Steegmann und den deutschen «Vizekonsul» Hans Bernd Gisevius kam das verwirrende Verfahren zum Vorschein, das von der Abwehr zwischen 1939 und 1944 angewandt wurde.[251]

Die drei Verdächtigen waren gebürtige Deutsche. Der schillernde Bankier und Kunstmäzen Baron von der Heydt auf dem Monte Verità in Ascona hatte sicherheitshalber noch vor dem Krieg die schweizerische Staatsbürgerschaft erworben und sich 1943 ausserdem einen chinesischen Pass zugelegt. Der Berliner Rechtsanwalt Josef Steegmann, verheiratet mit einer Schweizerin aus Davos, stand während des Krieges sowohl mit verschiedenen Firmen in der Schweiz (u.a. dem Frank-Konzern und Emil G. Bührle) wie auch mit dem Gesandten Frölicher in Berlin in Kontakt. Er machte sich bei Kriegsende bei der Rettung der Kunstschätze des

Fürsten von Liechtenstein verdient und genoss Gastrecht in Vaduz. Und der undurchsichtige Gisevius durfte schliesslich nach verschiedenen Turbulenzen in der Schweiz bleiben und da auch noch seinen Erlebnis-Bericht zu Papier bringen (und 1946 publizieren), nicht zuletzt assistiert von Mary Bancroft, der vielseitigen Mitarbeiterin von Allen Dulles. Gisevius war für den OSS-Spymaster in Bern der interessanteste unter all den seltsamen Charakteren, die ihm als Informanten dienten. Der Wert von Gisevius lag vor allem in seinem direkten Kontakt zur sogenannten «Breakers»-Gruppe, die den Staatsstreich vom Juli 1944 vorbereitet hatte.[252] In der schweizerischen Untersuchung von 1946 betonte Gisevius seine Zugehörigkeit zur antinationalsozialistischen Gruppe um Canaris–Oster–Hansen. Er behauptete, sich als verdeckter Abwehragent in Zürich von 1940 bis Juli 1944 «passiv» verhalten zu haben. Das traf jedenfalls auf seine Beteiligung an den Finanztransaktionen keineswegs zu, deren Umfang über 10 Millionen Franken betrug. Freilich handelte es sich um unterschiedliche Zwecke. Die Abwehr-Zentrale in Berlin benützte zunächst vor allem Baron von der Heydt für Zahlungen an Auslandagenten (1940 bis 1943) sowie für Geldwechseloperationen (vorwiegend US-Dollar-Noten gegen Gold), bei denen unter anderen Gisevius alias «Dr. Schicht» als Zwischenträger fungierte. Das Geld erhielt von der Heydt nach und nach aus Berlin, grösstenteils in fremden Banknoten, aber auch auf dem Überweisungsweg. Die Zahlungsaufträge an die Agenten der Abwehr führte er über verschiedene schweizerische Banken aus, die keine Kenntnis der echten Auftraggeber besassen. Rechtsanwalt Steegmann hatte seinerseits 1941 im Auftrag der Abwehr bei der Verschiebung von US-Dollar-Noten mitgewirkt, die vorerst in Zürich, unabhängig von der Linie von der Heydt, in Reserve gehalten wurden. Im Herbst 1942 kam es zu Finanzbewegungen zwischen den drei Protagonisten, die deutlich erkennbar darauf hinausliefen, die Fonds von Baron von der Heydt weitgehend an Steegmann zu übertragen. Dieser verfügte im Januar 1943 über 4.8 Millionen Franken, welche er im Hotel Baur au Lac dem «Kaufmann» und ausgebildeten Pianisten Helmuth Maurer (einem wichtigen Finanzkurier der Abwehr[253]) zur Weiterbeförderung an das «Büro F» (Kapitän Meisner) auf der deutschen Gesandtschaft in Bern übergab. Steegmann behauptete, dieses Geld sei bei der Abwehr in Berlin eingetroffen. Er musste das eigentlich sehr genau wissen, denn er wurde schliesslich von der Finanzabteilung der Abwehr (unter dem Oberintendaturrat Toeppen) für Spezial- und Kontrollaufgaben eingesetzt. Der Hintergrund dieser zunächst etwas erstaunlichen Rückführung nach Deutschland scheint nicht ganz klar. Gisevius liess nämlich in der Untersuchung von 1946 durchblicken, dass er in Absprache mit Oster einen Reservefonds im Ausland – für den Umsturzfall – von zwei bis drei Millionen Franken geplant habe.[254] Weshalb denn nun die Rückführung?

Dass man in Berlin dem Baron auf Monte Verità nicht mehr ganz vertraute, scheint auf der Hand zu liegen. Aus den Akten ergibt sich zum Beispiel, dass von der Heydt schon 1942 Kontakt mit dem britischen Konsul (und Geheimdienstmann) Cable in Zürich pflegte; das entging den deutschen Spitzeln in der Schweiz nicht.[255] Die Aussagen von Gisevius wirken in gewissen Teilen unklar und vernebelnd. Er bezeichnete von der Heydt als sehr furchtsamen Mann, dem er selbst spätestens Ende 1942 empfohlen haben will, sich aus den genannten Wechselgeschäften zurückzuziehen.[256] Entscheidend dürften indes die unübersichtlichen Intrigen in Berlin gewesen sein, wo gewisse Abwehrmitarbeiter zunehmend unter internen Verdacht gerieten. Toeppen scheint bei dieser Rückführung jedenfalls eine wesentliche Rolle gespielt zu haben.[257]

In den schweizerischen Untersuchungen von 1946 zeichnete sich mittlerweile ein beträchtlicher Qualitätsfortschritt ab. Das «Spezialbüro» der Verrechnungsstelle, zuständig für die schwierigsten Abklärungen, sah nun Zusammenhänge, die ein Jahr vorher noch weitgehend verdeckt schienen. So wurden im Umfeld des oben genannten militärgerichtlichen Verfahrens Nebenspuren sichtbar, die das Gesamtbild der Finanztransaktionen der Abwehr erweiterten. Sie führten zu Rechtsanwalt Dr. Walter Keller-Staub in Zürich und betrafen den sogenannten «Kampffonds der deutschen Widerstandsgruppe». Fest stand, dass Keller-Staub im Mai 1943 in Zürich Überweisungen von insgesamt 5 Millionen Franken zulasten der Bank Sponholz, Berlin, erhalten hatte. Er verfügte schliesslich über 5.2 Millionen Franken (nach anderen Quellen auch etwas mehr), von welchen 2.2 Millionen Franken von Juni bis September 1944 über einen anderen Schweizer Anwalt an die Dresdner Bank abflossen. Ein erneuter Rückfluss somit, der mit einiger Sicherheit in engem Zusammenhang mit der von Schellenberg erwähnten Säuberungsaktion stand. Die verbliebenen 3 Millionen Franken sollten, so liess Gisevius durchblicken, vor dem Zugriff Kaltenbrunners gerettet werden. Zehn Tage vor dem Attentat auf Hitler bezogen Hans Bernd Gisevius und Eduard Waetjen im Juli 1944 eine Summe von 475 000 Franken. Dieser Betrag soll gemäss Gisevius an Oberst Hansen in Berlin übergeben worden sein. Nach Aussage von Steegmann waren Oberst Hansen und der Stabsintendant Georg Duesterberg verfügungsberechtigt über den Fonds der Abwehr.[258] Der Rechtsanwalt und Abwehrmitarbeiter Eduard Waetjen gehörte ebenfalls zum deutschen Widerstand (und zu den geschätzten Kontakten von Allen W. Dulles). Er durfte wie Gisevius nach Kriegsende in der Schweiz bleiben, von wo aus er noch einige Monate für das OSS tätig war.[259] Vom Rest des Fonds in der Schweiz wurden zwei undurchsichtige Darlehen gewährt und verschiedene Zahlungen (u.a. Honorare) ausgeführt. Da stellten sich freilich weitere Fragen, zum Beispiel betreffend eine Zahlung von 110 000 Franken an Dr. Friedrich Kadgien im Herbst 1944. Dies scheint darauf hinzudeuten, dass der Devisenspezialist des Vierjahresplanes zumindest in der Schlussphase des Krieges mit der Widerstandsgruppe in der Abwehr zusammenarbeitete. Im Zentrum von Kadgiens Besuch in der Schweiz im Herbst 1944 standen angeblich Verhandlungen über Öl-Interessen im polnischen Malapolska-Konzern. Wie dem auch sei, aus dem Fonds der Abwehr verblieben am Schluss mindestens noch 1.25 Millionen Franken (sieht man von den Darlehen ab), welche Rechtsanwalt Keller-Staub bei der Verrechnungsstelle als Guthaben eines gewissen Hans Brochhaus anmeldete. Auch die Briten waren übrigens inzwischen auf die Spur der 3 Millionen sowie die Ansprüche von Brochhaus und dessen Partner gekommen, offenbar ohne den Abwehr-Hintergrund in ihrer Querinformation an die Schweizer Behörden aufzudecken.[260]

Auf die Fährte von Rechtsanwalt Keller-Staub waren die Alliierten bereits 1941/43 gestossen, beim Versuch nämlich, die Hintergründe seiner zahlreichen Verwaltungsratsmandate in Holdinggesellschaften zu entschleiern. Hier standen unter anderem Kellers Beziehungen zum Kali-Syndikat und zu Krupp im Zentrum des Verdachtes. Aus der «Safehaven»-Perspektive sollte Keller-Staub deshalb noch im Februar 1946 auf die amerikanische «Schwarze Liste» gesetzt werden.[261] Als er im Frühjahr 1946 überdies als angeblicher «Treuhänder» der deutschen Marine denunziert wurde, lieferte Keller-Staub den Amerikanern zusätzliche, eingehende Informationen, um Unheil abzuwenden. Der amerikanische Generalkonsul Sam Woods in Zürich, ein Experte auf dem Felde der Informationsbeschaffung, stellte sich am Schluss die Frage, ob die Denunziation nicht gerade auf die Rettung des Abwehr-Fonds zurückzuführen war.[262] Anders ausgedrückt: Man befand sich immer noch in der Phase der undurchsichtigen gegenseitigen Abrechnungen unter den deutschen Beteiligten. Auch höchst diskrete und raffinierte schweizerische Wirtschaftsanwälte mussten stets damit rechnen, dass aus irgendeiner Quelle Spuren sichtbar wurden, die zur Aufdeckung bisher streng vertraulicher Beziehungen zu deutschen Firmen und vor allem den dahinterstehenden Personen führten. Dabei stellte sich auch die Frage, ob es sich bei einigen Klienten nicht am Ende um Opfer sowie Opponenten des Nazi-Regimes handelte. Im Falle von Rechtsanwalt Keller-Staub betraf dies zum Beispiel die Mundus AG in Zug oder die Verbindung zur Montan Union AG in Wien.

Die komplexen Finanztransaktionen der Abwehr über die Schweiz laufen grob gesehen auf folgendes Bild heraus: Circa 15–16 Millionen Franken flossen in verschiedenen Formen von 1941 bis Frühjahr 1943 für besondere Zwecke (d.h. abgesehen von den Personalkosten des «Büro F») in die Schweiz (oder wurden dort zugunsten der Abwehr umdisponiert). Von dieser Summe waren am Kriegsende noch etwa 2.2 Millionen als Reserve erkennbar. Zahlungen an Agenten in Drittländern und

Rücktransporte via Kurier nach Berlin in Gold oder Schweizerfranken (aus Wechselerlösen) dürften sich nach allen Unterlagen auf einige Millionen Franken belaufen haben. Die entscheidende Frage aus dem Gesichtspunkt allfälligen Fluchtkapitals war, ob jene 4.8 Millionen vom Januar 1943 (Steegmann/Maurer) und die ca. 2.7 Millionen vom Sommer 1944 (Abdispositionen an Dresdner Bank sowie Bezug Gisevius/Waetjen) tatsächlich wie angegeben nach Deutschland zurückflossen oder ob sie in irgendeiner Form in der Schweiz belassen wurden. Hier fehlten auf schweizerischer Seite die Endbelege. Damit sind indes gleichzeitig die Grössenordnungen benannt, innerhalb deren deutsche Akteure mit Sonderaufgaben tätig werden konnten. Nur sehr wenigen «Grenzgängern» mit ausserordentlichem Beziehungsnetz und besonderen Talenten war solches Tun möglich.

Wer unter diesen Umständen 1946 immer noch von der Annahme ausging, die Nazis hätten bedeutende Vermögenswerte ins Ausland geschafft, musste notgedrungen weiteren Spuren nachgehen. Der mehrfach erwähnte Friedrich Kadgien bot sich förmlich an als einer der wenigen deutschen Funktionäre, die auf dem Devisensektor zumindest bis Anfang 1944 über eine beträchtliche Bewegungsfreiheit verfügten. Allerdings waren Göring und sein Vierjahresplan am Kriegsende diskreditiert und überdies der misstrauischen Beobachtung durch die SS ausgesetzt. Kadgien schaffte es trotzdem noch, in die Schweiz zu gelangen. Wie war dies möglich? Die Indizien deuten darauf hin, dass er sich den Regime-Gegnern noch zeitig genug angenähert hatte.[263] Nicht auszuschliessen deshalb, dass die oben erwähnte Zahlung aus dem Abwehr-Fonds seine Zukunft in der Schweiz oder anderswo absichern sollte. Daneben suchte auch er noch kurz vor Kriegsende den Kontakt zu den Alliierten in der Schweiz. Für den Einlass in die Schweiz war jedoch ein anderer Faktor entscheidend: Kadgien verstand es, seine Beziehungen zu Dr. Imfeld, dem Chef der Petrola, auszuspielen. Die Petrola war während des Krieges zuständig für die Öleinfuhr in die Schweiz. Und Kadgien besass kraft seiner Funktionen im Öl-Sektor die Möglichkeit, bei der Heimschaffung einiger schweizerischer Kesselwagen behilflich zu sein. Seine beiden Kollegen Dr. Fischer als Leiter der Treibstoffwirtschaft und Dr. Haupt als Chef der Kontinentalen Oel-Transport AG kamen ebenfalls in den Genuss eines späten Einreisevisums, das man als ausserordentlich bezeichnen muss.[264] Anderen, wie etwa dem oben genannten Helmuth Maurer, wurde 1945 die Einreise verwehrt.[265] Auch der Verlagsbuchhändler Kurt Hermann, mit Staatsratstitel ausgezeichnet und als angeblicher «Freund» Görings bekannt, wurde nicht mehr in die Schweiz gelassen, als er 1944 zuerst zur «Kur» Einlass wünschte und später seinen versteckten Liechtensteiner-Pass aus einem Safe in Zürich abholen wollte. Dem Spezialfall Kurt Hermann ging die Verrechnungsstelle auch im Fürstentum

Liechtenstein nach. Es zeigte sich dabei, dass Hermann während des Krieges keine Vermögensverschiebungen in die Schweiz durchgeführt hatte, sondern im Gegenteil den weitaus grössten Teil seiner Auslandguthaben 1942 nach Deutschland zurückführen musste. Göring und sein Stab konnten ihm offensichtlich nicht mehr helfen. Immerhin gelang Kurt Hermann noch Ende April 1945 die direkte «Flucht» nach Liechtenstein ohne Umweg über die Schweiz.[266]

Der «Fall Kadgien» weist im Quervergleich gewiss einige undurchsichtige Sequenzen auf, die von den Forschern der Bergier-Kommission so weit wie möglich verfolgt worden sind. Kein ernsthafter Zweifel kann bestehen, dass er verstrickt war in die dubiose Verwertung von Wertschriften und Diamanten aus jüdischem Besitz (was sich 1943/44, wie erwähnt, allerdings als zunehmend schwieriger erwiesen hatte).[267] Seine Schutzbehauptungen gegenüber den schweizerischen Untersuchungsorganen, es habe sich um einen «legalen Kauf» der Wertpapiere in Belgien, Frankreich und Holland gehandelt, konnten beim Wissensstand von 1946 nicht mehr als glaubwürdig gelten.[268] Rechtsanwalt Keller-Staub hatte Kadgien im Übrigen vorgeschlagen, die Alliierten über die versteckten «Assets» der Nazis zu informieren. Der Ministerialrat im Exil ging jedoch nicht darauf ein. Seine Begründung: Keine der Nazi-Parteigrössen habe grosse «hidden assets» in der Schweiz, weil eine erfolgreiche Tarnung schwierig war und Denunziation durch die Rivalen befürchtet werden musste.[269]

Selbst wenn man nun von der Annahme ausgeht, dass es Kadgien, Fischer und Haupt möglicherweise gelungen war, auf den schmierigen Geleisen des Öl-Transports oder des Diamantenschmuggels gewisse Beträge in die Schweiz zu verschieben, so ändert das am Gesamtbild wenig. Als exemplarisch kann der «Fall Kadgien» eben gerade nicht gelten. Vielmehr erkennt man die Elemente eines Spezialfalles, der nur dank raffinierter Wendigkeit eines häufig verdeckt agierenden Beamten in Sonderstellung mit vielfältigem Beziehungsnetz möglich war. Anders ausgedrückt: Kadgien gelang eine Art Kunststück, von dem seine Vorgesetzten im Vierjahresplan oder seine Kollegen bei der Reichsbank nur träumen konnten. Staatssekretär Paul Koerner zum Beispiel, der Göring sowohl als langjähriger enger Mitarbeiter wie auch als Freund nahe stand, heiratete in den letzten Kriegsmonaten eine Frau, die in der Schweiz über gewisse Beziehungen verfügt haben soll. Von einem scharfen Beobachter aus der Göring-Umgebung wurde Koerner die Absicht unterstellt, bei Kriegsende allenfalls noch in die Schweiz zu entfliehen. Koerner kam dann allerdings zum realistischen Schluss, dass ihn die Schweizer ohnehin an die Amerikaner ausliefern würden.[270] Er wurde 1949 in Nürnberg zu einer längeren Haftstrafe verurteilt, die er freilich nur bis 1951 abbüssen musste. Erich Neumann, der ehemalige Staatssekretär im Vierjahresplan, seit 1942 Generaldirektor des Kali-Syndikats, wäre ein weiterer möglicher

Kandidat für die Flucht sowie Vermögensverlagerungen in die Schweiz gewesen. Auch er befand sich indes 1945 im Gewahrsam der Amerikaner und wurde dort zu Göring befragt. Neumann war überzeugt, dass der «Reichsmarschall» nie die Absicht hatte, den Kanal der Vierjahresplanmitarbeiter für allfällige Vermögensverlagerungen ins Ausland zu benutzen. Das wäre, so liess er durchblicken, zu riskant gewesen.[271]

Kurz gesagt: Weder die «Nazi big wigs», wie die Amerikaner die Spitzengruppe bisweilen nannten, noch deren engste Mitarbeiter konnten sich am Ende des Krieges in die Schweiz absetzen, um dort das Leben zu geniessen oder ihren allfälligen sinisteren Zukunftsplänen nachzugehen. Von der mittleren/höheren deutschen Beamtenebene fand, soweit ersichtlich, nur die genannte Gruppe um Kadgien sowie Reichsbankdirektor Bodo von Wedel und Reichsbankrat Hinz eine Möglichkeit zum Verbleib in der Schweiz.[272] Von Wedel befand sich seit Herbst 1944 als Kranker in der Schweiz. Er galt, das wurde bereits erwähnt, als Regime-Gegner und hatte mit seinem Verhandlungsstil auf dem Gebiet der Stillhalteverpflichtungen über alle Jahre hinweg einen insgesamt fairen Eindruck bei den Schweizer Bankiers hinterlassen. Nach Kriegsende wurde er nach eigener Aussage von französischer Seite angefragt, ob er die Leitung des Reichsbankdienstes in der französischen Zone übernehmen wolle.[273]

Weniger glücklich dürfte sich Reichsbank-Vizepräsident Emil Puhl gefühlt haben. Nach seinem Besuch zu letzten Verhandlungen in der Schweiz, die er ganz offensichtlich im März/April 1945 bewusst ausdehnte – wovon noch die Rede sein wird –, blieb er zunächst im Gebäude der Reichsbanknebenstelle in Konstanz stecken. Anschliessend unter französischer Kontrolle in Lindau, befand auch er sich schliesslich im Juli 1945 in der Hand der Amerikaner, die sich für den entscheidenden Mann der Reichsbank besonders interessierten. Die US-Einvernahmeoffiziere hatten zu diesem Zeitpunkt bereits aus besten Quellen gehört, dass Puhl jener Mann sei, der auf ihre Fragen Antwort wissen müsste. Hjalmar Schacht qualifizierte Puhl als wichtigste Figur der Reichsbank (Funk hingegen als inkompetent).[274] Bei den «Interrogations» von Puhl spielten die Fragen zum Thema «Safehaven» eine bedeutende Rolle. Was seine privaten Verhältnisse betraf, so besassen er und seine Familie nach eigener Aussage keine Konten oder Tresorfächer im Ausland («das war verboten»). Die Amerikaner interessierten sich natürlich vor allem für die deutschen Gold- und Devisenreserven am Kriegsende. Sie erwarteten «billions», nicht «Tausende oder Millionen». Puhl zeigte sich – ohne greifbare Buchhaltung – etwas unsicher auf diese Frage, gab dann jedoch eine Schätzung (Stand Januar 1945) von insgesamt 550 Millionen Reichsmark ab, davon 500 Millionen in Gold. Die 50 Millionen in Devisen seien vorwiegend in Schweizerfranken, ein kleiner Betrag in Schwedenkronen angelegt. Das Gold in der Schweiz schätzte er auf den Gegenwert von 30 Millionen

Reichsmark.[275] Waren das nun beruhigende oder eher enttäuschende Informationen für die «Safehaven»-Experten? Fakt war, dass sich der weit überwiegende Teil der leicht verwertbaren Reserven des «Dritten Reiches» vor dem Zusammenbruch immer noch in Deutschland und keineswegs in Bern, Stockholm, Madrid oder Buenos Aires befand. Dieses Gold war im Februar 1945 grösstenteils nach Thüringen in die Merkers-Mine verfrachtet worden, wo es bald in die Hände der Amerikaner fiel. Die Russen mussten sich bei ihrem Einmarsch in Berlin mit einem bescheidenen Restposten im Wert von etwa 10 Millionen Reichsmark begnügen.[276] Nun gab es im Verlaufe des Krieges auch verschiedene Goldabgaben für spezifische Zwecke an Stellen der Wehrmacht sowie an das Auswärtige Amt, die SS und einige Banken. Reichsbankrat Karl Graupner, zuständig für die Goldabteilung, schätzte den Gesamtbetrag dieser Abgaben auf den Gegenwert von 100 Millionen Reichsmark. Hinzu kamen noch 11 Millionen im Zusammenhang mit Transaktionen der Firma Otto Wolff in Spanien und Portugal. Graupner zeigte sich über verschiedene Einzelheiten sehr genau informiert. Er dürfte bei der Einvernahme in Frankfurt noch über einige Unterlagen verfügt haben.[277] Aufs Ganze gesehen konnte kaum ein Zweifel bestehen, dass der überwiegende Teil dieses abgegebenen Goldes in Anbetracht der Devisenknappheit der zweiten Kriegshälfte verbraucht worden war.

Welche Restposten der Reichsbank und welche Vermögen der sogenannten «Reichsstellen» befanden sich nun effektiv noch in der Schweiz? Die Verrechnungsstelle kam schliesslich auf einen Gesamtbetrag von 67 Millionen Franken. Davon lagen 29 Millionen auf den Girokonten der Reichsbank bei der Schweizerischen Nationalbank. Daneben gab es noch «clearinggebundene» Vermögenswerte von 61 Millionen.[278] Auf diesem Feld zeigten sich kaum Überraschungen. Dem stand auf der andern Seite der Bilanz auf rein staatlicher Ebene die schweizerische «Clearingmilliarde» gegenüber.[279] Wer auch immer Rechtsnachfolger des Deutschen Reiches sein würde – das war damals noch völlig offen –, musste mit dieser Schuldverpflichtung rechnen. Denn schliesslich hatte die Schweiz dafür von 1940 bis 1944 unbestreitbar eine Vielzahl von Waren geliefert, um ihrerseits in erster Linie Arbeitsplätze im Exportsektor sowie den überlebensnotwendigen Import zu sichern. Bei den deutschen Privatvermögen und den entsprechenden Verpflichtungen gegenüber der Schweiz war die Lage hingegen bedeutend unübersichtlicher. Dies führt uns zurück zu den übertriebenen Erwartungen amerikanischer Stellen in Bezug auf die verschleierten deutschen Vermögen in der Schweiz. Die Schweizerische Verrechnungsstelle bekam das alliierte Misstrauen deutlich zu spüren. Umgekehrt erhielten die Beamten der Verrechnungsstelle einen ziemlichen ungünstigen Eindruck von der Genauigkeit der Informationen, die sie von den Alliierten in Bezug auf deutsche

Vermögenswerte in der Schweiz erhielten. Bis Ende 1946 erwies sich fast die Hälfte der von den Alliierten gemeldeten Beträge als ungenau.[280] Um welche Arbeit es da ging, zeigen die folgenden Zahlen: Bis Ende 1946 wurden insgesamt 3 174 Firmen (inklusive Erbengemeinschaften und Stiftungen) überprüft und davon 1 238 Firmen der Sperre unterstellt. Die «deutschen» Vermögen waren bei dieser Überprüfung in verschiedene Kategorien zu unterteilen. Die österreichischen Vermögen und diejenigen der «Staatenlosen» (sprich Verfolgten) mussten ausgeschieden werden. Das entscheidende Kriterium für die Ansprüche der Alliierten gemäss dem Washingtoner Abkommen von 1946 wird das Vermögen der «Deutschen in Deutschland» sein. 791 Firmen fielen in diese Kategorie (während 259 Firmen auf Deutsche mit Domizil Schweiz entfielen).[281]

Kaum erstaunen kann, dass sich die Alliierten schon früh für quantitative Angaben interessierten. Washington verlangte von seinen Vertretern in Bern im April 1945 eine Übersichtsschätzung der deutschen Vermögen in der Schweiz. Sam Woods, der amerikanische Generalkonsul in Zürich, reagierte auffallend vorsichtig auf diese dringliche Anfrage. Er zog vor, zunächst einige diskrete Gespräche mit Kennern der Materie zu führen. Dabei ergab sich ein Konsens unter den Befragten, wonach in den vorangehenden zehn Jahren keine grossen Kapitalbeträge aus Deutschland in der Schweiz versteckt oder investiert worden seien. Die Begründung schien einleuchtend: Die strenge deutsche Kontrolle insbesondere zur Verhinderung der Kapitalflucht machte solche Transaktionen schwierig. Gemäss Gerüchten sei es einigen wenigen höheren politischen Führern gelungen, diese Restriktionen zu umgehen, allerdings werde der Wert solcher Transfers als «relativ unbedeutend» eingeschätzt, rapportierte Woods.[282] Das entsprach natürlich nicht dem, was die «Safehaven»-Experten im fernen Washington hören wollten. Umso begieriger warteten sie auf Zwischenresultate der Schweizerischen Verrechnungsstelle. Als sich die betreffenden Beamten in Bern und Zürich im Sommer 1945 nicht «kooperativ» genug zeigten, wurde von amerikanischer Seite, wie erwähnt, ein deutlich gereizter Ton angeschlagen. Im «Safehaven Progress Report» vom September 1945 kamen alle Elemente steigender Spannung klar zum Ausdruck. Die alliierten Vertreter in der «Commission Mixte» hatten zum Beispiel ihr Missfallen über den Bundesratsbeschluss vom 20. August in der «Raubgut»-Materie ausgedrückt. Dieser Beschluss schien aus ihrer Sicht der speziellen Natur des Problems nicht zu entsprechen, weil keine Ausnahmegesetzgebung in Aussicht stand. Und der Interim-Report über die deutschen Vermögenswerte war immer noch nicht greifbar für die Alliierten.

Jedes Problem, so schien es den Alliierten, werde von Schweizer Seite fast gänzlich aus legalistischem Blickwinkel und vom Standpunkt der Souveränität aus betrachtet. Bundesrat Stampfli benützte am 9. September einen «Volkstag» in Brugg scheinbar nebenbei – aber von den Amerikanern durchaus beachtet – dazu, gegen die «Ächtung durch die Schwarzen Listen» Stellung zu nehmen. Es sei «unerträglich», dass sich schweizerische Firmen nicht mehr den Anordnungen der schweizerischen Behörden, sondern «Drohungen ausländischer Amtsstellen unterziehen müssen». «Auch der Wirtschaftskrieg muss einmal ein Ende nehmen», stellte der Wirtschaftsminister in markanter Formulierung fest. Die Kohlenversorgung der Schweiz bezeichnete er als bedenklich. Wenn die Alliierten nicht bald ein Einsehen zeigten, sei man in der Schweiz zu Betriebseinschränkungen und Stilllegungen gezwungen.[283] Aus der Sicht der Alliierten hingegen schien die Schweizer Regierung auf Zeitgewinn zu spielen, um die Ernsthaftigkeit und Einheit des alliierten Vorgehens beim Thema deutscher Vermögenswerte zu «testen», wie dies der amerikanische Wirtschaftsattaché ausdrückte. Er befürchtete zudem, dass aufgrund unzureichender Gesetzgebung in gewissen Fällen Schweizer Personen Anteile an deutschen Firmen übernähmen.[284] Beträchtliches Aufsehen und Missfallen auf alliierter Seite erregte in diesem Zusammenhang der Kauf der deutschen Schule «Fridericianum» durch die Gemeinde Davos. Der Korrespondent des «Daily Telegraph» nahm dies zum Anlass, Davos Anpassung an die Nazi-Kundschaft und mangelnde Säuberung vorzuwerfen. Die Neue Zürcher Zeitung befürchtete durchaus zu Recht, dass solche Meldungen («deren Wahrheitsgehalt wir allerdings nicht genauer beurteilen können») dem schweizerischen Ansehen «schwer schaden müssen».[285]

Aus der Rückschau ist leicht erkennbar, dass der Korrespondent des «Daily Telegraph» eng mit den «Safehaven»-Delegierten in Bern zusammenarbeitete. Der Assistant Military Attaché der USA in Bern sandte zu dieser Zeit einen scharf formulierten Rapport an den US-Militärnachrichtendienst in Washington, in welchem er der Schweizer Regierung schon im ersten Satz «bad faith» vorwarf (in Bezug auf die Durchführung der Currie-Agreements). Captain Free zeigte sich in diesem Zusammenhang überzeugt, dass die Schweiz versuchen werde, die blockierten Vermögen zur Kompensation ihrer eigenen Forderungen an Deutschland zu verwerten. Er verwies dabei unter anderem auf die lautstarke Kampagne von Nationalrat Gottlieb Duttweiler, dem Chef des Landesrings der Unabhängigen.[286] Bundesrat Petitpierre erklärte dem US-Gesandten in Bern Ende September 1945 ziemlich unverblümt, die Landesregierung sehe nicht ein, auf welcher gesetzlichen Basis die Alliierten Anspruch auf die deutschen Vermögen in der Schweiz stellten, wie dies aus einer Note der drei westlichen Hauptalliierten vom 3. August 1945 (mit Bezug auf die Potsdamer Konferenz) hervorging. Gleichzeitig versicherte der schweizerische Aussenminister, der Bundesrat habe nicht die Absicht, die Vermögen von deutschen Kriegsverbrechern zu schützen.[287]

In der Schweizer Presse war das Thema der gesperrten deutschen Vermögenswerte nicht nur in der «Tat» von Migros-Chef Duttweiler präsent. Die Neue Zürcher Zeitung etwa liess unterschiedliche Stimmen zu Worte kommen, darunter auch eine ausführliche Stellungnahme, die den Schutz der schweizerischen Interessen in den Vordergrund stellte (durch Geltendmachung eines Pfandrechtes auf den Vermögenswerten der in Deutschland domizilierten Deutschen und zur eventuellen Verrechnung mit den deutschen Verpflichtungen gegenüber der Schweiz). Andernfalls müsste man sich einer Eigentumsübertragung durch die Alliierten beugen.[288] Ein anderer Beitrag, der nun die Meinung der Zeitung selbst auszudrücken schien, hielt es für «rechtlich unzulässig, deutsche Vermögenswerte in der Schweiz zum Ausgleich der von Schweizern in Deutschland erlittenen Verluste und Kriegsschäden auf dem Zwangswege, der entschädigungslosen Enteignung heranzuziehen». Ein solches Vorgehen müsste das Vertrauen in die «Rechtlichkeit unseres Landes» erschüttern. Und Deutschland, das sich hoffentlich wieder einmal erholen werde, «könnte es wohl kaum verschmerzen, wenn wir seine Niederlage und momentane Schwäche zu einem Rechtsbruch ausnützen würden». Das ganze Problem müsse weniger nach gefühlsmässigen Überlegungen, sondern nach rechtlichen, ethischen und wirtschaftlichen Kriterien wohl erwogen werden.[289] Welche zukünftigen Varianten man auch immer bevorzugte, die Sperrung der deutschen Vermögenswerte blieb ein starkes Verhandlungsinstrument in den Händen der Schweizer Regierung. Der impulsive Gottlieb Duttweiler, sonst meist in Opposition zur Regierung in Bern, stärkte ihr im Grunde genommen den Rücken gegenüber den Alliierten. Auch Robert La Roche, Präsident der Schweizerischen Bankiervereinigung, tat dies am Bankiertag in Engelberg, als er festhielt, die getroffenen Massnahmen seien «dazu bestimmt und geeignet, unsere Position bei künftigen Verhandlungen zu stärken, indem eine Freigabe der gesperrten Vermögenswerte nur in Frage kommt, wenn eine befriedigende Regelung zugunsten der schweizerischen Ansprüche erzielt werden kann».[290] Es lag nun am Bundesrat und seinen Chefbeamten, die Entwicklung in optimaler Weise zu steuern.

Auf alliierter Seite war es vor allem ein Teil der Briten, der für den juristischen Standpunkt der Neutralen Verständnis aufbrachte und sich anfänglich gegen ein «vesting decree» des alliierten Kontrollrates betreffend deutsche Auslandvermögen sperrte. Sie befürchteten lange juristische Auseinandersetzungen und einen Präzedenzfall, den andere Regierungen in Zukunft ausnützen könnten. Der amerikanische «Safehaven»-Experte Rubin versuchte nun einen neuen Ansatz (den sogenannten «Rubin approach»), der darauf zielte, den alliierten Anspruch auf die deutschen Vermögen in den neutralen Staaten in erster Linie moralisch (und nicht juristisch) zu unterlegen. Die Alliierten hätten den Krieg mit grossen Verlusten auch für die Neutralen geführt und sie vor der Nazi-Tyrannei gerettet.[291] Bereits diskutiert wurde allerdings unter den alliierten Fachleuten, ob bei einem Misslingen des «Rubin approach» wirtschaftliche Sanktionen gegen nicht kooperative Neutrale verhängt werden sollten. Im Falle der Schweiz hätte es sich konkret darum gehandelt, Kohlen-, Öl- und Gummilieferungen zu unterbinden und die Zufuhr über Frankreich zu verweigern. Die Schweiz schien unter den Neutralen in dieser Hinsicht das verwundbarste Land zu sein. Der Vertreter des Economic Warfare Department in London bezweifelte allerdings, ob sich das britische Kabinett für eine Blockadepolitik entschliessen würde, welche der britischen Handelspolitik diametral entgegenliefe. Er hielt im Übrigen nicht viel von der amerikanischen Politik des «big stick». Im Foreign Office teilte man im Wesentlichen diese Ansicht; man kam dort Ende Oktober 1945 überein, auf die Schweiz zwar diplomatischen Druck auf höherem Niveau auszuüben, jedoch auf Drohungen zu verzichten. Ähnliches galt für den Fall Portugal, wo es nicht opportun schien, Dr. Salazar bleibend zu verärgern (schliesslich wollten die Amerikaner ja ihren Stützpunkt auf den Azoren sichern).[292]

Mit dem Kontrollratsgesetz Nr. 5 vom 30. Oktober 1945 setzten sich die Amerikaner einmal mehr durch und beanspruchten für die Siegermächte formell das Eigentums- und Kontrollrecht an den deutschen Auslandvermögen. In Bern reagierte man in diesen Herbstwochen mit zunehmender Verstimmung auf die alliierten Druckversuche. Die Handschrift von Walter Stucki war unverkennbar, als sich der Bundesrat Anfang November dagegen verwahrte, seine Haltung entspreche angeblich nicht den Currie-Agreements. Was die Sperre und Inventarisierung der deutschen Vermögen betreffe, so könne die Schweizer Regierung nicht akzeptieren, dass den Alliierten gewisse Entscheide zur vorgängigen Zustimmung vorgelegt werden müssten. Der Bundesrat sah nicht ein, wie die Alliierten Forderungen stellen wollten, welche die Schweiz auch von einer früheren deutschen Regierung nicht akzeptiert hätte. Beim Raubgut-Thema zeigte der Bundesrat dagegen endlich Einsicht und kündigte einen Spezialbeschluss betreffend das Restitutionsprozedere an. Auch zur Öffnung von Tresorfächern der Deutschen war der Bundesrat jetzt bereit.[293] Diese letztgenannten Massnahmen kamen reichlich spät. Wie schon ein Jahr zuvor hatte man in Bern erneut die Chance verpasst, beim äusserst sensiblen Thema der Resolution VI von Bretton Woods durch entschiedenes Handeln moralischen Goodwill zu schaffen. Die Schweden zeigten sich auf diesem Gebiet eindeutig flexibler.[294] Das schwerfällige schweizerische Vorgehen in Bezug auf die Behandlung der «Kriegsbeutegüter» ging in erster Linie auf die Bestrebungen gewisser Kreise zurück, den «gutgläubigen Erwerb» von Wertschriften dubioser Herkunft zu schützen. Wer sollte, wenn man nicht auf einen eindeutig Schuldigen Regress nehmen konnte, den Schaden bezahlen? Ausserdem war das Problem zu lösen, wie die Beutegüter überhaupt festgestellt werden konnten.[295] Zur Rückgabe an die rechtmässigen Besitzer hatte sich die Schweiz zumindest moralisch bereits in den Currie-Agreements verpflichtet. Bundesrat Petitpierre hielt am freisinnigen Parteitag Ende Oktober in seiner grossen programmatischen Rede klar fest: «Die Raubgüter müssen ihren rechtmässigen Eigentümern zurückerstattet werden. Hier müssen wir bereit sein, über die von uns eingegangenen Verpflichtungen hinauszugehen und die erforderlichen gesetzlichen Massnahmen zu treffen, um das Verfahren zur Rückerstattung dieser Güter zu erleichtern.»[296] Es lag eindeutig am Bundesrat, sich auf diesem Gebiet gegen bremsende Einzelinteressen auf geeignete Weise durchzusetzen. Erst am 10. Dezember 1945 fasste die Landesregierung einen Vollmachtenbeschluss «über die Klage auf Rückgabe der in kriegsbesetzten Gebieten weggenommenen Vermögenswerte», der von juristischer Seite teilweise scharf kritisiert wurde.[297]

Zur gegenseitigen Irritation zwischen den Vereinigten Staaten und der Schweiz trug im Hintergrund die «Endlos-Geschichte» um die angeblich deutsche Beherrschung der I.G. Chemie in Basel und die entsprechenden Tarnungsmanöver beträchtlich bei. Aus amerikanischer Sicht gab es einen scheinbar ähnlichen Fall im schwedisch-deutschen Beziehungsgeflecht: die Dienste der Enskilda Bank (Wallenberg-Imperium) für die Robert-Bosch-Gruppe.[298] In Wirklichkeit handelte es sich um durchaus unterschiedliche Vorgänge. Aber die Wallenbergs zeigten sich flexibel und beeilten sich zu Verhandlungen mit den USA. Nicht so die involvierten Schweizer im Falle der I.G. Chemie. Sie sahen keinen Anlass dazu. Den Amerikanern war es nämlich bis dahin nicht gelungen, aufgrund der beschlagnahmten Dokumente der I.G. Farben eine anhaltende deutsche Beherrschung der I.G. Chemie zu beweisen. Die Einvernahmen von Hermann Schmitz und anderer Spitzenfunktionäre von I.G. Farben lieferten offensichtlich nicht das erwünschte Ergebnis. Da rief am 23. November 1945 Felix Iselin höchstpersönlich aus Basel telefonisch im Politischen Departement zu Bern an, um mitzuteilen, zwei amerikanische Offiziere in Uniform hätten sich gemeldet. Sie wiesen einen Brief von Hermann Schmitz vor, um die persönlichen Dossiers desselben (der bis Sommer 1940 Präsident der I.G. Chemie gewesen war) «herauszufordern». Als Vorwand hatten die Amerikaner angegeben, es bestünden bei der I.G. Chemie Akten zum Thema der deutschen Atombombenherstellung. Im Politischen Departement teilte man Iselin mit, dass dem Verlangen der US-Offiziere «unter keinen Umständen» entsprochen werden solle, dazu wäre nur die Verrechnungsstelle befugt.[299] Das amerikanische Vorgehen, so empfand man das in Bern, war nicht kompatibel mit der schweizerischen Souveränität. Die Verrechnungsstelle fand sich immerhin bereit, die zwei Offiziere, begleitet von amerikanischen «Safehaven»-Experten, zu einem

Gespräch zu empfangen, das freilich keine Entspannung brachte.³⁰⁰ Anzumerken bleibt in diesem Zusammenhang, dass die Beamten der Verrechnungsstelle Anfang November 1945 zu einer zweiten, vertieften Revisionsuntersuchung bei der I.G. Chemie (seit 19. Dezember 1945 Interhandel genannt) und ihren Hilfsgesellschaften angetreten waren. Nun wurden auch Tresorfächer geöffnet und Privathäuser inspiziert. Das Resultat der minutiösen Untersuchung findet sich im sogenannten «Rees-Bericht» vom März 1946.³⁰¹ Fest steht, dass es sich um die aufwendigste und komplizierteste Einzeluntersuchung der Verrechnungsstelle handelte, die den ebenfalls nicht gerade einfachen «Fall Henkel» bei weitem in den Schatten stellte.

Inzwischen vertiefte sich die gegenseitige amerikanisch-schweizerische Verstimmung. Aussenminister Petitpierre und hinter ihm Walter Stucki brachten wenig Verständnis auf für das Vorgehen der Amerikaner, das auf Beweisumkehr hinauslief (Beweise für deutsche Beherrschung der Firmen sollte die Schweiz vorlegen, die Amerikaner lieferten wenig oder nichts Brauchbares). Mitte Dezember wurde die Verrechnungsstelle angewiesen, nicht mehr mit US-Funktionären zu sprechen, sondern diese auf den diplomatischen Weg zu verweisen.³⁰² Man befand sich somit mitten in einer kleinen Eiszeit der bilateralen Beziehungen. Vorausgegangen war Mitte November, was Walter Stucki den erneuten «Angriff» von Senator Kilgore auf die Schweiz nannte. Ein diplomatischer Mitarbeiter Stuckis bezeichnete die Vorgänge knapp und treffend als «weitere Stufe des Nervenkrieges um die deutschen Vermögenswerte».³⁰³ Die Freunde des Senators in der US-Administration hatten demselben vier Briefe Emil Puhls vom März/April 1945 an Reichsbankpräsident Walther Funk zugespielt. Besagte Briefe waren von der Financial Division/Omgus in Frankfurt schon einige Wochen vorher in ihrer Bedeutung erkannt worden. Die «Safehaven»-Experten in Bern waren mit dem Thema bereits Mitte September vertraut.³⁰⁴ Es ging somit nur noch um ein optimales «Timing» zum Einsatz dieses Instrumentes gegen die Schweiz. Senator Kilgore startete eine gut vorbereitete Aktion mit einigem Pressegetöse, um seine Erkenntnisse über das angeblich verwerfliche Verhalten der schweizerischen Regierung und der Banken zu verbreiten. Aufgrund von Puhls ausführlichen Briefen (die Kilgore im November in den offiziellen Senatspapieren vollumfänglich veröffentlichen liess) wurde der Schweiz, neben allerlei polemischen Unterstellungen, im Wesentlichen ein Bruch der Currie-Vereinbarungen vom 8. März vorgeworfen.

In Bern reagierte die Landesregierung diesmal sehr entschlossen und dementierte umgehend und detailliert die teilweise abenteuerlichen Interpretationen des Senators. Walter Stucki kommentierte vor der Presse in seinem charakteristischen Stil: «Wir haben genug von diesen Angriffen gegen unsere Ehrlichkeit und Vertragstreue und werden sie künftig Zug um Zug beantworten.» Der schweizerische Gesandte in Washington musste zudem beim State Department vorstellig werden, wo man sich – wie zu erwarten war – als nicht verantwortlich erklärte. Ihm wurde bedeutet, die Sache besser auf sich beruhen zu lassen.[305] Kilgore und seine Helfer (oder Inspiratoren) im Treasury Department und bei Omgus (Colonel B. Bernstein, Division of Investigation of Cartels and External Assets) waren als Gegenspieler nicht zu unterschätzen. Übrigens boten Puhls Briefe tatsächlich eine interessante Lektüre. Erstaunlich geschwätzig für einen Bankier in seiner besonderen Situation, formulierte der Reichsbank-Vizepräsident einige Passagen, als ob gewisse Schweizer – nach anfänglichem Widerstreben – für seine damaligen Anliegen einiges Verständnis aufgebracht hätten. Nationalbankchef Weber dementierte solche Anspielungen im November 1945. Unübersehbar war, dass Puhl aus seiner eigenen Sicht, die er Funk wortreich schmackhaft machen wollte, Anfang April 1945 zwei Erfolge erzielte: Zum ersten einen Zahlungsplan über 21 Millionen Franken zulasten des noch vorhandenen Restsaldos der Reichsbank in der Schweiz. Es ging dabei praktisch um bereits überfällige Zinsen, Amortisationen und andere deutsche Zahlungsverpflichtungen unter dem alten Verrechnungs- und Stillhalteabkommen. Zum zweiten akzeptierte die Nationalbank eine Lieferung von 3 Tonnen Gold (= ca. 15 Millionen Franken) aus Konstanz für Zwecke, die gemäss Currie-Agreement erlaubt waren (Kosten der deutschen diplomatischen und konsularischen Vertretungen in der Schweiz, Schutzmachtzahlungen der Schweiz, Zahlungen an das IKRK). Die Amerikaner erhoben indes etwas später gegen die Goldübernahme Protest, weshalb der Gegenwert auf Sperrkonto blockiert blieb. Vom Zahlungsplan wurden effektiv nur 10.1 Millionen Franken ausgeführt.[306] Alle Vorwürfe waren aus Schweizer Sicht «absolut ungerechtfertigt», und von einer Verletzung des Currie-Abkommens konnte keine Rede sein. Puhl hatte nach Ansicht Stuckis einfach versucht, sich in gutes Licht zu rücken, um seine Mission in der Schweiz so lange wie möglich (und hoffentlich über das Kriegsende hinaus) zu verlängern. Auch Stucki anerkannte dabei das deutsche Bestreben, den «Schuldnerpflichten» bis zuletzt nachzukommen.[307]

Im Herbst 1945 veränderten sich die Verhältnisse in Bern unverkennbar. Nun «fehlte» dort Allen Dulles, der im eigenen Interesse im Hintergrund beruhigend auf die amerikanisch-schweizerischen Beziehungen gewirkt hatte. Er verliess die Schweiz bereits im Sommer 1945. Das OSS stand vor der Auflösung. Die Schweiz verlor weitgehend ihre Nützlichkeit als Plattform der Nachrichtendienste – mit Ausnahme von «Safehaven». Hinzu kam ein weiteres Element, das scheinbar mit «Safehaven» nichts zu tun hatte. Es ging um den blühenden schweizerischen Uhrenexport in die USA, der den dortigen Produzenten nach Kriegsende aufgrund der veränderten Marktverhältnisse missfiel. In der zweiten Kriegshälfte hatten sich die USA an diesen Uhrenimporten noch ausserordentlich interessiert gezeigt, weil die einheimische Industrie durch die militärischen Bedürfnisse überfordert war. Jetzt hingegen schlug die Stunde protektionistischer Massnahmen. Die Schweiz hatte ihre Aufgabe erfüllt und sollte sich mit dem Vorkriegszustand bescheiden. Dabei war es wohl kein Zufall, dass Washington ausgerechnet Ende November 1945 in einer offiziellen Note eine scharfe Herabsetzung der schweizerischen Uhrenlieferungen forderte, was dem Handelsvertrag von 1936 widersprach. Der schweizerische Gesandte Bruggmann bezeichnete dieses Vorgehen als «grossen Schock». Der «Uhrenkrieg», wie dies Albert Weitnauer in seinen Erinnerungen nannte, war eröffnet. Er wird sich über viele Jahre hinziehen. Was den schweizerischen Beobachtern damals auffiel, war die öffentliche Inszenierung der amerikanischen Forderungen Anfang Dezember. Der Gewerkschaftsführer Cenerazzo durfte den Pressevertretern seine Interpretation des Streitfalls im Staatsdepartement verkünden. Bei dieser Gelegenheit wies er auch auf einen angeblichen deutschen Einfluss in der schweizerischen Uhrenindustrie hin. Die Schweizer Beobachter erkannten leicht die Verbindungen zu den Verdächtigungen von Senator Kilgore.[308]

Bereits im Oktober 1945 hatten amerikanische Funktionäre in Bern durchblicken lassen, dass ein Fortschritt bei der Deblockierung der schweizerischen Guthaben in den USA von der Regelung der Beutegüterfrage abhängig sei. Es war auch drohend die Rede davon, die Zertifizierung der Schweizer Guthaben von der Herausgabe der deutschen Vermögen in der Schweiz abhängig zu machen.[309] Das waren taktische Manöver, die das Klima zweifellos verhärteten. Ein Informant der Alliierten mit guten Kontakten berichtete ausführlich über die «markanten anti-alliierten Gefühle», die er bei einer Reise in die Schweiz in diesem Zusammenhang bemerkte. Selbst der Bankier Paul Dreyfus in Basel, den man gewiss keiner pro-deutschen Sympathien verdächtigen konnte, soll das alliierte Verhalten gegenüber der Schweiz falsch gefunden haben.[310] Dr. Caflisch, der Sekretär der Bankiervereinigung, bemerkte zum Thema «Herausgabe der deutschen Guthaben», «dass die Rechtslage klar sei und die Zumutungen an die Schweiz den Ausfluss einer ausgesprochenen Machtpolitik darstellen». Die Bankiers waren jedenfalls nicht gewillt, auf ihre Ansprüche an Deutschland zu verzichten. Sie riefen das auch den Besatzungsbehörden in Erinnerung – vorläufig ein rein symbolischer Akt.[311]

Mit Informationen über das Resultat der «Inventarisierung» deutscher Vermögen in der Schweiz liessen sich die zuständigen Behörden einige Zeit, was die Unruhe der Alliierten schürte. Erst Ende November 1945 erfuhr die Öffentlichkeit das «vorläufige Ergebnis», wonach sich insgesamt für etwa eine Milliarde Franken deutsche Vermögenswerte in der

Schweiz befänden. Aus den provisorischen Zahlen war indes bereits ersichtlich, dass nur die Hälfte davon auf in Deutschland (im sogenannten «Altreich») domizilierte Personen und Firmen entfiel. Der Rest betraf hauptsächlich die Vermögenswerte von Deutschen in der Schweiz und von Österreichern.[312] Anfang Dezember durfte Dr. Max Schwab, der Direktionspräsident der Verrechnungsstelle, die Presse noch ausführlicher informieren. Schwab verhielt sich ziemlich defensiv, er rechtfertigte die Verzögerung mit technischen Schwierigkeiten und Definitionsproblemen in der Startphase. Die Anmeldefrist für die deutschen Vermögen hatte bis Ende September verlängert werden müssen, nachdem sich einige Anwälte und Notare anfänglich «hinter das Berufgeheimnis verschanzten». Besondere Probleme boten sich bei der Bewertung gewisser Vermögenskategorien, ebenso aufgrund zahlreicher Doppelanmeldungen. Schwab betonte, dass die Verrechnungsstelle – insgesamt waren rund hundert Personen für diese Materie eingesetzt – alles getan habe, um ihre Arbeit so rasch als möglich und nach bestem Wissen und Gewissen zu erledigen. Das Resultat der Tresorfachöffnungen war in den vorgelegten Zahlen noch nicht enthalten.[313] Die alliierten «Safehaven»-Experten in der Schweiz wurden zu einer Spezialbesichtigung der Verrechnungsstelle eingeladen, um die dortigen Arbeitsmethoden genauer kennen zu lernen. Der Vorwurf der Verschleppung sollte entkräftet werden. Das nützte alles freilich recht wenig. Die Amerikaner blieben misstrauisch und kritisch. Sie unterstrichen die Notwendigkeit «durchgehender Untersuchungen».[314] Die US-Beamten Reagan, Mann und Conover galten ihren schweizerischen Gesprächspartnern in Bern bis zur Abberufung im Laufe des Jahres 1947 als unangenehme «trouble-makers», mit denen eine fruchtbare Zusammenarbeit nicht möglich schien.[315]

Die Verrechnungsstelle stand ohne jeden Zweifel unter beträchtlich verstärktem Leistungsdruck. Die Prioritäten waren nun etwas anders zu setzen. Anfang 1946 begann man mit der zeitaufwendigen Safekontrolle, die im Vorfeld der anstehenden Verhandlungen mit den Alliierten beschleunigt werden musste. Das war eine in der schweizerischen Geschichte einzigartige Aktion, die vom Publikum als Teilaufhebung des Bankkundengeheimnisses interpretiert werden konnte. Ende Februar 1946 standen 55 Mann im Einsatz. Bis zum 22. März 1946 wurden 2 663 Safes kontrolliert, davon mussten 875 zwangsweise geöffnet werden. Resultat war ein Barwert von etwa 83 Millionen Franken (ohne Schmuck und Bilder). Werte von 31.6 Millionen Franken waren nicht gemeldet worden. Der Anteil der in Deutschland domizilierten Personen und Firmen an den kontrollierten Safes betrug 41% (im Vergleich zum Anteil von 42% der Deutschen in der Schweiz).[316] Was das Total der «deutschen Vermögenswerte» betraf, so ergab sich nach einigen Bereinigungen Ende März 1946 ein Betrag von 1 028 Millionen Franken (wovon 505 Millionen auf Domizil «Altreich» entfielen). Bis Ende Oktober 1946 brachte die Verfeinerung der insgesamt 32 750 Anmeldungen ein neues Total von 1.1 Milliarden Franken (562 Mio. Franken für Domizil «Altreich», 58 Mio. Domizil Österreich, 131 Mio. für Domizil Drittland und 328 Mio. Franken für Deutsche in der Schweiz). Nicht berücksichtigt in diesem Total waren die Kleinvermögen unter der Freigrenze, sowie Patentwerte, Zweifelsfälle und einige weitere Posten besonderer Abgrenzung (z. B. Versicherungsverkehr).[317]

Die Forscher der Bergier-Kommission kommen in ihren Berechnungen der von der Verrechnungsstelle insgesamt registrierten «deutschen» Vermögenswerte auf ein Total von 1.5 Milliarden Franken (ohne Patente), wobei die Aggregation gewisser Daten nicht leicht nachzuvollziehen ist.[318] Sie argumentieren durchaus plausibel, dass die Bestandesaufnahme nicht lückenlos sein konnte, weil die Deponierung von Banknoten, Wertschriften und Edelmetallen ausserhalb von Banken und unabhängig von Anwälten durchaus möglich war. Die Forscher der Bergier-Kommission geben sich überzeugt, dass die «mögliche Summe» der in der Schweiz befindlichen deutschen Vermögenswerte mehr als 2.5 Milliarden Franken betrug. Sie halten auch Schätzungen bis zu 3 Milliarden Franken nicht für unrealistisch.[319] Vorsichtigere Maximalschätzungen würden allerdings kaum über 2 Milliarden Franken hinausgehen (in Bezug auf Deutschland in den Grenzen von 1937 sowie dessen Staatsangehörige in der Schweiz). Denn das Verstecken von Wertsachen war ja nicht so einfach. Beim wem sollten Deutsche mit Domizil «Grossdeutschland» – falls sie 1944/45 überhaupt noch in die Schweiz gelangen konnten – ihr Schätze einlagern, wenn mit einer Sperre bei Banken und Anwälten zu rechnen war (und die gut informierten Wirtschaftsleute und Diplomaten rechneten ab Herbst 1944 damit)? Waren in der Schweiz niedergelassene Deutsche (zum Teil seit Jahrzehnten dort wohnhaft) bereit und allenfalls vertrauenswürdig genug für klandestine Kooperation? Und falls ja, würden sie nicht überwacht und eventuell nach Kriegsende ausgewiesen werden? Boten sich «deutschfreundliche» Schweizer zum Versteckspiel an? Bei der damaligen Stimmung in der Schweiz dürften nicht allzu viele dieses Risiko übernommen haben. Die Zeit der «Säuberungen» von nazifreundlichen Deutschen war übrigens Ende 1945 noch nicht vorbei.[320] Unter Generalverdacht stand daneben ein besondere Gruppe: Deutsche und Österreicher, die sich noch vor dem Krieg in der Schweiz einbürgern konnten und dann zu irgendeinem Zeitpunkt durch zweifelhafte Äusserungen oder verdächtige Kontakte aufgefallen waren. Zu dieser Gruppe gehörten zum Beispiel der bekannte Baron von der Heydt auf dem Monte Verità und der gebürtige österreichische Anwalt Barwisch in Davos. Der Baron wurde von verschiedenen schweizerischen Stellen 1945/1946 mit beträchtlichem detektivischem Aufwand unter die Lupe genommen. 1947 verlor er seinen Schweizer Pass, allerdings nur vorübergehend, denn 1949 wurde die Ausbürgerung des überaus grosszügigen Kunstmäzens aufgehoben.[321] Ganz anders verlief der «Fall Barwisch». Hier liess sich ein publikumswirksames Exempel statuieren. Josef Franz Barwisch wurde in einem von der Presse ausserordentlich breit kommentierten Landesverratsprozess zu zwanzig Jahren Zuchthaus verurteilt. Seine «Anschluss»-Pläne für die Schweiz und die entsprechenden Kontakte zu Seyss-Inquart und Kaltenbrunner waren dank Aktenfunden in Österreich bekannt geworden. Ironischerweise trat nun jener SS-Obersturmführer Dr. Ernst Hoffmann, den Kaltenbrunner noch 1943/44 als Pseudodiplomaten in die Schweiz hatte einschleusen wollen, als entscheidender Belastungszeuge gegen Barwisch auf. Hoffmann kam unter freiem Geleit aus einem alliierten Gefangenenlager. In unserem Zusammenhang ist bemerkenswert, dass keine Hinweise vorlagen, wonach Barwisch beim Transfer von Nazi-Fluchtgeldern involviert gewesen wäre.[322]

An Informationen (oder Denunziationen) fehlte es jedenfalls nicht. Man erfuhr zum Beispiel nach Kriegsende, dass der Gesandte Köcher einen privaten Tresor bei einer Firma eingelagert hatte. Otto Köcher wurde mit etwas Verzögerung zum Verlassen der Schweiz gezwungen. Er beging im Dezember 1945 Selbstmord in Deutschland.[323] Ein besonders eifriger Informant mit scheinbar speziellen Quellen lenkte den Verdacht auf eine ganze Reihe prominenter deutscher Namen, vom Kronprinzen über Leni Riefenstahl bis zu einem bekannten Füllhalterproduzenten (allerdings ohne Nennungen aus der Nazi-Parteispitze). Die Nachforschungen bei den angeblich involvierten Banken ergaben kein einziges zutreffendes Ergebnis.[324] Auf einem ähnlichen Feld bewegte sich jener Denunziant, der dem ehemaligen deutschen Bankier Paul Schmidt-Branden in einem anonymen Brief an das amerikanische Generalkonsulat in Zürich vorwarf, in Zusammenarbeit mit Reichswirtschaftsminister Funk «einige Millionen Franken» in die Schweiz verschoben zu haben. Generalkonsul Sam E. Woods nahm sich dieser Sache sehr genau an. Die Denunziation stellte sich als haltlos heraus. Schmidt-Branden war bis 1931 Vorstandsmitglied der Dresdner Bank und emigrierte Ende 1936 in die Schweiz. Einen Teil seines Vermögens transferierte er von 1930 bis 1934 in die Schweiz und bei Kriegsbeginn in die USA. Ein geradezu klassischer Fall somit für den Schutz des Vermögens vor einem eventuellen Nazi-Zugriff. Schmidt-Branden führte das Verhalten des von ihm vermuteten Denunzianten auf Neid zurück. Der Betreffende, übrigens ebenfalls ein ehemaliger deutscher Bankier, beging wenig später Selbstmord.[325] Zu ergänzen ist in diesem Zusammenhang, dass die Telefongespräche von verdächtigen Schweizern, darunter auch einigen Anwälten, in dieser Untersuchungsphase (von Herbst 1945 bis Sommer 1946) zeitweise überwacht wurden. Der Chef der zuständigen Abhörequipe tat dies mit voller

Überzeugung. Es lag ihm daran, «diese Ehrenmänner ... festzunageln», welche die Schweiz möglicherweise als Tummelplatz für ihre «dunkeln Geschäfte» missbraucht hatten.[326] Die Beamten der Verrechnungsstelle stellten im Laufe des Jahres 1946 281 Verstösse gegen die Vorschriften der Sperrebeschlüsse fest, wovon 42 mit Antrag auf Strafverfolgung an das Rechtsbüro weitergeleitet wurden. Die Safekontrollen gaben im Übrigen einen deutlichen Hinweis auf die relativ bescheidenen Dimensionen verborgener deutscher Werte. Man kann davon ausgehen, dass die 875 zwangsweise geöffneten Safes den Hauptteil der bis dahin nicht gemeldeten 31.6 Millionen Franken enthielten. Verdächtig erschienen auf ersten Blick die 264 leeren Safes. Darunter befanden sich freilich nicht wenige Namen jüdischer Herkunft, vermutlich mehrheitlich von Emigranten, die an eine spätere Rückkehr nach Europa dachten (und deshalb die Safes nicht aufgegeben hatten).[327]

Die Verrechnungsstelle war sich gewisser Schwachpunkte ihrer anfänglichen Untersuchungen durchaus bewusst. Dazu gehörte hauptsächlich die Bewertung von Unternehmen. Indes ergaben sich auch auf diesem Gebiet, wo zunächst auf die Angaben der Firmen selbst abgestellt werden musste, bald Verfeinerungen aus grösseren Einzeluntersuchungen. Die festgestellten Reinvermögen erbrachten im Jahre 1946 gegenüber den Anmeldungen des Verkehrswertes einen Mehrwert von 25 Millionen Franken.[328] Vier Jahre später wurde das Zahlenmaterial noch einmal revidiert, was einen Zuwachs von 14 Millionen Franken für die «Deutschen in Deutschland» bedeutete.[329] Damit sind wiederum die Dimensionen eventueller Verschleierungen ansatzmässig erkennbar. Selbst wenn man diesen Betrag der Adjustierung verdoppeln oder verdreifachen wollte, bleibt die Auswirkung auf das Gesamtresultat deutscher Vermögenswerte in überschaubar engen Grenzen. Ein anderer Aspekt darf dabei nicht unterschätzt werden. Der aktuelle Wert verschiedener deutsch kontrollierter Unternehmen, die ja meist noch auf der Schwarzen Liste figurierten, verringerte sich nach Kriegsende zunächst aufgrund fehlender Exportmöglichkeiten. Vom schweizerischen Standpunkt aus zählte hier vor allem das Problem der Arbeitsplätze. Die «Schwarzlistenfirmen» beschäftigten 1945 etwa zwanzigtausend Arbeitnehmer. Auch sozialdemokratisch-gewerkschaftliche Führungsfiguren wie Nationalrat Ilg wollten sich zum Beispiel für die Scintilla in Solothurn einsetzen. Doch gerade dieser Fall mit seinem Robert-Bosch-Konnex war äusserst komplex, weil die Aktienmehrheit nominell scheinbar in Schweden lag.[330] Eine möglichst rasche «Entdeutschung» schien für einige Firmen aus wirtschaftlicher Perspektive im Grunde angezeigt. Einfach war das allerdings keineswegs, nicht zuletzt, weil sich auch Mitspieler aus dem alliierten Umfeld in teilweise undurchsichtiger Weise als Bewerber einschalteten (im Falle Scintilla war das zum Beispiel der britische Konsul Galland in Lausanne[331]).

Ein schwieriges Problem stellte sich der Verrechnungsstelle beim Versuch, einen allfälligen Zuwachs deutscher Vermögenswerte in der Schweiz während des Zweiten Weltkrieges festzustellen. War das überhaupt technisch möglich? Für Robert Kohli schien im August 1945 die Aufteilung nach Vermögen «vor dem 1. September 1939» und später zwar wichtig («im Hinblick auf die Forderungen der Alliierten»), er sah jedoch gleichzeitig «grösste Schwierigkeiten» voraus. Für die in der Schweiz domizilierten Deutschen schien ihm eine solche Aufteilung nicht durchführbar. Sie sei «auch nicht unbedingt erforderlich». Er wollte der Aufteilung «keine allzugrosse Bedeutung» zumessen.[332] Die Schweden hatten schon im Juli 1945 gegenüber den Alliierten Zweifel geäussert, ob sich in ihrem Falle die deutschen Transaktionen während des Krieges (denn darauf lief es hinaus) administrativ genau feststellen liessen.[333] Das war offensichtlich auch die Meinung von Robert Kohli, der das statistische Thema der Verrechnungsstelle überliess. Dort schwankte man zwischen maximalen Zielsetzungen und den Zwängen der Realität unter zunehmendem Zeitdruck. Direktionspräsident Schwab verkündete im Dezember 1945 ziemlich unvorsichtig vor der Presse, man beabsichtige eine Gliederung der Vermögenswerte nach ihrer Entstehung in vier Perioden.[334] Bundesrat Petitpierre hatte einen Wunsch in dieser Richtung ausgedrückt. Hätte sich Schwab allerdings bei seinen Mitarbeitern genau erkundigt, wäre ihm wohl klar geworden, dass dies aufgrund der vorliegenden Daten gar nicht möglich war. Denn nur auf einem Teil der Anmeldeformulare gab es eine Rubrik, um die Entstehungszeit klar festzuhalten. Diese direkte Frage fehlte hingegen auf dem Formular, das die «Verwalter» von deutschen Vermögen auszufüllen hatten (dort wurde nur nach dem Datum eines Vertrages gefragt). Auch auf den andern Formularen mangelte es häufig an Angaben zur Entstehungszeit der Vermögen. Die Beamten waren sich durchaus bewusst, dass eine einigermassen verlässliche Entstehungsgliederung sehr viele Rückfragen erfordert hätte. In manchen Fällen war keine Auskunft zu erwarten, weil die betreffenden Belege vermutlich nicht mehr vorhanden waren.[335] Anfang Januar 1946 orientierte die Verrechnungsstelle schliesslich Bundesrat Petitpierre über die Schwierigkeiten in Bezug auf eine Entstehungsgliederung der deutschen Vermögen. Zu Recht machte sie nun auch darauf aufmerksam, dass sich diese Vermögenswerte seit 1933 «ununterbrochen in Fluss» befanden. Eine Rekonstruktion hätte eine «mit dem bezweckten Resultat kaum in Einklang stehende Arbeitsleistung» erfordert.[336]

Wie behalf man sich nun im Hinblick auf die bevorstehenden Verhandlungen in Washington? Die Verrechnungsstelle verhielt sich pragmatisch und fügte einfach die damals vorhandenen Daten zusammen, indem sie den deutschen «Altbesitz» vor dem 1. September 1939 in einer separaten Kolonne auswies. Das sah dann so aus, als ob zum Beispiel der

Vermögensstand der «Deutschen in Deutschland» vor Kriegsausbruch nur 38.8% des Saldos von 1945 betragen hätte. Dass diese Beträge des «Altbesitzes» von Anfang der Untersuchungen an unvollständig beziehungsweise zu tief waren, wurde wie gesagt keineswegs vollständig verschwiegen. Denn 46% der Vermögen von Deutschen mit Domizil ausserhalb der Schweiz waren von «Verwaltern» angemeldet worden.[337] Die Erfassungslücke «vor dem 1. September 1939» war demnach unter Einschluss der andern fehlenden Angaben ganz beträchtlich. Einfach und kurz ausgedrückt: Die Datenbasis des «Altbesitzes» war für Vergleiche mit 1945 praktisch unbrauchbar. Im historischen Rückblick scheint es bedauerlich, dass sich die Verrechnungsstelle zu solch irritierenden Übersichten hergab. «Pseudovergleiche» konnten (und können auch heute) niemandem dienlich sein. Ein aussagekräftiger Vergleich müsste zudem Wertveränderungen aufgrund der Marktverhältnisse und der beträchtlichen Geldentwertung in dieser Periode angemessen berücksichtigen. Erstaunt stellt man fest, dass die Forscher der Bergier-Kommission aufgrund der genannten Übersichten der Verrechnungsstelle zum Resultat kommen, «über 60% der erfassten deutschen Vermögen» seien erst nach Kriegsbeginn in die Schweiz gekommen.[338] Eine gravierende Feststellung, die wie gezeigt auf höchst brüchigem Fundament beruht.

Wenn von mehr oder weniger verdeckten Vermögensverschiebungen zwischen Deutschland und der Schweiz während des Zweiten Weltkrieges die Rede ist, dann sollte die entscheidende Frage nach den möglichen Dimensionen (und dem Saldo in der Schweiz unter Berücksichtigung der Rückflüsse nach Deutschland) im Zentrum bleiben. Die Vermutungen betreffend Unter- oder Überfakturierungen müssen in Anbetracht der vielfältigen kriegswirtschaftlichen Kontrollen und des Clearingsystems mit grosser Skepsis beurteilt werden, selbst wenn man einen gewissen Spielraum für Provisionen und Lizenzzahlungen in Rechnung stellt. Emil Puhl erinnerte sich in diesem Zusammenhang nicht an die Schweiz, hingegen an überhöhte Exportpreise im deutschen Handel mit Schweden in einer gewissen Phase.[339] Erstaunlich oberflächlich und in verschiedener Hinsicht zweifelhaft erscheinen die Nachkriegsbefragungen von Ministerialdirigent Dr. Hermann Landwehr, Leiter der Devisenabteilung im Reichswirtschaftsministerium von 1931 bis 1944. Ob das eher mit seinem Gesundheitszustand oder auch mit seiner Situation im Nachkriegsberlin in Zusammenhang steht, kann hier nicht beantwortet werden. Landwehr wurde im August 1944 von den Nazischergen verhaftet (und blieb bis zum Kriegsende 1945 in Gefangenschaft). Bis 1944 sass er im RWM an einer wichtigen Stelle, wo ihm die unterschiedlichsten Informationen in Devisensachen zuflossen. Befragt zu den deutschen Guthaben in der Schweiz, erinnerte er 1947 daran, dass in Holland nach der Besetzung durch die Wehrmacht beträchtliche verborgene deutsche Guthaben zum

Vorschein gekommen seien. Er nahm an, dass die «nicht erfassten Guthaben in der Schweiz» mindestens so hoch waren. Auf einen konkreten Betrag wollte er sich indes 1947 nicht festlegen (im Gegensatz zu einer seltsamen Befragung, die vermutlich 1946 – angeblich im Auftrag der Schweizerischen Verrechnungsstelle – stattgefunden hatte, jedoch vorwiegend amerikanischer Zielsetzung entsprach). Was die vermuteten Unterfakturierungen seitens Industriefirmen betraf, konnte er sich 1947 interessanterweise an keinen Einzelfall erinnern. Spezialbewilligungen zur Verwaltung eines Differenzbetrages im Ausland wurden von seiner Stelle jedenfalls nicht erteilt. Er schloss indes nicht aus, dass gewisse Firmen «vielleicht mit Rückdeckung von Goering, des Vierjahresplanes oder anderer Wehrmachtsstellen» solche Unterfakturierungen vornehmen konnten.[340] Schmuggel oder von gewissen Stellen autorisierter Transport im Diplomatengepäck war ein weiteres Verdachtselement für Vermögensverschiebungen. Das war allerdings in der Praxis nur einem kleinen Personenkreis möglich. Der auffallende Zuwachs der Notenzirkulation in Schweizerfranken während der Jahre 1943 und 1944 führte ebenfalls zu Vermutungen bezüglich stärkerer deutscher Nachfrage oder gar Hortung. Faktisch belegen lässt sich das nicht. Gewisse Notenexporte nach Deutschland wurden registriert, die Volumina scheinen nicht ausserordentlich.[341] Andere Nachbarn (aus West und Süd) und vermutlich auch die Alliierten (z.B. für die Unterstützung der Widerstandbewegungen) sowie gewisse Interessenten aus Südosteuropa dürften ihren Anteil an dieser Entwicklung gehabt haben, ganz abgesehen von rein schweizerischen Ursachen.[342]

Insgesamt fehlen ganz einfach stichhaltige Hinweise, dass es sich bei den deutschen Verschiebungen um grössere Dimensionen gehandelt hätte. Angst, Neid, Misstrauen, Kontrolleifer und gegenseitige Bespitzelung waren auf deutscher Seite stets vorhandene Verhinderungs- oder zumindest starke Bremselemente. Es gab nach heutigem Wissensstand keine zentrale Steuerung, keinen «Führerbefehl» und auch keinen greifbaren Konsens zur Verschiebung substantieller deutscher Vermögenswerte in die Schweiz. Das schliesst nicht aus, dass verschiedene deutsche Industrielle mit Tochtergesellschaften südlich des Rheins durchaus mit solchen Ideen vor allem im Bereich der Patent- und Markenverlagerungen gespielt haben dürften.[343] Indes sind Weisungen kompetenter und einflussreicher Stellen bis heute nicht gefunden worden. Die erwähnten Finanztransaktionen der Abwehr, des Vierjahresplanes oder der SS geben aussagekräftige Hinweise auf die effektiv verfügbaren, ziemlich beschränkten Mittel für allfällige Absetzbewegungen. Und «berühmte Namen» hat man bei der Inventarisierung 1945/46 nur ganz wenige gefunden: Hjalmar Schacht und Franz von Papen, der Letztere mit Deponierungen, die dem «Safehaven»-Klischee teilweise zu entsprechen scheinen.

Freilich wurde Papen als damaliger Botschafter in der Türkei im Sommer 1944 nach Deutschland zurückgerufen und stand 1945 vor dem Nürnberger Gericht.[344] Die umfangreichen Nachforschungen der späten 1990er-Jahre nach sogenannten «Täterkonten» seitens ICEP, Bergier-Kommission und schweizerischer Banken brachten keine Überraschungen, weder quantitativ noch in Bezug auf mehr oder weniger prominente Nazi-Namen.[345] Sehr eingehend hat zum Beispiel die Credit Suisse Gruppe dem Thema «problematische Kunden» aus dem Nazi-Bereich nachgeforscht. Dabei wurde deutlich, dass nur eine kleine Anzahl von Geschäftsverbindungen zu dieser Kategorie gehörte. Von einer Zunahme im Verlaufe des Weltkrieges kann keine Rede sein.[346] Ausserdem ist daran zu erinnern, dass die meisten deutschen Transaktionen im Wertschriften-, Gold- und Notenbereich im Verlaufe des Krieges der dringenden Beschaffung von Devisen (und damit besonders gesuchter Importe) dienten, dass somit ein Rückfluss nach Deutschland beziehungsweise Verbrauch in Drittländern stattfand. Das war eine ganz andere Zielsetzung als die angebliche Verlagerung im Sinne von «Safehaven» und Hortung im neutralen Ausland.

Emil Puhls Versuch, noch am Ende des Krieges mit den Restsaldi der Reichsbank und einem letzten Goldtransfer deutsche Verpflichtungen gegenüber der Schweiz zu begleichen, spricht für sich selbst. Es spielt dabei eine untergeordnete Rolle, dass er vermutlich seinen persönlichen Aufenthalt in der Schweiz über das Kriegsende hinaus verlängern wollte, was ihm wie erwähnt nicht gelang.[347] Auch ein Restsaldo von 4.7 Millionen Franken, der von Alfred Kurzmeyer (Deutsche Bank) über Generalkonsul Dienstmann in Zürich schliesslich an Major Gäfgen von der DIKO gelangte, war nach Aussagen des Letztgenannten zur Bezahlung von Verpflichtungen gegenüber Schweizer Firmen gedacht.[348] Der wendige Major wird die Schweiz 1946 (nachdem sein Rekurs abgewiesen worden war) verlassen müssen. Die Bundesanwaltschaft warf der DIKO verbotenen Nachrichtendienst vor. Erst 1951 durfte Gäfgen wieder in die Schweiz einreisen.[349] Unverkennbar war bei diesen Vorgängen, dass der Frage der deutschen Vertragseinhaltungen mit Blick auf die Nachkriegszeit eine entscheidende Bedeutung zukam. Einige Jahre später sollte es freilich nicht Emil Puhl sein, sondern der Bankier Hermann J. Abs, der in den internationalen Schuldenverhandlungen in London zur prominenten Figur auf deutscher Seite werden wird. Jener Bankier somit, der sich als regelmässiger Teilnehmer an die jährlichen Zusammenkünfte erinnern konnte, die noch bis Mai 1944 eine kleine Gruppe von deutschen und schweizerischen Bankiers zur Verlängerung der ehemaligen Stillhaltevereinbarungen zusammengeführt hatten. Damals (1944) waren an alten deutschen Verpflichtungen noch 173 Millionen Franken unter diesen Kreditabkommen gegenüber schweizerischen Gläubigern ausstehend, wovon fast die Hälfte auf ehemals mittelfristige Umlegekredite entfiel.[350] Und Deutschland hatte bis dahin die Zinsen (wenn auch auf reduziertem Niveau) stets bezahlt.

Ein Jahr später fielen Zins- und Rückzahlungen auf allen deutschen Verpflichtungen aus. Die Basler Handelsbank und die Eidgenössische Bank bekamen unverzüglich Atemnot. Ohne gründliche Sanierung oder Übernahme durch stärkere Konkurrenten konnten diese Banken ihre alten Forderungen an Deutschland (mit Ursprung hauptsächlich aus der Zeit bis 1931) nicht vollständig abschreiben. Und ohne solche Massnahmen gab es kein Vertrauen und damit kein nachhaltig erfolgversprechendes Überleben. Im Sommer und Herbst 1945 spielten sich in den schweizerischen Bankkulissen manchenorts dramatische Vorgänge ab. Einiges drang auch an die Öffentlichkeit. Ein Vertrauenseinbruch drohte in einzelnen Fällen, besonders bei der Basler Handelsbank, die teilweise scharf attackiert wurde. Ihre Aktien fielen gegen Ende Juli tendenziell ins Bodenlose, begleitet von einem entsprechenden Rückzug von Kundengeldern. Fassen wir uns an dieser Stelle kurz: Die Folge war ein Konzentrationsprozess unter den schweizerischen Grossbanken, der im Grunde seit 1935 überfällig war. Die Basler Handelsbank musste zunächst ein Stundungsgesuch stellen, das auf den 1. August 1945 bewilligt wurde. Verwaltungsratspräsident Brugger schied aus dem Leben. Bei der Eidgenössischen Bank übernahm die Bankgesellschaft die gesunden (überwiegend schweizerischen) Aktiven und die Passiven sowie drei Viertel des Personals, während die alten deutschen Verpflichtungen (bis dahin noch mit 21 Millionen Franken bewertet) in der «Rumpfgesellschaft» verblieben. «Die Bewertung der deutschen Engagements ist durchaus problematisch», teilte der Verwaltungsratsdelegierte Charles Zoelly den Aktionären der Eidgenössischen Bank an der entscheidenden Versammlung Anfang September mit. «Was je daraus noch zu retten sein wird, ist völlig im Dunkeln. Eines steht fest: Bis auf weiteres kann mit irgend einem Ertrag darauf nicht gerechnet werden.» Ganz ohne Opposition lief die Übernahme durch die Bankgesellschaft allerdings nicht ab.[351] Der Bankverein fand sich im Oktober 1945 bereit, bezüglich Basler Handelsbank ähnlich vorzugehen. Da gab es freilich bedeutend weniger gesunde Aktiven als bei der EIBA, hingegen etwas mehr notleidende deutsche Kredite, die bei der Rumpfgesellschaft zurückblieben (37 Millionen Franken unterstanden dem Stillhalteabkommen von 1944).[352] Die Bank Leu kam nur knapp am Abgrund vorbei: 34 Millionen Franken waren noch ausstehend in Deutschland (davon entfielen 24 Millionen auf Hypothekarkredite). Dank Auflösung von Rückstellungen und Reserven sowie der Abschreibung des Stammaktienkapitals konnte sich die Bank über Wasser halten.[353] Fazit: Etwa eintausend Arbeitsplätze im schweizerischen Bankwesen konnten gesichert werden – und zwei traditionsreiche Namen verschwanden definitiv vom Tableau der Schweizer Grossbanken (die Namen überlebten freilich in den Rumpfgesellschaften, deren Status sich in den Nachkriegsjahren teilweise änderte). Die Bank Leu spielte im reduzierten Kreise der Grossbanken fortan keine Rolle mehr. Der Preis, der zulasten der Aktionäre ging, war beträchtlich. Es blieb die vage Hoffnung, in ferner Zukunft die alten deutschen Engagements doch noch teilweise liquidieren zu können.

Unter diesen Umständen kann kaum erstaunen, dass einige schweizerische Bankiers Ende 1945 in Bezug auf die deutschen Guthaben in der Schweiz eine härtere Haltung des Bundesrates begrüsst hätten. Eine Verrechnung mit Schulden konnte vorderhand jedoch nur dort vorgenommen werden, «wo privatrechtlich verrechenbare Guthaben» vorhanden waren.[354] Selbst das war bei langjährigen deutschen Geschäftspartnern, die ihren Verpflichtungen bis zum Ende vertragsgemäss nachgekommen waren, eine eher zwiespältige Angelegenheit. Auf der andern Seite blieb unabsehbar, ob die Alliierten von den einst solventen deutschen Geschäftspartnern nach der Zerschlagung der Konzerne noch brauchbare Rechtsnachfolger übrig lassen würden. Wenn die Schweizer Banken ebenso wie die Beamten des Eidgenössischen Finanzdepartementes sehr genau wussten, was ihnen Deutschland noch schuldete, so herrschte in andern Bereichen keine völlige Klarheit. Eine von Walter Stucki veranlasste Übersicht vom Frühjahr 1946 aus verschiedenen Quellen bezifferte die privaten schweizerischen Forderungen an Deutschland auf insgesamt 2.4 Milliarden Franken (ohne Kriegsschäden und Rückkehrer-Ansprüche). Auf die Bankengläubiger und die alten staatsrechtlich privilegierten Goldhypotheken entfielen dabei «nur» etwa 320 Millionen. Die Wertschriften waren hingegen noch mit 1.1 Milliarden und andere Forderungen mit 1 Milliarde eingesetzt.[355] Im Laufe der folgenden Jahre wurden diese Daten verfeinert. Im Vorfeld der internationalen Schuldenverhandlungen mit Deutschland ergab sich 1950 ein Total der privaten schweizerischen Forderungen an Deutschland von 1.5 Milliarden Reichsmark (davon 854 Mio. Reichsmark in Wertschriften) zuzüglich 658 Millionen in Franken (Einzelforderungen, Wertschriften in Schweizerfranken, Frankengrundschulden, Stillhaltekredite und Clearingschulden ohne Bundesgarantie). Hinzu kamen die Forderungen der Eidgenossenschaft von 1.1 Milliarden Franken. Legt man den alten offiziellen Wechselkurs der Reichsmark bis 1945 zugrunde, beliefen sich die schweizerischen Forderungen somit auf insgesamt etwa 4.3 Milliarden Franken.[356] Die Schlussfolgerung liegt auf der Hand: Die schweizerischen Forderungen an Deutschland (in den Grenzen von 1937) waren mit einiger Sicherheit mindestens doppelt so gross wie die deklarierten sowie allenfalls immer noch verheimlichten deutschen Guthaben in der Schweiz. Dieser statische Interessenvergleich lässt überdies die massiven Verluste ausser Acht, welche insbesondere die Schweizer Banken seit 1931 auf der

Liquidation ihrer alten Kredite zu den verschiedenen Sperrmarkkursen erlitten. Nimmt man die ursprüngliche Stillhalteverschuldung von 1931 gegenüber der Schweiz sowie die nachfolgend integrierten alten Kredite als Ausgangspunkt (mindestens 1.2 Milliarden Franken), so ergaben sich allein darauf (bei einem Endsaldo um 170 Millionen Franken) Liquidationsverluste von mehreren hundert Millionen Franken. Nur der Bankverein und die Kreditanstalt konnten diese Verluste über die Jahre allein aus den Reserven decken, bei der Bankgesellschaft und der Bank Leu ging es nicht ohne ein kräftiges Opfer der Aktionäre, die Volksbank schliesslich konnte nur mit Bundeshilfe überleben, und die Eidgenössische Bank und die Basler Handelsbank mussten am Ende die Flagge streichen.

Die nachfolgenden Entwicklungen im Dreieck Schweiz–Deutschland–Alliierte sollen hier nur noch sehr kurz gestreift werden. Zu diesem komplexen Thema, das seinerzeit die Gemüter vor allem der direkt Betroffenen beträchtlich erregte, liegt seit 1992 eine aufschlussreiche Arbeit von Linus von Castelmur vor.[357] Wie auch immer man die Probleme am Jahresende 1945 anging, die Schweiz konnte sich jedenfalls Verhandlungen mit den Alliierten nicht entziehen. Bundesrat Petitpierre zeigte sich deutlich beunruhigt über die drohende Verschlechterung der schweizerisch-amerikanischen Beziehungen. Er befürwortete bereits Mitte November 1945, mit den USA Verhandlungen über die deutschen Guthaben und die «Schwarzen Listen» aufzunehmen. Der Bundesrat war mit einer Spezialmission einverstanden, doch Washington signalisierte, der Zeitpunkt sei noch verfrüht. Auf schweizerischer Seite blieb man beunruhigt über die verzögerte Deblockierung der eigenen Guthaben in den Vereinigten Staaten.[358] Aus der Rückschau von 1958 wird der Bundesrat von einer «sehr bedrohlichen Ausgangslage der Jahre 1945/46» sprechen.[359]

Erst am 11. Februar 1946 erhielt die Schweiz die alliierten Einladungen zu Verhandlungen in Washington. Die Gespräche begannen am 18. März und endeten nach Unterbrüchen und beträchtlichen Spannungen mit dem «Washingtoner Abkommen» vom 25. Mai 1946. Verhandlungschef auf schweizerischer Seite war Walter Stucki, begleitet von einer Delegation wichtiger Vertreter der Verwaltung und der Nationalbank. Stucki war sich bereits vor Beginn der Verhandlungen bewusst, «dass die Alliierten ihre Forderungen letzten Endes mit wirtschaftlichen Druckmitteln durchzusetzen gedenken».[360] Und William Rappard, der als kluger Berater fungierte, zeichnete im Vorfeld ein äusserst feinnerviges Bild der alliierten Gefühle und Ansprüche. Rappard erkannte sehr gut die psychologischen Grundlinien vor allem der amerikanischen Verhaltensweise, der «kämpferischen Leidenschaft und Ungeduld», des tiefen Misstrauens junger

Funktionäre, die überall Verschleierung und Machiavellismus witterten. Rappard diagnostizierte wirtschaftlichen Neid und Antipathie gegenüber den Neutralen und einen fast sportlichen Wunsch, in der Auseinandersetzung mit dem «Arsène Lupin germano-hélvetique» das letzte Wort zu behalten.[361]

Das Ergebnis der Verhandlungen wirkte auf viele schweizerische Zeitgenossen als herbe Enttäuschung, wenn nicht gar als Niederlage. Dies ist wohl der Grund, weshalb der Bundesrat beziehungsweise Walter Stucki in der Botschaft an die Bundesversammlung vom 14. Juni 1946 in ausserordentlich offener und detaillierter Weise über diese äusserst schwierigen Verhandlungen berichteten. Man wollte den parlamentarischen Einwänden die Spitze brechen. Beim Thema «Raubgold» (es ging vor allem um das belgische und holländische Zentralbankgold) musste sich die Schweiz zu einer Zahlung von 250 Millionen Franken an die Alliierten verpflichten, obschon die Nationalbank auf ihrer «Gutgläubigkeit» beim Erwerb des Goldes von der Reichsbank beharrt hatte.[362] Nachhaltig bedeutsamer war die Frage der deutschen Vermögenswerte in der Schweiz. Gemäss Washingtoner Abkommen sollte der Erlös aus der Liquidation der Vermögenswerte der «Deutschen in Deutschland» zur einen Hälfte der Schweiz zukommen und zur andern Hälfte «den Alliierten zum Zwecke des Wiederaufbaus zerstörter oder durch den Krieg verarmter, alliierter Länder sowie zur Ernährung von Hungersnot betroffener Bevölkerungen». Die Schweiz hatte sich mit ihrer Rechtsauffassung gegen den amerikanischen Anspruch nicht durchsetzen können. Das hinterliess bittere Gefühle. Als eine Art Gegenleistung fanden sich die Alliierten endlich bereit, die schweizerischen Guthaben in den Vereinigten Staaten nach einem «Zertifizierungsverfahren» freizugeben sowie die «Schwarzen Listen» aufzuheben.[363] Diese zwei Punkte konnte man im Grunde nicht als Entgegenkommen, sondern nur als Normalisierung unter demokratischen, liberalen Staaten bezeichnen. Mit knapper Not vermochte die Schweiz ein Souveränitätsproblem zu umschiffen, indem sich eine mehrheitlich von den Alliierten dominierte Kontrollkommission zur Liquidation der deutschen Vermögenswerte verhindern liess. Stattdessen wurde eine «Commission mixte» etabliert, mit Appellationsmöglichkeit an eine schweizerische Rekursinstanz und einem Schiedsgerichtverfahren am Schluss einer allfälligen Konfliktkette.

Walter Stucki, seine schweizerischen Verhandlungskollegen und der Bundesrat konnten dieses Resultat kaum als Erfolg buchen. William Rappard, welcher Stucki in verschiedenen wichtigen Unterredungen begleitet hatte, sprach zwar in Anbetracht der Kräfteverhältnisse und des enormen alliierten Druckes von einem «diplomatischen Wunder». Er lobte Stuckis Überlegenheit und Talent. Die Liquidation und teilweise Auslieferung der deutschen Vermögenswerte an die Sieger, so dachte sich

Rappard, würde wohl allerdings von den Historikern nicht gerade milde beurteilt werden.[364] In den Debatten der eidgenössischen Räte vom Juni 1946 kamen die Einwände gegen das Abkommen sehr deutlich zur Sprache. Niemand zeigte Begeisterung. Die Parlamentarier genehmigten das Abkommen als offenbar unausweichlichen Schritt mit deutlicher Mehrheit.[365] Unzufriedenheit über das Washingtoner Abkommen – auch nach der Bewilligung durch das Parlament – mottete vor allem in Anwalts- und Finanzkreisen weiter. Das war weiter nicht erstaunlich. Generaldirektor Alfred Schaefer von der Bankgesellschaft hatte bei seiner Reise in die USA im Frühjahr 1946 den Eindruck gewonnen, die Stimmung gegenüber der Schweiz sei in «Wall Street» «eine ausserordentlich freundliche und verständnisvolle». Dort beklagte man das «brutale Vorgehen der Treasury» gegen die Schweiz und hoffte, dass die Schweizer in Washington festbleiben würden. Freilich konnte die Schweiz von diesen Herren, welche die Administration Truman keineswegs schätzten, keine Hilfe erwarten. Schaefer sprach indes auch mit den amerikanischen Verhandlungsführern, die sich sehr offen ausdrückten. Die Amerikaner warfen «das ganze Gewicht ihres wirtschaftlichen Druckes in die Waagschale». Ihr Ziel sei, so Schaefer, «sämtlicher deutscher Devisen-Reserven habhaft zu werden». Sie hätten das Gefühl, «dass die Schweiz hauptsächlich aus Rücksicht auf ein später wieder erstarkendes Deutschland in ihrer Opposition verbleibe».[366] Dieser Eindruck war gewiss nicht völlig falsch.

Heinrich Walther, der einstige «Königsmacher» der katholisch-konservativen Partei, drückte sein Missbehagen in einem Schreiben an den Chef der Verrechnungsstelle treffend aus: «Man wird wohl allseitig damit einverstanden sein, dass alles von den Anhängern des Hitlerrégimes seit Mitte der 30er Jahre in die Schweiz gebrachte Kapital erfasst werden soll», was er dagegen nicht verstehe («und als der schweizerischen Rechtsauffassung widersprechend erachte») sei die Tatsache, dass man Guthaben, die schon Ende der 1920er-Jahre oder in den ersten dreissiger Jahren in der Schweiz deponiert wurden, einbezogen habe. Walther bemühte sich um den konkreten Fall von drei deutschen Cousinen, die nun ihr altes Depot verlieren sollten. Direktionspräsident Dr. Max Schwab versuchte gar nicht erst zu bestreiten, «dass das Abkommen von Washington einen schweren Eingriff in das schweizerische Rechtsempfinden und überlieferte Rechtsgrundsätze bedeutet». Das Resultat sei jedoch damals wohl das Maximum gewesen, was schweizerischerseits zu erreichen war, «wenn man es nicht auf einen Bruch ankommen lassen wollte».[367] Das war in der Tat der entscheidende Punkt, der umstritten blieb. Hätten die Alliierten bei einem Abbruch der Verhandlungen tatsächlich Sanktionen gegen eine unbeugsame Schweiz ergriffen? Zumindest auf amerikanischer Seite bestanden zum Thema Sanktionen gegen unfolgsame Neutrale sehr präzise Vorstellungen mit verschiedenen Varianten.[368] Hätte sich die Blockierung der schweizerischen Vermögenswerte in den USA noch über längere Zeit rechtfertigen lassen? Wie hätte die schweizerische Öffentlichkeit auf eine anhaltende Isolation und vertiefte Spannungen mit den Vereinigten Staaten reagiert? Und wie verhielt es sich mit den «moralischen» Aspekten, welche die Alliierten zum Beispiel in einer neuen Pressekampagne wirksam in den Vordergrund hätten spielen können? Die Washingtoner Verhandlungen bieten jedenfalls hervorragendes Schulungsmaterial zum Studium von alternativen Verhandlungstaktiken, verschiedenartigen Einschüchterungsaktionen sowie den Auswirkungen des Zeitdruckes (beziehungsweise der Wahrnehmung eines solchen), des Verhandlungsortes und von Informationsasymmetrien.

Die Durchführung des Abkommens in Bezug auf die deutschen Vermögen gestaltete sich nicht unerwartet zu einem zähflüssigen, über Jahre sich hinziehenden Prozess. Walter Stucki wurde zum Präsidenten der zuständigen Aufsichtskommission ernannt, nachdem er die Leitung der Abteilung für Auswärtiges abgegeben hatte. Wichtige Teilaspekte waren im Abkommen offen oder unklar geblieben: zunächst eine angemessene Entschädigung der Deutschen in ihrer Landeswährung, der anzuwendende Umrechnungskurs sowie nicht zuletzt die Verwertung des allfälligen Erlöses auf schweizerischer Seite (im Bundeshaus dachte man an Hilfe für die kriegsgeschädigten Auslandschweizer). Linus von Castelmur betont in seiner historischen Studie zu Recht das Bruchstückhafte des Washingtoner Abkommens. Unlösbare, offene Probleme seien zu blossen Durchführungsfragen degradiert worden, «von denen man annahm, dass sie sich irgendwie schon von alleine lösten».[369] Dem war in der Folge durchaus nicht so. Im Hintergrund verstärkte sich auf jeden Fall der Widerstand gegen eine Durchführung des Abkommens ohne angemessene Entschädigung der deutschen Vermögensbesitzer. Der Bundesrat weigerte sich, den entscheidenden Schritt von der Sperre der deutschen Vermögenswerte zur Beschlagnahmung zu tun. Hingegen setzte die Freigabe jener gesperrten Werte ein, die nicht unter das Abkommen fielen (bis 1957 insgesamt 522 Millionen Franken). Darunter gab es die Gruppen «Rassisch, politisch und religiös Verfolgte» mit einem Freigabebetrag von 16.5 Millionen Franken sowie «Staatenlose» mit 1 Million Franken.[370]

Was die Vermögenswerte der «Deutschen in Deutschland» betraf, liess der Durchbruch zu einer endgültigen Lösung auf sich warten. Als wesentliche Antriebskraft wirkte schliesslich das Bestreben der jungen Bundesrepublik, als Rechtsnachfolgerin das Vertrauen in Deutschland wiederherzustellen und gleichzeitig die blockierten Vermögenswerte im Ausland frei zu bekommen. 1949 war es für die Schweiz trotz verbesserter Verhandlungsatmosphäre mit den Alliierten noch nicht möglich, die Aufhebung der Liquidationsbestimmungen von 1946 zu fordern. Immerhin sahen jetzt die Alliierten ein, dass «den Deutschen ein wirklicher Gegenwert zukommen muss», wie dies Walter Stucki ausdrückte.[371] Erst 1951 kam Bewegung in die komplexe Interessenlage zwischen den Alliierten, der Bundesrepublik und der Schweiz. Ein erster «Kompensationsplan» vom Frühjahr 1951 stiess in Bonn noch auf technisch-taktische Schwierigkeiten, obschon der deutsche Finanzminister Schäffer klar erkennen liess, dass die Regierung ein offensichtliches Interesse an der Aufhebung des Abkommens von Washington hatte. Stucki betonte damals, wie die Schweiz am Grundsatz festgehalten habe, dass «der betroffene Deutsche» einen angemessenen Gegenwert in DM erhalten müsse. Die Schweiz wünsche, mit ihrem nördlichen Nachbarn «gute und freundschaftliche Beziehungen wieder herzustellen».[372] In Bonn wusste man dies durchaus zu schätzen.

Im Vorfeld der multilateralen Schuldenkonferenz von London verflüssigten sich die Positionen in einer Weise, die eine Lösung bis Anfang 1952 in Reichweite brachte. Der deutsche Bankier Hermann J. Abs, der entscheidende Fäden zog und über einen direkten Draht zu Bundeskanzler Adenauer verfügte, sah klar, dass die Ablösungsverhandlungen mit der Schweiz und den Alliierten nur im grösseren Rahmen der Schuldenkonferenz geregelt werden konnten. Dabei war vor allem einiges Widerstreben von amerikanischer Seite gegen die nun energisch geltend gemachten schweizerischen Ansprüche auf die «Clearingmilliarde» zu überwinden.[373] Es lag in erster Linie an Bonn, in dieser Hinsicht einen Ausgleich der Interessen zu finden. Denn Deutschland wollte ja schliesslich wieder vertrauenswürdig und kapitalmarktfähig werden. Das hinhaltende Feilschen ging nun vom April bis Juli 1952 um die Abgeltungsquote für die Clearingmilliarde sowie den Einbezug des alten Kohlenkredits. Die schweizerische Hartnäckigkeit zahlte sich schliesslich aus, nicht zuletzt, weil die Alliierten ein Abseitsstehen der Schweiz beim Abschluss der Londoner Schuldenvereinbarungen vermeiden wollten. Der abzugeltende Gesamtbetrag der Reichsschulden zulasten der Bundesrepublik belief sich am Schluss auf 650 Millionen Franken, wovon die Schweiz 200 Millionen für langfristige Investitionskredite in Deutschland stehen lassen sollte.[374] Den formellen Schlusspunkt setzten das Ablösungsabkommen vom 26. August 1952 zwischen der Schweiz und der Bundesrepublik sowie das Abkommen der Schweiz mit den Alliierten vom 28. August 1952 (welche am 19. März 1953 in Kraft traten). Die Alliierten erhielten 121.5 Millionen Franken als Ablösungssumme, welche von der Bundesrepublik beziehungsweise indirekt von den deutschen Vermögensbesitzern aufgebracht wurden (aus dem sogenannten «Beitragsdrittel»). Den deutschen Vermögensinhabern war nämlich die Möglichkeit eingeräumt worden, der sofortigen Verwertung (gegen Entschädigung in DM) zu entgehen, indem sie einen Drittel ihrer Vermögenswerte in der Schweiz zu Gunsten der Bundesrepublik einbezahlten, wodurch die übrigen zwei

Drittel ohne Meldung an deutsche Stellen von der Sperre zu befreien waren. Bemerkenswert war ferner die Freigrenze von 10 000 Franken, die auf etwa 15 000 Personen (rund ⅘ sämtlicher Gläubiger) Anwendung fand. Ausserdem wurden die deutschen Patente und Handelsmarken freigestellt.[375] Entgegen den ursprünglichen Erwartungen benützten 98 Prozent der Betroffenen die Beitragsvariante (die DM hatte damals noch nicht den gleichen Nimbus wie der Schweizerfranken), wodurch die notwendige Ablösungssumme durch die Eingänge sogar beträchtlich übertroffen wurde. Die Schlussabrechnungen der 1950er-Jahre, das darf dabei nicht übersehen werden, sind betragsmässig nur noch bedingt vergleichbar mit den Untersuchungsresultaten von 1945/46, weil inzwischen auf Wertschriften und Beteiligungen erhebliche Wertsteigerungen zu verzeichnen waren.[376] Die Schweiz verzichtete auf jegliche Beteiligung am Erlös der deutschen Vermögenswerte.

Für Walter Stucki musste das Gesamtresultat von 1952 einer Revanche für die «Niederlage» von 1946 in Washington gleichkommen. Hermann J. Abs erinnerte sich noch 1990 mit Respekt an den Schweizer: «Das waren noch Unterhändler...! Stucki hat eine Rede gehalten beim Abschluss der Londoner Verhandlungen, in der er uns gerecht zu werden versuchte. Etwas so Treffendes habe ich selten gehört.»[377] Das hatte sich im Februar 1953 abgespielt, als die ausserordentlich komplexe multilaterale Schuldenkonferenz zu Ende ging, welche sowohl die deutschen Vor- und Nachkriegsschulden, staatlicher oder privater Natur, einschloss (wobei auch die deutsch-israelischen «Wiedergutmachungsverhandlungen» einen sehr wesentlichen Faktor darstellten). Für die schweizerischen Gläubiger war in diesem Zusammenhang vor allem die Regelung der mittel- und langfristigen privaten deutschen Schulden sowie der Stillhaltekomplex von Belang. Die ursprünglich mittel- und langfristigen deutschen Verpflichtungen sollten in maximal 25 Jahren amortisiert werden, wobei allerdings nur ⅔ der zwischen 1945 und 1952 aufgelaufenen Zinsen kapitalisiert werden konnten. «Westdeutschland» – wie man in der Schweiz damals sagte, wurde erst jetzt wieder stufenweise kreditwürdig.[378] Das vollzog sich zunächst ziemlich unspektakulär, indem zum Beispiel Schweizer Banken vorsichtig bereit waren, kurzfristige Rembours-Kredite zu eröffnen.[379] Man war zurück bei einer Situation, die an die mittleren 1920er-Jahre erinnerte. Für grössere neue Kredite oder Anleihen brauchte es noch einige Überwindung. Der Konjunkturaufschwung in der Bundesrepublik wird indes manches Zögern in nützlicher Frist überwinden.

Offen blieben in der Schweiz zwei Problemkreise. Zum einen der «Sequesterkonflikt» mit den Vereinigten Staaten um die Interhandel (genauer gesagt: deren beschlagnahmtes Vermögen in den USA), welcher erst in der Ära Kennedy durch Vergleich gelöst werden konnte. Zum andern unterliessen es die verantwortlichen staatlichen Stellen sowie die

Banken und übrigen Vermögensverwalter, beim Thema der damals sogenannten «herrenlosen Güter» mit Sensibilität eine den Opfern des Nationalsozialismus entgegenkommende Lösung anzusteuern und in nützlicher Frist zu implementieren. Erst allzu spät kam 1962 nach verschiedenen Vorstössen der «Meldebeschluss» zustande, der in der Anlage unvollständig war und in der Kontrolle unzureichend blieb. Die Späteffekte dieser bedauerlichen Unterlassungen führten zu den bekannten Auseinandersetzungen der 1990er-Jahre – mit beträchtlichen Kostenfolgen für die Banken (jedoch nicht für den schweizerischen Staat). Dieses Thema ist bereits Gegenstand historischer Analyse geworden.[380]

Endphase des Krieges und alliierte Forderungen (1944–1946)

1 Köcher an Pilet-Golaz, 7.12.1943, DDS Bd. 15, Nr. 52.
2 Antrag des EVD vom 10.11.1943, BR-Protokoll vom 12.11.1943, DDS Bd. 15, Nr. 37.
3 Protokoll Vorort vom 15.11.1943, AfZ.
4 Zehnder an Hotz, 2.12.1943. Köcher an Pilet-Golaz, 7.12.1943. Protokoll des Gemischten Ausschusses (Schweiz–Deutschland) vom 17.12.1943, DDS Bd. 15, Nr. 47, 52 und 58.
5 Protokoll Vorort vom 29.12.1943, AfZ. Notiz MEW über interne Besprechung am 18.11.1943 unter Vorsitz von Dingle Foot zwischen britischen und amerikanischen Verhandlungsteilnehmern. MEW an GB-Legation Bern, 19.12.1943. Beide Dokumente in PRO/ FO 837/989. Keller an EPD, 15.12.1943. Kohli an Pilet-Golaz, 17.12.1943. Brit. Treasury an Keller, 18.12.1943. Keller an CH-Gesandtschaften in London und Washington., 29.12.1943. BR-Protokoll vom 11.1.1944. DDS Bd. 15, Nr. 57 (mit Annexen), Nr. 61 und Nr. 68.
6 Vgl. Exposé Pilet-Golaz an der Sitzung der Kommission für Auswärtige Angelegenheiten des Nationalrates vom 9.3.1944, DDS Bd. 15, Nr. 94. B. Barbey, P.C. du Général, 31.1.1944.
7 B. Barbey, P.C. du Général, 25.2.1944, 21.3.1944, 30.3.1944.
8 Exposé Generalstabschef Huber am 31.3.1944 an der Konferenz des Generals mit den Armeekorpskommandanten, DDS Bd. 15, Nr. 112.
9 Bericht Wiehl vom 31.12.1943, ADAP/ Serie E, Bd. 7, Nr. 158. Kriegstagebuch der DIKO, 11.1.1944, MAF/ FPF-01/19886.
10 Protokoll SNB-Direktorium vom 28.12.1943, Archiv SNB.
11 Protokoll der Sitzung der «Gesamt-Delegation» am 20.1.1944, DDS Bd. 15, Nr. 70.
12 Tagebuch Frölicher, 9.2.1944 (Beurteilung durch Köcher), 13.3.1944 (Beurteilung durch Hotz), SBA a.a.O.
13 Schnurre an Büro Ribbentrop, 8.4.1944, ADAP/ Serie E, Bd. 7, Nr. 323.
14 Pilet-Golaz an Delegation in London, 17.3.1944, DDS Bd. 15, Nr. 101. Kriegstagebuch DIKO, 15.–24. März 1944, MAF/ FPF-01/19886. Tagebuch Feldmann, 21.3.1944.
15 Tagebuch Frölicher, 23.1.1944, SBA a.a.O.
16 Vgl. Information Generaldirektor König an der Sitzung der Gesamt-Delegation vom 20.1.1944 (DDS Bd. 15, Nr. 70). Tagebuch Frölicher, 13.3.1944 (betr. Gespräch mit Stampfli), SBA a.a.O.
17 Kriegstagebuch DIKO, 31.3.1944, MAF/ FPF-01/19886.
18 Schnurre an Büro Ribbentrop, 8.4.1944, ADAP/ Serie E, Bd. 7, Nr. 323.
19 BR-Protokoll vom 24.3.1944, DDS Bd. 15, Nr. 107. Protokoll Vorort vom 13.3.1944, AfZ. Tagebuch Frölicher, 13.3.1944, SBA a.a.O.
20 Vgl. Protokoll der schweizerisch-alliierten Sitzung vom 5.4.1944 in London, DDS Bd. 15, Nr. 117. Die Schweizer Delegierten Keller und Hohl wurden bei dieser Gelegenheit beinahe verhörartig mit scharfen und detaillierten Fragen konfrontiert. Zur Haltung von Pilet-Golaz in der neutralitätspolitisch heiklen Transitfrage vgl. seine Notiz vom 4.2.1944 und Exposé vom 15.3.1944, DDS Bd. 15, Nr. 77 und Nr. 94.
21 Hotz an Gesandtschaften in London und Washington, 21.3.1944, DDS Bd. 15, Annex zu Nr. 107.
22 Militärattaché P. Burckhardt an Nachrichtendienst, 10.5.1944, DDS Bd. 15, Nr. 130 (Burckhardt erhielt seine Information von einem Teilnehmer, «der eine vollständig neue Quelle darstellt». Burckhardt pflegte auch gute Beziehungen zu seinem schwedischen Kollegen in Berlin). Tagebuch Frölicher, 11.5.1944, SBA a.a.O. (wo u.a. der Gesandte Albrecht, Leiter der Rechtsabteilung im Auswärtigen Amt, als Quelle erwähnt wird, wonach Deutschland auf die Besetzung der Schweiz nicht verzicht

habe). Goebbels erwähnt in seinem Tagebuch am 18. April 1944 eine improvisierte Rede Hitlers vor den Reichs- und Gauleitern, in welcher der «Führer» u.a. auf die Aufstellung neuer Divisionen und die «riesige Erhöhung» der Waffenproduktion zu sprechen kam.

23 B. Barbey, P.C. du Général, 20.5.1944, 1.6.1944, 5.6.1944. Lageeinschätzung Masson vom 2./3.6.1944, DDS Bd. 15, Nr. 149.
24 B. Barbey, P.C. du Général, 6.–9. Juni 1944. Protokoll der nationalrätlichen Kommission für Auswärtige Angelegenheiten vom 2.6.1944, DDS Bd. 15, Annex zu Nr. 149. Protokoll der Besprechung der Armeespitze (General, Generalstabschef, Armeekorpskommandanten, ausgewählte Generalstabsoffiziere inkl. Barbey) vom 6.6.1944, DDS Bd. 15, Nr. 150. Kobelt an Guisan, 10.6.1944, DDS Bd. 15, Nr. 155 (Ermächtigung, Grenztruppen von ca. 80000 Mann aufzubieten, in der Meinung, die Aufgebote so bald wie möglich wieder zu reduzieren).
25 Auftragsbilder Nr. 5/1944 und Aufzeichnung vom 24.8.1944 in: PAAA/ R 108046.
26 DIKO an Rüstungsamt, 26.4.2944, PAAA/ R 108046. Schnurre an AA, 10.6.1944, PAAA/ R 108100.
27 Aufzeichnung Clodius vom 21.4.1944, ADAP/ Serie E, Bd. 7, Nr. 359.
28 Schnurre an AA, 10.6.1944. Ripken (AA) an Präsident Kehrl (Reichsministerium für Rüstung und Kriegsproduktion), 18.6.1944 (mit Aufzeichnung Schnurre über Besprechung mit Pilet). PAAA/ R 108'100. Zur Ausgangslage auf schweizerischer Seite vgl. Antrag EVD an BR vom 9.6.1944, DDS Bd. 15, Nr. 156.
29 Schnurre an AA, 14.6.1944. Ripken an Schnurre, 19.6.1944. PAAA/ R 108'100. Verhandlungsnotizen R. Kohli vom 14.6.1944, SBA/ J.I. 215, 1990/279, Bd. 3.
30 Aktenvermerk Ripken vom 15.7.1944, PAAA/ R 108'100.
31 Der Reichsminister für Rüstung und Kriegsproduktion (i.V. Professor Hettlage) an AA, 4.7.1944, PAAA/ R 108'100.
32 Verhandlungsnotizen R. Kohli, 1.7.1944, SBA a.a.O.
33 Norton an FO, 17.7.1944. Winant an Eden, 19.7.1944. Eden an Norton, 21.7.1944. PRO/ FO 371/39'843. Rüegger an Pilet-Golaz, 21.7.1944, DDS Bd. 15, Nr. 178.
34 Notizen R. Kohli vom 22. und 25.7.1944, DDS Bd. 15, Nr. 180 und Nr. 183. Schnurre an AA, 1.7.1944, ADAP/ Serie E, Bd. 8, Nr. 88. Schnurre an AA, 15.7.1944, 20.7.1944, 23.7.1944. PAAA/ R 108'100.
35 Kohli an Pilet-Golaz, 28.8.1944. Hotz an Frölicher, 7.9.1944. DDS Bd. 15, Nr. 211 und Nr. 223.
36 USA/GB-Note an EPD, 18.9.1944. Handelsabteilung an Ges. London, 23.9.1944 sowie definitive Antwort-Note des EPD vom 28.9.1944. DDS Bd. 15, Nr. 236 und Nr. 240.
37 Exposé Pilet-Golaz an der Sitzung vom 12.9.1944, DDS Bd. 15, Nr. 229.
38 Köcher an AA, 1.10.1944, ADAP/ Serie E, Bd. 8, Nr. 255.
39 Auftragsbild Nr. 8/1944, PAAA/ R 108'046.
40 Notizen R. Kohli über interne Sitzung vom 2.6.1944 mit Industrievertretern, SBA a.a.O.
41 Antrag EVD an BR vom 30.9.1944, DDS Bd. 15, Nr. 246.
42 Notizen R. Kohli über interne Besprechung vom 14.12.1944, SBA a.a.O.
43 Notiz GD A. Schaefer über Sitzung der SBVg vom 19.12.1944, GHA UBS AG/ SBG 12/2610.
44 Verhandlungsnotizen R. Kohli vom 15. und 16.12.1944, SBA a.a.O.
45 Deutsche Vorbereitungs-Notiz vom 11.1.1945, MAF/ WF-01/19'870.
46 Schnurre an AA, 12.1.1945, PAAA/ R 108'097. Aufzeichnung W. Stucki vom 17.2.1945, DDS Bd. 15, Nr. 368. BR-Protokoll vom 9.3.1945. Vorort an Sektionen, 10.3.1945. SBA/ E 2001 (E), 2, Bd. 576.
47 Geheimmeldung über «VO BaV» (Berichtszeit September 1944), MAF/ WF-01/19'870.
48 Rheinisch-Westfälisches Elektrizitätswerk an RWM, 2.6.1944, AfZ/ RGVA, MF 6.

49 Zur komplexen bilateralen Interessenlage im Elektrizitätssektor am Rhein von Basel bis Eglisau vgl. UEK-Band 5 (Jean-Daniel Kleisl, Electricité suisse et Troisième Reich, Lausanne/Zürich 2001).
50 S. D. Waley (GB-Treasury) an Sir Orme Sargent (FO), 13.3.1942. Halifax an FO, 12.6.1942 (über die Ansichten von Harry Dexter White vom US-Treasury), mit Kommentar F. K. Roberts (FO). PRO/ FO 371/31'304.
51 Bruggmann an Pilet-Golaz, 9.2.1943, DDS Bd. 14, Nr. 300. Besprechungsnotiz von Maurice Golay mit McKittrick (nach dessen Rückkehr aus den USA) am 10.5.1943, GHA UBS AG/ SBV 101.254.004.
52 Vgl. John Morton Blum, From the Morgenthau Diaries, Bd. 3, Boston 1967, S. 90.
53 Notiz Maurice Golay über Besprechung mit SNB-Direktoriumspräsident Weber am 10.4.1943, GHA UBS AG/ SBV 101.254.004. Vgl. zum «düsteren Bild» der Amerikaner auch: Marco Durrer, Die schweizerisch-amerikanischen Finanzbeziehungen im Zweiten Weltkrieg, S. 123 ff.
54 Gesprächsnotiz Maurice Golay über Besuch bei D. J. Reagan (im Beisein von Mr. Goetzinger) am 25.5.1943, GHA UBS AG/ SBV 101.254.004.
55 Protokoll der Konferenz vom 27.5.1941 sowie Setchell an FO, 4.6.1941, PRO/ FO 371/27'009.
56 Vgl. u.a. Notiz J. K. Roberts (FO) vom 24.8.1944 (betreffend amerikanische Forderungen an die Schweiz): «… I submit the matter as the Secretary of State has always been reluctant to press the Swiss too far». PRO/ FO 371/39'844.
57 Notiz M. Golay über Telefongespräch mit R. Kohli am 14.2.1944, GHA UBS AG/ SBV 101.254.004.
58 A. Ch. Nussbaumer (1893–1967) war von 1932 bis 1939 Direktor des Bankvereins in London. Von 1940 bis 1956 Mitglied der Generaldirektion des SBV. Während des Zweiten Weltkrieges stand er innerhalb der Bankverein-Hierarchie deutlich im Schatten von Rudolf Speich und Maurice Golay. Nussbaumer war seit Ende 1941 im Einverständnis mit den Briten nebenbei VR-Präsident der Pirelli-Holding in Basel (Vizepräsident: Alfred Sarasin). Zum komplizierten «Fall Pirelli», bei dem die Briten insgesamt beträchtliche Flexibilität zeigten, vgl. u.a. Black List Committee vom 16.3.1944 (wo beschlossen wurde, mit Nussbaumer ein neues Undertaking auszuhandeln), PRO/ FO 837/87.
59 Norton an FO, 27.9.1945, PRO/ FO 371/49'746. W. H. Sholes (US-Generalkonsul in Basel) an Harrison, 12.4.1943, NARA/ RG 84/3228/6. Sholes an Klahr (US-Legation in Bern), 8.3.1944, NARA/ RG 84/3228/8.
60 Minutes Black List Committee vom 19.11.1943 und 23.3.1944, PRO/ FO 837/85 und 87. Rapport A. Schaefer über Besprechung mit Reagan und Sullivan in Bern am 21.2.1944, GHA UBS AG/ SBG 12/2610.
61 Black List Committee vom 3.2.1944, PRO/ FO 837/86.
62 Report H.W. Auburn, 10.7.1944, PRO/ FO 371/39'860.
63 Vgl. Note for the Swiss Bankers' Association, britischer Entwurf vom 6.5.1944, PRO/ FO 371/39'843.
64 Report Quelle «13578» vom 14.5.1943. Report Quelle «61300» vom 19.7.1943. Report Quelle «33092» vom 22.7.1943. NARA/ RG 84/3228/6.
65 Tatsächlich sondierte zum Beispiel ein Devisenhändler namens Goda von der Reichsbank im März 1943 beim Bankverein in Zürich, ob Interesse an der Abnahme von Goldmünzen bestehe. Der Bankverein lehnte ab und informierte die Nationalbank, ohne deren Zustimmung solche Geschäfte seit Dezember 1942 ohnehin nicht mehr gemacht werden konnten (SBV Zürich an GD Basel, 15.4.1943. GD Basel an SBV Zürich, 16.4.1943. GHA UBS AG/ SBV 870.004.010).
66 Protokoll der Besprechung von Prof. Keller und Robert Kohli mit den Generaldirektoren der Nationalbank am 27.1.1944, DDS Bd. 15, Nr. 75.
67 US-State Department an verschiedene diplomatische und konsularische Posten, 22.2.1944, FRUS 1944, Bd. 2.

68 Text des «Warning» vom 5.1.1943 in: FRUS 1943, Bd. 1.
69 Vgl. SNB-Generaldirektionspräsident Weber an der internen Konferenz vom 27.1.1944, DDS Bd. 15, Nr. 75.
70 Protokoll SNB-Bankrat vom 16.6.1944, Archiv SNB.
71 Text u. a. in SBA/ E 7110-01, 1973/134, Bd. 7.
72 Protokoll VR der Bankiervereinigung vom 3.2.1944, GHA UBS AG/ SBG 12/3006.
73 Protokoll SBG-Direktorenkonferenz vom 18.3.1944, GHA UBS AG/ SBG.
74 Vgl. Gautiers interessante «Notes journalières» über die Gespräche in Lissabon in: SBA/ E 2001 (E), -/2, Bd. 626.
75 Protokoll Ausschuss der Bankiervereinigung vom 26.4.1944, GHA UBS AG/ SBG 12/3007. Protokoll E. Junod über dieselbe Konferenz am 26.4.1944, DDS Bd. 15, Nr. 125 (Teilnahme von Robert Kohli / E. Junod vom EPD sowie von elf Bankiers und drei Vertretern der SBVg). Remarks on Warning, 27.4.1944, mit Supplements, SBA/ E 7110-01, 1973/134, Bd. 7. Mitteilung Nussbaumer an Bliss, übermittelt in: Norton an MEW, 11.5.1944, PRO/ FO 371/39'843.
76 Protokoll Ausschuss der Bankiervereinigung vom 1.5.1944, GHA UBS AG/ SBG 12/3007.
77 Protokoll Ausschuss der Bankiervereinigung vom 10.5.1944, GHA UBS AG/ SBG 12/3007.
78 Bliss an Playfair, 3.6.1944. Playfair an Bliss, 5.6.1944. PRO/ FO 371/39'843.
79 Bliss an Roberts, 17.5.1944. Roberts an Bliss, 23.5.1944. Bliss an Playfair, 3.6.1944. PRO/ FO 371/39'843.
80 Protokolle Ausschuss und Verwaltungsrat der Bankiervereinigung vom 24.5.1944 (getrennte Sitzungen), GHA UBS AG/ SBG 12/3006 und 12/3007.
81 Norton an MEW, 26.5.1944 (zitiert Mitteilung von Nussbaumer an Bliss). Norton an MEW, 2.6.1944: Nussbaumer habe am 2.6.1944 dem EPD den Gegenvorschlag präsentiert, der mit dem EVD besprochen und vom Bundesrat für die Übermittlung approbiert werden müsse.
82 Norton an MEW, 8.6.1944, PRO/ FO 371/39'843.
83 Vgl. Notiz Kohli für Pilet-Golaz, 6.6.1944, SBA/ E 2001 (E), -/2, Bd. 626.
84 Antwortnotiz vom 25.5.1944 für Sitzung vom 2.6.1944, SBA a.a.O. Bd. 625.
85 Tgr. EPD an Gesandtschaft in Washington, 24.6.1944, SBA a.a.O. Bd. 626.
86 Entwurf Homberger für Telegramm EPD an Prof. Keller in London, 27.7.1944. Der Text wurde den Bundesräten Stampfli und Pilet-Golaz vorgelegt, die offensichtlich keinen Einspruch erhoben, obschon gewisse Beamte über einzelne Wendungen nicht ganz glücklich schienen (Notiz Kappeler für Pilet vom 28.7.1944). SBA/ E 2001 (E), -/2, Bd. 625.
87 Sullivan an Kohli, 12.6.1944. Nussbaumer an Kohli, 14.6.1944, SBA a.a.O. Bd. 626.
88 Tgr. Keller an EPD, 20.6.1944. Gautier an Bonna, 6.7.1944. SNB an EPD, 11.7.1944. SBA/ E 2001 (E), -/2, Bd. 625.
89 Notiz R. Kohli über Besprechung Hotz, Homberger, Kohli am 1.7.1944 mit Bundespräsident Stampfli, SBA/ J.I. 215, 1990/279, Bd. 3.
90 Weber/Hirs an EPD, 11.7.1944, SBA/ E 2001 (E), -/2, Bd. 625.
91 Vgl. SNB (Weber/Gautier) an Pilet-Golaz, 7.8.1944, DDS Bd. 15, Nr. 193. Gutachten Schindler vom 22.7.1944 in DDS Bd. 15, Nr. 181.
92 SNB-Generaldirektion an EPD, 5.9.1944, DDS Bd. 15, Nr. 221. Es handelte sich um einen Konsortialkredit der Schweizer Grossbanken von ursprünglich 125 Millionen Franken (Kreditvertrag vom 2.9.1940) an das Istituto Nazionale di Cambio con l'Estero (Istcambi). Als Sicherheit stellte Italien Gold, das jedoch in Rom deponiert blieb. Die Grossbanken waren nicht gewillt, das Risiko der Depothaltung in Italien zu übernehmen. Die Nationalbank musste diesbezüglich einspringen (d. h. Deponierung des Goldes auf den Namen der SNB bei der Banca d'Italia). Da der Kredit im Rahmen der Aussenhandelspolitik politischen Charakter aufwies (Sicherung der

Zufuhr über Italien), übernahm effektiv der Bund das Depotrisiko (vgl. DDS Bd. 13, Nr. 354 mit Annex 2 sowie Nr. 377). Ende 1943 waren noch Fr. 107 Mio. ausstehend, die Italien nicht begleichen konnte. Die Nationalbank kam ihren Garantieverpflichtungen gegenüber den Schweizer Banken vollständig nach (zulasten des Bundes) und hatte deshalb ein eminentes Interesse an der Pfandverwertung (vgl. DDS Bd. 15, Annex zu Nr. 332).

93 Generaldirektionspräsident Weber erwähnte in einem privaten Gespräch mit einem Direktionsmitglied der Bankgesellschaft, Puhl habe die Goldsendung an die SNB «in einem ziemlich kantigen Gespräch» freigegeben (Gesprächsnotiz Direktion SBG Zürich, 28.4.1944, GHA UBS AG/ SBG 12/2904).
94 BR-Protokoll vom 27.6.1944, DDS Bd. 15, Nr. 167.
95 Text in: SBA/ E 7110-01, 1973/134, Bd. 7.
96 Tgr. Department of State an US-Botschaft in London, 5.8.1944, PRO/ FO 371/39'844.
97 State Department an US-Legation in Bern, 23.3.1944. State Department an US-Embassy London, 18.8.1944. US-Embassy London an State Dep., 7.10.1944. NARA/ RG 59 (AfZ/ Forschungsdok. J. Aeschlimann, Schachtel 5).
98 US-Embassy Buenos Aires an Department of State, 22.8.1944. Department of State an US-Legation in Bern, 16.11.1944. NARA/ RG 84/3223/113.
99 Schweiz. Gesandtschaft in Washington an EPD, 24.8.1944, SBA/ E 2001 (E), -/2, Bd. 626. Notiz Kohli für Pilet-Golaz, 6.9.1944, DDS Bd. 15, S. 605, Anm. 3. Protokoll VR der Bankiervereinigung vom 8.9.1944, GHA UBS AG/ SBG 12/3006.
100 Notiz EPD (Reichenau) über Besprechung Kohlis mit einigen Spitzenbankiers am 2.9.1944 in Zermatt, SBA/ 2001 (E), -/2, Bd. 626.
101 Vgl. die Entwürfe für die Mitteilungen der Bankiervereinigung vom 21. und 29. August 1944 in: SBA/ E 2001 (E), -/2, Bd. 626.
102 Sullivan/Reagan an Bankiervereinigung, 12.9.1944, DDS Bd. 15, Nr. 228.
103 Gesprächsnotiz Maurice Golay vom 21.8.1944, GHA UBS AG/ SBV 101.254.004.
104 Protokoll EPD der Sitzung vom 18.8.1944, DDS Bd. 15, Nr. 237 (inkl. Anm. 3 betr. Zirkular vom 19.9.1944). Protokoll VR der Bankiervereinigung vom 18.9.1944, GHA UBS AG/ SBG 12/3006.
105 Sholes an Huddle (US-Gesandtschaft Bern), 26.9.1944 und 9.10.1944. Memorandum J. A. Lehrs (US-Generalkonsulat Basel, Ohren- und Augenzeuge des Vorfalls) vom 25.9.1944 über Aussagen von Paul Dreyfus gegenüber Adolf Jann und Rudolf J. Ernst. Sholes an den US-Gesandten Harrison, 17.10.1944. Alle Dokumente in NARA/ RG 84/3228/8. Ausserdem: Nussbaumer an Kohli, 10.10.1944. P. Dreyfus an Sholes, 6.10.1944. SBA/ E 2001 (E), -/2, Bd. 626.
106 Notiz R. Kohli vom 29.9.1944, SBA/ E 2001 (E), -/2, Bd. 626.
107 Notiz R. Kohli vom 2.11.1944, SBA/ J. I. 215, 1990/279, Bd. 3.
108 Tgr. Gesandtschaft in Berlin an EPD, 18.10.1944, SBA/ E 2001 (E), -/2, Bd. 626. Tagebuch Frölicher, 28.10.1944, SBA/ J. I. 236, 1993/368, Bd. 7.
109 Der Bankverein erteilte zum Beispiel im Juli 1944 interne Instruktionen, Aufträge zum Verkauf von Titeln aus dem Ausland, «besonders aus Deutschland», nur auszuführen, «wenn der Nachweis des unbestrittenen Eigentums seit vor dem Krieg erbracht worden ist» (Protokoll SBV-GD vom 11.7.1944, GHA UBS AG/ SBV).
110 Bericht Verrechnungsstelle an EPD (1946) betr. Spezialfall Nr. 4. SBG an VST, 25.9.1945. SBA/ E 7160-07 (-), 1968/54, Bd. 1069.
111 Vgl. UEK-Band 9 (Christiane Uhlig, Petra Barthelmess, Mario König, Peter Pfaffenroth, Bettina Zeugin: Tarnung, Transfer, Transit – Die Schweiz als Drehscheibe verdeckter deutscher Operationen (1939–1952), Zürich 2001.
112 VR-Protokoll Basler Handelsbank vom 24.10.1939, GHA UBS AG/ SBV.
113 Aufzeichnung J. R. Roberts (Foreign Office) vom 19.6.1941, PRO/ FO 371/26'576.
114 J. E. Bell (Brit. Generalkonsulat Zürich) an Ministry of Information, 13.10.1939, PRO/ FO 371/23'101.

115 Halifax an FO, 16.6.1941. MEW an Botschaft in Washington, 18.6.1941. FO an Botschaft in Washington, 22.6.1941. PRO/ FO 371/26'576.
116 Lomax an MEW und FO, 30.10.1941. Anmerkungen der FO-Beamten vom 19.11.1941. PRO/ FO 371/26'576.
117 Kein Niederlassungsleiter einer grossen Schweizer Bank konnte bei den damaligen dezentralisierten Organisationsstrukturen über solche Informationen verfügen (insbesondere unter Berücksichtigung von Nummernkonti). Denkbar ist, dass sich ein Bankangestellter als Informant mit Vermutungen wichtig machen wollte. Zur Haltung von Lomax gegenüber der Schweiz vgl. O. Inglin, Der Stille Krieg, S. 96 f. (Lomax wurde im Oktober 1942 nach London zurückgerufen).
118 Safehaven Summary Report, erstellt Oktober 1944, Punkt 11 betreffend Aktivität im September 1943, AfZ/ Forschungsdok. J. Aeschlimann, Schachtel 11.
119 Aufzeichnung Voigt vom 19.7.1941 mit späterem Zusatz. Notiz vom 26.11.1941. BAB/ G.K. Zürich, MF 5025. Wight an A. Dulles, 26.11.1942, NARA/ RG 226/194/11. Vgl. auch Spezialfall Nr. 361 der Verrechnungsstelle, SBA/ E 7160-07 (-), 1967/54, Bd. 1114.
120 Golay an Sholes, 3.5.1943, NARA/ RG 84/3228/6.
121 Bardevisenbilanz 1.1.–30.6.1943, März 1943 (Vierjahresplan). Bardevisenbilanz 1940 – 1. Halbjahr 1943 und Schätzung für 2. Halbjahr 1943, erstellt von Reichsbankrat Zeuner im Ref. V Dev. 1 B des Reichswirtschaftsministeriums. AfZ/ RGVA, MF 26.
122 Vermerk Kadgien für Göring betr. Bardevisenbilanz, Oktober 1943, AfZ/ RGVA, MF 26.
123 Kommentar zur Bardevisenbilanz für 1.1.–30.6.1943, AfZ/ RGVA, MF 26.
124 Herbert Mack an Lt. Col. W. H. Rethmeier, 27.9.1945, SBA/ E 7160-07 (-), 1968/54, Bd. 1114 (Spezialfall Nr. 361). Der Fliegerstabsingenieur Mack war als Gehilfe des deutschen Luftwaffenattachés in Bern direkt in die Aufbewahrung der Diamanten involviert.
125 Vgl. Notizen von Dr. Ashton vom 11.9.1940 und 18.7.1942 über die Aktivitäten von J. B., PAAA/ G.K. Zürich, Paket 136 a.
126 Anmerkungen verschiedener Beamter im MEW vom 4.5.1943, PRO/ 837/980.
127 Thurnheer an EPD, 8.9.1943. EJPD an EPD, 30.9.1943. EPD an Thurnheer, 15.10.1943. SBA/ E 2001 (D), -/3, Bd. 25.
128 Hull an Winant, 25.4.1944. Stone (FEA) an Merchant, 17.5.1944. FRUS 1944, Bd. 2.
129 Dazu gehörten Seymour J. Rubin, Assistant Chief of the Division of Financial and Monetary Affairs, J. Daniel Hanley, Assistant Chief Division of Foreign Activity Correlation, sowie Samuel Klaus als Delegierter des Treasury Departments (Stettinius an Crowley, 19.7.1944, FRUS 1944, Bd. 2).
130 State Department an alle US-Vertretungen, 19.8.1944 (mit Text Resolution VI). State an US-Vertretungen in neutralen Ländern etc., 23.8.1944. FRUS 1944, Bd. 2.
131 Vgl. State Department an Winant, 5.9.1944. Winant an State Dep., 16.9.1944. State Dep. an verschiedene US-Vertretungen, 29.9.1944. FRUS 1944, Bd. 2.
132 Noten vom 2.10.1944 in: SBA/ E 2001 (E), 1967/113, Bd. 443.
133 Norton an Roberts, 21.11.1944, PRO/ FO 371/39'888.
134 SNB an EPD, 21.10.1944, DDS Bd. 15, S. 401 f.
135 Dinichert an EPD, 1.11.1944, SBA/ E 2001 (E), 1967/223, Bd. 443.
136 Vgl. NZZ Nr. 1943 vom 14.11.1944 (mit einer eher unauffällig platzierten Meldung vom 13.11.1944 aus Washington).
137 Vgl. Reinhardt an Nobs, 18.11.1944, Nobs an EPD, 17.11.1944 und 23.11.1944, DDS Bd. 15, S. 402–405. Kleine Anfrage Robert vom 4.12.1944, in: SBA/ E 2001 (E), 1967/113, Bd. 443.
138 E. Reinhardt hielt die «kurz angebundenen und kategorischen Zusicherungen über ein derart komplexes Problem» (von Seite der Wirtschaftsdelegation) für gefährlich (in seinem Brief an Nobs vom 18.11.1944). Bundesrat von Steiger berührte einen

Teilaspekt in seinem Referat vor der BGB-Fraktion. Gemäss Stichworten von Markus Feldmann: «Nazi-Gelder – via Schweiz – nach Argentinien: Kein Wort davon wahr. Fluchtkapitalien vor dem Krieg eingetroffen, aber von Nicht-Nazi.» (Tagebuch Feldmann, 4.12.1944).

139 Safehaven Summary Progress Report (Oktober 1944), Punkte 88 und 93, AfZ/ Forschungsdok. J. Aeschlimann, Schachtel 11.

140 Aktennotiz A. Nussbaumer vom 29.9.1944 (Kopie geht an R. Kohli), SBA/ E 2001 (E), -/2, Bd. 626.

141 VR-Protokoll der Bankiervereinigung, 28.7.1944, GHA UBS AG/ SBG 12/3006. Notiz R. Kohli vom 6.9.1944 für Pilet-Golaz, DDS Bd. 15, S. 605 (Anm. 3).

142 Ausschuss-Protokoll der Bankiervereinigung, 18.10.1944, GHA UBS AG/ SBG 12/3007.

143 Golay/Nussbaumer an Kohli, 30.11.1944. Handnotiz Kohli vom 2.12.1944 für Dr. Bieri. SBA/ E 2001 (E), 1968/78, Bd. 341.

144 Markus Feldmann ritt zu diesem Zeitpunkt eine scharfe Attacke gegen Bonna (vgl. Tagebuch Feldmann, 9.11.1944). Bonna ersuchte am 16.12.1944 um einen sofortigen Erholungsurlaub und wurde Anfang 1945 als Gesandter nach Athen versetzt.

145 Memo Robert D. Murphy (US Political Adviser Allied Forces Headquarters), 15.8.1944, PRO/ FO 837/979.

146 Vgl. Tagebuch Feldmann vom 2.7.1944 über Information des «Bund»-Redaktors Casagrande betreffend Urach als Nachfolger von Trump.

147 Dossier Urach in den Akten der Bundesanwaltschaft, SBA/ E 4320 (B), 1973/17, Bd. 49.

148 Report von Quelle «34'295», 30.8.1944, NARA/ RG 84/3228/7.

149 Zum Morgenthau-Plan vom August–September 1944 vgl. J. M. Blum, From the Morgenthau Diaries, Bd. 3, Kapitel 7.

150 Minute Troutbeck (Foreign Office) vom 26.1.1945, PRO/ FO 371/45'750.

151 Playfair an FO, 12.2.1945, PRO/ FO 371/45'750.

152 Vgl. Oberstleutnant Stacy B. Lloyd (MO-Unit 12. Army Group) an Colonel Gamble (SSS Det./ 6. Army Group), 6.11.1944 (mit Kopie an Allen Dulles), NARA/ RG 226 (AfZ/ Forschungsdok. J. Aeschlimann, Schachtel 8): Als Ziel der MO-Unit wurde definiert, Gerüchte in Deutschland zu verbreiten, die u. a. «bad conduct detrimental to the German war effort and to the Nazi party in particular» aufzeigen sollten, dies in enger Zusammenarbeit mit den französischen Nachrichtendiensten. Vgl. auch «French Questionnaire on Enemy Activity in Switzerland» vom 10.11.1944, in: NARA/ RG 226/L57703 (AfZ/ Forschungsdok. J. Aeschlimann, Schachtel 2).

153 Vgl. UEK-Band 9 (Tarnung, Transfer, Transit), S. 109 ff. Vgl. ferner Karl Heinz Roth, Wirtschaftliche Vorbereitungen auf das Kriegsende und Nachkriegsplanungen, als Kapitel 7 in: Dietrich Eichholtz, Geschichte der deutschen Kriegswirtschaft 1939–1945, Bd. III/2, Nachdruck München 1999 (von Band III/ 1996). Roths Ausführungen zur Kapitalflucht in die Schweiz (S. 567 ff.) vermögen dokumentarisch nicht zu überzeugen.

154 Vgl. Albert Speer, Der Sklavenstaat – meine Auseinandersetzungen mit der SS, Stuttgart 1988. Zu den Intrigen der SS gegen Schieber (womit auch Speer getroffen werden sollte) S. 81 ff.

155 Köcher an AA, 16.4.1944, PAAA/ R 100'778.

156 Vgl. u. a. Frölicher an EPD vom 26.5.1944. Pilet-Golaz an Frölicher, 1.6.1944. Untersuchungsbericht Couchepin vom 29.11.1945. SBA/ E 2001 (D), -/3, Bd. 282.

157 Report «75,800» vom 1.9.1944 und «75,801» vom 11.9.1944, NARA/ RG 84/3228/7.

158 Memorandum über Dr. W. Frick für das Black List Committee vom 30.9.1943, PRO/ FO 837/83.

159 Vgl. OSS-Zusammenfassung über «Nazi-Transfers» vom 6.10.1944 (die an das State Dep., MID und die FEA ging), in: NARA/ RG 226 (AfZ/ Forschungsdok. J. Aeschlimann, Schachtel 1).
160 Rapport OSS Bern, 14.4.1945, NARA/ RG 226/108/6.
161 US-Embassy in London an US-Embassy in Bern, 9.12.1944, NARA/ RG 226/194/11.
162 Memorandum M.W. Altaffer vom 2.1.1945 mit handschriftlicher Anmerkung von F.R.L., NARA/ RG 266/194/11.
163 Van Arkel an Colonel Haskell, 26.9.1944, AfZ/ Forschungsdok. J. Aeschlimann, Schachtel 8.
164 Mitteilung von Oberst Plancherel vom 5.10.1944 an Presse, NARA/ RG 226 (AfZ/ Forschungsdok. J. Aeschlimann, Schachtel 2).
165 Vgl. E. Bonjour, Bd. 6, S. 60ff. Franz Gut, Mit der Pranke und dem Zürcher Schild – gelebte Polizeigeschichte im 20. Jahrhundert, Zürich 2003, S. 293 (Anm. 118). Pilet-Golaz am 12.9.1944 vor der aussenpolitischen Kommission des Nationalrates (DDS Bd. 15, Nr. 229). BR-Protokoll vom 27.2.1945, DDS Bd. 15, Nr. 381.
166 MO Directive Number 2 (Woche vom 30.5. bis 6.6.1944), MO Directive vom 27.6.1944, NARA/ RG 226 (AfZ/ Forschungsdok. J. Aeschlimann, Schachtel 3).
167 Dulles an General Donovan, 31.10.1944, in: N. H. Petersen, Document 4-94.
168 Vgl. N. H. Petersen, Document 4-107 (vom 22.11.1944) sowie Document 4-121 (vom 9.12.1944).
169 Notiz Harvey (FO) vom 1.2.1945, PRO/ FO 371/49'710. Diese Flugblätter waren nicht mit dem Foreign Office abgesprochen worden.
170 Dulles an General Donovan, 26.12.1944, in: N. H. Petersen, Document 4-134.
171 Vgl. N. H. Petersen, Document 4-138 (27.12.1944): «Laudable but somewhat indiscriminating Swiss effort keep out Germans is serious handicap for SI activities.»
172 Vgl. H. Senn, Generalstab Bd. 7, S. 431ff.
173 Dulles an General Donovan, 9.8.1944, in: N. H. Petersen, Document 4-51.
174 Vgl. Rapport der Zürcher Kantonspolizei vom 26.9.1944, in SBA/ E 4320(B), 1968/195, Bd. 76.
175 Aktennotiz Schweiz. Bundesanwaltschaft/ Polizeidienst vom 2.11.1944, SBA/ E 4001 (C), 1, Bd. 37.
176 Notiz über Meeting vom 5.12.1944 im «Trading with the Enemy Department» in London, PRO/ FO 371/40'959.
177 Sullivan an Bliss, 18.12.1944, NARA/ RG 226/Dok. XL 5452 (AfZ/ Forschungsdok. J. Aeschlimann, Schachtel 2).
178 Reagan an Sholes, 14.9.1944. State Dep. an US-Legation Bern, 13.11.1944. Sholes an Huddle, 6.12.1944. NARA/ RG 84/3228/7. Lehrs an Altaffer, 15.2.1945, NARA/ RG 84/3228/10.
179 Vgl. Stellungnahme von Aussenminister Eden, zitiert in: US-Botschaft London an State Department, 2.9.1944, FRUS 1944, Bd. 4.
180 Zur schweizerischen Position betr. Gotthardtransit vgl. u. a. Harrison (Bern) an State Department, 1.10.1944 und 2.12.1944, FRUS 1944, Bd. 4. Sowie: DDS Bd. 15, Nr. 138 (Grundsatzexposé vom 17.5.1944) und Nr. 307 (EPD an US- und GB-Gesandtschaften, 30.11.1944).
181 State Department (Stettinius) an Harrison, 4.11.1944, FRUS 1944, Bd. 4.
182 Vgl. Aufzeichnung des Assistant Secretary of State Dunn über ein Gespräch mit dem schweizerischen Gesandten Bruggmann, 17.1.1945, FRUS 1945, Bd. 5. Vgl. auch das Rechtsgutachten von Prof. D. Schindler vom 7.11.1944 zur Gotthardtransitfrage in: DDS Bd. 15, S. 698ff.
183 Vgl. Gesprächsmemorandum Wallner (Stete Department), 6.11.1944, FRUS 1944, Bd. 4.
184 Huddle (Bern) an State Department, 6.12.1944, FRUS 1944, Bd. 4.
185 FEA (Crowley) an State Department, 29.12.1944. State Department an FEA, 15.1.1945. Gesprächsmemorandum Unterstaatssekretär Grew, 16.1.1945. FRUS 1945, Bd. 5.

186 Vgl. Huddle an State Department, 11.1.1945, FRUS 1945, Bd. 5.
187 Vgl. State Department an Diplomatic and Consular Officers, 16.1.1945, FRUS 1945, Bd. 2.
188 Crowley an Secretary of State, 29.12.1944, FRUS 1945, Bd. 5.
189 Zitiert nach: Greg Bradsher, Holocaust-Era Assets, NARA 1999, S. 9.
190 Vgl. J. M. Blum, From the Morgenthau Diaries, Bd. 3, S. 164.
191 EPD an Caflisch, 12.2.1945, SBA/ E 2001 (E), -/2, Bd. 626, betr. Ostrow, der als «Finanzagent» bezeichnet wurde.
192 Vgl. Ruegger an Petitpierre, 15.2.1945, DDS Bd. 15, Nr. 365.
193 Vgl. «Volksrecht» vom 27.11.1944.
194 Vgl. NZZ Nr. 1979 vom 20.11.1944. Vgl. auch E. Bonjour, Geschichte der schweizerischen Neutralität, Bd. 5, S. 419 zu den sowjetischen Pressevorwürfen.
195 Vgl. die Zusammenfassung des US-Botschafters (und Gesprächszeugen) Harriman an Roosevelt, 12.10.1944, FRUS 1944, Bd. 4.
196 Vgl. Neville Wylie, Britain, Switzerland and the Second World War, S. 1 f. (mit einer skeptischen Einschätzung von Churchills Kenntnissen über die Schweiz).
197 Churchill an von Steiger, 2.4.1945, DDS Bd. 15, Nr. 405.
198 NZZ Nr. 1943 vom 14.11.1944.
199 Nef an Bonna, 28.11.1944, DDS Bd. 15, Nr. 305.
200 Vgl. J. M. Blum, From the Morgenthau Diaries, Bd. 3, S. 391.
201 Konferenzprotokoll über Besprechung Barbey, Bates, Jann, Fatio, Caflisch mit Stucki und Kohli, 6.2.1945, SBA/ E 2801 (-), 1967/77, Bd. 4. Ausserdem: Notiz vom 7.3.1945, SBA/ E 2801 (-), 1967/77, Bd. 2.
202 Vgl. Protokoll der Kommissionssitzung vom 7.3.1945, DDS Bd. 15, Nr. 390.
203 Norton an FO (mit War Cabinet Distribution), 16.1.1945, PRO/ FO/ 49'687.
204 Britische Gesandtschaft an FO, 5.2.1945, PRO/ FO 371/49'687. Harrison/Currie an State Department, 13.2.1945, FRUS 1945, Bd. 5.
205 Harrison/Currie an State Department, 5.3.1945, FRUS 1945, Bd. 5.
206 Protokoll der aussenpolitischen Kommission des Nationalrates vom 7.3.1945, DDS Bd. 15, Nr. 390.
207 Aufzeichnung Stucki, 17.2.1945, DDS Bd. 15, Nr. 368.
208 Vgl. BR-Protokoll vom 8.12.1944, DDS Bd. 15, Nr. 309. Besprechungsnotiz R. Kohli, 14.12.1944, SBA/ J. I. 215, 1990/279, Bd. 3.
209 Vgl. Rappard an die alliierten Delegierten, 8.3.1945, DDS Bd. 15, Nr. 391.
210 Tagebuch Feldmann, 22.3.1945.
211 Vgl. E. Bonjour, Geschichte der schweiz. Neutralität, Bd. 6, S. 375 f. G. Hafner, Walther Stampfli, S. 288 f.
212 Protokoll Junot vom 9.2.1945 über Konferenz Stucki/Kohli mit den Generaldirektoren der SNB, mit Jean Hotz und Vertretern des EFD, DDS Bd. 15, S. 896.
213 Ausschuss-Protokoll der Schweiz. Bankiervereinigung vom 5.3.1945, GHA UBS AG/ SBG 12/3007.
214 Protokoll der Konferenz Stuckis mit Delegierten der Schweiz. Bankiervereinigung am 16.2.1945, DDS Bd. 15, S. 911 f. (Anm. 2).
215 Ausschuss-Protokoll SBVg vom 5.3.1945, Archiv UBS/SBG 12/3007.
216 Vgl. den zusammenfassenden Rapport Junod/EPD vom 28.3.1945 über die Finanzverhandlungen mit den Alliierten, DDS Bd. 15, Nr. 402.
217 Zahlen gemäss SNB-Statistiken, Archiv SNB. Vgl. die Aufgliederung auf die einzelnen Grossbanken für den Zeitraum 12/1940 bis 6/1944 in UEK-Band 13 (La place financière), S. 285.
218 Information von Adolf Jöhr an den Verwaltungsrat des Kraftwerks Laufenburg gemäss Rapport von Alfred Schaefer, 30.4.1945, GHA UBS AG/ SBG 12/2610 (zitiert in UEK-Band 13, S. 567). Für das KW Laufenburg ging es dabei um eine Zahlung von 900 000 Franken.

219 Protokoll der Konferenz der Finanz- und Wirtschaftsdelegation des Bundesrates vom 15.11.1945, SBA/ E 2801, 1967/77, Bd. 9.
220 Der Personalbestand der Verrechnungsstelle nahm von 376 (1945) auf 522 (1946) zu, davon 88 in der nach dem Washingtoner Abkommen gebildeten Abteilung für die Liquidation deutscher Vermögenswerte, deren Bestand bis 1948 auf 136 Personen anstieg.
221 Protokoll des Vorstandes der Bankiervereinigung vom 7.9.1945, GHA UBS AG/ SBG 12/3006. Reichenau/EPD an Gesandtschaft in Washington, 21.9.1945, SBA/ E 2001 (E), -/2, Bd. 563.
222 Elimination of German Resources for War, Hearings before a Subcommittee of the Committee on Military Affaires, United States Senate, Part 5, Testimony of Treasury Department, July 2, 1945.
223 AP-Meldung, publiziert u. a. im Evening Star vom 2.7.1945. Daily Mirror World Cables vom 13.7.1945. Das Echo in der Schweiz findet sich u. a. im «Bund» und im «Volksrecht» vom 3.7.1945 sowie in der «Berner Tagwacht» und der «National-Zeitung» vom 13.7.1945.
224 Notiz EPD über Besprechung Kohli mit Bruggmann und Strässle, 24.7.1945. Notiz Kohli für Petitpierre, 2.8.1945. Petitpierre an Stampfli, 9.10.1945. Iselin an Petitpierre, 12.10.1945 und 22.10.1945. SBA/ E 2001, 1978/84, Bd. 443.
225 Tgr. Treasury/Department of State an US-Botschafter Winant in London, 22.8.1945, FRUS 1945, Bd. 2.
226 G. L. F. Bolton (Bank of England) an E. W. Playfair (GB-Treasury), 22.5.1945, PRO/ FO 371/49'733.
227 Vgl. Protokoll des anglo-amerikanischen Koordinationsmeetings zum Thema «Safehaven» in London am 23.5.1945, PRO/ FO 371/45'812.
228 Notiz (Top Secret) vom 7.3.1945 betr. Vorschlag zur Beantwortung einer (arrangierten) parlamentarischen Anfrage von Lord Vansittart im Oberhaus. Sir Robert Bruce Lockhardt, Chairman of the War Cabinet Committee on Methods of Breaking the German Will to Resist, war involviert. PRO/ FO 371/46'765.
229 Anmerkung Harrison (FO) vom 27.4.1945 zu diesem Thema (Brief US-Botschaft in London an FO vom 20.4.1945): «It is very distressing to learn that for the past seven months the State Department and other U. S. Government agencies have been spending time and energy in investigating rumours which have started in the fertile mind of Mr. Delmar.» General Bishop merkte an, dass diese «schwarzen» Operationen am 1.5.1945 eingestellt wurden. PRO/ FO 371/46'766.
230 Zu den Verhören der Hauptkriegsverbrecher vgl. u. a. Richard Overy, Interrogations – The Nazi Elite in Allied Hands, 1945, London 2001 (mit zahlreichen abgedruckten Dokumenten).
231 Notiz vom 22.2.1945 («communicated by «C»), PRO/ FO 371/49'710.
232 Vgl. NZZ Nr. 1093 vom 16.7.1945 zum BRB vom 13. Juli 1945.
233 Omgus, Finance Division/External Assets Branch, Final Report and Recommendations vom 8.2.1946, S. 8 und 20.
234 Interrogations von Göring am 2.6.1945 und 25.6.1945, IfZ/ Omgus 11/285/8. Zur Tätigkeit von Walter Andreas Hofer für Göring vgl. u. a. UEK-Band 1 (Esther Tisa Francini, Anja Heuss, Georg Kreis, Fluchtgut – Raubgut, Der Transfer von Kulturgütern in und über die Schweiz 1933–1945 und die Frage der Restitution, Zürich 2001). Weitere Angaben im Report von Omgus / External Assets Branch vom 8.2.1946.
235 Omgus, Finance Division/External Assets Branch, Final Report vom 8.2.1946, S. 21.
236 Vgl. Reinhard R. Doerries, Hitler's Last Chief of Foreign Intelligence – Allied Interrogations of Walter Schellenberg, London 2003. Abgedruckt findet sich hier (neben einer aufschlussreichen Einführung) der sogenannte «Final Report on the Case of Walter Schellenberg», welcher offenbar bis spätestens November 1945 vorwiegend

von britischen Geheimdienstexperten erstellt wurde. Spätere Verhöre in Nürnberg durch die Amerikaner sind darin nicht berücksichtigt.

237 Vgl. R. Doerries, Final Report/ Appendix VII, S. 257.
238 Interrogation of Walter Schellenberg (durch Lt. H. G. DuBois), Nürnberg 7.12.1945, IfZ/ Omgus 3/71-3/6.
239 Interrogation of Walter Schellenberg (durch Henry Schneider und Lt. DuBois), Nürnberg 19.12.1945, IfZ/ Omgus 3/71-3/6.
240 Vgl. R. Doerries, Final Report/ Appendix VII, S. 254 f.
241 Interrogation of Walter Schellenberg (durch Lt. DuBois), Nürnberg 7.1.1946, IFZ/ Omgus 3/71-3/6.
242 Vgl. Speer, Der Sklavenstaat, S. 116 f.
243 Interrogation of Otto Ohlendorf (durch Schneider, DuBois und Oberstleutnant S.W. Brockhart), Nürnberg 14.12.1945, IfZ/ Omgus 3/71-3/5.
244 Interview of Otto Ohlendorf (durch John A. Brand), 6.5.1946, IfZ/ Omgus 3/71-3/2.
245 Interrogation of Arthur Ernst August Scheidler (durch DuBois), Schwarzborn 29.12.1945, IfZ/ Omgus 3/71-3/6.
246 Vgl. Meldungen von OSS Bern vom 28.2.1945, 2.3.1945 und 24.3.1945, in: N. H. Petersen, Documents 5-45, 5-48 und 5-75. Zur «Geisterfestung in den Alpen» bzw. den Fehlinterpretationen der Alliierten vgl. Christof Mauch, Schattenkrieg gegen Hitler, S. 256 ff.
247 Interrogation of Dr. Wilhelm Hoettl (durch DuBois), Nürnberg 9.1.1946, IfZ/ Omgus 3/71-3/5.
248 Vgl. den Verdacht auf «Safehaven»-Aktivitäten Bechers seitens OSS Bern, 6.4.1945 in: N. H. Petersen, Document 5-86. «Das Geschäft des Rettens» ist die Überschrift von Kapitel 10 in der Untersuchung von Karla Müller-Tupath, Reichsführers gehorsamster Becher – eine deutsche Karriere, Berlin 1999. Zu den Verhandlungen Bechers mit jüdischen Exponenten in der Schweiz vgl. Yehuda Bauer, Freikauf von Juden? Frankfurt am Main 1996, Kapitel 12. Zur umstrittenen Beziehung Becher–Kastner vgl. Shraga Elam, Hitlers Fälscher, Wien 2000, Kapitel 6.
249 Vgl. Norman J. W. Goda, The Nazi Peddler: Wilhelm Höttl and Allied Intelligence, in: U.S. Intelligence and the Nazis, ed. Richard Breitman u.a., Washington 2004, Kapitel 10 (S. 274 zu den angeblich versteckten Devisen in der Schweiz). Höttls Tätigkeit für die Amerikaner bis 1949 und anschliessend für einen Teil des BRD-Geheimdienstes lässt allerdings den Schluss zu, dass er nicht von substantiellen Reserven in der Schweiz oder Liechtenstein zehren konnte, sondern dringend auf neue Finanzquellen angewiesen war.
250 Omgus / External Assets Branch, Report vom 8.2.1946, S. 23.
251 Beste Übersicht zu diesem Thema bei: Klaus Urner, Der Schweizer Hitler-Attentäter – drei Studien zum Widerstand und seinen Grenzbereichen, Frauenfeld 1980, Erster Teil.
252 Allen Dulles an W. Shepardson/OSS, 5.12.1944, NARA/ RG 226/92/557/1.
253 Zu Maurer vgl. u.a. sein Dossier in: SBA/ E 2001 (E), 1967/113, Bd. 432. Maurer lebte in der Nachbarschaft von Canaris in Berlin, verkehrte häufig in dessen Haus und war als Zivilangestellter in der Abwehr untergebracht worden (vgl. Heinz Höhne, Canaris, S. 538 ff., der Maurer in der Nachkriegszeit als «unermüdlichen Gralshüter der Canaris-Legende» charakterisiert).
254 Bericht des a.o. Untersuchungsrichters Major H. Fürst, Divisionsgericht 6, vom Mai bis Juli 1946. Das Eidgenössische Militärdepartement hatte am 15.5.1946 den Befehl zur Voruntersuchung erteilt, basierend auf den bereits vorliegenden polizeilichen Untersuchungen der Bundesanwaltschaft und der Verrechnungsstelle. Von der Heydt und Steegmann wurden im Mai/Juni 1946 in Untersuchungshaft genommen und anschliessend gegen Haftkautionen auf freien Fuss gesetzt (SBA/ E 4320 (B), 1990/255, Bd. 90).

255 Zusammenstellung der Zusammenkünfte von der Heydts mit «Drittpersonen» aufgrund seiner Agenda 1941 bis Ende 1944, in: SBA/ E 4320(B), 1990/255, Bd. 90. Ausserdem: Köcher an G.K. Zürich, 10.8.1943, PAAA/ G.K. Zürich, Paket 136 a.
256 Protokoll SVST über Einvernahme Gisevius, 18.4.1946, SBA/ E 7160-07, 1968/54, Bd. 1109.
257 Vgl. Klaus Urner, Der Schweizer Hitler-Attentäter, S. 45 f. (basierend auf Stellungnahmen von Gisevius von 1947).
258 Aussage Steegmann vom 28.5.1946 und Aussage Gisevius vom 6.6.1946 vor Major Fürst. SBA/ E 7160-07(-), 1968/54, Bd. 1109.
259 Zu Waetjen vgl. u.a.: US-Generalkonsul Woods (Zürich) an Secretary of State, 14.2.1946, NARA/ RG 84/3243/9. Klemens von Klemperer, Die verlassenen Verschwörer, S. 274.
260 Notiz Spezialbüro/SVST vom 6.11.1946, SBA/ E 7160-07(-), 1968/54, Bd. 1110.
261 Safehaven-Report (Bern No. 266), vom 19.2.1946, NARA/ RG 84/3243.
262 Malige (US-Commercial Attaché in Bern) an Woods, 16.5.1946. Woods an Harrison, 23.7.1946, NARA/ RG 84/3243. Die Denunziation stammte von einem Informanten, der sich auf Gespräche mit Carl Dienstmann (von Mai 1943 bis zum Kriegsende deutscher Generalkonsul in Zürich) bezog.
263 Hinweise im Lebenslauf von Nam Brauer alias Nam Henriette de Beaufort in: Paul C. Blum (OSS) an Hugh Teller, 9.7.1946, NARA/ RG 84/3243/9.
264 Bundesanwaltschaft an SVST, 15.1.1946, SBA/ E 7160-07(-), 1968/54, Bd. 1097. Hier findet sich der ominöse Schlusssatz: «Der Genannte (d.h. Kadgien) soll von amerikanischer Seite unterstützt werden.»
265 Notiz Steiner vom 14.6.1946, SBA/ E 4320(B), 1990/266, Bd. 90.
266 Kurt Hermann, geboren 1888, hatte bis Ende 1936 über die Securitas AG in Vaduz 19 Millionen Franken als Deckungsreserve seiner Zeitschriften-Abonnentenversicherung akkumulieren können. Im Jahre 1942 wurden bei der Securitas 18.2 Mio. Franken ausgebucht. Göring hatte er nach seinen eigenen Angaben erst 1934 kennen gelernt. Er brauchte ihn zum Schutz gegen «Parteibedrängungen», vor allem gegen die Begehrlichkeiten des Nazi-Verlegers Max Amann. Ein «Freund» Görings sei er jedoch nicht gewesen, man traf sich hauptsächlich bei Anlässen «jagdlicher Art», behauptete er 1946. Vor dem Krieg verfügte K. Hermann über ein Gesamtvermögen von ca. 80 Mio. RM, darunter auch Rittergüter in einem eigenen Naturschutzpark in Mecklenburg (vgl. Spezialfall Nr. 385 der Verrechnungsstelle, SBA/ E 7160-07(-), 1968/54, Bd. 1114). Frölicher befürwortete im Januar 1944 ein Visum für K. Hermann, die Fremdenpolizei lehnte jedoch im Februar und Oktober 1944 ab. Es stellte sich bei den Abklärungen heraus, dass Hermann tatsächlich 1931 in Liechtenstein eingebürgert worden war, aber offensichtlich seine deutsche Staatsbürgerschaft nie aufgegeben hatte (vgl. Dossier Hermann in: SBA/ E 2001 (D), -/3, Bd. 282).
267 Vgl. UEK-Band 9 (Tarnung, Transfer, Transit), Kapitel 11.1.
268 Vgl. SVST an EPD, 7.5.1946. Protokoll der SVST vom 13.6.1946 über Besprechung mit Kadgien. SBA/ E 7160-07(-), 1968/54, Bd. 1097. Kohli (zu diesem Zeitpunkt bereits Gesandter in den Niederlanden) an EPD, 22.1.1946, SBA/ E 2001 (E), 1967/113, Bd. 440.
269 Safehaven-Report (Bern No. 101) vom 8.8.1946, IfZ/ Omgus Finad 2/206/6.
270 Interrogation von Ministerialrat Dr. Fritz Goernnert (der für Göring als Reise-Organisator tätig war), 13.10.1945. Interrogation von Staatssekretär Paul Koerner, 19.10.1945. IfZ/ Omgus 3/71-3/1.
271 Interrogation von Erich Neumann, 5.11.1945, IfZ/ Omgus 3/71-3/1. Neumann: «Now, Goering would never use us or our channels to perform such transactions, because he knew that it was against the law. And it was certainly not desirable for him to have us know anything about his transactions.»

272 Gemäss den UEK-Forschungen setzten sich Kadgien und Haupt 1951 nach Südamerika ab, während Fischer 1955 nach Deutschland zurückkehrte (UEK-Band 9, S. 384).
273 Vgl. Schwab (Chef SVST) an Fremdenpolizei, 14.11.1945, SBA/ E 7160-01 (-), 1968/223, Bd. 208. Rapport Alfred Schaefer über Besuch von Wedels am 26.2.1946, GHA UBS AG/ SBG 12/2603.
274 Interrogation von Schacht am 11.7.1945, IfZ/ Omgus 11/285/9.
275 Interrogation von Puhl am 27.7.1945, IfZ/ Omgus 11/285/9.
276 Interrogation von Reichsbankdirektor Karl Friedrich Wilhelm am 1.5.1946, IfZ/ Omgus 11/397/10. Wilhelm war im Reichsbankdirektorium direkt zuständig für die Devisenabteilung. Er war zunächst in russische Gefangenschaft geraten und nach eigener Aussage eingehend über die Goldtransaktionen der Reichsbank (auch mit der Schweiz) befragt worden. Die Russen scheinen diese Informationen (wie auch solche des Vierjahresplanes) für spätere Zwecke in der Rückhand behalten zu haben.
277 Annex 2 zu Interrogation von Karl Gaupner, 15./16.8.1945, IfZ/ Omgus 11/397/11.
278 Kontobestand der Reichsbank per Mitte September 1946 gemäss Aufstellung vom 28.9.1946, SBA/ E 7160-07 (-), 1968/54, Bd. 117. Ferner: Bestandesaufnahme der SVST per 31.12.1948 in SBA/ E 7160-07 (-), 1968/54, Bd. 972.
279 Die Gesamtforderungen des Bundes gegenüber dem Deutschen Reich beliefen sich (Stand 1952) auf 1 189 Millionen Franken. Davon entfielen Fr. 1 012 Mio. auf den Clearing sowie Fr. 128 Mio. auf den Kohlenkredit. Zitiert nach: UEK-Band 3 (Stefan Frech, Clearing) Tabelle 21. Vgl. St. Frech, a.a.O. Tabellen 18 und 19 zum Wachstum der Kredite bzw. zum effektiv beanspruchten Bundesvorschuss.
280 Bericht 1946/47 der SVST/Abteilung für die Liquidation deutscher Vermögenswerte, Seite 10 und Seite 66. SBA/ E 7160-01 (-), 1979/37, Bd. 16.
281 Bericht 1946/47, S. 40 f.
282 Reagan (US-Wirtschaftsattaché in Bern) an Hubbard (US-Konsul in Zürich), 27.4.1945. Woods an Harrison, 18.5.1945. NARA/ RG 84/3243/8.
283 Rede Stampflis über die «Aufgaben der Nachkriegszeit» in: NZZ Nr. 1366 vom 10.9.1945.
284 Safehaven Progress Report vom 29.9.1945, PRO/ FO 371/49710. Reagan an Secretary of State, 4.10.1945, NARA/ RG 226/XL 21827 (AfZ/ Forschungsdok. J. Aeschlimann, Schachtel 2).
285 NZZ Nr. 1454 vom 27.9.1945.
286 Report Captain Lloyd A. Free vom 4.10.1945, unterschrieben zudem vom Militärattaché Brigadegeneral R. R. Legge. Dieser Rapport wurde in Washington breit gestreut, u. a. an FEA und Treasury. NARA/ RG 226/19/332/XL 24595.
287 Harrison an Secretary of State, 28.9.1945, FRUS 1945, Bd. 2.
288 Vgl. NZZ Nr. 1292 vom 26.8.1945.
289 NZZ Nr. 1364 vom 9.9.1945 (gezeichnet Bl.).
290 NZZ Nr. 1365 vom 10.9.1945.
291 US-Botschafter Winant (London) an Secretary of State, 30.9.1945, FRUS 1945, Bd. 2.
292 Memorandum G. H. Villiers (Economic Warfare Department) vom 20.10.1945. Hoyer Miller an Villiers, 29.10.1945. PRO/ FO 371/46'767. Zur amerikanischen Sicht dieser Diskussionen in London vgl. Reinstein an Rubin, 17.10.1945, FRUS 1945 Bd. 2 (der Vertreter des britischen Treasury neigte eher der amerikanischen Seite zu, was in Anbetracht der britischen Finanzlage nicht weiter erstaunen kann).
293 Harrison an Secretary of State, 2.11.1945, FRUS 1945, Bd. 2. Aide-Mémoire des EPD vom 30.10.1945, SBA/ E 2801, 1967/77, Bd. 9.
294 Vgl. US-Chargé d'affaires (Stockholm) an Secretary of State, 20.7.1945, FRUS 1945, Bd. 2.
295 VR-Protokoll der Schweizerischen Bankiervereinigung vom 7.9.1945, GHA UBS AG/ SBG 12/3006.

296 Vgl. NZZ Nr. 1622 vom 29.10.1945.
297 Das Bundesgericht setzte ein Sondergericht ein, um in beschleunigtem Verfahren zu amten. Wenn kein Regress auf einen «böswilligen Veräusserer» möglich war, kam die Entschädigung des gutgläubigen Erwerbers durch die Eidgenossenschaft zum Zuge. Zur Kritik am BRB vgl. u. a. NZZ Nr. 1955 vom 20.12.1945 (der Verfasser des Artikels vertrat die Ansicht, es hätte genügt, die prozessualen Verfahrensvorschriften im Sinne einer Vereinfachung abzuändern).
298 Bruggmann an EPD, 3.12.1945, SBA/ E 2001, 1978/84, Bd. 443.
299 Notiz EPD/FV vom 23.11.1945, SBA/ E 2001, 1978/84, Bd. 443.
300 Stucki an Bruggmann, 27.12.1945, SBA/ E 2001 (E), 1978/84, Bd. 459 (das Gespräch der US-Funktionäre mit der SVST fand am 29.11.1945 statt).
301 SBA/ E 7160-07 (-), 1968/54, Bd. 1064.
302 Petitpierre an Schwab, 12.12.1945, SBA/ E 7160-07 (-), 1968/54, Bd. 1049. Die Amerikaner konnten (oder wollten) auch im Januar 1946 keine Beweisdokumente liefern (EPD an Schwab, 18.1.1946, SBA a.a.O.).
303 Notiz Lacher vom 15.11.1945, SBA/ E 2801, 1967/77, Bd. 9.
304 Harrison an Secretary of State, 19.9.1945, IfZ/ Omgus, Polad/738/11.
305 Kilgores Unterstellungen wurden über die Agenturen AP und Exchange Telegraph am 15.11.1945 verbreitet, vgl. u. a. New York Times vom 15.11.1945. Noch am selben Tag konferierte die Bundesratsdelegation (Stampfli, Nobs, Petitpierre) mit Stucki, Weber, Homberger und Hotz über die Sachlage und die Stellungnahme. Protokoll der Konferenz vom 15.11.1945 sowie Bruggmann an EPD, 19.11.1945. SBA/ E 2801, 1967/77, Bd. 9. Vgl. auch NZZ Nr. 1719 vom 15.11.1945 und Nr. 1727 vom 17.11.1945.
306 Die Briefe Puhls vom 19.3.1945, 23.3.1945, 30.3.1945 und 6.4.1945 finden sich abgesehen von der US-Senats-Publikation als Kopien auch in SBA/ E 2801, 1967/77, Bd. 9.
307 Stucki in der Konferenz vom 15.11.1945, SBA/ E 2801, 1967/77, Bd. 9. Ferner Pressekonferenz Stuckis vom 16.11.1945 (NZZ 17.11.1945, Nr. 1727).
308 Zum Uhrenkonflikt vgl. FRUS 1945, Band 2, S. 793–808. A. Weitnauer, Rechenschaft, S. 147ff. NZZ Nr. 1834 vom 4.12.1945.
309 Ausschuss-Protokoll der Schweizerischen Bankiervereinigung vom 26.10.1945, GHA UBS AG/ SBG 12/3007. Eine wesentliche Rolle auf amerikanischer Seite in Bern spielte neben dem Wirtschaftsattaché Reagan vor allem James H. Mann, der Delegierte des US-Treasury. Als «Deputy Safehaven Coordinator» wirkte Attaché Harry Conover.
310 Report von «Chow» (Titel: «Switzerland, General political condition», Reise Ende Oktober 1945), NARA/ RG 226/XL 33899.
311 Ausschuss-Protokoll der Schweizerischen Bankiervereinigung vom 20.12.1945, GHA UBS AG/ SBG 12/3007.
312 NZZ Nr. 1784 vom 26.11.1945.
313 NZZ Nr. 1846 vom 6.12.1945.
314 Safehaven-Report Bern No. 209, 27.12.1945. Mann an Harrison, 13.12.1945. NARA/ RG 226/XL 34'347.
315 Vgl. u. a. Notizen de Rham (EPD) über die Sitzungen der Commission mixte vom 12.9.1946 und 20.9.1946 sowie Stucki an Grässli, 11.10.1947, SBA/ E 2801, 1968/84, Bd. 58.
316 Übersicht Safekontrolle in: SBA/ E 7160-07 (-), 1968/54, Bd. 971.
317 Stand der Auswertungen per 30.3.1946, 30.6.1946 und 31.10.1946 sowie Notiz Enquêteabteilung vom 12.6.1946 in: SBA/ E 7160 (-), 1968/54, Bd. 970.
318 Vgl. UEK-Band 9, Tabelle 7, Anm. 5. Die UEK addiert neben Reichsvermögen und clearinggebundenen Forderungen ausserdem einen Betrag von 231 Mio. Franken, den sie im Differnzverfahren ermittelt, was einige Fragen offen lässt (um welche Personen oder Gesellschaften geht es hier konkret?).
319 UEK-Band 9, S. 375ff.

320 Betr. ausgewiesene Deutsche vgl. Namenliste Nr. 1 vom 1.11.1945 und Nachträge bis 1.2.1946 in: SBA/ E 7160(-), 1968/54., Bd. 1066.
321 Vgl. u.a. Bundesratsentscheid vom 26.4.1949, SBA/ E 4001 (C), 1, Bd. 37.
322 Untersuchungsrichter Major Gloor an SVST, 17.4.1946, SBA/ E 7160-07, 1968/54, Bd. 1097. Zur Presseberichterstattung u.a. NZZ und Volksrecht 16.–21.12.1945. Vgl. auch Urs Gredig, Gastfeindschaft – Der Kurort Davos zwischen nationalsozialistischer Bedrohung und lokalem Widerstand 1933–1948, Davos 2002.
323 Der Bundesrat lehnte Ende Juli 1945 ein Gesuch Köchers um Internierung ab. Dossier Köcher in: SBA/ E 2001 (D), -/3, Bd. 75.
324 Spezialfall Nr. 392 / Rapport der Bundesanwaltschaft vom 18.7.1945 und Antworten der Banken vom Juni/Juli 1946. SBA/ E 7160-07, 1968/54, Bd. 1115.
325 Woods an Harrison, 9.7.1945. Schmidt-Branden an US-Generalkonsulat Zürich, 4.7.1945. Zürcher Kantonalbank an US-Generalkonsulat Zürich, 7.7.1945. NARA/ RG 84/3243/9.
326 R.R. an Heyer (SVST), 12.7.1946, SBA/ E 7160-07 (-), 1968/54, Bd. 1065 (bei diesen Akten auch Übersicht der Telefonüberwachungen).
327 Zu den Straffällen vgl. Jahresbericht SVST / Gläubigerkontrolle 1946, SBA/ E 7160-07 (-), 1968/54, Bd. 971. Namenliste der leeren Safes in: E 7160-07 (-), 1968/54, Bd. 1066.
328 Jahresbericht der Gläubigerkontrolle 1946, SBA a.a.O.
329 Aktennotiz der SVST für Walter Stucki, 18.2.1956, SBA/ E 7160-07 (-), 1968/54, Bd. 34.
330 Vgl. Stampfli an Stucki, 23.3.1945, betr. Scintilla. Notiz vom 7.11.1945 für Petitpierre über die Enquête der Schwarzlistenfirmen. SBA/ E 2801, 1967/77, Bd. 2.
331 Vgl. Dossier Scintilla in: SBA/ E 2801, 1967/77, Bd. 146.
332 Aktennotiz Schaumann über Besprechung Kohli/Lacher (EPD) mit Mehnert/Schaumann (SVST), 6.8.1945, SBA/ E 7160-07 (-), 1968/54, Bd. 113.
333 Vgl. US-Chargé d'affaires an Secretary of State, 20.7.1945, FRUS 1945, Bd. 2.
334 NZZ Nr. 1846 vom 6.12.1945. Die vorgesehenen Perioden: 1. Periode: Vor dem 1.1.1933, 2. Periode: Januar 1933 bis August 1939, 3. Periode: 1.9.1939 bis Ende 1941, 4. Periode: Januar 1942 bis Kriegsende.
335 Vgl. Jahresbericht 1945 der Transferabteilung sowie Notiz «Die weitere Verarbeitung der Anmeldungen» vom 20.12.1945, SBA/ E 7160-07 (-), 1968/54, Bd. 113.
336 SVST an Petitpierre, 7.1.1946, Anlage 2, S. 4f., SBA a.a.O.
337 SVST (Mehnert) an Stucki, 15.1.1946, SBA a.a.O.
338 UEK-Band 9, S. 442 und Tabelle 4 (S. 365).
339 Interrogation von Emil Puhl durch US-«Safehaven»-Experten, 3.8.1945, IfZ/ Omgus 11/285/9.
340 Interrogation von Hermann Landwehr (deutscher Text), 19.3.1947 (von Landwehr am 21.3.1947 unterzeichnet, mit dem Hinweis, «dass die verschiedenen Ereignisse, die über mich hinweggegangen sind, meine Erinnerungsfähigkeit beeinflusst haben; meine Aussagen gelten also unter dieser Einschränkung»). Eine frühere Befragung von Landwehr erfolgte gemäss US-Quelle (Foreign Funds Control / Treasury Department / John S. Richards an Omgus / Finance Division / Jack Bennett, 20.12.1946) durch einen «apparently unofficial Swiss representative». Dieser Text (in Englisch und ohne Datum) gelangte über eine «confidential source» nach Washington. Die Formulierung lässt zumindest auf amerikanische Redaktion schliessen. Landwehr scheint nach dieser Quelle von «mindestens 15 Milliarden RM» gesprochen zu haben, die von Deutschland in die Schweiz gelangt sein sollen. Seine Aussagen in der offiziellen Befragung von 1947 kommen jedoch einer eindeutigen Distanzierung von der früheren «Quelle» gleich, die nicht in Form eines Fragekataloges, sondern als Zusammenfassung nach Washington gelangt war. IfZ/ Omgus 3/71-2/1.
341 Die mittlere Notenzirkulation der Nationalbank nahm 1943 gegenüber dem Vorjahr um Fr. 395 Mio. sowie 1944 um Fr. 379 Mio. zu (Banque Nationale Suisse, 1907–1957, S. 359). Der registrierte Notenexport nach Deutschland betrug zum

Beispiel im Monat Oktober 1943 Fr. 555 000.– (Protokoll SNB-Direktorium vom 10./11.11.1943, Archiv SNB).

342 Die Notenhortung wurde von der Nationalbank 1942/43 hauptsächlich mit der Diskussion um Steuerprojekte bzw. der Einführung der Verrechnungssteuer in Verbindung gebracht (Tabelle 2 zum Bericht und Antrag des SNB-Direktoriums an den Bankausschuss vom 16.10.1943, Archiv SNB). Zu den Veränderungen im Notengeschäft im Jahre 1944 vgl. Nussbaumer an Reagan, 27.9.1944, 5.10.1944 und 20.11.1944, NARA/ RG 84/3228/8. Zur finanziellen Unterstützung des französischen Maquis durch OSS Bern vgl. deren Tgr. vom 25.12.1943 an Washington, NARA/ RG 226/97/40.

343 Als Beispiel kann der Fall Degussa/Leukon AG, Zürich, gelten, wo die Tochtergesellschaft noch kurz vor Kriegsende gewisse Unterlagen für eine Patenteintragung erhielt. Die Leukon AG unternahm jedoch nichts, weil Degussa keine Mittel zur Patenteintragung zur Verfügung stellen konnte und die Unterlagen für Leukon selbst nicht von Wert schienen (US-Generalkonsul Sam Woods an Harrison, 25.3.1946, basierend auf der Befragung des Leukon-Chefs sowie einer kontrollierenden Zusatzinformation. IfZ/ Omgus, Polad/754/5).

344 Papen deponierte Vermögenswerte zur Hauptsache erst von Mai bis September 1943 (bei der Kreditanstalt) in US-Dollar-Noten ($ 250 000.–) und niederländischen Goldmünzen (entsprechend einem Wert von Fr. 121 761.25). Er behauptete 1948, es habe sich teilweise um staatliche Gelder gehandelt. Quelle: Spezialfall Nr. 818 der Verrechnungsstelle/Aktennotiz vom 24.10.1949/Aussagen Papen vom 11.8.1948, SBA/ E 7160-07 (-), 1968/54, Bd. 1144. Für Hjalmar Schacht meldete die Kreditanstalt Vermögenswerte von insgesamt Fr. 75 318.– (SBA/ E 7160-07, 1968/54, Bd. 806).

345 Vgl. UEK-Band 9, Kapitel 4.3.

346 Vgl. J. Jung (Hrsg.), Die Banken der Credit Suisse Group im Zweiten Weltkrieg, S. 143 ff.

347 Aide-mémoire EPD o. D. (Anfang 1946), SBA/ E 2801, 1968/84, Bd. 30.

348 UEK-Band 9, S. 159 f.

349 Dossier Gäfgen in: SBA/ E 4320 (B), 1973/17, Bd. 23.

350 Stand per 29.2.1944 nach Quelle Reichsbank in: GHA UBS AG/ SBG 12/2674.

351 NZZ Nr. 1339 vom 4.9.1945, Nr. 1341 vom 5.9.1945 und Nr. 1344 vom 5.9.1945. Protokoll der a.o. GV der EIBA vom 4.9.1945, GHA UBS AG/ SBG. Die Übernahmebilanz der EIBA per 30.6.1945 wies inkl. deutsche Engagements auf der Aktivseite sowie bisherige Eigenmittel auf der Passivseite eine Bilanzsumme von Fr. 382 Mio. auf. Davon gingen Aktiven von Fr. 349 Mio. sowie Passiven von Fr. 332 Mio. an die SBG. Die deutschen Aktiven der EIBA von nominal 34.5 Millionen Franken (sowie RM 2.3 Mio.) wurden in der Bilanz der Rumpfgesellschaft per Ende 1945 – nach Auflösung früherer Reserven (Fr. 17 Mio.) sowie der Herabsetzung des Aktien-Nominalbetrages von 500 auf 100 Franken – noch mit Fr. 5.6 Mio. bewertet. Die Hälfte dieses deutschen Restengagements entfiel auf Elektrizitäts- und Versorgungsbetriebe sowie auf Brauereien. (Quellen: Interne Chronik der Eidgenössischen Bank 1863–1945 sowie Notiz HS vom 3.5.1946, GHA UBS AG/ SBG.)

352 NZZ Nr. 1634 vom 31.10.1945.

353 Vgl. J. Jung (Hrsg.), Die Banken der Credit Suisse Group im Zweiten Weltkrieg, S. 97.

354 Ausschuss-Protokoll der Schweizerischen Bankiervereinigung, 20.12.1945, GHA UBS AG/ SBG 12/3007.

355 Memorandum vom 22.3.1946 (in Englisch, d. h. zum Gebrauch bei den Verhandlungen in Washington), SBA/ E 2801, 1968/84, Bd. 30. Hinzu kamen geschätzte Kriegsschäden von Fr. 500 Mio. und Rückkehrer-Ansprüche von Fr. 60 Mio.

356 Beilage zu: Zehnder (EPD) an schweiz. Mission bei der alliierten Hohen Kommission, 7.6.1950, SBA/ E 2801, 1968/84, Bd. 141.

357 Linus von Castelmur, Schweizerisch-alliierte Finanzbeziehungen im Übergang vom Zweiten Weltkrieg zum Kalten Krieg – Die deutschen Guthaben in der Schweiz zwischen Zwangsliquidierung und Freigabe (1945–1952), Zürich 1992.

358 Konferenzprotokoll der Finanz- und Wirtschaftsdelegation des BR (anwesend auch Stucki, Weber, Hotz, Homberger u.a.) vom 15.11.1945. BR-Protokoll vom 23.11.1945. Tgr. Bruggmann an EPD vom 26.11.1945. Tgr. EPD an Bruggmann, 1.12.1945. SBA/ E 2801, 1967/77, Bd. 9.

359 Bericht des BR vom 23.8.1958 an die Bundesversammlung über die deutschen Vermögenswerte in der Schweiz, 1945–1958.

360 Notiz EPD über vorbereitende schweizerische Konferenz vom 7.2.1946, DDS Bd. 16, Nr. 61.

361 Exposé W. Rappard vom 25.2.1946, DDS Bd. 16, Nr. 65.

362 Zur Argumentation der SNB betr. Gold vgl. u.a. DDS Bd. 16, Nr. 67, S. 211 f.

363 Vgl. «Botschaft des BR an die Bundesversammlung über die Genehmigung des in Washington abgeschlossenen Finanzabkommens» (inkl. Bundesbeschluss vom 14.6.1946). Zu Verhandlungszielen und Taktik auf Schweizer Seite siehe DDS Bd. 16, Nr. 67. Zur dramatischen Endphase der Verhandlungen siehe DDS Bd. 16, Nr. 72 (Stucki an Petitpierre, 13.5.1946).

364 Rappard an Petitpierre, 27.5.1946, DDS Bd. 16, Nr. 75.

365 Vgl. L. v. Castelmur, Schweizerisch-alliierte Finanzbeziehungen, Kapitel 2.5.3.

366 Zur Haltung der Schweiz. Bankiervereinigung im Vorfeld vgl. Protokoll EPD vom 1.3.1946, DDS Bd. 16, Nr. 66. Zur kritischen Beurteilung durch einige Bankiers nach Abschluss: VR-Protokoll der Schweiz. Bankiervereinigung vom 21.6.1946, GHA UBS AG/ SBG 12/3006. Rapport Alfred Schaefer betr. Reise USA vom 4.5.1946, GHA UBS AG/ SBG 12/2610.

367 Briefwechsel Heinrich Walther/ Max Schwab vom 26./27.1.1948, SBA/ E 7160-01 (-), 1968/223, Bd. 209.

368 Vgl. Office of the U.S. Political Adviser (Robert Murphy) an Generalleutnant Lucius D. Clay, 2.1.1946, IfZ/ Omgus, Polad/758/27.

369 L.v. Castelmur, Schweizerisch-alliierte Finanzbeziehungen, Kapitel 2.4.2.

370 Bericht des Bundesrates vom 22.8.1958 an die BV, S. 11.

371 Bericht Stucki über seine Verhandlungen vom Mai/Juni 1949 in: BR-Protokoll vom 8.7.1949, DDS Bd. 18, Nr. 2.

372 Stucki an Petitpierre, 7.5.1951, DDS Bd. 18, Nr. 93. Kabinettsprotokoll der Bundesregierung vom 28.6.1951 (Kabinettsprotokolle Bd. 4/1951).

373 Kabinettsprotokolle der Bundesregierung vom 14.12.1951 und 12.2.1952 (Kabinettsprotokolle Bd. 4 und 5). Huber an Petitpierre, 23.10.1951. Notiz EPD vom 27.2.1952 (inkl. US-Aide-Mémoire vom 27.2.1952). DDS Bd. 18, Nr. 119 und Nr. 137. Besprechung der deutschen Delegation für Auslandschulden, 3.1.1952 (Akten zur Auswärtigen Politik der Bundesrepublik Deutschland, 1952).

374 Vgl. Hermann J. Abs, Entscheidungen (1949–1953) – Die Entstehung des Londoner Schuldenabkommens, Mainz–München 1991, S. 224–235. L. v. Castelmur, Schweizerisch-alliierte Finanzbeziehungen, Kapitel 5.4. und 5.5. Zur Rolle von Abs bei den Londoner Schuldenverhandlungen (auch den Grenzen seines Einflusses) vgl. Lothar Gall, Der Bankier – Hermann Josef Abs, München 2004, S. 164–206.

375 Botschaft des Bundesrates an die Bundesversammlung vom 29.8.1952 (mit den Abkommen als Beilage).

376 Vgl. Bericht des Bundesrates an die Bundesversammlung vom 22.8.1958, S. 15 ff.

377 Vortrag von Abs in Konstanz am 29.5.1990, gedruckt vom Konstanzer Universitätsverlag unter dem Titel «Aussenpolitik und Auslandsschulden – Erinnerungen an das Jahr 1952».

378 Vgl. Patrick Halbeisen: Die Finanzbeziehungen zwischen der Schweiz und der Bundesrepublik Deutschland in der Nachkriegszeit, Etappen auf dem Weg der

Normalisierung, in: Die Schweiz und Deutschland 1945–1961, Hrsg. Antoine Fleury / Horst Möller / Hans-Peter Schwarz, München 2004, S. 165–179.

379 Notiz Alfred Schaefer vom 18.9.1952 über diesbezüglichen Beschluss der SBG-GD, GHA UBS AG/ SBG 12/2718.

380 Vgl. Thomas Maissen, Verweigerte Erinnerung – Nachrichtenlose Vermögen und Schweizer Weltkriegsdebatte 1989–2004, Zürich 2005. Ausführlich zur Entwicklung nach 1945 und zu den Schwächen des Meldebeschlusses vgl. UEK-Band 15 (B. Bonhage, H. Lussy, M. Perrenoud), Teil 2.

10. Schlussbemerkung

Ein Längsschnitt durch die schweizerisch-deutschen Wirtschaftsbeziehungen von den frühen 1920er-Jahren bis Ende des Zweiten Weltkrieges zeigt Schwankungen, die seither in diesem Ausmass nie mehr erreicht wurden. Zwei starke Wellenbewegungen sind auszumachen, mit einem ersten Wellenkamm um 1929/30 und dem zweiten unter ganz andern politischen Rahmenbedingungen um 1941/42. Dazwischen lag das lange Wellental der 1930er-Jahre mit zahlreichen bilateralen Kontroversen und einer unterschiedlichen Entwicklung zwischen Aussenhandel und Finanzbeziehungen. Denn auf dem Gebiet der direkten Finanzierung aus der Schweiz nach Deutschland gab es auf privater Seite seit 1931 nur stetigen Abbau. Die schweizerische «Clearingmilliarde» des Zweiten Weltkrieges lag dann auf einer ganz anderen Ebene: Es handelte sich um eine Bundesverpflichtung, nicht freiwillig gewährt, sondern unter dem Zwang der Überlebenserfordernisse von 1940 bis 1943. Und das Geld floss ausserdem nicht direkt nach Deutschland, sondern entsprach einer Exportfinanzierung der Schweizer Industrie. Im Zentrum stand deutlich erkennbar seit Sommer 1940 die Überbrückung einer ausserordentlichen Zwangslage, die Bewahrung der Arbeitsplätze und damit nicht zuletzt auch die Aufrechterhaltung der inneren Stabilität der Schweiz. Die Eidgenossenschaft vermochte unter prekärsten Umständen ihre Unabhängigkeit und ihre demokratische Staatsform inmitten des nationalsozialistischen Macht- und Einflussbereiches zu bewahren. 1943 setzte das zweite Wellental der schweizerisch-deutschen Wirtschaftsbeziehungen ein, mit dem absoluten Tiefpunkt von 1945 und einer ausserordentlich langen Erholungszeit in der Nachkriegsepoche. Beim Vergleich der Aussenhandelszahlen in den zwei «Boomphasen» wird ein wesentlicher Punkt allzu leicht übersehen: Die zweite Hälfte der 1920er-Jahre war in der Schweiz durch weitgehende Preisstabilität gekennzeichnet. Während des Zweiten Weltkrieges hingegen kam es zu beträchtlichen Preisverzerrungen. Mit andern Worten: Importe und Exporte zu Preisen von 1938 lagen deutlich unter den scheinbar explosiv wachsenden Nominalwerten (vgl. Anhang Nr. 1 und 2).

Lange Wellenbewegungen der Wirtschaftsentwicklung überdecken nur allzu leicht, was sich tatsächlich im Mikrobereich abspielt. Die ganze Epoche war ausserordentlich reich an Herausforderungen, die sich von jenen der «Schönwetterperiode» späterer Jahrzehnte grundlegend unterschieden. Die kurze Euphorie der späten zwanziger Jahre basierte nicht auf solider Grundlage, sondern war vor allem auf dem Finanzsektor getrieben von kurzfristigem Ertragshunger, ausgeprägtem Konkurrenzdenken und einem geringen Risikobewusstsein. Mehrfach wurde im Laufe dieser Studie auf die Wahrnehmungsprobleme hingewiesen, die vor allem für die anschliessenden Jahre 1930 bis 1933 charakteristisch waren. Für diese Vorgänge gab es weder auf wirtschaftlichem noch politischem Gebiet klare

Orientierungshilfen aus der selbst erlebten Vergangenheit der damals massgebenden Generation. Eindeutig war nur, dass Deutschland mit der Krise von 1931 seinen internationalen Kredit vorerst verspielt hatte. Gleichwohl bestand weiterhin eine gewisse Hoffnung der Gläubiger und Lieferanten auf allmähliche Genesung. Erst allmählich wurde klar, dass Deutschland unter der anbrechenden Herrschaft des Nationalsozialismus gar nicht daran dachte, den alten Gläubigern wirklich entgegenzukommen. Hjalmar Schacht spielte virtuos mit den Instrumenten von Drohung und Hoffnungsschimmern, mit Ermüdungstaktiken und brüskierendem Fait accompli. Was ihn an der Schweiz primär interessierte, war von Anfang bis Ende die sogenannte «Devisenspitze» zugunsten Deutschlands. Und was Schacht zu vermeiden suchte, war ein schweizerischer Präzedenzfall, der andern finanzstarken westeuropäischen Staaten als Muster hätte dienen können.

Dass die Schweiz mit ihrem demokratisch-aufgesplitterten Entscheidungsprozedere immer Gefahr lief, einige Schritte hinter den Ereignissen nachzuhinken, war wohl bis zu einem gewissen Grade unvermeidbar. Bern suchte die Absicherung in einem System, das den Anforderungen der verschiedenen eidgenössischen Interessengruppen entsprechen musste und gleichzeitig Schutz gegen vertragslose Willkür von deutscher Seite zu bieten schien. Etwas anderes war innenpolitisch damals nicht durchsetzbar. Der «Notbehelf» des komplizierten Verrechnungsabkommens mit Deutschland markierte von 1934 an einen Weg, von dem es kaum ein Zurück gab, ohne die Gesamtbeziehung zu Deutschland in Frage zu stellen. Das traditionelle schweizerische Neutralitätsverständnis konnte auf diesem Wege freilich keine wirksame Hilfe leisten. Mit allen Nachbarn möglichst reibungslose Beziehungen zu pflegen, war in Zeiten der Diktaturen ein allzu simples Rezept, das die Kluft zwischen den ideellen Abwehrbedürfnissen (Stichwort «geistige Landesverteidigung») und den wirtschaftlichen Erfordernissen (inklusive eigene Aufrüstung und wirtschaftliche Kriegsvorsorge) keineswegs überbrücken konnte. Kam dazu, dass sich die Schweiz Mitte der 1930er-Jahre in einem ausgeprägten Stimmungstief befand. Wirtschaftspolitische Ratlosigkeit in Anbetracht der anhaltenden Krise kennzeichnete diese Phase ebenso wie das dogmatische Festhalten am «festen Franken», bis endlich von Frankreich her der erlösende Abwertungsdruck eintraf. Ganz anders die Verhältnisse in Deutschland, wo das nationalsozialistische Regime im Zeichen der anlaufenden Rüstungskonjunktur und erster aussenpolitischer Erfolge auf verbreiteten Stimmungsaufschwung zählen konnte.

Zu den faszinierenden Fragen gehört, was geschehen wäre, wenn der Bundesrat bereits 1935 eine härtere Haltung gegenüber Deutschland eingenommen hätte. An Walter Stuckis Entschlossenheit fehlte es nicht. Er scheute – im Gegensatz zu einigen Bankiers – vor einer eventuellen

Teilblockierung deutscher Guthaben in der Schweiz nicht zurück. Die Mehrheit des Bundesrates folgte Stucki jedoch nicht. Stattdessen wurde ein zwiespältiger Leitsatz geboren, der dem innenpolitischen Klima gerecht werden sollte: «Arbeit geht vor Kapital.» Konkret: Die Exportindustrie und der Fremdenverkehr geniessen Vortritt, die Finanzgläubiger müssen im Verteilgerangel des Clearingerlöses zurückstehen. Auch im folgenden Jahr waren die wirtschaftlichen Interessengruppen und der Bundesrat nicht bereit, einen «Wirtschaftskrieg» mit Deutschland zu riskieren. Jeder hatte zweifellos seine guten Gründe zum nochmaligen Einlenken, wodurch die Probleme freilich nur hinausgeschoben und letztlich Signale der Schwäche gesetzt wurden.

Zu den Schwachpunkten auf Schweizer Seite gehörte vor allem die Tatsache, dass Varianten und Optionen auf höchster Ebene offenbar nie konsequent durchgerechnet und durchdiskutiert wurden. Die Schmerzgrenze war selten richtig klar, wenn man einmal vom obligaten Gejammer der jeweiligen Interessenvertreter absah. Anders gesagt: Ein allfälliger Verhandlungsabbruch mit Deutschland wurde meist gleichgesetzt mit einem «Wirtschaftskrieg», ohne die Möglichkeiten eines Modus vivendi auf verschiedenen Gebieten effektiv auszuloten. Das Verrechnungsabkommen wurde auf diese Weise zu einer Zwangsjacke mit zunehmend komplizierter geschnürten Bändern. Auch daran konnte man sich freilich gewöhnen (auf deutscher Seite nur mit einigem Widerwillen), weil es schlicht bequemer war, als Ausschau nach einer grundsätzlichen Neuorientierung zu suchen. Walter Stucki hat eine wichtige Frage bereits im Herbst 1934 unmissverständlich und gleichzeitig taktisch-provokativ gestellt: War Deutschland überhaupt noch vertragsfähig? In führenden schweizerischen Kreisen klammerte man sich allzu lange an die Fiktion, es handle sich bei Hitler-Deutschland immer noch um einen mehr oder weniger «normalen» Staat. Nationalkonservative Funktionsträger wie Ernst von Weizsäcker und die alten Beamten im Reichswirtschaftsministerium sowie bei der Reichsbank bestärkten diesen trügerischen Eindruck. Bemerkenswerterweise zeichneten sich in dieser Phase einige Schweizer Bankiers durch beträchtlichen Weitblick aus: Sie beteiligten sich zwar weiterhin am jährlichen Ritual der internationalen Stillhalteverhandlungen mit den deutschen Schuldnern, um vor allem die Zinszahlungen abzusichern, gleichzeitig reduzierten jene, die dazu die Kraft (und die Reserven) hatten, ihre alten deutschen Engagements unter grossen Verlusten in radikaler Weise. Bei Kriegsausbruch befanden sich zumindest Bankverein, Kreditanstalt und Bankgesellschaft in keinerlei Abhängigkeit von Zins- und Amortisationszahlungen aus Deutschland. Ungünstiger sah das hingegen bei der Basler Handelsbank, der Eidgenössischen Bank und der Bank Leu aus. Auf der Passivseite der Bilanz spielten die deutschen Guthaben für die Mehrheit der Schweizer Banken im Moment des

Kriegsausbruchs keine wesentliche Rolle mehr. Sowohl Zwangsrückführungen wie auch Abdispositionen der deutschen und österreichischen Emigranten nach der westlichen Hemisphäre hatten zu einer deutlichen Verminderung geführt. Im Zusammenhang mit den Zwangsrückführungen wurden zahlreiche Schweizer Banken vor äusserst heikle Interessenabwägungen gestellt, vor allem im Hinblick auf die Sicherheit ihrer Kunden, die sich noch im deutschen Machtbereich befanden. Alles in allem genommen hatten die Grossbanken ihre Lektion in Bezug auf die deutschen Risiken bis spätestens 1938 gelernt. Zurückhaltung und Misstrauen prägten das Gesamtbild, das sich auch nach Kriegsausbruch etwa bei den Teilkompensationen erneut zeigen wird. Im Hintergrund lauerte, dies darf man nicht ganz aus den Augen lassen, weiterhin die Gefahr deutscher Bank- und Wirtschaftsspionage.

Die bilateralen Wirtschaftsverhandlungen zwischen 1936 und 1938 waren durch beträchtliche Spannungen geprägt. Die schweizerische Kompromissbereitschaft wurde auf eine harte Probe gestellt. Letztlich verdichtete sich auf komplexe Weise ein eher risikoscheues schweizerisches Verhaltensmuster. Bei der krisenhaften Zuspitzung von 1936, als selbst der kühle Freiherr von Weizsäcker aus der Reserve trat, konnte die Schweiz nur ganz knapp ihr Gesicht wahren. In Wirklichkeit blieb den Schweizern am Schluss nicht viel mehr, als trotzig die Faust im Sack zu machen, wie das Walter Stucki treffend ausdrückte. Zwei Jahre später hatte sich die Sicherheitslage der Schweiz nach dem «Anschluss» Österreichs massiv verschlechtert. Angst lag manchenorts in der Luft. Die Schweiz rückte in den potentiellen Beutebereich des expansiv-erfolgreichen «Dritten Reiches». Entsprechend konfliktreich entwickelten sich auch die Wirtschaftsverhandlungen. Mühe bereitete den Schweizern ganz offensichtlich die zweigleisig geführte deutsche Taktik: Hitler scheinbar versöhnlich, seine untergeordneten Chargen in den Verhandlungen knallhart. Personalpolitische Veränderungen wirkten sich zusätzlich aus: auf Schweizer Seite der Weggang von Walter Stucki nach Paris und auf deutscher Seite der Einsatz des aggressiven neuen Verhandlungsleiters Hans Richard Hemmen, dem an diplomatischen Umgangsformen gar nichts lag.

Jetzt stand man in Bern an einer Wegscheide: Hart bleiben bis zum Bruch? Was dann? Welche Alternativen? Welche Märkte konnte die Schweiz in nützlicher Frist ausbauen oder neu erschliessen, wenn Deutschland als Absatzmarkt mehr oder weniger ausgefallen wäre? Diese Diskussion wurde nur in zaghaften Ansätzen und viel zu spät geführt. Drückte sich der Bundesrat um das Thema, weil es mit zusätzlichen Kosten (sprich: massive Exportförderung in andere Märkte) verbunden gewesen wäre? Oder verbot neutralitätspolitische Dogmatik ganz einfach solche Eventualplanungen? Bürokratische Trägheit und Angst vor

Steuererhöhungen gehörten jedenfalls zum Gesamtbild. Nicht zu vernachlässigen war dabei die starke Importabhängigkeit der Schweiz von Deutschland. Wer an andere Lieferanten oder gar an Importsubstitution durch Inlandproduktion dachte, konnte die bestehenden, eingespielten Beziehungen und Verteilnetze nicht völlig übersehen. Für radikale staatliche Eingriffe gab es überdies kaum Präzedenzfälle in Friedenszeiten.

Wie noch nie zuvor in den 1930er-Jahren gingen nun auf Schweizer Seite – eher im Hintergrund – die Meinungen auseinander. Im Juni 1938 wurde nach aussen zunächst noch trotzige Entschlossenheit zur Schau getragen, doch am Ende überwog die Kompromissbereitschaft der Exportindustrie und der Hoteliers. Der Bundesrat tendierte seinerseits auf einen Ausweg ohne Bruch mit Deutschland. Während der Sudentenkrise im September 1938 wird die Landesregierung erneut einen Kurs steuern, der jede Provokation Deutschlands vermeiden sollte (jedoch innenpolitisch stark kritisiert wurde). Auf dem Gebiet der Wirtschaftsbeziehungen fügte sich nun im Grunde ein Vertragsprovisorium an das andere bis zum Kriegsausbruch, immer unter dem weit auskragenden Dach der komplexen Verrechnungsabkommen, wo nun auch Österreich und das Sudetengebiet zwangsweise Platz finden mussten. Für die Schweiz war dies übers Ganze gesehen mit unterschiedlichen Einbussen verbunden, nicht zuletzt für die im Gesamtrahmen benachteiligten Finanzgläubiger. Es gelang dabei nicht, das Clearingsystem in ein befriedigendes Gleichgewicht zu bringen, weil auf Schweizer Seite gewisse Importe aus Deutschland – beeinflusst von den politischen Entwicklungen – rückläufige Tendenz zeigten. Die Steuerungsmöglichkeiten im liberalen Staatswesen blieben ungeachtet aller komplizierten bürokratischen Strukturen (man denke etwa an die Clearingkommission) letztlich beschränkt. Ein europäischer Quervergleich zeigt im Übrigen rasch, dass die Schweiz in ihren Wirtschaftbeziehungen zu Deutschland bis zum Frühjahr 1939 keineswegs eine Ausnahme bildete. Grossbritannien und Schweden mochten auf den deutschen Absatzmarkt ebenfalls nicht verzichten (und sie waren grössere Lieferanten als die Schweiz). Bei den Finanzbeziehungen gab es freilich, wie gezeigt, einen markanten Unterschied, indem die britischen Banken Deutschland in dieser Phase immer noch mit Rembourskrediten kräftig zur Seite standen, während sich die Schweizer Bankiers grosser Zurückhaltung befleissigten.

Bei Kriegsausbruch ergab sich eine fast paradoxe Situation: Die Schweiz stand kriegswirtschaftlich recht gut vorbereitet da, und der Bundesrat zeigte beeindruckende Entschlossenheit, als er zunächst einschränkende Aussenhandelsmassnahmen in Kraft setzte. Auf deutscher Seite hingegen gab es einige Anzeichen hektischer Betriebsamkeit und Improvisation. In Bezug auf die Schweiz zeigte sich dies etwa in allerlei verspäteten Tarnungsmanövern, welche deutsche Auslandguthaben und Beteiligungen betrafen. Das deutsche Vorgehen war insgesamt eher konfus, initiiert in der Regel von privatwirtschaftlicher Seite, in der Folge nicht selten bürokratisch abgebremst und grundsätzlich mit Misstrauen verfolgt von den Gegnern solcher Aktionen, zu denen auch die NSDAP gehörte. Und die Gegner lagen keineswegs völlig falsch. Wenn Tarnungen einigermassen Erfolg versprechen sollten, dann musste Kontrolle weitgehend aufgegeben werden zugunsten unverbindlicher Vertrauensstrukturen. Das lag weder im Sinne des nationalsozialistischen Machtapparates noch in jenem der bürokratischen Devisenbewirtschafter im Reichswirtschaftsministerium. In der Tat werden die alliierten Nachrichtendienste die meisten Tarnungsmanöver rasch wittern und im Endeffekt entlarven.

Im unausgeglichenen Clearing hatte sich bis Herbst 1939 eine beträchtliche Verschuldung Deutschlands aufgebaut, die erst jetzt, wo das Verrechnungsdach einzustürzen drohte, zum Problem wurde. Auf die Schweizer Geschäftsbanken konnten die Exporteure nicht zählen, denn die Banken waren in der Regel nicht bereit, zusätzliches Deutschland-Risiko zu übernehmen. Zähe, mehrwöchige Verhandlungen im Herbst 1939 stellten die Weichen zu einem komplizierten Umbau des Verrechnungsabkommens mit verschiedenen «Sonderkonti» für prioritäre Zwecke. Deutschland benützte erstmals die Kohlen- und Eisenlieferungen als Druckinstrument. Denn bald war spürbar, dass die Westmächte der Schweiz in Blockadefragen nicht ausreichend entgegenkamen. Subtil konnte von deutscher Seite auch die zusätzliche Lieferung von modernen Kampfflugzeugen an die Schweiz ins Spiel gebracht werden. Der Wirtschaftskrieg entfaltete sich in mannigfacher Weise, mit Auswirkungen bis auf die Unternehmensebene. In der Schweiz stellten sich diesbezüglich einige Lenkungsprobleme, die bis 1943 nicht behoben wurden und schliesslich zu beträchtlichen Spannungen mit den Alliierten führten.

Vier Jahre lang, vom Sommer 1940 bis zum Sommer 1944, befand sich die neutrale Schweiz in einer prekären Lage, inmitten des Machtbereichs der Achse, direkten oder indirekten Pressionen ausgesetzt. Nur die napoleonische Epoche bot eine gewisse historische Parallele. Der Vergleich hinkt jedoch in verschiedener Hinsicht, nicht zuletzt, weil die Schweiz des 20. Jahrhunderts ungleich grössere aussenwirtschaftliche Abhängigkeiten aufwies als die Schweiz um 1800. Die Alliierten verstanden zunächst durchaus, dass die Schweiz in dieser Phase für ihr eigenstaatliches Überleben gewisse wirtschaftliche Konzessionen an die kontinentale Hegemonialmacht Deutschland machen musste. Über das Ausmass der absolut notwendigen Konzessionen gingen die Meinungen allerdings bald auseinander. Spannungen waren unvermeidlich. Die Frage, welche Opfer in Zeiten des Krieges den Neutralen zuzumuten waren, wurde zwar selten offen diskutiert, lag indes mancher Verhandlungsverstimmung unterschwellig zugrunde.

Arbeitslosigkeit und soziale Spannungen möglichst vollständig zu vermeiden, das war das zentrale Anliegen der schweizerischen politischen und wirtschaftlichen Spitzengruppen. Es kann kein Zweifel bestehen, dass in der Schweiz in dieser Hinsicht, wie im Verlaufe dieser Studie gezeigt worden ist, ein ausserordentlich breiter Konsens durch alle Bevölkerungsschichten und Parteien bestand. Die «Clearingmilliarde» wurde Deutschland nicht gern gewährt und manchenorts nur mürrisch akzeptiert, indes leuchtete jedem pragmatisch denkenden Schweizer ein, dass es sich – wie auch deutsche Beobachter zu Recht bemerkten – im Wesentlichen um einen Arbeitsbeschaffungskredit handelte. Ob damit formaljuristisch neutralitätspolitische Dogmen momentan verletzt wurden, konnte man in Anbetracht der Umstände als eher sekundäre Frage betrachten. Schliesslich bot man auch Grossbritannien bereits im Frühjahr 1940 und nochmals 1942 Kredite an. Weitgehende Vollbeschäftigung war während des Zweiten Weltkrieges in der Schweiz keineswegs gleichbedeutend mit Hochkonjunktur. Das reale Nettosozialprodukt fiel von Index 100 im Jahre 1938 auf 87/86 in den Jahren 1941/42 und überstieg erst 1946 den Ausgangswert (vgl. Anhang Nr. 3). Für das verfügbare Realeinkommen pro Einwohner war eine sehr ähnliche Entwicklung zu verzeichnen. Gesamtwirtschaftlich stagnierte die Schweiz somit in realen Werten. Nur einzelne Branchen konnten vorübergehend, wie erwähnt, von der «Kriegskonjunktur» überproportional profitieren.

Dass einige Industrie-Unternehmer im Geschäft mit der Achse 1941/42 beträchtliche zusätzliche Profite erzielten, war kein Geheimnis. Die Kriegsgewinnsteuer sollte mindestens einen Teil davon abschöpfen. Es wäre jedoch eine unzulässige Verfälschung, die gesamte Schweizer Industrie mit einigen extremen Exportprofiteuren gleichzusetzen. Gerade auf diesem Gebiet ist es notwendig, differenzierende Akzente zu setzen und die Exporte von 1940 bis 1943 in ihrer gesamtvertraglich notwendigen Funktion als Gegenleistung für die Rohstoffimporte zu begreifen. Von Januar bis Frühjahr 1943 wagte die Schweiz erstmals den vertragslosen Zustand mit Deutschland und testete damit die Grenzen der Bewegungsfreiheit. Doch die Schweiz blieb auch nach den deutschen Niederlagen in Stalingrad und Nordafrika höchst verletzbar. Die Verbindung militärischer Drohungen (über Nachrichtenkanäle) und wirtschaftlicher Pressionen von deutscher Seite gehört zum Charakteristischen dieser Phase. Es ist allzu leicht, aus der Rückschau manche deutschen Schritte als mehr oder weniger geschickten Bluff abzutun. Die Zeitgenossen mussten vor allem mit der Unberechenbarkeit Hitlers rechnen, der vernünftigen Argumenten je länger je weniger zugänglich schien.

Welchen Wert hatte die Schweiz als «Finanzplatz» für Nazi-Deutschland von 1933 bis 1945? Zunächst ist klar und deutlich zu sagen: Der Begriff «Finanzplatz Schweiz» grenzt für diese Epoche in Bezug auf das Emissions- und das Auslandkreditvolumen an Hochstapelei. Von 1933 bis 1936 gab es im Segment der Auslandanleihen fast nur noch Konversionen. Der langfristige schweizerische Kapitalmarkt schloss sich bereits 1931 (und ohne Unterbruch bis in die Nachkriegszeit) für Neuemissionen deutscher Schuldner. Nur Frankreich hatte das Privileg, den schweizerischen Anleihenmarkt in substantieller Weise beanspruchen zu können (1934 und 1939 für grössere Konversionsanleihen sowie 1937 für eine Neuemission). Auf dem Gebiet der schweizerischen Bankkredite war die Entwicklung ebenso eindeutig. Die alten Kredite an Deutschland wurden von mehr als 1.6 Milliarden Franken Ende 1931 auf 228 Millionen Franken Ende 1939 abgebaut. Die Schweizer Banken verlagerten ihre Auslandanlagen vor allem von 1936 bis 1939 vorwiegend in die Vereinigten Staaten (Stand Ende 1939: 728 Millionen Franken). Das sind die entscheidenden Grössenordnungen und Veränderungen unter einigermassen freien Vorkriegsbedingungen. Der Abbau der schweizerischen Bankkredite an Deutschland ging während des Zweiten Weltkriegs per Saldo im Rahmen der beschränkten Möglichkeiten weiter, Neukredite wurden nur in ganz wenigen Fällen gewährt. Für die Schweizer Geschäftsbanken fielen die Risiken im Deutschlandgeschäft bedeutend stärker ins Gewicht als für die «bundesgarantierten» Exporteure. Im kurzfristigen Akkreditivgeschäft und im Devisenhandel wurden bis 1942/43 einige Konzessionen gemacht, meist um die Reichsbank nicht vor den Kopf zu stossen (weil man sie zum Abbau der Restengagements und für den Zahlungsverkehr im Aussenhandel benötigte). Devisen-, Noten- und Wertschriftengeschäfte mit deutschen Gegenparteien hielten sich, wie gezeigt, in vergleichsweise engen Grenzen. Auf deutscher Seite wurde man sich rasch bewusst, dass der Schweizer Markt für substantielle Absatz- und Beschaffungstransaktionen zu eng war. Zusammenfassend gesagt: Keine der grösseren Schweizer Geschäftsbanken wies während des Zweiten Weltkrieges eine wesentliche oder sprunghafte Gewinnsteigerung auf, die man auf das Geschäft mit Nazi-Deutschland zurückführen könnte.

Die aus deutscher Sicht wichtigste Dienstleistung während des Krieges bestand mit einiger Sicherheit in den «Goldübernahmen» der Nationalbank von der Reichsbank. Insbesondere nach den Warnungen der Alliierten betreffend «Raubgold» befand sich die Nationalbank hier auf gefährlich dünnem Eis, ungeachtet aller defensiven Argumente aus dem Fundus von Währungssicherung und Neutralitätsverpflichtungen. Seit 1943 lag die politische und moralisch fragwürdige Dimension des Goldthemas klar zu Tage. Das konnte die schweizerische Landesregierung freilich nicht bewegen, ihre diesbezügliche Führungsaufgabe eindeutig wahrzunehmen. Drei Jahre später wird sich dies bei den Washingtoner Verhandlungen bitter rächen. Der Bundesrat von 1943/1944 brillierte gewiss nicht durch Entschlossenheit und klare Leitlinien. Es sei nur daran erinnert, wie er im Herbst 1943 die Exportindustrie und dann im Frühjahr/Sommer 1944 die Geschäftsbanken unter dem Druck der Alliierten lange (oder allzu lange) im Regen stehen liess. Da sind in der historischen Analyse keine raffinierten Strategien auszumachen, sondern bestenfalls Verzögerungstaktik, mangelnde Koordination und vermutlich auch ein gerüttelt Mass an Trägheit und übertriebener Rücksichtnahme (etwa auf die Autonomie der Nationalbank, die ihrerseits dann nachträglich politischen Rückhalt suchte). Ein auffallend distanziertes Verhältnis charakterisierte die Mehrheit dieses Regierungskollegiums nicht nur im Kontakt mit den Wirtschaftsakteuren, sondern auch mit den Spitzen der Schweizer Armee. Inwiefern dies in beiden Fällen auf «menschliche Faktoren» zurückzuführen war, bleibe dahingestellt.

Ob die in der historischen Literatur manchenorts gebrauchte Formel eines «business as usual» für schweizerische Wirtschaftsakteure während des Krieges wirklich zutrifft, muss bezweifelt werden. Man kann durchaus die gegenteilige These vertreten: Die Herausforderungen der Kriegszeit waren in der Regel von ausserordentlicher Art, sowohl in Bezug auf die Produktionsbedingungen wie die Absatzmöglichkeiten. Die Anpassungsfähigkeit verschiedener Branchen wurde vor allem nach dem Sommer 1940 auf eine unvorhergesehene Probe gestellt. Ausfälle mussten notdürftig kompensiert und beträchtliche Umstellungen vorgenommen werden. Zu berücksichtigen ist dabei auch die Abhängigkeit von den deutschen «Geleitscheinen», die ein fein dosierbares politisch-wirtschaftliches Druckmittel darstellten und bis Frühjahr 1944 als unberechenbare Komponente bis auf die Ebene der einzelnen Unternehmen wirksam blieben. Auch die Abhängigkeit von den rumänischen Erdöllieferungen gehört zu den wichtigsten Elementen in diesem Kontext.

Die Gesamtzusammenhänge sind bedeutend komplexer, als sich dies bei isolierter Betrachtung einiger Geschäftsfelder ergibt. Die Dienstleistungen des «Finanzplatzes Schweiz» inklusive Goldübernahmen haben zwar mit einiger Sicherheit dissuasive Nebeneffekte mit sich gebracht, überschätzen sollte man dies aus schweizerischer Sicht freilich nicht. Wenn Deutschland während des Krieges Devisen in der Grössenordnung von mehr als 1.5 Milliarden Schweizerfranken über die Schweiz erwerben konnte, dann war dies für die Beschaffung gewisser Rohstoffe und andere Zahlungen ausserhalb der Clearingvereinbarungen gewiss recht bequem, entscheidend war es in Anbetracht der gesamten deutschen Kriegsanstrengungen nicht. Sonst hätten dies Führungsfiguren im Rüstungsbereich wie General Thomas und vor allem Albert Speer und seine wichtigsten Mitarbeiter in den Einvernahmen und ihren Erinnerungen in den Vordergrund gerückt. Als Hinweis auf die Grössenordnungen mag ausreichen, dass Deutschland allein im Jahre 1940 insgesamt 1.5 Milliarden Reichsmark in Devisen «an im einzelnen nicht zu erfassenden Zahlungen, wie Besatzungskosten usw.» zuflossen (Quelle: Statistisches Reichsamt, BAB/ R 3102/3497). Dem «Dritten Reich» standen bis weit ins Jahr 1943 hinein immer noch genügend direkte oder indirekte Druckmittel zur Verfügung, um etwa die Wolfram-Lieferanten notfalls auch ohne Schweizerfranken bei der Stange zu halten. Die von verschiedenen neutralen Staaten sehr geschätzten deutschen Waffenlieferungen darf man in diesem Zusammenhang durchaus als wirkungsvolles «Zahlungsmittel» betrachten. Und was die deutsche Aussenfinanzierung über die Clearingabkommen betrifft, so sollte man sich daran erinnern, dass das «Dritte Reich» Ende 1944 (gemäss den Forschungen von W. A. Boelcke) nicht weniger als 20 Milliarden Reichsmark schuldete. Davon entfielen nur vier Prozent auf die neutralen Staaten (darunter die Schweiz mit ihrer «Clearingmilliarde» in Schweizerfranken).

Mit zunehmendem Druck der Alliierten ab Herbst 1943 sah sich die Schweiz in einer äusserst unkomfortablen Lage. Das Schweizervolk sympathisierte seit Kriegsbeginn unverhohlen mit den Westmächten. Nun zeigten ausgerechnet die Amerikaner, die erst Ende 1941 in den Krieg eintraten, dass sie im Grunde nicht gewillt waren, die schweizerischen Neutralitätsvorstellungen wirklich zu respektieren. Handel und Finanzbeziehungen mit Deutschland erschienen ihnen schlicht als Unterstützung des Feindes. Schweizerische Dienstleistungen an die Alliierten (von den Uhrenlieferungen über die Schutzmachtfunktionen bis zur Toleranz der nachrichtendienstlichen Tätigkeiten aus der Schweiz heraus) konnten nur zeitweise dämpfenden Einfluss ausüben. Auch auf diesem Gebiet fehlte es freilich von Seite des Bundesrates an einer konsequent verfolgten Strategie, die in geeigneter Weise ein Junktim zwischen den verschiedenen Ebenen hergestellt hätte. Dabei wog besonders schwer, dass die Amerikaner mit der Blockierung der umfangreichen schweizerischen Vermögen über ein äusserst wirksames Druckinstrument verfügten.

Das schrittweise Zurückweichen vor den amerikanischen Forderungen in Bezug auf die wirtschaftlichen Beziehungen mit Deutschland in den Jahren 1944/45 mag man als unausweichlich bezeichnen, Goodwill brachte es der Schweiz, weil stets von verzögernder Spannung begleitet, keineswegs ein. So fand sich die Schweiz dann bei Kriegsende in einer unerwarteten und unerquicklichen Isolation. Um diese Entwicklung zu verstehen, muss man eingehen auf die Denkweise der damaligen schweizerischen Entscheidungsträger, auf die vorherrschenden Souveränitätsbegriffe, den stolzen und trotzigen Rückgriff auf eine lange republikanische Vergangenheit in selbstbewusster Unabhängigkeit. Nicht unbedeutend war überdies, dass nur ganz wenige Vertreter der schweizerischen

Führungsschichten mit den Gepflogenheiten der neuen westlichen Hegemonialmacht USA einigermassen vertraut waren. Man sprach auch im übertragenen Sinne in vielen Belangen nicht dieselbe Sprache. Es gelang dem kleinen Kreis an kundigen schweizerischen Exponenten nicht, das tiefe Misstrauen eines Teiles der amerikanischen Administration (vor allem im Treasury Department) wirksam zu überwinden. Die «Safehaven»-Aufgeregtheit auf amerikanischer Seite, teilinitiiert von der alliierten Propagandamaschinerie, verstärkt durch mancherlei Vorurteile und Verständnisschwierigkeiten (Stichwort: Bankgeheimnis), führte gegen Kriegsende zu einer Eigendynamik mit einem für die Schweiz nicht ungefährlichen «moralischen» Unterton. Das griffige Propagandaklischee der angeblichen Nazi-Vermögensverschiebungen in die neutralen Staaten – und insbesondere in die Schweiz – wird jedenfalls lang anhaltende Wirkung erzielen. Die späte Blockierung der deutschen Vermögenswerte in der Schweiz im Februar 1945 brachte entgegen den schweizerischen Erwartungen keine wirkliche Beruhigung amerikanischer Vorbehalte. Dies konnte erst mit der Verpflichtung von 1946 zur Liquidation des Vermögensanteils der «Deutschen in Deutschland» einigermassen erreicht werden. Das Abkommen von Washington liess sich gleichzeitig als Demütigung der Schweiz (in ihrer Souveränität) und als Sühne für begangene Unvorsichtigkeiten (auf dem Gebiet der Gold-«Übernahmen») interpretieren. Bei den unmittelbar Beteiligten und Betroffenen blieben beträchtliche Ressentiments zurück, fast durchwegs aus einem Gefühl, von amerikanischer Seite unfair behandelt worden zu sein. Erst 1952/53 trat im grösseren Rahmen der deutschen Schuldenregelung eine nachhaltige Normalisierung ein. Man konnte im bilateralen Verhältnis Deutschland–Schweiz wieder auf einer Basis anknüpfen, die in mancher Hinsicht an die frühen 1920er-Jahre erinnerte. Die über viele Jahrzehnte gewachsene wirtschaftliche Verflechtung mit ihren gegenseitigen Wechselwirkungen vor allem auf dem Gebiet der industriellen Investitionen bot eine Basis, auf der sich trotz mancher Meinungsverschiedenheiten und der beträchtlichen materiellen Verluste der Schweizer Finanzgläubiger (siehe Anhang Nr. 4 zu den Banken) erneut eine fruchtbare Zusammenarbeit anvisieren liess.

Zu Beginn dieser Studie wurden einige grundsätzliche Fragen gestellt in Bezug auf Ziele, Taktik und Resultate in den bilateralen Wirtschaftsbeziehungen zwischen der Schweiz und Deutschland von der Weimarer Republik bis zum Ende des Zweiten Weltkrieges. Lassen sich Schlussfolgerungen ziehen, Erkenntnisse gewinnen, die möglicherweise über jene Epoche hinausreichen? Die aussenwirtschaftlichen Zielvorstellungen der Schweiz waren über Jahrzehnte hinweg ziemlich einfach zu definieren: Es ging primär um die Erhaltung der wirtschaftlichen und neutralitätspolitischen Unabhängigkeit und damit um den möglichst breiten und ungehinderten Zugang zu den interessanten Absatzmärkten und den wichtigsten Versorgungsquellen. Ob nun im Rahmen traditioneller Handelsverträge (und des freien Zahlungsverkehrs) oder eingeschnürt in komplexe bilaterale Verrechnungsabkommen, das Hauptziel blieb dasselbe. Am Beispiel von Deutschland, dem wichtigsten Handelspartner der Schweiz in der besprochenen Zeit, lässt sich exemplarisch zeigen, wie unübersichtlich der Übergang von einer Phase in die andere ablief. Der Gestaltungsfähigkeit waren im weit gefächerten schweizerischen Wirtschaftsbereich Mitte der 1930er-Jahre verhältnismässig enge Grenzen gesetzt. Die schweizerische Wirtschaft befand sich damals in einem ausgeprägten Tief. Viele Unternehmen hatten ihre Reserven aufgebraucht, die Grossbanken waren weitgehend risikoscheu geworden (nicht zuletzt aufgrund der Verluste in Deutschland) und die Interventionskräfte des Staates blieben aufgrund der innenpolitischen Konstellation beschränkt. Der Verlauf der Bankenkrise bis 1936 zeigt deutlich die sattsam bekannten Muster des taktischen Zögerns und des unentschlossenen «Aussitzens» sowie einen Mangel an entschlossener Lösungsbereitschaft auf politischer Ebene in Bezug auf die Finanzguthaben in Deutschland. Im Aussenhandelsbereich standen Ziele und Ressourcen in einem gewissen Missverhältnis. Von einem Rückzug in halbwegs autarke Verhältnisse war in den entscheidenden Kreisen keine Rede. Selbst wenn man eine solche Richtungsänderung anvisiert hätte, so wäre eine aussenwirtschaftliche Teilabnabelung von Deutschland in nützlicher Frist nicht ohne beträchtliche finanzielle Opfer durchführbar gewesen. Dies hätte bedingt, ebenso schnell neue Märkte zu erschliessen. Erst unter den völlig veränderten Kriegsbedingungen wird die Schweiz nach 1940 vor allem den Handel mit Spanien, Portugal, Schweden und Rumänien kräftig ausbauen.

Auf dem Gebiet der schweizerischen Verhandlungstaktik kann der rückwärtsgewandte Beobachter zwei ziemlich unterschiedliche Linien verfolgen: Zunächst die direkte, bisweilen brüske und meist ausgesprochen selbstbewusste Vorgehensweise von Walter Stucki, der den Bundesrat ebenso wie die deutschen Verhandlungspartner mit seinen Optionen unsanft herausforderte. Stucki drängte vorwärts, nie ängstlich, und gleichwohl bemüht, die unterschiedlichen Interessen einigermassen auszubalancieren. Man respektierte ihn, aber man liebte ihn nicht. Walter Stucki war alles andere als ein «Diener des Kapitals». Sein langjähriger nomineller Vorgesetzter, Bundesrat Edmund Schulthess, den Wirtschaftskreisen persönlich viel näher stehend, zeigte sich souverän genug, dem Chef der Handelsabteilung ein beträchtliches Bewegungsfeld einzuräumen. Mit Hermann Obrecht am Steuer der Wirtschaftspolitik verschoben sich die Gewichte ab 1936 beträchtlich. Stuckis unverkennbare innenpolitische Ambitionen waren seiner damaligen Sonderstellung nicht förderlich. Sein Weggang als Gesandter nach Paris schuf eine neue Konstellation, in der zunächst vor allem das Duo Jean Hotz und Heinrich Homberger seine Talente entfalten konnte. Ein eher zurückhaltender neuer Chef der Handelsabteilung verband sich mit einem aussergewöhnlich gewandten Direktor des Vorortes zu einem Team (etwas später erweitert mit Robert Kohli vom Aussenministerium), das eine ausgesprochen zähe, pragmatische Verhandlungstaktik verfolgte. Hotz und Homberger warfen sich bisweilen mit kaum übersehbarem Genuss in detailgesättigte, reich segmentierte und vielfach zermürbende Verhandlungen, wo nur noch ganz wenige Experten den Überblick zu wahren vermochten.

Die Kriegsumstände brachten es mit sich, dass Zeitgewinn gegenüber Deutschland in verschiedenen Phasen zum wichtigen, bisweilen entscheidenden Erfolgsfaktor wurde. Das «Triumvirat» Homberger, Hotz, Kohli konnte nun seine Stärke, das retardierend-widerspenstige Element und letztlich die Nervenstärke, ausgiebig einsetzen. Der lateinische Leitsatz des «Do ut des» wurde noch stärker als in Friedenszeiten zur Grundlinie der handelspolitischen Verhandlungen. Ohne eine gewisse Elastizität ging es freilich nicht. Es scheint vor allem Homberger gewesen zu sein, der das Instrument der Kreditgewährung in der Hinterhand formte, um schwierige Phasen zu deblockieren. Doch entscheidend war diesbezüglich die Haltung der Landesregierung. Kein Zweifel, dass sich Heinrich Homberger und Bundesrat Wetter aufgrund ihrer langjährigen Zusammenarbeit im Vorort sehr gut verstanden. Solche Nähe erleichterte das Konsultationsverfahren im informellen Bereich vor allem während Verhandlungskrisen ganz beträchtlich. Homberger hat drei Jahrzehnte später in den Kolloquien des Archivs für Zeitgeschichte den engen Kontakt mit der Bundesratsdelegation Wetter, Pilet-Golaz und Stampfli hervorgehoben, wobei er den Eindruck vermeiden wollte, als ob Wetter dominiert hätte. Homberger und Kohli attestierten zum Beispiel dem manchenorts umstrittenen Pilet Intelligenz und Geistesgegenwärtigkeit. Etwas weniger profiliert erscheint aus der Rückschau die Rolle des Wirtschaftsministers Stampfli. In den vorhandenen Akten spiegeln sich manche dieser hintergründigen Faktoren nur unvollständig. Stampfli trat weder als grosser Stratege noch als gewandter Taktiker der Aussenhandelspolitik hervor. Solides «Chrampfen» und Standvermögen waren seine Stärken. Walther Stampfli besass zweifellos beträchtliches Gewicht im Bundesrat und genoss breite Unterstützung im Parlament. Die Frage bleibt offen, weshalb er dies nach aussen nicht wirkungsvoll einzusetzen verstand. Die zweite Kriegshälfte kann man wohl kaum als den Glanzpunkt seiner Karriere einstufen. Aus heutiger Sicht fehlte ein Gesamtkonzept, welches die schweizerischen Leistungen auf den verschiedenen Ebenen wirkungsvoll gebündelt und flexibel gegenüber beiden Kriegsparteien eingesetzt hätte. Bezeichnend vermutlich, dass der bedeutend wendigere Bundesrat

Pilet-Golaz, im Inland denkbar unbeliebt, bei der britischen Gesandtschaft gegen Kriegsende mehr Ansehen genoss als Stampfli.

Auf deutscher Seite dominierte auf taktischer Ebene mit dem Einsatz des Gesandten Hemmen von 1939 bis Ende 1942 eine betont forsche, «undiplomatische» Linie, die auf rasche Entscheide drängte und die Schweizer in die Ecke zu drängen versuchte. Drohungen mit Liefereinschränkungen wurden in entscheidenden Phasen nur notdürftig verpackt. Homberger sprach in der Rückschau von den «Husarenritten» Hemmens, von dessen Arroganz und dem Zweifel auf schweizerischer Seite, ob Hemmen mit seinen Forderungen möglicherweise über die Instruktionen aus Berlin hinausging. Der Direktor des Vororts schätzte es, dass der Gesandte Frölicher in Berlin Kontakte zu Militärkreisen spielen liess, um zusätzliche Informationen zu beschaffen. Auch Frölichers Bekanntschaft mit Professor Sauerbruch spielte im Hintergrund eine nicht ganz unwesentliche Rolle bei der Einschätzung der Gefahrenlage. Es blieb weitgehend Staatssekretär von Weizsäcker vorbehalten, Kontroversen mit «politischem» Hintergrund – vom Pressekonflikt bis zu allen anderen Varianten in der Beargwöhnung der schweizerischen Neutralität – auf geeignete Weise als Druckmittel einzusetzen beziehungsweise abzuschwächen. Der württembergische Freiherr zeigte sich dabei als ein ausgesprochen eleganter und subtiler Spieler an diesem Nebentisch, abseits der grossen Ereignisse. Hier wirkte sich insgesamt zugunsten der Schweiz aus, was die spezialisierten Historiker in ihrem Fachjargon als Hemmnisse der «polykratischen Entscheidungsstrukturen» im «Dritten Reich» bezeichnen. Etwas einfacher gesagt: Politische, ideologische und wirtschaftliche Zielsetzungen gegenüber der Schweiz, vertreten von teilweise konkurrierenden deutschen Stellen, liessen sich nicht leicht auf eine gemeinsame Linie bringen. Wichtig war dabei im Endresultat, dass die vor allem aus Himmlers Einflussbereich, aber auch von der Auslandorganisation der NSDAP geförderte Unterminierung der inneren schweizerischen Abwehrkraft insgesamt erfolglos blieb. Es gelang dem «Dritten Reich» zu keinem Zeitpunkt, einen prominenten schweizerischen Wirtschaftsvertreter zu einer öffentlichen Stellungnahme zugunsten des Nazi-Regimes zu gewinnen. Für Einladungen an den Nürnberger Parteitag war seitens bekannter Schweizer deutliche Ablehnung zu befürchten, was man bei der deutschen Gesandtschaft vorbeugend vermeiden wollte.

Für die deutsche Verhandlungsweise in Wirtschaftsbelangen war bedeutsam und wohl auch vorteilhaft, dass die Federführung – abgesehen von der unruhigen Ära Schacht – meist bei der Handelspolitischen Abteilung im Auswärtigen Amt lag, wo man sich auf qualifizierte Fachleute mit breiter Erfahrung stützen konnte (was für das Reichswirtschaftsministerium unter Schacht ebenfalls zutraf). Die Koordination der deutschen Interessen im interministeriellen Handelspolitischen Ausschuss scheint in Bezug auf die Verhandlungsführung mit der Schweiz keine wesentlichen Probleme verursacht zu haben. Hier traf sich ein Expertengremium, das flexibel und pragmatisch vorging, und wo die Schweiz meist nur ein Nebenschauplatz war. Dabei wurde in der Regel nicht «ideologisch-politisch», sondern nach wirtschaftlichen Prioritäten entschieden. Man kann dabei davon ausgehen, dass die grundlegenden wirtschaftlichen Interessen vorausgehend im informellen Konsultationsprozess der Ministerialbürokratie bereits ausreichend in Einklang gebracht wurden. Das verhinderte nicht, wie mehrfach gezeigt, dass sich vor allem durch die Einflussnahme der verschiedenen rivalisierenden Rüstungsbereiche auf der ausführenden Stufe bisweilen etwas chaotische Zustände bei der Warenbeschaffung in der Schweiz ergaben. Den deutschen Gesamteffort konnte dies freilich nicht wesentlich mindern, umso mehr, als ab 1943 mit dem Machtzuwachs des Speer-Ministeriums eine konsequentere Steuerung wirksam wurde (gleichbedeutend mit einem Gewichtsverlust des Auswärtigen Amtes und des Reichswirtschaftsministeriums). Reichsbank und Vierjahresplanbehörde vermochten bis fast ans Ende des «Dritten Reiches» ihre Sonderziele zu verfolgen. Diese zwei Stellen versuchten mit einigem Geschick, den schweizerischen Interessen situationsbedingt etwas entgegenzukommen, um noch eine gewisse eigene Bewegungsfreiheit zu bewahren. Grössere wirtschaftliche Bedeutung hatten diese Manöver freilich nicht mehr. Mit der Sperre der deutschen Vermögenswerte in der Schweiz und den Currie-Abkommen ging diese ausweglose Phase in den ersten Monaten 1945 zu Ende.

Kein prominenter Nazi schaffte die Flucht in die Schweiz. Keine in der Schweiz angeblich verborgenen Nazi-Schätze kamen in den umfangreichen Untersuchungen der schweizerischen Behörden nach Kriegsende zum Vorschein. Die Besatzungsmächte in Deutschland fanden keine stichhaltigen Belege, die auf umfangreiche Vermögensverschiebungen im Auftrag der Nazi-Führungsclique hingedeutet hätten. Das von den Amerikanern geprägte Schlagwort «Safehaven» entpuppte sich – nach mancherlei Denunziationen und unzähligen Verhören von Funktionären des Nazi-Regimes – als Schimäre, dienlich freilich noch einige Zeit für zweckgebundene Unterstellungen gegenüber der Schweiz und zur abenteuerlichen Legendenfabrikation. Privatwirtschaftliche deutsche Strategien im Auslandbereich liegen auf einer anderen Ebene. Hier wäre interessant, das Vorgehen verschiedener Unternehmer in den 1930er-Jahren in Bezug auf die Verwendung schweizerischer, niederländischer und anderer Auslandplattformen noch vertiefter zu untersuchen. Es wäre insbesondere zu präzisieren, wie sich der private Handlungsspielraum von der Zeit Brünings über die Ära Schacht (als Wirtschaftsminister) bis in die Anfangsphase des Vierjahresplanes verengte und veränderte. Anhand verschiedener Fälle im «Tarnungsbereich» wurde im Verlaufe dieser Studie gezeigt, dass sich weder im Vorfeld noch während des Zweiten Weltkrieges eine generelle Interessenkonvergenz zwischen privatwirtschaftlichen und staatlichen deutschen Instanzen einstellte. Besonders auffallend ist aus der Rückschau das anhaltende Misstrauen der Nazi-Parteiorganisation gegenüber privaten Tarnungsbemühungen über die Schweiz. Unerschöpflicher bürokratischer Kontrolleifer bis zum bitteren Ende, weit verbreitetes Denunziantentum, Missgunst und vielfältig konkurrierende innerdeutsche Strukturen gehören zu den Grundfaktoren des «Dritten Reiches», die es angemessen zu berücksichtigen gilt.

11. Anhang und Abkürzungen

1. Aussenhandel der Schweiz mit Deutschland 1923–1945

Werte in Millionen Schweizerfranken. Von 1939 bis 30.6.1945 inkl. Österreich sowie von 1941 bis 30.6.1945 inkl. Böhmen und Mähren. Quelle: Statistisches Jahrbuch der Schweiz 1945. Anmerkung: Die Erhebung der schweizerischen Handelsstatistik hat sich im erfassten Zeitraum teilweise geändert (z.B. betr. Zwischenhandel, Veredelungs- und Reparaturverkehr).

Jahr	Import	Anteil am Gesamtimport	Export	Anteil am Gesamtexport
1923	417	18.6 %	123	7.0 %
1924	486	19.4 %	328	15.8 %
1925	471	17.9 %	368	18.0 %
1926	465	19.3 %	267	14.5 %
1927	542	21.1 %	398	19.7 %
1928	624	22.7 %	387	18.1 %
1929	698	25.5 %	355	16.9 %
1930	709	27.6 %	282	16.0 %
1931	660	29.3 %	198	14.7 %
1932	499	28.3 %	111	13.8 %
1933	461	30.4 %	139	18.4 %
1934	388	27.0 %	182	21.3 %
1935	338	26.3 %	170	20.1 %
1936	314	24.8 %	171	19.3 %
1937	403	22.3 %	200	15.5 %
1938	373	23.2 %	206	15.6 %
1939	440	23.3 %	191	14.7 %
1940	411	22.1 %	285	21.6 %
1941	656	32.4 %	577	39.4 %
1942	660	32.2 %	656	41.7 %
1943	532	30.8 %	598	36.7 %
1944	433	36.5 %	294	25.9 %
1945	54	4.4 %	11	0.7 %

2. Schweizerischer Export nach Deutschland und Grosshandelsindex für Auslandwaren 1939–1944

Index August 1939 = 100
Quelle für den Index: Statistisches Jahrbuch der Schweiz 1947

Jahr	Export nominal (Mio. Franken)	Grosshandelsindex im Jahresmittel
1939	191	107
1940	285	156
1941	577	214
1942	656	250
1943	598	260
1944	294	261

3. Reales Nettosozialprodukt der Schweiz 1938–1945

Quelle: Historische Statistik der Schweiz, S. 871

Jahr	Mio. Franken	Index
1938	8310	100
1939	8410	101
1940	8030	97
1941	7200	87
1942	7180	86
1943	7410	89
1944	7430	89
1945	7990	96

4. Verluste und Abschreibungen schweizerischer Banken 1931–1939
in Millionen Franken
Quelle: Das schweizerische Bankwesen, Jg. 1934–1939

Jahr	Ausgewiesene Verluste und Abschreibungen der Grossbanken	Dazu: Verluste und Abschreibungen sanierter Banken	
1931	34	33	
1932	21	71	
1933	25	130	
1934	45	8	
1935	40	130	
1936	43	182	(inkl. Rückstellungen)
1937	17	178	(inkl. Rückstellungen)
1938	28	24	(inkl. Rückstellungen)
1939	19	23	(inkl. Rückstellungen)

Anmerkung: Diese Statistik ist nicht vollständig. Verluste, die aus den stillen Reserven gedeckt wurden, sind nicht enthalten. Ferner fehlen die Angaben von Banken, die ihre Geschäfte nicht mehr weiterführten und aus der Statistik ausschieden (betrifft vor allem die Verluste der Banque d'Escompte Suisse in der Liquidationsphase ab 1933).

Die Kolonne der Grossbanken gibt einen Hinweis auf die Grössenordnung der «ordentlichen» Verluste und Abschreibungen. Der Anteil deutscher Engagements dürfte insgesamt höher liegen, wenn man die zusätzlichen Abschreibungen zulasten der stillen Reserven berücksichtigt. Bei den Sanierungen betrifft der deutsche Verursacheranteil vor allem die Jahre 1935–1937 (Bankgesellschaft, Eidgenössische Bank, Volksbank, Basler Handelsbank und Bank Leu). Auf die Grossbanken entfällt 1935–1937 ein Sanierungsanteil von insgesamt 340 Millionen Franken. Die Sanierungen von 1933 (Volksbank u.a.) enthalten ebenfalls einen beträchtlichen deutschen Schadenanteil.

5. Abkürzungen

AA	Auswärtiges Amt
ADAP	Akten zur deutschen Auswärtigen Politik
AfZ	Archiv für Zeitgeschichte, Zürich
AMAE	Archives du Ministère des Affaires Etrangères, Paris
AO	Auslandorganisation der NSDAP
APUF	Abteilung Presse und Funkspruch
BAB	Bundesarchiv, Berlin-Lichterfeld
BGB	Bauern-, Gewerbe- und Bürgerpartei
BHB	Basler Handelsbank
BR	Bundesrat
EBK	Eidgenössische Bankenkommission
EIBA	Eidgenössische Bank
EPD	Eidgenössisches Politisches Departement (Aussenministerium)
EVD	Eidgenössisches Volkswirtschaftsdepartement
FRUS	Foreign Relations of the United States (Diplomatic Papers)
FO	Foreign Office
GD	Generaldirektion
G.K.	Generalkonsulat
IfZ	Institut für Zeitgeschichte, München
MAF	Militärarchiv (Bundesarchiv), Freiburg im Breisgau
MEW	Ministry of Economic Warfare (Grossbritannien)
MF	Mikrofilm
NARA	National Archives, Washington und College Park / Maryland
NZZ	Neue Zürcher Zeitung
OKH	Oberkommando des Heeres
OKW	Oberkommando der Wehrmacht
OSS	Office of Strategic Services
PAAA	Politisches Archiv des Auswärtigen Amtes, Berlin
PRO	Public Record Office (National Archives), Kew/London
RG	Record Group
RWM	Reichswirtschaftsministerium

SBA	Schweizerisches Bundesarchiv, Bern
SBG	Schweizerische Bankgesellschaft (Union de Banques Suisses / Union Bank of Switzerland)
SBV	Schweizerischer Bankverein (Société de Banque Suisse / Swiss Bank Corporation)
SBVg	Schweizerische Bankiervereinigung
SKA	Schweizerische Kreditanstalt (Crédit Suisse)
SNB	Schweizerische Nationalbank
SVST	Schweizerische Verrechnungsstelle
UEK	Unabhängige Expertenkommission Schweiz – Zweiter Weltkrieg
VR	Verwaltungsrat

12. Quellen und Literaturverzeichnis

12.1. Ungedruckte Quellen

Hier werden nur die grösseren benützten Aktengruppen aufgeführt, die Einzelheiten finden sich in den Fussnoten.

Archiv für Zeitgeschichte, Zürich
- Kolloquien mit Heinrich Homberger, Robert Kohli und Franz Kappeler, 1975–1977
- Forschungsdokumentation Johann Aeschlimann
- Nachlässe von Heinrich Homberger und Jean Hotz
- Akten (Mikrofilme) aus dem Russischen Staatlichen Militärarchiv (RGVA)
- Schweizerischer Handels- und Industrieverein (Vorort):
    - Handakten Heinrich Homberger
    - Protokolle des Vorstandes 1931–1945

Archives du Ministère des Affaires Etrangères, Paris und Nantes
- Correspondance politique et commerciale, Serie Z / Europe 1918–1940 / Suisse
- Ambassade de France à Berne / Sous-série 1908–1938 und Sous-série Guerre

Bundesarchiv, Berlin-Lichterfelde
- NS 19   Persönlicher Stab Reichsführer SS
- R 2   Reichsfinanzministerium
- R 43   Reichskanzlei
- R 2501   Reichsbank
- R 3101   Reichswirtschaftsministerium
- R 3102   Statistisches Reichsamt
- R 8128   I.G. Farben

Bundesarchiv – Militärarchiv, Freiburg im Breisgau
- Mikrofilme WF-01
- RW 45 (Nachgeordnete Dienststellen des OKW / Wehrwirtschafts- und Rüstungsamtes)

Institut für Zeitgeschichte, München
- ED 93 Bestand Hans Schäffer
- OMGUS-Akten

National Archives (Public Record Office), Kew / London
- BT 11   Board of Trade
- FO 371   Foreign Office
- FO 408, 425   Confidential Prints
- FO 837   Ministry of Economic Warfare

National Archives, College Park / Maryland
- RG 59   Department of State
- RG 84   Foreign Service Posts of the Department of State
- RG 226   Office of Strategic Services

Politisches Archiv des Auswärtigen Amtes, Berlin
- Büro des Staatssekretärs
- Büro des Chefs der Auslandorganisation (NSDAP)
- Generalkonsulat Zürich
- Gesandtschaft Bern
- Handelspolitische Abteilung
- Inland II Geheim
- Politische Abteilung

Schweizerisches Bundesarchiv, Bern
- E 1004.1   Protokolle des Bundesrates
- E 2001 (C) /   Eidgenössisches Politisches Departement:
- E 2001 (D) /   Abteilung für Auswärtiges bzw.
- E 2001 (E)   Politische Direktion
- E 2300.019   Politische Berichte Gesandtschaft Berlin
- E 2801 (-)   Handakten Walter Stucki
- E 4001 (C)   Eidg. Justiz- und Polizeidepartement:
                           Dep.-Sekretariat BR von Steiger
- E 4320 (B)   Bundesanwaltschaft: Polizeidienst
- E 7110 (-)   Eidg. Volkswirtschaftsdepartement: Handelsabteilung
- E 7160-01 / E 7160-07 Schweizerische Verrechnungsstelle
- E 6100 (A)   Eidg. Finanzdepartement: Finanzverwaltung
- J. I. 6   Nachlass Edmund Schulthess
- J. I. 108   Nachlass Rudolf Minger
- J. I. 131   Nachlass Walter Stucki
- J. I. 215   Nachlass Robert Kohli
- J. I. 236   Nachlass Hans Frölicher

Schweizerische Nationalbank, Zürich
- Protokolle Bankrat und Direktorium
- Diverse statistische Angaben

Historisches Konzernarchiv (GHA) UBS AG, Basel und Zürich
- Verwaltungsrats- und Geschäftsleitungsprotokolle (Bankgesellschaft, Bankverein, Basler Handelsbank, Eidgenössische Bank)
- Einzelbestände zu Krediten, Stillhalteverhandlungen, Direktionskonferenzen, Direktionsnotizen, Statistiken

12.2. Veröffentlichte Quellen

- Akten zur Deutschen Auswärtigen Politik (ADAP), 1918-1945, Serien C, D, E.
- Berichte und Botschaften des Bundesrates an die Bundesversammlung (zu verschiedenen Vorlagen und Themen im behandelten Zeitabschnitt).
- Bericht von General Henri Guisan an die Bundesversammlung über den Aktivdienst 1939-1945 (inkl. den Berichten des Chefs des Generalstabes der Armee, des Kommandanten der Flieger- und Fliegerabwehrtruppen sowie des Generaladjutanten der Armee).
- Das schweizerische Bankwesen (Mitteilungen des statistischen Bureaus der Schweizerischen Nationalbank), Bände 1923-1945.
- Documents Diplomatiques Suisses (DDS) / Diplomatische Dokumente der Schweiz, Bände 8-18.
- Documents Diplomatiques Français (DDF), 1932-1939.
- Foreign Relations of the United States (FRUS), Diplomatic Papers, 1941-1946.
- From Hitler's Doorstep, The Wartime Intelligence Reports of Allen Dulles, 1942-1945, ed. Neal H. Petersen, Pennsylvania State University 1996.
- Geschäfts- und Jahresberichte verschiedener schweizerischer Grossbanken, 1923-1945.
- Historische Statistik der Schweiz, Hrsg. Hansjörg Siegenthaler / Heiner Ritzmann, Zürich 1996.
- Die schweizerische Kriegswirtschaft 1939/1948, Bericht des Eidg. Volkswirtschaftsdepartements, Bern 1950.

12.3. Publizierte Tagebücher

- Barbey, Bernard: Aller et Retour, Mon journal pendant et après la «drôle de guerre» 1939-1940, Neuchâtel 1967.
- Barbey, Bernard: P.C. du Général, Journal du Chef de l'Etat-major particulier du Général Guisan, Neuchâtel 1948.
- Feldmann, Markus: Tagebuch 1923-1958, bearbeitet von Peter Moser u.a., Bände 1-4, Basel 2001/2002.
- Fels, Hans Richard von: Auszüge aus seinen Tagebüchern 1939 bis 1945, Hrsg. Ernst Ziegler, St. Gallen 1998.
- Goebbels, Josef: Tagebücher 1924-1945, Hrsg. Ralf Georg Reuth, München 1999.
- Hassell, Ulrich von: Die Hassell-Tagebücher 1938-1944, revidierte und erweiterte Ausgabe unter Mitarbeit von Klaus Peter Reiss, Hrsg. Friedrich Freiherr Hiller von Gaertringen, Taschenbuchausgabe 1988/1991.
- Mann, Thomas: Tagebücher 1933-1939, Hrsg. Peter de Mendelssohn, Frankfurt am Main 1977/1980.
- Scheurer, Karl: Tagebücher 1914-1929, Hrsg. Hermann Böschenstein, Bern 1971.
- de Weck, René: Journal de Guerre (1939-1945), Hrsg. Simon Roth, Genève 2001.

12.4. Literaturverzeichnis (Auswahl)

- Aalders, Gerard: Geraubt! Die Enteignung jüdischen Besitzes im Zweiten Weltkrieg, Köln 2000.
- Abelshauser, Werner: Germany: guns, butter, and economic miracles, in: The economics of World War II, Hrsg. Mark Harrison, Cambridge 1998.
- Abs, Hermann J.: Entscheidungen (1949–1953), die Entstehung des Londoner Schuldenabkommens, Mainz/München 1991.
- Albers-Schönberg, Heinz: Hat die Schweiz den Krieg verlängert? Handels-, Gold-, und Verkehrspolitik gegenüber Deutschland im Zweiten Weltkrieg, Die wichtigsten Fakten in Kürze und eine Beurteilung, Zürich 1999.
- Bachmann, Gottfried: Die Schweiz als internationales Finanzzentrum, in: Die Schweiz, ein nationales Jahrbuch, 1931.
- Bähr, Johannes: Der Goldhandel der Dresdner Bank im Zweiten Weltkrieg, ein Bericht des Hannah-Arendt-Instituts, Leipzig 1999.
- Bänziger, Hugo: Die Entwicklung der Bankenaufsicht in der Schweiz seit dem 19. Jahrhundert, Bern und Stuttgart 1986.
- Balderstone, T.: The Origins of Economic Instability in Germany 1924–1930, in: Vierteljahrschrift für Sozial- und Wirtschaftsgeschichte, Bd. 69, Heft 4 (1982).
- Balzli, Beat: Treuhänder des Reiches, Die Schweiz und die Vermögen der Naziopfer: eine Spurensuche, Zürich 1997.
- Bauer, Hans: Schweizerischer Bankverein 1872–1972, Basel 1972.
- Bauer, Yehuda: Freikauf von Juden?, Frankfurt am Main 1996.
- Bill, Ramon: Waffenfabrik Solothurn, schweizerische Präzision im Dienste der deutschen Rüstungsindustrie, Solothurn 2002.
- Blum, John Morton: From the Morgenthau Diaries, Bd. 3, Boston 1967.
- Boelcke, Willi A.: Die Finanzpolitik des Dritten Reiches, eine Darstellung in Grundzügen, in: Deutschland 1933–1945, Hrsg. Karl Dietrich Bracher u.a., Düsseldorf 1992.
- Boelcke, Willi A.: Deutschland als Welthandelsmacht 1930–1945, Stuttgart 1994.
- Böschenstein, Hermann: Bundesrat Schulthess, Bern 1966.
- Böschenstein, Hermann: Vor unsern Augen, Aufzeichnungen über das Jahrzehnt 1935–1945, Bern 1978.
- Böschenstein, Hermann: Bundesrat Obrecht, Solothurn 1981.
- Bonhage, Barbara / Lussy, Hanspeter / Perrenoud, Marc: Nachrichtenlose Vermögen bei Schweizer Banken, Zürich 2001 (UEK-Band Nr. 15).
- Bonhage, Barbara: Schweizerische Bodenkreditanstalt, Zürich 2001 (UEK-Band Nr. 21).
- Bonjour, Edgar: Geschichte der schweizerischen Neutralität, Band 3–9, Basel und Stuttgart 1967–1976.
- Bonjour, Edgar: Ausgewählte Reden und Aufsätze, Basel 1979.
- Born, Karl: Die deutsche Bankenkrise 1931, München 1967.
- Bourgeois, Daniel: Business helvétique et Troisième Reich, Milieux d'affaires, politiques étrangère, antisémitisme, Lausanne 1998.
- Bracher, Karl Dietrich / Funke, Manfred / Jacobsen, Hans-Adolf (Hrsg.): Deutschland 1933–1945, neue Studien zur nationalsozialistischen Herrschaft, Düsseldorf 1992.
- Braunschweig, Pierre-Th.: Geheimer Draht nach Berlin, Die Nachrichtenlinie Masson-Schellenberg und der schweizerische Nachrichtendienst im Zweiten Weltkrieg, Zürich 1989.
- Breitman, Richard: Official Secrets – what the Nazis planned – what the British and Americans knew, London 1999.

- Breitman, Richard (Hrsg.): U.S. Intelligence and the Nazis, Washington D.C. 2004.
- Bringolf, Walther: Mein Leben, Bern und München 1965.
- Brüning, Heinrich: Memoiren 1918–1934, Stuttgart 1970.
- Bucher, Erwin: Zwischen Bundesrat und General, Schweizer Politik und Armee im Zweiten Weltkrieg, St. Gallen 1991.
- Buomberger, Thomas: Raubkunst – Kunstraub, Die Schweiz und der Handel mit gestohlenen Kulturgütern zur Zeit des Zweiten Weltkriegs, Zürich 1998.

- Castelmur, Linus von: Schweizerisch-alliierte Finanzbeziehungen im Übergang vom Zweiten Weltkrieg zum Kalten Krieg, die deutschen Guthaben in der Schweiz zwischen Zwangsliquidierung und Freigabe (1945–1952), Zürich 1992.
- Cerutti, Mauro: Le blocage des avoirs suisses aux Etats-Unis en 1941 et ses conséquences, in: Sébastien Guex, La Suisse et les Grandes puissances, Genève 1999.
- Chevallaz, Georges-André: Le Défi de la neutralité, diplomatie et défense de la Suisse 1939–1945, Vevey 1995.
- Clavin, Patricia: The Great Depression in Europe, 1929–1939, New York 2000.
- Cornu, André: Contribution à l'étude de l'émission des emprunts allemands cotés en Suisse et de leur règlement après la deuxième guerre mondiale, Neuchâtel 1967.
- Crettol, Vincent / Halbeisen, Patrick: Les motivations monétaires des opérations sur or de la Banque nationale suisse pendant la Seconde Guerre mondiale, Zürich 1999.

- Das Deutsche Reich und der Zweite Weltkrieg, Band 9/2: Die deutsche Kriegsgesellschaft 1939 bis 1945, im Auftrag des Militärgeschichtlichen Forschungsamtes herausgegeben von Jörg Echternkamp, München 2005.
- Deist, Wilhelm: Die Aufrüstung der Wehrmacht, in: Ursachen und Voraussetzungen des Zweiten Weltkrieges, aktualisierte Ausgabe Stuttgart 1989.
- Dejung, Christof / Gull, Thomas / Wirz, Tanja: Landigeist und Judenstempel, Erinnerungen einer Generation 1930–1945, Zürich 2002.
- Doerries, Reinhard R.: Hitler's last chief of Foreign Intelligence, Allied Interrogations of Walter Schellenberg, London 2003.
- Döscher, Hans-Jürgen: Das Auswärtige Amt im Dritten Reich, Berlin 1987.
- Durrer, Marco: Die schweizerisch-amerikanischen Finanzbeziehungen im Zweiten Weltkrieg, Bern/Stuttgart 1984.
- Dreifuss, Eric: Die Schweiz und das Dritte Reich, vier deutschschweizerische Zeitungen im Zeitalter des Faschismus 1933–1939, Frauenfeld und Stuttgart 1971.

- Eichholtz, Dietrich: Geschichte der deutschen Kriegswirtschaft 1939–1945, Bd. III/2 München 1999.
- Elam, Shraga: Hitlers Fälscher, Wie jüdische, amerikanische und Schweizer Agenten der SS beim Falschgeldwaschen halfen, Wien 2000.
- Emmenegger, Kurt: Q.N. wusste Bescheid, Zürich 1965.

- Feinstein, Charles H. / Temin, Peter / Toniolo, Gianni: The European Economy between the Wars, Oxford 1997.
- Feldenkirchen, Wilfried: Die Handelsbeziehungen zwischen Deutschland und der Schweiz von 1914 bis 1945, in: Sébastien Guex, La Suisse et les Grandes puissances, Genève 1999.
- Fest, Joachim: Hitler, Frankfurt am Main 1973.
- Fest, Joachim: Speer, eine Biographie, Berlin 1999.
- Fink, Jürg: Die Schweiz aus der Sicht des Dritten Reiches 1933–1945, Zürich 1985.
- Fior, Michel: Die Schweiz und das Gold der Reichsbank, was wusste die Schweizerische Nationalbank, Zürich 1997.
- Fior, Michel: L'Union soviétique et les banques suisses au début de la Seconde Guerre mondiale, 1939–1941, in: Relations Internationales, No. 105, 2001.

- Fior, Michel: Les Banques suisses, le franc et l'Allemagne, Genève–Paris 2002.
- Fischer, Albert: Hjalmar Schacht und Deutschlands «Judenfrage», Köln 1995.
- Forbes, Neil: Doing business with the Nazis, Britain's economic and financial relations with Germany 1931–1939, London 2000.
- Forster, Gilles: Transit ferroviaire à travers la Suisse (1939–1945), Lausanne 2001 (UEK-Band Nr. 4).
- Frech, Stefan: Clearing, Der Zahlungsverkehr der Schweiz mit den Achsenmächten, Zürich 2001 (UEK-Band Nr. 3).
- Fuhrer, Hans Rudolf: Spionage gegen die Schweiz, die geheimen deutschen Nachrichtendienste gegen die Schweiz im Zweiten Weltkrieg, Frauenfeld 1982.

- Gall, Lothar / Pohl, Manfred (Hrsg.): Unternehmen im Nationalsozialismus, München 1998.
- Gall, Lothar: Der Bankier – Hermann Josef Abs, München 2004.
- Gautschi, Willi: General Henri Guisan, Die schweizerische Armeeführung im Zweiten Weltkrieg, Zürich 1989.
- Gehrig-Straube, Christine: Beziehungslose Zeiten, Das schweizerisch-sowjetische Verhältnis zwischen Abbruch und Wiederaufnahme der Beziehungen (1918–1946) aufgrund schweizerischer Akten, Zürich 1997.
- Gisevius, Hans Bernd: Bis zum bitteren Ende, Band 2, Zürich 1946.
- Gredig, Urs: Gastfeindschaft – Der Kurort Davos zwischen nationalsozialistischer Bedrohung und lokalem Widerstand 1933–1948, Davos 2002.
- Guex, Sébastien (Hrsg.): La Suisse et les Grandes puissances 1914–1945, Genève 1999.

- Hafner, Georg: Bundesrat Walther Stampfli, Olten 1986.
- Halbeisen, Patrick: Bankenkrise und Bankengesetzgebung in den 30er Jahren, in: Krisen und Stabilisierung, Die Schweiz in der Zwischenkriegszeit, Hrsg. Béatrice Ziegler, Zürich 1998.
- Halbeisen, Patrick: Die Finanzbeziehungen zwischen der Schweiz und der Bundesrepublik Deutschland in der Nachkriegszeit. Etappen auf dem Weg zur Normalisierung, in: Die Schweiz und Deutschland 1945–1961, Hrsg. Antoine Fleury, Horst Möller, Hans-Peter Schwarz, München 2004.
- Hardach, Gerd: Währungskrise 1931: Das Ende des Goldstandards in Deutschland, in: Finanz- und wirtschaftspolitische Fragen der Zwischenkriegszeit, Hrsg. Harald Winkel, Berlin 1973.
- Harrison, Mark (Hrsg.): The economics of World War II, Six great powers in international comparison, Cambridge 1998.
- Hauser, Benedikt: Netzwerke, Projekte und Geschäfte, Aspekte der schweizerisch-italienischen Finanzbeziehungen 1936–1943, Zürich 2001 (UEK-Band Nr. 22).
- Hayes, Peter: From Cooperation to Complicity, Degussa in the Third Reich, Cambridge 2004.
- Heller, Daniel: Eugen Bircher – Arzt, Militär und Politiker, Zürich 1988.
- Heller, Daniel: Zwischen Unternehmertum, Politik und Überleben, Emil G. Bührle und die Werkzeugmaschinenfabrik Oerlikon, Bührle & Co. 1924 bis 1945, Frauenfeld 2002.
- Henke, Klaus-Dietmar (Hrsg.): Die Dresdner Bank im Dritten Reich (in vier Teilbänden von Johannes Bähr, Dieter Ziegler, Harald Wixforth und Klaus-Dietmar Henke), München 2006.
- Herbst, Ludolf / Weihe, Thomas (Hrsg.): Die Commerzbank und die Juden 1933–1945, München 2004.
- Higham, Charles: Trading with the Enemy, the Nazi-American Money Plot 1933–1949, New York 1983.
- Hilberg, Raul: Die Vernichtung der europäischen Juden, Taschenbuchausgabe Frankfurt am Main 1990.

- Hildebrand, Klaus: Das vergangene Reich, deutsche Aussenpolitik von Bismarck bis Hitler, Berlin 1999.
- Hill, Leonidas E.: Die Weizsäcker-Papiere 1933-1950, Frankfurt am Main 1974.
- Hillgruber, Andreas: Die Zerstörung Europas, Beiträge zur Weltkriegepoche 1914-1945, Berlin 1988.
- Hofer, Walther / Reginbogin, Herbert R.: Hitler, der Westen und die Schweiz, 1936-1945, Zürich 2001.
- Höhne, Heinz: Canaris, Patriot im Zwielicht, München 1976.
- Homberger, Heinrich: Schweizerische Handelspolitik im Zweiten Weltkrieg, ein Überblick auf Grund persönlicher Erlebnisse, Zürich 1970/1997 (2. Auflage).
- Hug, Peter / Kloter, Martin (Hrsg.): Aufstieg und Niedergang des Bilateralismus, schweizerische Aussen- und Aussenwirtschaftspolitik 1930-1950, Zürich 1999.
- Hug, Peter: Schweizer Rüstungsindustrie und Kriegsmaterialhandel zur Zeit des Nationalsozialismus, Zürich 2002 (UEK-Band Nr. 11).

- Ihle, Pascal: Die journalistische Landesverteidigung im Zweiten Weltkrieg - eine kommunikationshistorische Studie, Zürich 1994.
- Imhof, Kurt / Ettinger, Patrik / Boller, Boris: Die Flüchtlings- und Aussenwirtschaftspolitik der Schweiz im Kontext der öffentlichen politischen Kommunikation 1938-1950, Zürich 2001 (UEK-Band Nr. 8).
- Inglin, Oswald: Der stille Krieg, Der Wirtschaftskrieg zwischen Grossbritannien und der Schweiz im Zweiten Weltkrieg, Zürich 1991.

- Jaberg, Paul: Reden und Aufsätze 1916-1953, Zürich o.J.
- James, Harold: The Reichsbank and Public Finance in Germany 1924-1933, Frankfurt am Main 1985.
- James, Harold: The German Slump, Politics and Economics 1924-1936, Oxford 1986.
- James, Harold (Hrsg.): The Interwar Depression in an International Context, München 2002.
- James, Harold: Die Deutsche Bank im Dritten Reich, München 2003.
- Jöhr, Adolf: Die Schweiz und das Transferproblem, Zürich (1938).
- Jöhr, Walter Adolf: Schweizerische Kreditanstalt 1856-1956, Zürich 1956.
- Jost, Hans Ulrich: Politik und Wirtschaft im Krieg, Die Schweiz 1938-1948, Zürich 1998.
- Jung, Joseph (Hrsg.): Zwischen Bundesplatz und Paradeplatz, Die Banken der Credit Suisse Group im Zweiten Weltkrieg, Zürich 2001.

- Kästli, Tobias: Ernst Nobs: Vom Bürgerschreck zum Bundesrat, Zürich 1995.
- Kästli, Tobias: Selbstbezogenheit und Offenheit, Die Schweiz in der Welt des 20. Jahrhunderts, Zürich 2005.
- Karlen, Stefan / Chocomeli, Lucas / D'haemer, Kristin / Laube, Stefan / Schmid, Daniel C.: Schweizerische Versicherungsgesellschaften im Machtbereich des «Dritten Reiches», Zürich 2002 (UEK-Band Nr. 12).
- Kellenbenz, Hermann: Deutsche Wirtschaftsgeschichte, Band 2, München 1981.
- Kellenberger, Eduard: Kapitalexport und Zahlungsbilanz, Bände 1-3, Bern 1939-1942.
- Keller, Franziska: Oberst Gustav Däniker, Aufstieg und Fall eines Schweizer Berufsoffiziers, Zürich 1997.
- Keller, Stefan: Die Zeit der Fabriken, von Arbeitern und einer Roten Stadt, Zürich 2001.
- Kent, Bruce: Spoils of War: The politics, economics, and diplomacy of reparations: 1918-1932, Oxford 1989.
- Kleisl, Jean-Daniel: Electricité suisse et Troisième Reich, Lausanne 2001 (UEK-Band Nr. 6).

- Klemperer, Klemens von: Die verlassenen Verschwörer, der deutsche Widerstand auf der Suche nach Verbündeten, Berlin 1994.
- Kneschaurek, Francesco: Der schweizerische Konjunkturverlauf und seine Bestimmungsfaktoren, Zürich und St. Gallen 1952.
- König, Mario: Die schweizerische Holding der IG Farben und ihre Metamorphosen, eine Affäre um Eigentum und Interessen (1910–1999), Zürich 2001 (UEK-Band Nr. 2).
- Kopper, Christopher: Zwischen Marktwirtschaft und Dirigismus, Bankenpolitik im «Dritten Reich» 1933–1939, Bonn 1995.
- Kopper, Christian: Bankiers unterm Hakenkreuz, München/Wien 2005.
- Kraus, Elisabeth: Die Familie Mosse, deutsch-jüdisches Bürgertum im 19. und 20. Jahrhundert, München 1999.
- Kreis, Georg: Zensur und Selbstzensur, Die schweizerische Pressepolitik im Zweiten Weltkrieg, Frauenfeld 1973.
- Kreis, Georg: Juli 1940, Die Aktion Trump, Basel und Stuttgart 1973.
- Kreis, Georg: Auf den Spuren von La Charité, Basel und Stuttgart 1976.
- Kreis, Georg / Müller, Bertrand (Hrsg.): Die Schweiz und der Zweite Weltkrieg, Basel 1997 (darin Einleitung von Georg Kreis: Vier Debatten und wenig Dissens).
- Kreis, Georg: Die Schweiz im Zweiten Weltkrieg, Ihre Antworten auf die Herausforderungen der Zeit, Zürich 1999.

- Lachmann, Günter: Der Nationalsozialismus in der Schweiz 1931–1934, ein Beitrag zur Geschichte der Auslandorganisation der NSDAP, Berlin 1962.
- Lambelet, Jean-Christian: Le mobbing d'un petit pays, onze thèses sur la Suisse pendant la deuxième guerre mondiale, Lausanne 1999.
- Lambelet, Jean-Christian: La Commission Bergier a-t-elle fait Œuvre scientifique? Quelques commentaires sur son rapport final concernant les transactions sur l'or de la BNS, in: Les conditions de la survie, la Suisse, la Deuxième Guerre mondiale et la crise des années 90, dir. Jean-Philippe Chenaux, Lausanne 2002.
- Lasserre, André: La Suisse des années sombres, Lausanne 1989.
- Lindner, Rolf: Freiherr Ernst Heinrich von Weizsäcker, Staatssekretär Ribbentrops von 1938 bis 1943, Lippstadt 1997.
- Leitz, Christian: Nazi Germany and Neutral Europe during the Second World War, Manchester 2000.
- Lindt, August R.: Die Schweiz das Stachelschwein, Erinnerungen, Bern 1992.
- Lussy, Hanspeter / Bonhage, Barbara / Horn, Christian: Schweizerische Wertpapiergeschäfte mit dem «Dritten Reich», Zürich 2001 (UEK-Band Nr. 14).
- Luther, Hans: Vor dem Abgrund, Reichsbankpräsident in Krisenzeiten, Berlin 1964.

- Maissen, Thomas: Die Raubgoldproblematik 1933–1955, in: Die Banken der Credit Suisse Group, Hrsg. J. Jung, Zürich 2001.
- Maissen, Thomas: Verweigerte Erinnerung, Nachrichtenlose Vermögen und Schweizer Weltkriegsdebatte 1989–2004, Zürich 2005.
- Marguerat, Philippe: Or allemand, BNS et dissuasion 1940–1945, in: Guerres et Paix, Mélanges J.-C. Favey, Genève 2000.
- Marguerat, Philippe: Collaboration ou neutralité économique? La neutralité suisse sous le feu des rapports Bergier, in: Les conditions de la survie, la Suisse, la Deuxième Guerre mondiale et la crise des années 90, dir. Jean-Philippe Chenaux, Lausanne 2002.
- Mattioli, Aram (Hrsg.): Intellektuelle von rechts, Ideologie und Politik in der Schweiz 1918–1939, Zürich 1995.
- Mauch, Christoph: Schattenkrieg gegen Hitler, Stuttgart 1999.
- Meier, Martin / Frech, Stefan / Gees, Thomas / Kropf, Blaise: Schweizerische Aussenwirtschaftspolitik 1930–1948, Zürich 2002 (UEK-Band Nr. 10).
- Meier, Wilhelm: Die Emission ausländischer Anleihen in der Schweiz, Zürich 1931.

- Menz, Peter: Der «Königsmacher» Heinrich Walther, Freiburg i. Ue. 1976.
- Mitchie, R. C. (ed.): The Development of London as a Financial Centre, Vol. 3 (1914–1945), London und New York 2000.
- Mommsen, Hans: Aufstieg und Untergang der Republik von Weimar, aktualisierte Ausgabe Berlin 1997.
- Mommsen, Hans: Von Weimar nach Auschwitz, Ausgewählte Aufsätze, Stuttgart 1999.

- Naasner, Walter: SS-Wirtschaft und SS-Verwaltung, Düsseldorf 1998.
- Nicosia, Francis R. / Huener, Jonathan (Hrsg.): Business and Industry in Nazi Germany, New York / Oxford 2004.

- Oppenheimer, Wolfgang: Das Refugium, Erinnerungen an Ascona, München 1998.
- Overy, Richard: Goering, London 2000.
- Overy, Richard: Interrogations, the Nazi Elite in Allied Hands 1945, London 2001.

- Perrenoud, Marc / Lopez, Rodrigo / Adank, Florian / Baumann, Jan / Cortat, Alain / Peters Suzanne: La place financière et les banques suisses à l'époque du national-socialisme, Les relations des grandes banques avec l'Allemagne, Lausanne/Zürich 2002 (UEK-Band Nr. 13).
- Perrenoud, Marc: Aspects des relations financières franco-suisses (1936–1946), Lausanne/Zürich 2002 (UEK-Band Nr. 25).
- Pilet-Golaz, Marcel: Aperçu destiné à Monsieur le Conseiller fédéral Max Petitpierre sur les dangers auxquels la Suisse fut exposée au cours de la Guerre mondiale 1939–1945 (1945), in: Georges-André Chevallaz, Le Défi de la neutralité, Vevey 1995, Annex.
- Pohl, Karl Heinrich: Adolf Müller, Geheimagent und Gesandter in Kaiserreich und Weimarer Republik, Köln 1995.
- Pufendorf, Astrid von: Die Planks, eine Familie zwischen Patriotismus und Widerstand, Berlin 2006.

- Riegner, Gerhart M.: Ne jamais désespérer, soixante années au service du peuple juif et des droits de l'homme, Paris 1998.
- Rings, Werner: Raubgold aus Deutschland, Die «Golddrehscheibe» Schweiz im Zweiten Weltkrieg, Zürich 1985/1996.
- Ritschl, Albrecht: Die deutsche Zahlungsbilanz 1936–1941 und das Problem des Devisenmangels vor dem Kriegsbeginn, Vierteljahreshefte für Zeitgeschichte 39 (1991), S. 103–123.
- Ritschl, Albrecht: International Capital Movement and the Onset of the Great Depression. Some International Evidence, in: The Interwar Depression, ed. Harold James, München 2002.
- Roowaan, Ries: Im Schatten der Grossen Politik, Deutsch-niederländische Beziehungen zur Zeit der Weimarer Republik 1918–1933, Münster 2006.
- Ruch, Christian / Rais-Liechti, Myriam / Peter, Roland: Geschäfte und Zwangsarbeit: Schweizer Industrieunternehmen im «Dritten Reich», Zürich 2001 (UEK-Band Nr. 6).
- Ruffieux, La Suisse de l'entre-deux-guerres, Lausanne 1974.
- Rutschmann, Werner: Die Schweizer Flieger- und Fliegerabwehrtruppen 1939–1945, Thun 1989.

- Schacht, Hjalmar: 76 Jahre meines Lebens, Bad Wörishofen 1953.
- Schaffner, Hans: Gedanken zur Aussenhandelspolitik der Schweiz im Zweiten Weltkrieg, in: Festgabe für Konrad Ilg, Bern 1947.
- Schirmann, Sylvain: Les relations économiques et financières franco-allemandes 1932–1939, Paris 1995.
- Schmid-Ammann, Paul: Unterwegs von der politischen zur sozialen Demokratie, Lebenserinnerungen, Zürich 1978.

- Schmitz, Markus / Haunfelder, Bernd: Humanität und Diplomatie, Die Schweiz in Köln, Münster 2001.
- Schneeberger, Ernst: Wirtschaftskrieg und «anderes», als Diplomat erlebt in Bern und Washington D.C. 1940-1948, Wädenswil 1984.
- Scholtyseck, Joachim: Robert Bosch und der liberale Widerstand gegen Hitler 1933 bis 1945, München 1999.
- Schubert, Aurel: The Credit-Anstalt Crisis of 1931, Cambridge 1991.
- Schulte, Jan Erik: Zwangsarbeit und Vernichtung: Das Wirtschaftsimperium der SS, Paderborn 2001.
- Schwarzenbach, Alexis: Die Geborene, Renée Schwarzenbach-Wille und ihre Familie, Zürich 2004.
- Die Schweizerische Nationalbank 1907-1932, Zürich 1932.
- Die Schweizerische Nationalbank 1907-1957, Zürich 1957.
- Senn Hans: Der Schweizerische Generalstab, Band 6 und 7, Basel 1991 und 1995.
- Smith, Arthur L.: Hitler's Gold, The Story of the Nazi War Loot, Oxford/Washington 1989/1996.
- Soland, Rolf: Zwischen Proletariern und Potentaten, Bundesrat Häberlin (1868-1947) und seine Tagebücher, Zürich 1997.
- Somary, Felix: Erinnerungen aus meinem Leben, Zürich 1959.
- Speer, Albert: Erinnerungen, Berlin 1969.
- Speer, Albert: Der Sklavenstaat, meine Auseinandersetzung mit der SS, Stuttgart 1981.
- Speich, Sebastian / David, Fred / Elam, Shraga / Ladner, Anton: Die Schweiz am Pranger, Wien / Frankfurt am Main 1997.
- Spuhler, Georg / Jud, Ursina / Melicher, Peter / Wildmann, Daniel: «Arisierungen» in Österreich und ihre Bezüge zur Schweiz, Zürich 2002 (UEK-Band Nr. 20).
- Stauffer, Paul: Zwischen Hofmannsthal und Hitler, Carl J. Burckhardt, Facetten einer aussergewöhnlichen Existenz, Zürich 1991.
- Straumann, Lukas / Widmann, Daniel: Schweizer Chemieunternehmen im «Dritten Reich», Zürich 2001 (UEK-Band Nr. 7).

- Tanner, Jakob: Bundeshaushalt, Währung und Kriegswirtschaft, eine finanzsoziologische Analyse der Schweiz zwischen 1938 und 1953, Zürich 1986.
- Tanner, Jakob: Die internationalen Finanzbeziehungen der Schweiz zwischen 1931 und 1950, in: Die Schweiz und der Zweite Weltkrieg, Hrsg. Georg Kreis / Bertrand Müller, Basel 1997.
- Tanner, Jakob / Weigel, Sigrid (Hrsg.): Gedächtnis, Geld und Gesetz, vom Umgang mit der Vergangenheit des Zweiten Weltkrieges, Zürich 2002.
- Teuteberg, René / Petignat, Raymond / Roth, Dorothea / Suter, Rudolf: Albert Oeri, 1875 bis 1950, Journalist und Politiker aus Berufung, Basel 2002.
- Thielenhaus, Marion: Zwischen Anpassung und Widerstand, Deutsche Diplomaten 1938-1941, 2. Aufl. Paderborn 1985.
- Thürer, Daniel / Haldemann, Frank (Konzept und Redaktion): Die Schweiz, der Nationalsozialismus und das Recht, Band 1: Öffentliches Recht / Band 2: Privatrecht, Zürich 2001 (UEK-Bände Nr. 18/19).
- Tisa Francini, Esther / Heuss, Anja / Kreis, Georg: Fluchtgut - Raubgut, Der Transfer von Kulturgütern in und über die Schweiz 1933-1945 und die Frage der Restitution, Zürich 2001 (UEK-Band Nr. 1).
- Toniolo, Gianni / Clement, Piet: Central Bank Cooperation at the Bank for International Settlements 1930-1973, Cambridge 2005.
- Torracinta, Claude: Genève 1930-1939, Le Temps des Passions, Genève 1978.
- Trepp, Gian: Bankgeschäfte mit dem Feind, Die Bank für Internationalen Zahlungsausgleich im Zweiten Weltkrieg, 2. Aufl. Zürich 1996.

- Uhlig, Christiane / Barthelmess, Petra / König, Mario / Pfaffenroth, Peter / Zeugin, Bettina: Tarnung, Transfer, Transit, die Schweiz als Drehscheibe verdeckter deutscher Operationen (1939–1952), Zürich 2001 (UEK-Band Nr. 9).
- Unabhängige Expertenkommission Schweiz – Zweiter Weltkrieg (vgl. auch Namen verschiedener Mitarbeiter/Autoren):
  - Die Schweiz und die Goldtransaktionen im Zweiten Weltkrieg, Zwischenbericht, Bern 1998.
  - Die Schweiz und die Goldtransaktionen im Zweiten Weltkrieg, Zürich 2002 (UEK-Band Nr. 16).
  - Die Schweiz, der Nationalsozialismus und der Zweite Weltkrieg, Schlussbericht, Zürich 2002.
- Urner, Klaus: Der Schweizer Hitler-Attentäter, Drei Studien zum Widerstand und seinen Grenzbereichen, Frauenfeld/Stuttgart 1980.
- Urner, Klaus: «Die Schweiz muss noch geschluckt werden!», Hitlers Aktionspläne gegen die Schweiz, Zürich 1990.

- Van Dongen, Luc: La Suisse face à la Seconde Guerre mondiale, 1945–1948, Emergence et construction d'une mémoire publique, Genève 1998.
- Vischer, Frank: Der Handel mit ausländischen Wertpapieren während des Krieges und die Probleme der deutschen Guthaben in der Schweiz sowie der nachrichtenlosen Vermögen aus rechtlicher Sicht, Zürich 2001 (UEK-Band Nr. 19).
- Vetsch, Christian: Aufmarsch gegen die Schweiz, der deutsche «Fall Gelb», Irreführung der Schweizer Armee 1939/40, Olten und Freiburg i. Br. 1973.
- Vogler, Robert U.: Die Wirtschaftsverhandlungen zwischen der Schweiz und Deutschland 1940 und 1941, Neuauflage Basel und Frankfurt am Main 1997.
- Vogler, Robert U.: Das Schweizer Bankgeheimnis: Entstehung, Bedeutung, Mythos, Zürich 2005.
- Volkmann, Hans-Erich: Die NS-Wirtschaft in Vorbereitung des Krieges, in: Ursachen und Voraussetzungen des Zweiten Weltkrieges, aktualisierte Ausgabe 1989.

- Waeger, Gerhart: Die Sündenböcke der Schweiz, die Zweihundert im Urteil der geschichtlichen Dokumente 1940–1946, Olten und Freiburg i. Br. 1971.
- Wahlen, Hermann: Bundesrat Rudolf Minger, Bauer und Staatsmann, Bern 1965.
- Wandel, Eckhard: Hans Schäffer, Leo Baeck Institut 1974.
- Weber, Max: Der Kampf um die Krisen-Initiative, in: Festschrift zum 75. Geburtstag von Hans Oprecht, Hrsg. Ulrich Kägi, Zürich 1969.
- Weber, Karl: Die Schweiz im Nervenkrieg, Aufgabe und Haltung der Schweizer Presse in der Krisen- und Kriegszeit 1933–1945, Bern 1948.
- Weber, Fritz: The Failure of the Austrian Creditanstalt and its Consequences, EABH Conference 2001.
- Wegerhoff, Susanne: Die Stillhalteabkommen 1931–1933. Internationale Versuche zur Privatschuldenregelung unter den Bedingungen des Reparations- und Kriegsschuldensystems, München 1982.
- Wegmüller, Hans: Brot oder Waffen, der Konflikt zwischen Volkswirtschaft und Armee in der Schweiz 1939–1945, Zürich 1998.
- Wehrli, Bernhard: Aus der Geschichte des Schweizerischen Handels- und Industrie-Vereins, Erlenbach-Zürich 1970.
- Weichel, Thomas: Gontard & Metallbank – Die Banken der Frankfurter Familien Gontard und Merton, Stuttgart 2000.
- Weitnauer, Albert: Rechenschaft, Vierzig Jahre im Dienste des schweizerischen Staates, Zürich und München 1981.
- Weizsäcker, Ernst von: Erinnerungen, München 1950.
- Wenzel, Edmond: Die deutschen Stillhalteabkommen und ihre Auswirkungen auf die schweizerischen Banken, Bern 1940.

- Werner, Christian: Für Wirtschaft und Vaterland, Erneuerungsbewegungen und bürgerliche Interessengruppen in der Deutschschweiz 1928–1947, Zürich 2000.
- Wetter, Ernst: Duell der Flieger und der Diplomaten, Frauenfeld 1987.
- Widmer, Paul: Die Schweizer Gesandtschaft in Berlin, Zürich 1997.
- Widmer, Paul: Schweizer Aussenpolitik und Diplomatie, Zürich 2003.
- Winkler, Stephan: Die Schweiz und das geteilte Italien, bilaterale Beziehungen in einer Umbruchphase 1943–1945, Basel und Frankfurt am Main 1992.
- Wipf, Hans Ulrich: Georg Fischer AG 1930–1945, Zürich 2000.
- Wipf, Hans Ulrich / König, Mario / Knoepfli, Adrian: Saurer, vom Ostschweizer Kleinbetrieb zum internationalen Technologiekonzern, Baden 2003.
- Wylie, Neville (Hrsg.): European Neutrals and Non-Belligerents during the Second World War, Cambridge 2002.
- Wylie, Neville: Britain, Switzerland and the Second World War, Oxford 2003.

- Zala, Sacha: Geschichte unter der Schere politischer Zensur, amtliche Aktensammlungen im internationalen Vergleich, München 2001.
- Zeugin, Bettina / Sandkühler, Thomas: Die Schweiz und die deutschen Lösegelderpressungen in den besetzten Niederlanden, Zürich 2001 (UEK-Band Nr. 24).

12.5. Abbildungsnachweis

Der Verfasser dankt für die entsprechenden Abdruckgenehmigungen, im Besonderen der BIZ, der Deutschen Bundesbank, dem «Nebelspalter», dem Archiv für Zeitgeschichte, dem Politischen Archiv des Auswärtigen Amtes sowie Pro Litteris und ullstein bild. Wo die Fotoquelle bzw. der Fotograf bekannt sind, werden sie in Klammern angegeben.

1. Schweizer Illustrierte Zeitung (SIZ) 43/1925 (Photographia-Press)
2. SIZ 25/1929 (P & A-Photo)
3. SIZ 21/1931
4. SIZ 29/1929
5. BIZ (Foto: Jeck)
6. BIZ (Foto: Jeck)
7. Sammlung des Verfassers
8. Basler Handelsbank 1929
9. dito
10. Sammlung des Verfassers
11. H. Bauer, Schweizerischer Bankverein 1872–1972, Basel 1972
12. Neue Schweizer Biographie, Basel 1938
13. Schweizerköpfe der Gegenwart, Bd. 1, Zürich 1945
14. SIZ 25/1930
15. SIZ 52/1930 (Ino)
16. SIZ 14/1930 (Foto: A. Krenn)
17. Nebelspalter vom 6.2.1931 (Bö)
18. Zürcher Illustrierte (ZI) 47/1931
19. ZI 45/1931
20. Politisches Archiv des Auswärtigen Amtes (PAAA)
21. ZI 45/1931
22. ZI 53/1932 (Foto: Senn)

23 ZI 25/1934 (Foto: Senn)
24 ZI 25/1934 (Foto: Senn)
25 SIZ 25/1930
26 ZI 50/1934
27 BIZ (Foto: Jeck)
28 ZI 37/1933 (Foto: Rohr)
29 SIZ 8/1936 (Foto: Wilde World)
30 Nebelspalter vom 30.6.1933 (Bö)
31 ZI 3/1934
32 BIZ (Foto: Jeck)
33 ZI 48/1932
34 ZI 45/1934
35 50 Jahre Schweizerische Bankiervereinigung, 1962
36 dito
37 SIZ 15/1935 (Foto: Jost & Steiner)
38 ZI 51/1932 (Foto: Schiefer)
39 ZI 2/1936 (Foto: Staub)
40 Volksrecht vom 20.5.1935
41 SIZ 7/1936 (Foto: Meerkämper)
42 ZI 7/1936 (Photopress)
43 Nebelspalter vom 27.3.1936 (Nef)
44 Nebelspalter vom 10.7.1936 (Rabinovitch)
45 ZI 46/1937
46 ZI 48/1935 (Foto: Szigethy-Mauritius)
47 SIZ 5/1937 (Foto: Brandt)
48 ZI 24/1937
49 SIZ 39/1936 (Foto: Egli)
50 SIZ 38/1937 (Foto: Kettel)
51 ZI 31/1937 (Foto: Guggenbühl)
52 ZI 38/1936 (Foto: Rohr)
53 SIZ 38/1937 (Foto: Kettel)
54 ZI 48/1935 (Foto: Jost)
55 ZI 24/1938 (Foto: ATP)
56 Archiv für Zeitgeschichte
57 David Low, Years of Wrath, London 1949
58 SIZ 19/1938
59 SIZ 31/1937 (Foto: Steiner)
60 ZI 29/1940
61 SIZ 6/1930
62 SIZ 51/1938 (A.-P. Photo)
63 Deutsche Bundesbank
64 dito
65 PAAA / R 107'997
66 Deutsche Zeitung in der Schweiz, 20.5.1939
67 ullstein bild Nr. 69732 (Salomon)
68 Réduit Basel, Hrsg. Nadia Guth und Bettina Hunger, Basel 1989 (Foto: Staatsarchiv Basel-Stadt, AL 31)
69 SIZ 29/1941 (Foto: Tièche)
70 SIZ 21/1939 (Foto: Militärflugdienst)
71 SIZ 24/1942
72 SIZ 24/1942
73 BIZ
74 Archiv für Zeitgeschichte
75 ZI 46/1939

76 ZI 29/1940
77 SIZ 36/1940
78 SIZ 34/1945
79 David Low, Years of Wrath, 4.6.1940
80 SIZ 36/1940
81 ZI 29/1940
82 SIZ 2/1941 (Foto: Tièche)
83 SIZ 2/1941 (Foto: Steiner)
84 PAAA / R 106'017
85 Deutsche Zeitung in der Schweiz, 22.6.1940
86 dito
87 Deutsche Zeitung in der Schweiz, 10.1.1942
88 ZI 50/1940
89 ZI 39/1937 (Rohr)
90 Schweizerköpfe der Gegenwart, Bd. 1, Zürich 1945
91 Signal, 2.6.1941
92 PAAA
93 ullstein bild Nr. 167071
94 SIZ 7/1945
95 Archiv für Zeitgeschichte

13. Namenregister

Aargauische Hypothekenbank 130
Abegg, Wilhelm 122
Abs, Hermann J. 322, 353, 390, 510, 566, 573, 574
Abt, Roman (Abb. 24) 272, 273, 312, 342, 363, 411
Adenauer, Konrad 573
Adler, Arthur und Otto 222
Adlon, Hotel 33, 34
AEG 50
A.G. Obere Saale 112
Albiswerk 273, 294, 451, 453
Albrecht, Erich 576
Alexander, E. 146
Allgemeine Waren-Finanzierungs-Gesellschaft GmbH 324
Allianz-Konzern 34
Amann, Max 526, 587
AMCA 287
Argus Motorenwerke 454
Ashton, Georg 241, 373

Bachmann, Gottlieb (Abb. 16, 32) 39, 80, 82–84, 88, 126, 156, 175, 177–179, 194, 196, 199, 224, 225, 228, 229, 468
Balderstone, T. 38
Bally, Iwan 32, 195
Bally, Max 59
Banca d'Italia 505
Banco Aleman Transatlantico 510
Bancroft, Mary 544
Bandi, Hans 326
Bank der Deutschen Arbeit 385, 386
Bank für Internationalen Zahlungsausgleich (BIZ) 75, 76, 80, 83, 269, 336, 337, 354, 360, 505
Bankgesellschaft, Schweizerische (siehe auch: R. Ernst, H. Grüebler, P. Jaberg, A. Schaefer) 28–31, 38, 49, 74, 75, 85, 86, 89, 111, 130, 132, 133, 135, 181, 185–188, 190, 220, 234, 259, 260, 262, 263, 287, 289, 290, 325, 356, 357, 385, 386, 451, 460, 461, 497, 510, 569, 598
Bank Leu 75, 192–194, 197, 263, 355, 510, 567–569, 598
Bank of America 322
Bank of England 80, 322, 483, 512, 537
Bank of Manhattan 128
Bankverein, Schweizerischer (siehe auch: A. Dreyfus, L. Dubois, M. Golay, A. Nussbaumer, Ch. Schlumberger, S. Schweizer, R. Speich, M. Staehelin, K. Türler) 20–25, 28, 37, 38, 43, 46, 47, 51, 52, 75, 78, 90, 111, 113, 130, 139, 180, 181, 184, 185, 189, 191, 260, 261, 263, 268, 286, 287, 290, 291, 312, 322, 323, 328–330, 354, 356, 357, 382, 385, 386, 451, 461–464, 519, 526, 567, 569, 598
Banque cantonale neuchâteloise 196
Banque Cantonale Vaudoise 522
Banque d'Escompte Suisse (Schweizerische Diskontbank) 86, 144, 145, 179, 189, 198
Banque de France 194, 323, 384
Banque de Genève 77, 144, 179
Bänziger, Hugo 145
Barbey, Bernard 253, 255, 320, 327, 339, 416, 483
Barbey, Edmond 530
Bärtschi, Ernst 485
Barwisch, Josef Franz 560, 561

BASF 33
Basler Handelsbank (Abb. 8, 9) 38, 48, 60, 75, 78, 86, 89, 90, 111, 113, 132, 137, 178–181, 188–193, 197, 263, 322, 461, 506, 509, 511, 520, 567, 569, 598
Bates, Fred 186, 530
Baumann, Johannes 295, 350
Becher, Kurt 542, 543
Bemberg, Familie 222, 506
Berg, Kurt von 522
Berger, Gottlob 419, 420
Berger, Hugo Fritz 100, 101
Bernstein, B. 557
Bestgen, Fritz 389
Bewag 111, 112
Bibra, Sigismund von (Abb. 86) 240, 246, 250, 251, 283, 414, 435
Bindschedler, Rudolf Gottfried (Abb. 14) 25–27, 43, 56, 75, 80, 81, 87, 88, 101
Binney, Max 459
Bircher, Eugen 370, 374
Birkigt, Marc 453
Blass, Heinrich 112, 497
Blessing, Karl 390
Bliss, E. H. 501, 502, 525, 528, 533
Blum, Léon 224
Bodenschatz, Karl Heinrich 358
Boelcke, Willi A. 605
Bohle, Ernst Wilhelm (Abb. 42) 251, 414, 431, 474
Bon, Anton 374
Bon, Fritz 373, 374
Bonna, Pierre 250, 273, 275, 283, 435, 446, 458, 493, 519
Bonnet, Georges 283
Bormann, Martin 537
Born, Karl 74
Robert Bosch-Konzern 292, 293, 454, 555, 562
Böschenstein, Hermann 85, 172, 249, 252
Boveri, Walter 67
Braunschweig, Pierre-Th. 384, 416, 418
Bretscher, Willy (Abb. 71) 121, 274
Bringolf, Walther 14, 142, 143
Brinkmann, R. 58
Brochhaus, Hans 546
Brodbeck-Sandreuter, Jacques 290, 371, 372
Brown, Boveri & Cie. A.G. 23, 488
Brugger, Max 567
Bruggisser, Traugott M. 59
Bruggmann, Karl 467, 495, 558
Brüning, Heinrich 13, 53, 54, 87, 101, 108, 113, 134
C. J. Brupbacher, Bankhaus 85
Bühler, Carl 187, 188
Bühler, Eduard 29
Bührle, Emil G. 312, 379, 380, 451, 452, 454, 543
Bülow, Bernhard Wilhelm von 98, 151, 206
Burckhardt, Carl Jacob (Abb. 58) 25, 248, 249, 358–360
Burckhardt, Peter 576
Busch, O. 87

Cable, Eric G. 545
Caflisch, Albert 525, 526, 558
Cagianut, Dr. 384
Cailler, Alexandre 74
Canaris, Wilhelm 55, 328, 540, 543, 544
Caratsch, Reto 203, 249, 345
Cartwright, Henry 336
Castelmur, Linus von 569, 572
Celio, Enrico (Abb. 80) 326, 341, 350, 416
CHADE 466
Chamberlain, Neville 255, 262
Chamier, Fritz von 272
Chase National Bank 80
Chauvin, Colonel 411
Chemie Trust A.G. 34, 35, 50
Chepha A.G. 290, 291, 328, 329, 465, 536
Churchill, Winston 529
Ciba-Gruppe 290, 329, 465
Clauzel, Bertrand Graf 143, 173
Clodius, Carl 366, 368, 431, 433, 443, 444, 488
Comptoir d'Escompte 75, 78
Continentale Elektrizitätsunion A.G. 21
Contvalor 20, 21, 23, 58, 72, 73, 382
Coulon, Eugène de 425
Cuno, Wilhelm 108
Currie, L.B. (Abb. 94) 492, 528, 531
Curtius, Julius 69, 93, 96

Daguet, L. 468
Daladier, Edouard 253
Danat-Bank 76
Däniker, Gustav 238, 367
Dapples, Louis 176
Daufeldt, SS-Sturmbannführer 420, 523, 540
Deckel, Friedrich 327
Degussa 591
Deutsche Bank (siehe auch: H.J. Abs) 15, 27, 74, 322, 510
Deutsche Continentale-Gas-Gesellschaft 111
Dietl, Eduard 416
Dietrich, Hermann 134
Dietrich, Sepp 416
Dillon Read & Co. 38
Dinichert, Paul (Abb. 29, 56) 120, 124, 131, 147, 151, 153, 161, 202, 203, 216, 229, 233, 244, 249, 256, 267
Dirksen, Viktoria von 434, 485
Dixi-Gruppe 380, 451
Doerner, Max 389
Dollfus, Ruggero (Abb. 38, 75) 23, 189, 312, 313, 410, 434
Dreifuss, Eric 121
Dresdner Bank 16, 76, 322, 324, 328, 462, 545
Dreyfus, Armand (Abb. 11) 20–24, 29, 31, 43, 72, 75, 86, 87, 184, 198, 263, 287, 290, 292, 323, 382, 454, 464, 465
J. Dreyfus & Co., Bankhaus 33, 111
Dreyfus-de Gunzburg, Paul 509, 558

Dreyse, Fritz 153
Drogheda, Lord 495
Dubois, Albert 454
Dubois, Charles 239
Dubois, Leopold 20, 21, 67
Duesterberg, Georg 545
Dulles, Allen 259, 374, 418, 447, 462, 513, 524, 525, 542, 544, 557
Dulles, John Foster 109
Dunant, Alphonse 180, 250
Durand & Huguenin 51
Duttweiler, Gottlieb 258, 342, 352, 552, 553

Ebrard, Hans 267
Eden, Anthony 440, 490, 529
Eggen, Hans Wilhelm 418, 522, 540
Ehrensperger, Direktor 137
Eichel, Kurt 388
Eidgenössische Bank (Banque Fédérale) (siehe auch: O. von Waldkirch, T. Wolfensperger, Ch. Zoelly) 31–36, 38, 51, 78, 86, 89–91, 111, 132, 181, 189–197, 261, 262, 567, 569, 598
Eidgenössische Darlehenskasse 188–193, 195, 196, 316, 333
Einzig, Paul 468, 515
Eisenhower, Dwight D. 527
Emden, Max 55
Entzian, Dr. 328
Erlach, Rudolf von 254
Ernst, Rudolf (senior) 28, 29, 74, 87, 185, 187
Ernst, Rudolf J. 467
Escher Wyss & Cie. 91
Esplanade, Hotel 118
Etter, Philipp (Abb. 80) 226, 284, 320, 341, 342, 350, 352, 370
Euler, Rudolf 52
Extroc S. A. 385

Feer, Edouard 120, 134, 135, 158, 200
Feisst, Ernst 381
Feldmann, Markus 121, 173, 203, 226, 232, 238, 239, 241, 247, 250, 252, 258, 272, 273, 275, 284, 313, 342, 350, 352, 359, 360, 363, 364, 366, 369, 372, 373, 380, 411, 458, 485
Fels, Hans Richard von 411, 413, 454
Ferrier Lullin 458
Fessler, Walter 462
Fierz, Robert 238, 317, 338
Fior, Michel 23, 355, 357, 393
Fischer, Ernst 547
Fischer, Georg 454
Fischer, Otto 30
Fleiner, Fritz 52
Foerster 55
Foot, Dingle 440, 445, 528
Forinvent A.G. 290–292, 328, 329, 536
Frankfurter Allgemeine Versicherung (Favag) 34
Frankfurter, David 202
Free, Lloyd A. 552
Freudenberg, Carl 304
Frick, Hans 257, 285

Frick, Wilhelm 522
Frölicher, Hans (Abb. 55, 56) 120, 250–252, 256, 257, 265, 271, 272, 280, 334, 335, 337, 345, 347, 358, 362, 367, 368, 374, 416, 418, 419, 422, 430, 431, 433–435, 437, 438, 440, 443–446, 484–487, 543, 609
Fueter, Rudolf 320
Fuhrer, Hans Rudolf 414
Funk, Walther (Abb. 66) 233, 269, 297, 336, 337, 444, 490, 549, 556, 557, 561

Gadow, Albert 52
Gäfgen, Heino 438, 451, 452, 566
Gafner, Max 208, 395
Gamelin, Maurice 243, 253, 254, 256
Gautier, Victor 501, 504, 505
Gautschi, Willi 358
General Aniline & Film Corp. (GAF) 53, 330, 465
Georg Fischer A.G. 23, 379
Georges, Joseph-Alphonse 254
Gesfürel 211
Getreideimport A.G. 294
Gierlichs, Rechtsanwalt 330, 331
Giesche-Konzern 30, 460
Gisevius, Hans Bernd 328, 543–545, 547
Goebbels, Joseph 47, 113, 125, 131, 161, 203, 209, 233, 240, 265, 272, 335, 345, 361, 422, 431, 537
Goerdeler, Carl 292
Goernnert, Fritz 587
Golay, Maurice 184, 211, 292, 323, 332, 387, 466, 495, 497, 507, 508, 513, 519, 525
Goldschmidt, Jakob 76
Gonard, Samuel 336
Göring, Hermann 117, 205, 209, 217, 219, 233, 268, 295, 340, 344–349, 358, 361, 364, 365, 372, 389, 391, 440, 514, 522, 524, 538, 539, 547–549, 565, 587
Gramsch, Friedrich 345–347, 349, 361, 391, 432, 539
Grandjean, H. 177, 462, 525
Graubündner Kantonalbank 522
Graupner, Karl 550
Greutert, Eduard 52, 323, 330
Grimm, Kurt 259
Grimm, Robert (Abb. 25) 42, 85, 93, 94, 190, 192, 316, 342, 352
Grüebler, Hermann 29, 87
Gudbrod-Konzern 50
Gugelmann, Familie 32
Guhl, Oscar 293
Guisan, Henri (Abb. 52, 83) 254, 255, 312, 313, 320, 325, 326, 336, 339–341, 349, 351, 358, 360, 362, 363, 370, 375, 385, 410–416, 419, 422, 430, 431, 437, 447, 483, 487
Gustloff, Wilhelm (Abb. 41) 142, 201, 202, 205, 239, 247, 251
Gut, Theodor 247, 255
Gutmann, Willi 259
Guyerzeller Bank 137, 189

Haab, Robert 12
Haas, Samuel 275
Häberlin, Heinrich 13, 67, 68, 122, 123, 143, 144
Hack, Wilhelm 252
Haeften, G. von 462

Hagemann, Geheimrat 123
Hahn & Kolb 452
Halifax, Lord 527
Haller, R. de 499
Hammerstein-Equord, Kurt von 152
Hansen, Georg 540, 544, 545
Hapag 37, 112, 263, 354, 382
Hardach, Gerd 73
Hardmeyer, Enrico 74
Harrison, James D. 83
Harrison, Leland (Abb. 89)
Hartenstein, Hans 290
Hasler, Eugen 320
Hassell, Ulrich von 346, 433
Hausamann, Hans 238, 360
Hayler, Franz 485, 541
Heilbron, Friedrich 55, 56
Hell, Walter 138
Hellenthal, Walter 138
Heller, Daniel 379
Hemmen, Hans Richard (Abb. 85) 267–271, 275, 296, 297, 314–316, 318, 332, 334, 337–339, 343–345, 365–367, 427, 432–435, 440, 443, 599, 609
Hencke, Andor 437
Henkel-Konzern (Abb. 4) 292, 294, 556
Hentsch, Banque 458, 459
Hermann, Kurt 547, 548
Herriot, Edouard 180
Heydrich, Reinhard 363, 373, 375
Himmler, Heinrich (Abb. 78) 363, 375, 416, 418–420, 431, 537, 539–542, 609
Hindenburg, Paul von 12, 53, 113, 114
Hinz, Reichsbankrat 549
Hispano-Suiza 452, 453
Hitler, Adolf (Abb. 57, 79) 13, 47, 113, 117, 118, 121, 153, 157, 161, 182, 185, 203, 204, 233, 243–247, 249, 250, 255–259, 265, 268, 271, 283, 284, 294, 297, 334, 338–340, 344, 358, 361, 362, 365, 375, 393, 414, 416, 417, 422, 429–431, 434, 436–439, 441, 444, 483, 485, 487, 488, 512, 526, 537, 545, 599, 602
Hoch, Ernst 462
Hoesch A.G. 50
Hoettl, Wilhelm 542, 543
Hoffmann, Ernst 420, 522, 561
A. Hofmann & Cie. 299, 459
Homberger, Ernst 23
Homberger, Heinrich (Abb. 18, 95) 157, 158, 227, 228, 266, 267, 270, 275, 276, 281, 295, 296, 315, 317, 332, 333, 337–340, 348, 351, 352, 365, 370–372, 375, 376, 379, 395, 423, 426–429, 433–437, 439–441, 443, 445, 447, 448, 450, 457, 466, 482, 484, 486, 489, 490, 492, 504, 529, 608, 609
Hoover, Herbert 73, 108
Hotz, Jean (Abb. 54, 56, 95) 66, 202, 265, 266, 277, 280, 281, 283, 295, 296, 298, 315, 316, 333, 337–339, 343, 348, 360, 365, 366, 368, 370, 378, 379, 412, 426–429, 432, 435, 439, 441–443, 445, 448, 450, 466, 484, 486, 490, 491, 527, 608
Huber, Jakob 283, 326, 416, 483, 487
Huber, Johannes 85
Huber, Max 313
Hug, Peter 379, 380

Hugenberg, Alfred 125, 126
Hull, Cordell 124, 490
Hülse, Ernst 151

I.G. Chemie 24, 51–53, 329–331, 465, 466, 536, 555, 556
I.G. Farbenindustrie A.G. 24, 33, 51–53, 97, 329–331, 382, 383, 386, 387, 462, 555
Ilg, Konrad (Abb. 60) 562
Ilsemann, Iwan von (Abb. 50, 85, 87) 246, 258, 284
Imfeld, Ernst 547
Inga/Interfranck-Gruppe 373
Inglin, Oswald 425, 454
Interhandel 556, 574
Internationale Bodenkreditbank 22
INTRAG 287
Iselin, Felix 25, 52, 329, 330, 465, 466, 536, 555
Istcambi 579
Istituto Espanol de Moneda Extranjera 510

Jaberg, Paul (Abb. 12) 12, 28–31, 45, 74, 82, 88, 109, 110–113, 116–120, 125, 126, 128, 185, 187, 188, 199, 289, 290, 297, 353, 454, 456, 500
Jacobsson, Per 360, 361
Jaeger, Maximilian 420
Jaeger, Theodor 496
Jagwitz, von 428, 463
James, Harold 72, 81, 83
Jann, Adolf 507, 530
Jannings, Emil 46
Jeidels, Otto 118
Jenny, Caspar 190, 274–276, 411, 447
Jodl, Alfred 362, 364
Joerges, Oberregierungsrat 540, 541
Jöhr, Adolf (Abb. 13) 12, 22, 25–27, 88, 112, 125, 126–129, 131, 137, 145, 150, 154–156, 158, 160, 199, 220, 225, 227–229, 265–267, 277, 278, 358, 499
Jüdische Gemeinde Berlin 33, 113
Jung, Joseph 27, 220, 263

Kadgien, Friedrich 389, 391, 432, 514, 539, 545, 546–549
Kali-Syndikat 38, 546, 548
Kaltenbrunner, Ernst 420, 446, 541–543, 545, 561
Kapfelsperger, Polizeihauptwachtmeister 132
Käppeli, Robert 290
Kastl, Ludwig 109, 111
Keitel, Wilhelm 441, 450
Kellenberger, Eduard 15, 49
Keller, Gottfried 330
Keller, Paul (Abb. 90) 267, 276, 440, 448, 456, 468, 482, 504, 508, 527, 576
Keller, Stefan 453
Keller-Staub, Walter 545, 546, 548
Kelly, David 360
Kessler, Karl 459
Kilgore, Harley M. 530, 535, 536, 556–558
Kleinwort, Sons & Co. 322
Klöti, Emil 352
Kneschaurek, Francesco 233, 234

Knickerbocker 511, 512
Kobelt, Karl 412, 415, 416, 421, 487
Köcher, Otto (Abb. 48, 87) 246, 252, 253, 255, 257, 258, 297, 314, 315, 325, 326, 332, 334, 336, 338, 340, 358, 367, 368, 373, 374, 424, 426, 428–430, 439, 447, 484, 491, 561
Koechlin, Carl (Abb. 76) 225, 274, 276, 280, 281, 306, 359, 374, 375, 424, 441, 457, 466, 468, 499
Koerner, Paul 539, 548
Kohli, Robert (Abb. 74, 95) 267, 277, 339, 343, 347, 348, 379, 395, 426–428, 435, 439, 443, 446, 466, 490, 498, 501–503, 507–509, 519, 529, 532, 536, 563, 608
Kolbe, Fritz 418, 447, 525
König, Hans 158, 369, 485, 486
Köpke, Gerhard 152, 161
Kordt, Theodor 446
Kreditanstalt, Schweizerische (siehe auch: R. G. Bindschedler, H. Blass, W. Fessler, H. Grandjean, A. Jöhr, P. Vieli) 21, 25–28, 44, 47, 51, 56, 78, 89, 138, 140, 141, 180, 181, 185, 191, 192, 216, 263, 275, 287, 322, 323, 330, 386, 462, 510, 520, 569, 598
Friedrich Krupp-Konzern 397, 546
Kurz, Hans Rudolf 417
Kurzmeyer, Alfred 58, 566

Labhart, Jakob 236, 239, 243, 257, 275, 313, 320, 326
La Forest-Divonne, Oberstleutnant 239
Lammers, Hans Heinrich 246
Landfried, Friedrich 344, 428
Landwehr, Hermann 293, 327, 564, 565
Lang, Arthur 381
La Roche, Robert (Abb. 36) 88, 553
Lasserre, André 357
Laur, Ernst (Abb. 61) 162, 173, 225, 277, 279, 316, 340, 352, 379, 395, 468, 492, 499
Laval, Pierre 366, 524
Layton, Walter 81, 88
Legge, B. R. 417, 424
Leith-Ross, Sir Frederick 155, 281
Leukon A.G. 591
Lewinski, Karl von 186
Licht und Kraft A.G. 50
Liebermann, Max 25
Limberger, Gisela 539
Linder, Albert 26
Lomax, John 428, 512
Lombardbank 222
Lonza-Werke 291, 292, 439, 497
Löpfe-Benz, Ernst 350
Loriot, Commandant 239
Ludwig, Emil 55, 122, 259
Luther, Hans (Abb. 1, 5, 6) 54, 76, 79, 80, 82–84, 98, 101, 113
Lüthy, Herbert 362
Luzerner Kantonalbank 494

Maag Zahnräder A.G. 452, 454
Mack, Herbert 581
Mackensen, Hans-Georg von 245
Maissen, Thomas 393

Malapolska 546
Malär, Albert 138
Mandl, Fritz 507
Mangold, Assessor 325
Mann, James H. 559
Mann, Katia 46
Mann, Thomas 46, 122, 123, 259
Mannesmannröhren-Werke 462–464
Mannheimer, Fritz 103
Manufacturers Trust Co. 322
Marbach, Fritz 284
Marx, Jacques und Leopold 24
Maschinenfabrik Oerlikon 313
Masson, Roger (Abb. 49) 320, 326, 335, 347, 369, 384, 418–420, 487, 522, 540
Matter-Bally, P. 59
Maurer, Helmuth 544, 547, 547
McKittrick, Thomas H. 495
Meisner, Hans 420, 540, 541, 544
Melchior, Carl (Abb. 5, 6) 81, 88
Mendelssohn, Bankhaus 33, 51, 293
Mendelssohn-Bartholdy, Otto von 52
Merton, Alfred 52, 308, 478
Merton, Richard 478
Metallbank 52
Metallgesellschaft 292, 462
Meuron, G.-A. de 133
Meyer, Albert 196, 206, 224
Meyer, Conrad 463
Meyer, L. F. 144
Meyer-Schwertenbach 540
Miescher, Rudolf (Abb. 49) 341
Milch, Erhard (Abb. 51, 93)
Mineral & Metall A.G. 452
Minger, Rudolf (Abb. 52, 56, 59) 68, 142, 143, 173, 175, 200, 226, 232, 236–238, 241, 253, 254, 256–258, 272, 273, 284, 285, 312, 338, 340, 341, 350, 363, 364, 380
Mischler, M. 196
Mommsen, Hans 53
Montan-Union A.G. 50, 546
Morgenthau, Henry 495, 498, 499, 520, 528, 530
Mosse 111
Motta, Giuseppe (Abb. 56) 13, 14, 67, 93, 124, 131, 153, 161, 173, 200, 203, 206, 229, 243–245, 247–253, 255, 257, 267, 273, 281, 297, 325
Muff, Wolfgang (Abb. 49) 236, 238
Müller, Adolf 37, 43, 97, 98, 116, 122
Müller, Assessor 291
Müller, Hermann 13
Mundus A.G. 546
Muralt, Johannes von 235, 236
Musil, Robert 259
Mussolini, Benito (Abb. 1) 14, 248, 297, 344
Musy, Jean-Marie 42, 43, 45, 68, 78, 84, 85, 87, 96, 145, 375

Napolski, Friedrich von 99, 230
Nef, Victor 530

Neumann, Erich   389, 391, 539, 548, 549
Neurath, Konstantin von   (Abb. 29)   122, 161, 244, 245
Nicole, Léon   84
Nobs, Ernst   100, 458, 484, 516, 517, 530
Non ferrum A.G.   30, 50, 460
Norman, Montagu   (Abb. 31, 32, 62)   80, 83
Norsk Hydro   51
Norton, Clifford   415, 417, 442, 446
Nussbaumer, Albert   356, 454, 466, 467, 496, 500–502, 504, 509, 518, 519, 525, 533

Obrecht, Hermann   (Abb. 37, 56, 59, 66)   20, 23, 173–175, 195, 200, 203, 204, 206, 225–227, 232, 250, 266, 271, 273, 277, 281, 284, 286, 294, 295, 313–316, 326, 332, 338, 340, 607
Oeding, Wilhelm   358
Oeri, Albert   (Abb. 72)   94, 247, 350
Oesterreichische Credit-Anstalt   20, 72, 73
Olbricht, Friedrich   419, 430
Oprecht, Hans   342
Opticolor A.G.   50
OSA Industrielle Beteiligungen A.G.   50
Osram-Konzern   50, 294
Oster, Hans   328, 335, 431, 544
Ostrow, Walter W.   528
Oswald, Rittmeister von   (Abb. 86)   411

Papen, Franz von   113, 565, 566
Pauls, Hans Georg   276
Perrenoud, Georges   380, 451, 454
Pétain, Philippe   (Abb. 53)   242, 253, 254, 339, 342, 362
Peter, Ernst   320, 321
Peters, J. M. L.   476
Petitpierre, Max   499, 519, 532, 536, 552, 555, 556, 563, 569
Petrola   547
Pfau, Arthur   135
Pfenninger, Rudolf   537
Phoebus S.A.   50
Pictet, Albert   226, 267, 379, 411, 436, 441, 447, 458
Pilder, Hans   446
Pilet-Golaz, Marcel   (Abb. 56, 80)   226, 250, 277, 313, 325–327, 332, 334, 336, 338, 340–342, 347, 349–352, 358, 359, 365, 370, 372–374, 379, 387, 410, 414, 415, 417, 421, 422, 424, 435, 439, 440, 442, 443, 446, 447, 457, 458, 466, 483, 484, 488–492, 503–505, 516–519, 530, 532, 608, 609
Pinsent, G. H. S.   150
Pirelli-Holding   466, 496
Planck, Erwin   383
Playfair, E.W.   502
Poincaré, Raymond   45
Posse, Hans   (Abb. 21)   69, 93, 96, 99, 114, 153, 155, 156
Preussische Elektrizitäts A.G.   50
Prisi, Friedrich   341
Prittwitz und Gaffron, Friedrich Wilhelm von   108, 152
Puhl, Emil   (Abb. 63)   229, 268, 269, 322, 327, 353, 360, 361, 383, 390–392, 470, 499, 532, 535, 549, 556, 557, 564, 566
Pyke, T.   518

Rappard, William (Abb. 90, 95)   424, 429, 529, 569–571
Rasche, Karl   461, 521
Reagan, Daniel J.   559
Rebholz, Otto   392
Reichsbahn   43
Reichsbank (siehe auch: H. Luther, E. Puhl, H. Schacht, B. von Wedel, K. F. Wilhelm)
   (Abb. 7)   43, 73, 76, 82, 113, 118, 125, 130, 157, 162, 163, 175, 217–219, 231, 262–264, 285, 290, 293, 318, 319, 343, 354–357, 365, 382, 384, 386, 387, 390, 393, 394, 462, 467–470, 484, 489, 490, 497–499, 502, 505, 506, 509, 510, 532, 535, 537–539, 542, 549, 550, 557, 570, 603, 610
Reichs-Kredit-Gesellschaft   30, 324, 461, 522
Reinhard, Ernst   132
Reinhardt, Eberhard   517, 529
Reinhardt, Fritz   138
Remarque, Erich Maria   56, 122, 259
Renz, G. F.   88, 113, 509
Rheinboldt, Joseph Nikolaus   133
Rheinisch-Westfälische Elektrizitätswerk A.G.   494
Ribbentrop, Joachim von   256, 268, 269, 334, 335, 347, 362, 375, 418, 433, 437, 441, 444, 447, 485, 488, 506, 515
Rieckel, Henry   74, 75, 185
Riedweg, Franz   419, 420
Riefenstahl, Leni   561
Riegner, Gerhart M.   30
Rietmann, Ernst   275
Rist, Charles   88, 108
Ritter, Karl   (Abb. 20)   44, 69–71, 97–99, 123, 126, 150, 153–155, 201, 202, 269, 334, 337, 345, 348, 362, 418
Robert, René   517
Rodenbach, C. J.   323
Roesch, Carl   52, 330
Röhm, Ernst   161
Rohrer, Herbert   289, 290
Roosevelt, Franklin Delano   124
Röpke, Wilhelm   50
Rosenstein, Jacques   111, 186
Rossy, Paul   178, 188, 192–196, 468, 525
Roth, Paul   139, 140
Rothmund, Heinrich   259
Rubin, Seymour J.   553, 554
Rudelsdorff, Reichsbankinspektor   141
Rüegger, Paul   248, 250, 524
Rüfenacht, Hermann   44, 54, 69, 70, 97, 98, 114
Rusch, Erwin   135, 136

Sabath, Hermann Friedrich   346
Salazar, Antonio de Oliveira   554
Sarasin, Alfred   (Abb. 35)   23, 87, 88, 126
Sauerbruch, Ferdinand   374, 416, 430, 483, 609
Adolph Saurer A.G.   294, 451, 453, 454
Schacht, Hjalmar   (Abb. 2, 26, 27, 32, 44, 62)   46, 47, 56, 78, 79, 117, 118, 123–130, 148–151, 153–160, 162, 182, 198–209, 216, 227–229, 231, 233, 245, 264, 268, 278, 294, 389, 390, 549, 565, 597, 609, 610
Schaefer, Alfred   383, 460–462, 497, 501, 533, 571

Schäffer, Hans   79, 84, 85, 98, 109, 134
Scheidler, A. E. A.   542
Schellenberg, Walter   418–420, 522
Schering-Konzern   288–292, 323, 328, 329, 462, 465, 536
Scheurer, Karl   12, 67
Schieber, Walther   (Abb. 93)   422, 521
Schindler, Dietrich   504
Schlumberger, Charles   24, 75
Schmid, Arthur   274
Schmid, Karl   412
Schmidt, Orvis A.   528, 535, 536
Schmidt, Paul Otto   430
Schmidt-Branden, Paul   561
Schmitt, Kurt   34, 157, 485, 486
Schmitz, Hermann   (Abb. 67)   51, 52, 109, 269, 294, 329, 330, 555
Schneider, Friedrich   149
Schnorf, F.   158
Schnurre, Karl   484–486, 488–493, 510, 531
Schnyder von Wartensee, Ch.   84, 176, 177
Schöpfer, Robert   32, 189–191, 195, 197
Schulte, Eduard   30, 460
Schultheiss-Patzenhofer Brauerei   91
Schulthess, Edmund   (Abb. 22, 37)   27, 67–71, 87, 94, 96–100, 114–116, 121, 124, 126, 129, 130, 132, 148, 149, 153, 154, 156, 158, 160, 162, 172–175, 179, 192, 194–196, 200, 212, 225, 243–247, 250, 257, 266, 283, 332, 358–360, 607
Schulthess, Willi   318, 358, 431
Schürch, Ernst   334
Schütz, Otto   453
Schwab, Max   316, 349, 383, 395, 484, 559, 563, 571
Schweizer, Samuel   497

Schweizerische Bankgesellschaft (Union de Banques Suisses / Union Bank of Switzerland): siehe Bankgesellschaft
Schweizerische Bankiervereinigung   26, 48, 136, 145, 192, 228, 260, 267, 286, 387, 493, 500–503, 507, 508, 517, 519
Schweizerische Bodenkreditanstalt   510
Schweizerische Gesellschaft für Metallwerte   292, 464
Schweizerische Kreditanstalt (Crédit Suisse): siehe Kreditanstalt
Schweizerische Nationalbank (siehe auch: G. Bachmann, Ch. Schnyder von Wartensee, E. Weber)   21, 25, 40, 43, 49, 56, 75, 76, 78, 80, 83, 85, 86, 130, 157, 175–177, 190, 192, 194, 195, 201, 234, 235, 285–287, 354–357, 361, 362, 365, 383, 384, 388, 393, 394, 459, 467–470, 483, 489, 495, 498, 499, 502, 504, 505, 510, 517, 535, 550, 557, 570, 603, 604
Schweizerische Volksbank: siehe Volksbank
Schweizerischer Bankverein (Société de Banque Suisse / Swiss Bank Corporation): siehe Bankverein
Schweizerisches Holzsyndikat   385, 386, 391

Schwerin von Krosigk, Lutz Graf   125
Schwob, Maurice   425
Scintilla A.G.   292, 293, 454, 466, 562
Securitas A.G.   587
Selzam, E. von   382
Senn, Hans   284, 340, 413
Setchell, Herbert Leonard   323

Seyboth, Gottfried 281, 343, 433, 484
Seyss-Inquart, Arthur 392, 542, 561
Sholes, Walter H. 508, 509, 513, 526
Siedersleben, Rudolf 389, 390, 392
Siemens & Halske 38, 50, 273, 454
Solmssen, Georg 58
Somary, Felix 84, 204, 278
Sonora A.G. 328, 463
Sparkasse Au 136
Spar- und Leihkasse Bern 40, 196
Speer, Albert (Abb. 93) 438, 439, 443, 444, 490, 521, 541, 604, 610
Speich, Rudolf 184, 211, 383
Speiser, Ernst 434
Spinasse, Charles 224
Staehelin, Max 24, 87, 191, 323, 478
Stähle, Ministerialrat 382
Stalin, Josef 529
Stampfli, Walther (Abb. 81) 294, 348, 350, 365, 367, 415, 421, 422, 433, 440, 443, 445, 454, 458, 484, 486, 490–492, 532, 551, 552, 608
Stämpfli, Franz 136, 141, 146, 239
Stauffer, Paul 248
Steegmann, Josef 543–545, 547
Steengracht von Moyland, Adolf 437, 443–445
Steffan, Alwin 186, 211
Steffen, Major 321
Stegemann, Heinrich 123
Stegerwald, Adam 54
Steiger, Eduard von 363, 364, 370, 373, 466, 523, 530, 532
St. Gallische Kantonalbank 132
Stoll, Hermann 26
Strang, William 496
Streng, Alfons von 133
Stresemann, Gustav (Abb. 1)
Stucki, Walter (Abb. 18, 19, 44, 94, 95) 66, 67–71, 84, 93–100, 114–117, 123, 126, 127, 129–132, 149, 150, 153–158, 160, 162, 173, 175, 176, 198–209, 216, 217, 227, 229, 231–233, 248, 250, 255, 265–267, 350, 358, 493, 519, 529–533, 554, 556, 568–570, 572–574, 597–599, 607
Sullivan, William John 518
Sulzer, Carl 100
Sulzer, Hans (Abb. 90) 29, 71, 172, 185, 276, 314, 340, 370, 379, 423, 436, 439–441, 443, 447, 452, 454–457, 469, 483, 499
Syz, John 70

Tavannes Watch Co. 425, 427, 454
Tavaro S.A. 380, 425, 427, 451, 454
Telefunken (Abb. 45) 294, 451
Thomas, Elbert D. 536
Thomas, Georg 364, 438, 450, 604
Thorsch, Bankhaus 221
Thurgauische Kantonalbank 130
Thurnheer, Walter 440, 448, 456
Toller, Ernst 122
Torrenté, Henri de 254
Trendelenburg, Ernst 109

Treviranus, Gottfried Reinhold   79
Trüssel, Friedrich   364
Türler, Karl   461, 462

UACO   287
Udet, Ernst   (Abb. 51)   368
UMA A.G.   292
Urach, Albrecht Fürst von   519, 520
Urner, Klaus   340

Vallotton, Henri   232, 247, 335, 342
Van Arkel, G. P.   523
Vaucher, Louis   24
Veesenmayer, Edmund   420
Vieli, Peter   27, 227, 266, 276, 374, 395, 442, 503, 525, 533
Vischer, Frank   221
Vocke, Wilhelm   87
Vogler, Robert U.   334
Voigt, Hermann   226, 320, 321, 388, 462
Volksbank, Schweizerische   56, 75, 78, 85, 86, 89, 111, 144, 145, 180, 198, 212, 569
von Arx, Casimir   32
von der Heydt, Eduard   55, 543–545, 560, 561
Vorort (Schweizerischer Industrie- und Handelsverein) (siehe auch: E. Wetter,
    H. Homberger)   70, 71, 115, 163, 176, 225, 226, 231, 273–276, 281, 318

Waeger, Kurt   438, 439
Waetjen, Eduard   545, 547
Waffenfabrik Solothurn   173, 313
Wahlen, Friedrich Traugott   (Abb. 95)   366, 529
Waibel, Max   335
Waldkirch, Oskar von   32, 35, 36
Wallenberg, Marcus   79, 101, 390, 555
Walther, Heinrich   (Abb. 23)   173, 248, 312, 410, 423, 571
Warburg, Erich M.   58
Warburg, Max M.   20, 37, 52
Wassermann, Oskar   109
Weber, Ernst   (Abb. 73)   21, 84, 175, 177, 468, 469, 499, 504, 505, 532, 557
Weber, Max   145, 172, 225, 378
de Weck, René   250, 251
Wedel, Bodo von   110, 264, 269, 293, 322, 383, 549
Wegmüller, Hans   412
Wehrli-Thielen, Carl   222
Johann Wehrli & Co.   459, 506, 507, 541
Weiss, Franz-Rudolf von   122
Weitnauer, Albert   266, 558
Weizsäcker, Ernst von   (Abb. 28, 41, 42)   151, 152, 155, 162, 202, 203, 206, 207, 236,
    238–241, 244–246, 248, 251, 256–258, 269, 296, 297, 335–338, 344, 345, 347, 358, 363,
    364, 367, 369, 370, 374, 418, 419, 429–431, 435–439, 598, 599, 609
Weizsäcker, Richard von   245
Weltzien, Julius   289, 290
Wetter, Ernst   (Abb. 18, 83)   66, 68, 70, 71, 94, 95, 99, 123, 124, 126, 199, 203, 226, 227, 266,
    267, 271, 273, 274, 276, 277, 316, 332, 340, 341, 350, 355, 358, 359, 361, 371–373,
    378–380, 436, 440, 457, 469, 470, 502, 608
White, Harry D.   495, 528

Widmer, Paul 70, 120, 252
Wiehl, Emil (Abb. 92) 265, 269, 344, 349, 428, 433, 439, 443–446, 484
Wieland-Zahn, Alfred 191
Wiggin, Albert H. 80, 101
Wight, E.V.D. 513
Wilhelm, Karl Friedrich (Abb. 64) 269, 588
Wille, Ulrich (Korpskommandant) 25, 152, 237, 239, 341, 359, 419, 420, 430
Windel, Joachim 95, 137
Winterstein & Co. 408
Wipf, Hans Ulrich 379
Woermann, Ernst 269, 296, 431, 437
Wohltat, Helmuth (Abb. 47) 204–208, 217, 228, 229, 233, 267
Wolf, Louis 110, 264
Wolfensperger, Theodor 31, 32, 51, 88, 109, 195, 196
Wolfer, Heinrich 450, 492
Otto Wolff-Konzern 109, 382, 383, 389, 390, 392, 510, 514, 550
Woods, Sam E. 546, 551, 561

Zarden, Arthur 138
Zehnder, Alfred 434, 439
Zoelly, Charles 195, 196, 212, 567
Zuckmayer, Carl 46
Zürcher Kantonalbank 76, 111, 138, 139